# Einführung in die Informatik

von
Prof. Dr. Heinz Peter Gumm und
Prof. Dr. Manfred Sommer
Philipps-Universität Marburg

6., vollständig überarbeitete und erweiterte Auflage

Oldenbourg Verlag München Wien

Heinz Peter Gumm ist Professor am Institut für Theoretische Informatik in Marburg. Studium in Darmstadt und Winnipeg (Canada) von 1970-1975. Promotion und Habilitation an der TU Darmstadt. Es folgten Gastprofessuren in Honolulu (Haiwaii), Darmstadt, Kassel und Riverside (California). 1987-1991 Professor für Informatik an der State University of New York. Seit 1991 Professor für Theoretische Informatik an der Universität Marburg. Forschungsgebiete: Formale Methoden, Allgemeine Algebren und Coalgebren. Prof. Gumm hält Vorlesungen über Praktische Informatik, Technische Informatik, Theoretische Informatik, Beweissysteme, Verifikation, Zustandsbasierte Systeme und Abstrakte Datentypen.

Manfred Sommer ist Professor am Institut für Softwareentwicklung in Marburg. Studium in Göttingen und München von 1964 bis 1969, dann Assistent am ersten Informatik-Institut in Deutschland an der TU München. Es folgten zehn Jahre bei Siemens in München. Seit 1984 erster Informatik-Professor in Marburg. Gründung und Aufbau des Fachgebiets Informatik in Marburg mit einem eigenständigen Hauptfachstudiengang Informatik. Prof. Sommer hält derzeit Vorlesungen über Praktische Informatik, Grafikprogrammierung, Multimediakommunikation, Programmieren in C++ und Compilerbau.

Bibliografische Information Der Deutschen Bibliothek

Die Deutsche Bibliothek verzeichnet diese Publikation in der Deutschen Nationalbibliografie; detaillierte bibliografische Daten sind im Internet über <http://dnb.ddb.de> abrufbar.

© 2004  Oldenbourg Wissenschaftsverlag GmbH
Rosenheimer Straße 145, D-81671 München
Telefon: (089) 45051-0
www.oldenbourg-verlag.de

Das Werk einschließlich aller Abbildungen ist urheberrechtlich geschützt. Jede Verwertung außerhalb der Grenzen des Urheberrechtsgesetzes ist ohne Zustimmung des Verlages unzulässig und strafbar. Das gilt insbesondere für Vervielfältigungen, Übersetzungen, Mikroverfilmungen und die Einspeicherung und Bearbeitung in elektronischen Systemen.

Lektorat: Margit Roth
Herstellung: Rainer Hartl
Satz: mediaService,Siegen
Umschlagkonzeption: Kraxenberger Kommunikationshaus, München
Gedruckt auf säure- und chlorfreiem Papier
Druck: R. Oldenbourg Graphische Betriebe Druckerei GmbH

ISBN 3-486-27389-2

# Vorwort zur sechsten Auflage

Mehr als viele andere Wissenschafts- und Ingenieursdisziplinen ist die Informatik im steten Wandel begriffen. Dies bedingt, dass ein Buch wie das vorliegende stets aktualisiert werden muss, dass nicht mehr aktuelle Themen entfernt und durch neue ersetzt werden müssen.

Andererseits gilt es, Entwicklungen Rechnung zu tragen, die vormals nur als möglicher Trend wahrgenommen werden konnten, sich in der Zwischenzeit aber etabliert und stabilisiert haben. So steht die Programmiersprache Java, neun Jahre nach ihrer Verbreitung, immer noch im Zentrum des Interesses von Entwicklern. Obwohl wir der Sprache nicht völlig unkritisch begegnen, benutzen wir sie dennoch konsequenter als bisher. In dieser Version verwenden wir bereits die Version 1.5 der Sprachspezifikation, um die vorgestellten Algorithmen und Datentypen zu implementieren.

Zum ersten Mal besitzt dieses Buch auch ein Kapitel zur Theoretischen Informatik. Dieses Gebiet verstehen wir aber nicht als trockene Theorie, sondern betonen bei allen vorgestellten Themen, *Reguläre Sprachen*, *Kontextfreie Sprachen*, *Berechenbarkeitstheorie* und *Komplexitätstheorie* die Anknüpfung an praktische Themen und die Relevanz für die Informatik als Ingenieursdisziplin. Insbesondere haben wir das Thema *Compilerbau* in das neue Kapitel über Theoretische Informatik integriert.

Modernisiert wurde auch das Kapitel über Rechnerarchitektur. Assemblerprogrammierung erläutern wir jetzt für die 32-Bit Windows-Architektur. Im Kapitel über Rechnernetze findet sich ein Abschnitt über drahtlose lokale Netze, sogenannte WLANs. Schliesslich ist das Kapitel über das Internet und seine Protokolle entsprechend seiner Bedeutung angewachsen.

Zum ersten Mal seit der dritten Auflage von 1998 hat sich auch das optische Erscheinungsbild geändert. Um das neue Layout hat sich hauptsächlich Herr Andreas Franke von der Firma mediaService verdient gemacht. Frau Roth, als Lektorin des Oldenbourg Verlag hat das Projekt tatkräftig gefördert. Beiden möchten wir herzlich danken.

Wie bisher ist die Homepage dieses Buches auf der Seite *www.informatikbuch.de* zu finden. Dort können die besprochenen Programme sowie viele der verwendeten Systeme direkt, oder über entsprechende Links heruntergeladen werden.

Insbesondere freuen uns die zahlreichen Zuschriften unserer Leser, für die wir uns auch an dieser Stelle herzlich bedanken. Wir sind weiterhin zu erreichen unter:

> *gumm@informatik.uni-marburg.de*
> *sommer@informatik.uni-marburg.de*

und freuen uns auf Ihre Post.


Marburg an der Lahn, im Juli 2004

Heinz-Peter Gumm
Manfred Sommer

# Inhalt

**1 Einführung**         **1**

  1.1    Was ist „Informatik"? ................................................................................. 1

        1.1.1    Technische Informatik.................................................................1

        1.1.2    Praktische Informatik .................................................................2

        1.1.3    Theoretische Informatik .............................................................2

        1.1.4    Angewandte Informatik .............................................................3

  1.2    Information und Daten................................................................................ 4

        1.2.1    Bits .............................................................................................5

        1.2.2    Bitfolgen....................................................................................6

        1.2.3    Hexziffern .................................................................................7

        1.2.4    Bytes und Worte ........................................................................8

        1.2.5    Dateien......................................................................................8

        1.2.6    Datei- und Speichergrößen........................................................9

        1.2.7    Längen- und Zeiteinheiten .......................................................10

  1.3    Informationsdarstellung .......................................................................... 10

        1.3.1    Text..........................................................................................11

        1.3.2    ASCII-Code ..............................................................................11

        1.3.3    ASCII-Erweiterungen ..............................................................12

        1.3.4    Unicode und UCS ....................................................................13

        1.3.5    UTF-8 ......................................................................................13

        1.3.6    Zeichenketten...........................................................................15

        1.3.7    Logische Werte und logische Verknüpfungen.........................15

        1.3.8    Programme ...............................................................................16

        1.3.9    Bilder und Musikstücke ...........................................................16

  1.4    Zahlendarstellungen................................................................................ 17

        1.4.1    Binärdarstellung.......................................................................17

        1.4.2    Das Oktalsystem und das Hexadezimalsystem ........................18

        1.4.3    Umwandlung in das Binär-, Oktal- oder Hexadezimalsystem...................19

        1.4.4    Arithmetische Operationen .......................................................21

        1.4.5    Darstellung ganzer Zahlen .......................................................22

        1.4.6    Die Zweierkomplementdarstellung..........................................23

  1.5    Standardformate für ganze Zahlen .......................................................... 25

        1.5.1    Gleitpunktzahlen: Reelle Zahlen..............................................26

        1.5.2    Real-Zahlenbereiche in Programmiersprachen ........................29

        1.5.3    Daten – Informationen .............................................................29

        1.5.4    Informationsverarbeitung – Datenverarbeitung .......................30

| | | | |
|---|---|---|---|
| 1.6 | | Hardware | 31 |
| | 1.6.1 | PCs, Workstations, Mainframes, Super-Computer | 31 |
| | 1.6.2 | Aufbau von Computersystemen | 32 |
| | 1.6.3 | Der Rechner von außen | 33 |
| | 1.6.4 | Das Innenleben | 34 |
| | 1.6.5 | Ein Motherboard | 39 |
| | 1.6.6 | Die Aufgabe der CPU | 41 |
| | 1.6.7 | Die Organisation des Hauptspeichers | 43 |
| | 1.6.8 | Speichermedien | 47 |
| | 1.6.9 | Magnetplatten | 47 |
| | 1.6.10 | Disketten | 49 |
| | 1.6.11 | Festplattenlaufwerke | 49 |
| | 1.6.12 | Optische Laufwerke | 51 |
| | 1.6.13 | Vergleich von Speichermedien | 53 |
| | 1.6.14 | Bildschirme | 53 |
| | 1.6.15 | Text- und Grafikmodus | 55 |
| 1.7 | | Von der Hardware zum Betriebssystem | 55 |
| | 1.7.1 | Schnittstellen und Treiber | 57 |
| | 1.7.2 | BIOS | 59 |
| | 1.7.3 | Die Aufgaben des Betriebssystems | 60 |
| | 1.7.4 | Prozess- und Speicherverwaltung | 60 |
| | 1.7.5 | Dateiverwaltung | 61 |
| | 1.7.6 | DOS, Windows und Linux | 63 |
| | 1.7.7 | Bediensysteme | 64 |
| 1.8 | | Anwendungsprogramme | 67 |
| | 1.8.1 | Textverarbeitung | 67 |
| | 1.8.2 | Zeichen und Schriftarten | 68 |
| | 1.8.3 | Formatierung | 68 |
| | 1.8.4 | Desktop Publishing | 70 |
| | 1.8.5 | Textbeschreibungssprachen | 71 |
| | 1.8.6 | Tabellenkalkulation: spread sheets | 74 |
| | 1.8.7 | Der Rechner als Fenster zur Welt | 76 |
| | 1.8.8 | Wie geht es weiter? | 78 |

## 2 Grundlagen der Programmierung     79

| | | | |
|---|---|---|---|
| 2.1 | | Programmiersprachen | 80 |
| | 2.1.1 | Vom Programm zur Maschine | 80 |
| | 2.1.2 | Virtuelle Maschinen | 81 |
| | 2.1.3 | Interpreter | 83 |
| | 2.1.4 | Programmieren und Testen | 83 |
| | 2.1.5 | Programmierumgebungen | 84 |
| | 2.1.6 | BASIC | 85 |
| | 2.1.7 | Pascal | 85 |
| | 2.1.8 | Java | 86 |
| | 2.1.9 | Prolog | 87 |

| | | Inhalt | VII |

| 2.2 | | Spezifikationen, Algorithmen, Programme | 89 |
|-----|-----|------------------------------------------|-----|
| | 2.2.1 | Spezifikationen | 89 |
| | 2.2.2 | Algorithmen | 91 |
| | 2.2.3 | Algorithmen als Lösung von Spezifikationen | 94 |
| | 2.2.4 | Terminierung | 95 |
| | 2.2.5 | Elementare Aktionen | 96 |
| | 2.2.6 | Elementaraktionen in Programmiersprachen | 96 |
| | 2.2.7 | Vom Algorithmus zum Programm | 97 |
| | 2.2.8 | Ressourcen | 100 |
| 2.3 | | Daten und Datenstrukturen | 101 |
| | 2.3.1 | Der Begriff der Datenstruktur | 101 |
| | 2.3.2 | Die Analogie zwischen Taschenrechner und Datenstruktur | 102 |
| | 2.3.3 | Der Datentyp Boolean | 103 |
| | 2.3.4 | Der Datentyp Natürliche Zahl | 105 |
| | 2.3.5 | Der Datentyp Integer | 106 |
| | 2.3.6 | Rationale Zahlen | 107 |
| | 2.3.7 | Die Datenstruktur Real | 107 |
| | 2.3.8 | Mehrsortige Datenstrukturen | 108 |
| | 2.3.9 | Zeichen | 109 |
| | 2.3.10 | Einfache und zusammengesetzte Typen – Strings | 111 |
| | 2.3.11 | Strings in Turbo-Pascal und in Java | 112 |
| | 2.3.12 | Benutzerdefinierte Datenstrukturen | 112 |
| | 2.3.13 | Informationsverarbeitung und Datenverarbeitung | 114 |
| | 2.3.14 | Variablen und Speicher | 115 |
| | 2.3.15 | Deklarationen | 116 |
| | 2.3.16 | Initialisierung | 117 |
| | 2.3.17 | Typkorrekte Ausdrücke | 117 |
| | 2.3.18 | Auswertung von Ausdrücken | 119 |
| | 2.3.19 | Verkürzte Auswertung | 119 |
| | 2.3.20 | Typfehler | 120 |
| | 2.3.21 | Seiteneffekte | 120 |
| 2.4 | | Der Kern imperativer Sprachen | 121 |
| | 2.4.1 | Zuweisungen | 121 |
| | 2.4.2 | Kontrollstrukturen | 123 |
| | 2.4.3 | Drei Kontrollstrukturen genügen | 123 |
| | 2.4.4 | Die Sequentielle Komposition | 124 |
| | 2.4.5 | Die Alternativanweisung | 126 |
| | 2.4.6 | Die while-Schleife | 127 |
| 2.5 | | Formale Beschreibung von Programmiersprachen | 129 |
| | 2.5.1 | Lexikalische Regeln | 129 |
| | 2.5.2 | Syntaktische Regeln | 130 |
| | 2.5.3 | Semantische Regeln | 133 |

| | | |
|---|---|---|
| 2.6 | Erweiterung der Kernsprache | 133 |
| | 2.6.1 Bedingte Anweisung | 134 |
| | 2.6.2 Fallunterscheidung | 136 |
| | 2.6.3 Repeat-Schleife und do-Schleife | 138 |
| | 2.6.4 Allgemeinere Schleifenkonstrukte | 139 |
| | 2.6.5 Die for-Schleife in Pascal | 140 |
| | 2.6.6 Die for-Schleife in Java | 142 |
| 2.7 | Unterprogramme | 143 |
| | 2.7.1 Prozedurale Abstraktion | 144 |
| | 2.7.2 Funktionale Abstraktion | 145 |
| | 2.7.3 Funktionale und prozedurale Abstraktion in C und Java | 146 |
| | 2.7.4 Top-Down-Entwurf | 146 |
| | 2.7.5 Kommunikation zwischen Haupt- und Unterprogramm | 151 |
| | 2.7.6 Variablen-Parameter | 151 |
| | 2.7.7 Prozeduren als Funktionsersatz | 154 |
| | 2.7.8 Funktionen und Prozeduren in C und Java | 154 |
| | 2.7.9 Schachtelung von Unterprogrammen | 154 |
| | 2.7.10 Blockstrukturierung in C und Java | 156 |
| 2.8 | Rekursive Funktionen und Prozeduren | 157 |
| | 2.8.1 Rekursive Prozeduren | 158 |
| | 2.8.2 Die Türme von Hanoi | 159 |
| | 2.8.3 Spielstrategien als rekursive Prädikate – Backtracking | 161 |
| | 2.8.4 Wechselseitige Rekursion | 162 |
| | 2.8.5 Induktion – Rekursion | 163 |
| | 2.8.6 Allgemeine Rekursion | 164 |
| | 2.8.7 Endrekursion | 165 |
| | 2.8.8 Lineare Rekursion | 166 |
| | 2.8.9 Eine Programmtransformation | 169 |
| 2.9 | Konstruktion neuer Datentypen | 170 |
| | 2.9.1 Mengenkonstruktionen | 170 |
| | 2.9.2 Typdefinitionen | 171 |
| | 2.9.3 Aufzählungstypen | 172 |
| | 2.9.4 Teilbereichstypen | 172 |
| | 2.9.5 Arraytypen | 173 |
| | 2.9.6 Anwendung: Strings | 174 |
| | 2.9.7 Aggregation | 175 |
| | 2.9.8 Disjunkte Vereinigungen | 176 |
| | 2.9.9 Mengentypen | 178 |
| | 2.9.10 Dateien und Ströme | 179 |
| | 2.9.11 Dateiprotokoll | 179 |
| | 2.9.12 Induktiv definierte Typen | 181 |
| | 2.9.13 Pointer-Datentypen | 184 |
| | 2.9.14 Dynamische Datenstrukturen mittels Pointern | 184 |
| | 2.9.15 Induktive Definitionen in Java | 187 |

Inhalt                                                                                    IX

2.10    Verifikation ................................................................................ 187
        2.10.1    Vermeidung von Fehlern ................................................188
        2.10.2    Zwischenbehauptungen ..................................................189
        2.10.3    Partielle Korrektheit ......................................................190
        2.10.4    Zerlegung durch Zwischenbehauptungen ........................191
        2.10.5    Zuweisungsregel ............................................................192
        2.10.6    Rückwärtsbeweis ............................................................194
        2.10.7    if-then-else-Regel ..........................................................196
        2.10.8    Abschwächungsregel und einarmige Alternative ............196
        2.10.9    Invarianten und while-Regel ..........................................197
        2.10.10   Starke und schwache Invarianten ..................................200
        2.10.11   Programm-Verifizierer ....................................................202
        2.10.12   repeat-Schleife ..............................................................203
        2.10.13   for-Schleife ....................................................................204
        2.10.14   Terminierung ..................................................................205
        2.10.15   Beweis eines Programmschemas ....................................206
2.11    Programmieren im Großen ......................................................... 207
        2.11.1    Modulares Programmieren ............................................208
        2.11.2    Objektorientiertes Programmieren (OOP) ......................209
        2.11.3    Datenkapselung ..............................................................210
        2.11.4    Vererbung ......................................................................211
        2.11.5    Zusammenfassung ..........................................................213

# 3  Die Programmiersprache Java                                                  215

3.1     Geschichte von Java..................................................................... 217
3.2     Die lexikalischen Elemente von Java .......................................... 217
        3.2.1     Kommentare....................................................................218
        3.2.2     Bezeichner......................................................................218
        3.2.3     Schlüsselwörter..............................................................218
        3.2.4     Literale ..........................................................................219
        3.2.5     Ganzzahlige Literale ......................................................219
        3.2.6     Gleitpunkt-Literale ........................................................219
        3.2.7     Literale für Zeichen und Zeichenketten ........................220
3.3     Datentypen und Methoden........................................................... 220
        3.3.1     Variablen ........................................................................221
        3.3.2     Default-Werte ................................................................222
        3.3.3     Referenz-Datentypen......................................................222
        3.3.4     Arrays..............................................................................222
        3.3.5     Methoden ........................................................................223
        3.3.6     Klassen und Instanzen....................................................225
        3.3.7     Objekte und Referenzen.................................................226
        3.3.8     Objekt- und Klassenkomponenten ................................227
        3.3.9     Attribute ........................................................................228
        3.3.10    Overloading....................................................................230
        3.3.11    Konstruktoren................................................................230

Inhalt                                                                                              X

| | | |
|---|---|---|
| 3.4 | Ausführbare Java-Programme | 232 |
| | 3.4.1 Java-Dateien – Übersetzungseinheiten | 234 |
| | 3.4.2 Programme | 234 |
| | 3.4.3 Packages | 235 |
| | 3.4.4 Standard-Packages | 237 |
| 3.5 | Ausdrücke und Anweisungen | 238 |
| | 3.5.1 Arithmetische Operationen | 238 |
| | 3.5.2 Vergleichsoperationen | 238 |
| | 3.5.3 Boolesche Operationen | 239 |
| | 3.5.4 Bitweise Operationen | 240 |
| | 3.5.5 Zuweisungsausdrücke | 240 |
| | 3.5.6 Anweisungsausdrücke | 241 |
| | 3.5.7 Sonstige Operationen | 242 |
| | 3.5.8 Präzedenz der Operatoren | 243 |
| | 3.5.9 Einfache Anweisungen | 244 |
| | 3.5.10 Blöcke | 244 |
| | 3.5.11 Alternativ-Anweisungen | 245 |
| | 3.5.12 switch-Anweisung | 246 |
| | 3.5.13 Schleifen | 247 |
| | 3.5.14 Die for-Anweisung | 248 |
| | 3.5.15 break- und continue-Anweisungen | 250 |
| 3.6 | Klassen und Objekte | 250 |
| | 3.6.1 Vererbung | 252 |
| | 3.6.2 Späte Bindung (Late Binding) | 257 |
| | 3.6.3 Finale Komponenten | 257 |
| | 3.6.4 Zugriffsrechte von Feldern und Methoden | 258 |
| | 3.6.5 Attribute von Klassen | 259 |
| | 3.6.6 Abstrakte Klassen | 259 |
| | 3.6.7 Rekursiv definierte Klassen | 261 |
| | 3.6.8 Schnittstellen (Interfaces) | 263 |
| | 3.6.9 Generische Datentypen | 265 |
| | 3.6.10 Ausnahmen | 267 |
| | 3.6.11 Threads | 271 |
| | 3.6.12 Producer-Consumer mit Threads | 274 |
| 3.7 | Grafische Benutzeroberflächen mit Java (AWT) | 277 |
| | 3.7.1 Ein erstes Fenster | 278 |
| | 3.7.2 Ereignisse | 279 |
| | 3.7.3 Beispiel für eine Ereignisbehandlung | 280 |
| | 3.7.4 Buttons | 282 |
| | 3.7.5 Grafikausgabe in Fenstern | 283 |
| | 3.7.6 Maus-Ereignisse | 284 |
| | 3.7.7 Paint | 287 |
| | 3.7.8 Weitere Bedienelemente von Programmen und Fenstern | 289 |

Inhalt                                                                                        XI

| | | | |
|---|---|---|---|
| 3.8 | | Dateien: Ein- und Ausgabe | 289 |
| | 3.8.1 | Dateidialog | 289 |
| | 3.8.2 | Schreiben einer Datei | 290 |
| | 3.8.3 | Lesen einer Datei | 291 |
| | 3.8.4 | Testen von Dateieigenschaften | 292 |
| | 3.8.5 | Retrospektive und Vergleich mit Smalltalk | 292 |

## 4 Algorithmen und Datenstrukturen                                        295

| | | | |
|---|---|---|---|
| 4.1 | | Suchalgorithmen | 297 |
| | 4.1.1 | Lineare Suche | 298 |
| | 4.1.2 | Binäre Suche | 299 |
| | 4.1.3 | Lineare Suche vs. binäre Suche | 301 |
| | 4.1.4 | Komplexität von Algorithmen | 302 |
| 4.2 | | Einfache Sortierverfahren | 304 |
| | 4.2.1 | Datensätze und Schlüssel | 304 |
| | 4.2.2 | BubbleSort | 307 |
| | 4.2.3 | SelectionSort | 310 |
| | 4.2.4 | InsertionSort | 312 |
| | 4.2.5 | Laufzeitvergleiche der einfachen Sortieralgorithmen | 314 |
| | 4.2.6 | ShellSort und CombSort | 315 |
| 4.3 | | Schnelle Sortieralgorithmen | 316 |
| | 4.3.1 | Divide and Conquer – teile und herrsche | 317 |
| | 4.3.2 | QuickSort | 317 |
| | 4.3.3 | Die Partitionierung | 319 |
| | 4.3.4 | Korrektheit von QuickSort | 319 |
| | 4.3.5 | Komplexität von QuickSort | 320 |
| | 4.3.6 | MergeSort | 321 |
| | 4.3.7 | DistributionSort | 323 |
| | 4.3.8 | Wieso und wie gut funktioniert DistributionSort? | 325 |
| | 4.3.9 | Einsatz und Implementierung von DistributionSort | 326 |
| | 4.3.10 | Laufzeit der schnellen Sortieralgorithmen | 328 |
| | 4.3.11 | Externes Sortieren | 330 |
| 4.4 | | Abstrakte Datenstrukturen | 331 |
| | 4.4.1 | Datenstruktur = Menge + Operationen | 331 |
| | 4.4.2 | Die axiomatische Methode | 331 |
| 4.5 | | Stacks | 332 |
| | 4.5.1 | Stackoperationen | 333 |
| | 4.5.2 | Implementierung durch ein Array | 335 |
| | 4.5.3 | Implementierung durch eine Liste | 337 |
| | 4.5.4 | Auswertung von Postfix-Ausdrücken | 338 |
| | 4.5.5 | Entrekursivierung | 339 |
| | 4.5.6 | Stackpaare | 340 |
| 4.6 | | Queues, Puffer, Warteschlangen | 342 |
| | 4.6.1 | Implementierung durch ein „zirkuläres" Array | 342 |
| | 4.6.2 | Implementierung durch eine zirkuläre Liste | 344 |
| | 4.6.3 | Anwendung von Puffern | 344 |

| 4.7 | Listen | 345 |
|---|---|---|

4.7.1 Einfach verkettete Listen ............................................................. 346
4.7.2 Der Listeniterator forEach ............................................................ 349
4.7.3 Listen als Verallgemeinerung von Stacks und Queues ........................... 350
4.7.4 Doppelt verkettete Listen ............................................................. 351
4.7.5 Geordnete Listen und Skip-Listen ................................................... 351
4.7.6 Adaptive Listen ......................................................................... 352
4.7.7 Generische Listen ...................................................................... 353

| 4.8 | Bäume | 356 |
|---|---|---|

4.8.1 Beispiele von Bäumen ................................................................. 357
4.8.2 Binärbäume ............................................................................. 358
4.8.3 Implementierung von Binärbäumen ................................................. 359
4.8.4 Traversierungen ........................................................................ 360
4.8.5 Kenngrößen von Binärbäumen ...................................................... 363
4.8.6 Binäre Suchbäume ..................................................................... 364
4.8.7 Implementierung von binären Suchbäumen ....................................... 365
4.8.8 Balancierte Bäume ..................................................................... 372
4.8.9 AVL-Bäume ............................................................................. 374
4.8.10 2-3-4-Bäume ........................................................................... 376
4.8.11 B-Bäume ................................................................................ 377
4.8.12 Vollständige Bäume ................................................................... 378
4.8.13 Heaps .................................................................................... 379
4.8.14 HeapSort ................................................................................ 382
4.8.15 Priority-Queues ........................................................................ 383
4.8.16 Bäume mit variabler Anzahl von Teilbäumen .................................... 383

| 4.9 | Graphen | 384 |
|---|---|---|

4.9.1 Wege und Zusammenhang ........................................................... 385
4.9.2 Repräsentationen von Graphen ...................................................... 386
4.9.3 Traversierungen ........................................................................ 389
4.9.4 Tiefensuche ............................................................................. 390
4.9.5 Breitensuche ............................................................................ 391
4.9.6 Transitive Hülle ........................................................................ 392
4.9.7 Kürzeste Wege ......................................................................... 393
4.9.8 Schwere Probleme für Handlungsreisende ........................................ 396
4.9.9 Eine Implementierung des TSP ...................................................... 397

| 4.10 | Zeichenketten | 401 |
|---|---|---|

4.10.1 Array-Implementierung ............................................................... 401
4.10.2 Nullterminierte Strings ................................................................ 401
4.10.3 Java-Strings ............................................................................. 402
4.10.4 Grundoperationen ...................................................................... 402
4.10.5 Suchen in Zeichenketten .............................................................. 403
4.10.6 Der Boyer-Moore-Algorithmus ..................................................... 404

Inhalt                                                                    XIII

## 5 Rechnerarchitektur                                                   **407**

5.1    Vom Transistor zum Chip .................................................... 407
    5.1.1    Chips ............................................................................408
    5.1.2    Chipherstellung ..........................................................409
    5.1.3    Kleinste Chip-Strukturen ............................................410
    5.1.4    Chipfläche und Anzahl der Transistoren.....................411
    5.1.5    Weitere Chip-Parameter ..............................................411
    5.1.6    Speicherbausteine........................................................412
    5.1.7    Logikbausteine ............................................................412
    5.1.8    Schaltungsentwurf .......................................................413

5.2    Boolesche Algebra............................................................ 414
    5.2.1    Serien-parallele Schaltungen.......................................414
    5.2.2    Serien-parallele Schaltglieder .....................................416
    5.2.3    Boolesche Terme .........................................................417
    5.2.4    Schaltfunktionen .........................................................418
    5.2.5    Gleichungen ................................................................418
    5.2.6    SP-Schaltungen sind monoton ....................................420
    5.2.7    Negation ......................................................................420
    5.2.8    Boolesche Terme .........................................................421
    5.2.9    Dualität........................................................................422
    5.2.10   Realisierung von Schaltfunktionen .............................423
    5.2.11   Konjunktive Normalform............................................424
    5.2.12   Aussagenlogik.............................................................425
    5.2.13   Mengenalgebra ...........................................................426

5.3    Digitale Logik .................................................................. 426
    5.3.1    Gatter mit mehreren Ausgängen .................................431
    5.3.2    Logik-Gitter ................................................................432
    5.3.3    Programmierbare Gitterbausteine ...............................434
    5.3.4    Rückgekoppelte Schaltungen ......................................435
    5.3.5    Anwendungen von Flip-Flops.....................................437
    5.3.6    Technische Schwierigkeiten........................................438
    5.3.7    Die Konstruktion der Hardwarekomponenten .............439
    5.3.8    Schalter, Codierer, Decodierer ...................................439
    5.3.9    Speicherzellen .............................................................440
    5.3.10   Register .......................................................................441
    5.3.11   Die Arithmetisch-Logische Einheit.............................443

5.4    Von den Schaltgliedern zur CPU ...................................... 447
    5.4.1    Busse ...........................................................................448
    5.4.2    Mikrocodegesteuerte Operationen ..............................449
    5.4.3    Der Zugang zum Hauptspeicher...................................452
    5.4.4    Der Mikrobefehlsspeicher – das ROM ........................454
    5.4.5    Sprünge .......................................................................454
    5.4.6    Berechnete Sprünge ....................................................455
    5.4.7    Der Adressrechner.......................................................457

| | | |
|---|---|---|
| 5.4.8 | Ein Mikroprogramm | 458 |
| 5.4.9 | Maschinenbefehle | 459 |
| 5.4.10 | Der Maschinenspracheinterpretierer | 461 |
| 5.4.11 | Argumente | 462 |

**5.5 Assemblerprogrammierung** ........................................... **463**

| | | |
|---|---|---|
| 5.5.1 | Maschinensprache und Assembler | 463 |
| 5.5.2 | Register der 80x86-Familie | 464 |
| 5.5.3 | Allzweckregister und Spezialregister | 466 |
| 5.5.4 | Flag-Register | 466 |
| 5.5.5 | Arithmetische Flags | 468 |
| 5.5.6 | Größenvergleiche | 469 |
| 5.5.7 | Logische Operationen | 471 |
| 5.5.8 | Sprünge | 472 |
| 5.5.9 | Struktur eines vollständigen Assemblerprogrammes | 473 |
| 5.5.10 | Ein Beispielprogramm | 474 |
| 5.5.11 | Testen von Assemblerprogrammen | 476 |
| 5.5.12 | Speicheradressierung | 477 |
| 5.5.13 | Operationen auf Speicherblöcken | 478 |
| 5.5.14 | Multiplikation und Division | 479 |
| 5.5.15 | Shift-Operationen | 480 |
| 5.5.16 | LOOP-Befehle | 482 |
| 5.5.17 | Der Stack | 482 |
| 5.5.18 | Einfache Unterprogramme | 483 |
| 5.5.19 | Parameterübergabe und Stack | 485 |
| 5.5.20 | Prozeduren und Funktionen | 486 |
| 5.5.21 | Makros | 487 |
| 5.5.22 | Assembler unter DOS | 488 |
| 5.5.23 | Assembler unter Windows | 490 |

**5.6 RISC-Architekturen** ................................................... **491**

| | | |
|---|---|---|
| 5.6.1 | CISC | 491 |
| 5.6.2 | Von CISC zu RISC | 492 |
| 5.6.3 | RISC-Prozessoren | 492 |
| 5.6.4 | Pipelining | 494 |
| 5.6.5 | Superskalare Architekturen | 495 |
| 5.6.6 | Cache-Speicher | 496 |
| 5.6.7 | Leistungsvergleich | 496 |
| 5.6.8 | Konkrete RISC-Architekturen | 497 |

**5.7 Die Architektur der Intel-PC-Mikroprozessorfamilie** ............... **499**

| | | |
|---|---|---|
| 5.7.1 | Adressierung | 503 |
| 5.7.2 | Die Segmentierungseinheit | 504 |
| 5.7.3 | Adressübersetzung | 505 |
| 5.7.4 | Datenstrukturen und Befehle des Pentium | 506 |
| 5.7.5 | MMX-Befehle | 507 |
| 5.7.6 | Betriebsarten des Pentium | 507 |
| 5.7.7 | Ausblick | 507 |

Inhalt                                                                              XV

## 6 Betriebssysteme                                                          **509**

| | 6.0.1 | Basis-Software | 510 |

|  | 6.1 | Betriebsarten | 512 |

| | 6.1.1 | Teilhaberbetrieb | 512 |
| | 6.1.2 | Client-Server-Systeme | 512 |

| | 6.2 | Verwaltung der Ressourcen | 514 |

| | 6.2.1 | Dateisystem | 514 |
| | 6.2.2 | Dateioperationen | 516 |
| | 6.2.3 | Prozesse | 516 |
| | 6.2.4 | Bestandteile eines Prozesses | 517 |
| | 6.2.5 | Threads | 518 |
| | 6.2.6 | Prozessverwaltung | 518 |
| | 6.2.7 | Prozesskommunikation | 520 |
| | 6.2.8 | Kritische Abschnitte – wechselseitiger Ausschluss | 521 |
| | 6.2.9 | Semaphore und Monitore | 523 |
| | 6.2.10 | Deadlocks | 524 |
| | 6.2.11 | Speicherverwaltung | 525 |

| | 6.3 | Das Betriebssystem UNIX | 529 |

| | 6.3.1 | Linux | 530 |
| | 6.3.2 | Das UNIX-Dateisystem | 530 |
| | 6.3.3 | Dateinamen | 532 |
| | 6.3.4 | Dateirechte | 532 |
| | 6.3.5 | Pfade | 532 |
| | 6.3.6 | Special files | 534 |
| | 6.3.7 | Externe Dateisysteme | 534 |
| | 6.3.8 | UNIX-Shells | 534 |
| | 6.3.9 | UNIX-Kommandos | 535 |
| | 6.3.10 | Optionen | 536 |
| | 6.3.11 | Datei-Muster | 537 |
| | 6.3.12 | Standard-Input/Standard-Output | 538 |
| | 6.3.13 | Dateibearbeitung | 538 |
| | 6.3.14 | Reguläre Ausdrücke | 540 |

| | 6.4 | UNIX-Prozesse | 541 |

| | 6.4.1 | Pipes | 541 |
| | 6.4.2 | Sind Pipes notwendig? | 542 |
| | 6.4.3 | Prozess-Steuerung | 544 |
| | 6.4.4 | Multitasking | 546 |
| | 6.4.5 | UNIX-Shell-Programmierung | 547 |
| | 6.4.6 | Die C-Shell | 547 |
| | 6.4.7 | Kommando-Verknüpfungen | 548 |
| | 6.4.8 | Variablen | 548 |
| | 6.4.9 | Shell-Scripts | 550 |
| | 6.4.10 | Ausführung von Shell-Scripts | 550 |

| | 6.4.11 | UNIX-Kommandos und Shell-Kommandos | 551 |
| | 6.4.12 | UNIX als Mehrbenutzersystem | 552 |
| | 6.4.13 | Verbindung zu anderen Rechnern | 553 |
| | 6.4.14 | Weltweiter Rechnerzugang | 553 |
| | 6.4.15 | UNIX-Tools | 554 |
| | 6.4.16 | Editoren | 555 |
| | 6.4.17 | C und C++ | 556 |
| | 6.4.18 | Scanner- und Parsergeneratoren | 557 |
| | 6.4.19 | Projektbearbeitung | 559 |
| 6.5 | X Window System | | 559 |
| | 6.5.1 | Window-Manager und Terminal Emulator | 561 |
| | 6.5.2 | Grafische Oberflächen | 561 |
| 6.6 | MS-DOS und MS-Windows | | 562 |
| | 6.6.1 | Dynamic Link Libraries | 563 |
| | 6.6.2 | Object Linking and Embedding | 564 |
| | 6.6.3 | Windows NT, Windows 2000 und Windows XP | 564 |
| | 6.6.4 | Windows XP | 566 |
| 6.7 | Alternative PC-Betriebssysteme | | 566 |

## 7 Rechnernetze      569

| 7.1 | Rechner-Verbindungen | | 570 |
| | 7.1.1 | Signalübertragung | 570 |
| | 7.1.2 | Physikalische Verbindung | 572 |
| | 7.1.3 | Synchronisation | 574 |
| | 7.1.4 | Bitcodierungen | 575 |
| 7.2 | Datenübertragung mit Telefonleitungen | | 576 |
| | 7.2.1 | ISDN | 577 |
| | 7.2.2 | DSL, ADSL und T-DSL | 578 |
| 7.3 | Protokolle und Netze | | 580 |
| | 7.3.1 | Das OSI-Modell | 580 |
| | 7.3.2 | Netze | 583 |
| | 7.3.3 | Netztopologien | 584 |
| | 7.3.4 | Netze von Netzen | 586 |
| | 7.3.5 | Zugriffsverfahren | 589 |
| | 7.3.6 | Wettkampfverfahren: CSMA-CD | 589 |
| 7.4 | Netztechnologien | | 591 |
| | 7.4.1 | Ethernet | 591 |
| | 7.4.2 | FDDI | 592 |
| | 7.4.3 | ATM | 592 |
| | 7.4.4 | SONET/SDH | 594 |
| 7.5 | Drahtlose Netze | | 595 |
| | 7.5.1 | Bluetooth | 596 |
| | 7.5.2 | WLAN | 597 |

| 8 | **Das Internet** | | **605** |
|---|---|---|---|
| | 8.0.1 | Bildung von Standards im Internet | 606 |
| 8.1 | Die TCP/IP Protokolle | | 608 |
| | 8.1.1 | Die Protokolle TCP und UDP | 609 |
| | 8.1.2 | Das IP Protokoll | 611 |
| 8.2 | IP-Adressen | | 613 |
| | 8.2.1 | Adressklassen | 614 |
| | 8.2.2 | Adressübersetzung | 616 |
| 8.3 | Das System der Domain-Namen | | 620 |
| | 8.3.1 | DNS-lookup in Java | 622 |
| | 8.3.2 | Programmierung einer TCP Verbindungen | 624 |
| 8.4 | Intranets, Firewalls und virtuelle private Netzwerke | | 628 |
| 8.5 | Die Dienste im Internet | | 630 |
| | 8.5.1 | E-Mail | 630 |
| | 8.5.2 | News | 635 |
| | 8.5.3 | FTP | 636 |
| | 8.5.4 | Telnet | 637 |
| | 8.5.5 | Gopher | 637 |
| 8.6 | Das World Wide Web | | 638 |
| | 8.6.1 | HTTP | 640 |
| | 8.6.2 | HTML | 641 |
| | 8.6.3 | Die Struktur eines HTML-Dokumentes | 644 |
| | 8.6.4 | Querverweise: Links | 645 |
| | 8.6.5 | Tabellen und Frames | 646 |
| | 8.6.6 | Formulare | 647 |
| | 8.6.7 | Style Sheets | 648 |
| | 8.6.8 | Weitere Möglichkeiten von HTML | 649 |
| 8.7 | Web-Programmierung | | 649 |
| | 8.7.1 | JavaScript | 650 |
| | 8.7.2 | Applets | 652 |
| | 8.7.3 | Die Struktur eines Applets | 653 |
| | 8.7.4 | Der Lebenszyklus eines Applets | 654 |
| | 8.7.5 | Interaktionen | 655 |
| | 8.7.6 | PHP | 657 |
| | 8.7.7 | XML | 660 |
| 9 | **Theoretische Informatik und Compilerbau** | | **665** |
| 9.1 | Analyse von Programmtexten | | 665 |
| | 9.1.1 | Lexikalische Analyse | 666 |
| | 9.1.2 | Syntaxanalyse | 667 |

| 9.2 | Reguläre Sprachen | 668 |
|---|---|---|
| | 9.2.1 Reguläre Ausdrücke | 669 |
| | 9.2.2 Automaten und ihre Sprachen | 671 |
| | 9.2.3 Implementierung endlicher Automaten | 673 |
| | 9.2.4 ε-Transitionen und nichtdeterministische Automaten | 674 |
| | 9.2.5 Automaten für reguläre Sprachen | 674 |
| | 9.2.6 Von nichtdeterministischen zu deterministischen Automaten | 675 |
| | 9.2.7 Anwendung: flex | 676 |
| 9.3 | Kontextfreie Sprachen | 677 |
| | 9.3.1 Kontextfreie Grammatiken | 678 |
| | 9.3.2 Ableitungen | 679 |
| | 9.3.3 Stackmaschinen (Kellerautomaten) | 680 |
| | 9.3.4 Stackmaschinen für beliebige kontextfreie Sprachen | 681 |
| | 9.3.5 Nichtdeterministische Algorithmen und Backtracking | 682 |
| | 9.3.6 Inhärent nichtdeterministische Sprachen | 684 |
| | 9.3.7 Ableitungsbaum, Syntaxbaum | 685 |
| | 9.3.8 Abstrakte Syntaxbäume | 686 |
| 9.4 | Grundlagen des Compilerbaus | 687 |
| | 9.4.1 Parsen durch rekursiven Abstieg (recursive descent) | 687 |
| | 9.4.2 LL(1)-Grammatiken | 689 |
| | 9.4.3 Äquivalente Grammatiken | 691 |
| | 9.4.4 Top-down und bottom-up | 692 |
| | 9.4.5 Shift-Reduce Parser | 693 |
| | 9.4.6 Die Arbeitsweise von Shift-Reduce-Parsern | 694 |
| | 9.4.7 Bottom-up Parsing | 695 |
| | 9.4.8 Konflikte | 696 |
| | 9.4.9 Ein nichtdeterministischer Automat mit Stack | 697 |
| | 9.4.10 Übergang zum deterministischen Automaten | 699 |
| | 9.4.11 Präzedenz | 702 |
| | 9.4.12 LR(1) und LALR(1) | 703 |
| | 9.4.13 Parsergeneratoren | 704 |
| | 9.4.14 lex/flex & yacc/bison | 705 |
| | 9.4.15 Grammatische Aktionen | 707 |
| | 9.4.16 Fehlererkennung | 709 |
| | 9.4.17 Synthetisierte Werte | 709 |
| | 9.4.18 Symboltabellen | 710 |
| | 9.4.19 Codeoptimierung | 710 |
| 9.5 | Berechenbarkeit | 711 |
| | 9.5.1 Berechenbare Funktionen | 712 |
| | 9.5.2 Beispiele berechenbarer Funktionen | 713 |
| | 9.5.3 Diagonalisierung | 715 |
| | 9.5.4 Nicht berechenbare Funktionen | 716 |
| | 9.5.5 Algorithmenbegriff und Churchsche These | 716 |
| | 9.5.6 Turingmaschinen | 717 |

| | | | |
|---|---|---|---|
| | 9.5.7 | Turing-Post Programme | 719 |
| | 9.5.8 | Turing-berechenbare Funktionen | 720 |
| | 9.5.9 | Registermaschinen | 721 |
| | 9.5.10 | GOTO-Programme | 722 |
| | 9.5.11 | While-Programme | 723 |
| | 9.5.12 | For-Programme (Loop-Programme) | 725 |
| | 9.5.13 | Effiziente Algorithmen als For-Programme | 725 |
| | 9.5.14 | Elementare (primitive) Rekursion | 726 |
| | 9.5.15 | Allgemeine Rekursion (µ-Rekursion) | 728 |
| | 9.5.16 | Die Ackermannfunktion | 729 |
| | 9.5.17 | Berechenbare Funktionen - Churchsche These | 730 |
| | 9.5.18 | Gödelisierung | 730 |
| | 9.5.19 | Aufzählbarkeit und Entscheidbarkeit | 731 |
| | 9.5.20 | Unlösbare Aufgaben | 732 |
| | 9.5.21 | Semantische Probleme sind unentscheidbar | 733 |
| 9.6 | | Komplexitätstheorie | 734 |
| | 9.6.1 | Rückführung auf ja/nein-Probleme | 735 |
| | 9.6.2 | Entscheidungsprobleme und Sprachen | 736 |
| | 9.6.3 | Maschinenmodelle und Komplexitätsmaße | 736 |
| | 9.6.4 | Sprachen und ihre Komplexität | 737 |
| | 9.6.5 | Effiziente parallele Lösungen | 738 |
| | 9.6.6 | Nichtdeterminismus | 739 |
| | 9.6.7 | Die Klasse NP | 740 |
| | 9.6.8 | Reduzierbarkeit | 741 |
| | 9.6.9 | Der Satz von Cook | 743 |
| | 9.6.10 | NP-Vollständigkeit | 745 |
| | 9.6.11 | CLIQUE ist NP-vollständig | 746 |
| | 9.6.12 | Praktische Anwendung von SAT-Problemen | 747 |
| | 9.6.13 | P = NP ? | 749 |

## 10 Datenbanksysteme — 751

| | | | |
|---|---|---|---|
| 10.1 | | Datenbanken und Datenbanksysteme | 751 |
| 10.2 | | Datenmodelle | 753 |
| | 10.2.1 | Entity/Relationship-Modell | 753 |
| | 10.2.2 | Das Relationale Datenbankmodell | 755 |
| | 10.2.3 | Relationen | 756 |
| | 10.2.4 | Die relationale Algebra | 757 |
| | 10.2.5 | Erweiterungen des relationalen Datenmodells | 757 |
| | 10.2.6 | Abbildung eines E/R-Datenmodells in ein relationales Modell | 758 |
| 10.3 | | Die Anfragesprache SQL | 759 |
| | 10.3.1 | Datendefinition | 759 |
| | 10.3.2 | Einfache Anfragen | 761 |
| | 10.3.3 | Gruppierung und Aggregate | 762 |
| | 10.3.4 | Verknüpfung verschiedener Relationen | 763 |
| | 10.3.5 | Einfügen, Ändern und Löschen von Datensätzen | 763 |
| | 10.3.6 | Mehrbenutzerbetrieb | 764 |

Inhalt

| | | | XX |

10.4 Anwendungsprogrammierung in Java ................................................. 766
    10.4.1 Das SQL-Paket in Java ............................................................ 767
    10.4.2 Aufbau einer Verbindung ......................................................... 767
    10.4.3 Anfragen ................................................................................. 768
    10.4.4 Zusammenfassung ................................................................... 770

## 11 Grafikprogrammierung          771

11.1 Hardware ............................................................................................ 771
    11.1.1 Auflösungen ............................................................................ 772
    11.1.2 Farben .................................................................................... 772

11.2 Grafikroutinen für Rastergrafik ........................................................ 773
    11.2.1 Bresenham Algorithmus .......................................................... 775

11.3 Einfache Programmierbeispiele ........................................................ 776
    11.3.1 Mandelbrot- und Julia-Mengen ............................................... 778
    11.3.2 Turtle-Grafik .......................................................................... 782
    11.3.3 L-Systeme .............................................................................. 785
    11.3.4 Ausblick ................................................................................. 788

11.4 3-D-Grafikprogrammierung .............................................................. 789
    11.4.1 Sichtbarkeit ............................................................................ 790
    11.4.2 Beleuchtungsmodelle ............................................................. 791
    11.4.3 Ray-Tracing ............................................................................ 793
    11.4.4 Die Radiosity Methode ........................................................... 794
    11.4.5 Ausblick ................................................................................. 795

## 12 Software-Entwicklung          797

12.1 Methoden und Werkzeuge für Projekte ............................................. 798

12.2 Vorgehensmodelle ............................................................................. 800
    12.2.1 Code and fix-Verfahren ........................................................... 800
    12.2.2 Wasserfall-Modelle ................................................................. 801
    12.2.3 Transformations-Modelle ........................................................ 804
    12.2.4 Nichtsequentielle Vorgehensmodelle ...................................... 804
    12.2.5 Prototyping und Spiralmodelle ................................................ 805
    12.2.6 Modelle zur inkrementellen Systementwicklung ...................... 806
    12.2.7 Evolutionäre Entwicklungsmodelle ......................................... 806
    12.2.8 Modelle zur objektorientierten Systementwicklung .................. 807

12.3 Traditionelle Methoden zur Programmentwicklung .......................... 809
    12.3.1 Strukturierte Programmierung ................................................. 809
    12.3.2 Schrittweise Verfeinerung und Top-down-Entwurf .................. 809

12.4 Daten- und Funktionsorientierte
    Software-Entwicklungsmethoden ...................................................... 810
    12.4.1 Geheimnisprinzip, Daten-Abstraktion und Modularisierung ..... 811
    12.4.2 Strukturierte Analyse- und Entwurfstechniken ........................ 812
    12.4.3 Entity/Relationship-Modellierung ........................................... 813
    12.4.4 Systematische Test-, Review- und Inspektionsverfahren .......... 813

Inhalt                                                                              XXI

12.5   Objektorientierte Software-Entwicklungsmethoden................................ 814
       12.5.1   Prinzipien der Objektorientierung.........................................................814
       12.5.2   Objektorientierter Entwurf ..................................................................815
12.6   Objektorientierte Analyse ......................................................................... 816
       12.6.1   Standardisierung der objektorientierten Modellierung ...........................816
       12.6.2   Die Modellierungssprache UML............................................................817
       12.6.3   Software-Architekturen, Muster und Programmgerüste ..........................821
12.7   Projekt-Management.................................................................................. 822
       12.7.1   Projektinitialisierung und -planung......................................................823
       12.7.2   Projektsteuerung und -koordination.....................................................823
       12.7.3   Projektabschluss und -bericht ..............................................................824
12.8   Software-Qualitätssicherung..................................................................... 824
       12.8.1   Qualitätsnormen und Zertifizierung......................................................827
12.9   Werkzeuge und Programmierumgebungen................................................ 828
       12.9.1   Klassifizierung von Werkzeugen ..........................................................828
       12.9.2   Werkzeuge zur Analyse und Modellierung.............................................830
       12.9.3   Werkzeuge für Spezifikation und Entwurf.............................................830
       12.9.4   Programmier-Werkzeuge .....................................................................831
       12.9.5   Test- und Fehlerbehebungs-Werkzeuge .................................................832
       12.9.6   Weitere Werkzeuge zur Qualitätssicherung ...........................................833
       12.9.7   Tätigkeitsübergreifende Werkzeuge......................................................833
       12.9.8   Entwicklungs-Umgebungen .................................................................835

## A  Literatur                                                                        837

A.1    Einführende Bücher .................................................................................. 837
A.2    Lehrbücher der Informatik ........................................................................ 837
A.3    Programmieren in Pascal ........................................................................... 838
A.4    Programmieren in Java .............................................................................. 839
A.5    Algorithmen und Datenstrukturen ............................................................. 840
A.6    Rechnerarchitektur.................................................................................... 840
A.7    Betriebssysteme ....................................................................................... 841
A.8    Rechnernetze............................................................................................ 842
A.9    Internet .................................................................................................... 842
A.10   Theoretische Informatik und Compilerbau................................................. 844
A.11   Datenbanken ............................................................................................ 845
A.12   Grafikprogrammierung.............................................................................. 846
A.13   Software-Entwicklung .............................................................................. 847
A.14   Mathematischer Hintergrund .................................................................... 849
A.15   Sonstiges ................................................................................................. 850

## Stichwortverzeichnis                                                                851

# 1 Einführung

In diesem Kapitel werden wir wichtige Themen der Informatik in einer ersten Übersicht darstellen. Zunächst beschäftigen wir uns mit dem Begriff *Informatik*, dann mit fundamentalen Grundbegriffen wie z.B. *Bits* und *Bytes*. Danach behandeln wir die Frage, wie Texte, logische Werte und Zahlen in Computern gespeichert werden. Wir erklären den Aufbau eines PCs und das Zusammenwirken von Hardware, Controllern, Treibern und Betriebssystem bis zur benutzerfreundlichen Anwendungssoftware. Viele der hier eingeführten Begriffe werden in den späteren Kapiteln noch eingehender behandelt. Daher dient dieses Kapitel als erster Überblick und als Grundsteinlegung für die folgenden.

## 1.1 Was ist „*Informatik*"?

Der Begriff *Informatik* leitet sich von dem Begriff *Information* her. Er entstand in den 60er Jahren. Informatik ist die Wissenschaft von der maschinellen Informationsverarbeitung. Die englische Bezeichnung für Informatik ist *Computer'Science*, also die Wissenschaft, die sich mit Rechnern beschäftigt. Wenn auch die beiden Begriffe verschiedene Blickrichtungen andeuten, bezeichnen sie dennoch das Gleiche. Die Spannweite der Disziplin Informatik ist sehr breit, und demzufolge ist das Gebiet in mehrere Teilgebiete untergliedert.

### 1.1.1 Technische Informatik

Die *Technische Informatik* beschäftigt sich vorwiegend mit der Konstruktion von Rechnern, Speicherchips, schnellen Prozessoren oder Parallelprozessoren, aber auch mit dem Aufbau von Peripheriegeräten wie Festplatten, Druckern und Bildschirmen. Die Grenzen zwischen der Technischen Informatik und der Elektrotechnik sind fließend. An einigen Universitäten gibt es den Studiengang *Datentechnik*, der gerade diesen Grenzbereich zwischen Elektrotechnik und Informatik zum Gegenstand hat.

Man kann vereinfachend sagen, dass die Technische Informatik für die Bereitstellung der Gerätschaften, der so genannten *Hardware*, zuständig ist, welche die Grundlage jeder maschinellen Informationsverarbeitung darstellt. Naturgemäß muss die Technische Informatik aber auch die beabsichtigten Anwendungsgebiete der Hardware im Auge haben. Insbesondere muss sie die Anforderungen der Programme berücksichtigen, die durch diese Hardware ausgeführt werden sollen. Es ist ein Unterschied, ob ein Rechner extrem viele Daten in begrenzter Zeit verarbeiten soll, wie etwa bei der Wettervorhersage oder bei der Steuerung einer Raumfähre, oder ob er im kommerziellen oder im häuslichen Bereich eingesetzt wird, wo es mehr auf die Unterstützung intuitiver Benutzerführung, die Präsentation von Grafiken, Text oder Sound ankommt.

## 1.1.2 Praktische Informatik

Die *Praktische Informatik* beschäftigt sich im weitesten Sinne mit den Programmen, die einen Rechner steuern. Im Gegensatz zur Hardware sind solche Programme leicht veränderbar, man spricht daher auch von *Software*. Es ist ein weiter Schritt von den recht primitiven Operationen, die die Hardware eines Rechners ausführen kann, bis zu den Anwendungsprogrammen, wie etwa Textverarbeitungssystemen, Spielen und Grafiksystemen, mit denen ein Anwender umgeht. Die Brücke zwischen der Hardware und der Anwendungssoftware zu schlagen, ist die Aufgabe der Praktischen Informatik.

Ein klassisches Gebiet der Praktischen Informatik ist der Compilerbau. Ein *Compiler* übersetzt Programme, die in einer technisch-intuitiven Notation, einer so genannten *Programmiersprache*, formuliert sind, in die stark von den technischen Besonderheiten der Maschine geprägte Notation der *Maschinensprache*. Es gibt viele populäre Programmiersprachen, darunter BASIC, Cobol, Fortran, Pascal, C, C++, Java, Perl, LISP, ML und PROLOG. Programme, die in solchen *Hochsprachen* formuliert sind, können nach der Übersetzung durch einen Compiler auf den verschiedensten Maschinen ausgeführt werden oder, wie es im Informatik-Slang heißt, *laufen*. Ein Maschinenspracheprogramm läuft dagegen immer nur auf dem Maschinentyp, für den es geschrieben wurde. Java hat eine Zwischenlösung wieder populär gemacht. Dabei erzeugt der Compiler einen so genannten *Bytecode* für eine *virtuelle* (gedachte) Maschine. Diese Maschine kann dann von den verschiedensten konkreten Rechnern interpretiert werden (siehe S. 81 ff.).

## 1.1.3 Theoretische Informatik

Die *Theoretische Informatik* beschäftigt sich mit den abstrakten mathematischen und logischen Grundlagen aller Teilgebiete der Informatik. Theorie und Praxis sind in der Informatik enger verwoben als in vielen anderen Disziplinen, theoretische Erkenntnisse sind schneller und direkter einsetzbar. Durch die theoretischen Arbeiten auf dem Gebiet der *formalen Sprachen* und der *Automatentheorie* zum Beispiel hat man das Gebiet des Compilerbaus heute sehr gut im Griff. In Anlehnung an die theoretischen Erkenntnisse sind praktische Werkzeuge entstanden. Diese sind selbst wieder Programme, mit denen ein großer Teil des Compilerbaus automatisiert werden kann. Bevor eine solche Theorie existierte, musste man mit einem Aufwand von ca. 25 *Bearbeiter-Jahren* (Anzahl der Bearbeiter * Arbeitszeit = 25) für die Konstruktion eines einfachen Compilers rechnen, heute erledigen Studenten eine vergleichbare Aufgabe im Rahmen eines Praktikums.

Neben den Beiträgen, die die Theoretische Informatik zur Entwicklung des Gebietes leistet, ist die Kenntnis der theoretischen Strukturen eine wichtige Schulung für jeden, der komplexe Systeme entwirft. Gut durchdachte, theoretisch abgesicherte Entwürfe erweisen sich auch für hochkomplexe Software als sicher und erweiterbar. Software-Systeme, die im Hauruck-Verfahren entstehen, stoßen immer bald an die Grenze, ab der sie nicht mehr weiterentwickelbar

# 1.1 Was ist „Informatik"?

sind. Die Entwicklung von Software sollte sich an der Ökonomie der Theoriebildung in der Mathematik orientieren: möglichst wenige Annahmen, möglichst keine Ausnahmen. Ein wichtiger Grund etwa, warum die Konstruktion von Fortran-Compilern so kompliziert ist, liegt darin, dass dieses Prinzip bei der Definition der Programmiersprache nicht angewendet wurde. Jeder Sonder- oder Ausnahmefall, jede zusätzliche Regel macht nicht nur dem Konstrukteur des Compilers das Leben schwer, sondern auch den vielen Fortran-Programmierern.

## 1.1.4 Angewandte Informatik

Die *Angewandte Informatik* beschäftigt sich mit dem Einsatz von Rechnern in den verschiedensten Bereichen unseres Lebens. Da in den letzten Jahren die Hardware eines Rechners für jeden erschwinglich geworden ist, gibt es auch keinen Bereich mehr, der der Computeranwendung verschlossen ist. Einerseits gilt es, spezialisierte Programme für bestimmte Aufgaben zu erstellen, andererseits müssen Programme und Konzepte entworfen werden, die in vielfältigen Umgebungen einsetzbar sein sollen. Beispiele für solche universell einsetzbaren Systeme sind etwa *Textverarbeitungssysteme* oder *Tabellenkalkulationssysteme* (engl. *spread sheet*).

Auch die Angewandte Informatik ist nicht isoliert von den anderen Gebieten denkbar. Es gilt schließlich, sowohl neue Möglichkeiten der Hardware als auch im Zusammenspiel von Theoretischer und Praktischer Informatik entstandene Werkzeuge einer sinnvollen Anwendung zuzuführen. Als Beispiel mögen die *Organizer*, *Palmtops* und *Tablet-PCs* dienen, die im Wesentlichen aus einem Flüssigkristall-Bildschirm bestehen, den man mit einem Griffel handschriftlich beschreiben kann. Die Angewandte Informatik muss die Einsatzmöglichkeiten solcher Geräte, etwa in der mobilen Lagerhaltung, auf der Baustelle oder als vielseitiger, „intelligenter" Terminkalender, entwickeln. Die Hardware wurde von der Technischen Informatik konstruiert, die Softwaregrundlagen, etwa zur Handschrifterkennung, von der Praktischen Informatik aufgrund der Ergebnisse der Theoretischen Informatik gewonnen.

Wenn man im deutschsprachigen Raum auch diese Einteilung der Informatik vornimmt, so ist es klar, dass die einzelnen Gebiete nicht isoliert und ihre jeweiligen Grenzen nicht wohldefiniert sind. Die Technische Informatik überlappt sich stark mit der Praktischen Informatik, jene wieder mit der Theoretischen Informatik. Auch die Grenzen zwischen der Praktischen und der Angewandten Informatik sind fließend. Gleichgültig in welchem Bereich man später einmal arbeiten möchte, muss man auch die wichtigsten Methoden der Nachbargebiete kennen lernen, um die Möglichkeiten seines Gebietes entfalten und entwickeln zu lernen, aber auch um die Grenzen abschätzen zu können.

Neben der in diese vier Bereiche eingeteilten Informatik haben viele Anwendungsgebiete ihre eigenen Informatik-Ableger eingerichtet. So spricht man zum Beispiel von der *Medizinischen Informatik*, der *Wirtschaftsinformatik*, der *Bio-Informatik*, der *Linguistischen Informatik*, der *Juristischen Informatik* oder der *Chemie-Informatik*. Für einige dieser Bereiche gibt es an Fachhochschulen und Universitäten bereits Studiengänge. Insbesondere geht es darum, fundierte Kenntnisse über das angestrebte Anwendungsgebiet mit grundlegenden Kenntnissen informatischer Methoden zu verbinden.

## 1.2 Information und Daten

*Was tut eigentlich ein Computer?* Diese Frage scheint leicht beantwortbar zu sein, indem wir einfach eine Fülle von Anwendungen aufzählen. Computer berechnen Wettervorhersagen, steuern Raumfähren, spielen Schach, machen Musik und erzeugen unglaubliche Effekte in Kinofilmen. Sicher liegt hier aber nicht die Antwort auf die gestellte Frage, denn wir wollen natürlich wissen, *wie* Computer das machen. Um dies zu erklären, müssen wir uns zunächst einigen, in welcher Tiefe wir anfangen sollen. Bei der Erklärung des Schachprogramms wollen wir vielleicht wissen:

- Wie wird das Schachspiel des Computers bedient?
- Wie ist das Schachprogramm aufgebaut?
- Wie sind die Informationen über den Spielstand im Hauptspeicher des Rechners gespeichert und wie werden sie verändert?
- Wie sind die Nullen und Einsen in den einzelnen Speicherzellen organisiert und wie werden sie verändert?
- Welche elektrischen Signale beeinflussen die Transistoren und Widerstände, aus denen Speicherzellen und Prozessor aufgebaut sind?

Wir müssen uns auf *eine* solche mögliche Erklärungsebene festlegen. Da es hier um Informatik geht, also um die Verarbeitung von Informationen, beginnen wir auf der Ebene der Nullen und Einsen, denn dies ist die niedrigste Ebene der *Informationsverarbeitung*. Wir beschäftigen uns also zunächst damit, wie Informationen im Rechner durch Nullen und Einsen repräsentiert werden können. Die so repräsentierten Informationen nennen wir *Daten*. Die *Repräsentation* muss derart gewählt werden, dass man aus den Daten auch wieder die repräsentierte Information zurückgewinnen kann. Diesen Prozess der Interpretation von Daten als Information nennt man auch *Abstraktion*.

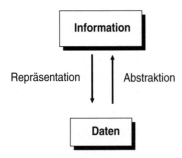

**Abb. 1.1:** *Information und Daten*

## 1.2.1    Bits

Ein *Bit* ist die kleinstmögliche Einheit der Information. Ein Bit ist die Informationsmenge in einer Antwort auf eine Frage, die zwei Möglichkeiten zulässt:

- ja oder nein,
- wahr oder falsch,
- schwarz oder weiß,
- hell oder dunkel,
- groß oder klein,
- stark oder schwach,
- links oder rechts.

Zu einer solchen Frage lässt sich immer eine *Codierung* der Antwort festlegen. Da es zwei mögliche Antworten gibt, reicht ein *Code* mit zwei Zeichen, ein so genannter *binärer Code*. Man benutzt dazu die Zeichen:

0 und 1.

Eine solche Codierung ist deswegen nötig, weil die Information technisch dargestellt werden muss. Man bedient sich dabei etwa elektrischer Ladungen:

0 = ungeladen,
1 = geladen,

oder elektrischer Spannungen

0 = 0 Volt,
1 = 5 Volt,

oder Magnetisierungen

0 = unmagnetisiert,
1 = magnetisiert.

So kann man etwa die Antwort auf die Frage:

*Welche Farbe hat der Springer auf F3?*

im Endeffekt dadurch repräsentieren bzw. auffinden, indem man prüft,

- ob ein Kondensator eine bestimmte Ladung besitzt,
- ob an einem Widerstand eine bestimmte Spannung anliegt oder
- ob eine bestimmte Stelle auf einer Magnetscheibe magnetisiert ist.

Da es uns im Moment aber nicht auf die genaue technische Realisierung ankommt, wollen wir die Übersetzung physikalischer Größen in Informationseinheiten bereits voraussetzen und nur von den beiden möglichen Elementarinformationen 0 und 1 ausgehen.

## 1.2.2 Bitfolgen

Lässt eine Frage mehrere Antworten zu, so enthält die Beantwortung der Frage mehr als ein Bit an Information. Die Frage etwa, aus welcher Himmelsrichtung, Nord, Süd, Ost oder West, der Wind weht, lässt 4 mögliche Antworten zu. Der Informationsgehalt in der Beantwortung der Frage ist aber nur 2 Bit, denn man kann die ursprüngliche Frage in zwei andere Fragen verwandeln, die jeweils nur zwei Antworten zulassen:

1. Weht der Wind aus einer der Richtungen Nord oder Ost (ja/nein)?
2. Weht der Wind aus einer der Richtungen Ost oder West (ja/nein)?

Eine mögliche Antwort, etwa *ja* auf die erste Frage und *nein* auf die zweite Frage, lässt sich durch die beiden Bits

    **1 0**

repräsentieren. Die Bitfolge 10 besagt also diesmal, dass der Wind aus Norden weht. Ähnlich repräsentieren die Bitfolgen

    0 0 ↔ Süd      0 1 ↔ West      1 0 ↔ Nord      1 1 ↔ Ost.

Offensichtlich gibt es genau 4 mögliche Folgen von 2 Bit. Mit 2 Bit können wir also Fragen beantworten, die 4 mögliche Antworten zulassen.

Lassen wir auf dieselbe Frage (Woher weht der Wind?) auch noch die Zwischenrichtungen Südost, Nordwest, Nordost und Südwest zu, so gibt es 4 weitere mögliche Antworten, also insgesamt 8. Mit einem zusätzlichen Bit, also mit insgesamt 3 Bits, können wir alle 8 möglichen Antworten darstellen. Die möglichen Folgen aus 3 Bits sind:

    000, 001, 010, 011, 100, 101, 110, 111.

und die möglichen Antworten auf die Frage nach der Windrichtung sind:

    Süd, West, Nord, Ost, Südost, Nordwest, Nordost, Südwest.

Jede beliebige eindeutige Zuordnung der Himmelsrichtungen zu diesen Bitfolgen können wir als Codierung von Windrichtungen hernehmen, zum Beispiel:

    000 = Süd      100 = Südost
    001 = West     101 = Nordwest
    010 = Nord     110 = Nordost
    011 = Ost      111 = Südwest

Offensichtlich verdoppelt jedes zusätzliche Bit die Anzahl der möglichen Bitfolgen, so dass gilt: *Es gibt genau $2^N$ mögliche Bitfolgen der Länge N.*

## 1.2 Information und Daten 7

## 1.2.3    Hexziffern

Ein Rechner ist viel besser als ein Mensch in der Lage, mit Kolonnen von Bits umzugehen. Für den Menschen wird eine lange Folge von Nullen und Einsen bald unübersichtlich. Es wird etwas einfacher, wenn wir lange Bitfolgen in Gruppen zu 4 Bits anordnen. Aus einer Bitfolge wie 01001111011000010110110001101100 wird dann

0100 1111 0110 0001 0110 1100 0110 1100.

Eine Gruppe von 4 Bits nennt man auch *Halb-Byte* oder *Nibble*. Da nur 16 verschiedene Nibbles möglich sind, bietet es sich an, jedem einen Namen zu geben. Wir wählen dazu die Ziffern '0' bis '9' und zusätzlich die Zeichen 'A' bis 'F'. Jedem Halb-Byte ordnet man auf natürliche Weise eine dieser so genannten *Hexziffern* zu:

```
0000 = 0      0100 = 4      1000 = 8      1100 = C
0001 = 1      0101 = 5      1001 = 9      1101 = D
0010 = 2      0110 = 6      1010 = A      1110 = E
0011 = 3      0111 = 7      1011 = B      1111 = F.
```

Damit lässt sich die obige Bitfolge kompakter als Folge von Hexziffern darstellen:

4 F 6 1 6 C 6 C.

Die Rückübersetzung in eine Bitfolge ist ebenso einfach, wir müssen nur jede Hexziffer durch das entsprechende Halb-Byte ersetzen.

So wie sich eine Folge von Dezimalziffern als Zahl im Dezimalsystem deuten lässt, können wir eine Folge von Hexziffern auch als eine Zahl im *Sechzehner-* oder *Hexadezimal-System* auffassen. Den Zahlenwert einer Folge von Hexziffern erhalten wir, indem wir jede Ziffer entsprechend ihrer Ziffernposition mit der zugehörigen Potenz der Basiszahl 16 multiplizieren und die Ergebnisse aufsummieren. Ähnlich wie die Dezimalzahl **327** für den Zahlenwert

$$\mathbf{3} \times 10^2 + \mathbf{2} \times 10^1 + \mathbf{7} \times 10^0$$

steht, repräsentiert z.B. die Hexzahl **1AF3** den Zahlenwert 6899. Dies kann man wie folgt nachrechnen:

$$\mathbf{1} \times 16^3 + \mathbf{A} \times 16^2 + \mathbf{F} \times 16^1 + \mathbf{3} \times 16^0 \ = \ 1 \times 4096 + 10 \times 256 + 15 \times 16 + 3 \,.$$

Die Umwandlung einer Dezimalzahl in eine Hexzahl mit dem gleichen Zahlenwert ist etwas schwieriger, wir werden auf S. 19 darauf eingehen, wenn wir die verschiedenen Zahldarstellungen behandeln. Da man das Hex-System vorwiegend verwendet, um lange Bitfolgen kompakter darzustellen, ist eine solche Umwandlung selten nötig.

Die Hex-Darstellung wird von Assembler-Programmierern meist der Dezimaldarstellung vorgezogen. Daher findet man oft auch die *ASCII-Tabelle* (siehe S. 11), welche eine Zuordnung der 256 möglichen *Bytes* (s.u.) zu den Zeichen der Tastatur und anderen Sonderzeichen festlegt, in Hex-Darstellung. Für das ASCII-Zeichen 'o' (das kleine „Oh", nicht zu verwechseln mit der Ziffer „0") hat man dann den Eintrag 6F, was der Dezimalzahl $6 \times 16 + 15 = 111$ entspricht. Umgekehrt findet man zu dem 97-sten ASCII-Zeichen, dem kleinen „a", die Hex-Darstellung 61, denn $6 \times 16 + 1 = 97$.

Allein aus der Ziffernfolge „61" ist nicht ersichtlich, ob diese als Hexadezimalzahl oder als Dezimalzahl aufzufassen ist. Wenn eine Verwechslung nicht ausgeschlossen ist, hängt man zur Kennzeichnung von Hexzahlen ein kleines „h" an, also 61h. Gelegentlich benutzt man die *Basiszahl* des Zahlensystems auch als unteren Index, wie in der folgenden Gleichung:

$$97_{10} = 61_{16} = 01100001_2$$

## 1.2.4   Bytes und Worte

Wenn ein Rechner Daten liest oder schreibt, wenn er mit Daten operiert, gibt er sich nie mit einzelnen Bits ab. Dies wäre im Endeffekt viel zu langsam. Stattdessen arbeitet er immer nur mit Gruppen von Bits, entweder mit 8 Bits, 16 Bits, 32 Bits oder 64 Bits. Man spricht dann von 8-Bit-Rechnern, 16-Bit-Rechnern, 32-Bit-Rechnern oder 64-Bit-Rechnern. In Wahrheit gibt es aber auch Mischformen: Rechner, die etwa intern mit 32-Bit-Blöcken rechnen, aber immer nur Blöcke zu 64 Bits lesen oder schreiben. Stets jedoch ist die Länge eines Bitblocks ein Vielfaches von 8. Eine Gruppe von 8 Bits nennt man ein *Byte*. Ein Byte besteht infolgedessen aus zwei Nibbles, man kann es also durch zwei Hex-Ziffern darstellen. Es gibt daher $16^2 = 256$ verschiedene Bytes von 0000 0000 bis 1111 1111. In Hexzahlen ausgedrückt erstreckt sich dieser Bereich von 00h bis FFh, dezimal von 0 bis 255.

Für eine Gruppe von 2, 4 oder 8 Bytes sind auch die Begriffe *Wort*, *Doppelwort* und *Quadwort* im Gebrauch, allerdings ist die Verwendung dieser Begriffe uneinheitlich. Bei einem 16-Bit Rechner bezeichnet man eine 16-Bit Größe als Wort, ein Byte ist dann ein Halbwort. Bei einem 32-Bit Rechner steht „Wort" auch für eine Gruppe von 4 Bytes.

## 1.2.5   Dateien

Eine *Datei* ist eine beliebig lange Folge von Bytes. Dateien werden meist auf Festplatten, Disketten, CD-ROMs gespeichert. Jede Information, mit der ein Rechner umgeht, Texte, Zahlen, Musik, Bilder, Programme, muss sich auf irgendeine Weise als Folge von Bytes repräsentieren lassen und kann daher als Datei gespeichert werden.

Hat man nur den Inhalt einer Datei vorliegen, so kann man nicht entscheiden, welche Art von Information die enthaltenen Bytes repräsentieren sollen. Diese zusätzliche Information versucht man durch einen geeigneten *Dateinamen* auszudrücken. Insbesondere hat es sich eingebürgert, die Dateinamen aus zwei Teilen zusammenzusetzen, einem Namen und einer *Erweiterung*. Diese beiden Namensbestandteile werden durch einen Punkt „." getrennt. Beispielsweise besteht die Datei mit Namen „FoxyLady.wav" aus dem Namen „FoxyLady" und der Erweiterung „wav". Die Endung „wav" soll andeuten, dass es sich um eine Musikdatei handelt, die mit einer entsprechenden Software abgespielt werden kann. Nicht alle Betriebssysteme verwenden diese Konventionen. In UNIX ist es z.B. üblich den Typ der Datei in den ersten Inhalts-Bytes zu kennzeichnen.

## 1.2.6 Datei- und Speichergrößen

Unter der *Größe einer Datei* versteht man die Anzahl der darin enthaltenen Bytes. Man verwendet dafür die Einheit **B**. Eine Datei der Größe 245**B** enthält also 245 Byte. In einigen Fällen wird die Abkürzung **B** auch für ein Bit verwendet, so dass wir es vorziehen, bei Verwechslungsgefahr die Einheiten als **Byte** oder als **Bit** auszuschreiben. Dateien von wenigen hundert Byte sind äußerst selten, meist bewegen sich die Dateigrößen in Bereichen von Tausenden oder gar Millionen von Bytes. Es bietet sich an, dafür die von Gewichts- oder Längenmaßen gewohnten Präfixe kilo- (für tausend) und mega- (für million) zu verwenden. Andererseits ist es günstig, beim Umgang mit binären Größen auch die Faktoren durch Zweierpotenzen 2, 4, 8, 16, ... auszudrücken. Da trifft es sich gut, dass die Zahl 1000 sehr nahe bei einer Zweierpotenz liegt, nämlich

$$2^{10} = 1024.$$

Daher stehen in vielen Bereichen der Informatik das Präfix **kilo** für 1024 und das Präfix **mega** für

$$2^{20} = 1024 \times 1024 = 1048576.$$

Die Abkürzungen für die in der Informatik benutzten Größenfaktoren sind daher

$\mathbf{k} = 1024 = 2^{10}$ (k = **kilo**)

$\mathbf{M} = 1024 \times 1024 = 2^{20}$  (M = **mega**)

$\mathbf{G} = 1024 \times 1024 \times 1024 = 2^{30}$  (G = **giga**)

$\mathbf{T} = 1024 \times 1024 \times 1024 \times 1024 = 2^{40}$   (T = **tera**)

$\mathbf{P} = 1024 \times 1024 \times 1024 \times 1024 \times 1024 = 2^{50}$   (P = **peta**)

$\mathbf{E} = 1024 \times 1024 \times 1024 \times 1024 \times 1024 \times 1024 = 2^{60}$   (E = **exa**)

Die obigen Maßeinheiten haben sich auch für die Angabe der Größe des Hauptspeichers und anderer Speichermedien durchgesetzt. Allerdings verwenden Festplattenhersteller gerne G (Giga) für den Faktor $10^9$ statt für $2^{30}$. So kann es sein, dass der Rechner auf der 160 GByte Festplatte nur 149 GByte Speicherplatz erkennt. Dies liegt daran, dass

$$160 \times 10^9 \approx 149 \times 2^{30}$$

ist. Anhaltspunkte für gängige Größenordnungen von Dateien und Geräten sind:

- eine Notiz: ~200 B
- ein Brief: ~3 kB
- Ein DOS-Programm: ~300 kB
- Diskettenkapazität: ~1,4 MB
- ein Windows-Programm: ~5 MB

- ein Musiktitel: ~40 MB im `wav`-Format bzw. ca. 4 MB im `mp3`-Format
- Hauptspeichergröße: ~256 MB
- CD-ROM Kapazität: ~ 700 MB
- DVD (Digital Versatile Disk): ~ 4,7 GB (bzw. 8,5 GB, 9,4 GB oder 17 GB)
- Festplatte: ~160 GB.

Natürlich hängt die genaue Größe einer Datei von ihrem Inhalt, im Falle von Bild- oder Audiodateien auch von dem verwendeten Aufzeichnungsverfahren ab. Durch geeignete *Kompressionsverfahren* lässt sich ohne merkliche Qualitätsverluste die Dateigröße erheblich reduzieren. So kann man z.B. mithilfe des *MP3-Codierungsverfahrens* einen Musiktitel von 40 MB Größe auf ca. 4 MB komprimieren. Dadurch ist es möglich, auf einer einzigen CD den Inhalt von 10 - 12 herkömmlichen Musik-CDs zu speichern.

## 1.2.7 Längen- und Zeiteinheiten

Für Längen- und Zeitangaben werden auch in der Informatik dezimale Einheiten benutzt. So ist z.B. ein 2,6 GHz Prozessor mit $2,6 \times 10^9 = 2600000000$ Hertz (Schwingungen pro Sekunde) getaktet. Ein Takt dauert also $1/(2,6 \times 10^9) = 0,38 \times 10^{-9}$ sec, das sind 0,38 **ns**. Das Präfix **n** steht hierbei für **nano**, d.h. den Faktor $10^{-9}$. Die anderen Faktoren kleiner als 1 sind:

$$\mathbf{m} = 1/1000 = 10^{-3} \quad (\text{m} = \mathbf{milli}),$$

$$\mathbf{\mu} = 1/1000000 = 10^{-6} \quad (\mu = \mathbf{mikro}),$$

$$\mathbf{n} = 1/1000000000 = 10^{-9} \quad (\text{n} = \mathbf{nano}),$$

$$\mathbf{p} = \ldots = 10^{-12} \quad (\text{p} = \mathbf{pico}),$$

$$\mathbf{f} = \ldots = 10^{-15} \quad (\text{f} = \mathbf{femto}).$$

Für Längenangaben wird neben den metrischen Maßen eine im Amerikanischen immer noch weit verbreitete Einheit verwendet.

$$1" = 1\ \mathbf{in} = 1\ \mathbf{inch} = 1\ \mathbf{Zoll} = 2,54\ \mathbf{cm} = 25,4\ \mathbf{mm}.$$

Für amerikanische Längenmaße hat sich nicht einmal das Dezimalsystem durchgesetzt. So gibt man Teile eines Zolls in Brüchen an, wie z.B. 3½" (Diskettengröße) oder 5¼" (frühere Standardgröße von Disketten). Für die Angabe der Bildschirmdiagonalen benutzt man ebenfalls die Maßeinheit Zoll, z.B. 17" oder 19". International verwendet man aber dezimale Abstufungen, z.B. 14,1" als gebräuchliche Bildschirmgröße eines Laptops.

## 1.3 Informationsdarstellung

Als *Daten* bezeichnen wir, wie bereits im ersten Abschnitt dieses Kapitels erläutert, die Folgen von Nullen und Einsen, die irgendwelche Informationen repräsentieren. In diesem

1.3 Informationsdarstellung         11

Abschnitt werden wir die Darstellung von Texten, logischen Werten, Zahlen und Programmen durch Daten erläutern.

## 1.3.1     Text

Um *Texte* in einem Rechner darzustellen, codiert man Alphabet und Satzzeichen in Bitfolgen. Mit einem Alphabet von 26 Kleinbuchstaben, ebenso vielen Großbuchstaben, einigen Satzzeichen wie etwa *Punkt*, *Komma* und *Semikolon* und Spezialzeichen wie „+", „&", „%" hat eine normale Tastatur eine Auswahl von knapp hundert Zeichen. Die Information, wo ein Zeilenumbruch stattfinden oder wo ein Text eingerückt werden soll, codiert man ebenfalls durch spezielle Zeichen. Solche *Sonderzeichen*, dazu gehören das CR-Zeichen (von englisch *carriage return* = Wagenrücklauf) und das Tabulatorzeichen *Tab*, werden nie ausgedruckt, sie haben beim Ausdrucken lediglich die entsprechende steuernde Wirkung. Sie heißen daher auch *Steuerzeichen* oder *nicht-druckbare* Zeichen.

## 1.3.2     ASCII-Code

Auf jeden Fall kommt man für die Darstellung aller Zeichen mit 7 Bits aus, das ergibt 128 verschiedene Möglichkeiten. Man muss also nur eine Tabelle erstellen, mit der jedem Zeichen ein solcher *Bitcode* zugeordnet wird. Dazu nummeriert man die 128 gewählten Zeichen einfach durch und stellt die Nummer durch 7 Bit binär dar. Die heute fast ausschließlich gebräuchliche Nummerierung ist die so genannte *ASCII*-Codierung. *ASCII* steht für „*American Standard Code for Information Interchange*". Sie berücksichtigt einige Systematiken, wie:

- die Kleinbuchstaben sind in alphabetischer Reihenfolge durchnummeriert,
- die Großbuchstaben sind in alphabetischer Reihenfolge durchnummeriert,
- die Ziffern 0 bis 9 stehen in der natürlichen Reihenfolge.

Einige Zeichen mit ihrem ASCII-Code sind:

| Zeichen | ASCII | Zeichen | ASCII |
|---------|-------|---------|-------|
| A | 65 | 0 | 48 |
| B | 66 | 1 | 49 |
| Z | 90 | 9 | 57 |
| a | 97 | CR | 13 |
| b | 98 | + | 43 |
| z | 122 | - | 45 |
| ? | 63 | = | 61 |

Da der ASCII-Code zur Datenübertragung (information interchange) konzipiert wurde, dienen die ersten Zeichen, ASCII 0 bis ASCII 31, sowie ASCII 127 verschiedenen Signalisierungs- und Steuerungszwecken. Um sie von der Tastatur einzugeben, muss man die Steuerungstaste (auf der Tastatur mit „*Ctrl*" oder mit „*Strg*" bezeichnet) gedrückt halten. Die ASCII-Codes von 1 bis 26 entsprechen dabei den Tastenkombinationen Ctrl-A bis Ctrl-Z.

Zum Beispiel entspricht ASCII 7 (das Klingelzeichen) der Kombination Ctrl-G und ASCII 8 (*Backspace*) ist Ctrl-H. Einige dieser Codes können in Editoren oder auf der Kommandozeile direkt benutzt werden. Die gebräuchlichen Tastaturen spendieren den wichtigsten dieser ASCII-Codes eine eigene Taste. Dazu gehören u.a. Ctrl-I (*Tabulator*), Ctrl-H (*Backspace*), Ctrl-[ (*Escape*=ASCII 27) und Ctrl-M (*Return*).

Die 128 ASCII-Zeichen entsprechen den Bytes 0000 0000 bis 0111 1111, d.h. den Hex-Zahlen 00 bis 7F. Eine Datei, die nur ASCII-Zeichen enthält, also Bytes, deren erstes Bit 0 ist, nennt man *ASCII-Datei*. Oft versteht man unter einer ASCII-Datei auch einfach eine Textdatei, selbst wenn Codes aus einer ASCII-Erweiterung verwendet werden.

## 1.3.3 ASCII-Erweiterungen

Bei der ASCII-Codierung werden nur die letzten 7 Bits eines Byte genutzt. Das erste Bit verwendete man früher als *Kontrollbit* für die Datenübertragung. Es wurde auf 0 oder 1 gesetzt, je nachdem ob die Anzahl der 1-en an den übrigen 7 Bitpositionen gerade (*even*) oder ungerade (*odd*) war. Die Anzahl der 1-en in dem gesamten Byte wurde dadurch immer gerade (*even parity*). Wenn nun bei der Übertragung ein kleiner Fehler auftrat, d.h. wenn in dem übertragenen Byte genau ein Bit verfälscht wurde, so konnte der Empfänger dies daran erkennen, dass die Anzahl der 1-en ungerade war.

Bei der Verwendung des ASCII-Codes zur Speicherung von Texten und auch als Folge der verbesserten Qualität der Datenübertragung wurde dieses Kontrollbit überflüssig. Daher lag es nahe, nun alle 8 Bit zur Zeichenkodierung zu verwenden. Somit ergab sich ein weiterer verfügbarer Bereich von ASCII 128 bis ASCII 255.

Der IBM-PC benutzt diese zusätzlichen Codes zur Darstellung von sprachspezifischen Zeichen wie z.B. „ä" (ASCII 132), „ö" (ASCII 148) „ü" (ASCII 129) und einigen Sonderzeichen anderer Sprachen, darüber hinaus auch für Zeichen, mit denen man einfache grafische Darstellungen wie Rahmen und Schraffuren zusammensetzen kann. Diese Zeichen können über die numerische Tastatur eingegeben werden. Dazu muss diese aktiviert sein (dies geschieht durch die Taste „*Num*"), danach kann bei gedrückter „*Alt*"-Taste der dreistellige ASCII-Code eingegeben werden.

Leider ist auch die Auswahl der sprachspezifischen Sonderzeichen eher zufällig und bei weitem nicht ausreichend für die vielfältigen Symbole fremder Schriften. Daher wurden von der *International Organization for Standardization* (ISO) verschiedene ASCII-Erweiterungen normiert. In Europa ist die ASCII-Erweiterung *Latin-1* nützlich, die durch die Norm ISO 8859-1 beschrieben wird.

Einige Rechner, insbesondere wenn sie unter UNIX betrieben werden, benutzen nur die genormten ASCII-Zeichen von 0 bis 127. Auf solchen Rechnern sind daher Umlaute nicht so einfach darstellbar. Die Verwendung von Zeichen einer ASCII-Erweiterung beim Austausch von Daten, E-Mails oder Programmtexten ist ebenfalls problematisch. Benutzt der Empfänger zur Darstellung nicht die gleiche ASCII-Erweiterung, so findet er statt der schönen Sonderzeichen irgendwelche eigenartigen Symbole oder Kontrollzeichen in seinem Text. Schlimmstenfalls geht auch von jedem Byte das erste Bit verloren. Einen Ausweg bietet hier die

## 1.3 Informationsdarstellung

Umcodierung der Datei in eine ASCII-Datei (z.B. mit dem Programm „*uuencode*") und eine Dekodierung beim Empfänger (mittels „*uudecode*"). Viele E-Mail Programme führen solche Umkodierungen automatisch aus.

### 1.3.4 Unicode und UCS

Wegen der Problematik der ASCII-Erweiterungen bei der weltweiten Datenübertragung entstand in den letzten Jahren ein neuer Standard, der versucht, sämtliche relevanten Zeichen aus den unterschiedlichsten Kulturkreisen in einem universellen Code zusammenzufassen. Dieser neue Zeichensatz heißt *Unicode* und verwendet eine 16-Bit-Codierung, kennt also maximal 65536 Zeichen. Landesspezifische Zeichen, wie z.B. ö, ß, æ, ç oder Ã gehören ebenso selbstverständlich zum Unicode-Zeichensatz wie kyrillische, arabische, japanische und tibetische Schriftzeichen. Die ersten 128 Unicode-Zeichen sind identisch mit dem ASCII-Code, die nächsten 128 mit dem ISO-Latin 1 Code.

Herkömmliche Programmiersprachen lassen meist keine Zeichen aus ASCII-Erweiterungen zu. *Java* erlaubt als erste der weit verbreiteten Sprachen die Verwendung beliebiger Unicode-Zeichen. Allerdings heißt dies noch lange nicht, dass jede Java-Implementierung einen Editor zur Eingabe von Unicode mitliefern würde.

Unicode wurde vom Unicode-Konsortium (*www.unicode.org*) definiert. Dieses arbeitet ständig an neuen Versionen und Erweiterungen dieses Zeichensatzes. Die Arbeit des Unicode-Konsortium wurde von der ISO (*www.iso.ch*) aufgegriffen. Unter der Norm ISO-10646 wurde Unicode als *Universal Character Set* (UCS) international standardisiert. Beide Gremien bemühen sich darum, ihre jeweiligen Definitionen zu synchronisieren, um unterschiedliche Codierungen zu vermeiden. ISO geht allerdings in der grundlegenden Definition von UCS noch einen Schritt weiter als Unicode. Es werden sowohl eine 16-Bit-Codierung (UCS-2) als auch eine 31-Bit-Codierung (UCS-4) festgelegt. Die Codes von UCS-2 werden als *basic multilingual plane* (BMP) bezeichnet, beinhalten alle bisher definierten Codes und stimmen mit Unicode überein. Codes, die UCS-4 ausnutzen sind für potenzielle zukünftige Erweiterungen vorgesehen.

### 1.3.5 UTF-8

Die Einführung von Unicode bzw. UCS-2 und UCS-4 führt zu beträchtlichen Kompatibilitätsproblemen, ganz abgesehen davon, dass der Umfang von derart codierten Textdateien wächst. Es ist daher schon frühzeitig der Wunsch nach einer kompakteren Codierung artikuliert worden, die kompatibel mit der historischen 7-Bit ASCII Codierung ist und die den neueren Erweiterungen Rechnung trägt. Eine solche Codierung, mit dem Namen UTF-8, wurde auch tatsächlich in den 90er Jahren eingeführt. Sie wurde von der ISO unter dem Anhang R zur Norm ISO-10646 festgeschrieben und auch von den Internetgremien als RFC2279 (siehe dazu Kapitel 8) standardisiert.

Die Bezeichnung UTF ist eine Abkürzung von *UCS Transformation Format*. Dadurch wird betont, dass es sich lediglich um eine andere Codierung von UCS bzw. Unicode handelt. Neben UTF-8 gibt es noch andere Transformations-Codierungen wie UTF-2, UTF-7 und

UTF-16, die allerdings nur geringe Bedeutung erlangt haben und daher hier nicht weiter diskutiert werden.

UTF-8 ist eine Mehrbyte-Codierung. 7-Bit ASCII-Zeichen werden mit einem Byte codiert, alle anderen verwenden zwischen 2 und 6 Bytes. Die Kodierung erfolgt nach den folgenden Prinzipien:

- Jedes mit **0** beginnende Byte ist ein Standard 7-Bit ASCII Zeichen. Jedes mit **1** beginnende Byte gehört zu einem aus mehreren Bytes bestehenden UTF-8 Code.
- Besteht ein UTF-8 Code aus n ≥ 2 Bytes, so beginnt das erste Byte mit n vielen **1**-en, und jedes der n-1 Folgebytes mit der Bitfolge **10**.

Der erste Punkt garantiert, dass Teile eines Mehrbyte UTF-8 Zeichens nicht als 7-Bit-ASCII Zeichen missdeutet werden können. Der zweite Punkt erlaubt es, Wortgrenzen in einer UTF-8 codierten Datei leicht zu erkennen, was ein einfaches Wideraufsetzen bei einem Übertragungsfehler ermöglicht. Auch einfache syntaktische Korrektheitstests sind möglich. Es ist ziemlich unwahrscheinlich, dass eine (längere) korrekte UTF-8 Datei in Wahrheit anders zu interpretieren ist.

Die UTF-8 Codes können die verschiedenen UCS-Codes (und Teilmengen davon) auf einfache Weise repräsentieren:

- 1-Byte-Codes haben die Form **0xxx xxxx** und ermöglichen die Verwendung von 7 (mit **x** gekennzeichneten) Bits und damit die Codierung von allen 7-Bit ASCII Codes.
- 2-Byte-Codes haben die Form **110x xxxx 10xx xxxx** und ermöglichen die Codierung aller 11-Bit UCS-2 Codes.
- 3-Byte-Codes haben die Form **1110 xxxx 10xx xxxx 10xx xxxx**. Mit den 16 noch verfügbaren Bits können alle 16-Bit UCS-2 Codes dargestellt werden.
- 4-Byte-Codes der Form **1111 0xxx 10xx xxxx 10xx xxxx 10xx xxxx** ermöglichen die Verwendung von 21 Bits zur Codierung aller 21-Bit UCS-4 Codes.
- 5-Byte-Codes können alle 26-Bit UCS-4 Codes darstellen. Sie haben die Form:
  **1111 10xx 10xx xxxx 10xx xxxx 10xx xxxx 10xx xxxx**
- 6-Byte-Codes ermöglichen die Codierung des kompletten 31-Bit UCS-4 Codes:
  **1111 110x 10xx xxxx 10xx xxxx 10xx xxxx 10xx xxxx 10xx xxxx**

UTF-8 codierte Dateien sind also kompatibel zur 7-Bit ASCII Vergangenheit und verlängern den Umfang von Dateien aus dem amerikanischen und europäischen Bereich gar nicht oder nur unwesentlich. Diese Eigenschaften haben dazu geführt, dass diese Codierungsmethode der de facto Standard bei der Verwendung von Unicode geworden ist. Bei den Webseiten des Internets wird UTF-8 immer häufiger verwendet – alternativ dazu können in HTML-Dateien Sonderzeichen, also z.B. Umlaute wie „ä" durch so genannte *Entities* als „&auml;" umschrieben werden. Bei den Bytecode Dateien von Java ist die UTF-8 Codierung schon von Anfang an verwendet worden.

## 1.3.6 Zeichenketten

Zur Codierung eines fortlaufenden Textes fügt man einfach die Codes der einzelnen Zeichen aneinander. Eine Folge von Textzeichen heißt auch *Zeichenkette* (engl. *string*). Der Text „Hallo Welt" wird also durch die Zeichenfolge

H,   a,   l,   l,   o,   ,   W,   e,   l,   t

repräsentiert. Jedes dieser Zeichen, einschließlich des Leerzeichens „ ", ersetzen wir durch seine Nummer in der ASCII-Tabelle und erhalten:

072 097 108 108 111 032 087 101 108 116

Alternativ können wir die ASCII-Nummern auch hexadezimal schreiben, also:

48 61 6C 6C 6F 20 57 65 6C 74

Daraus können wir unmittelbar auch die Repräsentation durch eine Bitfolge entnehmen:

```
01001000 01100001 01101100 01101100 01101111
00100000 01010111 01100101 01101100 01110100.
```

Es soll hier nicht unerwähnt bleiben, dass im Bereich der Großrechner noch eine andere als die besprochene ASCII-Codierung in Gebrauch ist. Es handelt sich um den so genannten *EBCDI*-Code (*extended binary coded decimal interchange*). Mit dem Rückgang der Großrechner verliert diese Codierung aber zunehmend an Bedeutung.

## 1.3.7 Logische Werte und logische Verknüpfungen

Logische Werte sind die *Wahrheitswerte* **Wahr** und **Falsch** (engl. *true* und *false*). Sie werden meist durch die Buchstaben *T* und *F* abgekürzt. Auf diesen logischen Werten sind die *booleschen Verknüpfungen* **NOT** (*Negation* oder *Komplement*), **AND** (*Konjunktion*), **OR** (*Disjunktion*) und **XOR** (exklusives **OR**) durch die folgenden Verknüpfungstafeln festgelegt:

| NOT | |
|---|---|
| F | T |
| T | F |

| AND | F | T |
|---|---|---|
| F | F | F |
| T | F | T |

| OR | F | T |
|---|---|---|
| F | F | T |
| T | T | T |

| XOR | F | T |
|---|---|---|
| F | F | T |
| T | T | F |

*Abb. 1.2:*   *Logische Verknüpfungen*

Die **AND**-Verknüpfung zweier Argumente ist also nur dann *T*, wenn beide Argumente *T* sind. Die **OR**-Verknüpfung zweier Argumente ist nur dann *F*, wenn beide Argumente *F* sind. Die

**XOR**-Verknüpfung zweier Argumente ist genau dann $T$, wenn beide Argumente verschieden sind. Beispielsweise gilt $T$ **XOR** $F = T$, denn in der **XOR**-Tabelle findet sich in der Zeile neben $T$ und der Spalte unter $F$ der Eintrag $T$.

Da es nur zwei Wahrheitswerte gibt, könnte man diese durch die beiden möglichen Werte eines Bits darstellen, z.B. durch $F = 0$ und $T = 1$. Da aber ein Byte die kleinste Einheit ist, mit der ein Computer operiert, spendiert man meist ein ganzes Byte für einen Wahrheitswert. Eine gängige Codierung ist $F = 0000\ 0000$ und $T = 1111\ 1111$.

Man kann beliebige Bitketten auch als Folgen logischer Werte interpretieren. Die logischen Verknüpfungen sind für diese Bitketten als *bitweise Verknüpfung* der entsprechenden Kettenelemente definiert. So berechnet man z.B. das *bitweise Komplement*

> **NOT** 01110110 = 10001001

oder die bitweise Konjunktion

> 01110110 **AND** 11101011 = 01100010.

### 1.3.8 Programme

*Programme*, das heißt Anweisungen, die einen Rechner veranlassen, bestimmte Dinge zu tun, sind im *Hauptspeicher* des Rechners oder auf einem externen Medium gespeichert. Auch für die Instruktionen eines Programms benutzt man eine vorher festgelegte Codierung, die jedem Befehl eine bestimmte Bitfolge zuordnet. Wenn Programme erstellt werden, sind sie noch als Text formuliert, erst ein *Compiler* übersetzt diesen Text in eine Reihe von Befehlen, die der Rechner versteht, die so genannten *Maschinenbefehle*. So repräsentiert z.B. die Bytefolge „03 D8" den Maschinenbefehl „ADD BX, AX", welcher den Inhalt des *Registers* AX zu dem Inhalt von BX addiert. Solche Befehle werden im Abschnitt über Assemblerprogrammierung ab S. 463 erläutert.

### 1.3.9 Bilder und Musikstücke

Auch Bilder und Musikstücke können als Daten in einem Computer verarbeitet und gespeichert werden. Ein Bild wird dazu in eine Folge von *Rasterpunkten* aufgelöst. Jeden dieser Rasterpunkte kann mann durch ein Bit, ein Byte oder mehrere Bytes codieren, je nachdem, ob das Bild ein- oder mehrfarbig ist. Eine Folge solcher Codes für Rasterpunkte repräsentiert dann ein Bild. Es gibt viele Standardformate für die Speicherung von Bildern, darunter solche, die jeden einzelnen Bildpunkt mit gleichem Aufwand speichern (dies nennt man eine *Bitmap*) bis zu anderen, die das gespeicherte Bild noch komprimieren. Dazu gehören das *gif-* und das *jpeg*-Format. Offiziell heißt dieses, von der *joint photographic expert group* (abgekürzt: *jpeg)* definierte Format *jfif*, doch die Bezeichnung *jpeg* ist allgemein gebräuchlicher. Das letztere Verfahren erreicht sehr hohe Kompressionsraten auf Kosten der Detailgenauigkeit – es ist i.A. *verlustbehaftet*, d.h. man kann das Original meist nicht wieder exakt zurückgewinnen.

Bei Musikstücken muss das analoge Wellenmuster zunächst digital codiert werden. Man kann sich das so vorstellen, dass die vorliegende Schwingung viele tausend mal pro Sekunde *abge-*

1.4 Zahlendarstellungen                                                                            17

*tastet* wird. Die gemessene Amplitude wird jeweils als Binärzahl notiert und in der Datei gespeichert. Mit der *mp3-Codierung*, die gezielt akustische Informationen unterdrückt, welche die meisten Menschen ohnehin nicht wahrnehmen, können die ursprünglichen *wav*-Dateien auf ungefähr ein Zehntel ihrer ursprünglichen Größe in *mp3*-Dateien komprimiert werden.

# 1.4     Zahlendarstellungen

Wie alle bisher diskutierten Informationen werden auch Zahlen durch Bitfolgen dargestellt. Wenn eine Zahl wie z.B. „4711" mitten in einem Text vorkommt, etwa in einem Werbeslogan, so wird sie, wie der Rest des Textes, als Folge ihrer ASCII-Ziffernzeichen gespeichert, d.h. als Folge der ASCII Zeichen für „4", „7", „1" und „1". Dies wären hier die ASCII-Codes mit den Nummern 52, 55, 49, 49. Eine solche Darstellung ist aber für Zahlen, mit denen man arithmetische Operationen durchführen möchte, unpraktisch und verschwendet unnötig Platz.

Man kann Zahlen viel effizienter durch eine umkehrbar eindeutige (eins-zu-eins) Zuordnung zwischen Bitfolgen und Zahlen kodieren. Wenn wir nur Bitfolgen einer festen Länge $N$ betrachten, können wir damit $2^N$ viele Zahlen darstellen. Gebräuchlich sind $N = 8, 16, 32$ oder 64. Man repräsentiert durch die Bitfolgen der Länge $N$ dann

- die natürlichen Zahlen von 0 bis $2^N - 1$, oder
- die ganzen Zahlen zwischen $-2^{N-1}$ und $2^{N-1} - 1$, oder
- ein Intervall der reellen Zahlen mit begrenzter Genauigkeit.

## 1.4.1     Binärdarstellung

Will man nur positive ganze Zahlen (natürliche Zahlen) darstellen, so kann man mit $N$ Bits den Bereich der Zahlen von 0 bis $2^N - 1$, das sind $2^N$ viele, überdecken. Die Zuordnung der Bitfolgen zu den natürlichen Zahlen geschieht so, dass die Bitfolge der *Binärdarstellung* der darzustellenden Zahl entspricht. Die natürlichen Zahlen nennt man in der Informatik auch *vorzeichenlose Zahlen*, und die Binärdarstellung heißt demzufolge auch *vorzeichenlose Darstellung*.

Um die Idee der Binärdarstellung zu verstehen, führen wir uns noch einmal das gebräuchliche *Dezimalsystem* (Zehnersystem) vor Augen. Die einzelnen Ziffern einer Dezimalzahl stellen bekanntlich die Koeffizienten von Zehnerpotenzen dar, wie beispielsweise in

$$\mathbf{4711} \;=\; \mathbf{4} \times 10^3 + \mathbf{7} \times 10^2 + \mathbf{1} \times 10^1 + \mathbf{1} \times 10^0 \;=\; \mathbf{4} \times 1000 + \mathbf{7} \times 100 + \mathbf{1} \times 10 + \mathbf{1} \times 1 \;.$$

Für das *Binärsystem* (Zweiersystem) hat man anstelle der Ziffern 0 ... 9 nur die beiden Ziffern 0 und 1 zur Verfügung, daher stellen die einzelnen Ziffern einer Binärzahl die Koeffizienten der Potenzen von 2 dar. Die Bitfolge $\mathbf{1101}$ hat daher den Zahlenwert:

$$\mathbf{1} \times 2^3 + \mathbf{1} \times 2^2 + \mathbf{0} \times 2^1 + \mathbf{1} \times 2^0 \;=\; \mathbf{1} \times 8 + \mathbf{1} \times 4 + \mathbf{0} \times 2 + \mathbf{1} \times 1 \;=\; 13 \;.$$

Dies können wir durch die Gleichung $(1101)_2 = (13)_{10}$ ausdrücken, wobei der Index angibt, in welchem Zahlensystem die Ziffernfolge interpretiert werden soll. Der Index entfällt, wenn das Zahlensystem aus dem Kontext klar ist.

Mit drei Binärziffern können wir die Zahlenwerte von 0 bis 7 darstellen:

| | | | |
|---|---|---|---|
| $000 = 0$, | $001 = 1$, | $010 = 2$, | $011 = 3$ |
| $100 = 4$, | $101 = 5$, | $110 = 6$, | $111 = 7$. |

Mit 4 Bits können wir analog die 16 Zahlen von 0 bis 15 erfassen, mit 8 Bits die 256 Zahlen von 0 bis 255, mit 16 Bits die Zahlen von 0 bis 65535 und mit 32 Bits die Zahlen von 0 bis 4 294 967 295.

## 1.4.2 Das Oktalsystem und das Hexadezimalsystem

Neben dem Dezimalsystem und dem Binärsystem sind in der Informatik noch das *Oktalsystem* und das *Hexadezimalsystem* in Gebrauch. Das Oktalsystem stellt Zahlen zur Basis 8 dar. Es verwendet daher nur die Ziffern 0 ... 7. Bei einer mehrstelligen Zahl im Oktalsystem ist jede Ziffer $d_i$ der Koeffizient der zugehörigen Potenz $8^i$, also:

$$(d_n d_{n-1} \cdots d_0)_8 = d_n \times 8^n + d_{n-1} \times 8^{n-1} + \ldots + d_0 \times 8^0,$$

Beispielsweise gilt $\quad (4711)_8 = 4 \times 8^3 + 7 \times 8^2 + 1 \times 8 + 1 \times 8^0 = (2505)_{10}$.

Ähnlich verhält es sich mit dem Hexadezimalsystem, dem System zur Basis 16. Die 16 Hexziffern 0,1,2,3,4,5,6,7,8,9,A,B,C,D,E,F drücken den Koeffizienten derjenigen Potenz von 16 aus, der ihrer Position entspricht. Beispielsweise stellt die Hexadezimalzahl 2C73 die Dezimalzahl 11379 dar, es gilt nämlich:

$$(2C73)_{16} = 2 \times 16^3 + 12 \times 16^2 + 7 \times 16^1 + 3 \times 16^0 = (11379)_{10}.$$

Prinzipiell könnte man jede beliebige positive Zahl, sogar 7 oder 13, als Basiszahl nehmen. Ein Vorteil des Oktal- und des Hexadezimalsystems ist, dass man zwischen dem Binärsystem und dem Oktal- bzw. dem Hexadezimalsystem ganz einfach umrechnen kann. Wenn wir von einer Binärzahl ausgehen, brauchen wir lediglich, von rechts beginnend, die Ziffern zu Vierergruppen zusammenzufassen und jeder dieser Vierergruppen die entsprechende Hexziffer zuzuordnen. Die resultierende Folge von Hexziffern ist dann die Hexadezimaldarstellung der Binärzahl. So entsteht z. B aus der Binärzahl 10110001110011 die Hexadezimalzahl 2C73, denn

$$(10110001110011)_2 = (10\ 1100\ 0111\ 0011)_2 = (2C73)_{16}.$$

Gruppieren wir jeweils drei Ziffern einer Binärzahl und ordnen jeder Dreiergruppe die entsprechende Oktalziffer zu, so erhalten wir die *Oktaldarstellung* der Zahl. Mit demselben Beispiel wie eben also:

$$(10110001110011)_2 = (10\ 110\ 001\ 110\ 011)_2 = (26163)_8.$$

1.4 Zahlendarstellungen                                                                    19

Warum dies so einfach funktioniert, lässt sich leicht plausibel machen. Sei dazu die Binärzahl
... $b_6\, b_5\, b_4\, b_3\, b_2\, b_1\, b_0$ gegeben. Aus den Dreiergruppen können wir immer höhere Potenzen
von 8 ausklammern:

$$... + b_6 \times 2^6 + b_5 \times 2^5 + b_4 \times 2^4 + b_3 \times 2^3 + b_2 \times 2^2 + b_1 \times 2^1 + b_0 \times 2^0 =$$

$$... + (... + b_6) \times 8^2 + \left(b_5 \times 2^2 + b_4 \times 2^1 + b_3 \times 2^0\right) \times 8^1 + \left(b_2 \times 2^2 + b_1 \times 2^1 + b_0 \times 2^0\right) \times 8^0$$

In jeder Klammer befindet sich jetzt eine Zahl zwischen 0 und 7, also eine Oktalziffer. Insgesamt kann man die Darstellung als Oktalzahl auffassen. Genauso zeigt sich, dass die beschriebene Umwandlung zwischen Binärzahlen und Hexadezimalzahlen korrekt ist. Dabei muss
man nur jeweils wachsende Potenzen von 16 ausklammern. Die Umwandlung, beispielsweise
vom Oktal- in das Hexadezimalsystem oder umgekehrt, erfolgt dann am einfachsten über den
Umweg des Binärsystems. Als Beispiel:

$$(4711)_8 = (\texttt{100 111 001 001})_2 = (\texttt{1001 1100 1001})_2 = (9C9)_{16}.$$

## 1.4.3    Umwandlung in das Binär-, Oktal- oder Hexadezimalsystem

Die Umwandlung einer Binär-, Oktal- oder Hexadezimalzahl in das Dezimalsystem ist einfach. Man muss nur die Ziffern mit den entsprechenden Potenzen von 2, 8 oder 16 multiplizieren und die Ergebnisse aufsummieren. Bevor wir die etwas schwierigere Umwandlung von
Dezimalzahlen in andere Zahlensysteme besprechen, wollen wir eine, auch für spätere Kapitel wichtige, zahlentheoretische Beobachtung vorwegschicken:

Wenn man eine natürliche Zahl $z$ durch eine andere natürliche Zahl $d \neq 0$ exakt teilt, erhält
man einen *Quotienten q* und einen *Rest r*. Für diese gilt dann offensichtlich:

$$z = q \times d + r \quad \text{mit } 0 \leq r < d.$$

In der Informatik bezeichnet man die Operation des exakten Dividierens mit *div* und die Operation, die zwei Zahlen den Divisionsrest zuordnet, mit *mod*. Beispielsweise gilt 39 *div* 8 = 4
und 39 *mod* 8 = 7. Die Probe ergibt auch hier: 39 $= 4 \times 8 + 7$.

Die obige Gleichung können wir unter Zuhilfenahme der Operatoren *div* und *mod* allgemein
schreiben als:
$$z = (z \text{ div } d) \times d + (z \text{ mod } d)$$

Dies nutzen wir bei der Umwandlung einer natürlichen Zahl $z$ in die entsprechende Binärzahl
aus. Dazu dient folgende Überlegung: Für die gesuchte binäre Zifferndarstellung $b_n b_{n-1}...b_1 b_0$
gilt ja offensichtlich:

$$z = (b_n b_{n-1} ... b_1 b_0)_2 = b_n \times 2^n + b_{n-1} \times 2^{n-1} + ... + b_1 \times 2^1 + b_0.$$

20                                                                              1 Einführung

Klammern wir aus dem vorderen Teil die 2 aus, so erhalten wir

$$z = (b_n \times 2^{n-1} + b_{n-1} \times 2^{n-2} + \ldots + b_1) \times 2 + b_0.$$

Dies können wir nun schreiben als

$$z = (b_n b_{n-1} \ldots b_1)_2 \times 2 + b_0.$$

Somit ist die letzte Ziffer $b_0$ der gesuchten Binärdarstellung gerade der Rest, der beim Dividieren durch 2 entsteht, also z mod 2, und die Folge der ersten Ziffern $b_n b_{n-1} \ldots b_1$ muss sich als Binärdarstellung von z div 2 ergeben.

Dies liefert sofort eine einfache Methode, die Binärdarstellung einer beliebigen natürlichen Zahl z zu finden. Bei fortgesetztem Teilen durch 2 ergeben die Reste nacheinander gerade die Ziffern der Darstellung von z im Zweiersystem. Die Binärziffern entstehen dabei von rechts nach links. Wir zeigen dies beispielhaft für die Zahl $2004_{10} = 11111010100_2$:

| z | z div 2 | z mod 2 |
|---|---|---|
| 2004 | 1002 | 0 |
| 1002 | 501 | 0 |
| 501 | 250 | 1 |
| 250 | 125 | 0 |
| 125 | 62 | 1 |
| 62 | 31 | 0 |
| 31 | 15 | 1 |
| 15 | 7 | 1 |
| 7 | 3 | 1 |
| 3 | 1 | 1 |
| 1 | 0 | 1 |

**Abb. 1.3:**    *Berechnung der Binärdarstellung einer natürlichen Zahl*

Alles, was über die Binärzahlen gesagt wurde, gilt sinngemäß auch in anderen Zahlensystemen. Verwandeln wir z.B. die dezimale Zahl 2004 in das Oktalsystem, so liefert fortgesetztes Teilen durch die Basiszahl 8 die Reste 3, 2, 7, 3. Genauer gilt:

$$2004 = 250 \times 8 + 4$$
$$250 = 31 \times 8 + 2$$
$$31 = 3 \times 8 + 7$$
$$3 = 0 \times 8 + 3$$

## 1.4 Zahlendarstellungen

Wir lesen an den Resten die Oktaldarstellung 3724 ab. Ganz entsprechend erhalten wir die Hexadezimaldarstellung durch fortgesetztes Teilen durch 16. Die möglichen Reste 0 bis 15 stellen wir jetzt durch die Hex-Ziffern 0 ... 9, A ... F dar und erhalten

$$2004 = 125 \times 16 + 4$$
$$125 = 7 \times 16 + D$$
$$7 = 0 \times 16 + 7,$$

also die Hex-Darstellung 7D4. Zur Sicherheit überprüfen wir, ob beidesmal tatsächlich der gleiche Zahlenwert erhalten wurde, indem wir vom Oktalsystem in das Binär- und von dort ins Hexadezimalsystem umrechnen:

$$(3724)_8 = (011\ 111\ 010\ 100)_2 = (0111\ 1101\ 0100)_2 = (7D4)_{16}.$$

### 1.4.4 Arithmetische Operationen

Zwei aus mehreren Ziffern bestehende Binärzahlen werden addiert, wie man es analog auch von der Addition von Dezimalzahlen gewohnt ist. Ein an einer Ziffernposition entstehender *Übertrag* wird zur nächsthöheren Ziffernposition addiert. Ein Übertrag entsteht immer, wenn bei der Addition zweier Ziffern ein Wert entsteht, der größer oder gleich dem Basiswert ist. Bei Binärziffern ist dies bereits der Fall, wenn wir 1+1 addieren. Es entsteht ein Übertrag von 1 in die nächste Ziffernposition.

Es folgt ein Beispiel für die Addition zweier natürlicher Zahlen in allen besprochenen Zahlensystemen, dem Dezimalsystem, dem Binär-, Oktal- und Hexadezimalsystem. Wir haben die Beispiele so gewählt, dass immer an der zweiten und der dritten Position (von rechts) ein Übertrag entsteht. Man beachte, dass wir dezimal und oktal zwar die gleichen Ziffernfolgen addieren, es handelt sich aber nicht um die gleichen Zahlenwerte! Die Ergebnisse sind daher auch verschieden:

```
Dezimal:        Binär:          Oktal:          Hexadezimal:
    2 7 5 2       1 0 0 1 0        2 7 5 2         2 7 C A
  + 4 2 6 1     + 1 0 0 1 1 1    + 4 2 6 1       + A F 9 3
  ─────────     ─────────────    ─────────       ─────────
    7 0 1 3       1 1 1 0 0 1      7 2 3 3         D 7 5 D
```

*Abb. 1.4:* Addition in verschiedenen Zahlensystemen

Auch Subtraktion, Multiplikation und Division verlaufen in anderen Zahlensystemen ähnlich wie im Dezimalsystem. Wir wollen dies hier nicht weiter vertiefen, sondern stattdessen die Frage ansprechen, was geschieht, wenn durch eine arithmetische Operation ein Zahlenbereich überschritten wird. Bei der Addition ist dies z.B. dadurch zu erkennen, dass in der höchsten Ziffernposition ein Übertrag auftritt. Dieser nicht mehr in das Zahlenformat passende Übertrag (engl. *carry*) wird von dem Prozessor zwar angezeigt, gleichwohl liegt als Ergebnis der Addition die durch die Addition entstandene Bitfolge bereit. Man sagt, dass der Prozessor die Carry-Flagge (engl. *carry flag*) setzt. So wie ein Rennfahrer manchmal glaubt, schneller sein zu können, wenn er die gelbe Flagge ignoriert, so kommt es oft vor, dass ein Programmierer oder auch eine Programmiersprache es versäumen, nachzuprüfen, ob die ausgeführte Operation ein gültiges Ergebnis geliefert hat. Dann wird mit der entstandenen Bitfolge weitergerechnet – vielleicht, weil man nicht an die Möglichkeit eines Fehlers gedacht hat, vielleicht weil man mit der (in den meisten Fällen unnötigen) Überprüfung keine Zeit verlieren will.

Als Beispiel addieren wir zwei durch 8 Bit dargestellte natürliche Zahlen, wobei der Zahlenbereich 0 ... 255 überschritten wird. Der Übertrag wird nicht beachtet und die Zifferndarstellung ergibt einen falschen Wert: 197 + 213 ergibt 154!! Dies zeigt die folgende Rechnung:

$(197)_{10} + (213)_{10} = (C5)_{16} + (D5)_{16} = (19A)_{16}$. Der Übertrag in das (von rechts gesehen neunte) Bit geht verloren, und wir erhalten das inkorrekte Ergebnis $(9A)_{16} = (154)_{10}$. Immerhin kann man sich bei einem solchen Fehler noch damit trösten, dass

$$(197 + 213) \bmod 256 = 154.$$

## 1.4.5 Darstellung ganzer Zahlen

Als *ganze Zahlen* bezeichnet man die natürlichen Zahlen unter Hinzunahme der *negativen Zahlen*. Für die Kenntnis einer ganzen Zahl ist also nicht nur der absolute Zahlenwert nötig, sondern auch noch das Vorzeichen, „+" oder „-". Für diese zwei Möglichkeiten benötigen wir ein weiteres Bit an Information. Zunächst bietet sich eine Darstellung an, in der das erste Bit das Vorzeichen repräsentiert (0 für „+") und (1 für „-") und der Rest den Absolutwert. Diese Darstellung nennt man die *Vorzeichendarstellung*. Stehen z.B. 4 Bit für die Zahldarstellung zur Verfügung und wird ein Bit für das Vorzeichen verwendet, so bleiben noch 3 Bit für den Absolutwert. Mit 4 Bit kann man also die Zahlen von –7 bis +7 darstellen. Wir erhalten:

| | | | |
|---|---|---|---|
| 0000 = + 0 | 0100 = + 4 | 1000 = – 0 | 1100 = – 4 |
| 0001 = + 1 | 0101 = + 5 | 1001 = – 1 | 1101 = – 5 |
| 0010 = + 2 | 0110 = + 6 | 1010 = – 2 | 1110 = – 6 |
| 0011 = + 3 | 0111 = + 7 | 1011 = – 3 | 1111 = – 7 |

Bei näherem Hinsehen hat diese Darstellung aber eine Reihe von Nachteilen. Erstens erkennt man, dass die Zahl *Null* durch zwei verschiedene Bitfolgen dargestellt ist, durch 0000 und durch 1000, also +0 und –0. Zweitens ist auch das Rechnen kompliziert geworden. Um zwei Zahlen zu addieren, kann man nicht mehr die beiden Summanden übereinanderschreiben und schriftlich addieren.

```
    -2   =      1010
+   +5   =   +  0101
    +3   ≠      1111
```

Man kann natürlich eine Methode angeben, wie man die obigen Bitfolgen trotzdem korrekt addieren kann. Technisch würde diese Methode auch problemlos in Rechnern verwendet werden können. Es gibt aber eine bessere Darstellung von ganzen Zahlen, die alle genannten Probleme vermeidet: Die *Zweierkomplementdarstellung*, die wir im nächsten Abschnitt besprechen wollen.

### 1.4.6  Die Zweierkomplementdarstellung

Die *Zweierkomplementdarstellung* ist die gebräuchliche interne Repräsentation ganzer positiver und negativer Zahlen. Sie kommt auf sehr einfache Weise zu Stande. Wir erläutern sie zunächst für den Fall N = 4.

Mit 4 Bits kann man einen Bereich von $2^4 = 16$ ganzen Zahlen abdecken. Den Bereich kann man frei wählen, also z.B. die 16 Zahlen von −8 bis +7. Man zählt nun von 0 beginnend aufwärts, bis man die obere Grenze +7 erreicht, anschließend fährt man an der unteren Grenze −8 fort und zählt aufwärts, bis man die Zahl −1 erreicht hat.

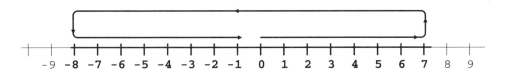

*Abb. 1.5:*  *Zweierkomplementdarstellung*

Auf diese Weise erhält man folgende Zuordnung von Bitfolgen zu ganzen Zahlen:

```
1000 = −8     1100 = −4     0000 = 0      0100 = 4
1001 = −7     1101 = −3     0001 = 1      0101 = 5
1010 = −6     1110 = −2     0010 = 2      0110 = 6
1011 = −5     1111 = −1     0011 = 3      0111 = 7
```

Jetzt sieht man auch den Grund, wieso der Bereich von −8 bis +7 gewählt wurde und nicht etwa der Bereich von −7 bis +8. Bei dem bei 0 beginnenden Hochzählen wird bei der achten Bitfolge zum ersten Mal das erste Bit zu 1. Springt man also ab der achten Bitfolge in den negativen Bereich, so hat man die folgende Eigenschaft:

*Bei den Zweierkomplementzahlen stellt das erste Bit das Vorzeichen dar.*

Hinzu kommt, dass die Zahlen *modulo 16* in der richtigen Reihenfolge sind. *Modulo 16* heißt, dass man zwei Zahlen nicht unterscheidet, wenn ihre Differenz ein Vielfaches von 16 ist. So sind 5 und 21, 7 und 39, −4 und 12, −1 und 15, −8 und +8 gleich *modulo 16*.

In der Tat sieht man, dass auch die Zweierkomplementdarstellung von −4, −1, −8 dieselbe ist wie die Binärdarstellung der modulo 16 gleichen Zahlen, 12, 15 und 8. Allgemein kann man die Zweierkomplementdarstellung verwenden, um mit $N$ Bit alle Zahlen von $-2^{(N-1)}$ bis $+2^{(N-1)}-1$ darzustellen. Die Ziffernfolge $b_n b_{n-1}...b_1 b_0$ bezeichnet dabei die folgende Zahl:

$$z = -b_n \times 2^n + b_{n-1} \times 2^{n-1} + ... + b_1 \times 2^1 + b_0.$$

Das erste Bit der Zweierkomplementdarstellung steht also für $-2^n$, die übrigen Bits haben ihre normale Bedeutung.

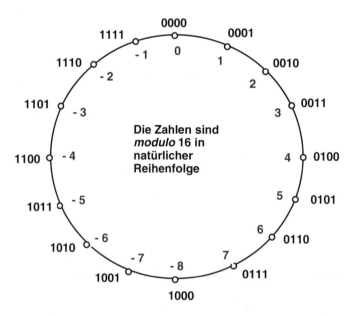

*Abb. 1.6:* Zweierkomplementdarstellung in einem Zahlenkreis

Die folgende Eigenschaft gibt den Zweierkomplementzahlen ihren Namen: Addiert man die Ziffernfolge $b_n b_{n-1}...b_1 b_0$ zu ihrem bitweisen Komplement (siehe S. 16), so erhält man die Ziffernfolge 11...11. Diese stellt die Zahl $(-2^n) + 2^{n-1} + ... + 2^1 + 2^0 = -2^n + (2^n - 1) = -1$ dar. So erhält man zu der Zweierkomplementzahl $b_n b_{n-1}...b_1 b_0$ die dazugehörige negative Zahl, indem man zu ihrem bitweisen Komplement 1 addiert. Da das Bilden des Negativen einer Zahl so einfach ist, führt man die Subtraktion auf eine Negation mit anschließender Addition zurück.

1.5   Standardformate für ganze Zahlen                                                           25

Beispielsweise erhält man die Zweierkomplementdarstellung von –6, indem man zuerst die
Binärdarstellung von 6, also 0110, bildet, davon das bitweise Komplement 1001 bildet und 1
addiert. Also hat – 6 die Zweierkomplementdarstellung 1010. Um z.B. (2 – 6) zu berechnen,
addieren wir 2 + (– 6), also 0010 + 1010 = 1100. Das erste Bit zeigt, dass das Ergebnis eine
negative Zahl ist. Ihren Betrag finden wir, indem wir das Zweierkomplement bilden, hier
0011, und 1 addieren. Der Betrag des Ergebnisses ist somit 0100, also 4. Folglich haben wir
als Resultat: 2 – 6 = – 4.

Auch bei der Addition (und der Subtraktion) von Zweierkomplementzahlen kann es Überschreitungen des gewählten Bereiches geben. Bei einer Darstellung durch $N = n+1$ Bits
betrachten wir die Addition der Zweierkomplementzahlen $a_n a_{n-1} ... a_0$ und $b_n b_{n-1} ... b_0$. Wir
nehmen an, dabei sei die Ziffernfolge $c_n c_{n-1} ... c_0$ entstanden. Ob das Ergebnis gültig ist, kann
nur von den höchsten Bits $a_n$ und $b_n$ und einem eventuellen Übertrag $c$ von dem $n-1$-ten in
das $n$-te Bit abhängen. Da der Übertrag $c$ den Wert $c \times 2^n = (-c) \times (-2^n)$ repräsentiert, ist das
Ergebnis genau dann gültig, wenn $0 \leq a_n + b_n - c \leq 1$ gilt. Ist dies nicht der Fall, so setzt der
Prozessor das *Overflow-Flag*.

Ob eine Bitfolge eine Binärzahl darstellt oder eine Zweierkomplementzahl, spielt keine Rolle,
die Addition erfolgt in genau derselben Weise. Der Prozessor (dieser Begriff wird im nächsten
Abschnitt dieses Kapitels erläutert) benötigt also kein gesondertes Addierwerk für Zweierkomplementzahlen. Ob das Ergebnis aber *gültig* ist, das hängt davon ab, ob die addierten Bitfolgen als Binärzahlen oder als Zweierkomplementzahlen verstanden werden sollen. Als
Summe von Binärzahlen ist die Addition genau dann gültig, wenn (mit der obigen Notation)
$(a_n + b_n + c) \leq 1$ gilt, und als Summe von Zweierkomplementzahlen, wenn $0 \leq a_n + b_n - c \leq 1$
erfüllt ist.

Die Addition der beispielhaften Bitfolgen 1101 und 0101 ergibt also in jedem Falle die Bitfolge
0010. Es gab einen Übertrag in die erste Stelle, also $c = 1$. Somit gilt $a_n + b_n + c = 2$ und
$a_n + b_n - c = 0$. Als Summe der Binärzahlen $13 + 5$ ist das Ergebnis 2 daher ungültig, als
Summe von Zweierkomplementzahlen –3 + 5 ist das Ergebnis 2 gültig. Addiert man die Bitfolgen 0100 und 0101, so entsteht das Ergebnis 1001. Der Übertrag in die erste Stelle war $c = 1$.
Als Summe der Binärzahlen 4 und 5 ist das Ergebnis 9 gültig. Als Summe der Zweierkomplementzahlen 4 und 5 ist das Ergebnis –7 ungültig, denn $a_n + b_n - c = 0 + 0 - 1 = -1$.


# 1.5      Standardformate für ganze Zahlen


Prinzipiell kann man beliebige Zahlenformate vereinbaren, in der Praxis werden fast ausschließlich Zahlenformate mit 8, 16, 32 oder 64 Bits eingesetzt. In den meisten Programmiersprachen gibt es vordefinierte *ganzzahlige Datentypen* mit unterschiedlichen Wertebereichen.
Je größer das Format ist, desto größer ist natürlich der erfasste Zahlenbereich. Die folgende
Tabelle zeigt Zahlenformate und ihre Namen, wie sie in den Programmiersprachen *Delphi*
(vormals *Turbo-Pascal*) und Java vordefiniert sind.

| Bereich | Format | Delphi | Java |
|---|---|---|---|
| $-128 \ldots 127$ | 8 Bit | *Shortint* | *byte* |
| $-32768 \ldots 32767$ | 16 Bit | *Integer* | *short* |
| $-2^{31} \ldots 2^{31}-1$ | 32 Bit | *Longint* | *int* |
| $-2^{63} \ldots 2^{63}-1$ | 64 Bit | | *long* |
| $0 \ldots 255$ | 8 Bit | *Byte* | |
| $0 \ldots 65535$ | 16 Bit | *Word* | |

Durch die Wahl eines geeigneten Formats muss der Programmierer dafür sorgen, dass der Bereich nicht überschritten wird. Dennoch auftretende Überschreitungen führen häufig zu scheinbar gültigen Ergebnissen: So hat in Java die Addition 127+5 im Bereich *byte* das Ergebnis −124!

## 1.5.1    Gleitpunktzahlen: Reelle Zahlen

Mit beliebigen reellen Zahlen kann man in einem Computer nur näherungsweise rechnen – es sei denn, es handelt sich um ganze oder rationale Zahlen. Irrationale Zahlen, wie z.B. $\sqrt{2}$ oder die Kreiszahl $\pi$, kann man nur näherungsweise darstellen. Man könnte sich nun auf eine Genauigkeit mit einer festen Anzahl von Stellen hinter dem Komma festlegen, die genannten Beispiele würden dann etwa durch 1.414213 bzw. 3.141592 angenähert. Ein solches festes Format hätte aber den Nachteil, dass in gewissen Anwendungen, vielleicht in der Pharmazie, die Genauigkeit nicht ausreichen würde, in anderen Bereichen, etwa in der Astronomie, eine Genauigkeit von sechs Stellen hinter dem Komma unsinnig wäre. Daher suchen wir eine Darstellung, die bei festem Bitformat

- ein möglichst großes Intervall der reellen Zahlen umfasst und
- deren Genauigkeit bei kleinen Zahlen sehr hoch, bei großen Zahlen niedriger ist.

Die *Gleitpunktdarstellung* (engl.: *floating point*) erfüllt diese beiden Forderungen. Die Idee ist ganz einfach: Kleine Zahlen benötigen wenige Stellen vor dem Dezimalpunkt, so dass wir ihnen viele Stellen hinter dem Punkt und damit eine größere Genauigkeit spendieren können. Bei großen Zahlen ist es umgekehrt. Somit benötigen wir für die Darstellung einer reellen Zahl als Gleitpunktzahl nicht nur die Ziffernfolge (*Mantisse*), sondern auch die Kommaposition. Dies ist aber gerade der *Exponent* in der technisch wissenschaftlichen Notation. So bedeutet zum Beispiel $384 \times 10^6$, dass der Dezimalpunkt in der Ziffernfolge 384 um 6 Positionen nach rechts geschoben werden muss. Dazu äquivalent sind die Darstellungen $3.84 \times 10^8$ oder $0.384 \times 10^9$. Für kleine Zahlen muss das Komma nach links geschoben werden, der Exponent wird dabei negativ wie in $1.74 \times 10^{-31}$. Gleitpunktzahlen bestehen nach dem Gesagten aus drei Bestimmungsstücken:

- dem *Vorzeichenbit*: V,
- dem *Exponenten*: E,
- der *Mantisse*: M.

1.5 Standardformate für ganze Zahlen

Das Vorzeichenbit gibt an, ob die vorliegende Zahl positiv oder negativ ist. Der Exponent ist eine Binärzahl, zum Beispiel im Bereich –64 bis +63, die angibt, mit welcher Potenz einer Basiszahl $b$ die vorliegende Zahl zu multiplizieren ist. Meist wird $b = 2$ als Basiszahl verwendet. Die Mantisse besteht aus Binärziffern $m_1...m_n$ und wird als

$$m_1 \cdot 2^{-1} + m_2 \cdot 2^{-2} + ... + m_n \cdot 2^{-n}$$

interpretiert. Eine zur Basis 2 *normierte Gleitpunktzahl* ist eine solche, bei der der Exponent so gewählt wird, dass die Zahl in der Form

$$\pm 1. \, m_1 m_2 ... m_n \cdot 2^E$$

dargestellt werden kann. Bei der Verwendung derart normierter Gleitpunktzahlen braucht die 1 vor dem Punkt gar nicht mehr gespeichert zu werden, da sie immer da sein muss. Jede Gleitpunktzahl kann in eine normierte Gleitpunktzahl umgewandelt werden, weil eine Verschiebung der Bits um eine Stelle nach rechts bzw. links den Zahlenwert nicht ändert, wenn gleichzeitig der Exponent um 1 erhöht bzw. erniedrigt wird. Normierte Gleitpunktzahlen haben den Vorteil, dass die Mantissenbits optimal ausgenutzt werden, da keine überflüssigen Nullen gespeichert werden müssen. Eine normierte Gleitpunktzahl mit Vorzeichen $V$, Mantisse $m_1...m_n$ und Exponent $E$ stellt also den folgenden Zahlenwert dar:

$$(-1)^V \times (1 + m_1 \cdot 2^{-1} + ... + m_n \cdot 2^{-n}) \times 2^E \ .$$

Formal ist 0 so nicht repräsentierbar, daher wird die kleinste darstellbare Gleitpunktzahl als 0 interpretiert. Es folgen zwei Beispiele von 32-Bit-Gleitpunktzahlen, bei denen 23 Bits für die Mantisse verwendet werden:

| V | E | Mantisse | Zahlenwert |
|---|-----|--------------------------|--------------------|
| + | –13 | 01001010110101101111111 | 0.00015777567163622 |
| - | +44 | 10101011000000000000000 | –29343216566272 |

Bei der Auswahl einer Darstellung von Gleitpunktzahlen in einem festen Bitformat, etwa durch 32 Bit oder durch 64 Bit, muss man sich entscheiden, wie viele Bit für die Mantisse und wie viele für den Exponenten reserviert werden sollen. Die Berufsvereinigung *IEEE* (*Institute of Electrical and Electronics Engineers*) hat zwei Normen verabschiedet, die in den meisten Rechnern heute verwendet werden.

**short real**: Vorzeichen: 1 Bit, Exponent:  8 Bit, Mantisse: 23 Bit
**long real** : Vorzeichen: 1 Bit, Exponent: 11 Bit, Mantisse: 52 Bit.

Zum Exponenten addiert man einen so genannten *bias* (engl. für *Neigung, Vorurteil*) von 127 und speichert das Ergebnis als vorzeichenlose 8-Bit-Zahl. Dies ist eine weitere Methode, um positive und negative Zahlen darzustellen. Sie wird im Falle von Gleitpunktzahlen angewen-

28                                                                1  Einführung

det, um Vergleiche zwischen verschiedenen Gleitpunktzahlen technisch besonders einfach zu machen. Für die obigen Beispiele erhält man damit als komplette Bitdarstellung im IEEE Short Real Format:

| V(1 Bit) | E (8 Bit) | Mantisse (23 Bit) | alle 32 Bit hexadezimal |
|---|---|---|---|
| 0 | 01110010 | 01001010110101101111111 | $39256B7F$ |
| 1 | 10101011 | 10101011000000000000000 | $D5D58000$ |

Besser vertraut sind wir mit dezimalen Gleitpunktzahlen wie zum Beispiel:

$$0.12347123 \times 10^{-5} \text{ und } 0.874456780 \times 10^{19} .$$

Dezimale Gleitpunktzahlen und binäre Gleitpunktzahlen kann man ineinander umrechnen. Dieser Umrechenvorgang geht aber in beiden Richtungen nicht immer auf, wenn wir jeweils eine bestimmte Zahl von Ziffern für die Mantisse vorschreiben. So lässt sich zum Beispiel die dezimale Zahl 0.1 nicht exakt durch eine binäre 32-Bit-Gleitpunktzahl darstellen. Die beiden 32-Bit-Gleitpunktzahlen, welche am nächsten bei 0.1 liegen, sind in der folgenden Tabelle aufgeführt:

| V(1 Bit) | E (8 Bit) | Mantisse (23 Bit) | Zahlenwert |
|---|---|---|---|
| 0 | 01111011 | 10011001100110011001100 | 0.0999999940... |
| 0 | 01111011 | 10011001100110011001101 | 0.1000000015... |

Bereits beim Umrechnen dezimaler Gleitpunktzahlen in binäre Gleitpunktzahlen treten also Rundungsfehler auf. Weitere Ungenauigkeiten entstehen bei algebraischen Rechenoperationen. Schon beim Addieren von 0.1 zu 0.2 erhält man in Java:

$$0.1 + 0.2 = 0.30000000000000004 .$$

Die Ungenauigkeit an der siebzehnten Nachkommastelle ist meist unerheblich, in einem Taschenrechner würde man sie nicht bemerken, weil sie in der Anzeige nicht mehr sichtbar wäre. Vorsicht ist dennoch beim Umgang mit Gleitpunktzahlen erforderlich, weil sich die Rechenungenauigkeiten unter ungünstigen Umständen verstärken können. Daher verwenden viele Rechner intern noch eine 80 Bit lange Darstellung von *temporären Gleitkommazahlen*. Eine Übersicht über alle besprochenen Gleitpunktformate gibt die folgende Tabelle:

| Bit | Vorzeichen | Exponent | Mantisse | gültige Dezimalst. | Bereich von .. bis | |
|---|---|---|---|---|---|---|
| 32 | 1 Bit | 8 Bit | 23 Bit | ~ 7 | $\pm 1 \times 10^{-38}$ | $\pm 3 \cdot 10^{38}$ |
| 64 | 1 Bit | 11 Bit | 52 Bit | ~ 15 | $\pm 1 \times 10^{-308}$ | $\pm 1 \cdot 10^{308}$ |
| 80 | 1 Bit | 15 Bit | 64 Bit | ~ 19 | $\pm 1 \times 10^{-4932}$ | $\pm 1 \cdot 10^{4932}$ |

Im langen Gleitpunktformat hat die Dezimalzahl 1234711 die binäre Darstellung

1.5 Standardformate für ganze Zahlen                                                    29

```
0 100 0001 0011 0010 1101 0111 0001 0111
0000 0000 0000 0000 0000 0000 0000 0000.
```

Nach dem Vorzeichen 0 folgen die 11 Bits `100 0001 0011` des Exponenten, welche binär
den Wert 1043 darstellen. Im langen Gleitpunktformat muss davon nicht 127, sondern 1023
subtrahiert werden, um den tatsächlichen Exponenten 1043 – 1023 = 20 zu erhalten. Allgemein gilt: Werden für die Darstellung des Exponenten $e$ Bits verwendet, so muss von der
Binärzahl, die den Exponenten darstellt, ein *bias* von $2^{e-1}-1$ subtrahiert werden, um den wahren Exponenten zu ermitteln.

Arithmetische Operationen mit Gleitkommazahlen sind erheblich aufwändiger als die entsprechenden Operationen mit Binärzahlen oder Zweierkomplementzahlen. Früher musste der
Prozessor für jede Gleitkommaoperation ein gesondertes Unterprogramm starten. Später wurden *Coprozessoren* als gesonderte Bauteile entwickelt, die den Hauptprozessor von solchen
aufwändigen Berechnungen entlasten sollen. Heute ist in allen gängigen Prozessoren eine
*FPU* (von engl. *floating point unit*) integriert.

## 1.5.2    Real-Zahlenbereiche in Programmiersprachen

In den meisten Programmiersprachen gibt es mehrere Real-Datenbereiche mit unterschiedlichen Wertemengen. Diese sind jeweils endliche Teilbereiche der Menge der reellen Zahlen.
Delphi und Java verwenden die folgenden Real-Datentypen:

| Bereich | Bytes | Delphi | Java |
|---|---|---|---|
| ±2.9 E –39 ... 1.7 E 38 | 6 | Real | |
| ±1.5 E –45 ... 3.4 E 38 | 4 | Single | float |
| ±5.0 E –324 ... 1.7 E 308 | 8 | Double | double |
| ±3.4 E –4932 ... 1.1 E 4932 | 10 | Extended | |

In einem Programmtext schreibt man konstante Werte entweder als Dezimalzahlen
(z.B. 314.15) oder in Zehnerpotenzdarstellung (z.B. $3.14 \times 10^2$). Für die Darstellung in einem
ASCII-Text gibt man letztere in der Notation „3.14 E 2" an. „E" soll an „Exponent" erinnern.
Diese Notation ist in der Norm IEEE 754 festgelegt und in vielen Programmiersprachen
üblich. Statt des deutschen Kommas wird im Englischen (und daher in fast allen Programmiersprachen) der Dezimal*punkt* verwendet.

## 1.5.3    Daten – Informationen

Daten sind Folgen von Bits. Wenn man Daten findet, so kann man längst noch keine Information daraus extrahieren. Eine Folge von Bits oder Bytes hat für sich genommen keine Bedeutung. Erst wenn man weiß, wie diese Bytes zu *interpretieren* sind, erschließt sich deren
Bedeutung und damit eine Information. Betrachten wir die Bitfolge

```
0100 0100 0110 0101 0111 0010 0010 0000 0100 0010
0110 0001 0110 1100 0110 1100 0010 0000 0110 1001
```

```
0111 0011 0111 0100 0010 0000 0111 0010 0111 0101
0110 1110 0110 0100 0010 1110,
```

so kann man diese zunächst als Folge von Bytes in Hex-Notation darstellen:

44 65 72 20 42 61 6C 6C 20 69 73 74 20 72 75 6E 64 2E.

Ist eine Folge von 1-Byte-Zahlen im Bereich –128...127 gemeint, bedeutet dieselbe Folge:

68 101 114 32 ... ,

ist eine Folge von 2-Byte-Zahlen gemeint, so beginnt die gleiche Bitfolge mit

17509 29216 16993 ... .

Als Text in ASCII-Codierung interpretiert, erkennen wir eine bekannte Fußballweisheit:
*„Der Ball ist rund.“*

Wir stellen also fest, dass sich die *Bedeutung* von Daten erst durch die Kenntnis der benutzten Repräsentation erschließt. Betrachten wir Daten mithilfe eines Texteditors, so nimmt dieser generell eine ASCII-Codierung an. Handelt es sich in Wirklichkeit aber um andere Daten, etwa ein Foto, so wird manch ein Texteditor ebenfalls Buchstaben und Sonderzeichen anzeigen, es ist aber unwahrscheinlich, dass sich diese zu einem sinnvollen Text fügen. Nur ein Bildbetrachter interpretiert die Daten wie gewünscht.

```
FA 98 47 96 36 43 16 DA 14 BB 8D AD 62 88 AA 8C
3B 8E ED 90 32 07 F9 EF 57 E1 47 2A A5 51 9B 71
3C 82 01 C7 6C 74 C8 C1 35 0C 2D 18 6C 2A 9C 64
F2 07 5C 67 FF 00 AF 52 7E E0 29 03 1C ED 38 04
F5 1D 7F 1E 7D 0F F3 C5 21 36 D2 B0 FB 7B 9F 22
12 1A D3 73 16 C9 75 1F 7B 93 8C 93 ED 51 80 43
39 74 0A CC C4 85 1C 8F 6E 7E 94 45 6A 2E 64 F3
65 C4 D0 A7 EE D6 31 CA 9F 7E 38 EB FD 6A 09 2D
D6 CE E9 AD C4 99 5C 6F 01 D8 8D BE DC 50 EF 60
8A 57 D0 1E 2C 28 08 37 A6 3E 75 6C 01 9F 62 7F
```

Bytefolge

```
·ÿGû6C.┌.╗ì¡bê¬î
;ÄÝÉ2.¨´WßG*ÑQøq
<é.Ãlt╚┴5.-.l*£d
═.\g .»R~Ó)..Ý8.
§.□.}.¾┼!6Ê░¹{ƒ"
..Ës.╔u.{ôîôÝQÇC
9t.╠─à.Ån~öEj.d¾
e–ð°¯Í1╩ƒ~8Ù²j.-
Í╬Ú¡–Ö\o.Ïì¥▄P´`
èWð.,(.7ª>ul.ƒb□
```

ASCII-
Interpretation

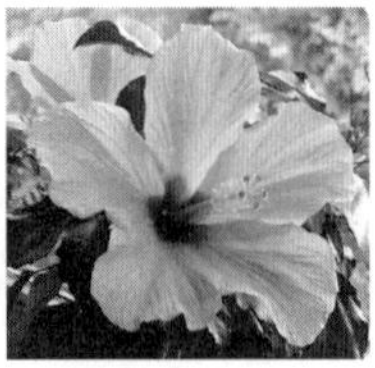

jpg-
Interpretation

***Abb. 1.7:*** *Die gleichen Daten ... verschieden interpretiert*

## 1.5.4 Informationsverarbeitung – Datenverarbeitung

Die Interpretation von Daten nennt man, wie bereits ausgeführt, *Abstraktion*. Zu den elementaren Fähigkeiten, die der Prozessor, das Herz des Rechners, beherrscht, gehören das Lesen von Daten, die Verknüpfung von Daten anhand arithmetischer oder logischer Operationen und das Speichern von veränderten Daten im internen Hauptspeicher oder auf einem externen Medium. Die Tätigkeit des Rechners wird dabei ebenfalls durch Daten gesteuert, nämlich durch die Daten, die die Befehle des Programms codieren.

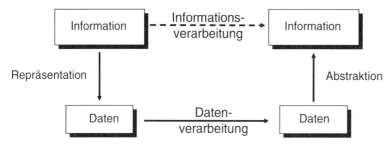

*Abb. 1.8:* *Informationsverarbeitung und Datenverarbeitung*

Information wird also durch Daten repräsentiert. Wenn wir Information verarbeiten wollen, so müssen wir die informationsverarbeitenden Operationen durch Operationen auf den entsprechenden Daten nachbilden. *Informationsverarbeitung* bedeutet demnach, dass Information zunächst auf Daten abgebildet wird, diese Daten verändert werden und aus den entstandenen Daten die neue Information abstrahiert wird.

## 1.6 Hardware

*Hardware* ist der Oberbegriff für alle materiellen Komponenten eines Computersystems. In diesem Kapitel werden wir die Hardware eines PCs samt Peripheriegeräten ansehen und untersuchen, wie diese funktionieren und kooperieren. Insbesondere werden wir uns mit dem Innenleben und dem Zusammenspiel der einzelnen Komponenten, *Prozessor*, *Controller*, *Busse* etc. befassen. Die Frage, wie diese Komponenten selber aus Transistoren, Schaltern und Gattern aufgebaut sind, verschieben wir jedoch auf das Kapitel über *Rechnerarchitektur*.

### 1.6.1 PCs, Workstations, Mainframes, Super-Computer

Bei Computersystemen unterscheiden wir zwischen *Personal Computern* (PCs), *Workstations*, *Mainframes* und *Super-Computern*.

*PCs* und *Workstations* unterscheiden sich zwar im Hinblick auf Preis und Leistung, sie sind aber technisch gesehen und auch im Hinblick auf die Anwendbarkeit kaum zu unterscheiden. Obwohl PCs und Workstations heute meist an Netze angebunden sind, stellen sie doch ein autonomes Computersystem dar und dienen typischerweise einer einzigen Person. Sie können aber auch als so genannte Server in einem Netzwerk dedizierte Dienste anbieten oder sie können für besonders rechenintensive Aufgaben zu einem sogenannten *Cluster* zusammengeschaltet werden.

Ein durchschnittlich ausgestatteter PC hat heute eine mit 3 GHz getaktete 32-Bit-CPU, 512 MB Arbeitsspeicher, 120 GB Festplatte, eine Grafikkarte mit 128 MB eigenem Arbeitsspeicher und kostet mit einem 17" TFT-Flachbildschirm um die 1200 €.

*Workstations* sind leistungsfähiger, aber auch entsprechend teurer als PCs. Moderne Workstations, wie z.B. die Itanium-2-Workstations von Hewlett-Packard sind bereits mit mehreren parallel arbeitenden 64-Bit-CPUs ausgestattet und kosten etwa das Zehnfache eines PCs. Neben den Betriebssystemen der jeweiligen Hersteller (z.B. HP-UX, Solaris) werden auf Workstations häufig Linux oder Windows eingesetzt.

*Mainframes* haben die *Datenverarbeitung* bis in die frühen 80er Jahre des letzten Jahrhunderts bestimmt. Im Gegensatz zu PCs und Workstations handelt es sich um Zentralrechner, mit denen hunderte oder gar tausende Benutzer gleichzeitig mittels Tastatur und Monitor oder über ein Datennetz verbunden sind. Auf einem Mainframe können gleichzeitig mehrere Betriebssysteme laufen, den Benutzern werden eigene virtuelle Rechner vorgegaukelt. Mainframes findet man als Zentralrechner in Banken, als Datenbankserver und generall dort wo riesige Datenmengen zu verwalten sind. In diesen Anwendungen lässt sich auch ein gewisses *comeback* der Mainframes beobachten. Was die reine Rechenleistung angeht, so können sie im Preis-Leistungsvergleich nicht mit Clustern von PCs oder Workstations mithalten. Die Preise für Mainframes beginnen bei einigen Hunderttausend Euro und liegen typischerweise bei mehreren Millionen. In der Wartung können Mainframes aber billiger sein als ein entsprechend mächtiges Cluster von Workstations. Führende Hersteller von Mainframes sind IBM, Hitachi und Fujitsu.

*Super-Computer* sind die schnellsten Computer der Welt. Sie finden ihren Einsatz in extrem rechenintensiven Anwendungen, insbesondere im militärischen Bereich und in der Wissenschaft. Im Gegensatz zu Mainframes sind sie auf Rechenleistung statt auf Datendurchsatz optimiert. Ihre Leistung wird durch parallele Zusammenarbeit von mehrereren tausend Prozessoren erreicht. Die Schwierigkeit bei der Programmierung von Super-Computern besteht darin, die verfügbare Parallelität geschickt auszunutzen. Ihre Leistung wird in FLOPS (Fließkomma-Operationen pro Sekunde) gemessen. In der Rekordliste der nicht-militärischen Supercomputer steht zur Zeit der *Earth-Simulator* in Yokohama mit 35 Tera-FLOPS auf dem Treppchen. Er kostete ca. 55 Millionen €. Nähere Informationen kann man auf der Seite *www.top500.org* finden.

Ursprünglich waren Personal Computer die einzigen Computer, die privat überhaupt bezahlbar waren. Dafür musste man Abstriche bei der Leistung in Kauf nehmen. Heute haben Personal Computer eine Leistung, die die Leistung des ersten von IBM im Jahre 1981 angebotenen PCs um viele Größenordnungen übertrifft. Dieser am 12. August 1981 angekündigte IBM-PC hatte in der Grundausstattung 16 kB Arbeitsspeicher, einen 4,77 MHz 8088-Mikroprozessor, ein Diskettenlaufwerk und kostete 3000.- US$. Er besaß weder Festplatte noch Grafikkarte.

## 1.6.2 Aufbau von Computersystemen

Die folgenden Ausführungen beziehen sich vorwiegend auf Personal Computer.

## 1.6 Hardware

*Abb. 1.9:* Rechner und Peripherie

Ein Computersystem besteht aus dem Rechner und aus Peripheriegeräten. In der Abbildung sind bereits Tastatur und Maus als Eingabegeräte sowie Bildschirm und Drucker als Ausgabegerät dargestellt. Als weitere Eingabegeräte sind verbreitet:

- *Scanner* zum Einlesen von Bildern,
- Mikrofon,
- *Joystick* oder ähnliche Geräte zur Bedienung von Spielen,
- Stift (*Pen*) als Universaleingabegerät.

Als Ausgabegeräte findet man häufig:

- Drucker,
- *Plotter* zur Ausgabe von großformatigen Stift-Zeichnungen,
- Lautsprecher/Kopfhörer.

Viele Peripheriegeräte werden typischerweise zur Ein- und zur Ausgabe verwendet. Einige davon sind bereits im Inneren des Rechnergehäuses fest eingebaut:

- Disketten- und Zip-Laufwerke,
- CD-ROM und DVD-Laufwerke bzw. Brenner,
- Festplattenlaufwerke als zentrale Massenspeichergeräte,
- *Streamer* (z.B. *DAT – digital audio tape*) zur Sicherung von Daten,
- Videogeräte zum Überspielen und Bearbeiten von Videoclips, angeschlossen an eine serielle *Firewire*-Schnittstelle,
- (externe) Festplatten, weitere optische Laufwerke als zusätzliche Massenspeicher,
- Speicherkarten (Memory Stick, Compact Flash, Smart Media)
- Modem, ISDN-Karte, DSL-Modem etc. zur Kommunikation mit dem „Rest der Welt".

### 1.6.3 Der Rechner von außen

Die überwiegende Mehrzahl heutiger PCs sind „IBM-kompatible PCs". Daher wollen wir hier den Aufbau eines derartigen PCs genauer unter die Lupe nehmen. Zunächst werden wir uns mit dem Äußeren des Rechners beschäftigen, dann mit seinem Innenleben.

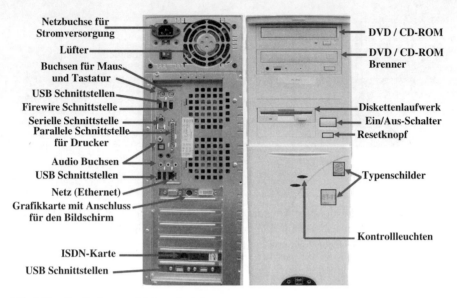

*Abb. 1.10:* Der Rechner von hinten und vorne

An der Vorderseite erkennen wir die wichtigsten Bedienelemente wie Ein-Ausschaltknopf, *Resetknopf* und einige LCDs, die den Betriebszustand anzeigen. Außerdem befinden sich an der Vorderseite die Öffnungen für ein Diskettenlaufwerk und für DVD- bzw. CD-ROM-Laufwerke.

An der Rückseite finden wir eine Reihe von Buchsen und Steckern, an die nicht nur das Stromkabel, sondern auch die externen Geräte wie Tastatur, Maus, Monitor, Drucker, Lautsprecher, Modem oder Telefonleitung angeschlossen werden können. Zum Glück haben fast alle Buchsen unterschiedliche Formen, so dass ein falscher Anschluss der externen Geräte so gut wie ausgeschlossen ist. Lediglich Maus- und Tastaturanschluss könnten verwechselt werden, neuerdings sind aber alle Buchsen farbig gekennzeichnet.

## 1.6.4 Das Innenleben

Mit wenigen Handgriffen können wir das Gehäuse eines PC öffnen und das Innenleben in Augenschein nehmen. Auf jeden Fall muss vorher das Netzkabel entfernt worden sein! Nachdem einige Schrauben gelöst worden sind und die Gehäuseabdeckung entfernt wurde, bietet sich ein Bild ähnlich wie in Abb. 1.11. In einem Metallrahmen sitzen eine Reihe farbiger, meist grüner *Platinen*, auf denen schwarze oder metallene *Chips* verschiedener Formen und Größen aufgesteckt oder eingelötet sind.

## 1.6 Hardware

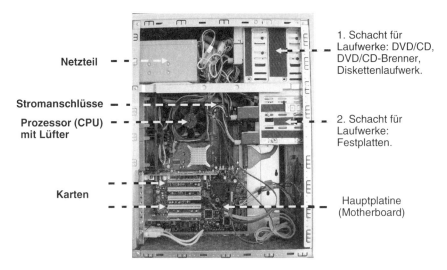

*Abb. 1.11:* Das Innere des Rechners

Außerdem befinden sich im Gehäuse ein Netzteil und Metallrahmen zum Einbau von Laufwerken. In diese Schächte können ein Diskettenlaufwerk, die Festplatte und DVD bzw. CD-ROM sowie weitere Laufwerke eingebaut werden. Die einzelnen Teile sind durch zusätzliche Kabel verbunden, darunter ein graues biegsames *Flachbandkabel*, das aus einer Vielzahl von parallelen Leitungen besteht. Es verbindet unter anderem die Laufwerke mit einigen der Platinen.

*Abb. 1.12:* Details des Inneren eines Rechners

Zentraler Bestandteil des Rechners ist die *Hauptplatine,* auch *Mainboard* oder *Motherboard* genannt. Es ist die größte der Platinen. Auf ihr finden wir verschiedene elektronische Bauelemente wie Chips, Widerstände und Kondensatoren sowie *Steckleisten* (*Sockel*) verschiedener Größen und Formen. Einige dieser Sockel sind leer, in anderen sind weitere Platinen (so genannte *Karten*) eingesteckt. Diese sitzen also senkrecht auf dem Motherboard. Viele der Buchsen, die wir auf der Rückseite des PCs erkannt haben, darunter die Buchsen für Tastatur, Maus, USB-Schnittstelle, serielle und parallele (Drucker-) Schnittstelle, sitzen in Wirklichkeit auf der hinteren Kante der Hauptplatine oder auf einer der Karten.

Die bereits erwähnten *Chips*, meist als schwarze rechteckige Bauteile zu erkennen, enthalten Millionen von mikroskopisch kleinen elektronischen Elementen wie z.B. Transistoren, Widerstände und Kondensatoren, die durch mehrere Ebenen von Leiterbahnen innerhalb des Chips verbunden sind. Jeder Chip ist in ein kleines Kunststoffgehäuse eingegossen, aus dem die Anschlüsse, die so genannten *Pins,* herausragen.

Die CPU ist bei einigen Rechnern als großer quadratischer Chip auf dem Motherboard auszumachen. Er steckt in einem *Sockel* mit hunderten von Anschlüssen. Gelegentlich trägt er noch einen Kühlkörper und/oder einen Lüfter „huckepack". Die Firma *Intel* hatte sich zeitweise entschlossen, ihre Prozessoren vom Typ *Pentium II* gemeinsam mit einem schnellen Hilfsspeicher (*Cache*) in einer eigenen Kassette unterzubringen. Diese steckt ähnlich wie die Karten in einer besonderen Sockelleiste, dem *Slot 1,* und trägt meist auch einen Lüfter zur Kühlung. Böse Zungen behaupten, dass der Marktführer Intel diesen Schritt auch deswegen unternahm, um die lästige Konkurrenz von Firmen abzuschütteln, die mit großem Erfolg kompatible, aber billigere Prozessoren herstellen. Es handelt sich dabei um *AMD* mit den Prozessoren *Athlon und Opteron* sowie um andere Firmen, wie *Cyrix*, die mittlerweile auch tatsächlich vom Markt verschwunden sind.

Die von Intel für den Pentium II angewandte Technik hat sich offenbar nicht bewährt, vermutlich war sie zu teuer. Die Nachfolgeprozessoren vom Typ *Pentium III* und *Pentium-4* werden wieder als normale Prozessorchips gefertigt, die in einen Sockel eingesetzt werden.

***Abb. 1.13:*** *Prozessoren: IntelPentium II, Pentium 4, Itanium 2, AMD-Athlon und Opteron*

## 1.6 Hardware

Alle bekannten CPUs arbeiten mit einer Hierarchie von schnellen Zwischenspeichern, so genannten *Caches,* zusammen. Diese sind schneller, aber auch teurer als der Hauptspeicher. Der Prozessor versucht immer, Bereiche des Hauptspeichers in den Cache zu kopieren, um darauf schneller zugreifen zu können. Ein kleinerer Teil des Cache ist der *Level-1 Cache*, der direkt im Prozessor untergebracht ist. Der größere Teil wird *Level-2 Cache* genannt und ist in einem separaten Chip, dem *Memory-Controller*, auf dem Motherboard untergebracht.

Der Prozessor ist das Kernstück des Computers. Seine wichtigste Aufgabe ist es, arithmetische und logische Rechenoperationen auszuführen, Daten von außen entgegenzunehmen und neu erzeugte Daten nach außen abzugeben. Die eingehenden Daten können Tastatureingaben, Joystickbewegungen, Musik vom Mikrofon, Bildinformation vom Scanner oder Daten von der Festplatte sein. Die von der CPU ausgegebenen Daten steuern Drucker, Bildschirm, Modem und alle Ausgabegeräte. Allerdings kann die CPU nur Daten entgegennehmen, die bereits als Folgen von Bytes vorliegen. Die Wandlung von analogen Daten (Bildhelligkeit, Musik, Mausbewegungen) in digitale Bytefolgen, welche die CPU verarbeiten kann, geschieht durch gesonderte Bauteile, die sich zum Teil auf den bereits erwähnten *Karten* befinden, also den Platinen, die senkrecht in den Sockelleisten der Hauptplatine eingesteckt sind.

Auf diesen Karten, bzw. in Chips, die auf dem Motherboard integriert sind, befindet sich also Elektronik zur Steuerung der Peripherie. Daher werden sie auch häufig als *Controller* bezeichnet. Ein *Plattencontroller* z.B. dient zur Steuerung von Disketten- und Festplattenlaufwerken. Im Prinzip ist es die Aufgabe des Controllers, die Anfragen oder Befehle des Prozessors in Aktionen des angeschlossenen Gerätes umzusetzen. Wenn z.B. der Prozessor Daten von der Festplatte lesen will, so muss der *Festplattencontroller* dafür sorgen, dass sich die Platte dreht, dass der Lesekopf an die richtige Stelle bewegt wird und dass die dort gefundenen Schwankungen des Magnetfeldes in Bitfolgen übersetzt und so dem Prozessor geliefert werden. Auf diese Weise ist es auch möglich, dass Peripheriegeräte verschiedener Hersteller gegeneinander ausgetauscht werden können. Der Controller muss lediglich in der Lage sein, die Wünsche des Prozessors umzusetzen.

Ein *Grafikcontroller*, andere Namen sind *Grafikkarte* oder *Grafikadapter*, dient zur Ansteuerung des Bildschirms. Eine Grafikkarte besitzt einen eigenen Speicher und einen eigenen *Grafikprozessor*, so dass die Aktualisierung und Neuberechnung des Bildschirminhalts, insbesondere bei Spielen, dezentral und schnell geschehen kann.

Eine *Soundkarte* ist ein Controller, der für die Ansteuerung von Lautsprechern und Mikrofon zuständig ist. Er muss unter anderem Tonschwingungen digitalisieren und umgekehrt auch digitale Toninformationen in analoge Schwingungen der Lautsprechermembran umsetzen. Manche Controller, wie der *Tastaturcontroller,* seit einiger Zeit aber auch schon der *Plattencontroller*, benötigen keine gesonderte Karte mehr, sie sind direkt auf dem Motherboard oder auch in dem betreffenden Gerät angebracht. Auch einige der in der folgenden Aufzählung genannten Karten sind auf einigen Motherboards bereits integriert. In einem heutigen Computer finden sich beispielsweise einige der folgenden Controllerkarten:

- eine Grafikkarte,
- eine Soundkarte,
- eine Firewirekarte für schnelle serielle Geräte
- eine Netzkarte zum Anschluss eines lokalen Netzes oder von T-DSL,
- ein ISDN-Controller oder ein Modem.

Auf der hinteren Kante der Karten, welche externe Geräte (Lautsprecher/Mikrofon, Monitor, Telefon/Netz) steuern, befinden sich die Buchsen für die entsprechenden Geräte. Auf der Rückseite des PCs sind an den betreffenden Stellen Öffnungen gelassen.

Die Karten stecken, wie bereits erwähnt, in Sockelleisten, den so genannten *Slots*, auf der Hauptplatine. Die Slots sind untereinander und mit der Hauptplatine durch einen so genannten *Bus* (auch *Systembus* genannt) verbunden. Hierbei handelt es sich um eine Serie paralleler Datenleitungen, über die Daten zwischen Prozessor und Peripheriegeräten ausgetauscht werden. Busse gibt es mit unterschiedlich vielen Leitungen und mit unterschiedlichen *Protokollen* (Standards, Konventionen) zur Übertragung von Daten über diese Leitungen. Die Leistungsfähigkeit eines Busses wird an der Anzahl von Bytes gemessen, die in einer Sekunde übertragen werden können. Moderne Busse schaffen einige hundert MByte pro Sekunde. Da an dem Bus viele unabhängig und gleichzeitig arbeitende Peripheriegeräte angeschlossen sind, muss auch der Buszugang durch einen Controller (den *Buscontroller*) geregelt werden. Die Standards für Technik und Datenübertragung des Busses haben sich in den letzten Jahren sehr verändert. Einige dieser Standards heißen *ISA* (*industry standard architecture*), *EISA*, *Local Bus*, *PCI* (*peripheral component interconnect*) oder *AGP* (*accelerated graphics port*). Mit den Standards änderten sich auch die Dimensionen der Steckplätze. Heutige Motherboards haben zusätzlich zu den PCI-Steckplätzen noch einen AGP-Steckplatz für eine Grafikkarte.

Schließlich erkennen wir auf dem Mainboard noch einige Sockelleisten, in denen kleine längliche Karten eingesteckt sind. Es handelt sich um so genannte SIMMs, DIMMs, oder RIMMs, Karten mit jeweils 8 oder 9 gleichartigen Speicherchips (*memory modules*), die zusammen den *Hauptspeicher* bilden. Dieser ist direkt mit dem Memory-Controller verbunden, da der Umweg über den Bus den Speicherzugriff verlangsamen würde.

Als letzte wichtige Bestandteile des Motherboards seien noch der *BIOS-Chip* (*basic input output system*) und der Taktgeber erwähnt. Dem BIOS kommt insbesondere beim Start des Rechners eine entscheidende Bedeutung zu, während der Taktgeber für die Synchronisation der Komponenten untereinander notwendig ist.

In dem folgenden Grobschaltbild erkennt man auch, dass Prozessor und Hauptspeicher direkt über den Memory-Controller verbunden sind, während die Verbindung zu allen anderen Komponenten über den Bus und die Controller führt.

1.6 Hardware

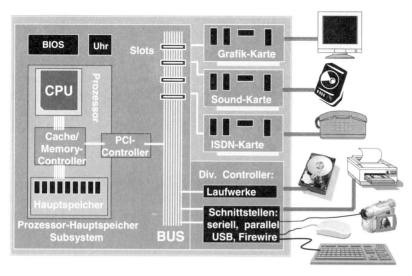

*Abb. 1.14:* Komponenten eines Rechners

## 1.6.5 Ein Motherboard

Dem prinzipiellen Aufbau wollen wir nun das Foto eines Motherboards gegenüberstellen, so wie Sie es vielleicht vorfinden, wenn Sie Ihren Rechner öffnen.

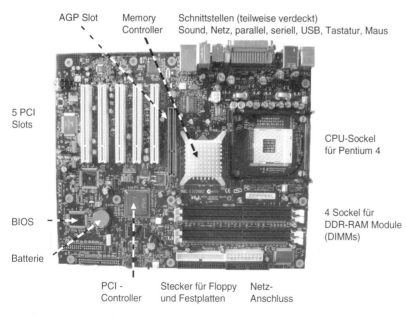

*Abb. 1.15:* Ein Motherboard

Es handelt sich hier um das D865PERL Motherboard der Firma *Intel*. Es ist für den Prozessor Pentium-4 vorgesehen, da es einen CPU-Sockel aufweist, der nur für diesen Prozessor geeignet ist. Vier Sockel können Speicherkärtchen aufnehmen. Von der Form her werden sie als DIMM (*dual inline memory module*) bezeichnet. Die Speicherbausteine müssen vom Typ *DDR-SDRAM sein*. Man steckt diese mit leichtem Druck in den Sockel, wobei sie einrasten. Verwendet man DIMMs mit jeweils 512 MB Speicherkapazität, kann der Hauptspeicher auf bis zu 2 GB ausgebaut werden. Die Speicherchips werden auch als *RAM* bezeichnet. Diese Abkürzung steht für „*random access memory*" und soll andeuten, dass man direkt, durch Angabe ihrer Adresse, auf eine beliebige Speicherzelle zugreifen und dabei deren Inhalt lesen oder auch verändern kann.

Auf dem Foto erkennt man deutlich fünf weiße Steckplätze (*slots*), quasi die „Haltestellen auf der Buslinie", in die die Controllerkarten eingesteckt werden. Bei dem Bus handelt es sich um den moderneren *PCI-Bus*, der durch einen eigenen Controller Chip gesteuert wird. Auf dem Motherboard kann man keine langen Steckplätze für den mittlerweile veralteten *ISA-Bus* mehr finden. Die Grafikkarte wird in einen besonderen *AGP*-slot (*accelerated graphics port*) eingesteckt.

Der BIOS-Chip ist ein 2 MBit großes *Flash-ROM*. In diesem Chip befinden sich elementare Ein-Ausgabe-Programme sowie Routinen, die sofort nach dem Einschalten des Rechners ausgeführt werden. Sie testen die angeschlossenen Hardwarekomponenten und laden anschließend das Betriebssystem. Eigentlich bedeutet *ROM* soviel wie *read-only-memory*, also Speicher, der nur gelesen werden kann. Das Flash-ROM kann in der Tat nicht byteweise verändert werden wie das RAM, eine gleichzeitige Neubeschreibung ganzer Speicherbereiche ist aber möglich. Auf diese Weise kann man gelegentlich neue BIOS-Versionen von der *homepage* des Herstellers laden und den Chip damit aktualisieren. Anders als bei RAM-Chips bleibt der Inhalt des ROM auch nach dem Abschalten des Rechners erhalten. Dic Batterie oder der Akku auf dem Motherboard ist daher nur für die Versorgung des *Taktgebers* (*Timer*) nötig, damit auch nach dem Abschalten der Rechner die aktuelle Uhrzeit behält. Auf der rückwärtigen Kante der Hauptplatine und der anderen Karten befinden sich die Buchsen (*Schnittstellen*) für extern anzuschließende Geräte wie Tastatur, Monitor, Maus und Drucker. Sie sind über eine Öffnung in der Rückwand des Gehäuses von außen zugänglich. Eine dieser Buchsen, die *USB-Schnittstelle* (universal serial bus), verdient besondere Beachtung. Dabei handelt es sich um eine Technologie, mittels derer zukünftig alle externen Geräte angeschlossen werden können. Dies ist auch schon weitgehend der Fall, daher sehen wir in dem Bild 1.16 nur noch eine serielle Schnittstelle – frühere Geräte hatten zwei. Das Hinzufügen eines neuen Gerätes, auch im laufenden Betrieb, ist an einer USB-Schnittstelle so einfach wie das Anschließen eines Toasters, einer Lampe oder einer Mikrowelle an das Stromnetz. Wenn das Betriebssystem mitspielt, nennt man das „*plug and play*", in einigen Fällen gilt allerdings die Empfehlung: „*plug and pray*".

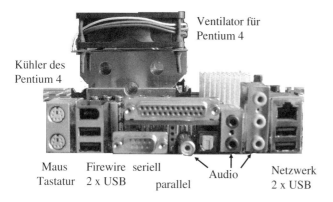

*Abb. 1.16:* Teil der rückwärtigen Kante eines Motherboards mit Prozessorkühlung und externen Schnittstellen

## 1.6.6 Die Aufgabe der CPU

Der *Prozessor* ist das Kernstück eines Computers. Er dient der *Verarbeitung* von Daten, die sich in Form von Bytes im Speicher des Rechners befinden. Daher rührt auch die Bezeichnung *CPU (central processing unit)*. Zwei wesentliche Bestandteile der CPU sind *Register* und *ALU (arithmetical logical unit)*. Die ALU ist eine komplizierte Schaltung, welche die eigentlichen mathematischen und logischen Operationen ausführen kann. In Kapitel 5 in dem Unterkapitel „Von den Schaltgliedern zur CPU" ab S. 447 werden wir eine prototypische ALU entwerfen. *Register* sind extrem schnelle Hilfsspeicherzellen, die direkt mit der ALU verbunden sind. Die ALU-Operationen erwarten ihre Argumente in bestimmten Registern und liefern ihre Ergebnisse wieder in Registern ab. Auch der Datentransfer vom Speicher zur CPU läuft durch die Register.

Die Aufgabe der CPU ist es, *Befehle* zu verarbeiten. Heutige CPUs haben ein Repertoire von einigen hundert Befehlen. Die meisten davon sind *Datentransferbefehle* und *Operationen*, also Befehle, die Registerinhalte durch arithmetische oder logische Befehle verknüpfen. Typische Befehle sind:

- **LOAD**: Laden eines CPU-Registers mit einem Wert aus dem Speicher
- **STORE**: Speichern eines Registerinhalts in einen Speicherplatz des Speichers
- **ADD, SUB, MUL, DIV**: Arithmetische Operationen auf Registern
- **NOT, OR, AND, XOR**: Logische Befehle auf Registern
- **COMPARE**: Vergleich des Inhalts zweier Register
- **MOVE**: Verschiebung von ganzen Datenblöcken im Speicher
- **OUT, IN**: Ein- und Ausgabe von Daten an Register der Peripheriegeräte

Normalerweise werden Befehle in der im Speicher vorliegenden Reihenfolge der Opcodes ausgeführt. *Sprungbefehle (BRANCH* bzw. *JUMP)* erlauben aber auch die Fortsetzung der Verarbeitung an einer anderen Stelle, je nachdem ob eine vorher getestete Bedingung erfüllt ist oder nicht. Dabei wird einfach der Befehlszähler auf eine andere Position im Programm umgelenkt, statt ihn, wie im Normalfall, um eins zu erhöhen.

42                                                                  1  Einführung

Zur Erläuterung zeigen wir hier ein einfaches Beispiel eines Programms für den IBM-PC. Es
dient dazu, die Zahlen von 1 bis 1000 zu addieren und das Ergebnis in der Speicherzelle Nummer 403000h abzulegen. Wir benutzen zwei Register mit Namen **EAX** und **EBX**, die mit 0
bzw. 1000 initialisiert werden. Der Befehl **add EAX, EBX** addiert den Inhalt von EBX zu
EAX, und **dec EBX** erniedrigt den Inhalt von EBX um 1. Der Sprungbefehl **JNZ schleife**
(JumpNotZero) prüft, ob das Ergebnis der letzten Operation 0 war. Wenn nicht, springt der
Befehl an die angegebene Stelle im Programm – hier an die mit „**schleife:**" markierte Position. Schließlich speichert **mov [403000h], EAX** den Inhalt von EAX in die Speicherzelle mit
Hex-Adresse 403000h. Der Text von einem Semikolon bis zum Zeilenende ist jeweils ein
erläuternder Kommentar, der von dem Programm aber ignoriert wird.

```
04
05  ;Addition der Zahlen 1 bis 1000
06     mov       EAX,0          ;     0 in Register EAX
07     mov       EBX,1000       ;  1000 in Register EBX
08  schleife:
09     add       EAX, EBX       ;  Addiere EBX zu EAX
10     dec       EBX            ;  Erniedrige EBX um 1
11     jnz       schleife       ;  Zurück falls EBX>0
12     mov       [403000h],eax  ;  Ergebnis nach 403000h
13     push      0              ;
14     call      ExitProcess    ;  Rücksprung mit Code 0
```

**Abb. 1.17:**   *Ein Maschinenprogramm – im Klartext*

Jeder Befehl besitzt einen *OpCode*, den man sich vereinfacht als Befehlsnummer vorstellen
kann. So hat zum Beispiel der Befehl **dec EBX** die Nummer 4Bh, der Befehl **mov EBX** die
Nummer BBh. Ein *Assembler* übersetzt den obigen Programmtext in eine Folge von Opcodes
mit ihren Argumenten. Der Befehl **mov BX, 100** wird dabei in die fünf Bytes „BB E8 03 00
00" übersetzt. Davon stehen die letzten 4 Bytes für das 32-Bit Wort $(00\ 00\ 03$
$E8)_{16}=(1000)_{10}$. Offensichtlich wird also das vier-Byte Wort „00 00 E8 03" in umgekehrter
Reihenfolge low-Byte-high-Byte im Speicher abgelegt. Diese Konvention der 80x86 CPU-
Familie nennt man auch *Little-Endian*.

Bei der Übersetzung werden symbolische Sprungmarken, wie in unserem Beispiel die Marke
„schleife:" durch ihre Position im Speicher ersetzt. Genauer wird „JNE schleife" übersetzt in
„75 FB", wobei 75h der Opcode für „JNE" (JumpNotEqual) ist und $(FB)_{16}= -5$ einen Rücksprung um 5 Byte veranlasst. Die folgende Abbildung zeigt einen Blick in den Hauptspeicher
ab Adresse 401000h. Rechts erkennen wir den um Kommentare und symbolische Sprungadressen bereinigten Quellcode, in der zweiten Spalte von links den fertigen Maschinencode
in Hex-Darstellung und am linken Rand die Speicheradressen, an denen die Codebytes sich
befinden.

Ein direkter Zugriff auf eine Speicherzelle, wie oben geschildert, ist unter einem Multitasking-Betriebssystem wie Windows oder Linux allerdings nicht mehr erlaubt, denn die Speicherzelle könnte von einem anderen, gleichzeitig laufenden Prozess benutzt werden und
diesen zum Absturz bringen. Dennoch kann man auch unter solchen Betriebssystemen in
Assembler programmieren, allerdings ist der Zugriff auf die Rechnerhardware nur in Zusam-

1.6 Hardware                                                                                    43

menarbeit mit dem Betriebssystem möglich. Wir werden dies in dem Kapitel über Assemblerprogrammierung ab S. 463 näher erläutern.

```
00401000 B800000000                    mov      eax,0
00401005 BBE8030000                    mov      ebx,3E8h
                              loc_0040100A
0040100A 03C3                           add      eax,ebx
0040100C 4B                            dec      ebx
0040100D 75FB                          jnz      loc_0040100A
0040100F A300304000                    mov      [403000h],eax
00401014 6A00                          push     0
00401016 E801000000                    call     fn_0040101C
```

***Abb. 1.18:*** *Das Maschinenprogramm und seine interne Darstellung*

Das als Folge von Opcodes vorliegende Programm wird in einer Datei gespeichert, die in der
PC-Welt meist eine der Endungen „com", „exe", „dll" trägt. Wenn ein Programm ausgeführt
werden soll, wird diese Programmdatei in den Speicher geladen. Die CPU übernimmt die
Kontrolle, liest die Opcodes in der Datei und führt die entsprechenden Befehle aus. Der
*Befehlszähler* zeigt immer auf den als Nächstes auszuführenden Opcode. Die CPU durchläuft
dabei immer wieder den sogenannten *Load-Increment-Execute-Zyklus*:

> **LOAD**        ( Lade den Opcode, auf den der Befehlszähler zeigt )
>
> **INCREMENT**   ( Erhöhe den Befehlszähler )
>
> **EXECUTE**     ( Führe den Befehl, der zu dem Opcode gehört, aus )

Diese stark vereinfachte Darstellung mag an dieser Stelle genügen, sie wird im Kapitel über
*Rechnerarchitektur* näher erläutert.

## 1.6.7    Die Organisation des Hauptspeichers

Im *Hauptspeicher* oder *Arbeitsspeicher* eines Computers werden Programme und Daten
abgelegt. Die Daten werden von den Programmen bearbeitet. Der Inhalt des Arbeitsspeichers
ändert sich ständig – insbesondere dient der Arbeitsspeicher *nicht* der permanenten Speicherung von Daten. Fast immer ist er aus Speicherzellen aufgebaut, die ihren Inhalt beim
Abschalten des Computers verlieren. Beim nächsten Einschalten werden alle Bits des
Arbeitsspeichers auf ihre Funktionsfähigkeit getestet und dann auf 0 gesetzt.

Die Bits des Arbeitsspeichers sind byteweise organisiert. Jeder Befehl kann immer nur auf ein
ganzes Byte zugreifen, um es zu lesen, zu bearbeiten oder zu schreiben. Den 8 Bits, die ein
Byte ausmachen, kann noch ein *Prüfbit* beigegeben sein. Mit dessen Hilfe überprüft der Rechner ständig den Speicher auf Fehler, die z.B. durch eine Spannungsschwankung oder einen
Defekt entstehen könnten. Das Prüfbit wird also nicht vom Programmierer verändert, sondern
automatisch von der Speicherhardware gesetzt und gelesen. Meist setzt diese das Prüfbit so,
dass die Anzahl aller Einsen in dem gespeicherten Byte zusammen mit dem Prüfbit *geradzah-
lig* (engl. *even parity*) wird, daher heißt das Prüfbit auch *Parity-Bit*. Ändert sich durch einen

Defekt oder einen Fehler genau ein Bit des Bytes oder das Parity Bit, so wird dies von der Speicherhardware erkannt, denn die Anzahl aller Einsen wird ungerade. Die Verwendung von Prüfbits verliert allerdings seit einiger Zeit wegen der höheren Zuverlässigkeit der Speicherbausteine an Bedeutung.

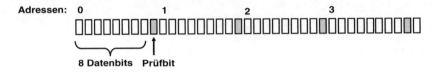

**Abb. 1.19:** *Speicher mit Prüfbits*

Jedes Byte des Arbeitsspeichers erhält eine Nummer, die als *Adresse* bezeichnet wird. Die Bytes eines Arbeitsspeichers der Größe 128 MB haben also die Adressen:

$$0, 1, 2, \ldots (2^{27} - 1) = 0, 1, 2, \ldots 134\,217\,727.$$

Auf jedes Byte kann direkt zugegriffen werden. Daher werden Speicherbausteine auch *RAMs* genannt (random access memory). Dieser Name betont den Gegensatz zu Speichermedien, auf die nur *sequentiell* (Magnetband) oder *blockweise* (Festplatte) zugegriffen werden kann.

Technisch wird der Arbeitsspeicher heutiger Computer aus speziellen Bauelementen, den *Speicherchips*, aufgebaut. Diese werden nicht mehr einzeln, sondern als *Speichermodule* angeboten. Dabei sind jeweils mehrere Einzelchips zu so genannten *SIMM* oder *DIMM-Modulen(single/dual inline memory module)* zusammengefasst. Das sind 168-Pin Mini-Platinen, auf denen jeweils 8 oder 9 gleichartige Speicherchips sitzen.

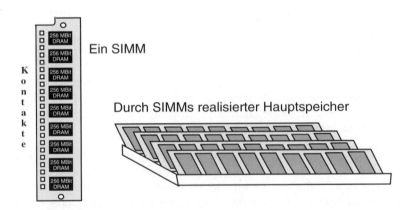

**Abb. 1.20:** *Speichermodule (Schema)*

Üblich sind heute Speicherchips mit 32, 64, 128 oder 256 MBit Speicherkapazität, 1 GBit Chips gibt es bereits als Prototypen. 8 Chips zu jeweils 64 MBit auf einem SIMM- oder

## 1.6 Hardware

DIMM-Modul ergeben eine Hauptspeichergröße von 64 MByte. Auf einem typischen Motherboard befinden sich meist Steckplätze für 4 DIMM-Module. Befinden sich 9 Chips auf einem DIMM, so dient der neunte Chip zur Paritätsprüfung.

Es gibt zwei Arten von Speicherzellen: *DRAMs* und *SRAMs*. Dabei steht das *D* für *„Dynamic"* und das *S* für *„Static"*. DRAMs sind langsamer als SRAMs, dafür aber billiger. Man verwendet daher häufig zwei Speicherhierarchien: DRAM für den eigentlichen Arbeitsspeicher und SRAM für einen Pufferspeicher zur Beschleunigung des Zugriffs auf den Arbeitsspeicher. Für diesen Pufferspeicher ist die Bezeichnung *Cache* gebräuchlich (siehe auch S. 37). Heute kommt meist eine verbesserte Version von DRAM, das so genannte *SDRAM* (synchronous dynamic RAM) zum Einsatz, dessen Taktrate optimal auf die CPU abgestimmt ist. Weiterentwickelt wurde dieser Speichertyp als *DDR-SDRAM* (wobei DDR für *Double Data Rate* steht).

*Abb. 1.21:* *DDR-SDRAM-DIMM Module mit je 1 GB*

Eine Alternative ist das so genannte RDRAM (Rambus DRAM), das von der Firma *Rambus* hergestellt wird und nach Angaben der Firmen Rambus und Intel höhere Datenraten zulässt. *Direct Rambus* (DRDRAM) ist eine neuere Technologie mit einer wiederum gesteigerten Datenrate. Wegen des hohen Preises hat sich die Rambus Technologie jedoch nicht generell durchgesetzt. Heute sind daher überwiegend DDR-SDRAM Bausteine im Handel.

CPU und Hauptspeicher sind nicht durch den vorher diskutierten Systembus verbunden, sondern haben einen eigenen internen Bus, der sich aus einem Adressbus und einem Datenbus zusammensetzt. Über den *Adressbus* übermittelt die CPU eine gewünschte Speicheradresse an den Hauptspeicher, über den *Datenbus* werden die Daten zwischen CPU und Hauptspeicher ausgetauscht. Der Datenbus der ersten IBM-PCs hatte 20 Adressleitungen. Jede Leitung stand für eine Stelle in der zu bildenden binären Adresse. Somit konnte man nur maximal $2^{20}$ verschiedene Adressen bilden, also höchstens 1 MByte Speicher adressieren. Heutige PCs haben typischerweise mindestens 128 – 256 MB Speicher, so dass Adresslängen von mindestens 27 – 28 Bit nötig wären. Mit den tatsächlich verwendeten 32-Bit Adressen kann man den Speicher theoretisch noch um das 64-fache, nämlich auf 4 GByte erweitern. Die folgende

Tabelle gibt einen Überblick über die Speichergröße in Abhängigkeit von der Anzahl der verwendeten Adressbits.

| Adressbits | max. Speichergröße |
|:---:|:---:|
| 16 | 64 kB |
| 20 | 1 MB |
| 24 | 16 MB |
| 32 | 4 GB |
| 64 | 16 ExaByte |

Zur Kennzeichnung von Computern werden oft die Bezeichnungen *8-Bit-Computer*, *16-Bit-Computer*, *32-* oder *64-Bit-Computer* verwendet. Tatsächlich sind in diesem Zusammenhang aber mindestens drei unterschiedliche Kenngrößen $D$, $S$ und $A$ von Interesse:

**D**: Die Anzahl der Datenbits, die von dem verwendeten Mikroprozessor in einem arithmetischen Befehl verknüpft werden können,

**S**: Die Anzahl der Bits, die von einem LOAD- oder STORE- Befehl gleichzeitig zwischen dem Speicher und einem CPU-Register transportiert werden können,

**A**: Die Anzahl der Bits, die zur Adressierung verwendet werden können. Ggf. werden physikalische und virtuelle Adressen unterschieden.

Im Folgenden seien einige Beispiele aufgeführt:

| Prozessor | D | S | A |
|:---|:---:|:---:|:---:|
| 8080/8085 | 8 | 8 | 16 |
| 8086/80186 | 16 | 16 | 20 |
| 8088 | 16 | 8 | 20 |
| 80286 | 16 | 16 | 24 |
| 80386/80486 | 32 | 32 | 32 |
| Pentium (I, II, III, 4) | 32 | 64 | 32 |
| 68000/68010 | 32 | 16 | 24 |
| 68020/68030/68040/68060 | 32 | 32 | 32 |
| PowerPC | 32 | 64 | 32 |
| Itanium 2 | 64 | 64 | 50/64 |
| Opteron | 64 | 64 | 40/48 |

## 1.6 Hardware

### 1.6.8 Speichermedien

Der Arbeitsspeicher eines Rechners verliert seinen Inhalt, wenn er nicht in regelmäßigen Abständen (z.B. alle 15 µs) *aufgefrischt* wird. Insbesondere gehen alle Daten beim Abschalten des Computers verloren.

Zur langfristigen Speicherung werden daher andere Speichertechnologien benötigt. Für diese Medien sind besonders zwei Kenngrößen von Bedeutung – die *Speicherkapazität* und die *Zugriffszeit*. Darunter versteht man die Zeit zwischen der Anforderung eines Speicherinhaltes durch den Prozessor und der Lieferung der gewünschten Daten durch die Gerätehardware. Da die Zugriffszeit von vielen Parametern abhängen kann, z.B. von dem Ort, an dem die Daten auf dem Medium gespeichert sind, bei Festplatten oder Disketten auch von der gegenwärtigen Position des Lesekopfes, spricht man lieber von einer *mittleren Zugriffszeit*. Magnetbänder haben zum Beispiel eine hohe Kapazität (mehrere GByte) und sind zudem sehr billig, dafür ist die mittlere Zugriffszeit extrem lang, insbesondere weil man auf die Daten nicht *direkt zugreifen* kann. Man muss das Band bis zu der gesuchten Stelle vor- oder zurückspulen, daher spricht man von einem s*equentiellen Zugriff*. Auf Daten, die auf Disketten, Festplatten oder CD-ROMs gespeichert sind, kann demgegenüber *blockweise* zugegriffen werden. Dies bedeutet, dass zum Lesen eines bestimmten Bytes immer der ganze Speicherblock (z.B. 512 Byte), der das gesuchte Byte enthält, gelesen werden muss. Auf diesen Block hat man unmittelbaren Zugriff.

### 1.6.9 Magnetplatten

Der wichtigste nichtflüchtige Massenspeicher wird auch in absehbarer Zukunft noch die *Magnetplatte*, auch *Festplatte* genannt, bleiben. Ihre Kapazität hat innerhalb der letzten 15 Jahre um das Zehntausendfache zugenommen. Preiswerte PCs haben heute bereits Festplatten mit einer Kapazität von 120 GByte bei einer mittleren Zugriffszeit von 7 ms, es gibt aber auch Festplatten mit 250 GByte und mehr.

Prinzipiell sind Festplatten und Disketten sehr ähnlich aufgebaut. Eine Aluminium- oder Kunststoffscheibe, die mit einem magnetisierbaren Material beschichtet ist, dreht sich unter einem *Lese-Schreibkopf*. Durch Anlegen eines Stromes wird in dem kleinen Bereich, der sich gerade unter dem Lese-Schreibkopf befindet, ein Magnetfeld induziert, das dauerhaft in der Plattenoberfläche bestehen bleibt. Durch Änderung der Stromrichtung und infolgedessen der Magnetisierungsrichtung können Daten aufgezeichnet werden. Beim Lesen der Daten misst man den Strom, der in der Spule des Lese-Schreibkopfes induziert wird, wenn sich ein magnetisierter Bereich unter ihm entlangbewegt, und wandelt diese analogen Signale wieder in Bits um.

Der Lese-Schreibkopf lässt sich von außen zum Zentrum der rotierenden Platte und zurück bewegen, so dass effektiv jede Position der sich drehenden Magnetscheibe erreicht werden kann. Die Zugriffszeit einer Festplatte und auch eines Diskettenlaufwerkes hängt also davon ab, wie schnell der Kopf entlang des Plattenradius bewegt und positioniert werden kann, aber auch von der Umdrehungsgeschwindigkeit der Platte, denn nach korrekter Positionierung des Kopfes muss man warten, bis sich der gewünschte Bereich unter dem Kopf befindet. Bei Diskettenlaufwerken sind 360 Umdrehungen pro Minute (rpm = rotations per minute) üblich, Festplattenlaufwerke erreichen 15000 rpm.

Für die exakte radiale Positionierung des Lese-Schreibkopfes ist ein *Schrittmotor* zuständig. In jeder Position können während einer Umdrehung der Scheibe Daten, die auf einer kreisförmigen *Spur* (engl. *track*) gespeichert sind, gelesen oder geschrieben werden.

Vor Inbetriebnahme muss eine Platte *formatiert* werden. Dabei wird ein magnetisches Muster aufgebracht, das die Spuren und Sektoren festlegt. Die Anzahl der Sektoren wird üblicherweise so gewählt, dass ein Sektor jeder Spur 512 Byte aufnehmen kann. Da ein Sektor auf einer äußeren Spur einem längeren Kreisbogen entspricht als ein Sektor auf einer inneren Spur, werden die Daten innen dichter aufgezeichnet als außen. Dies bewirkt, dass der zentrale Bereich der Platte nicht ausgenutzt werden kann.

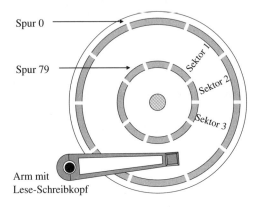

*Abb. 1.22:*   *Magnetplatten: Spuren und Sektoren*

Moderne Festplatten bringen daher auf den äußeren Spuren mehr Sektoren unter als auf den inneren. Da man auf diese Weise das Medium besser ausnutzt, kann mit dieser „multiple zone recording" genannten Technik die Kapazität der Platte um bis zu 25 % gesteigert werden. Eine weitere Kapazitätssteigerung erreicht man, wenn es gelingt, die Spuren enger beieinander anzuordnen. Man erreicht heute Spurdichten bis zu 12000 tpi (tracks per inch). Mit einem Schrittmotor kann man derart dicht liegende Spuren nicht genau genug anfahren, daher verwendet man einen Spindelantrieb (*actuator*), der die korrekte Position des Kopfes kontinuierlich nachregelt. Hierzu dient ein magnetisches Muster, das beim Formatieren zusätzlich auf der Platte aufgebracht wird und anhand dessen man im Betrieb die korrekte Position des Kopfes erkennen und nachführen kann. Diese Technik wird als *„closed loop positioning"* bezeichnet.

Bei der beschriebenen Formatierung handelt es sich genau genommen um die *physikalische* oder *Low-Level* Formatierung. Diese wird heute bereits in der Fabrik aufgebracht. Bei der *High-Level* Formatierung, die der Besitzer der Festplatte vor ihrer ersten Benutzung durchführen muss, werden je nach Betriebssystem noch ein Inhaltsverzeichnis angebracht und ggf. noch Betriebssystemroutinen zum Starten des Rechners von der Magnetplatte. Folglich gehen bei der High-Level Formatierung vorher gespeicherte Daten nicht wirklich verloren. Sie sind noch auf der Platte vorhanden. Da aber das Inhaltsverzeichnis neu erstellt wird, ist es schwierig, die alten Datenbruchstücke aufzufinden und korrekt zusammenzusetzen.

## 1.6.10    Disketten

*Disketten* sind flexible (engl. *floppy disk* = schlappe Scheibe), magnetisch beschichtete Kunststoffscheiben, die durch eine starre quadratische Plastikhülle geschützt sind. Sie können bei Bedarf in ein Laufwerk eingelegt und diesem wieder entnommen werden. Der Motor fixiert die Diskette in der Mitte und greift sie an einem *Hubring* am inneren Rand. Eine etwa ein Zoll (2,5 cm) lange Öffnung in der Hülle der Magnetscheibe dient als Guckloch für den Lese-Schreibkopf.

Da Disketten vielfältigen mechanischen Einflüssen unterliegen, kann die Aufzeichnung nicht so präzise erfolgen wie bei Festplatten, sie haben daher eine erheblich geringere Kapazität und längere Positionierungszeiten. Für eine 3½" Diskette ergeben sich z.B. folgende Werte:

*   Anzahl der Oberflächen: **2**
*   Anzahl der Spuren pro Oberfläche: **80**
*   Anzahl der Sektoren pro Spur: **18**
*   Anzahl der Bytes pro Sektor: **512**
*   Kapazität: $2 \times 80 \times 18 \times 512$ = **1474560** Bytes = **1,44** MByte

Auch Disketten müssen vor dem ersten Benutzen formatiert werden. Es werden dann in die Spuren leere Sektoren mit je 512 Byte Länge geschrieben. Diese Sektoren enthalten neben der Nutzinformation noch zusätzliche Informationen, wie zum Beispiel Spurnummer, Sektornummer etc. Daher kann die Bruttokapazität einer Diskette nicht voll für Daten genutzt werden. Alte Diskettenformate bieten eine Nettokapazität von 360 kByte, 720 kByte, 1,2 MByte oder 1,4 MByte pro Diskette bei einer durchschnittlichen Zugriffszeit von 50 bis 150 ms je nach Laufwerk. Probleme gab es bei der Entwicklung eines Nachfolgers für die recht betagte Diskette mit heutzutage lächerlicher Kapazität von 1.4 MB. Viele konkurrierende Standards mit Kapazitäten zwischen 120 und 250 MB sind auf dem Markt. Nicht alle sind zu dem alten Diskettenformat kompatibel. Leider hat sich hier aber noch kein Standard durchgesetzt.

## 1.6.11    Festplattenlaufwerke

Festplattenlaufwerke enthalten in einem luftdichten Gehäuse einen Stapel von Platten, die auf einer gemeinsamen Achse montiert sind. Jede Platte hat auf Vorder- und Rückseite jeweils einen Schreib-Lesekopf.

Alle Köpfe bewegen sich synchron, so dass immer gleichzeitig alle Spuren der gleichen Nummer auf den Vorder- und Rückseiten aller physikalischen Platten bearbeitet werden können. Diese Menge aller Spuren gleicher Nummer wird auch als *Zylinder* bezeichnet. Die *Aufzeichnungsdichte* einer Festplatte hängt eng damit zusammen, wie nahe die Platte sich unter dem Kopf entlangbewegt. Bei der so genannten *Winchester-Technik* fliegt ein extrem leichter Schreib-Lesekopf aerodynamisch auf einem Luftkissen über der Plattenoberfläche. Der Abstand zur Platte ist dabei zum Teil geringer als 0,1µm. Das ist wesentlich weniger als die Größe normaler Staubpartikel, die bei 1 bis 10µm liegt. Der geringe Abstand des Schreib-

Lesekopfes von der Platte erfordert daher einen luftdichten Abschluss des Laufwerkes in einem Gehäuse, das mit Edelgas gefüllt ist.

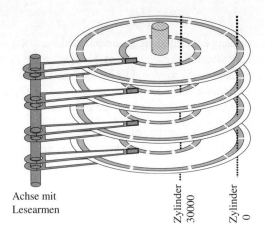

*Abb. 1.23:* Plattenstapel mit Zylindern, Spuren und Sektoren

Den Flug des Schreib-Lesekopfes in der genannten Höhe könnte man mit dem Flug eines Jumbojets in einer vorgeschriebenen Flughöhe von 40 cm vergleichen. Berührt ein Kopf die Plattenoberfläche, so wird die Platte zerstört und alle Daten sind verloren. Um einen solchen *Plattencrash* zu vermeiden, sollte die Platte, solange sie in Betrieb ist, vor starken Erschütterungen bewahrt werden. Wenn die Platte nicht in Betrieb ist, werden die Köpfe in einer besonderen *Landeposition* geparkt. Um den Abstand zwischen Kopf und Platte noch weiter zu verringern, was eine höhere Aufzeichnungsdichte zulässt, fertigt man neuerdings die Platten auch aus Glas statt aus Aluminium. Glasplatten lassen sich mit einer glatteren Oberfläche herstellen, allerdings ist die Brüchigkeit noch ein Problem. Die höhere träge Masse von Glas gegenüber Aluminium spielt keine Rolle, da eine Festplatte in einem stationären Rechner sich ohnehin ständig dreht.

*Abb. 1.24:* Ein geöffnetes Festplattenlaufwerk und eine Microdrive Festplatte

1.6 Hardware 51

Nimmt man eine Festplatte in die Hand, so erkennt man, dass auf dem Gehäuse noch einiges an Elektronik untergebracht ist. Diese erfüllt teilweise die Funktionen eines Controllers, zusätzlich ist ein eigener Cache integriert, um die mittlere Zugriffszeit zu verbessern. Eine weitere Aufgabe dieser Elektronik ist die *Fehlerkorrektur*. Dabei setzt man so genannte fehlerkorrigierende Codes (z.B. *Reed Solomon Code*) ein, wie sie in der mathematischen Codierungstheorie entwickelt werden. Mithilfe einer leicht redundanten Aufzeichnung kann man später beim Lesen geringfügige Fehler nicht nur erkennen, sondern auch korrigieren. Auch die Fehlerrate gehört zu den Charakteristika einer Festplatte, wie sie in dem Datenblatt einer aktuellen Festplatte (ST373453LW) zu finden ist:

- Kapazität: 68,359 GB ( = $73{,}4 \times 10^9$ Byte)
- Mittlere Zugriffszeit: 3,6 ms
- Datenrate (Lesen): 320 MB/s
- Interner Cache: 8 MB

Zuverlässigkeit (mittels 352-bit Reed-Solomon Code):

- korrigierbare Fehler: 10 auf $10^{12}$ gelesene Bits
- erkennbare aber nicht korrigierbare Fehler: 1 auf $10^{15}$ gelesene Bits

Physikalische Charakteristika:

- 4 Platten, 8 Köpfe
- 15000 U/min
- Stromaufnahme im Leerlauf: 12 Watt

Dieses Laufwerk ist auf Geschwindigkeit optimiert – andere sind hinsichtlich der Kapazität optimiert. Moderne Laufwerke können heute eine Kapazität von 250 Gigabyte bei einer durchschnittlichen Zugriffszeit von ca. 8 Millisekunden erreichen.

Das physikalisch kleinste Festplattenlaufwerk wird derzeit von der Firma Hitachi hergestellt. Kleiner als eine Streichholzschachtel, aber nur 5mm dick und 16 g schwer, kann das *Microdrive* genannte Laufwerk bis zu 4 GByte Daten speichern. Solche Laufwerke sind für den Einsatz in digitalen Kameras, Organizern oder Mobiltelefonen gedacht.

## 1.6.12   Optische Laufwerke

Optische Platten wie CD und DVD sind mit einer Tellur-Selen-Legierung beschichtet. In diese Schicht werden bereits bei der Herstellung mechanisch Rillen gepresst. Auf den dazwischenliegenden Spuren können Daten mithilfe von Löchern (*pits*) gespeichert werden, die etwa ein Mikrometer groß sind.

Zum Lesen richtet man einen Laserstrahl auf die rotierende Platte. Eine Fotodiode misst das unterschiedliche Reflexionsverhalten der Stellen, an denen ein Loch eingebrannt ist (*pits*), im Vergleich zu den unbeschädigten Stellen (*lands*). CDs haben eine Speicherkapazität von 650 – 720 MB und eignen sich als Speichermedien für Datenbanken, Telefonbücher, Lexika, Multimedia-Präsentationen und Musik.

Normale CDs können nicht wieder beschrieben werden. Zur Herstellung wird zunächst ein Negativabdruck gefertigt, aus dem zahlreiche CDs mechanisch gepresst werden können. So genannte *CD-Rs* sind einmal beschreibbar. Die pits werden mit einem energiereichen Laserstrahl eingebrannt. CD-Rs sind billig und besonders auch für Backups oder für Archivierungszwecke geeignet. Es gibt auch mehrfach wiederbeschreibbare CDs, so genannte „rewriteables" oder *CD-RW*. Während die Zugriffszeit für das Lesen von CDs in Bereiche vorstößt, die vor einigen Jahren noch Festplatten vorbehalten waren, ist das Beschreiben von CD-Rs und CD-RWs noch vergleichsweise langsam.

Das Lesen und Schreiben optischer Platten ist fehleranfällig. Durch Mehrfachaufzeichnung und durch die Verwendung fehlerkorrigierender Codes wird die Fehlerrate aber auf Werte reduziert, die besser als bei den für Magnetplatten üblichen Aufzeichnungsverfahren sind. Selbst Kratzer können daher dem ungeschützten Datenträger nichts anhaben.

Zur Speicherung von Videos auf CDs ist deren Kapazität zu knapp bemessen. Hier gibt es seit geraumer Zeit Abhilfe in Form der so genannten DVD (digital versatile disk), auf der 4.7 bis 17 GB Daten Platz finden. Dies ist ausreichend auch für mehrstündige Spielfilme. Die DVD ist zur CD-ROM *abwärts kompatibel*, was heißen soll, dass man in den DVD-Laufwerken auch CD-ROMs lesen kann. Multimediadaten wie Musik oder Filme müssen ohne Verzögerung (engl. *in real time*) von dem Speichermedium gelesen werden können. Die *Datenübertragungsrate*, gemessen in MByte/s ist daher eine wichtige Kenngröße für CD-ROMs und für DVDs. Man gibt meist an, um wievielfach die Übertragungsrate höher ist als bei den ersten CD-ROM-Laufwerken: 48-fach und 52-fach Laufwerke sind heute üblich.

Bei den DVDs gibt es ein einseitiges Format mit einer Schicht (Kapazität 4.7 GB), ein einseitiges Format mit zwei Schichten (Kapazität 8.5 GB), ein zweiseitiges Format mit je einer Schicht (Kapazität 9.4 GB) und ein zweiseitiges Format mit je zwei Schichten (Kapazität 17 GB).

Die allgemeine Einführung von beschreibbaren DVDs wurde dadurch behindert, dass sich die Herstellerfirmen nicht auf einen gemeinsamen Standard einigen konnten. Mittlerweile gibt es konkurrierend die Standards DVD-RAM, DVD-R, DVD+R, DVD-RW und DVD+RW für einmal bzw. mehrfach beschreibbare Datenträger. Es zeichnet sich bereits neuer Streit bei der Einführung eines Standards für einen DVD-Nachfolger ab. Während bisher CDs und DVDs mit einem Laserstrahl im roten Farbbereich bearbeitet werden, ist zukünftig eine Technologie zu erwarten, die mit blauem bzw. violettem Laserlicht arbeitet. Erwartungen hinsichtlich der Speicherdichte liegen bei 20 bis 50 GB pro Seite des Mediums.

*Magneto-optische Laufwerke* (*MO-Laufwerke*) bieten ein Kompromiss zwischen Festplatten und CD-ROMs. Es handelt sich um Wechselplatten, die mithilfe eines Laserstrahls beschrieben und gelesen werden. Zum Beschreiben wird ein Punkt der Plattenoberfläche durch einen kurzzeitigen kräftigen Laserstrahl über die Curie-Temperatur $T_C$ erhitzt. Gleichzeitig wird ein äußeres Magnetfeld angelegt. Dabei richten sich die in der Beschichtung befindlichen Elementarmagnete entsprechend der Richtung des Magnetfeldes aus. Nachdem sich die erhitzte Stelle wieder unter $T_C$ abgekühlt hat, bleibt die Magnetisierung dauerhaft erhalten. Zum Auslesen der Daten wird ein polarisierter Laserstrahl auf die Platte gerichtet. Auf den magnetisierten Stellen dreht sich dabei die Polarisationsrichtung des reflektierten Strahles entsprechend der Magnetisierung. Diese Drehung der Polarisationsebene wird mittels eines

1.6 Hardware                                                                     53

Polarisationsfilters in eine Intensitätsänderung umgesetzt und gemessen. Magneto-optische Platten mit einer Kapazität von bis zu 2 GByte sind mehrfach wiederbeschreibbar. Die Datenübertragungsrate stößt in den Bereich der Festplatten vor. Beim Beschreiben muss der Laserstrahl zweimal über die Oberfläche geführt werden – beim ersten Mal werden die Daten gelöscht, beim zweiten Mal werden die neuen Daten geschrieben. Wegen der Beständigkeit der gespeicherten Daten, man geht von einer Dauer von 25 Jahren aus, eignen sie sich gut für Archivierungszwecke.

Neuerdings werden externe Festplatten populär, die man einfach mit Firewire oder USB-Kabel an den Rechner anschließt. Sie sind mit Kapazitäten bis zu 500 GByte erhältlich – bei dieser Kapazität sind im Innern des transportablen Gehäuses allerdings zwei 250 GByte Platten untergebracht.

Für den Austausch geringer Datenmengen sind Disketten mittlerweile obsolet. Ein vielseitiger Ersatz sind *Speicherstifte*, die an einem USB-Port mit dem Rechner verbunden werden. Zusatzfunktionen wie Radio oder MP3-Spieler machen sie besonders populär.

Die einfachste und billigste Technologie zur langfristigen Archivierung von Daten bieten *Magnetbänder*, insbesondere das *digital audio tape* (*DAT*). Die Aufzeichnungsgeräte arbeiten ähnlich wie Kassettenrecorder und werden *Streamer* genannt.

## 1.6.13   Vergleich von Speichermedien

Von den Registern im Inneren einer CPU bis hin zu optischen Platten existiert heute eine Hierarchie von Speichermedien, die wahlfreien Zugriff auf die gespeicherten Daten gewähren. Die folgende Tabelle listet zusammenfassend wichtige Merkmale der verschiedenen Technologien innerhalb der heute üblichen Grenzen auf.

| Medium | Kapazität Untergrenze | Kapazität Obergrenze | Mittlere Zugriffszeit | Erreichbare Datentransferrate in MB/s |
|---|---|---|---|---|
| Register | 16 bit | 64 bit | 0,3 ns | 24000 |
| Cache | 10 kB | 4 MB | 2 ns | 20000 |
| Arbeitsspeicher | 64 MB | 4 GB | 10 ns | 6000 |
| Flashkarten | 1 MB | 1 GB | 250 ns | 50 |
| Festplatten | 10 GB | 300 GB | 3,5 ms | 320 |
| Optische Platten | 100 MB | 20 GB | 25 ms | 10 |
| Disketten | 1.4 MB | 250 MB | 100 ms | 0,2 |

## 1.6.14   Bildschirme

Mithilfe eines Bildschirmes können Texte, Bilder und grafische Darstellungen sichtbar gemacht werden. Verwendet werden die bei Fernsehgeräten üblichen *Elektronenstrahlröhren* (kurz Bildröhren) oder aber *Flüssigkristallanzeigen*. In beiden Fällen wird das Bild aus vielen einzelnen Punkten zusammengesetzt. Diese können schwarz-weiß oder mehrfarbig sein und werden Bildpunkte oder *Pixel* genannt. Der Begriff Pixel ist aus der englischen Entsprechung *picture elements* entstanden. Abb. 1.25 zeigt einen modernen Flüssigkristall-Bildschirm.

*Abb. 1.25:* TFT Bildschirm

Die Anzahl der Bildpunkte pro Fläche definiert die *Auflösung* eines Bildes. Diese ist bei Fernsehbildröhren mit 300.000 Pixeln relativ gering. *Computermonitore* müssen feinere Details darstellen und sie befinden sich viel näher am Auge des Betrachters. Sie haben, je nach Größe, bis zu 1.500.000 Pixel. Bildschirmgrößen werden in Zoll angegegeben, wobei die Diagonale des sichtbaren Bildes gemessen wird. Das Bild eines 17" Bildschirmes misst also in der Diagonalen 42.5 cm.

Bei einer Bildröhre wird das Bild durch einen Elektronenstrahl auf die Phosphorschicht des Bildschirmes gezeichnet. Nach kurzer Zeit verschwindet das Bild aber, wenn es nicht erneut gezeichnet wird. Dieser ständige Wechsel zwischen Zeichnen und Verlöschen äußert sich als *Flimmern*. Je häufiger also ein Bild pro Sekunde wiederholt wird, um so weniger flimmert es. Die Arbeit an einem Monitor strengt weniger an, wenn das Bild *flimmerfrei* ist. Daher werden für Computersysteme Monitore mit Bildwiederholraten von mindestens 70 Hertz empfohlen.

Fernsehbilder sind nicht flimmerfrei, da sie nur etwa 25 mal pro Sekunde (d.h. mit 25 Hertz) wiederholt werden. Neuere Fernsehgeräte mit 100-Hertz-Technik speichern jedes Bild und erreichen 100 Wiederholungen pro Sekunde durch die Wiedergabe des gespeicherten Bildes.

Flüssigkristallanzeigen sind von Natur aus flimmerfrei, da ein Bildpunkt seine Farbe so lange aufrecht erhält, wie ein entsprechendes Signal anliegt. Sie werden daher als Computermonitore immer populärer. Ihr immer noch vergleichsweise hoher Preis ist auf die sehr hohe Ausschussrate bei der Produktion zurückzuführen – immerhin sind die Preise in der letzten Zeit stark gefallen. Üblich ist heute eine Technik, bei der jeder Bildpunkt aus drei Transistoren aufgebaut wird. Diese werden überwiegend in der so genannten TFT-Technik (*thin film transistor*) gefertigt. Preisgünstige 15" Monitore erreichen eine Auflösung von 768x1024 Pixeln.

1.7   Von der Hardware zum Betriebssystem                                          55

Teurere Modelle mit einer Bildschirmdiagonalen von 17" oder mehr erlauben eine Auflösung
von 1024x1280 Pixeln.

## 1.6.15   Text- und Grafikmodus

Bildschirme können in einem *Textmodus* oder in einem *Grafikmodus* betrieben werden. Beim
Textmodus wird der Bildschirm in eine feste Anzahl von Zeilen und Spalten (z.B. 25 x 80)
eingeteilt. An jeder dieser 2000 Schreibpositionen kann ein ASCII-Zeichen mit bestimmten
Attributen wie Farbe, Blinkmodus etc. dargestellt werden. Zur Kennzeichnung eines Zeichens
werden zwei Bytes benötigt, für einen ganzen Bildschirm daher 4000 Byte. Die Umwandlung
von Zeichen und Attribut einer Schreibposition in Bildpunkte erfolgt durch einen *Zeichenge-*
*nerator*. Beliebige Grafiken und Bilder können auf einem solchen Textbildschirm nicht dargestellt werden, bestenfalls kann man aus den verfügbaren Sonderzeichen eine grobe Figur
zusammensetzen.

Im *Grafikmodus* kann jedes einzelne Pixel direkt angesprochen werden. Ein gängiges Grafik-
format für einen 15" Bildschirm besteht, wie oben bereits erwähnt, aus 768 Zeilen und 1024
Spalten, also aus 786 432 Bildpunkten. Wenn jeder Bildpunkt 256 mögliche Farbwerte
jeweils für die Farben rot, grün und blau annehmen kann, ist pro Bildpunkt ein Byte erforderlich, und zur Beschreibung eines ganzen Bildschirms werden 2,4 MByte benötigt. Höher auf-
lösende Bildschirmformate werden im Kapitel über Grafikprogrammierung diskutiert.

Der Textmodus ist technisch einfacher zu realisieren und hat anfangs die Welt der Personal
Computer beherrscht. Heute ist der Betrieb von Personal Computern im Grafikmodus zum
Standard geworden. Der Grafikmodus ist die technische Voraussetzung für den Einsatz
moderner grafischer Benutzeroberflächen, wie sie im folgenden Abschnitt diskutiert werden.

# 1.7   Von der Hardware zum Betriebssystem

Bisher haben wir die Hardware und Möglichkeiten der Datenrepräsentation diskutiert. Ohne
Programme ist beides aber nutzlos. Die Programme, die einen sinnvollen Betrieb eines Rechners erst möglich machen, werden als *Software* bezeichnet. Man kann verschiedene *Schichten*
der Software identifizieren. Sie unterscheiden sich durch ihren Abstand zum menschlichen
Benutzer bzw. zur Hardware des Computers.

Dazu stellen wir uns zunächst einmal einen „blanken" Computer vor, d.h. eine CPU auf einem
Motherboard mit Speicher und Verbindung zu Peripheriegeräten wie Drucker und Plattenlauf-
werk, aber ohne jegliche Software. Die CPU kann, wie oben dargelegt, nicht viel mehr als

- Speicherinhalte in Register laden,
- Registerinhalte im Speicher ablegen,
- Registerinhalte logisch oder arithmetisch verknüpfen,
- mit **IN**- und **OUT**-Befehlen Register in Peripheriegeräten lesen und schreiben.

In Zusammenarbeit mit den Controllern der Peripheriegeräte (Tastatur, Bildschirm, Platten-laufwerk, Soundkarte) kann man auf diese Weise bereits

- ein Zeichen von der Tastatur einlesen,
- ein Zeichen an einer beliebigen Position des Textbildschirms ausgeben,
- ein Pixel an einer beliebigen Stelle des Grafikbildschirm setzen,
- einen Sektor einer bestimmten Spur einer Platte lesen oder schreiben,
- einen Ton einer bestimmten Frequenz und Dauer erzeugen.

All diese Tätigkeiten bewegen sich auf einer sehr niedrigen Ebene, die wir einmal als Hard-wareebene bezeichnen wollen. Man müsste, um einen Rechner auf dieser Basis bedienen zu können, sich genauestens mit den technischen Details jedes einzelnen der Peripheriegeräte auskennen. Außerdem würde das, was mit dem Peripheriegerät eines Herstellers funktioniert, mit dem eines anderen Fabrikates vermutlich fehlschlagen.

Von solchen elementaren Befehlen ist es also noch ein sehr weiter Weg, bis man mit dem Rechner z.B. folgende Dinge erledigen kann:

- Briefe editieren und drucken,
- Faxe versenden, E-Mail bearbeiten und senden,
- Fotos und Grafiken bearbeiten und retuschieren,
- Musikstücke abspielen oder bearbeiten,
- Steuererklärungen berechnen,
- Adventure-, Strategie- und Simulationsspiele ausführen.

Hier befinden wir uns auf der *Benutzerebene*, wo der Rechner als Arbeitsgerät auch für tech-nische Laien dienen muss. Niemand würde einen Rechner für die genannten Tätigkeiten ein-setzen, wenn er sich bei jedem Tastendruck überlegen müsste, an welchem Register des Tastaturcontrollers die CPU sich das gerade getippte Zeichen abholen muss, wie sie feststellt, ob es sich um ein *Sonderzeichen* („Shift", „Backspace", „Tab") oder um ein darstellbares Zei-chen handelt; wie dieses gegebenenfalls in ein Register der Grafikkarte geschrieben und durch den Controller am Bildschirm sichtbar gemacht wird. Gar nicht auszumalen, wenn dabei noch alle Zeichen des bereits auf dem Bildschirm dargestellten Textes verschoben wer-den müssten, um dem eingefügten Zeichen Platz zu machen.

Zwischen dem von einem Anwender intuitiv zu bedienenden Rechner und den Fähigkeiten der Hardware klafft eine riesige Lücke. Wir werden, um diese zu überbrücken, zwei Zwischen-ebenen einziehen, von denen jeweils eine auf der anderen aufbaut, nämlich

- das Betriebssystem (Datei-, Prozess- und Speicherverwaltung sowie Werkzeuge),
- das grafische Bediensystem (Menüs, Fenster, Maus).

Jede Schicht fordert von der niedrigeren Schicht Dienste an. Diese wiederum benötigt zur Erfüllung der Anforderung selber Dienste von der nächsten Schicht. Auf diese Weise setzen sich die Anforderungen in die tieferen Schichten fort, bis die Hardware zu geeigneten Aktio-nen veranlasst wird. Man kann es auch so sehen, dass jede Schicht der jeweils höherliegenden Schicht *Dienste* anbietet. Ein Programmierer muss daher nur die *Schnittstelle* (siehe unten) zur direkt unter seiner aktuellen Ebene befindlichen Schicht kennen.

1.7 Von der Hardware zum Betriebssystem

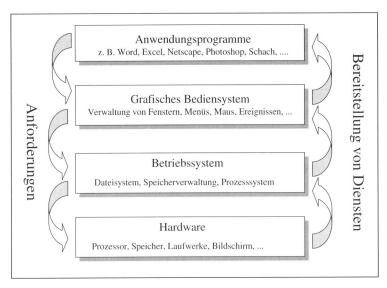

*Abb. 1.26:* *Grafisches Bediensystem und Betriebssystem als Mittler zwischen Anwender und Hardware.*

## 1.7.1 Schnittstellen und Treiber

Wenn eine CPU mit den Endgeräten (z.B. den Laufwerken) verschiedener Hersteller zusammenarbeiten soll, dann muss man sich zunächst auf eine gemeinsame *Schnittstelle* verständigen. Eine Schnittstelle ist eine Konvention, die eine Verbindung verschiedener Bauteile festlegt. Man kann sich das an dem Beispiel der elektrischen Steckdose verdeutlichen. Die Schnittstellendefinition, die u.a. die Größe, den Abstand der Kontaktlöcher, die Lage der Schutzkontakte und die Strombeschaltung (230 Volt Wechselstrom) festlegt, eröffnet den Produzenten von Steckdosen die Möglichkeit, diese in verschiedenen Farben, Materialien und Varianten zu produzieren. Die Hersteller elektrischer Geräte wie Lampen, Bügeleisen, Toaster oder Computer-Netzteile können sich darauf verlassen, dass ihr Gerät an jeder Steckdose jedes Haushaltes betrieben werden kann.

*Abb. 1.27:* *Schnittstelle*

Schnittstellen in der Informatik bestimmen nicht nur, wie Stecker und die passenden Dosen aussehen oder wie sie beschaltet sind (beispielsweise die Anschlüsse für Drucker, Monitor, Tastatur, Lautsprecher, etc.), sie können z.B. auch Reihenfolge und Konvention des Signal- und Datenaustausches festlegen. Daher spricht man z.B. auch von der *parallelen Schnittstelle* statt von der „Druckersteckdose". Jedes Gerät, das mit einem passenden Stecker ausgestattet ist und die entsprechende Konvention des parallelen Datenaustausches beherzigt, kann an diese Steckdose, auch *Parallelport* genannt, angeschlossen werden.

Wenn wir einen Moment bei dem Beispiel des Druckers bleiben, so wird die Aktion des Druckkopfes, die Drehung der Walze, der Einzug eines nächsten Blattes von *Signalen* gesteuert, die der Drucker auf bestimmten Leitungen von der parallelen Schnittstelle empfängt. Allerdings gibt es viele verschiedene Drucker, manche besitzen keinen Druckkopf, stattdessen einen Spiegel, der einen Laserstrahl ablenkt, andere simulieren nur einen Drucker, während sie in Wahrheit die Seite als Fax über das Telefon senden.

Ein Textverarbeitungsprogramm kann nicht im Voraus alle verschiedenen Drucker kennen, die es dereinst einmal bedienen soll. Wenn der Benutzer den Befehl „Drucken" aus dem Datei-Menü auswählt, soll der Druck funktionieren, egal welcher Drucker angeschlossen ist. Dazu bedient sich das Programm auch einer Schnittstelle, diesmal aber einer solchen, zu der kein physikalischer Stecker gehört. Diese Schnittstelle wird im Betriebssystem definiert und beinhaltet u.a. Befehle wie „Drucke ein kursives 'a' ", „Neue Zeile", „Seitenumbruch". Die Umsetzung dieser Befehle in Signale für einen bestimmten Drucker leistet ein Programm, das der Druckerhersteller beisteuert. Solche Programme nennt man *Treiberprogramme*, kurz auch *Treiber*.

Treiber sind allgemein Übersetzungsprogramme zur Ansteuerung einer Software- oder Hardware-Komponente. Ein Treiber ermöglicht einem Anwendungsprogramm die Benutzung einer Komponente, ohne deren detaillierten Aufbau zu kennen. Die Anforderungen eines Anwendungsprogramms an das zugehörige Gerät werden dann vom Betriebssystem an den entsprechenden Treiber umgeleitet, dieser wiederum sorgt für die korrekte Ansteuerung des Druckers.

Treiber für gängige Geräte sind meist schon im Betriebssystem vorhanden. Wenn aber ein neues Gerät, das dem Betriebssystem noch nicht bekannt ist, an einen Rechner angeschlossen wird, so muss üblicherweise auch ein zugehöriger Treiber *installiert* werden. Dabei wird das Treiberprogramm auf die Festplatte kopiert und dem Betriebssystem angemeldet. Früher, unter dem PC-Betriebssystem DOS, erkannte man Treiberprogramme an der Endung „.sys" und die Anmeldung geschah durch einen Eintrag des Treibernamens in die *Konfigurierungsdatei* „config.sys". Unter Windows werden Treiber meist als *dynamic link libraries* (DLL) erstellt und mit einem eigenen Installationsprogramm „setup.exe" installiert.

Treiber können auch *virtuelle Geräte* (engl. *virtual devices*) bedienen. Ein Beispiel ist eine *RAM-Disk*, also eine Festplatte, die nicht wirklich existiert, sondern nur durch die Treibersoftware vorgespiegelt wird. Die Verzeichnisse und Dateien dieser virtuellen Platte werden in Wirklichkeit in einem eigens dafür reservierten Bereich des Hauptspeichers gehalten. Dadurch ist das Schreiben und Lesen einer Datei auf der RAM-Disk extrem schnell. Für den Benutzer geschieht der Zugriff *transparent*, das heißt, dass er und seine Programme keinen Unterschied zwischen dem realen und dem simulierten Gerät feststellen können, außer dass der Zugriff auf eine Datei sehr viel schneller vor sich geht – und dass beim Abschalten des

Rechners alle Daten der RAM-Disk verloren gehen. So genannte *virtuelle Gerätetreiber* (besser: Treiber für virtuelle Geräte) erkennt man in älteren Windowsversionen an einer Dateiendung der Form „.VxD", wobei das „x" eigentlich als Platzhalter für einen der Buchstaben C, D, P, N (für communication, display, printer, network) gedacht war. Eine Datei, die mit „.VND" endet, wäre dann ein virtueller Netzwerk-Treiber. Oft findet man aber Dateien, in denen der Platzhalter „x" nicht ersetzt wurde – sie enden dann mit „.VXD".

## 1.7.2    BIOS

Ein fester Bestandteil der Hardware eines IBM-kompatiblen PCs ist, wie bereits erwähnt, der *BIOS*-Chip (basic input output system), in dem grundlegende und sehr elementare Hilfsprogramme zur Ansteuerung von Hardwarekomponenten wie Tastatur, Maus, Festplatte und Grafikcontroller abgelegt sind. Diese Programme werden auch als *Interrupt*s (engl. für *Unterbrechungen*) bezeichnet, weil sie je nach Prioritätenstufe andere gleichzeitig laufende Programme unterbrechen dürfen. Solche Interrupts bestehen meist aus einer Reihe verwandter Unterfunktionen. Beispielsweise dient die Funktion Nr. 0Ch des Interrupts 13h dazu, eine Anzahl von Sektoren einer bestimmten Spur durch einen bestimmten Schreib-Lesekopf der Festplatte zu lesen und die gelesenen Daten in einen Puffer des Hauptspeichers zu übertragen. Ist der Puffer zu klein gewählt, stürzt das System ab! Jeder Tastendruck, jede Mausbewegung führt zum Aufruf eines Interrupts. Dabei werden die Parameter des aufgetretenen Ereignisses ermittelt und es wird ggf. darauf reagiert.

Zusätzlich enthält das BIOS Programme, die nach dem Einschalten des Rechners ausgeführt werden. Dazu gehört eine Prüfung, welche Geräte angeschlossen sind, ein Funktionstest (z.B. des Speichers) und ein Laden des Betriebssystems von Festplatte, Netz, Diskette oder CD-ROM. Dies ist ein mehrstufiger Prozess – ein Programm im BIOS lädt und startet ein Ladeprogramm (*loader*). Dieses Ladeprogramm lädt dann das eigentliche Betriebssystem. Den gesamten Vorgang nennt man *booten* (von dem englischen Wort *„bootstrapping"* – Schuh schnüren). Parameter des BIOS, etwa das aktuelle Datum oder die *Boot-Sequenz* (in welcher Reihenfolge auf die externen Geräte nach einem ladbaren Betriebssystem gesucht wird), lassen sich über ein *BIOS-Setup* verändern. In dieses Setup Programm gelangt man bei vielen Rechnern durch Drücken der *„Entf"* (*„Del"*)-Taste bzw. der F2-Taste kurz nach dem Einschalten. Zusammenfassend kann man also sagen, dass das BIOS und die Treiber die Brücken zwischen der Hardware und dem im Anschluss zu diskutierenden Betriebssystem bilden.

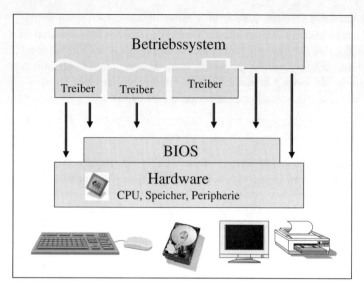

*Abb. 1.28:*   *Hardware und Betriebssystem*

### 1.7.3  Die Aufgaben des Betriebssystems

Der Rechner mit seinen Peripheriegeräten stellt eine Fülle von Ressourcen zur Verfügung, auf die Benutzerprogramme zugreifen. Zu diesen Ressourcen gehören

- CPU (Rechenzeit),
- Hauptspeicher,
- Plattenspeicherplatz,
- externe Geräte (Drucker, Modem, Scanner).

Die Verwaltung dieser Ressourcen ist eine schwierige Aufgabe, insbesondere, wenn viele Benutzer und deren Programme gleichzeitig auf diese Ressourcen zugreifen wollen. Die zentralen Bestandteile eines Betriebssystems sind dementsprechend

- Prozessverwaltung,
- Speicherverwaltung,
- Dateiverwaltung.

### 1.7.4  Prozess- und Speicherverwaltung

Der Aufruf eines Programms führt oft zu vielen gleichzeitig und unabhängig voneinander ablaufenden Teilprogrammen. Diese werden auch *Prozesse* genannt. Ein Prozess ist also ein eigenständiges Programm mit eigenem Speicherbereich, der vor dem Zugriff durch andere Prozesse geschützt ist. Allerdings ist es erlaubt, dass verschiedene Prozesse Daten austauschen, man sagt *kommunizieren*. Zu den Aufgaben des Betriebssystems gehört es daher auch, die *Kommunikation* zwischen diesen Prozessen möglich zu machen, ohne dass die Prozesse

1.7 Von der Hardware zum Betriebssystem                                                    61

sich untereinander beeinträchtigen oder gar zerstören. Das Betriebssystem muss also alle gleichzeitig aktiven Prozesse verwalten, so dass einerseits keiner benachteiligt wird, andererseits aber kritische Prozesse mit Priorität behandelt werden. Selbstverständlich können Prozesse nicht wirklich gleichzeitig laufen, wenn nur eine CPU zur Verfügung steht. Das Betriebssystem erzeugt aber eine scheinbare Parallelität dadurch, dass jeder Prozess immer wieder eine kurze Zeitspanne (wenige Millisekunden) an die Reihe kommt, dann unterbrochen wird, während andere Prozesse bedient werden. Nach kurzer Zeit ist der unterbrochene Prozess wieder an der Reihe und setzt seine Arbeit fort. Wenn die Anzahl der gleichzeitig zu bedienenden Prozesse sich im Rahmen hält, hat ein Benutzer den Eindruck, dass alle Prozesse gleichzeitig laufen.

Ähnlich verhält es sich mit der Verwaltung des Hauptspeichers, in dem nicht nur der Programmcode, sondern auch die Daten der vielen Prozesse gespeichert werden. Neuen Prozessen muss freier Hauptspeicher zugeteilt werden und der Speicher beendeter Prozesse muss wiederverwendet werden. Die Speicherbereiche verschiedener Prozesse müssen vor gegenseitigem Zugriff geschützt werden.

## 1.7.5    Dateiverwaltung

Die dritte wichtige Aufgabe des Betriebssystems ist die *Dateiverwaltung*. Damit ein Benutzer sich nicht darum kümmern muss, in welchen Sektoren bzw. auf welchen Spuren noch Platz ist, um den gerade geschriebenen Text zu speichern, oder wo die Version von gestern gespeichert war, stellt das Betriebssystem das Konzept der „*Datei*" als Behälter für Daten aller Art zur Verfügung. Die Übersetzung von Dateien und ihren Namen in bestimmte Spuren, Sektoren und Köpfe der Festplatte nimmt das *Dateisystem* als Bestandteil des Betriebssystems vor.

Moderne Dateisysteme sind hierarchisch aufgebaut. Mehrere Dateien können zu einem *Ordner* (engl. *folder*) zusammengefasst werden. Für diese sind auch die Bezeichnungen *Katalog*, *Verzeichnis*, *Unterverzeichnis* (engl. *directory*, *subdirectory*) in Verwendung. Da Ordner sowohl „normale" Dateien als auch andere Ordner enthalten können, entsteht eine *hierarchische* (baumähnlich verzweigte) Struktur. In Wirklichkeit ist ein Ordner eine Datei, die Namen und einige Zusatzinformationen von anderen Dateien enthält. Von oben gesehen beginnt die Hierarchie mit einem *Wurzelordner*, dieser enthält wieder Dateien und Ordner, und so fort. Der linke Teil der folgenden Grafik zeigt einen Dateibaum, wie er in dem Windows-Betriebssystem dargestellt wird. Unter dem Wurzelordner mit Namen „A:" befinden sich die zwei Unterordner „Programme" und „Texte". Letzterer enthält Unterordner „Briefe" und „Buch" etc. Normale Dateien können sich auf allen Stufen befinden. Das Bild zeigt in der rechten Hälfte alle Dateien im Unterordner „Bilder".

Jede Datei erhält einen Namen, unter der sie gespeichert und wiedergefunden werden kann. Der Dateiname ist im Prinzip beliebig, er kann sich aus Buchstaben Ziffern und einigen erlaubten Sonderzeichen zusammensetzen. Allerdings hat sich als Konvention etabliert, Dateinamen aus zwei Teilen zu bilden, dem eigentlichen Namen und der *Erweiterung*. Ein Punkt trennt den Namen von der Erweiterung. Die vorige Abbildung ist z.B. in der Datei „Dateisystem.ppt" abgespeichert.

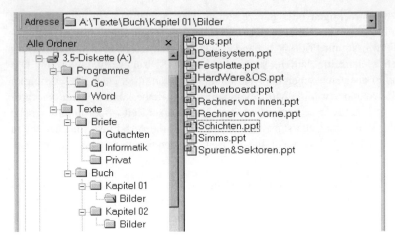

*Abb. 1.29:* Dateihierarchie

Anhand des Namens macht man den Inhalt der Datei kenntlich, anhand der Erweiterung die Art des Inhaltes. Von letzterem ist nämlich abhängig, mit welchem Programm die Datei bearbeitet werden kann. In diesem Falle zeigt die Erweiterung „ppt" an, dass es sich um eine Datei handelt, die mit dem Programm „Powerpoint" erstellt worden ist. Unter Windows häufig benutzte Erweiterungen, ihre Bedeutungen und Programmen zu ihrer Bearbeitung sind:

| | | |
|---|---|---|
| txt       | einfacher ASCII-Text                  | Notepad, Edit, UltraEdit |
| doc       | Brief, formatiertes Textdokument      | Word |
| html,htm  | Internet Dokument                     | alle Internet Browser |
| bmp       | Bitmap Grafik                         | Windows Bildanzeige |
| gif,png   | komprimierte Grafik                   | ACDSee |
| jpg,jpeg  | komprimierte Grafik                   | ACDSee |
| pdf       | Dokument (portable document format)   | Acrobat |
| ps        | Postscript Dokument (Text und Grafik) | Ghostview |
| java      | Java Programm im Quelltext            | Java Compiler |
| class     | compiliertes Java Programm            | Java Virtuelle Machine |
| zip       | komprimiertes Dateiarchiv             | WinZip |
| mp3       | komprimierte Musikdatei               | WinAmp |

In den Windows-Betriebssystemen haben folgende Erweiterungen feste Bedeutungen:

| | |
|---|---|
| bat,exe,com  | für direkt lauffähige Programme, |
| dll          | für (Sammlungen von) Bibliotheksprogrammen, |
| drv,sys,vxd  | für Treiberdateien. |

Obwohl auch Dateinamen ohne Erweiterung möglich sind, ist es sinnvoll, sich an die Konventionen zu halten, da auch die Anwenderprogramme von diesem Normalfall (engl. *default*) ausgehen. Ein Anwendungsprogramm wie z.B. *Word* wird beim ersten Abspeichern einer neuen Datei als *default* die Endung „.doc" vorgeben.

Es kann leicht vorkommen, dass zwei Dateien, die sich in verschiedenen Ordnern befinden, den gleichen Namen besitzen. Dies ist kein Problem, da das Betriebssystem eine Datei auch über ihre Lage im Dateisystem identifiziert. Diese Lage ist in einer baumartigen Struktur wie dem Dateisystem immer eindeutig durch den *Pfad* bestimmt, den man ausgehend von der Wurzel traversieren muss, um zu der gesuchten Datei zu gelangen. Den Pfad kennzeichnet man durch die Folge der dabei besuchten Unterverzeichnisse. Der Pfad zu dem Unterverzeichnis „Bilder" von „Kapitel 01" in der vorigen Abbildung ist:

> A:\Texte\Buch\Kapitel 01\Bilder

Man erkennt, dass die einzelnen Unterordner durch das Trennzeichen „\" (*backslash*) getrennt wurden. In den Betriebssystemen der UNIX-Familie (Linux, SunOs, BSD) wird stattdessen „/" (*slash*) verwendet. Der Pfad, zusammen mit dem Dateinamen (incl. Erweiterung), muss eine Datei eindeutig kennzeichnen. Die Powerpoint-Datei, die die Grafik „Dateisystem" aus Kapitel 1 des Buches enthält, hat also den vollen Namen:

> A:\Texte\Buch\Kapitel 01\Bilder\Dateisystem.ppt

Üblicherweise will ein Benutzer nicht solche Bandwurmnamen eintippen, daher ist immer ein „aktueller Ordner" aktiviert. In der obigen Grafik ist dieser als aufgeklapptes Ordnersymbol kenntlich gemacht. Der Pfad von der Wurzel zu diesem aktuellen Ordner wird vom Betriebssystem automatisch dem Dateinamen vorangestellt. Dies ist gleichbedeutend damit, dass eine Datei immer im aktuellen Ordner erstellt oder gesucht wird.

Neben der reinen Verwaltung der Dateien kann das Betriebssystem auch einige Operationen mit diesen Dateien ausführen. Dazu gehört das Anlegen, das Löschen und das Umbenennen einer Datei. Anwenderprogramme haben häufig einen Menüpunkt „*Datei*", in dem unter anderem diese Dienste des Betriebssystems angeboten werden.

Stellen wir uns vor, dass wir mit einem Textbearbeitungsprogramm „*Word*" einen Brief schreiben wollen. Dies führt zu einer Anfrage von Word an das Betriebssystem nach der Liste aller Dateien mit der Endung „.doc" im aktuellen Ordner. Diese werden durch Word grafisch dargestellt. Ein Klick auf „Oma.doc" veranlasst Word zu einer Anfrage an das Betriebssystem nach dem Inhalt dieser Datei. Das Betriebssystem sucht in seinem Katalog nach der Position der Datei auf der Festplatte, wo die Daten des Dokuments gespeichert sind. Anschließend ruft es geeignete BIOS-Interrupts auf, die dann in Verbindung mit den Treibern die entsprechenden Sektoren lesen. Die gefundenen Daten werden anschließend an Word hochgereicht und auf dem Bildschirm dargestellt. Beim Speichern oder Sichern laufen ähnliche Ereignisketten ab. Hierbei muss ggf. das Betriebssystem seine Katalogeinträge, den Dateinamen und die Lage des Inhaltes auf der Festplatte aktualisieren.

## 1.7.6    DOS, Windows und Linux

Frühere Betriebssysteme für Personal Computer waren eigentlich nur Dateiverwaltungssysteme. Dazu gehörte CPM und auch das daraus hervorgegangene *DOS* (Disk Operating System). Daher konnte immer nur ein Programm nach dem anderen ausgeführt werden. Spätestens für die Realisierung einer grafischen Benutzeroberfläche mit Fenstern, Maus und Multimediafähigkeiten ist ein Betriebssystem mit effizientem Prozesssystem notwendig. Viele Prozesse müssen gleichzeitig auf dem Rechner laufen und sich dessen Ressourcen teilen. Sie dürfen sich aber nicht gegenseitig zerstören. So wurde zunächst an DOS ein Prozesssystem und ein Speicherverwaltungssystem „angebaut". Da aber bei der Entwicklung von Windows alle alten DOS-Programme weiter lauffähig bleiben sollten, war die Entwicklung von *Windows* als DOS-Erweiterung von vielen Kompromissen geprägt, die das Ergebnis in den Augen vieler zu einem Flickwerk gerieten ließen, das zu groß, zu instabil und zu ineffizient ist. Versionen dieser Entwicklungsreihe sind *Windows 95, 98* und *ME*. Mit *Windows NT* wurde ein neuer Anfang gemacht, es folgte *Windows 2000*, die aktuelle Version ist *Windows XP*. Während Windows 98 und Windows ME vorwiegend auf den privaten Anwender-Markt zielten, sollte Windows NT, vom DOS-Ballast befreit, den Firmen- und Server-Markt bedienen. Das seit 2001 verfügbare Windows XP führt die beiden Linien von Windows wieder zusammen.

Eine Alternative zu Windows, die in letzter Zeit rasant an Popularität gewonnen hat ist *Linux*. Dieses an UNIX angelehnte Betriebssystem wurde ursprünglich von dem finnischen Studenten *Linus Torvalds* entworfen und wird seither durch eine beispiellose weltweite Zusammenarbeit tausender enthusiastischer Programmierer fortentwickelt. Der Quellcode für Linux ist frei zugänglich. Mit einer Auswahl von grafischen Benutzeroberflächen ausgestattet, ist dieses System heute genauso einfach zu bedienen wie Windows, hat aber den Vorteil, dass es erheblich effizienter, schneller und stabiler ist als Windows und dazu kostenfrei aus dem Internet erhältlich. Auf CD-ROM geprägte Versionen zusammen mit Tausenden von Anwendungsprogrammen und Handbuch (so genannte *Distributionen*) sind zu geringen Preisen auch käuflich zu erwerben. Auch im kommerziellen Bereich, insbesondere dort wo Stabilität und Effizienz im Vordergrund stehen, fasst Linux immer mehr Fuß. Insbesondere als Betriebssystem für Webserver ist Linux äußerst beliebt. IBM setzt Linux sogar auf ihren Großrechnern ein.

Einen kostenlosen, unverbindlichen und absolut mühelosen Weg, in Linux hinein zu schnuppern bietet *Knoppix*, ein komplettes graphisches Linux-System auf einer CD. Man braucht es nicht einmal zu installieren, sondern kann den Rechner direkt mit eingelegter Knoppix-CD booten und dann sofort mit Linux arbeiten. Alle gängigen Hardwarekomponenten werden automatisch erkannt, alle wichtigen Werkzeuge und Programme – von Internet Browsern und Bürosoftware über wissenschaftliche Satzsysteme (LaTeX), Programmiersprachen und Spiele – sind vorhanden. Es werden keinerlei Änderungen an einem vorhandenen System vorgenommen, so dass nach dem Experimentieren mit Knoppix mit dem alten Betriebssystem weitergearbeitet werden kann.

## 1.7.7    Bediensysteme

Ein *Bediensystem* ist eine Schnittstelle des Betriebssystems zu einem Benutzer, der einfache *Dienste* über Tastatur oder Maus anfordern kann. Die einfachste Version eines solchen Bediensystems zeigt eine *Kommandozeile*. Der Benutzer tippt ein Kommando ein, das dann vom Betriebssystem sofort ausgeführt wird. Ein solcher *Kommandointerpreter* (engl. *shell*) ist in Form des Programms „cmd.exe" auch in Windows enthalten. Startet man es, so öffnet sich ein Fenster, das einen Textbildschirm simuliert. Darin kann man jetzt Kommandos eingeben. Um zum Beispiel die Namen aller Dateien im aktuellen Verzeichnis zu sehen, tippt man

1.7 Von der Hardware zum Betriebssystem 65

das Kommando dir ein; um die Datei Brief.doc in Oma.doc umzubenennen, das Kommando: ren Brief.doc Oma.doc. Programme werden durch Eingabe des Programmnamens, ggf. mit Argumenten, gestartet.

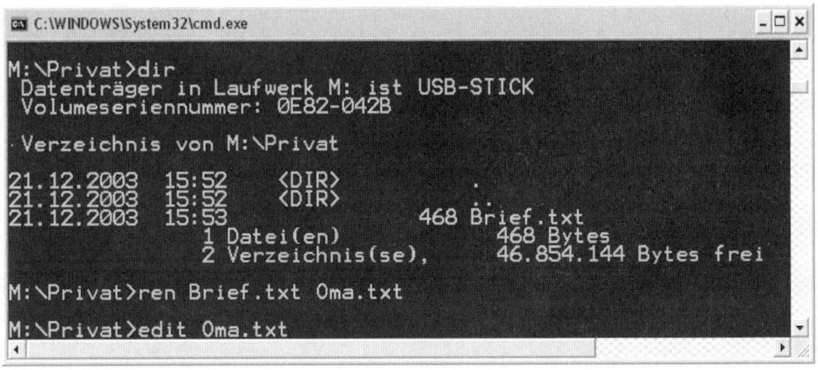

```
C:\WINDOWS\System32\cmd.exe                                    _ □ x

M:\Privat>dir
 Datenträger in Laufwerk M: ist USB-STICK
 Volumeseriennummer: 0E82-042B

 Verzeichnis von M:\Privat

21.12.2003  15:52    <DIR>          .
21.12.2003  15:52    <DIR>          ..
21.12.2003  15:53              468 Brief.txt
              1 Datei(en)           468 Bytes
              2 Verzeichnis(se),  46.854.144 Bytes frei

M:\Privat>ren Brief.txt Oma.txt

M:\Privat>edit Oma.txt
```

*Abb. 1.30:*   *Windows-Kommandozeile*

Allerdings ist diese Möglichkeit, ein Betriebssystem zu betreiben, wenig benutzerfreundlich. Der Benutzer muss die Kommandonamen kennen und fehlerlos eintippen. Ein erster Schritt zur Verbesserung der Benutzerfreundlichkeit von Betriebssystemen sind so genannte *Menüsysteme*. Die möglichen Aktionen werden dem Benutzer in Form von *Kommandomenüs* angeboten. Der Benutzer kann sich unter den angebotenen Kommandos das Passende aussuchen und mithilfe weiterer Menüs Einzelheiten oder Parameter eingeben. Ein solches Bediensystem, der *Norton Commander*, war zu DOS-Zeiten äußerst beliebt. Unter Linux ist er als *Midnight Commander* (*mc*) wieder auferstanden, unter Windows gibt es ebenfalls Programme in dieser Tradition z.B. *Total Commander.*

Eine wesentliche Verbesserung der Bedienung von Computern wurde aber erst mithilfe von grafikfähigen Bildschirmen und der Maus als Zeigeinstrument möglich: die *fensterorientierte Bedienoberfläche.* Sie wurde bereits in den 70er Jahren in dem Forschungszentrum *PARC* (Palo Alto Research Center) der Firma *Xerox* in Kalifornien entwickelt. Ebenfalls aus dieser Denkfabrik stammt die so genannte „*desktop metapher*", die zum Ziel hat, die Werkzeuge eines Büros (Schreibmaschine, Telefon, Uhr, Kalender, etc.) als grafische Analogien auf dem Rechner nachzubilden, um so einerseits die Scheu vor dem Rechner zu mindern und andererseits einen intuitiveren Umgang mit den Programmen zu ermöglichen. Durch eine einheitliche Gestaltung der Bedienelemente gelingt es heute auch Laien, mit einfachen Programmen sofort arbeiten zu können, ohne lange Handbücher zu wälzen oder Kommandos zu pauken.

Historisch wurde das erste grafische Bediensystem (engl.: *graphical user interface* oder *GUI*) von der Firma Xerox auf ihren Workstations (Alto, Dorado, Dolphin) angeboten. Der kommerzielle Durchbruch gelang erst 1984 mit den auf dem Xerox-Konzept aufbauenden *Macintosh*-Rechnern der Firma *Apple*. Nur langsam zog auch die Firma Microsoft nach. Nach einer gemeinsamen Entwicklung mit IBM entstand zunächst das Betriebssystem *OS/2*. Dann verließ Microsoft das gemeinsame Projekt und entwickelte, auf DOS aufbauend, Windows 3.1, danach Windows 95, 98 und ME sowie als separates, nicht mehr mit DOS verquicktes Betriebssystem, Windows NT, 2000 und XP.

Auch für das Betriebssystem UNIX und seine Abkömmlinge (Linux, SunOs, BSD) sind grafische Benutzeroberflächen mittlerweile Standard. Zunächst hatte jeder Workstation-Hersteller seine eigene Oberfläche. Schließlich konnten sich die wichtigsten Anbieter doch auf ein einheitliches grafisches Bediensystem, das *CDE* (common desktop environment), einigen. Unter Linux hat der Benutzer die Wahl zwischen verschiedenen grafischen Bediensystemen, dem CDE-clone „*KDE*", dem „*GNOME*"-System (*GNU Object Model Environment*) oder sogar einem Fenstersystem, das nahezu identisch aussieht und funktioniert wie das von Windows.

*Abb. 1.31:* KDE-Desktop unter Knoppix

Grafische Bediensysteme präsentieren sich dem Benutzer in *Fenstern*. Es können stets mehrere Fenster aktiv sein, die nebeneinander, übereinander oder hintereinander angeordnet sind. Sie können in der Größe verändert, in den Vordergrund geholt oder *ikonisiert*, d.h. auf minimale Größe verkleinert und in den Hintergrund verdrängt werden.

Die Fenster sind dem Bediensystem bzw. dem Betriebssystem selber oder Anwendungsprogrammen zugeordnet. Diese werden auf dem Desktop durch kleine Sinnbilder (*icons*) repräsentiert. Ein Doppelklick mit der Maus startet das Programm. Dieses öffnet dann ein oder mehrere Fenster. Über Menüs, Eingabefelder, Auswahlknöpfe und Systemmeldungen kann ein Benutzer mit dem Programm kommunizieren. Wenn in einem Fenster ein Ausschnitt aus einem Textdokument gezeigt wird, sind am Fensterrand Symbole zum Verschieben des Ausschnittes zu finden. Die wichtigsten Bedienelemente sind meist in einer *Menüleiste* am oberen Fensterrand zu finden. Das Anklicken eines Menüabschnittes führt dazu, dass in einem *Pull-down-Menü* eine umfangreiche Auswahl angeboten wird. Unter der Menüleiste befinden sich vielfach weitere *Werkzeugleisten* mit häufig verwendeten Kommandos.

Es ist wünschenswert, dass alle Anwenderprogramme eines Computersystems *einheitliche* Auswahlfenster benutzen, so zum Beispiel bei der Dateiauswahl, zur Druckersteuerung, zur Auswahl von Schriftarten etc. Daher gehört es zu den Grundfunktionen eines grafischen Bediensystems, solche Benutzerschnittstellen anzubieten. Jedes Anwendungsprogramm, das darauf zurückgreift, kann davon ausgehen, dass die entsprechenden Programmteile sofort von dem Benutzer bedient werden können.

# 1.8     Anwendungsprogramme

In den letzten Abschnitten haben wir uns langsam von der Hardware eines Computers über das BIOS und Treiber zum Betriebssystem, darauf aufbauend zu der grafischen Bedienoberfläche mit Fenstern und Maus emporgearbeitet. Wir schließen nun das erste Kapitel mit einem kurzen Blick auf einige wichtige Anwendungsprogramme ab. Zu diesen gehören Textverarbeitungsprogramme, Programme zur Kommunikation mit elektronischer Post (*E-Mail*) und *Browser* zur Erkundung des Internets.

## 1.8.1     Textverarbeitung

Die Erstellung und Bearbeitung von Textdokumenten ist eine der Hauptaufgaben von Rechnern in einer Büroumgebung. Textdokumente können Briefe sein, Rechnungen, Webseiten, mathematisch-technische Veröffentlichungen, Diplomarbeiten oder Bücher.

Für die Textverarbeitung in einem Büro haben sich heute Textbearbeitungsprogramme durchgesetzt, die dem Benutzer vor allem ästhetisch ansprechende Ergebnisse versprechen. Dabei wird gefordert, dass zu jedem Zeitpunkt auf dem Bildschirm ein Abbild des Dokuments zu sehen ist, so wie es der Drucker auch ausgeben wird. Für diese Forderung hat man das scherzhafte Schlagwort „wysiwyg" (*what you see is what you get*) geprägt.

Ein Problem bei der Umsetzung dieses Prinzips ist die unterschiedliche *Auflösung*, also die Anzahl der Bildpunkte pro Flächeneinheit, von Bildschirmen und Druckern. Die Auflösung wird in der Einheit *dpi* (*dots per inch*) angegeben und kann in horizontaler und vertikaler Richtung verschieden sein. In fast allen Fällen haben Drucker eine höhere Auflösung als Bildschirme. Sie werden nur noch von den Lichtsatzmaschinen der Verlagshäuser übertroffen. Preiswerte Tintenstrahldrucker erreichen heute bereits 1200 x 1200 dpi. Allerdings ist ihre Druckqualität auch von der Tröpfchengröße und der Papierqualität abhängig. Demgegenüber hat ein $17''$-Bildschirm (Breite ca. $13''$, Höhe ca. $10''$), dessen Grafikkarte auf eine Darstellung von 1280 x 1024 Pixeln eingestellt ist, bloß eine Auflösung von ca. 100 x 100 dpi.

## 1.8.2 Zeichen und Schriftarten

Ein wichtiges ästhetisches Merkmal eines Textdokumentes ist die Darstellung der Zeichen. Eine *Schriftart*, auch *font* genannt, ist ein gemeinsames Design für alle Buchstaben des Alphabets. Zwar kann man in einem Text (sogar in einem einzelnen Wort) mehrere Schriftarten verwenden, das Ergebnis ist aber häufig: $Font_{s_a}l^at$.

Man unterscheidet zwischen den Fonts fester Zeichenbreite und den so genannten *Proportionalschriften*, in denen die Breite der einzelnen Buchstaben, beispielsweise von „*m*" und „*i*", verschieden ist. Die Schriftart *Courier* ist ein Font fester Breite, während die meisten populären Fonts, wie z.B. *Times Roman*, *Bookman*, *Lucida* und *Garamond* Proportionalschriften sind. Ein weiteres ästhetisches Merkmal ist die Verwendung von *Serifen*, das sind die kleinen Verbreiterungen an den Enden der Striche, die den Buchstaben bilden. Serifenlose Schriften kennzeichnet man mit dem Attribut „*sans serif*" oder nur „*sans*". Einige Schriftbeispiele sind:

```
Courier, eine Schriftart fester Breite
```
Times Roman, eine Proportionalschrift
**Bookman, eine breite Proportionalschrift**
Garamond, eine „leichte" Proportionalschrift
Lucida Sans, eine serifenlose Proportionalschrift.

Die meisten Schriften liegen in verschiedenen *Schrifttypen* wie z.B. *kursiv* (engl. *italic*) und **fett** (engl. *bold*) vor, aber auch in verschiedenen *Schriftgraden*. Der Schriftgrad bestimmt die maximale Höhe der einzelnen Zeichen. Aus historischen Gründen wird als Maß meist der *typografische Punkt (pt)* verwendet:

$$1 \text{ pt} = 0{,}353 \text{ mm} \qquad 1 \text{ cm} = 28{,}33 \text{ pt} \qquad 1'' = 2{,}54 \text{ cm} = 72 \text{ pt}$$

Eine *Zeile* eines Dokumentes besteht nun aus einer Folge von Zeichen, die auf einer gemeinsamen *Grundlinie* (engl. *baseline*) angeordnet sind. Einige Zeichen, wie z.B. „g", „p", „q", „y" und das „f" im kursiven Schrifttyp (siehe: „*Schrifttyp*") *unterschneiden* die Grundlinie. Zeichen können auch als $^{Superscript}$ oder als $_{Subscript}$ verwendet werden. Dabei werden sie über oder unter die Grundlinie gehoben bzw. gesenkt und automatisch in kleinerer Schriftgröße gesetzt. Wir halten also als wichtigste Attribute von Zeichen fest:

- *Schriftart* (font)
- *Schrifttyp* (normal, fett, kursiv oder unterstrichen),
- *Schriftgrad* (die Zeichengröße in pt) und
- *Schrifthöhe* (relativ zur Grundlinie).

## 1.8.3 Formatierung

Ein wichtiges Formatierungsmerkmal eines größeren Textdokumentes ist die Darstellung der *Absätze*. Ein Absatz ist eine Gruppe von Sätzen, in denen ein Gedanke entwickelt wird. Die

## 1.8 Anwendungsprogramme

*Absatzformatierung* bestimmt den *Umbruch* der einzelnen Zeilen innerhalb eines Absatzes, dabei kann eine automatische Silbentrennung durchgeführt werden. Absatzmerkmale sind u.a.:

- linker und rechter *Einzug* (Abstand vom Rand),
- der zusätzliche Einzug der ersten Zeile des Absatzes,
- der Abstand der Zeilen untereinander,
- die Abstände zum vorigen und zum folgenden Absatz.

Für die Absatzformatierung hat man meist die Auswahl zwischen *Flattersatz*, *Blocksatz* oder *Zentrierung*. Beim *Blocksatz* wird durch Einfügen von zusätzlichen Wortzwischenräumen dafür gesorgt, dass alle Zeilen auf einer gemeinsamen rechten Randlinie enden. Beim *Flattersatz* sind alle Wortzwischenräume gleich groß, die Zeilen werden so umgebrochen, dass sie nur ungefähr auf einer gemeinsamen rechten Randlinie enden. Selten, so etwa bei Gedichten und Zitaten, wird ein Absatz *zentriert* gesetzt. Dabei wird die Zeile um die Absatzmitte zentriert und flattert nach beiden Seiten.

Die Seitenformatierung legt das so genannte *Layout* einer Seite fest. Layout-Eigenschaften sind:

- Definition der Seitengröße, z.B. DIN A4 hoch oder quer,
- Definition des Bereiches, der zur Textdarstellung verwendet werden darf – also die Ränder links, rechts, oben und unten,
- Position und Darstellung von Seitenüberschriften und -unterschriften,
- Art und Position der Seitenzahlen (Paginierung),
- Anordnung der Fußnoten (am Fuß der Seite, am Ende des Kapitels oder Dokumentes)
- Unterscheidung von linken und rechten Seiten und die Größe des Bundsteges,
- Anzahl der Spalten und Abstand der Spalten untereinander.

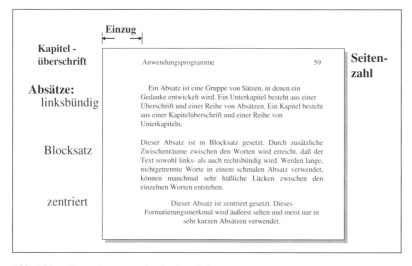

*Abb. 1.32:*   *Formatierungsmerkmale einer Seite*

Die Erstellung eines professionell formatierten Textdokumentes mit verschiedenen Schriftarten, -graden und -typen sowie einem ausgefeilten Seitenlayout, dessen Darstellung auf einem Bildschirm und dessen Druckausgabe sind die Hauptaufgabe eines Textsystems. Daneben gibt es traditionelle Hilfsmittel zur Textbearbeitung, die von guten Textsystemen unterstützt werden. Dazu gehört die Bearbeitung von Tabulatoren, Textbausteinen und Serienbriefen. Letztere ermöglichen die Erstellung mehrerer Briefe mit ähnlichem Inhalt. Dazu wird ein Musterbrief erstellt, der an einigen Positionen Einfügestellen enthält. Der Inhalt der Einfügestellen wird entweder aus einer Steuerdatei oder als direkte Benutzereingabe abgerufen.

Weitere Hilfsmittel professioneller Textverarbeitungssysteme sind die automatische Erstellung von Inhaltsverzeichnissen, Stichwortverzeichnissen und die Behandlung von Querverweisen. Bei einem *Querverweis* (z.B. *„siehe Seite 77"*) wird ein Verweis auf eine eigens markierte Textstelle gesetzt. Bei jedem Umbruch wird automatisch die richtige Seitenzahl in den Querverweis eingetragen. Sehr nützlich sind auch eine automatische Rechtschreibprüfung sowie ein *Thesaurus*, der bei der Wahl eines treffenden Wortes behilflich ist.

Textdokumente, wie zum Beispiel dieses Buch, enthalten Abbildungen, Tabellen und Illustrationen. Die klassische Methode, diese einzuarbeiten, besteht darin, Lücken zu lassen (der Fachausdruck ist *freischlagen*) und die getrennt erstellten Illustrationen vor der Erstellung des Druckfilms an der richtigen Stelle einzukleben. In modernen Textsysteme können Ergebnisse verschiedenster Anwendungen importiert werden. Noch günstiger ist die *dynamische Einbettung*, dabei führt ein Anklicken des importierten Objektes zu einem Öffnen des Anwendungsprogrammes, mit dem das Objekt verändert werden kann. In der Windows-Umgebung ist dies als *OLE* (*object linking and embedding*) bekannt. Näheres dazu findet sich auf S. 564.

## 1.8.4 Desktop Publishing

Früher schickte ein Autor das Manuskript seiner Veröffentlichung an einen Verlag. Dort wurde das Werk von einem Schriftsetzer *gesetzt*, d.h., in einem Druckstock wurden einzelne Buchstaben, die jeweils als metallenes Negativ auf einem Holzblock montiert waren, zu dem Negativ einer Seite zusammengefügt. Mit Keilen wurde der Abstand zwischen Wörtern ausgeglichen. Dabei beachteten Setzer zahlreiche ästhetische Gesichtspunkte. Dazu gehörten u.a. die Verwendung verschiedener Schrifttypen (Fonts), korrekter Zwischenräume bei Absatz, Kapitel und Seitenumbruch, der Einsatz von *Ligaturen* (Buchstabenverbindung auf einem Typenkörper wie „ft", historisch auch „ß") und *Unterschneidungen* wie z.B. in *„Waffel"*. Dabei werden zwei Buchstaben zusammengeschoben, bis der eine den anderen überragt.

Professionelle Setzer beachteten auch den ästhetischen Gesamteindruck einer gesetzten Seite. Dazu gehört die Vermeidung von *Flüssen* (vertikales Zusammentreffen von Wortzwischenräumen), *Schusterjungen* und *Hurenkindern*. Mit diesen plastischen Begriffen bezeichnet man einen Seitenumbruch nach der ersten Zeile bzw. vor der letzten Zeile eines Absatzes.

All diese Kunstfertigkeiten sind gemeinhin dem Autor unbekannt. Setzt er selber sein Werk mithilfe einer einfachen Textverarbeitung, so erkennt man den Unterschied zu einem professionellen Satz leicht an dem nicht immer logischen Einsatz verschiedener Fonts, der nicht konsistenten Verwendung von Abständen und an Feinheiten wie Flüssen, Schusterjungen und

## 1.8 Anwendungsprogramme

Hurenkindern. Im Hinblick auf solche Details kann der Autor am Computer sein Werk oft erst nach dem endgültigen Ausdruck beurteilen, weil bei den meisten Systemen Bildschirmfonts und Druckerfonts verschiedene Maße und verschiedenes Aussehen haben. Was in den Augen des Autors am Bildschirm ansprechend und gut lesbar erschien, kann nach der Druckausgabe unästhetisch wirken.

## 1.8.5 Textbeschreibungssprachen

Aufgrund der geschilderten Schwierigkeiten ist es eine gute Idee, ein Textdokument *logisch* zu beschreiben. Dies soll bedeuten, dass man die einzelnen Textteile entsprechend ihrer Rolle oder Funktion in dem Dokument markiert. Ein Textteil kann zum Beispiel eine Kapitelüberschrift, eine Abschnittsüberschrift, eine Definition, ein betonter Ausdruck, ein Element einer Aufzählung, eine Fußnote, ein Zitat, eine mathematische Formel, eine Gleichung, ein Gleichungssystem u. ä. sein. Statt jedes Mal festzulegen, in welchem Stil der Textteil zu setzen ist, markiert man die Textteile nach ihrer logischen Funktion. Das Textverarbeitungssystem übernimmt dann die angemessene Formatierung („*form follows function*"). Die Parameter, die diese Übersetzung bestimmen, kann man meist in einer so genannten *Dokumentvorlage* (engl. *style file, style sheet*) festlegen.

Ein weiterer Vorteil dieser Vorgehensweise ist, dass man zur Erstellung eines professionellen Textdokumentes wenige Ressourcen, ja nicht einmal einen Grafikbildschirm benötigt. Die einzelnen Textbestandteile werden durch Kommandos markiert. Dies ist die Vorgehensweise des Satzsystems *TeX/LaTeX* von Donald Knuth, das seit über 20 Jahren das System der Wahl für praktisch alle Bücher und Zeitschriften in Mathematik, theoretischer Informatik und Chemie ist.

LaTeX-Befehle beginnen mit einem *backslash* „\", mögliche Parameter werden in geschweifte Klammern „{" und „}" eingeschlossen. Für besondere Textbereiche wie z.B. Zitate, Gedichte, Definitionen, Sätze, Beweise, können gesonderte Stile definiert werden. Solche Bereiche werden mit `\begin{bereichsname}` und `\end{bereichsname}` umschlossen. Das folgende Beispiel zeigt ein komplettes LaTeX-Dokument und anschließend die dadurch formatierte Ausgabe.

72                                                                    1 Einführung

```
\documentclass[a4,12pt]{article} \newtheorem{theorem}{Satz}
\begin{document}
\title{Der Satz von Gau\ss.} \date{} \maketitle
\begin{abstract} Mit vollst\"andiger Induktion zeigen wir die Gau\ss sche Formel
f\"ur die Summe aller Zahlen von $0$ bis $n$. \end{abstract}
\section{Der Satz}
Die Gau\ss sche Formel sollte jeder kennen, auch in der Informatik kommt sie
immer wieder vor.
\begin{theorem} Sei $n \in \mathbf{N} $, dann gilt f\"ur die Summe aller Zahlen
von $0$ bis $n$: \[ \sum_{i = 0}^{n}{i} = \frac{n(n+1)}{2}. \]
\end{theorem}
\noindent\underline{Beweis}: F\"ur den Induktionsanfang $n=0$ setzen wir ein und
erhalten  $\sum_{i = 0}^{0}{i} = 0 = {0(0+1)}/{2}$. Als Induktionshypothese
nehmen wir an, da\ss\ die Formel f\"ur $n= 0 \ldots k$ schon gilt und zeigen
f\"ur $n=k+1$:
\begin{eqnarray} \sum_{i=0}^{k+1}{i} &=& \sum_{i=0}^{k}{i} + (k+1) \\
                        &=& \frac{k(k+1)}{2} + (k+1) \\
                        &=& \frac{(k+2)(k+1)}{2} \\
                        &=& \frac{n(n+1)}{2}\ .
\end{eqnarray}
\end{document}
```

*Abb. 1.33:*    *LaTeX Quelltext und ...*

LaTeX produziert aus dem gezeigten Quelltext eine Datei mit der Endung „.dvi". Die Abkürzung steht für „device independent", also „geräteunabhängig". Die dvi-Datei beschreibt die
formatierte Ausgabe, also die Position, Größe und Schriftart der einzelnen Zeichen. Die Formen dieser Zeichen, also die *fonts,* werden erst bei der Wiedergabe der dvi-Datei, etwa durch
einen Bildschirm-Betrachter oder durch einen Druckertreiber, beigefügt. Dateien im dvi-Format können auch leicht in Postscript oder ähnliche standardisierte Formate umgewandelt werden. TeX und LaTeX sind frei und kostenlos verfügbar. Komplette Systeme sind unter
Windows und Linux von *www.Dante.de* erhältlich. *LyX* ist ein kostenloser Editor für LaTeX,
der bereits beim Editieren eine angenäherte Vorschau des fertigen Dokumentes, inklusive der
mathematischen Formeln, präsentiert. Das Prinzip wird auch als *wysiwym* (what you see is
what you mean) bezeichnet.

## 1.8 Anwendungsprogramme

---

### Der Satz von Gauß.

#### Abstract

Mit vollständiger Induktion zeigen wir die Gaußsche Formel für die Summe aller Zahlen von 0 bis $n$.

### 1 Der Satz

Die Gaußsche Formel sollte jeder kennen, auch in der Informatik kommt sie immer wieder vor.

**Satz 1** *Sei $n \in \mathbf{N}$, dann gilt für die Summe aller Zahlen von 0 bis $n$:*

$$\sum_{i=0}^{n} i = \frac{n(n+1)}{2}.$$

<u>Beweis</u>: Für den Induktionsanfang $n = 0$ setzen wir ein und erhalten $\sum_{i=0}^{0} i = 0 = 0(0+1)/2$. Als Induktionshypothese nehmen wir an, daß die Formel für $n = 0 \ldots k$ schon gilt und zeigen für $n = k + 1$:

$$\sum_{i=0}^{k+1} i = \sum_{i=0}^{k} i + (k+1) \tag{1}$$

$$= \frac{k(k+1)}{2} + (k+1) \tag{2}$$

$$= \frac{(k+2)(k+1)}{2} \tag{3}$$

$$= \frac{n(n+1)}{2}. \tag{4}$$

1

**Abb. 1.34:** *... formatierte Druckausgabe*

---

TeX/LaTeX ist ein Beispiel einer *Auszeichnungssprache* (engl. *markup language*), also einer formalen Sprache zur logischen Beschreibung von Dokumenten. In solchen Auszeichnungssprachen beschriebene Dokumente können ohne Änderung auf verschiedenen Medien mit verschiedenen Seitengrößen ein- oder mehrspaltig ausgegeben werden. Aus der logischen Beschreibung und den Dimensionen des Ausgabemediums kann eine ästhetische Formatierung automatisch erstellt werden. Dieser Kerngedanke wurde vor wenigen Jahren wieder aufgegriffen, als eine Sprache für die Beschreibung von Internet-Dokumenten benötigt wurde. Auch hier hat jeder Betrachter einen anderen Bildschirm, mancher gar nur einen Textbildschirm. Daher bot sich auch hier die Verwendung einer Auszeichnungssprache an – man entwickelte *HTML* (*hypertext markup language*), Näheres dazu findet sich im Abschnitt „HTML" auf S. 641. Zusätzlich zu den üblichen Auszeichnungsbefehlen besitzt HTML noch *Verweise* (engl. *link*), die auf andere Dokumente verweisen. Jeder Link wird im Dokument verankert. Ein *Anker* kann ein Stück Text, ein Bild oder eine Grafik sein. Die Anker werden in der Darstellung meist hervorgehoben, so dass der Benutzer erkennt: Ein Mausklick auf diesen Anker führt sofort zu dem Dokument, auf das der entsprechende Link verweist. Auf diese Weise entsteht ein Netz von untereinander verknüpften Multimedia-Dokumenten, das beste Beispiel dafür ist das *World Wide Web*.

## 1.8.6    Tabellenkalkulation: spread sheets

Rechnen wie auf einem Blatt Papier – das ist die Grundidee aller Tabellenkalkulationsprogramme (engl. *spread sheet*). Viele Berechnungen werden mit einem Taschenrechner ausgeführt, die Zwischenergebnisse werden auf einem karierten Blatt Papier aufgeschrieben. Das Ergebnis sind einzelne Werte oder eine Tabelle von Werten. Ein Programm namens *VisiCalc* hat die Durchführung solcher Arbeiten erstmals mit einem Computer ohne das besagte Blatt Papier möglich gemacht und so verallgemeinert, dass eine Anzahl neuer und zusätzlicher Anwendungen möglich wurden.

Einige Zeit stritten Programme wie *Lotus*, *Excel* und *StarCalc*, um nur einige zu nennen, um die Gunst der Anwender. Alle ermöglichten die Durchführung der oben genannten Arbeiten am Rechner und sind erheblich vielseitiger, als VisiCalc es je war. Heute ist nur noch Excel übrig geblieben. Auf dem Bildschirm werden Arbeitsfelder gezeigt, die in einer Tabelle angeordnet sind. Die Felder können benannt werden, ansonsten werden sie durch Angabe ihrer Position (Zeile und Spalte) angesprochen. So bezeichnet z.B. „*D2*" das Feld in Zeile *2* und Spalte *D*, also in der vierten Spalte.

Jedes Feld verhält sich wie ein eigenständiger Taschenrechner, dessen Anzeige in diesem Feld zu sehen ist. Der Wert eines Feldes kann entweder als Konstante direkt über die Tastatur eingegeben werden, oder er ergibt sich aufgrund einer Formel aus den Werten anderer Felder. Als Beispiel für eine Tabellenkalkulation betrachten wir eine Aufgabe aus dem Gebiet der Zinsrechnung mit dem Programm Excel. Wir beginnen mit der Eingabe der folgenden Werte in eine Tabelle:

|   | A | B | C | D | E |
|---|---|---|---|---|---|
| 1 | Jahr | Betrag | Tilgung | Zinsen | 3% |
| 2 | 1999 | 19000 | 1250 |  |  |
| 3 |  |  |  |  |  |

***Abb. 1.35:***    *Excel Tabelle: Ausgangsdaten*

Tragen wir in Feld *D2* die Formel „=B2*E1" ein, so erscheint dort sofort das Ergebnis *570*. Bei jeder Änderung eines der Felder, von denen *D2* abhängig ist, also von *B2* oder von *E1*, passt sich sofort auch der Wert von *D2* entsprechend an. Da die nächste Zeile unseres Beispiels die Situation im folgenden Jahr widerspiegeln soll, tragen wir dort ein:

1.8 Anwendungsprogramme                                                                 75

in *A3*: =A2+1      in *B3*: =B2-C2+D2      in *C3*: =C2      in *D3*: =B3\*E1

Die Tabelle sieht danach folgendermaßen aus:

|   | A | B | C | D | E |
|---|---|---|---|---|---|
| 1 | Jahr | Restbetrag | Tilgung | Jahreszinsen | 3% |
| 2 | 1999 | 19000 | 1250 | 570 | |
| 3 | 2000 | 18320 | 1250 | 549,60 | |
| 4 | | | | | |

**Abb. 1.36:**   *Excel Tabelle: zweiter Schritt*

Wir könnten mit der nächsten Zeile so weitermachen, aber es wird langweilig, da die dort ein-zutragenden Formeln sich von denen in der aktuellen Zeile nur anhand der Zeilennummern der referenzierten Zeilen unterscheiden. So wird aus

=B2-C2+D2 in *B3* lediglich   =B3-C3+D3  in *B4*.

Diese Situation ist typisch für Tabellen, daher wird eine solche Anpassung automatisch durch-geführt, wenn wir die Formel aus *B3* nach *B4* kopieren. In der Formel für *B3* kennzeichnet nämlich C2 in Wirklichkeit einen *relativen Bezug* auf das Feld „eine Zeile höher und eine Spalte weiter rechts". Die Formel in *B3* kann also gelesen werden als

= *<gleiche Spalte, Zeile-1> - <Spalte+1, Zeile-1> + <Spalte+2, Zeile-1>.*

Bei dieser Lesart sind tatsächlich die Formeln in *B3*, *B4*, *B5*, ... identisch und können einfach kopiert werden. Relative Bezüge passen sich somit automatisch an, wenn eine Formel kopiert wird. In unserem Beispiel ist dies jedoch an einer Stelle nicht erwünscht: Der Zinssatz soll immer dem Feld *E1* entnommen werden, nie aus *E2*, oder *E3*, denn diese Felder bleiben leer. Der Bezug auf *E1* soll daher ein *absoluter Bezug* sein, er wird durch die Notation „$E$1" als solcher gekennzeichnet. Korrigieren wir daher den Inhalt von *D3* zu:

*=B3\*$E$1,*

so können wir auch den Inhalt dieses Feldes nach *D4* kopieren. Dort lesen wir dann die kor-rekte Formel =B4\*$E$1.

Auf diese Weise entsteht allein durch Kopieren und Einfügen (*copy/paste*) der Zeile 3 in alle folgenden Zeilen sofort die komplette Tabelle. Diese wurde dann durch Formatierung der Zel-len als „Währung € mit 2 Nachkommastellen" noch etwas verschönert.

| D4 | ▼ | = | =B4*$E$1 | |
|---|---|---|---|---|
| | A | B | C | D | E |
| 1 | Jahr | Restbetrag | Tilgung | Jahreszinsen | 3% |
| 2 | 1999 | 19.000,00 € | 1.250,00 € | 570,00 € | |
| 3 | 2000 | 18.320,00 € | 1.250,00 € | 549,60 € | |
| 4 | 2001 | 17.619,60 € | 1.250,00 € | 528,59 € | |
| 5 | 2002 | 16.898,19 € | 1.250,00 € | 506,95 € | |
| 6 | 2003 | 16.155,13 € | 1.250,00 € | 484,65 € | |
| 7 | 2004 | 15.389,79 € | 1.250,00 € | 461,69 € | |
| 8 | 2005 | 14.601,48 € | 1.250,00 € | 438,04 € | |
| 9 | 2006 | 13.789,53 € | 1.250,00 € | 413,69 € | |

**Abb. 1.37:** *Excel-Tabelle*

Die Abhängigkeit eines Feldes von den Werten anderer Felder ist die Grundidee aller Tabellenkalkulationsprogramme. Wenn sich ein Wert einer Tabelle ändert, kann das Auswirkungen auf alle anderen Felder haben. Deswegen werden bei jeder Änderung *alle* Felder der Tabelle neu berechnet. Auf diese Weise können Planspiele nach dem Motto: *Was wäre, wenn ....* durchgeführt werden. In dem obigen Beispiel könnte man z.B. den Zinssatz oder die jährliche Tilgung ändern und die Auswirkung sofort beobachten.

Die Reihenfolge der Berechnung der Felder kann bei der Auswertung der Tabelle eine Rolle spielen. Nehmen Felder wechselseitig aufeinander Bezug, können mehrere iterative Neuberechnungen der Tabelle notwendig sein, bis sich die Ergebnisse zweier aufeinander folgender Neuberechnungen nicht mehr signifikant unterscheiden.

Mithilfe von Tabellenkalkulationsprogrammen können beliebig komplexe Berechnungen zu Finanzplanung, Etatplanung, Gewinn- und Verlustrechnung, Budgetkontrolle, Preiskalkulation, Stundensatzabrechnung etc. durchgeführt werden. Durch die Änderung einzelner Parameter kann das Modell dann jeweils in verschiedenen Varianten erprobt werden. Nützliche mathematische oder statistische Modelle können auch ohne tiefere Programmierkenntnisse erstellt werden. Eine umfangreiche Sammlung vordefinierter Funktionen aus Mathematik, Statistik und Finanzwirtschaft steht ebenfalls zur Verfügung. Die Ergebnisse einer Tabellenkalkulation können schließlich auf vielfältige Weise grafisch aufbereitet und in Publikationen importiert werden.

## 1.8.7 Der Rechner als Fenster zur Welt

Die aufregendste Entwicklung der Informatik in den letzten fünfzehn Jahren hat sich im Bereich des Internet abgespielt. Insbesondere seit der Entwicklung des *World Wide Web* (*WWW*) kann jeder Heimcomputer als Fenster zur Welt genutzt werden. Einen Zugang zum Internet via Modem, ISDN-Karte oder DSL vorausgesetzt, stehen unerschöpfliche Mengen an nützlichen und überflüssigen Informationen, Texten, Bildern, Filmen, Musikstücken, Programmen etc. zur Verfügung. Jede Firma, jede Institution bietet Informationen, Selbstdarstellungen, oft auch kommerzielle Angebote, die von jedem anderen Rechner in der Welt gelesen werden können. Menschen aus den entlegensten Gegenden der Welt können miteinander

## 1.8 Anwendungsprogramme                                                             77

plaudern (*chatten*), spielen, Musik, Filme und Daten austauschen oder mithilfe einer Kamera (*webcam*) und eines Mikrofons ohne irgendwelche Zusatzkosten bild-telefonieren. Man kann Bücher kaufen, an Auktionen teilnehmen, Flüge buchen und via Online-Kamera das Wetter und den Wellengang am Urlaubsort beobachten.

Möglich wurde diese neue Qualität der Kommunikation durch zwei Dinge – die weltweite Vernetzung von Rechnern über ein *TCP/IP* genanntes *Protokoll* (Datenaustauschverfahren) und durch *HTML*, eine Beschreibungssprache für vernetzte Internet-Dokumente zusammen mit Betrachtern für solche Dokumente, so genannten *Browsern*.

Daten, die über das Internet reisen, werden in einzelne *Pakete* verpackt, welche sich vom Sender zum Empfänger über Zwischenrechner ihren Weg durch das Netz suchen. Die Übertragung eines Dokuments kann mehrere Pakete erfordern, die theoretisch über unterschiedliche Wege durch das Netz reisen können, bevor sie beim Empfänger ankommen, um dort ausgepackt und wieder richtig zusammengesetzt zu werden. Jedes eingebettete Dokument, wie z.B. ein Bild innerhalb einer Webseite, führt zu einer gesonderten Rückfrage beim Anbieter (*server*) mit der Bitte, dieses Unterdokument zu senden. Das Konzept der einzeln reisenden Datenpakete, die sich ihren Weg durch das Netz suchen, war ein Kerngedanke bei der Entwicklung des Internets. Schließlich ist dieses Netz aus dem militärischen *ARPANET* hervorgegangen, welches eine funktionierende militärische Kommunikationsstruktur garantieren sollte, die auch eine teilweise Zerstörung durch einen Atomangriff überlebt.

Heute wird das Internet nicht nur von Militärs und Wissenschaftlern genutzt, sondern von allen Bevölkerungsschichten und in allen Winkeln der Welt. Da durch die Übertragung von Grafik, Videos und Musik das Netz immer stärker belastet wird, kommt es trotz stets schnelleren Verbindungen zu immer mehr Staus, die sich in Wartezeiten ausdrücken. Ein weiterer Flaschenhals bildet der *Netzzugang*, das heißt die Verbindung des heimischen PCs zu einem an das Internet angeschlossenen *Server*. Ein solcher Server wird von einem *Provider* zur Verfügung gestellt, der dafür eine Gebühr verlangt.

Während im privaten Bereich vielfach der Netzzugang noch über Modem und eine analoge Telefonleitung mit theoretisch möglichen 56 Kbps (kiloBit/s) oder über ISDN mit 64 oder, bei Kanalbündelung, bis zu 128 Kbps geschieht, steht seit geraumer Zeit bereits eine neue Übertragungstechnik *ADSL (asymmetric digital subscriber line)* zur Verfügung, die erheblich schneller ist als Modem bzw. ISDN. Entsprechend den typischen Bedürfnissen der Internet-Nutzer ist die verfügbare Datenrate je nach Richtung verschieden (asymmetrisch) aufgeteilt. Die von der deutschen Telekom unter dem Namen *T-DSL* angebotene vereinfachte Variante von ADSL stellt eine Datenrate von 128 kBit/s *upstream*, d.h. vom Kunden zum Provider, und 768 kBit/s *downstream* zur Verfügung. Mittlerweile werden weitere DSL-Tarife mit symmetrischen und asymmetrischen Varianten angeboten und zwar mit einer derzeit maximalen Downstream-Kapazität von 3072 kBit/s bzw. einer maximalen Upstream-Kapazität von 2048 kBit/s. Die Nutzung der ADSL Technik, insbesondere bei hohen Übertragungsraten, setzt eine relativ geringe Entfernung zwischen dem Kunden und der Vermittlungsstelle voraus. Mittlerweile sind praktisch alle Vermittlungsstellen der Telekom mit DSL-Technik ausgerüstet, da die Nachfrage nach dieser Technik enorm ist. Um ADSL (bzw. T-DSL) flächendeckend anbieten zu können, müssen neue Vermittlungsstellen überall da errichtet werden, wo die durchschnittliche Entfernung zu den Kunden zu groß für die DSL-Technik ist. Aber auch wenn alle zusätzlich erforderlichen Vermittlungsstellen eingerichtet werden, wird es immer noch einzelne Kunden geben, die zu weit entfernt von einer Vermittlungsstelle wohnen. Dies gilt insbesondere in ländlichen Gebieten. Ersatzweise kann dann ein schneller Netzzugang nur über Satellit hergestellt werden.

Die Verbindung der großen Netzknoten untereinander wird meist über Glasfaser realisiert und erreicht auf diese Weise erheblich höhere Übertragungsraten. Allerdings hat dies auch seinen Preis. Der Anschluss eines Knotens (z.B. einer großen Universität) an das Internet kostet bei einer Übertragungsrate von 64 Mbps bereits mehrere Hunderttausend Euro im Jahr.

## 1.8.8    Wie geht es weiter?

Der nächste Entwicklungsschub für das Internet kristallisiert sich an dem *Abilene Projekt*, auch als *Internet2* bezeichnet, das seit Ende 1998 in Betrieb ist. Hierbei handelt es sich um ein neues Netzwerk, an das bisher nur eine Auswahl von ca. 150 Universitäten und Forschungseinrichtungen in den USA angeschlossen sind. Ziel ist sowohl die Entwicklung von schnellen Übertragungstechniken als auch von neuen Anwendungen für ein neues Internet. Insbesondere sollen die gigantischen Übertragungsraten von 2.5 Gbps (Gigabit per second) eine *„quality of service"* (*QoS*) garantieren, die es u.a. erlaubt, Filme in Echtzeit zu übertragen, Videokonferenzen, Teleoperationen und alles, was eine garantierte Übertragungsrate benötigt. Fest ins Auge gefasst ist bereits die Steigerung der Übertragungsrate auf 9.6 Gbps. Um diese Kapazität zu verdeutlichen, sei darauf hingewiesen, dass bei dieser Geschwindigkeit der Inhalt sämtlicher Bücher der British Library (das ist die größte Bibliothek der Welt) in 20 Sekunden übertragen werden könnte.

Gleichzeitig mit dem Internet2 wurde in Deutschland das Deutsche Forschungs-Netz DFN so ausgebaut, so dass die wichtigsten Knoten und zwei Leitungen in die USA bereits eine Datenrate von 622 MBit/s gewährleisten. Im Testbetrieb werden sogar 2.5 Gbps (das sind 2.5 Milliarden Bit pro Sekunde) realisiert.

Ist damit die technologische Grenze erreicht? Wer die Entwicklung des Internet verfolgt hat, wird nicht daran zweifeln, dass bald neue Anwendungen und neue Bedürfnisse auch das neue Netz „zur Schnecke machen" werden. Optische Netzwerke werden heute vorwiegend durch den Übergang von der optischen zur elektronischen Signalübertragung ausgebremst. Dies ist immer dann der Fall, wenn optische Signale verstärkt oder umgeschaltet werden müssen. Aber auch hier sind in den letzten Jahren wichtige Durchbrüche gelungen. Die Firma „*Lucent Technologies*", ein Ableger der berühmten „*Bell Laboratories*", stellte fast gleichzeitig mit dem Startschuss zum Internet2 ein neues optisches Netzwerk vor, das mit einer *DWDM* (*dense wavelength division multiplexing*) genannten Technologie bis zu 400 Gbps über eine einzige Glasfaser übertragen kann. Dabei werden mehrere Signale gleichzeitig in verschiedenen Wellenlängen gesendet. Das Netzwerk kann so konfiguriert werden, dass durch Bündelung von 8 Fasern eine Gesamtübertragungsrate von 3.2 Terabit pro Sekunde erreicht wird.

Man darf gespannt sein, welche heute noch nicht erahnbaren neuartigen Anwendungen sich daraus erschließen werden.

# 2 Grundlagen der Programmierung

In diesem Kapitel bereiten wir die Grundlagen für ein systematisches Programmieren. Wichtigstes Ziel ist dabei die Herausarbeitung der fundamentalen Konzepte einer Programmiersprache. Wir benutzen die Syntax von Pascal, weil in dieser Sprache die Trennung der Konzepte am deutlichsten erkennbar ist. Gleichzeitig zeigen wir aber auch, wie sich dieselben Begriffe in anderen Sprachen, insbesondere in Java oder in C darstellen (bzw. wie sie sich vermischen), so dass der Übergang zu Java, wie er im folgenden Kapitel vollzogen wird, nahtlos vonstatten gehen kann.

Wir beginnen mit einer Erläuterung der Begriffe *Spezifikation*, *Algorithmus* und *Abstraktion*. Der Kern einer Programmiersprache, *Datenstrukturen*, *Speicher*, *Variablen* und fundamentale *Kontrollstrukturen* schließt sich an. Einerseits ist unsere Darstellung praktisch orientiert – die Programmteile kann man sofort ausführen – andererseits zeigen wir, wie die Konzepte exakt mathematischen Begriffsbildungen folgen. Der Leser erkennt, wie zusätzliche Kontrollstrukturen aus dem Sprachkern heraus definiert werden, wie Typkonstruktoren die mathematischen Mengenbildungsoperationen nachbilden und wie Abstraktionsmechanismen eine systematische Programmentwicklung unterstützen.

Zusätzlichen theoretischen Konzepten, *Rekursion* und *Verifikation*, sind jeweils eigene Unterkapitel gewidmet. Der eilige Leser mag sie im ersten Durchgang überfliegen, ein sorgfältiges Studium lohnt sich aber in jedem Fall. Rekursion gibt dem mathematisch orientierten Programmierer ein mächtiges Instrument in die Hand. Ein Verständnis fundamentaler Konzepte der Programmverifikation, insbesondere von *Invarianten*, führt automatisch zu einer überlegteren und zuverlässigeren Vorgehensweise bei der Programmentwicklung.

Die Anweisungen, die wir dem Computer geben, werden als Text formuliert, man nennt jeden solchen Text ein *Programm*. Programme nehmen Bezug auf vorgegebene Datenbereiche und auf Verknüpfungen, die auf diesen Datenbereichen definiert sind. Allerdings, und das ist ein wichtiger Aspekt, können innerhalb eines Programmes nach Bedarf neue Datenbereiche und neue Verknüpfungen auf denselben definiert werden.

## 2.1    Programmiersprachen

Der Programmtext wird nach genau festgelegten Regeln formuliert. Diese Regeln sind durch die Grammatik einer *Programmiersprache* festgelegt. Im Gegensatz zur Umgangssprache verlangen Programmiersprachen das exakte Einhalten der Grammatikregeln. Jeder Punkt, jedes Komma hat seine Bedeutung, selbst ein kleiner Fehler führt dazu, dass das Programm als Ganzes nicht verstanden wird.

In frühen Programmiersprachen standen die verfügbaren Operationen eines Rechners im Vordergrund. Diese mussten durch besonders geschickte Kombinationen verbunden werden, um ein bestimmtes Problem zu lösen. Moderne *höhere Programmiersprachen* orientieren sich stärker an dem zu lösenden Problem und gestatten eine abstrakte Formulierung des Lösungsweges, der die Eigenarten der Hardware, auf der das Programm ausgeführt werden soll, nicht mehr in Betracht zieht. Dies hat den Vorteil, dass das gleiche Programm auf unterschiedlichen Systemen ausführbar ist.

Noch einen Schritt weiter gehen so genannte *deklarative* Programmiersprachen. Aus einer nach bestimmten Regeln gebildeten mathematischen Formulierung des Problems wird automatisch ein Programm erzeugt. Im Gegensatz zu diesen problemorientierten Sprachen nennt man die klassischen Programmiersprachen auch *befehlsorientierte* oder *imperative* Sprachen.

Zu den imperativen Sprachen gehören u.a. *BASIC*, *Pascal*, C, *C++* und *Java*, zu den deklarativen Sprachen gehören z.B. *Prolog*, *Haskell* und *ML*. Allerdings sind die Konzepte in der Praxis nicht streng getrennt. Die meisten imperativen Sprachen enthalten auch deklarative Konzepte (z.B. Rekursion), und die meisten praktisch relevanten deklarativen Sprachen beinhalten auch imperative Konzepte. Kennt man sich in einer imperativen Sprache gut aus, so ist es nicht schwer eine andere zu erlernen, ähnlich geht es auch mit deklarativen Sprachen. Der Umstieg von der imperativen auf die deklarative Denkweise erfordert einige Übung, doch zahlt sich die Mühe auf jeden Fall aus. Deklarative Sprachen sind hervorragend geeignet, in kurzer Zeit einen funktionierenden Prototypen zu erstellen. Investiert man dagegen mehr Zeit für die Entwicklung, so gelingt mit imperativen Sprachen meist eine effizientere Lösung.

### 2.1.1    Vom Programm zur Maschine

Programme, die in einer höheren Programmiersprache geschrieben sind, können nicht unmittelbar auf einem Rechner ausgeführt werden. Sie sind anfangs in einer Textdatei gespeichert und müssen erst in Folgen von Maschinenbefehlen übersetzt werden. *Maschinenbefehle* sind elementare Operationen, die der Prozessor des Rechners unmittelbar ausführen kann. Sie beinhalten zumindest Befehle, um

- Daten aus dem Speicher zu lesen,
- elementare arithmetische Operationen auszuführen,
- Daten in den Speicher zu schreiben,
- die Berechnung an einer bestimmten Stelle fortzusetzen (Sprünge).

## 2.1 Programmiersprachen

Die Übersetzung von einem Programmtext in eine Folge solcher einfacher Befehle (auch *Maschinenbefehle* oder *Maschinencode* genannt), wird von einem *Compiler* durchgeführt. Das Ergebnis ist ein *Maschinenprogramm*, das in einer als *ausführbar* (engl. *executable*) gekennzeichneten Datei gespeichert ist.

Eine solche ausführbare Datei muss noch von einem *Ladeprogramm* in den Speicher geladen werden, und kann erst dann ausgeführt werden. Ladeprogramme sind im Betriebssystem enthalten, der Benutzer weiß oft gar nichts von deren Existenz. So sind in den Windows-Betriebssystemen ausführbare Dateien durch die Endung „.exe" oder „.com" gekennzeichnet. Tippt man auf der Kommandozeile den Namen einer solchen Datei ein und betätigt die „Return"-Taste, so wird die ausführbare Datei in den Hauptspeicher geladen und ausgeführt.

### 2.1.2   Virtuelle Maschinen

Die Welt wäre einfach, wenn sich alle Programmierer auf einen Rechnertyp und eine Programmiersprache einigen könnten. Man würde dazu nur einen einzigen Compiler benötigen. Die Wirklichkeit sieht anders aus. Es gibt (aus gutem Grund) zahlreiche Rechnertypen und noch viel mehr verschiedene Sprachen. Fast jeder Programmierer hat eine starke Vorliebe für eine ganz bestimmte Sprache und möchte, dass seine Programme auf möglichst jedem Rechnertyp ausgeführt werden können. Bei $n$ Sprachen und $m$ Maschinentypen würde dies $n \times m$ viele Compiler erforderlich machen.

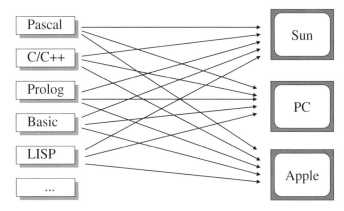

*Abb. 2.1:*   $n \times m$ *viele Compiler*

Schon früh wurde daher die Idee geboren, eine *virtuelle Maschine V* zu entwerfen, die als gemeinsames Bindeglied zwischen allen Programmiersprachen und allen konkreten Maschinensprachen fungieren könnte. Diese Maschine würde nicht wirklich *gebaut*, sondern man würde sie auf jedem konkreten Rechner *emulieren*, d.h. nachbilden. Für jede Programmiersprache müsste dann nur *ein* Compiler vorhanden sein, der Code für *V* erzeugt. Statt $n \times m$ vieler Compiler benötigte man jetzt nur noch $n$ Compiler und $m$ Implementierungen von *V* auf den einzelnen Rechnertypen, insgesamt also nur $n + m$ viele Übersetzungsprogramme – ein gewaltiger Unterschied.

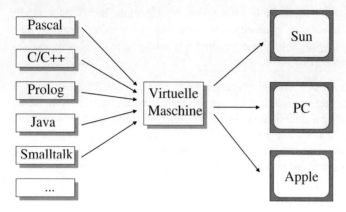

**Abb. 2.2:**   *Traum: Eine gemeinsame virtuelle Maschine*

Leider ist eine solche virtuelle Maschine nie zu Stande gekommen. Neben dem Verdacht, dass ihr Design eine bestimmte Sprache oder einen bestimmten Maschinentyp bevorzugen könnte, stand die begründete Furcht im Vordergrund, dass dieses Zwischenglied die Geschwindigkeit der Programmausführung beeinträchtigen könnte. Außerdem verhindert eine solche Zwischeninstanz, dass spezielle Fähigkeiten eines Maschinentyps oder spezielle Ausdrucksmittel einer Sprache vorteilhaft eingesetzt werden können.

Im Zusammenhang mit einer festen Sprache ist das Konzept einer virtuellen Maschine jedoch mehrfach aufgegriffen worden – jüngst wieder in der objektorientierten Sprache *Java*, der das ganze nächste Kapitel gewidmet sein wird. Ein Java-Compiler übersetzt ein in Java geschriebenes Programm in einen Code für eine *virtuelle Java-Maschine*. Auf jeder Rechnerplattform, für die ein Emulator für diese virtuelle Java-Maschine verfügbar ist, wird das Programm dann lauffähig sein. Weil man also bewusst auf die Ausnutzung besonderer Fähigkeiten spezieller Rechner verzichtet, wird die Sprache *plattformunabhängig*.

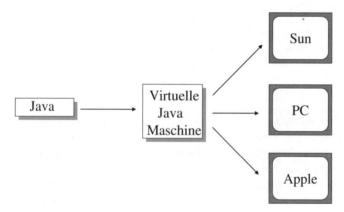

**Abb. 2.3:**   *Realität: Virtuelle Java-Maschine*

## 2.1.3 Interpreter

Ein Compiler übersetzt immer einen kompletten Programmtext in eine Folge von Maschinen-befehlen, bevor die erste Programmanweisung ausgeführt wird. Ein *Interpreter* dagegen übersetzt immer nur eine einzige Programmanweisung in ein kleines Unterprogramm aus Maschinenbefehlen und führt dieses sofort aus. Anschließend wird mit der nächsten Anweisung genauso verfahren. Interpreter sind einfacher zu konstruieren als Compiler, haben aber den Nachteil, dass ein Befehl, der mehrfach ausgeführt wird, jedesmal erneut übersetzt werden muss.

Grundsätzlich können fast alle Programmiersprachen compilierend oder interpretierend implementiert werden. Trotzdem gibt es einige, die fast ausschließlich mit Compilern arbeiten. Dazu gehören *Pascal*, *Modula*, *COBOL*, *Fortran*, *C*, *C++* und *Ada*. Andere, darunter *BASIC*, *APL*, *LISP* und *Prolog*, werden überwiegend interpretativ bearbeitet. Sprachen wie *Java* und *Smalltalk* beschreiten einen Mittelweg zwischen compilierenden und interpretierenden Systemen – das Quellprogramm wird in Code für die virtuelle Java- bzw. Smalltalk-Maschine, so genannten *Bytecode,* compiliert. Dieser wird von der virtuellen Maschine dann interpretativ ausgeführt. Damit ist die virtuelle Maschine nichts anderes als ein Interpreter für Bytecode.

## 2.1.4 Programmieren und Testen

Ein Programm ist ein Text und wird wie jeder Text mit einem Textverarbeitungsprogramm erstellt und in einer Datei gespeichert. Anschließend muss es von einem Compiler in Maschinencode übersetzt werden. Üblicherweise werden während dieser Übersetzung bereits Fehler erkannt. Die Mehrzahl der dabei entdeckten Fehler sind so genannte *Syntaxfehler.* Sie sind Rechtschreib- oder Grammatikfehlern vergleichbar – man hat sich bei einem Wort vertippt oder einen unzulässigen Satzbau (*Syntax*) verwendet. Eine zweite Art von Fehlern, die bereits beim Compilieren erkannt werden, sind *Typfehler.* Sie entstehen, wenn man nicht zueinander passende Dinge verknüpft – etwa das Alter einer Person zu ihrer Hausnummer addiert oder einen Nachnamen an einer Stelle speichert, die für eine Zahl reserviert ist. Programmiersprachen unterscheiden sich sehr stark darin, ob und wie sie solche Fehler erkennen. Syntaxfehler kann man sofort verbessern und dann einen erneuten Compilierversuch machen. Sobald das Programm fehlerlos compiliert wurde, liegt es als Maschinenprogramm vor und kann testweise ausgeführt werden. Dabei stellen sich oft zwei weitere Arten von Fehlern heraus.

- *Laufzeitfehler* entstehen, wenn beispielsweise zulässige Wertebereiche überschritten werden, wenn durch 0 dividiert oder die Wurzel einer negativen Zahl gezogen wird. Laufzeitfehler können i.A. nicht von einem Compiler erkannt werden, denn der konkrete Zahlenwert, mit dem gearbeitet wird, steht oft zur *Compilezeit* nicht fest, sei es, weil er von der Tastatur abgefragt oder sonstwie kompliziert errechnet wird.
- *Denkfehler* werden sichtbar, wenn ein Programm problemlos abläuft, aber eben nicht das tut, was der Programmierer ursprünglich im Sinn hatte. Denkfehler können natürlich nicht von einem Compiler erkannt werden.

Einen Fehler in einem Programm nennt man im englischen Jargon auch *bug*. Das Suchen und Verbessern von Fehlern in der Testphase heißt konsequenterweise *debugging*. Laufzeitfehler und Denkfehler können bei einem Testlauf sichtbar werden, sie können aber auch alle Testläufe überstehen. Prinzipiell gilt hier immer die Aussage von E. Dijkstra:

*Durch Testen kann man die Anwesenheit, nie die Abwesenheit von Fehlern zeigen.*

Dennoch werden bei den ersten Tests eines Programms meist Fehler gefunden, die dann einen erneuten Durchlauf des Zyklus *Editieren – Compilieren – Testen* erforderlich machen. Die Hoffnung ist dabei, dass dieser Prozess zu einem Fixpunkt, dem korrekten Programm, konvergiert.

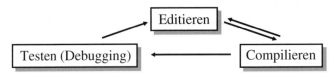

**Abb. 2.4:** *Zyklus der Programmentwicklung*

## 2.1.5 Programmierumgebungen

Interpretierende Systeme vereinfachen die Programmerstellung insofern, als die Compilationsphase entfällt und auch kleine Programmteile interaktiv getestet werden können, sie erreichen aber nur selten die schnelleren Programmausführzeiten compilierender Systeme. Außerdem findet bei vielen interpretierenden Systemen keine Typüberprüfung statt, so dass Typfehler erst zur Laufzeit entdeckt werden.

Einen Kompromiss zwischen interpretierenden und compilierenden Systemen stellte als erstes das *Turbo-Pascal* System dar. Der in das Entwicklungssystem eingebaute Compiler war so schnell, dass der Benutzer den Eindruck haben konnte, mit einem interpretierenden System zu arbeiten. Für fast alle Sprachen gibt es heute ähnlich gute „integrierte Entwicklungssysteme" (engl.: *integrated development environment – IDE*), die alle zur Programmerstellung notwendigen Werkzeuge zusammenfassen:

- einen Editor zum Erstellen und Ändern eines Programmtextes,
- einen Compiler bzw. Interpreter zum Ausführen von Programmen,
- einen *Debugger* für die Fehlersuche in der Testphase eines Programms.

Kern dieser Systeme ist immer ein Text-Editor zum Erstellen des Programmtextes. Dieser hebt nicht nur die Schlüsselworte der Programmiersprache farblich hervor, er markiert auch zugehörige Klammerpaare und kann auf Wunsch den Programmtext auch übersichtlich formatieren. Klickt man auf den Namen einer Variablen oder einer Funktion, so wird automatisch deren Definition im Text gefunden und angezeigt. Soll das zu erstellende Programm zudem eine moderne Benutzeroberfläche erhalten, so kann man diese mit einem GUI-Editor erstellen, indem man Fenster, Menüs, Buttons und Rollbalken mit der Maus herbeizieht, beliebig positioniert und anpasst.

## 2.1  Programmiersprachen

Für Java sind u.a. die Systeme *Eclipse, (www.eclipse.org), netbeans (www.netbeans.org), Sun ONE Studio 4 (www.sun.com), JCreator* (www.jcreator.com), *JBuilder* (www.borland.com) kostenlos erhältlich. Für Anfänger ist das *BlueJ*-System (www.bluej.org) sehr empfehlenswert.

## 2.1.6    BASIC

Die Programmiersprache BASIC ist deswegen so weit verbreitet, weil BASIC-Interpreter bei den ersten Mikrocomputern entweder bereits im ROM oder zumindest im Betriebssystem vorhanden waren. Da einfache BASIC-Systeme interpretativ arbeiten, einen eingebauten Editor haben und sehr leicht zu bedienen sind, ist die Sprache auch für Anfänger schnell erlernbar. Ein BASIC-Programm besteht aus einer Folge von Programmzeilen, die jeweils mit einer Zeilennummer beginnen. Diese Zeilen werden der Reihe nach ausgeführt, außer wenn durch die Anweisung „GOTO $k$" ein *Sprung* zur Zeile mit Nummer $k$ erzwungen wird. Diese Methode der Verzweigung führt allerdings zu Programmen, die sehr unübersichtlich werden. Dies erkennt man bereits an dem folgenden kleinen Programm, das den größten gemeinschaftlichen Teiler zweier Zahlen berechnet:

```
 10 INPUT M
 20 INPUT N
 30 IF M=N THEN GOTO 90
 40 IF M <= N THEN GOTO 70
 50 LET M=M-N
 60 GOTO 30
 70 LET N=N-M
 80 GOTO 30
 90 PRINT M
100 END
```

Wegen fehlender Strukturierungsmöglichkeiten werden größere Programme kaum überschaubar – derartigen Programmtext nennt man scherzhaft auch „Spaghetticode".

Aufgrund dieser Mängel von BASIC sind viele Dialekte der Sprache entstanden, die BASIC um Strukturen erweitern, die aus höheren Sprachen, z.B. Pascal, entlehnt sind. *Visual Basic* von Microsoft war die erste Programmiersprache, mit der das Programmieren von Benutzeroberflächen unter Windows sehr komfortabel gestaltet wurde. *Visual Basic for Applications*, kurz *VBA*, wird vor allem im Zusammenhang mit Microsoft Produkten vielfach verwendet.

## 2.1.7    Pascal

*Pascal* ist eine Programmiersprache, die zwischen 1968 und 1974 von Niklaus Wirth an der ETH in Zürich für Unterrichtszwecke entwickelt wurde. Es hat eine einfache, systematische Struktur und eignet sich in besonderer Weise für das Erlernen des algorithmischen Denkens. Die als wichtig erkannten Konzepte von Programmiersprachen – klare und übersichtliche Kontrollkonstrukte, Blockstrukturierung, Rekursion und Unterprogramme, sind in Pascal klar und sauber verwirklicht.

86 2 Grundlagen der Programmierung

Allerdings sind seit der Entwicklung von Pascal neue Prinzipien insbesondere für das Strukturieren sehr großer Programme entstanden. Mithilfe von *Modulen* können Programme in einzelne funktionale Einheiten zerlegt werden, mithilfe von *Objekten* und *Klassen* können Datenobjekte hierarchisch geordnet zusammengefasst und wiederverwendet werden. Viele Pascal-Systeme, insbesondere das am weitesten verbreitete Turbo-Pascal, haben das ursprüngliche Pascal um die genannten Konzepte erweitert. Ab der Version 4.0 gab es in Turbo-Pascal ein Modulkonzept – Module hießen hier „*Units*" – und seit der Version 5.5 enthielt Turbo-Pascal auch objektorientierte Zusätze. Turbo-Pascal wurde 1993 von „*Borland-Pascal*" abgelöst, eine neuereVersion heißt seit 1995 „*Delphi*". In Delphi kann man u.a. auch grafische Benutzeroberflächen bequem programmieren.

Pascal ist also nicht mehr die modernste Programmiersprache – aber immer noch eine Sprache, die zum Einstieg in die Welt des Programmierens hervorragend geeignet ist. Pascal erzieht zu einer Klarheit des Denkens, da das Prinzip der *Orthogonalität* hier besonders gut durchgehalten wurde: Für jede Aufgabe bietet sich *ein* (und möglichst nur ein) Konzept der Sprache als Lösungsweg an. Im Gegensatz dazu können sich in anderen Sprachen verschiedene Konzepte oft weitgehend überlappen. So lässt sich in C beispielsweise eine *while*-Schleife auch mithilfe des *for*-Konstruktes ersetzen und umgekehrt (siehe S. 142).

Der größte Vorteil der von Pascal erzwungenen Disziplin ist, dass Programmierfehler in den meisten Fällen bereits bei der Compilierung des Programmes erkannt werden. *Laufzeitfehler*, also Fehler, die erst bei der Ausführung des Programmes auftreten (siehe S. 83), treten bei Pascal deutlich seltener auf als z.B. in C. Solche Fehler sind nur mit großem Aufwand zu finden und zu beheben. Schlimmer noch, sie treten manchmal nur bei ganz bestimmten Konstellationen von Eingabedaten auf. Wie es Murphy's Gesetz will, treten entsprechend unglückliche Konstellationen nicht in der Testphase auf, sondern erst wenn das Programm beim Kunden installiert ist.

Der klare und saubere Programmierstil von Pascal hat aber auch Nachteile. Insbesondere beim Erstellen von systemnahen Programmen kann die erzwungene Programmierdisziplin störend oder gar effizienzhemmend sein. In diesen Fällen greifen Programmierer gern zu Sprachen wie C oder C++, in denen – genügend Selbstdisziplin vorausgesetzt – ein sauberes und klares Programmieren zwar möglich ist, aber nicht erzwungen wird. Turbo-Pascal und seine Nachfolger Borland-Pascal und Delphi haben sich u.a. auch insofern in diese Richtung geöffnet, als sie erlauben, auf Daten mit solchen Methoden zuzugreifen, die sich spezielle interne Repräsentationen zu Nutze machen. So darf man in Turbo-Pascal beispielsweise Zahlen auch als Bitfolgen auffassen und mit Operationen wie *xor* (siehe S. 6) manipulieren. Das Ergebnis ist dann aber von der speziellen internen Repräsentation der Zahlen abhängig und dadurch möglicherweise auf anderen Rechnersystemen fehlerhaft.

## 2.1.8    Java

*Java* ist eine junge Programmiersprache, die man als Weiterentwicklung der populären Sprache *C++* ansehen kann. Java ist konsequent objektorientiert und räumt mit vielen Hemdsärmeligkeiten von C und C++ auf. Insbesondere gibt es ein sicheres Typsystem, und die in C++ notorisch fehleranfällige *Pointerarithmetik* wurde abgeschafft. Pointer (siehe S. 184) leben nur noch in der harmlosen Form von sog. *Referenztypen* fort.

## 2.1 Programmiersprachen

Java wird durch die interpretative Ausführung mittels einer virtuellen Maschine plattformunabhängig. Zusätzlich besitzt es als erste Sprache geeignete Sicherheitskonzepte für die Verbreitung von Programmen über das Internet und die Ausführung von Programmen (so genannten *Applets*) in Internet-Seiten. Dies und die Unterstützung durch Firmen wie SUN und Netscape haben Java zu einer außergewöhnlich schnellen Verbreitung und einer enormen Akzeptanz verholfen. In Kapitel 3 werden wir Java genauer kennen lernen und in Kapitel 8 (ab S. 652) zeigen wir, wie man Java-Applets in Internet-Seiten einbauen kann.

## 2.1.9    Prolog

Prolog ist der bekannteste Vertreter einer logischen Programmiersprache, wobei das Attribut *logisch* ausdrücken will, dass Programme in der Sprache der Logik – als so genannte „Horn-Klauseln" – ausgedrückt werden. Ein Prolog-Programm entspricht dabei einer Menge von Forderungen (Axiomen), die Ausführung eines Programmes einer logischen Folgerung aus diesen Axiomen.

Als Beispiel wollen wir den größten gemeinsamen Teiler (ggT) zweier Zahlen mithilfe von Prolog berechnen. Ein Axiomensystem, welches die Funktion *ggT* logisch eindeutig bestimmt, könnte man unter Verwendung der Quantoren

$$\forall x, y, \ldots \quad \textit{für alle } x, y, \ldots \text{ und}$$
$$\exists \, x, y, \ldots \quad \textit{es existieren } x, y, \ldots$$

folgendermaßen aufstellen:

$$\forall x. \; ggT(x,x) \;=\; x$$
$$\forall x,y \, . \; (x > y) \;\Rightarrow\; ggT(x,y) \;=\; ggT(x - y, y)$$
$$\forall x,y \, . \; (x < y) \;\Rightarrow\; ggT(x,y) \;=\; ggT(x, y - x) \; .$$

Hätte man jetzt ein System, das logische Schlüsse aus Axiomen ziehen kann, so könnte man beispielsweise den *ggT* von 84 und 30 auf folgende Weise berechnen: Man fordert das System auf, aus den obigen Aussagen zu *beweisen*, dass

$$\exists \, z \, . \; ggT(84,30) \;=\; z \; .$$

Von einem *Beweis* einer solchen Existenzaussage erwarten wir, dass er dasjenige $z$ liefert, welches die Aussage wahr macht. In der Prolog-Gemeinde stellt man es meist in der verneinten Form dar. Man behauptet einfach, das Gegenteil wäre wahr, es gäbe *kein z* welches der *ggT* von 84 und 30 ist:

$$\neg \exists \, z \, . \; ggT(84,30) \;=\; z$$

Das Prolog-System präsentiert umgehend das Gegenbeispiel: $z = 6$.

In Prolog schreibt man Implikationen immer von rechts nach links, also: „$\Leftarrow$". Das Zeichen „$\Leftarrow$" lässt sich dann gut durch das Wort „falls" wiedergeben:

$$\forall x,y,z \, . \; ggT(x,y) \;=\; ggT(x - y, y) \;\Leftarrow\; x > y$$

Außerdem verwendet man *Relationen* statt Funktionen. Statt der zweistelligen Funktion *ggT* führen wir daher die dreistellige Relation *ggTRel* ein. Die Bedeutung soll sein:

$$ggTRel(a,b,c) \quad \leftrightarrow \quad ggT(a,b) = c$$

Aus den obigen Axiomen für *ggT* werden nun Axiome für *ggTRel*:

$$\forall x,y,z,u \,.\, ggTRel(x,y,z) \quad \Leftarrow \quad x > y \quad \wedge \quad u = x - y \quad \wedge \quad ggTRel(u,y,z) \;.$$

In einem wirklichen Prolog-Programm lässt man den Allquantor $\forall$ weg, ersetzt „$\Leftarrow$" durch die Zeichenfolge „ **:-** " und „ | " durch ein Komma „ **,** ". Variablen müssen mit einem Großbuchstaben beginnen, so dass das folgende Prolog-Programm entsteht:

```
ggTR(X,X,X)  .
ggTR(X,Y,Z)  :- X > Y,  U = X-Y,  ggTR(U,Y,Z).
ggTR(X,Y,Z)  :- X < Y,  V = Y-X,  ggTR(X,V,Z).
```

Der Aufruf des Programmes lautet:

```
? ggTR(84,30,Z).
```

worauf das Prologsystem antwortet:

```
Z = 6.
```

In Prolog gibt es keine *Zuweisung*, keine *Schleife*, keine *Sprünge* und keine *Hintereinanderausführung* (siehe S. 121 ff.) – jedenfalls nicht in der reinen Theorie. Einen Ersatz für die fehlenden *while-Schleifen* bietet das Prinzip der *Rekursion*. Problemlösungen, die ein Pascal- oder C-Programmierer als Iterationen, Schleifen oder Sprünge sieht, müssen rekursiv formuliert werden. Dies bereitet Anfängern oft große Schwierigkeiten. Programmierer, die bereits eine funktionale Sprache wie LISP oder ML kennen, werden sehr schnell auf Prolog wechseln können.

Die obigen Ausführungen könnten vermuten lassen, dass Prolog nur für Spielbeispiele, nicht aber für praktische Programme geeignet ist. Dies wäre aber ein Fehlurteil. In Prolog sind große und effiziente Systeme erstellt worden. Auch der in diesem Kapitel besprochene Programm-Verifizierer *NPPV* samt Parser, Beweiser und Benutzeroberfläche ist komplett in Prolog geschrieben. Dabei haben wir das *Visual Prolog* System der dänischen Firma PDC (*Prolog Development Center, www.pdc.dk*) benutzt. *Visual Prolog 6.1* ist eine Weiterentwicklung des vormaligen *Turbo-Prolog,* besitzt wie dieses einen Compiler und erzeugt Maschinencode, der in der Geschwindigkeit einem von C oder Pascal erzeugten Code nicht nachsteht. Der Name *Visual* soll andeuten, dass man auf einfache Weise, d.h. mit moderner Entwicklungsumgebung (IDE) inklusive GUI-Editor und Debugger auch Programme für Windows erstellen kann.

## 2.2 Spezifikationen, Algorithmen, Programme

Vor dem Beginn der Programmierung sollte das zu lösende Problem zuerst genau beschrieben, d.h. *spezifiziert* werden. Anschließend muss ein Ablauf von *Aktionen* entworfen werden, der insgesamt zur Lösung des Problems führt. Ein solcher Ablauf von Aktionen, ein *Algorithmus*, stützt sich dabei auf eine bereits in der Beschreibungssprache vorgegebene *Strukturierung* der Daten. Die hierbei zentralen Begriffe *Spezifikation*, *Algorithmus* und *Datenstruktur*, sollen im Folgenden näher erläutert werden.

### 2.2.1 Spezifikationen

Eine *Spezifikation* ist eine *vollständige*, *detaillierte* und *unzweideutige* Problembeschreibung. Dabei heißt eine Spezifikation

- *vollständig*, wenn alle Anforderungen und alle relevanten Rahmenbedingungen angegeben worden sind,
- *detailliert*, wenn klar ist, welche Hilfsmittel, insbesondere welche Basis-Operationen zur Lösung zugelassen sind,
- *unzweideutig*, wenn klare Kriterien angegeben werden, wann eine vorgeschlagene Lösung akzeptabel ist.

Informelle Spezifikationen sind oft umgangssprachlich und unpräzise formuliert und genügen damit nur beschränkt den obigen Kriterien. Spezifikationen können formal in der Sprache der Logik oder in speziellen Spezifikationssprachen wie *VDM* oder *Z* ausgedrückt werden. Als Beispiel betrachten wir folgende informelle Spezifikation eines Rangierproblems:

*„Eine Lokomotive soll die in Gleisabschnitt A befindlichen Wagen 1, 2, 3 in der Reihenfolge 3, 1, 2 auf Gleisstück C abstellen."*

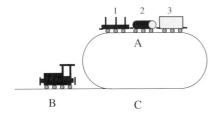

*Abb. 2.5:* Rangierproblem

Diese Spezifikation lässt in jeder Hinsicht noch viele Fragen offen, beispielsweise:

*Vollständigkeit:*
Wie viele Wagen kann die Lokomotive auf einmal ziehen?
Wie viele Wagen passen auf Gleisstück B?

*Detailliertheit:*
> Welche Aktionen kann die Lokomotive ausführen (fahren, koppeln, entkoppeln, ... )?

*Unzweideutigkeit:*
> Ist es erlaubt, dass die Lokomotive am Ende zwischen den Wagen steht?

Als zweites Beispiel betrachten wir die Aufgabe, den größten gemeinsamen Teiler zweier Zahlen zu finden. Eine informelle Spezifikation könnte lauten:

*„Für beliebige Zahlen M und N berechne den größten gemeinsamen Teiler ggT(M, N), also die größte Zahl, die sowohl M als auch N teilt."*

Auch diese Spezifikation lässt viele Fragen offen:

*Vollständigkeit:*
> Welche Zahlen *M, N* sind zugelassen? Dürfen M und N nur positive Zahlen oder auch negative oder gar rationale Zahlen sein? Ist 0 erlaubt?

*Detailliertheit:*
> Welche Operationen sind erlaubt? ( +, -, oder auch *div* und *mod* ? )

*Unzweideutigkeit:*
> Was heißt berechnen? Soll das Ergebnis ausgedruckt oder vielleicht in einer bestimmten Variablen gespeichert werden?

Eine einfache Methode, Probleme formal zu spezifizieren, besteht in der Angabe eines Paares *P* und *Q* von logischen Aussagen. Diese stellt man in geschweiften Klammern dar:{ *P* }{ *Q* }. Dabei wird *P* Vorbedingung und *Q* Nachbedingung genannt.

In der *Vorbedingung* werden alle relevanten Eigenschaften aufgeführt, die anfangs, also vor Beginn der Programmausführung gelten, in der *Nachbedingung* alle relevanten Eigenschaften, die gelten sollen, wenn das Programm beendet ist. In unserem Rangierbeispiel beschreibt die Vorbedingung die anfängliche Position von Lok und Waggons und die Nachbedingung die Position, die erreicht werden soll. Dies wollen wir grafisch veranschaulichen:

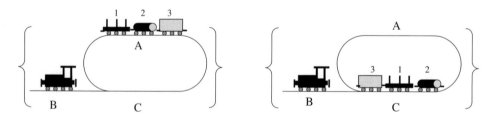

**Abb. 2.6:** *Vorbedingung {P} – Nachbedingung {Q} beim Rangierproblem*

Im Falle des größten gemeinsamen Teilers drückt die Vorbedingung aus, dass *M* und *N* positive ganze Zahlen sind. Wenn man noch in Betracht zieht, dass ein Programm immer nur mit Zahlen in einem endlichen Bereich umgeht, dann kann man noch spezifizieren, dass *M* und *N*

## 2.2 Spezifikationen, Algorithmen, Programme

in einem solchen Bereich liegen sollen. Die Nachbedingung verlangt, dass in einer Variablen $z$ der Wert $ggT(M,N)$ gespeichert ist.

*Vorbedingung:*
>   { $M$ und $N$ sind ganze Zahlen mit $0 < M < 32767$ und $0 < N < 32767$ }

*Nachbedingung:*
>   { $z = ggT(M,N)$, d.h., $z$ ist Teiler von $M$ und $N$ und
>   für jede andere Zahl $z$', die auch $M$ und $N$ teilt, gilt $z' \le z$  }

Natürlich wollen wir keine Lösung der Programmieraufgabe akzeptieren, die $M$ und $N$ verändert, also etwa $N$ und $M$ zu 1 umwandelt und dann $z = 1$ als Lösung präsentiert. Daher müssen $N$ und $M$ konstant bleiben – wir drücken das durch ihre Schreibweise aus:

> **Konvention:** *In diesem Unterkapitel sollen großgeschriebene Namen, wie z.B.* M, N, Betrag, *etc. Konstanten bezeichnen, d.h. nichtveränderbare Größen. Kleingeschriebene Namen, wie z.B.* x, y, betrag, *etc. bezeichnen Variablen, also Behälter für Werte, die sich während des Ablaufs eines Programms ändern können.*

Die Spezifikation von Programmieraufgaben durch Vor- und Nachbedingungen ist nur dann möglich, wenn ein Programm eine bestimmte Aufgabe erledigen soll und danach beendet ist. Wenn dies nicht der Fall ist, man denke z.B. an ein Programm, das die Verkehrsampeln einer Stadt steuert, muss man zu anderen Spezifikationsmethoden übergehen. Man kann Eigenschaften, die sich in der Zeit entwickeln, z.B. in der *temporalen Logik* ausdrücken: „*Irgendwann* wird ampel$_7$ grün sein" oder „$x$ ist *immer* kleiner als $ggT(M, N)$ ". Wir werden jedoch nicht näher auf diese Methoden eingehen.

# 2.2.2     Algorithmen

Nachdem in einer Spezifikation das Problem genau beschrieben worden ist, geht es darum, einen Lösungsweg zu entwerfen. Da die Lösung von einem Rechner durchgeführt wird, muss jeder Schritt exakt vorgeschrieben sein. Wir kommen zu folgender Begriffsbestimmung:

*Ein Algorithmus ist eine detaillierte und explizite Vorschrift zur schrittweisen Lösung eines Problems.*

Im Einzelnen beinhaltet diese Definition:

*   Die Ausführung des Algorithmus erfolgt in einzelnen Schritten.
*   Jeder Schritt besteht aus einer einfachen und offensichtlichen Grundaktion.
*   Zu jedem Zeitpunkt muss klar sein, welcher Schritt als nächster auszuführen ist.

Ein Algorithmus kann daher von einem Menschen oder von einer Maschine durchgeführt werden. Ist der jeweils nächste Schritt eindeutig bestimmt, spricht man von einem *deterministischen*, ansonsten von einem *nichtdeterministischen* Algorithmus.

Es gibt zahlreiche Methoden, Algorithmen darzustellen. *Flussdiagramme* sind grafische Notationen für Algorithmen. Sie haben den Vorteil, unmittelbar verständlich zu sein. Für umfangreiche Algorithmen werden sie aber bald unübersichtlich. Flussdiagramme setzen sich aus elementaren Bestandteilen zusammen:

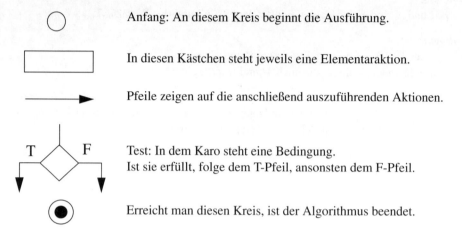

Das folgende Flussdiagramm stellt einen Algorithmus zur Lösung des ggT-Problems dar. Die Aktionen, die in den Rechtecken dargestellt sind, werden als elementare Handlungen des Rechners verstanden, die nicht näher erläutert werden müssen. In unserem Falle handelt es sich dabei um so genannte *Zuweisungen*, bei denen ein Wert berechnet und das Ergebnis gespeichert wird. So wird z.B. durch die Zuweisung „x := x-y" der Inhalt der durch $x$ bzw. $y$ bezeichneten Speicherplätze subtrahiert und das Ergebnis in dem Speicherplatz $x$ gespeichert. Wir werden solche Zuweisungen später noch näher besprechen.

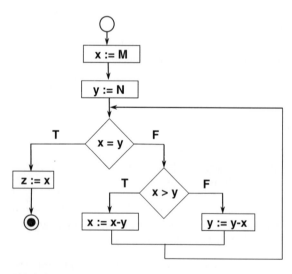

**Abb. 2.7:**   *Flussdiagramm für ggT*

## 2.2 Spezifikationen, Algorithmen, Programme

Flussdiagramme sind zweidimensionale Gebilde und eignen sich daher nicht, einen Algorithmus einem Rechner mitzuteilen. Textuelle Notationen zur Beschreibung von Algorithmen nennt man *Programmiersprachen*. In der Programmiersprache Pascal kann man den ggT-Algorithmus wie folgt formulieren:

```
BEGIN
    x := M ;
    y := N ;
    WHILE x <> y DO
        IF  x > y  THEN x := x-y
                   ELSE y := y-x ;
    z := x
END.
```

Die elementareren Aktionen, die wir in dem vorhergehenden Flussdiagramm in die Rechtecke geschrieben haben, finden sich auch hier wieder: x:=M, y:=N, x:=x-y, y:=y-x und z:=x. Die Tests folgen auf die Schlüsselwörter **WHILE** bzw. **IF**. Mathematische Symbole, die nicht auf der Tastatur vorhanden sind, wie z.B. $\neq$, $\leq$ und $\geq$ wurden durch die Tastenkombinationen <>, <= und >= ersetzt. **BEGIN** und **END** dienen als öffnende und schließende Klammern. In Java verwendet man das Ausrufezeichen „!", um eine Negation auszudrücken. Folglich schreibt man dort  != für $\neq$.

Die Reihenfolge, in der die elementaren Aktionen ausgeführt werden sollen, wird mittels der so genannten *Kontrollstrukturen* der Sprache beschrieben. In diesem Falle haben wir die folgenden Kontrollstrukturen:

```
;                          Hintereinanderausführung,
WHILE ... DO ...           while-Schleife,
IF ...THEN ... ELSE ...    Bedingte Anweisung,
BEGIN ... END              Klammern.
```

Mithilfe dieser Kontrollstrukturen, die wir im Folgenden noch genauer erläutern, kann man im Prinzip jeden deterministischen Algorithmus ausdrücken, doch stellen alle praktischen Programmiersprachen zusätzliche Mittel bereit, um auch große Programme prägnant und übersichtlich formulieren zu können.

Die *Formatierung* des Programmtextes dient nur der Übersichtlichkeit. In den meisten Programmiersprachen (Ausnahmen sind z.B. *Haskell* oder *Python*) hat das Einrücken oder der Zeilenumbruch keinerlei Bedeutung.[1]

Was die richtige *Grammatik* angeht, so nimmt ein Compiler es allerdings sehr genau. So würde z.B. ein Semikolon hinter der Aktion x:=x-y (und damit vor dem **ELSE**) von keinem Pascal-Compiler akzeptiert werden. In Pascal trennt das Semikolon eine Anweisung von der als nächstes auszuführenden, und keine Anweisung beginnt schließlich mit einem **ELSE** !

---

1. Außer in Strings und Kommentaren.

94　　　　　　　　　　　　　　　　　　　　2　Grundlagen der Programmierung

Allerdings gilt diese Konvention für Pascal, nicht aber für C oder für Java! In diesen Sprachen wird durch ein *Semikolon* (meistens) eine elementare Anweisung beendet[1]. Überhaupt verwendet man dort andere Schlüsselwörter und andere Klammersymbole. Ungeschickterweise benutzen diese Sprachen das Gleichheitszeichen als Zuweisungssymbol, so dass man für den Vergleich zweier Werte ein doppeltes Gleichheitszeichen „**==**" verwenden muss. In C und in Java sähe der obige Algorithmus wie folgt aus:

```
{    x = M ;
     y = N ;
     while ( x != y ) {
         if ( x > y ) x = x-y ;
         else y = y-x ;
         }
     z = x ;
}
```

## 2.2.3　　　Algorithmen als Lösung von Spezifikationen

Eine Spezifikation beschreibt also ein Problem, ein Algorithmus gibt eine Lösung des Problems an. Ist das Problem durch ein Paar $\{P\}\{Q\}$ aus einer Vorbedingung $P$ und einer Nachbedingung $Q$ gegeben, so schreiben wir

$$\{P\}\ A\ \{Q\},$$

falls der Algorithmus $A$ die Vorbedingung $P$ in die Nachbedingung $Q$ überführt. Genauer formuliert bedeutet dies:

> *Wenn der Algorithmus A in einer Situation gestartet wird, in der P gilt, dann wird, wenn A beendet ist, Q gelten.*

In diesem Sinne ist ein Algorithmus eine Lösung einer Spezifikation. Man kann eine Spezifikation als eine Gleichung mit einer Unbekannten ansehen:

> *Zu der Spezifikation $\{P\}$ $\{Q\}$ ist ein Algorithmus X gesucht mit $\{P\}$ X $\{Q\}$.*

Nicht jede Spezifikation hat eine Lösung. So verlangt $\{M<0\}$ $\{x = logM\}$, den Logarithmus einer negativen Zahl zu finden. Wenn aber eine Spezifikation eine Lösung hat, dann gibt es immer unendlich viele. So ist jeder Algorithmus, der den *ggT* berechnet – gleichgültig wie umständlich er dies macht – eine Lösung für unsere Spezifikation.

---

1. Genau genommen dient ein Semikolon in C zur Umwandlung eines Ausdrucks in eine Anweisung, merkwürdigerweise ist es aber auch nach einer *do-while*-Schleife erforderlich.

## 2.2 Spezifikationen, Algorithmen, Programme

## 2.2.4 Terminierung

In einer oft benutzten strengeren Definition des Begriffes Algorithmus wird verlangt, dass ein solcher nach endlich vielen Schritten *terminiert*, also beendet ist. Das stößt aber auf folgende Schwierigkeiten:

- Manchmal ist es erwünscht, dass ein Programm bzw. ein Algorithmus nicht von selber abbricht. Ein Texteditor, ein Computerspiel oder ein Betriebssystem soll im Prinzip unendlich lange laufen können.
- Es ist oft nur schwer oder überhaupt nicht feststellbar, ob ein Algorithmus in endlicher Zeit zum Ende kommen wird. Verantwortlich dafür ist die Möglichkeit, *Schleifen* zu bilden, so dass dieselben Grundaktionen mehrfach wiederholt werden.

In Flussdiagrammen erkennt man Schleifen an einer Folge von Pfeilen, die wieder zu ihrem Ausgangspunkt zurückkommen, in Pascal-Programmen werden Schleifen mithilfe von *while, repeat, for* und *goto*-Konstrukten gebildet.

Um sich davon zu überzeugen, dass ein Algorithmus terminiert, muss man jede Schleife untersuchen. Eine Strategie besteht darin, einen positiven Ausdruck zu finden, welcher bei jedem Schleifendurchlauf um einen festen Betrag kleiner wird, aber nie negativ werden kann. In dem Flussdiagramm für den *ggT* erkennt man eine Schleife. Man kann sich davon überzeugen, dass der Wert des Ausdrucks $x + y$ zwar bei jedem Schleifendurchlauf um mindestens 1 verringert wird, aber dennoch nie negativ werden kann. Folglich kann die Schleife nur endlich oft durchlaufen werden.

Leider ist es selbst bei sehr kleinen Algorithmen nicht immer einfach zu erkennen, ob sie terminieren. So ist bis heute – trotz intensiver Bemühungen – nicht geklärt, ob der folgende Algorithmus für beliebige Anfangswerte von *n* terminiert. Man kann ihn umgangssprachlich so formulieren:

> **Ulam-Algorithmus:** *Beginne mit einer beliebigen Zahl n. Ist sie ungerade* (engl. *odd*), *multipliziere sie mit 3 und addiere 1, ansonsten halbiere sie. Fahre so fort, bis 1 erreicht ist.*

In Pascal lautet dieser Algorithmus:

```
BEGIN
    WHILE n > 1 DO
        IF Odd(n)  THEN n := 3*n+1
                   ELSE n := n div 2
END
```

Es ist ein bisher ungelöstes Problem, ob dieser Algorithmus für jede Anfangszahl n terminiert. Dieses Problem ist als *Ulam-Problem* oder als *Syrakus-Problem* bekannt.

In einer Spezifikation $\{P\}\ A\ \{Q\}$ gehen wir immer von der Terminierung des Algorithmus *A* aus. Wenn *A* nicht terminiert, so erfüllt er trivialerweise die Spezifikation. Insbesondere ist eine Spezifikation $\{P\}\ A\ \{false\}$ dann und nur dann erfüllt, wenn der Algorithmus *A*, gestartet in einer Situation, in der *P* erfüllt ist, **nicht** terminiert. Daher ist man bei einer Spezifikation durch Vor- und Nachbedingung meist nur an terminierenden Algorithmen interessiert.

## 2.2.5    Elementare Aktionen

Wir haben bisher noch nicht erklärt, welche „offensichtlichen Grundaktionen" wir voraussetzen, wenn wir Algorithmen formulieren. In der Tat sind hier eine Reihe von Festlegungen denkbar. Wir könnten zum Beispiel in einem Algorithmus formulieren, wie man ein besonders köstliches Essen zubereitet. Die Grundaktionen wären dann einfache Aufgaben, wie etwa *„Prise Salz hinzufügen"*, *„umrühren"* und *„zum Kochen bringen"*. Der Algorithmus beschreibt dann, ob, wann und in welcher Reihenfolge diese einfachen Handlungen auszuführen sind. Denken wir an das Rangierbeispiel, so könnten wir uns *„ankoppeln"*, *„abkoppeln"*, *„fahren"* als einfache Grundaktionen vorstellen.

Es geht uns hier aber um einfachere Dinge als Kochen und Lokomotive fahren. In der ggT-Aufgabe etwa verlangen wir nur, dass der Rechner mit Zahlen operieren kann, vielleicht auch mit logischen Werten, und die Ergebnisse zeitweise speichern kann.

## 2.2.6    Elementaraktionen in Programmiersprachen

In einer Programmiersprache kann man Speicherzellen für Datenwerte mit Namen kennzeichnen. Diese nennt man auch *Variablen*. Man darf den Inhalt einer Variablen *lesen* oder ihr einen neuen Wert *zuweisen*. Der vorher dort gespeicherte Wert geht dabei verloren, man sagt, dass er *überschrieben* wird. Eine Grundaktion besteht jetzt aus drei elementaren Schritten:

- einige Variablen lesen,
- die gefundenen Werte durch einfache Rechenoperationen verknüpfen,
- das Ergebnis einer Variablen zuweisen.

Eine solche Grundaktion heißt *Zuweisung*. In Pascal wird sie als

$$v := e$$

geschrieben. Dabei ist *v* eine Variable, die Zeichenkombination „ := " ist der Zuweisungsoperator und die rechte Seite *e* kann ein beliebiger (arithmetischer) Ausdruck sein, in dem auch Variablen vorkommen können. In dem Pascal-Programm der Abbildung 2.8 erkennen wir u.a. die Zuweisungen x:=84 und x:=x-y. Eine solche Zuweisung wird ausgeführt, indem der Ausdruck der rechten Seite berechnet und der gefundene Wert in der Variablen der linken Seite gespeichert wird. Nach den Zuweisungen x:=84 ; y:=30 ; x:=x-y hat zum Beispiel x den Inhalt 54 und y den Inhalt 30.

Es handelt sich nicht um Gleichungen, denn die Variablen, die auf der rechten Seite des Zuweisungszeichens vorkommen, stehen für den alten und die Variable auf der linken Seite für den neuen Wert nach der Zuweisung. Man könnte eine Zuweisung vielleicht als Gleichung zwischen alten und neuen Variablenwerten deuten, etwa: $x_{Neu} = x_{Alt} - y_{Alt}$. Besser aber ignoriert man die Ähnlichkeit des Zuweisungszeichens „ := " mit dem Gleichheitszeichen und spricht es als *„erhält"* aus: „ x *erhält* x-y " für „ x:=x-y ". Der Vorschlag, als Zuwei-

2.2 Spezifikationen, Algorithmen, Programme          97

sungszeichen einen Pfeil nach links zu benutzen, also z.B. `x <- 84` und `x <- x-y` hat sich bedauerlicherweise nicht durchgesetzt.

In so genannten *befehlsorientierten* oder *imperativen* Programmiersprachen sind Zuweisungen die einfachsten Aktionen. Aus diesen kann durch *Kontrollstrukturen* wie **while**, **if** und **else** im Prinzip jeder gewünschte Algorithmus aufgebaut werden.

Hat man erst einmal einige nützliche Algorithmen programmiert, so kann man diese in anderen Programmen benutzen – man sagt dazu *aufrufen* – und wie eine elementare Aktion behandeln. Dazu muss man sie nur mit einem Namen versehen und kann danach diesen Namen anstele des Algorithmus hinschreiben. Einige solcher zusätzlichen Aktionen, in Pascal auch *Prozeduren* oder *Funktionen* genannt, sind bei allen Sprachen bereits „im Lieferumfang" enthalten. So ist die Prozedur **writeln** standardmäßig in Pascal enthalten. Ihre Wirkung ist die Ausgabe von Werten in einem Terminalfenster. Ein Aufruf, etwa „ `writeln('Hallo Welt !')` ", ist also auch eine elementare Aktion.

## 2.2.7    Vom Algorithmus zum Programm

Damit ein Algorithmus als ein lauffähiges Programm akzeptiert wird, müssen noch einige Erläuterungen beigefügt werden. Zunächst benötigt das Programm einen *Kopf*, in dem ein Name und, falls nötig, Parameter festgelegt werden. Danach müssen die Variablen, die der Algorithmus benötigt, bereitgestellt – man sagt *deklariert* – werden. Schließlich folgen die *Anweisungen*, die die auszuführenden Aktionen beschreiben. Die Deklarationen und Anweisungen bilden zusammen den *Programmblock*. Somit besteht ein Programm aus einem *Kopf* und einem *Block*.

*Pascal* erwartet die Deklarationen strikt vor dem Anweisungsteil. Variablendeklarationen werden durch das Schlüsselwort **VAR** angekündigt, danach listet man die gewünschten Variablen und ihre Typen. Im folgenden Beispiel deklarieren wir zwei Variablen, die `x`, `y` heißen sollen und ganze Zahlen (`integer`) speichern können.

Der Anweisungsteil wird in die Schlüsselworte **BEGIN** und **END** eingeschlossen. Dort steht der eigentliche Algorithmus. Die ersten beiden Anweisungen sind Zuweisungen, die die Variablen x und y initialisieren. Die dritte Anweisung ist eine *while-Anweisung*, die wir unten genauer analysieren werden und die vierte und letzte Anweisung ist eine Schreib-Anweisung **writeln**, die ihre beiden Argumente, nämlich die Zeichenkette „`Das Ergebnis ist:` " und den Inhalt der Variablen x in einem Terminalfenster ausgibt.

Fügen wir dem Programm noch einen *Kopf* hinzu und beenden es durch einen Punkt, so haben wir ein lauffähiges Pascal-Programm. In der folgenden Abbildung sehen wir das Programm in dem mittlerweilen frei erhältlichen Turbo-Pascal Entwicklungssystem. Das kleine schwarze Fenster ist das Terminalfenster, in dem die Ausgabe des Programms erscheint.

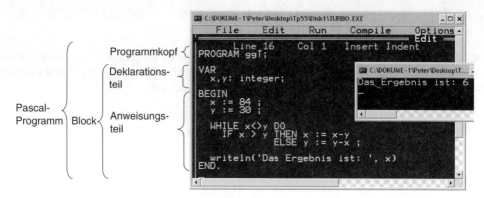

*Abb. 2.8:*   *Pascal-Programm zur Berechnung des ggT – und Ausgabe*

Dass das Programm aus 4 aufeinanderfolgenden Anweisungen besteht, hat der Programmierer durch saubere Formatierung kenntlich gemacht. Die vier genannten Anweisungen beginnen jeweils in der gleichen Textspalte. Die dritte, die while-Anweisung, enthält in ihrem Inneren eine weitere Anweisung, dies ist durch Einrückung verdeutlicht.

In dem Pascal-Programm sind die Anweisungen jeweils durch ein Semikolon getrennt. Dass diese stets am Ende einer Anweisung und auf der gleichen Zeile platziert wurden, hat keine Bewandnis, wir könnten auch für jedes Semikolon eine neue Zeile spendieren, oder, als anderes Extrem, den gesamten Text in einer einzigen Zeile schreiben. Für den Rechner würde sich nichts ändern, ein Mensch hätte aber Probleme, die Intention des Programmierers zu verstehen.

Der in einer Variablen gespeicherte Wert kann sich im Laufe des Programms ändern. Die Idee unseres Algorithmus ist, die in $x$ und $y$ gespeicherten Werte solange zu verändern, bis sie den gleichen Wert, und zwar den *ggT* ihrer ursprünglichen Werte enthalten. Dies geschieht in der while-Schleife. Sie besteht aus zwei Teilen: einer Bedingung $x \neq y$, und einer anderen Anweisung, ihrem Rumpf (engl.: *body*). Solange die Bedingung erfüllt ist, wird die Anweisung im Rumpf ausgeführt. Wenn die while-Schleife beendet ist, wird auf jeden Fall also x=y sein. Während in Pascal die Bedingung x<>y der while-Schleife zwischen den Schlüsselwörtern **while** und **do** steht, entfällt das **do** in Java, dafür muss dort die Bedingung $x \neq y$ als x!=y geschrieben und in Klammern eingeschlossen werden.

Bei der Anweisung im Rumpf der while-Schleife handelt es sich um eine *bedingte* oder *Alternativanweisung*, die an den Schlüsselwörtern **if** und **else** erkennbar ist. Sie besteht aus einer Bedingung $x > y$ und zwei Alternativen. Falls die Bedingung erfüllt ist, wird die erste Alternative, also x:=x-y ausgeführt, ansonsten die zweite, also y:=y-x. Auch hier sind die Unterschiede zwischen Pascal und Java nur oberflächlich, bei dem einen steht die Bedingung zwischen den Schlüsselwörtern **if** und **then**, bei dem anderen entfällt das **then**, dafür muss die Bedingung wieder in Klammern stehen. Ein anderer Unterschied besteht darin, dass Pascal keinen Unterschied zwischen Groß- und Kleinbuchstaben macht, Java aber sehr wohl.

Ein Java-Programm ist prinzipiell ähnlich aufgebaut. Im Unterschied zu Pascal dürfen Deklarationen und Anweisungen aber in beliebiger Reihenfolge auftauchen, sofern nur jede Varia-

## 2.2 Spezifikationen, Algorithmen, Programme

ble vor ihrer ersten Benutzung deklariert wurde. Außerdem können Variablen bei ihrer Deklaration sofort mit einem Wert initialisiert werden. In unserem Fall werden die Variablen x und y als `int`-Variablen (ganzzahlige Variable) deklariert.

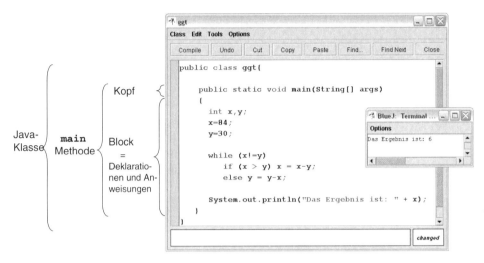

*Abb. 2.9:*   *Java-Programm zur Berechnung des ggT – und Ausgabe*

Java Programme sind immer in so genannten Klassen enthalten. In unserem Falle haben wir die Klasse „ggT" genannt. Wird diese Klasse compiliert, so entsteht ein Programm `ggT.java`, das mit Hilfe des Java-Laufzeitsystems ausgeführt werden kann. Ein lauffähiges Java-Programm muss eine Funktion mit Namen `main` besitzen, deren Kopf folgendermaßen aussehen muss:

**`public static void`** `main (String[] args)`

Es folgt der Anweisungsteil, der uns sofort vertraut erscheint, da er analog aufgebaut ist wie das entsprechende Pascal-Programm. Dennoch gibt es auch subtile Unterschiede.

In Java werden mehrere Anweisungen, die nacheinander ausgeführt werden, *nicht* jeweils durch ein Semikolon getrennt, dennoch erkennen wir viele Semikola im entsprechenden Java-Code. Der Grund ist, dass in Java jede *einfache Anweisung*, dazu gehören Zuweisungen und Funktionsaufrufe, durch ein Semikolon *abgeschlossen* werden muss!

Leider wird in Java aus historischen Gründen ausgerechnet das Gleichheitszeichen „ = " als Zuweisungszeichen verwendet, was bei Anfängern oft Missverständnisse verursacht. Die besprochenen Zuweisungen lauten in Java daher „`x=84;`   und `y=y-x;`". Wie bereits erwähnt, ist in Java das Semikolon Teil der Zuweisung.

Offensichtlich sehen die Programmtexte, ob in Pascal oder in Java, ähnlich aus. Beide Sprachen gehören schließlich zur Familie der imperativen Sprachen. Deren Prinzip ist die gezielte schrittweise Veränderung von Variableninhalten, bis ein gewünschter Zustand erreicht ist. Hat man eine solche Sprache erlernt, kann man ohne große Mühe in eine andere umsteigen.

## 2.2.8 Ressourcen

Fast alle ernsthaften Programme nutzen externe Ressourcen, seien es Funktionen des Betriebssystems oder andere Programme und Funktionen, die in Bibliotheken erhältlich sind. Unser obiges Beispielprogramm nutzt eine simple Bildschirmausgabe des Betriebssystems – mittels der Funktion `writeln` in Pascal bzw. mit Hilfe der Funktion `System.out.println` in Java. Allerdings ist die Kommunikation mit Programmen über Terminalfenster heute nicht mehr zeitgemäß. Insbesondere, wenn Programme Ressourcen der grafischen Benutzeroberfläche nutzen wollen, müssen sie entsprechende Bibliotheken anfordern, in denen diese enthalten sind. Im Falle von Java importiert man einfach am Anfang alle Klassen, in denen die benötigten grafischen Elemente enthalten sind. Wollen wir zum Beispiel unser ggT-Programm dadurch verbessern, dass es in Eingabefenstern vom Benutzer die Eingabe zweier Zahlenwerte verlangt, von denen es den ggT berechnet und diesen anschließend in einer MessageBox ausgibt, so kann man entsprechende Hilfsmittel aus dem Paket `javax.swing` importieren. Dies geschieht durch eine import-Anweisung vor Beginn der eigentlichen Klasse:

```
import javax.swing.*;
```

Dadurch werden alle Ressourcen der Bibliothek `javax.swing` verfügbar gemacht. Wir interessieren uns hier insbesondere für die Bibliotheksklasse `JOptionPane` und die darin enthaltenen Funktionen `showInputDialog` und `showMessageDialog`. Die erstere fordert den Benutzer auf, einen Text einzutippen, letztere gibt ein Ergebnis aus. Allerdings muss der eingegebene Text noch als ganze Zahl erkannt und in eine solche explizit umgewandelt werden. Dies leistet die Funktion `parseInt` aus der Klasse `Integer`. Das fertige Programm und die Fenster, die bei einem Aufruf erzeugt wurden, zeigt die folgende Abbildung.

Wir haben hier die freie Java-Entwicklungs- und Testumgebung *BlueJ* (www.bluej.org) benutzt, die zum Erlernen von Java besonders geeignet ist. Eine ausführliche Einführung in das Installieren und Benutzen dieses Systems findet sich auf der Webseite dieses Buches.

```java
import javax.swing.*;

public class ggT{

    public static void main(String[] args)
    {
        int x,y;
        x=Integer.parseInt(JOptionPane.showInputDialog("Bitte erste Zahl eingeben"));
        y=Integer.parseInt(JOptionPane.showInputDialog("Bitte zweite Zahl eingeben"));

        while (x != y)
            if (x > y) x = x-y;
            else y=y-x;

        JOptionPane.showMessageDialog(null,"Ergebnis ist: "+x);
    }
}
```

**Eingabe**

Bitte erste Zahl eingeben

294

OK A

**Eingabe**

Bitte zweite Zahl eingeben

630

OK   Abbrechen

**Nachricht**

Ergebnis ist: 42

OK

**Abb. 2.10:** *Das Java-Programm mit grafischem Input und Output*

# 2.3 Daten und Datenstrukturen

*Daten* sind die Objekte, mit denen ein Programm umgehen soll. Man muss verschiedene Sorten von Daten unterscheiden, je nachdem, ob es sich um Wahrheitswerte, Zahlen, Geburtstage, Texte, Bilder, Musikstücke, Videos etc. handelt. Alle diese Daten sind von verschiedenem *Typ*, insbesondere verbrauchen sie unterschiedlich viel Speicherplatz und unterschiedliche Operationen sind mit ihnen durchführbar. So lassen sich zwei Geburtstage oder zwei Bilder nicht addieren, wohl aber zwei Zahlen. Andererseits kann ein Bild komprimiert werden, bei einer Zahl macht dies keinen Sinn. Zu einem bestimmten Typ von Daten gehört also immer auch ein charakteristischer Satz von Operationen, um mit diesen Daten umzugehen. Jede Programmiersprache stellt eine Sammlung von Datentypen samt zugehöriger Operationen bereit und bietet zugleich Möglichkeiten, neue zu definieren.

## 2.3.1 Der Begriff der Datenstruktur

Die Kombination von Datentyp und zugehörigem Satz von Operationen nennt man eine *Datenstruktur*. Oft werden die Begriffe Datentyp und Datenstruktur auch synonym verwendet.

> **Datenstruktur**: *Eine Menge gleichartiger Daten, auf denen eine Sammlung von Operationen definiert ist. Eine Operation ist dabei eine Verknüpfung, die einer festen Anzahl von Eingabedaten ein Ergebnis zuordnet.*

Die Anzahl der Eingabewerte, die eine Operation benötigt, nennt man ihre *Stellenzahl*. Beispielsweise hat die Addition „+" die Stellenzahl 2, da zwei Eingabewerte benötigt werden, um einen Ausgabewert, hier die Summe, zu produzieren. Man sagt auch, dass die Addition eine *zweistellige Operation* ist.

## 2.3.2 Die Analogie zwischen Taschenrechner und Datenstruktur

Jeder Taschenrechner ist ein Gerät, das mit einer vorgegebenen Datenstruktur rechnen kann. Die möglichen Operationen entsprechen den vorhandenen Tasten. Eine korrekte Eingabe liefert einen Wert, der in dem Display angezeigt wird.

- Ein ganz billiger Taschenrechner etwa kann nur mit ganzen Zahlen umgehen und hat Tasten für die Operationen +, - und *. Die Grundmenge ist in diesem Falle die Menge der ganzen Zahlen, die Operationen sind +, -, *.
- Ein üblicher Taschenrechner akzeptiert vielleicht Dezimalzahlen als Eingabe und hat Tasten für die Operationen +, - , * , / , %. Mathematisch entspricht die Grundmenge in diesem Falle der Menge der reellen Zahlen. Die Operationen sind zweistellig. Manche dieser Taschenrechner besitzen noch eine Taste, die mit „+/-" beschriftet ist. Sie liefert die einstellige Operation, die einer Zahl ihren Negativwert zuordnet.
- Ein „technisch wissenschaftlicher" Taschenrechner hat zusätzlich noch Tasten für die Operationen $x^2$ (Quadrieren), $\sqrt{x}$ (Wurzelziehen), log $x$ (Logarithmieren), $x^y$ (Exponentiation) und für die trigonometrischen Funktionen sin $x$, cos $x$, tan $x$, etc.
- Ein Taschenrechner für Elektronikbastler und Maschinenspracheprogrammierer hat als mögliche Eingaben Bitfolgen in Binär- oder Hexadezimaldarstellung und Tasten für die Operationen **AND**, **OR**, **NOT**, **XOR**, **SHL** und **SHR**.
- Ein Taschenrechner für Astrologen und Terminplaner nimmt als Eingabe Kalenderdaten wie z.B. „16.10.2005" und hat Operationen, um die Anzahl der Tage zwischen zwei Daten, den Wochentag zu einem Datum, oder das Datum 100 Tage später zu bestimmen. Ein solcher Taschenrechner nimmt Daten verschiedener Sorten entgegen: Kalenderdaten in der Form „tt.mm.jj", Zahlen (für die Anzahl der Tage), Wochentage „Mo, Di, Mi, Do, Fr, Sa, So".

Eine Datenstruktur können wir uns als die mathematische Spezifikation eines Taschenrechners vorstellen. Die Menge der Daten entspricht den möglichen Eingabewerten für diesen Taschenrechner, und zu jeder der Operationen gibt es genau eine Taste. Es können nur die vorhandenen Operationen ausgeführt werden, allerdings ggf. mehrere hintereinander. So kann auch mit dem ganz billigen Taschenrechner $x^3$ berechnet werden, denn $x^3 = x * x * x$. Schwieriger wird es aber, wenn wir etwa $ggT(x, y)$ berechnen wollen. Mit unserem Taschenrechner müssten wir die folgenden Schritte so oft ausführen, bis $x = y$ ist:

- wenn $x > y$ ist, dann ersetze $x$ durch $x - y$
- wenn $x < y$ ist, dann ersetzen wir $y$ durch $y - x$.

Wir haben also einen Algorithmus zur Berechnung des ggT angegeben, dessen Grundaktionen sich auf Berechnungen des Taschenrechners zurückführen lassen. Im Gegensatz zur Berechnung von $x^3$ hängen diesmal aber die auszuführenden Schritte und auch deren Anzahl von den Eingabedaten $x$ und $y$ ab. Außerdem müssen wir uns Zwischenwerte merken und später wieder verwenden.

2.3  Daten und Datenstrukturen                                                       103

Es stellt sich hier natürlich die theoretische Frage, welche Operationen unbedingt notwendig sind, um *alle* interessierenden Berechnungen in der obigen Weise algorithmisch ausführen zu können. Die Antwort ist überraschend – die Operationen

- eine 1 addieren,
- eine 1 subtrahieren,
- testen, ob ein Wert 0 ist,

würden im Prinzip genügen, denn alle mit irgendeinem Computer berechenbaren Funktionen auf den ganzen Zahlen lassen sich auf diese Operationen zurückführen. Aus Effizienz- und Bequemlichkeitsgründen wollen wir allerdings auf die Operationen +, -, *, +/- , =, ≤ sowie auf die booleschen Operatoren *or, and, not, xor* nicht verzichten. Jeder Computer enthält als Teil seines Prozessors ein Bauteil, genannt *ALU* (engl. *arithmetical logical unit*), in dem zumindest diese Operationen ausgerechnet werden können. Gelegentlich, wie bei der Intel 80x86-Familie, kann die ALU auch bereits dividieren, und meist ist auch eine FPU (von engl. *floating point unit*) vorhanden, in der Operationen auf Dezimalzahlen, so genannte Gleitkommaoperationen, ausgeführt werden.

Im Folgenden wollen wir die wichtigsten Datentypen, die auch in den meisten Programmiersprachen vorhanden sind, vorstellen. Manche dieser Typen wie z.B. die der ganzen oder der reellen Zahlen, umfassen theoretisch unendlich viele Werte. Die meisten Programmiersprachen schränken daher die verfügbaren Werte auf verschieden große endliche Bereiche ein. Dies hat zur Folge, dass bei der Überschreitung dieser Bereiche Fehler auftreten können.

## 2.3.3     Der Datentyp *Boolean*

Der einfachste Datentyp besteht aus den booleschen Werten *true* und *false* ( *T* und *F* ) und den Verknüpfungen *or, and* und *not (vgl. auch S. 6)*. Man bezeichnet diesen Datentyp mit dem englischen Ausdruck *Boolean*. Dabei sind *or* und *and* zweistellige Operationen, und *not* ist einstellig. Dass *or* eine zweistellige Operation ist, also einem Paar von booleschen Werten einen neuen booleschen Wert zuordnet, kann man mathematisch durch die Schreibweise

$$\texttt{or} : Boolean \times Boolean \rightarrow Boolean$$

ausdrücken. Für die einstellige Operation *not*, schreibt man daher entsprechend

$$\texttt{not} : Boolean \rightarrow Boolean.$$

Man könnte sich nun fragen, ob es auch *nullstellige* Operationen gibt. Eine nullstellige Operation müsste null Eingabewerten einen (und damit immer denselben konstanten) Ausgabewert zuordnen. In der Tat ist es oft nützlich, Konstanten als solche nullstellige Operationen aufzufassen. Im Falle des Datentyps *Boolean* haben wir zwei Konstanten, *true* und *false* und schreiben daher:

$$\texttt{true}, \texttt{false} : \rightarrow Boolean$$

Durch die bisherigen Angaben ist der Datentyp noch nicht vollständig bestimmt. Man müsste noch genau angeben, welche Eingabewerte bei den einzelnen Operationen zu welchem Ausgabewert führen. Eine Möglichkeit, dies festzulegen, wäre durch die Operationstabellen für *not, and* und *or*, die wir bereits im vorigen Kapitel gesehen haben. Allerdings sind wir bei dem booleschen Datentyp in der glücklichen Lage, dass wir es nur mit zwei möglichen Werten *true* und *false*, zu tun haben. Die meisten Datentypen, die wir später noch kennen lernen werden, haben dagegen unendlich viele Elemente. Da wir keine unendlichen Tabellen aufschreiben können, wollen wir uns bereits jetzt daran gewöhnen, die Operationen durch *Gleichungen* zu beschreiben.

Eine Gleichung drückt im Allgemeinen einen Zusammenhang zwischen den vorhandenen Operationen aus und kann manchmal auch dazu verwendet werden, den Wert einer Operation auf gegebenen Eingabewerten auszurechnen, indem man einfach den Ausdruck anhand der Gleichungen so lange vereinfacht, bis man auf eine Konstante stößt. Im Falle des booleschen Datentyps haben wir z.B. die folgenden Gleichungen:

```
x or y = y or x          x and y = y and x
true or x  = true        true and x = x
false or x = x           false and x = false
```

Auch zusätzliche Operationen kann man durch solche Gleichungen einführen (definieren). Eine wichtige Operation ist z.B. das exclusive oder (xor), welches durch die folgende Gleichung definiert wird:

```
x xor y = (x and not y) or (not x and y)
```

Die obigen Gleichungen reichen bereits hin, alle möglichen Werte der booleschen Operationen auszurechnen. Einen „schöneren" Satz von Gleichungen werden wir in dem Kapitel über Rechnerarchitektur (S. 407) kennen lernen, im Moment kommt es uns aber nicht auf die Schönheit an, sondern auf die Einfachheit und Praktikabilität. Für den Datentyp *Boolean* können wir uns also bereits eine Karteikarte anlegen:

**Datentyp:** *Boolean*
**Werte:** *true, false*

**Operationen:**
  *or, and, xor : Boolean × Boolean → Boolean*
  *not          : Boolean → Boolean*
  *true, false  : → Boolean*

**Gleichungen:** *Für alle* $x, y \in$ Boolean *gilt*
  $x$ **or** $y = y$ **or** $x$         $x$ **and** $y = y$ **and** $x$
  *true* **or** $x = true$       *true* **and** $x = x$
  *false* **or** $x = x$         *false* **and** $x = false$
  $x$ **xor** $y = (x$ **and not** $y)$ **or** $($ **not** $x$ **and** $y)$

In Java werden die booleschen Operatoren *and, or* und *not* durch die Zeichen „&&", „| |" und „!" dargestellt. Auf allen ganzzahligen Datentypen hat man zusätzlich die analogen bitweisen Operationen „&", „|" und „~", sowie das bitweise *xor* : „^".

2.3 Daten und Datenstrukturen

## 2.3.4 Der Datentyp *Natürliche Zahl*

Hierbei handelt es sich um einen Typ, der in Pascal nicht vorhanden ist, wohl aber in der Sprache *Modula*, die N.Wirth als Nachfolger von Pascal entwickelt hatte. Dort heißt dieser Typ allerdings „*Cardinal*". (Dieser Name ist nicht religiös motiviert, sondern leitet sich von dem mathematischen Begriff *Kardinalzahl* ab, die die Anzahl der Elemente einer Menge angibt.)

Die Grundmenge besteht aus allen natürlichen Zahlen, {0,1,2,3, ... }, die Operationen sind **+**, **\***, **div**, **mod**, **succ**. Hierbei ist *div* die Ganzzahldivision und *mod* die Operation, die den bei der ganzzahligen Division übrig bleibenden Rest liefert. Diese Operationen wurden auf S. 19 erläutert.

Die Operation *succ* ist einstellig und liefert den Nachfolger (engl. *successor*) einer natürlichen Zahl. An nullstelligen Operationen, also Konstanten, haben wir genau genommen unendlich viele:

$$0, 1, 2, 3, ... : \quad \rightarrow Nat.$$

Weil wir aber jede Konstante aus der 0 mithilfe der Operation *succ* gewinnen können, wollen wir auf der Karteikarte für *Nat* die 0 als einzige nullstellige Operation vermerken. An den Gleichungen lässt sich ablesen, wie + und * mithilfe von 0 und *succ* definiert werden können.

**Datentyp:** *Nat*
**Werte:** *Alle natürlichen Zahlen, 0, 1, 2, ...*

**Operationen:**

$$
\begin{aligned}
&+, *, div, mod &&: Nat \times Nat \rightarrow Nat \\
&succ &&: Nat \rightarrow Nat \\
&0 &&: \rightarrow Nat
\end{aligned}
$$

**Gleichungen:** *Für alle* $x, y \in Nat$ *gilt*

$$
\begin{aligned}
&0 + x = x \\
&succ(x) + y = succ(x + y) \\
&0 * y = 0 \\
&succ(x) * y = x*y + y \\
&(x \ div \ y)*y + x \ mod \ y = x.
\end{aligned}
$$

Gut gewählte Datenstrukturen können das Programmieren erheblich vereinfachen und führen zu besseren, effektiveren Algorithmen. Mithilfe von *div* und *mod* erhalten wir bereits eine erheblich schnellere Variante des ggT-Algorithmus:

```
BEGIN
    WHILE (x > 0) and (y > 0) DO
        IF x > y THEN x := x mod y ELSE y := y mod x;
    z := x+y
END
```

## 2.3.5 Der Datentyp *Integer*

Der wichtigste Datentyp besteht aus den ganzen Zahlen (engl. *integer*) mit den Operationen +, -, \*, *div, mod, succ, pred*. Wenn $x$ und $y$ positive ganze Zahlen sind, so setzt man

$$(-x) \operatorname{div} y = x \operatorname{div} (-y) = -(x \operatorname{div} y)$$

und

$$(-x) \bmod y = -(x \bmod y) \,,$$

jedoch

$$x \bmod (-y) = x \bmod y \ !$$

Beispielsweise hat man $-17 \operatorname{div} 3 = -5$, $17 \operatorname{div} (-3) = -5$ und $(-17) \bmod 3 = -2$, jedoch $17 \bmod (-3) = 2$. Man überzeugt sich leicht, dass damit die von den natürlichen Zahlen bekannten Gleichungen erfüllt bleiben:

$$((-x) \operatorname{div} y) \times y + (-x) \bmod y = - (x \operatorname{div} y) \times y - (x \bmod y) = (-x)$$
$$(x \operatorname{div} (-y)) \times (-y) + x \bmod (-y) = - (x \operatorname{div} y) \times (-y) + x \bmod y = x \ .$$

Die Operation *pred* ist einstellig und liefert den Vorgänger (engl. *predecessor*) einer ganzen Zahl. Genau genommen gibt es zwei Operationen, die mit dem Zeichen „–" geschrieben werden, die zweistellige Subtraktion

$$- : Integer \times Integer \to Integer$$

und die einstellige Negation

$$- : Integer \to Integer.$$

Wie auch in der Mathematik üblich, benutzt man hier das gleiche Zeichen „–" für zwei verschiedene Operationen. Man sagt, dass das Zeichen „–" *überladen* ist. Taschenrechner haben für die Negation eine besondere Taste, die meist mit „+/–" beschriftet ist.

An nullstelligen Operationen, also Konstanten, haben wir wieder unendlich viele:

$$... -3, -2, -1, 0, 1, 2, 3, ... : \to Integer,$$

Wir können aber wieder alle mithilfe von *succ* und *pred* aus der *0* gewinnen. Da die ganzen Zahlen die natürlichen Zahlen umfassen, müssen wir die von dort her bekannten Operationen nur noch auf die negativen Zahlen $-1, -2, -3, ...$ erweitern.

> **Datentyp:** *Integer* **erweitert**: *Nat*
> **Werte:**   *Alle ganzen Zahlen*
>
> **Operationen:**
> $$\begin{array}{lll} +, -, *, div, mod & : Integer \times Integer & \to Integer \\ -, succ, pred & : Integer & \to Integer \\ 0 & : & \to Integer \end{array}$$
>
> **Gleichungen:** *alle Gleichungen von Nat,* sowie
> $$succ(pred(x)) = x$$

2.3 Daten und Datenstrukturen                                                                107

$$pred(succ(x)) = x$$
$$-0 = 0$$
$$-succ(x) = pred(-x)$$
$$-pred(x) = succ(-x)$$
$$x - y = x + (-y)$$
$$pred(x) + y = pred(x + y)$$
$$pred(x) * y = x*y - y$$
$$(-x \ div \ y) = -(x \ div \ y) = x \ div \ -y$$
$$(-x \ mod \ y) = -(x \ mod \ y)$$
$$x \ mod \ -y = x \ mod \ y$$

C/C++ und Java benutzen anstelle von *div* und *mod* die Zeichen „/" und „%". Folglich hat `22/7` das Ergebnis `3` und `22%7` ist `1`! Im Gegensatz dazu wird in Pascal der Ausdruck `22/7` als Quotient reeller Zahlen `22.0/7.0` aufgefasst, liefert als Ergebnis also `3.14285`. *pred* und *succ* sind in C und Java nicht vorhanden.

Die meisten Sprachen stellen mehrere Integerdatentypen bereit. Es handelt sich stets um endliche Zahlenbereiche, die durch Bitfolgen fester Länge definiert sind (siehe S. 17). Der Programmierer muss darauf achten, dass bei keiner Berechnung ein Zwischenergebnis entsteht, das aus dem gewählten Bereich herausfällt. In einigen Programmiersprachen kann man auch (fast) beliebig große natürliche Zahlen verwenden. Zahlen können dabei so groß sein, wie es der nutzbare Speicher zulässt. In Java gibt es zu diesem Zweck die vordefinierte Klasse `java.math.BigInteger`.

## 2.3.6     Rationale Zahlen

Die meisten Programmiersprachen verzichten auf einen gesonderten Datentyp für rationale Zahlen. Eine Ausnahme bildet die Sprache *Smalltalk*, die auf rationalen Zahlen exakt rechnen kann. In Smalltalk liefert die Eingabe $1/6 + 3/10$ das Ergebnis $7/15$.

## 2.3.7     Die Datenstruktur *Real*

Mathematisch gesehen sind die ganzen Zahlen nur spezielle reelle Zahlen. Für einen Computer gibt es aber gute Gründe, mit ganzen Zahlen anders zu rechnen als mit reellen Zahlen. Reelle Zahlen werden als Gleitpunktzahlen dargestellt, ganze Zahlen als Zweierkomplementzahlen (siehe S. 23). Wir nennen die so repräsentierten Zahlen *Real*-Zahlen.

Auf Real-Zahlen sind die üblichen arithmetischen Operationen +, - , *, / definiert. Dazu kommen eine Reihe technisch-wissenschaftlicher Funktionen, darunter *ln, exp, sqrt*, sowie die trigonometrischen Funktionen. Gelegentlich sind Operationen auf gewissen Eingabewerten nicht erklärt, wie etwa im Falle von /, *ln* und von *sqrt*. Solche Operationen heißen auch *partielle Operationen*. Wir deuten dies durch ein „::" an und spezifizieren, auf welchen Werten der Operator definiert ist.

      **Datentyp:** *Real*
      **Werte:**   *Alle Real-Zahlen.*

**Operationen:**

$$+, -, * \quad : Real \times Real \to Real$$
$$/ \quad :: Real \times Real \to Real, \quad (\ x/y \ nur \ definiert, falls \ y \neq 0\ )$$
$$-, exp \quad : Real \to Real,$$
$$sqrt \quad :: Real \to Real, \quad (\ sqrt(x) \ nur \ definiert, falls \ x \geq 0\ )$$
$$ln \quad :: Real \to Real \quad (\ ln(x) \ nur \ definiert, falls \ x > 0\ )$$
$$sin, tan, ... \quad : Real \to Real.$$

**Konstanten:**

*Alle Real-Zahlen.*

**Gleichungen:** *Die üblichen Gleichungen. Zum Beispiel:*

$$x+0 = 0+x = x$$
$$x+(y+z) = (x+y)+z$$
$$x*(y+z) = x*y + x*z$$
$$...$$
$$sqrt(x)*sqrt(x) = x$$
$$sin(x) / cos(x) = tan(x)$$
$$...$$

## 2.3.8 Mehrsortige Datenstrukturen

Die meisten Programme gehen mit Daten verschiedener Typen gleichzeitig um. Insbesondere kommen Operationen vor, die Daten verschiedener Typen verknüpfen oder Daten eines Typs verknüpfen, um Daten eines anderen Typs zu erhalten. So gibt es fast immer die Operation „=", die zwei Daten desselben Typs vergleicht und einen booleschen Wert zurückliefert:

$x = y$ ergibt *true*, falls x und y denselben Wert repräsentieren, sonst *false*.

Allen bereits besprochenen Datentypen müssten wir also noch die Operation „=" hinzufügen, so z.B.

$$= : \ Boolean \times Boolean \to Boolean$$
$$= : \ Nat \times Nat \to Boolean$$
$$= : \ Integer \times Integer \to Boolean$$
$$= : \ Real \times Real \to Boolean$$

In jedem der obigen Fälle ist „=" zwar eine andere Operation, begrifflich sind diese aber insofern gleich, als sie alle die gleichen Gesetze erfüllen. Man spricht in diesem Falle auch von „*Polymorphie*".

Ähnlich wie mit $=$ verhält es sich auch mit $<$, $\leq$, $>$, $\geq$ und $\neq$. Auch sie sind auf *Boolean, Nat, Integer* und *Real* definiert und liefern einen booleschen Wert. In Pascal setzt man auf den booleschen Werten noch willkürlich *false* $<$ *true* und hat damit auch die Ordnungsrelationen übertragen – in Java ist dies nicht erlaubt. Eine Operation, deren Ergebnis ein boolescher Wert ist, nennt man auch *Prädikat*. Mathematisch entsprechen Prädikate eindeutig *Relationen*, denn ein Prädikat $P : A_1 \times A_2 \times ... \times A_n \to Boolean$ ist eindeutig bestimmt durch die Relation $\|P\| = \{\ (a_1, a_2, ..., a_n) \mid P(a_1, a_2, ..., a_n) = true\ \}$.

## 2.3 Daten und Datenstrukturen

Wegen der bei Real-Zahlen auftretenden Rechenungenauigkeiten sind Ergebnisse solcher Vergleiche hier mit Vorsicht zu interpretieren. Wir hatten bereits auf S. 28 gesehen, dass in einem Java-Programm gilt

$$0.1 + 0.2 \neq 0.3$$

und somit die Operationen = und ≠ mit Vorsicht zu benutzen sind. Zudem sind Datentypen denkbar, auf denen die Operation = keinen rechten Sinn macht oder zumindest schwierig zu realisieren wäre wie etwa bei einem *Musikstück* oder *Video*.

Werden Integer und Real-Zahlen verknüpft, so werden die ersteren automatisch in Real-Zahlen umgewandelt. Bei der Umwandlung einer reellen Zahl in eine Integer-Zahl kann man entweder die Nachkommastellen abschneiden (engl. *truncate*), oder zur nächsten ganzen Zahl runden (engl. *round*). In Pascal gibt es dafür die Operatoren

*trunc : Real → Integer* und

*round : Real → Integer.*

Die Java-Methoden *Math.floor* bzw. *Math.ceil* liefern die nächstkleinere bzw. nächstgrößere ganze Zahl, mit *Math.round* wird gerundet.

### 2.3.9 Zeichen

Ein weiterer einfacher Datentyp ist der Datentyp *char*. Die Wertemenge ist eine geordnete Menge von Zeichen. Während Pascal dazu die 256 ASCII-Zeichen verwendet, stellt Java bereits den gesamten *UNICODE*-Zeichensatz (vgl.S. 13) zur Verfügung, der neben den lateinischen Schriftzeichen auch kyrillische, chinesische, japanische, koreanische und zahlreiche weitere Zeichensätze enthält. UNICODE benutzt 2 Bytes für die Darstellung eines Zeichens. In Pascal sind auch auf *char* die Operationen *pred* und *succ* sowie die Vergleichsoperationen definiert. Die zueinander inversen Umwandlungsoperationen *ord* und *chr* übersetzen zwischen den Zeichen und den zugehörigen Nummern 0 ... 255, welche in Pascal den Datentyp BYTE bilden.

*Abb. 2.11:*   *Die Operationen Ord und Chr in Pascal*

Konstante Werte vom Typ *char* können in der Form '*x*' notiert werden. Dabei muss *x* ein darstellbares Zeichen des ASCII-Codes sein. Weil der ASCII-Code sowohl die Kleinbuchstaben als auch die Großbuchstaben in derselben Reihenfolge aufzählt, kann man leicht ein Zeichen *xKlein* in sein großgeschriebenes Pendant *xGross* umwandeln. Wegen

$$\text{ord}(xGross) - \text{ord}(xKlein) = \text{ord}('A') - \text{ord}('a')$$

erhalten wir durch Auflösen nach *xGross*:

$$xGross = \text{chr}(\,\text{ord}('A') - \text{ord}('a') + \text{ord}(xKlein)\,).$$

Sonderzeichen (wie z.B. '^', „neue Zeile", 'ß') können mittels der Funktion *chr* niedergeschrieben werden, z.B. gilt laut ASCII-Tabelle:

'^' = chr(94), „neue Zeile" = chr(10), 'ß' = chr(223).

Java kennt keine derartigen Umwandlungsfunktionen, stattdessen kann man durch eine *cast* genannte Typumwandlung auf die interne Repräsentation zugreifen. So liefert (byte)'ß' die interne Darstellung von 'ß' und (char) 223 liefert den char mit der internen Darstellung DFh = -33 = 223.

> **Datentyp:** *Char*
> **Werte:** *Alle ASCII-Zeichen*
>
> **Operationen:**
>     succ, pred      : *Char → Char*
>     chr               : *Byte → Char*
>     ord               : *Char → Byte*
>
> **Konstanten:**
>     *Alle Zeichen in der Notation 'x'*
>
> **Gleichungen:**
>     *ord(chr(n)) = n*
>     *chr(ord(c)) = c*
>     *succ(pred(n)) = n = pred(succ(n))*

Den Zusammenhang zwischen den Datentypen und ihren Operationen, wie sie in Pascal definiert sind, können wir in einem Bild darstellen:

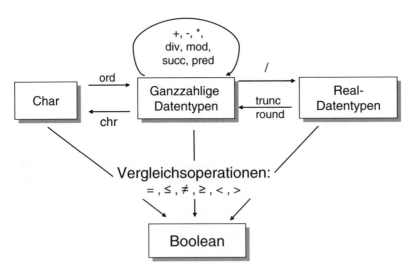

**Abb. 2.12:** *Einfache Datentypen und ihre Operationen*

2.3 Daten und Datenstrukturen

## 2.3.10 Einfache und zusammengesetzte Typen – *Strings*

Die bisher besprochenen Datentypen sind in einem gewissen Sinne *atomar*: Ihre Werte sind nicht weiter in Bestandteile zerlegbar. Als erstes Beispiel eines *zusammengesetzten Typs* betrachten wir *Strings*. Ein String ist eine Zeichenkette und besteht daher aus einer Folge von Zeichen.

Strings kann man direkt als *Stringliterale* angeben. Dazu schließt man eine beliebige Folge von Zeichen in besondere Begrenzungszeichen ein. Pascal benutzt dafür einzelne Anführungszeichen oben: `'Ich bin ein String in Pascal'`, Java benutzt doppelte Anführungszeichen oben: `"Ich bin ein Java-String!"`.

Durch Aneinanderhängen (*Konkatenieren*) zweier Strings $s_1$ und $s_2$ entsteht ein neuer String, den man mit $s_1 + s_2$ bezeichnet. Auf die einzelnen Zeichen eines Strings kann man zugreifen. Pascal bezeichnet mit s[i] das i-te Zeichen des Strings s. Java verwendet dazu die Funktion *charAt*. Weitere nützliche Operationen sind *length,* um die Länge eines Strings zu bestimmen, und *pos* (in Java: *indexOf*), um einen Teilstring in einem größeren String zu finden. Das Ergebnis ist 0 (in Java: –1) bei Misserfolg, ansonsten die Position, an der der Substring gefunden wurde. Es gelten u.a. die Gleichungen:

$length(s_1 + s_2) = length(s_1) + length(s_2)$  **und**
$pos(x, u + x + v) \leq length(u) + 1$.

Die Vergleichsoperationen sind ebenfalls auf Strings definiert. Der Vergleich von Zeichenketten liefert ein Ergebnis, das von Länge und Inhalt der Zeichenkette abhängt (*N* sei das Minimum der Längen beider Zeichenketten). Die Zeichenketten werden positionsweise vom ersten zum letzten Zeichen verglichen. Ergibt sich eine Ungleichheit, definieren die beiden ASCII-Werte dieser Position das Ergebnis. Wenn die Zeichenketten bis N gleich sind, ist die kürzere die kleinere.

Diese Art, Strings zu ordnen, entspricht der Reihenfolge der Worte in einem Lexikon oder einem Wörterbuch. Man nennt sie daher auch *lexikalische Ordnung.*

**Datentyp:** *String*
**Werte:** *Alle Zeichenketten*

**Operationen:**

| | |
|---|---|
| + | : *String* $\times$ *String* $\rightarrow$ *String* |
| "" | : $\rightarrow$ *String* |
| _ [ _ ] | : *String* $\times$ *Integer* $\rightarrow$ *Char* |
| *length* | : *String* $\rightarrow$ *Integer* |
| =, <=, >=, <> | : *String* $\times$ *String* $\rightarrow$ *Boolean* |
| *pos* | : *String* $\times$ *String* $\rightarrow$ *Integer* |

**Konstanten:** *Alle in doppelte Hochkommata '"" eingeschlossenen Zeichenketten.*
*"" ist der leere String mit Länge 0.*

**Gleichungen:**

$$"" + x = x + "" = x$$
$$x+(y+z) = (x+y)+z$$
$$length(x+y) = length(x) + length(y)$$
$$pos(x,u+x+v) \leq length(u)+1$$
$$... \text{etc.} ...$$

## 2.3.11 Strings in Turbo-Pascal und in Java

Strings in Turbo-Pascal können maximal 255 Zeichen haben. Neben dem Datentyp *String* bietet Turbo-Pascal aber noch Datentypen für Strings kürzerer Länge (und konsequenterweise geringerem Speicherbedarf) an. Für eine beliebige Zahl *M* zwischen 1 und 255 bezeichnet *String[M]* den Datentyp, dessen Werte alle Strings sind, deren Länge die Zahl *M* nicht überschreitet. *String* ist demgemäß nur ein Synonym für *String*[255]. Für die Speicherung eines Wertes vom Typ *String[M]* verwendet Turbo Pascal *M* + 1 Bytes, daher ist ein *String*[1] genau genommen nicht dasselbe wie ein Char, aber in den meisten Fällen führt Turbo Pascal die nötige Konvertierung selbstständig aus.

In Java werden Strings in doppelte Anführungszeichen " eingeschlossen. Für die Konkatenation benutzt man ebenfalls das +-Zeichen, weitere String-Operationen sind in einer Spracherweiterung, der Klasse *java.lang.String* definiert. Strings in Java sind beliebig lange Folgen von *char*, also von *UNICODE*-Zeichen. Strings dürfen in Java nicht verändert werden! Sie können aber in einen Puffer (*stringBuffer*) kopiert, dort verändert und anschließend zu einem neuen String zurückverwandelt werden. Der ursprüngliche String ist dabei unverändert geblieben. Der Java-Datentyp *stringBuffer* entspricht daher weitgehend dem Turbo-Pascal Datentyp *String*.

## 2.3.12 Benutzerdefinierte Datenstrukturen

Ein wichtiger Schritt der Programmerstellung besteht darin, geeignete Datenstrukturen auszuwählen, und, falls diese nicht vorhanden sind, solche zu konstruieren. Moderne Sprachen bieten dazu umfangreiche Möglichkeiten. Die derzeit modernste Methode liefert das objektorientierte Programmieren, das wir kurz am Ende dieses Kapitels und vertieft im folgenden Kapitel, im Zusammenhang mit Java, besprechen werden.

Als Beispiel für einen nützlichen, in üblichen Sprachen aber nicht vorhandenen Datentyp wollen wir Kalenderdaten betrachten. An dieser Stelle überlegen wir uns nur abstrakt, was ein solcher Datentyp leisten sollte. Wir bezeichnen ihn kurz mit *Datum*.

**Datentyp:** *Datum*
**Werte:** *Alle Kalenderdaten z.B. vom 1.1.1900 bis 31.12.2100*

**Operationen:**

$$mkDatum :: Integer \times Integer \times Integer \rightarrow Datum$$
$$Tag \quad : Datum \rightarrow Integer$$

2.3 Daten und Datenstrukturen 113

$$Monat \quad : Datum \rightarrow Integer$$
$$Jahr \quad : Datum \rightarrow Integer$$

$$heute \quad : \quad \rightarrow Datum$$
$$next \quad : Datum \rightarrow Datum$$
$$previous : Datum \rightarrow Datum$$

$$plus \quad : Datum \times Integer \rightarrow Datum$$
$$bis \quad : Datum \times Datum \rightarrow Integer$$
$$vor \quad : Datum \times Datum \rightarrow Boolean$$
$$gleich \quad : Datum \times Datum \rightarrow Boolean$$

**Gleichungen:**

$$previous(next(d)) = d = next(previous(d))$$

$$plus(d,1) \qquad = next(d)$$
$$plus(d,n+1) \qquad = next(plus(d,n))$$
$$plus(d,n-1) \qquad = previous(plus(d,n))$$

$$plus(t,bis(t,u)) = u$$

Die Operationen *next, plus* und *bis* sind durch die Namensgebung weitgehend selbsterklärend. Präzise und eindeutig wird ihr Zusammenhang aber durch Gleichungen beschrieben:

$$vor(u,v) \qquad = (bis(u,v) > 0)$$
$$gleich(u,v) \qquad = (bis(u,v) = 0)$$
$$plus(t,bis(t,u)) = u.$$

*heute* ist eine nullstellige Operation, also eine Konstante vom Typ *Datum*. Außer *heute* und *next* sind alle Operationen mehrsortig. Wichtig ist auch noch die Operation *mkDatum*. Mit ihrer Hilfe können wir aus einem Tag $t$, Monat $m$ und Jahr $j$ einen Kalendertag erzeugen. Die Operation *mkDatum* und die Operationen *tag, monat, jahr* sollen invers zueinander sein, was die folgenden Gleichungen ausdrücken:

$$tag(mkDatum(t,m,j)) \qquad = t$$
$$monat(mkDatum(t,m,j)) \quad = m$$
$$jahr(mkDatum(t,m,j)) \qquad = j$$

Die obige Angabe der *Funktionalität* aller Operatoren und ihrer Zusammenhänge durch Gleichungen spezifiziert die Datenstruktur *Datum* weitgehend. Es kommt uns dabei nicht darauf an, wie ein Datum intern dargestellt wird, sondern nur auf das korrekte Zusammenspiel der Operationen. Dieses ist durch die Gleichungen beschrieben. Man nennt eine solche Beschreibung auch *abstrakten Datentyp*. Eine konkrete Repräsentation wird sich auf den bereits vorhandenen Datentypen *Integer* und *Boolean* abstützen. Zwei natürliche Repräsentationen sind denkbar:

1. Ein Datum wird dargestellt durch die Anzahl der Tage, seit dem 1.1.1900.

2. Ein Datum wird durch drei Zahlen $t$, $m$, $j$ dargestellt.

Beide Darstellungen haben ihre Vorteile. Die erste Darstellung erlaubt eine ganz einfache Realisierung der Funktionen *next, plus, bis, vor* und *gleich.* Die Operationen *Tag, Monat, Jahr* und *mkDatum* sind dafür schwieriger. Genau umgekehrt liegen die Verhältnisse bei der zweiten Darstellung. Für welche der Darstellung man sich entscheidet, hängt von den Anforderungen ab. Für den Benutzer des Datentyps sollte es gleichgültig sein, er sollte nicht einmal in der Lage sein, den Unterschied festzustellen. Solange die Operationen das Gewünschte leisten und alle nötigen Operationen vorhanden sind bzw. sich aus den vorhandenen zusammensetzen lassen, wird er zufrieden sein.

## 2.3.13    Informationsverarbeitung und Datenverarbeitung

Informationen werden in einem Rechner in Form von Daten *repräsentiert.* Daher muss jede informationsverarbeitende Operation von einer entsprechenden Operation auf den Daten repräsentiert werden. Die Zurückgewinnung von Informationen aus gespeicherten Daten nennt man *Abstraktion, siehe* S. 4 und S. 30.

Daten sind, wie wir bereits wissen, im Endeffekt als Bitfolgen repräsentiert. Der Abstand zwischen den abstrakten Begriffen, in denen wir zu denken gewohnt sind, und der trivialen Struktur der Bitfolgen ist häufig sehr groß, so dass man diese Kluft sinnvollerweise mit einer Hierarchie von Datenstrukturen überbrückt. Stellen wir uns zum Beispiel vor, dass wir ein Terminplanungssystem erstellen wollen. In einem solchen System müssen wir mit abstrakten Begriffen wie „heute", „nächsten Freitag" oder „Pfingstmontag" umgehen. Müsste ein Programmierer sich diese Begriffe immer als Bitfolgen dargestellt denken, würde er bald den Blick für das Wesentliche verlieren. Hat er dagegen bereits ein System zum Umgang mit Kalenderdaten zur Verfügung, wird die Aufgabe leichter. Die neuen Objekte werden als Kalenderdaten repräsentiert.

Die Kalenderdaten selber können als natürliche Zahlen repräsentiert werden, diese, wie bereits dargelegt, als Bitfolgen. Jede der so eingeführten Abstraktionsstufen – Bitfolgen, Zahlen, Kalenderdaten und Termine – kann isoliert betrachtet werden. Man kann mit den Objekten einer Stufe operieren, ohne überblicken zu müssen, wie sie in Objekte einer tieferen Stufe umgesetzt werden. Diese *Abstraktionshierarchie* betrifft nicht nur die Objekte, sie setzt sich in die Operationen auf den Objekten fort. Die Suche nach einem gemeinsamen Sitzungstermin stützt sich auf Operationen, die für Kalenderdaten vorhanden sind, so etwa die Bestimmung des gegenwärtigen Datums, die Bestimmung eines Datums 10 Tage nach dem gegenwärtigen, die Bestimmung eines Wochentages zu einem Datum. Letztere Operationen verwenden wiederum solche der nächstniedrigeren Schicht, wie etwa +, -, *div* und *mod,* und diese endlich Operationen auf Bitfolgen.

In jedem Falle ist es wichtig, auf jeder Stufe eine geeignete Menge von Operationen zur Verfügung zu haben, so dass die nächste Hierarchiestufe darauf aufbauen kann. Jede Ebene einer solchen Hierarchie wird durch eine *Datenstruktur* gegeben.

2.3 Daten und Datenstrukturen

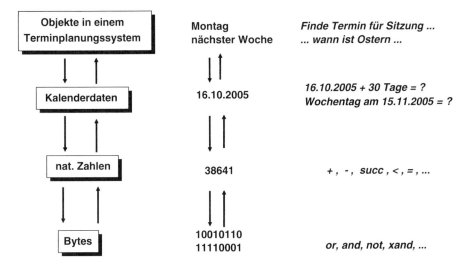

*Abb. 2.13: Abstraktionshierarchie*

## 2.3.14 Variablen und Speicher

Eine Funktion wie die eingangs erwähnte ggT-Funktion können wir mit den bisherigen Hilfsmitteln und Operationen noch nicht berechnen. Es ist notwendig, Zwischenwerte zu speichern und gespeicherte Zwischenwerte für die weitere Berechnung zu verwenden.

Für die Speicherung von Werten steht der Hauptspeicher zur Verfügung. Es wäre aber mühsam, wenn sich der Programmierer darum kümmern müsste, an welcher Stelle im Speicher ein Zwischenwert steht, wie viele Bytes (etwa im Falle einer Gleitkommazahl) dazu gehören, welche Speicherplätze noch frei sind etc.

Daher bieten alle Programmiersprachen das Konzept einer *Variablen* an. Aus der Sicht des Programmierers sind Variablen Behälter für Werte eines bestimmten Datentyps. Der Compiler sorgt dafür, dass zur Laufzeit eines Programms für alle Variablen Speicherplatz reserviert ist und zwar soviel, wie für die Aufnahme von Werten des jeweiligen Datentyps benötigt wird. Er setzt automatisch jeden Bezug (*Referenz*) auf eine Variable in die entsprechende Hauptspeicheradresse um. Turbo-Pascal verwendet 2 Bytes für einen Integerwert, 4 für einen Real-Wert und 1 Byte für einen Char. Die Länge eines Strings wird in einem Byte gespeichert. Daher würde die *Deklaration*

```
VAR    x,y : integer;
       s: String[5];
       z: real;
```

zu einer Aufteilung des Speichers führen, wie er in der folgenden Figur dargestellt ist:

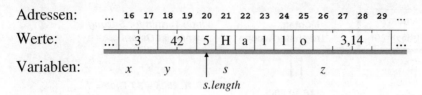

**Abb. 2.14:** *Speicher und Variablen*

Programmierer können mit Variablen so umgehen wie mit Werten des Datentyps. Man kann mit ihnen rechnen wie mit Unbestimmten in der Mathematik. Wenn ein Ausdruck, wie z.B. x*(y+1/y) ausgerechnet wird, so werden für die Variablen x und y immer die Werte eingesetzt, die sich zur Zeit an den ihnen zugewiesenen Speicherplätzen befinden.

## 2.3.15 Deklarationen

In den meisten höheren Programmiersprachen müssen Variablen vor ihrer ersten Benutzung *deklariert* werden. Dies bedeutet, dass man dem System mitteilen muss, welche Variablen man benötigt und von welchem Datentyp die Werte sein sollen, die in der Variablen gespeichert werden sollen.

Generell, d.h. nicht nur für die Namen der Variablen, dass C und Java zwischen Groß- und Kleinschreibung unterscheiden – man sagt: C und Java sind *case-sensitiv*[1] – Pascal nicht. In Pascal leitet man eine Variablendeklaration mit dem Schlüsselwort **VAR** ein und führt dann die neuen Variablen mit ihren Typen auf. Im folgenden Beispiel werden *a*, *b* und *c* als Integer-Variablen deklariert, *Test* als boolesche Variable, *x* und *y* als Real und *c* als Char.

```
VAR     a,b,c : Integer ;
        test  : Boolean ;
        x,y   : Real ;
        c     : Char ;
```

In Java entfallen Schlüsselwort und Trennzeichen „:". Man schreibt einfach den Datentyp vor den Namen der Variablen:

```
int         a,b,c ;
boolean     test ;
float       x,y ;
char        c ;
```

Da nicht alle Sprachen solche Variablendeklarationen verlangen, stellt sich die Frage, welchen Vorteil eine solche Deklaration mit sich bringt.

---

1. Die englischen Bezeichnungen *upper case* (Großschreibung) und *lower case* (Kleinschreibung) legen die Vermutung nahe, dass die Schriftsetzer früher ihre Kleinbuchstaben in dem unteren, und die Großbuchstaben in dem oberen Setzkasten (engl. *case*) aufbewahrten.

## 2.3  Daten und Datenstrukturen

Zunächst hilft eine Deklaration dem Compiler, weil er zur Compilezeit bereits weiß, wie viel Speicherplatz er reservieren muss. Da in Pascal ein Integer 2 Byte, ein Boolean 1 Byte etc. benötigt, ergibt sich insgesamt ein Bedarf von 3*2+1+2*6+1=20 Byte. Die Java-Deklaration benötigt 3*4+1+2*4+2=23 Byte.

Zweitens kann der Compiler bereits festlegen, wo die Variablen (relativ zueinander) im Hauptspeicher angeordnet werden sollen. Aus dem Programm kann er dann jede Erwähnung einer Variablen bereits durch eine Referenz auf den entsprechenden Speicherplatz ersetzen. Dies führt zu einer Zeitersparnis für jeden Variablenzugriff.

Vor allem aber hilft die Deklaration dem Programmierer – viele Fehler, die aus einer falschen Benutzung von Variablen entstehen, werden bereits zur Compilezeit erkannt.

## 2.3.16  Initialisierung

Bevor zum ersten Mal ein Wert in einer Variablen gespeichert wurde, ist der darin befindliche Wert vom Zufall bestimmt. Daher ist es sinnvoll, jede Variable möglichst frühzeitig mit einem Ausgangswert zu versehen, sie zu *initialisieren*. Manche Programmiersprachen initialisieren Variablen automatisch mit einem Standardwert (engl. *default*), die meisten überlassen dies aber dem Programmierer.

C und Java bieten die Möglichkeit, Variablen gleichzeitig zu deklarieren und optional auch mit einem Anfangswert zu initialisieren:

```
int x,y,z;
short min = 1;
int max = 999999;
String Botschaft = "Guten Tag";
```

## 2.3.17  Typkorrekte Ausdrücke

Variablen bezeichnen Werte von bestimmten Datentypen. Die allgemeinste Form, einen Wert zu bezeichnen, erlaubt neben Variablen und Elementen der Datenstruktur auch Operationszeichen. Eine solche Konstruktion nennt man *(typkorrekten) Ausdruck*, in der Mathematik auch *wohlgeformten Term*. Konstanten und Variablen sind demzufolge Ausdrücke. Wenn mehrere Ausdrücke durch ein Operationszeichen verknüpft werden, ist die resultierende Konstruktion wieder ein Ausdruck. Vorausgesetzt ist allerdings, dass nur Ausdrücke passender Sorten verknüpft werden. Nehmen wir z.B. an, dass wir $x$, $y$, $z$ und $c$ mit der Deklaration

```
VAR    x,y,z : Integer ;
       r,s : Real;
       u : Char ;
```

eingeführt haben, dann sind

```
x + 2*( y + z ),
chr(ord(u) + ord('A') - ord('a')),
length('Hallo Welt')
```

Beispiele für typkorrekte Ausdrücke. Nicht typkorrekt ist dagegen

        x + u,

da hier ein Zeichen zu einer Zahl addiert werden soll, eine sinnlose Operation. Die Operation + ist im Datentyp *Integer* erklärt durch

$$+ : Integer \times Integer \rightarrow Integer,$$

also werden Argumente vom Typ *Integer* erwartet. Das Ergebnis wird dann auch wieder vom Typ *Integer* sein. Aufgrund der obigen Variablendeklaration ist der Ausdruck

        x + y

typkorrekt und selber wieder vom Typ *Integer*. Eine saubere Definition des Begriffes *Ausdruck vom Typ D* verläuft induktiv.

**Ausdrücke vom Typ D:**

- jede Variable *v*, die in einer Deklaration als Variable vom Typ *D* erklärt wurde,
- jeder konstante Wert *c* aus dem Datenbereich *D*,
- jeder Ausdruck der Form $f(t_1, ..., t_n)$, sofern $t_1, ..., t_n$ Ausdrücke der Typen $D_1, ..., D_n$ sind und $f: D_1 \times ... \times D_n \rightarrow D$ eine Operation.

Diese induktive Definitionen ist so zu verstehen, dass etwas nur dann ein Ausdruck ist, wenn es sich nach einer der angegebenen Regeln konstruieren lässt. Genau genommen ist die zweite Regel ein Spezialfall der dritten, da Konstanten als nullstellige Operationen aufgefasst werden können.

In vielen Sprachen erscheinen Zeichen wie „+", „-" oder „*" in mehreren Bedeutungen, etwa als Operationen auf reellen Zahlen,

$$+,-, * : Real \times Real \rightarrow Real.$$

Im obigen Beispiel wäre damit auch z.B. 3.14 + s typkorrekt und vom Typ Real. In Pascal werden, sofern möglich, Typen auch umgewandelt, so z.B. ist der Ausdruck „3.15 + x" typkorrekt und vom Typ *Real*. Dazu wird der Inhalt von *x* vorübergehend als reelle Zahl aufgefasst und danach erst die Addition durchgeführt. Das Ergebnis ist dann vom Typ Real, ebenso wie das Ergebnis von 1.0+x oder 1.0*x.

Für arithmetische und boolesche Ausdrücke sind zahlreiche Spezialformen zugelassen. So schreibt man zweistellige Operationszeichen wie +, -, *, /, *div*, *mod*, *or*, *and*, *xor* zwischen die Operanden. Diese Notation heißt auch *Infix-Notation*. Einstellige Operationszeichen werden meist den Operanden vorangestellt (*Präfix-Notation),* ohne diesen in Klammern einzuschließen, wie z.B. *sin* 45, −12 oder *not x*. Schließlich ordnet man den Operatoren *Präzedenzen* zu, aufgrund derer man Klammern sparen kann. Die Präzedenzen der Operationen in Pascal sind:

- einstellige Operationen wie: *not,*
- multiplikative Operationen wie: * , / , *div* , *mod* , *and*
- additive Operationen wie: + , - , *or* , *xor*,
- vergleichende Operationen wie: = , < > , < , <= , > , >=.

## 2.3 Daten und Datenstrukturen

Ausdrücke mit Operatoren gleicher Präzedenz werden als linksgeklammert angenommen. Aufgrund dieser Regeln kann man viele Klammern sparen und z.B.

```
x div y * y + x mod x
```

schreiben anstatt

```
((x div y) * y) + (x mod y).
```

## 2.3.18    Auswertung von Ausdrücken

Jeder Ausdruck bezeichnet ein Element einer Datenstruktur. Wenn der Ausdruck Variablen enthält, dann hängt sein Wert von dem Inhalt der betreffenden Variablen ab. Die Berechnung des Wertes eines Ausdrucks heißt auch *Evaluierung*. Die Evaluierung eines Ausdrucks kann man, seiner induktiven Definition folgend, *rekursiv* erklären. Mit *Wert(t)* bezeichnen wir den Wert des Ausdrucks *t*:

**Wert eines Ausdrucks:**

* Ist $v$ eine Variable, so ist *Wert(v)* der in $v$ gespeicherte Wert.
* Jede Konstante $k$ ist bereits ein Wert, d.h. *Wert(k)=k*.
* Sind $w_1$, ..., $w_n$ die Werte der Ausdrücke $t_1$, ..., $t_n$, so gilt *Wert(f(t_1, ..., t_n)) = f(w_1, ..., w_n)*.

Die letzte Klausel kann man so interpretieren: Um den Wert des zusammengesetzten Ausdrucks $f(t_1, ..., t_n)$ zu finden, berechne man zunächst die Werte $w_1$, ..., $w_n$ der unmittelbaren Teilausdrücke $t_1$, ..., $t_n$ und wende darauf dann die äußere Operation an. Diese Strategie ist auch als *call by value*-Strategie bekannt.

## 2.3.19    Verkürzte Auswertung

Die Gleichungen

$$true \ \textbf{or} \ x = true \quad \text{und} \quad false \ \textbf{and} \ x = false$$

für die booleschen Operatoren eröffnen die Möglichkeit, boolesche Ausdrücke besonders effizient auszuwerten. Berechnet man den Wert eines Ausdrucks $B_1$ **or** $B_2$ und wertet $B_1$ zu **true** aus, so muss $B_2$ nicht mehr ausgewertet werden, denn das Gesamtergebnis, *true*, steht bereits fest. Analog verhält es sich, wenn im Ausdruck $B_1$ **and** $B_2$ der Wert von $B_1 =$ **false** ist. Diese Art der Auswertung von booleschen Ausdrücken nennt man *verkürzte Auswertung* (engl. *short-circuit evaluation*).

Verkürzte Auswertung ist manchmal auch notwendig, um Laufzeitfehler zu vermeiden. So würde die Auswertung des booleschen Ausdrucks

$$x \neq 1 \quad \textbf{and} \quad 1/(x-1) > 0$$

im Falle $x = 1$ zu einem Laufzeitfehler (Division durch 0) führen, wenn man das „**and**" nicht verkürzt auswerten würde.

120                                                         2 Grundlagen der Programmierung

In Turbo-Pascal kann man diese Art der Auswertung als eine Compiler-Option einstellen, in Java verwendet man im Unterschied zu **&** und | die Operatoren **&&** und ||, um die verkürzte Auswertung zu erzwingen.

## 2.3.20 Typfehler

Die gängigen Programmiersprachen sind *statisch getypt*, was bedeutet, dass der Typ jedes Ausdruckes bereits zur *Compilezeit*, also vor der Ausführung des Programms, feststehen muss. Viele Fehler können daher frühzeitig erkannt werden, weil sie bewirken, dass Ausdrücke inkompatibler Typen verknüpft werden. Hätte man sich zum Beispiel vertippt und „*length(s+1)*" geschrieben, statt „*length(s)+1*", so würde der Compiler bereits den Fehler erkennen, denn wenn *s* als String deklariert ist, macht *s+1* keinen Sinn, und wenn *s* als Integer erklärt ist, ist die Länge von *s+1* sinnlos.

Wäre eine Sprache nicht statisch getypt oder gar völlig untypisiert, so würde der obige Fehler erst zur Laufzeit oder gar nicht auffallen. Egal ob *s* einen Integer oder einen String darstellt, er ist durch eine Bitfolge repräsentiert – und *length* arbeitet im Endeffekt auf Bitfolgen. Es käme also irgendetwas heraus bei *length(s+1)*, nur wäre es vermutlich Unfug. Wenn mit diesem Unfug weitergerechnet wird, wird er möglicherweise nicht einmal als solcher erkannt.

Es gibt nicht nur getypte und ungetypte Sprachen, sondern auch Zwischenformen. In C zum Beispiel werden boolesche Werte durch Zahlen ersetzt. 0 steht für *false* und jede andere Zahl für *true*. Folglich findet man oft Konstruktionen wie
```
    while(1) { ... },
```
aber auch bizarre Ausdrücke wie
```
    3 < 2 < 1
```
sind erlaubt. Wegen `(3 < 2) == false == 0` ist in C der gesamte Ausdruck *wahr*!

## 2.3.21 Seiteneffekte

Ein Ausdruck liefert einen Wert. Dieser kann von Variableninhalten abhängen, die Auswertung des Ausdruckes selber ändert aber nicht den Inhalt der Variablen! Insbesondere folgt daraus, dass gleiche Teilausdrücke desselben Ausdruckes auch gleiche Werte besitzen. Demzufolge kann ein optimierender Compiler bedenkenlos etwa den Ausdruck `(x+1)*(x+1)` durch `sqr(x+1)` und den Ausdruck `(x+1)-(x+1)` durch 0 ersetzen.

Wenn im Zuge der Auswertung eines Ausdruckes der Inhalt von Variablen verändert werden kann, so können bizarre Ergebnisse entstehen. In C und Java beispielsweise kann man statt `(x+1)` auch `++x` schreiben. Die Auswertung von `++x` hat aber den *Seiteneffekt*, dass der Inhalt von *x* um 1 erhöht, also inkrementiert wird. Falls der Compiler die Argumente von „`-`" von links nach rechts auswertet, wird *x* insgesamt zweimal erhöht, es gilt also die bizarre Gleichung „`(++x)-(++x)=-1`". Von der Verwendung solcher Konstruktionen ist daher nur zu warnen. Man sollte sich strikt an den folgenden Leitsatz halten:

*Die Auswertung eines Ausdruckes soll einen Wert liefern und keinen Seiteneffekt.*

Um Effekte zu erzeugen, benutzt man Aktionen und Kontrollstrukturen. Diese sind Thema des folgenden Unterkapitels.

## 2.4 Der Kern imperativer Sprachen

Programmiersprachen erweitern die Möglichkeiten, die Datenstrukturen durch ihre Operationen bieten, um die Fähigkeit, Zwischenwerte zu speichern und später wiederzuverwenden. Zwischenwerte werden dabei in Variablen abgespeichert. Als *Speicherzustand* oder kurz *Speicher* wollen wir die jeweilige Belegung der Variablen mit konkreten Werten bezeichnen. Eine *Berechnung* besteht dann aus einer Folge von elementaren Aktionen die immer wieder

- einen Ausdruck auswerten,
- das Ergebnis speichern.

Solche elementaren Aktionen werden wir *Zuweisung* nennen. Da der Wert eines Ausdruckes von den darin enthaltenen Variablen, also den darin gespeicherten Zwischenwerten, abhängig ist, können sich durch geschickte Kombination von Zuweisungen komplexe Berechnungen ergeben.

Ein Programm enthält somit einfache oder zusammengesetzte Anweisungen an die Maschine, die insgesamt eine gezielte Veränderung des Speicherzustandes herbeiführen. Solche Anweisungen nennt man auch *Befehle* und spricht von *befehlsorientierten* oder *imperativen* Sprachen.

### 2.4.1 Zuweisungen

Zuweisungen sind die einfachsten Anweisungen zur Veränderung des Speichers. Sie bewirken die gezielte Veränderung des Wertes einer einzigen Variablen.

**Zuweisung**

Eine *Zuweisung* besteht aus einer Variablen $v$ und einem Ausdruck $t$, die durch ein Zuweisungszeichen verbunden sind: $v := t$.

Eine solche Zuweisung wird ausgeführt, indem der Ausdruck $t$ ausgewertet wird und der resultierende Wert anschließend in $v$ gespeichert wird. Dabei wird der alte Wert von $v$ überschrieben. Pascal verwendet als Zuweisungszeichen „:=", C und Java dagegen „=".

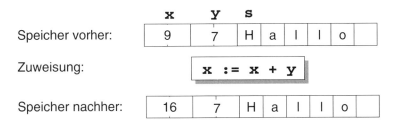

**Abb. 2.15:** *Effekt einer Zuweisung.*

Eine Zuweisung kann nur funktionieren, wenn der auf der rechten Seite berechnete Wert auch in der links stehenden Variablen gespeichert werden kann. Dazu genügt es zu fordern, dass $v$ und $t$ denselben Typ haben. Darüber hinaus ist die Zuweisung auch erlaubt, wenn $t$ von einem Typ ist, dessen Werte automatisch in solche vom Typ von $v$ umgewandelt werden können.

Seien beispielsweise x vom Typ *Real*, y und z vom Typ *Integer*, so ist die Zuweisung x:=y*z zulässig, nicht aber y:=x oder z:=y/1. Bereits der Pascal-Compiler würde einen *Typfehler* beanstanden. Im letzten Falle liegt dies daran, dass bei einer Division grundsätzlich eine reelle Zahl entsteht. Eine reelle Zahl kann aber nicht in der Integer-Variablen z gespeichert werden, wir hätten dazu z als *Real* erklären müssen.

**Merke:** *Auf der rechten Seite einer Zuweisung bezeichnet eine Variable einen Wert, auf der linken Seite steht sie für einen Speicherplatz.*

Diese Unterscheidung wird deutlich, wenn wir die Zuweisung auf einem Taschenrechner mit Memory-Taste M ausführen. Die Variable $x$ entspricht der durch M angesprochenen Speicherzelle. Mit MS (memory store) wird ein Wert gespeichert, mit MR (memory recall) wird der gespeicherte Wert abgerufen.

Die Zuweisung

```
x := x*(1+1/x)
```

entspräche dann folgender Eingabe des Taschenrechners:

```
MR * ( 1 + 1 / MR )
=
MS
```

Man beachte, dass jedes Vorkommen der Variablen im Term, also auf der rechten Seite der Zuweisung, zu einem *Lesen* des Speichers (MR) und das Vorkommen auf der linken Seite zu einem *Schreiben* (MS) führte.

Daher wäre es falsch, eine solche Zuweisung als Gleichung zu interpretieren; wir lesen das Zeichen „:=" auch als „*ergibt sich zu*". Die Verwendung von „=" als Zuweisungszeichen in C und in Java provoziert Missverständnisse. Der Vorschlag, einen Pfeil nach links zu benutzen, hat sich leider in keiner gängigen Programmiersprache durchgesetzt, auch deshalb, weil dieser Pfeil nicht auf Standard-Tastaturen vorhanden ist. Viele Autoren benutzen dennoch eine solche Notation, wenn sie einen Algorithmus unabhängig von einer konkreten Programmiersprache notieren wollen.

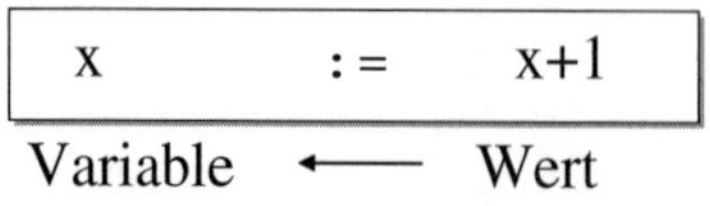

**Abb. 2.16:** *Prinzip der Zuweisung*

## 2.4 Der Kern imperativer Sprachen

Es ist wichtig festzuhalten, dass eine Zuweisung keinen Wert beschreibt, selbst wenn ein solcher in einer Zwischenrechnung entstanden sein mag. Das Netto-Ergebnis einer Zuweisung ist eine gezielte *Speicherveränderung*. Eine Zuweisung ist die einfachste Form eines *Befehles* oder einer *Anweisung* einer Programmiersprache. Der Unterschied lohnt, festgehalten zu werden:

**Merke:**

*Eine Anweisung beschreibt einen Effekt, ein Ausdruck bezeichnet einen Wert.*

Dass C/C++ und Java diese Trennung zwischen Ausdrücken und Anweisungen nicht durchhalten, haben wir zusammen mit den Konsequenzen bereits gesehen. „++i" und „i++" sind Kurzformen für die Anweisung „i=i+1;", sie sind aber auch Ausdrücke, wobei *Wert*(i++) = *Wert*(i) aber *Wert*(++i) = *Wert*(i) + 1 gilt.

## 2.4.2 Kontrollstrukturen

Das Wesen einer imperativen Programmiersprache besteht darin, Folgen von Anweisungen zu neuen Anweisungen zu gruppieren. Auch der Netto-Effekt solcher zusammengesetzter Anweisungen wird eine Veränderung des Speicherinhaltes sein. Selbst eine Bildschirmausgabe ist letztlich Ausdruck einer Speicherveränderung, denn sie beruht auf einer Veränderung des Bildschirmspeichers, der im Textmodus für jede Bildschirmposition ein Zeichen sowie einen Farb- und Helligkeitswert enthält.

Die Möglichkeiten, die eine Programmiersprache anbietet, um gezielt und kontrolliert Anweisungen zu neuen komplexeren und abstrakteren Anweisungen zusammenzusetzen, nennt man *Kontrollstrukturen*.

Im Rest dieses Kapitels werden wir systematisch diejenigen Konzepte erläutern, die den Kern jeder modernen imperativen Programmiersprache ausmachen. Wir werden die Begriffe am Beispiel von Pascal erklären, da sie dort am klarsten zu erkennen sind – schließlich wurde Pascal aus didaktischen Gründen entwickelt. Dass sich Pascal nicht so durchgesetzt hat wie z.B. C oder C++, hat viele Ursachen, doch sind die wenigsten sachlich begründet. Kennt man erst einmal eine imperative Sprache, in der die Konzepte sauber zu erkennen sind, so kann man innerhalb kürzester Zeit auf fast jede andere imperative Sprache umsteigen.

## 2.4.3 Drei Kontrollstrukturen genügen

Wir führen nun drei grundlegende Konstrukte ein, mit denen neue Anweisungen gebildet werden können. Alle diese Konstrukte beschreiben, wie wir aus gegebenen Anweisungen, für die wir A, $A_1$, $A_2$, ..., $A_n$ als Platzhalter verwenden, neue Anweisungen konstruieren können. Diese drei Konstrukte sind

- *Sequentielle Komposition*, (auch *Verbundanweisung* genannt),
- *Alternativanweisung* und
- *while-Schleife*.

124                                                                2 Grundlagen der Programmierung

Alle Algorithmen lassen sich prinzipiell aus Zuweisungen und diesen drei Konstrukten aufbauen. Wir werden zu jeder Anweisung sowohl die sprachliche Form (*Syntax*) als auch ihre
Bedeutung (*Semantik*) angeben.

## 2.4.4    Die Sequentielle Komposition

Die *sequentielle Komposition* ist die *Hintereinanderausführung* von Anweisungen. Eine
durch Semikolons „;" getrennte Anweisungsfolge $A_1$ ; $A_2$ ; ... ; $A_n$ schließt man in Klammern
ein und erhält damit eine neue Anweisung, die *sequentielle Komposition der* $A_i$. Für die
Klammerung von Anweisungen benutzt Pascal das Paar **BEGIN** und **END**. Java und C verwenden geschweifte Klammern { und }.

In Pascal lautet daher die allgemeine Form die sequentielle Komposition von Anweisungen:

> **BEGIN** $A_1$ ; $A_2$ ; ... ; $A_n$ **END**

Gelegentlich nennt man diese auch *Verbundanweisung*. Auch der Spezialfall n = 0 ist zugelassen. In diesem Fall erhält man die *leere Anweisung* **BEGIN    END**. Im folgenden Beispiel
wird zunächst der Wert von $x$ um 1 erhöht, anschließend quadriert und der Variablen $y$ zugewiesen. Man beachte, dass die Reihenfolge der Anweisungen eine große Rolle spielt. Mit
„x := x + 1" für $A_1$ und „y := x * x" für $A_2$ erhalten wir:

```
BEGIN
    x := x + 1;
    y := x * x
END
```

In C/C++ und Java wird mit dem Symbol „;" eine einfache Anweisung (Zuweisung oder
Funktionsaufruf) abgeschlossen. Daher ist in der sequentiellen Komposition ein zusätzliches
Trennzeichen nicht notwendig. Die sequentielle Komposition von $A_1$ , $A_2$ , ... , $A_n$ ist damit

> { $A_1$ $A_2$ ... $A_n$ }.

In dem entsprechenden Beispiel steht nun $A_1$ für „x = x + 1;" (inklusive des Semikolons) und $A_2$ für „y = x * x;". Das vorige Beispiel lautet daher in C/C++ oder Java:

```
{
    x = x + 1;
    y = x * x;
}
```

**Semantik der sequentiellen Komposition:**

> $A_1$ , $A_2$ , ... , $A_n$ werden nacheinander ausgeführt[1].

---

1.  Genau genommen setzen wir in diesem Abschnitt voraus, dass die $A_i$ keine *Sprungbefehle (goto, return, ...)* ent-
    halten. Ein *return* in einem $A_i$ verlässt sofort die Konstruktion.

## 2.4 Der Kern imperativer Sprachen 125

Allein mit sequentieller Komposition von Zuweisungen können wir bereits interessante Aufgaben lösen. Sei dazu folgende informelle Spezifikation gegeben:

*Gib Wechselgeld für einen Betrag zwischen 0 und 100 Cent. Es stehen jeweils genügend Münzen im Wert von 1 , 2, 5, 10, 50 Cent und 1 Euro zur Verfügung. Ziel ist es, mit möglichst wenig Münzen auszukommen.*

Diese informelle Spezifikation können wir formal als Paar von Vorbedingung und Nachbedingung ausdrücken, wobei implizit vorausgesetzt sei, dass alle Variablen und Konstanten positive ganze Zahlen sein sollen und der Betrag konstant sein soll.

Vorbedingung:   { Betrag > 0 }

Nachbedingung:   { Betrag = k1*1+k2*2+k3*5+k4*10+k5*50+k6*100,
                   *wobei* k1+k2+k3+k4+k5+k6 *minimal* }

Das folgende Programm stellt eine Lösung des Wechselgeldproblems dar. Für ein lauffähiges Pascal-Programm sind natürlich noch die Deklaration der Konstanten *Betrag* und der Variablen $k_1, \ldots, k_6$ und *rest* erforderlich.

```
BEGIN
    rest    := Betrag;
    k6      := rest div 100;
    rest    := rest mod 100;
    k5      := rest div 50;
    rest    := rest mod 50;
    k4      := rest div 10;
    rest    := rest mod 10;
    k3      := rest div 5;
    rest    := rest mod 5;
    k2      := rest div 2;
    rest    := rest mod 2;
    k1      := rest
END
```

Es fällt auf, dass nach der letzten Anweisung kein Semikolon steht. Dieses ist in Pascal eben **nicht** wie in Java ein Abschluss einer einfachen Anweisung, sondern ein Trennzeichen zwischen zwei hintereinander auszuführenden Anweisungen. Großzügigerweise toleriert der Pascal Compiler zusätzliche Semikolons, so auch hinter der letzten Anweisung einer Anweisungsfolge. Er tut einfach so, als stünde nach dem Semikolon noch eine unsichtbare *leere Anweisung*, oft als *skip* bezeichnet. Aus dem gleichen Grund können (in Pascal) inmitten einer Anweisungsfolge zusätzliche Semikolons stehen, der Compiler fügt notfalls leere Anweisungen ein. So ist alternativ zum ersten Beispiel auch

```
BEGIN
    ;;;x := x + 1
    ;;;y := x * x
END
```

126                                                   2 Grundlagen der Programmierung

erlaubt und gleichwertig, dies gibt aber nicht den unter Pascal-Programmierern gebräuchlichen Stil wieder!

## 2.4.5    Die Alternativanweisung

Eine *Alternativanweisung* erlaubt eine Auswahl zwischen zwei Anweisungen $A_1$ und $A_2$ in Abhängigkeit von dem Ergebnis eines vorherigen Tests. Dieser wird als boolescher Ausdruck $B$ formuliert und heißt die *Bedingung*, $A_1$ ist der *if-Zweig*, $A_2$ der *else-Zweig*.

In Pascal ist die **Syntax der Alternativanweisung**:

```
IF B THEN A₁ ELSE A₂
```

Das folgende Beispiel zeigt eine Alternativanweisung mit Bedingung x>y und den beiden Alternativen x := -x und **BEGIN** anzahl:=anzahl+1 ; sum:=sum+x **END**. Letztere ist eine Verbundanweisung.

```
IF x > y
   THEN x := -x
   ELSE    BEGIN
               anzahl := anzahl + 1;
               sum := sum + x
           END
```

In C und Java ist die Syntax der Alternative :

```
if ( B ) A₁ else A₂
```

Die Bedingung $B$ muss also in runde Klammern eingeschlossen werden, daher verzichtet man auf das Trennsymbol **THEN** zwischen $B$ und $A_1$. Das entsprechende Programm lautet in C/C++ und in Java:

```
if ( x > y )   x = -x ;
else {
     anzahl = anzahl + 1;
     sum = sum + x ;
 }
```

Daneben fällt im Beispiel wieder die unterschiedliche Verwendung der Semikolons auf. Während in dem obigen Pascal-Programm ein Semikolon vor dem **END** toleriert würde – gedanklich kann man danach und vor das **END** eine leere Anweisung einfügen – würde ein Semikolon vor dem **ELSE** in Pascal eine Fehlermeldung auslösen. Pascal erwartet nach dem **THEN** und vor dem **ELSE** genau eine Anweisung! Sind mehrere gewünscht, muss man sie in **BEGIN END** einschließen und damit zu einer einzigen Anweisung machen. In Java ist das Semikolon nach x = -x notwendig, weil jede einfache Anweisung mit einem Semikolon abgeschlossen werden muss. Auch hier steht nach der Bedingung und nach dem **else** jeweils eine Anweisung – will man mehrere Anweisungen durch die Bedingung kontrollieren, muss man sie in Klammern { und } einschließen. Wir stellen also fest, dass trotz der optischen Unterschiede die Semantik der Alternativanweisung immer die gleiche ist:

2.4 Der Kern imperativer Sprachen · · · · · · · · · · · · · · · · · · · · · · · · · · · · · · · · · · · · · · · · · · · · · · · · · · · · · · · · · · · · · · · · · · · · · · · · · · · · · 127

**Semantik der Alternativanweisung:**

*Zuerst wird B ausgewertet. Ist das Ergebnis true, wird A$_1$ ausgeführt, andernfalls A$_2$.*

Die Alternativen einer bedingten Anweisung können beliebige, also auch wieder bedingte Anweisungen sein. So erreicht man eine Zerlegung in mehr als zwei Alternativen. In dem nächsten Beispiel wollen wir drei Alternativen für die Fälle x = y, x > y und x < y betrachten. Dazu zerlegen wir die möglichen Fälle zunächst in die Fälle x = y und x<>y, dann den letzten in die Unterfälle x > y und x < y.

```
IF x = y
    THEN ggT := x
    ELSE IF x > y
            THEN x := x - y
            ELSE  y := y - x
```

Auf diese Weise können ganze Kaskaden von Alternativen entstehen. In dem nächsten Beispiel wird eine dreifach geschachtelte Alternativanweisung gezeigt:

```
IF Jahr mod 4 <> 0
    THEN Tage := 365
    ELSE IF Jahr mod 100 <> 0
            THEN Tage := 366
            ELSE IF Jahr mod 400 <> 0
                    THEN Tage := 365
                    ELSE Tage := 366
```

Solche Kaskaden, in denen die zweite Alternative immer wieder zerlegt wird, sind häufig. Man formatiert sie gelegentlich suggestiver, so dass ein Leser sie einfacher verstehen kann. Dem Rechner sind Formatierung, Zeilenumbruch, zusätzliche Leerzeichen und Tabulatoren gleichgültig. Aus dem obigen Text entsteht dann:

```
IF  Jahr mod 4 <> 0    THEN Tage := 365
ELSE IF Jahr mod 100 <> 0 THEN Tage := 366
ELSE IF Jahr mod 400 <> 0 THEN Tage := 365
ELSE Tage := 366
```

## 2.4.6    Die *while*-Schleife

Eine *Schleife* ist ein Programmteil, der wiederholt ausgeführt werden kann, je nachdem ob eine Bedingung erfüllt ist, oder nicht. Alle imperativen Sprachen bieten Schleifenkonstrukte für verschiedene Zwecke. Alle Schleifenkonstrukte lassen sich aber auf die so genannte *while*-Schleife zurückführen. Sie besteht aus einer Bedingung *B* und einer Anweisung *A* und hat die Bedeutung:

*Solange die Bedingung B wahr ist, führe A aus.*

Vor der Ausführung von *A* wird also *B* ausgewertet. Ist das Ergebnis *false*, so ist die while-Schleife beendet. Andernfalls wird der Schleifenrumpf *A* ausgeführt und danach erneut die gesamte while-Schleife.

In Pascal schreibt man die *while*-Schleife in der Form

```
WHILE B DO A,
```

wobei *B* ein boolescher Ausdruck und *A* eine Anweisung ist. In dem folgenden Beispiel wird eine Schleife benutzt, um die *Fakultät* von M, also 1*2*3* ... *M zu berechnen:

```
BEGIN
    n := 1; fact := 1;
    WHILE n <= M DO
        BEGIN
            fact := fact * n ;
            n := n + 1
        END
END
```

Wenn wir die Form des Programmes analysieren, erkennen wir, dass es eine aus drei Anweisungen gebildete Verbundanweisung ist. Die ersten beiden Anweisungen sind Zuweisungen, die dritte Anweisung ist eine *while*-Schleife. Deren Rumpf ist selber wieder eine aus zwei Anweisungen gebildete Verbundanweisung.

In C/C++ und Java hat die *while*-Schleife die Form

```
while( B ) A.
```

Das Schlüsselwort **do** entfällt. Es wäre wegen der vorgeschriebenen Klammern um die Bedingung *B* auch überflüssig. Somit lautet das entsprechende Programm in C und Java:

```
{
    n = 1;
    fact = 1;
    while (n <= M)
        {
            fact = fact * n ;
            n = n + 1 ;
        }
}
```

Basierend auf *Zuweisungen* lassen sich mithilfe der Konstrukte: *sequentielle Komposition*, *Alternative* und *while-Schleife* im Prinzip bereits alle denkbaren Algorithmen aufbauen. Es folgt, dass alle Sprachen, die diese Konstrukte beinhalten, theoretisch gleichermaßen mächtig sind. Für eine praktisch brauchbare Programmiersprache ist dies aber zu spartanisch. Für häufig wiederkehrende Situationen sind zusätzliche Konstrukte nützlich. Außerdem fehlen noch Möglichkeiten, Programme geeignet zu strukturieren, so dass auch große Programme übersichtlich und beherrschbar werden. Bevor wir diese Konstrukte aber einführen, stellen wir zunächst eine formale Methode bereit, die Form sprachlicher Konstrukte, ihre *Syntax*, zu beschreiben.

## 2.5 Formale Beschreibung von Programmiersprachen

Ähnlich wie beim Analysieren natürlichsprachlicher Sätze verwenden wir formale Regeln zur Beschreibung von Programmen. Die einfachsten Regeln dieser Art sind die *lexikalischen* Regeln. Sie definieren die Wörter, aus denen Programme aufgebaut werden dürfen. Darauf aufbauend legen die *syntaktischen Regeln* fest, wie aus diesen Wörtern korrekte Programme (Sätze) gebildet werden können.

### 2.5.1 Lexikalische Regeln

Wörter im Kontext einer Programmiersprache sind üblicherweise:

* Schlüsselwörter: **if, else, while, for**, **case**, etc.
* Bezeichner: Selbstgewählte Namen für Variablen, Funktionen, etc.
* Einfache oder zusammengesetzte Spezialsymbole: + - * / = < > <= >= ; . , etc.
* Literale: Zahlkonstanten, boolesche Werte, Zeichenkonstanten, Stringkonstanten.

Literale sind also z.B. `23`, `314159e-02`, `true`, `'a'`, `"Hallo"`. Sie bezeichnen Elemente bestimmter Datentypen wörtlich (engl. *literally*).

Die obigen Beispiele sind sowohl in Pascal als auch in Java gültig und analog auf andere Programmiersprachen übertragbar. Insbesondere werden in fast allen Sprachen als Bezeichner alle Zeichenfolgen zugelassen, die mit einem Buchstaben beginnen und ansonsten aus beliebigen Kombinationen von Buchstaben, Ziffern und dem Unterstrich '_' bestehen.

Neben den Schlüsselwörtern gibt es in den meisten Sprachen noch *vordefinierte Bezeichner*. Es handelt sich dabei um Systemkonstanten oder nützliche, bereits vordefinierte Funktionen. In Pascal bezeichnet z.B. **maxint** die größte Integerzahl und **writeln** eine vordefinierten Funktion zur Bildschirmausgabe. Es wäre daher zwar möglich, aber nicht zweckmäßig, diesen Namen neue Bedeutungen zuzuweisen.

*Trennzeichen* sind Zeichen, die zwischen zwei Wörtern stehen können. Üblicherweise gehören dazu das Leerzeichen (ASCII 32), das Tabulatorzeichen (ASCII 9), Neue Zeile (ASCII 10) und Wagenrücklauf (ASCII 13). In den meisten Programmiersprachen (Ausnahmen sind *Haskell* oder *Python*) können Programme beliebig formatiert werden. Die Formatierung soll der besseren Lesbarkeit dienen, ist aber für den Compiler ohne jeden Belang.

Innerhalb eines Wortes sind Trennzeichen nicht erlaubt. Zwischen zwei Wörtern sind sie erlaubt, aber nicht immer notwendig. In dem Text „**BEGIN** x := 1 **END**" ist nur das Leerzeichen zwischen **BEGIN** und „x" notwendig. Fehlte es, so wäre das erste Wort der Bezeichner für die Variable „*BEGINx*"!

Zu den *Spezialsymbolen* gehören auch Tastenkombinationen, wie z.B. „<=" und „<>" oder „!=", die spezielle auf der Tastatur nicht vorhandene Zeichen ersetzen. Innerhalb der Spezialsymbole sind Trennzeichen nicht erlaubt.

*Kommentare* sind Bemerkungen des Programmierers, die von dem Compiler ignoriert werden. Spezielle *Begrenzer* (engl. *delimiter*) markieren Beginn und Ende eines Kommentars. In Pascal sind dies „ (* " und „ *) " sowie „ { " und „ } ". In Java werden Kommentare in die Klammernpaare „ /* " und „ */ " bzw. „ /** " und „ */ " eingeschlossen, oder sie erstrecken sich von dem Symbol „ // " bis zum Zeilenende.

Wie bereits erwähnt, unterscheidet Pascal nicht zwischen Groß- und Kleinschreibung. Insbesondere bezeichnen **BEGIN**, `Begin`, `begin` und `BeGin` alle das gleiche Schlüsselwort. Im Unterschied dazu sind C und Java *case-sensitiv*, sie unterscheiden zwischen großgeschriebenen und kleingeschriebenen Buchstaben.

Für die meisten Programmiersprachen gibt es ähnliche Regeln, daher gibt es sogar eine eigene Sprache, die Sprache der *regulären Ausdrücke*, und eine zugehörige mathematische Theorie, die *Automatentheorie*, um solche Regeln für eine Programmiersprache festzulegen und gleichzeitig aus diesen Regeln den Teil eines Compilers automatisch zu erzeugen, der diese Regeln überprüft und anwendet.

## 2.5.2 Syntaktische Regeln

Während die lexikalischen Regeln die zulässigen „Wörter" festlegen, aus denen Programme aufgebaut werden dürfen, beschreiben *syntaktische Regeln*, wie man aus diesen Wörtern korrekte Programme bilden darf. Eine einfache grafische Darstellung der Syntax von Programmen bieten so genannte *Syntaxdiagramme*. Ein Syntaxdiagramm erklärt einen syntaktischen Begriff. Es besteht aus Rechtecken, Ovalen und Pfeilen.

- In den Rechtecken stehen Begriffe, die anderswo durch eigene Syntaxdiagramme erklärt werden, so genannte *Nonterminale*.
- In den Ovalen stehen lexikalische Elemente, also Symbole und Namen, so genannte *Terminale*. Diese sind wörtlich in den Programmtext zu übernehmen.
- Pfeile führen von einem Sprachelement zu einem im Anschluss daran erlaubten Sprachelement.
- Jedes Syntaxdiagramm hat genau einen Eingang und genau einen Ausgang.

Im Englischen heißen diese Diagramme auch *railroad diagrams*. Wenn man sich einen Zug vorstellt, der vom Eingang zum Ausgang den Pfeilen folgt, so hat er auf seiner Reise die besuchten Terminale und Nonterminale in einer syntaktisch zulässigen Reihenfolge passiert. Wir beschreiben mit den folgenden Syntaxdiagrammen Teile der Syntax von Turbo-Pascal. Zur vollständigen Sprachbeschreibung sei auf die Manuale verwiesen.

Ein **Programm** besteht aus einem *Programmkopf*, einer *uses*-Anweisung, einem *Block* und einem abschließenden *Punkt*. Programmkopf und uses-Anweisung können über vorhandene Pfeile umgangen werden, sie sind also optional. Nicht optional sind dagegen der Block und der abschließende Punkt.

2.5 Formale Beschreibung von Programmiersprachen                                        131

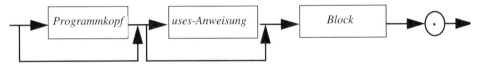

*Abb. 2.17:* Syntaxdiagram für Programm

Der **Programmkopf** legt den Namen des Programms fest. Da dieser aus der Sicht des Betriebssystems aber bereits durch den Namen der Datei festgelegt ist, die den Programmtext enthält, ist die Angabe des Programmkopfes redundant und daher optional.

*Abb. 2.18:* Syntaxdiagramm für Programmkopf

Die **uses-Anweisung** ist nur für Turbo-Pascal Programme notwendig, die unter dem Betriebssystem Windows ausgeführt werden. Mit der Anweisung

    **USES** WinCrt;

wird ein Fenster erzeugt, in dem zeilenorientierte Eingabe- und Ausgabeanweisungen mittels der Prozeduren **readln** oder **writeln** möglich sind.

Ein **Block** besteht aus einem Deklarationsteil und einem Anweisungsteil. Im Deklarationsteil werden Namen vereinbart, die im Anweisungsteil verwendet werden dürfen.

*Abb. 2.19:* Syntax eines Blockes

Ein **Deklarationsteil** besteht aus beliebig vielen Deklarationen für Konstante, Variablen, Typen und Unterprogramme. Letztere werden später noch ausführlich diskutiert. Man erkennt, dass dieses Diagramm beliebig oft durchlaufen werden kann.

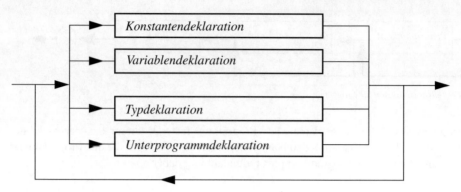

***Abb. 2.20:*** *Syntax für Deklarationsteil*

Durch eine **Variablendeklaration** werden Listen von Bezeichnern als Variablen eines bestimmten Datentyps erklärt:

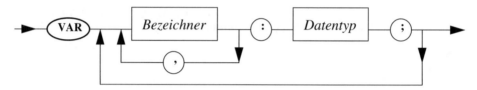

***Abb. 2.21:*** *Syntax einer Variablendeklaration*

In einer **Konstantendeklaration** werden Bezeichnern feste Werte zugeordnet. Diese können sich als Resultat eines konstanten Ausdruckes ergeben. Optional kann der Typ der Konstanten auch festgelegt werden.

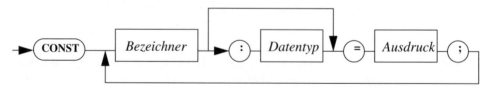

***Abb. 2.22:*** *Syntax der Konstantendeklaration*

Der **Anweisungsteil** ist eine sequentielle Komposition von beliebig vielen Anweisungen, also eine Verbundanweisung:

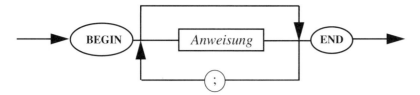

*Abb. 2.23:* Syntax für den Anweisungsteil

Syntaxdiagramme sollten immer zu Rate gezogen werden, wenn eindeutig zu klären ist, was in einer Programmiersprache erlaubt ist und was nicht. Ob beispielsweise der Text

**BEGIN** ;; x:=1 ;; **END**

einen gültigen, wenn auch ungewöhnlichen Anweisungsteil darstellt, lässt sich mithilfe des obigen Diagrammes leicht entscheiden, auch, dass „**BEGIN END** ." das kürzeste korrekte Programm in Turbo-Pascal ist; dieses wird auch als *Skip* bezeichnet.

### 2.5.3 Semantische Regeln

Nicht alle formalen Anforderungen an ein Programm lassen sich durch solche syntaktischen Regeln beschreiben. Zusätzlich zur Einhaltung der grammatikalischen Form, der *Syntax*, muss beispielsweise gewährleistet sein,

- dass jeder Bezeichner vor seiner Benutzung deklariert worden ist,
- dass kein Typfehler enthalten ist,
- dass kein Bereich überschritten wurde und
- dass keine Endlosschleife programmiert worden ist.

Einige dieser zusätzlichen Bedingungen können bereits vom Compiler überprüft werden, andere Fehler stellen sich erst bei der Ausführung des Programms heraus. Solche Laufzeitfehler sind besonders unangenehm und schwer zurückzuverfolgen. Ein syntaktisch korrektes Programm ist also erst ein kleiner, aber unabdingbarer Schritt auf dem Weg zum korrekten Programm.

## 2.6 Erweiterung der Kernsprache

Imperative Sprachen sind dadurch gekennzeichnet, dass sie Zuweisungen als fundamentale Grundaktionen besitzen und diese durch Kontrollstrukturen zu komplexen Anweisungen verknüpfen. Wir haben bisher drei Möglichkeiten kennen gelernt, aus vorhandenen Anweisungen neue zu konstruieren:

- die *sequentielle Komposition* (Verbundanweisung),
- die *Alternative* und
- die *while-Schleife*.

Alle gängigen imperativen Sprachen verwenden diese fundamentalen Kontrollstrukturen, bieten darüber hinaus jedoch noch weitere, die für oft vorkommende Fälle nützlich sind. Es gilt aber:

> *Alle Kontrollstrukturen einer imperativen Sprache lassen sich auf die sequentielle Komposition, die Alternative und die while-Schleife zurückführen.*

Aus theoretischer Sicht sind daher alle zusätzlichen Kontrollstrukturen nur „syntaktischer Zucker" (syntactic sugar), da sie sich immer durch die obigen Konstrukte ersetzen lassen. Dennoch tragen sie viel dazu bei, das fertige Programm übersichtlich und verständlich zu gestalten. Für jedes der neuen Konstrukte ist es uns aber möglich, die *Syntax* (sprachliche Form) durch ein Syntaxdiagramm einzuführen und die *Semantik* (Bedeutung) durch ein äquivalentes Programm, das nur die Konstrukte der Kernsprache benutzt.

## 2.6.1 Bedingte Anweisung

Wir beginnen mit der bedingten Anweisung, die die Ausführung einer Anweisung von einer *Bedingung* abhängig macht. Man kann sie als Alternativanweisung verstehen, deren zweite Alternative eine leere Anweisung (in Pascal: **BEGIN END**, in Java: **{ }** ) ist.

Die Syntax der bedingten Anweisung ist in Pascal:

und in Java:

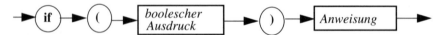

Syntaktisch kann man die Alternativanweisung und die bedingte Anweisung auch als Ausprägungen einer gemeinsamen *if-Anweisung* auffassen, wobei der durch das Schlüsselwort **ELSE** eingeleitete Teil optional ist:

*Abb. 2.24:*   *Syntax der allgemeinen if-Anweisung*

Jede Alternative einer *if*-Anweisung besteht aus genau einer Anweisung. Soll eine Alternative aus einer Folge von Anweisungen bestehen, muss man diese zu einer Verbundanweisung zusammenfassen.

Schachtelt man *if*-Anweisungen, so kann es zu Zweideutigkeiten kommen, denn

    **IF** $B_1$ **THEN** **IF** $B_2$ **THEN** $A_1$ **ELSE** $A_2$

## 2.6 Erweiterung der Kernsprache                                                              135

kann auf zwei verschiedene Weisen verstanden werden, die wir durch zusätzliche kleinge-schriebene **begin - end** Klammern verdeutlichen:

1. **IF** $B_1$ **THEN**   begin  **IF** $B_2$ **THEN** $A_1$ **ELSE** $A_2$   end

2. **IF** $B_1$ **THEN**   begin  **IF** $B_2$ **THEN** $A_1$  end   **ELSE** $A_2$

Die beiden Interpretationen führen zu unterschiedlichem Verhalten, wie folgende Aufstellung zeigt. *Skip* bezeichnet das *leere Programm* **BEGIN  END**:

| Wert von $B_1$ | Wert von $B_2$ | Ergebnis bei  Variante 1: | Variante 2: |
|---|---|---|---|
| True | True | $A_1$ | $A_1$ |
| True | False | $A_2$ | *Skip* |
| False | True | *Skip* | $A_2$ |
| False | False | *Skip* | $A_2$ |

Dieses Problem existiert in vielen Programmiersprachen, so auch in C/C++ und Java:

> **if** (B$_1$)  **if** (B$_2$) A$_1$ **else** A$_2$

ist *nicht* als

> **if** (B$_1$) { **if** (B$_2$) A$_1$ }
> **else** A$_2$

zu lesen, sondern als

> **if** (B$_1$) {  **if** (B$_2$) A$_1$ **else** A$_2$ }.

In allen gängigen Programmiersprachen legt man diese Interpretation zugrunde. Da ein *else* nie alleine steht, sondern stets ein *if* ergänzt, kann man die Regel so formulieren:

> *Ein else ergänzt immer das bisher letzte*[1] *noch nicht ergänzte if.*

Durch Einrückungen im Programmtext macht man meist deutlich, wie sich **else** und **if** ergänzen sollen. Man muss sich aber bewusst sein, dass der Compiler solche Einrückungen ignoriert. In dem folgenden Java-Programm helfen diese Einrückungen dem Verständnis, dennoch ist erkennbar, dass für Fallunterscheidungen bessere Programm-Konstrukte wünschenswert sind.

---

1. Das *letzte* innerhalb der gleichen **BEGIN** ... **END**- bzw. { ... }-Klammerstufe.

```
public class JahrundTag
{
    public static void main(String[] args){

        int tage, jahr = 2004;

        if (jahr % 100 == 0)
          if (jahr % 100 == 0)
            if (jahr % 400 == 0) tage=366;
            else tage = 365;
          else tage = 366;
        else tage = 365;

        System.out.println(""+jahr+" hat "+tage+"Tage");
    }
}
```

*Abb. 2.25:* Geschachteltes if-else in Java

Eine einfache Möglichkeit um das Programm zu vereinfachen wäre, die verschiedenen Bedingungen für ein Schaltjahr zu einem gemeinsamen booleschen Ausdruck zu verknüpfen. Man käme dann mit einem **if** aus:

> **if**(jahr%4==0 & jahr%100!=0 | jahr%400==0) tage=366;
> **else** tage = 365;

Zur Erinnerung: %, & und | sind die Funktionen, die in Pascal mod, and und or lauten. Außerdem haben wir ausgenutzt, dass & stärker bindet als |. Die in der Abbildung verwendete println-Funktion hat als Argument eine aus 5 Teilen zusammengesetzte Zeichenkette. Der erste Teil ist der leere String "". Er könnte hier weggelassen werden, da Java bei der Addition von Strings zu *int*-Werten, letztere bei Bedarf zu Strings umwandelt. Die Abarbeitung geschieht dabei von links nach rechts, so dass z.B. ""+47+11="4711", aber 47+11+""="58" ergibt.

## 2.6.2 Fallunterscheidung

Oft muss man dem Ergebnis eines Ausdrucks entsprechend eine Fallunterscheidung treffen. Durch geschachtelte Alternativanweisungen kann man solche immer ausdrücken, das Programm wird dabei aber unübersichtlich. Für Fallunterscheidungen gibt es daher in Pascal die *case*-Anweisung mit der Syntax:

*Abb. 2.26:* Syntax der case-Anweisung in Pascal

## 2.6 Erweiterung der Kernsprache 137

Jeder Fall besteht aus einer Anweisung, der eine Liste von Konstanten vorangestellt ist. Wenn der Wert des Ausdruckes gleich einer Konstante eines der aufgeführten Fälle ist, so wird dessen Anweisung ausgeführt. Das Schlüsselwort ELSE steht vor dem optionalen sonst-Fall. Allgemein ist eine *case*-Anweisung

```
CASE e OF
        k11,  ... ,  k1n1: A1  ;
        k21,  ... ,  k2n2: A2  ;
            . . .
        km1,  ...,  kmnm  :  Am  ;
    ELSE
        Am+1
```

äquivalent zu der folgenden geschachtelten if-else-Anweisung:

```
IF  (e = k11) or  ...  (e = k1n1)  THEN   A1
ELSE IF  (e = k21 ) or  ...  (e = k2n2 )  THEN A2
        . . .
ELSE IF  (e = km1 ) or  ...  (e = kmnm )  THEN Am
ELSE Am+1
```

Der Typ des Ausdrucks *e* muss ein so genannter *ordinaler Typ* sein, also entweder ein ganzzahliger Wert oder mit einem solchen verträglich. Das trifft auf *Boolean* zu, wenn man *false* mit 0 und *true* mit 1 identifiziert und auch auf *Char*, wenn man einen Buchstaben durch seinen ASCII-Code identifiziert. Die Konstanten $k_{11}$, ..., $k_{mnm}$ müssen den gleichen Typ haben wie *e*.

Im folgenden Beispiel nutzen wir eine *case*-Anweisung, um die Zahl der Tage eines Monats zu finden. Beim Februar hängt es davon ab, ob ein Schaltjahr vorliegt oder nicht.

```
CASE Monat OF
    1,3,5,7,8,10,12: tage := 31;
    4,6,9,11       : tage := 30;
    2 : IF (jahr mod 4=0)
          and (jahr mod 100<>0)
          or (jahr mod 400=0)
        THEN tage := 29
        ELSE tage := 28;
    ELSE tage := 30;
END {CASE}
```

Statt der *case*-Anweisung hat man in C und Java die *switch*-Anweisung. Zwar spart man sich wieder das Schlüsselwort **DO**, doch muss man jeden Fall mit dem Wort **case** einleiten. Statt **else** benutzt man hier **default**. Im Gegensatz zur *case*-Anweisung in Pascal wird jede Bedingung getestet, und *bei jedem erfolgreichen Test* die zugehörige Anweisung ausgeführt. Meist ist dies vom Programmierer nicht gewünscht, so dass dieser explizit jede Anweisung $A_i$ durch eine **break**-Anweisung beenden muss. Diese bewirkt, dass das switch-Konstrukt sofort verlassen wird. In der folgenden Form entspricht die Semantik der *switch*-Anweisung dann der *case*-Anweisung in Pascal:

```
switch ( e ) {
```

```
case k₁         : A₁ break ;
case k₂         : A₂ break ;
    ...
case kₘ         : Aₘ break ;
default: A_{m+1}
}
```

## 2.6.3 Repeat-Schleife und do-Schleife

Schleifen legen die wiederholte Ausführung von Anweisungen fest. Die *while*-Schleife haben wir bereits diskutiert. Ihre Bedingung *B* wird jeweils *vor* der Ausführung des Schleifenrumpfes *A*, getestet. Ist die Bedingung *false*, so entspricht die Ausführung der Schleife der leeren Anweisung, ansonsten wird *A* und dann erneut die ganze Schleife ausgeführt. Die Semantik erfüllt daher die folgende *rekursive Gleichung*, die man auch in theoretischen Betrachtungen gern als Definitionsgleichung benutzt:

**WHILE** *B* **DO** *A* = **IF** *B* **THEN BEGIN** *A* ; **WHILE** *B* **DO** *A* **END**

Im Gegensatz zur *while-Schleife* wird bei der *repeat-Schleife* (engl. repeat = wiederholen) zuerst der Körper ausgeführt und danach erst entschieden, ob die Schleife wiederholt wird.

In Pascal besteht der Körper der *repeat*-Schleife aus einer *Folge von Anweisungen*. Die Schlüsselworte **REPEAT** und **UNTIL** begrenzen diese Folge, daher ist eine zusätzliche Begrenzung durch **BEGIN** und **END** nicht notwendig.

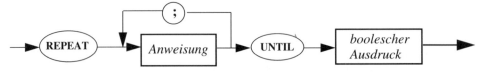

Die Semantik der **REPEAT**-Schleife kann man durch folgende äquivalente while-Schleife definieren:

**REPEAT** $A_1$; ... ;$A_n$ **UNTIL** $B$  =
        $A_1$ ; ... ; $A_n$ ;
        **WHILE** not $B$ **DO BEGIN** $A_1$; ... ; $A_n$ **END**

Eine *repeat*-Anweisung ist immer dann angebracht, wenn der Schleifenrumpf mindestens einmal und dann so oft, bis eine Bedingung erfüllt ist, ausgeführt werden muss. Ein typisches Beispiel ist die folgende Aufgabe:

> Von der Tastatur soll eine Zahl zwischen 0 und 100 eingelesen werden. Wenn die eingegebene Zahl negativ ist, soll die Eingabeprozedur wiederholt werden. Anders gesagt: Der Rechner fordert den Benutzer solange auf, eine positive Zahl einzugeben, bis der Forderung nachgekommen wird.

Die Lösung mit einer *while*-Schleife ist umständlich, weil Code dupliziert werden muss:

```
writeLn('Bitte Zahl zwischen 0 und 100 eingeben:');
```

## 2.6 Erweiterung der Kernsprache

```
read(Zahl); writeLn;
WHILE (Zahl < 0) or (Zahl > 100) DO
    BEGIN
        writeLn('Bitte Zahl zwischen 0 und 100 eingeben:');
        read(Zahl); writeLn
    END
```

Die *repeat*-Schleife kommt in einer solchen Situation gleich zur Sache:

```
REPEAT
    writeLn('Bitte Zahl zwischen 0 und 100 eingeben:');
    read(Zahl); writeLn;
UNTIL (Zahl >= 0) and (Zahl <= 100)
```

Java besitzt ebenfalls ein Pendant zur *repeat*-Anweisung. Sie heißt *do-while-Anweisung* und hat die Form:

Diese Schleife wird in Java selten benutzt. Es ist auch ziemlich unverständlich, warum sie nur eine Anweisung kontrolliert, und warum sie mit einem Semikolon enden muss (siehe S. 94).

### 2.6.4 Allgemeinere Schleifenkonstrukte

Der Test, ob der Schleifenkörper erneut ausgeführt wird, steht bei einer *while*-Schleife am Anfang, bei einer *repeat*-Schleife (bzw. *do*-Schleife) am Ende des Schleifenkörpers. In vielen Fällen wäre es wünschenswert, diesen Test an einer beliebigen Stelle innerhalb des Körpers durchzuführen, um die Schleife gegebenenfalls vorzeitig verlassen zu können. Leider bietet Standard-Pascal eine solche Möglichkeit nicht an. Für die als Nachfolgesprache zu Pascal gedachte Sprache, *Modula-2*, wurde ein Konstrukt vorgesehen, das gleichzeitig die *while*- und die *repeat*-Schleife verallgemeinert, die *loop-Anweisung*. Zwischen den Schlüsselworten **LOOP** und **END** steht eine Folge von Anweisungen. Eine davon kann eine *exit-Anweisung* enthalten, welche die Ausführung der Schleife sofort beendet. *while*-Schleifen und *repeat*-Schleifen realisiert man, indem man eine bedingte *exit*-Anweisung entweder ganz am Anfang oder ganz am Ende der *loop*-Anweisung plaziert. Die allgemeine Form der *loop*-Anweisung ist:

```
LOOP
    A₁;  A₂;   ... ; Aₖ;
    IF B THEN EXIT ;
    Aₖ₊₁;   ... ; Aₙ
END
```

Neuere Versionen von Pascal stellen eine Anweisung **BREAK** bereit, die einen unbedingten Sprung an das Ende der umgebenden Schleife bewirkt, so dass man denselben Effekt wie oben besprochen erreichen kann:

```
REPEAT
    A₁;  A₂;  ... ; Aₖ ;
    IF B THEN BREAK;
    Aₖ₊₁;  ... ; Aₙ
UNTIL false
```

Die *break*-Anweisung ist C/C++ entlehnt, und sie existiert folgerichtig genauso in Java. Mit ihrer Hilfe können beliebige Schleifen analog zu dem **LOOP-EXIT_END**-Konstrukt programmiert werden:

```
while( true ) {
    A₁; A₂; ... Aₖ;
    if (B) break;
    Aₖ₊₁; ... Aₙ;
}
```

## 2.6.5 Die *for*-Schleife in Pascal

Oft möchte man eine bestimmte Anweisung mehrfach wiederholen, wobei die Anzahl der Wiederholungen sich vor Beginn der Schleife bestimmen lässt. Für solche Fälle bieten imperative Sprachen ein bequemes Konstrukt, die so genannte *for*-Schleife. Diese ist in Pascal allgemeiner als ein *Iterator* über einen ordinalen Typ konzipiert, das heißt, dass man alle Elemente eines Intervalls durchlaufen und für jedes dieser Elemente eine bestimmte Aktion durchführen kann. Eine Variable, auch *Laufvariable* genannt, bezeichnet dabei nacheinander alle Elemente des Intervalls, dessen Grenzen durch zwei Ausdrücke festgelegt sind und das aufwärts oder abwärts durchlaufen werden kann. Der erste Ausdruck bezeichnet den Start des Durchlaufes, der zweite das Ende.

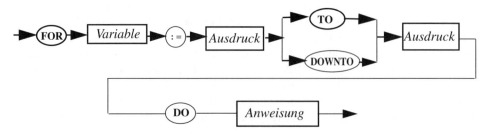

**Abb. 2.27:** *Syntaxdiagramm für die for-Schleife*

Die Laufvariable muss, wie jede andere Variable auch, deklariert worden sein. Startwert und Endwert sind Ausdrücke, deren Ergebnis zum Datentyp der Laufvariable passt. Als Datentyp sind alle Datentypen zugelassen, auf denen die Operationen *succ* und *pred* definiert sind, so dass man alle Werte nacheinander durchlaufen kann. Solche Datentypen heißen in Pascal *ordinale Datentypen*. Zu ihnen gehören z.B. *integer* und *char*, nicht aber *real* oder *string*.

In dem folgenden Beispiel wird die Tabelle der ASCII-Codes aller Kleinbuchstaben ausgegeben:

## 2.6 Erweiterung der Kernsprache

```
FOR Zeichen := 'a' TO 'z' DO
    writeLn(Zeichen,'   ',Ord(Zeichen));
```

Wenn die Laufvariable nicht im Körper der Schleife verwendet wird, dient sie lediglich als Zähler. In dem nächsten Beispiel wird mit zwei geschachtelten *for*-Schleifen ein Dreieck aus Sternchen (*) gemalt:

```
VAR Spalte, Zeile:Integer;
BEGIN
FOR Zeile:=1 TO 5 DO
    BEGIN
        FOR Spalte := 1 TO Zeile DO
            Write('*');
        WriteLn
    END;
END
```

Bei der *for*-Schleife wird bereits sehr deutlich, warum eine umgangssprachliche Erklärung des Verhaltens einer *for*-Schleife nicht ausreicht. Wer bereits zu wissen glaubt, wie eine *for*-Schleife funktioniert, sollte versuchen, folgende Fragen zu beantworten:

* Welcher Wert ist nach Beendigung der Schleife in der Laufvariablen gespeichert?
* Kann man den Wert der Laufvariablen in der Schleife verändern?
* Was ist, wenn der Startwert größer ist als der Endwert?
* Was passiert, wenn man im Schleifenkörper den Endwert verändert?

In der Tat fällt es uns nicht schwer, eine Definition der Semantik durch Übersetzung in die Kernsprache zu liefern. Diese beantwortet alle obigen Fragen (und mehr):

**Semantik der *for*-Schleife:**

$$\text{FOR } v := t_1 \text{ TO } t_2 \text{ DO } A$$

ist gleichbedeutend mit

```
IF   t₁ <= t₂ THEN
        BEGIN
            v := t₁ ;
                WHILE   v <= t₂ DO
                        BEGIN
                            A ;
                            v := succ(v)
                    END ;
                v := pred(v)
        END
```

Die Funktionen *succ* und *pred* sind für jeden ordinalen Datentyp vorhanden. Sie liefern das nächste bzw. das vorige Element. Sie sind quasi in das *for*-Statement „eingebaut".

Aufgrund des komplizierten Verhaltens der Laufvariablen verlangt ein sauberer Programmierstil die folgenden Vorsichtsmaßnahmen unbedingt zu beachten:

- Innerhalb der Schleifenanweisung sollte die Laufvariable nie verändert werden.
- Annahmen über den Wert der Laufvariablen nach Beendigung der Schleife sollten nicht gemacht werden.

Es wäre besser, wenn Pascal die Laufvariable als *gebundene Variable* behandeln würde: Ihr Typ würde implizit (durch den Typ $T$ von $t_1$ und $t_2$) erklärt, und nur in dem Schleifenkörper hätte der Programmierer lesenden Zugriff. Eine solche Behandlung entspräche genau der Behandlung von Quantoren in der Mathematik wie in $\forall (x \in T)\ A(x)$.

## 2.6.6 Die *for*-Schleife in Java

Die *for*-Schleife in Java erlaubt zwar die lokale Deklaration der Laufvariablen, doch deren Inkrementierung oder Dekrementierung muss man explizit veranlassen. Die Syntax

$$\mathbf{for}\ (\ Init_1,\ \dots ,Init_k\ ;\ test\ ;\ Inc_1,\ \dots ,Inc_n\ )\ Anweisung$$

ist genau genommen eine schreibtechnische Abkürzung für

```
{   Init1 ; ... Initk ;
    while(test){ Anweisung
                 Inc1;
                 ...
                 Incn; }
}
```

Das folgende Beispiel zeigt eine *for*-Schleife, die Celsius-Temperaturen (°C) in die in den USA noch üblichen Fahrenheit-Werte (°F) umrechnet und ausgibt:

```
for ( int i=0 ; i < 100 ; i++ ) {
    System.out.println(i + " °C = " + (32+9*i/5) + " °F");
}
```

Hierbei ist `System.out.println();` die Schreibanweisung, ähnlich zu `writeln` in Pascal. Ihr Argument ist ein String, der hier aus verschiedenen Bestandteilen mithilfe des Konkatenationssymbols „+" zusammengesetzt wird.

Die *for*-Schleife in Java ist so mächtig, dass sie eine beliebige *while*-Schleife ersetzen kann:

> `for( ; B ; ) A` ist gleichbedeutend mit `while ( B ) A`

Diese Konstruktion wird daher oft statt der *while*-Schleife verwendet. Hierbei wurden der Initialisierungs- und der Inkrementierungteil der *for*-Schleife einfach weggelassen. Es wird also jeweils die leere Anweisung verwendet.

Damit stehen in C/C++ und Java zwei verschiedene Sprachkonstrukte für im Wesentlichen dieselbe Aufgabe zur Verfügung. Dies widerspricht dem ansonsten für Programmiersprachen geforderten *Orthogonalitätsprinzip*. Es fordert, für *jeden* Aufgabentyp *ein* geeignetes Werk-zeug bereitzustellen.

# 2.7 Unterprogramme

Große Programmierprobleme lassen sich nie auf einen Schlag lösen. Das Problem muss in Teilprobleme zerlegt werden, diese eventuell wieder in Teilprobleme bis man auf einer Ebene angekommen ist, wo die Teilaufgaben sich sofort in Code umsetzen lassen.

Alle Programmiersprachen bieten Konzepte an, diesen Prozess zu unterstützen. Das einfachste Konzept dazu ist das der *Unterprogramme*. Wenn das fertige Programm das gesamte Problem lösen soll, so entsprechen Unterprogramme den Lösungen der Teilprobleme. So wie Teilprobleme selber wieder in neue Teilprobleme zerfallen können, so können auch Unterprogramme selber wieder in Unterprogramme geschachtelt sein.

Syntaktisch sieht ein Unterprogramm genauso aus wie ein Programm, es besteht aus einem Kopf und einem Block. Dies macht es einfach, das neue Konzept zu erlernen. Im Falle von Pascal sind die einzigen Unterschiede:

- das Schlüsselwort **PROGRAM** wird durch **PROCEDURE** ersetzt,
- der Kopf kann eine Liste von *Parametern* enthalten,
- das Unterprogramm endet mit einem *Semikolon* – statt mit einem Punkt.

Im folgenden Beispiel lösen wir das gleiche Problem, das wir im letzten Kapitel mit zwei geschachtelten *for*-Schleifen gelöst haben, mithilfe von Unterprogrammen. Ein Dreieck aus Sternchen (*) soll gezeichnet werden. Da das Dreieck aus einzelnen Zeilen und die k-te Zeile wiederum aus $k$ Sternchen besteht, bietet sich als Teilproblem an, ein Unterprogramm zu schreiben, das $k$ Sternchen in einer Zeile druckt. Das folgende Unterprogramm löst das Problem. Der Parameter $k$, der als Integer deklariert wird, gestattet das Unterprogramm mit verschiedenen Werten von $k$ aufzurufen:

```
PROCEDURE  Sterne(k : Integer);
VAR i : Integer;
BEGIN
    FOR i:= 1 TO k DO Write('*')
END ;
```

Dieses Unterprogramm wird von dem Hauptprogramm verwendet. Es muss daher in dessen Deklarationsteil *deklariert* und im Anweisungsteil *aufgerufen* werden. Hier wird es innerhalb der *for*-Schleife des Hauptprogrammes aufgerufen. Dazu muss nur der Name aufgeführt werden, wobei jeder Parameter mit dem gewünschten Wert versorgt wird. Hier lautet der Aufruf: „Sterne(Zeile)". Das komplette Programm ist daher:

```
PROGRAM Dreieck;
VAR Zeile:integer;
PROCEDURE  Sterne(k : Integer);
    (* Schreibt k Sternchen *)
    VAR i : Integer;
    BEGIN
        FOR i:= 1 TO k DO  Write('*')
    END (* Sterne *);
```

```
BEGIN (* Hier beginnt das Hauptprogramm *)
    FOR Zeile:=1 TO 5 DO
        BEGIN
            Sterne(Zeile);
            Writeln
        END
END .
```

Die Einrückung soll betonen, dass im Hauptprogramm zwei Namen vereinbart werden:

- `Zeile` als Name einer Integervariablen und
- `Sterne` als Name eines Unterprogrammes.

Innerhalb des Unterprogrammes wird eine Integervariable *i* deklariert. Sie ist nur innerhalb der Prozedur gültig und heißt daher auch *lokale Variable*. Wollte man sie außerhalb benutzen, so würde der Compiler einen Fehler melden. Dagegen kann die Unterprozedur auf jede außen deklarierte Variable zugreifen. In diesem Falle dürfte `Sterne` auf die Variable `Zeile` zugreifen, wenn es nötig wäre.

Zusätzliche Kommentare erläutern den Zweck des Unterprogrammes und Einrückungen deuten an, zu welchem **BEGIN** welches **END** gehört.

## 2.7.1 Prozedurale Abstraktion

Die Vorgehensweise, Teilprobleme durch Prozeduren zu lösen, nennt man *prozedurale Abstraktion*. Ein Prozeduraufruf ist dabei eine Anweisung und darf überall dort stehen, wo syntaktisch eine Anweisung erlaubt ist.

Unser Unterprogramm `Sterne` wird noch nützlicher, wenn wir ihm erlauben, auch andere Zeichen als nur Sterne zu drucken. Das zu druckende Zeichen geben wir ihm als weiteren Parameter mit. Damit ist unsere Prozedur abstrakter geworden und für allgemeinere Zwecke nutzbar. Wir wollen jetzt einen Weihnachtsbaum drucken. Damit dessen Krone schön zentriert ist, müssen wir jede Zeile einrücken, indem wir die entsprechende Zahl an Leerzeichen ' ' ausgeben.

```
PROGRAM Weihnachtsbaum;
CONST h = 5;
PROCEDURE Sterne(Zeichen : Char; Anzahl : Integer);
VAR i : Integer;
BEGIN
    FOR i:= 1 TO Anzahl DO Write(Zeichen);
END (* Sterne *);

VAR Zeile:integer;
BEGIN                   (* Zeichne zuerst die Krone *)
    FOR Zeile:=1 TO h DO (* Je eine Zeile der Krone *)
        BEGIN
            Sterne(' ',h - Zeile);
            Sterne('*',2*Zeile-1);
```

2.7 Unterprogramme

```
            Writeln
        END;
    FOR i := 1 TO 3 DO (* Jetzt noch der Stamm : *)
        BEGIN
            Sterne(' ',h - 1);
            Writeln('*')
        END
END.
```

Die Ausgabe des Programmes sollte nun sein:

```
      *
     ***
    *****
   *******
  *********
      *
      *
      *
```

## 2.7.2    Funktionale Abstraktion

Der Aufruf einer Prozedur ist eine Anweisung – sie kann überall dort erscheinen, wo syntaktisch eine Anweisung erlaubt ist. Wir möchten nun aber auch Funktionen, wie z.B. die ggT-Funktion als Unterprogramm schreiben, um diese dann ein für allemal zur Verfügung zu haben. Der Aufruf des ggT-Unterprogrammes kann keine Anweisung sein, denn wir sind nicht an einer Speicherveränderung interessiert, sondern an dem Wert. Daher muss ihr Aufruf ein (wohlgeformter) Ausdruck sein und überall dort erscheinen dürfen, wo syntaktisch ein Ausdruck erlaubt ist.

Ein Unterprogramm, das einen Wert liefern soll, heißt in Pascal **FUNCTION**. Seine Syntax ist bis auf zwei kleine Unterschiede identisch mit der einer **PROCEDURE**:

*   das Schlüsselwort **FUNCTION** ersetzt **PROCEDURE**,
*   der Datentyp des Rückgabewertes muss in der Kopfzeile genannt werden.

In Form der Funktion Schalt ist bei der Besprechung der *case*-Anweisung im vorigen Unterkapitel bereits ein Funktions-Unterprogramm aufgetaucht:

```
FUNCTION Schalt( x: Integer ): Boolean;
BEGIN
    IF x MOD 4 = 0 THEN
        IF x MOD 100 = 0 THEN
            IF x MOD 400 = 0 THEN Schalt := True
            ELSE Schalt := False
        ELSE Schalt := True
    ELSE Schalt := False;
END{Schalt};
```

In diesem Falle ist der Rückgabewert vom Typ *Boolean*, folglich darf im Programm ein Aufruf `Schalt(Jahr)` überall dort stehen, wo ein boolescher Ausdruck erlaubt ist. Wie wird aber in der Definition der Funktion der Rückgabewert bestimmt?

In Pascal dient der Name eines *Function*-Unterprogrammes gleichzeitig als Variable, die den Ergebniswert aufnimmt. Maßgeblich ist der Wert, der sich in dieser Variablen befindet, wenn das Unterprogramm terminiert. Der Programmierer muss dafür sorgen, dass er den gewünschten Wert in dieser Variablen speichert. Sinnvollerweise sollte das immer zum Schluss, kurz vor Beendigung des Unterprogrammes geschehen.

### 2.7.3 Funktionale und prozedurale Abstraktion in C und Java

Prinzipiell werden Unterprogramme in C/C++ und Java ganz ähnlich gebildet wie in Pascal. Anders aber als in Pascal wird der Rückgabewert eines Funktions-Unterprogrammes mittels der Anweisung **return** explizit zurückgegeben. Dabei wird das Unterprogramm auch sofort verlassen.

Syntaktisch sieht eine Funktionsdeklaration aus wie eine erweiterte Variablendeklaration. Nach dem Datentyp des Rückgabewertes folgt der Funktionsname, die Parameterliste und der Block mit dem Funktionsrumpf. Zur Illustration sei hier die ggT-Funktion als C bzw. Java-*Function* gezeigt:

```
int ggT(int x, int y) {
    while (x != y) {
        if ( x > y ) x=x-y;
        else y=y-x;
    }
    return x;
}
```

Anlässlich der Diskussion der eigentümlichen Anweisung „i++", die gleichzeitig ein Ausdruck ist, haben wir bereits gesehen, dass diese Sprachen nicht klar zwischen Anweisungen und Ausdrücken unterscheiden. Jede Anweisung hat auch einen Wert und jeder Ausdruck kann nebenbei den Speicher verändern. Folglich unterscheidet man hier auch nicht zwischen Funktionen und Prozeduren. Hat man eine Prozedur im Sinne, so verzichtet man einfach auf die *return*-Anweisung und spezifiziert als Ergebnistyp den fiktiven leeren Datentyp **void**.

### 2.7.4 Top-Down-Entwurf

Wir können die prozedurale Abstraktion auch einsetzen, indem wir von dem Ausgangsproblem startend dieses in Teilprobleme zerlegen und für jedes Teilproblem sofort eine Prozedur deklarieren. Von dieser schreiben wir zunächst nur einen *Stummel* (engl. *stub*) hin – den Namen, ihre Parameter und lediglich **BEGIN END** für den Anweisungsteil. Die Prozeduren tun dann noch nichts, aber wir können das Programm mit den Prozedurstummeln bereits compilieren und gewisse Dinge testen.

## 2.7 Unterprogramme

Praktisch beginnen wir, das Hauptprogramm zu schreiben, indem wir immer so tun, als ob wir bestimmte abstrakte Anweisungen schon hätten, die wir dann später detaillieren. Das ermöglicht die Konzentration auf das Wesentliche und das Weglassen vorerst unwesentlicher Einzelheiten. Als Beispiel wählen wir die Programmierung eines unter dem Namen NIM bekannten Spieles.

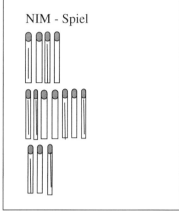

Spielregeln:

Das Spiel beginnt mit drei Reihen von Streichhölzern. Zwei Spieler ziehen abwechselnd. Ein Zug besteht darin, eine Reihe auszuwählen und aus dieser Reihe beliebig viele – jedoch mindestens ein Streichholz – wegzunehmen. Wer das letzte Streichholz nimmt, hat gewonnen.

*Abb. 2.28: NIM-Spiel*

Die Programmierung eines Demonstrationsbeispiels, bei dem das Computerprogramm die Rolle beider Spieler übernimmt, könnte wie folgt aussehen:

```
PROGRAM NimSpiel;
Uses WinCrt;
Var Spieler : Integer;
    Reihe1, Reihe2, Reihe3 : Integer;
    Fertig : Boolean;

PROCEDURE Init;
Begin
    Reihe1 := 4;
    Reihe2 := 7;
    Reihe3 := 3;
End{Init};

PROCEDURE ZeigeSpiel;
Begin
End{ZeigeSpiel};

PROCEDURE MacheZug;
Begin
End{MacheZug};
```

```
FUNCTION SpielEnde : Boolean;
Begin
    SpielEnde := True
End{SpielEnde};


PROCEDURE SpielerWechsel;
Begin
End{SpielerWechsel};


PROCEDURE GratuliereDemSieger;
Begin
End{GratuliereDemSieger};


BEGIN
    Init;
    Fertig  := False;
    Spieler := 1;
    REPEAT
        ZeigeSpiel;
        MacheZug;
        IF  SpielEnde THEN Fertig := True
        ELSE SpielerWechsel
    UNTIL Fertig;
    GratuliereDemSieger
END.
```

Dieses Programm hat bereits ein funktionierendes Hauptprogramm. Die Einzelheiten verstecken sich hinter den Unterprogrammen *Init*, *ZeigeSpiel*, *MacheZug*, *SpielEnde*, *SpielerWechsel* und *GratuliereDemSieger*. Diese sind zunächst als Stummel angegeben und müssen in der nächsten Runde weiter detailliert werden. Der Vorteil dieser Vorgehensweise besteht darin, dass wir uns den schwierigeren Aufgaben erst im Verlaufe der Programmierung zuwenden müssen – aber bereits von Anfang an ein syntaktisch korrektes Programm haben, das den Programmentwurf enthält.

Schrittweise kann man nun das Programm verbessern, bis das gewünschte Ergebnis vorliegt. Mögliche Schritte wären:

- **Schritt 1:** Vervollständigung der Routinen, so dass das Programm ein einfaches Demo-Spiel vorführen kann.
- **Schritt 2:** Einbau einer Strategie, so dass nicht irgendein Zug ausgeführt wird, sondern der *bestmögliche*.
- **Schritt 3:** Ausbau der Spieler-Rollen. Neben der bereits vorhandenen Variante Computer-Computer wird eine Variante Computer-Mensch angeboten. Die Initialisierung der Streichholzzahlen wird dem Benutzer des Spieles angeboten und ermöglicht.
- **Schritt 4:** Grafische Gestaltung statt zeilenweiser Ein- und Ausgabe.

2.7 Unterprogramme                                                                       149

Erst nach Schritt 4 könnten wir es wagen, unser Spiel mit irgendeinem kommerziell vertriebe-
nen Spiel zu vergleichen. Leider ist das NIM-Spiel nach einiger Zeit einfach zu durchschauen.
Es lässt sich bereits zu Beginn des Spieles ermitteln, welcher der Spieler bei optimaler Spiel-
weise gewinnen kann. Folgt dieser einer bestimmten Strategie, so hat der Gegner keine
Chance. Wir werden diese Strategie in Schritt 2 implementieren. Zunächst aber ein einfaches
Demo-Programm:

```
PROGRAM NimSpiel;
USES WinCrt;

VAR Spieler : Integer;
    ZugNr : Integer;
    Reihe1, Reihe2, Reihe3 : Integer;
    Fertig : Boolean ;
PROCEDURE Init;
BEGIN
    Reihe1 := 4;
    Reihe2 := 6;
    Reihe3 := 3;
    ZugNr  := 0;
    Fertig := False;
END{Init};

PROCEDURE ZeigeSpiel;
BEGIN
    Writeln; Writeln('Zug Nummer: ', ZugNr);
    Writeln('Reihe1: ', Reihe1);
    Writeln('Reihe2: ', Reihe2);
    Writeln('Reihe3: ', Reihe3);
END{ZeigeSpiel};

PROCEDURE MacheZug;
BEGIN
    Inc(ZugNr);
    IF Reihe1 > 0 THEN Dec(Reihe1)
    ELSE IF Reihe2 > 0 THEN Reihe2 := Reihe2 - 1
    ELSE IF Reihe3 > 0 THEN Reihe3 := Reihe3 - 1
END{MacheZug};

FUNCTION SpielEnde : Boolean;
BEGIN
    SpielEnde := (Reihe1 + Reihe2 + Reihe3) = 0;
END{SpielEnde};

PROCEDURE SpielerWechsel;
BEGIN
    IF Spieler = 1 THEN Spieler := 2 ELSE Spieler := 1
```

```
END{SpielerWechsel};

PROCEDURE GratuliereDemSieger;
BEGIN
    WriteLn('Gewonnen hat Spieler ', Spieler);
    WriteLn('Herzlichen Glückwunsch!');
END{GratuliereDemSieger};


BEGIN
    Init;
    Spieler := 1;
    REPEAT
        ZeigeSpiel;
        MacheZug;
        IF  SpielEnde THEN Fertig := True
        ELSE SpielerWechsel
    UNTIL Fertig;
    GratuliereDemSieger
END.
```

Abschließend wollen wir uns noch an Schritt 2 heranwagen. Eine Strategie besteht im NIM-Spiel darin, dem Gegner in `Reihe1`, `Reihe2` und `Reihe3` die Anzahlen $n_1$, $n_2$ und $n_3$ von Streichhölzern stets so zu hinterlassen, dass $n_1$ **xor** $n_2$ **xor** $n_3 = 0$ ist. Hierbei seien $n_1$, $n_2$ und $n_3$ durch Bitfolgen repräsentiert. Man kann sich dann leicht überlegen:

> *Wie immer der Gegner zieht, er muss genau eine der Zahlen $n_1$, $n_2$ oder $n_3$ verändern,*
> *so dass auf jeden Fall nach seinem Zug $n_1$ **xor** $n_2$ **xor** $n_3 \neq 0$ gilt.*

Gelingt es uns in einem solchen Falle immer wieder, $n_1$ **xor** $n_2$ **xor** $n_3 = 0$ herzustellen, so können nur wir gewinnen, denn der letzte Zug führt unweigerlich zu $n_1 = 0$, $n_2 = 0$, $n_3 = 0$ und es gilt *0 **xor** 0 **xor** 0 = 0*. Daher kann es nie der Gegner sein, der den Gewinnzug macht und das letzte Streichholz entfernt.

Bei der Ausgangssituation, die in der Abbildung dargestellt ist, wird der Spieler, der als Erster am Zug ist, verlieren, denn

$$
\begin{aligned}
4 \ \textbf{xor} \ 7 \ \textbf{xor} \ 3 \quad &= 0100_2 \ \textbf{xor} \ 0111_2 \ \textbf{xor} \ 0011_2 \\
&= 0011_2 \ \textbf{xor} \ 0011_2 \\
&= 0000_2.
\end{aligned}
$$

Wer bei optimaler Spielweise gewinnen wird, steht beim NIM-Spiel also von vornherein fest. Ist es unser Gegner, so retten wir uns mit einem Verlegenheitszug und hoffen darauf, dass er einen Fehler macht.

```
PROCEDURE MacheZug;
BEGIN
    Inc(ZugNr);
    IF Reihe1 > (Reihe2 xor Reihe3)
```

```
      THEN  Reihe1 := Reihe2 xor Reihe3
 ELSE IF Reihe2 > (Reihe1 xor Reihe3)
      THEN  Reihe2 := Reihe1 xor Reihe3
 ELSE IF Reihe3 > (Reihe1 xor Reihe2)
      THEN  Reihe3 := Reihe1 xor Reihe2
 ELSE Verlegenheitszug
END{MacheZug};
```

## 2.7.5  Kommunikation zwischen Haupt- und Unterprogramm

Ein Datenaustausch zwischen Haupt- und Unterprogramm sollte möglichst nur über die Parameter des Unterprogrammes laufen. Damit die Kommunikation in beide Richtungen funktioniert, gibt es in Pascal zwei Arten von Parametern: Wertparameter und Variablen-Parameter.

Der übliche Fall ist ein Unterprogramm, das je nach Wert des Parameters, mit dem es aufgerufen wird, andere Dinge erledigt. In diesem Falle erhält das Unterprogramm über den Parameter einen Wert von dem übergeordneten Programm. Die Kommunikation geht also nur in eine Richtung. Der benötigte Parametertypus ist ein *Wertparameter*.

Im Falle unserer Prozedur Sterne, die mit dem Prozedurkopf

```
PROCEDURE Sterne(Zeichen : Char; Anzahl : Integer);
```

deklariert war, fand ein derartiger Datenaustausch über die Parameter Zeichen und Anzahl statt. Einen *Aufruf* der Prozedur, etwa in Form von

```
Sterne('*',2*Zeile-1)
```

bewirkt, dass die Parameter Zeichen und Anzahl die Werte '*' und 2*Zeile-1 von außen empfangen. Sie geben aber keine Daten von innen nach außen. Man kann festhalten:

- die Parameter eines Unterprogrammes sind lokale Variablen,
- beim Aufruf wird ihnen von dem rufenden Programm ein Wert zugewiesen.

Der Aufruf „Sterne('*',2*Zeile-1)" bewirkt also die Zuweisungen

```
Zeichen := '*';
Anzahl := 2*Zeile-1
```

Anschließend wird der Anweisungsteil des Unterprogrammes ausgeführt.

## 2.7.6  Variablen-Parameter

Ein Unterprogramm hat grundsätzlich Zugriff auf alle Variablen des umfassenden Blockes, also auch auf die des aufrufenden Programmes. Aus der Sicht des Unterprogrammes nennt man alle außerhalb deklarierten Variablen *global*, die eigenen Variablen *lokal*. Ein Unterprogramm kann globale Variablen lesen und verändern, so dass im Prinzip auf diese Weise ein Datenaustausch von dem Unterprogramm zu dem umfassenden Programm möglich ist. Im Falle des *Nim*-Spieles hatten wir dies auch ausgenutzt. Fast alle Prozeduren hatten dort globale Variablen des Hauptprogrammes gelesen oder gar verändert. Dies bringt aber zwei Nachteile mit sich:

- An der Aufrufstelle ist nicht sichtbar, welche Variablen die aufgerufene Prozedur ändern wird. Im *Nim*-Programm sieht man z.B. nur den Aufruf `Init`. Man muss in die Definition von `Init` einsteigen, um zu erkennen, welche Konsequenzen der Aufruf haben kann.
- Wenn sich der Name einer Variablen im Hauptprogramm ändert, muss diese Änderung auch in den Unterprogrammen entsprechend nachvollzogen werden.

Die Verwendung von globalen Variablen führt bereits bei Programmen mittlerer Größe dazu, dass sie unübersichtlich und fehlerhaft werden. Daher sollte man globale Variablen möglichst nicht verwenden.

Allgemeiner spricht man von einem *Seiteneffekt* (auch *Nebeneffekt*), wenn eine Variable verändert wird, ohne dass dies an der Stelle im Programmtext, die diese Veränderung veranlasst, sichtbar ist. In der strukturierten Programmierung verbietet man solche Seiteneffekte.

Es gibt aber einen Mechanismus, mit dem Unterprogramme äußere Variablen verändern können und der die obigen Nachteile vermeidet. Dies sind so genannte *Variablen-Parameter*. Hierbei übergibt das aufrufende Programm dem Unterprogramm explizit den Namen einer Variablen. Diese darf durch das Unterprogramm geändert werden.

Den Unterschied zwischen Wert- und Variablen-Parameter sieht man leicht an dem folgenden Beispiel. Es soll eine Prozedur „Inc()" geschrieben werden, deren Aufgabe es ist, den Inhalt einer Variablen um eins zu erhöhen. Eine solche Prozedur ist in Turbo-Pascal bereits vorhanden, und man kann damit z.B. eine Zuweisung „x:=x+1" durch den Prozeduraufruf „Inc(x)" ersetzen. Wie könnte man sie aber selber erstellen?

Variablen-Parameter kennzeichnet man durch ein dem Parameternamen vorangestelltes **VAR**. Somit ist die folgende Prozedur die Lösung des Problems:

```
PROCEDURE Inc(VAR u: integer);
BEGIN
    u := u+1
END;
```

Bei dem Aufruf „Inc(x)" werden die Variable *x* und der Parameter *u* identifiziert, daher entfaltet die Zuweisung „u:=u+1" die entsprechende Wirkung auf *x*. Die oben genannten Nachteile globaler Variablen werden vermieden. Der Aufruf „Inc(x)" verrät sofort, welche Variable verändert wird und die Prozedur kann für jede Integervariable benutzt werden.

Ein Variablen-Parameter darf natürlich immer nur eine Variable, nie einen Wert erhalten. Ein Aufruf von z.B. Inc(x*y+3) wäre genauso falsch und sinnlos wie die entsprechende „Zuweisung" x*y+3 := (x*y+3)+1.

Ein klassisches Beispiel für die Notwendigkeit von Variablen-Parametern ist auch ein Unterprogramm zum Vertauschen (engl. *swap*) von zwei Werten. Das Vertauschen der Parameter wird nach außen nur wirksam, wenn die Parameter als Variablen-Parameter definiert werden.

2.7 Unterprogramme                                                                153

```
PROGRAM SwapTest;
PROCEDURE Swap(VAR x, y : Integer);
VAR temp : Integer;
BEGIN
    temp := x;
    x := y;
    y := temp
END{Swap};


VAR a, b: Integer;

BEGIN
    a := 42; b := 4711;
    Writeln(a,' ',b);
    Swap(a,b);
    Writeln(a,' ',b)
END.
```

Die Ausgabe zeigt, dass die Vertauschung funktioniert hat:

```
42 4711
4711 42
```

Lässt man dagegen das Schlüsselwort **VAR** in der Parameterliste von „Swap" weg, so führt das ansonsten gleiche Programm zu der Ausgabe:

```
42 4711
42 4711
```

Übrigens gibt es auch einen Trick, den wir hier nicht verschweigen wollen, um den Inhalt zweier Variablen zu vertauschen, ohne eine Hilfsvariable wie temp, zu benutzen. Er funktioniert zunächst für Variablentypen, auf denen die *xor*-Operation definiert ist:

```
PROCEDURE Swap(VAR x, y : Integer);
BEGIN
    x := x xor y;
    y := x xor y;
    x := x xor y;
END{Swap};
```

Zur Vertauschung der Inhalte arithmetischer Variablen funktioniert das folgende Programm. In dem Abschnitt über Verifikation werden wir Methoden kennen lernen, um so etwas zu beweisen. Auf S. 194 zeigen wir die Korrektheit des folgenden Programms:

```
PROCEDURE Swap(VAR x, y : Integer);
BEGIN
    x := x - y;
    y := x + y;
    x := y - x;
END{Swap};
```

## 2.7.7    Prozeduren als Funktionsersatz

Funktionen in Pascal können als Rückgabewert nur Elemente *einfacher* Datentypen haben. So
ist z.B. eine Funktionsdefinition

```
FUNCTION concat(S1,S2:String) : String;
```

nicht erlaubt, wenn der Ergebnistyp, String, kein einfacher, sondern ein aus Komponenten
zusammengesetzter Datentyp ist. In solchen Fällen behilft man sich, indem man stattdessen
eine Prozedur verwendet, bei der das Ergebnis in einem **VAR**-Parameter zurückgegeben wird:

```
PROCEDURE concat(S1, S2 : String; VAR Result : String);
```

Man kann die Ersatzprozedur dann nicht mehr in Ausdrücken verwenden. Beispielsweise
muss man dann

```
writeln( Conc(S1,Conc(S2,S3)) )
```

ersetzen durch

```
Concat(S2,S3,x); Concat(S1,x,y) ; writeln(y).
```

## 2.7.8    Funktionen und Prozeduren in C und Java

Funktionen und Prozeduren existieren auch in C und Java, allerdings gibt es keine echte
Unterscheidung zwischen Prozeduren und Funktionen. In C spricht man von *Funktionen*, in
Java von *Methoden*. Die Deklaration beginnt mit der Angabe des Ergebnistyps. Es folgt der
Name der Methode, die Parameterliste und der Block.

Für Methoden ohne Rückgabewert, also für Prozeduren im Sinne von Pascal, erfindet man
den leeren Typ void. Ein Beispiel einer solchen Prozedurdeklaration ist:

```
void überweisen(Konto k, int betrag){
    k.stand = k.stand + betrag;
    }
```

Eine Funktion mit Rückgabewert muss den berechneten Wert als Argument einer **return**-
Anweisung explizit zurückgeben. Ein **return** beendet sofort den Funktionskörper. Es können
durchaus mehrere return-Anweisungen in einem Funktionskörper vorhanden sein, wie das
folgende Beispiel zeigt:

```
int tagesZahl(int jahr){
    if ( jahr%4==0 & jahr%100!=0 | jahr%400==0) return 366;
    else return 365; }
```

## 2.7.9    Schachtelung von Unterprogrammen

So wie ein Hauptprogramm Unterprogramme haben kann, so kann auch ein Unterprogramm
selber wieder Unterprogramme haben. Man sagt, die Unterprogramme seien ineinander
geschachtelt. In Pascal sind beliebige Schachtelungstiefen möglich.

## 2.7 Unterprogramme

Durch die Schachtelung von Unterprogrammen entstehen *Schachteln* von Deklarationsteilen. Jedes Unterprogramm kann einen *lokalen* Deklarationsteil haben. Zu diesem zählen auch seine Parameter. Die dort erklärten *lokalen* Variablen sind nach außen nicht sichtbar, also weder lesbar noch veränderbar. Alle Variablen des umfassenden Programmes, also die aus der Sicht des Unterprogrammes *globalen* Variablen, sind sichtbar und auch veränderbar. Wenn eine lokale und eine globale Variable zufällig denselben Namen v besitzen, wird jede Referenz auf v im Unterprogramm immer auf die lokale Variante bezogen.

```
PROGRAM PA;
VAR  a, b, c, d : Integer;  {global}
     PROCEDURE PB (x, y : Real );
     VAR a, b : Integer { lokal };
          PROCEDURE PC(y, z : Real );
          VAR a : Integer { lokal };
          BEGIN
               a := b+c+d
          END;
     BEGIN
          a := c+d ; b := c*d
     END;
     PROCEDURE PD(x, u : Real );
     VAR c,d : Integer { lokal };
     BEGIN
          c := a+b ; d := a*d
     END;
BEGIN
     a := 1 ; b := 4 ; c := 7 ; d := 1
END.
```

Sichtbarkeitstabelle :

In **PA** sind sichtbar :
   *aus PA* : a, b, c, d, PB, PD
In **PB** sind sichtbar :
   *aus PA* : c, d, PB
   *aus PB* : a, b, x, y, PC
In **PC** sind sichtbar :
   *aus PA* : c, d, PB
   *aus PB* : b, x, PC
   *aus PC* : a, y, z
In **PD** sind sichtbar :
   *aus PA* : a, b, PB, PD
   *aus PD* : c, d, x, u

**Abb. 2.29:**  *Geschachtelte Unterprogramme*

Die Sichtbarkeitsregeln in Pascal besagen, dass ein Bezeichner an einer Stelle eines Programmes sichtbar (also verwendbar) ist, falls er

* in der aktuellen Schachtel oder
* in einer umfassenden Schachtel, aber auf jeden Fall
* an einer früheren Stelle des fortlaufenden Textes

erklärt ist. Die letzte Bedingung ist Pascal-spezifisch. Sie erleichtert den Bau einfacher und effizienter Pascal-Compiler. Parameter verhalten sich wie lokale Variablen. Der Name eines Unterprogramms selbst gilt als in der übergeordneten Schachtel deklariert. Die zum Teil bereits erwähnten vordefinierten Bezeichner wie **writeln**, **maxint** etc. aber auch **integer**, **char**, **boolean**, etc. muss man sich als in einer das Hauptprogramm umfassenden Schachtel deklariert vorstellen:

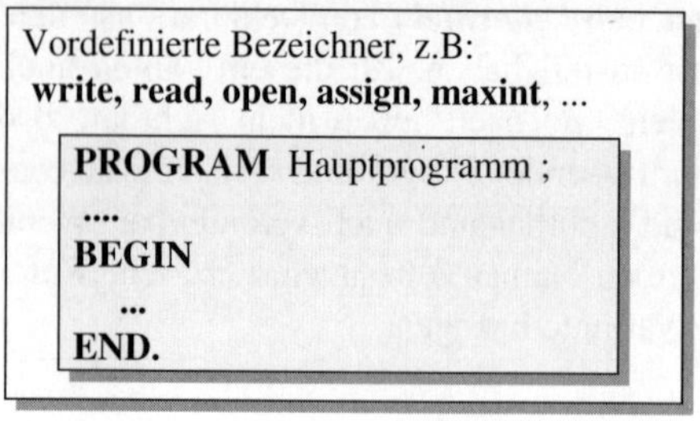

```
Vordefinierte Bezeichner, z.B:
write, read, open, assign, maxint, ...

    PROGRAM  Hauptprogramm ;
    ....
    BEGIN
       ...
    END.
```

**Abb. 2.30:**   *Schachtel für vordefinierte Bezeichner*

## 2.7.10    Blockstrukturierung in C und Java

In C und Java können Unterprogramme nicht geschachtelt werden. Eine Strukturierung von
Softwareprojekten wird stattdessen über eine für objektorientierte Sprachen typische Hierarchie von sog. „*Klassen*" erreicht. Dennoch gibt es in Java (wie auch in C) eine Schachtelung
von Blöcken, die der Schachtelung von Funktionen in Pascal entspricht: Ein Paar von Klammern „ { " und „ } " definiert jeweils einen eigenen Block. Darin können sowohl Deklarationen als auch Anweisungen und eben auch wieder Blöcke stehen. Die Sichtbarkeitsregeln
stimmen dann sinngemäß mit den oben genannten für Pascal überein, allerdings darf man in
einem inneren Block keinen Namen deklarieren, der in einem umgebenden Block schon verwendet wurde. Wenn man einen Block hat, fehlen zu einer Prozedur lediglich noch Name und
formale Parameterliste. Insofern kann man einen Block auch als „*namenloses Unterprogramm*" auffassen. Sehr nützlich sind solche Blöcke, wenn man temporär eine Hilfsvariable
braucht, die aber später nicht mehr zugreifbar sein soll. Wir haben bereits früher bemängelt,
dass in Pascal die Laufvariable einer *for*-Schleife nicht nur im Schleifenrumpf sichtbar ist,
sondern auch außerhalb. Hätte man solche namenlosen Blöcke, so könnte man die Situation
bereinigen wie in dem folgenden Java-Programm angedeutet:

```
{
    int i;
    for(i=0; i<10; i++) { ... }
}
```

Ähnlich verhält es sich, wenn man schnell einmal den Inhalt zweier Variablen vertauschen
muss. Man braucht dann eine Hilfsvariable `temp`, die man danach gleich wieder vergessen
will. In Java ist das kein Problem:

```
{
    int temp;
    temp=x; x=y; y=temp;
}
```

## 2.8 Rekursive Funktionen und Prozeduren

Aus der Mathematik ist man gewohnt, dass viele Funktionen durch Gleichungen beschrieben werden können. Diese Beschreibungsweise ist oft bequemer und auch nützlicher als eine algorithmische Beschreibung. Ein einfaches und vielzitiertes Beispiel ist die *Fakultätsfunktion* fact(n) = n! .

Eine algorithmische Definition würde fact(n) als Produkt aller Zahlen von 1 bis *n* beschreiben, also fact(n) = $1 \cdot 2 \cdot \ldots \cdot n$. Dies ist sicher leicht zu programmieren, aber noch einfacher ist die Definition durch die beiden Gleichungen:

$$fact(0) = 1$$
$$fact(n) = n \cdot fact(n-1), \text{ falls } n > 0.$$

Fasst man den Namen *fact* als Unbekannte auf, so erkennt man leicht, dass es nur eine Lösung für diese Gleichungen gibt, nämlich die, in der *fact* die Fakultätsfunktion bezeichnet. Würde man die erste Gleichung weglassen, so gäbe es mehr als eine Lösung, unter anderem etwa die konstante Funktion mit dem Wert 0.

Die Gleichungen können aber auch direkt als Berechnungsvorschrift für die Funktion *fact* hergenommen werden, die wir in Pascal-Notation so ausdrücken:

```
FUNCTION fact(n:Integer):Integer ;
BEGIN
    IF n=0 THEN fact := 1
    ELSE fact := n*fact(n-1)
END;
```

Neu daran ist nur, dass in der Definition der Funktion *fact* bereits ein Aufruf von *fact* verwendet wird. Eine solche Definition heißt *rekursiv*. Alle modernen Programmiersprachen erlauben solche rekursiven Definitionen. Die Berechnung eines Funktionswertes, im Beispiel etwa fact(4), führt im *else*-Fall der bedingten Anweisung auf die folgende Zuweisung:

```
fact := 4*fact(3)
```

Bevor diese ausgeführt werden kann, muss auf der rechten Seite 4*fact(3) ausgerechnet werden. Dies führt zu einem neuen Aufruf von *fact*, diesmal mit dem Argument 3 und anschließender Multiplikation mit 4. Ebenso führt der Aufruf von fact(3) auf einen erneuten Aufruf von *fact*, diesmal mit Argument 2 und anschließender Multiplikation mit 3. Erst wenn man bei dem Aufruf von fact(0) angelangt ist, liest man das Ergebnis 1 sofort aus dem *if*-Zweig ab. Um die Berechnung von fact(1) zu beenden, muss jetzt noch mit 1 multipliziert werden, es ergibt sich also fact(1) = 1*fact(0) = 1*1 = 1. Um die Berechnung von fact(2) zu beenden, muss noch mit 2 multipliziert werden, denn fact(2) = 2*fact(1) = 2*1 = 2. So geht es weiter rückwärts, bis fact(4) tatsächlich als 4*3*2*1 berechnet ist.

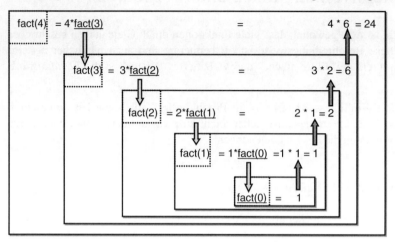

*Abb. 2.31:   Rekursive Auswertung von Fakultät*

Die richtige Durchführung dieser Berechnung organisiert der Compiler aus dem Text der rekursiven Definition. Der Programmierer muss sich nur darum kümmern, dass die entstehenden rekursiven Aufrufe immer *einfacher* werden und schließlich auf einen nichtrekursiven Fall führen. Im Beispiel von fact(4) entstehen die Aufrufe fact(3), fact(2), fact(1) und schließlich fact(0), der nicht zu einem weiteren rekursiven Aufruf führt.

Das eingangs dieses Kapitels mehrfach erwähnte ggT-Beispiel lässt sich ebenso einfach rekursiv programmieren. Es fällt auf, dass auch hier, wie schon bei `fact`, keine Schleife mehr explizit vorkommt. Zur Abwechslung formulieren wir es in Java:

```
int ggT(int x, int y){
    if (x==y) return x;
    else if (x>y) return ggT(x-y,y);
    else return ggT(x,y-x);
}
```

Die Funktion muss terminieren, falls sie mit positiven ganzen Zahlen x und y aufgerufen wird, denn bei jedem Aufruf wird mindestens einer der Parameter echt kleiner, aber nie negativ. Somit ist x+y eine obere Schranke für die Anzahl der inneren Aufrufe von ggT.

## 2.8.1   Rekursive Prozeduren

Ebenso wie rekursive Funktionen kann man in Pascal auch *rekursive Prozeduren* vereinbaren. Eine Prozedur *P* nennt man rekursiv, falls in ihrer Definition ein Aufruf von *P* vorkommt. Viele Aufgaben lassen sich mit rekursiven Prozeduren einfach und elegant lösen. Zur Verdeutlichung sei die folgende Programmieraufgabe gestellt:

2.8 Rekursive Funktionen und Prozeduren 159

*Aufgabe: Erstelle eine Prozedur writeBin, die eine Zahl in Binärdarstellung ausgibt.*

Nach ersten Versuchen wird man auf das Problem stoßen, dass die Binärziffern in der falschen Reihenfolge entstehen. Ist die Zahl $n$ binär dargestellt, so ist die letzte Binärziffer gerade $n \bmod 2$. Die vorderen Binärziffern stellen $n \operatorname{div} 2$ dar. Der erste Versuch mit

```
REPEAT
    write (n mod 2);
    n:= n div 2
UNTIL n = 0
```

schlägt also fehl, weil die Binärziffern gerade in der falschen Reihenfolge geschrieben werden. Mit der (eleganten) rekursiven Lösung

```
PROCEDURE writeBin (n:Integer);
BEGIN
    IF n < 2  THEN  write(n)
    ELSE
        BEGIN
            writeBin(n div 2);
            write(n mod 2)
        END
END;
```

delegiert man die Darstellung der ersten Ziffern an den rekursiven Aufruf
```
        writeBin(n div 2)
```
und schreibt abschließend die letzte Ziffer:
```
        write(n mod 2).
```

## 2.8.2    Die Türme von Hanoi

Hinter rekursiven Algorithmen steht immer die Idee, ein Problem auf ein gleichartiges, aber einfacheres Problem zurückzuführen. Wir zeigen hier, wie man dieses Prinzip auf eine einfache Knobelaufgabe, die als Problem der „Türme von Hanoi" bekannt ist, anwenden kann.

Aus einem Stapel von N Scheiben verschiedener Durchmesser sei ein Turm aufgeschichtet. Der Durchmesser der Scheiben nimmt nach oben hin kontinuierlich ab. Der Turm steht auf einem Platz A und soll zu einem Platz C bewegt werden, wobei ein Platz B als Zwischenlager benutzt werden kann. Dabei müssen zwei Regeln eingehalten werden:

*   *Es darf immer nur eine Scheibe bewegt werden.*
*   *Es darf nie eine größere auf einer kleineren Scheibe liegen.*

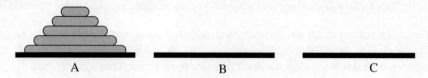

*Abb. 2.32:*   *Turm von Hanoi: Ausgangssituation mit N = 5*

Wir wollen uns vorstellen, wir hätten bereits eine Lösung gefunden, wenn *N* nur um 1 kleiner wäre. Dann könnten wir sicher auch die Rollen der Plätze *B* und *C* vertauschen, wir könnten also einen Turm aus ($N-1$) Scheiben von *A* nach *B* transportieren und *C* als Zwischenlager benutzen. Die obersten ($N-1$) Scheiben des Turmes auf *A* könnten wir also nach *B* transportieren. Die unterste, größte Scheibe von *A* würde dabei nicht stören. Die Situation ist jetzt:

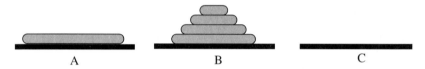

*Abb. 2.33:*   *Turm von Hanoi zurückgeführt auf einen einfacheren Fall*

Die übriggebliebene Scheibe auf A transportieren wir anschließend nach C. Wenn wir jetzt erneut unsere Lösung für Türme der Höhe ($N-1$) bemühen, diesmal aber den Turm der Höhe ($N-1$) von *B* nach *C* transportieren, mit *A* als Zwischenlager, so ist das ursprünglich gestellte Problem gelöst. Wir haben also die Aufgabe, einen Turm der Höhe *N* zu bewegen, auf die einfachere und gleichartige Aufgabe zurückgeführt, zweimal einen Turm der Höhe ($N-1$) und eine einzelne Scheibe zu bewegen. Die Lösung des Problems hängt also von 4 Parametern ab:

- der Turmhöhe (bzw. der Anzahl der Scheiben) *N*,
- dem Ausgangsplatz,
- dem Zwischenspeicherplatz,
- dem Zielplatz.

Dies führt unmittelbar zu einer rekursiv definierten Prozedur `Hanoi` mit vier Parametern:

```
PROCEDURE Hanoi(N: Hoehe; Ausgang, Zwischen, Ziel: Platz);
BEGIN
   IF N=1 THEN ZieheScheibe(Ausgang, Ziel)
   ELSE
      BEGIN
         Hanoi(N-1, Ausgang, Ziel, Zwischen);
         ZieheScheibe(Ausgang, Ziel);
         Hanoi(N-1, Zwischen, Ausgang, Ziel)
      END
END ;
```

2.8 Rekursive Funktionen und Prozeduren                                              161

Man beachte, wie sich die Rolle der Plätze verändert: Für die inneren Aufrufe wird von der äußeren Prozedur einmal die Zielposition, das zweite Mal die Ausgangsposition als Zwischenlager benutzt. Konkret führt also der Aufruf Hanoi(5,A,B,C) zu den inneren Aufrufen Hanoi(4,A,C,B) und Hanoi(4,B,A,C).

ZieheScheibe könnte man jetzt als Grafikroutine implementieren, die die Bewegung einer Scheibe animiert (in diesem Fall müsste auch die Scheibengröße als Parameter ergänzt werden), oder man erzeugt lediglich eine Aufforderung durch eine *writeln*-Anweisung, etwa der Art:

```
writeln('Ziehe eine Scheibe von ',Ausgang,' zu ',Ziel);
```

## 2.8.3  Spielstrategien als rekursive Prädikate – Backtracking

Weitergehende Möglichkeiten, die sich durch den Einsatz von rekursiven Prozeduren erschließen, wollen wir anhand eines Programms für ein abstraktes 2-Personen-Spiel demonstrieren. Gegeben sei ein Spiel, und wir wollen einen möglichst optimalen Zug finden, um das Spiel zu gewinnen. Wir gehen davon aus, dass zwei Spieler gegeneinander spielen. Das Spiel ist durch eine Menge $S$ von möglichen Situationen gegeben. Eine Situation $s \in S$ wäre z.B. eine beliebige Platzierung der Figuren auf einem Schachbrett oder eine Kartenverteilung beim Skatspiel. Die Regeln des Spieles beschreiben, welche Folgepositionen von einer gegebenen Position erlaubt sind.

Zu einer Situation $s$ sei *Folge*(s) die Menge der möglichen Situationen, zu denen der Spieler, der am Zug ist, von $s$ aus ziehen darf. Schließlich sei $V$ die Menge aller Situationen, in denen der Spieler, der am Zug ist, verloren hat. Im Schachspiel wäre $V$ die Menge aller Positionen, in denen der König im Matt steht. Falls $s \in V$ (in Pascal Notation: s in V ), dann haben wir verloren. Falls dagegen *Folge*(s) $\cap V \neq \emptyset$ (in Pascal: Folge(s) * V <> [] ), dann können wir den Gegner mit einem Zug in eine Verlustposition zwingen.

Wir schreiben nun ein einfaches rekursives Prädikat *GoodPos*, welches uns sagen soll, ob der Spieler, der am Zug ist, eine sichere Gewinnmöglichkeit hat.

```
FUNCTION GoodPos(s : Situation) : Boolean;
(* goodPos(s)  <=> in Situation s gibt es Gewinnstrategie *)
    BEGIN
        IF s in V THEN GoodPos := False (*schon verloren *)
        ELSE IF Folge(s) * V <> []
            THEN    (* wähle Zug, der nach V führt *)
                GoodPos := True
        ELSE
                GoodPos := es existiert ein p in Folge(s)
                        so dass   not GoodPos(p)
    END ;
```

Um dieses abstrakte Programmgerüst mit einem konkreten Spiel füllen zu können, sei folgendes einfache Spiel, das dem *NIM*-Spiel verwandt ist, gegeben:

Zwei Spieler starten mit einer Anzahl $N$ von Münzen. In jedem Zug darf ein Spieler entweder 3, 5 oder 7 Münzen entfernen. Ein Spieler hat verloren, wenn er nicht mehr ziehen kann.

```
FUNCTION goodPos(N:Integer): Boolean;
BEGIN
    IF N < 3 THEN          (* Kein Zug mehr möglich. *)
        goodPos := False
    ELSE IF N <= 9 THEN (* Klar, wie ich gewinne ...*)
        goodPos := True
    ELSE    (* Ich gewinne, falls ich Dich in eine *)
            (* schlechte Situation zwingen kann    *)
        goodPos := not goodPos(N-7)
                or not goodPos(N-5)
                or not goodPos(N-3);
    END ;
```

In diesem Falle ist es wichtig, dass **or** verkürzt ausgewertet wird. Es werden nacheinander die in Frage kommenden Möglichkeiten getestet. Bei Misserfolg wird der Versuch zurückgezogen und die nächste Möglichkeit getestet. Dieses Verhalten setzt sich in die rekursiven Aufrufe von *goodPos* fort. Derartige rekursive Suchverfahren nennt man *Backtracking-Verfahren*.

Die Funktion *GoodPos* ist der Kern eines Programms, das auch selber optimal spielen kann: Wenn ein Spieler in Situation *s* am Zug ist, wählt er einen Zug, der in eine beliebige Situation *s'* führt, für die *GoodPos* (*s'*) false ist. Wenn eine solche Situation existiert, dann bleibt dem Gegner keine Chance. Existiert eine solche Situation *s'* nicht, so hat der Spieler nur dann eine Chance, wenn der Gegner einen Fehler macht. Wir haben stets vorausgesetzt, dass das Spiel endlich ist, also immer nur endlich viele Züge möglich sind. Dies garantiert, dass *GoodPos* terminiert.

Diese Überlegungen illustrieren übrigens den bekannten mathematischen Satz, dass ein endliches 2-Personen-Spiel, das nicht unentschieden enden kann, *determiniert* ist, d.h. einer der Spieler hat von Anfang an eine Strategie. Wenn er diese Strategie kennt und konsequent verfolgt, hat der Gegner von vornherein keine Chance. Im Beispiel des 3-5-7-Spieles kann man dies leicht verfolgen. Für gewisse Anfangswerte hat der erste Spieler, für andere Anfangswerte der zweite Spieler eine Strategie. Wenn man diese kennt, wird das Spiel langweilig. Wir wollen sie daher hier nicht verraten!

## 2.8.4    Wechselseitige Rekursion

Wechselseitige Rekursion liegt vor, wenn in der Definition einer Funktion *f* ein Aufruf von *g* vorkommt und in der Definition von *g* ein Aufruf von *f*. Beispielsweise kann man die Funktionen *Even* (gerade) und *Odd* (ungerade) wechselseitig definieren:

```
FUNCTION Even(N : Integer) : Boolean;
BEGIN
    IF N = 0 THEN Even := True   ELSE Even := Odd(N-1)
    END ;
```

## 2.8 Rekursive Funktionen und Prozeduren

```
FUNCTION Odd(N : Integer) : Boolean;
BEGIN
   IF N = 0 THEN Odd := False
         ELSE Odd := Even(N-1)
END ;
```

Im Falle wechselseitiger Rekursion verstößt man zwangsläufig gegen ein ehernes Prinzip von Pascal:

*Jeder Bezeichner muss textuell vor seiner ersten Benutzung deklariert sein.*

Aus diesem Grunde muss man dem System rechtzeitig ankündigen, dass man beabsichtigt, die **FUNCTION** oder **PROCEDURE** später zu erklären. Dies geschieht mit einer so genannten *forward*-Deklaration. Diese muss lediglich den exakten Funktions- bzw. Prozedur-Kopf beschreiben. Der Block wird durch das Schlüsselwort **FORWARD** ersetzt.

Im obigen Beispiel muss also vor der Deklaration von *Even*, in dessen Rumpf der Aufruf von *Odd* vorkommt, die *forward*-Deklaration

```
FUNCTION Odd(N:Integer):Boolean; FORWARD;
```

stehen. Selbstverständlich können in einer wechselseitigen Rekursion auch mehr als zwei Funktionen bzw. Prozeduren involviert sein.

In C und Java spielt es keine Rolle, an welcher Stelle einer Datei eine Funktion deklariert wird, daher ist wechselseitige Rekursion überhaupt kein Problem.

## 2.8.5    Induktion – Rekursion

Ist der Argumentbereich einer Funktion $f$ *induktiv* definiert, so bietet sich immer eine rekursive Definition von $f$ an. Als Beispiel betrachten wir die induktive Definition der natürlichen Zahlen:

(i)      $0 \in Nat$,

(ii)     $n \in Nat \Rightarrow succ(n) \in Nat$.

Das induktive Definitionsschema einer Funktion $f$ auf Nat ist somit

(i')     definiere $f(0)$,

(ii')    definiere $f(succ(n))$, wobei $f(n)$ bereits benutzt werden darf.

Letzteres ist für $n > 0$ gleichwertig mit

(ii'')   definiere $f(n)$, wobei $f(pred(n))$ vorausgesetzt werden darf.

In der rekursiven Formulierung sieht dies folgendermaßen aus:

$$f(n) = \begin{cases} s_0, & \text{falls } n = 0 \\ h(n, f(pred(n))), & \text{sonst.} \end{cases}$$

$h$ ist dabei irgendeine Funktion, die nur von $n$ und von dem Ergebnis von $f(pred(n))$ abhängt.

Das gerade gezeigte Rekursionsschema, das auf der induktiven Standarddefinition der natürlichen Zahlen beruht, nennt man auch *primitives Rekursionsschema*. Beispiele für primitiv rekursiv definierte Funktionen sind etwa die Fakultätsfunktion oder das Prädikat *Even*, das angibt, ob eine ganze Zahl gerade ist, oder nicht:

(i) $f(0) = true$,

(ii) $f(succ(n)) = not(f(n))$.

Hierbei ist $s_0 = true$ und $h(x, y) = not(y)$. In Pascal heißt dies:

```
FUNCTION Even (k:Integer):Boolean;
BEGIN
    IF k=0   THEN Even := True
             ELSE Even := not Even (k-1)
END;
```

## 2.8.6    Allgemeine Rekursion

Das primitiv rekursive Schema ist bereits sehr allgemein. Allerdings lässt sich etwa die *Ulam-Funktion*, deren Terminierung bis heute unbewiesen ist, auf diese Weise nicht darstellen:

```
FUNCTION UlamRek(N : Integer) : Integer;
BEGIN
    IF N = 1 THEN UlamRek := 1
    ELSE IF Even(N) THEN UlamRek := UlamRek(N div 2)
    ELSE UlamRek := UlamRek(3*N + 1)
END ;
```

Auch die folgende rekursive Definition der berühmten „91-Funktion" von McCarthy folgt nicht dem primitiv rekursiven Schema. Wir überlassen es dem Leser, diese Funktion, die sich als überraschend einfach herausstellt, zu enträtseln:

$$f(n) = \begin{cases} n - 10, \text{ falls } n > 100 \\ f(f(n + 11)), \quad \text{sonst.} \end{cases}$$

Ein weiteres Beispiel, das nicht dem primitiv rekursiven Schema folgt, ist die Fibonacci-Funktion. Angeblich kann man damit die Anzahl der neugeborenen Kaninchen nach $n$ Jahren bestimmen, wenn man gewisse mathematische Annahmen an deren Fortpflanzungsverhalten macht, so etwa, dass in jedem Jahr die ein- und die zweijährigen genau einen Nachkommen zeugen. Der Funktionskörper hat hier zwei rekursive Aufrufe:

$$fibo(n) = \begin{cases} 1, \quad\quad\quad\quad\quad \text{ falls } n \leq 1 \\ fibo(n - 2) + fibo(n - 1), \text{ sonst.} \end{cases}$$

Ein Aufruf mit einem genügend großen Argument führt also zu zwei neuen Aufrufen, diese jeweils zu zwei erneuten Aufrufen etc. *fibo*(5), beispielsweise, ruft *fibo*(3) und *fibo*(4) auf,

## 2.8 Rekursive Funktionen und Prozeduren

*fibo*(3) ruft *fibo*(1) und *fibo*(2), und *fibo*(4) ruft erneut *fibo*(3) und *fibo*(2). In der folgenden Figur sind die entstehenden rekursiven Aufrufe als Baum dargestellt:

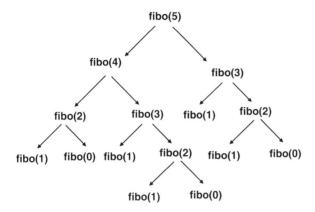

**Abb. 2.34:** *Aufrufverhalten der Fibonacci-Funktion*

Rekursive Definitionen sind fast immer eleganter als ihre iterativen Gegenstücke, sie sind daher auch einfacher zu programmieren. Gute Compiler erzeugen daraus auch effizienten Code, dennoch sind iterative Formulierungen von Programmen meist etwas schneller. Bevor man aber daran geht, eine elegante rekursive Lösung in ein unübersichtliches iteratives Programm umzuwandeln, sollte man sich überlegen, ob der Aufwand lohnt. Wir betrachten jetzt zwei spezielle Typen von Rekursion, für die wir anschließend effiziente iterative Umwandlungen angeben: *Endrekursion* und *lineare Rekursion*.

### 2.8.7  Endrekursion

Eine Funktionsdefinition *f* ist *endrekursiv* (engl. *tail recursive*), falls sie die Form hat:

$$f(x) = \begin{cases} g(x), \text{ falls } P(x) \\ f(r(x)), \quad \text{sonst.} \end{cases}$$

Da geschachtelte Ausdrücke, wie $f(r(x))$, von innen nach außen ausgewertet werden – zunächst wird *r* auf *x* angewendet, dann *f* auf das Ergebnis – ist der Ausdruck *endrekursiv* berechtigt, denn der rekursive Aufruf von *f* ist die letzte Aktion im *else*-Zweig. Zur Illustration zeigen wir die gleiche Funktion, *Even*, sowohl in einer endrekursiven als auch in einer nicht endrekursiven Definition:

$$Even\_1(n) = \begin{cases} (n=0), \quad \text{falls } n \leq 1 \\ Even\_1(n-2), \text{ sonst.} \end{cases}$$

$$Even\_2(n) = \begin{cases} (n=0), & \text{falls } (n<1) \\ \text{not } Even\_2(n-1), & \text{sonst.} \end{cases}$$

Die letzte Version ist nicht endrekursiv, da nach dem rekursiven Aufruf von *Even_2* noch die Operation *not* auszuführen ist.

Betrachtet man das Aufrufverhalten einer endrekursiven Funktion, so fällt auf, dass ein ursprünglicher Aufruf immer wieder durch einen neuen Aufruf derselben Funktion, allerdings mit einfacheren Argumenten, *ersetzt* wird. Für *Even_1* gilt z.B.:

$$Even\_1(7) = Even\_1(5) = Even\_1(3) = Even\_1(1) = false .$$

Für die nicht-endrekursive Form gilt dagegen:

$$
\begin{aligned}
Even\_2(3) \quad &= \text{not } Even\_2(2) \\
&= \text{not not } Even\_2(1) \\
&= \text{not not not } Even\_2(0) \\
&= \text{not not not true} \\
&= \text{not not false} \\
&= \text{not true} \\
&= \text{false.}
\end{aligned}
$$

An den Aufruf mit dem einfacheren Argument schließt sich in diesem Fall die Anwendung von *not* an.

So wie oben bei der Funktion *Even_1* lesen wir auch aus dem allgemeinen Schema einer tail-rekursiven Funktion ab, wie sie sich iterativ berechnen lässt:

$$f(n) = f(r(n)) = f(r(r(n))) = f(r^3(n)) = \ ... \ = f(r^k(n)) = g(r^k(n))),$$

wobei $k$ die kleinste natürliche Zahl ist, für die $P(r^k(n)) = true$ ist. Auf diese Weise können wir $f$ auch durch ein iteratives Programm berechnen:

```
WHILE not P(x) DO
    x := r(x);
f := g(x)
```

Die Korrektheit des Programms leuchtet ein. Wir werden in Abschnitt 2.10 Methoden kennen lernen, dies auch formal zu *beweisen*. Für diesen Fall sei bereits hier angemerkt, dass in der Schleife der Wert $f(x)$ konstant bleibt, obwohl $x$ verändert wird.

## 2.8.8    Lineare Rekursion

Das häufig vorliegende Schema der *linearen Rekursion* verallgemeinert sowohl das primitiv rekursive Schema, als auch das der Endrekursion

## 2.8 Rekursive Funktionen und Prozeduren

$$f(x) = \begin{cases} g(x), & \textit{falls } P(x) \\ h(x, f(r(x))), \text{ sonst} \end{cases}$$

Wählt man für $r$ die Vorgängerfunktion ($r = pred$), so erhält man die primitive Rekursion und setzt man $h(x,y) = y$, so erhält man die Endrekursion.

Mit der Fakultätsfunktion hatten wir eine linear rekursive Funktion vorliegen. Sie ergibt sich, mit $h(x, y) = x * y$, $r(x) = x - 1$, $g(x) = 1$ und $P(x) \equiv (x = 1)$.

Auch linear rekursive Funktionen lassen sich in nichtrekursive Form bringen. Expandieren wir die rekursive Definition $k$-mal, so finden wir:

$$\begin{aligned} f(x) &= h(x, f(r(x)))) \\ &= h(x, h(r(x), f(r^2(x)))) \\ &= \dots \\ &= h(x, h(r(x), h(r^2(x), h(\dots, h(r^{k-1}(x), g(r^k(x)))\dots)))), \end{aligned}$$

wobei $k$ wieder die kleinste natürliche Zahl ist mit $P(r^k(x)) = true$.

Die Folge $x$, $r(x)$, $r^2(x)$, ... ist leicht zu berechnen. Sobald $P(r^k(x)) = true$ ist, berechnen wir den obigen Ausdruck von innen nach außen. Dazu benötigen wir allerdings die $r^1(x)$ in der umgekehrten Reihenfolge ihrer Erzeugung. Wir müssen sie also speichern und rückwärts dem Speicher wieder entnehmen. Für solche Zwecke ist die Datenstruktur des *Stacks* (oder *Stapels*) geschaffen, die wir in Kapitel 4 noch genau besprechen werden. Mit *push(x,s)* legen wir den Wert $x$ zuoberst auf den Stapel $s$, und sofern der Stapel nicht leer ist, was wir mit *Empty* überprüfen können, dürfen wir mit *top* den obersten Wert einsehen. Mit *pop* können wir den obersten Wert des Stapels wieder entfernen. Wichtig ist, dass der zuletzt abgelegte Wert als erstes wieder entfernt werden muss – *last in first out*. Unser Programm lautet somit:

```
WHILE not P(x) DO
BEGIN
    push(x,s);
    x:=r(x);
END;
f:=g(x);
WHILE not Empty(s) DO
BEGIN
    x := top(s);
    pop(s);
    f := h(x,f)
END
```

Linear rekursive Funktionen lassen sich unter gewissen Umständen bereits in eine endrekursive Form bringen. Falls nämlich die zweistellige Operation $h(x, y)$ die folgenden zwei Bedingungen erfüllt,

168                                                                2  Grundlagen der Programmierung

(i)        $\forall (x, y, z).\ h(x, h(y, z))\ =\ h(h(x, y), z)$
(ii)       $\exists e\ .\ \forall x.h(e, x)\ =\ x$

dann heißt $h$ eine *assoziative Operation mit Linkseinheit*. In diesem Falle definieren wir:

$$fAux(x,a)\ =\ \begin{cases} h(a,g(x)), & \text{falls } P(x) \\ fAux(r(x),h(a,x)), \text{sonst.} \end{cases}$$

Offensichtlich ist $fAux$ eine endrekursive Funktion, und wir behaupten darüber hinaus:

$$f(x) = fAux(x,e).$$

Diese Aussage möchten wir durch Induktion beweisen. Es zeigt sich aber, dass ein Induktionsbeweis nicht unmittelbar gelingt. Erst wenn wir die Behauptung verschärfen, ergibt sich die Behauptung als Spezialfall der folgenden

**Behauptung**: *Für alle a und alle x, für die f(x) terminiert, gilt: fAux(x,a) = h(a,f(x)).*

**Beweis:** Wenn $f(x)$ terminiert, so muss es ein $n$ geben mit $P(r^n(x))$. Wir führen die Induktion über die kleinste Zahl $k$, für die $P(r^k(x))$ gilt.

Ist $k = 0$, dann gilt $P(x)$ und die Behauptung ist trivial. Sei nun $k = n + 1$, dann gilt *not* $P(x)$ und $P(r^k(x))$ also $P(r^n(r(x)))$. Nach Induktionsvoraussetzung gilt daher die Behauptung, wenn wir $x$ durch $r(x)$ und $a$ durch $h(a,x)$ ersetzen, wir können also bereits $fAux(r(x),h(a,x)) = h(h(a,x),f(r(x)))$ voraussetzen. Somit gilt:

| $fAux(x,a)$ | $=$ | $fAux(r(x),h(a,x))$ | { wegen *not* P(x) } |
|   |   |   |   |
|   | $=$ | $h(h(a,x),f(r(x)))$ | { Ind.voraussetzung } |
|   | $=$ | $h(a,h(x,f(r(x))))$ | { Assoziativität von $h$ } |
|   | $=$ | $h(a,f(x))$ | { Def. von $f(x)$ }. |

Mit a = e folgt also

$$f(x)\ =\ h(e,f(x))\ =\ fAux(x,e)\,.$$

Beispiele linear rekursiver Funktionen, die die obigen Bedingungen erfüllen, sind u.a.

$$fact(n)\ =\ \begin{cases} 1, & \text{falls } n=0 \\ n \cdot fact(n-1), \text{sonst} \end{cases}$$

und

$$sum(n)\ =\ \begin{cases} 0, & \text{falls } n=0 \\ n + sum(n-1), \text{sonst.} \end{cases}$$

Im ersten Fall gilt $h(x,y)\ =\ x \cdot y$ und $e = 1$, im zweiten $h(x,y) = x + y$ und $e =0$.

2.8 Rekursive Funktionen und Prozeduren 169

## 2.8.9 Eine Programmtransformation

Zum Abschluss dieses Kapitels wollen wir noch zeigen, wie sogar die Fibonacci-Funktion in eine endrekursive und letztlich also iterative Form umgewandelt werden kann. Wir wenden dabei die Technik der *akkumulierenden Parameter* an, die jeder „Funktionale Programmierer" beherrschen sollte.

Bei der Fibonacci-Funktion fällt auf, dass viele Teilergebnisse immer wieder erneut berechnet werden. Wenn es gelingt, diese aufzubewahren, kann man sich alle erneuten Berechnungen sparen. Es zeigt sich in diesem Spezialfall, dass man immer nur zwei Werte speichern muss, nämlich *fibo(n – 1)* und *fibo(n – 2)*. Daraus lässt sich *fibo(n)* berechnen. Speichert man anschließend *fibo(n)* und *fibo(n – 1)*, so lässt sich daraus *fibo(n + 1)* berechnen etc.

Am elegantesten geschieht dies, indem wir die Fibonacci-Funktion verallgemeinern: *fiboAux* erhält drei Parameter, *N*, *Acc1* und *Acc2*. In den letzten beiden Parametern halten wir immer die Werte von *fibo(k – 2)* und *fibo(k – 1)*. Diese heißen auch *akkumulierende* Parameter, weil sich in ihnen das Ergebnis ansammelt. Der erste Parameter zählt herunter, wie oft *fibo(k – 2)* und *fibo(k – 1)* durch *fibo(k – 1)* und *fibo(k)* zu ersetzen sind. Die verallgemeinerte Funktion ist dann:

```
FUNCTION fiboAUX (N, Acc1, Acc2: Integer): Integer;
BEGIN
    IF N=0 THEN fiboAux := Acc1
            ELSE fiboAux := fiboAux (N-1, Acc2, Acc1+Acc2)
END;
```

Diese Funktion ist offensichtlich endrekursiv und berechnet die Fibonacci-Funktion fibo(n), falls wir sie mit `Acc1 := 1` und `Acc2 := 1` aufrufen:

```
FUNCTION fibo(N:Integer): Integer;
BEGIN
    fibo := fiboAux (N,1,1)
END;
```

Der Aufruf von fibo(5) führt damit zu einer erheblich effizienteren Berechnung:

$$fibo(5) = fiboAux(5, 1, 1) = fiboAux(4, 1, 2) = fiboAux(3, 2, 3) =$$
$$fiboAux(2, 3, 5) = fiboAux(1, 5, 8) = fiboAux(0, 8, 13) = 8.$$

Dass die durchgeführten Umwandlungen zulässig sind, bedarf eines Beweises. Wir vergleichen also die Definitionen

$$fibo(n) = \begin{cases} 1, & \text{falls } n \leq 1 \\ fibo(n-2) + fibo(n-1), & \text{sonst.} \end{cases}$$

$$
fiboAux(n,a_1,a_2) = \begin{cases} a_1, & \text{falls } n=0 \\ fiboAux(n-1,a_2,a_1+a_2), \text{sonst.} \end{cases}
$$

Die Behauptung ist: $fibo(n) = fiboAux(n,1,1)$.

Wieder lässt sich diese Behauptung nicht direkt per Induktion beweisen. Sie folgt aber für den speziellen Fall k = n aus der folgenden allgemeineren Behauptung:

**Behauptung**: *Für alle* $k,n \in Nat$ *mit* $k \leq n$ *gilt:*
$fiboAux(k, fibo(n-k), fibo(n-k+1)) = fibo(n)$.

**Beweis** (Induktion über k):
Für k = 0 ergibt sich $fiboAux(0, fibo(n), fibo(n+1)) = fibo(n)$ sofort aus der Definition von *fiboAux*. Für k = r + 1 rechnen wir nach:

$$
\begin{aligned}
&fiboAux(r+1, fibo(n-r-1), fibo(n-r)) \\
&= fiboAux(r, fibo(n-r), fibo(n-r-1)+fibo(n-r)) \\
&= fiboAux(r, fibo(n-r), fibo(n-r+1)) \\
&= fibo(n).
\end{aligned}
$$

# 2.9 Konstruktion neuer Datentypen

Ein *Datentyp* ist eine Menge von Daten zusammen mit einer Familie von Operationen. Mit den im vorletzten Abschnitt besprochenen Funktions-Unterprogrammen sind wir in der Lage, einem vorhandenen Datentyp neue Operationen beizufügen. Wie können wir aber die zugrunde liegende Menge verändern? Dazu betrachten wir zunächst, wie wir in der Mathematik aus vorhandenen Mengen neue Mengen konstruieren. Ganz entsprechend werden wir aus vorhandenen Typen neue Typen konstruieren.

## 2.9.1 Mengenkonstruktionen

In der Mathematik gibt es viele Methoden, aus vorhandenen Mengen $I, M, M_1, \dots, M_k$ und Elementen $e_1, e_2, \dots, e_n$ neue Mengen zu erzeugen:

1. **Aufzählung** der Elemente: Bilde die Menge $\{e_1, e_2, \dots, e_n\}$.

2. **Teilmengen**: Zu einer Eigenschaft $P(x)$ bilde die Teilmenge $\{x \in M | P(x)\}$.

3. **$k$-te Potenz**: Zu festem $k$ ist $M^k$ die Menge aller $k$-Tupel $(a_1, a_2, \dots, a_k)$ mit $a_i \in M$.

4. **Kartesisches Produkt**:
   Bilde $M_1 \times M_2 \times \dots \times M_k$, die Menge aller $k$-Tupel $(a_1, a_2, \dots, a_k)$ mit $a_i \in M_i$.

5. **Disjunkte Vereinigung**: Die *disjunkte Vereinigung* der $M_i$ ist $\{(i,m)| i \in I \wedge m \in M_i\}$.

6. **Potenzmenge**: Bilde $\wp(M)$, die Menge aller Teilmengen von $M$.
7. **Folgenraum**: $M^*$ besteht aus allen endlichen Folgen von Elementen aus $M$.
8. **Unendliche Folgen**: $M^\infty$ ist die Menge der unendlichen Folgen von Elementen aus $M$.
9. **Funktionenraum**: Zu Mengen $M$ und $I$ ist $M^I$ die Menge aller Abbildungen von $I$ nach $M$.
10. **Induktive Definition**: Definiere eine Menge durch ein Induktionsschema.

Zu all diesen Mengenkonstruktionen gibt es entsprechende *Konstruktoren* auf der Seite der Programmiersprachen, um aus gegebenen Typen neue Typen zu bilden. Nicht jeder dieser Konstruktoren ist in jeder Programmiersprache vorhanden. Insbesondere gibt es oft Einschränkungen, die aus praktischen Erwägungen entstehen.

Mathematisch kann man auch einige dieser Konstruktionen als Spezialfälle anderer betrachten. Potenzen sind z.B. spezielle kartesische Produkte, sie lassen sich aber auch als Funktionenraum interpretieren. Selbst die Potenzmenge einer Menge $M$ lässt sich als Funktionenraum $2^M$ auffassen, wobei 2 für die zweielementige Menge $\{0, 1\}$ steht. Aus begrifflicher Sicht und im Hinblick auf eine effiziente Implementierung ist es aber sinnvoll, die obigen Konzepte getrennt zu behandeln.

An dieser Stelle unterscheiden sich auch deklarative Sprachen erheblich von den imperativen Sprachen. So dient in allen deklarativen Sprachen die induktive Definition als Standardmethode zur Konstruktion neuer Typen, während sie bei imperativen Sprachen oft nur umständlich (über sog. Pointer) zu realisieren ist. Zusätzlich werden Funktionskonstruktionen[1] in den *funktionalen Sprachen* stark eingesetzt, während sie in den meisten anderen Sprachen nicht möglich sind. Wir gehen nun die einzelnen Konstruktionen durch und erklären, wie sie in Pascal realisiert sind.

## 2.9.2 Typdefinitionen

Datentypen werden, wie auch Konstanten, Variablen, Funktionen und Prozeduren, im Deklarationsteil *deklariert*. Dabei erhalten sie einen (möglichst aussagefähigen) Namen. Die Pascal-Syntax ist ähnlich einer Variablendeklaration:

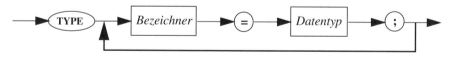

*Abb. 2.35:* Syntaxdiagramm für Typdeklaration

Als Datentyp haben wir bereits die Standard-Datentypen *Boolean*, *Integer*, *Real*, *Char*, und *String* sowie Varianten davon kennengelernt. Alle übrigen Typkonstruktionen werden wir in diesem Kapitel diskutieren.

---

1. In funktionalen Sprachen können Funktionen nicht nur als Parameter, sondern auch als Ergebnis von anderen Funktionen entstehen.

## 2.9.3 Aufzählungstypen

Ein *Aufzählungstyp* besteht aus einer endlichen Menge von Werten. In der Typdefinition werden alle erlaubten Werte aufgezählt.

```
TYPE Farbe = (weiss, rot, gruen, blau, gelb, schwarz);
     Wochentag = (Mo, Di, Mi, Don, Fr, Sa, So);
```

Der entstandene Datentyp zählt zu den *ordinalen* Datentypen. Darunter versteht man alle Typen, auf denen eine *diskrete Ordnung* definiert ist. Dies bedeutet, dass die Ordnungsrelationen sowie die Operatoren *succ*, *pred* und *ord* automatisch verfügbar sind.

Die Ordnung eines Aufzählungstyps ergibt sich aus der Reihenfolge in der die Elemente genannt wurden. Bei der Aufzählung muss man aufpassen, keine Schlüsselworte zu benutzen. In Pascal ist daher **Do** als Abkürzung für **Do**nnerstag nicht möglich. Die Werte eines Aufzählungstyps kann man nicht direkt ausgeben. Eine entsprechende Prozedur kann man sich mit der *case*-Anweisung aber schnell verschaffen:

```
PROCEDURE writeDay(T: Wochentag);
BEGIN
    CASE T Of
        Mo : write('Montag');
        Di : write('Dienstag');
              ...
    END (* case *)
END (* writeDay*);
```

Java besitzt ab der Version 1.5 ebenfalls Aufzählungstypen (engl.: *enumeration types*). Den Aufzählungstyp *Wochentag* kann man seither definieren als:

```
enum Wochentag { Mo, Di, Mi, Do, Fr, Sa, So };
```

Da Typen in Java durch Klassen abgebildet werden, können z.B. Ausgabefunktionen wie das obige *writeDay* Teil der Typdefinition werden.

## 2.9.4 Teilbereichstypen

Teilbereichstypen gibt es in Pascal, nicht in Java oder C. Sie bestehen aus einem Abschnitt (Intervall) eines ordinalen Typs und sind selbst wieder ein ordinaler Typ. In der Definition muss man untere und obere Grenze durch das Symbol „.." getrennt angeben.

```
TYPE Grundfarbe      = rot .. blau ;
     Werktag         = Mo .. Fr ;
     Kleinbuchstabe  = 'a' .. 'z' ;
     Alter           = 0 .. 120 ;
```

Die Verwendung von Teilbereichstypen verbessert die Lesbarkeit der Programme und hilft, Fehler zu finden bzw. zu vermeiden. Bei einer Variablen vom Typ *Alter* wissen wir und der Compiler kann dies überprüfen, dass die Werte nur im angegebenen Bereich liegen dürfen.

## 2.9 Konstruktion neuer Datentypen

Besonders nützlich sind in diesem Zusammenhang die Funktionen *Low* und *High*, die den Zugriff auf das kleinste bzw. größte Element eines ordinalen Datentyps ermöglichen. Dies erleichtert es, Schleifen über Teilbereichen zu programmieren:

```
FOR t := Low(Werktag) TO High(Werktag)
    DO WriteDay(t)
```

### 2.9.5 Arraytypen

Ein *Array* ist eine *indizierte Variable*. Statt der in der Mathematik üblichen Schreibweise $a_i$, wobei *a* die Variable und *i* den Index bezeichnet, verwenden Programmiersprachen die Notation *a[i]*. Dabei ist *a* die Array-Variable, *i* ein Index und *a[i]* die *i*-te Komponente von *a*. Alle Komponenten sind vom selben Typ. Daher ist der Typ eines Arrays durch den Komponententyp und die Indextypen eindeutig festgelegt. Jeder Indextyp muss ein ordinaler Typ sein.

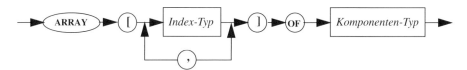

**Abb. 2.36:** *Syntaxdiagramm für Array-Datentyp*

Der Typ **ARRAY[ I ] OF** *M* kann als die Menge aller *I*-Tupel von Elementen aus *M* aufgefasst werden, das ist gerade die direkte Potenz $M^I$. Für eine Variable *A* vom Typ **ARRAY[ I ] OF** *T* kann man mit *A [i]* auf die *i*-te Komponente von *A* zugreifen.

Arrays mit mehreren Indexbereichen heißen „*mehrdimensionale Arrays*". Man kann sie sich als Tabellen vorstellen:

```
TYPE Farbe    = (rot, gruen, blau);
     Farbwert = ARRAY [Farbe] OF Integer ;
     Bild     = ARRAY [Zeile, Spalte] OF Farbwert ;
```

Während jeder Indextyp eines Arraytyps ein ordinaler Typ sein muss, kann der Wertetyp ein beliebiger Typ sein. So ist das letzte Beispiel auch lediglich eine Abkürzung für

```
    Bild = ARRAY [Zeile]OF  ARRAY [Spalte] OF Farbwert ;
```

Für die Zugriffe auf Elemente wird demgemäß zwischen den Notationen
$A [i_1] [i_2] \ldots [i_n]$ und $A [i_1, \ldots, i_n]$
nicht unterschieden. Auch Kombinationen sind möglich und oft auch sinnvoll. Sei z.B.

```
    VAR Sunset : Bild ;
```

so verstärken wir auf folgende Weise den künstlerischen Wert unseres Urlaubsfotos:

```
    FOR i := Low(Zeile) TO High(Zeile) DO
        FOR j := Low(Spalte) TO High(Spalte) DO
```

```
Sunset[i,j][rot] := Sunset[i,j][rot]+1.
```

## 2.9.6    Anwendung: Strings

Einige Sprachen, darunter auch Standard-Pascal, haben von Haus aus keine Datenstruktur *String* zur Verfügung. Eine solche Datenstruktur, Grundmenge und Operationen, kann man sich aber leicht selber programmieren. Einen String $S$ der Länge maxLength (mit maxlength < 256) repräsentieren wir durch ein „**ARRAY**[0 .. maxLength] **OF** char". In der 0-ten Komponente, S[0], wollen wir die Länge len des Strings speichern. Da S[0] aber vom Typ *char* sein muss, ersetzen wir len einfach durch chr(len). In den folgenden Komponenten S[1]...S[len] finden die Zeichen des Strings Platz.

```
CONST maxlength = 100; (* auf jeden Fall < 256 *)
TYPE   Index = 0 .. maxLength;
       String = ARRAY [Index] OF Char ;
          (* Strings der Länge <= maxLength*)


FUNCTION length(S : String) : Index;
BEGIN
    length := ord(S[0])
END ;


PROCEDURE Append(S1,S2: String; VAR Result:String);
VAR i,len : Index ;
BEGIN
    len := length(S1) + length(S2);
    IF len > maxLength THEN Error
    ELSE
        BEGIN
            Result := S1 ;
            Result[0] := chr(len);
            FOR i := 1 TO length(S2) DO
                Result[length(S1)+i] := S2[i]
        END
END;
```

Die weiteren Operationen schenken wir uns hier. Als Alternative zur obigen Implementierung bietet sich auch eine Repräsentation als *nullterminierte Strings* an. Dabei speichern wir den String wieder in einem Array und terminieren ihn mit einem speziellen Zeichen, z.B. ASCII 0, das dann in keinem String vorkommen darf. So sparen wir die explizite Speicherung der Länge, verzichten dafür auf ein (ohnehin nicht druckbares) Zeichen. Wenn der Benutzer sich bei der Stringbearbeitung brav an die in dem Datentyp *String* vorgegebenen Operationen hält, wird er nicht merken, welche Repräsentation zugrundeliegt. Dies hat den Vorteil, dass er von einer Darstellung auf die andere umsteigen kann, ohne an seinen Programmen, die Strings benutzen, etwas ändern zu müssen. Diese Vorgehensweise ist auch unter dem Namen *information hiding* geläufig.

2.9 Konstruktion neuer Datentypen                                                        175

## 2.9.7    Aggregation

Eine Zusammenfassung von Elementen verschiedener Typen nennt man in der Informatik
*Aggregation*. Mathematisch handelt es sich um das kartesische Produkt der beteiligten Daten-
typen, diese sind dann die Komponenten der Aggregation. In Pascal spricht man von einem
*Record*. Die Komponenten eines Record dürfen beliebige Datentypen, z.B. auch wieder
Record-Typen sein. Auf die Komponenten verweist man mit einem freigewählten Namen.
Die allgemeine Form eines Record ist:

**RECORD** KomponentenListe **END**

wobei eine Komponentenliste die Form hat:

*KomponentenName$_1$* : *Datentyp$_1$*;
*KomponentenName$_2$* : *Datentyp$_2$*;
    . . .
*KomponentenName$_n$* : *Datentyp$_n$*

Ein *Student* werde beispielsweise durch *Name*, *Vorname*, *Geburtsdatum* und *Fachsemester*
beschrieben, ein Datum durch *Tag*, *Monat* und *Jahr*. Man erhält die Typdefinition:

```
TYPE Datum =  RECORD
                 Tag    : 1 .. 31;
                 Monat  : 1 .. 12;
                 Jahr   : 1900 .. 2100
              END ;

     Student = RECORD
                 Name          : String [15];
                 Vorname       : String[15];
                 Geburtstag    : Datum ;
                 Fachsemester  : 0 .. 65
              END ;
```

Um auf eine Komponente einer Record-Variablen zuzugreifen, hängt man an den Variablennamen, durch einen Punkt abgetrennt, den Komponentennamen an. Sind also z.B. Ralf und
Eva Studenten,

**VAR** Ralf, Eva : Student ;

so kann man durch

Ralf.Fachsemester

auf Ralfs Fachsemester zugreifen. Eine Recordvariable kann komponentenweise oder als
Ganzes verändert werden:

```
Ralf.Fachsemester := Ralf.Fachsemester+1;
Eva.Geburtstag.Jahr := 1980;
Ralf.Geburtstag := Eva.Geburtstag ;
```

```
Ralf := Eva
```

In Java werden Record-Typen durch den allgemeineren Begriff der *Klasse* ersetzt. Eine Klasse kann nicht nur *Felder* (Attribute) definieren, sondern auch *Methoden*, die mit diesen Attributen umgehen. Statt der obigen Record-Typen *Datum* und *Student* hätte man in Java entsprechende Klassen. Diese haben die analogen Felder, können aber zusätzliche Methoden besitzen, wie z.B. *alter, wochentag, ...* Auf diese Weise werden Attribute und Zugriffsmethoden *gekapselt*:

```
class Datum{
    int tag;
    int monat;
    int jahr;
    Wochentag wochentag(){
        ... berechne hier den Wochentag zu einem Datum ...
    }
}// Ende der Klasse Datum

class Student{
    String name;
    String vorname;
    Datum geburtstag;
    int fachsemester;
    // Methode zur Berechnung des Alters eines Studenten
    int alter(){
        Datum heute = new Datum();
        int alt = heute.jahr-geburtstag.jahr;
        if(    heute.monat < geburtstag.monat
            || heute.monat == geburtstag.monat
                && heute.tag < geburtstag.tag)
            alt--;
        return alt;
    }
}// Ende der Klasse Student
```

## 2.9.8    Disjunkte Vereinigungen

Sei $I$ eine Indexmenge und zu jedem $i \in I$ eine Menge $M_i$ gegeben, dann ist $\{(i,m) | \ i \in I, m \in M_i\}$ die disjunkte Vereinigung der $M_i$. Offensichtlich ist jede Menge $M_i$ in dieser Vereinigung wiederauffindbar, denn für jedes Element der disjunkten Vereinigung ist anhand der ersten Komponente erkennbar, aus welcher der Ursprungsmengen es stammt.

In Pascal sei $I$ ein ordinaler Typ mit den Elementen $i_1, \ldots, i_n$, und

$$M_{i_1}, \ldots, M_{i_n}$$

seien beliebige Typen. Das Grundgerüst einer disjunkten Vereinigung hat dann die Gestalt:

## 2.9 Konstruktion neuer Datentypen

```
RECORD CASE i:I OF
      i₁ :  ( Komponentenliste von M_{i₁} );
          ...
      iₙ :  ( Komponentenliste von M_{iₙ} );
   END
```

Hierbei wird stillschweigend die Vorraussetzung gemacht, dass die $M_i$ aus Komponenten bestehen, was in den meisten Anwendungen der Fall ist. Komponentenlisten sind, bereits von der **RECORD**-Definition bekannt.

Als Beispiel wollen wir uns einen Typ *GeO* zur Speicherung geometrischer Objekte definieren. Ein geometrisches Objekt kann ein Punkt, ein Kreis oder ein Rechteck sein. Im Falle eines Kreises wollen wir auch den Radius speichern, im Falle des Rechtecks auch Länge und Breite. Eine angemessene Typdefinition wäre:

```
TYPE GeO = RECORD CASE geoTyp : (Punkt, Kreis, Quadrat) OF
             Punkt     : ( ) ;
             Kreis     : ( radius : Real ) ;
             Rechteck  : ( laenge, breite : Real ) ;
          END;
```

Jede Zeile beschreibt eine *Variante*, daher heißt die Konstruktion auch *Variantenrecord*. Bei der Variante Kreis hat das GeO eine Komponente, bei der Variante Rechteck zwei und bei der Variante Punkt überhaupt keine. Die Komponente geoTyp ist in jeder Variante vorhanden, denn man muss erkennen können, zu welcher Variante das Objekt gehört. Der Speicherplatzbedarf einer Variablen vom Typ GeO ergibt sich aus dem Bedarf für den geoTyp (1 Byte) plus dem Bedarf für die größte Variante, also das Rechteck (2*6 Byte), also insgesamt 13 Byte.

Will man mit einer Variablen *x* eines solchen Typs arbeiten, etwa dessen Fläche berechnen, so erfragt man zunächst anhand der Variantenkomponente (hier geoTyp), welche Variante aktuell vorliegt. Die Antwort bestimmt dann die weitere Berechnung:

```
CASE x.geoTyp OF
    Punkt     : flaeche := 0;
    Kreis     : flaeche := sqr(x.radius)*3.14;
    Rechteck  : flaeche := x.laenge * x.breite;
END
```

Zu guter Letzt lassen sich kartesische Produkte und Summen in einer Konstruktion verbinden. Im Allgemeinen ist dann ein Record ein kartesisches Produkt von dem einige Komponenten Summen sein können etc. Im Beispiel wollen wir unseren geometrischen Objekten einen Mittelpunkt, ausgedrückt durch eine x- und eine y-Koordinate mitgeben. Statt sie in jeder Variante zu spezifizieren, ziehen wir sie aus dem varianten Teil heraus:

```
TYPE GeO = RECORD
           xWert : Real;
           yWert : Real;
        CASE geoTyp : (Punkt, Kreis, Quadrat) OF
```

```
                    Punkt    : ( ) ;
                    Kreis    : ( radius : Real ) ;
                    Rechteck : ( laenge, breite : Real ) ;
        END;
```

Nun hat jedes Element vom Typ *GeO* die Komponenten xWert, yWert und geoTyp. Ein Kreis hat zusätzlich noch die Komponente radius, ein Rechteck laenge und breite.

## 2.9.9    Mengentypen

Eine Menge $A$ mit $k$ Elementen hat $2^k$ Teilmengen. Ist $A$ ein Typ, so erhält man mit

**SET OF** A;

die Potenzmenge von $A$, d.h. $\{S \mid S \subseteq A\}$. Mathematisch bezeichnet man die Potenzmenge von $A$ mit $\wp(A)$. Die Operationen sind die Relation „*ist Element von*"

$$\in : A \times \wp(A) \to Boolean,$$

*Vereinigung*, *Durchschnitt* und *Differenz*

$$\cup, \cap, - : \wp(A) \times \wp(A) \to \wp(A).$$

In Pascal verwendet man dafür die Symbole

| | |
|---|---|
| **IN** | : ist Element von |
| + | : Vereinigung |
| * | : Durchschnitt |
| - | : Mengendifferenz. |

Da die geschweiften Klammern für Kommentare reserviert sind, werden in Pascal eckige Klammern für Mengenwerte verwendet:

| | |
|---|---|
| [ ] | ist die *leere Menge*, |
| [ 3, 5, 42 ] | ist die Menge mit den Elementen 3, 5 und 42. |

Ein Element kann man dann folgendermaßen in eine Menge $S$ einfügen: S := S+[5].

Aus praktischen Gründen ist die **SET OF** Konstruktion nur für „kleine" ordinale Typen, z.B. solche mit höchstens 256 Elementen, erlaubt.

```
TYPE
    Hobby    = (Laufen, Schwimmen, Lesen, Surfen, Schlafen);
    Hobbies  = SET OF Hobby ;
    Person   = RECORD
                   offiziell : Student;
                   privat : Hobbies
               END;
```

Seit Mario das Internet entdeckt hat, bleibt ihm keine Zeit mehr für Sport:

## 2.9 Konstruktion neuer Datentypen

```
Mario.privat := Mario.privat+[Surfen]-[Laufen,Schwimmen].
```

### 2.9.10 Dateien und Ströme

*Dateien* sind *endliche* Folgen, *Ströme* (engl. *streams*) *potenziell unendliche* Folgen von Datensätzen eines beliebigen, aber fest gewählten Typs. Die Anzahl der Datensätze muss vorher nicht festgelegt werden, sie kann beliebig wachsen.

Anders als bei Arrays kann man auf die Datensätze einer Datei oder eines Stromes nicht direkt, sondern nur *sequentiell* zugreifen: Um den k-ten Datensatz zu lesen, müssen die ersten k – 1 Datensätze „durchlaufen" werden, bis der gesuchte erreicht ist.

Dateien werden benutzt, um Folgen gleichartiger Daten zwischenzuspeichern. Die wichtigsten Operationen sind also das Lesen eines Datensatzes und das Schreiben eines Datensatzes, wobei dieser nur an das Ende der Datei angehängt werden kann.

Ströme werden benutzt, um Datenaustausch zwischen zwei oder mehreren ansonsten unabhängigen Programmen zu realisieren. Ein Programm schreibt in den Strom, das andere liest aus dem Strom; einen solchen Mechanismus werden wir unter dem Namen *Pipe* noch im Zusammenhang mit dem Betriebssystem UNIX besprechen (siehe S. 529). Logisch gibt es zwischen Dateien und Strömen ansonsten kaum Unterschiede, so dass wir in Zukunft nur noch von Dateien reden werden.

Dateien und Ströme sind immer entweder im *Lesemodus* oder im *Schreibmodus*. Weiterhin gibt es einen *Dateizeiger* (engl. *file pointer*), den man mit einem Lesezeichen vergleichen könnte. Bei einer Datei im Lesemodus zeigt er immer auf den nächsten zu lesenden Datensatz. Wenn kein weiterer mehr da ist oder wenn die Datei im Schreibmodus ist, zeigt er auf das Ende der Datei.

Bei dem interaktiven Arbeiten mit dem Rechner ist z.B. die *Tastatur* eine Datei im Lesemodus und der *Bildschirm* eine Datei im Schreibmodus. Die gleichen Befehle wie beim Lesen von der Tastatur (**read**) und beim Schreiben auf den Bildschirm (**write**) dienen auch zum Lesen und Schreiben von Datensätzen in eine Datei.

### 2.9.11 Dateiprotokoll

Die Arbeit mit einer Datei erfordert in allen Programmiersprachen dieselbe Abfolge von Schritten – man sagt, sie folgt dem gleichen *Protokoll*. Wir werden dieses anhand einer Textdatei erklären, die wir schreiben und anschließend lesen.

1. Dateivariable erklären
2. Dateivariable mit einer konkreten Datei assoziieren
3. Datei zum Schreiben öffnen
4. Schreiben, schreiben, schreiben, ...
5. Datei schließen

In Pascal könnte das z.B. mit unserer vorherdefinierten Studentendatei so aussehen:

```
VAR st: Student; studis : FILE OF Student ;
BEGIN
    assign(studis,'Studentenliste1998.dat');
    rewrite(studis); (* zum Schreiben oeffnen *)
    REPEAT
        write('Name     : '); readln(st.name);
        write('Vorname : '); readln(st.vorname);
        write(studis,st);
    UNTIL Fertig;
    close(studis);
END
```

In Java geht es analog. Allerdings müssen die notwendigen Klassen vorher aus dem Paket java.io importiert werden:

```
import java.io.*;
```

Wir schreiben einen dringenden Brief an Oma:

```
FileWriter brief = new FileWriter("C:\\Briefe\\Oma.txt");
brief.write("Hallo Oma, ich brauche Kohle\n");
brief.write("Dein Neffe,\n Otto");
brief.close();
```

Bei der Erstellung und Modifikation von Dateien durch das Betriebssystem können Fehler auftreten. So kann eine Datei gleichen Namens schon vorhanden sein, das Laufwerk fehlen, der Datenträger voll sein etc. Daher müssen in Java die obigen Anweisungen in einem **try**-Block enthalten sein. Falls eine der Anweisungen fehlschlägt muss eine IOException behandelt werden.

Das Schließen einer Datei ist notwendig, weil Schreibaktionen nicht sofort vom Betriebssystem ausgeführt werden. Dies würde das Programm verlangsamen. Stattdessen schreibt man in einen internen (im Hauptspeicher reservierten) Puffer. Erst wenn dieser evtl. nach mehreren Schreibaktionen voll ist, wird sein Inhalt auf einmal in die Datei geschrieben. Allerdings sorgen die meisten Sprachen dafür, dass vor Beendigung des Haupt-Programms alle Puffer geleert werden.

Um eine vorher gespeicherte Datei zu lesen, geht man ähnlich vor wie oben.

    1. Dateivariable erklären
    2. Dateivariable mit einer Datei des Betriebssystems assoziieren
    3. Datei zum Lesen öffnen
    4. Lesen, lesen, lesen,...
    5. Datei schließen.

In Pascal sind die ersten beiden Schritte identisch zu denen des Schreibprotokolls. Es ist aber darauf zu achten, dass die Dateivariable genauso erklärt werden muss wie damals, als die Datei geschrieben wurde! Schreibt man z.B. eine Datei als **FILE OF Integer** und liest sie hinterher als **FILE OF Student**, so wird man vermutlich sehr ungewöhnlich klingende Namen vorfinden.

```
VAR st: Student; ehemalige: FILE OF Student;
BEGIN
    assign(ehemalige,'Studentenliste1988.dat');
    reset(ehemalige)
    WHILE not eof(ehemalige) DO
        BEGIN
            read(ehemalige,st); (* Lesen aus der Datei *)
            writeln(st.Vorname,' ',st.Name)
        END;
    close(ehemalige);
END
```

In Java benutzen wir die Klasse *FileReader* aus dem Paket *java.io*. Damit werden wieder die ersten drei Schritte in einer Zeile erledigt:

```
FileReader brief = new FileReader("Oma.txt");
int c;
while((c=brief.read()) != -1)
    System.out.print((char)c;);
brief.close();
```

Hier wird jeweils ein (zwei Byte großer) int c gelesen und infolge des casts (char)c als Zeichen (char) interpretiert. Die Bedingung in der *while*-Schleife hat den Seiteneffekt, jeweils das nächste Zeichen einzulesen. Beim Lesen müssen zwei Sorten von Fehlern, *FileNotFoundException* und *IOException* abgefangen werden.

Bei jeder Leseanweisung wird der Dateizeiger automatisch um eine Position weitergesetzt, so dass die nächste Leseoperation den nächsten Datensatz holt. Will man direkt an eine bestimmte Position $k$ in einer Datei gelangen, so führt man einfach $k-1$ viele Leseoperationen durch – und ignoriert deren Ergebnis

```
FOR i := 1 TO k-1 DO read(ehemalige,st)
```

bzw in Java:

```
for(i=1,i<k;k++) brief.read();
```

Will man in eine Datei an der $k$-ten Position einen Datensatz studNeu einfügen, so muss man die komplette Datei neu speichern. Die ersten $k-1$ Datensätze werden kopiert, der neue eingeschoben, dann die restlichen kopiert.

## 2.9.12 Induktiv definierte Typen

Wir haben gesehen, dass fast alle zu Beginn dieses Unterkapitels erwähnten Mengenkonstruktionen auch in Typkonstruktionen umsetzbar sind. Bisher fehlen noch zwei Konstruktionsprinzipien, die *Funktionenraumbildung* und die Methode der *Induktiven Definition*. Die

Funktionenraumbildung spielt eine wichtige Rolle bei den funktionalen Sprachen, bei imperativen Sprachen ist sie meist nicht vorhanden. Wir wollen sie daher hier auch nicht diskutieren, da wir dazu stärker in die Theorie und Denkweise des funktionalen Programmierens einsteigen müssten.

Induktive Definitionen sind aber auch für imperative Sprachen sehr wichtig. Leider sind sie in den meisten imperativen Sprachen nur sehr umständlich zu handhaben. In funktionalen oder logischen Sprachen ist dies ganz anders – induktive Definitionen sind die Standardmethode, neue Datentypen zu erzeugen.

Beispiele für induktiv definierte Datentypen sind die natürlichen Zahlen, Listen, Bäume, Stacks, Tabellen, Strings, … Fast alle bisher besprochenen Datentypen können induktiv definiert werden. Ein großer Vorteil induktiv definierter Datentypen ist, dass ihre Objekte keinerlei Größenbeschränkungen unterliegen – induktiv definierte natürliche Zahlen können beliebig groß sein, Listen und Strings beliebig lang, Bäume beliebig groß und tief. Außerdem muss der zu reservierende Speicherplatz nicht schon zur Compilezeit des Programmes feststehen. Unsere vorherigen Implementierungen von Zahlen, Strings, Tabellen etc. waren immer solchen Beschränkungen unterworfen.

Ein Umgang mit induktiv definierten Typen setzt daher voraus, dass zur Laufzeit des Programms Speicher reserviert und nicht benötigter Speicher wieder zurückgegeben werden kann. Der für solche Zwecke von einem Programm nutzbare Speicherbereich heißt *Heap* (engl. für *Halde*).

Wird reservierter Speicher nicht wieder freigegeben, so kann ein Programm sehr bald den Heap-Speicher verbraucht haben. Nicht mehr benötigten Speicher, der nicht zurückgegeben wurde, nennt man *Speichermüll* (engl. *garbage*). In Pascal, C und C++ muss der Programmierer selber die Speicherrückgabe erledigen. Java, Smalltalk und praktisch alle funktionalen und logischen Sprachen beinhalten eine so genannte *garbage collection*, die dafür sorgt, dass nicht mehr benötigter Speicher zur Laufzeit erkannt und der Wiederverwendung zugeführt wird.

Wir wollen nun eine induktive Definition an einem Beispiel erläutern. Angenommen, wir wollten ein System zur Verwaltung der Dateien auf unserer Festplatte schreiben. Dieses muss mit der durch die Schachtelung von Unterverzeichnissen hervorgerufenen Baumstruktur umgehen können. Ein Verzeichnisbaum ist entweder eine Datei oder ein Verzeichnis mit einer Liste von Nachfolgern, deren jeder wieder ein Verzeichnisbaum ist. Demzufolge definieren wir induktiv:

> Ein *VBaum* besteht aus
>> - einem *Dateinamen*, oder
>> - einem Paar < *Verzeichnisnamen, VBaumListe* >.

> Eine *VBaumListe* ist
>> - *leer*, oder
>> - besteht aus einem *VBaum* und einer *VBaumListe*.

Wir erkennen die wechselseitig rekursive Struktur der Definitionen von *VBaum* und *VBaumListe*. Den unten abgebildeten Verzeichnisbaum könnten wir der Definition entsprechend als

## 2.9 Konstruktion neuer Datentypen

*VBaum* repräsentieren. Wir fassen dazu Elemente einer Liste mit runden Klammern zusammen und unterscheiden der besseren Lesbarkeit wegen Dateinamen und Verzeichnisnamen durch Klein- bzw. Großschreibung:

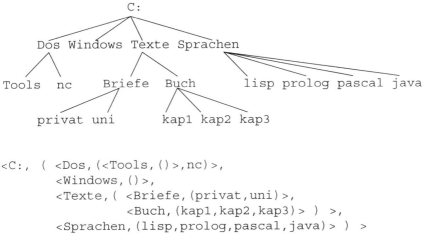

```
<C:, ( <Dos,(<Tools,()>,nc)>,
       <Windows,()>,
       <Texte,( <Briefe,(privat,uni)>,
                <Buch,(kap1,kap2,kap3)> ) >,
       <Sprachen,(lisp,prolog,pascal,java)> )  >
```

In Pascal läge es nahe, einen *VBaum* folgendermaßen zu definieren:

**TYPE**   *VBaum* = **RECORD CASE** istVerzeichnis: Boolean **OF**
                    false: ( name : String[12];)
                    true : ( name : String[12];
                             unterVerz: ***VBaumListe*** )
              **END**

   ***VBaumListe*** = **RECORD CASE** istLeer: Boolean **OF**
                    true : ( );
                    false: ( first: ***VBaum***; rest: ***VBaumListe*** )
              **END**

Dass diese Definition so nicht vom Compiler akzeptiert wird, hat einen technischen Grund: Der Compiler weiß nicht, wie viel Speicherplatz er für das Feld `unterVerz` in VBaum bzw. für die Felder `first` und `rest` in VBaumListe reservieren soll.

Der Trick ist nun, dass wir an diesen Stellen die tatsächlichen Objekte ersetzen durch einen *Zeiger* (engl. *pointer*), der zur Laufzeit auf ein solches Objekt deuten soll. Zeiger sind im Endeffekt Speicheradressen, folglich sind zur Angabe eines Zeigers wenige (meist 4) Bytes ausreichend. Damit benötigt eine Variable vom Typ VBaum nur 1+13+4=18 Bytes. Darin sind aber nur ein Baumknoten und ein Zeiger auf den nächsten Knoten gespeichert.

Wenn wir allerdings ein wirkliches Objekt vom Typ *VBaum* oder vom Typ *VBaumListe* benötigen, müssen wir zur Laufzeit dafür Speicherplatz anfordern. Vom System erhalten wir dann einen Zeiger auf den reservierten Speicherplatz. Folgen wir dem Zeiger, so stoßen wir auf das wirkliche Datenobjekt. Dieses enthält wieder Zeiger, falls *istLeer=false* bzw. *istVerzeichnis=true* ist, denen wir weiter folgen können.

Mit der Hilfe von Zeigern lassen sich induktiv definierte Typen realisieren, leider ist das Umgehen damit nicht so einfach und sehr fehleranfällig. Wir werden es zunächst an einem einfachen Beispiel studieren.

## 2.9.13 Pointer-Datentypen

*Pointer* sind Verweise auf Variablen eines Datentyps. Zu jedem Datentyp kann ein zugehöriger Pointer-Datentyp abgeleitet werden. Dieser wird durch ein vorangestelltes „^" (es soll an einen Pfeil erinnern) gekennzeichnet, wie z.B. in:

```
TYPE StrPtr = ^String ;
```

Eine Variable p vom Typ StrPtr darf dann nur auf einen String verweisen. Dem Verweis folgt man, indem man ein „^" nachstellt. Daher ist p^ das Objekt, auf das p zeigt, in unserem Falle ein String.

Die Zuweisung p^ := 'Hallo' wäre damit erlaubt, nicht dagegen p := 'Hallo', denn 'Hallo' ist ein String und p ein StrPtr. Wie alle Variablen in Pascal besitzt eine Pointervariable, bevor ihr zum ersten Male ein Wert zugewiesen wurde, einen zufälligen Inhalt. Folgt man diesem zufälligen Verweis, so landet man an einer unvorhersehbaren Stelle im Speicher. Solche nicht initialisierten Pointer stehen oft am Beginn von Systemabstürzen.

Zur Initialisierung eines Pointers steht die Konstante **NIL** zur Verfügung. **NIL** signalisiert eine ungültige oder nicht vorhandene Adresse:

$\qquad$ p := **NIL**.

Gültige Pointer kann man sich ansonsten nur durch die Prozedur **new** besorgen. Dabei muss das Pascal-Laufzeitsystem einen ausreichend großen und noch unbenutzten Speicherbereich im Heap finden und reservieren. Der neue Zeiger zeigt dann auf diesen reservierten Bereich. Dabei kann es vorkommen, dass kein Speicherplatz zu finden ist oder dass der Heap so zerstückelt ist, dass für eine große Variable kein passendes Stück mehr gefunden werden kann. Ist p eine Pointervariable, dann wird mit

- **new**(p) eine neue Variable erzeugt, auf die p zeigt, und mit
- **dispose**(p) kann der Programmierer den belegten Speicherplatz wieder zurückgeben.

Wenn der Programmierer versäumt, stets dafür zu sorgen, dass nicht benötigter Platz zurückgegeben wird, dann wird bald die Fehlermeldung: *heap overflow* erscheinen.

## 2.9.14 Dynamische Datenstrukturen mittels Pointern

Mit diesem Hilfsmittel kann man sich nun Datenstrukturen beschaffen, die dynamisch ihre Größe verändern können. Bisher hatten wir nur Arrays zur Verfügung, um Listen zu speichern. Diese mussten für die maximal mögliche Listengröße ausgelegt sein. Dadurch wurde natürlich in der Regel sehr viel Platz verschenkt.

## 2.9 Konstruktion neuer Datentypen

Mithilfe von Pointern können wir nun Listen implementieren, deren Platzverbrauch durch ihren Inhalt bestimmt ist – im Extremfall kann eine Liste den gesamten Heap-Bereich belegen.

Die Idee ist, die Liste aus *Zellen* aufzubauen, welche aus zwei Komponenten bestehen – einem *Inhalt* und einem *Zeiger*. Der Inhalt ist ein Element der Liste und der Zeiger deutet auf die nächste Zelle der gleichen Bauart oder auf *NIL*. In letzterem Falle ist das Ende der Liste erreicht. Den Zeiger, der auf die erste Zelle zeigt, können wir als Listenanfang benutzen. Von dort können wir, den Pointern folgend, jedes Element erreichen.

*Abb. 2.37:*   *Eine einfache Liste*

Eine Zelle kann man also in Pascal definieren als:

```
Zelle = RECORD
           inhalt : Element;
           next   : ^Zelle
        END
```

Eine Liste ist nun ein Zeiger auf eine Zelle. Die Gesamtliste wird durch den Zeiger auf das erste Element der Liste repräsentiert.

Das folgende Beispiel zeigt einfache Prozeduren zum Aufbau einer Liste, zur Ausgabe der Liste und zum Abbau dieser Liste. Der Inhalt ist beliebig. Im Beispiel besteht er jeweils aus einem Buchstaben. Im Hauptprogramm muss die Liste zunächst mit NIL initialisiert werden.

```
PROGRAM ListTest;
TYPE    Element = Char;
        Liste =  ^Zelle;
        Zelle = RECORD
                   inhalt : Element;
                   next : Liste
                END;
VAR    Anfang : Liste ;

PROCEDURE Erzeuge(s : String);
VAR q : Liste;
    i : Integer;
BEGIN
    FOR i := length(s) DOWNTO 1 DO BEGIN
        new(q);
        q^.inhalt := s[i];
        q^.next := Anfang;
        Anfang := q
```

```
        END
END{Erzeuge};


PROCEDURE Zeige(p:Liste);
BEGIN
    WHILE p <> NIL DO BEGIN
        Write(p^.inhalt);
        p := p^.next
    END;
    Writeln
END{Zeige};


PROCEDURE Abmelden(p:Liste);
VAR q : Liste;
BEGIN
    WHILE p <> NIL DO BEGIN
    q := p^.next;
    Dispose(p);
    p := q
    END
END{Abmelden};


BEGIN
    Anfang := NIL;
    Erzeuge('Info');
    Zeige(Anfang);
    Abmelden(Anfang)
END.
```

Zum Abschluss greifen wir noch einmal den Versuch auf, unsere induktiv definierte Daten-struktur der Verzeichnisbäume aus dem vorigen Abschnitt zu definieren. Wie bereits angedeu-tet, müssen wir das rekursive Aufscheinen von *VBaum* und *VBaumListe* durch Pointer auf diese Typen ersetzen. Wir beginnen also mit der Definition der Typen:

```
TYPE PtrVBaum = ^VBaum ;
     PtrVBaumListe = ^VBaumListe ;


TYPE VBaum = RECORD CASE istVerzeichnis : Boolean OF
                false: ( name : String[12];)
                true : ( name: String[12];
                         unterVerz: PtrVBaumListe )
            END


    VBaumListe = RECORD CASE istLeer : Boolean OF
                    true : ( );
                    false: ( first : PtrVBaum;
                             rest : PtrVBaumListe )
                END
```

2.10  Verifikation                                                                                          187

Diese Implementierung ist also fast automatisch aus der rekursiven Definition entstanden. Die
Struktur der *VBaumListe* unterscheidet sich von der vorhin von Hand implementierten Liste.
Wir wollen dies aber hier nicht weiter diskutieren, da wir in einem späteren Kapitel noch
näher auf Varianten der Listenimplementierung eingehen werden.

Vielleicht ist dem aufmerksamen Leser aufgefallen, dass in der ersten Zeile auf einen Namen
*VBaum* verwiesen wird, der an dieser Stelle noch gar nicht bekannt ist. Das Pascal-Prinzip,
dass *jeder Bezeichner vor seiner Benutzung deklariert* worden sein muss, ist damit verletzt. In
der Tat, aber hier macht Pascal eine Ausnahme. Auch der Compiler hat damit kein Problem,
denn was immer ein *VBaum* werden wird, für einen *^VBaum, also einen Zeiger auf einen
VBaum,* muss er 32 Bit vorsehen.

### 2.9.15    Induktive Definitionen in Java

In Java können wir unsere Liste von Elementen direkt induktiv definieren als:

```
class Liste {
    Element e;
    Liste rest ;
    ... }
```

Eine Klasse (*class*) ist an dieser Stelle eine Verallgemeinerung eines Records. Genau genommen ist sie ein Zeiger auf einen Record. Da die Dereferenzierung von Pointern in Java aber
implizit geschieht und auch das Besorgen und Zurückgeben von Speicherplatz von dem garbage collector besorgt wird, muss der Programmierer nicht explizit mit Pointern umgehen. An
der durch „...." gekennzeichneten Stelle würden noch die Funktionen (in Java: *Methoden*) zur
Listenbearbeitung eingefügt. Diese können, dies ist ein Charakteristikum objektorientierter
Sprachen, als Bestandteil des Datentyps definiert werden.

Der Induktionsanfang ist **null**, was dem Pascalschen **NIL** entspricht. Die obige Deklaration
entspricht dann der folgenden induktiven Definition:

1. *null* ist eine *Liste*
2. Ist *e* ein *Element* und *rest* eine *Liste*, dann ist *(e,rest)* eine *Liste*.

Listen sind nur solche Objekte, die mittels 1. und 2. konstruiert werden, so dass gilt:

3. Ist *l* eine Liste, dann ist entweder *l=null* oder *l.e* das erste Element und *l.rest* die Restliste.

# 2.10    Verifikation

Jeder Programmierer macht Fehler. Viele dieser Fehler sind einfach zu erkennen, weil es sich
um syntaktische Fehler handelt. Moderne Programmierumgebungen lokalisieren den Ort
eines syntaktischen Fehlers, der entsprechende Programmtext erscheint in einem Editor, eine
Erklärung des Fehlers wird angezeigt, und die Schreibmarke befindet sich dort, wo die Verbesserung des Fehlers erwartet wird.

Syntaktische Fehler sind also leicht zu finden und zu verbessern. Ein Programm ohne syntaktische Fehler ist aber dennoch nicht fehlerfrei. Selbst wenn das Programm einwandfrei compiliert, können zur Laufzeit Fehler auftreten, die aus Bereichsüberschreitungen entstehen: Das Resultat einer arithmetischen Operation kann den zulässigen Bereich über- oder unterschreiten, Zeiger können auf undefinierte Daten zeigen, oder Operationen können Argumente erhalten, für die sie nicht definiert sind (beispielsweise Division durch Null). Diese Fehler sind normalerweise schwerer zu finden, sie treten erst zur Ausführungszeit auf und können, je nach Eingabedaten, auftreten oder unterbleiben. Immerhin haben sie die Eigenschaft, dass sie im Fall ihres Auftretens vom Rechner angezeigt werden. Programmierer versuchen, sich gegen solche Fehler zu wappnen, indem sie ihre Programme mit verschiedenen Eingabedaten testen. Insbesondere wird versucht, mit *extremen* Kombinationen von Eingabedaten einen Fehler, falls vorhanden, in der Testphase sichtbar zu machen.

Die bis jetzt angesprochenen Fehler machen sich noch eindeutig bemerkbar. Kritischer wird es, wenn ein Programm unbeabsichtigt in eine *Endlosschleife* gerät, wenn es also nicht terminiert. Am Verhalten des Programms ist dies oft nicht eindeutig zu erkennen, nicht einmal durch Inspektion des Programmcodes – man denke etwa an das sehr kurze Programm *Ulam*, von dem man trotzdem nicht weiß, ob es für alle Eingabewerte terminiert:

```
PROGRAM Ulam;
VAR N : Integer
BEGIN
    readLn(N)
    WHILE N>1 DO
        IF ODD(N) THEN N:=3*N+1
        ELSE N:=N div 2
END.
```

Zu guter Letzt kommen wir zu einer Sorte von Fehlern, die nicht allein den Programmcode betreffen, sondern die Vorstellung, die der Programmierer mit dem Programm verbindet. Das Programm wird compiliert und läuft ohne Beanstandung, es tritt kein Laufzeitfehler auf und es terminiert für alle Eingabewerte. Dennoch erledigt es nicht die Aufgabe, die es lösen sollte.

Ist die Anforderung, die Spezifikation, eindeutig beschrieben, so kann man mit formal mathematischen Methoden eindeutig klären, ob das Programm die Spezifikation erfüllt oder nicht. Mit solchen Methoden wollen wir uns in diesem Abschnitt beschäftigen, doch wollen wir zunächst einige der praktischen Methoden der Fehlervermeidung ansprechen.

## 2.10.1 Vermeidung von Fehlern

Fehler verhindert man dadurch, dass man keine Fehler macht. Zu diesem Zweck sollte man zuallererst gute und vernünftige Werkzeuge benutzen. Dazu gehören eine dem Problem angemessene Sprache und gute, zuverlässige Compiler.

Als Nächstes sollte man die Maxime „*Erst überlegen, dann programmieren*" beherzigen. Das Programm, die Module, die Datenstrukturen sollten vorher geplant sein. Wenn das Design nicht stimmt, kann das Programm später sehr kompliziert werden. Je komplizierter ein Programm ist, um so höher ist seine Fehleranfälligkeit. Früh begangene Fehler rächen sich später. Je später ein Fehler gefunden wird, um so mehr Kosten verursacht er.

Als dritter Punkt ist ein sauberer, klarer Programmierstil wichtig. Der Versuchung, durch undurchsichtige Tricks noch ein Quentchen Effizienz hervorzukitzeln, sollte unbedingt widerstanden werden. Erst nachdem ein Programm korrekt läuft, ist es angebracht, mit Werkzeugen wie *Profilern* die Stellen herauszufinden, wo sich eine Effizienzsteigerung auswirken würde, und diese Stellen punktuell zu optimieren. Zu einem guten Programmierstil gehört natürlich auch, das Programm verständlich und übersichtlich zu halten. Unabdingbar sind eine gute Dokumentation, ein Zerlegen in überschaubare Teilaufgaben, die Vermeidung von globalen Variablen und Seiteneffekten.

Auch dem gewissenhaftesten Programmierer unterläuft trotz aller Vorsichtsmaßnahmen gelegentlich ein Fehler. Um solche Fehler zu finden und ggf. zu vermeiden, bietet der Compiler gewisse Möglichkeiten: Durch Schalter (*switches*) lassen sich Prüfroutinen in den Code einbinden, die Bereichsüberschreitungen, Stack-Überlauf und falsche Eingabewerte abfangen. Erst wenn auf diese Weise das Vertrauen in die Software gestärkt wurde, stellt man die Schalter so, dass die Prüfroutinen weggelassen werden.

## 2.10.2   Zwischenbehauptungen

Auch ohne Hilfsmittel kann der Programmierer das interne Verhalten des Programms diagnostizieren. Durch *write*-Befehle können Inhalte von Variablen, Parametern und Zwischenwerten ausgegeben werden. *Zwischenbehauptungen*, d.h. Annahmen über die Beziehung von Variablen untereinander, können getestet werden, wenn sie als boolesche Ausdrücke formuliert vorliegen. Ist eine solche Zwischenbehauptung nicht erfüllt, so wird ein Fehler gemeldet. Als Testroutine könnte die folgende Prozedur dienen:

```
PROCEDURE assert (Behauptung: Boolean; Nr: Integer);
BEGIN
   IF not Behauptung THEN
       writeln ('Zwischenbehauptung Nr.', Nr ,'verletzt');
END;
```

Im Programm kann man an beliebiger Stelle Zwischenbehauptungen anbringen:

```
assert((x>0) and (sum = x * (x+1) div 2), 17).
```

Wird während des Programmablaufes eine solche Zwischenbehauptung verletzt, so erfolgt eine entsprechende Fehlermeldung.

Alle diese Methoden sind Testmethoden. Sie sind einfach durchzuführen, führen schnell zum Ziel und sind auch bei beliebig komplexen Programmen anwendbar. Leider sind Testmethoden unzuverlässig, weil man nie alle möglichen Eingabedaten testen kann. Ein Zitat von E. Dijkstra bringt dies auf den Punkt: *Durch Testen kann man die Anwesenheit, nie aber die Abwesenheit von Fehlern zeigen.*

Dem wollen wir nun eine Methode entgegensetzen, mit der die Korrektheit von Programmen *formal bewiesen* werden kann. Die Methode ist nicht schwierig, aber dennoch aufwändiger als das Testen. Daher lohnt sich eine formale Verifikation nur bei Anwendungen, deren absolute Zuverlässigkeit gewährleistet sein muss.

In Analogie zur Mathematik kann man feststellen, dass sich das Testen von Programmen zur Verifikation von Programmen verhält wie das Ausprobieren von mathematischen Sätzen zu deren Beweis.

## 2.10.3 Partielle Korrektheit

Eine formale Beschreibung der Anforderungen an ein Programm heißt Spezifikation. Wir gehen hier von Programmen aus, die in einem wohldefinierten Zustand gestartet werden sollen, um nach einiger Zeit zu terminieren. Solche Anforderungen kann man durch Paare $P$ und $Q$ beschreiben. $P$ ist eine Eigenschaft, die vor dem Start des Programms erfüllt ist, die so genannte *Vorbedingung*, und $Q$ ist eine Eigenschaft, die nach Beendigung des Programms erfüllt sein soll, sie heißt *Nachbedingung*. Das Paar $P$, $Q$, geschrieben als $\{P\}\{Q\}$, heißt *Spezifikation*. Ist S ein Programm, so schreiben wir

$$\{P\}\ S\ \{Q\}$$

falls gilt:

*Falls zu Beginn P gilt, so gilt nachdem S terminiert, Q .*

Wir sagen in diesem Fall, dass $S$ die Spezifikation $\{P\}$ $\{Q\}$ erfüllt. Es ist wichtig festzuhalten, dass $\{P\}\ S\ \{Q\}$ auf jeden Fall richtig ist, falls $S$ nicht terminiert. Es gilt sogar:

$$\{P\}\ S\ \{false\} \Leftrightarrow \quad \text{Wenn } P \text{ beim Start von } S \text{ gilt, terminert } S \text{ nicht.}$$

Da $Q$ nur im Falle der Terminierung von $S$ garantiert werden kann, heißt $\{P\}\ S\ \{Q\}$ auch *partielle Korrektheitsaussage* (engl. *PCA = partial correctness assertion*). Methoden, welche die Terminierung von $S$ formal zeigen, wollen wir später betrachten.

Zunächst beschäftigen wir uns mit einem konkreten Beispiel einer partiellen Korrektheitsaussage. Der Einfachheit halber betrachten wir nur Programme, deren Variablen alle als Integer erklärt sind. Zusätzlich vereinbaren wir, dass Konstantennamen mit Großbuchstaben beginnen sollen, Variablennamen mit Kleinbuchstaben. Mit diesen Konventionen ist es legitim, nur den Anweisungsteil eines Programmes $P$ aufzuführen.

```
{ N > 0 }
    BEGIN
        sum := 0;
        i := 0 ;
        WHILE i < N DO
        BEGIN
            i := i+1 ;
            sum := sum + i
```

## 2.10 Verifikation

```
            END
        END
    { sum = 1 + 2 + ... + N }
```

Die Behauptung lautet also:

*Wenn das Programm in einer Situation gestartet wird, in der die Konstante N > 0 ist, dann wird nach der Terminierung die Variable sum den Wert 0 + 1 + 2 + 3 + ... N enthalten.*

### 2.10.4 Zerlegung durch Zwischenbehauptungen

Um diese komplexe Aussage zu beweisen, zerlegen wir sie in einfachere Aussagen, indem wir an geeigneter Stelle eine Zwischenbehauptung formulieren. Wir schieben diese zunächst als Kommentar nach den ersten beiden Anweisungen in die komplexe PCA ein.

```
    { N>0 and sum=0 and i=0 }
```

Damit haben wir die Aufgabe in zwei einfachere Teilaufgaben zerlegt. Die gewählte Zwischenbehauptung wird zur Nachbedingung der ersten und zur Vorbedingung der zweiten PCA. Wenn die beiden kleineren PCAs richtig sind, muss auch die ursprüngliche Behauptung stimmen.

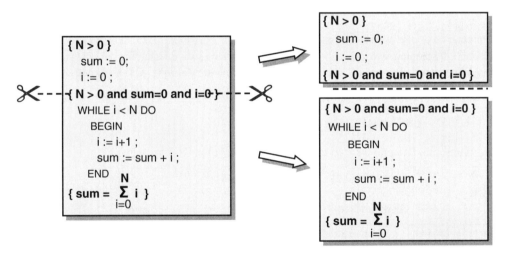

*Abb. 2.38: Zerlegung eines Programms an einer Zwischenbehauptung*

Die erste der entstandenen PCAs lässt sich erneut zerlegen. Mit der Zwischenbehauptung { N > 0 *and* sum = 0 } ergeben sich zwei neue *PCAs*, die offensichtlich nicht mehr weiter zerlegbar sind.

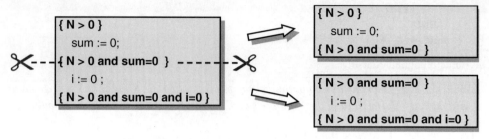

**Abb. 2.39:** *Weitere Zerlegung des ersten Teils*

Bereits zum zweiten Mal haben wir die folgende offensichtliche Regel angewendet:

$$\frac{\{P\}\, S_1\, \{R\},\ \{R\}\, S_2\, \{Q\}}{\{P\}\, S_1\,;\, S_2\, \{Q\}}$$
*Hintereinander-
ausführungsregel*

Diese Regel beschreibt, wie eine *PCA* zu beweisen ist, deren Programmteil eine Hintereinanderausführung von zwei einfacheren Programmen darstellt: Um eine *PCA* der Form
$$\{P\}\, S_1\,;\, S_2\, \{R\}$$
zu beweisen, finde eine geeignete Zwischenbehauptung $R$ und zeige sowohl $\{P\}\, S_1\, \{R\}$ als auch $\{R\}\, S_2\, \{Q\}$.

Die Wahl der *geeigneten* Zwischenbehauptung ist selbstverständlich kritisch: Ist $R$ zu stark, behaupten wir also zuviel, so ist $\{P\}\, S_1\, \{R\}$ möglicherweise nicht zu beweisen. Ist $R$ zu schwach, behaupten wir also zu wenig, so werden wir es nicht schaffen, $\{R\}\, S_2\, \{Q\}$ zu zeigen. Wir werden aber später sehen, dass es eine einfache Methode gibt, geeignete Zwischenbehauptungen zu finden.

## 2.10.5 Zuweisungsregel

Die in unserem Beispiel bis jetzt entstandenen einfacheren Behauptungen,

{ N>0 } sum:=0 { N>0 **and** sum=0 }

sowie

{ N>0 **and** sum=0 } i:=0 { N>0 **and** sum=0 **and** i=0 }

erscheinen banal. Sie sind von der Gestalt $\{P\}\, v := t\, \{Q\}$, also durch Zwischenbehauptungen nicht weiter zerlegbar.

Um mit einem nicht ganz so trivialen Beispiel zu arbeiten, betrachten wir

{ y < 2*(x+1) } x:=x+1 { x > y-x }.

Auch diese *PCA* ist von der Form $\{P\}\, v := t\, \{Q\}$. Die Variablen in $P$ beziehen sich auf den Zeitpunkt vor der Ausführung der Zuweisung $v := t$ und die Variablen in $Q$ auf den Zeitpunkt danach. Eine Gleichsetzung der Variablen in $P$ und $Q$ kommt daher nicht in Frage. Daher bezeichnen wir zunächst die Variablen in $Q$ durch neue Variablen, die wir aus den alten Variablen durch Anfügen eines Striches gewinnen: Aus $x$ und $y$ werden $x'$ und $y'$. $P$ bezieht sich nun auf $x$ und $y$, die Variablen vor der Zuweisung, $Q$ auf $x'$ und $y'$, die Variablen nach der Zuweisung. In der Zuweisung wird $x'$ zu $x + 1$ gesetzt, so ergibt sich die Gleichung $x' = x + 1$. Alle anderen Variablen bleiben unverändert, also gilt insbesondere $y' = y$. Damit lässt sich unser Problem auf eine Implikation zurückführen:

$$y < 2(x + 1) \ \wedge \ x' = x + 1 \quad \Rightarrow \quad x' > y' - x'.$$

Da $y$ nicht verändert wird, gilt $y = y'$. Ebenso lässt sich mit der Voraussetzung $x' = x + 1$ auch $x'$ eliminieren und wir erhalten die folgende Bedingung, die offensichtlich für beliebige $x$ und $y$ wahr ist:

$$y < 2(x + 1) \Rightarrow (x + 1) > y - (x + 1).$$

Die gerade gezeigte Methode funktioniert für beliebige *PCA*s der Form

$$\{P\} \ v := t \ \{Q\}.$$

Zunächst wird die Variable $v$ in $Q$ durch $v'$ ersetzt. Aus $Q$ entsteht somit $Q[v/v']$ (d.h. *Q mit v ersetzt durch v'*). Die Zuweisung führt zu $v' = t$, deshalb bleibt zu beweisen:

$$(P \wedge (v' = t)) \Rightarrow Q[v/v'].$$

Aufgrund der Gleichung $v' = t$ können wir $v'$ durch $t$ eliminieren. Also erhalten wir

$$P \Rightarrow Q[v/v'][v'/t].$$

Die rechte Seite bedeutet: Ersetze in $Q$ zunächst $v$ durch $v'$ und dann $v'$ durch $t$. Das kann man auch einfacher haben, indem man sofort $v$ durch $t$ ersetzt. Daraus entsteht:

$$\{P\} \ v := t \ \{Q\} \quad \text{gdw.} \quad P \Rightarrow Q[v/t].$$

Als Regel könnten wir dies folgendermaßen formulieren:

$$\frac{P \ \Rightarrow \ Q[v/t]}{\{P\} \ v := t \ \{Q\}} \qquad \text{Zuweisungsregel}$$

Beispielsweise gilt:
$$\{\text{TRUE}\} \ \text{x:=5} \ \{\text{x<10}\},$$

weil $true \Rightarrow (x < 10)[x/5]$, d.h. $true \Rightarrow (5 < 19)$.

Entsprechend gilt:

$$\{\text{x > y-x}\} \ \text{y:=y-x} \ \{\text{x > y}\},$$

weil $x > y \Rightarrow (x > y)[y/y - x]$, d.h. $x > y - x \Rightarrow x > y - x$.

## 2.10.6  Rückwärtsbeweis

Anhand eines kleinen Programms wollen wir die beiden bisherigen Regeln testen. Es geht um ein trickreiches Programm, mit dessen Hilfe der Inhalt zweier Integer-Variablen $x$ und $y$ vertauscht werden kann, ohne eine Hilfsvariable zu benutzen:

```
x := x - y;
y := x + y;
x := y - x.
```

Dies ist ein Beispiel für Trickprogrammierung, die wir ansonsten ablehnen. In diesem Fall geht es aber nur darum, ein Programm formal zu analysieren. Zunächst stellt sich die Frage, wie wir die Aufgabe, den Inhalt von $x$ und $y$ zu vertauschen, beschreiben können. Mit beliebigen Konstanten $A$ und $B$, die den festen, aber beliebigen anfänglichen Inhalt von $x$ und $y$ darstellen, können wir spezifizieren:

$$\text{Vorbedingung} : \quad \{\ x = A\ \textbf{and}\ y = B\}$$
$$\text{Nachbedingung} : \quad \{\ x = B\ \textbf{and}\ y = A\}.$$

Damit erhalten wir also die *PCA*:

```
{x = A and y = B};
   x := x - y;
   y := x + y;
   x := y - x
{x = B and y = A}.
```

Das entstandene Programm hat die Form $S_1 ; S_2$ mit

$$S_1 \equiv \texttt{x:=x-y ; y:=x+y} \quad \text{und} \quad S_2 \equiv \texttt{x:=x-y}.$$

Wir müssen nun eine geeignete Zwischenbehauptung $R$ finden, mit der wir zeigen können, dass Folgendes gilt:

$$\{\texttt{x=A and y=B}\}\, S_1\, \{\,R\,\} \quad \text{und} \quad \{\,R\,\}\,\texttt{x:=y-x}\,\{\texttt{x=B and y=A}\}.$$

Um die erste *PCA* erledigen zu können, wählen wir $R$ so schwach wie möglich. Damit wir die Zuweisungsregel für die zweite *PCA* anwenden können, benötigen wir zumindest

$$R \Rightarrow (\ \texttt{x=B and y=A}\ )[\texttt{x/y-x}], \quad \text{also} \quad R \Rightarrow (\ \texttt{y-x=B and y=A}).$$

Wählen wir nun $R \equiv (\texttt{y-x=B and y=A})$, so haben wir diese Implikation trivialerweise erfüllt, und damit auch die zweite *PCA*. Setzen wir dieses $R$ in die erste *PCA* ein, erhalten wir:

$$\{\texttt{x=A and y=B}\}\ \texttt{x:=x-y ; y:=x+y}\ \{\texttt{y-x=B and y=A}\}.$$

Diese PCA ist wieder von der Form $\{P\}\,S_1\,;S_2\,\{Q\}$, wir benötigen also nochmals eine Zwischenbehauptung $R$, so dass

## 2.10 Verifikation

$\{x=A \text{ and } y=B\}\ x:=x-y\ \{R\}$ und $\{R\}\ y:=x+y\ \{y-x=B \text{ and } y=A\}$.

Erneut bestimmen wir $R$ so schwach wie möglich, um die Zuweisungsregel für die zweite *PCA* anwenden zu können. Wir benötigen

$R \Rightarrow (y-x=B \text{ and } y=A)[y/x+y]$, also $R \Rightarrow (x+y)-x=B \text{ and } x+y=A$.

Mit $R \equiv (y=B \text{ and } x+y=A)$ ist die zweite *PCA* erledigt, es bleibt noch zu zeigen:

$\{x=A \text{ and } y=B\}\ x:=x-y\ \{y=B \text{ and } x+y=A\}$.

Weil

$(x=A \text{ and } y=B) \Rightarrow (y=B \text{ and } x+y=A)[x/x-y]$, also
$(x=A \text{ and } y=B) \Rightarrow (y=B \text{ and } x-y+y=A)$

eine Trivialität ist, folgt also auch die letzte *PCA* aus der Zuweisungsregel.

Festzuhalten bleibt als Strategie, die *PCA* von hinten nach vorne durchzuarbeiten und dabei immer zu der jeweils letzten Anweisung eine möglichst schwache Vorbedingung zu ermitteln, welche gerade noch die *PCA* wahr macht. Diese nennt man auch die *schwächste Vorbedingung* (engl. *weakest precondition*).

Der Beweis eines alternativen (und klareren) Programms zur Vertauschung der Inhalte zweier Variablen ist in der folgenden Abbildung dargestellt. Die verwendeten Zwischenbehauptungen, aufgrund derer die ursprüngliche *PCA* auf drei kleinere *PCA*s und diese schließlich auf rein logische Aussagen zurückgeführt werden, ergeben sich wie im vorigen Beispiel durch Bestimmung einer möglichst einfachen Vorbedingung und Analyse des Programms von hinten nach vorne

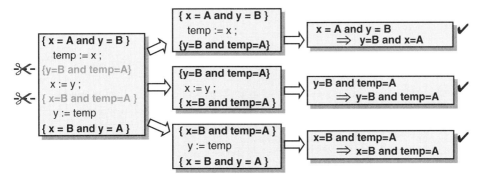

*Abb. 2.40:* Beweis des Vertauschungsprogramms

## 2.10.7 *if-then-else*-Regel

Die bisherigen Beispielprogramme bestanden nur aus Zuweisungen und Hintereinanderausführungen. Jetzt betrachten wir Alternativanweisungen der Form **IF-THEN** und **IF-THEN-ELSE**. Eine *PCA* der Form

$$\{P\} \; \textbf{IF} \; B \; \textbf{THEN} \; S_1 \; \textbf{ELSE} \; S_2 \; \{Q\}$$

muss zwei Fälle einschließen. Wenn $P$ wahr ist, gilt zusätzlich entweder $P \wedge B$ oder $P \wedge \neg B$. Im ersten Fall wird $S_1$ ausgeführt, im zweiten Fall $S_2$. In jedem Fall muss hinterher Q garantiert sein. So erhält man die einfache Regel:

$$\frac{\{\, P \wedge B \,\} \; S_1 \; \{\, Q \,\} \; , \; \{\, P \wedge \neg B \,\} \; S_2 \; \{\, Q \,\}}{\{\, P \,\} \; \textbf{IF} \; B \; \textbf{THEN} \; S_1 \; \textbf{ELSE} \; S_2 \; \{\, Q \,\}} \qquad \text{Alternativregel}$$

Als Beispiel diene ein kleines Programm, das einer Variablen $z$ den Absolutwert von $x$ zuordnet. Die Spezifikation ist $\{x = A\} \; \{z = |A|\}$. Wenn $x$ anfangs einen beliebigen Wert $A$ hat, dann soll $z$ zum Schluss den Absolutwert der gleichen Zahl $A$ haben.

*Vorsicht*: Die Spezifikation $\{x = A\} \; \{z = |x|\}$ würde auch durch $z := 0 \; ; x = 0$ erfüllt! Das korrekte Programm, und damit die *PCA*, kann dann z.B. lauten:

```
{x = A}
    IF x>0 THEN z := x
    ELSE z := -x
{z = |A|}
```

Nach der obigen Regel genügt es, die *PCA*s

$$\{ \; \text{x=A} \; \textbf{and} \; \text{x>0} \; \} \; \text{z:=x} \; \{ \; \text{z=}|\text{A}| \; \}$$

sowie

$$\{ \; \text{x=A} \; \textbf{and not} \; \text{x>0} \; \} \; \text{z:=-x} \; \{ \; \text{z=}|\text{A}| \; \}$$

zu zeigen, was nun leicht gelingt.

## 2.10.8 Abschwächungsregel und einarmige Alternative

Um auch die einarmige Alternative „**IF** $B$ **THEN** $S$" behandeln zu können, erinnern wir uns daran, dass diese durch „**IF** $B$ **THEN** $S$ **ELSE** *Skip*" definiert war, wobei *Skip* der leeren Anweisung **BEGIN END** entspricht.

Aus einer *PCA* der Form

$$\{P\} \; \textbf{IF} \; B \; \textbf{THEN} \; S \; \{Q\} \qquad \qquad \text{wird also}$$
$$\{P\} \; \textbf{IF} \; B \; \textbf{THEN} \; S \; \textbf{ELSE} \; \textit{Skip} \; \{Q\}, \qquad \text{und daraus}$$
$$\{P \wedge B\} \; S \; \{Q\} \quad \text{sowie} \quad \{P \wedge \neg B\} \; \textit{Skip} \; \{Q\}.$$

Für die *skip*-Anweisung haben wir noch keine Regel, doch eine solche ist leicht zu finden, weil *Skip* z.B. äquivalent zu x := x ist. Somit ist $\{ \; P \; \} \; skip \; \{Q\}$ dasselbe wie

$$\{P\} \; \text{x} := \text{x} \; \{Q\}.$$

2.10 Verifikation 197

Hierfür haben wir bereits die Zuweisungsregel und können notieren:

$$\frac{P \Rightarrow Q}{\{\,P\,\}\ \text{skip}\ \{\,Q\,\}}$$

Skip- oder
Abschwächungsregel

Kommen wir auf die einarmige Alternative zurück, so erhalten wir die Regel:

$$\frac{\{\,P \wedge B\,\}\ S\ \{\,Q\,\},\ P \wedge \neg B \Rightarrow Q}{\{\,P\,\}\ \text{IF}\ B\ \text{THEN}\ S\ \{\,Q\,\}}$$

if-then-Regel

Als Beispiel wollen wir eine Variable auf ihren Absolutwert setzen. Ist die folgende PCA korrekt?

$$\{\ \text{x=A}\ \}\ \text{IF}\ \text{x<0}\ \text{THEN}\ \text{x}\ :=\ \text{-x}\ \{\text{x=}|\text{A}|\}$$

Rückwärtsanwendung der *if-then*-Regel liefert die PCA

$$\{\ \text{x=A}\ \textbf{and}\ \text{x<0}\ \}\ \text{x}\ :=\ \text{-x}\ \{\ \text{x=}|\text{A}|\}$$

sowie die logische Formel

$$(\text{x=A}\ \textbf{and}\ \textbf{not}\ \text{x<0})\ \Rightarrow\ \text{x=}|\text{A}|\ .$$

Diese Implikation ist offensichtlich immer wahr, während die vorherige PCA auf die ebenfalls alle $x$ und $A$ wahre Implikation führt:

$$\text{x=A}\ \textbf{and}\ \text{x<0}\ \Rightarrow\ \text{-x=}|\text{A}|\ .$$

## 2.10.9 Invarianten und *while*-Regel

Schließlich gelangen wir zur Behandlung von *while*-Schleifen. In einem Programm der Form „**WHILE** *B* **DO** *S*" können wir zunächst nicht wissen, wie oft der Körper *S* ausgeführt werden muss. Wir suchen also nach Eigenschaften, die wahr bleiben, auch wenn *S* erneut ausgeführt werden muss. Solche Eigenschaften heißen *Invarianten*. Wir könnten *I* als Invariante von *S* definieren, wenn {*I*} *S* {*I*} gilt, doch wir sollten berücksichtigen, dass *S* nur dann erneut ausgeführt wird, falls auch noch *B* gilt. Daher gelangen wir zu der

**Definition:** *B* sei ein boolescher Ausdruck und *S* eine Anweisung. Eine Aussage *I* heißt *Invariante von S bezüglich B*, falls gilt: $\{I \wedge B\}\ S\ \{I\}$.

Beispielsweise ist $\{ggT(x,y) = N\}$ eine Invariante von

```
IF x>y THEN x := x-y
        ELSE y := y-x
```

bezüglich $x \neq y$.

Diese Aussage lässt sich auch so verdeutlichen: Solange $x \neq y$ ist, ändert sich der ggT von x und y nicht, auch wenn die Anweisung

$$\mathbf{IF} \ \ x > y \ \ \mathbf{THEN} \ \ x := x - y \ \ \mathbf{ELSE} \ \ y := y - x$$

ausgeführt wird. Die zugehörige *PCA*

```
{ ggT(x,y) = N  and x <> y }
    IF x>y THEN x := x-y
           ELSE y := y-x
{ ggT(x,y) = N }
```

lässt sich anhand der *if-then-else*-Regel leicht beweisen.

Da Invarianten im Körper einer *while*-Schleife erhalten bleiben, überleben sie auch eine komplette *while*-Schleife. Man könnte also eine Regel

$$\frac{\{\,I \wedge B\,\}\,S\,\{\,I\,\}}{\{\,I\,\}\,\text{\textsc{while}}\,B\,\text{\textsc{do}}\,S\,\{\,I\,\}}$$

erwarten. Diese Regel ist in der Tat nicht falsch, aber wir haben in der Konklusion noch etwas verschenkt. Wir wissen nämlich, dass am Ende einer *while*-Schleife die Schleifenbedingung *B* falsch sein muss. Deshalb erhalten wir die bessere Regel:

$$\boxed{\dfrac{\{\,I \wedge B\,\}\,S\,\{\,I\,\}}{\{\,I\,\}\,\text{\textsc{while}}\,B\,\text{\textsc{do}}\,S\,\{\,I \wedge \neg B\,\}}} \qquad \text{Schleifenregel}$$

Die Korrektheit dieser Regel wollen wir uns noch durch eine andere Überlegung verdeutlichen. Da die Implikation $I \wedge \neg B \Rightarrow I$ in jedem Falle trivial ist, bestehen die folgenden Äquivalenzen:

$I$ ist Invariante von $S$ bezüglich $B$

$\Leftrightarrow \{\,I \wedge B\,\}\,S\,\{\,I\,\}$

$\Leftrightarrow \{\,I\,\}\,\mathbf{IF}\,B\,\mathbf{THEN}\,S\,\{\,I\,\}$.

Nun ist eine Schleife „$\mathbf{WHILE}\,B\,\mathbf{DO}\,S$", deren Körper k-mal ausgeführt wird, äquivalent zu der *k*-fachen Hintereinanderausführung von $\mathbf{IF}\,B\,\mathbf{THEN}\,S$. Wenn also

$$\{\,I\,\}\ \ \mathbf{IF}\ \ B\ \ \ \mathbf{THEN}\ \ \ S\,\{\,I\,\}$$

richtig ist, dann auch (stets mit *I* als Zwischenbehauptung)

```
{ I }
    IF B    THEN   S;
    IF B    THEN   S;
         . . . .
    IF B    THEN   S;
{ I }
```

## 2.10 Verifikation

und somit {*I*} **WHILE** *B* **DO** *S* {*I*}. Da nach Terminierung der Schleife „*not B*" gilt, ergibt sich also tatsächlich die bereits erwähnte Schleifenregel. *I* heißt auch *Invariante* der Schleife „**WHILE** *B* **DO** *S*".

Nach dem bisher Gesagten ist z.B. { $ggT(x,y) = N$ } eine Invariante der Schleife:

```
WHILE x <> y DO
    IF x > y THEN x := x-y
            ELSE y := y-x
```

Kommen wir nun endlich auf das Gauß'sche Summationsbeispiel zurück:

```
WHILE i<N DO
    BEGIN
        i := i+1;
        sum := sum+i
    END
```

Die Idee dieser Schleife ist, *i* langsam wachsen zu lassen und dabei immer in der Variablen *sum* die Summe aller bisherigen Zahlen, $1 + 2 + 3 + \ldots + i$, festzuhalten. Dies legt als ersten Versuch folgende Invariante nahe:

$$\text{sum} = \sum_{k=0}^{i} k$$

Es ist üblich, *while*-Schleifen immer mit einer Invarianten zu *annotieren*. Die Invariante wird dabei als Kommentar nach dem Schlüsselwort **DO** aufgeführt. Die folgende Figur zeigt eine solche annotierte Schleife sowie den Beweis der Invarianten

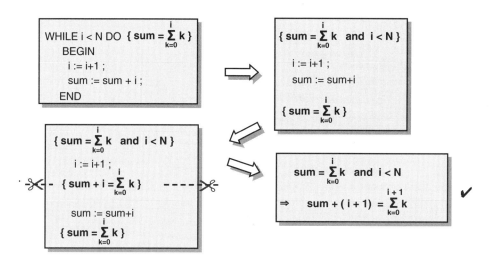

*Abb. 2.41:* *Beweis einer Schleifen-Invarianten*

## 2.10.10 Starke und schwache Invarianten

Zu jeder *while*-Schleife kann man beliebig viele Invarianten finden. Als Extremfälle sind *{True}* und *{False}* Invarianten für *jede* Schleife, denn durch eine Invariante *{I}* der Schleife „**WHILE** $B$ **DO** $S$" wird ja die *PCA:* *{I}* **WHILE** $B$ **DO** $S$ *{I}* bewiesen. Wir stellen uns diese Schleife nun inmitten einer *PCA*

$$\{P\}$$
$$S_1;$$
$$\textbf{WHILE} \ B \ \textbf{DO} \ S;$$
$$S_2$$
$$\{Q\}$$

vor. Ist *I* eine Invariante, so wird *I* zur Zwischenbehauptung sowohl vor als auch nach der Schleife, es werden also noch {P} $S_1$ {I} und {I} $S_2$ {Q}zu zeigen sein. Ist *I* zu schwach gewählt, wird die letztere *PCA* nicht nachzuweisen sein, ist *I* zu stark, haben wir Schwierigkeit mit der ersten *PCA*.

Die größte Schwierigkeit bei der Verifizierung von Programmen liegt in der Auswahl guter Invarianten. Alles andere ist Routine. Im Folgenden betrachten wir eine *PCA* und fragen uns, welche Invariante wir für die *while*-Schleife wählen sollen. Von den sieben Vorschlägen erweisen sich fünf tatsächlich als Invarianten, davon sind zwei zu stark und zwei zu schwach, um das vorgelegte Programm komplett zu beweisen. Nur eine ist gleichzeitig stark genug, aber auch nicht zu stark für die Aufgabe.

| {N > 0}<br>i := 0 ;<br>fact := 1 ;<br>WHILE i < N DO { ??? }<br>BEGIN<br>i := i+1 ;<br>fact := fact * i<br>END<br>{ fact = N ! } | Vorgeschlagene<br>Invarianten : | Zu<br>schwach | Zu<br>stark | Keine<br>Invariante | Gute<br>Invariante |
|---|---|---|---|---|---|
| | fact = i ! | ✘ | | | |
| | fact = i ! and  i >= N | | ✘ | | |
| | True | ✘ | | | |
| | False | | ✘ | | |
| | fact = N ! | | | ✘ | |
| | fact = i! and i<=N | | | | ✔ |

*Abb. 2.42: Auswahl möglicher Invarianten*

Für die manuelle Verifikation eines Programms stattet man alle *while*-Schleifen mit Invarianten aus. Anschließend überträgt man diese an den Anfang und an das Ende der Schleife und fügt dort noch die Negation der Schleifenbedingung hinzu:

$$\{ I \} \ \textbf{WHILE} \ B \ \textbf{DO} \ \{ I \} \ S \ \{ I \wedge \neg B \ \}.$$

## 2.10 Verifikation

Fügt man nun Zwischenbehauptungen nach jedem Semikolon ein, so entsteht ein *vollständig annotiertes Programm*:

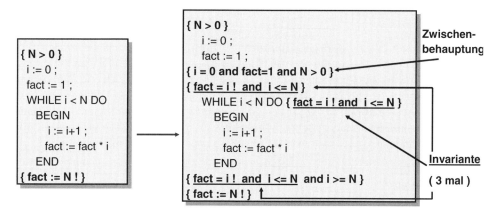

**Abb. 2.43:** *Erster Schritt: Annotierung*

Dabei kann es durchaus vorkommen – insbesondere vor *while*-Schleifen – dass zwei Zwischenbehauptungen {P} und {Q} auftreten, ohne dass eine Programmanweisung dazwischen liegt. Dafür gibt es jedoch eine eindeutige Interpretation: Zwischen {P} und {Q} stelle man sich die *skip*-Anweisung vor, es ist also P $\Rightarrow$ Q zu beweisen. Der Rest des Beweises zerfällt in zwei triviale Programme und zwei Implikationen. Dabei kommen die folgenden Axiome für die Fakultätsfunktion und für die Ordnungsrelation auf den ganzen Zahlen zum Tragen:

1. $n > 0 \Rightarrow n \geq 0$
2. $i < n \Rightarrow i + 1 \leq n$
3. $f = i! \Rightarrow f \times (i+1) = (i+1)!$
4. $i \leq n \wedge i \geq n \Rightarrow i = n$

**1.**
```
{ N > 0 }
    i := 0 ;
    fact := 1 ;
{ i=0 and fact=1 and N>0 }
```

**2.**
```
{ i = 0 and fact = 1 and N > 0 }
              ⇒
{ fact = i ! and  i <= N }
```

**3.**
```
{ fact = i ! and  i <= N  and i < N }
    i := i+1 ;
    fact := fact * i
{ fact = i ! and  i <= N }
```

**4.**
```
fact = i ! and  i <= N  and i >= N
         ⇒     fact := N !
```

**Abb. 2.44:** *Zweiter Schritt: Anwendung der Beweisregeln*

## 2.10.11 Programm-Verifizierer

Nachdem wir das Prinzip verstanden haben, scheint die Verifikation eines Programms fast mechanisch zu laufen. Nur das Finden geeigneter Invarianten für die *while*-Schleifen erfordert Kreativität und Inspiration.

In der Tat lässt sich alles andere mechanisieren. Systeme, die dies erledigen, heißen Programm-Verifizierer. Aus einem mit Vor- und Nachbedingung versehen Programm, in dem jede Schleife mit einer Invariante ausgestattet ist, erstellt der Verifizierer eine Reihe von rein logischen Aussagen, so genannte *Verifikationsbedingungen*. Sind diese Tautologien also logisch wahre Aussagen, so ist das Programm richtig. Programm-Verifizierer beinhalten daher zumeist noch einen mechanischen Theorembeweiser, der anschließend versucht, alle Verifikationsbedingungen entweder zu beweisen oder zumindest zu vereinfachen.

*Abb. 2.45:* *Programm-Verifizierer*

Am Beispiel unseres Programm-Verifizierers NPPV (*New Paltz Program Verifier*), der zur Software gehört, die zu diesem Buch erhältlich ist, wollen wir die Vorgehensweise verdeutlichen. In einem Editor wird ein Programm erstellt. Dieses wird mit einer Vor- und einer Nachbedingung versehen. Zusätzlich wird jede *while*-Schleife mit einer Invarianten ausgestattet. Anschließend wählt man aus dem Menü den Punkt *Prove* (Beweisen). Es erscheinen nacheinander die Verifikationsbedingungen. Wenn das System eine solche beweisen kann, meldet es *Proof completed* und geht zur nächsten über. Wenn es eine Verifikationsbedingung nicht beweisen kann, vereinfacht es diese zu einer äquivalenten Aussage, die mit dem Zusatz: *Remains to prove* angezeigt wird. Ist auch diese Verifikationsbedingung beweisbar, so ist das Programm korrekt.

Für ein konkretes Programm, die Summation der Zahlen von 0 bis $N$, ist die Nachbedingung durch die berühmte Gauß'sche Formel spezifiziert. Die Schleife erhält eine geeignete Invariante, und es werden 5 Verifikationsbedingungen erstellt, von denen das System alle bis auf eine auch beweisen kann. Die verbleibende ist:

$$i < N \ \Rightarrow \ i + 1 \leq N.$$

In der Tat ist die Aussage

$$\forall i \forall N : (\ i < N \Rightarrow i + 1 \leq N\ )$$

## 2.10 Verifikation

nur dann eine Tautologie, wenn wir $i \in \mathit{Nat}$ und $N \in \mathit{Nat}$ voraussetzen. Der Benutzer erfährt so also eine Bedingung über die zu verwendenden Datenstrukturen, die notwendig und hinreichend für die Korrektheit des annotierten Programms ist.

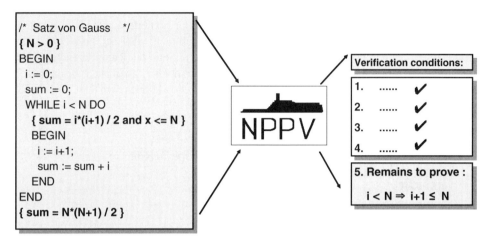

**Abb. 2.46:** *New Paltz Program Verifier*

### 2.10.12 *repeat*-Schleife

Bisher haben wir Programme betrachtet, die aus Zuweisungen, Hintereinanderausführung, Alternativen und *while*-Schleifen bestehen. Um auch weitere Konstrukte behandeln zu können, erinnern wir uns, dass diese mithilfe der bereits erwähnten ausgedrückt werden können. Aus dieser Zurückführung ergeben sich somit die entsprechenden Verifikationsbedingungen. So können wir den Beweis von

```
{ P }
    REPEAT
        A1; A2; ... ; An
    UNTIL B
{ Q }
```

zurückführen auf den Beweis der entsprechenden *PCA,* in der die *repeat*-Schleife durch eine *while*-Schleife ersetzt wurde:

```
{ P }
    A1; A2; ... ; An;
    WHILE not B DO
        BEGIN
            A1; A2; ...; An
        END
{ Q }.
```

204    2 Grundlagen der Programmierung

Folglich müssen wir eine Invariante $I$ finden, so dass die folgenden Bedingungen erfüllt sind:

$$\{P\}\ A_1;A_2;\ldots;A_n\ \{I\}\ ,$$
$$\{I \wedge \neg B\}\,A_1;A_2;\ldots;A_n\{I\}\ ,$$
$$I \wedge B \Rightarrow Q\ .$$

Die Bedeutung ist auch intuitiv klar, denn zunächst wird der Schleifenkörper ja mindestens einmal ausgeführt, danach muss $I$ wahr sein. Solange $B$ noch nicht wahr ist, muss der Schleifenrumpf erneut ausgeführt werden, also muss $I$ eine Invariante des Rumpfes bezüglich $B$ sein. Schließlich gilt beim Abschluss der Schleife immer noch $I$, aber auch zusätzlich $B$. Wenn aber $Q$ verlangt ist, so benötigen wir $I \wedge B \Rightarrow Q$. Dies können wir jetzt zur *repeat-Regel* zusammenfassen:

$$\frac{\begin{array}{c}\{\,P\,\}\,A_1;\ldots;A_n\,\{\,I\,\},\\ \{\,I \wedge\neg B\,\}\,A_1;\ldots\,;A_n\,\{\,I\,\},\\ I \wedge B \Rightarrow Q\end{array}}{\{\,P\,\}\ \textbf{REPEAT}\ A_1;\ldots;A_n\ \textbf{UNTIL}\ B\ \{\,Q\,\}}\qquad \text{Repeat-Regel}$$

## 2.10.13   *for*-Schleife

Als letzte Kontrollstruktur betrachten wir hier noch die etwas kompliziertere *for*-Schleife. Den Beweis von

$$\{P\}$$
$$\qquad \textbf{FOR}\ v:=t_1\ \textbf{TO}\ t_2\ \textbf{DO}\ A$$
$$\{Q\}$$

können wir aufgrund der Semantik der *for*-Schleife zurückführen auf den Beweis von

```
{P}
    IF  t₁≤t₂  THEN
      BEGIN
          v := t₁ ;
          WHILE v≤t₂ DO  {I}
              BEGIN
                  A;  v := succ(v)
              END
          v  := pred(v)
      END
{Q} .
```

Da das Programm eine einarmige Alternative ist, bekommen wir für den Fall, dass $t_1 > t_2$:

$$P \wedge (t_1 > t_2) \Rightarrow Q\ .$$

Andernfalls erhalten wir für den Teil bis zum Beginn der *while*-Schleife die Forderung

$$\{P \wedge (t_1 \leq t_2)\}\ v := t_1\ \{I\}\,,\ \text{also}\quad P \wedge (t_1 \leq t_2) \Rightarrow I[v/t_1]\,.$$

2.10 Verifikation

Aus der Forderung, dass $I$ eine Invariante sein soll, ergibt sich

$\{I \wedge v \leq t_2\} \; A \; ; \; v := succ(v)\{I\}$, das heißt

$\{I \wedge v \leq t_2\} \; A \; \{I[v/succ(v)]\}$.

Schließlich erhalten wir aus dem Rest des Programms die Forderung:

$I \Rightarrow Q[v/pred(v)]$.

Somit erhalten wir als Regel für die *for*-Schleife:

$$
\begin{array}{l}
(P \wedge t_1 > t_2) \Rightarrow Q \\
P \wedge t_1 \leq t_2 \Rightarrow I[v/t_1] \\
\{ I \wedge v \leq t_2 \} \; A \; \{ I[v/succ(v)] \} \\
I \Rightarrow Q[v/pred(v)] \\
\hline
\{ P \} \; \texttt{FOR} \; v := t_1 \; \texttt{TO} \; t_2 \; \texttt{DO} \; A \; \{ Q \}
\end{array}
$$
**For-Regel**

## 2.10.14 Terminierung

Unsere Methoden haben wir bisher nur dazu benutzt, um partielle Korrektheit zu zeigen. $\{P\}S\{Q\}$ bedeutet ja, dass, falls $S$ in einem Zustand gestartet wird, in dem $P$ gilt, und falls es danach terminiert, anschließend $Q$ gelten wird. Wenn $S$ nicht terminiert, ist $\{P\}S\{Q\}$ aus trivialen Gründen wahr. Um totale Korrektheit zu zeigen, müssen wir daher auch die Terminierung von $S$ beweisen. Dazu genügt es, für jede Schleife einen ganzzahligen Ausdruck $t$ zu bestimmen, dessen Wert bei jedem Schleifendurchgang verringert wird, der aber stets positiv bleibt. Dieses Verhalten können wir aber durch *PCA*s ausdrücken. Ist

**WHILE** $B$ **DO** $S$

die Schleife, deren Terminierung uns interessiert, und $I$ eine beliebige Invariante, dann gelten die Äquivalenzen:

$t$ bleibt positiv $\qquad \Leftrightarrow \quad \{B \wedge I \wedge t \geq 0\} \; S \; \{I \wedge t \geq 0\}$,

$t$ wird verringert $\qquad \Leftrightarrow \quad \{B \wedge I \wedge t = K\} \; S \; \{I \wedge t < K\}$.

Daher kann man, nach Angabe eines geeigneten Terms t, den Terminierungsbeweis auf Verifikationsbedingungen zurückführen. In **NPPV** ist dies ebenfalls vorgesehen. Will man die totale Korrektheit eines Programms zeigen, so gibt man zu jeder *while*-Schleife noch einen Terminierungsterm $t$ an. Dieser wird in eckigen Klammern nach dem **DO** eingefügt. Die vollständig annotierte *while*-Schleife sieht dann folgendermaßen aus:

```
{P}
  WHILE B DO [ t ]{ I }
      S
{Q}
```

und die Verifikationsbedingungen ergeben sich aus den Forderungen:

$$P \Rightarrow I \wedge t \geq 0 \qquad \text{( Schleifeneintritt ),}$$

$$\{ I \wedge t \geq 0 \wedge B \} \, S \, \{ I \wedge t \geq 0 \} \qquad \text{( Invariante } I \wedge t \geq 0 \text{ )}$$

$$\{ I \wedge t = K \wedge B \} \, S \, \{ t < K \} \qquad \text{( } t \text{ verringert sich ),}$$

$$I \wedge \neg B \Rightarrow Q \qquad \text{( Schleifenaustritt ).}$$

## 2.10.15   Beweis eines Programmschemas

Jetzt wollen wir die behandelten Methoden anwenden, um die früher behandelte Transformation eines rekursiven in ein iteratives Programm auch formal zu beweisen. Eine *endrekursive Funktion* f(x) hat die Form

$$f(x) = \begin{cases} g(x), & \text{falls } P(x) \\ f(r(x)), & \text{sonst.} \end{cases}$$

Die vorgeschlagene iterative Version ist:

```
WHILE not P(x) DO
    BEGIN
        x := r(x);
        result := g(x)
    END
```

Am Schluss soll in der Variablen *result* der Wert f(x) stehen, wobei mit *x* auf den anfänglichen Wert von *x* Bezug genommen wird. Als Spezifikation ergibt sich also:

$$\{x = N\} \; \{result = f(N)\} \, .$$

Die Invariante drückt die Idee aus:

*x wird nur so verändert, dass f(x) konstant bleibt.*

Daher wählen wir als Invariante f(x) = f(N) und erhalten:

```
{x = N}
    WHILE not P(x)  DO {f(x) = f(N)}
        x  :=  r(x);
    result  :=  g(x)
{result = f(N)}
```

Die Verifikationsbedingungen, die **NPPV** automatisch erzeugt, sind:

$$(x = N) \Rightarrow f(x) = f(N),$$
$$f(x) = f(N) \wedge \neg P(x) \Rightarrow f(r(x)) = f(N),$$
$$f(x) = f(N) \wedge P(x) \Rightarrow g(x) = f(N).$$

Die erste Bedingung ist trivial, die beiden letzten sind gerade äquivalent zur anfänglichen rekursiven Definition von $f(x)$.

## 2.11 Programmieren im Großen

Mit den bisher eingeführten Konzepten können klar gegliederte Programme für jeden Zweck erstellt werden. Pascal unterstützt in mathematisch sauberer Weise die Methode des *Strukturierten Programmierens*. Der Kern ist das *Blockkonzept,* mit dessen Hilfe eine Hierarchie von Algorithmen aufgebaut wird; jeder Algorithmus enthält lokal seine Hilfsalgorithmen, die nach außen hin nicht sichtbar sind. Dem Algorithmus, sei es eine Prozedur oder eine Funktion, sind die Daten untergeordnet. Sie sind Hilfskonzepte und dank der Blockstruktur können sie dort eingeschlossen werden, wo man sie benötigt. Auf diese Weise sind sie außen nicht sichtbar, können von dort auch nicht manipuliert werden. Dies entspricht der Forderung des *information hiding*.

Im Laufe der letzten 40 Jahre sind die Anforderungen an eine Programmiersprache erheblich gestiegen. Es wurden Konzepte benötigt, um sehr große Programme zu schreiben, die trotzdem übersichtlich bleiben, die nachträglich noch geändert und erweitert werden können. An kommerziellen Programmen arbeiten Gruppen von Programmierern gleichzeitig, sie müssen ihre Komponenten getrennt testen und die einzelnen Teile sollen am Schluss zusammenpassen. Schließlich will man Teile bereits vorhandener Programme für andere Zwecke wiederverwenden können. Eine Lösung dafür wurde in dem Konzept des *Modularen Programmierens* gefunden, das in den 70er Jahren eingeführt wurde.

Mit der Einführung der grafischen Bedienoberflächen in den 80er Jahren tauchten aber die nächsten Schwierigkeiten auf. Ein Programm, das in einer fensterbasierten Umgebung arbeitet und das von einer *Maus* gesteuert wird, muss mit den sehr komplexen Ressourcen des Betriebssystems und vor allem des Fenstersystems umgehen können. Es ist für den Programmierer unvorhersehbar, wann der Benutzer seine Maus in welches Fenster bewegt, und er kann nicht überall Warteschleifen einbauen, um dauernd solche Ereignisse abzufangen. Statt dessen möchte er beim Programmieren von der Vorstellung ausgehen, dass die Maus mit dem Betriebssystem kommuniziert, indem sie ihm *Botschaften* (engl. *messages*) schickt und dass die einzelnen Objekte des Fenstersystems auf solche Ereignisse (engl. *events*) reagieren. Diese Sichtweise führte ab Mitte der 80er Jahre zum Siegeszug des *Objektorientierten Programmierens*.

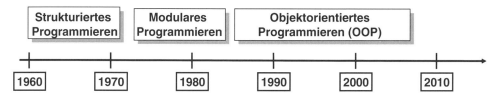

*Abb. 2.47:* Entwicklung moderner Programmierkonzepte

## 2.11.1 Modulares Programmieren

Algorithmen sind nur schwer in Einzelteile zerlegbar und testbar. Algorithmen werden sauberer und klarer, wenn gute Datenstrukturen zur Verfügung stehen. Ein Programm zur Terminverwaltung wird viel einfacher, wenn es auf eine Datenstruktur wie „*Datum*" zurückgreifen kann. Datenstrukturen mit zugehörigen Operationen sind sehr gut voneinander abzugrenzen. Sie können auch unabhängig programmiert und getestet werden. Es liegt also nahe, Konzepte zu entwickeln, mit denen man Datenstrukturen getrennt entwickeln und diese hinterher zu einem Programm zusammenfügen kann.

Pascal besaß dafür keine geeigneten Konzepte, daher entwickelte Niklaus Wirth eine Nachfolgesprache, *Modula*. Diese veränderte nur wenig an den grundlegenden Strukturen und der Syntax von Pascal, sie führte aber als wichtige Neuerung das Konzept eines *Moduls* ein. Es hätte keiner neuen Sprache bedurft, wie die Firma Borland bewies, als sie ab der Version 4.0 von Turbo-Pascal das Modul-Konzept integrierte, nur dass sie statt Modul *Unit* sagt. Ein Modul (oder eine Unit) ist eine Zusammenfassung von Konstanten, Typen, Variablen und Prozeduren, bzw. Funktionen zu einer Einheit.

Mit der Hilfe von Modulen können große Projekte in sinnvolle Teile zerlegt werden, die man unabhängig voneinander programmieren, compilieren und testen kann. Wenn wir zum Beispiel ein Softwarepaket *Projektmanager* implementieren wollen, könnte eine erste Aufteilung des Programms so aussehen:

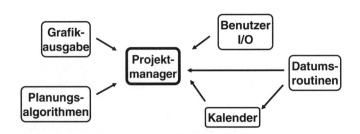

*Abb. 2.48:* Modularisierung eines Projektmanagers

Bevor mit der Erstellung der Module begonnen werden kann, muss man sich einigen, welche *Dienste* das Modul bereitstellen soll. Der Benutzer des Moduls – das kann das Hauptprogramm, aber auch ein anderes Modul sein – muss sich darauf verlassen können. Der Programmierer des Moduls muss diese Dienste implementieren. Dienste in diesem Sinne können Unterprogramme sein, aber auch Konstanten, Datentypen und Variablen. Der Benutzer muss nur die so genannte *Schnittstelle* (engl. *interface*) kennen. In dieser sind die Konstanten, Typen, Variablen, Funktionen und Prozeduren definiert, die nach außen *sichtbar* sein sollen. Für die Unterprogramme muss jeweils die Kopfzeile als *Spezifikation* angegeben werden.

## 2.11 Programmieren im Großen

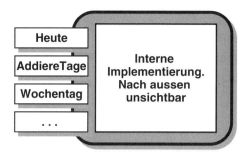

*Abb. 2.49:* Schnittstelle eines Kalendermoduls

Mit der Kenntnis der Schnittstelle kann der Benutzer des Moduls bereits sein Programm compilieren, so wie wir unser NIM-Spiel bereits testen konnten, als für die Prozeduren nur ein Stummel verfügbar war (vgl. S. 147). Die Implementierung der Dienste ist dem Benutzer nicht sichtbar, daher läuft er auch nicht Gefahr, Eigenschaften auszunutzen, die in einer anderen Implementierung des Moduls nicht mehr zutreffen könnten. So kann er später einmal das Modul gegen eine andere Version austauschen, solange sich die Schnittstelle nicht geändert hat.

*Schnittstellen* begegnen uns nicht nur beim Programmieren. Komplexe Geräte wie Computer oder Automobile werden nicht nur von einem Hersteller gebaut. Gibt es Vereinbarungen über die Schnittstellen, so werden die dezentral gefertigten Teile hinterher zusammenpassen. Wie ein Hersteller seine Komponente konstruiert, bleibt ihm überlassen, vielleicht ist dies auch sein Betriebsgeheimnis.

In der Sprache *Modula* besteht ein Modul immer aus zwei Dateien, dem *definition module*, in dem die Schnittstelle spezifiziert ist und dem *implementation module*, der die Implementierung enthält. Analog dazu besteht in Turbo-Pascal eine *Unit* aus einer *interface-section* und einer *implementation-section*.

Auf Einzelheiten der modularen Programmierung wollen wir nicht näher eingehen, da die Konzepte in der objektorientierten Programmierung weitgehend enthalten sind.

### 2.11.2   Objektorientiertes Programmieren (OOP)

Während es bei der modularen Programmierung auf die Zerlegung von komplexen Programmieraufgaben in unabhängige Module ankam, geht es bei der objektorientierten Programmierung um einen abstrakteren Datenbegriff:

> *Objekte = Daten + Methoden.*

Datenobjekte beinhalten neben ihren Datenfeldern auch die Operationen, die auf ihnen definiert sind. In der objektorientierten (oo) Sprechweise heißen diese dann Methoden:

> *Methoden sind Unterprogramme,*
> *die für einen und innerhalb eines Datentyps definiert sind*

Die Grundidee, Daten und Unterprogramme zusammenzufassen, ist nicht neu. Sie lag schon unserem Begriff der *Datenstruktur* zugrunde. In der objektorientierten Programmierung kann man eine solche Zusammenfassung erzwingen, man spricht dabei von *Verkapselung*. Auch sonst muss man sich an eine neue Sprechweise gewöhnen: Statt Datentyp sagt man *Klasse*, statt Element oder Wert (eines Datentyps) sagt man *Instanz* oder *Objekt* (einer Klasse).

Jenseits all dieser Sprechweisen ist ein *Typ* oder eine *Klasse* im Wesentlichen eine *Aggregation*, deren Komponenten nicht nur Variablen, sondern auch Prozeduren und Funktionen sein können; diese nennt man *Methoden*. Zu den Charakteristika der objektorientierten Programmierung gehören *Datenkapselung*, *Vererbung* und *Polymorphie*.

## 2.11.3 Datenkapselung

*Datenkapselung* ist bereits ein zentraler Begriff des modularen Programmierens, er spielt auch im objektorientierten Programmieren eine große Rolle. Die wesentliche Idee ist, die Repräsentation eines Objektes zu verbergen und dieses nur über Zugriffsmethoden zugänglich zu machen. Ein immer wieder benutztes Beispiel für diese Vorgehensweise ist das eines Bankkontos. Statt einer einfachen Typdefinition

```
TYPE Konto = Real;
VAR meinKonto : Konto;
```

und den Operationen *lesen* und *verändern* wie z.B.

```
meinKonto := meinKonto - 42.95
```

wird empfohlen, eine Klasse *Konto* zu definieren, in denen die Lese- und Schreiboperationen als Methoden enthalten sind:

```
class Konto {
    private float betrag;
    public float lese();
    public void addiere(float x);
}
```

Da hier bereits die in dem folgenden Kapitel erst eingeführte Java-Syntax verwendet wurde, wollen wir in einer an Pascal angelehnten hypothetischen Ersatzsyntax andeuten, was damit gemeint sein soll. Eine Klasse entspricht einem **RECORD** (in Java einem Zeiger auf einen **RECORD**), wobei einige Komponenten Methoden sein können, also:

```
TYPE Konto = RECORD
        betrag : Real; (*private*)
        FUNCTION lese : Real; (*public*)
        PROCEDURE addiere(x : Real); (*public*)
    END
```

Das Java-Schlüsselwort *private* besagt, dass die Komponente betrag nicht nach außen sichtbar sein soll, nur in der Definition von *lese* und *addiere* darf sie verwendet werden. Die Methoden *lese* und *schreibe* sind dagegen *public*, also *öffentlich*, d.h. nach außen sichtbar. Ist *meinKonto* nun eine Variable vom Typ *Konto*, so wird die vorher gezeigte Abbuchung vollzogen durch:

```
meinKonto.addiere(-42.95);
```

Ein Konto ist also ein Objekt, das die Methoden *lese* und *addiere* versteht. Was sich sonst noch hinter einem Konto verstecken mag, ist unbekannt und unerheblich. Sicher wird man noch erwarten, dass immer

```
meinKonto.addiere(x).lese = meinKonto.lese + x
```

gilt, aber es gibt keine sprachlichen Mittel, dies festzulegen.

Ob der Programmierer der Bank so vorgeht und die Daten sauber kapselt, ist in der Sprache nicht vorgegeben. „Richtiges" objektorientiertes Programmieren ist daher eher eine Philosophie als eine technische Methode.

Das folgende Bild symbolisiert noch einmal die Metapher eines Objektes als einer *Datenkapsel*, auf die nur mit den öffentlichen Methoden zugegriffen werden darf:

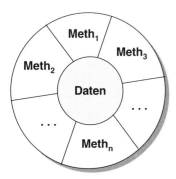

*Abb. 2.50:*   *Datenkapselung*

## 2.11.4   Vererbung

Erweitert man einen Typ um zusätzliche Felder und Methoden, so spricht man von einer *Erweiterung* oder einer *Unterklasse*. Die Objekte (Variablen) der Unterklasse (des erweiterten Typs) behalten alle Felder der alten Klasse und gewinnen neue Felder hinzu. Da die Methoden der Oberklasse sich nur auf die alten Felder beziehen, kann man sie auch in der Unterklasse benutzen. Man spricht dabei von *Vererbung*. Es vererben sich also nicht nur die Datenfelder, sondern auch die Methoden.

Der Begriff der Unterklasse kann allerdings irreführend sein. Nach dem Gesagten wären die komplexen Zahlen als Unterklasse der reellen Zahlen anzusehen, weil sie zusätzlich zu ihrem Realteil noch einen Imaginärteil haben. Ebenso wären die gebrochenen Zahlen eine Teilklasse der ganzen Zahlen, denn sie besitzen zusätzlich noch einen Nenner. Dies widerspricht der üblichen Sichtweise, in der die Unterklassenbeziehung gerade in der umgekehrten Richtung besteht.

Um solche Probleme zu umgehen, kann man die gerade erwähnte Datenkapselung einsetzen. Die Datenfelder werden nach außen versteckt und sind nur über öffentliche *Zugriffsmethoden* zugänglich. Eine Unterklasse ist dann dadurch gekennzeichnet, dass sie zumindest alle *öffentlichen* Komponenten und Methoden der Oberklasse besitzt.

Im Falle der komplexen Zahlen bliebe die Repräsentation (entweder als $x+iy$ mit Realteil $x$ und Imaginärteil $y$ oder als $re^{i\theta}$ mit Absolutbetrag $r$ und Winkel $\theta$) verborgen. Stattdessen würden Methoden *getX setX, getY, setY* bereitgestellt, um Real- und Imaginärteil zu lesen und zu verändern, ebenso *getAbs, setAbs,* getTheta und *setTheta* mit denen Betrag und Winkel erfragt und verändert werden können. Eine Änderung der internen Repräsentation bliebe für einen Benutzer der Klasse ohne Konsequenzen.

Eine reelle Zahl würde nun alle Methoden der komplexen Zahlen erben: +, -, * , / , hätte aber zusätzlich noch Methoden wie z.B. „ < ". Um das Datenfeld $y$ (oder $\theta$), das für reelle Zahlen ja immer 0 ist, einzusparen, muss man nur *getX* und *getTheta* für reelle Zahlen umdefinieren – sie liefern immer den Wert 0. Somit hätte man die reellen Zahlen als Unterklasse der komplexen Zahlen implementiert.

Ob solchen *Empfehlungen* gefolgt wird, hängt ganz von dem Programmierer ab. In gängigen objektorientierten Sprachen gibt es keine Mittel, diese Vorgehensweise zu erzwingen. Kurzfristig ist es sicher einfacher, die komplexen Zahlen als Unterklasse der reellen Zahlen zu implementieren. Dies widerspricht aber unserer Vorstellung und unserer Intuition. Daher wird von den Vertretern der objektorientierten Modellierung empfohlen, die Frage zu stellen, ob ein Element der Unterklasse ein Element der Oberklasse **ist**. Sicher würde jeder sagen: *„Eine reelle Zahl* **ist** *eine komplexe Zahl"*, nicht jedoch: *„Jede komplexe Zahl* **ist** *eine relle Zahl"*.

Das dritte bekannte Schlagwort des objektorientierten Programmierens ist die *Polymorphie*. Dabei geht es darum, mit einem Methodenbezeichner Unterprogramme zu definieren, die auf unterschiedlichen Datenstrukturen operieren, aber im abstrakten Sinn eine einzige Tätigkeit ausführen. *Zeichnen* oder *Verschieben* kann zum Beispiel für Polygonzüge, Ellipsen und Textblöcke definiert sein.

Das neue Konzept der *Klasse* verallgemeinert das Konzept des *Record*. Letzterer ist nicht mehr notwendig. Variantenrecords, die ja disjunkten Vereinigungen entsprechen, werden durch die Möglichkeit der Vererbung überflüssig. Dem früher diskutierten Typ

```
TYPE GeO = RECORD
      xWert : Real;
      yWert : Real;
   CASE geoTyp : (Punkt, Kreis, Quadrat) OF
            Punkt    : ( ) ;
            Kreis    : ( radius : Real ) ;
            Rechteck : ( laenge, breite : Real ) ;
   END;
```

2.11 Programmieren im Großen                                                    213

entsprächen jetzt (in der Java Notation) die Klassen:

```
class GeO {
    float xWert ;
    float yWert ;
    ...
    };
class Punkt extends GeO{
    ...
    };
class Kreis extends GeO {
    float radius ;
    ...
    };
class Rechteck extends GeO{
    float laenge ;
    float breite ;
    ...
    };
```

wobei typischerweise anstelle der „ ... " geeignete Methoden zu finden wären. Ob allerdings die dadurch eingeführte Hierarchie als sinnvoll erachtet wird, ist eine andere Frage. Ihre Beantwortung hängt immer auch von der intendierten Anwendung ab.

Auch der Modulbegriff kann durch den Klassenbegriff ersetzt werden. Eine Klassendefinition beinhaltet den Interface-Teil und den Implementierungs-Teil eines Moduls. Komponenten, die nicht exportiert werden sollen, können als *private* gekennzeichnet werden. Eine physikalische Trennung zwischen Schnittstelle und Implementierung ist durch die Begriffe der *abstrakten* Klasse und der *interface* Klassen möglich.

## 2.11.5    Zusammenfassung

In diesem Kapitel haben wir die Grundlagen des Programmierens anhand einer klar struktu-rierten Programmiersprache kennen gelernt. Dabei haben wir programmiersprachliche Kon-zepte und ihre mathematischen Hintergründe beleuchtet. Die neuen Konzepte des objektorientierten Programmierens konnten wir bisher nur schlaglichtartig behandeln. Aus dem letzten Beispiel wird aber deutlich, wie diese sich aus den früheren Begriffen des *Record* und der *Blockstrukturierung* entwickelt hat. Im nächsten Kapitel werden wir mit *Java* eine konkrete und aktuelle Programmiersprache genauer kennen lernen und dabei auch tiefer in das objektorientierte Programmieren einsteigen.

# 3      Die Programmiersprache Java

Im letzten Kapitel haben wir die theoretischen Grundlagen der Programmierung diskutiert. Jetzt werden wir mit „Java" eine konkrete Programmiersprache kennen lernen – allerdings nur in dem Umfang, wie er für die folgenden Kapitel benötigt wird. Für eine vollständige Sprachbeschreibung sei auf die im Literaturverzeichnis erwähnten Bücher verwiesen – insbesondere auf „The Java Language Specification" von James Gosling, Bill Joy und Guy Steele. Diese ist im Jahr 2000 in einer wesentlich überarbeiteten zweiten Auflage erschienen.

Im Jahre 1995 wurde Java der Öffentlichkeit vorgestellt. Seitdem hat diese Sprache sich schneller verbreitet als jede andere neue Programmiersprache der letzten Jahre. Einige Ursachen für dieses Phänomen sind:

- Javaprogramme sind portabel, sie können also ohne jede Änderung auf unterschiedlichen Rechnern eingesetzt werden. Dies ist eine Voraussetzung für die Integration von Java-Anwendungen, so genannten *Applets*, in Internet-Seiten. Für diesen Zweck besitzt Java spezielle Sicherheitsmechanismen.
- Java ist ein modernisiertes C++. Diese Sprache hatte sich in den letzten Jahren zum *Industriestandard* entwickelt, daher gibt es viele Programmierer, die ohne großen Aufwand auf Java umsteigen können. Java ist weniger komplex als C++, verbietet den unkontrollierten Umgang mit Zeigern und verkörpert moderne Konzepte der objektorientierten Programmierung.
- Java verbreitet sich an Universitäten, weil in dieser Sprache viele der Konzepte enthalten sind, die Sprachen wie Pascal, Modula und Oberon für die Lehre so populär gemacht haben. Anders als die vorgenannten Sprachen konnte sich Java aber auch in der Praxis durchsetzen.
- Java Entwicklungsumgebungen von hoher Qualität sind zum Teil kostenlos verfügbar. Hinter Java steht die Firma SUN, der bedeutendste Hersteller von Workstations. Das *Java Development Kit* (JDK), ein Java-Interpreter (Java Virtual Machine), Werkzeuge und Dokumentationen zu Java werden von SUN entwickelt und im Internet bereitgestellt. Derzeit (Anfang 2004) ist die Version 1.4.2 des JDK aktuell. Das JDK 1.5, das bereits in einer Betaversion vorliegt, führt wichtige neue Konzepte ein, auf die wir in diesem Kapitel schon eingehen.

Die Änderungen, die sich mit der Einführung der Version 1.2 des JDK ergeben haben, waren so umfangreich, dass SUN seitdem von der *Java2-Plattform* spricht. In diesem Sinne sind die Versionen ab 1.2 des JDK Komponenten der Java2-Plattform. Seither kann man sogar sogar die meisten betriebssystemabhängigen Funktionen innerhalb der Java2-Plattform erledigen.

Den vielen Vorteilen von Java steht derzeit allerdings auch ein kleiner Nachteil gegenüber: Die *Portabilität* wird durch eine interpretative Programmausführung erreicht. Das bedeutet einen Verzicht auf optimale Programmlaufzeiten. Die Messergebnisse für die Laufzeit von Sortieralgorithmen im nächsten Kapitel belegen jedoch, dass dieser Nachteil auf modernen Prozessoren geringer ausfällt als vermutet.

Derzeit sind kostenlos erhältliche Programmierumgebungen wie *netBeans* und *Eclipse* populär – es handelt sich um sehr große und umfangreiche Systeme. Ein schlankes, aber nicht minder geeignetes System ist die kostenlose Variante von *JCreator*, in dessen Editor man den Rumpf nicht interessierender Methoden und Klassen ausblenden kann, so dass nur noch deren Signaturzeile zu sehen ist. Hartgesottene Programmierer schwören auf universelle Editoren wie *Ultraedit* oder *Emacs*. Zum Erlernen und Experimentieren mit Java ist besonders das *BlueJ* System hervorragend geeignet (siehe auch S. 86 und S. 233). In allen Fällen ist aber Vorraussetzung, dass das bei *java.sun.com* erhältliche Java-Development-Kit (JDK) installiert ist.

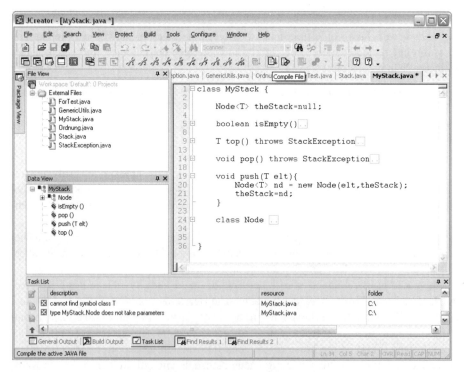

***Abb. 3.1:*** *Java-Editor mit ausgeblendeten Methoden- und Klassenrümpfen*

# 3.1 Geschichte von Java

Java wurde seit 1991 von einem kleinen Team unter Leitung von James Gosling bei SUN unter dem Arbeitstitel OAK(Object Application Kernel) entwickelt. Ursprünglich wollte man eine Programmiersprache entwerfen, die sich in besonderer Weise zur Programmierung von elektronischen Geräten der Konsumgüterindustrie eignen sollte – also von Toastern, Kaffeemaschinen, Videogeräten, Decodern für Fernsehgeräte etc.

1993 wurde die Zielrichtung des Projektes geändert: Eine Programmiersprache zu entwickeln, die sich in besonderer Weise zur Programmierung auf verschiedensten Rechnertypen im Internet eignen sollte. Als neuer Name wurde *Java* gewählt. Java, die Hauptinsel Indonesiens, ist im Amerikanischen ein Synonym für guten Bohnenkaffee. Der Name hat also keinen direkten Zusammenhang mit den neuen Zielen des Projektes.

Seit 1995 bietet SUN kostenlos den Kern eines Programmiersystems JDK (Java Development Kit) zusammen mit einer Implementierung des Java-Interpreters (Java Virtual Machine) an. Die meisten kommerziellen Programmierumgebungen für Java nutzen das JDK als Kernsystem.

# 3.2 Die lexikalischen Elemente von Java

Die meisten Programmiersprachen bauen auf dem weit verbreiteten ASCII-Zeichensatz auf. Landesspezifischen Zeichen, wie z.B. ö, ß, æ, ç oder Ã, sind dabei nicht zugelassen. Da alle ASCII-Zeichensätze 7 oder 8 Bit für die Darstellung eines Zeichens verwenden, ist die Anzahl der codierbaren Zeichen auf 256 beschränkt.

Java legt den neueren Zeichensatz *Unicode* zugrunde, der praktisch alle weltweit geläufigen Zeichensätze vereint, siehe auch S. 13.

Die einzelnen Zeichen von Unicode werden durch *Attribute* als *Buchstaben* oder *Ziffern* klassifiziert. Aufbauend auf dieser Klassifikation kann man folgende javaspezifische lexikalische Elemente definieren:

- **Buchstaben:** Alle in Unicode zulässigen Buchstaben und aus „historischen" Gründen auch der Unterstrich „ _ " sowie das Dollarzeichen „$".
- Die **Ziffern** von 0 bis 9.
- **Zeilenende:** Eines der Zeichen Wagenrücklauf (CR: ASCII-Wert 13) oder Zeilenwechsel (LF: ASCII-Wert 10) oder deren Kombination CR LF.
- **Leerzeichen** (*Whitespace*): Das Leerzeichen selbst (SP: ASCII-Wert 32), eines der folgenden *Steuerzeichen*: Tabulator (HT: ASCII-Wert 9), Formularvorschub (FF: ASCII-Wert 9) oder ein Zeilenende.
- **Trennzeichen:** ( ) { } [ ] ; , .
- **Operatoren:** = > < ! ~ ? : == <= >= != && || ++ -- + - * / & | ^ % << >> >>> += -= *= /= &= |= ^= %= <<= >>= >>>=
- **Kommentare**, **Bezeichner** und **Literale**.

## 3.2.1 Kommentare

Java kennt drei Arten von *Kommentaren*:

```
// Kommentar
```

Alle auf `//` folgenden Zeichen bis zum Zeilenende bilden den Kommentar. Diese Form des Kommentars belegt also stets genau eine Zeile.

```
/* Kommentar */
```

Alle zwischen den Kommentarzeichen `/*` und `*/` stehenden Zeichen bilden den Kommentar. Dieser kann sich über mehrere Zeilen erstrecken. Kommentare dieser Form dürfen nicht geschachtelt werden.

```
/** Kommentar */
```

Eine Variante der zweiten Form. Diese Kommentare werden von dem Zusatzprogramm *javadoc* erkannt, um eine standardisierte Dokumentation zu erstellen.

## 3.2.2 Bezeichner

*Bezeichner* beginnen mit einem Java-Buchstaben. Darauf können weitere Java-Buchstaben, Ziffern und Unterstriche folgen. Die Länge eines Bezeichners ist nur durch die maximal verwendbare Zeilenlänge begrenzt. Beispiele sind:

```
x y i k MeinBezeichner Grüße Üzgür λ_halbe ελλασ èlmùt_çôl
```

Einige der Bezeichner haben eine besondere, reservierte Bedeutung und dürfen in keinem Fall in anderer Bedeutung verwendet werden. Dazu gehören die Schlüsselwörter der Programmiersprache Java und drei spezielle konstante Werte (Literale):

```
null, false, true.
```

Drei weitere besondere Bezeichner sind Namen vordefinierter Klassen:

```
Object, String, System.
```

Technisch gesehen könnte man diese Bezeichner auch mit einer anderen Bedeutung verwenden. Man sollte das aber vermeiden.

## 3.2.3 Schlüsselwörter

Die folgenden Bezeichner sind *Schlüsselwörter* der Programmiersprache Java:

```
abstract   default   goto         package     synchronized
boolean    do        if           private     this
break      double    implements   protected   throw
byte       else      import       public      throws
case       enum      instanceof   return      transient
```

3.2  Die lexikalischen Elemente von Java                                    219

```
catch        extends      int          short        try
char         final        interface    static       void
class        finally      long         strictfp     volatile
const        float        native       super        while
continue     for          new          switch
```

Die Schlüsselwörter, `const` und `goto`, sind zwar reserviert, werden aber in den aktuellen Versionen von Java nicht benutzt. Das Schlüsselwort `enum` ist neu ab JDK 1.5.

## 3.2.4    Literale

*Literale* sind unmittelbare Darstellungen von Elementen eines Datentyps. 2, 17, −3 und 32767 sind Beispiele für Literale vom Typ *int*. Es gibt folgende Arten von Literalen:

- Ganzzahlige Literale.
- Gleitpunkt-Literale.
- Boolesche Literale: `false` und `true`.
- Die *Null-Referenz*: `null`.
- Literale für Zeichen und Zeichenketten.

## 3.2.5    Ganzzahlige Literale

Für ganze Zahlen besitzt Java die Datentypen *byte* (8 Bit), *short* (16 Bit), *int* (32 Bit) und *long* (64 Bit). Für *ganzzahlige Literale* gibt es neben der Standardschreibweise auch noch eine oktale und hexadezimale Schreibweise. Die hexadezimale Notation einer Zahl beginnt mit den Zeichen `0x`. Danach können normale Ziffern oder hexadezimale Ziffern folgen. Diese bestehen aus den Buchstaben A ... F. Sie können groß oder klein geschrieben werden. Für die dezimale Zahl −889275714 könnten wir z.B. die folgende hexadezimale Notation verwenden: `0xCafeBabe` oder `0xCAFEBABE`.

Ganzzahlige Literale bezeichnen normalerweise Werte des Datentyps *int*. Will man sie als Werte des Datentyps *long* kennzeichnen, so muss man das Suffix L (oder l) anhängen. Beispiele für ganzzahlige Literale sind:

```
2    17    -3    32767    0x1FF    4242424242L    0xC0B0L
```

## 3.2.6    Gleitpunkt-Literale

Die Real-Datentypen in Java sind *float* (floating point number, 32 Bit) und *double* (double precision number, 64 Bit). *Gleitpunkt-Literale* bezeichnen normalerweise Werte des Datentyps *double*. Durch Anhängen eines der Suffixe F oder D (bzw. f oder d) spezifiziert man sie explizit als Werte des Datentyps float bzw. double. Beispiele für Gleitpunkt-Literale des Datenyps float sind:

```
1e1f    2.7    .3f    0f    3.14f    6.022137e+23f
```

Beispiele für Gleitpunkt-Literale des Datenyps double:

```
1e1    2.    .3    0.0    3.14    1e-9d    1e137
```

## 3.2.7 Literale für Zeichen und Zeichenketten

Ein *Zeichen-Literal* ist ein einzelnes, in einfache Apostrophe eingeschlossenes Unicode-Zeichen. Falls das eingeschlossene Zeichen selbst ein Apostroph oder ein \ sein soll, muss eine der folgenden Ersatzdarstellungen, auch *Escape-Sequenzen* genannt, verwendet werden. Als ein eingeschlossenes Zeichen gelten alle folgenden Ersatzdarstellungen:

- \b  für einen Rückwärtsschritt (BS: ASCII-Wert 8)
- \t  für einen horizontalen Tabulator (HT: ASCII-Wert 9)
- \n  für einen Zeilenwechsel (LF: ASCII-Wert 10)
- \f  für einen Formularvorschub (FF: ASCII-Wert 12)
- \r  für einen Wagenrücklauf (CR: ASCII-Wert 13)
- \"  für ein "
- \'  für ein '
- \\  für ein \
- \uxxxx  für ein Unicode-Zeichen. xxxx steht dabei für genau 4 hexadezimale Ziffern.

Beispiele für Zeichen-Literale:

```
'a'  '%'  '\t'  '\\'  '\''  '\u03a9'  '\uFFFF'  '\177'  'α'  'Ω'
```

*Zeichenketten-Literale* (meist *String-Literale* genannt) sind Folgen von Unicode-Zeichen, die in doppelte Anführungszeichen eingeschlossen sind. Falls das eingeschlossene Zeichen selbst ein doppeltes Anführungszeichen oder ein \ sein soll, muss eine der oben angegebenen Ersatzdarstellungen verwendet werden. Ein String-Literal muss auf genau einer Zeile beginnen und enden. Allerdings können String-Literale mit dem + Operator verkettet (konkateniert) werden. Sie bilden dann ein zusammengefasstes großes String-Literal. Beispiele für String-Literale sind:

```
"Dies ist ein String."
"Dies ist ein String, der auf" +
"zwei Zeilen verteilt wurde."
```

# 3.3 Datentypen und Methoden

Wie bei praktisch allen höheren Programmiersprachen gibt es auch in Java *einfache* und *strukturierte Datentypen*. Die strukturierten Datentypen werden auch als Referenzdatentypen bezeichnet.

**Einfache Datentypen:**
> *boolean*, *char* und die numerischen Datentypen: *byte*, *short*, *int*, *long*, *float*, *double*.

**Referenz-Datentypen:**
> Alle *array-*, *class-* und *interface*-Datentypen.

Einfache Datentypen werden so repräsentiert und abgespeichert wie im ersten Kapitel besprochen – *byte*, *short*, *int* und *long* als Zweierkomplementzahlen, *float* und *double* als Gleitkommazahlen, *boolean* durch ein Byte, *char* als ein Unicode-Zeichen. Referenz-Datentypen werden als Referenz (Zeiger) auf einen Speicherbereich repräsentiert.

Ab Version 1.5 des JDK gibt es auch *Aufzählungstypen*. In der Typdefinition werden alle erlaubten Werte aufgezählt.

```
enum Farbe {weiss, rot, gruen, blau, gelb, schwarz};
enum Wochentag {Mo, Di, Mi, Do, Fr, Sa, So};
Farbe bild = Farbe.rot;
Wochentag tag = Wochentag.Mo;
...
if ((tag == Wochentag.Sa)||(tag == Wochentag.So))
   System.out.println("Kein Arbeitstag");
```

Die Werte unterschiedlicher Aufzählungstypen können weder verglichen noch Variablen anderer Typen zugewiesen werden. Der folgende Vergleich ist also nicht möglich:

```
if (tag == Farbe.blau) ...
```

## 3.3.1 Variablen

*Variablen* eines Datentyps sind Behälter für genau einen Wert eines einfachen Datentyps oder für genau eine Referenz auf ein Speicherobjekt.

Variable des einfachen Datentyps int:

Variable eines Referenz-Datentyps:

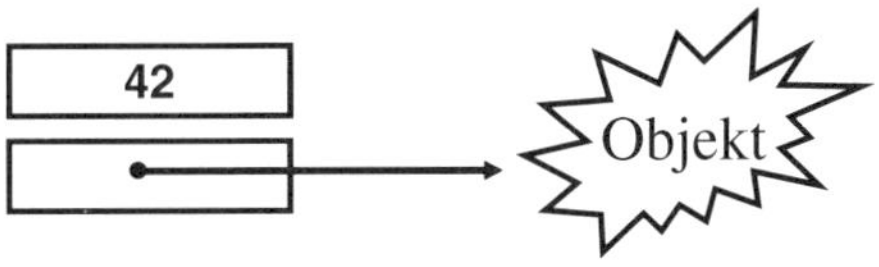


***Abb. 3.2:*** *Einfache und Referenz-Variable*

Variablen müssen vor ihrer Benutzung deklariert worden sein. Dazu stellt man dem Namen der Variablen den Datentyp voran. Optional kann die Variable mit einem Anfangswert initialisiert werden.

```
int x ;
double y = 7.0 ;
boolean fertig = false ;
```

Spätestens vor ihrer ersten Benutzung muss jede Variable *initialisiert* worden sein. Diese Vorgabe wird statisch, d.h. zur Übersetzungszeit, vom Compiler durch eine Datenflussanalyse überprüft.

## 3.3.2 Default-Werte

Für jeden Java-Datentyp gibt es einen Standard-Wert, auch *Default-Wert* genannt. Im Einzelnen sind dies:

- 0 für die numerischen Datentypen,
- false für *boolean*
- \u0000 für *char* und
- null für alle Referenztypen.

## 3.3.3 Referenz-Datentypen

Die strukturierten Datentypen werden in Java als *Referenz-Datentypen* bezeichnet, da man auf diese Daten nie direkt zugreifen kann, sondern nur über einen Pointer – eine *Referenz*. Eine solche Referenz kann leer sein, dann hat sie den Default-Wert null, oder sie zeigt auf eine Instanz einer Klasse, ein *Objekt*. Ein solches Objekt wird durch den Operator **new** erzeugt.

In diesem Abschnitt werden wir nur flüchtig auf Arrays und Klassen eingehen. Klassen werden im 6. Abschnitt dieses Kapitels ausführlicher behandelt.

## 3.3.4 Arrays

Zu jedem beliebigen Datentyp T kann man einen zugehörigen *Array*-Datentyp T[ ] definieren. Ein T-Array der Länge *n* ist immer eine von *0* bis *n-1* indizierte Folge von Elementen aus T.

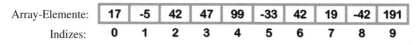

**Abb. 3.3:** *Ein Array mit 10 Elementen vom Typ* int

Es gibt zwei Möglichkeiten, Objekte eines Array-Datentyps zu erzeugen. Eine Möglichkeit ist die explizite Aufzählung der Komponenten:

**int**[] int1Bsp = { 17, -5, 42, 47, 99, -33, 42, 19, -42, 191};
**char**[] char1Bsp = {'A', 'a', '%', '\t', '\\', '\'', '\u03a9'};
**double**[] double1Bsp = { 3.14, 1.42, 234.0, 1e-9d};

Die andere Methode ist die Erzeugung eines Array-Objektes mithilfe des **new**-Operators. In diesem Fall muss die Anzahl der Elemente, die das Array haben soll, angegeben werden. Der **new**-Operator reserviert Speicherplatz für ein neues Array-Objekt mit der gewünschten Zahl von Elementen und gibt eine Referenz auf dieses zurück. Die Anzahl der Komponenten kann durch einen Ausdruck bestimmt werden, der erst zur Laufzeit ausgewertet wird. Die Erzeugung des neuen Array-Objektes erfolgt in jedem Fall dynamisch. Bei dieser Gelegenheit erhalten die einzelnen Elemente des neuen Array-Objektes Standardwerte. Die Größe des Arrays kann danach nicht mehr verändert werden.

## 3.3 Datentypen und Methoden

```
char[]    asciiTabelle     = new char[256];
float[]   tagesTemperatur  = new float[365];
int       orte = 100;
int[]     distanzen        = new int[orte*(orte-1)/2];
```

Wenn *n* die Anzahl der Komponenten eines Arrays ist, dann werden die einzelnen Elemente mit Indizes angesprochen, deren Wertebereich das Intervall 0 bis n−1 ist. Mit

```
tagesTemperatur[17] = tagestemperatur[16]+1.5;
```

setzen wir die Temperatur des 18. Tages um 1.5 Grad höher als die des Vortages. (Da die Zählung mit 0 beginnt, ist `tagesTemperatur[17]` das 18. Arrayelement!)

Arrays werden in Java als spezielle Klassen behandelt. Jedes Array-Objekt besitzt ein Feld *length*, das die Anzahl der Elemente des Arrays speichert. Daher kann man zum Durchlaufen eines Arrays Schleifen der folgenden Art benutzen:

```
for (int i=0; i < distanzen.length; i++) { distanzen[i]=0; }
```

Java kennt keine abkürzende Schreibweise für mehrdimensionale Arrays. Solche werden als Arrays aufgefasst, deren Komponenten selbst wieder einen Array-Datentyp haben. Der zum Datentyp T[ ] gehörende Array-Datentyp ist konsequenterweise: T[ ][ ]. Die Größe eines Arrays ist nicht Bestandteil des Typs. Daher sind auch nicht-rechteckige Arrays möglich:

```
int[][]  int4Bsp = new int[42][42];
int[][]  binomi  = {{ 1 }, {1, 1}, {1, 2, 1}, {1, 3, 3, 1} };

binomi[n][k] = binomi[n-1][k-1] + binomi[n-1][k];
```

### 3.3.5 Methoden

*Methoden* sind Algorithmen zur Manipulation von Objekten und Klassen. Methoden umfassen und ersetzen die in anderen Programmiersprachen üblichen Begriffe wie *Unterprogramm*, *Prozedur* und *Funktion*. Methoden sind immer als Komponenten eines Objektes oder einer Klasse definiert. Eine Methodendeklaration hat die folgende Syntax:

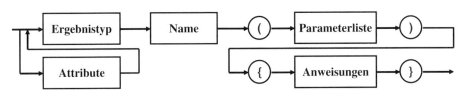

*Abb. 3.4:*  *Die Syntax von Methoden*

Der Ergebnistyp kann ein beliebiger Java-Datentyp sein, dann handelt es sich um eine Funktion, die ein Ergebnis produzieren muss, oder es kann der *leere Datentyp* sein: **void**. Dann handelt es sich um eine Prozedur, die kein Ergebnis berechnet.

Jeder Parameter wird durch Angabe seines Datentyps und seines Namens definiert. Mehrere Parameterdefinitionen werden durch Kommata getrennt. Wenn die Parameterliste leer ist, muss man dennoch die öffnende und die schließende Klammer hinschreiben.

Auf die Parameterliste folgt ein Block, der aus einer Folge von Java-Anweisungen besteht, die in geschweifte Klammern „{" und „}"eingeschlossen sind.

**Beispiel:** Eine Funktion zur Berechnung der Fakultät (siehe S. 157). Diese Methode hat einen Parameter *n* vom Typ *int* und gibt ein Funktionsergebnis des gleichen Typs zurück.

```java
int fak(int n){
    if (n <= 0) return 1;
    else return n*fak(n-1);
    }
```

**Beispiel:** Eine Prozedur zur Berechnung des größten gemeinsamen Teilers zweier Zahlen. Diese Methode hat zwei Parameter *x* und *y* vom Typ *int* und gibt kein Funktionsergebnis zurück, sondern schreibt ihr Ergebnis in das Standardausgabefenster.

```java
void ggT(int x, int y){
    System.out.print("ggT von "+ x + " und " + y + " ist: ");
    while (x != y)
        if ( x > y) x -= y;
        else y -= x;
    System.out.println(x);
    }
```

Java-Anweisungen können auch Variablen deklarieren und ihnen einen Wert zuweisen. Diese Variablen sind lokal zu dem Block, in dem sie definiert sind. Sie müssen vor ihrer ersten Benutzung definiert werden.

**Beispiel:** Eine Prozedur zum Vertauschen von Elementen eines Array. Die Elemente an den Positionen *i* und *k* werden unter Verwendung der lokalen Variablen *temp* vertauscht. Es wird unterstellt, dass *i* und *k* gültige Indizes sind.

```java
void swap(int[] a, int i, int k){
    int temp = a[i];
    a[i] = a[k];
    a[k] = temp;
}
```

Seit Version 1.5 des JDK können Methoden auch eine variable Anzahl von Argumenten haben. Der formale Parameter wird als Array aufgefasst und in der Deklaration durch „...." gekennzeichnet. Eine Funktion, die beliebig viele Zahlen akzeptiert und deren Summe berechnet, können wir jetzt wie folgt programmieren:

```java
int sum(int ... args){
    int sum=0;
    for(int i : args) sum+=i;
    return sum;
```

}

Ein Aufruf könnte beispielsweise in einer Ausgabeanweisung so erfolgen:

```
System.out.println(sum(12,42,-17,3,8,26));
```

## 3.3.6 Klassen und Instanzen

Intuitiv ist eine *Klasse* eine Ansammlung gleichartiger Objekte – diese nennt man auch *Instanzen* der Klasse. Die Klassendefinition legt die Komponenten fest, aus denen jedes Objekt der Klasse bestehen soll.

Soweit könnte man unter einer Klasse *K* auch einen Datentyp *K*, etwa vom Recordtyp, verstehen und unter Instanz jede Variable vom Typ *K*. Im Unterschied zu den Datenstrukturen aus Kapitel 2 können für die Komponenten einer Klasse aber nicht nur Werte, sondern auch *Methoden* spezifiziert werden.

Die Klasse spezifiziert für ihre Instanzen also sowohl die Datenfelder, über deren Inhalte sich die einzelnen Instanzen voneinander unterscheiden, als auch die Methoden, mit denen die Instanzen mit denen anderer Klassen interagieren können. Kurz:

$$\boxed{\text{Klasse} = \text{Felder} + \text{Methoden}}$$

Klassen haben die folgende – vereinfachte – syntaktische Struktur:

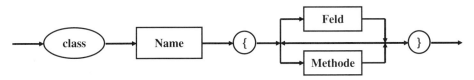

**Abb. 3.5:** *Die Syntax einer Klassendefinition*

Im folgenden Beispiel wird eine Klasse Punkt mit den Feldern x und y (jeweils vom Typ *int*) und eine Klasse Kreis mit den Feldern radius (vom Typ *int*) und mitte (vom Typ *Punkt*) sowie der Methode flaeche definiert. Letztere hat den Ergebnistyp *double*.

```
class Punkt {int x; int y; }

class Kreis{
    int radius;
    Punkt mitte;
    double flaeche( ){ return 3.14*radius*radius; }
}
```

Während die Klasse *Punkt* noch an einen Pascal-Record erinnert, sprengt die Klasse Kreis dieses Konzept, da sie jeder Instanz eine Methode *flaeche* beifügt.

Um ein Objekt einer Klasse zu erhalten, reicht es nicht aus, Variablen dieses Typs zu deklarieren, man muss mit dem Operator **new** zunächst Instanzen der Klasse *erzeugen* und kann diese dann den Variablen zuweisen:

```
Kreis a = new Kreis();
Kreis b = new Kreis();
```

Hierbei ist das Ergebnis von „new Kreis()" eine Referenz auf ein neues Objekt der Klasse Kreis. Seine Felder radius und mitte besitzen Standardwerte. Kreis a erklärt a als Variable vom Typ Kreis. a enthält zwar nur einen Zeiger auf das Objekt, es ist im Programmtext aber nie notwendig, diesen wie in Pascal oder in C zu dereferenzieren.

Der Zugriff auf die Felder eines Objekts folgt der von Records gewohnten Syntax. Ist zum Beispiel a eine Instanz von Kreis, so kann man mit der Notation

```
a.radius
```

auf das Komponentenobjekt zugreifen, etwa um ihm neue Werte zuzuweisen:

```
a.radius = 3;
b.radius = 2*a.radius;

Punkt p = new Punkt();
p.x = 1;
p.y = -1;
a.mitte = p;
```

Entsprechend beschreibt der Ausdruck

```
a.flaeche()
```

das Ergebnis der Anwendung der Methode flaeche auf a.

### 3.3.7 Objekte und Referenzen

Da Variablen von *Referenz-Datentypen* immer nur einen Zeiger auf das wirkliche Objekt speichern, wird bei einer Zuweisung auch nur ein Zeiger kopiert. Führen wir unser obiges Beispiel also fort mit

```
Kreis c = b;
```

so bezeichnen fortan c und b denselben Kreis – sie enthalten Zeiger auf das gleiche Objekt. Eine Änderung eines Feldes von c, etwa

```
c.radius = c.radius+1;
```

wirkt sich gleichermassen auf b aus – und umgekehrt. Möchte man in c eine eigenständige und unabhängige Kopie von b speichern, so muss man ein neues Objekt erzeugen und alle Felder kopieren:

```
c = new Kreis();
```

3.3 Datentypen und Methoden                                                       227

```
c.radius = b.radius;
```

Bei der folgenden Zuweisung

```
c.mitte = b.mitte;
```

wird aber auch wieder nur eine Referenz – diesmal auf das gleiche Punkt-Objekt – kopiert. Um b und c auch jeweils eigene Mittelpunkte zu geben, könnte man entweder einen neuen Punkt erzeugen und auch dessen Felder kopieren:

```
c.mitte = new Punkt();
c.mitte.x = b.mitte.x;
c.mitte.y = b.mitte.y;
```

oder gleich mit der für alle Referenztypen verfügbaren Java-Methode *clone* eine vollständige Kopie von b erzeugen:

```
c = b.clone();
```

Bei dem Test auf Gleichheit zweier Objekte wird entsprechend auch nur getestet, ob die Referenzen gleich sind, ob sie also auf dasselbe Objekt zeigen. Zum Test auf inhaltliche Gleichheit muss man die Methode *equals* benutzen (oder ggf. definieren).

Man muss also genau unterscheiden zwischen einem Objekt und einer Variablen, die einen Zeiger auf dieses Objekt enthält. Dennoch wird diese Differenzierung sprachlich meist unterdrückt. Man spricht in dem obigen Falle von „dem Kreis a" statt „der Referenz a auf einen Kreis". Da die Dereferenzierung bei Feldzugriffen syntaktisch nicht mehr sichtbar ist (a.radius statt wie von Pascal gewohnt: a^.radius), wird diese Identifizierung nahegelegt. Wir werden dieser Sprechweise auch folgen.

## 3.3.8    Objekt- und Klassenkomponenten

Die Felder x und y der Klasse *Punkt*, wie auch die Felder radius und mitte der Klasse *Kreis* können für jede Instanz der Klasse andere Werte tragen. Sie können daher auch nur in Verbindung mit einem vorhandenen Objekt abgefragt werden, wie in a.radius oder b.mitte.x, wobei a und b Objekte der Klasse *Kreis* sein müssen. Ebenso verhält es sich mit den Methoden, so etwa mit flaeche(). So soll a.flaeche() die Fläche von a zurückgeben und b.flaeche() die Fläche von b.

Manchmal benötigt man aber Komponenten, die unabhängig von den Objekten einer Klasse sind oder – und das ist eine äquivalente Sichtweise – die für alle Instanzen der Klasse den gleichen Wert haben sollen. Beispielsweise könnte die Klasse *Kreis* eine zusätzliche Komponente besitzen, in der die Kreiszahl π gespeichert ist, etwa als

```
float pi = 3.14;
```

Diese sollte aber für alle Instanzen der Klasse immer den gleichen Wert haben, insofern sollte sie eine Komponente der Klasse sein. Solche Klassenkomponenten kann man durch das vorangestellte Attribut *static* festlegen:

```
static float pi = 3.14;
```

Damit wird `pi` von außen entweder direkt über den Namen der Klasse ansprechbar als `Kreis.pi` oder, falls eine Instanz a von *Kreis* zur Verfügung steht, auch als `a.pi`.

Funktionen, die unabhängig von Instanzen einer Klasse verwendet werden sollen, deklariert man ebenfalls als statisch. Sie dürfen daher intern keine Felder von Instanzen der Klasse verwenden, da man sonst ja eine konkrete Instanz benötigen würde.

So enthält das Java System immer eine Klasse *Math*, in der nützliche mathematische Funktionen wie *sin*, *cos*, *max*, *min*, *random*, etc. deklariert sind, etwa als

```
static double random(){ ... }.
```

Man ruft sie über den Klassennamen auf, ohne eine Instanz von *Math* zu erzeugen:

```
double zufall = Math.random();
```

Klassenkomponenten werden in Java also mit dem Attribut *static* deklariert und infolgedessen als *statische Komponenten* bezeichnet. Die Komponenten der Instanzen heißen im Gegensatz dazu *dynamisch*. Aber der Name trügt – statische Felder sind keineswegs so statisch wie der Name vermuten lässt – über jede Instanz a der Klasse *Kreis*, oder direkt über den Klassennamen können wir auch statische Felder beliebig verändern, etwa wie im Folgenden:

```
a.pi = 3.1416;
Kreis.pi = a.pi - 0.00001;
```

Um solches zu verhindern, kann man Komponenten als *final* deklarieren. Finale Variablen erhalten ihren Wert bei der Initialisierung und können nicht mehr verändert werden, sie sind also konstant. Die Attribute können auch kombiniert werden. So enthält z.B. die Klasse *Math* wichtige mathematische Konstanten, wie e oder $\pi$. Der C-Konvention folgend notiert man Konstanten gänzlich in Großbuchstaben, also:

```
static final double E  = 2.718281828459045;
static final double PI = 3.141592653589793;
```

## 3.3.9    Attribute

Neben den Attributen *static* und *final* erlaubt Java auch Attribute, die die *Sichtbarkeit* und damit die Zugriffsmöglichkeit auf eine oder mehrere Komponenten festlegen. Hier werden nur zwei Attribute kurz erwähnt. Im 6. Abschnitt dieses Kapitels werden wir genauer darauf eingehen.

- Das Attribut *private* bewirkt, dass die entsprechende Komponente nur innerhalb der Klasse angesprochen werden darf.
- Das Attribut *public* macht die entsprechende Komponente *öffentlich*. Für Komponenten mit diesem Attribut gibt es keine Zugriffsbeschränkungen.

Eine *Felddeklaration* kann mit einer Reihe von Attributen beginnen. Es folgen Typ und Name des Feldes und optional ein Ausdruck, der den Anfangswert bestimmt. Wenn ein solcher nicht definiert worden ist, erhalten die Felder einen *Standardanfangswert*. Die Syntax einer Felddeklaration ist:

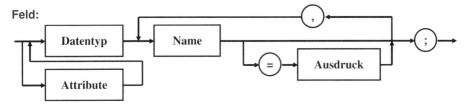

*Abb. 3.6:* Die Syntax von Felddeklarationen

In einer einzigen Felddeklaration können offenbar mehrere Felder gleichen Typs deklariert werden, wie in
        **private int** tag, monat = 1, jahr = 2005;

In dem folgenden Beispiel wird eine Klasse Datum mit drei Feldern (jahr, monat, tag) jeweils vom Typ **int** und mit einigen Methoden definiert. Alle Felder haben das Attribut *private* und Anfangswerte. Wenn eine Instanz der Klasse *Datum* erzeugt wird, repräsentiert diese zunächst den 1.4.2005. Die Felder jahr, monat und tag können durch die in derselben Klasse definierten Methoden verändert werden – nicht aber von Methoden außerhalb der Klasse.

```java
class Datum{
    private int jahr   = 2005,
                monat  = 4,
                tag    = 1;
    public int getJahr(){ return jahr;}
    public int getMonat(){ return monat;}
    public int getTag(){ return tag;}

    public void setJahr(int j){ jahr = j;}
    public void setMonat(int m){ monat = m;}
    public void setTag(int t){ tag = t;}
    public void addMonate(int m){
        monat += m;
        while(monat > 12){jahr++; monat -= 12;}
        while(monat < 1) {jahr--; monat += 12;}
    }
    public String toString(){
        return "Jahr: " +jahr+ " Monat: " +monat+ " Tag: "+tag;
    }
}
```

Typisch für die objektorientierte Programmierung ist die *Datenkapselung*. Diese wird in dem Beispiel durch das Attribut *private* der Felder Jahr, Monat und Tag erreicht. Auf diese Felder kann man von außen nur indirekt, nämlich über die öffentlichen Zugriffsmethoden `get-Jahr()`, `setJahr(`**`int`** `j)` usw. zugreifen.

Die Methode `addMonate(`**`int`** `m)` erlaubt es, zu dem Datum, das durch ein Objekt einer Klasse vom Typ Datum repräsentiert wird, Monate zu addieren. Es gibt keine Einschränkung hinsichtlich des Wertebereiches der zu addierenden Anzahl von Monaten. Auch negative Zahlen sind zulässig. Wir müssen daher darauf achten, dass der sich ergebende Monat im Bereich 1 bis 12 liegt.

Durch Definition einer Methode `toString` kann man zu jeder Klasse eine Standard-Stringrepräsentation definieren. Diese erlaubt es, Objekte dieser Klasse z.B. mit den Standard-Ausgaberoutinen (u.a. *println*) zu bearbeiten.

## 3.3.10  Overloading

Wenn der gleiche Bezeichner unterschiedliche Dinge bezeichnet, spricht man von Überladung (engl. *overloading*). In einer Klasse dürfen mehrere Methoden mit dem gleichen Namen definiert sein. Sie müssen dann aber unterschiedliche *Signaturen* besitzen. Dabei versteht man unter der Signatur einer Methode die Folge der Typen ihrer Parameter. Zwei Signaturen sind verschieden, wenn sie verschiedene Längen haben oder sich an mindestens einer Position unterscheiden. Der Ergebnistyp der Methode bleibt dabei unberücksichtigt. Ebenso sind die Namen der Parameter unerheblich.

In der Klasse *Datum* könnten wir statt oder zusätzlich zu der Methode

> **`public void`** `addMonate(`**`int`** `m)`

die folgenden Methoden definieren:

> **`public void`** `add(`**`int`** `tage){ ... }`
> **`public void`** `add(`**`int`** `tage,` **`int`** `monate){ ... }`
> **`public void`** `add(`**`int`** `tage,` **`int`** `monate,` **`int`** `jahre){ ... }`

Es wäre allerdings nicht möglich, eine zusätzliche Methode

> **`public void`** `add(`**`int`** `monate)`

hinzuzufügen, da diese die gleiche Signatur hat wie

> **`public void`** `add(`**`int`** `tage){ ... }`

## 3.3.11  Konstruktoren

Die einzige Möglichkeit, Objekte der Klasse zu erzeugen, besteht in der Anwendung des **new**-Operators. Dabei werden auch *Konstruktoren* ausgeführt. Das sind spezielle Klassenmethoden zur Erzeugung eines Objektes. Wenn, wie in der Klasse `Datum`, kein Konstruktor definiert worden ist, so wird nur der *Standardkonstruktor* ausgeführt, der Speicherplatz für das Objekt reserviert und die Zuweisung der Anfangswerte an die Felder erledigt. Im folgen-

# 3.3 Datentypen und Methoden 231

den Programmausschnitt wird ein Objekt der Klasse `Datum` erzeugt. Es wird ausgedruckt, verändert und erneut ausgedruckt:

```
Datum d = new Datum();
System.out.println(d);
d.addMonate(42);
System.out.println(d);
```

Das Resultat ist:

```
Jahr: 2005  Monat: 4  Tag: 1
Jahr: 2008  Monat: 10  Tag: 1
```

Die oben definierte Klasse *Datum* spezifiziert explizite Anfangswerte. Alternativ dazu könnten wir Konstruktoren definieren, mit deren Hilfe Objekte vom Typ *Datum* initialisiert werden. *Konstruktoren* sind Methoden mit einigen speziellen Eigenschaften:

- Der Name der Konstruktoren muss der Name der Klasse sein.
- Konstruktoren dürfen keinen Ergebnistyp, auch nicht *void*, haben.
- Sie können nur bei der Generierung eines Objektes der Klasse mit dem **new**-Operator aufgerufen werden.

Abgesehen davon verhalten sich Konstruktoren wie alle anderen Methoden der Klasse. Insbesondere kann es mehrere Konstruktoren einer Klasse geben. Diese müssen natürlich verschiedene Signaturen haben. Daher hätten wir die Klasse *Datum* auch wie folgt definieren können:

```
class Datum {
  private int jahr;
  private int monat;
  private int tag;
  Datum(){ jahr = 2005; monat = 4; tag = 1;}
  Datum(int j){ jahr = j; monat = 1; tag = 1;}
  Datum(int j, int m){ jahr = j; monat = m; tag = 1;}
  Datum(int j, int m, int t){ jahr = j; monat = m; tag = t;}
  public int getJahr(){ return jahr;}
  ...
}
```

Die Klasse verfügt über vier Konstruktoren. Der erste erzeugt ein Objekt mit den gleichen Feldwerten wie in der vorigen Variante der Klasse *Datum*. Der zweite hat einen Parameter und erzeugt ein Datum mit dem gewünschten Jahr. Die anderen Felder erhalten den Wert 1. Analog gibt es Konstruktoren mit zwei und drei Parametern. So lassen sich unterschiedlich initialisierte Daten konstruieren:

```
Datum d1 = new Datum();
Datum d2 = new Datum(2004);
Datum d3 = new Datum(2004, 4);
Datum d4 = new Datum(2004, 12, 31);
System.out.println(d1);
```

```
System.out.println(d2);
System.out.println(d3);
System.out.println(d4);
```

Dieser Programmausschnitt produziert das folgende Resultat:

```
Jahr: 2005   Monat: 4    Tag: 1
Jahr: 2004   Monat: 1    Tag: 1
Jahr: 2004   Monat: 4    Tag: 1
Jahr: 2004   Monat: 12   Tag: 31
```

# 3.4    Ausführbare Java-Programme

Andere Programmiersprachen, wie z.B. C++, *erlauben* die Verwendung von Klassen in Programmen. Java-Programme *bestehen* nur aus Klassen. Auch ausführbare Programme werden in Java mithilfe von Klassen definiert. Eine Klasse kann als Programm gestartet werden, wenn sie eine spezielle Methode enthält, die Methode *main*:

**public static void** main(**String** args[]) { ... }

Attribute, Ergebnistyp und Parameterliste dieser Methode müssen genauso formuliert werden wie oben angegeben. Hinsichtlich des Anweisungsblocks gibt es keine speziellen Vorschriften. So können wir das traditionell erste ausführbare Programm schreiben:

```
class HalloWelt {
    public static void main(String args[]) {
        System.out.println("Hallo Java-Welt!");
        }
    }
```

Bereits dieses kurze Programm benutzt weitere Klassen. Zum Sprachumfang von Java gehört die vordefinierte Klasse *System*. Diese enthält ein Feld *out* vom Typ *PrintStream*. Die Klasse *PrintStream* wiederum definiert Methoden zur Standardausgabe von Text in Dateien, auf Druckern und in einfachen Bildschirmfenstern, die auf die zeilenweise Ausgabe von Texten spezialisiert sind. *PrintStream* enthält insbesondere die Methoden *print* und *println* zur Ausgabe von einfachen Datentypen und von Strings. *println* gibt danach noch einen Zeilenvorschub aus. Das Feld *out* der Klasse *System* definiert die Ausgabe in ein Standard-Ausgabefenster.

Das obige Programm kann mit einer der auf S. 86 bzw. am Anfang dieses Kapitels genannten Java-Programmierumgebungen problemlos getestet werden. Man kann es auch „von Hand" testen, indem man es von der Kommandozeile aus zunächst compiliert

```
> javac HalloWelt.java
```

und dann das erzeugte ausführbare Program ausführt

```
> java HalloWelt
```

## 3.4 Ausführbare Java-Programme

Einzelne Klassen kompilieren, testen und untersuchen kann man besonders einfach mit dem BlueJ-System (*www.bluej.org*). Klassen werden darin als beschriftete rechteckige Felder dargestellt. Mit der rechten Maustaste kann man neue Objekte erzeugen, Methoden von Klassen und Objekten auswählen und starten. Objekte können „inspiziert" und Veränderungen direkt beobachtet werden.

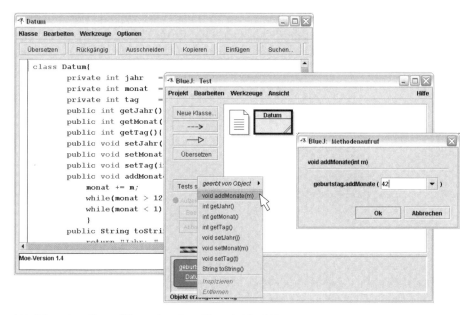

*Abb. 3.7:*   *Erstellen und Testen einer Java-Klasse im BlueJ-System*

In den traditionellen Java-Entwicklungsumgebungen kann man Klassen nur testen, indem man sie in einem Rahmenprogramm, d.h. in einer Klasse mit der main-Methode benutzt. Die Klasse Datum, die wir im letzten Abschnitt vorgestellt haben, kann z.B. aus dem folgendem Rahmenrogramm getestet werden. Datum.java und DatumTest.java können getrennt kompiliert werden. Aufgerufen wird die Klasse DatumTest.

```
class DatumTest {
    public static void main(String args[]) {
        Datum d = new Datum();
        System.out.println(d);
        d.addMonate(42);
        System.out.println(d);
    }
}
class Datum {
    private int jahr   = 2005;
    .....
}
```

## 3.4.1 Java-Dateien – Übersetzungseinheiten

Eine zu kompilierende Java-Datei ist eine Textdatei mit dem Suffix .java. Offiziell bezeichnet man eine solche Datei auch als *Übersetzungseinheit*. Sie kann den Quelltext einer oder mehrerer Java-Klassen enthalten.

Bei erfolgreicher Übersetzung mit einem Javacompiler entstehen in dem Verzeichnis, das die Übersetzungseinheit enthält, Dateien mit dem Suffix .class, und zwar eine pro übersetzter Klasse. Diese so genannten *Klassendateien* enthalten alle zur Ausführung der Klasse notwendigen Informationen, insbesondere den Java-Byte-Code, der von der virtuellen Maschine ausgeführt wird.

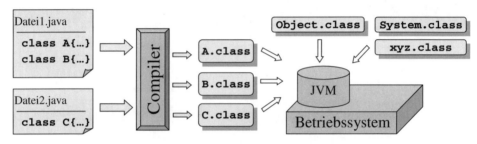

*Abb. 3.8:*  *Übersetzung und Ausführung von Java-Programmen*

In einer Übersetzungseinheit darf höchstens eine Klasse das Attribut *public* haben. Wenn dies der Fall ist, muss der Dateiname der Übersetzungseinheit der Name der Klasse sein.

## 3.4.2 Programme

Die Ausführung von Java-Programmen beginnt mit einer Klasse, die eine wie oben spezifizierte Methode *main* enthält. Diese wollen wir *Hauptprogramm-Klasse* nennen. Die Hauptprogramm-Klasse kann andere Klassen benutzen, jene wieder andere Klassen etc. Die benutzten Klassen können in derselben Übersetzungseinheit definiert sein, in anderen Übersetzungseinheiten desselben Dateiverzeichnisses, in anderen Verzeichnissen auf dem aktuellen Rechner oder sogar auf einem beliebigen Rechner im Internet. Klassen dürfen sich auch wechselseitig rekursiv benutzen.

Das Gesamtprogramm besteht aus der Hauptprogramm-Klasse und allen benutzten Klassen. Diese werden *geladen*, wenn sie in einem übersetzten Programm zum ersten Mal angesprochen werden. Danach kann man auf alle Felder und Methoden dieser Klasse, die das Attribut *static* haben, über den Namen der Klasse zugreifen. Alle anderen Felder und Methoden kann man nur über dynamisch erzeugte Objekte der jeweiligen Klasse ansprechen. In dem obigen Programmausschnitt bewirkt die Zeile

```
System.out.println(d1);
```

dass die Klasse *System* geladen wird, denn *out* ist ein statisches Feld der Klasse *System*. Es enthält ein Objekt der Klasse *PrintStream*. Jede Instanz von *Printstream* besitzt aber eine Methode *println*. All diese Information kann man in der Dokumentation der Java Klassen nachlesen, die als HTML-Dokument zur Verfügung steht.

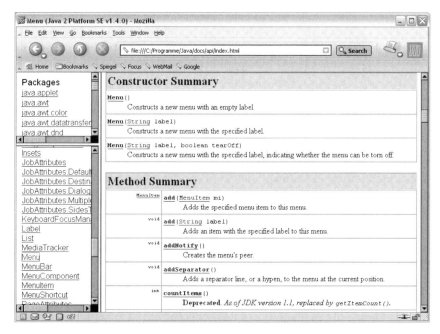

***Abb. 3.9:*** *Blick in die Java-API Dokumentation*

### 3.4.3 Packages

Pakete (engl.: *packages*) sind Zusammenfassungen von Java-Klassen für einen bestimmten Zweck oder einen bestimmten Typ von Anwendungen. Das wichtigste Paket, `java.lang` enthält alle Klassen, die zum Kern der Sprache Java gezählt werden. Daneben enthält das JDK eine Unmenge weiterer Pakete, wie z.B. `java.awt` mit Klassen zur Programmierung von Fenstern und Bedienelementen, `java.net` mit Klassen zur Netzwerkprogrammierung, `java.util` mit nützlichen Klassen wie *Calendar*, *Date*, *ArrayList* und Schnittstellen *Collection*, *List*, *Iterator*, etc. Seit dem JDK 1.5 gibt es hier auch eine Klasse *Scanner* zum bequemen Input von der Kommandozeile.

Pakete können auf dem eigenen Rechner liegen, oder aber auf irgendeinem am Internet angeschlossenen Computer. Um eine Klasse eines Paketes anzusprechen kann man grundsätzlich die Paketadresse dem Namen voranstellen, etwa

```
java.util.Date
de.uni-marburg.informatik.ftp.pub.buch.kapitel_4.MyStack
```

Wir setzen hier voraus, dass `ftp.informatik.uni-marburg.de` ein gültiger Internet-Name eines Rechners mit einem öffentlich zugänglichen Unterverzeichnis

```
pub/buch/kapitel_4
```

ist, in dem die Klasse `MyStack` als Datei `MyStack.class` vorhanden ist.

Einfacher ist es, wenn man eine sogenannte *import-Anweisung* benutzt. Damit können eine oder alle Klassen eines Paketes direkt angesprochen werden, ohne ihnen jeweils die Paket-Adresse voranzustellen. Schickt man also eine Import-Anweisung wie

```
import java.util.Date;
import de.uni-marburg.informatik.ftp.pub.Buch.Kapitel_4.MyStack
```

voraus, so kann man anschließend Objekte und Methoden der Klassen *Date* und *MyStack* benutzen, ohne den vollen Pfad zu ihnen anzugeben:

```
MyStack m = new MyStack();
Date d = new Date();
```

Um alle Klassen eines Pakets zu importieren, kann man das Zeichen „*" als Wildcard einsetzen. So werden z.B. mit

```
import java.util.*;
```

sämtliche Klassen des Pakets *util* importiert. Allerdings ist die Bezeichnung „importieren" irreführend, da nichts importiert wird, es werden im Programm angesprochene Klassen lediglich an den bezeichneten Stellen aufgesucht.

Damit Java weiss, in welchem Verzeichnis des eigenen Rechners nach Paketen zu suchen ist, gibt es eine Umgebungsvariable `CLASSPATH`, die Dateipfade zu Java-Paketen enthält. Über ihren Inhalt kann man sich z.B. mit folgender Anweisung informieren:

```
System.out.println(System.getProperty("java.class.path"));
```

Wenn auf dem aktuellen Rechner ein Paket in dem Pfad

```
D:\Buch\Kap3\Test\MeinPaket
```

gesucht wird und wenn `D:\Buch\Kap3` Teil des Klassenpfades ist, dann darf

```
Test.MeinPaket
```

als legaler Paketname in einem Java Programm verwendet werden.

Um selber Pakete zu erzeugen, kann man veranlassen, dass die Klassen einer Java-Datei zu einem bestimmten Paket gehören sollen. Dies erreicht man mit einer *package-Anweisung* am Anfang der Übersetzungseinheit:

```
package PaketName;
```

## 3.4.4 Standard-Packages

*Standard-Packages* sind Pakete, die auf jedem Rechner mit einer Java-Programmierumgebung zu finden sein müssen. Der Pfad zu diesen muss im Klassenpfad enthalten sein.

Kern der Standard-Pakete ist *java.lang.* (*lang* steht für *language*.) Dieses Paket enthält die wichtigsten vordefinierten Klassen. Wir haben bereits einige kennen gelernt oder erwähnt: *System*, *String* und *Object*. Daneben sind Klassen mit vordefinierten Methoden für die meisten primitiven Datentypen definiert: *Boolean*, *Character*, *Number*, *Integer*, *Long*, *Float* und *Double*. Die Klasse *Math* mit mathematischen Standardfunktionen wie z.B. *sin*, *cos*, *log*, *abs*, *min*, *max*, Methoden zur Generierung von Zufallszahlen und den Konstanten *E* und *PI* haben wir bereits erwähnt.

Alle Klassen im Paket *java.lang* können ohne Verwendung von qualifizierten Namen benutzt werden. Die Anweisung

```
import java.lang.*;
```

wird also vom Compiler automatisch jedem Programm hinzugefügt. Für alle anderen Standard-Pakete muss man entweder *import*-Anweisungen hinzufügen oder alle Namen voll qualifizieren. Die folgenden Standard-Pakete gehören zum Sprachumfang von Java:

* *java.io*: Enthält Klassen für die Ein- und Ausgabe.
* *java.util*: Neben nützlichen Klassen wie *Date*, *Calendar* etc. finden sich hier vor allem Klassen und Schnittstellen für Behälterklassen.

Interessant ist seit dem JDK 1.5 auch die Klasse *Scanner*, mit deren Methoden *next* und *nextInt* man auf einfache Weise von dem Konsolenfenster lesen kann, wie folgendes kleine Testprogramm zeigt:

```
import java.util.*;
public class Test{
  public static void main (String[] args){
    Scanner s = Scanner.create(System.in);
    System.out.print("Dein Vorname bitte: ");
    String name = s.next();
    System.out.println("Hallo "+name+"\nWie alt bist Du ?");
    int value = s.nextInt();
    if(value>30) System.out.println("Hallo alter Hase");
    else System.out.println("Noch lange bis zur Rente ...");
    s.close();
} }
```

Weitere Standard-Pakete gehören zwar nicht zum Sprachumfang von Java, sie werden aber von praktisch allen Java-Programmierumgebungen angeboten. Mit jeder neuen Version des JDK kommen neue hinzu. Einige ausgewählte Standard-Pakete sind:

* *java.net*: Dieses Paket ist nützlich zum Schreiben von Internet-Anwendungen.

- *java.text*: Ein Paket zum Editieren und Formatieren von Text, Zahlen und Datumsangaben unabhängig von den Gepflogenheiten verschiedener Länder.
- *java.awt*: AWT steht für *Abstract Windowing Toolkit*. Klassen dieses Paketes werden zur Programmierung von Programmen mit grafischer Benutzerschnittstelle genutzt.
- *java.awt.geom*: Definiert Klassen für Operationen auf 2D Geometrieobjekten.
- *java.awt.color*: Ein Unterpaket von awt zur Farbdarstellung.
- *java.awt.image*: Definiert Klassen zum Erzeugen und Modifizieren von Bildern.
- *java.awt.font*: Zur Bearbeitung von Schriftarten.
- *java.awt.print*: Ein Unterpaket von *awt* zum Drucken.
- *java.applet*: Dieses Paket definiert Klassen zur Programmierung von *Applets*.

# 3.5 Ausdrücke und Anweisungen

*Ausdrücke* dienen dazu, Werte, also Elemente von Datentypen, zu berechnen. Ausdrücke können aus *Literalen*, *Variablen* oder *Feldern*, *Methodenaufrufen* und *Operatoren* aufgebaut sein. Variablen und Felder können auch indiziert sein. An jeder Stelle eines Programms, an der ein Wert eines Datentyps erwartet wird, darf auch ein Ausdruck verwendet werden, der zum Zeitpunkt der Übersetzung des Programms oder aber zur Laufzeit ausgewertet werden kann und dann einen Wert aus einem Datentyp ergibt.

## 3.5.1 Arithmetische Operationen

Die gebräuchlichsten Operatoren sind die zweistelligen arithmetischen Operationen *Addition*, *Subtraktion*, *Multiplikation*, *Division* und *Modulo*. Diese sind für alle numerischen Datentypen definiert:

```
+ - * / %
```

Plus und Minus sind auch als einstellige Vorzeichen-Operationen definiert. / ist auf den Real-Datentypen die normale Division, auf den ganzzahligen Datentypen die Division ohne Rest, analog zu *div* in Pascal.

Die Operatoren haben die übliche Präzedenz (Punktrechnung vor Strichrechnung) und sind linksassoziativ. Will man davon abweichen, so muss man Klammern verwenden. Insbesondere gilt $3 - 2 - 1 = 0$.

Der +-Operator wird auch zur Konkatenation, d.h. zur Verkettung, von Strings benutzt. Konkateniert man einen String mit einer Zahl, so wird letztere in einen String umgewandelt. Daher ist die Ausgabe von `System.out.println("1+1 = "+1+1+" !");`

```
1+1 = 11 !
```

## 3.5.2 Vergleichsoperationen

Für *Vergleiche* gibt es folgende Operatoren:

3.5 Ausdrücke und Anweisungen                                             239

```
== != > >= < <=
```

Die ersten beiden dieser Operatoren testen ihre Operanden auf Gleichheit bzw. Ungleichheit. Sie können auf alle Datentypen angewendet werden. Bei Referenztypen testen sie aber nur, ob die Referenzen gleich sind, nicht, ob die Objekte den gleichen Inhalt haben! Dazu muss man die Methode *equals* verwenden (und ggf. definieren).

Die anderen Vergleichsoperationen können nur auf die numerischen Datentypen und auf *char* angewendet werden. Das Ergebnis aller Vergleichsoperationen ist stets *false* oder *true*, also ein Wert des Datentyps *boolean*.

**Vorsicht:**

Der Vergleichsoperator ist „==" und nicht etwa „="! Der „="-Operator ist der noch zu besprechende Zuweisungsoperator. Die Verwechslung dieser beiden Operatoren ist eine der häufigsten Fehlerquellen der Programmiersprachen C, C++ und Java. Java ist etwas sicherer im Vergleich zu den anderen beiden Sprachen, da der Datentyp *boolean* bei Java nicht zuweisungskompatibel zu numerischen Datentypen ist.

Das folgende Programmfragment ist zwar syntaktisch korrekt, liefert die erwarteten Ergebnisse aber aus anderen Gründen als möglicherweise erwartet:

```java
String s1 = "a";
String s2 = "2";
if (s1 != s2) System.out.println("Verschiedene Referenzen!");
if ("ABC" == "ABC") System.out.println("Gleich");
boolean Fertig = false;
if (Fertig = true)System.out.println("Fertig ist true");
```

Der erste Vergleich liefert *true*, da die Referenzen auf die beiden Stringobjekte unterschiedlich sind, nicht etwa, weil die Zeichenketten verschieden sind!

Der zweite Vergleich liefert ebenfalls *true*, da die Referenzen auf die beiden Stringobjekte gleich sind, nicht weil die Zeichenketten gleich sind. Die Referenzen sind gleich, da das Java-System für identische String-Literale dasselbe String-Objekt nutzt! In der letzten Anweisung wird (versehentlich?) `Fertig` mit Hilfe einer Zuweisung auf *true* gesetzt, dieser Wert ist dann auch das Ergebnis des Ausdrucks `Fertig = `**`true`** und die if-Anweisung wird ausgeführt...

## 3.5.3    Boolesche Operationen

Die wichtigsten booleschen Operatoren sind

| | |
|---|---|
| **!** | *Negation* |
| **&&** | *Und-Verknüpfung* |
| **\|\|** | *Oder-Verknüpfung* |

Diese werden verkürzt ausgewertet (*short circuit evaluation*). Dies ist für boolesche Werte sinnvoll. Daher kann man das folgende Programmfragment gefahrlos ausführen:

```
if ((nenner != 0) && (zaehler / nenner > 1)) ...
```

Der zweite Teilausdruck wird nur ausgewertet, wenn der erste Teilausdruck den Wert *true* liefert, wenn *nenner* also tatsächlich von Null verschieden ist.

### 3.5.4    Bitweise Operationen

Die folgenden Operatoren berücksichtigen die Darstellungen von Werten der einfachen Datentypen als Bitfolgen. Sie sind für Werte des Datentyps *char* und für alle ganzzahligen Datentypen definiert. Die ersten vier Operatoren führen die booleschen Operationen bitweise aus. Sie sind auch auf dem Datentyp *boolean* erlaubt.

| | |
|---|---|
| ~ | *Komplement* (bitweise Negation) |
| & | *Konjunktion* ( bitweises **and**) |
| \| | *Disjunktion* (bitweises **or**) |
| ^ | *Exclusives Oder* (bitweises **xor**). |

Andere boolesche Operationen schieben (engl. *to shift*) die Bits nach links bzw. rechts. Die Anzahl der Positionen, um die geschoben wird, ist durch den zweiten Operanden definiert:

| | |
|---|---|
| << | Links-Shift. Rechts wird mit 0 aufgefüllt |
| >> | Rechts-Shift. Links wird mit Vorzeichenbit aufgefüllt (*arithmetic shift*) |
| >>> | Rechts-Shift. Links wird mit 0 aufgefüllt (*logical shift*). |

### 3.5.5    Zuweisungsausdrücke

Java setzt die von C gewohnte semantische Vermischung von *Ausdrücken* und *Anweisungen* fort:

*   viele Ausdrücke haben nicht nur einen Wert, sondern auch Seiteneffekte,
*   viele Anweisungen haben nicht nur einen Effekt, sondern auch einen Wert.

Wie in C ist auch hier das Gleichheitszeichen = als *Zuweisungsoperator* definiert. Für eine Variable *v* und einen Ausdruck *t* ist daher

```
v = t
```

der *Zuweisungsausdruck*. Er bewirkt die Berechnung des Wertes von *t* und dessen Zuweisung an die Variable *v*. Sein Wert ist der Wert von *t*. Ein Zuweisungsausdruck wird meist nur wegen seines Seiteneffektes benutzt. Weil  v = t  syntaktisch ein Ausdruck ist, ist folglich auch eine Mehrfachzuweisung wie in folgendem Beispiel legal:

```
a = b = c = d = 5
```

Da = als *rechtsassoziativ* definiert ist, wird der Ausdruck von rechts nach links abgearbeitet. Die Zuweisung d = 5  liefert den Wert 5. Dieser wird c zugewiesen etc. Die weiteren Zuweisungsoperatoren

```
+=    -=    *=    /=    &=    |=    ^=    %=    <<=    >>=    >>>=
```

3.5 Ausdrücke und Anweisungen                                                    241

sind alle von der Form `op=`, wobei *op* ein Operator ist. Die Zuweisung

  v *op=* t  ist eine Kurzschreibweisen für  `v = v op t`,

jedoch erfolgt dabei nur ein einziger Zugriff auf v. Dieses kann gelegentlich einen Effizienz-vorteil bieten, insbesondere wenn v eine indizierte Variable ist und die Berechnung der Index-position zeitaufwändig ist:

```
a[ findIndex() ] += 5 ;
```

Allerdings wäre ein derartiges Problem auch anders vermeidbar, etwa durch:

```
{ int temp = findIndex(); arr[temp] = arr[temp] + 5; }
```

Eine weitere populäre Kurzschreibweise für Zuweisungen ermöglichen die Autoinkrement-operatoren `++` und `--`. Es gibt sie in einer Präfix- und einer Postfixversion. Diese unterschei-den sich durch den Zeitpunkt, an dem das Ergebnis des Ausdrucks ermittelt wird – vor oder nach dem Inkrementieren, bzw. Dekrementieren. Für eine Variable v bestehen die Äquivalen-zen:

```
++v mit v += 1 und --v mit v -= 1
```

Als Postfixoperatoren liefern sie den ursprünglichen Variablenwert zurück:

```
v++ hat den Wert von v aber den Effekt von v += 1.
v-- hat den Wert von v aber den Effekt von v -= 1.
```

Wenn Ausdrücke mit Seiteneffekt benutzt werden, kann das Ergebnis auch von der Reihen-folge der Auswertung der Teilausdrücke eines Ausdrucks abhängen. Daher definiert Java für die Auswertung von Ausdrücken eine *Standardreihenfolge*. Seien

```
int[]a = {1,2};
int i  = 0;
```

dann hat `(a[i] * ++i)` den Wert 1, dagegen `(++i * a[i])` den Wert 2! Ähnlich undurchsichtig ist:

```
int i = 42;
System.out.println(i + " " + ++i + " " + i++ + " " + i);
System.out.println(i + " " + --i + " " + i-- + " " + i);
```

Dieses Programmfragment produziert folgendes Ergebnis:

```
42 43 43 44
44 43 43 42
```

## 3.5.6    Anweisungsausdrücke

In C konnte man aus jedem Ausdruck eine Anweisung machen, indem man ihm ein Semiko-lon (;) nachstellte. In Java geht das nur mit bestimmten Ausdrücken, man nennt sie *Anwei-sungsausdrücke*. Dazu zählen:

- Zuweisungsausdrücke (also z.B. auch Autoinkrementausdrücke wie `v++`).
- Methodenaufrufe (wie z.B. `fact(5)` oder `a.fläche()` oder auch `a.init()`)
- Instanzerzeugungen durch den Operator **new** (wie in `new Datum()` oder `new int[42]`)

## 3.5.7    Sonstige Operationen

Neben den bisher vorgestellten gibt es in Java eine Reihe von weiteren Operatoren.

**Typumwandlung:** In einigen Fällen erfolgt eine implizite *Typumwandlung*. Dies ist immer möglich, wenn ein Typ *ausgeweitet* wird. Dies ist bei char → int der Fall und ebenso bei den numerischen Typen in der Richtung:

$$\text{byte} \rightarrow \text{short} \rightarrow \text{int} \rightarrow \text{long} \rightarrow \text{float} \rightarrow \text{double}\,.$$

In der umgekehrten Richtung ist eine automatische Konvertierung jedoch nicht möglich, da durch die Umwandlung ein Teil des Wertes abgeschnitten oder verfälscht werden kann. Wenn der Programmierer sicher ist, dass die Umwandlung im Einzelfall korrekt funktioniert, darf er jedoch eine explizite Typumwandlung spezifizieren. Dabei wird der gewünschte Typ in Klammern vor den umzuwandelnden Ausdruck gestellt. Dies nennt man auch *cast* (engl. *Gegenüberstellung*). Beispiel:

```
int a = 42;
float f = a; // erlaubte Typumwandlung
int neu = (int) f; //explizite Typumwandlung erforderlich!
```

Allgemein gibt es zu jedem Datentyp einen expliziten Typumwandlungsoperator (type cast). Er hat den gleichen Namen wie der Datentyp, muss aber in runde Klammern eingeschlossen werden, hat also die Form

(*Datentyp*)

Die Anwendung eines solchen Operators auf einen Ausdruck kann zur Compilezeit oder auch zur Laufzeit zu einer Fehlermeldung führen, wenn die geplante Umwandlung nicht zulässig ist. Wenn Zahlen abgeschnitten werden, führt dies nicht zu Fehlermeldungen. Der Programmierer hat die Typumwandlung ja selbst gewollt. Zulässig ist daher z.B.:

```
double d = 123456E300;
int neu = (int) d;
```

**Bedingte Ausdrücke** können mit dem Operator ? gebildet werden. Es ist der einzige Operator mit drei Operanden.

op1 ? op2 : op3

Der erste Operand muss ein Ergebnis vom Typ *boolean* haben. Wenn dieses *true* ist, wird der zweite Operand ausgewertet und bestimmt das Ergebnis des Ausdrucks. Andernfalls ist das Ergebnis des bedingten Ausdruckes gleich dem Wert des dritten Operanden.

Als Beispiel können wir die *Fakultätsfunktion* von S. 224 prägnanter formulieren:

3.5 Ausdrücke und Anweisungen                                                         243

```
int fakt(int n){
    return (n <= 0) ? 1 : n*fakt(n-1);
    }
```

Der **instanceof**-Operator wird hier nur der Vollständigkeit halber erwähnt. Er testet, ob ein
Objekt einen bestimmten Klassen-Datentyp hat. Sinnvolle Beispiele für diesen Test werden
wir erst in einem der folgenden Abschnitte formulieren können.

## 3.5.8    Präzedenz der Operatoren

Der Wert eines Ausdruckes, in dem mehrere Operatoren vorkommen, kann von der Reihenfolge der Auswertung der Operatoren abhängen. Die reichliche Verwendung von Klammern
erhöht die Lesbarkeit eines Programms, außerdem lässt sich durch geeignete Klammerung
eine beliebige Auswertungsreihenfolge erzwingen. Ansonsten wird diese von der Präzedenz
und der Assoziativität der Operatoren bestimmt. Operatoren mit höherer Präzedenz werden
zuerst ausgewertet. So legt man z.B. für Multiplikation und Division eine höhere Präzedenz
fest als für Addition und Subtraktion („Punktrechnung geht vor Strichrechnung“). Bei Operatoren gleicher Präzedenz wird von links nach rechts ausgewertet, es sei denn, ein Operator ist
als rechtsassoziativ erklärt. In Java sind nur die Zuweisungsoperatoren „=“, „+=“, etc. rechtsassoziativ. Sie sind gleichzeitig die Operatoren mit der niedrigsten Präzedenzstufe, wie die
folgende Tabelle der Java Operatoren, geordnet nach fallender Präzedenz, zeigt. Es fällt auf,
dass auch die eckigen Klammern in Array-Ausdrücken und die runden Klammern in Parame-
terleisten als Operatoren angesehen werden. Sie haben die höchste Präzedenz. So ist z.B.
„x+a[i]“ zu verstehen als „x+(a[i])“ und nicht etwa als „(x+a)[i]“.

| | |
|---|---|
| Einstellige Postfix Operatoren | `[] . (Parameter) ++ --` |
| Einstellige Präfix Operatoren | `+ - ! ~ ++ --` |
| new und cast: | `new (Datentyp)` |
| Multiplikative Operatoren | `* / %` |
| Additive zweistellige Operatoren | `+ -` |
| Schiebe-Operatoren | `<< >> >>>` |
| Vergleiche | `< > >= <= instanceof` |
| Test auf Gleichheit | `== !=` |
| Bitweises Und | `&` |
| Bitweises Exklusives-Oder | `^` |
| Bitweises Oder | `|` |
| Logisches Und | `&&` |
| Logisches Oder | `||` |
| Der bedingte Ausdruck | `? :` |
| Zuweisungsoperatoren | `= += -= *= /= &= |= ^= %= <<= >>= >>>=` |

## 3.5.9 Einfache Anweisungen

Bei den einfachen Anweisungen zeigen sich wichtige Unterschiede zwischen Java und Pascal. Anweisungen sind auch Ausdrücke und Ausdrücke sind Anweisungen. Wie bereits erwähnt wurde, ist eine Zuweisung

```
v = t
```

ein sogenannter *Zuweisungsausdruck* und liefert als Wert den von *t*. Als Seiteneffekt wird dieser in der Variablen *v* gespeichert. Beendet man einen Zuweisungsausdruck mit einem Semikolon „ ; ", so wird daraus eine Anweisung. Ein einzelnes Semikolon „ ; " ist daher ein „skip", also eine *leere Anweisung*. Meist dient das Semikolon aber dazu, einen Anweisungsausdruck in eine Anweisung zu verwandeln. Allgemein hat eine *einfache Anweisung* die Form:

**Anweisungsausdruck ;**

Eine *Variablendeklaration* ist ebenfalls eine einfache Anweisung. Eine oder mehrere Variablen des selben Datentyps werden deklariert und können optional einen Anfangswert erhalten. Eine solche *Variablendeklarationsanweisung* kann mitten in einer Berechnung auftauchen, eben überall dort wo eine Anweisung erlaubt ist.

Im Unterschied zur Syntax einer Felddeklaration ist in einer Variablendeklaration nur das Attribut *final* erlaubt. Dieses signalisiert, dass der Variablen genau einmal ein Wert zugewiesen werden darf bzw. muss.

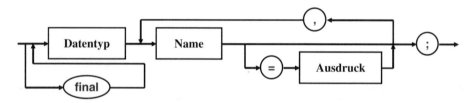

**Abb. 3.10:**   *Die Syntax von Variablendeklaration*

Zu den einfachen Anweisungen gehört auch die *return-Anweisung*. Diese beendet einen *Methodenaufruf*. Das Ergebnis des Methodenaufrufs ist der Wert des Ausdruckes in der *return*-Anweisung. Bei einer Methode mit Ergebnistyp `void` entfällt ein solcher Ausdruck. Die *return*-Anweisung hat also die Form

**return** Ausdruck **;**

oder einfach nur **return ;**

## 3.5.10 Blöcke

Ein Block ist eine Anweisung, die aus einer in geschweifte Klammern eingeschlossenen Folge von Anweisungen besteht. Wird in einem Block eine Variable deklariert (eine solche

3.5 Ausdrücke und Anweisungen                                                           245

nennt man *lokale Variable*), so erstreckt sich deren Gültigkeit vom Ort der Definition bis zum
Ende des Blocks.

```
{   Anweisung₁
    Anweisung₂
    ...
    Anweisungₙ
}
```

Da die Anweisungen auch wieder Blöcke sein dürfen, ergibt sich eine Blockschachtelung und
damit eine Schachtelung von Gültigkeitsbereichen der darin deklarierten Variablen. Allerdings ist es verboten, eine lokale Variable in einem inneren Block erneut zu definieren.

Die scheinbar fehlenden Semikolons „ ; “ sind Bestandteile der Anweisungen. Der äußere
Block in dem folgenden Beispiel enthält eine Variablendeklarationsanweisung, eine Zuweisung und einen Block. In letzterem ist die außen deklarierte Variable i sichtbar und zugreifbar.

```
{
    int i=0;
    i++;
    {   int j = 42;
        j=i+2*j;
    }
}
```

Wenn an einer Stelle syntaktisch eine Anweisung verlangt ist, man aber mehrere Anweisungen benutzen möchte, so muss man diese zu einem Block gruppieren. Da dies fast der Regel-
fall ist, verwendet man in Erläuterungen zu Programmen oder in Programmfragmenten häufig
die Notation { … } um anzudeuten, dass an der bezeichneten Stelle eine oder mehrere Anweisungen stehen können.

## 3.5.11    Alternativ-Anweisungen

Die zwei Formen der bedingten Anweisung sind

**if**(*Bedingung*)  *Anweisung*

und

**if**(*Bedingung*)  *Anweisung₁* **else** *Anweisung₂*

*Bedingung* steht für einen Ausdruck mit Ergebnistyp *boolean*. Bei der Schachtelung von
bedingten Anweisungen entsteht auch in Java das bekannte *dangling-else-Problem*, dass der
Ausdruck

**if**($B_1$)  **if**($B_2$)  $A_1$ **else** $A_2$

auf zwei Weisen gelesen werden kann. Wie üblich, so hat man auch hier die Regel: Ein **else**
ergänzt das letzte unergänzte **if**. Die obige Anweisung ist damit gleichbedeutend mit

**if** $(B_1)$ { **if** $(B_2) A_1$ **else** $A_2$ }.

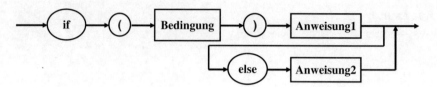

***Abb. 3.11:*** *Die Syntax von if-Anweisungen*

### 3.5.12  *switch*-Anweisung

Wenn in Abhängigkeit von dem Ergebnis eines Ausdruckes eine entsprechende Anweisung ausgeführt werden soll, kann man diese in der *switch*-Anweisung zusammenfassen.

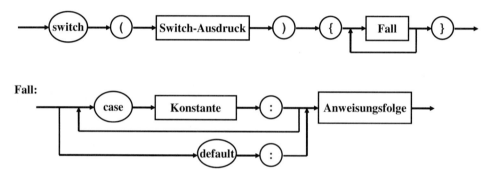

***Abb. 3.12:*** *Die Syntax von switch-Anweisungen*

Der Typ des switch-Ausdruckes muss *char*, *byte*, *short* oder *int* oder ein *enum*-Ausdruck (seit JDK 1.5) sein. Für beliebige mögliche Ergebniswerte dieses Ausdruckes kann ein *Fall* formuliert werden. Jeder Fall besteht aus einer Konstanten und einer Folge von Anweisungen. Schließlich ist noch ein *Default-Fall* erlaubt. Wenn der switch-Ausdruck den Wert eines der Fälle trifft, so wird die zugehörige Anweisungsfolge und die aller folgenden Fälle (!) ausgeführt, ansonsten wird, falls vorhanden, der Default-Fall und alle folgenden Fälle (!) ausgeführt.

Die *switch*-Anweisung ist gewöhnungsbedürftig und führt häufig zu unbeabsichtigten Fehlern. Die Regel, dass nicht nur die Anweisung eines Falles, sondern die Anweisungen aller auf einen Treffer folgenden Fälle ausgeführt werden, ist ein Relikt von C. Wenn man möchte, dass immer nur genau ein Fall ausgeführt wird, so muss man jeden Fall mit einer *return*-Anweisung oder mit einer *break*-Anweisung enden lassen. Mit letzterer verlässt man den durch die *switch*-Anweisung gebildeten Block.

Im folgenden Beispiel endet jeder Fall mit einer *return*-Anweisung. Hier erweitern wir die Klasse *Datum* um eine Methode, die die Anzahl der Tage eines Monats bestimmt:

## 3.5 Ausdrücke und Anweisungen

```
static int tageProMonat(int j, int m){
    switch (m){
        case 1: case 3: case 5: case 7:
        case 8: case 10: case 12: return 31;
        case 2: if (schaltJahr(j)) return 29; else return 28;
        default: return 30;
} }
```

Auch für enum-Typen, die in Wirklichkeit spezielle Klassen darstellen, kann man switch verwenden. Im folgenden Beispiel definieren wir den *enum*-Typ *Wochentag* mit einer Methode, die feststellt, ob ein Wochentag ein Werktag ist:

```
enum Wochentag { Mo, Di, Mi, Do, Fr, Sa, So;
    boolean istWerktag(){
        switch(this){ // 'this' bezeichnet das Objekt selber
            case Sa: case So: return false;
            default: return true;
} } }
```

### 3.5.13 Schleifen

Bei der *while*-Schleife wird die Schleifenbedingung vor jeder Iteration getestet. Semantisch unterscheidet sie sich nicht von der **WHILE-DO**-Schleife in Pascal.

*Abb. 3.13:* Die Syntax von while-Anweisungen

Die *do-while*-Schleife testet die Bedingung nach jeder Iteration. Der Rumpf wird daher immer mindestens einmal ausgeführt. Sie entspricht der *repeat*-Schleife in Pascal. Von C sind auch zwei syntaktische Eigenarten der *do-while*-Schleife übriggeblieben:

- Sie wird explizit mit einem Semikolon beendet, und
- zwischen do und while steht eine Anweisung, nicht eine Anweisungsfolge.

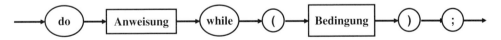

*Abb. 3.14:* Die Syntax von do-while-Anweisungen

Eine *do-while*-Anweisung könnten wir nutzen, um die Zahl der Tage mehrerer Jahre in einer Schleife zu testen:

```
int x = 2000;
```

```
        do
            System.out.println("Das Jahr " + x + " hat " +
                                        Datum.anzTage(x) + " Tage.");
        while (x++ < 2042);
```

## 3.5.14  Die *for*-Anweisung

Die *for*-Schleife als iterierende Anweisung ist sehr viel mächtiger als das Pascal-Äquivalent. Sie kann sogar die *while*- und die *do-while*-Schleifen ersetzen. Dafür ist sie auch unstrukturierter, insbesondere muss eine *for*-Schleife nicht terminieren!

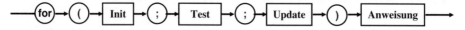

**Abb. 3.15:**   *Die Syntax von for-Anweisungen*

*Init* und *Update* stehen für (möglicherweise leere) Folgen von Anweisungsausdrücken. In diesem Falle ist die Schleife

```
for (Init₁ , Init₂ , … , Initₘ ;
     Test ; Update₁ , Update₂ , … , Updateₙ) Anweisung
```

äquivalent zu

```
{   Init₁ ; Init₂ ;… ; Initₘ ;
    while ( Test ) {
        Anweisung ;
        Update₁ ;Update₂; … ; Updateₙ;
    }
}
```

*Init* darf auch eine einzige (!) Variablendeklaration (ohne abschließendes Semikolon) sein. Die Semantik ist analog zu der oben erklärten. Wie man sieht, ist die *for*-Anweisung zu einem Block äquivalent, so dass eine eventuell in dem *Init*-Abschnitt deklarierte lokale Variable in ihrer Gültigkeit auf die *for*-Schleife beschränkt bleibt.

Wir haben von der letzteren Form der *for*-Schleife bereits früher in diesem Kapitel Gebrauch gemacht:

```
for (int i = 0; i < N; i++) int2Bsp[i] = i;
```

Hier wird eine Schleifen-Variable initialisiert. Sie wird in der Update-Anweisung inkrementiert. Die Schleife wird solange ausgeführt bis der Endwert *N* erreicht wird. Diese Form der *for*-Anweisung entspricht einer *for*-Schleife in Pascal. Allerdings erfolgt keine automatische Inkrementierung (oder Dekrementierung).

*for*-Anweisungen in Java sind viel allgemeiner einsetzbar, man kann sogar *while*-Schleifen ersetzen. Dabei lässt man einfach den Init- und den Update-Teil weg:

## 3.5 Ausdrücke und Anweisungen

**for** ( ; Test ; ) Anweisung

Viele Programmierer benutzen nie eine andere Schleife.

Seit Version 1.5 des JDK gibt es eine neue Variante der *for*-Anweisung, mit der man alle Elemente eines Behälter-Datentyps durchlaufen kann. Behälter-Datenstrukturen sind u.a. Arrays, die Elemente eines Aufzählungstyps (siehe S. 221) oder allgemeiner beliebige Datenstrukturen, die die vordefinierte Schnittstelle *Iterable* erfüllen. Siehe dazu auch S. 263. Dies bedeutet, dass ein *Iterator* definiert ist, der automatisch das jeweils nächste Element liefert. Diese werden im 4. Kapitel auf S. 349 erläutert.

```
class ForTest{
    enum    Farbe   {rot, gelb, gruen, blau, grau, lila};
    static int [] prim = { 2, 3, 5, 7, 11, 13, 17, 19 };

    public static void main(String[] args){
        for(int i: prim) System.out.println(i+" ");
        for(Farbe f: Farbe.values()){
            for(Farbe g: Farbe.values())
                if (f!=g) System.out.print("("+f+","+g+") ");
            System.out.println();
        }
    }
}
```

Jeder *enum*-Datentyp ist in Wirklichkeit eine Klasse, die u.a. eine Methode *values()* besitzt, welche die Liste aller Elemente des Aufzählungstyps liefert. Die obigen geschachtelten *for*-Anweisungen durchlaufen diese Liste.

Dies funktioniert analog für jede vorhandene oder selbstdefinierte Klasse, für die ein *Iterator* definiert ist. Die folgende Zeile stammt aus einem Beispiel hierzu, das im 4. Kapitel auf S. 349 besprochen wird.

```
for (int p : meinePrimListe) System.out.print(p + " ");
```

Die neue Form der *for*-Anweisung könnte man auch eine *Iterator-Anweisung* nennen. Ihre Syntax zeigt die folgende Abbildung. Zu beachten ist, dass das Ergebnis des Ausdrucks iterierbar sein muss, d.h. es muss einen Aufzählungs-, einen Array- oder einen Behälter-Typ ergeben.

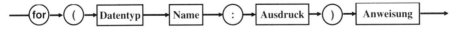

*Abb. 3.16:* Die Syntax erweiterter *for*-Anweisungen

## 3.5.15 *break-* und *continue*-Anweisungen

Die *break*-Anweisung haben wir bereits benutzt, um *switch*-Anweisungen zu verlassen. Auf ähnliche Weise kann man mit einer *break*-Anweisung auch beliebige Schleifen vorzeitig beenden. In einer geschachtelten Schleife beendet ein break nur die unmittelbar umgebende Schleife. Im folgenden Beispiel benutzen wir eine *break*-Anweisung, um alle Elemente, die in beiden Array-Parametern enthalten sind, auszugeben. Sobald ein Element aus a auch in dem Array b gefunden wurde, kann die innere Schleife abbrechen.

```java
static void gemeinsam(int[] a, int[] b){
    for (int x : a)
        for(int y : b)
            if(x==y){
                System.out.print(x+" ");
                break;
            }
}
```

Eine *continue*-Anweisung beendet nur den aktuellen Schleifendurchlauf. Die Schleife wird also mit dem nächsten Wiederholungstest fortgeführt. Man kann auch mehrere ineinander geschachtelte Schleifen beenden. Dazu muss man die Schleifen markieren. Da diese Form selten benutzt wird, gehen wir nicht näher darauf ein.

# 3.6 Klassen und Objekte

In C++ kann man C-Programme schreiben – und außerdem mit Klassen und Objekten programmieren. In Java kann man nur mit Klassen und Objekten programmieren. Eine *Klasse* ist ein Datentyp. *Objekte* sind Werte eines Klassen-Datentyps.

Eine Klasse definiert *Felder* und *Methoden* für ihre Objekte, zusammenfassend *Komponenten* genannt. Beispielsweise könnte eine Klasse Punkt die Felder x und y als *int*-Werte für die x- und y-Komponenten ihrer Punkte definieren. Jedesmal, wenn durch new Punkt(...) eine Instanz p der Klasse Punkt erzeugt wird, wird für dieses Objekt p Speicherplatz für die Komponenten p.x und p.y angelegt.

Daneben kann die Klasse auch Felder definieren, die für alle Objekte den gleichen Wert haben. Diese Felder sind Felder der Klasse und werden durch das vorangestellte *Attribut* **static** als solche gekennzeichnet. Die Klasse Punkt könnte beispielsweise Felder dicke und radius besitzen, die bestimmen, wie Punkte gezeichnet werden sollen - als kleine Kreise mit radius radius und Linienstärke dicke. Diese wären statische Felder, da sie für jeden Punkt identisch sind. x- und y-Koordinate sind für jeden Punkt anders - man nennt sie daher *dynamisch*.

Wenn eine Klasse in einem Programm zum ersten Mal angesprochen wird, wird sie *geladen*. Bei dieser Gelegenheit wird ein Speicherbereich für die statischen Felder angelegt. Jedesmal wenn mit dem **new**-Operator eine Instanz der Klasse erzeugt wird, wird Speicherplatz für die dynamischen Felder der Instanz angelegt. Statt *Instanz* der Klasse sagt man auch *Objekt* der Klasse: Objekte sind also *Instanzen* von Klassen.

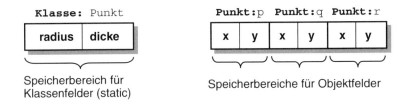

*Abb. 3.17:* *Statische und dynamische Felder*

Man kann explizit neue Objekte erzeugen – es gibt aber keine Möglichkeit diese wieder zu zerstören! Stattdessen besitzt der Java-Interpreter eine automatische *Speicherbereinigung* (engl. *garbage collection*). Ein Objekt kann dem *Abfall-Sammler* übergeben werden, sobald keine Referenz mehr auf dieses Objekt existiert. Die Freigabe von Objekten kann man beispielsweise durch Zuweisung von null-Referenzen explizit unterstützen.

Wenn ein Feld mit einer Initialisierungsanweisung spezifiziert worden ist, so wird diese unmittelbar nach dem Anlegen der Speicherbereiche durchgeführt. Bei statischen Feldern geschieht dies beim Laden der Klasse, bei dynamischen Feldern beim Ausführen des **new**-Operators. Zusätzlich zu den Initialisierungen der Felder können spezielle Konstruktor-Methoden angegeben werden. Es gibt namenlose, *statische* Konstruktoren, die beim Laden der Klasse ausgeführt werden und es gibt Konstruktoren, die den Namen der Klasse tragen und beim Ausführen des **new**-Operators aufgerufen werden können.

In diesem Kapitel werden wir ein kleines Grafikpaket entwickeln. Zunächst definieren wir eine Klasse *Punkt*:

```
class Punkt {
    private int x;
    private int y;
    Punkt() {}
    Punkt(int px, int py) { x= px; y= py; }
    Punkt(Punkt p) { x= p.x; y= p.y; }
    int getX () { return x; }
    int getY () { return y; }
    void verschieben (int dx, int dy) { x+= dx; y+= dy;}
    void verschieben (int delta) { verschieben(delta, delta); }
    public String toString(){ return "X: " + x+ "  Y: " + y;}
}
```

- *x* und *y* sind Felder, die mit dem Standardwert 0 initialisiert werden,
- *Punkt* ist überladen mit drei Konstruktor-Methoden,

- *getX* und *getY* sind Methoden, mit denen von außen (d.h. mit Methoden, die nicht in der Klasse *Punkt* definiert sind) die ansonsten privaten Felder *x* und *y* gelesen werden können,
- *verschieben* ist überladen mit zwei Methoden, um den Punkt zu verschieben – mit der ersten Methode um einen Vektor (*dx,dy*), mit der zweiten Methode entlang der Diagonale um den Vektor (*delta,delta*).
- *toString* ist eine öffentliche Methode, um eine Standardrepräsentation eines Ortes als String zu erzeugen. Die für alle Objekte vordefinierte Standardmethode *toString* wird dabei für *Punkte* überdefiniert.

Wenn wir das Grafikpaket um Klassen für Punkte mit grafischen Eigenschaften bzw. um Klassen für Kreise, Linien, Rechtecke etc. erweitern wollen, wäre es nützlich, die Definitionen der obigen Klasse wiederverwenden zu können. Dazu dient die Vererbung.

## 3.6.1 Vererbung

Fasst man eine Klasse als Menge aller möglichen Instanzen dieser Klasse auf, so ergibt sich auf natürliche Weise eine Hierarchie von ineinander enthaltenen Klassen. Eine Klasse *B* ist in einer Klasse *A* enthalten, wenn jedes Objekt von *B* auch zu *A* gehört. Man spricht auch von einer „*is-a*"-Beziehung, was ausdrücken soll: „Jedes Element von *B* ist auch ein Element von *A* (*each B is an A*)". *B* ist dann *Unterklasse* von *A*, was gleichbedeutend damit ist, dass *A* *Oberklasse* von *B* ist.

Technisch liegt folgende Kennzeichnung nahe: Wenn eine Klasse *B* aus einer Klasse *A* durch Hinzufügung neuer Felder und Methoden hervorgeht, so kann jedes Objekt der Klasse *B* auch als Objekt der Klasse *A* betrachtet werden – man muss bloß die zusätzlichen Felder weglassen. Diese technische Definition legt man in der Programmiersprache Java zugrunde. Erweitert man also eine Klasse um zusätzliche Felder und Methoden, so spricht man von einer *Unterklasse*. Die Objekte der Unterklasse behalten alle Felder und Methoden der alten Klasse (man nennt dies *Vererbung*), sie können aber neue Felder und neue Methoden hinzugewinnen.

Der technische Begriff der Unterklasse fasst nicht immer das intuitive Konzept – er kann sogar irreführend sein. Demnach wären die komplexen Zahlen nämlich als Unterklasse der reellen Zahlen anzusehen, denn zusätzlich zu ihrem Realteil haben sie noch einen Imaginärteil. Ebenso wären die gebrochenen Zahlen eine Teilklasse der ganzen Zahlen, denn sie besitzen zusätzlich noch einen Nenner. Beides widerspricht natürlich der üblichen Sichtweise, in der die Unterklassenbeziehung gerade in der umgekehrten Richtung besteht. Zweckmäßiger und logischer wäre es, im Folgenden den Begriff *Erweiterungsklasse* zu verwenden anstelle von *Unterklasse*, dennoch hat sich der Begriff Unterklasse in Java eigebürgert. Immerhin wird in der Definition das Wort „extends" verwendet, denn man definiert eine Unterklasse durch die Konstruktion:

```
class B extends A
```

Hierfür sind folgende Sprechweisen möglich:

- *B erweitert A* bzw. *B ist Erweiterungsklasse von A*.
- *A ist Oberklasse* (engl. *superclass*) von *B*.
- *B ist Unterklasse* (engl. *subclass*) von *A*.

3.6 Klassen und Objekte                                                                      253

Wenn eine Klasse keine andere Oberklasse hat, wird *Object* als Oberklasse angenommen. *Object* ist eine vordefinierte Klasse.

     **class** *B*    ist also äquivalent zu    **class** B **extends** Object.

Eine Unterklasse darf man erneut erweitern. So entstehen ganze Hierarchien von Klassen. Diese bilden stets einen Baum, dessen Wurzel die Klasse *Object* ist. Object enthält Methoden, die für alle Objekte nützlich sind, zum Beispiel die Methode *toString* zur Darstellung von Objekten als Zeichenkette.

Wir können als Beispiel eine Klasse *GraPunkt* definieren. Diese soll die oben definierte Klasse *Punkt* erweitern. Zuvor kann es allerdings notwendig werden, die Klasse *Punkt* etwas abzuändern. Da die Felder x und y das Attribut *private* haben, können sie nicht vererbt werden. Trotzdem wollen wir die Felder nicht gleich öffentlich machen. Es gibt ein weiteres Attribut, das die Vorteile des Attributes *private* in einer Hierarchie von Klassen weitgehend erhält. Es ist das Attribut *protected*. Komponenten mit diesem Attribut können nur in der Klasse selbst und in allen Unterklassen sowie in Klassen des gleichen Pakets verwendet werden. In unserem Beispiel haben wir allerdings für die benötigten Komponenten *Zugriffsfunktionen* definiert und können daher auf das Attribut *protected* verzichten.

Die Klasse *GraPunkt* erweitert die Klasse *Punkt* um Felder und Methoden, die ggf. für eine grafische Darstellung von Punkten benötigt werden. Um die Farbe eines Punktes definieren zu können, importieren wir die Klasse *Color* des im Abschnitt 3.8 besprochenen Paketes *java.awt*.

```java
import java.awt.Color;
class GraPunkt extends Punkt {
    private boolean sichtbar = false;
    private int dicke = 1;
    private Color farbe = Color.black;
    GraPunkt() {}
    GraPunkt(int px, int py) { super(px, py); }
    GraPunkt(int px, int py, boolean ps, int pd, Color pf) {
        this(px, py);
        sichtbar = ps;
        dicke    = pd;
        farbe    = pf;
    }
    GraPunkt(GraPunkt p) {
        super(p);
        sichtbar = p.sichtbar;
        dicke = p.dicke;
        farbe = p.farbe;
    }
    void malen(){System.out.println("Malen eines Punktes.");}
    void loeschen(){
            System.out.println("Löschen eines Punktes.");}
    void verschieben (int dx, int dy) {
        loeschen ();
```

```
        super.verschieben(dx, dy);
        malen ();
        }
    public String toString(){
        String s1 = sichtbar ? " sichtbar " : " nicht sichtbar ";
        String s2 = " Dicke: " + dicke;
        String s3 = " Farbe: " + farbe;
        return super.toString() + s1 + s2 + s3;
        };
    }
```

In der Klasse *Punkt* sind definiert:

- die privaten Felder: *x* und *y*,
- die öffentlichen Methoden: *getX* und *getY*.

Mit den öffentlichen Zugriffsfunktionen *getX* und *getY* können wir auch in der Klasse *GraPunkt* auf die Felder *x* und *y* von *Punkt* zugreifen. In der Klasse *GraPunkt* sind zusätzlich definiert:

- die privaten Felder: *sichtbar*, *dicke* und *farbe*
- die öffentlichen Methoden: *malen* und *loeschen*.

Die Methoden *verschieben* und *toString* kommen in beiden Klassen vor, sind aber unterschiedlich implementiert. Die neuen Definitionen in der Klasse *GraPunkt* ersetzen die älteren Definitionen in der Klasse *Punkt*. Diesen Sachverhalt nennt man *Polymorphie*: In einer Hierarchie von Klassen können verschiedene Methoden gleichen Namens vorkommen, die unterschiedlich definiert sind.

In den Konstruktoren von *GraPunkt* nutzen wir bereits definierte andere Konstruktoren dieser Klasse und ihrer Oberklasse. Der Zugriff erfolgt über die Schlüsselwörter **this** und **super** gefolgt von einer passenden Parameterliste. **this** bezeichnet das gegenwärtige Objekt einer Klasse, **super** das der unmittelbaren Oberklasse. Auf diese Weise können wir in der Klasse *Punkt* die Methoden *verschieben* und *toString* der Oberklasse aufrufen. Wir könnten dies außerdem nutzen, um Namenskonflikte aufzulösen. Wir hätten die Methode *verschieben* von *Punkt* z.B. auch so definieren können:

```
    void verschieben (int x, int y) {
        this.x += x;  this.y += y;
        }
```

Auf diese Weise kann zwischen Parametern und Feldern mit dem gleichen Namen unterschieden werden. Natürlich sollte man in der Praxis versuchen, solche unnötigen Namenskonflikte zu vermeiden!

Wir könnten die angefangene Hierarchie grafischer Klassen weiter ausbauen – zum Beispiel in der Form:

## 3.6 Klassen und Objekte

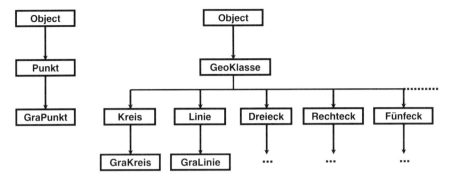

*Abb. 3.18:* *Grafische Objekte*

Wir werden an dieser Stelle nicht auf all diese Klassen näher eingehen. Als Beispiel stellen wir lediglich die beiden Klassen für Kreise vor. Die Klassen *Kreis, Linie, Dreieck,* etc. sind in Abb. 3.18 in einer Oberklasse namens *GeoKlasse* zusammengefasst. Diese ist vorläufig leer und könnte daher weggelassen werden. Wir werden sie aber in dem späteren Abschnitt über *abstrakte Klassen* benötigen und fügen sie daher bereits an dieser Stelle als *Zusammenfassung* grafischer Klassen ein.

Die Klasse *Kreis* könnte als Erweiterung der Klasse *Punkt* definiert werden, da sie mindestens ein Feld für den Mittelpunkt und zusätzlich ein Feld für den Radius benötigt. Technisch kann man das mithilfe der Programmiersprache Java auch so implementieren. Eine derartige Implementierung widerspricht aber den Prinzipien des objektorientierten Entwurfs von Software (siehe dazu auch Kapitel 12 dieses Buches). Diese legen es nahe, eine Erweiterungsklasse *B* einer Klasse *A* nur dann zu definieren, wenn man sagen kann, dass die Objekte von *B* spezialisierte Objekte vom Typ der Klasse *A* sind („jedes *B* ist ein *A*"; engl. *IsA-Relationship*). In diesem Sinne sind Objekte der oben definierten Klasse *GraPunkt* Punkte mit speziellen grafischen Eigenschaften und damit insbesondere auch vom Typ der zugrunde liegenden Klasse *Punkt.* Wenn wir Kreise aber als Erweiterung der Klasse *Punkt* definieren würden, dann hätten wir hier einen Verstoß gegen das genannte Prinzip, denn Kreise *sind* sicher keine speziellen Objekte vom Typ Punkt, *haben* aber einen Punkt als Mittelpunkt (engl. *HasA-Relationship*).

```
class GeoKlasse { }
class Kreis extends GeoKlasse {
   private Punkt pM;
   private int radius;
   int getRadius(){ return radius;}
   Kreis() {super(); pM = new Punkt(); }
   Kreis(int x, int y, int r){
      super();
      pM = new Punkt(x, y);
      radius = r;
      }
   Kreis(Punkt p, int r){ ... }
```

```java
void verschieben(int dx, int dy){pM.verschieben(dx, dy);}
void verschieben (int delta) { verschieben(delta, delta); }
double umfang() { return Math.PI * radius * 2; }
double flaeche() { return Math.PI * radius * radius; }
public String toString(){
    return "Kreis mit Radius: " + radius
    + " und Mittelpunkt " + pM.toString()
    + " und Fläche " + flaeche();
    };
Kreis groesser (Kreis k) {
    if (k.radius > radius) return k;
    else return this;
    }
static Kreis groesser (Kreis k1, Kreis k2) {
    if (k1.radius > k2.radius) return k1;
    else return k2;
    }
}
```

Die Klasse *Kreis* besitzt zwei Felder für den Mittelpunkt und den Radius. Neben den schon von der Klasse *Punkt* bekannten Methoden zum Verschieben definieren wir zusätzliche Methoden zur Berechnung von Umfang und Fläche. Weiter definiert diese Klasse zwei zusätzliche Methoden zum Vergleich von Kreisen: *groesser*. Die erste vergleicht einen als Parameter übergebenen Kreis mit dem, den das Objekt **this** repräsentiert. Diese Referenz wird daher auch ggf. als Ergebnis zurückgegeben. Dies demonstriert eine weitere sinnvolle Anwendung von **this**. Die andere Methode vergleicht zwei als Parameter übergebene Kreise. Sie benutzt keinerlei dynamische Felder der Klasse *Kreis* und kann daher mit dem Attribut *static* versehen werden.

Die Klasse *GraKreis* erweitert die Klasse *Kreis* um Felder und Methoden, die ggf. für eine grafische Darstellung von Kreisen benötigt werden. Wir benötigen nunmehr zwei Farben für den Rand und das Innere des Kreises.

```java
class GraKreis extends Kreis {
    private boolean sichtbar = false;
    private int dicke = 1;
    private Color randFarbe  = Color.black;
    private Color innenFarbe = Color.white;
    GraKreis() {super();}
    GraKreis(int x, int y, int r) { super(x, y, r); }
    GraKreis(Punkt p, int r) { super(p, r); }
    GraKreis(Punkt p, int r, boolean pS, int pD, Color pFR,
                Color pFI) {
        this(p, r);
        sichtbar = pS;
        dicke    = pD;
        randFarbe   = pFR;
```

## 3.6 Klassen und Objekte

```
        innenFarbe    = pFI;
    }
    void malen(){System.out.println(" Malen von Kreis.");}
    void loeschen(){System.out.println("Löschen von Kreis.");}
    void verschieben (int dx, int dy) {
        loeschen ();
        super.verschieben(dx, dy);
        malen ();
    }
    public String toString(){
        String s1 = sichtbar ? " sichtbar " : " nicht sichtbar ";
        String s2 = " Dicke: " + dicke;
        String s3 = " Rand-Farbe: " + randFarbe;
        String s4 = " Innen-Farbe: " + innenFarbe;
        return super.toString()+"\n...gra:"+s1 + s2 + s3 + s4;
    };
}
```

## 3.6.2    Späte Bindung (Late Binding)

Die Klasse *GraKreis* hat Methoden zum Malen und Löschen von Kreisen. Diese Methoden sind hier nur als Platzhalter implementiert: Sie geben lediglich einen Text aus.

Die Methode *verschieben* mit *zwei* Parametern muss neu implementiert werden, um den Kreis vor dem Verschieben zu löschen und danach neu zu malen. Die Methode *verschieben* mit *einem* Parameter kann jedoch unverändert von *Kreis* übernommen werden, braucht also nicht explizit definiert zu werden. Die Frage ist nur, ob der Aufruf von *verschieben* aus einer Methode von *Kreis* tatsächlich dazu führt, dass die richtige Version von *verschieben* mit *zwei* Parametern, nämlich die in *GraKreis* definierte, aufgerufen wird. Die Information, welche Version benötigt wird, steht zu dem Zeitpunkt, da *verschieben* compiliert wird, noch nicht fest. Der Compiler muss also einen Code erzeugen, der dafür sorgt, dass erst zur Laufzeit entschieden wird, welcher Methodenaufruf benutzt wird. Diese Vorgehensweise nennt man *späte Bindung* (engl. *late binding*) oder auch *dynamische Bindung*.

Im Gegensatz zur späten Bindung ist die *statische* oder *frühe Bindung* (engl. *early binding*) einfacher und effizienter zu implementieren. Sie trifft aber oft nicht die intendierte Semantik. Daher gibt es in Java nur die besprochene dynamische Bindung.

## 3.6.3    Finale Komponenten

Eine Unterklasse erbt alle Felder ihrer Oberklasse. Benutzen darf sie diese nur, wenn sie ausreichende Zugriffsrechte hat. Sie darf diese (anders als in C++) auch umdefinieren. Die neue Definition verdeckt dann die Definition aus der Oberklasse.

Die Unterklasse erbt auch alle Methoden ihrer Oberklasse. Benutzen darf sie diese wiederum nur, wenn sie ausreichende Zugriffsrechte hat. Sie darf auch die Methoden neu definieren.

Mit dem Attribut *final* kann man verhindern, dass eine Methode in Unterklassen verändert wird. Eine Methode mit diesem Attribut hat in der Klasse, in der das Attribut gesetzt wurde, ihre endgültige Implementierung erhalten und darf von Unterklassen zwar benutzt, aber *nicht überschrieben* werden.

Felder mit dem Attribut *final* haben wir bereits früher gesehen. Ein derartiges Feld erhält genau einmal einen Wert, und zwar durch einen Initialisierungs-Ausdruck. Dies kann ein Wert sein, der sich erst zur Laufzeit ergibt. Steht er aber bereits zur Übersetzungszeit fest, so reserviert der Compiler keinen Speicherplatz für das betreffende Feld, sondern setzt überall da, wo das Feld benutzt wird, diesen konstanten Wert ein.

Finale Felder ersetzen Konstanten, wie sie in andern Programmiersprachen meist existieren. Insbesondere wird dies in der Klasse *Math* ausgenutzt, wo fundamentale mathematische Konstanten als finale statische Felder definiert werden, siehe S. 227. Allerdings können Felder mit dem Attribut *final* in Unterklassen sehr wohl neu erklärt werden! In der Unterklasse kann das Attribut *final* sogar entfallen. Das folgende Beispiel wird von aktuellen Java-Compilern akzeptiert:

```
class B {
    final int X = 42;
    }

class A extends B {
    int X = 2;
    int Inkr(int d){ return X += d; }
    }
```

## 3.6.4    Zugriffsrechte von Feldern und Methoden

Zugriffsrechte werden durch *Attribute* von Feldern und Methoden definiert. In den vorangegangen Abschnitten hatten wir bereits die Attribute *private* und *public* kennengelernt, im vorigen Abschnitt ist *protected* hinzugekommen. Es gibt noch ein weiteres Zugriffsrecht namens *package*. Dieses ist das voreingestellte Zugriffsrecht aller Komponenten; wenn also kein Zugriffsrecht erwähnt ist, so ist dies gleichbedeutend mit *package*. Zusammengefasst sind die Regeln für Zugriffsrechte nun:

- *public*: Auf Komponenten mit diesem Zugriffsrecht kann man überall dort zugreifen, wo man auf die Klasse zugreifen kann, in der sie definiert sind.
- *private*: Auf private Komponenten kann man nur innerhalb der Klasse zugreifen, in der sie definiert sind.
- *protected*: Auf Komponenten mit diesem Zugriffsrecht kann man innerhalb des Paketes, das die Klasse enthält, in der sie definiert sind, und in Unterklassen zugreifen. Dies muss explizit erwähnt werden, da eine Klasse und ihre Unterklassen durchaus in verschiedenen Paketen definiert werden können.
- *package*: Auf Komponenten ohne ein Zugriffsrecht-Attribut kann man innerhalb des Paketes, das die Klasse enthält, in der sie definiert sind, zugreifen. Man kann sie auch nur in den Unterklassen benutzen, die im selben Paket definiert sind.

## 3.6.5 Attribute von Klassen

Auch für Klassen können Zugriffsrechte definiert werden:

- *public*: Auf Klassen mit diesem Zugriffsrecht kann man überall zugreifen, wo man auf das Dateiverzeichnis zugreifen kann, in dem sie definiert sind.
- *package*: Klassen ohne ein Zugriffsrecht-Attribut kann man innerhalb des Paketes, das die Klasse enthält, benutzen.

Die Zugriffsrechte *private* und *protected* machen für Klassen keinen Sinn.

In einer Übersetzungseinheit darf höchstens eine Klasse das Attribut *public* erhalten. Wenn *KlassenName* der Name dieser Klasse ist, muss der Name der Datei, die den Text der Übersetzungseinheit enthält, KlassenName.java sein.

Von Klassen mit dem Attribut *final* können keine Unterklassen definiert werden.

## 3.6.6 Abstrakte Klassen

Abstrakte Klassen dienen dazu, Klassen mit gemeinsamen Eigenschaften zusammenzufassen. Diese Eigenschaften werden als *abstrakte Methoden* definiert – dies bedeutet, dass sie erst in Unterklassen implementiert werden müssen. Im Gegensatz zu *interfaces*, können abstrakte Klassen aber auch schon einige Methoden implementieren.

Abstrakte Klassen dienen oft zur Implementierung von Summentypen. Besteht ein Typ aus mehreren Alternativen, so können in der abstrakten Klasse Gemeinsamkeiten festgeschrieben werden, in den Unterklassen werden sie jeweils in angemessener Weise implementiert.

Als Beispiel betrachten wir Binärbäume, die ihren Inhalt in den Blättern speichern sollen. Jede Instanz eines solchen Baumes ist *entweder* ein Blatt mit Inhalt *oder* ein innerer Knoten. Folglich ist *Baum* die disjunkte Vereinigung der Klassen *Blatt* und *Knoten* – das heißt, ein *Summentyp*.

Wir definieren eine abstrakte Klasse *Baum* und konkrete Unterklassen *Blatt* und *Knoten*. Jeder Baum soll entweder ein *Blatt* oder ein *Knoten* sein. Daher verlangen wir eine boolesche Methode *istKnoten*, die testet, ob ein Blatt oder ein innerer Knoten vorliegt. In der Klasse Baum kann sie nur abstrakt definiert werden, denn in der Unterklasse *Blatt* muss sie immer *false* zurückgeben, in der Unterklasse *Knoten* immer *true*.

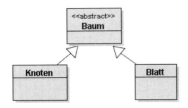

*Abb. 3.19:* *Abstrakte Klasse Baum*

Im Gegensatz zu *istKnoten* können wir die boolesche Methode *istBlatt* bereits in der Klasse *Baum* vollständig implementieren – als Negation von *istKnoten*. Um es ein bisschen interessanter zu machen, spezifizieren wir noch abstrakte Methoden *tiefe* für die Tiefe eines Baumes und eine Methode *jandl*[1], die zu einem Baum den *spiegelbildlichen* erzeugen soll, bei dem in allen Knoten lechts mit rinks vertauscht wurde.

```
abstract class Baum{

    abstract boolean istKnoten();
    abstract int tiefe();
    abstract Baum jandl();

  boolean istBlatt(){ return !istKnoten(); }
}
```

Die abstrakten Methoden sind in den Unterklassen einfach zu implementieren. Zusätzlich benötigen die Unterklassen natürlich noch Datenfelder – entweder für den Inhalt der Blätter oder für die Söhne der Knoten – und schließlich auch noch Konstruktoren.

Wir benutzen in diesem Beispiel bereits die Möglichkeit von Java 1.5, generische Klassen zu definieren. Dabei lassen wir den Datentyp für den Inhalt eines Blattes variabel, und ersetzen ihn durch einen Parameter, hier durch <T> gekennzeichnet. Wir können später einen beliebigen Datentyp verwenden, um ein Blatt mit geeignetem Inhalt zu erzeugen, z.B. mit

```
new Blatt<int>(); oder
new Blatt<String>();
```

etc. Auf generischer Klassen gehen wir später ab S. 265 genauer ein.

```
class Blatt<T> extends Baum{
    T inhalt;
    Blatt(T i){ inhalt = i;}
    boolean istKnoten(){ return false;}
    int tiefe(){return 0;}
    Baum jandl(){ return this; }
}
class Knoten extends Baum{
    Baum links;
    Baum rechts;
    Knoten(Baum l, Baum r){ links=l; rechts=r; }
    boolean istKnoten(){return true;}
    int tiefe(){
        return 1+Math.max(links.tiefe(),rechts.tiefe());
    }
    Baum jandl(){
        return new Knoten(rechts.jandl(),links.jandl());
    }
}
```

---

1. **lichtung**: manche meinen/lechts und rinks kann man nicht velwechsern/werch ein illtum! (Ernst Jandl)

## 3.6 Klassen und Objekte

Auf diese Weise kann man auf einen beliegen Baum die Methoden *istKnoten*, *istBlatt*, *tiefe*, *jandl* anwenden, ohne wissen zu müssen, ob es sich um ein Blatt oder um einen inneren Knoten handelt. In der rekursiven Definition von *jandl* in *Knoten* haben wir uns das schon zunutze gemacht.

### 3.6.7    Rekursiv definierte Klassen

Da Variablen immer nur Referenzen auf Objekte sind, gelingt eine rekursive Definition, so wie von Pascal gewohnt, nur muss man keine zusätzlichen Pointertypen definieren. Wir nutzen das im folgenden Beispiel, um eine Liste mit Objekten von beliebigem Typ T zu definieren – dabei nutzen wir bereits die Möglichkeiten generischer Klassen von Java 1.5.

Die induktive Definition

* *null* ist eine *T-Liste*,
* ist *e* ein Objekt der Klasse *T* und *rest* eine *T-Liste*, so ist (e, rest) eine *T-Liste*,

ließe sich sofort in eine Klassendefinition umsetzen, indem wir die leere Liste durch Null repräsentieren und jede andere Liste durch ein Paar, bestehend aus dem ersten Element und einer Restliste. Allerdings hat diese direkte Umsetzung noch einen entscheidenden Nachteil, auf den wir gleich stoßen werden. Daher wollen wir bei dieser ersten Umsetzung nicht von einer Liste, sondern nur von einer *Kette* sprechen:

```
class Kette<T>{
    T elt ;
    Kette<T> rest ;

    Kette(T e, Kette<T> r){ elt = e; rest = r;}
}
```

Eine *T-Kette* besteht also aus einem ersten Element und einem Restglied. Die leere Kette wird durch die *null-Referenz* repräsentiert. Wir könnten jetzt die Kette auffüllen, indem wir z.B. nacheinander Werte einem Array entnehmen und in der Kette speichern:

```
String[] futter = { "ene",  "mene", "muh"};
Kette<String> k = null;
for(String a : futter)
    k = new Kette<String>(a,k);
```

Wir wollen auch etwas sehen. Daher liegt es nahe die Methode *toString* für eine Kette zu implementieren. Anschließend sollte es möglich sein die Kette k mit einem

```
System.out.println(k.toString());
```

auszugeben. Der naheliegende Versuch, *toString* in der Klasse *Kette* zu implementieren

```
public String toString(){
    if(this==null) return " ";
    else return elt.toString()+" "+rest.toString();
```

wird zwar vom Compiler klaglos implementiert, aber schon bei der ersten Benutzung frustriert uns das Laufzeitsystem mit der Fehlermeldung „*NullPointerException*".

Der Grund ist, dass die rekursive Definition von *toString* immer mit der leeren Kette, der *null-Referenz* terminiert. **null** ist aber kein Objekt in Java, jeder Versuch eine Objekt-Methode auf **null** anzuwenden führt zu besagter Fehlermeldung. Ein Rettungsversuch ist:

```
public String toString(){
    if(rest==null) return elt.toString();
    else return elt.toString()+" "+rest.toString();
}
```

Dies löst das Problem für nichtleere Ketten. Eine vernünftige objektorientierte Implementierung von Listen muss aber auch die leere Liste als richtiges Objekt zur Verfügung stellen.

Die Lösung ist einfach – wir implementieren eine Liste einfach als Referenz auf eine Kette. Dann wird auch die leere Liste ein Objekt, selbst wenn in dem einzig vorhandenen Feld anfang der Wert null gespeichert ist. Auch unsere obige Methode *toString* für nichtleere Ketten tut ihren Dienst, da wir sie für nichtleere Listen in Anspruch nehmen:

```
class Liste<T>{
    Kette<T> anfang;
    public String toString(){
        if(this.anfang==null) return "";
        else return anfang.toString();
    }
}
```

Natürlich fehlen noch nützliche Methoden und Konstruktoren. Da wir Zeigerstrukturen im folgenden Kapitel näher behandeln, wollen wir diese hier nicht implementieren, sondern in unserem kleinen Testprogramm auf die entsprechenden Konstruktoren für Ketten zurückgreifen:

```
class ListenTest{
    public static void main(String[] args){
        String[] futter = { "ene", "mene", "muh"};
        Liste<String> l = new Liste();
        for(String a : futter)
            l.anfang = new Kette<String>(a,l.anfang);
        System.out.println(l.toString());
    }
}
```

Das Ergebnis auf dem Bildschirm ist selbstverständlich:

```
muh mene ene
```

3.6 Klassen und Objekte

## 3.6.8 Schnittstellen (*Interfaces*)

Viele Algorithmen, die wir in Java programmieren wollen, setzen gewisse Eigenschaften der zu verarbeitenden Daten voraus. Beispielsweise setzen Sortieralgorithmen voraus, dass auf den zu sortierenden Daten eine Ordnungsrelation definiert ist. Suchalgorithmen und auch die in Java 1.5 neu eigeführte Variante der *for*-Schleife setzen voraus, dass die zu durchsuchenden Daten in Behältern gespeichert sind, die ihre Elemente der Reihe nach produzieren können.

Wie können wir Java-Methoden *sortiere* oder *suche* schreiben, die mit *allen* geeigneten Datentypen und *nur* mit solchen umgehen können. Erstrebenswert ist, dass der Compiler überprüft, ob die dem Sortieralgorithmus übergebenen Daten tatsächlich eine Ordnungsrelation besitzen bzw. ob das Objekt *behälter in* der *for*-Schleife

```
for(T t : behälter){ tueWas(t); }
```

eine Methode zum systematischen Durchlaufen aller Elemente besitzt.

Zu diesem Zweck gibt es in Java den Begriff des *interface*. Man kann es als Schnittstelle oder als Vertrag auffassen. Wenn eine Klasse sich verpflichtet, auf eine geeignete Weise eine Ordnungsrelation zu definieren, dann dürfen ihre Objekte von der Sortierfunktion verwendet werden.

Der entsprechende Vertrag, das *interface*, sieht syntaktisch aus wie eine Klassendefinition. Es enthält lediglich die Signaturen einiger Funktionen, vielleicht auch noch einige Felder. Den Vertrag für geordnete Daten könnten wir so formulieren:

```
interface Ordnung{
    boolean kleinerGleich(Ordnung e);
}
```

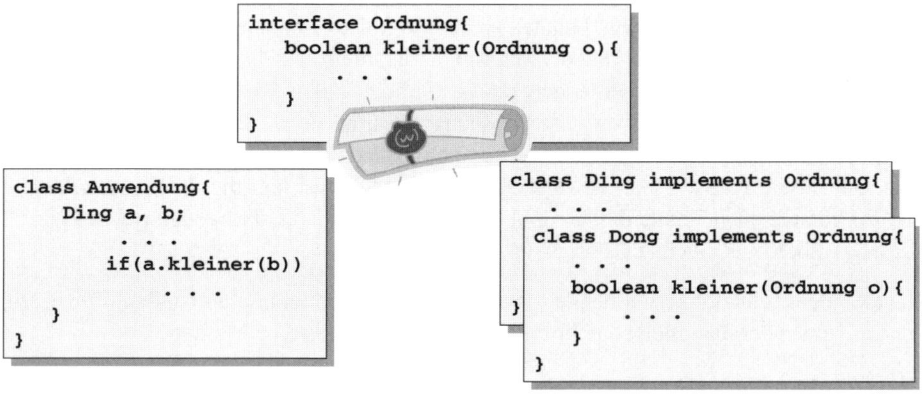

*Abb. 3.20:* *Schnittstelle als Vertrag*

Eine Datenklasse, die den Vertrag erfüllen will, kündigt dies durch das Schlüsselwort *implements* an. Der Compiler überprüft sodann, dass alle im interface festgelegten Methoden und

Felder tatsächlich implementiert wurden. Im folgenden Beispiel lassen wir die Klasse Punkt das besagte interface implementieren:

```
class Punkt implements Ordnung {
    int x;
    int y;
    public boolean kleinerGleich(Ordnung e){
        return x <= ((Punkt)e).x
            && y <= ((Punkt)e).y;
    }
}
```

Man beachte, dass der Parameter von *kleinerGleich* nicht vom Typ *Punkt*, sondern vom Typ *Ordnung* sein muss – denn so ist es im interface festgelegt. Damit im Körper der Methode *kleinerGleich* auf die *x*- und *y*-Komponente von e zugegriffen werden kann, muss e zuerst wieder mit einem *Cast* zu einem Punkt rückverwandelt werden. An dieser Stelle wird deutlich, dass *Punkt* wie eine Unterklasse von *Ordnung* behandelt wird.

Eine Sortierroutine die mit beliebigen geordneten Daten umgehen kann, genauer mit allen, die das interface *Ordnung* implementieren, kann sich für den Vergleich zweier Elemente auf die vertraglich zugesicherte Funktion *kleinerGleich* verlassen:

```
static void sortiere(Ordnung[] folge){
    for (int i=0; i<folge.length; i++)
        for (int j=i; i<folge.length; j++)
            if(folge[i].kleinerGleich(folge[j]))
                swap(folge,i,j);
}
```

Wird irgendwo die Methode *sortiere* benutzt, so überprüft der Compiler, dass der Parameter ein Array von Elementen einer Unterklasse von Ordnung ist, die somit die Methode *kleinerGleich* verstehen. Nicht überprüfen kann er jedoch, ob die Methode *kleinerGleich* auch die Eigenschaften erfüllt, die man gemeinhin von einer Ordnung erwartet, etwa, dass mit (a.kleiner-Gleich(b) && b.kleinerGleich(c)) automatisch auch a.kleinerGleich(c) wahr ist. Für unsere Klasse *Punkt* ist dies der Fall, allerdings ist hier die durch *kleinerGleich* definierte Ordnung nicht total, d.h. es gibt Punkte p und q, für die weder p.kleiner-Gleich(q) noch q.kleinerGleich(p) wahr ist.

Das Java-System besitzt eine Unmenge vordefinierter Klassen und Schnittstellen. Für geordnete Daten verwendet man meist das Interface *Comparable*, das eine Methode

```
int compareTo(Comparable e);
```

vorschreibt. Je nachdem ob a.compareTo(b) negativ, 0 oder positiv ist, interpretiert man dies als a<b, a=b oder a>b.

Die Schnittstelle *Iterable* ist Grundlage für die seit Java 1.5 erlaubte Variante der *for*-Schleife. Die Konstruktion

3.6 Klassen und Objekte                                                                           265

```
for(T t: behaelter){ ... }
```

setzt voraus, dass `behaelter` zu einer Klasse gehört, die das interface *Iterable* implementiert. Dieses verlangt einen Iterator, der alle Elemente der Reihe nach produzieren kann.

Es ist erlaubt, dass eine Klasse mehrere interfaces implementiert. Beispielsweise könnte die Klasse Punkt noch ein weiteres interface *Verschiebbar* implementieren:

```
interface Verschiebbar{
    void moveX(int d);
    void moveY(int d);
}
```

Die Klasse Punkt würde dann eingeleitet mit

```
class Punkt implements Ordnung, Verschiebbar { ...
```

Auf diese Weise entsteht eine Mehrfachvererbung (engl. *multiple inheritance*) zwischen Klassen und Interfaces. In Programmiersprachen wie z.B. C++ ist Mehrfachvererbung auch zwischen beliebigen Klassen möglich. Java hat nur Einfachvererbung (engl. *single inheritance*) zwischen „normalen" Klassen. Infolgedessen besitzt jede Java-Klasse genau eine Oberklasse. Die Wurzel der Klassenhierarchie ist die Klasse *Object*.

Vieles, was in C++ mit Mehrfachvererbung erreicht wird, lässt sich in Java mithilfe von Schnittstellen erledigen. Allerdings dürfen in Schnittstellen nur abstrakte Methoden und Konstanten definiert werden. Das Attribut *abstract* wird implizit angenommen, es braucht nicht explizit gesetzt zu werden. Ebenso haben alle Felder einer Schnittstelle implizit die Attribute *static* und *final*. Diese Felder müssen mit Werten initialisiert sein, die zur Übersetzungszeit berechnet werden können. Alle Felder und Methoden einer Schnittstelle haben implizit das Zugriffsrecht *public*. Jede implementierende Klasse muss den Methoden der Schnittstelle daher das Attribut public geben.

```
class Punkt implements Ordnung, Verschiebbar {
        ...
    public void moveX(int d){ x=x+d; }
    public void moveX(int d){ x=x+d; }
    public boolean kleinerGleich(Ordnung e){ ... }
    ...
}
```

## 3.6.9   Generische Datentypen

Eine der interessantesten Neuerungen der Version 1.5 des JDK ist die Einführung *parametrisierter Datentypen*, meist *generische Datentypen* genannt. Generische Datentypen können von einem oder mehreren *Typ-Parametern* abhängen.

Besonders *Behälter-Datentypen*, wie z.B. *Listen, Bäume, Stacks, Queues, Heaps*, etc. werden meist genutzt, um Instanzen einer festen Klasse, bzw. eines bestimmten Typs *T* zu speichern. Ohne Typ-Parameter müssen wir aber für jeden Typ einen eigenen Behälter programmieren, also z.B. *IntegerListe, PunktListe, GeoListe*, etc. Da dies umständlich und aufwendig ist, haben

Java-Programmierer meist Behälter für Instanzen vom Typ *Object* programmiert. Der Benutzer war dann selber verantwortlich, dass ein als *Object* eingefügtes Datenelement beim Entnehmen aus dem Behälter mittels eines *Cast* wieder den richtigen Typ bekam. Dies ist aber eine unsaubere und unsichere Methode, da hierbei die statische Typprüfung effektiv ausgeschaltet wird.

In Java 1.5 lassen sich Klassen programmieren, die einen Typ-Paremeter haben. Dieser wird in spitzen Klammern angegeben, wie in

```
class Behälter<T>{ ... }
```

Bei Erzeugung eines *Behälters* wird der Typ-Parameter instanziiert:

```
Behälter<String>   sl = new Behälter<String>();
Behälter<Integer>  il = new Behälter<Integer>();
```

Konkret kann man eine verkette Liste jetzt folgendermaßen implementieren

```
class Liste <T>{
    T element;
    Liste<T> rest;
    Liste(T e, Liste<T> r){ element = e; rest = r;}
}
```

Den Typ-Parameter *T* können wir jetzt mit Objekten der *GeoKlasse* instanziieren

```
Liste<GeoKlasse> gl = new Liste<GeoKlasse>(
        new Kreis(1, 2, 3), null);
gl = new Liste<GeoKlasse>(new Kreis(2, 3, 1), gl);}
...
```

oder einfach mit Objekten der Klasse *Integer*.

```
Liste<Integer> il = new Liste<Integer>(3, null);
```

In Java ist *Integer* ein Referenztyp, der dazu dient ein Element vom Typ *int* zu speichern. Zu jedem einfachen Typ in Java gibt es einen entsprechenden Referenztyp, man nennt diesen auch Wrapper-Typ (von engl.: *to wrap* = einwickeln). In den vorigen Java-Versionen musste der Benutzer noch explizit die einfachen Typen in den Wrapper-Typ einpacken und letztere mit einem Methodenaufruf wieder auspacken:

```
Integer theAnswer = new Integer(42);
int magic = theAnswer.intValue() / 7 ;
```

analog mit booleschen Werten:

```
Boolean answer = new Boolean(2==3);
if(answer.booleanValue()) return "ja"; else return "nein";
```

Seit Java 1.5 ist dieses explizite Ein- und Auspacken nicht immer nötig. Der Compiler erledigt dies bei Bedarf selber – die Entwickler nennen diese Neuerung „*Autoboxing*". Wir können also auf folgende Weise eine kurze Integer-Liste erzeugen:

3.6 Klassen und Objekte 267

```
Liste<Integer> il = new Liste<Integer>(3, null);
il = new Liste<Integer>( 7, il);
il = new Liste<Integer>(19, il);
il = new Liste<Integer>(13, il);
```

Im Folgenden berechnen wir die Summe aller Zahlen dieser Liste:

```
int summe = 0;
for (Liste<Integer> c = il; c!= null; c = c.rest)
    { int e = c.element; summe += e;}
System.out.println("Summe:\t" + summe);
```

## 3.6.10    Ausnahmen

Fehler sind *Ereignisse*, mit denen der Programmierer nicht gerechnet hat. *Ausnahmen* (engl. *exceptions*) sind Sonderfälle, die der Programmierer oder das System versuchen abzufangen (engl. *to catch*). Ausnahmen können durch *Laufzeitfehler* (Division durch 0, Versuch, in eine schreibgeschütze Datei zu schreiben) verursacht, sie können aber auch vom Programmierer bewusst veranlasst werden. Für das Auslösen einer Ausnahme verwendet man im Englischen den Begriff „*to throw an exception*".

Sowohl Laufzeitfehler als auch selbstausgelöste Ausnahmen können abgefangen und gesondert behandelt werden. In Programmiersprachen ohne *Ausnahmebehandlung* muss beispielsweise das Ergebnis einer erfolglosen Suche durch einen vereinbarten Rückgabecode signalisiert werden. In dem folgenden Programmfragment ist das der Wert $-1$.

```
int suche(int[] a, int was){
    int n = a.length;
    for (int i = 0; i < n; i++)
        if (a[i] == was) return i;
    return -1;
    }
```

In Programmiersprachen mit Ausnahmebehandlung kann eine erfolglose Suche als Ausnahme behandelt werden. An der Aufrufstelle kann man wesentlich eleganter zwischen einer erfolgreichen und einer erfolglosen Suche unterscheiden. Die Definition der obigen Methode beginnt dann mit

```
int suche(int[] a, int was) throws NichtGefunden
```

wobei ersichtlich ist, dass der Rückgabewert der Methode *Suche* entweder eine ganze Zahl ( int ) oder eine Ausnahme nichtGefunden sein wird.

Ausnahmen sind als Klassen zu definieren. Eigene Ausnahmen können als Unterklassen der vordefinierten Klassen *Exception* und *Error* definiert werden. Man sollte sich an die Konventionen halten: Unterklassen von *Exception* sollten verwendet werden, wenn es sich um echte „Ausnahmen" handelt, Unterklassen von *Error* nur, wenn es sich um Fehler handelt, die einen Abbruch des Programmes erforderlich machen.

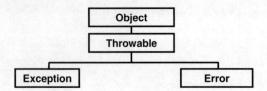

**Abb. 3.21:**   *Die Hierarchie der Ausnahmeklassen*

Wir können uns jetzt eine eigene Ausnahme-Klasse für Suchalgorithmen definieren:

```
class NichtGefunden extends Exception{
    public NichtGefunden(){super();}
}
```

In unserem Testbeispiel speichern wir mithilfe der Methode *random* aus *java.lang.Math* Zufallszahlen im Bereich 0 bis 41 in einem Array und suchen danach bestimmte Werte:

```
class ArraySuche{
int[] a;
ArraySuche(int n){
    A = new int[n];
    for (int i=0; i < n; i++) a[i]=(int) (42*Math.random());
    }
int suche(int was)throws NichtGefunden{
    int n= a.length;
    for (int i = 0; i < n; i++)
        if (a[i] == was) return i;
    throw new NichtGefunden();
    }
}
```

Die Methode Suche muss die Ausnahme, die sie eventuell erzeugt, bereits in der Kopfzeile anmelden. Falls die letzte Anweisung dieser Methode ausgeführt wird, wurde nichts gefunden. Es wird ein neues Objekt der Ausnahmeklasse erzeugt. Die Bearbeitung der Methode wird abgebrochen. Ein Testprogramm, das diese Methode aufruft, darf dies nur, wenn sie eine Ausnahmebehandlung vorsieht:

```
ArraySuche arr = new  ArraySuche(99);
for (int i = 0; i < 45; i++){
    try {
        arr.suche(i);
        System.out.println(i + " gefunden!");
        }
    catch(NichtGefunden e){
        System.out.println(i + " wurde nicht gefunden!");
        }
    }
```

## 3.6 Klassen und Objekte

Basis der Behandlung von Ausnahmen ist die „versuchsweise" Ausführung von Programmteilen. In einem *try*-Block stehen die Anweisungen, die evtl. eine Ausnahme erzeugen können. In unmittelbar darauf folgenden *catch*-Blöcken können ein oder mehrere Ausnahmen abgefangen werden. Die von einem *catch*-Block behandelte Ausnahme ist als Parameter angegeben. Optional kann ein *finally*-Block mit Anweisungen, die in jedem Fall ausgeführt werden, folgen. Dies wird in den meisten Fällen zum *Aufräumen* genutzt werden, etwa um Dateien zu schließen etc.

Die vollständige Syntax der Ausnahmebehandlung ist:

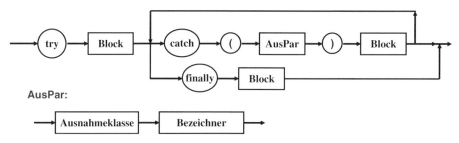

*Abb. 3.22:* Die Syntax von Ausnahmebehandlungen

Eine Ausnahmebehandlung kann auch darin bestehen, dass man eine Ausnahme einer übergeordneten Klasse erzeugt. Man kann auch auf eine Ausnahmebehandlung verzichten, wenn man die Methode, die die *gefährliche* Anweisung umgibt, mit einer **throws**-Klausel versieht, die die Ausnahme, die *weitergereicht* wird, benennt. Als Beispiel definieren wir eine zusätzliche Suchmethode, die keine eigene Ausnahmebehandlung vornimmt:

```
int spezialSuche()throws NichtGefunden{
    return suche(41);
    }
}
```

Alle Ausnahmen, die Unterklassen von *Exception* sind, müssen behandelt oder weitergereicht werden. Diese Regel hat eine Ausnahme: Alle Ausnahmen, die aus der Unterklasse *RuntimeException* (Laufzeit Ausnahme) abgeleitet sind, können, müssen aber nicht behandelt werden. Die Klasse *RuntimeException* und ihre Unterklassen sind zur Behandlung häufig vorkommender Laufzeitfehler gedacht. Es ist eine kleine Inkonsequenz von Java, diese nicht von vornherein als Unterklasse von *Error* zu definieren. Laufzeitfehler in diesem Sinne entstehen z.B. bei Division durch 0, wenn ein Array-Index nicht im zulässigen Bereich ist oder wenn versucht wird, einen Null-Pointer als Referenz auf ein Objekt zu verwenden. Diese Laufzeitfehler werden automatisch weitergereicht und, falls sie sonst nicht abgefangen werden, vom Java-Laufzeitsystem mit einer Standardfehlermeldung behandelt. Das Programm wird danach abgebrochen.

```java
static double sq(int i) {
    if (i < 0) throw new ArithmeticException();
    return Math.sqrt((double) i);
    }
```

Die Erzeugung der Ausnahme hätten wir uns in dem Beispiel natürlich sparen können, da sie von der Methode *Math.sqrt* ggf. bereits erzeugt wird.

Wir variieren nun das letzte Beispiel, um darzustellen, wie man Ausnahmen auch mit Fehlertexten oder Warnhinweisen ausstatten kann:

```java
class MeineAusnahme extends Exception{
      public MeineAusnahme(){super();}
      public MeineAusnahme(String s){super(s);}
      }
```

```java
   static double sq(int i) throws MeineAusnahme{
      if (i < 0) throw
          new MeineAusnahme("Fehler: Argument negativ !");
      return Math.sqrt((double) i);
      }
```

Wir können die Methode Sq in folgendem Programmfragment testen:

```java
   for (int i = 6; i > -3; i--) {
      try {System.out.println(i+"\t"+sq(i));}
      catch(MeineAusnahme e){System.out.println(i+"\t"+ e);}
      finally {System.out.println("Es ist geschafft.");}
      }
```

Wenn das Argument i negativ ist, wird die Ausgabeanweisung des *catch*-Blockes ausgeführt, andernfalls die des *try*-Blockes. Die Ausgabeanweisung des *finally*-Blockes wird in jedem Fall, also bei jedem Schleifendurchgang, ausgeführt. Das gilt sogar, wenn wir in den *catch*-Block eine *break*-Anweisung einbauen! Die Schleife wird erst abgebrochen, nachdem ein in ihr enthaltener *finally*-Block ausgeführt wurde. In dem folgenden Fall wird der Text „Es ist geschafft." ausgegeben, bevor **break** die Schleife abbricht.

```java
   for (int i = 6; i > -3; i--) {
      try {System.out.println(i+"\t"+sq(i));}
      catch(MeineAusnahme e){
          System.out.println(i+"\t"+ e);
          break;
          }
      finally {System.out.println("Es ist geschafft.");}   }
```

## 3.6.11 Threads

*Threads* sind Programmteile, die unabhängig voneinander ablaufen können. Wenn der Rechner mehrere Prozessoren hat, können sie gleichzeitig ausgeführt werden, ansonsten in jeder beliebigen Reihenfolge. Über die tatsächliche Reihenfolge der Ausführung kann man keine Vorhersagen machen. *Thread* ist ein Begriff, der im Zusammenhang mit Betriebssystemen noch einmal diskutiert werden wird. Wörtlich übersetzt bedeutet dieses Wort *Faden*. Gemeint sind *kleine Prozesse* (man nennt sie *lightweight processes*), die benutzt werden, um Programmteile in unabhängige Ausführungs*fäden* aufzuteilen. Der Programmablauf verläuft gemeinsam bis zu einem gewissen Punkt, dann teilt sich die Ausführung. Zu einem späteren Zeitpunkt wird die Ausführung dann wieder gemeinsam fortgesetzt.

*Abb. 3.23:* Threads

In Java wird das Verhalten von Threads durch die Schnittstelle *Runnable* modelliert. Diese ist in dem Paket *java.lang* vordefiniert:

```
public interface Runnable {
    public abstract void run();
}
```

Kern der Schnittstelle ist eine Methode, die gestartet wird, nachdem der Thread gestartet wurde. Sie enthält die auszuführenden Anweisungen des Thread. Wir können nun eine einfache Beispiel-Klasse definieren, die die Schnittstelle *Runnable* implementiert. Die Methode run gibt jeweils nur einen Text aus:

```
class TicTacToe implements Runnable{
    String was;
    TicTacToe(String s){ was = s; }
    public void run(){
        System.out.println(was);
        }
}
```

In dem Paket *java.lang* ist eine weitere Klasse vordefiniert, die zum Ausführen von Threads benötigt wird. Ihr Name ist *Thread*. Man kann eigene Threads als Unterklasse dieser Klasse erzeugen, oder aber Klassen definieren, die die Schnittstelle Runnable implementieren und diese dann einem Konstruktor von Thread übergeben. Mithilfe eines Objektes von Thread kann man dann einen neuen Thread erzeugen, der die Methode *run* der eigenen Klasse ausführt. Mit dem folgenden Programmausschnitt können wir unsere Thread-Klasse testen:

```
System.out.println("Thread Beispiel");
TicTacToe tic = new TicTacToe("Tic ");
TicTacToe tac = new TicTacToe("Tac ");
TicTacToe toe = new TicTacToe("Toe ");
Thread t1 = new Thread(tic);
Thread t2 = new Thread(tac);
Thread t3 = new Thread(toe);
t1.start();
t2.start();
t3.start();
System.out.println("Hauptprogramm ");
System.out.println("");
System.out.println("(press Enter to exit)");
```

Dieses Programmfragment erzeugt z.B. die folgende Ausgabe:

```
Thread Beispiel
Tic
Hauptprogramm
Tac
Toe
```

Die Reihenfolge, in der die letzten vier Zeilen erscheinen, ist nicht deterministisch, d.h. wenn wir das Programmfragment nochmals starten, kann sich eine andere Reihenfolge ergeben. Bemerkenswert ist auch, dass das Hauptprogramm als vierter Thread weiterlief und seine Ausgabeanweisungen mitten im Ablauf der anderen Threads erledigen konnte.

Die Erzeugung eines neuen Thread-Objektes bringt es noch nicht zum Starten. Der Start erfolgt erst, wenn die Methode *start* der Klasse Thread aufgerufen wird. Der Thread wird durch den Aufruf dieser Methode *aktiviert*. Er wird gestoppt, wie in obigem Beispiel, wenn die Methode *run* fertig abgearbeitet ist. Vor der JDK Version 1.2 konnte man einen Thread auch durch Aufruf der Methode *stop* beenden. Neuere Versionen des JDK unterstützen *stop* nicht mehr, mit der Begründung, dass nicht behebbare Sicherheitsprobleme bei der Implementierung der Synchronisation von Threads aufgetreten seien, wenn ein Thread durch *stop* beendet wurde. Das stellt aber kein großes Problem dar. Man kann den Effekt der *stop*-Methode leicht selbst programmieren. Zur Unterscheidung von der ursprünglichen Methode haben wir diese Methode jedoch *stopp* genannt. Die neue Fassung der Klasse *TicTacToe* gibt in der *run*-Methode den jeweiligen Text in einer Endlosschleife aus. Vorher wird jedoch geprüft, ob der Thread gestoppt werden soll.

```
class TicTacToe implements Runnable{
    String was;
    boolean beendet = false;
    TicTacToe(String s){ was = s; }
    void stopp(){ beendet = true;}
    public void run(){
        for (;;) {
            if (beendet) return;
```

## 3.6 Klassen und Objekte

```
        System.out.print(was);
        }
    }   }
```

Jetzt müssen wir unsere Threads explizit stoppen, damit das Programm zu einem Ende kommt. Vor dem Aufruf der *stopp*-Methode sollten wir allerdings etwas warten, denn sonst werden die neuen Threads gestoppt, bevor sie irgendetwas ausgegeben haben. Das Warten könnten wir mithilfe der statischen Methode *sleep* der Klasse Thread erledigen, müssen dann aber die Ausnahme *InterruptedException* abfangen.

```
try { Thread.sleep(150);} catch (InterruptedException e) {}
Tic.stopp();
Tac.stopp();
Toe.stopp();
```

Alternativ könnten wir stattdessen die Zeitabfrage der Klasse System nutzen. Solange die 150 Millisekunden nicht um sind, rufen wir eine andere statische Methode der Klasse *Thread* auf. Mithilfe von *yield* gibt der aktuelle Thread die Kontrolle an andere ggf. arbeitswillige Threads ab, wenn er selbst nichts zu tun hat.

```
long t = 150 + System.currentTimeMillis();
while(System.currentTimeMillis() < t) Thread.yield();
Tic.stopp(); ...
```

Zahl und Reihenfolge der einzelnen Ausgaben ist in dieser Version schwer voraussehbar. Bei der folgenden Variante der Klasse *TicTacToe* führen wir zusätzlich eine Wartezeit ein. Nach jeder Ausgabe begibt sich der jeweilige Thread in einen Wartezustand. Durch unterschiedliche Wartezeiten können wir wenigstens die Menge der jeweils von einem Thread ausgegebenen Texte beeinflussen:

```
class TicTacToe implements Runnable{
    String was;
    int warteZeit;
    boolean beendet = false;
    TicTacToe(String s, int t){ was = s; warteZeit = t;}
    void stopp(){ beendet = true;}
    public void run(){
        for (;;) {
            if (beendet) return;
            System.out.print(was);
            try {Thread.sleep(warteZeit);}
            catch (InterruptedException e) {beendet = true;}
        }
    }
}
```

Dementsprechend müssen wir die Wartezeit vor dem Stoppen an die Wartezeiten der einzelnen Threads anpassen: Bei 2000 Millisekunden Gesamtwartezeit und höchstens 30 Millisekunden Einzelwartezeit sollte jeder Thread mindestens 40 mal an die Reihe kommen.

```
TicTacToe tic = new TicTacToe("Tic ",  5);
TicTacToe tac = new TicTacToe("Tac ", 15);
TicTacToe toe = new TicTacToe("Toe ", 30);
Thread t1 = new Thread(tic);
Thread t2 = new Thread(tac);
Thread t3 = new Thread(toe);
t1.start();
t2.start();
t3.start();
try {Thread.sleep(2000);} catch (InterruptedException e){}
tic.stopp();
tac.stopp();
toe.stopp();
```

Gestartete Threads sind *laufwillig*, wenn sie aktiviert und nicht unterbrochen worden sind und wenn noch Anweisungen zur Ausführung anstehen.

Außer den bisher schon benutzten Methoden *start*, *yield* und *sleep* sind in der Klasse Thread noch andere Methoden definiert. Man kann z.B. die Methode *join* benutzen, um auf die Beendigung eines anderen Thread zu warten. Die Methoden *suspend* und *resume* waren in früheren Versionen von Java vorhanden, um einen gestarteten Thread zu unterbrechen bzw. fortzusetzen, sind aber aus den gleichen Gründen wie *stop* abgeschafft worden (siehe auch S. 272).

Java sieht die Möglichkeit vor, Threads synchronisiert ausführen zu lassen. Dies kann man nutzen, um zu garantieren, dass eine Folge von Anweisungen ausgeführt wird, ohne dass andere Threads in dieser Zeit auf die von *ihr benutzten* Felder eines Objektes zugreifen. Diese Möglichkeit kann man nutzen, um *Transaktionen* durchzuführen. Dieser Begriff wird in einem späteren Kapitel erläutert.

Methoden können das Attribut *synchronized* erhalten. Während eine Methode mit diesem Attribut ausgeführt wird, ist das Objekt, in dem diese Methode enthalten ist, gesperrt. Kein anderer Thread kann in dieser Zeit auf dieses Objekt zugreifen. Auch einzelne Anweisungen einer Methode kann man als *synchronized* kennzeichnen. Dabei gibt man das Objekt an, auf das während der Verarbeitung der Anweisung nicht zugegriffen werden darf. Auf die Einzelheiten der Synchronisation von Threads gehen wir im Rahmen dieses Buches nicht näher ein.

Threads können auch untereinander kommunizieren. Dazu stellt die Klasse *Object* die folgenden Methoden zur Verfügung:

- *wait( )* wartet auf ein Signal von *notify( )* oder von *notifyAll( )*.
- *wait(long ms)* ebenso, allerdings wird höchstens ms Millisekunden gewartet.
- *notify( )* sendet ein Signal an den am längsten wartenden Thread.
- *notifyAll( )* sendet ein Signal an alle wartenden Threads.

## 3.6.12  Producer-Consumer mit *Threads*

Die bisherigen Programmfragmente sollten die Möglichkeiten von Threads demonstrieren waren aber etwas künstlich. Typischer ist die Verwendung von Threads im Beispiel einer *pro-*

## 3.6 Klassen und Objekte

*ducer-consumer* Interaktion. Dabei wird je ein Thread für den Produzenten und die Konsumenten gestartet. Diese können nun unabhängig voneinander ablaufen:

- Der Produzent *produziert* irgendwelche Objekte, die in einem Lager zwischengespeichert werden. Die Produktion ruht, wenn das Lager voll ist.
- Die Konsumenten entnehmen dem Lager die dort gespeicherten Objekte und *konsumieren* sie. Wenn das Lager leer ist, müssen die Konsumenten warten.

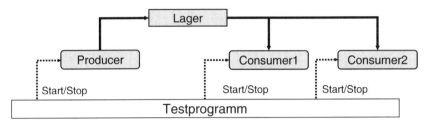

*Abb. 3.24:* Ein Producer/Consumer Szenario

Das *Lager* können wir auf verschiedene Weise modellieren, etwa als Queue (siehe S. 342 ff.), wenn die eingelagerten Elemente in der Reihenfolge ihrer Einlagerung abgeholt werden sollen. Da dies aber für unser Beispiel keine Rolle spielt, lassen wir die Methoden *Einlagern* und *Abholen* hier offen:

```
class Lager {
    static final int lagerMax = 5;
    int lagerBestand;
    LagerTyp LagerImplementierung;
                // z.B.als Liste oder Stack
    boolean istVoll(){ return lagerBestand >= lagerMax;}
    boolean istLeer(){ return lagerBestand == 0;}
    synchronized void einlagern(Object obj) { ... }
    synchronized Object abholen() { ... }
}
```

Um den konkurrierenden Zugriff mehrerer Threads auf das Lager zu ermöglichen, müssen die Methoden *Einlagern* und *Abholen* als *synchronized* gekennzeichnet werden, damit das Lager in konsistentem Zustand ist und bleibt. Für den Produzenten bietet sich die folgende Implementierung an:

```
class Produzent extends Thread {
    private boolean fertig;
    void stopp(){fertig = true;}
    private Lager lager; String name;
    Produzent(Lager pL, String pN) {
        super(pN);
        lager = pL; name = pN;
```

```
        }
    public void run() {
        int prodNr = 0;
        while (!fertig) {
            while (lager.istVoll()) yield();
            prodNr++;
            Object Product = null; // ... produziere Produkt
            lager.einlagern(Product);
    }   }        }
```

Wenn das Lager voll ist, gibt der Produzent-Thread die Kontrolle sofort wieder ab. Die Produktion eines Objektes muss natürlich noch eingefügt werden. Schließlich geben wir noch eine Musterimplementierung für einen Konsumenten an:

```
class Konsument extends Thread {
    private boolean fertig;
    void stopp(){fertig = true;}
    private Lager lager; String name;
    Konsument(Lager pL, String pN) {
        super(pN);
        lager = pL; name = pN;
    }
    public void run() {
        while (!fertig) {
            while (lager.istLeer())
                if (fertig) return; else yield();
            Object Product = lager.abholen();
            System.out.println(Name + " konsumiert: "
                                         + Product);
    }   }        }
```

In einem Testprogramm konstruieren wir ein Lager, zwei Konsumenten und einen Produzenten. Für die letzteren wird dann je ein Thread gestartet. Dann warten wir eine Weile und stoppen den Produzenten. Die Konsumenten haben dann noch etwas mehr Zeit das Lager zu räumen und werden dann ebenfalls gestoppt.

```
class TestProg {
    public static void main(String[] args) {
        Lager lager = new Lager();
        Konsument kons1 = new Konsument(L, "Konsument1");
        Konsument kons2 = new Konsument(L, "Konsument2");

        kons1.start(); kons2.start();
        Produzent prod = new Produzent(L, "Produzent");
        prod.start();
        try { Thread.sleep(2000);}
        catch (InterruptedException e) {return;}
        prod.Stop();
```

```
        try { Thread.sleep(100);}
        catch (InterruptedException e) {return;}
        kons1.Stop(); kons2.Stop();
   }
        }
```

In der Programmsammlung zu diesem Buch ist dieses Beispiel weiter ausgeführt.

## 3.7     Grafische Benutzeroberflächen mit Java (AWT)

Unsere bisherigen Programme haben ihre Ein- und Ausgabe mithilfe der Methoden *Read* und
*Print* in einem Standardfenster erledigt. Das reicht – solange es nur darum geht zu sehen, welche Ergebnisse ein Programm produziert. Um eine grafische Schnittstelle mit Fenstern,
Menüs etc. zu programmieren, muss man eine Schnittstelle zu einem Betriebssystem nutzen,
die Entsprechendes bietet. Solche Schnittstellen werden auch *GUI* genannt (*G*raphical *U*ser
*I*nterface). Beispiele hierfür sind die Microsoft Windows Systeme und die UNIX Fenstersysteme, wie z.B. X-Window. Für die Programmierung solcher GUIs – wie auch für viele
andere Zwecke – stehen Programmierschnittstellen, so genannte *APIs* (*application program
interfaces*) zur Verfügung. Die direkte Benutzung dieser Schnittstellen setzt stets gute Kenntnisse der jeweiligen Betriebssysteme voraus und hat einen wesentlichen Nachteil: Mit diesen
Schnittstellen erstellte Programme sind nur auf der Plattform ablauffähig, auf der sie erstellt
wurden. Sie können meist nur mit relativ großem Aufwand auf eine andere *Plattform* übertragen werden. Dabei fassen wir mit dem Begriff *Plattform* einen Rechnertyp, ein Betriebssystem und die von diesem unterstützte grafische Benutzerschnittstelle zusammen.

Einer der großen Vorteile von Java ist die Plattform-Unabhängigkeit. Das Neue an Java in diesem Zusammenhang ist eine integrierte grafische Benutzerschnittstelle, die auf allen Plattformen, auf denen Java implementiert ist, ohne jede Änderung benutzt werden kann. Bei
bisherigen Programmierumgebungen galt eine eventuelle Plattform-Unabhängigkeit immer
nur für das Kernsystem, also für die Programmiersprache, nicht aber für grafische Benutzer-
schnittstellen.

Die plattformunabhängige grafische Programmierschnittstelle wird durch das Paket *java.awt*
realisiert (AWT: *Abstract Windowing Toolkit*). In diesem Paket sind Klassen und Schnittstellen zum Arbeiten mit Fenstern, Menüs, Bedienknöpfen etc. zusammengefasst. Die grafische
Ausgabe in Fenstern wird durch eine abstrakte Klasse beschrieben, in der wichtige grafische
Ausgabefunktionen zu finden sind.

Mit neueren Versionen der Java Software (JDK) von SUN gibt es sogar eine Möglichkeit, den
Stil der grafischen Programmierschnittstelle zu beeinflussen. Vordefinierte *Swing-Komponen-
ten* ermöglichen die Verwendung der Stil-Familien „Java", „X-Window" und „Microsoft-
Windows". Damit können Anwendungen dem *look-and-feel* der gewohnten Betriebssystem-
umgebung angepasst werden.

## 3.7.1 Ein erstes Fenster

Ein *normales* Fenster wird durch die Klasse *Frame* (engl. für *Rahmen*) modelliert. Es kann vergrößert, verkleinert und verschoben werden. Weil *Frame* eine Unterklasse von *Container* ist, kann jeder *Frame* Menüelemente und Schaltflächen (*buttons*) als *Komponenten* enthalten. Ebenso können in ihm grafische Ausgaben dargestellt werden. In dem folgenden Programm wird ein Fenster erzeugt, mit dem der Benutzer interagieren kann. Das Programm endet, wenn der Benutzer das Fenster schließt.

```
import java.awt.*;
class Fenster extends Frame {
    Fenster() {
        super("Fenster zum Hof");
        setSize(800, 600);
        setVisible(true);
    }
}
public class FensterTester {
    public static void main(String args[]) {
        Fenster mainFenster = new Fenster();
    }
}
```

Wegen der *import*-Anweisung am Anfang können wir alle Namen des Paketes AWT direkt benutzen. Wir definieren eine Unterklasse von *Frame*. Sie hat einen Konstruktor, der den Text im Titelbalken des Fensters und seine Größe festlegt. Als letztes wird die Methode `setVisible` der Klasse Frame mit dem Parameter `true` aufgerufen. Dadurch wird das Fenster sichtbar. Danach wartet das Programm auf irgendein Ereignis. Die Koordinaten von Fenstern beziehen sich auf ein Koordinatensystem mit einem Nullpunkt in der linken oberen Ecke des aktuellen Fensters. Die Koordinaten sind ganze Zahlen und beschreiben eine Position in Bildschirmpunkten (*Pixeln*).

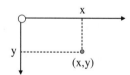

***Abb. 3.25:*** *Koordinatensystem eines Fensters*

Die Maximalwerte für *x* sind je nach Grafikkarte 640, 800, 1024 etc. Für *y* sind sie 480, 600, 768 etc. Unser Beispiel legt ein Fenster mit der Breite 800 und der Höhe 600 an.

## 3.7 Grafische Benutzeroberflächen mit Java (AWT)

# 3.7.2    Ereignisse

Fenstersysteme werden von *Ereignissen* gesteuert, auf die das Programm in festgelegter Weise reagiert. Jede Mausbewegung, jeder Mausklick, jede Tastatureingabe ist ein Ereignis, das eine angemessene Reaktion verlangt. Auch Signale des Zeitgebers sind Ereignisse, schließlich können auch Programmteile Ereignisse auslösen.

Zu jedem Zeitpunkt gibt es eine Menge von aktiven Fenstern. Dies sind mit dem **new**-Operator erzeugte und noch nicht deaktivierte Objekte von Fensterklassen. Primärer Adressat für ein Ereignis ist immer eines der aktiven Fenster. Durch einen Mausklick in eines der Fenster erhält dieses den Fokus für Mausereignisse. Innerhalb dieses Zielfensters kann das Ereignis eine Komponente dieses Fensters wie z.B. einen Button betreffen.

Ereignisse werden dem Fenster-Objekt, dessen Ziel sie sind, gemeldet. Sie können von einer Methode der zugehörigen Fensterklasse bearbeitet, an eine Komponente delegiert oder an eine Oberklasse weitergeleitet werden. Weitergeleitete Ereignisse werden spätesten in der Oberklasse *Frame* einer Standardbehandlung zugeführt. Ereignisse können nur dann bearbeitet werden, wenn für sie ein *Zuhörer* (engl. *listener*) angemeldet wird.

Das fortgesetzte Erzeugen, Verteilen, Bearbeiten und Warten auf Ereignisse nennt man *Message Loop*. Das Muster eines interaktiven Fenster-Programms sieht so aus:

```
{
   Initialisiere Dich;
   do {
     Empfange und bearbeite
     das naechste Ereignis; }
   while (Nicht Fertig);
   Raeume Auf;
```

*Message Loop*

***Abb. 3.26:***    *Muster eines interaktiven Fenster-Programms*

Die Behandlung von Ereignissen ist in verschiedenen Versionen des Paketes AWT unterschiedlich. Ab Java Version 1.1 wird ein Modell (*delegation event model*) angeboten, bei dem verschiedene Klassen von Ereignissen unterschieden werden. Für jede diese Ereignis-Klassen kann man einen *Zuhörer* (engl.: *listener*) definieren, der ein vordefiniertes Interface implementieren muss. Diese sind unterteilt in *elementare* und *höhere* Ereignisse. Die elementaren Ereignisse sind:

- *ComponentListener*: Mit diesem Interface werden alle Ereignisse behandelt, die eine Komponente betreffen. Diese sind: Sichtbarmachen, Verstecken, Bewegen, Vergrößern und Verkleinern der Komponente.
- *ContainerListener*: Hinzufügen und Entfernen von Komponenten zu einem Container.
- *FocusListener*: Ereignisse, die mitteilen, ob eine Komponente den Eingabe-Fokus erhält oder verliert.
- *KeyListener*: Ereignisse zum direkten Arbeiten mit der Tastatur.

- *MouseListener* und *MouseMotionListener*: Mit diesen Schnittstellen werden alle Maus-Ereignisse behandelt. Diese werden in einem der folgenden Abschnitte (auf S. 284) im Einzelnen erläutert.
- *WindowListener*: Ereignisse im Zusammenhang mit Fenstern: Öffnen und Schließen, Ikonisieren und Deikonisieren, Aktivieren und Deaktivieren.

Die *höhere*n Ereignisse sind:

- *ActionListener*: Eine Komponente wurde aktiviert bzw. ausgewählt. Dies beinhaltet das Betätigen von Buttons, die Auswahl von Menüeinträgen etc.
- *AdjustmentListener*: Die Größe einer anpassbaren Komponente hat sich geändert.
- *ItemListener*: Der Zustand einer Komponente hat sich geändert: *selektierbar* oder *nicht selektierbar*.
- *TextListener*: Der Text einer editierbaren Textkomponente hat sich geändert.

Die meisten dieser Ereignis-Klassen beinhalten mehrere einzelne Ereignisse, die behandelt werden können. Für diese sind besondere *Adapter-Klassen* definiert, die alle im Interface festgelegten Ereignisse mit leeren Methoden implementieren. Der Sinn dieser Adapter ist die Möglichkeit der Bildung eigener Unterklassen, in denen einige dieser Ereignisse spezifisch behandelt werden können – ohne dass eine Behandlung aller Ereignisse angegeben werden muss.

## 3.7.3 Beispiel für eine Ereignisbehandlung

Ein typisches Ereignis ist das Schließen eines aktiven Fensters. Dies geschieht meist durch Anklicken eines Feldes im Fensterrahmen. Zum Behandeln dieses Ereignisses definieren wir eine passende *Zuhörer-Klasse* und melden diese in der Fensterklasse als Zuhörer für Window-Ereignisse an. Die Zuhörer-Klasse ist als Unterklasse eines Adapters definiert. Wir brauchen daher nur das Ereignis zu behandeln, das uns derzeit interessiert: windowClosing.

Im Gegensatz zu dem ersten Beispielprogramm in diesem Abschnitt kann die neue Version des Programms jetzt mit normalen Mitteln beendet werden. Wenn das Kästchen zum Schließen des aktiven Fensters angeklickt wird, wird das Ereignis windowClosing ausgelöst, der Zuhörer wird aktiviert und beendet das gesamte Programm mithilfe der Methode *exit* der Klasse *System*. Diese terminiert das aktuelle Programm. Der Parameter 0 ist per Konvention ein Code für *normale Beendigung*.

```
import java.awt.*;
import java.awt.event.*;

class MeinWindowListener extends WindowAdapter{
    public void windowClosing(WindowEvent event){
        System.exit(0); // exit
        }
    }
class Fenster extends Frame {
    Fenster() {
```

3.7  Grafische Benutzeroberflächen mit Java (AWT)                                           281

```
        super("Fenster zum Hof");
        addWindowListener(new MeinWindowListener());
        setSize(800, 600);
        setVisible(true);
        }
    }
```

Das Schließen des Fensters wird durch eine plattformabhängige Konvention zum Anklicken
eines Kästchens im Rahmen des Fensters ausgelöst. Dieses Ereignis wird von der virtuellen
Java Maschine erkannt und in ein plattformunabhängiges Ereignis umgesetzt. Wir könnten
auch einen AWT-typischen Button vorsehen, der das Fenster schließt und das Programm
beendet. Ein Beispiel hierfür findet sich im nächsten Abschnitt.

Die explizite Deklaration eines Zuhörers für ein Ereignis ist in den meisten Fällen nicht nötig.
Es genügt, den Zuhörer als so genannte *anonyme Klasse* an Ort und Stelle zu definieren. Syntaktisch ist dies ab Version 1.1 von Java möglich. Um das Programm übersichtlicher zu
machen, haben wir die Methode zum Beenden des Fensters jetzt aber separat deklariert. Sie
enthält zusätzlich einen Aufruf der Methode *dispose( )*, die dem Java-Interpreter Gelegenheit
zum Aufräumen gibt.

```
import java.awt.*;
import java.awt.event.*;

class Fenster extends Frame {
    Fenster() {
        super("Fenster zum Hof");
        addWindowListener(new WindowAdapter() {
            public void windowClosing(WindowEvent e) {
                fensterBeenden(); }
            });

        setBackground(Color.lightGray);
        setSize(800, 600);
        setVisible(true);
        }
    void fensterBeenden() {
        dispose();
        System.exit(0);
        }
    }
```

Das Fenster erhält in dieser neuen Fassung des Programmes durch den Aufruf von *setBack-
ground* eine definierte Hintergrundfarbe, in unserem Fall *hellgrau*.

**Vorsicht:** Die Behandlung von Ereignissen unterscheidet sich in allen neueren Versionen der
virtuellen Java-Maschine wesentlich von der ursprünglichen Version 1.0. Entsprechend haben
sich die Klassen des AWT geändert. Die Beispiele dieses Abschnitts genügen den Konventio-

nen ab Version 1.1 und sind mit Version 1.0 nicht lauffähig. Anonyme Klassen werden ebenfalls nur von Compilern der neueren Versionen des JDK akzeptiert.

### 3.7.4 Buttons

Ein Standardbedienelement von Fenstern sind *Buttons*. Das Wort *Button* wird oft mit *Schaltfläche* oder *Bedienknopf* übersetzt. Die Klasse *Button* modelliert also das Verhalten von Bedienknöpfen. Wir fügen zwei Bedienknöpfe zu unserer Fensterklasse hinzu. Der erste soll zum Schließen des Fensters und zum Beenden des Programms dienen, der zweite soll als Muster dienen. Wenn er angeklickt wird, soll in zukünftigen Versionen irgendetwas Sinnvolles passieren. Vorläufig ist als Platzhalter die Methode *tuWas()* vorgesehen. Diese gibt einen Text aus.

```java
import java.awt.*;
import java.awt.event.*;
class Fenster extends Frame{
    private static Button stopButton = new Button("Stop Button");
    private static Button tuWasButton = new Button("TuWas");
    Fenster() {
        super("Fenster zum Hof");
        setLayout(new FlowLayout());
        stopButton.addActionListener(new ActionListener() {
            public void actionPerformed(ActionEvent event) {
                fensterBeenden(); }
            });
        add(stopButton);
        tuWasButton.addActionListener(new ActionListener() {
            public void actionPerformed(ActionEvent event) {
                tuWas(); }
            });
        add(tuWasButton);
        addWindowListener(new WindowAdapter() {
            public void windowClosing(WindowEvent e) {
                fensterBeenden(); }
            });
        setBackground(Color.lightGray);
        setSize(800, 600);
        setVisible(true);
        }
    void fensterBeenden() {
        dispose();
        System.exit(0);
        }
    void tuWas(){
        Graphics g = getGraphics();
        g.setColor(Color.red);
```

3.7  Grafische Benutzeroberflächen mit Java (AWT)                                    283

```
        g.drawString("Tu was", 100, 250);
    }
}
```

Die Klasse Fenster hat zwei neue Felder mit jeweils einer Inschrift erhalten: `stopButton`
und `tuWasButton`. Sie werden im Konstruktor initialisiert. Dabei wird ihnen jeweils ein
*ActionListener* zugeordnet, der reagiert, wenn der jeweilige Button gedrückt wurde. Buttons
und andere Komponenten können einem Fenster auf verschiedene Weise hinzugefügt werden.
Zu diesem Zweck gibt es *Layout-Manager*. Wir wählen *Flow-Layout* als einfachste Möglichkeit, das Fenster zu verwalten. Die Komponenten werden dabei der Reihe nach in ihrer aktuellen Größe dem aktuellen Fenster hinzugefügt. Dabei versucht der Layout-Manager, von
oben nach unten zeilenweise Platz für die Komponenten zu finden. In den jeweiligen Zeilen
werden so viele Komponenten wie möglich mittig zentriert angeordnet.

Durch das Anklicken der Buttons werden Ereignisse ausgelöst. Für diese haben wir jeweils
einen Zuhörer definiert. Die in dem Interface *ActionListener* vorgeschriebene Methode
`actionPerformed` wird aufgerufen, wenn einer der beiden Bedienknöpfe angeklickt wird.
Als Reaktion auf das Ereignis „StopButton angeklickt" wird das Fenster geschlossen und das
Programm beendet. Als Reaktion auf das Ereignis „TuWasButton angeklickt" wird die
Methode *tuWas* aufgerufen.

## 3.7.5    Grafikausgabe in Fenstern

In der Klasse *Graphics* sind alle wichtigen geräteunabhängigen Grafik-Methoden zusammengefasst. Um Grafik in einem Fenster auszugeben, benötigt man für dieses ein Objekt der
Klasse *Graphics*. Man kann es mit der Methode *getGraphics* erzeugen. Die gelieferte Instanz
von *Graphics* wird oft als *grafischer Kontext* (engl. *graphics context*) bezeichnet. Die einfachsten Methoden von *Graphics* sind:

- *drawLine* (**int** $X_1$, **int** $Y_1$, **int** $X_2$, **int** $Y_2$)
  zeichnet eine Linie von dem Punkt ($X_1$, $Y_1$) zu dem Punkt ($X_2$, $Y_2$).
- *drawPolygon* (**int**[] xPoints, **int**[] yPoints, **int** nPoints)
  erzeugt einen Polygonzug mit n Punkten.
- *drawPolygon* (Polygon p)
  ebenso, aber mit einem Parameter vom Typ *Polygon*.
- *drawRect* (**int** X, **int** Y, **int** W, **int** H)
  malt ein Rechteck ausgehend von dem Punkt (X, Y) mit Breite W und Höhe H. Varianten
  sind: *draw3DRect, drawRoundRect, fillRect, fill3DRect* und *fillRoundRect*.
- *drawOval* (**int** X, **int** Y, **int** W, **int** H)
  malt eine Ellipse bzw. einen Kreis in einem Rechteck. Dieses ist wie bei drawRect definiert. Varianten sind: *drawArc, fillArc* und *fillOval*.
- *drawString* (**String** str, **int** X, **int** Y)
  gibt einen String aus. Der Punkt (X, Y) definiert Anfangsposition und Basislinie.
- *setColor*(Color c)
  setzt die Malfarbe.

- *clearRect* (**int** X, **int** Y, **int** W, **int** H)
  löscht ein Rechteck. Diese Funktion bewirkt, dass die Malfarbe temporär auf die Hintergrundfarbe eingestellt und dann *fillRect(X, Y, W, H)* ausgeführt wird.
- *setFont* (Font font)
  setzt den Zeichensatz (Font) für die String-Ausgabe.

In der Version 1.2 des JDK steht eine erweiterte Klasse für die Ausgabe von Grafik zur Verfügung: *Graphics2D*. Diese bietet eine wesentlich erweiterte Funktionalität und z.B. auch das Setzen der Linienstärke – allerdings ist das Malen einzelner Punkte (Pixel) auch hier keine *Grundoperation.*

Eine Erweiterung der Methode *tuWas* des letzten Abschnitts demonstriert die Verwendung der einfachen Grafikausgabe mit der Klasse *Graphics*:

```
void tuWas(){
    Font font = new Font("Helvetica", Font.BOLD, 36);
    Graphics g = getGraphics();
    g.setColor(Color.pink);
    g.setFont(font);
    g.drawString("Kilroy was here...", 10, 150);
    g.setColor(Color.red);
    g.fillOval(200, 200, 200, 150);
    g.setColor(Color.black);
    for (int i = 150; i >= 5; i -= 10)
        g.drawOval(200, 200, i + 50, i);
}
```

## 3.7.6 Maus-Ereignisse

Für die Bearbeitung von *Maus-Ereignissen* gibt es zwei vordefinierte Interfaces. Man kann auf Mausereignisse reagieren, wenn man eine Zuhörer-Klasse schreibt, die eines oder beide dieser Interfaces implementiert. Man kann aber auch eine Unterklasse von MouseAdapter oder MouseMotionAdapter definieren und ggf. nur einige der Ereignisse behandeln.

Es folgt eine Liste der definierten Mausereignisse. Zu beachten ist in diesem Zusammenhang: Wegen der von AWT angestrebten Plattformunabhängigkeit wird generell nur eine Maustaste berücksichtigt. Zwischen der linken und den anderen Maustasten wird ebenfalls nicht unterschieden. Methoden zum Behandeln von Mausereignissen haben einen Parameter vom Typ MouseEvent. Diese Klasse stellt Methoden zur Verfügung, um festzustellen, wo das Ereignis stattfand, wie häufig ein Klick stattfand etc. Diese Methoden sind: getPoint bzw. getX und getY bzw. getClickCount usw.

In der Schnittstelle MouseListener finden sich die folgenden Ereignisse:

- *mouseClicked* (MouseEvent event)
  Dieses Ereignis findet statt, wenn eine Komponente angeklickt wird. Über den Parameter kann man auch feststellen, ob es ein einfacher oder ein mehrfacher Klick war.

3.7 Grafische Benutzeroberflächen mit Java (AWT)                                    285

- *mouseEntered* (MouseEvent event)
  Der Mauszeiger ist nunmehr innerhalb des Fensters, für das der Zuhörer zuständig ist.
  Eintrittspunkt ist der Punkt, der über den Parameter gemeldet wird.
- *mouseExited* (MouseEvent event)
  Der Mauszeiger hat das Fenster, für das der Zuhörer zuständig ist, verlassen. Austrittspunkt ist der Punkt, der über den Parameter gemeldet wird.
- *mousePressed* (MouseEvent event)
  Wenn eine Maustaste gedrückt wird, wird dieses Ereignis gemeldet.
- *mouseReleased* (MouseEvent event)
  Eine gedrückte Maustaste, wird wieder losgelassen.

In der Schnittstelle MouseMotionListener finden sich die folgenden Ereignisse:

- *mouseMoved* (MouseEvent event)
  Die Maus wurde bewegt, ohne dass eine Taste gedrückt ist.
- *mouseDragged* (MouseEvent event)
  Die Maus wurde mit gedrückter Maustaste bewegt.

Das folgende Beispiel zeigt, wie man Maus-Ereignisse nutzen kann. Das Programm hat außer dem Stop-Button drei weitere Bedienknöpfe erhalten. Mit diesen kann man den Wunsch signalisieren, Linien, Rechtecke und Ellipsen malen zu wollen. Jedesmal, wenn eine Maustaste gedrückt wird, merkt es sich die Position. Wenn die Maustaste wieder losgelassen wird, ermittelt es die neue Position und malt eine der drei Figuren, je nachdem, welcher Knopf zuletzt betätigt wurde.

```java
import java.awt.*;
import java.awt.event.*;

class Fenster extends Frame{
    private static Button stopButton = new Button("Stop Button");
    private static Button linieButton =
            new Button("Linien malen");
    private static Button rechteckButton =
            new Button("Rechtecke malen");
    private static Button kreisButton    =
            new Button("Kreise malen");
    private int zeichenModus = 1;
    private int x1;
    private int y1;
    Fenster() {
        super("Fenster zum Hof");
        setLayout(new FlowLayout());
        stopButton.addActionListener(new ActionListener() {
            public void actionPerformed(ActionEvent event) {
                fensterBeenden(); }
            });
        add(stopButton);
```

```java
        linieButton.addActionListener(new ActionListener() {
            public void actionPerformed(ActionEvent event) {
                zeichenModus = 1; }
            });
        add(linieButton );
        rechteckButton.addActionListener(new ActionListener() {
            public void actionPerformed(ActionEvent event) {
                zeichenModus = 2; }
            });
        add(rechteckButton );
        kreisButton.addActionListener(new ActionListener() {
            public void actionPerformed(ActionEvent event) {
                zeichenModus = 3; }
            });
        add(kreisButton );
        addMouseListener(new MouseAdapter() {
            public void mousePressed(MouseEvent e){
                x1 = e.getX(); y1 = e.getY(); }
            public void mouseReleased(MouseEvent e){
                int x2 = e.getX(); int y2 = e.getY();
                Graphics g = getGraphics();
                g.setColor(Color.blue);
                if (zeichenModus == 1) g.drawLine(x1, y1, x2, y2);
                else {
                    int w= Math.abs(x1 - x2);
                    int h= Math.abs(y1 - y2);
                    int x= Math.min(x1, x2);
                    int y= Math.min(y1, y2);
                    if (zeichenModus == 2) g.drawRect(x,y, w,h);
                    else if (zeichenModus == 3) g.drawOval(x,y, w,h);
                }
            }
            });
        addWindowListener(new WindowAdapter() {
            public void windowClosing(WindowEvent e) {
                fensterBeenden(); }
            });
        setBackground(Color.lightGray);
        setSize(800, 600);
        setVisible(true);
        }
    void fensterBeenden() {
        dispose();
        System.exit(0);
        }
}
```

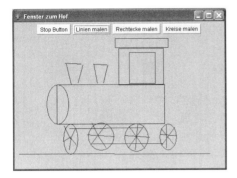

### 3.7.7 Paint

Das letzte Programmbeispiel hat einen gravierenden Nachteil: Man kann zwar grafische Objekte malen – aber wenn man das Fenster vergrößert oder verkleinert, verschwinden diese wieder. Um dies zu vermeiden, muss man die vordefinierte Methode *paint* überschreiben.

*paint* wird immer dann aufgerufen, wenn das aktuelle Fenster neu gemalt wird. Dies ist z.B. der Fall, wenn es vergrößert, verkleinert oder verschoben wird. Was geschehen soll, wenn ein Fenster neu gezeichnet wird, das muss der Programmierer selbst bestimmen. Er muss passenden Code in der Methode *paint* hinterlegen. Diese ist wie folgt definiert:

```
public void paint(Graphics g) { ... }
```

Um die grafischen Objekte in der Methode *paint* erneut zeichnen zu können, müssen wir sie zwischenspeichern, naheliegenderweise in einer Liste. Wir nehmen nunmehr an, wir hätten eine passende Klasse für diese Liste und eine Methode *draw* dieser Klasse, die grafische Objekte malen kann. Die Methode *paint* können wir jetzt vervollständigen:

```
public void paint(Graphics g) {
    for (GeoListe gl = anfang; gl != null; gl = gl.n)
    gl.e.draw(g);
}
```

Jetzt können wir geeignete Klassen für die Liste grafischer Objekte definieren:

```
class GeoKlasse{
    int x1, y1, x2, y2;
    int x, y, w, h;
    int zeichenModus;
    GeoKlasse(int z, int px1, int py1, int px2, int py2){
        zeichenModus = z;
        x1 = px1; y1 = py1; x2 = px2; y2 = py2;
        w = Math.abs(x1 - x2);
        h = Math.abs(y1 - y2);
        x = Math.min(x1, x2);
        y = Math.min(y1, y2);
    }
```

```
    void draw(Graphics g){
        if (zeichenModus == 1) g.drawLine(x1, y1, x2, y2);
        else if (zeichenModus == 2) g.drawRect(x, y, w, h);
        else if (zeichenModus == 3) g.drawOval(x, y, w, h);
        }
    }
class GeoListe{
    GeoKlasse e;
    GeoListe n;
    GeoListe(GeoKlasse pe){e = pe; n = null;}
    GeoListe(GeoKlasse pe, GeoListe pn){e = pe; n = pn;}
    }
```

Das Hauptprogramm des letzten Beispiels lässt sich fast unverändert übernehmen. Wir benötigen zusätzlich Felder, um Anfang und Ende der Liste grafischer Objekte zu speichern. Außerdem benötigen wir eine Methode, die ein Objekt in diese Liste einhängt.

```
class Fenster extends Frame{
.....
    private GeoListe anfang, ende;
    void addGeoObj(GeoKlasse o){
        GeoListe gl = new GeoListe(o);
        if (anfang == null) ende = anfang = gl;
        else {
            ende.n = gl;
            ende = gl;
            }
        }
......
```

Die Methode *addMouseListener* des Beispiels, die als einzige geändert werden muss, wird sogar einfacher, da wir die Arbeit des Normalisierens der Koordinaten in den Konstruktor von *GeoKlasse* verlegt haben:

```
addMouseListener(new MouseAdapter() {
    public void mousePressed(MouseEvent e){
        x1 = e.getX(); y1 = e.getY(); }
    public void mouseReleased(MouseEvent e){
        int x2 = e.getX(); int y2 = e.getY();
        Graphics g = getGraphics();
        g.setColor(Color.blue);
        GeoKlasse o = new GeoKlasse(zeichenModus, x1,y1,x2,y2);
        o.draw(g);
        addGeoObj(o);
        }
    });
```

## 3.7.8 Weitere Bedienelemente von Programmen und Fenstern

Von besonderem Interesse ist die Gestaltung der Benutzerschnittstelle eines Programms. Zu diesem Zweck kann man mit folgenden typischen Bedienelementen operieren:

- *Menüs* bieten eine Auswahl aus einer vorgegebenen Liste von Möglichkeiten. Sie sind an einer *Menüleiste* befestigt, oder werden als *Popup-Menü* per Mausklick aktiviert.
- *Buttons* können an beliebiger Stelle in einem Fenster installiert werden. Sie haben eine Inschrift und werden durch Anklicken aktiviert.
- *Dialogboxen* bieten die Möglichkeit, Eingaben an Programme zu machen. Sie sind aus Elementen wie Check-Boxen, List-Boxen, Eingabefeldern etc. zusammengesetzt.
- *Werkzeugleisten* (*Toolbars*) bieten häufig benutzte Befehle und Abkürzungen für ganze Befehlssequenzen.

Die grafische Programmierschnittstelle AWT von Java bietet die meisten dieser Bedienelemente an. Die Verwendung von Bedienknöpfen haben wir in diesem Abschnitt kennengelernt. Auf die Verwendung anderer Bedienelemente werden wir im Rahmen dieses Buches nicht näher eingehen.

Moderne Entwicklungsumgebungen für Java erlauben ein interaktives Erstellen von grafischen Benutzeroberflächen. Wie aus einem Baukasten entnimmt der Benutzer die benötigten Bedienelemente und setzt sie zu der gewünschten Benutzerschnittstelle zusammen. Der zugehörige Java-Code wird automatisch erzeugt.

# 3.8 Dateien: Ein- und Ausgabe

Statt Ein- und Ausgabe mithilfe der Methoden *read* und *print* in einem Standardfenster zu erledigen, kann man auch aus beliebigen Dateien lesen bzw. in Dateien schreiben. In Java sind diese Methoden in Klassen definiert, die in dem Paket `java.io` zusammengefasst sind. Wir werden hier nur eine kleine Auswahl der dort definierten Methoden kennen lernen, insbesondere werden wir uns auf die Bearbeitung von Textdateien beschränken. Dies sind Dateien, deren Inhalt typischerweise (aber nicht notwendig) Text ist, der in Zeilen organisiert ist. Am Ende einer Zeile steht jeweils ein Zeilenendezeichen (siehe auch: S. 217).

## 3.8.1 Dateidialog

Um eine beliebige Datei zu lesen bzw. zu schreiben, benötigt man ihren Dateinamen. Dazu wird von allen gängigen Betriebssystemen ein Dateidialog angeboten. Dieser ermöglicht es dem Benutzer, in einem Fenster den Namen einer vorhandenen Datei auszuwählen oder einen neuen Dateinamen einzugeben. Ein Datei-Dialog wird in einem Unterfenster ausgeführt und kann daher nur aus einem bereits bestehenden Fenster heraus aktiviert werden. In der Klasse `java.awt.FileDialog` finden sich Methoden, um Dateinamen zu bearbeiten. Ein *Datei-Dialog* ist ein Spezialfall einer allgemeineren Dialogklasse, die in der im letzten Unterkapitel besprochenen grafischen Benutzerschnittstelle AWT definiert ist. Die folgende

Methode hat als Parameter einen Verweis auf ein Fenster in dem der Datei-Dialog stattfinden soll.

```
static String getDateiName(Frame fr){
    String dateiName = null;
    FileDialog dlg = new FileDialog(fr, "Datei öffnen",
                        FileDialog.LOAD);
    dlg.setFile("*.txt");
    dlg.show();
    String dn = dlg.getFile();
    if (dn != null) dateiName = dlg.getDirectory() + dn;
    return dateiName;
    }
```

Es wird ein Dateidialog mit der Fensterüberschrift „Datei öffnen" konstruiert. Der dritte Parameter spezifiziert, dass eine bestehende Datei gefunden werden soll, die man zum Lesen öffnen kann. Alternativ könnte man mit *FileDialog.Save* verlangen, dass ein neuer Dateiname eingegeben werden soll oder dass eine bestehende Datei gefunden werden soll, die man zum Schreiben öffnen kann. Mit *dlg.setFile* kann man bestimmen, welche Dateien gesucht werden sollen. In diesem speziellen Fall sind das Textdateien mit dem Suffix „*txt*". Der Aufruf von *dlg.show* führt dazu, dass der Datei-Dialog jetzt ausgeführt wird. Falls der Dialog erfolglos war, wird **null** zurückgegeben, andernfalls kann der Name mit *dlg.get-File* extrahiert und mit *dlg.getDirectory* um den Namen des zugehörigen Dateiverzeichnisses erweitert werden. Das Ergebnis ist also **null** oder ein String mit dem vollen Pfadnamen der Datei.

## 3.8.2 Schreiben einer Datei

Dieser Abschnitt enthält eine einfache Vorlage zum Schreiben einer Textdatei. Geschrieben wird eine Datei mit 42 Zeilen, die jeweils den Text „Dies ist Zeile Nr. 0" bis „Dies ist Zeile Nr. 42" enthalten. Am besten geeignet zum Schreiben einer Textdatei ist die Klasse `java.io.PrintWriter`. Diese hat allerdings keinen direkten Konstruktor für einen gegebenen Dateinamen. Daher muss indirekt ein Konstruktor von `java.io.FileWriter` bemüht werden.

Der Dateiname der zu erzeugenden Datei ist ein Parameter der folgenden Methode *WriteFile*. Ein Textbereich, in den Meldungen geschrieben werden können, ist der andere Parameter. Dieser Bereich muss von dem aufrufenden Kontext bereitgestellt werden.

```
static void writeFile(String dateiName, TextArea meldungen){
    meldungen.append("Datei schreiben: " + dateiName + " ");
    PrintWriter dat = null;
    try { dat  = new PrintWriter(new FileWriter(dateiName));}
    catch (IOException ioe) {
        meldungen.append("Fehler: Kann Datei nicht öffnen.\n");
        return;
        }
```

## 3.8 Dateien: Ein- und Ausgabe

```
for (int cur = 0; cur < 42; cur++)
    dat.println("Dies ist Zeile Nr. " + cur);
dat.close();
meldungen.append("... fertig!\n");
}
```

Beim Konstruieren der Dateivariablen *dat* wird die Datei gleichzeitig zum Schreiben geöffnet. Falls dies nicht möglich ist, wird eine Ausnahme erzeugt, abgefangen und mit einer Fehlermeldung quittiert. Die Datei wird mithilfe der folgenden *println*-Aufrufe geschrieben. Diese erzeugen keine Ausnahme. Das Schreiben der Datei würde auch nur scheitern, wenn die Festplatte voll ist. Dies würde ggf. zu einer übergeordneten Fehlermeldung führen.

### 3.8.3  Lesen einer Datei

Die im letzten Abschnitt geschriebene Datei werden wir nunmehr wieder einlesen. Am besten geeignet zum Lesen einer Textdatei ist die Klasse `java.io.BufferedReader`. Auch diese Klasse hat keinen direkten Konstruktor für einen gegebenen Dateinamen. Daher muss indirekt ein Konstruktor von `java.io.FileReader` bemüht werden.

Der Dateiname der zu erzeugenden Datei ist ein Parameter der folgenden Methode *Read-File*. Ein Textbereich, in den Meldungen geschrieben werden können, ist der andere Parameter. Dieser Bereich muss von dem aufrufenden Kontext bereitgestellt werden.

```
static void readFile(String dateiName, TextArea meld){
    meld.append("Datei lesen: " + dateiName + "\n");
    BufferedReader dat;
    try {
        dat = new BufferedReader(new FileReader(dateiName));
        }
    catch (Exception e){
        meld.append("Datei konnte nicht geöffnet werden!\n");
        return;
        }
    String str;
    try {
        while ((str = dat.readLine()) != null)
            meld.append(str + "\n");
        }//try
    catch (Exception e){
        meld.append("Fehler beim Lesen der Datei!\n");
        try {dat.close();} catch (Exception ec){   }
        return;
        }
    try {dat.close();} catch (Exception e){   }
    meld.append("... fertig!\n");
    }
```

Beim Konstruieren der Dateivariablen *dat* wird die Datei gleichzeitig zum Lesen geöffnet. Falls dies nicht möglich ist, wird eine Ausnahme erzeugt, abgefangen und mit einer Fehlermeldung quittiert. Die Datei wird mithilfe der folgenden *readln*-Aufrufe zeilenweise in eine Stringvariable *str* eingelesen. Die *readln*-Aufrufe erzeugen eine Ausnahme, falls beim Lesen ein Fehler auftritt. Wenn das Ende der Datei erreicht wird, gibt *readln* einen Nullpointer zurück. Während beim Bearbeiten einer zum Schreiben geöffneten Datei keine weiteren Ausnahmen auftreten können, wenn die Datei erst einmal geöffnet ist, sieht das Protokoll zum Lesen von Dateien Ausnahmen auch beim Lesen und sogar beim Schließen einer zum Lesen geöffneten Datei vor. Dies erklärt die unzähligen *try*- und *catch*-Anweisungen in dem obigen Programmbeispiel.

Die gelesenen Zeilen werden in diesem Beispiel einfach nur in den Textbereich für Meldungen ausgegeben. In einer nahe liegenden Erweiterung, die in der Beispielsammlung zu diesem Buch zu finden ist, werden die gelesenen Zeilen in einem Array gespeichert, das als Ergebnis des Methodenaufrufes an den Aufrufer zur weiteren Verarbeitung zurückgegeben wird.

## 3.8.4 Testen von Dateieigenschaften

Dateien haben Eigenschaften, die mit Methoden der Klasse `java.io.File` abgefragt werden können. Das folgende Beispiel demonstriert die Verwendung dieser Tests.

```
static void checkFile(String dateiName, TextArea meld){
    meld.append("Datei: " + dateiName + "\n");
    meld.append("Datei Eigenschaften:\n");
    File datei = new File(dateiName);
    if ( ! datei.exists()){
        meld.append("Diese Datei existiert gar nicht!\n");
        return;
    }
    meld.append("Diese Datei kann ");
    if ( ! datei.canRead()) meld.append("nicht ");
    meld.append("gelesen werden.\n");
    meld.append("Diese Datei kann ");
    if ( ! datei.canWrite()) meld.append("nicht ");
    meld.append("geschrieben werden.\n");
    ...
    meld.append("... fertig!\n");
}
```

Weitere Eigenschaften, die abgefragt werden können, sind zum Beispiel die Dateilänge und das Datum der letzten Änderung der Datei.

## 3.8.5 Retrospektive und Vergleich mit Smalltalk

Bei allem Positiven, was man über Java sagen kann, muss man dennoch feststellen, dass die Sprache an vielen Stellen noch nicht die Qualität des Vorläufers *Smalltalk* erreicht hat. Jene objektorientierte, plattformunabhängige Sprache, die Ende der 70er Jahre als *Smalltalk80*

3.8 Dateien: Ein- und Ausgabe    293

standardisiert wurde, scheint mehr aus einem Guss zu sein, mit klareren, durchgängigeren Konzepten, weniger Ausnahmen und von Anfang an mit richtungsweisendem graphischem Entwicklungssystem mit integrierten *Class-* und *Method-Browsern* ausgestattet. Alles dies noch Jahrzehnte bevor das Konzept eines *Browsers* der Masse der Informatiker bekannt wurde. Ein komplettes graphisches Entwicklungssystem Smalltalk VT war 1988 bereits auf zwei Disketten untergebracht und auf dem IBM-AT (286) lauffähig.

Ein Beispiel mag genügen, um zu zeigen, dass man von dem Vorbild noch viele Ideen lernen kann, die vielleicht in späteren Jahren auch in Java Einzug halten werden: Smalltalk *Collections* verstehen seit jeher die Methoden

```
do: , collect: , select: .
```

Jede dieser Methoden hat als Argument einen *Block*, bestehend aus der Deklaration einer neuen Variablen und Code, der für jedes Element ausgeführt wird. Hat man zum Beispiel eine Collection *primzahlen*, so gibt man mit

```
primzahlen do: [ :x | x: show ]
```

alle Elemente der *primzahlen*-Kollektion aus. Der Aufruf

```
primZahlen select: [ :x | 100 >= x ]
```

resultiert in der Unterkollektion aller *primzahlen* kleiner gleich 100 und

```
primZahlen collect: [ :x | x * x ]
```

liefert die Collection aller Quadrate von Primzahlen.

Java 1.5 führt erst 2004 im Alter von fast 10 Jahren die Methode do: in Form einer Spracherweiterung, nämlich der syntaktischen Variante der *for*-Schleife ein. Das obige Beispiel der *do*-Methode kann man jetzt als

```
for(T x : primzahlen) System.out.println(x);
```

schreiben. Vielleicht können wir uns auf die Einführung von Spracherweiterungen als Äquivalent zu den Methoden select: und collect: in Zukunft freuen.

Die Tatsache, dass Smalltalk bereits 1980 konsequent objektorientiert und plattformunabhängig war, stieß seinerzeit nur auf Unverständnis. Die Ausführung von Programmcode mittels einer virtuellen Maschine galt damals als indiskutabel. Erst 1990 mit Einführung von *Windows 3.1* begannen sich die Massen für das Schlagwort *objektorientiert* zu interessieren und 5 Jahre später, mit dem Siegeszug des Web begeisterte man sich für *plattformunabhängige* Lösungen.

Die große Akzeptanz von Java hat sicher damit zu tun, dass erst 1995 die Zeit für ein Umdenken reif war. Mit der gewonnenen Schnelligkeit der Prozessoren wurde das Konzept der virtuellen Maschine akzeptiert, die C-ähnliche Syntax bewahrte C-Programmierer vor allzu großem Umlernen und die gewohnte Typisierung – die in Smalltalk durch die Klassenzugehörigkeit ersetzt ist – half ebenfalls. Die größten *selling-points* für Java waren aber die von

Anfang an vorhandenen Klassen zur Netzwerkprogrammierung und die Möglichkeiten, Applets zu schreiben.

Allerdings hat die Sprache *Java* aus Sicht von Smalltalk-Kennern etwas zusammengezimmertes, mit zu vielen Sonderfällen und Ausnahmen, was das Erlernen nicht gerade erleichtert. Auf jeden Fall lohnt es sich, als Alternative einmal ein Smalltalk System auszuprobieren. Bekannte kommerzielle Systeme sind *VisualWorks*, *VisualAge*, *Dolphin Smalltalk*, freie Systeme sind u.a. *GNU Smalltalk* oder *Squeak*.

# 4 Algorithmen und Datenstrukturen

*Algorithmen* sind Verfahren zur schrittweisen Lösung von Problemen. Sie können abstrakt, d.h. unabhängig von konkreten Rechnern oder Programmiersprachen, beschrieben werden. Gute Algorithmen sind oft das Ergebnis wissenschaftlicher Intuition und mathematischer Herleitungen. Die Umsetzung eines Algorithmus in ein lauffähiges Programm ist für einen Programmierer, der seine Programmiersprache beherrscht, eine „handwerkliche" Tätigkeit.

Algorithmen bilden oft den Kern von Anwendungsprogrammen und sind entscheidend für dessen Güte. Kommerzielle Programme bestehen heute aber aus mehreren Komponenten:

- einer Benutzerschnittstelle (Fenster, Menüs, Maussteuerung etc.),
- einem Verwaltungsteil zum Lesen, Speichern und Aufbereiten von Daten,
- einer Sammlung von Algorithmen zur Berechnung und Manipulation von Daten.

Während die ersten beiden Komponenten meist den größten Teil des Programmcodes beanspruchen, sind sie oft aus Bausteinen zusammengesetzt, die von der Programmierumgebung fertig angeboten werden. Auch in diesen Teilen sind Algorithmen verborgen – etwa zur Darstellung und Manipulation von grafischen Objekten oder zum Zugriff auf Datenbanken – der Programmierer übernimmt diese aber und verlässt sich auf die angebotene Implementierung.

Vom Umfang her ist der zuletzt erwähnte Teil in vielen Fällen der geringste – aber gerade an dieser Stelle entscheidet sich, wie gut oder schlecht ein Programm ist. Die sorgfältige Auswahl der Algorithmen kann die Laufzeit eines Programms häufig drastischer reduzieren als eine raffinierte Programmiertechnik. Die Güte eines Algorithmus hängt dabei vor allem von zwei Faktoren ab,

- der Qualität der Ergebnisse und
- der Laufzeit.

Beide Kriterien muss der Programmierer kompetent beurteilen können. Für einen Algorithmus, der zu gewissen Eingabedaten ein Ergebnis berechnet, muss gefordert werden, dass die Ergebnisdaten immer *korrekt* sind. Dass dies nicht allein durch Testen zu gewährleisten ist, haben wir bereits im Kapitel über Verifikation, S. 187 ff., dargelegt. Insbesondere sollte ein Algorithmus dokumentiert sein. Komplizierte Stellen sollten zum Beispiel in Form von Kommentaren im Programmtext erklärt werden. Zu den kritischen Informationen gehören insbesondere Schleifeninvarianten und Überlegungen zur Terminierung.

Gewisse Probleme lassen sich in der Praxis nur näherungsweise lösen, dazu gehören viele numerische Aufgaben, aber auch Optimierungsprobleme, deren genaue Lösung unvertretbar lange dauern würde. Hier kann die Abweichung des gelieferten Ergebnisses von dem wahren Wert ein Qualitätskriterium sein. *Heuristische Algorithmen* verwenden „Daumenregeln" in der Hoffnung, für viele praktisch relevanten Probleme brauchbare Lösungen zu liefern. Hier kommen Gütekriterien ins Spiel, die sich nur in der Praxis bewähren können.

Das zweite Kriterium, die *Laufzeit* eines Algorithmus, muss ebenfalls vom Programmierer gut verstanden werden. Da Programmpakete während der Erstellung oft mit erdachten Beispieldaten getestet werden, kann ein Programm völlig versagen, wenn es zum ersten Mal mit den Datenmengen einer realen Anwendung konfrontiert wird. Aus diesem Grund muss der Programmierer vorab abschätzen können, wie sich eine Vergrößerung der zu bearbeitenden Daten auf die Laufzeit und auf den Speicherbedarf des Programms auswirkt.

Viele Programmierer verwenden unsinnig viel Zeit auf sinnlose Optimierungen ihrer Programme, und verpassen dann den entscheidenden Punkt, der mehr als alles andere die Laufzeit bestimmt. Über Programmierkunststücke, wie jüngst gesehen:

```
while ( !(next=find(i++))) ;
```

kann man nur den Kopf schütteln. Wenn der Zeitvorteil dieser Konstruktion gegenüber einer klaren, einfachen Lösung überhaupt messbar sein sollte, er wird nie die Zeit wieder einbringen, die der Programmierer mit dem „Erfinden" dieser Monstrosität verschwendet hat – ganz zu schweigen von der Verwirrung für jeden, der solchen Code einmal pflegen muss. Sinnvoll wäre es, ein Programm sauber und klar zu schreiben, und zum Schluss mit geeigneten Werkzeugen, etwa einem *profiler,* gezielt zu analysieren, an welchen Stellen sich eine Optimierung überhaupt lohnen könnte.

Algorithmen sind meist von der *Repräsentation* der Daten, also von ihrer Strukturierung, abhängig. Ob eine Kundenliste ungeordnet in einer Datei gespeichert ist, oder ob sie in einem Array im Hauptspeicher gehalten wird, hat entscheidenden Einfluss auf die Auswahl geeigneter Suchalgorithmen. Je nach Anwendung muss der Programmierer entscheiden, ob es sich lohnt, die Liste zu ordnen, bevor mehrere Such- oder Einfügeoperationen vorzunehmen sind. Eventuell zahlt es sich sogar aus, die Liste nach mehreren Kriterien zu sortieren. Aus diesen Gründen kann man *Algorithmen* nur im Zusammenhang mit (passenden) *Datenstrukturen* behandeln. Für viele häufig wiederkehrende Probleme der Programmierpraxis sind gute Algorithmen und Datenstrukturen bekannt. Deren Kenntnis muss zum Repertoire jedes Programmierers gehören.

Glücklicherweise können wir uns bei vielen Problemstellungen an analogen Situationen des täglichen Lebens orientieren. Wie suche ich in einem Telefonbuch geschickt nach einem Teilnehmer? Wie ordne ich einen Stapel von Briefen nach ihrer Postleitzahl? Wie füge ich eine Spielkarte in eine bereits geordnete „Hand" ein ? Oft hilft es, bekannte Strategien in ein Programm zu übernehmen. Darüber hinaus gibt es auch pfiffige Sortierstrategien, die kein Pendant in unserer täglichen Erfahrung besitzen. Ein Beispiel hierfür wird *heapsort* sein.

# 4.1 Suchalgorithmen

Gegeben sei eine Sammlung von Daten. Wir suchen nach einem oder mehreren Datensätzen mit einer bestimmten Eigenschaft. Dieses Problem stellt sich zum Beispiel, wenn wir im Telefonbuch die Nummer eines Teilnehmers suchen.

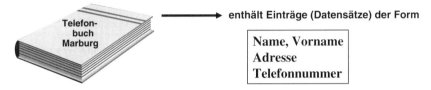

*Abb. 4.1:* Suche in einem Telefonbuch

Zur raschen Suche nutzen wir aus, dass die Einträge geordnet sind, z.B. nach

*Name, Vorname, Adresse.*

Wenn wir Namen und Vornamen wissen, finden wir den Eintrag von Herrn Sommer sehr schnell durch *binäres Suchen*: Dazu schlagen wir das Telefonbuch in der Mitte auf und vergleichen den gesuchten Namen mit einem Namen auf der aufgeschlagenen Seite. Ist dieser zufällig gleich dem gesuchten Namen, so sind wir fertig. Ist er in der alphabetischen Ordnung größer, brauchen wir für den Rest der Suche nur noch die erste Hälfte des Telefonbuches zu berücksichtigen. Wir verfahren danach weiter wie vorher, schlagen also bei der Mitte der ersten Hälfte auf und vergleichen wieder den gesuchten mit einem gefundenen Namen und so fort. Dieser Algorithmus heißt *binäre Suche*. Bei einem Telefonbuch mit ca. 1000 Seiten Umfang kommen wir mit damit nach höchstens 10 Schritten zum Ziel, bei einem Telefonbuch mit 2000 Seiten, nach 11 Schritten. Noch schneller geht es, wenn wir die Anfangsbuchstabenmarkierung auf dem Rand des Telefonbuches ausnutzen. Diese Idee werden wir später unter dem Namen *Skip-Liste* (siehe S. 351), wieder antreffen.

Wenn wir umgekehrt eine Telefonnummer haben und mithilfe des Telefonbuches herausbekommen wollen, welcher Teilnehmer diese Nummer hat, bleibt uns nichts anderes übrig, als der Reihe nach alle Einträge zu durchsuchen. Diese Methode heißt *lineare Suche*. Bei einem Telefonbuch mit 1000 Nummern müssen wir im Schnitt 500 Vergleiche durchführen, im schlimmsten Falle gar 1000. Müssen wir diese Art von Suche öfters durchführen, so empfiehlt sich eine zusätzliche Sortierung (einer Kopie) des Telefonbuches nach der Rufnummer, so dass wir wieder binär suchen können.

## 4.1.1 Lineare Suche

Allgemein lässt sich das *Suchproblem* wie folgt formulieren:

**Suchproblem:** *In einem Behälter A befinden sich eine Reihe von Elementen. Prüfe, ob ein Element e ∈ A existiert, das eine bestimmte Eigenschaft P(e) erfüllt.*

„Behälter" steht hier allgemein für Strukturen wie: *Arrays, Dateien, Mengen, Listen, Bäume, Graphen, Stacks, Queues, etc.* Wenn nichts Näheres über die Struktur des Behälters oder die Platzierung der Elemente bekannt ist, dann müssen wir folgenden Algorithmus anwenden:

> *Entferne der Reihe nach Elemente aus dem Behälter, bis dieser leer ist oder ein Element mit der gesuchten Eigenschaft gefunden wurde.*

Wir können diesen Algorithmus bereits programmähnlich formulieren, wenn wir folgende Grundoperationen als gegeben annehmen:

- Prüfen, ob der Behälter leer ist: *istLeer,*
- Ergreifen und Entfernen eines Elementes aus dem Behälter: *nimmEines.*

Wir nehmen an, dass diese Operationen in einer geeigneten Klasse *Container* definiert sind, die auch die Elemente verwaltet. Von jenen wiederum nehmen wir an, dass sie in einer geeigneten Klasse *Element* definiert sind. Damit ergibt sich der folgende in Java formulierte Algorithmus für die Lineare Suche. Er gibt entweder ein Element mit der gesuchten Eigenschaft zurück oder die Null-Referenz, falls nichts zu finden war.

```java
class Container {
    Container { .... };
    boolean istLeer(){ ..... }
    Element nimmEines(){ ..... }
    }
class LinSuche {
    Container cont = new Container();
    boolean p(Element e){ ..... }

    Element linSuche(){
        while( !cont.istLeer() ){
            Element e = cont.nimmEines();
            if (p(e)) return e;
            }
        return null;
    }
}
```

In der Denkweise der Programmiersprache Java können wir mit diesem Programmfragment alle Behälter durchsuchen, die die folgende Schnittstelle implementieren:

4.1 Suchalgorithmen

```
interface Behaelter{
    boolean istLeer();
    Element nimmEines();
}
```

Noch konkreter wird dieser Algorithmus, wenn wir mehr über den Behälter wissen. Handelt es sich z.B. um ein Array $a$, dann können wir schreiben:

```
Element linSuche(){
    for (int i=0; i < a.length; i++){
        Element e = a[i];
        if (p(e)) return e;
    }
    return null;
}
```

Schlimmstenfalls müssen wir den ganzen Behälter durchsuchen, bis wir das gewünschte Element finden. Hat dieser $N$ Elemente, so werden wir bei einer zufälligen Verteilung der Daten erwarten, nach ca. $N/2$ Versuchen das gesuchte Element gefunden zu haben. In jedem Fall ist die Anzahl der Zugriffe proportional zur Elementanzahl.

Arrays als Behälter werden in den folgenden Such- und Sortier-Algorithmen eine besondere Rolle spielen. In Java ist die Indexmenge eines Arrays $a$ mit $n = a.length$ Elementen stets das Intervall $[0...n-1]$. Besonders für die rekursiven Algorithmen wird es sich als günstig herausstellen, wenn wir sie so verallgemeinern, dass sie nicht nur ein ganzes Array, sondern auch einen *Abschnitt* (engl. *slice*) eines Arrays sortieren können. Unter dem Abschnitt $a[lo...hi]$ verstehen wir dabei den Teil des Arrays $a$, dessen Indizes aus dem Teilintervall $[lo...hi]$ sind, also $a[lo], a[lo+1], ... , a[hi]$. Wir setzen dabei $0 \le lo \le hi \le a.length-1$ voraus. Ein Aufruf, z.B. einer Sortierroutine, erhält dann als Parameter neben dem Array auch die Abschnittsgrenzen, wie z.B. in

quickSort(a, lo, hi).

Das komplette Array wird mit dem Aufruf quickSort(a,0,a.length-1) sortiert.

## 4.1.2   Binäre Suche

Wenn auf dem Element-Datentyp eine Ordnung definiert ist und die Elemente entsprechend ihrer Ordnung in einem Array gespeichert sind, dann nennt man das Array *geordnet* oder *sortiert*. Genauer sei $a$ ein Array, das $n$ Elemente enthält, und „$\le$" sei eine Ordnung, die auf dem Datentyp *Element* definiert ist. $a$ heißt dann *geordnet* (bzw. *sortiert*), wenn gilt:

$\forall i: 0 \le i < n-1 . a[i] \le a[i+1]$

Für die Suche in solchen sortierten Arrays können wir die binäre Suche einsetzen, wie wir sie vom Telefonbuch her kennen. Dazu sei $x$ das gesuchte Element. Wir fragen also nach einem Index $i$ mit $a[i] = x$.

Wie bei der Namenssuche im Telefonbuch wollen wir den Bereich, in dem sich das gesuchte Element noch befinden kann, in jedem Schritt auf die Hälfte verkleinern. Dazu verallgemeinern wir das Problem dahingehend, dass wir $i$ in einem beliebigen Indexbereich [*min...max*] des Arrays $a$ suchen, angefangen mit $min = 0$ und $max = n-1$. Neben $0 \leq min, max < n$ soll stets die folgende Invariante gelten:

$$\exists i.\ (0 \leq i \leq n-1 \land a[i] = x) \Rightarrow \exists i.\ (min \leq i \leq max \land a[i] = x)$$

Mit anderen Worten: Wenn das gesuchte Element $x$ überhaupt in dem Array vorhanden ist, dann muss es (auch) im Abschnitt $a[min...max]$ zu finden sein.

Der Algorithmus funktioniert folgendermaßen: Wenn $max < min$, breche ab, $x$ ist nicht vorhanden, ansonsten wähle irgendeinen Index $m$ mit $min \leq m \leq max$:

- Falls $x = a[m]$ gilt, sind wir fertig; wir geben $m$ als Ergebnis zurück;
- falls $x < a[m]$, suche weiter im Bereich $min...m-1$, setze also $max = m - 1$;
- falls $x > a[m]$, suche weiter im Bereich $m+1 \ldots max$, setze also $min = m + 1$.

Für den Index $m$ zwischen *min* und *max* nimmt man am besten einen Wert nahe der Mitte, also z.B. $m = (min + max)/2$. Auf diese Weise halbiert sich in jedem Schritt der noch zu betrachtende Bereich, und damit der Aufwand für die Lösung des Problems. Wenn der Bereich *min...max* aus $n$ Elementen besteht, können wir den Bereich höchstens $\lceil log_2(n) \rceil$-mal halbieren. Um 1000 Elemente zu durchsuchen, genügen also $\lceil log_2(1000) \rceil = 10$. Vergleiche. Wir illustrieren die Methode mit 19 Elementen:

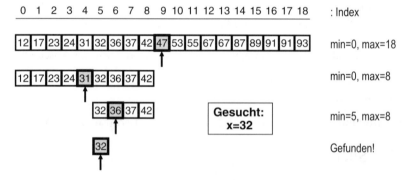

*Abb. 4.2:* Binäre Suche

Ob wir den Algorithmus in einer *while*-Schleife ausprogrammieren oder ob wir ihn stattdessen rekursiv formulieren, ist eine Frage des Geschmacks. Die rekursive Formulierung ist eleganter und für den geübten Programmierer einfacher. Zudem lässt sie sich sofort in alle gängigen Programmiersprachen übersetzen – insbesondere auch in funktionale und logische Sprachen, in denen kein „while" verfügbar ist.

Hier formulieren wir den Algorithmus als rekursive Methode in Java, wobei wir der Einfachheit halber *int* als Elementtyp wählen. Wir suchen also in einem ganzzahligen geordneten Array $a$ nach einem bestimmten Wert $x$. Wenn wir ihn finden, geben wir seinen Index zurück.

Wenn *x* nicht in *a* vorhanden ist, könnten wir –1 zurückgeben – eleganter ist es jedoch, eine Ausnahme (siehe auch Kapitel 3, Abschnitt 7) zu erzeugen:

```
class NichtGefunden extends Exception{
    public NichtGefunden(){super();}
}
class BinaerSuche{
    ...
    private int rekBinSuche(int x, int min, int max)
            throws NichtGefunden{
        if (min > max) throw new NichtGefunden();
        int m = (min + max) / 2;
        int am = a[m];
        if (x == am) return m;
        if (x  < am) return rekBinSuche(x, min, m-1);
        if (x  > am) return rekBinSuche(x, m+1, max);
        throw new NichtGefunden();
    }
    int binSuche(int x) throws NichtGefunden {
        return rekBinSuche(x, 0, a.length-1);
    }
}
```

### 4.1.3 Lineare Suche vs. binäre Suche

Die binäre Suche ist für große Datenmengen weit effizienter als die lineare Suche. Verdoppelt sich die zu durchsuchende Datenmenge, so wird sich auch der Aufwand für die lineare Suche verdoppeln – bei der binären Suche hingegen benötigen wir lediglich eine einzige zusätzliche Vergleichsoperation. Binäre Suche setzt allerdings eine geeignete Strukturierung der Daten voraus, nämlich dass

- in dem Behälter die Elemente an *Positionen* gespeichert sind,
- man über die Position direkt auf das dort befindliche Element zugreifen kann,
- eine Ordnung auf den Elementen definiert ist,
- die Elemente in den Positionen entsprechend der Ordnung platziert sind.

Diese Bedingungen treffen insbesondere auf sortierte Arrays zu. Wenn man in einem unsortierten Behälter häufig suchen muss, ist es zweckmäßig, die Elemente in ein Array zu kopieren und dieses vor den Suchvorgängen zu sortieren.

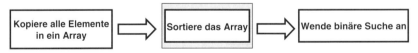

*Abb. 4.3:* Anwendung der binären Suche

## 4.1.4 Komplexität von Algorithmen

Unter der *Komplexität* eines Algorithmus versteht man grob seinen Bedarf an Ressourcen in Abhängigkeit vom Umfang der Inputdaten. Die wichtigsten Ressourcen sind dabei die Laufzeit und der Speicherplatz.

Der Zeitbedarf der linearen Suche hängt im Wesentlichen davon ab, wie oft die *while*-Schleife durchlaufen wird:

```
while( !cont.istLeer() ){ ... }
```

Dabei nehmen wir an, dass das gesuchte Element vorhanden ist, und unterscheiden drei mögliche Fälle:

* *Best case*: Im *günstigsten Fall* wird ein Element e mit p(e) beim ersten Versuch gefunden. Die Schleife wird nur einmal durchlaufen.
* *Average case*: Im *Schnitt* kann man davon ausgehen, dass das Element etwa nach der halben Maximalzahl von Schleifendurchläufen gefunden wird.
* *Worst case*: Im *schlimmsten Fall* wird das Element erst beim letzten Versuch oder überhaupt nicht gefunden. Die Maximalzahl der Schleifendurchläufe ist durch die Anzahl der Elemente begrenzt.

Bei der binären Suche benötigen wir im *worst case* $log_2(n)$ Schleifendurchläufe, bzw. rekursive Aufrufe – im a*verage case* kann man sich überlegen, dass man im vorletzten Schritt, also nach $log_2(n) - 1$. Schritten erwarten kann, das Element zu finden. Wir können die Anzahl der Schleifendurchläufe also folgendermaßen tabellieren:

|  | Best Case | Average Case | Worst Case |
|---|---|---|---|
| lineare Suche | 1 | n | n |
| binäre Suche | 1 | $log_2(n) - 1$ | $log_2(n)$ |

Der genaue Zeitaufwand im *worst case* für die lineare Suche in einem Behälter mit n Elementen setzt sich zusammen aus einer Initialisierungszeit $C_I$, und aus dem Zeitbedarf für die *while*-Schleife, den wir mit $C_W \times n$. ansetzen können, wobei $C_W$ die Zeitdauer eines Schleifendurchlaufes bedeute. Wir erhalten für den Zeitbedarf $t_L(n)$ der linearen Suche also die Formel

$$t_L(n) = C_I + C_W \cdot n.$$

Zum Vergleich berechnen wir den Zeitbedarf $t_B(n)$ für die binäre Suche. Auch hier haben wir eine konstante Initialisierungszeit $K_I$ und eine konstante Zeit $K_W$ für jeden Schleifendurchlauf, bzw. für jeden rekursiven Aufruf. Dies ergibt:

$$t_B(N) = K_B + K_W \cdot log_2(n).$$

# 4.1 Suchalgorithmen

Offensichtlich ist die binäre Suche schneller – egal welchen Wert die einzelnen Konstanten haben. Wenn $n$ nur groß genug ist, wird $t_L(n)$ größer als $t_B(n)$ sein. Allgemein interessiert uns beim Laufzeitvergleich verschiedener Algorithmen nur das Verhalten „für große" $n$. Auf diese Weise können wir die Güte von Algorithmen beurteilen, ohne die genauen Werte der beteiligten Konstanten zu kennen.

**Komplexitätsklassen:**

> Sind $f, g : Nat \rightarrow Nat$ Funktionen, so heißt $f$ *höchstens von der Ordnung $g$*, falls eine Konstante $C$ existiert, so dass „für alle großen $n$" gilt: $f(n) \leq C \cdot g(n)$. Man schreibt dafür auch $f(n) = O(g(n))$ und nennt diese Schreibweise *O-Notation*.

Die Definition unterscheidet also nicht zwischen Algorithmen, deren Aufwand nur um einen konstanten Faktor differiert. Insbesondere gilt $O(log\,(n)) = O(log_2\,(n))$, denn $log_2(n) = log_2(10) \times log\,(n)$. Auf jeden Fall gilt aber $O(log\,(n))) < O\,(n) < O(n^2)$.

Wenn $O(f(n)) < O(g(n))$ ist, so gilt automatisch $O(f(n) + g(n)) = O(g(n))$, so dass insbesondere die *polynomialen* Komplexitätsklassen nur von der höchsten Potenz bestimmt sind:

$$O(c_k \cdot n^k + \ldots + c_1 \cdot n + c_0) = O(n^k).$$

Häufig auftretende Komplexitäten, ihre Bezeichnungen und Wertverläufe sind in der folgenden Tabelle aufgeführt:

| $k(n)$ | Bezeichnung | n=10 | 100 | 1000 | $10^4$ | $10^5$ | $10^6$ |
|--------|-------------|------|-----|------|--------|--------|--------|
| 1 | konstant | 1 | 1 | 1 | 1 | 1 | 1 |
| $log\,(n)$ | logarithmisch | 3 | 7 | 10 | 13 | 17 | 20 |
| $log^2\,(n)$ | | 10 | 50 | 100 | 170 | 300 | 400 |
| $\sqrt{n}$ | | 3 | 10 | 30 | 100 | 300 | 1000 |
| $n$ | linear | 10 | 100 | 1000 | $10^4$ | $10^5$ | $10^6$ |
| $n \cdot log(n)$ | log-linear | 30 | 700 | $10^4$ | $10^5$ | $2 \cdot 10^6$ | $2 \cdot 10^7$ |
| $n^{3/2}$ | | 30 | 1000 | $3 \cdot 10^4$ | $10^6$ | $3 \cdot 10^7$ | $10^9$ |
| $n^2$ | quadratisch | 100 | $10^4$ | $10^6$ | $10^8$ | $10^{10}$ | $10^{12}$ |
| $n^3$ | kubisch | 1000 | $10^6$ | $10^9$ | $10^{12}$ | $10^{15}$ | $10^{18}$ |
| $2^n$ | exponentiell | 1000 | $10^{30}$ | $10^{300}$ | $10^{3000}$ | $10^{30000}$ | $10^{300000}$ |

*Abb. 4.4:*    *Häufig auftretende Komplexitäten und ungefähre Werte für C=1.*

Wenn ein Algorithmus die Komplexität $k(n)$ hat und wenn der Zeitbedarf für eine Komplexitätseinheit 1 Mikrosekunde beträgt, dann ergibt sich aus der folgenden Tabelle, welche Datenmengen man in einer vorgegebenen Zeit verarbeiten kann. Auffallend sind dabei die Unterschiede zwischen exponentiellem und polynomialem Laufzeitverhalten:

| $k(n)$ | 1 s | 1 Tag | 1 Jahr | 100 Jahre |
|---|---|---|---|---|
| $n$ | 1000 000 | $86{,}4 \cdot 10^9$ | $31{,}536 \cdot 10^{12}$ | $3{,}1 \cdot 10^{15}$ |
| $n \cdot \log(n)$ | 62 746 | $2{,}7 \cdot 10^9$ | $0{,}79 \cdot 10^{12}$ | $0{,}675 \cdot 10^{15}$ |
| $n^2$ | 1000 | 293 938 | 5 615 692 | 55 677 643 |
| $n^3$ | 100 | 4 421 | 31 593 | 146 645 |
| $2^n$ | 19 | 36 | 44 | 51 |

**Abb. 4.5:**  *Zeitbedarf für komplexe Algorithmen*

Komplexitätsbetrachtungen sind sehr wichtig, man darf aber nicht vergessen, dass sie nur etwas über das asymptotische Verhalten von Algorithmen aussagen. Für *kleine n* kann ein nach den obigen Kriterien besserer Algorithmus schlechter abschneiden als ein theoretisch aufwändiger.

# 4.2     Einfache Sortierverfahren

Viele Sortieralgorithmen übernehmen Strategien, welche Menschen bereits im täglichen Leben anwenden – zum Beispiel beim Sortieren von Spielkarten. Wenn wir Kartenspieler beim Aufnehmen einer „*Hand*" beobachten, können wir unter anderem folgende „Algorithmen" beobachten:

- Der Spieler nimmt eine Karte nach der anderen auf und sortiert sie in die bereits aufgenommenen Karten ein. Dieser Algorithmus wird *InsertionSort* genannt.
- Der Spieler nimmt alle Karten auf, macht eine *Hand* daraus und fängt jetzt an, die Hand zu sortieren, indem er benachbarte Karten solange vertauscht, bis alle in der richtigen Reihenfolge liegen. Dieser Algorithmus wird *BubbleSort* genannt.
- Bei Kartenspielen, bei denen die Karten zunächst aufgedeckt auf dem Tisch liegen können: Der Spieler nimmt die jeweils niedrigste der auf dem Tisch verbliebenen Karten auf und kann sie in der Hand links (oder rechts) an die bereits aufgenommenen Karten anfügen. Dieser Algorithmus wird *SelectionSort* genannt.

## 4.2.1     Datensätze und Schlüssel

In der Praxis werden nicht nur einfache Datentypen wie Zahlen oder Strings geordnet, sondern, wie etwa im Beispiel des Telefonbuches, auch Datensätze, die aus Namen, Adresse, Telefonnummer, Beruf etc. bestehen. Das Ordnungskriterium bezieht sich jedoch nur auf

## 4.2  Einfache Sortierverfahren

Teile des Datensatzes – diejenigen Bestandteile, nach denen später auch gesucht werden soll, man nennt sie auch „Schlüssel". Im Beispiel des Telefonbuches wäre das Paar bestehend aus *Nachname* und *Vorname* ein Schlüssel. In diesem wie auch in den meisten Fällen hat ein Datensatz also den Aufbau:

| Sortierschlüssel | Inhalt |
|---|---|

Der Sortierschlüssel kann aus einem oder mehreren Teilfeldern bestehen, für die eine sinnvolle Ordnung gegeben ist. Bei Textfeldern kann dies eine lexikografische Anordnung sein, bei Zahlen eine Anordnung entsprechend ihrer Größe. Natürlich kann man diese Kriterien auch kombinieren.

Betrachten wir zum Beispiel Datensätze mit folgender Struktur:

```
class Student {
    String name;
    String vorname;
    long matrikelNr;
    short alter;
    short fachbereich;
}
```

Wir können diese nach beliebigen Feldern oder Feldkombinationen sortieren, etwa nach

- *matrikelNr,*
- *alter,*
- *fachbereich,*
- *[name, vorname, alter].*

Die Sortierung nach *alter* bzw. *fachbereich* führt vermutlich dazu, dass wir viele Datensätze mit gleichem Sortierschlüssel erhalten. Die Sortierung mit dem Sortierschlüssel *[name, vorname, alter]* führt dazu, dass wir wenige Datensätze mit gleichem Sortierschlüssel erhalten. Die Sortierung nach *matrikelNr* führt (bei vernünftiger Vergabe der Matrikelnummern) zu einer *eindeutigen Sortierung*, das heißt, es gibt zu jeder Matrikelnummer höchstens einen Datensatz. In diesem Fall sprechen wir von einem *eindeutigen* Sortierschlüssel.

Wenn wir eine Menge von Datensätzen sortieren, um bestimmte Auswertungen durchzuführen, (z.B. um die Altersstruktur zu ermitteln), spielt die Frage der Eindeutigkeit des Schlüssels keine Rolle. Für das Anlegen einer relationalen Datenbank (s. Kapitel 10) mit diesen Datensätzen sollte dagegen ein eindeutiger Schlüssel vorhanden sein.

Wenn wir die Datensätze nach einem Schlüssel sortieren oder aufsuchen wollen, dann benötigen wir zwar nicht unbedingt einen eindeutigen Sortierschlüssel. Andererseits ist ein Schlüssel nur dann sinnvoll, wenn er den gesuchten Datensatz **weitgehend** bestimmt. Dies wären beim obigen Beispiel die Schlüssel

$$[name, vorname] \qquad \text{oder} \qquad [name, vorname, alter].$$

Damit ein Programm Datensätze sortieren kann, muss es die Schlüsselwerte entsprechend der gewählten Ordnungsrelation vergleichen. In einigen Fällen kann man dazu die Vergleichsoperationen der Programmiersprache verwenden. Wählen wir für unsere Studentendatei den Schlüssel [*matrikelNr*] so können wir zwei Studenten s1 und s2 direkt vergleichen:

```
s1.matrikelNr <= s2.matrikelNr .
```

Im Falle des Schlüssels [name, vorname] benötigen wir einen Prozeduraufruf

```
leq (s1, s2)
```

mit einer Funktion *leq* ( Der Name soll an „*less or equal*" erinnern):

```java
boolean leq(Student s1, Student s2 ){
    int i1 = s1.name.compareTo(s2.name);
    if (i1 < 0) return true;
    if (i1 == 0) return s1.vorname.compareTo(s2.vorname) <= 0;
    return false;
}
```

In der Java Entwicklungsumgebung sind für diesen Zweck die Schnittstellen (*Interfaces*) *Comparable* und *java.util.Comparator* definiert. Die Methode *compareTo* vergleicht zwei Werte $a$ und $b$ und liefert 0, eine negative oder eine positive Zahl, je nachdem ob $a = b$, $a < b$ oder $a > b$ war. Eine Alternative zu der Funktion *leq* wäre daher die Implementierung dieser Schnittstellen nach folgendem Schema:

```java
class Student implements Comparable, java.util.Comparator{
    . . .
    public int compareTo(Object o){
        Student s = (Student) o;
        int i = name.compareTo(s.name);
        if (i != 0) return i;
        return vorname.compareTo(s.vorname);
    }
    public int compare(Object o1, Object o2){
        Student s = (Student) o1;
        return s.compareTo(o2);
    }
}
```

Im Folgenden gehen wir darauf nicht mehr ein, da in den Beispielen stets explizite Vergleiche möglich sind. Ggf. kann man diese aber einfach durch entsprechende Funktionsaufrufe ersetzen. Die anschliessenden Sortierbeispiele setzen ein Hauptprogramm des folgenden Typs voraus:

```java
public class StringSort {
    public static void main(String args[]) {
        String feldStrVor = "SORTIERBEISPIEL";
        char [] feld;
```

4.2 Einfache Sortierverfahren

```
System.out.println("Sortierprogramme für Strings");
System.out.println(feldStrVor);
System.out.print("Bubble Sort1: ");
feld = feldStrVor.toCharArray();
Sorter.BubbleSort1(feld);
System.out.println(feld);
.... analog: Aufruf anderer Sortieralgorithmen ...
}
```

Da der *Inhalt* der zu sortierenden Datensätze keine Rolle spielt, genügt es, wenn wir in den folgenden Beispielen nur Datensätze sortieren, die aus je einem Zeichen bestehen:

| S | O | R | T | I | E | R | B | E | I | S | P | I | E | L |
|---|---|---|---|---|---|---|---|---|---|---|---|---|---|---|

Das Ziel ist es, diese Zeichenfolge in eine alphabetisch geordnete Reihenfolge zu bringen. Der Aufwand, 15 Buchstaben in einen sortierten Zustand zu bringen, ist sehr gering.

| B | E | E | E | I | I | I | L | O | P | R | R | S | S | T |
|---|---|---|---|---|---|---|---|---|---|---|---|---|---|---|

Zur Ermittlung von relevanten Laufzeiten werden wir am Ende des Abschnitts Arrays mit Zehntausenden bzw. mit Millionen ganzer Zahlen vom Typ *int* sortieren, damit die Algorithmen auch tatsächlich *etwas zu tun* haben.

Wir gehen in den folgenden Beispielen weiterhin davon aus, dass alle Datensätze in einem Array gespeichert sind, und dass wir eine Prozedur swap zum Vertauschen von zwei Array-Elementen haben:

```
private static void swap(char[] a, int i, int k){
    char temp = a[i];
    a[i] = a[k];
    a[k] = temp;
    }
```

Durch die Formulierung von swap als eigenständige Prozedur werden die folgenden Algorithmen besser lesbar – wenn sich auch die Laufzeit geringfügig erhöht. Swap hat aber noch einen weiteren entscheidenden Vorteil:

Beim Sortieren sollen selbstverständlich keine Datensätze verändert, gelöscht oder hinzugefügt werden. Verändert man das Array nur durch Anwendung der Funktion swap, so ist dies garantiert! Anders ausgedrückt hat man automatisch für alle Sortieralgorithmen:

**Invariante:** *Das Array a ist jederzeit eine Permutation des ursprünglichen Arrays.*

## 4.2.2 BubbleSort

Dieser Algorithmus sortiert ein Array von Datensätzen durch wiederholtes Vertauschen von Nachbarfeldern, die in falscher Reihenfolge stehen. Dies wiederholt man so lange, bis das Array vollständig sortiert ist. Dabei wird das Array in mehreren Durchgängen von links nach rechts durchwandert. Bei jedem Durchgang werden alle Nachbarfelder verglichen und ggf. vertauscht. Nach dem 1. Durchgang hat man folgende Situation:

- Das größte Element ist ganz rechts.
- Alle anderen Elemente sind zwar zum Teil an *besseren* Positionen (also näher an der endgültigen Position), im Allgemeinen aber noch unsortiert.

Den ersten Durchgang illustriert die folgende Figur:

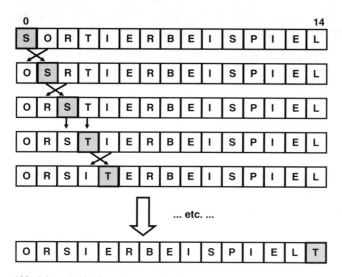

***Abb. 4.6:*** *BubbleSort: Der erste Durchgang*

Das Wandern des größten Elementes ganz nach rechts kann man mit dem Aufsteigen von Luftblasen in einem Aquarium vergleichen: Die größte Luftblase (engl. *bubble*) ist soeben nach oben aufgestiegen.

Nach dem ersten Durchgang ist das größte Element also an seiner endgültigen Position. Für die restlichen Elemente müssen wir nun den gleichen Vorgang anwenden. Nach dem zweiten Durchgang ist auch das zweitgrößte Element an seiner endgültigen Position. Dies wiederholt sich für alle restlichen Elemente mit Ausnahme des letzten. In unserem konkreten Beispiel sind spätestens nach 14 Durchgängen alle Elemente an ihrer endgültigen Position, folglich ist das Array geordnet.

Die Analyse legt also eine *for*-Schleife mit einem Laufindex k nahe. Wir beginnen mit $k = n - 1$ und erniedrigen $k$ nach jedem Durchlauf, wobei wir die folgende Invariante beibehalten.

**Invariante:** *a[k ... n–1] ist geordnet*

Sie ist zu Beginn, also für $k = n-1$, trivialerweise erfüllt und garantiert zum Schluss, wenn $k = 0$ ist, dass *a* komplett geordnet ist.

## 4.2 Einfache Sortierverfahren

```
static void bubbleSort1(char[] a){
    int hi = a.length-1;
    for (int k = hi; k > 0; k--)
        for (int i = 0; i < k; i++)
            if ( a[i] > a[i+1]) swap(a,i,i+1);
}
```

Wenn wir uns das Ergebnis der einzelnen Durchläufe anschauen, dann stellen wir fest, dass der Sortiervorgang nicht erst nach dem 14. Durchgang beendet ist, sondern bereits nach dem 10. Dies liegt daran, dass sich, wie oben schon erwähnt, bei jedem Durchgang auch die Position der noch nicht endgültig sortierten Elemente *verbessert*. Wir können zwar den ungünstigsten Fall konstruieren, bei dem tatsächlich *n – 1* Durchgänge benötigt werden, im Allgemeinen können wir aber BubbleSort bereits nach einer geringeren Anzahl von Durchgängen abbrechen – im günstigsten Fall, wenn die Daten bereits nach dem 1. Durchgang sortiert sind.

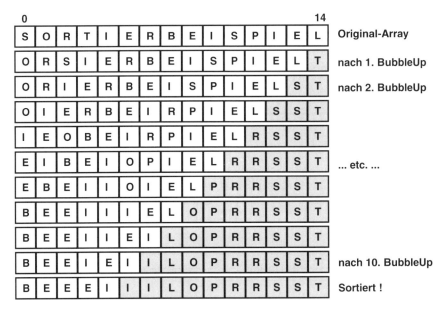

*Abb. 4.7:* BubbleSort: Verlauf des Algorithmus

Aufgrund des oben gesagten können wir den BubbleSort-Algorithmus optimieren, indem wir bei jedem Durchgang testen, ob überhaupt etwas vertauscht wurde. Wenn das nicht der Fall war, können wir vorzeitig abbrechen:

```
static void bubbleSort2(char[] a){
    int hi = a.length-1;
    for (int k = hi; k > 0; k--){
        boolean test = true;
```

```
        for (int i = 0; i < k; i++)
            if (a[i]>a[i+1]) { swap(a,i,i+1); test = false;}
        if (test) break;
        }
}
```

Die innere Schleife von BubbleSort wird beim k-ten Durchgang $n-k$ mal ausgeführt und benötigt eine konstante Zeit $C$, so dass sich die folgende Laufzeit ergibt:

$$\sum_{k=1}^{n}(n-k)\cdot C = ((n-1)+(n-2)+\ldots+2+1))\cdot C = \left(\frac{n(n-1)}{2}\right)\cdot C$$

Damit ergibt sich für BubbleSort qualitativ folgender Aufwand (wobei wir zur Herleitung der Formel für den „average case" auf die weiter führende Literatur verweisen):

| best case | average case | worst case |
|---|---|---|
| $c\cdot(n-1)$ | $\left(\frac{3}{8}\right)\cdot C\cdot n\cdot(n-2)$ | $C\cdot\left(\frac{n(n-1)}{2}\right)$ |

Als Zeitkomplexität $O(t(n))$ für BubbleSort ergibt sich daraus:

| best case | average case | worst case |
|---|---|---|
| $n$ | $n^2$ | $n^2$ |

### 4.2.3 SelectionSort

Bei *SelectionSort* suchen wir in jedem Schritt das kleinste (größte) der noch ungeordneten Elemente und ordnen es am rechten Ende der bereits sortierten Elemente ein. In einem Array $a$ mit dem Indexbereich $[lo...hi]$ sei $k$ die *erste* Position und $i$ die Position des *kleinsten* Elementes im noch unsortierten Bereich.

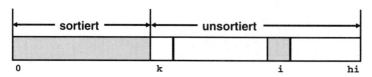

Vertauschen von a[i] mit a[k] vergrößert den sortierten Bereich um ein Element:

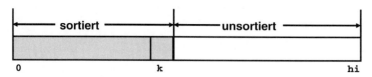

**Abb. 4.8:** *SelectionSort: Nach einem Sortierschritt.*

Wiederholen wir diesen Vorgang so lange, bis $k = hi$ gilt, so ist am Ende das ganze Array sortiert. Für unser Sortierbeispiel ergibt sich im Falle $k = 3$:

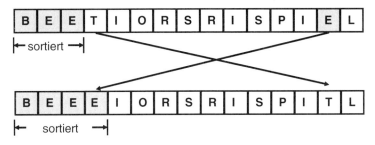

**Abb. 4.9:** *SelectionSort angewandt auf unser Standardbeispiel.*

Für SelectionSort haben wir also:

**Invariante:** $a[0...k-1]$ *ist sortiert und* $\forall i. (k \le i \le n - 1 \Rightarrow a[k - 1] \le a[i])$.

Dies führt zu der folgenden Prozedur für SelectionSort, wobei die Hilfsfunktion *minPos*, welche die Position des kleinsten Elementes im unsortierten Rest ermittelt, die eigentliche Sortierroutine übersichtlicher macht:

```
private static int minPos(char[] a, int lo, int hi){
    int min = lo;
    for (int i = lo+1; i <= hi; i++) if (a[i] < a[min]) min = i;
    return min;
    }
static void selectionSort(char[] a){
    int hi = a.length-1;
    for (int k = 0; k < hi; k++){
        int min = minPos(a, k, hi);
        if ( min != k) swap (a, min, k);
        }
    }
```

Die äußere Schleife wird $(n - 1)$ mal durchlaufen. $minPos(a, k, n)$ erfordert bis zu $(n - k)$ Vergleiche. Damit ergibt sich für SelectionSort qualitativ der gleiche Aufwand wie für BubbleSort, also $O(n^2)$. Allerdings ist die Konstante $C$ in der Aufwandsabschätzung bei SelectionSort erheblich niedriger. Dies liegt daran, dass bei BubbleSort jeder negativ verlaufende Vergleich zu einem *swap* führt – bei SelectionSort wird *swap* aber nur einmal pro Durchgang durchgeführt, nämlich mit dem minimalen Element. Diesem Vorteil steht aber der Nachteil gegenüber, dass der Aufwand von SelectionSort immer ungefähr gleich ist, egal wie gut das Array bereits vorsortiert ist, während BubbleSort in diesen Fällen vorzeitig abbricht und deutlich schneller ist.

## 4.2.4 InsertionSort

Bei InsertionSort nehmen wir immer ein beliebiges Element der noch nicht sortierten Daten auf und sortieren es an der richtigen Stelle ein. Leider lässt sich in einem Array nicht einfach ein neues Element zwischen zwei benachbarte „einschieben", wir müssen also zunächst dafür Platz schaffen, indem wir die störenden Elemente alle um eins nach rechts schieben und dann das Element an der freigewordenen Position einsetzen.

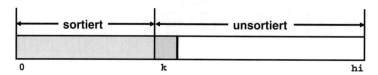

**Abb. 4.10:** *InsertionSort: Vor einem Sortierschritt.*

Das Element $x = a[k]$ wird aus dem Array herausgenommen. Die so entstehende Lücke

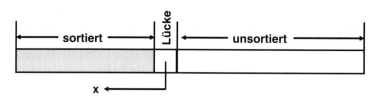

**Abb. 4.11:** *InsertionSort: Eine Lücke wird geschaffen.*

wird nunmehr so lange nach links verschoben (durch Rechtsverschiebung der Felder links davon), bis die korrekte Position für das Element $x = a[k]$ gefunden wurde. Danach wird $x$ dort eingeordnet. Der sortierte Bereich wurde so um eins vergrößert.

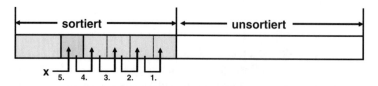

**Abb. 4.12:** *InsertionSort: Die Lücke wird gefüllt.*

Für die äußeren Schleife haben wir hier lediglich die

**Invariante:** $a[0 \ldots k-1]$ *ist sortiert.*

Die Kunst besteht wie immer darin, diese Invariante beizubehalten und dabei $k$ zu erhöhen. Wir könnten dies auf einfache Weise bewerkstelligen, wenn wir beginnend mit $i = k$ abstei-

## 4.2  Einfache Sortierverfahren                                            313

gend jedes Element $a[i]$ mit seinem Nachbarn $a[i-1]$ vertauschen, bis erstmalig $a[i-1] \le a[i]$ gilt. Dabei wird automatisch Platz geschaffen und das Element $a[k]$ an der richtigen Stelle eingefügt. Damit würde *InsertionSort* zu einer Variante von *BubbleSort*.

Die folgende Implementierung verwendet aus Effizienzgründen nicht die Prozedur *swap* für den Schreibzugriff auf a, so dass wir jetzt wieder die Einhaltung der anderen wichtigen Invarianten gesondert überprüfen müssen:

**Invariante***: Das Array a bleibt eine Permutation des ursprünglichen Arrays*

```java
static void insertionSort(char[] a){
    int hi = a.length-1;
    for (int k = 1; k <= hi; k++)
        if (a[k] < a[k-1]){
            char x = a[k];
            int i;
            for ( i = k; ( (i > 0) && (a[i-1] > x) ) ;  i-- )
                a[i] = a[i-1];
            a[i] = x;
            }
        }
```

Das Java-Programm wäre fehlerhaft, wenn für *i = 0* die Bedingung (a[i-1]>x) überprüft oder die Anweisung a[i]=a[i-1]; ausgeführt würde, da der Indexwert –1 außerhalb des zulässigen Bereiches liegt. Daher ist der Vergleich nach dem && in dieser Form nur korrekt, falls eine verkürzte Auswertung (*siehe S. 119*) von &&-Ausdrücken erfolgt. In Java (und C) gehört diese Eigenschaft zur Definition des &&-Operators.

Der *Aufwand für InsertionSort* kann ähnlich abgeschätzt werden wie der von *SelectionSort*. Die Unterschiede sind:

* Im *average case* benötigt man zum Aufspüren der endgültigen Position des ursprünglich in $a[k]$ befindlichen Elementes $k/2$ Vergleiche; bei SelectionSort müssen zum Auffinden von *minPos* alle noch ungeordneten Elemente untersucht werden.
* Andererseits benötigt SelectionSort maximal n *swaps*. Bei InsertionSort dagegen werden im schlimmsten Fall $n^2/2$ viele Datenelemente bewegt.

Bei InsertionSort ist eine kürzere Laufzeit zu erwarten, wenn die Datensätze relativ kurz sind (also der Aufwand für die zusätzlich erforderlichen swap-Aufrufe gering ist) oder wenn die Daten relativ gut vorsortiert sind.

Sind die Datensätze nicht in einem Array, sondern in einer verketteten Liste abgelegt, so muss nicht gesondert Platz für das neue Element gemacht werden – es klinkt sich einfach zwischen die beiden in der Ordnung benachbarten Listenelemente ein. In diesem Falle ist InsertionSort oft der am besten geeignete Algorithmus.

## 4.2.5 Laufzeitvergleiche der einfachen Sortieralgorithmen

Die drei bisher diskutierten Sortieralgorithmen können ohne große Änderungen in ein Testprogramm eingebracht werden, das ein Array mit $n = 25000$, $n = 50000$, $n = 75000$ und $n = 100000$ ganzen positiven Zahlen sortiert. Ziel ist die experimentelle Ermittlung der Laufzeit der Algorithmen. Erst bei einer derart großen Anzahl von Elementen fallen nennenswerte Laufzeiten an. Die Laufzeitmessungen erfolgten mit einem Programm, das in der Beispielsammlung dieses Buches zu finden ist.

Mithilfe eines Zufallszahlengenerators wird ein Array mit der gewünschten Zahl von Elementen erzeugt. Der Zufallszahlengenerator wird mit einer festen Zahl initialisiert, damit jeder Algorithmus die gleiche Zahlenfolge zu sortieren hat. Die Daten werden jeweils zweimal sortiert: Einmal in der Reihenfolge, in der sie generiert worden sind (also in einer zufälligen, unsortierten Reihenfolge), und dann nochmal, nachdem sie bereits sortiert wurden. Die Ergebnisse der Laufzeitmessung auf einem 3,0-GHz Pentium-4-PC sind:

| | n = 25 000 | 50 000 | 75 000 | 100 000 |
|---|---|---|---|---|
| BubbleSort | 2,3 | 9,1 | 20,6 | 36,7 |
| SelectionSort | 0,9 | 3,5 | 7,8 | 13,9 |
| InsertionSort | 0,7 | 2,7 | 6,2 | 11,0 |

**Abb. 4.13:** *Laufzeitvergleich von Sortieralgorithmen mit zufällig sortierten Daten (in Sekunden)*

| | n = 25 000 | 50 000 | 75 000 | 100 000 |
|---|---|---|---|---|
| BubbleSort | 0 | 0 | 0 | 0 |
| SelectionSort | 0,9 | 3,6 | 8,2 | 14,6 |
| InsertionSort | 0 | 0 | 0 | 0 |

**Abb. 4.14:** *Laufzeitvergleich von Sortieralgorithmen mit vorsortierten Daten (in Sekunden)*

Die Genauigkeit der Zeitablesung liegt im Bereich von einigen Millisekunden. Ein Wert von 0 in den Tabellen bedeutet lediglich, dass die Zeit nicht genau gemessen werden kann. BubbleSort ist erheblich langsamer (für zufällig sortierte Daten) als die beiden anderen Algorithmen. Allerdings verringert sich der Abstand deutlich, wenn man die swap-Prozedur optimiert, das heißt z.B. durch eine Inline-Routine ersetzt. (Dieses Ergebnis ist in der obigen Tabelle nicht enthalten.) Deutlich wird in der obigen Tabelle auch das hervorragende Abschneiden von BubbleSort und InsertionSort bei vorsortierten Daten. Dies ist eine wichtige Eigenschaft dieser Sortieralgorithmen, wenn man bedenkt, dass es in der Praxis häufig vorkommt, dass ein bereits sortierter Datenbestand leicht verändert wurde – etwa durch Einfügung neuer oder Löschung alter Daten. Für die erneute Sortierung der leicht modifizierten Daten bieten sich nun BubbleSort oder InsertionSort an.

4.2 Einfache Sortierverfahren                                                                    315

Die Algorithmen dieses Kapitels wurden seit der dritten Auflage dieses Buches im Jahre 1997 in der Programmiersprache Java formuliert und mit dem jeweils aktuellen JDK getestet. Berücksichtigt man den jeweils gestiegenen Prozessortakt der verwendeten Testrechner, so zeigt sich, dass die Geschwindigkeit der verwendeten *Java Virtual Machine (JVM)* beim Übergang von der Version 1.1 zu Version 1.2 deutlich verbessert wurde. Bei Version 1.3 mussten Geschwindigkeitseinbußen in Kauf genommen werden und mit Version 1.4 wurde die Performanz wieder erheblich verbessert. Die Version 1.5 lag zum Zeitpunkt der Messung erst in einer deutlich langsameren Betaversion vor.

Für die Erklärung der oben ermittelten Verbesserungen der Laufzeit sind natürlich noch andere Faktoren als nur der Prozessortakt relevant. Einmal dürften schnellere Speicherzugriffe und Caches eine Rolle spielen, zum anderen auch die Fähigkeit der neueren JVMs, beim Laden von Programmen aus Klassen-Dateien direkt Maschinencode erzeugen zu können. Diese Technik nennt man *Just In Time Compiling* (JIT).

Gegen Ende dieses Kapitels vergleichen wir in Java geschriebene Sortierprogramme mit effizienten C++ Programmen (S. 329). Dabei zeigen sich nur sehr geringe Laufzeitunterschiede.

## 4.2.6 ShellSort und CombSort

ShellSort ist eine Variante von InsertionSort und verdankt seinen Namen dem Erfinder Donald Shell. ShellSort arbeitet mit mehreren Durchgängen. Wir können sicher sein, dass ShellSort korrekt sortiert, da der letzte Durchgang mit InsertionSort übereinstimmt. Die vorherigen Durchgänge bewirken eine weitgehende Vorsortierung des Arrays, so dass im letzten Durchgang *fast nichts mehr zu tun ist* und er so schnell ist, wie wir das nach den obigen Ausführungen über InsertionSort erwarten können. Da sich der Aufwand für das Vorsortieren in Grenzen hält, ist der Aufwand für ShellSort für nicht vorsortierte Datenbestände deutlich besser als bei InsertionSort.

Auf theoretischem Wege kann man zeigen, dass die Komplexität von ShellSort kleiner ist als $n^{1,5}$. Experimentell findet man sogar, dass der Aufwand zu $n^{1,25}$ proportional ist. Da der Effekt von ShellSort auf schwer vorhersehbaren stochastischen Ereignissen beruht, ist bis heute keine bessere Abschätzung als $n^{1,5}$ bewiesen worden.

Wir parametrisieren zunächst InsertionSort mit einem Integer-Parameter $h$, wobei wir feststellen, dass sich für $h = 1$ gerade die Originalversion von InsertionSort ergibt:

```
static void insertionSort(int h){
    for (int k = h; k <= hi; k++)
        if(a[k] < a[k-h]){
            char x = a[k];
            int i;
            for (i = k; ((i>(h-1)) && (a[i-h]>x)); i-=h)
                a[i] = a[i-h];
            a[i] = x;
        }
}
```

Die Idee von Shell ist es nun, *InsertionSort(h)* für eine bestimmte *absteigende* Folge von Werten für $h$ aufzurufen. Recht gut funktioniert dies für die Folge 1,4,13,40,121, ... mit dem Bildungsgesetz

$$h_0 = 1, h_{n+1} = 3 \cdot h_n + 1.$$

Für $h$ müssen wir die Zahlen dieser Folge *in umgekehrter Reihenfolge* einsetzen, wobei man mit dem größten $h_n$ beginnt, das kleiner als $n$ ist. Durch den abschließenden Wert $h = 1$ ist garantiert, dass die Daten am Ende sortiert sind.

Als Java Programm formuliert ergibt sich:

```
static void shellSort(char[] a){
    int hi = a.length-1;
    int hmax=1, h ;
    for ( hmax=1; hmax < hi ; hmax = 3*hmax+1 ){ };
    for ( h = hmax/3; h > 0; h /= 3) insertionSort(h);
```

Die obige Folge, mit deren Hilfe ShellSort erfolgreich implementiert werden kann, ist nicht die bestmögliche Folge. Experimentell kann man feststellen, dass es *gute* und *schlechte* Folgen gibt. In dem im Literaturverzeichnis zu diesem Kapitel aufgeführten Buch von Mark Allen Weiss wird die Folge

```
.. 16001, 3905, 2161, 929, 505, 209, 109, 41, 19, 5, 1
```

als die derzeit beste bekannte Folge angegeben. Eine theoretische Begründung dafür steht noch aus – jedenfalls kann man auch für diese Folge keine Laufzeitabschätzung beweisen, die den gemessenen Werten entspricht.

Da auch BubbleSort die Eigenschaft hat, vorsortierte Daten in deutlich kürzerer Zeit zu sortieren als zufällig verteilte Daten, kann man erwarten, dass eine ähnliche Verbesserung wie ShellSort relativ zu InsertionSort auch für BubbleSort existiert. Dies ist auch der Fall. Der entsprechende Algorithmus wird *CombSort* genannt. Er ist aber deutlich langsamer als ShellSort.

# 4.3 Schnelle Sortieralgorithmen

ShellSort ist mit einer Laufzeit von $n^{1,5}$ bereits schneller als die einfachen Algorithmen BubbleSort, SelectionSort und InsertionSort mit ihrer quadratischen Laufzeit. Es gibt aber noch schnellere Algorithmen, die zudem auf eleganten mathematischen Ideen beruhen. Dazu gehören *HeapSort*, *QuickSort* und *MergeSort* mit einer Laufzeit von $n \cdot log(n)$. Es lässt sich zeigen, dass noch schnellere Sortieralgorithmen unmöglich sind – jedenfalls wenn man nicht von vornherein die maximal erlaubte Datenmenge einschränkt. Ist man aber bereit, eine solche Einschränkung hinzunehmen, etwa für einen Algorithmus zur Sortierung von maximal 5-stelligen Postleitzahlen, so kann man mit *DistributionSort* einen Algorithmus angeben, der in dem begrenzten Bereich ein lineares Laufzeitverhalten zeigt.

## 4.3.1 Divide and Conquer – teile und herrsche

Unser nächster Sortieralgorithmus, QuickSort, gehört zur Klasse der *divide-and-conquer*-Algorithmen. Mit diesem Begriff, zu deutsch „teile und herrsche", beschreibt man folgende Problemlösestrategie:

- Zerlege das Problem $P$ in Teilprobleme $P_1, ..., P_n$,
- finde die Lösungen $L_1, ..., L_n$ der Teilprobleme,
- setze die Lösung $L$ von $P$ als Kombination der Lösungen $L_1, ..., L_n$ zusammen.

Ist eine solche divide-and-conquer Strategie für ein Problem bekannt, so kann man sie sofort als rekursives Programm niederschreiben, wobei die Rekursion stoppt, wenn das Problem so trivial ist, dass die Lösung unmittelbar bekannt ist. Für den Fall $n = 2$ können wir ein abstraktes Gerüst eines divide-and-conquer Programm *dac* angeben:

```
lösungsTyp dac( problemTyp P){
    if (istTrivial(P)) return trivialLösung;
    else return combine( dac(Teil1(P)), dac(Teil2(P)));
```

## 4.3.2 QuickSort

*QuickSort* wurde 1960 von dem berühmten britischen Informatiker C.A.R. Hoare entwickelt. Damals waren noch keine schnellen Sortieralgorithmen bekannt, und man versuchte daher, die einfachen Sortierverfahren durch raffinierte Programmiertricks zu beschleunigen. Hoare demonstrierte, dass es, wie auch in vielen anderen Fällen, sinnvoller ist, nach besseren Algorithmen zu suchen, als vorhandene Algorithmen durch trickreiche Programmierung zu beschleunigen. Besonders bemerkenswert ist in diesem Zusammenhang, dass QuickSort ein rekursiver Algorithmus ist, was in den Frühzeiten der Informatik als ineffizient galt.

Sei $a$ das zu sortierende Array. Wähle zunächst irgendein Element $w = a[k]$ aus:

Es ist üblich dieses Element *Pivot* zu nennen.

*Partitioniere* die übrigen Elemente von $a$ in zwei kleinere Arrays $a_1$ und $a_2$, so dass:

*alle Elemente von $a_1$ sind $\leq w$,*
*alle Elemente von $a_2$ sind $\geq w$.*

Bringt man jetzt $w$ zwischen $a_1$ und $a_2$:

so gilt für die neue Anordnung $a_1$ w $a_2$

$$\forall x \in a_1 \; \forall y \in a_2 : x \leq w \leq y$$

Jetzt muss man nur noch $a_1$ und $a_2$ sortieren – dazu nehmen wir natürlich QuickSort – und haben eine sortierte Variante des ursprünglichen Arrays $a$.

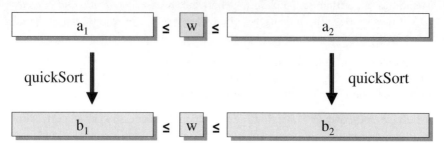

In unserem S O R T I E R B E I S P I E L wählen wir z.B. für w das Element an der dritten Position, R, und erhalten $a_1$ = O I E B E I I E L und $a_2$ = S T R S. Sortieren von $a_1$ ergibt B E E E I I L O P, sortieren von $a_2$ ergibt R S S T. Wir setzen zusammen:
B E E E I I L O P + R + R S S T = B E E E I I L O P R R S S T.

Man beachte, dass QuickSort rekursiv aufgerufen wird, um nur einen Abschnitt $a[li...re]$ eines Arrays zu sortieren. Daher wird die Funktion *QuickSort* drei Argumente benötigen:

- das Array $a$, die linke Grenze $li$, die rechte Grenze $re$.

Offensichtlich funktioniert QuickSort besonders gut, wenn es gelingt, w so zu wählen, dass nach der Partition die Teile $a_1$ und $a_2$ etwa gleich groß sind. Immerhin kann weder $a_1 = a$ noch $a_2 = a$ vorkommen, so dass gewährleistet ist, dass der rekursive Algorithmus nicht in eine Endlosschleife geht! Für die Wahl von w gibt es eine Reihe von *Heuristiken* (Daumenregeln). Es bietet sich an, $w = a[li]$, $w = a[re]$ oder $w = a[mid]$ zu wählen, wobei $mid = (li+re)/2$ ein mittleres Element im Intervall $li...re$ ist. Für all diese Heuristiken lassen sich aber Arrays konstruieren, die bei der gewählten Heuristik besonders gut oder besonders schlecht abschneiden.

Für unser S O R T I E R B E I S P I E L ergibt sich mit der Heuristik $w = a[mid]$ im ersten Schritt die schlechtestmögliche Partitionierung – $a_1$ bleibt leer:

$a_1$ = [ ], w = B und $a_2$ = O R T I E R S E I S P I E L.

Im nächsten Schritt muss nur noch $a_2$ partitioniert werden. Das mittlere Element ist jetzt ein S, und es entsteht die auch nicht gerade günstige Zerlegung von $a_2$ in

$a_{21}$ = O R L I E R E E I I P, w = S und $a_{22}$ = S T.

Eine leichte Modifizierung der Heuristik wählt w stets als das mittlere unter den drei Elementen $a[li]$, $a[mid]$ und $a[re]$. In diesem Falle erhalten wir im ersten Schritt den Pivot L und die recht günstige Partition:

$a_1$ = B E I I I E E, w = L und $a_2$ = R T S P R O S.

## 4.3.3 Die Partitionierung

Bisher haben wir offen gelassen, nach welchem Algorithmus $a$ partitioniert werden soll. Die folgende Lösung benützt zur Partitionierung von $a[li...re]$ nur swap, so dass wir sicher sein können, dass die erste Invariante erhalten bleibt, die besagt, dass das Array hinterher eine Permutation des anfänglichen Arrays ist.

**Partitionierung**:
>Setze $i = li$ und $j = re$.
>Solange $li < i < j < re$, führe die folgenden Schritte durch:
>>inkrementiere $i$, solange $a[i] < w$,
>>dekrementiere $j$ solange $a[j] > w$,
>>vertausche $a[i]$ mit, $a[j]$ erhöhe $i$ und dekrementiere $j$.

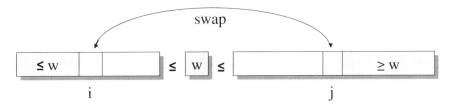

**Abb. 4.15:** *swap, falls $a[i] > a[j]$*

## 4.3.4 Korrektheit von QuickSort

Aufgrund der Konstruktion mag bereits einleuchten, dass QuickSort korrekt funktioniert. Wir wollen aber anhand dieses einfachen rekursiven Algorithmus demonstrieren, wie ein formaler Korrektheitsbeweis geführt werden kann. Eigenschaften rekursiver Algorithmen lassen sich am einfachsten induktiv beweisen. Daher zeigen wir die Korrektheit von QuickSort durch Induktion über die Anzahl $n$ der Elemente eines beliebigen zu ordnenden Array-Abschnittes $a[li...re]$. Wir wollen die Korrektheit des Partitionieralgorithmus voraussetzen.

- Falls $n = 1$, d.h. $li = re$, ist das (einelementige) Array bereits sortiert und $QuickSort(a,li,re)$ ändert nichts an a.
- Wir nehmen jetzt induktiv an, dass QuickSort jeden Array-Abschnitt mit höchstens $k$ Elementen korrekt sortiert und betrachten ein $a$ mit $n = k+1$ Elementen. Im ersten Schritt entsteht eine Partition $a_1 \, w \, a_2$, so dass gilt:
  $u \leq w \leq v$ für alle $u$ aus $a_1$ und alle $v$ aus $a_2$, und
  $a_1 \, w \, a_2$ ist eine Permutation des ursprünglichen $a$.
  QuickSort, angewendet auf die höchstens $k$-elementigen Abschnitte $a_1$ und $a_2$ liefert die Abschnitte $a_1'$ und $a_2'$. Die Induktionsannahme liefert jetzt:
  *$a_1'$ und $a_2'$ sind geordnet und Permutationen von $a_1$ und $a_2$.*

Es folgt daher mit dem vorigen, dass $u \leq w \leq v$ für alle $u$ aus $a_1'$ und alle $v$ aus $a_2'$. Folglich ist $a_1' \, w \, a_2'$ eine geordnete Permutation von $a_1 \, w \, a_2$, also auch von $a$.

## 4.3.5 Komplexität von QuickSort

Die Aufrufhierarchie von QuickSort können wir durch einen Baum darstellen. Die Knoten veranschaulichen das zu sortierenden Teilarray. Im günstigsten Fall, wenn das Pivot immer nahe der Mitte des Arrays liegt, hat dieser Baum ca. $log_2(n)$ viele Etagen. Jede Etage enthält alle Elemente des Arrays - ausser den Pivots der vorigen Etage - genau einmal, so dass wir für die Partitionierung einer kompletten Etage maximal die Zeit $c \cdot n$ benötigen. Der Gesamtaufwand ist im günstigsten Fall daher höchstens $c \cdot n \cdot log_2(n)$.

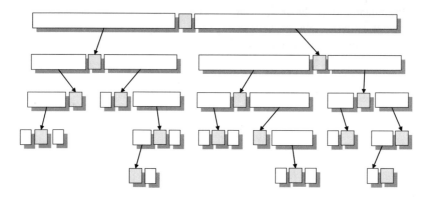

*Abb. 4.16:* QuickSort: Partitionenbaum

Im ungünstigsten Fall, wenn bei jeder Partitionierung nur das Vergleichselement abgetrennt wird, entartet der obige Baum zu einer *Kette* mit *n* Elementen. In diesem Fall ist der Aufwand proportional zu $n^2$. Dieser Fall kommt aber bei geschickter Implementierung nur sehr selten vor. Ohne nähere Begründung sei noch erwähnt: Im Normalfall, dem durchschnittlichen Fall, ist das Laufzeitverhalten von Quicksort übrigens auch $c \cdot n \cdot log_2(n)$ . Das erklärt das gute Abschneiden von Quicksort bei den Laufzeitvergleichen.

In unserer Java-Implementierung von QuickSort wählen wir als Pivot das mittlere der Elemente *a[li]*, *a[re]* und *a[(li + re)/2]* und sortieren diese gleich vor.

```
static void quickSort(char[] a){
    int hi = a.length-1;
    rekQuickSort(a, 0, hi);
    }
static void rekQuickSort(char[] a, int lo, int hi){
    int li  = lo;
    int re  = hi;
    int mid = (li+re)/2;
    if (a[li]  > a[mid]) swap(a, li, mid);
    if (a[mid] > a[re])  swap(a, mid, re);
    if (a[li]  > a[mid]) swap(a, li, mid);
    if ((re - li) > 2){
```

```
        char w = a[mid];
        do{
                while (a[li] < w) li++;
                while (w < a[re]) re--;
                if (li <= re){ swap(a, li, re); li++; re--;}
        }while (li <= re);
        if (lo < re) rekQuickSort(a, lo, re);
        if (li < hi) rekQuickSort(a, li, hi);
        }
}
```

### 4.3.6 MergeSort

MergeSort ist ein weiterer divide-and-conquer Algorithmus. MergeSort teilt die ursprüngliche Menge der Datensätze in zwei Hälften auf. Diese werden sortiert und dann zusammengemischt. Dabei vergleicht man immer wieder die vordersten Elemente der sortierten Hälften und entnimmt das kleinere der beiden. Auf diese Weise verschmelzen (engl. *merge*) die zwei geordnete Listen zu einer gemeinsamen geordneten Liste, die alle Elemente der ursprünglichen beiden Listen enthält.

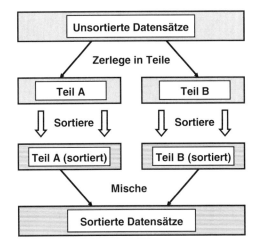

*Abb. 4.17:* Prinzip von MergeSort

Den Algorithmus kann man sofort hinschreiben:

```
static void mSort(char[] a, int lo, int hi){
    if (lo < hi){int mid=(lo+hi+1)/2;
        mSort(a, lo, mid-1);
        mSort(a, mid, hi);
        merge(a,lo,mid,hi);
    }
}
```

Es wird also zunächst die Mitte mid des Bereiches *lo...hi* bestimmt. Durch rekursive Aufrufe von *mSort* werden die Abschnitte *a[lo...mid*–1] und *a[mid]...a[hi]* sortiert, danach werden sie durch *merge* verschmolzen. Die Rekursion terminiert, wenn *lo = hi* ist. Das Array hat dann nur ein Element, ist also trivialerweise geordnet.

Jetzt bleibt noch *merge* zu programmieren. Der Einfachheit halber verwenden wir ein Hilfsarray *temp*, in das die geordneten Teilarrays hineingemischt werden. Zum Schluss wird temp wieder in *a[lo...hi]* zurückkopiert.

```
static void merge(char[] a, int lo, int mid, int hi){
    char [] temp = new char[hi-lo+1];
    for (int i=0, j=lo, k=mid; i < temp.length; i++)
        if ((k > hi)||(j < mid) && (a[j] < a[k])){
            temp[i] = a[j]; j++;
        }
        else{
            temp[i] = a[k]; k++;
        }
    for (int i=0; i < temp.length; i++)
        a[lo+i] = temp[i];
}
```

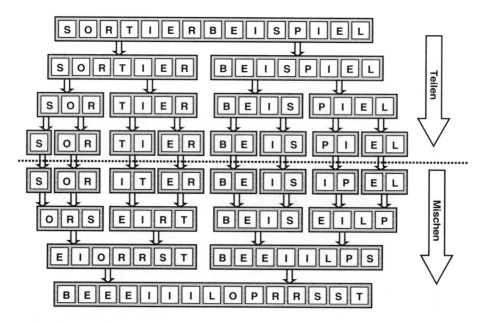

**Abb. 4.18:** *MergeSort bei einem Beispiel*

4.3  Schnelle Sortieralgorithmen                                                                            323

Das angegebene Programm kann durchaus noch optimiert werden, dies geht aber zu Lasten
der Übersichtlichkeit. Ähnlich wie bei QuickSort empfiehlt es sich, die einfachen Fälle mit
weniger als zwei oder drei Array-Elemente gesondert zu behandeln. Außerdem ist das ständige Generieren von Hilfsfeldern ineffizient – besser legt man nur ein großes Hilfsfeld an und
verwendet dieses immer wieder. Bei den Laufzeitmessungen am Ende dieses Abschnittes
(siehe S. 328) wurde eine derart optimierte Fassung benutzt.

Offensichtlich ist der Zeitbedarf von *merge* proportional zur Elementanzahl, d.h. linear. Mit
derselben Argumentation wie bei QuickSort sieht man, dass Mergesort die Komplexität
$n \cdot log(n)$ hat. Die Aufteilung des Arrays in zwei Hälften gelingt immer optimal. MergeSort
muss ja nur einen mittleren *Index* finden, QuickSort dagegen einen mittleren *Wert*. Daher ist
auch im schlimmsten Fall (worst case) MergeSort nicht schlechter als $n \cdot log(n)$.

MergeSort eignet sich gut für externes Sortieren (siehe S. 330), insbesondere funktioniert es
auch mit geordneten Listen – an der Stelle von Arrays. Allerdings ist seine Laufzeit im Vergleich zu anderen Verfahren nicht besonders gut. Für MergeSort spricht allerdings sein günsti-
ges Worst-Case-Verhalten.

## 4.3.7    DistributionSort

Die bisher diskutierten Sortieralgorithmen basieren auf den Operationen:

* Vergleich zweier Elemente,
* Vertauschen zweier Elemente (swap).

Mithilfe dieser Operationen gelingt es, *allgemein* anwendbare Sortieralgorithmen mit bestenfalls $n \cdot log(n)$ Aufwand zu konstruieren, wie zum Beispiel ShellSort, MergeSort, QuickSort
und den später noch vorzustellenden HeapSort. Man kann sogar beweisen, dass Sortieralgorithmen, die auf Vergleichen aufbauen, mindestens den Aufwand $n \cdot log(n)$ haben.

Im Gegensatz dazu kommt DistributionSort ohne Vergleiche aus. Es setzt aber voraus, dass
die Daten mit einem Sortierschlüssel eines festen Formats versehen sind und dass sie anhand
des Schlüsselwertes geordnet werden sollen. Der Sortierschlüssel kann z.B. eine Ziffernfolge,
eine Bytefolge, oder eine Zeichenfolge eines festen Formats sein. Beispiele für solche Schlüssel sind fünfstellige Postleitzahlen, 10-stellige ISBN-Codes (jede Stelle ist eine Dezimalziffer
oder „X") oder Internet-Adressen (4 Byte).

Die zu sortierenden Datenelemente werden anhand einer Ziffern- bzw. Byteposition im Sortierschlüssels in Fächer verteilt und wieder zusammengetragen. Man verteilt zuerst anhand
der letzten Position, schiebt das Resultat zusammen, verteilt anschließend mit der nächsthöheren Position, usw. Nachdem man nach der ersten Position geordnet hat, sind die Daten in der
richtigen Reihenfolge.

Wir demonstrieren DistributionSort anhand eines Beispiels. Es sei eine Reihe von Briefen zu
sortieren. Der Sortierschlüssel ist hier die 5-stellige Postleitzahl. Für jede der 10 Ziffern 0 ... 9
stellen wir ein Fach bereit, das schlimmstenfalls in der Lage sein muss, alle Briefe aufzunehmen. Wir gehen folgendermaßen vor:

1. Verteilen aller Briefe auf die 10 Fächer anhand der *letzten* Ziffer.
2. Zusammenschieben unter Beibehaltung der bisherigen Ordnung.
3. Verteilen aller Briefe anhand der *vorletzten* Ziffer.
4. Zusammenschieben ...

Dies führen wir fort bis einschließlich zur 1. Ziffer. Die Daten sind danach geordnet.

In dem folgenden Beispiel sortieren wir 12 Briefe anhand der Postleitzahlen:

```
Brief  1   nach  3 5 0 3 7  Marburg
Brief  2   nach  7 1 6 7 2  Marbach
Brief  3   nach  3 5 2 8 8  Wohratal
Brief  4   nach  3 5 2 8 2  Rauschenberg
Brief  5   nach  8 8 6 6 2  Überlingen
Brief  6   nach  7 9 6 9 9  Zell
Brief  7   nach  8 0 6 3 8  München
Brief  8   nach  8 0 6 3 7  München
Brief  9   nach  5 5 1 2 8  Mainz
Brief 10   nach  5 5 4 6 9  Simmern
Brief 11   nach  8 2 3 4 0  Feldafing
Brief 12   nach  8 2 3 2 7  Tutzing
```

*Briefe vor dem Sortieren*

```
Brief 11   nach  8 2 3 4 0  Feldafing
Brief  2   nach  7 1 6 7 2  Marbach
Brief  4   nach  3 5 2 8 2  Rauschenberg
Brief  5   nach  8 8 6 6 2  Überlingen
Brief  1   nach  3 5 0 3 7  Marburg
Brief  8   nach  8 0 6 3 7  München
Brief 12   nach  8 2 3 2 7  Tutzing
Brief  3   nach  3 5 2 8 8  Wohratal
Brief  7   nach  8 0 6 3 8  München
Brief  9   nach  5 5 1 2 8  Mainz
Brief  6   nach  7 9 6 9 9  Zell
Brief 10   nach  5 5 4 6 9  Simmern
```

*Briefe sortiert nach der letzten Ziffer*

**Abb. 4.19:** *Distribution Sort (Schritt 1)*

```
Brief 12   nach  8 2 3 2 7  Tutzing
Brief  9   nach  5 5 1 2 8  Mainz
Brief  1   nach  3 5 0 3 7  Marburg
Brief  8   nach  8 0 6 3 7  München
Brief  7   nach  8 0 6 3 8  München
Brief 11   nach  8 2 3 4 0  Feldafing
Brief  5   nach  8 8 6 6 2  Überlingen
Brief 10   nach  5 5 4 6 9  Simmern
Brief  2   nach  7 1 6 7 2  Marbach
Brief  4   nach  3 5 2 8 2  Rauschenberg
Brief  3   nach  3 5 2 8 8  Wohratal
Brief  6   nach  7 9 6 9 9  Zell
```

*Briefe sortiert nach der vierten Ziffer*

```
Brief  1   nach  3 5 0 3 7  Marburg
Brief  9   nach  5 5 1 2 8  Mainz
Brief  4   nach  3 5 2 8 2  Rauschenberg
Brief  3   nach  3 5 2 8 8  Wohratal
Brief 12   nach  8 2 3 2 7  Tutzing
Brief 11   nach  8 2 3 4 0  Feldafing
Brief 10   nach  5 5 4 6 9  Simmern
Brief  8   nach  8 0 6 3 7  München
Brief  7   nach  8 0 6 3 8  München
Brief  5   nach  8 8 6 6 2  Überlingen
Brief  2   nach  7 1 6 7 2  Marbach
Brief  6   nach  7 9 6 9 9  Zell
```

*Briefe sortiert nach der dritten Ziffer*

**Abb. 4.20:** *Distribution Sort (Schritte 2 und 3)*

4.3 Schnelle Sortieralgorithmen 325

```
Brief  8  nach  8|0 6 3 7  München        Brief  1  nach  3|5 0 3 7  Marburg
Brief  7  nach  8|0 6 3 8  München        Brief  4  nach  3|5 2 8 2  Rauschenberg
Brief  2  nach  7|1 6 7 2  Marbach        Brief  3  nach  3|5 2 8 8  Wohratal
Brief 12  nach  8|2 3 2 7  Tutzing        Brief  9  nach  5|5 1 2 8  Mainz
Brief 11  nach  8|2 3 4 0  Feldafing      Brief 10  nach  5|5 4 6 9  Simmern
Brief  1  nach  3|5 0 3 7  Marburg        Brief  2  nach  7|1 6 7 2  Marbach
Brief  9  nach  5|5 1 2 8  Mainz          Brief  6  nach  7|9 6 9 9  Zell
Brief  4  nach  3|5 2 8 2  Rauschenberg   Brief  8  nach  8|0 6 3 7  München
Brief  3  nach  3|5 2 8 8  Wohratal       Brief  7  nach  8|0 6 3 8  München
Brief 10  nach  5|5 4 6 9  Simmern        Brief 12  nach  8|2 3 2 7  Tutzing
Brief  5  nach  8|8 6 6 2  Überlingen     Brief 11  nach  8|2 3 4 0  Feldafing
Brief  6  nach  7|9 6 9 9  Zell           Brief  5  nach  8|8 6 6 2  Überlingen
```

*Briefe sortiert nach der zweiten Ziffer*      *Briefe sortiert nach der ersten Ziffer*

**Abb. 4.21:** *Distribution Sort für Briefe (Schritte 4 und 5)*

Ein Nachteil von DistributionSort ist das fest vorgegebene Format des Sortierschlüssels. Dadurch ist die maximale Anzahl verschiedener Datensätze begrenzt. Mit dieser Einschränkung ist DistributionSort aber ein linearer Algorithmus und erweist sich auch in der Praxis als sehr effizient. Die Tabelle am Ende dieses Kapitels belegt, dass er mit Abstand der schnellste Algorithmus zum Sortieren von Daten nach einem Sortierschlüssel ist.

## 4.3.8 Wieso und wie gut funktioniert DistributionSort?

Offensichtlich werden die Datensätze durch DistributionSort nur permutiert, d.h. es werden keine weggeworfen oder neu erzeugt. Somit ist die erste wichtige Invariante aller Sortieralgorithmen erfüllt:

*Die endgültige Folge der Datensätze ist eine Permutation der ursprünglichen.*

Dass bei einem Schlüssel der Länge m die Daten nach m Schritten korrekt sortiert sind, kann man mit einem einfachen Induktionsbeweis über die Länge des Sortierschlüssels zeigen:

<u>Induktionsanfang</u> ($m = 1$): Bei einem Sortierschlüssel der Länge 1 sind die Daten offensichtlich bereits nach dem ersten Durchgang sortiert.

<u>Induktionsschritt</u>: Sei jetzt $m = k + 1$ die Länge des Sortierschlüssels. Nach $k$ Schritten wären die Daten bereits sortiert, wenn man die erste Stelle im Schlüssel ignorieren würde – das ist die Induktionshypothese. Für beliebige Datensätze $D_1$ und $D_2$ mit Schlüsseln $K_1 = s_{k+1}s_k...s_1$ und $K_2 = t_{k+1}t_k...t_1$ hat man also, dass $D_1 \leq D_2$ genau dann gilt, wenn $s_k...s_1 \leq s_k...s_1$. Nun werden die Daten zusammengelegt, wobei die bisherige Ordnung erhalten wird. Für den letzten Schritt gibt es zwei Möglichkeiten:

- Falls $s_{k+1} = t_{k+1}$, dann kommen $D_1$ und $D_2$ in das gleiche Fach. Dabei wird die ursprüngliche Reihenfolge beibehalten. Weil die ersten Ziffern des Schlüssels übereinstimmen, folgt aus $K_1 \leq K_2$, d.h. $s_{k+1}s_k...s_1 \leq t_{k+1}t_k...t_1$, bereits $s_k...s_1 \leq t_k...t_1$, nach Induktionsvoraussetzung also auch $D_1 \leq D_2$.

- Falls $s_{k+1} < t_{k+1}$, dann gilt in jedem Fall $K_1 < K_2$. In der Tat wird im letzten Schritt $D_2$ in ein höheres Fach kommen als $D_1$, so dass auch in diesem Fall $D_1 \leq D_2$ gilt.

Da DistributionSort mit einem festen Schlüssel arbeitet, kann es nur mit einer beschränkten Anzahl von verschiedenen Datensätzen umgehen: Wenn der Schlüssel die Länge $m$ hat und an jeder Position eines von $d$ vielen Zeichen stehen kann, so sind es maximal $d^m$ viele verschiedene Datensätze. Ein auf dem asymptotischen Verhalten beruhender Vergleich mit anderen Sortieralgorithmen ist daher nicht fair, denn irgendwann können nur noch Datensätze mit bereits vorhandenem Schlüssel hinzukommen. Mit dieser Einschränkung ist DistributionSort allerdings linear. Jedes Einordnen ist linear, also $c \cdot N$ und dieses ist $m$ mal zu wiederholen, also ist der Aufwand $m \cdot c \cdot N$, d.h. $O(N)$.

## 4.3.9    Einsatz und Implementierung von DistributionSort

Den Einsatz von DistributionSort erschweren zwei Probleme:

- Die Ordnung der Schlüsselwerte (interpretiert als Zahl in einer geeigneten Basis) muss nicht die gewünschte Ordnung auf den Daten widerspiegeln. Interpretiert man z.B. die Nachnamen im Telefonbuch als Zahlen im 26-er System (oder im 256-er System), so ergäbe sich aufgrund der Schlüsselwerte zum Beispiel a < bob < abba.
- In jedem Sortierfach muss potenziell Platz für alle Datensätze sein. Bei 256 Fächern würden wir also 256 mal Platz für das komplette Array benötigen.

Das erste Problem lässt sich oft durch geeignete Adaption lösen. Im Beispiel des Telefonbuchs könnte man eine maximale Namenslänge $k$ festlegen und unter Anhängung eines Hilfszeichens * jeden Namen auf die Länge $k$ ergänzen. Wertet man * als den kleinsten Buchstaben, so entspricht die lexikografische Ordnung der Namen gerade der arithmetischen Ordnung auf den so ergänzten „Zahlen" mit den Ziffern *, a, b, ..., z. Beispielsweise gilt a*** < abba < bob*.

Das zweite Problem lösen wir so, dass wir ein „Fach" als Bereich in einem festen Array $b$ interpretieren. In jedem Durchgang zählen wir zuerst, wie viele Datensätze in jedes Fach kommen werden. Diese Zahl speichern wir in einem Array *count*. Bei dem obigen Schlüssel mit den Ziffern *, a, b, ..., z entspricht das erste Fach dem Abschnitt $b[0...(count[*] - 1)]$, das zweite $b[count[*]...(count[*] + count[a]-1)]$, etc.

Geschickterweise berechnet man zunächst alle Fachgrenzen separat und überschreibt damit dasselbe Array *count*:

```
for (int z=1; z < d; z++) count[z] += count[z-1];
```

Jetzt steht in *count[z]* der Beginn des *(z+1)*-ten Faches. Wir müssen also die Daten in *count[z]* noch um eine Position nach rechts verschieben, danach gibt *count[z]* den Beginn des Faches für das *z*-te Zeichen an:

```
for (int z = d-1; z > 0; z--)  count[z] = count[z-1];
count[0]=0;
```

## 4.3 Schnelle Sortieralgorithmen 327

Wenn wir in der $k$-ten Runde also einen Datensatz $a[i]$ einordnen wollen, so müssen wir die $k$-te Position $z = key(k, a[i])$ in seinem Schlüssel bestimmen. Diese besagt jetzt, dass der Datensatz in das Fach $z$ gespeichert werden muss, welches an der Position $count[z]$ beginnt.

In diesem Fach können sich aber bereits Datensätze befinden, welche in dieser Runde schon eingeordnet wurden. Man darf sie nicht überschreiben, daher erhöhen wir in jedem Schritt $count[z]$: Das Einordnen aller Daten erledigt jetzt folgende Schleife:

```
for (int i = 0; i < a.length ; i++){
    f=key(k,a[i]);
    b[count[f]++]= a[i];
};
```

Erneut hat also das Hilfsarray count seine Bedeutung gewechselt:

> count [z] bezeichnet immer die nächste freie Position im z-ten Fach.

Am Ende der Runde sind alle $k$ Datensätze richtig in $b$ eingeordnet. Ein Zusammenlegen ist nicht mehr nötig, es genügt jetzt, dass man die – ohnehin virtuellen – Fachgrenzen vergisst. Vor der nächsten Runde muss b wieder nach a zurückkopiert werden.

Der hier gezeigte fertige Algorithmus nimmt an, dass der Schlüssel aus $m$ Zeichen einer $d$-elementigen Zeichenmenge $0...(d-1)$ besteht. Er kann somit als eine $m$-stellige Zahl des $d$-ären Zahlensystems aufgefasst werden. Element sei die Klasse der möglichen Datensätze und $key(k, e)$ berechne die $k$-te Stelle des Schlüssels von $e$. Dann kann man DistributionSort folgendermaßen implementieren:

```
static void distributionSort(Element[] a){
    int hi = a.length;
    for (int k = m; k > 0; k--){ // für jede Schlüsselposition
        int[] count = new int[d];
        for (int i=0; i < hi; i++) // Bedarf fuer die
            count[ key(k, a[i]) ]++; // Fachgroesse bestimmen
        for (int z=1; z < d; z++)    // Aufsummieren
            count[z] += count[z-1];
        for (int z=d-1; z > 0; z--) // Beginn der Fächer bestimmen
            count[z] = count[z-1];   // Fach fuer Zeichen z beginnt
        count[0]=0;                  // jetzt an Position count[z]
        Element[] b= new Element[hi];
        for (int i = 0; i < hi ; i++){ // Einordnen,
            int z=key(k,a[i]);         // dabei Fachgrenze
            b[Count[z]++]= a[i];       // anpassen
        }
        System.arraycopy(b, 0, a, 0, hi); // Zurückkopieren
    }
}
```

Dieser Algorithmus ist so noch nicht compilierbar, er müsste noch an eine konkrete Klasse von Elementen und eine bestimmte Schlüssellänge angepasst werden. Außerdem muss die

Funktion *key* noch programmiert werden. In der Beispielsammlung zu diesem Buch finden sich vollständig ausprogrammierte Beispiele des DistributionSort-Algorithmus.

## 4.3.10 Laufzeit der schnellen Sortieralgorithmen

In unseren Erläuterungen haben wir immer nur sehr kleine Mengen von extrem einfachen Datensätzen sortiert. Anhand solcher Beispiele kann man keine Aussagen über die Performanz der Algorithmen unter realitätsnäheren Bedingungen gewinnen. Zum experimentellen Laufzeitvergleich wurden daher die Algorithmen für das Sortieren von Integer-Datensätzen angepasst. Bei den schnellen Algorithmen ergaben sich nennenswerte Laufzeiten in den ersten beiden Auflagen dieses Buches erst ab ca. 10 000 Datensätzen. Die damals durchgeführten Vergleiche arbeiteten mit maximal 20 000 Datensätzen. Die in der gegenwärtigen Auflage vorgestellten Java-Versionen ergaben auf einem 3,0-GHz Pentium-4-PC erst ab etwa 5 000 000 Datensätzen messbare Ausführungszeiten. Die neuen Messergebnisse sind daher mit den älteren nicht direkt vergleichbar. Außer den hier vorgestellten Algorithmen haben wir noch die Laufzeit von *Java-Sort* angegeben. Dahinter verbirgt sich ein Aufruf der vordefinierten Methode

```
java.util.Arrays.sort(int[] a).
```

Das zeitliche Verhalten dieses Algorithmus ähnelt dem von QuickSort. In der Java-Dokumentation wird diese Annahme durch den Hinweis „The sorting algorithm is a tuned quicksort, adapted from Jon L. Bentley and M. Douglas McIlroy's "Engineering a Sort Function", Software-Practice and Experience, Vol. 23(11), 1993" bestätigt.

Analog zur entsprechenden Tabelle für die einfachen Sortieralgorithmen, S. 314, tabellieren wir die Laufzeiten bei zufälligen und bei vorsortierten Daten:

| | n = 5 000 000 | 10 000 000 | 15 000 000 | 20 000 000 |
|---|---|---|---|---|
| ShellSort | 3,41 | 7,86 | 12,83 | 17,94 |
| QuickSort | 0,94 | 1,95 | 3,00 | 4,05 |
| MergeSort | 1,77 | 3,66 | 5,67 | 7,66 |
| HeapSort | 4,19 | 9,73 | 15,83 | 22,41 |
| DistributionSort | 0,53 | 1,08 | 1,64 | 2,10 |
| JavaSort | 1,11 | 2,30 | 3,53 | 4,78 |

**Abb. 4.22:** *Laufzeitvergleich schneller Sortierprogramme mit zufällig sortierten Daten (in Sekunden)*

4.3  Schnelle Sortieralgorithmen

| | n = 5 000 000 | 10 000 000 | 15 000 000 | 20 000 000 |
|---|---|---|---|---|
| ShellSort | 0,27 | 0,56 | 0,86 | 1,17 |
| QuickSort | 0,26 | 0,55 | 0,80 | 1,13 |
| MergeSort | 1,13 | 2,39 | 3,58 | 4,94 |
| HeapSort | 1,55 | 3,22 | 4,95 | 6,67 |
| DistributionSort | 0,49 | 1,00 | 1,50 | 2,03 |
| JavaSort | 0,52 | 1,11 | 1,56 | 2,27 |
| BubbleSort | 0,01 | 0,03 | 0,05 | 0,06 |
| InsertionSort | 0,01 | 0,03 | 0,05 | 0,06 |

*Abb. 4.23:*  *Laufzeitvergleich schneller Sortierprogramme mit vorsortierten Daten (in Sekunden)*

Dabei zeigt sich, dass DistributionSort für zufällig sortierte Daten am besten abschneidet. Die Ergebnisse bestätigen auch die *lineare* Laufzeit dieses Algorithmus. Eine Vorsortierung der Daten kann DistributionSort nicht ausnutzen – im Gegensatz zu ShellSort und QuickSort. Wesentlich besser schneiden in diesem Fall natürlich BubbleSort und InsertionSort ab. Bei bereits sortierten Daten beschränkt sich ihre Aufgabe auf das Überprüfen der vorliegenden Sortierung. Sie wurden hier *außer Konkurrenz* mitgetestet.

Um die mit den Java-Versionen erzielten Messergebnisse mit den Laufzeiten direkt vergleichbarer, nicht interpretativ arbeitender Programme, in Bezug setzen zu können, wurden zwei der oben angegebenen Algorithmen auf dem gleichen Rechner unter Microsoft Visual C++ Version 6 getestet. Das Ergebnis ist der folgenden Tabelle zu entnehmen:

| | n = 5 000 000 | 10 000 000 | 15 000 000 | 20 000 000 |
|---|---|---|---|---|
| ShellSort | 2,47 | 6,03 | 10,05 | 13,78 |
| DistributionSort | 0,49 | 0,97 | 1,47 | 1,95 |

*Abb. 4.24:*  *Laufzeitvergleich schneller Sortierprogramme (programmiert in C++)*
*mit zufällig sortierten Daten (in Sekunden)*

Dabei zeigt sich, dass die Java-Version von DistributionSort nicht wesentlich langsamer ist als die C++ Version. Bei ShellSort ist der Unterschied deutlicher, dennoch zeigt sich auch in diesem Fall, dass auch ein interpretatives System sehr effizient sein kann. Welches Sortierprogramm das beste ist, können solche Tests nicht endgültig beantworten:

- Bei geringen Datenmengen (zum Beispiel weniger als 10000), ist die zum Sortieren benötigte Laufzeit unerheblich. Man sollte einen möglichst einfachen Sortieralgorithmus wählen (also InsertionSort, SelectionSort oder BubbleSort).
- Für einen „fast sortierten" Datenbestand bieten sich Insertion- oder BubbleSort an.
- Hat man sehr viele zufällig verteilte Daten, die sehr häufig sortiert werden müssen, dann lohnt es sich, DistributionSort an das spezielle Problem anzupassen.

- Wenn man glaubt, flexibel sein zu müssen, und die Gefahr nicht scheut, einer ungünstigen Verteilung der Daten zu begegnen, dann sollte man QuickSort bevorzugen.
- In allen anderen Fällen ist ShellSort, MergeSort oder HeapSort (siehe S. 382) ratsam.

### 4.3.11 Externes Sortieren

Wenn die Anzahl der Datensätze und deren jeweiliger Umfang sich in Grenzen halten, wird man versuchen, alle Datensätze in den Arbeitsspeicher eines Computers zu laden und sie dort zu sortieren. Man spricht dann von einem internen Sortiervorgang (engl. *internal sort*):

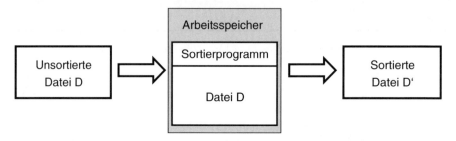

***Abb. 4.25:***   *Internes Sortieren*

Können nicht alle Datensätze gleichzeitig im Arbeitsspeicher Platz finden, dann muss ein anderer Sortieralgorithmus gefunden werden. Man spricht von einem externen Sortiervorgang (engl. *external sort*). Das Problem des externen Sortierens lässt sich aber auf das des internen Sortierens zurückführen.

Wir teilen eine große zu sortierende Datei $D$ in $n$ Teile $D_1...D_n$, die jeweils klein genug sind, um intern sortiert werden zu können. Diese werden dann der Reihe nach sortiert. Die sortierten Dateien $D'_1...D'_n$ werden schließlich zu einer sortierten Datei $D'$ zusammengemischt. Dabei muss man jeweils den nächsten Datensatz $A'_i$ aus jeder Datei $D'_i$ bereithalten. Der kleinste davon wird entnommen und nach $D'$ ausgegeben.

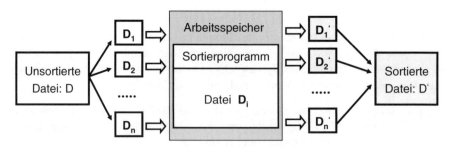

***Abb. 4.26:***   *Sortieren durch Mischen*

## 4.4 Abstrakte Datenstrukturen

In der Anfangszeit des Programmierens kam den verwendeten Daten nur eine zweitrangige Bedeutung zu. Der Schwerpunkt lag auf der Formulierung sauberer Algorithmen in Form von Prozeduren oder Funktionen. Daten waren schlicht Bitfolgen, die von dem Algorithmus manipuliert wurden.

Ein Programmierer hat aber stets eine Interpretation der Bitfolgen, d.h. eine bestimmte *Abstraktion* im Auge: Gewisse Bitfolgen entsprechen Zahlen, andere stellen Wahrheitswerte, Zeichen oder Strings dar. Die ersten erfolgreichen höheren Programmiersprachen gestatteten daher eine *Typdeklaration*. Variablen konnten als *Integer*, *Boolean* oder *Real* deklariert werden. Der Compiler reservierte automatisch den benötigten Speicherplatz und überprüfte auch noch, dass die auf die Daten angewandten Operationen der intendierten Abstraktion entsprachen. Eine Addition etwa einer Integer-Größe zu einem Wahrheitswert wurde als fehlerhaft zurückgewiesen. Dies erleichterte es dem Programmierer, Denkfehler früh zu erkennen.

### 4.4.1 Datenstruktur = Menge + Operationen

Als Programme größer und unübersichtlicher wurden und daher möglichst in einzelne Teile zerlegt werden sollten, erschien es sinnvoll, Daten und Operationen, die diese Daten manipulieren, als Einheit zu sehen und auch als abgeschlossenen Programmteil formulieren und compilieren zu können. Ein solcher Programmteil, Modul genannt, konnte von einem Programmierer erstellt werden und anderen in compilierter Form zur Verfügung stehen.

Es stellt sich die Frage, was man den Benutzern des Moduls mitteilen soll. Damit diese einen Gewinn aus der geleisteten Arbeit ziehen können, sollten sie nicht mit den Interna des programmierten Moduls belästigt werden, sie sollten nur wissen, was man damit anfangen kann. Ein konkretes Beispiel sind Kalenderdaten. Ein Anwender sollte lediglich wissen, wie man damit umgehen kann, nicht, wie sie intern repräsentiert sind. Aus der Kenntnis der Repräsentation könnte sogar eine Gefahr erwachsen: Eine Veränderung des Moduls könnte Programmen, die von einer speziellen internen Repräsentation der Kalenderdaten ausgehen, den Garaus machen. Die Forderung, dem Anwender das (und nur das) mitzuteilen, was das Modul als *Funktionalität* anbietet, nicht aber Interna der Implementierung, wird in dem Schlagwort *information hiding* zusammengefasst.

### 4.4.2 Die axiomatische Methode

Wie sollte aber eine Beschreibung der Dienste, die ein solches Modul bereitstellt, aussehen? Eine Menge (von Daten) mit einer Reihe von Zugriffsoperationen nennt man, wie bereits erwähnt, *Datenstruktur* oder *Datentyp*. Eine Methode, solche Datentypen zu beschreiben, ohne auf die Natur der Elemente eingehen zu müssen, ist auch in der Mathematik bekannt: Man beschreibt den Datentyp durch *Axiome*. Diese sind genau die Eigenschaften, welche man von einer korrekten Implementierung dieses Datentyps erwartet. Der bekannte Mathematiker David Hilbert, auf den diese axiomatische Methode zurückgeht, beschrieb sie einmal im Zusammenhang mit der Geometrie so: „Man muss jederzeit an Stelle von 'Punkten', 'Gera-

332                                                                                      4  Algorithmen und Datenstrukturen

den', 'Ebenen' auch 'Tische', 'Stühle', 'Bierseidel' sagen können." So wie es nicht auf die
Natur der geometrischen Objekte ankommt, sondern nur auf deren gegenseitige Beziehungen,
soll es auch beim Programmieren nicht auf die Natur – sprich die Implementierung – der
Daten ankommen, sondern auf deren Zusammenspiel, welches durch die Axiome beschrieben
wird.

Ein solcher nur durch Axiome beschriebener Datentyp heißt *Abstrakter Datentyp*. Zu den
definierenden Axiomen des abstrakten Datentyps *Kalenderdatum* gehören z.B:

> *Für beliebige Zahlen n, und Kalenderdaten d gilt:*
> $$tageZwischen(d, addiereTage(d,n)) = n$$

und

> $$wochenTag(d) = wochenTag(addiereTage(d, 7)) \,.$$

Nur solche Axiome muss der Anwender kennen, um den Datentyp anwenden zu können.
Andererseits muss der Implementierer genau diese Axiome garantieren. Dies gibt ihm die
Freiheit, die Implementierung später zu verändern, sofern die Axiome erfüllt bleiben.

Die Frage „Was *ist* ein Datum?" ist damit nebensächlich, wichtig ist die Frage „Wie verhalten
sich die Datumsoperationen untereinander?". So werden wir in den nächsten Kapiteln verschiedene Implementierungen von Datentypen kennen lernen. Ein *Stack* etwa ist ein Datentyp, dessen Operationen *push*, *pop* und *top* Beziehungen erfüllen wie

> $$top(push(x,s)) = s.$$

Ob ein Stack als Array oder als Liste mit Pointern implementiert ist, tut nichts zur Sache.

Die mathematische Disziplin, die für die Behandlung abstrakter Datentypen den Hintergrund
liefert, ist die *Allgemeine Algebra*. Programmiertechnisch wird die Sichtweise der abstrakten
Datentypen sowohl durch das modulare als auch durch das objektorientierte Programmieren
unterstützt. Neuere Programmiersprachen wie z.B. *Java* unterstützen beide Konzepte. Java-
Klassen fassen Datenstrukturen und darauf operierende Methoden zusammen. Mithilfe von
*Interface-Definitionen* können abstrakte Schnittstellen definiert werden. Klassen, die diese
Schnittstellen implementieren, müssen sich an den Kontrakt halten, der in der Schnittstellen-
definition festgelegt ist.

# 4.5     Stacks

Ein *Stack* ist ein abstrakter Datentyp, bei dem Elemente eingefügt und wieder entfernt werden
können. Derartige Datentypen, die als *Behälter* für Elemente dienen, fasst man oft unter
Oberbegriffen wie *Container* oder *Collection* zusammen. Unter den Behälter-Datentypen
zeichnen sich Stacks dadurch aus, dass immer nur auf dasjenige Element zugegriffen werden
kann, das als letztes eingefügt wurde. Dafür gibt es das Schlagwort:

> *LIFO = Last-In-First-Out.*

## 4.5 Stacks

Das englische Wort *Stack* kann man mit *Stapel* übersetzen. Dabei liegt es nahe, an einen Stapel von Tellern oder Tabletts zu denken, bei dem man auch immer nur auf das oberste Objekt zugreifen kann – dasjenige also, welches als letztes auf dem Stapel abgelegt wurde. In einem Stack $S$ sind Elemente $x$ eines beliebigen, aber festen Datentyps gespeichert. „Speichern" heißt hier Ablegen auf dem Stack, und „Entfernen" heißt Entnehmen des obersten Elementes.

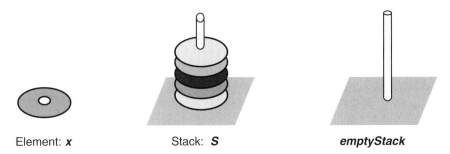

**Abb. 4.27:** *Die Datenstruktur Stack*

Im Deutschen findet man gelegentlich noch die Bezeichnung *Keller* oder *Kellerspeicher*. Dem mag die bodenständige Vorstellung zugrundeliegen, dass die Kartoffeln, die zuletzt in einem engen Keller eingelagert wurden, zuerst zum Verzehr entnommen werden.

### 4.5.1 Stackoperationen

Der einfachste Stapel ist *der leere Stack*, er wird oft mit *emptyStack* bezeichnet. Ob ein Stack leer ist oder nicht, kann man mittels eines Prädikats *isEmpty* testen. Die fundamentalen Stackoperationen, die einen Stack $s$ manipulieren, sind:

- push($x, s$) legt ein Element $x$ auf den Stack $s$,
- top($s$) liefert das zuletzt auf den Stack $s$ gelegte Element,
- pop($s$) entfernt das zuletzt auf den Stack $s$ gelegte Element.

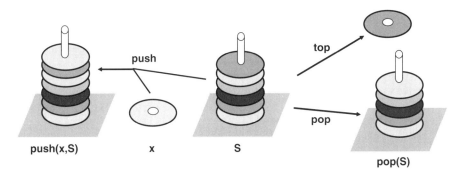

**Abb. 4.28:** *push und pop*

Während die Namen *push*, *pop* und *top* allgemein üblich sind, findet man anstelle von *empty-Stack* und *isEmpty* vielfach auch andere Bezeichnungen. Oft legt die Implementierung nahe, die Operationen *pop* und *top* zu einer Operation *poptop* zu kombinieren, die dann ein Paar, bestehend aus dem obersten Element und dem Reststack, liefert. Abstrakt lässt sich die Datenstruktur Stack folgendermaßen beschreiben:

**Datentyp**: `Stack of Element`

**Operationen**:

Konstruktoren:

```
emptyStack :    → Stack
push        :    Element × Stack → Stack
```

Prädikat:

```
isEmpty    :    Stack  → Boolean
```

Destruktoren:

```
top :: Stack → Integer
pop :: Stack → Stack
```

**Gleichungen**:

```
isEmpty(emptyStack)= true
isEmpty(push(x,s)) = false
top(push(x,u)) = x
pop(push(x,u)) = u
```

Jeder Stack lässt sich allein mit den Operationen *emptyStack* und *push* konstruieren, daher heißen diese auch *Konstruktoren*.

Analog ist *isEmpty* ein so genanntes *Prädikat*, d.h. ein Test. *IsEmpty* erkennt, ob ein Stack als *emptyStack* oder mithilfe von *push* erbaut wurde.

*top* und *pop* sind *Selektoren*, da sie die Bestandteile eines nichtleeren Stacks identifizieren. Sie liefern das oberste Element bzw. den Rest des Stacks. Da *pop* den Stack dabei verändert, nennt man es auch einen *Destruktor*.

In allen praktischen Implementierungen ist die Größe des Stacks beschränkt. Daher stellt man gelegentlich noch zusätzliche Operatoren bereit, z.B.

* *isFull*    liefert `true`, falls der Stack voll ist,
* *size*    liefert die aktuelle Anzahl der Elemente,
* *maxSize*    die maximal mögliche Anzahl von Elementen eines Stacks.

Logische und funktionale Sprachen, wie z.B. Prolog, Haskell oder LISP, besitzen eine eingebaute Datenstruktur *Liste*, die man als erweiterte Version der Datenstruktur Stack ansehen kann. In LISP bezeichnet man mit *nil* oder „( )" die leere Liste. Ist *l* eine Liste und *x* ein Element, dann versteht man unter *cons(x,l)* die Liste, die aus *l* entsteht, nachdem vorne das Element *x* eingefügt wurde. Mit *hd(l)* bzw. *tl(l)* bezeichnet man das erste Element der Liste *l* bzw.

## 4.5 Stacks

die Restliste, nachdem das erste Element aus *l* entfernt wurde. („*hd*" und „*tl*" sollen „*head*" und „*tail*" abkürzen). Das Prädikat *null* testet, ob eine Liste leer ist.

Man erkennt leicht, dass alle Axiome der Datenstruktur *Stack* gelten, wenn man *nil*, *cons*, *hd*, *tl* und *null* durch *emptyStack*, *push*, *top*, *pop* und *isEmpty* ersetzt. Daher handelt es sich bei den Listen dieser Sprachen eigentlich nur um (eine andere Sichtweise von) Stacks.

Imperative Programmiersprachen haben üblicherweise keine eingebauten Stack- (oder Listen-) Datentypen. Diese sind aber leicht zu implementieren und daher oft in Zusatzmodulen oder Paketen vorhanden. So besitzt Java in dem Package *java.util* eine Klasse *Stack*, deren Zugriffsmethoden sich von den hier diskutierten geringfügig unterscheiden. Die Operation *top* wird in dieser Klasse *peek* genannt und die Operation *pop* entspricht dem oben beschriebenen *poptop*.

### 4.5.2 Implementierung durch ein Array

Wenn man bereit ist, eine maximale Stackgröße hinzunehmen, kann man einen Stack mit einem Array a und einer Integervariablen *topIndex* mit $0 \leq topIndex < a.length$ implementieren. Die Variable *topIndex* zeigt immer auf die nächste freie Position, dorthin, wo das nächste zu speichernde Element unterkommen soll. Der Stack *s* besteht dann aus dem Abschnitt $a[0...topIndex-1]$, er ist also genau dann leer, wenn $topIndex = 0$ ist. Der letzte benutzbare Index des Stack ist $maxIndex = a.length - 1$. Wenn $topIndex < maxIndex$ gilt, ist der Stack voll. Ein *pop* bedeutet das Erniedrigen von *topIndex*, ein *push(x,s)* die Speicherung des Elementes *x* an der Position *topIndex*, wobei diese anschließend inkrementiert wird.

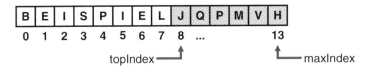

*Abb. 4.29:* Ein Stack als Array

Die Korrektheit dieser Implementierung ist leicht einzusehen, beispielhaft prüfen wir das Axiom $top(push(x, s)) = x$. Sei also $topIndex = t$ und s der Abschnitt $a[0]...a[t-1]$, so wird zunächst durch *push(x, s)* der Wert *x* an der Stelle *t* gespeichert, also $a[t] = x$ und *topIndex* um eins erhöht. *top* erniedrigt *topIndex* gleich wieder und liefert den Wert von *a* an der Stelle $topIndex = (t + 1) - 1 = t$, also $a[t] = x$. Analog prüft man die anderen Gleichungen nach.

In der Java-Implementierung erzeugen wir einen Fehler, wenn *topIndex* nicht initialisiert wurde, wenn ein *pop* oder ein *top* auf den leeren Stack versucht wird oder wenn ein *push* auf einen bereits vollen Stack erfolgt.

```
class StackFehler extends Exception{
    public StackFehler(){super();}
    public StackFehler(String s){super(s);}
}
```

```java
class Stack{
    private Object[] inhalt;
    private int topIndex;
    private int maxIndex;
    Stack(int sz){
        inhalt = new Object[sz];
        topIndex = 0;
        maxIndex = sz-1;
    }
    boolean istLeer (){ return topIndex <= 0;}
    boolean istVoll (){ return topIndex > maxIndex;}

    void push (Object e) throws StackFehler{
        if (inhalt == null) throw new
            StackFehler("StackFehler: Kein Stack gefunden !");
        if (istVoll()) throw new
            StackFehler("StackFehler: Stack Überlauf !");
        inhalt[topIndex] = e;
        topIndex++;
    }

    void pop () throws StackFehler {
        if (inhalt == null) throw new
            StackFehler("StackFehler: Kein Stack gefunden !");
        if (istLeer()) throw new
            StackFehler("StackFehler: Zugriff auf leeren Stack !");
        topIndex--;
    }

    Object top () throws StackFehler {
        if (inhalt == null) throw new
            StackFehler("StackFehler: Kein Stack gefunden !");
        if (istLeer()) throw new
            StackFehler("StackFehler: Zugriff auf leeren Stack !");
        return inhalt[topIndex-1];
    }

    Object popTop () throws StackFehler {
        Object e = top();
        pop();
        return e;
    }
}
```

## 4.5.3 Implementierung durch eine Liste

In den meisten Anwendungsfällen ist vorweg nicht absehbar, wie groß der Stack zur Laufzeit werden wird. Wählt man daher, um sicher zu gehen, einen großen Wert für *maxIndex*, so wird evtl. viel Platz verschenkt. Flexibler ist die Implementierung mit einer *verketteten Liste*. Auf diese werden wir in einem eigenen Unterkapitel (ab S. 345) näher eingehen, an dieser Stelle mag der Hinweis genügen, dass es sich um eine Menge von Kettengliedern (Zellen) handelt, welche jeweils aus einem Inhalt und einer Referenz auf das folgende Glied bestehen. Die Referenz des letzten Gliedes ist *null*.

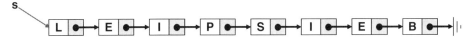

*Abb. 4.30:   Ein Stack als verkettete Liste*

Den leeren Stack repräsentiert man durch *null*, einen nichtleeren Stack durch eine Referenz auf das erste Glied der verketteten Liste. *pop* entfernt das erste Glied und *push(x,s)* fügt ein neues Glied mit Inhalt *x* am Anfang der Liste ein. *top* liefert den Inhalt des ersten Gliedes.

Bei dieser Implementierung erhält man einen Stack, dessen Größe nur durch den verfügbaren Hauptspeicher des Rechners begrenzt ist. Der Test *istVoll* ist in der bisherigen Form nicht möglich. Falls bei einem *push* tatsächlich kein Speicher mehr frei sein sollte, würde vom Java-System ein *OutOfMemoryError* erzeugt werden.

```
class StackFehler extends Exception{
    public StackFehler(){super();}
    public StackFehler(String s){super(s);}
}
class ListNode{
    Object e;
    ListNode next = null;
    ListNode(Object el){ e = el;}
}
class Stack{
    private ListNode liste = null;
    boolean istLeer (){ return liste == null;}
    void push (Object e){
        ListNode neueZelle = new ListNode(e);
        neueZelle.next = liste;
        liste = neueZelle;
    }

    void pop () throws StackFehler {
        if (istLeer()) throw new
            StackFehler("StackFehler: Zugriff auf leeren Stack !");
```

```
        liste = liste.next;
    }

    Object top () throws StackFehler {
        if (istLeer()) throw new
            StackFehler("StackFehler: Zugriff auf leeren Stack !");
        return liste.e;
    }

    Object popTop () throws StackFehler {
        Object e = top();
        pop();
        return e;
    }
}// end class Stack
```

## 4.5.4    Auswertung von Postfix-Ausdrücken

Ein wichtiges Anwendungsbeispiel für die Datenstruktur Stack ist die Auswertung von arithmetischen Ausdrücken. Jeder arithmetische Ausdruck in normaler Schreibweise kann in eine *Postfix-Notation* umgewandelt werden, bei der sich die Operatoren stets rechts von den Operanden befinden. Dabei kommt man gänzlich ohne Klammern aus. Bei einer Auswertung von links nach rechts bezieht sich ein Operator immer auf die unmittelbar links von ihm entstandenen Werte. Beispielsweise wird aus dem arithmetischen Ausdruck $(2 + 4)^2/(16 - 7)$ der Postfix-Ausdruck:

$$2 \quad 4 \quad + \quad ^2 \quad 16 \quad 7 \quad - \quad / \quad .$$

Dieser kann mittels eines Stack von links nach rechts abgearbeitet werden:

- Ist das gelesene Datum ein Operand, so wird es mit *push* auf den Stack gelegt.
- Ist das gelesene Datum ein $n$-stelliger Operator, dann wird er auf die obersten $n$ Elemente des Stacks angewandt. Das Ergebnis ersetzt diese $n$ Elemente.

Die folgende Illustration zeigt die 9 Schritte zur Berechnung des obigen Ausdrucks:

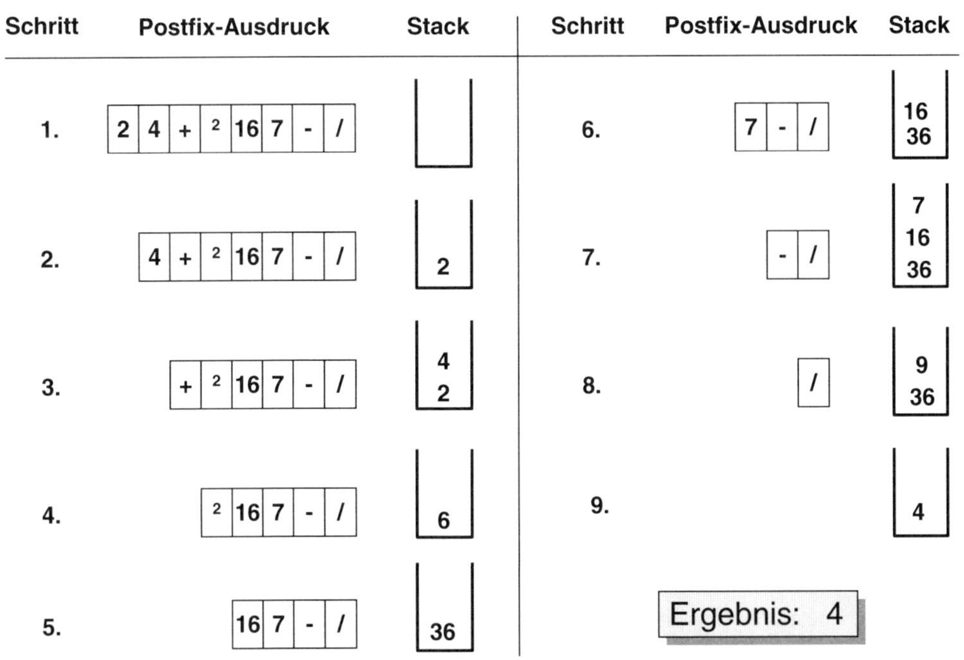

| Schritt | Postfix-Ausdruck | Stack | Schritt | Postfix-Ausdruck | Stack |
|---|---|---|---|---|---|
| 1. | 2 4 + 2 16 7 - / | | 6. | 7 - / | 16<br>36 |
| 2. | 4 + 2 16 7 - / | 2 | 7. | - / | 7<br>16<br>36 |
| 3. | + 2 16 7 - / | 4<br>2 | 8. | / | 9<br>36 |
| 4. | 2 16 7 - / | 6 | 9. | | 4 |
| 5. | 16 7 - / | 36 | | Ergebnis: 4 | |

**Abb. 4.31:** *Auswertung eines Postfix-Ausdruckes mittels eines Stacks*

Jeder Compiler übersetzt automatisch arithmetische Ausdrücke in Postfix-Ausdrücke, die aus Maschinenbefehlen bestehen.

## 4.5.5 Entrekursivierung

Ein weiteres wichtiges Anwendungsbeispiel für die Datenstruktur Stack ist die Auswertung rekursiver Prozeduren. Beim rekursiven Aufruf einer Prozedur (oder einer Funktion) wird in dem als Stack organisierten Datenbereich des Programms mithilfe von *push* eine neue *Daten-schachtel* für die Prozedur bereitgestellt. Diese beinhaltet alle lokalen Variablen der Prozedur und alle aktuellen Parameter. Wenn der Aufruf abgearbeitet ist, wird dieser Bereich mit *pop* wieder freigegeben.

Allgemein kann man jede lineare Rekursion mithilfe eines Stack iterativ berechnen. Gegeben sei zum Beispiel eine durch *lineare Rekursion* definierte Funktion *f*, in deren Definition also höchsten ein innerer rekursiver Aufruf vorkommt.

$$f(x) = \begin{cases} g(x), & \text{falls } p(x) \\ h(x, f(r(x))), & \text{sonst} \end{cases}$$

In Java kann man dieses Schema formulieren als:

```
Ergebnistyp f(Object x){
   if (p(x)) return g(x);
   else return h(x, f(r(x)));
};
```

Mithilfe eines Stacks kann die Funktion *f* iterativ (ohne Rekursion) berechnet werden:

```
Ergebnistyp f(Object x){
   Stack s = new Stack();
   while (!p(x)){
      s.push(x);
      x = r(x);
   }
   Ergebnistyp e = g(x);
   while (!s.istLeer()){
      Object a = s.popTop();
      e = h(a, e);
   }
   return e;
}
```

Dass dieses Programm tatsächlich die Funktion *f* korrekt implementiert, haben wir im zweiten Kapitel verifiziert.

### 4.5.6 Stackpaare

Stacks sind eine derart fundamentale Datenstruktur, dass es nicht verwundert, dass man auf der Basis von Stacks viele andere nützliche Datenstrukturen implementieren kann. Oft benötigt man dazu mehr als einen Stack. In diesem Fall kann es sein, dass einer der beiden Stacks bereits voll ist oder überläuft, während der andere noch viel Platz zur Verfügung hat. Das muss nicht sein, wenn man beide Stacks in einem gemeinsamen Array unterbringt, wobei sie in entgegengesetzte Richtungen aufeinander zuwachsen. Erst wenn der gemeinsam verfügbare Speicherbereich komplett ausgeschöpft wurde, gibt es einen Überlauf.

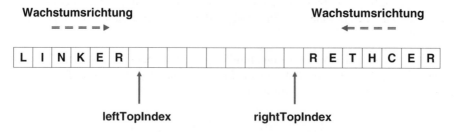

*Abb. 4.32:* Zwei Stacks in einem Array

## 4.5 Stacks

Ein Beispiel einer Datenstruktur, die effizient und elegant mit zwei Stacks implementiert werden kann, ist ein *Texteditor*. Dies ist ein Text, in dem sich an einer Position zwischen zwei Zeichen ein Cursor befindet. Die zu unterstützenden Operationen sind:

- ein Zeichen $c$ links bzw. rechts vom Cursor eingeben – *typeLeft(c)* bzw. *typeRight(c)*
- das Zeichen $c$ links (rechts) vom Cursor löschen – *backspace*
- den Cursor nach links oder rechts bewegen – *moveLeft* bzw. *moveRight*.

Ein Array ist zur Aufnahme des Textes nicht ohne weiteres geeignet, da die Array-Datenstruktur das Einfügen neuer Zeichen – es muss immer Platz geschaffen werden – nicht effizient unterstützt. Ähnliches gilt für das Löschen. Mit zwei Stacks geht es aber sehr elegant:

- Der erste Stack, nennen wir ihn *Left*, enthält den Text links vom Cursor.
- Der zweite Stack – *Right* – enthält den Text rechts vom Cursor *in inverser Reihenfolge*.

Die Editoroperationen entsprechen dann den folgenden Stackoperationen:

*typeLeft(c)*   = *push(c,Left)*

*backspace*   = *pop(Left)*

*moveLeft*   = *push(top(Left),Right); pop(Left); .*

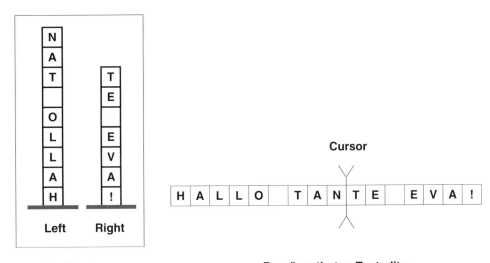

**Abb. 4.33:** *Texteditor repräsentiert als Stackpaar*

## 4.6 Queues, Puffer, Warteschlangen

Ähnlich einem Stack ist eine *Queue* ein Behälter, in den Elemente eingefügt und nur in einer bestimmten Reihenfolge wieder entnommen werden können. Einfügung eines Elements, *enQueue*, erfolgt an einem, Entfernung, *deQueue*, an dem anderen Ende der Queue. Dies bewirkt, dass man immer nur auf das Element zugreifen kann, das am Längsten im Behälter ist (*FIFO = First In First Out*). Andere Namen für *Queue* sind *Warteschlange* oder *Puffer* (engl. *buffer*). Größenbeschränkte Puffer heißen *bounded buffer*.

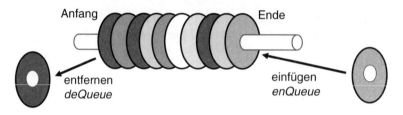

**Abb. 4.34:** Queue

### 4.6.1 Implementierung durch ein „zirkuläres" Array

Ähnlich wie Stacks können Puffer mithilfe eines Arrays $a$ oder mit einer Listenstruktur implementiert werden. Die maximale Puffergröße ist dann durch die Größe des Arrays gegeben, $maxQueueSize = a.length$. Man benötigt jetzt zwei Zeiger in das Array, *anfang* und *ende*, die die Begrenzungen des Puffers markieren.

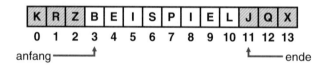

**Abb. 4.35:** Puffer mit Inhalt B,E,I,S,P,I,E,L.

Das Einfügen *enQueue* eines Elementes $x$ funktioniert wie *push* – man speichert $x$ an der Position $a[ende]$ und inkrementiert *ende*. Das vorderste Element der Queue ist gerade $a[anfang]$. Man entfernt es durch *deQueue*, indem man *anfang* inkrementiert. Ein weiter gehendes „Löschen" ist nicht notwendig, denn nur die Elemente im Bereich $a[anfang...ende - 1]$ gehören zum Puffer.

Leider gibt es mit dieser naiven Implementierung ein kleines Problem. Die Zeiger *anfang* und *ende* werden immer nur erhöht! Durch fortgesetzte Benutzung dieser Queue, spätestens nach $a.length + 1$ vielen *enQueue*s wird der Indexbereich des Arrays überschritten, selbst wenn die Queuegröße (*ende – anfang*) immer klein geblieben ist. Die ebenso einfache wie geniale

## 4.6 Queues, Puffer, Warteschlangen

Lösung für dieses Problem behandelt den Indexbereich des Arrays als zyklische Liste, bei der das erste Element wieder auf das letzte folgt. Man kann sich vorstellen, dass der rechte Rand des Arrays mit dem linken Rand verklebt wird. Dazu berechnet man für jeden Index $n$ aus $[0\ldots maxQueueSize - 1]$ die nächste Position *modulo maxQueueSize*, also:

```
int next(int n) { return (n+1)% maxQueueSize; }
```

Jetzt kann es vorkommen, dass *ende* < *anfang* wird. Der Puffer besteht dann aus $a[anfang\ldots maxQueueSize - 1]$ gefolgt von $a[0\ldots ende - 1]$, also dem Abschnitt von *anfang* bis *ende – 1* in dem „verklebten" Array.

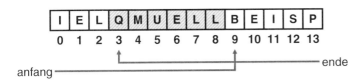

**Abb. 4.36:** *Puffer mit dem gleichen Inhalt wie oben: B,E,I,S,P,I,E,L.*

Übrig bleibt der Fall, wenn *anfang = ende* ist. Ist der Puffer dann leer oder voll? Beides kann zutreffen. War die letzte Operation ein *enQueue*, so kann *anfang = ende* nur bedeuten, dass der Puffer voll ist, war es ein *deQueue,* dass er leer ist. Wir führen daher eine boolesche Variable *voll* ein, die den entsprechenden Zustand mitprotokolliert. Anfangs und nach jedem *deQueue* wird *voll = false* gesetzt, nach jedem *enQueue* setzen wir *voll = true*, falls *anfang = ende* ist.

```java
class QueueFehler extends Exception{
    public QueueFehler(){super();}
    public QueueFehler(String s){super(s);}
}
class Que{
    private Object[] inhalt = null;
    private boolean voll = false;
    private int anfang = 0;
    private int ende = 0;
    private int maxQueueSize;
    Que(int sz){
        inhalt = new Object[sz];
        maxQueueSize = sz-1;
        }
    private int next(int n){
        return (n+1)%maxQueueSize;
        }
    boolean istLeer (){ return (anfang == ende) && ! voll;}
    boolean istVoll (){ return voll;}
    void enQueue (Object e) throws QueueFehler{
```

```
            if (inhalt == null) throw new
                QueueFehler("QueueFehler: Keine Queue gefunden !");
            if (istVoll()) throw new
                QueueFehler("QueueFehler: Queue Überlauf !");
            inhalt[ende] = e;
            ende = next(ende);
            voll = (anfang == ende);
        }
    Object deQueue () throws QueueFehler {
            if (inhalt == null) throw new
                QueueFehler("QueueFehler: Keine Queue gefunden !");
            if (istLeer()) throw new
                QueueFehler("QueueFehler: Zugriff auf leere Queue !");
            Object e = inhalt[anfang];
            anfang = next(anfang);
            voll = false;
            return e;
        }
}
```

## 4.6.2 Implementierung durch eine zirkuläre Liste

Analog zu Stacks kann man auch Puffer mit einer verketteten Listenstruktur implementieren. Wenn man die Zellen der Liste zu einem Ring zusammenbiegt, kommt man sogar mit einem einzigen Verweis auf das *ende* der Queue aus. Da man immer nur genauso viele Glieder in der Kette hat wie Elemente im Puffer sind, ist *anfang* das auf *ende* folgende Kettenglied. Den leeren Puffer implementiert man mit dem Null-Zeiger *anfang = ende = null*.

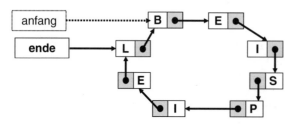

**Abb. 4.37:** *Warteschlange als Ring*

## 4.6.3 Anwendung von Puffern

Puffer werden oft eingesetzt, um ansonsten unabhängige Prozesse miteinander kommunizieren zu lassen, bzw. um kooperierende Prozesse zu entkoppeln. Üblicherweise produziert ein Prozess eine Folge von Daten, während der zweite Prozess diese Daten entgegennimmt und weiter verarbeitet. Der erste Prozess heißt dann *Erzeuger* oder *Produzent* (engl. *producer*) und der zweite heißt *Verbraucher* oder *Konsument* (engl. *consumer*). Man verwendet einen

*Puffer*, in den der Produzent die erzeugten Daten ablegt (*enQueue*) und aus dem der Konsument die benötigten Daten entnimmt. Der Puffer dient der zeitlichen Entkopplung – der Erzeuger kann weiter produzieren, auch wenn der Verbraucher die Daten noch nicht alle entgegengenommen hat, und der Verbraucher hat Daten, mit denen er weiterarbeiten kann, auch wenn der Erzeuger für die Produktion gewisser Daten gelegentlich eine längere Zeit benötigt.

Beispiele für solche Erzeuger-Verbraucher (*producer-consumer*) Situationen sind:

- Die Druckerwarteschlange ist ein Puffer für Druckaufträge. Erzeuger sind die Druckprozesse unterschiedlicher Programme im Netzwerk – Verbraucher ist der Druckertreiber. Der Puffer dient hier zur zeitlichen Entkopplung. Ähnlich legt der Festplatten-controller als Produzent die gelesenen Daten in einem Puffer ab – dort kann das Betriebssystem sie abholen. Beim Schreiben auf die Platte vertauschen Produzent und Konsument die Rollen.
- Beim Aufbau einer Internetseite fungiert der Webserver als Produzent. Die IP-Pakete werden in einem internen Puffer zwischengespeichert, aus dem sie der Browser als Konsument entgegennimmt und die Seite aufbaut. In solchen Situationen sagt man statt Puffer auch *Kanal* oder *Kommunikationskanal*.
- Puffer können auch zur logischen Entkopplung von Prozessen dienen. So gibt es z.B. in UNIX eine Sammlung nützlicher kleiner Programme, welche einen Input in einen Output transferieren. Mithilfe einer so genannten *Pipe*, dies ist nichts anderes als ein Puffer (siehe S. 541), kann man die Ausgabe eines Programms mit der Eingabe des nächsten verknüpfen. Um etwa ein Programm zur Erzeugung aller Primzahlzwillinge zu konstruieren, schreiben wir ein Programm *primes* zur Erzeugung aller Primzahlen in aufsteigender Reihenfolge – dies ist der producer – und ein Programm *pairs*, das aus einem Datenstrom diejenigen aufeinanderfolgenden Paare herausfiltert, welche sich nur um 2 unterscheiden. Das gesuchte Programm ist dann: *primes | pairs* .

# 4.7    Listen

Eine *Liste* ist eine Folge von Elementen, in der an beliebiger Stelle neue Elemente eingefügt oder vorhandene Elemente entfernt werden können. Im Gegensatz dazu darf man bei Stacks und Queues nur am Anfang oder am Ende Elemente einfügen oder entnehmen. Listen sind also allgemeinere Datenstrukturen als Stacks und Queues. Wir haben bereits im vorigen Unterkapitel gesehen, dass Letztere sich durch Listen implementieren lassen.

Die Spezifikation eines abstrakten Datentyps *Liste* bietet viele Variationsmöglichkeiten. Welche Operationen sollen dazugehören? Wie sollen wir uns auf bestimmte Elemente in der Liste beziehen? Wir entscheiden uns hier dafür, Listenelemente anhand ihrer *Position* in der Liste anzusprechen – wenn die Liste $n$ Elemente hat, dann nummerieren wir die Elemente von 1 bis n durch. Dazu benötigen wir natürlich eine Methode *laenge*, um festzustellen, wie viele Elemente die Liste $L$ hat, eine Methode *Inhalt*, die zu einer *gültigen* Position $p$ mit $1 \leq p \leq laenge(L)$ den Inhalt des Elementes an der Position $p$ findet und eine Methode *Suche*, die die Position $p$ eines Elementes mit Inhalt $e$ bestimmt, sofern es denn ein solches gibt.

Typisch für das Arbeiten mit Listen ist, dass wir zunächst ein bestimmtes Element finden müssen und dann in dessen Umgebung die Liste untersuchen oder verändern. Zu diesem Zweck ist es praktisch, der Liste einen so genannten *Cursor* mitzugeben, der einen unmittelbaren Zugriff auf ein aktuelles Listenelement erlaubt. Einfügen von Elementen geschieht dann immer nur direkt vor dem Cursor (*einfuegenVor*) oder danach (*einfuegenNach*). Auch zur *Traversierung* der Liste, also einem Durchlauf, bei dem für jedes Element irgendeine Aktion ausgeführt wird, ist der Cursor nützlich. Besonders einfach gestaltet sich eine solche mithilfe einer Methode *naechstes*, welche den Inhalt des aktuellen Listenelementes angibt und danach automatisch den Cursor erhöht. Wir entscheiden uns daher für die Implementierung einer *Liste mit Cursor*.

Wie kann man Listen implementieren? Die einfachste Methode wäre, die Listenelemente in einem Array zu speichern. Allerdings muss man dann zum Einfügen eines neuen Elementes Platz schaffen, indem man alle rechts davon liegenden Elemente um eine Position verschiebt. Analoges gilt für das Entfernen eines Elementes – man muss die restlichen Elemente wieder zusammenschieben. Die Anzahl der nötigen Verschiebungen ist offensichtlich proportional der Länge der Liste – jedenfalls, wenn das Einfügen oder Entfernen an einer zufälligen Stelle geschehen soll.

Zweitens könnte man die Analogie mit einem Texteditor bemerken – auch bei diesem müssen wir mittendrin Elemente (Zeichen) einfügen oder entfernen. Folglich könnte man eine Liste durch zwei Stacks implementieren. Hierbei muss man aber stets den Cursor an die Einfüge- bzw. Entnahmestelle bewegen. Jede Bewegung des Cursors erfordert bei dieser Implementierung aber ein Umkopieren eines Datensatzes von einem Stack auf den anderen. Folglich werden wir auch bei dieser Lösung im Schnitt eine Anzahl von Datensätzen kopieren müssen, die proportional der Listenlänge ist.

### 4.7.1 Einfach verkettete Listen

Es geht aber mit geringerem Aufwand. Dazu implementiert man eine Liste als eine Folge von *Zellen*. Jede Zelle wird zum Glied einer Kette. Zu diesem Zweck trägt sie nicht nur einen Inhalt *e*, sondern auch einen Zeiger *next* auf die folgende Zelle der Liste. Manchem mag die Analogie einer Zelle zu einem Eisenbahnwaggon hilfreich sein. Jeder Waggon hat einen Inhalt und eine Kupplung, an die der nächste Waggon gehängt werden kann. Auf diese Weise lassen sich beliebig lange Züge – Listen – zusammenstellen.

**Abb. 4.38:** *Eine Zelle in einer Liste.*

In Java sind Zeiger nicht explizit sichtbar, da ein Zeiger auf ein Objekt mit dem Objekt selber identifiziert wird. Eine Zelle ist daher in Java ein rekursives Datenobjekt:

## 4.7 Listen

```
class Zelle{
    Object inhalt;
    Zelle next;
    Zelle(Object el){ inhalt = el;}
    Zelle(Object el, Zelle z){ inhalt = el; next = z;}
}
```

Um die ganze Liste inspizieren zu können, müssen wir nur ihre erste Zelle finden. Deren Zeiger, in unserer Implementierung das *next*-Feld, führt uns auf die folgende Zelle, deren Zeiger wiederum auf die dritte und so fort. Das letzte Glied der Kette erkennen wir daran, dass sein Zeiger *null* ist. Jede Zelle ist gleichzeitig das erste Element einer Restliste, daher ist für den Zeiger *next* auch der Name *rest* gebräuchlich.

Von einer Zelle aus kann man die Liste immer nur den Zeigern folgend in einer Richtung durchlaufen. Um danach wieder in die Liste einsteigen zu können, benötigen wir einen festen Zeiger *anfang* auf das erste Element der Liste. Hilfszeiger auf innere Zellen nennt man *Cursor*. Viele Operationen auf Listen nehmen an der durch einen Cursor bezeichneten Zelle ihren Ausgang.

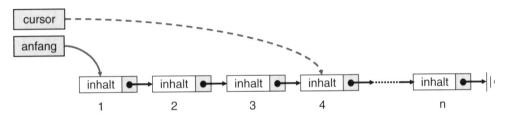

*Abb. 4.39:* *Einfach verkette Liste mit Cursor*

Wir erkennen bereits hier, dass zum Verschieben des Cursors nach rechts lediglich ein Zeiger kopiert werden muss:

```
cursor = cursor.next;
```

Auch um Elemente einzufügen oder zu entfernen, muss man nur Zeiger kopieren. Ist *z* irgendeine Zelle der Liste und will man die darauf folgende Zelle entfernen, so muss man lediglich den *next*-Zeiger von *z* auf das übernächste Element umlegen:

```
z.next = z.next.next;
```

Danach ist die entfernte Zelle nicht mehr zugreifbar, es sei denn, wir hätten sie vorher mit einem weiteren Hilfszeiger festgehalten. In Java ist das kein Problem – die Speicherbereinigung (*garbage collection*) wird die vereinsamte Zelle irgendwann finden und recyclen. In Sprachen ohne garbage collection muss man das explizit erledigen (*dispose* in Pascal, *delete* in C++), weil ansonsten irgendwann der Hauptspeicher zugemüllt ist.

Um hinter *z* eine neue Zelle *zNeu* einzufügen, genügt es, den *next*-Zeiger von *zNeu* auf die Nachfolgerzelle von *z* zeigen zu lassen und dann den *next*-Zeiger von *z* auf *zNeu* umzulenken:

348                                              4 Algorithmen und Datenstrukturen

```
zNeu.next      = z.next;
z.next         = zNeu;
```

Im Allgemeinen findet man die Zelle *z* durch Traversieren der Liste mittels des Cursors, so dass in dem obigen Code *z* durch *cursor* zu ersetzen ist.

Wir implementieren nun die eingangs erwähnten Listenoperationen.

```
class Liste{
    private Zelle anfang;
    private Zelle cursor;
    boolean istLeer(){ return anfang == null;}
    int laenge(){
        Zelle cur = anfang;
        int l = 0;
        while (cur != null) { l++; cur = cur.next; }
        return l;
    }
    boolean istGueltigePosition(int p){
        return (p >= 1) && (p <= laenge() );
    }
    void setzeCursor(int p){
        cursor = null;
        if (istGueltigePosition(p) ){
            Zelle cur = anfang;
            for (int i = 1; i < p; i++) cur = cur.next;
            cursor = cur;
        }
    }
    void initCursor(){
        cursor = anfang;
    }
    int suche(Object e){
        cursor = null;
        int p = 0;
        Zelle z = anfang;
        int l = 0;
        while (z != null){
            l++;
            if ( z.inhalt == e ) { p = l; cursor = z; break; }
            z = z.next;
        }
        return p;
    }
    void einsetzenNach(int p, Object e){
        setzeCursor(p);
        if (cursor != null){
            Zelle z = new Zelle(e, cursor.next);
```

```
            cursor.next = z;
        }
    }
void einsetzenVor(int p, Object e){
    if (p > 1) einsetzenNach(p-1, e);
    else { // Einsetzen am Anfang
        Zelle z = new Zelle(e, anfang);
        anfang = z;
    }
}
void loesche(int p){
    if (istGueltigePosition(p)){
    if (p == 1) // Lösche 1. Object
        anfang = anfang.next;
    else {
        setzeCursor(p-1);
        cursor.next = cursor.next.next;
        }
    }
}
Object inhalt(int p){
    setzeCursor(p);
    if (cursor == null) return null;
    return cursor.inhalt;
    }
Object naechstes(){
    if (cursor == null) return null;
    Object e = cursor.inhalt;
    cursor = cursor.next;
    return e;
    }
}
```

## 4.7.2    Der Listeniterator *forEach*

Eine Liste ist eine Ansammlung (*collection*) von Elementen, die in einer natürlichen Reihenfolge durchlaufen – vornehmer *traversiert* – werden können. Dabei kann man mit jedem gefundenen Element eine Aktion ausführen – man kann es ausdrucken, verändern oder auch nur jeweils einen Zähler erhöhen. Allgemeiner kann jedes gefundene Element zum Input einer beliebigen Methode *f* werden.

Es liegt daher nahe, eine Methode *forEach* zu programmieren, die die Liste durchläuft und dabei eine beliebige Methode *f* auf jedes gefundene Element anwendet. So wird beispielsweise *forEach(drucke)* alle Elemente der Liste drucken, *forEach(zaehle)* die Anzahl der Elemente zählen und *forEach(quadrat)* den Inhalt aller Elemente der Liste quadrieren. Eine Methode wie *forEach* heißt *Iterator* weil sie das Iterieren durch eine Liste – allgemeiner durch eine Ansammlung von Elementen – kapselt. Wir brauchen ihr nur noch die Funktion $f$ als Parameter mitzugeben. In funktionalen Sprachen sind solche Iteratoren ein mächtiges und wichtiges Programmierhilfsmittel. Iteratoren sind auch in Java (ab JDK 1.2) in dem Interface *Collection* des Paketes *java.util* zu finden. Allerdings ist das Konzept deutlich weniger flexibel als in den genannten Sprachen. Der Iterator gibt bereits den Namen der Funktion vor, die auf die einzelnen Elemente angewendet werden soll. Wir verpacken diese Funktion in eine *Besucherklasse. Diese wird zunächst noch abstrakt spezifiziert, da die Methode f für irgendeine Aktion steht*:

```
abstract class BesucherKlasse{
    abstract void f(Object e); }
```

Der Iterator *ForEach*, den wir noch in die Klasse *Liste* aufnehmen wollen, wendet $f$ auf jedes Element der Liste an und benutzt *Naechstes* für jeden Iterationsschritt:

```
void forEach(BesucherKlasse besucher){
    cursor = anfang;
    while(cursor != null) besucher.f(naechstes());
}
```

Wollen wir jetzt z.B. die Anzahl der Elemente der Liste zählen, so leiten wir eine Unterklasse der Besucherklasse ab und definieren f als Zähler:

```
class Zaehler extends BesucherKlasse{
    private int anzahl=0;
    void f(Object e) { anzahl++; }
    int getAnzahl(){return anzahl;}
}
```

Wollen wir alle Elemente der Liste ausdrucken, dann geht das mit

```
class Drucker extends BesucherKlasse{
    void f(Object e) { System.out.print(e); }
}
```

Für Listen ist analog auch noch ein Iterator *exists* denkbar, der eine Liste nach einem Element $e$ durchsucht, das die Eigenschaft *f(e)* hat, wobei $f$ diesmal eine beliebige Funktion mit Ergebnistyp *boolean* ist. Einen derartigen Iterator nennt man auch Filter.

Für Listen gibt es nur eine nahe liegende Iterationsreihenfolge. Bei Bäumen, die wir im nächsten Unterkapitel behandeln, werden wir eine große Auswahl von Iteratoren haben.

## 4.7.3 Listen als Verallgemeinerung von Stacks und Queues

Listen erlauben offensichtlich allgemeinere Operationen als die bisher behandelten Datenstrukturen *Stack* und *Queue*. Folglich kann man Stacks und Queues auch als Erweiterung unserer Listenklasse definieren:

```
class Stack extends Liste{
    void push (Object e){
```

```
        einsetzenVor(1, e);
    }
    void pop () throws StackFehler {
        if (istLeer()) throw new
            StackFehler("StackFehler: Zugriff auf leeren Stack !");
        loesche(1);
    }

    Object top () throws StackFehler {
        if (istLeer()) throw new
            StackFehler("StackFehler: Zugriff auf leeren Stack !");
        return inhalt(1);
    }
}
```

### 4.7.4 Doppelt verkettete Listen

In einer einfach verketteten Liste sind die Elemente direkt *nach* dem Cursor einfach erreichbar. Will man allerdings auf das Element *vor* dem Cursor zugreifen, so muss die Liste vom Anfang her neu durchlaufen werden. Dieses Problem stellt sich bei den Operationen *loeschePos* und *einsetzenVor*. Durch die Richtung der Verkettung ergibt sich eine Asymmetrie im Aufwand des Listendurchlaufes. Spendiert man jeder Zelle noch einen Verweis auf ihren Vorgänger, so stellt sich für den Aufwand des Listendurchlaufs die Symmetrie wieder ein. Eine solche Implementierung (mit oder ohne Cursor) nennt man *doppelt verkettete Liste*.

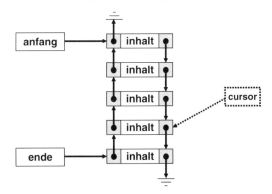

***Abb. 4.40:*** *Doppelt verkettete Liste mit Cursor*

### 4.7.5 Geordnete Listen und Skip-Listen

Wenn für den Inhalt der Listenelemente eine Ordnungsrelation definiert ist und wenn die Listenelemente entsprechend geordnet sind, spricht man von einer *geordneten Liste*. Die Ordnung kann benutzt werden, um das Suchen in einer Liste (etwas) zu beschleunigen. Binäres Suchen ist immer noch nicht möglich, da auf die Elemente einer Liste nur sequentiell zugegriffen werden kann. Allerdings kann man die Suche in einer solchen Liste mithilfe so genannter *Skip-Listen* beschleunigen. Diese wurden von W. Pugh 1989 vorgeschlagen.

Bei einer *perfekten Skip-Liste* wird im ersten Schritt eine zusätzliche Verkettung der Listenelemente eingeführt, so dass jedes zweite Element *schneller* erreicht wird:

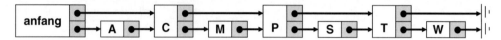

**Abb. 4.41:**    *Skip-Liste: 1. Schritt*

In einem zweiten Schritt kann man dieses Prinzip in nahe liegender Weise fortsetzen:

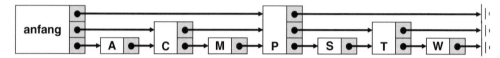

**Abb. 4.42:**    *Skip-Liste: 2. Schritt*

Je nach Umfang der Liste kann man dieses Prinzip wiederholen und bekommt dabei eine Zugriffsstruktur ähnlich wie die der binären Bäume, die im nächsten Abschnitt besprochen werden. Will man zum Beispiel auf das 6. Element zugreifen, so verrät uns die Binärdarstellung $6 = 110_2$, dass wir in der obersten Ebene einen Schritt machen müssen, danach in der zweiten Ebene einen Schritt – schon sind wir am Ziel.

Eine Variation dieser Idee sind *randomisierte Skip-Listen*. Pro Listenabschnitt auf der untersten Ebene werden mehrere Listenelemente zugelassen. Dabei versucht man, die Inhaltszellen möglichst gleichmäßig auf übergeordnete Abschnitte zu verteilen.

Offensichtlich haben Skip-Listen Ähnlichkeit mit dem von Telefonbüchern her bekannten Schema, einen Index mit Anfangsbuchstaben zur beschleunigten Suche zu benutzen. Dabei sind die übergeordneten Skip-Listen vorgegeben und die Inhaltszellen werden in die dadurch gegebenen Skip-Listen-Abschnitte eingeordnet.

### 4.7.6    Adaptive Listen

Adaptive Listen bilden eine Datenstruktur, die hervorragend geeignet ist, Elemente zu speichern und wiederzufinden. Sie sind genau genommen keine Listen im Sinne unserer Datenstrukturdefinition – es gibt keine Positionen, kein nächstes Element etc. Dennoch bezeichnet man sie als Listen. Sie sind Behälter, die sowohl das Einfügen als auch das Suchen effizient unterstützen – insbesondere berücksichtigen sie, dass manche Elemente häufiger gesucht werden als andere. Solche Elemente sollen möglichst früh, also nahe dem Listenanfang gefunden werden. Adaptive Listen organisieren sich dynamisch um, so dass sich häufig benutzte Elemente mit der Zeit am Anfang der Liste ansammeln. Es gibt dafür mehrere mögliche Strategien, z.B.:

- *Move To Front*: Wenn auf ein Element zugegriffen wird, wird es an den Anfang der Liste gebracht. Auf diese Weise kommen häufig gesuchte Elemente schnell nach vorne, allerdings nicht nur diese.
- *Transpose*: Wenn auf ein Element zugegriffen wird, wird es mit dem vorhergehenden Element vertauscht, sofern es nicht bereits das erste Element ist. Mit dieser Methode kommen Elemente, auf die häufig zugegriffen wird, mit der Zeit nach vorne. Allerdings kann es eine Weile dauern, bis sich die Liste neuen Zugriffshäufigkeiten anpasst.

## 4.7.7 Generische Listen

Unsere bisherigen Datenstrukturen mit Behältern, also Listen, Stacks, Queues usw. hatten *Object* als Elementtyp. Das hat den Vorteil, dass man in diesen Behälter beliebige Objekte speichern kann. Lediglich bei der Entnahme der Objekte muss man wissen, was für einen Typ das jeweilige Objekt hat und diesen Typ explizit anpassen. Beispiel:

```
int x = (int) meinStack.top();
```

Das ist in vielen Fällen praktisch, hat aber den Nachteil, dass wir keine Kontrolle darüber haben, was für Objekte in der Liste gespeichert sind. In der Version 1.5 des JDKs wurden generische Klassen eingeführt. Im vergangenen Kapitel (S. 265) haben wir bereits generische Datentypen vorgestellt. Wir können diese Neuerung nutzen, um eine Musterimplementierung z.B. für Listen mit einem beliebigen aber festen Typ zu definieren. Das Grundmuster einer solchen Definition könnte wie folgt aussehen:

```
class Zelle <T> {
    T inhalt;
    Zelle<T> next;
    Zelle(T el){ inhalt = el;}
    Zelle(T el, Zelle<T> z){ inhalt = el; next = z;}
    }
class Liste <T> {
    private Zelle<T> anfang;
    private Zelle<T> ende;
    boolean istLeer(){ return anfang == null;}
    void einsetzenAnfang(T e){
        anfang = new Zelle<T>(e, anfang);
        if (ende == null) ende = anfang;
        }

    void einsetzenEnde(T e){
        if (ende == null) einsetzenAnfang(e);
        else {
            Zelle<T> z = new Zelle<T>(e);
            ende.next = z;
```

```
            ende = z;
        }
    }
}
```

Mit Hilfe dieser Klassen können wir Listen von Objekten vom Typ T definieren. Mit den Methoden *einsetzenAnfang(T e)* und *einsetzenEnde(T e)* können wir Elemente vom Typ *T* in eine solche Liste einfügen. Wir können diese generischen Klassen nutzen, um z.B. eine Liste mit Buchstaben und eine Liste von Primzahlen zu definieren:

```
Liste<Character> meineCharListe = new Liste<Character>();
meineCharListe.einsetzenAnfang('B');
meineCharListe.einsetzenEnde('E');
meineCharListe.einsetzenEnde('I');
...
Liste<Integer> meinePrimListe = new Liste<Integer>();
meinePrimListe.einsetzenAnfang( 3);
meinePrimListe.einsetzenEnde( 5);
meinePrimListe.einsetzenEnde( 7);
...
```

Eine weitere Neuerung der Version 1.5 des JDK sind vereinfachte for-Schleifen, um alle Elemente eines Behälter-Datentyps zu bearbeiten. Vorausgesetzt wird die Erfüllung einer Interface-Definition, die dazu dient, Iteratoren für den Behälter-Datentyp zu produzieren. Wir haben selbstdefinierte Iteratoren bereits auf S. 349 kennen gelernt. Allerdings können wir diese in diesem Kontext nicht anwenden – wir müssen uns an eine standardisierte Vorgabe halten und die Definition unserer Liste mit einer Methode `iterator` erweitern, die beim Aufruf ein neues Objekt vom Typ `Iterator` erzeugt. Dies ist der Typ einer vordefinierten Schnittstelle (eines *Interface*); diese verlangt von uns die Definition von drei Methoden. Mit Hilfe von `hasNext()` kann man testen, ob die aktuelle Iteration einen Nachfolger hat. Wenn das der Fall ist, liefert `next()` den Inhalt dieses Objekts zurück und positioniert den Iterator auf das nächste Element. Ein Aufruf von `remove()` entfernt das zuletzt mit `next()` bearbeitete Listenelement. Diese Definitionen sind an sich recht einfach. Es gilt jedoch sehr viele Sonderfälle zu beachten. Daher ist der folgende Programmtext etwas länglich.

```
class Liste <T> implements Iterable<T> {
    ....
    public Iterator iterator(){
        return new Iterator() {
            private Zelle<T> itCursor;
            private Zelle<T> itLast;
            private boolean first = true;
            private boolean removed = false;
            public boolean hasNext() {
                if (first) return !istLeer();
                if (itCursor == null) return false;
                if (itCursor.next == null) return false;
```

4.7 Listen                                                                    355

```
            return true;
            }
        public T next() {
            if(first){
                first = false;
                itLast = itCursor = anfang;
                if (itCursor == null) return null;
                return itCursor.inhalt;
            }
            if ((itCursor == null)||(itCursor.next == null))
                    throw new NoSuchElementException();
            itLast = itCursor;
            itCursor = itCursor.next;
            removed = false;
            return itCursor.inhalt;
            }
        public void remove() {
            if (first || removed || (itCursor == null) ||
            (itLast == null))
                    throw new  IllegalStateException();
                itLast.next  = itCursor.next;
                removed = true;
                }
            };
        }
```

Nunmehr ist es möglich, die verkürzte Form der for-Anweisung anzuwenden, um durch die oben definierten Listen zu iterieren:

```
    . . .
    for (char c : meineCharListe) System.out.print(c);
    System.out.println();
    for (int p : meinePrimListe) System.out.print(p + " ");
    System.out.println();
    . . .
```

Wir können diese Schleifenkonstruktion bereits im Inneren der Listenklasse nutzen, um eine Methode zu definieren, die die aktuelle Länge der Liste ermittelt bzw. eine weitere, um nach einem bestimmten Element zu suchen. Wir fügen diese Methoden der Listenklasse hinzu:

```
class Liste <T> implements Iterable<T> {
    ....
    int laenge(){
        int l = 0;
        for (T t : this) l++;
        return l;
        }
    int suche(T e){
```

```
    int l = 0;
    for (T t : this) {if (t == e) return l; l++;}
    return -1;
}
...
```

Das folgende Programmfragment wendet diese beiden Methoden an:

```
...
System.out.println("Länge der Liste: " +
                    meineCharListe.laenge());
int index = meinePrimListe.suche(42);
...
```

## 4.8    Bäume

*Bäume* gehören zu den fundamentalen Datenstrukturen der Informatik. In gewisser Weise kann man sie als zweidimensionale Verallgemeinerung von Listen auffassen. In Bäumen kann man nicht nur Daten, sondern auch relevante Beziehungen der Daten untereinander, wie Ordnungs- oder hierarchische Beziehungen, speichern. Daher eignen sich Bäume besonders, gesuchte Daten rasch wieder aufzufinden.

Ein Baum besteht aus einer Menge von *Knoten* (Punkten), die untereinander durch *Kanten* (Pfeile) verbunden sind. Führt von Knoten $A$ zu Knoten $B$ eine Kante, so schreiben wir dies als $A \rightarrow B$ und sagen $A$ *ist Vater von* $B$ oder $B$ *ist Sohn von* $A$. Einen Knoten ohne Söhne nennt man ein *Blatt*. Alle anderen Knoten heißen *innere Knoten*. Ein *Pfad* von A nach B ist eine Folge von Knoten und Pfeilen, die von $A$ nach $B$ führen: $A \rightarrow X_1 \rightarrow X_2 \rightarrow \ldots \rightarrow B$. Die *Länge* des Pfades definieren wir als die Anzahl der Knoten (0 oder mehr). Gibt es einen Pfad von $A$ nach $B$, so heißt $B$ ein *Nachkomme* von $A$ und $A$ ein *Vorfahre* von $B$. Ein Baum muss folgende Axiome erfüllen:

- Es gibt genau einen Knoten ohne Vater – dieser heißt *Wurzel* –,
- jeder andere Knoten ist Nachkomme der Wurzel und hat genau einen Vater.

Da wir hier nur Bäume mit endlich vielen Knoten betrachten, reichen diese beiden Forderungen bereits aus. Weitere wichtigen Eigenschaften eines Baumes ergeben sich hieraus automatisch. Dazu gehören:

- Es gibt keinen zyklischen Pfad.
- Von der Wurzel gibt es zu jedem anderen Knoten genau einen Pfad.
- Die Nachkommen eines beliebigen Knotens $K$ zusammen mit allen ererbten Kanten bilden einen Baum mit $K$ als Wurzel, *den Unterbaum* mit Wurzel $K$.

Letzteres ist eine wichtige kennzeichnende Eigenschaft, die zeigt, dass Bäume rekursiv definiert werden können:

## 4.8 Bäume

**Rekursive Baumdefinition:** *Ein Baum ist* leer *oder er besteht aus einer Wurzel W und einer leeren oder nichtleeren Liste $B_1, B_2, \ldots, B_n$ von Bäumen. Von W zur Wurzel $W_i$ von $B_i$ führt jeweils eine Kante.*

Da Bäume hierarchische Strukturen sind, lässt sich jedem Knoten eine *Tiefe* zuordnen. Diese definieren wir als die Länge des Pfades von der Wurzel zu diesem Knoten. Die *Tiefe eines Baumes* definieren wir als 0, falls es sich um den leeren Baum handelt, andernfalls als das Maximum der Tiefen seiner Knoten.

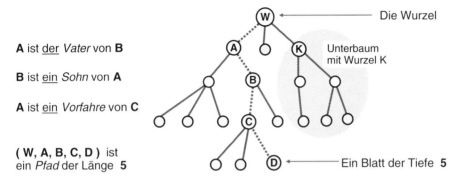

*Abb. 4.43:* Ein Baum der Tiefe 5 mit 8 inneren Knoten und 11 Blättern

### 4.8.1 Beispiele von Bäumen

Viele natürliche hierarchische Strukturen sind Bäume. Dazu gehören unter andern:

- *Stammbäume* – Knoten sind Frauen, Kanten führen von einer Mutter zu jeder ihrer Töchter. Die Wurzel (im abendländischen Kulturkreis) ist Eva.
- *Dateibäume* – Knoten sind Dateien oder Verzeichnisse, Kanten führen von einem Verzeichnis zu dessen direkten Unterverzeichnissen oder Unterdateien. Die Wurzel heißt häufig „ C: ", „ // " oder „root".
- *Java-Klassen* – Die Wurzel ist die Klasse *Object*, eine Pfeil von Klasse *A* nach Klasse *B* bedeutet *B extends A*, d.h. *B* ist eine Unterklasse von *A*.
- *Listen* sind Bäume bei denen jeder Knoten höchstens einen Nachfolger hat.

Bäume stellt man gewöhnlich grafisch dar, indem jeder Knoten durch einen Punkt und jede Kante durch eine Strecke dargestellt wird. Dabei wird ein Vater immer über seinen Söhnen platziert, so dass die Wurzel der höchste Punkt ist.

In Anwendungsprogrammen hat sich auch eine Darstellung eingebürgert, in der die Sohnknoten jeweils in den Zeilen unter dem Vaterknoten und um einen festen Betrag eingerückt dargestellt werden. Die Knoten werden durch ein kleines Quadrat und ihrem Namen dargestellt. Klickt man auf ein solches Quadrat, dann verschwindet der entsprechende Unterbaum – er wird *weggefaltet* – und in dem Quadrat erscheint ein „+". Klickt man es erneut an, so wird der

Unterbaum wieder *entfaltet* und das „+" durch ein „-" ersetzt. Diese Darstellung findet man in vielen *Datei-Browsern*, siehe Abbildung 1-28.

### 4.8.2 Binärbäume

Im Allgemeinen können Baumknoten mehrere Söhne haben. Ein *Binärbaum* ist dadurch charakterisiert, dass jeder Knoten genau zwei Söhne hat. Eine rekursive Definition ist:

Ein **Binärbaum** ist

- *leer* oder
- besteht aus einem Knoten – *Wurzel* genannt – und zwei Binärbäumen, dem *linken* und dem *rechten Teilbaum*.

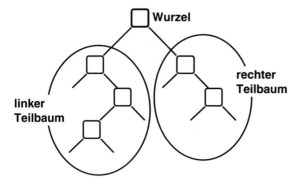

*Abb. 4.44:* Binärbäume

Binärbäume sind also eine 2-dimensionale Verallgemeinerung von Listen. Ähnlich wie in den Zellen einer Liste kann man in den Knoten eines Baumes beliebige Informationen speichern. Im Unterschied zu den Listenzellen enthält ein Knoten eines Binärbaumes zwei Verweise, einen zum linken und einen zum rechten Unterbaum.

Eine wichtige Anwendung von Bäumen, insbesondere auch von Binärbäumen, ist die Repräsentation von arithmetischen Ausdrücken. Innere Knoten enthalten Operatoren, Blätter enthalten Werte oder Variablennamen. Einstellige Operatoren werden als Knoten mit nur einem nichtleeren Teilbaum repräsentiert. In der Baumdarstellung sind Klammern und Präzedenzregeln überflüssig. Erst wenn wir einen „zweidimensionalen" Baum eindimensional (als String) darstellen wollen, sind Klammern notwendig.

Beachte, dass das Vorzeichen „-" und das Quadrieren einstellige Operatoren sind. Im Baum stellen wir sie durch „+/-" bzw. durch $(\ )^2$ dar.

4.8 Bäume 359

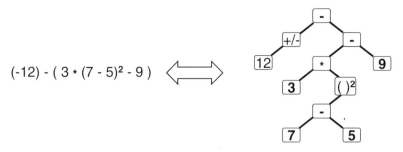

**Abb. 4.45:** *Binärbaum zur Repräsentation eines arithmetischen Ausdruckes*

### 4.8.3 Implementierung von Binärbäumen

Da Binärbäume zweidimensionale Verallgemeinerungen von Listen sind, lassen wir uns bei der Implementierung von Binärbäumen auch von der Implementierung verketteter Listen leiten. Statt „Zelle" sagt man hier „Knoten" und statt einem Zeiger *next* auf den Rest der Liste hat man hier zwei Zeiger *links* und *rechts* auf die entsprechenden Teilbäume. Wieder ist es praktisch, einen Cursor zur Verfügung zu haben.

```
class Knoten{
    Object inhalt;
    Knoten links;
    Knoten rechts;
    Knoten(Object el){ inhalt = el;}
}
```

Ein Baum mit *n* Knoten hat $(n-1)$ Kanten – denn jede Kante verbindet einen Sohn mit seinem Vater. Bei einer Pointer-Darstellung eines Baumes mit *n* Knoten gibt es daher $2 \times n - (n-1) = n + 1$ Pointer, die den Wert *null* haben.

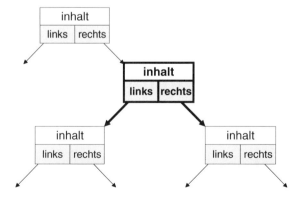

**Abb. 4.46:** *Jeder Knoten ist Wurzel eines Baumes*

Ein Binärbaum ist nichts anderes als ein ausgewählter Knoten, Wurzel genannt, ggf. zusammen mit weiteren Feldern und Methoden.

```
class BinaerBaum{
    private Knoten wurzel;
    private Knoten cursor;
    boolean istLeer(){ return wurzel == null; }
    ... }
```

Es ist recht einfach, aus zwei Bäumen $b_1$ und $b_2$ und einem Knoten $k$ einen neuen Baum mit $k$ als Wurzel und $b_1$ als linkem, $b_2$ als rechtem Teilbaum zu bauen,

```
wurzel          = k;
wurzel.links    = b1;
wurzel.rechts   = b2;
```

oder den rechten Teilbaum, auf dessen Wurzel der Cursor zeigt, wegzuwerfen:

```
cursor.rechts = null;
```

Bisher haben wir aber noch keine Vorstellung davon, was es heißen könnte, ein Element an einer inneren Position in einem Binärbaum einzufügen. Was soll mit den bisherigen Elementen geschehen? Meist sind die Elemente nach irgendeinem Ordnungsprinzip in den Baum eingeordnet, und dies wollen wir erhalten. Das analoge Problem haben wir auch bei dem Löschen eines Knotens. Wie sollen die anderen Knoten aufrücken?

In einer Liste hat jedes Element eine Position. Bei Bäumen entspricht dem sinnvollerweise eine so genannte *Baumadresse*. Sie gibt an, wie der betreffende Knoten von der Wurzel ausgehend zu erreichen ist. Die Adresse *rechts.links.rechts.links.links* beschreibt z.B. in der obigen Abbildung 4.45 den Weg zu dem Blatt mit Inhalt „7". Natürlich kann man solche Adressen auch binär codieren, hier z.B. durch 10100.

## 4.8.4    Traversierungen

Listen konnten wir auf natürliche Weise von vorne nach hinten durchlaufen – bei Bäumen können wir ähnlich einfach von der Wurzel zu jedem beliebigen Blatt gelangen, sofern wir seine Baumadresse kennen. Um den *Vorgänger* eines Elementes *e* in einer Liste zu finden, mussten wir am *Anfang* einsteigen und nach rechts laufen, bis wir zu einer Zelle z gelangten mit *z.next=e*. Um in einem Baum den Vater eines Knotens zu finden, haben wir es noch schwerer – wir müssen an der *Wurzel* einsteigen und in jedem Schritt raten, ob wir nach rechts oder nach links gehen sollen. Schlimmstenfalls müssen wir den ganzen Baum durchsuchen. Spätestens hier erhebt sich die Frage, wie wir systematisch alle Knoten eines Baumes durchlaufen – vornehmer: *traversieren* – können.

Eine *Traversierung* eines Baumes – allgemeiner eines Behälters (*collection*) – zählt alle Elemente in einer bestimmten Reihenfolge auf. Für Listen gab es nur eine sinnvolle Traversierung – vom Anfang zum Ende – und wir haben einen entsprechenden Iterator *ForEach* dafür definiert (S. 349). Wir könten analog zu dem Beispiel auf S. 353 eine generische Klasse für

## 4.8 Bäume

Bäume definieren und dort die folgenden Iteratoren einbauen. Für die Traversierung von Bäumen gibt es eine Reihe nahe liegender Möglichkeiten, von denen wir die wichtigsten, *Preorder*, *Postorder*, *Inorder* und *Levelorder*, besprechen wollen. Analog zu dem Listeniterator *ForEach* werden wir entsprechende Iteratoren *PreOrder*, *PostOrder*, *Inorder* und *LevelOrder* definieren. Wir zeigen jedes Mal das Ergebnis am Beispiel des Baumes aus Abbildung 4.45.

Beim Besuch eines Knotens wollen wir diesen ausdrucken. Wir testen also unsere Iteratoren mit der folgenden BesucherKlasse (vgl. auch S. 350):

```
class BesucherKlasse{
    void f(Object e){
        if (e != null) System.out.print(e);
    }
}
```

Die ersten drei Traversierungen sind rekursiv beschrieben – dies liegt aufgrund der induktiven Definition nahe – und lassen sich daher besonders einfach implementieren.

**Preorder**:
    Besuche die Wurzel.
    Traversiere den linken Teilbaum in *Preorder*.
    Traversiere den rechten Teilbaum in *Preorder*.

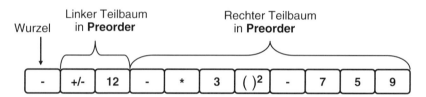

*Abb. 4.47:* Preorder Traversierung des Baumes aus Abbildung 4.45

*Inorder* und *Postorder* vertauschen gegenüber Preorder die Reihenfolge der Anweisungen.

**Inorder**:
    Traversiere den linken Teilbaum in *Inorder*.
    Besuche die Wurzel.
    Traversiere den rechten Teilbaum in *Inorder*.

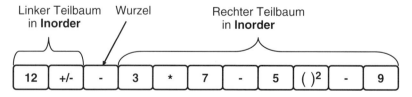

*Abb. 4.48:* Inorder-Traversierung des Baumes aus Abbildung 4.45

**Postorder**:
>Traversiere den linken Teilbaum in *Postorder*.
>Traversiere den rechten Teilbaum in *Postorder*.
>Besuche die Wurzel.

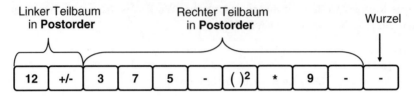

**Abb. 4.49:**   *Postorder Traversierung des Baumes aus Abbildung 4.45*

Postorder ist die wichtigste der diskutierten Traversierungen. Die Postorder Traversierung liefert nämlich genau die Postfix-Notation (siehe S. 338) des arithmetischen Ausdrucks, welcher durch einen Binärbaum repräsentiert wird. Die Umwandlung eines als Zeichenkette repräsentierten Ausdruckes wie z.B.

$$( -12 ) - ( 3 * ( 7 - 5 )^2 - 9 )$$

in einen Baum, und die anschließende Postorder Traversierung zur Generierung von Code für eine Stackmaschine, ist eine der Kernaufgaben jedes Compilers.

Für die oben definierte Klasse *Baum* können wir sofort Iteratoren für die bisher diskutierten Traversierungen rekursiv definieren. Für *Preorder* erhalten wir:

```
void preOrder(BesucherKlasse besucher){
    rekPreorder(wurzel, besucher);
}
void rekPreorder(Knoten k, BesucherKlasse besucher){
    if (k != null){
        besucher.f(k.inhalt);
        rekPreorder(k.links, besucher);
        rekPreorder(k.rechts, besucher);
    }
}
```

Die Iteratoren für *Inorder* und *Postorder* sind ähnlich – es werden analog zu ihrer Definition nur die entsprechenden Zeilen vertauscht. Komplizierter ist *Levelorder*:

**Levelorder**: Besuche die Knoten schichtenweise -

- zuerst die Wurzel,
- dann ihre Söhne
- dann die nächste Etage, etc. ...

## 4.8 Bäume

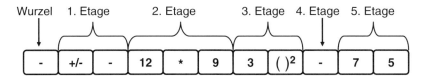

**Abb. 4.50:** *Levelorder Traversierung des Baumes aus Abbildung 4.45*

Während das Ergebnis einer Levelorder-Traversierung anhand der grafischen Darstellung des Baumes einfach zu ermitteln ist, ist der Algorithmus dafür nicht so einfach anzugeben wie bei den anderen Traversierungen. Wir müssen eine Warteschlange als Zwischenspeicher für die Knoten einer Etage einführen. Die Wurzeln der Teilbäume werden jeweils am Ende der Warteschlange eingereiht. So kommen die Knoten der nächsten Etage in der richtigen Reihenfolge in die Warteschlange.

```
void levelOrder(BesucherKlasse besucher, int l)
            throws QueueFehler{
    Queue q = new Queue(l);
    q.enQueue(wurzel);
    do {
        Knoten k = q.deQueue();
        if (k != null){
            besucher.f(k.inhalt);
            q.enQueue(k.links);
            q.enQueue(k.rechts);
        }
    }while (!q.istLeer() );
}
```

Wie groß müssen wir die Länge *l* der Queue *q* wählen? Dazu betrachten wir zunächst einige Zusammenhänge zwischen der Anzahl n der Elemente eines Binärbaumes, seiner Tiefe und der Anzahl der Elemente einer Schicht.

### 4.8.5 Kenngrößen von Binärbäumen

Ein Binärbaum *B* der Tiefe *t* hat höchstens $2^t - 1$ viele Knoten. Dies (und ähnliche Zusammenhänge) kann man leicht durch *Induktion über den Aufbau* eines Binärbaumes zeigen. Wir führen eine solche Induktion hier beispielhaft durch:

**Induktionsanfang:** *B ist leer.*

*B* hat dann *0* Elemente und Tiefe *t = 0*. Die Formel stimmt, denn $2^0 - 1 = 0$.

**Induktionsschritt:** *B besteht aus der Wurzel W, einem linken Teilbaum $B_1$ und einem rechten Teilbaum $B_2$.*

Für die Teilbäume können wir die Behauptung bereits voraussetzen. Sie haben jeweils höchstens Tiefe $t-1$, also jeweils maximal $2^{t-1}-1$ Elemente. Der ganze Baum hat daher maximal $1 + 2 \times (2^{(t-1)} - 1) = 2^t - 1$ Knoten.

Aus $n \le 2^t - 1$ folgt durch logarithmieren: $log_2(n+1) \le t$. Weil $t$ auf jeden Fall ganzzahlig ist, können wir die linke Seite auch durch $\lceil log_2(n+1) \rceil$ ersetzen, das ist die kleinste ganze Zahl größer oder gleich $log_2(n+1)$.

Ein Baum der Tiefe $t$ hat *mindestens* $n = t$ Knoten. Dieser Extremfall tritt genau dann ein, wenn der Baum zu einer Liste ausgeartet ist. Wir erhalten also folgenden Zusammenhang zwischen der Tiefe $t$ und der Anzahl $n$ der Knoten eines Binärbaumes:

$$\lceil log_2(n+1) \rceil \le t \le n.$$

Induktiv kann man auch leicht zeigen, dass ein Binärbaum maximal $2^{t-1}$ Knoten der Tiefe $t$ haben kann. Ebenso findet man, dass ein Binärbaum mit $n$ Knoten maximal $(n+1)/2$ Blätter haben kann.

Wir kehren zurück zur Frage, wie groß wir die Warteschlange $q$ bei *LevelOrder* dimensionieren müssen. Wissen wir, dass unser Binärbaum $N$ Elemente hat, so reicht die Queuegröße $\lceil (n+1)/2 \rceil$ aus. Ist uns bekannt, dass der Baum maximal $k$ Knoten in einer Schicht hat, so reicht eine Queuegröße von $(3/2) \times k$ aus. Dazu überlegt man sich zunächst, dass sich in der Queue immer nur Elemente aus zwei benachbarten Etagen befinden können. Handelt es sich um $a$ Elemente aus der $t$-ten Etage und $b$ aus der $(t + 1)$-ten Etage, so stammen die Väter der letzteren aus der $t$-ten Etage. Wir erhalten also die Ungleichungen:

$$a + b/2 \le k, \text{ sowie } b \le k. \text{ Es folgt: } a + b \le k + b/2 \le (3/2) \times k.$$

## 4.8.6    Binäre Suchbäume

Es gibt viele Möglichkeiten, eine Menge von Datensätzen in einem Binärbaum zu speicheren. Handelt es sich um Daten, auf denen (mittels eines Schlüssels) eine Ordnungsrelation definiert ist, so wollen wir sie so abspeichern, dass wir sie sehr schnell – genauer: im Normalfall (also im average case) mit logarithmischem Aufwand – wiederfinden können. Dies setzt voraus, dass wir die Daten so in dem Binärbaum speichern, dass ein binärer Suchbaum entsteht:

Ein **binärer Suchbaum** ist

- *leer* oder
- besteht aus einem Knoten – *Wurzel* genannt – und zwei *binären Suchbäumen*, dem linken und rechten Teilbaum. Der Inhalt des Wurzelknotens ist größer gleich allen Elementen im linken Suchbaum und echt kleiner als alle Elemente im rechten Suchbaum.

## 4.8 Bäume

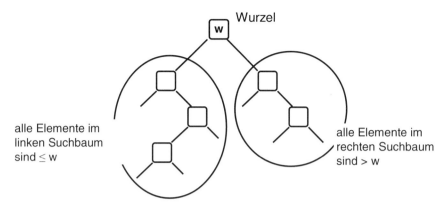

*Abb. 4.51:* *Binärer Suchbaum*

Die rekursive Definition garantiert, dass sich die Ordnungseigenschaft auch auf die Teilbäume fortsetzt, d.h. jeder Unterbaum eines binären Suchbaumes ist wieder ein binärer Suchbaum. Es gilt sogar:

**Sortierungseigenschaft**:
> *Die Daten in einem binären Suchbaum sind in Inorder-Reihenfolge korrekt sortiert.*

Sucht man in einem binären Suchbaum ein bestimmtes Element $e$, so muss man es mit der Wurzel $w$ vergleichen. Gilt $w = e$, so ist es gefunden, falls $e \leq w$, so muss man nur noch im linken Teilbaum weitersuchen, ansonsten im rechten. Offensichtlich ist die Anzahl der Vergleiche für eine solche Suche durch die Tiefe des Baumes beschränkt.

### 4.8.7 Implementierung von binären Suchbäumen

Bei der Implementierung von binären Suchbäumen setzen wir voraus, dass eine Ordnungsrelation für die in den Knoten gespeicherten Daten definiert ist, also für den Datentyp der *Elemente* des Baumes. Ähnlich wie auf S. 306 nehmen wir hier auch an, dass dieser Datentyp das Interface *Comparable* implementiert. Dies ist z.B. seit JDK 1.2 für die in unseren Programmbeispielen gewählte Klasse *Character* der Fall. Wir können dann zwei Werte `ch1` und `ch2` dieses Typs durch einen Aufruf von *ch1.compareTo(ch2)* vergleichen.

Für die Elemente des Suchbaumes definieren wir eine Klasse *Element*. In unseren Programmierbeispielen wählen wir als Inhalt eines Elementes ein Objekt der Klasse *Character*. Wir können diese Definition durch jede andere ersetzen, die die Schnittstelle *Comparable* implementiert. Je nachdem, ob ein Element $x$ kleiner, gleich oder größer als $y$ ist, soll *x.compareTo(y)* den Wert $-1$, $0$ oder $+1$ liefern.

```
class Element implements Comparable{
   Character inhalt;
   Element(Character c){ inhalt = c;}
   public int compareTo(Object o){
```

```
        Element e = (Element) o;
        return inhalt.compareTo(e.inhalt);}
   }  }
```

Analog wie im Fall der doppelt verketteten Listen (S. 351) ist es für das Navigieren in Suchbäumen hilfreich, wenn jeder Knoten, neben den Referenzen auf den linken und rechten Teilbaum, auch noch eine Referenz nach oben, auf den Vaterknoten, erhält.

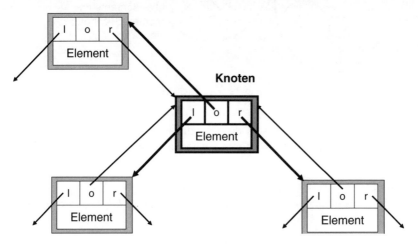

**Abb. 4.52:**    *Knoten mit Referenzen auf Vater- und Sohnknoten in einem Binärbaum*

```
class Knoten{
   Element e;
   Knoten o, l, r;
   Knoten(Element el){ e = el;}
   Knoten(Element el, Knoten oben){ e = el; o=oben;}
   public String toString(){return (e.inhalt).toString();}
   }
```

Ein Knoten ist, wie in Bäumen üblich, immer auch die Wurzel eines Unterbaumes. Daher können wir die Begriffe Knoten und Teilbaum synonym benutzen.

Unsere Algorithmen zum Einfügen und Löschen von Elementen in binäre Suchbäume müssen selbstverständlich die Invariante beibehalten:

**Invariante für binäre Suchbäume**:
   *Alle Elemente im linken Teilbaum ≤ Wurzel < alle Elemente im rechten Teilbaum*

Im Falle, dass der Baum keine Duplikate, d.h. verschiedene Knoten mit gleichem Inhaltsfeld, enthält, sind die Einfüge- und Löschoperationen recht elementar. Duplikate führen aber zu Komplikationen, insbesondere beim Löschen eines Knotens mit zwei Söhnen. Aus diesem Grund verschärfen wir die Invariante. Wir verlangen, dass zusätzlich in jedem Teilbaum die folgende Invariante respektiert wird:

## 4.8 Bäume

**Implementierungsinvariante**:
> *(linker Sohn der Wurzel < Wurzel)*
> ⇒ *(alle Elemente im linken Teilbaum < Wurzel)*

Diese zusätzliche Invariante erschwert das Einfügen von Elementen nur unerheblich. Dafür wird das Löschen einfacher, denn wir können diese zusätzliche Eigenschaft für den Baum, aus dem gelöscht wird, annehmen.

Aus der Zusatzinvarianten folgt insbesondere, dass Duplikate immer wie auf einer Perlenschnur nebeneinander angeordnet sind. Von zwei beliebigen Knoten *K* und *K'* mit gleichem Inhalt muss sich aufgrund der ersten Invariante entweder *K* im linken Teilbaum von *K'* befinden oder *K'* im linken Teilbaum von *K*. Aufgrund der zweiten Invariante können sich zwischen *K* und *K'* nur weitere Duplikate befinden. Außerdem kann höchstens das oberste Element der Kette von Duplikaten einen rechten Sohn haben. (Siehe Abbildung 4.53).

**Anmerkung:** Alternativ könnte man das Problem der Duplikate lösen, indem man in jedem Knoten eine Liste für Elemente vorsieht, in die evtl. vorhandene Duplikate eingefügt werden. Dem Vorteil, dass die Tiefe der resultierenden Bäume kleiner bleibt, steht aber der Nachteil gegenüber, dass der Zugriff auf die Elemente eines Knotens komplizierter wird.

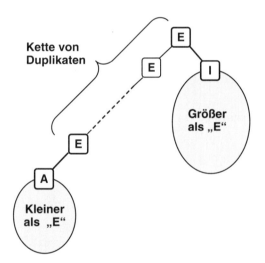

*Abb. 4.53:* Duplikate

In unseren Programmen haben wir durch Kommentare den Code markiert, der für die Behandlung von Duplikaten bzw. für die Einhaltung der Implementierungsinvarianten zuständig ist. Binäre Suchbäume entstehen, indem mit der folgenden rekursiven Methode *einfuegen*, beginnend an der Wurzel des Suchbaumes, neue Elemente eingefügt werden. Dabei wird ein Duplikat der Wurzel stets zur neuen Wurzel des linken Teilbaumes:

```
void einfuegen(Element e){
    if (wurzel == null) wurzel = new Knoten(e);
```

```
        else rekEinfuegen(e, wurzel);
    }


void rekEinfuegen(Element e, Knoten bp){
            // Beginn: Code für Implementierungsinvariante
    if (e.compareTo(bp.e) == 0){
        Knoten neu = new Knoten(e, bp);
        if (bp.l != null) bp.l.o = neu;
        neu.l = bp.l;
        bp.l = neu;
        return;
    }           // Ende des Codes für Implementierungsinvariante
    if (e.compareTo(bp.e) < 0)
        if (bp.l == null) bp.l = new Knoten(e, bp);
        else rekEinfuegen(e, bp.l);
    else
        if (bp.r == null) bp.r = new Knoten(e, bp);
        else rekEinfuegen(e, bp.r);
}
```

Der linke Baum in der nachfolgenden Abbildung 4.54 ist entstanden, indem die Buchstaben des Wortes „BAUMBEISPIEL" nacheinander in einen anfangs leeren Binärbaum eingefügt wurden. Man beachte, dass die Form des entstandenen Binärbaumes von der Reihenfolge der Einfügung abhängig ist. Hätte man die Buchstaben in alphabetischer, oder in umgekehrter alphabetischer Reihenfolge, also z.B. als „USPMLIIEEBBA" eingefügt, so wäre der Baum gar zu einer Liste entartet.

Um ein Element $x$ im Baum $B$ zu finden, gehen wir folgendermaßen vor:

*   Wenn $B$ leer ist, dann ist $x$ nicht in $B$.
*   Ist $x = $ *Wurzelelement*, so haben wir $x$ gefunden.
*   Wenn $x < $ *Wurzelelement* gilt, wird die Suche im linken Teilbaum von $B$ fortgesetzt, sonst im rechten Teilbaum.

```
    Knoten suche(Element e){ return rekSuche(e, wurzel);}
    Knoten rekSuche(Element e, Knoten bp){
        if (bp == null) return null;
        if (e.compareTo(bp.e) == 0) return bp;
        if (e.compareTo(bp.e) < 0) return rekSuche(e, bp.l);
        else return rekSuche(e, bp.r);
    }
```

Sind Duplikate vorhanden, dann wird mit dieser Methode offensichtlich dasjenige mit der geringsten Tiefe gefunden.

Das *kleinste* Element eines binären Suchbaumes findet man, wenn man dem linken Teilbaum-Pointer so lange folgt, bis ein Knoten mit leerem linken Teilbaum angetroffen wird. Von Duplikaten des kleinsten Elements, wird das mit größter Tiefe gefunden.

4.8 Bäume

```
Knoten sucheMin(){ return sucheMin(wurzel);}
Knoten sucheMin(Knoten kp){
    if (kp == null) return kp;
    while (kp.l != null) kp = kp.l;
    return kp;
    }
```

Analog findet man durch Vertauschen von *links* und *rechts* das größte Element in einem binären Suchbaum mit einer analogen Methode *sucheMax*.

Meist versteht man als *Nachfolger* eines Knotens denjenigen, der das gemäß der Ordnungsrelation nächstgrößere Element enthält. Falls ein Knoten jedoch den gleichen Inhalt hat wie sein Vater (der Sohn muss dann notwendigerweise ein linker Sohn sein), so bezeichnen wir den Vater als *Nachfolger*. Der Nachfolger eines Knotens ist daher entweder das kleinste Element des rechten Teilbaumes oder man findet ihn durch Aufsteigen im Baum, bis man zum ersten Mal nach rechts gehen muss. Trifft man vorher auf die Wurzel, so existiert kein Nachfolger, wir geben *null* zurück.

```
Knoten nachfolger(Knoten kp){
    if (kp == null) return kp;
    if (kp.r != null) return sucheMin(kp.r);
    Knoten oben = kp.o;
    while((oben != null) && (oben.r == kp)) {
        kp = oben;
        oben = kp.o;
        }
    return oben;
    }
```

Analog findet man durch Vertauschen von *links* und *rechts*, bzw. *min* und *max*, mit einer Methode *Vorgaenger* in einem binären Suchbaum den Vorgänger eines Knotens in einer Sortierung, entsprechend der gegebenen Ordnungsrelation.

In einem binären Suchbaum kann man nunmehr die Knoten in einer Sortierung entsprechend der gegebenen Ordnungsrelation ausgeben, ohne auf die Inorder-Traversierung zurückgreifen zu müssen. Wir beginnen mit dem kleinsten Element des Baums und traversieren ihn mit der Nachfolger-Methode.

```
void ausgabeVorw(){
    Knoten kp = sucheMin();
        while (kp != null) {
            System.out.println(kp);
            kp = nachfolger(kp);
            }
    }
```

Die schwierigste Operation in einem binären Suchbaum ist das Entfernen eines einzelnen Knotens $k$. Dabei müssen wir zunächst unterscheiden, ob der zu entfernende Knoten höchstens einen Sohn oder zwei Söhne hat.

```
void loescheKnoten(Knoten kp){
    if (kp == null) return;
    if (kp.l == null || kp.r == null) loesche1(kp);
    else loesche2(kp);
}
```

Wenn einer der beiden Teilbäume von $k$ leer ist, kann man den anderen verbleibenden Teilbaum ggf. einfach eine Etage höher schieben. Dies veranschaulicht die Abbildung 4.54, in der wir den Knoten mit dem Element $S$ löschen.

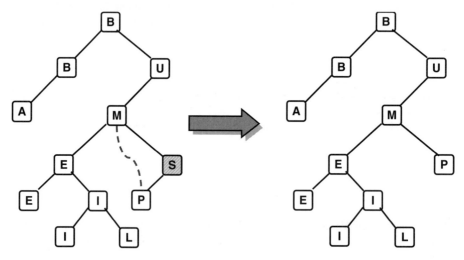

*Abb. 4.54:* Löschen eines Knotens mit einem Sohn

```
void loesche1(Knoten sohn){
// Loescht Knoten mit max. einem Sohn
// Bestimme den Enkel - kann null sein
    Knoten enkel = (sohn.l == null) ? sohn.r : sohn.l;
    if (sohn == wurzel)  { wurzel = enkel; return; }
// Ab hier ist klar: Vater existiert
    Knoten vater = sohn.o;
//Verbinde Vater zum Enkel
    if (vater.l == sohn) vater.l = enkel; else vater.r = enkel;
// Verbinde Enkel zum Vater
    if (enkel != null) enkel.o = vater;
}
```

## 4.8 Bäume

Falls der zu löschende Knoten *k* zwei nichtleere Teilbäume besitzt, suchen wir zunächst den Knoten mit dem kleinsten Element des rechten Teilbaums von *k*. Von diesem wissen wir, dass er der Nachfolger von *k* ist und keinen linken Teilbaum besitzt. Nachdem wir seinen Inhalt in *k* kopiert haben, wird er selber, wie in Fall 1 beschrieben, gelöscht.

Allerdings kann das Vorhandensein von Duplikaten hier eine Komplikation mit sich bringen. Würde man lediglich das kleinste Element des rechten Teilbaumes nach oben kopieren, so könnten Duplikate davon im rechten Teilbaum übrigbleiben. Damit wäre die Invariante binärer Suchbäume verletzt. In dem linken Baum der Abbildung 4.55 würde das Löschen der Wurzel „B" dazu führen, dass „E" in die Wurzel kopiert würde, aber ein weiteres „E" im rechten Teilbaum zurückbliebe.

Um dies zu vermeiden, müssen wir im Fall 2 den zu löschenden Knoten durch *die Liste aller Duplikate des kleinsten Knotens des rechten Teilbaumes* ersetzen. Den Inhalt des ersten Knotens dieser Liste kopieren wir wie bisher in den zu löschenden Knoten, die Restliste fügen wir zwischen diesen und seinen linken Sohn ein. Beim Umhängen von Knoten muss jeweils darauf geachtet werden, dass der Verweis auf den Vaterknoten konsistent bleibt.

In einem zweiten Schritt muss dann noch der unten übriggebliebene oberste Knoten aus der vormaligen Liste von Duplikaten gelöscht werden. Dieser hat bestenfalls noch einen rechten Nachbarn, somit geht dies mit *loesche1*.

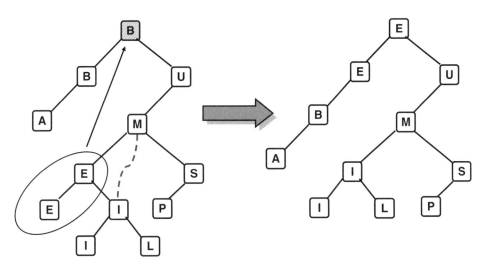

*Abb. 4.55:* Löschen eines Knotens mit zwei Söhnen

Auch in dem folgenden Programm ist der für die Berücksichtigung von Duplikaten notwendige Code durch Kommentare gekennzeichnet. Sind keine Duplikate vorhanden, bleibt der zusätzliche Code offensichtlich ohne Wirkung:

```
void loesche2(Knoten kp){
    Knoten min = sucheMin(kp.r);
```

```
      // Beginn: Berücksichtigung von Duplikaten
min.l = kp.l;
if (min.l != null) min.l.o = min; // Vaterknoten korrekt?
while(min.e.compareTo(min.o.e) == 0) min = min.o;
kp.l = min.l;
if (kp.l != null) kp.l.o = kp; // Vaterknoten korrekt?
min.l = null; // Damit loesche1 anwendbar wird
      // Ende: Berücksichtigung von Duplikaten
kp.e = min.e; // Kopiere Inhalt nach oben
loesche1(min);
}
```

Binäre Suchbäume sind eine einfache Implementierung einer abstrakten Datenstruktur zum Suchen in Dateien, Datenbanken etc. Diese Datenstruktur ist durch folgende Definitionen gekennzeichnet:

```
class Element{ ... }
class Knoten{ ... }
class SuchBaum{
    private Knoten wurzel;
    boolean istLeer(){ return wurzel == null;}
    void einfuegen(Element e){ .... }
    private void rekEinfuegen(Element e, Knoten bp){ ... }
    Knoten suche(Element e){ ... }
    Knoten rekSuche(Element e, Knoten bp){ ... }
    Knoten sucheMin(){ ... }
    Knoten sucheMin(Knoten dp){ ... }
    Knoten sucheMax(){ ... }
    Knoten sucheMax(Knoten dp){ ... }
    Knoten vorgaenger(Knoten kp { ... }
    Knoten nachfolger(Knoten kp { ... }
    void loescheKnoten(Knoten kp){ .... }
    }
```

Beim Suchen in Dateien und Datenbanken nennt man die Elemente, die in den Knoten enthalten sind, *Datensätze* (siehe S. 305). Diese bestehen aus einem Suchschlüssel und weiteren Feldern. Ordnet man die Datensätze bezüglich des Inhaltes eines bestimmten Feldes, so sind im obigen Sinne zwei Knoten genau dann Duplikate, falls sie im Wert dieses Feldes übereinstimmen. In unseren einfachen Programmbeispielen hatten wir nur ein Inhaltsfeld, so dass Duplikate recht langweilig waren.

## 4.8.8    Balancierte Bäume

Der Aufwand, ein Element in einem Suchbaum wiederzufinden, wächst mit der Länge des Pfades von der Wurzel zu dem Element, also mit der *Tiefe* des gefundenen Knotens. Für die Tiefe $t$ eines Baumes, also die maximale Tiefe aller Knoten, haben wir auf S. 364 bereits die Beziehung zur Anzahl $n$ der Knoten des Baumes hergeleitet:

## 4.8 Bäume

$$\lceil log_2(n+1) \rceil \leq t \leq n.$$

Um in einem Suchbaum mit $n = 1000$ Knoten ein Element zu finden, können daher bis zu 1000 Vergleiche notwendig sein. Man könnte die gleichen Daten aber auch so in einem Suchbaum speichern, dass immer maximal 10 Vergleiche notwendig wären. Dazu müsste man dafür sorgen, dass die Tiefe aller Knoten höchstens $\lceil log_2(n+1) \rceil$ ist. Um dies zu erreichen, müssten alle Blattknoten in etwa die gleiche Tiefe haben. Man spricht dann von einem *balancierten* Baum.

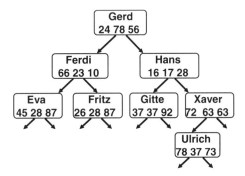

*Abb. 4.56:* Telefonverzeichnis als gut balancierter Baum ...

Leider können durch die Einfüge- und Löschoperationen höchst unbalancierte Bäume entstehen. Dies tritt insbesondere dann auf, wenn viele Daten in ihrer Sortierreihenfolge angeliefert werden bzw. wenn viele Duplikate vorkommen und diese nicht in Listen verwaltet werden, die jeweils an einen Knoten angehängt sind. Schlimmstenfalls entartet der Baum dann zu einer zu einer Liste.

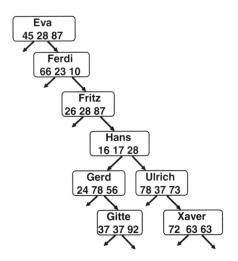

*Abb. 4.57:* ... die gleichen Telefonnummern in einem schlecht balancierten Baum

Man könnte einen Baum reorganisieren, um ihn in eine balancierte Struktur zu überführen. Dazu müsste man zunächst das in der Ordnung mittlere Element *M* finden und in der Wurzel speichern. Rekursiv konstruiert man nun den linken Teilbaum der Wurzel als balancierten Baum aus allen Elementen kleiner oder gleich *M* und den rechten Teilbaum als balancierten Baum, der aus allen Elementen größer als *M* besteht. Der Aufwand, um einen Baum nach Einfüge- und Löschoperationen jedesmal wieder in eine optimal balancierte Struktur zu überführen, ist allerdings sehr groß. Man begnügt sich daher mit einer schwächeren Form der Balance, die z.B. von den so genannten AVL-Bäumen erfüllt wird.

### 4.8.9  AVL-Bäume

Ein binärer Suchbaum ist ein *AVL-Baum*, wenn für jeden Knoten Folgendes gilt:

*Die Tiefen des linken und des rechten Teilbaumes unterscheiden sich höchstens um 1.*

Die definierende Bedingung eines AVL-Baumes erzwingt eine Mindestanzahl $n(t)$ von Knoten für einen Baum der Tiefe *t*. Ein AVL-Baum der Tiefe 4 muss zum Beispiel mindestens $n(4) = 7$ Knoten besitzen.

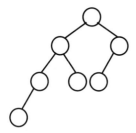

*Abb. 4.58:*   *Ein minimaler AVL-Baum der Tiefe 4*

Allgemein gelten $n(0) = 0$, $n(1) = 1$ und für beliebige $t > 1$ hat man

$$n(t) = 1 + n(t-1) + n(t-2).$$

In einem AVL-Baum der Tiefe *t* mit geringstmöglicher Knotenzahl muss nämlich ein Sohn der Wurzel ein AVL-Baum der Tiefe $t-1$ mit geringstmöglicher Knotenzahl $n(t-1)$ sein, während der andere Sohn ein AVL-Baum der Tiefe $(t-2)$ mit geringstmöglicher Knotenanzahl $n(t-2)$ ist. Nicht zufällig ähnelt das Bauprinzip der Fibonacci-Funktion (siehe S. 164), man zeigt nämlich leicht durch vollständige Induktion:

$$n(t) = fib(t+1) - 1.$$

## 4.8 Bäume

Tabelliert man die ersten Werte von $n(t)$ und vergleicht sie mit der maximal möglichen Anzahl $2^t - 1$ von Knoten in einem Binärbaum der Tiefe $t$ ( S. 363 ), so erhält man:

| t | 0 | 1 | 2 | 3 | 4 | 5 | 6 | 7 | 8 | 9 | 10 |
|---|---|---|---|---|---|---|---|---|---|---|---|
| n(t) | 0 | 1 | 2 | 4 | 7 | 12 | 20 | 33 | 54 | 88 | 143 |
| fib(t) | 1 | 1 | 2 | 3 | 5 | 8 | 13 | 21 | 34 | 55 | 89 |
| $2^t - 1$ | 0 | 1 | 3 | 7 | 15 | 31 | 63 | 127 | 255 | 511 | 1023 |

Aufgrund seiner Definition ist ein AVL-Baum auch ein binärer Suchbaum. Die Algorithmen für das Suchen von Knoten mit einem bestimmten Element, also *suche*, *rekSuche*, *sucheMin* und *sucheMax*, können daher genauso erfolgen wie in dem vorletzten Abschnitt angegeben. Aufgrund der besseren Balancierung von AVL-Bäumen, sind diese sehr schnell.

Dafür werden die Algorithmen zum Einfügen bzw. zum Löschen eines Knotens aufwändiger. Sowohl nach einer Einfüge- als auch nach einer Löschoperation kann die AVL-Eigenschaft eines Baumes verloren gehen. Man kann aber zeigen, dass diese Eigenschaft mit *Baumtransformationen*, genannt *Rotation* und *Doppelrotation*, wieder hergestellt werden kann. Aus Platzgründen deuten wir nur an, wie eine einfache Rotation vonstatten geht, und verweisen für die vollständige Behandlung von AVL-Bäumen auf die weiter führende Literatur.

Zunächst ist es hilfreich, jedem Knoten k eine ganze Zahl $d(k)$ zuzuordnen, welche die Differenz zwischen der Tiefe des linken und der des rechten Teilbaumes angibt. Ein Binärbaum ist genau dann ein AVL-Baum, wenn $-1 \leq d(k) \leq 1$ für jeden Knoten k gilt. Die folgende Abbildung zeigt ein Beispiel eines AVL-Baumes. Jedem Knoten k haben wir seinen Wert $d(k)$ beigefügt.

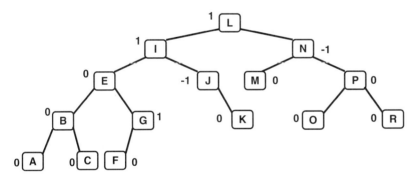

*Abb. 4.59:* AVL-Baum mit Balance-Kennzahlen.

Durch Einfügung können zwischenzeitlich Knoten mit $d = 2$ oder $d = -2$ entstehen. Die folgende Abbildung zeigt schematisch einen Binärbaum, bei dem nach Einfügung eines Elementes in den Unterbaum A die AVL-Eigenschaft verletzt wurde. Durch Umhängen des Unterbaumes B – dazu müssen lediglich zwei Referenzen verändert werden – wird die AVL-Eigenschaft wiederhergestellt. Vorher wie nachher befinden sich alle Elemente des Unterbaumes B zwischen $K_1$ und $K_2$, daher ist der neue Baum immer noch ein binärer Suchbaum.

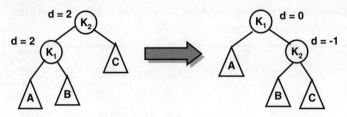

**Abb. 4.60:** Eine einfache Rotation

AVL-Bäume sind nach ihren Entwicklern Adelson-Velskij und Landis benannt. Es gibt eine Reihe weiterer, ähnlicher Datenstrukturen für Suchbäume, z.B. *Red-Black-Bäume* und *Splay-Bäume*, um nur einige zu nennen. Auch hier verweisen wir auf die Spezialliteratur.

## 4.8.10  2-3-4-Bäume

Ein binärer Suchbaum enthält Knoten mit einem Schlüssel (und den dazu gehörigen Daten) sowie zwei Verweise auf einen linken und rechten Teilbaum, die natürlich auch leer sein können. Einen solchen Knoten nennt man einen *2-Knoten*. Binäre Suchbäume werden *2-Bäume* genannt, wenn sie nur 2-Knoten enthalten und alle Blätter auf einer Ebene sind, wenn sie also optimal balanciert sind. Analog kann man *3-Knoten*, *4-Knoten* und *n-Knoten* definieren:

- *3-Knoten* enthalten zwei Schlüssel und drei Verweise auf weiter führende Teilbäume.
- *4-Knoten* enthalten drei Schlüssel und vier Verweise auf weiter führende Teilbäume.
- *n-Knoten* enthalten (n − 1) Schlüssel und n Verweise auf weiter führende Teilbäume.

**2-3-Bäume**:
   Suchbäume, deren Knoten aus 2-Knoten oder 3-Knoten bestehen und
   deren Blätter alle auf einer Ebene liegen, werden *2-3-Bäume* genannt.

**2-3-4-Bäume**:
   Suchbäume, deren Knoten aus 2-Knoten, 3-Knoten oder 4-Knoten bestehen und
   deren Blätter alle auf einer Ebene liegen, werden 2-3-4-Bäume genannt.

Das folgende Beispiel zeigt einen 2-3-4-Baum, der dieselben Schlüssel enthält wie der AVL-Baum in Abbildung 4.59. Bereits aus diesem Beispiel wird die Bedeutung der 2-3-4-Bäume klar: Die Tiefe und die Anzahl der Knoten eines 2-3-4-Baumes ist deutlich geringer als bei einem AVL-Baum mit dem gleichen Inhalt. Damit wird die Zahl der Knoten, die bei einer Suche besucht werden muss, vermindert. Außerdem sind 2-3-4-Bäume immer optimal balanciert. Daher ist das Suchen nach einem Datensatz in einem 2-3-4 Baum effizienter ist als in einem vergleichbaren AVL-Baum.

4.8 Bäume                                                                                        377

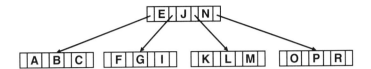

*Abb. 4.61:*   *Ein 2-3-4-Baum mit ausschließlich 4-Knoten*

Allerdings ist der Aufwand beim Einfügen und beim Löschen von Schlüsseln höher. Der 2-3-4-Baum in Abbildung 4.61 ist *voll*. Wenn wir ein weiteres Element einfügen, z.B. *D*, muss die Struktur des Baumes umgebaut werden. Einer der vielen Kandidaten für einen reorganisierten Baum findet sich in Abbildung 4.62. Er entstand durch folgenden Algorithmus: Zunächst wird der Knoten ermittelt, der das einzufügende Element, also *D*, entsprechend dem Suchalgorithmus enthalten müsste. Dies ist der Knoten (A,B,C). Um in diesem Platz für *D* zu schaffen, wird ein mittleres Element, also z.B. *C*, nach oben geschoben. Die verbleibenden Schlüssel (A,B,D) werden rund um *C* aufgeteilt (dies ist eine so genannte *Split*-Operation). In dem Knoten (E,J,N) muss nunmehr Platz für *C* geschaffen werden. Wiederum muss ein mittleres Element nach oben geschoben werden. Die Wahl fällt z.B. auf *J*. Da wir aber bereits bei der Wurzel angelangt sind, muss eine neue Wurzel angelegt werden. Die verbleibenden Schlüssel (C,E,N) werden rund um *J* aufgeteilt.

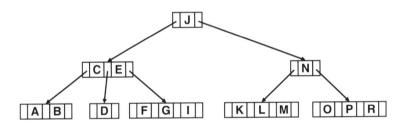

*Abb. 4.62:*   *Einfügen in einen 2-3-4-Baum - in den obigen Baum wurde D eingefügt*

Das Einfügen in den Baum von Abbildung 4.61 ist schwierig, da in keinem Knoten Platz für einen weiteren Schlüssel ist, das Einfügen in den Baum von Abbildung 4.62 ist dagegen einfacher, da in vielen Knoten Platz für mindestens einen weiteren Schlüssel ist.

## 4.8.11   B-Bäume

B-Bäume wurden 1972 von Bayer und McCreight eingeführt. Es handelt sich um eine Verallgemeinerung der 2-3- und der 2-3-4-Bäume. Dabei war die effiziente Anwendbarkeit für große Datenbestände, die überwiegend auf externen Datenträgern (z.B. auf Festplatten) gespeichert sind, von besonderem Interesse. Wir erläutern eine Variante, die so genannten $B^+$-Bäume, die sich dadurch auszeichnet, dass die Datensätze nur in den Blattknoten gespeichert sind, während alle inneren Knoten nur Schlüssel enthalten. In einer typischen Anwendung können die inneren Knoten im Hauptspeicher gehalten werden, während sich die Datensätze auf externen Speichermedien befinden.

**Definition**: Ein *B+-Baum der Ordnung m* besteht aus inneren Knoten, in denen jeweils mindestens $\lceil m/2 \rceil$ und höchstens $m$ Schlüssel – keine Datensätze – gespeichert sind, und aus Blattknoten, die jeweils die Datensätze, auch Blöcke genannt, enthalten. Die Wurzel darf auch weniger als $\lceil m/2 \rceil$ Schlüssel enthalten. Jeder innere Knoten ist ein $(n+1)$-Knoten, enthält also $n$ Schlüssel und $(n+1)$ Verweise auf weiter führende Teilbäume. Die Blätter liegen alle auf einer Ebene und enthalten die Datensätze und ggf. zusätzliche Verweise auf die benachbarten Blätter, um eine einfache Iteration durch die nach dem Schlüssel geordnete Menge von Datensätzen zu ermöglichen.

Die Ordnung eines $B^+$-Baumes kann bei großen Datenbanksystemen im Bereich 100 bis 10000 liegen. Die Größe eines Blockes hängt von der Architektur des benutzten Externspeichersystems ab. Bei modernen Festplatten wählt man die Blockgröße so, dass ein Block, ohne zusätzliche Positionierung des Schreib-Lesekopfes, gelesen bzw. geschrieben werden kann. Hält man die inneren Knoten im Hauptspeicher, so wird ein schneller Zugriff auf die externen Daten ermöglicht. Blöcke werden jeweils vollständig in einen Pufferbereich des Hauptspeicher eingelesen bzw. von diesem auf die Platte geschrieben.

Als Rechenbeispiel betrachten wir einen B-Baum der Ordnung 10 mit einer Blockgröße von 100 kB. Die Größe der Schlüssel möge ca. 100 Byte betragen. Für einen Verweis rechnen wir mit 4 Bytes. Damit ergibt sich für einen solchen B-Baum:

- Jeder innere Knoten erfordert $10 \times 100 + 11 \times 4 = 1044$ Byte.
- Bei einer Baumtiefe von 4 kann der Baum aus maximal $1 + 11 + 121 = 133$ inneren Knoten bestehen. Dafür wird ein Speicherbereich von ca. 140 kB benötigt. Es können maximal 121 Blöcke mit einem Gesamtumfang von knapp 12 MB verwaltet werden.
- Bei einer Baumtiefe von 8 können knapp 2 Mio. innere Knoten entstehen, die bis zu 2 GByte Hauptspeicherplatz erfordern. Der Baum kann bis zu $11^6$ (ca. 1.8 Mio.) Blätter haben und somit ca. 0.15 TByte an Daten verwalten.

Man erkennt anhand dieser Zahlen, dass die effiziente Verwaltung auch sehr großer Datenbestände mit $B^+$-Bäumen möglich ist.

### 4.8.12 Vollständige Bäume

*Ein binärer Baum B* heißt *vollständiger Baum*, wenn er folgende Form hat:

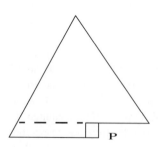

Für jedes $k$ mit $k < \text{Tiefe}(B)$ gilt:

- Die $k$-te Schicht ist voll besetzt (d.h. $B$ besitzt $2^{k-1}$ Knoten der Tiefe k).
- Die letzte Schicht ist, von links nach rechts gelesen, bis zu einem Punkt $P$ besetzt.

**Abb. 4.63:** *Vollständiger Baum*

## 4.8 Bäume

Nummerieren wir die Knoten eines vollständigen Baumes in Levelordnung durch, so erkennen wir, dass die Kindknoten des *i*-ten Knotens gerade die Nummern $2 \cdot i$ und $2 \cdot i + 1$ tragen.

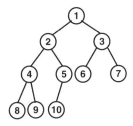

*Abb. 4.64:* Vollständiger Baum mit Knotennummerierung

Speichern wir daher einen vollständigen Baum in einem Array, den *i*-ten Knoten in dem Array-Element *a[i]*, so können wir uns explizite Verweise auf die Kindknoten und auf den Vaterknoten sparen, denn es gilt immer:

1. *a[i/2]* ist der Vaterknoten von *a[i]*;
2. *a[2 · i]* und *a[2 · i + 1]* sind die Wurzeln des linken und rechten Teilbaumes von *a[i]*, also:

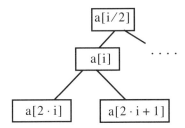

**Anmerkung**: Bei der Speicherung von vollständigen Bäumen in den folgenden Programmbeispielen wird der *i*-te Knoten in dem Array-Element *a[i – 1]* gespeichert, um die bei der Programmiersprache Java übliche Nummerierung der Array-Elemente beginnend mit dem Index 0 zu erhalten.

### 4.8.13 Heaps

Ein vollständiger Baum heißt *Heap*, falls auf den Elementen eine Ordnung ≥ (alternativ ≤) definiert ist und falls für alle *i* gilt:

$a[i] \geq a[2 \cdot i]$   *und*   $a[i] \geq a[2 \cdot i + 1]$,

sofern die jeweiligen Indexwerte existieren. Ein Heap ist also ein Binärbaum mit den beiden Eigenschaften:

**Form**:          Der Baum ist vollständig

**Ordnung**: Entlang eines Pfades von jedem Knoten zur Wurzel sind die Knoteninhalte aufsteigend (absteigend) sortiert

Wenn man ein neues Element in einen Heap einfügen will, gibt es dafür offensichtlich genau eine mögliche Position, wenn der Baum vollständig bleiben soll. Dabei kann aber die Ordnungseigenschaft verletzt werden, so dass wir diese wieder herstellen müssen.

Der dazu benutzte Algorithmus ähnelt der für BubbleSort benutzten Methode und heißt: *upHeap*. Ein Knoten wird dabei mit seinem Elternknoten verglichen und ggf. mit diesem vertauscht. Dieser Prozess setzt sich nach oben fort, bis die Ordnungseigenschaft für den Heap wiederhergestellt ist. Der Algorithmus benutzt die bereits bekannte Prozedur *swap* zum Vertauschen zweier Elementen in einem Array.

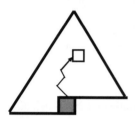

*Abb. 4.65:  upHeap*

Die folgende Methode *upHeap* hat einen Heap sowie einen weiteren Buchstaben als Parameter. Das Ergebnis ist ein neuer Heap, der um den Buchstaben erweitert wurde. In dem Beispiel muss ein Heap jeweils ein char-Array sein.

```
static char[] upHeap(char[] ap, char ext){
    int l = ap.length + 1;
    char[] a= new char[l];
    System.arraycopy(ap, 0, a, 0, l-1);
    int i = l-1;
    a[i] = ext;
    while (i > 0){
        int ni = (i-1)/2;
        if (a[i] > a[ni]){
            swap(a, i, ni);
            i = ni;
            }
        else break;
        }
    return a;
}
```

## 4.8 Bäume

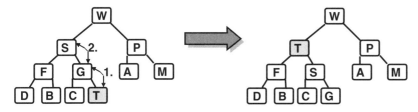

**Abb. 4.66:** upHeap: Beispiel

Das größte Element eines Heaps findet man stets in der Wurzel. Um das Wurzelelement zu entfernen, ersetzt man diese zunächst durch das am weitesten rechts stehende Blatt der untersten Ebene. Damit ist die Form-Eigenschaft gewahrt. Jetzt muss das neue Element ggf. noch nach unten wandern. Dabei wird es jeweils mit dem größeren Kindknoten vertauscht, bis es seinen endgültigen Platz gefunden hat. Dieser Algorithmus heißt *downHeap*.

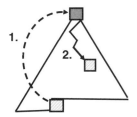

1. Letztes Element in Wurzel kopieren
2. Bubble down

**Abb. 4.67:** downHeap

Dafür gibt es folgenden Algorithmus:

```
static char[] downHeap(char[] ap){
    int l = ap.length - 1;
    char[] a = new char[l];
    System.arraycopy(ap, 1, a, 1, l-1);
    a[0] = ap[l];
    int i = 0;
    int ni = 1;
    while (ni < l){    // Linker oder rechter Zweig
        if (((ni+1) < l) && (a[ni] < a[ni+1])) ni++;
        if (a[i] < a[ni]){ // tauschen ?
            swap(a, i, ni);
            i = ni;
            ni += ni + 1;
            }
        else break;
    }
    return a;
}
```

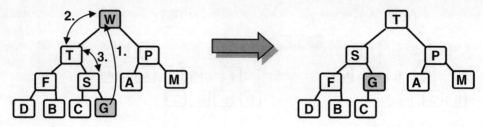

**Abb. 4.68:** *downHeap: Beispiel*

Der Aufwand für *downHeap* und für *upHeap* ist jeweils proportional zu log(n), falls $n$ die Anzahl der Knoten des Heaps ist.

### 4.8.14 HeapSort

Die Tatsache, dass das größte Element eines Heaps sich immer in der Wurzel befindet, kann man zur Konstruktion eines eleganten Sortieralgorithmus namens *HeapSort* verwenden. Die ungeordneten Daten liegen zunächst in einem Array vor.

- In der ersten Phase fügt man ein Element nach dem anderen in den Heap ein. Für die Repräsentation des Heap verwendet man dazu den ersten Abschnitt des Arrays.
- In der zweiten Phase entfernt man jeweils das größte Element des Heaps und bildet auf diese Weise von rechts nach links das sortierte Array.

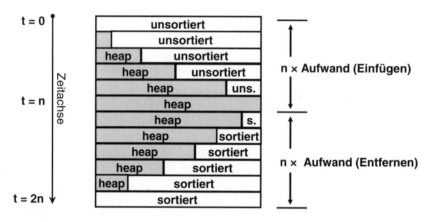

**Abb. 4.69:** *HeapSort*

Der Sortieralgorithmus benötigt also $n$ Aufrufe von *upHeap* und anschließend $n$ Aufrufe von *downHeap*. Die Komplexität von HeapSort ist daher $n \cdot log(n)$.

## 4.8.15 Priority-Queues

Allgemein können Heaps zur Implementierung so genannter *Priority-Queues* genutzt werden. Dies sind Warteschlangen, in denen Elemente mit unterschiedlichen Prioritäten eingefügt werden können. Die Reihenfolge der Bearbeitung entspricht der jeweils höchsten Priorität, die nicht notwendigerweise mit der Reihenfolge übereinstimmt, in der die Elemente eintreffen. Beispiele sind Druckaufträge, die auf die Bearbeitung durch einen Drucker warten, oder Prozesse, die auf die Zuteilung der CPU eines Rechners warten. Kriterien für die Prioritätsvergabe können sein:

- der Umfang eines Auftrages (lange Druckaufträge müssen warten),
- der Status eines Benutzers,
- der bisherige Verbrauch eines Benutzers (wer schon viel gedruckt hat, muss warten).

Das Einreihen in eine solche Priority-Queue kann durch *Heap.Einfuegen* und das Entfernen aus der Warteschlange mit *Heap.Entfernen* erfolgen.

## 4.8.16 Bäume mit variabler Anzahl von Teilbäumen

Bisher haben wir nur Bäume betrachtet, in denen jeder Knoten eine beschränkte Anzahl von Söhnen hatte. Häufig benötigen wir aber auch Bäume mit einer variablen Anzahl von Söhnen. Die Struktur des Dateisystems moderner Betriebssysteme bildet einen solchen Baum. Innere Knoten repräsentieren dabei Unterverzeichnisse, Blätter die Dateien.

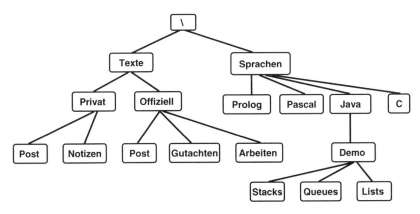

*Abb. 4.70:* Baum mit variabler Anzahl von Söhnen

Zur Implementierung solcher Bäume versieht man jeden Knoten mit einem Verweis auf die Liste der Teilbäume der nächsten Ebene, also auf die Liste der Kinder, und mit einem weiteren Verweis auf die benachbarten Teilbäume auf gleicher Ebene, also auf die Geschwister.

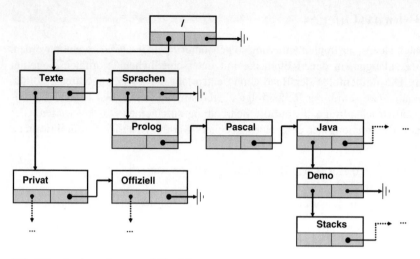

**Abb. 4.71:** *Implementierung variabler Bäume*

Der Nachteil einer solchen Datenstruktur ist offensichtlich: Von der jeweiligen Wurzel aus gesehen hat man nur auf den jeweils ersten Teilbaum direkten Zugriff.

## 4.9 Graphen

Ein *Graph* ist eine Kollektion von *Knoten* und *Kanten*. Knoten sind einfache Objekte. Sie haben Namen und können Träger von Werten, Eigenschaften etc. sein. Kanten sind Verbindungen zwischen den Knoten. Sie werden durch Pfeile dargestellt.

Mathematisch gesehen ist ein *Graph G* eine zweistellige Relation auf einer Menge $V$. $V$ ist die Menge der Knoten (engl. *vertex*). Zwei Knoten $v_1$ und $v_2$ sind in der Relation $G$, d.h. $(v_1, v_2) \in G$, falls es eine Kante (engl. *edge*) zwischen $v_1$ und $v_2$ gibt. Ein Graph $G$ *auf V* ist somit eine Menge von Paaren der Form $(v, w)$ mit $v \in V$ und $w \in V$ und jede beliebige Teilmenge $G \subseteq V \times V$ ist ein Graph.

- Beispiel 1:
  $V_1$ = Menge aller Flughäfen in Deutschland.
  $G_1 = \{(x, y) \in V_1 \times V_1 \mid \text{Es gibt einen Direktflug zwischen } x \text{ und } y\}$.
- Beispiel 2:
  $V_2$ = Bevölkerung von Marburg.
  $G_2 = \{(x, y) \in V_2 \times V_2 \mid x \text{ kennt } y\}$.
- Beispiel 3:
  $V_3$ = Bevölkerung von Marburg.
  $G_3 = \{(x, y) \in V_3 \times V_3 \mid x \text{ ist ein Kind von } y\}$.

## 4.9 Graphen

Sei $G \subseteq V \times V$ ein Graph. Die Elemente von $V$, also die Knoten des Graphen, können als kleine Kreise dargestellt werden. Die Elemente $(x, y) \in G$, also die Kanten werden als Pfeile von $x$ nach $y$ dargestellt.

V = { A,B,C,D,E,F,G,H }

G = { (A,D), (D,A), (A,B),
(B,C), (C,A), (B,E),
(A,E), (F,G), (F,F) }.

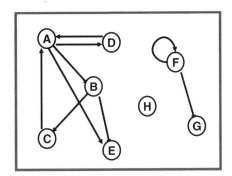

*Abb. 4.72: Beispiel für einen Graphen*

Ist $G \subseteq V \times V$ symmetrisch, dann spricht man von einem *ungerichteten Graphen*. Bei einem solchen Graphen gehört zu jedem Pfeil von $x$ nach $y$ auch ein Pfeil von $y$ nach $x$.
Der Einfachheit halber lässt man in diesem Falle die Pfeilspitzen weg und zeichnet nur eine ungerichtete Kante: (x)———(y)

Bei einem bewerteten *Graphen* ist jeder Kante ein Wert zugeordnet:

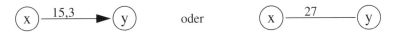

Aus dem obigen Beispiel $G_1$ könnte man zum Beispiel einen bewerteten Graph machen, wenn man jeder Kante $(x, y)$ die Flugzeit von $x$ nach $y$ zuordnet.

### 4.9.1 Wege und Zusammenhang

Ein *Weg* (oder *Pfad*) in einem Graphen ist eine Folge $x = K_1, K_2, ..., K_n = y$ von Knoten, in der es jeweils Kanten von $K_1$ nach $K_2$, von $K_2$ nach $K_3$ usw. bis nach $K_n$ gibt. Man spricht von einem Weg von $x$ nach $y$. Auf einem *einfachen Weg* kommt kein Knoten doppelt vor. Ein einfacher Weg von $x$ nach $x$ heißt *Zyklus*. In dem obigen Beispiel gilt:

| | |
|---|---|
| $B, C, A, D, A$ | ist ein Weg von $B$ nach $A$. Er enthält den Zyklus: $A, D, A$. |
| $C, A, B, E$ | ist ein einfacher Weg von $C$ nach $E$. |
| $F, F, F, G$ | ist ein Weg (aber kein einfacher Weg). |
| $A, B, C, A$ | ist ein Zyklus. |
| $A, B, E, A$ | ist *kein* Weg und *kein* Zyklus. |

Ein ungerichteter Graph $G$ heißt *zusammenhängend*, wenn es zwischen je zwei (verschiedenen) Knoten einen Weg gibt. Ist $G$ nicht zusammenhängend, so zerfällt er in eine Vereinigung zusammenhängender Komponenten.

Ein zusammenhängender, zyklenfreier ungerichteter Graph ist ein *Baum*. Ist $G$ ein Graph auf $V$ und $R \subseteq G$, so ist auch $R$ ein Graph auf $V$. $R$ heißt *Teilgraph* von $G$ auf $V$. Ist $G$ auf $V$ ein zusammenhängender Graph und $R$ ein zyklenfreier zusammenhängender Teilgraph von $G$ auf $V$, dann ist $R$ ein *Spannbaum* (oder *erzeugender Baum*).

Jeder zusammenhängende Graph besitzt einen erzeugenden Baum. Im Allgemeinen gibt es viele Möglichkeiten, einen solchen erzeugenden Baum zu konstruieren. Der einfachste Algorithmus ist: *Solange es einen Zyklus gibt, entferne eine Kante aus diesem Zyklus.*

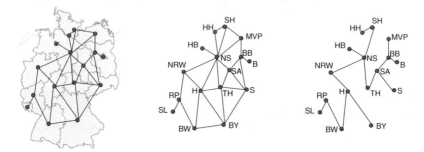

**Abb. 4.73:**   *Ungerichteter Graph mit Spannbaum*

## 4.9.2   Repräsentationen von Graphen

Da ein Graph $G$ auf $V$ eine Teilmenge von $V \times V$ ist, können wir ihn z.B. durch eine boolesche Matrix, die so genannte Adjazenzmatrix, darstellen:

   **boolean** [][] graph;

Dies setzt natürlich voraus, dass wir mit $V$ eine Aufzählung der Knoten des Graphen haben. Für unser einführendes Beispiel erhalten wir:

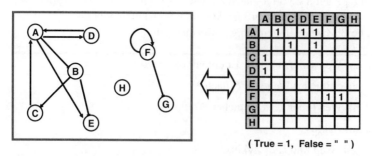

**Abb. 4.74:**   *Ein Graph mit zugehöriger Adjazenzmatrix*

## 4.9 Graphen

Viele der klassischen Anwendungsbeispiele für Graphen kommen aus dem Bereich der Verkehrsnetze. Wir wollen daher die folgenden Algorithmen anhand eines umfangreichen Beispiels aus diesem Bereich erläutern. Wir betrachten eine Menge von Städten rund um die Bucht von San Francisco. Kanten sind mögliche direkte Verkehrsverbindungen (Straßen) zwischen den Städten. Bewertet werden sie mit einer Maßzahl, welche die Entfernung und/oder den durchschnittlichen Zeitaufwand für eine Fahrt zwischen den Städten reflektiert.

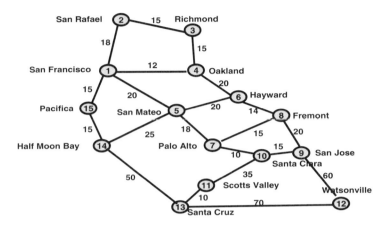

*Abb. 4.75: Verkehrsnetz von Kalifornien*

Dabei haben die Knoten jeweils einen Namen (den Städtenamen) und eine Nummer in der Aufzählung. Daraus kann man dann eine Matrixdarstellung gewinnen:

|    | 1  | 2  | 3  | 4  | 5  | 6  | 7  | 8  | 9  | 10 | 11 | 12 | 13 | 14 | 15 |
|----|----|----|----|----|----|----|----|----|----|----|----|----|----|----|----|
| 1  | 0  | 18 | -  | 12 | 20 | -  | -  | -  | -  | -  | -  | -  | -  | -  | 15 |
| 2  | 18 | 0  | 15 | -  | -  | -  | -  | -  | -  | -  | -  | -  | -  | -  | -  |
| 3  | -  | 15 | 0  | 15 | -  | -  | -  | -  | -  | -  | -  | -  | -  | -  | -  |
| 4  | 12 | -  | 15 | 0  | -  | 20 | -  | -  | -  | -  | -  | -  | -  | -  | -  |
| 5  | 20 | -  | -  | -  | 0  | 20 | 18 | -  | -  | -  | -  | -  | -  | 25 | -  |
| 6  | -  | -  | -  | 20 | 20 | 0  | -  | 14 | -  | -  | -  | -  | -  | -  | -  |
| 7  | -  | -  | -  | -  | 18 | -  | 0  | 15 | -  | 10 | -  | -  | -  | -  | -  |
| 8  | -  | -  | -  | -  | -  | 14 | 15 | 0  | 20 | -  | -  | -  | -  | -  | -  |
| 9  | -  | -  | -  | -  | -  | -  | -  | 20 | 0  | 15 | -  | 60 | -  | -  | -  |
| 10 | -  | -  | -  | -  | -  | -  | 10 | -  | 15 | 0  | 35 | -  | -  | -  | -  |
| 11 | -  | -  | -  | -  | -  | -  | -  | -  | -  | 35 | 0  | -  | 10 | -  | -  |
| 12 | -  | -  | -  | -  | -  | -  | -  | -  | 60 | -  | -  | 0  | 70 | -  | -  |
| 13 | -  | -  | -  | -  | -  | -  | -  | -  | -  | -  | 10 | 70 | 0  | 50 | -  |
| 14 | -  | -  | -  | -  | 25 | -  | -  | -  | -  | -  | -  | -  | 50 | 0  | 15 |
| 15 | 15 | -  | -  | -  | -  | -  | -  | -  | -  | -  | -  | -  | -  | 15 | 0  |

*Abb. 4.76: Speicherung des Verkehrsnetzes als Array*

Bei dieser Matrix sind die Einträge keine booleschen Werte mehr, sondern entsprechen den Bewertungen der Kanten. Wenn der Wert nicht in der Matrix erscheint, bedeutet das, dass keine direkte Verbindung zwischen den entsprechenden Städten existiert. In der Diagonalen steht die Bewertung der Verbindung jeder Stadt mit sich selbst. Diese wird hier stets mit 0 angenommen. Es folgt die Definition einer Klasse *Graph* mit den notwendigen Feldern und Methoden, um den oben gezeigten Graphen zu repräsentieren.

```
class Graph{
    String [] knoten = {
                "San Francisco", "San Rafael", "Richmond",
                "Oakland", "San Mateo", "Hayward",
                "Palo Alto", "Fremont", "San Jose",
                "Santa Clara", "Scotts Valley", "Watsonville",
                "Santa Cruz", "Half Moon Bay", "Pacifica"
                };
    int knotenZahl =  knoten.length;
    int[][] kanten = {
        { 0, 18, 0, 12, 20, 0, 0, 0, 0, 0, 0, 0, 0, 0, 15},
        {18, 0, 15, 0, 0, 0, 0, 0, 0, 0, 0, 0, 0, 0, 0},

        ... etc ...
        };
}
```

Man erkennt, dass die meisten Einträge 0 sind, somit wird viel Speicherplatz verschenkt.

Eine alternative Methode, einen Graphen darzustellen, ordnet jedem Knoten eine Liste zu, die die unmittelbaren Nachbarn samt ihren Entfernungen enthält. Diese Darstellung spart meist Speicherplatz gegenüber der Darstellung durch die *Adjazenzmatrix*, andererseits ist der Aufwand für einen direkten Zugriff auf den Wert einer Kante von *x* nach *y* hoch, denn er führt zu einer Suche in der Liste aller Nachbarn von *x*.

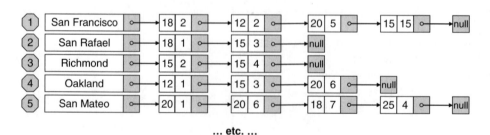

**Abb. 4.77:** *Verkehrsnetz als Listenstruktur*

Im folgenden Programmausschnitt wird die umständliche Initialisierung des Graphen nur teilweise abgedruckt:

```
class Verbindung{
    int laenge;
    int wohin;
    Verbindung next;

    Verbindung(int l, int w, Verbindung v){
            laenge = l; wohin = w; next = v;
            }
}
class KnotenTyp{
    String name;
    Verbindung nachbarn;

    KnotenTyp(String s, Verbindung v){ name = s; nachbarn = v;}
}
class Graph{

    Graph(){
        knoten[ 0] = new KnotenTyp("San Francisco",
                            new Verbindung(18, 1,
                            new Verbindung(12, 3,
                            new Verbindung(20, 4,
                            new Verbindung(15, 14, null)))));
        knoten[ 1] = new KnotenTyp("San Rafael",
                            new Verbindung(18, 0,
                            new Verbindung(15, 2, null)));
                            ... etc. ...
            }

    KnotenTyp [] knoten = new KnotenTyp[15];
    int knotenZahl =  knoten.length;

    int Kante(int k1, int k2){
        Verbindung vp = knoten[k1].nachbarn;
        while (vp != null){
            if (vp.wohin == k2) return vp.laenge;
            vp = vp.next;
            }
        return 0;
        }
}
```

## 4.9.3    Traversierungen

Viele Algorithmen auf Graphen beruhen darauf, dass man alle Knoten (bzw. alle Kanten) des Graphen durchwandert (*traversiert*). Solche Traversierungen können ähnlich definiert werden wie die entsprechenden Baumwanderungen. Allerdings muss man bei Graphen darauf achten, dass man nicht in Endlosschleifen gerät, wenn der Graph Zyklen hat. Aus diesem Grund markiert man bereits besuchte Knoten. Diese Technik kennen wir schon aus der griechischen Mythologie: Ariadne benutzte ein Garnknäuel, um Theseus die Rückkehr aus dem Labyrinth zu ermöglichen, in dem er den Minotaurus getötet hatte.

Traversierungen finden im Allgemeinen nur auf zusammenhängenden Graphen statt, so dass wir im Folgenden getrost voraussetzen können, dass $G$ zusammenhängend ist. Wir betrachten nur die wichtigsten Traversierungsstrategien: *Tiefensuche* (*depth first*), *Breitensuche* (*breadth first*).

In einem Baum, dargestellt als Graph, entspricht die Tiefensuche der Preorder-Baumtraversierung und die Breitensuche der Levelorder-Baumtraversierung.

## 4.9.4    Tiefensuche

Der folgende rekursive Algorithmus *Depth-First-Visit* besucht alle Knoten, die von einem Ausgangsknoten $k$ aus erreichbar sind, und markiert jeweils die besuchten Knoten. Zu Beginn müssen alle Markierungen gelöscht sein.

```
void Depth-First-Visit (Knoten k ){
    if (k ist noch nicht markiert ) {
        markiere(k);
        Besuche alle Nachbarn von k mit Depth-First-Visit
        }
}
```

Hierbei ist es wichtig, dass die Markierung als globale Datenstruktur außerhalb der rekursiven Prozedur verwaltet wird, also als Feld der übergeordneten Klasse. Dies garantiert, dass jeder Knoten höchstens einmal besucht werden kann.

Nun zu einer konkreten Implementierung. Zunächst benötigen wir eine Prozedur, die die eigentliche Tiefensuche startet. Sie stellt ein boolesches Array für die Markierungen zur Verfügung. Dieses wird automatisch mit dem booleschen Standardwert `false` initialisiert. Dann beginnt die rekursive Tiefensuche:

```
private static boolean [] besucht;
void dfVisit(int k){
    besucht = new boolean [knotenZahl];
    rekDFVisit(k);
    }
```

Die rekursive Prozedur *rekDFVisit* testet, ob der aktuelle Knoten k bereits als besucht markiert worden ist. Falls das nicht der Fall ist, markiert sie ihn und führt, ähnlich wie bei den Baumwanderungen, eine *Besuchermethode* aus. Hier haben wir lediglich eine einfache Ausgabeanweisung eingebaut. Schließlich besucht *rekDFVisit* mit der neuen Markierung alle Nachbarn, zu denen es eine direkte Verbindung gibt.

```
void rekDFVisit(int k){
    int max = knotenZahl;
```

4.9 Graphen 391

```
if ( !besucht[k] ){
    besucht[k] = true;
    System.out.print(knoten[k]);
    for (int n = 0; n < max; n++)
        if (kanten[k][n] > 0) rekDFVisit(n);
    }
}
```

In unserem konkreten Beispiel werden die Knoten in der folgenden Reihenfolge besucht:

**Tiefensuche**:

Beginnend mit San Francisco:

San Francisco, San Rafael, Richmond, Oakland, Hayward, San Mateo, Palo Alto, Fremont, San Jose, Santa Clara, Scotts Valley, Santa Cruz, Watsonville, Half Moon Bay, Pacifica.

Beginnend mit Santa Clara:

Santa Clara, Palo Alto, San Mateo, San Francisco, San Rafael, Richmond, Oakland, Hayward, Fremont, San Jose, Watsonville, Santa Cruz, Scotts Valley, Half Moon Bay, Pacifica.

## 4.9.5    Breitensuche

Für die Breitensuche benötigen wir wie bei Bäumen auch eine Warteschlange:

```
void bfVisit(int k){
    int max = knotenZahl;
    boolean [] besucht = new boolean [max];
    Queue q = new Queue(max+5);
    try {
        q.enQueue(k);
        while(!q.istLeer()){
            int l = q.deQueue();
            if (!besucht[l] ){
                besucht[l]= true;
                System.out.print(knoten[l]);
                for (int n = 0; n < max; n++)
                if (kanten[l][n] > 0) q.enQueue(n);
                }
            }
        }
    catch(QueueFehler s){
        System.out.println("Fehler bei der Breitensuche: "+s);
    }
}
```

Für unser konkretes Verkehrsnetz erhalten wir folgende Ergebnisse:

**Breitensuche**:

Beginnend mit San Francisco:

```
San Francisco, San Rafael, Oakland, San Mateo, Pacifica, Richmond,
Hayward, Palo Alto, Half Moon Bay, Fremont, Santa Clara,
Santa Cruz, San Jose, Scotts Valley, Watsonville.
```

Beginnend mit Santa Clara:

```
Santa Clara, Palo Alto, San Jose, Scotts Valley, San Mateo,
Fremont, Watsonville, Santa Cruz, San Francisco, Hayward,
Half Moon Bay, San Rafael, Oakland, Pacifica, Richmond.
```

### 4.9.6 Transitive Hülle

Eine zweistellige Relation $R$ auf einer Menge $V$ ist *transitiv*, falls für alle $x, y, z \in V$ gilt:

$$(x, y) \in R, (y, z) \in R \Rightarrow (x, z) \in R.$$

Die transitive Hülle $R^*$ einer zweistelligen Relation $R$ auf $V$ ist die kleinste transitive Relation, die $R$ enthält. Fasst man $R$ als Graphen auf $V$ auf, so gibt es einen Weg von $x$ nach $y$ genau dann, wenn es in $R^*$ eine Kante von $x$ nach $y$ gibt. Man kann die Antwort auf die Frage „*Gibt es in R einen Weg von x nach y?*" direkt aus der transitiven Hülle $R^*$ ablesen. Es bleibt die Frage, wie man $R^*$ zu gegebenem $R$ ermitteln kann.

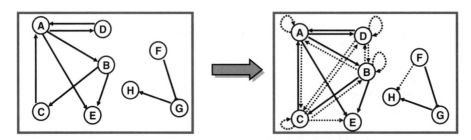

*Abb. 4.78:* *Ein Graph und seine transitive Hülle*

Warshalls Algorithmus berechnet die transitive Hülle einer Relation, die durch eine Adjazenzmatrix

```
boolean [][] a = { ... };
```

dargestellt ist. $a$ wird dabei schrittweise zur transitiven Hülle vergrößert:

```
void warshallAlg(){
    int max = a.length;
    for (int y = 0; y < max; y++)
```

```
        for (int x = 0; x < max; x++)
            for (int z = 0; z < max; z++)
                a[x][z] = a[x][z] || a[x][y] && a[x][z];
}
```

Von großer Bedeutung ist die richtige Reihenfolge der Schleifen. Es werden die Paare $(x, y)$ und $(y, z)$ getestet und ggf. $(x, z)$ hinzugefügt. Wichtig ist, dass die äußere Schleife über das mittlere Element $y$ verläuft. Würde man die Schleifen vertauschen, so würde z.B. in der transitiven Hülle des folgenden Graphen, repräsentiert durch

```
    a[i][j] = (i==0 && j==2 || i==2&&j==1 || i==1 && j==3)
```

die Kante von 0 nach 3 nie gefunden werden:

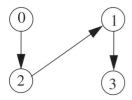

Man erkennt unmittelbar, dass Warshalls Algorithmus nichts Falsches tut. Dass er auch tatsächlich alle notwendigen Verbindungen hinzufügt, kann man durch Induktion über die äußere Schleife beweisen. Wir wählen als Induktionshypothese:

$p(y)$ ≡ *Gibt es zu beliebigen Knoten u und v einen Weg von u nach v, so dass alle Zwischenknoten aus der Menge {0, ..., y} sind, so wird in der y-ten Iteration* a[u][v] = true *gesetzt.*

Wir beginnen mit $y = 0$. Gibt es von $u$ nach $v$ einen Pfad mit allen Zwischenknoten aus $\{0\}$, so folgt, dass $(u, 0)$ und $(0, v)$ aus $R$ sind. Innerhalb der Schleife mit $y = 0$ wird auch $x = u$ und $z = v$ gesetzt. Wegen $a[x][0] = true$ und $a[0][y] = true$ wird die Kante $(u, v)$ eingefügt.

Sei $p(y)$ wahr für $0...y$. Sei ein Weg von $u$ nach $v$ vorhanden, der $(y+1)$ benutzt, dann gibt es auch einen solchen, auf dem $(y+1)$ nur einmal vorkommt. Aufgrund der Induktionshypothese wurden in einer früheren Iteration der äußeren Schleife bereits $(u, y+1)$ sowie $(y+1, v)$ eingefügt. In der $y+1$-ten Iteration wird nun $(u, v)$ gefunden. Somit gilt auch $p(y+1)$.

Aus $p(y)$ *für alle Knoten y* folgt sofort, dass der Algorithmus keine Kante der transitiven Hülle vergisst.

## 4.9.7 Kürzeste Wege

In einem bewerteten Graphen ist ein kürzester Weg zwischen zwei Knoten $u$ und $v$ minimal, wenn die Summe der zwischenliegenden Kanten minimal ist. D.h., für $u = k_1, k_2, ..., k_n = v$ muss

$$\sum_{i=1}^{n-1} \text{Kantenwert}(k_i, k_{i+1})$$

minimal werden.

Warshalls Algorithmus kann auf nahe liegende Weise zu einem Algorithmus verallgemeinert werden, der zu je zwei Knoten eines bewerteten Graphen die minimale Entfernung bestimmt. Der entsprechende Algorithmus ist auch als *Floyds Algorithmus* bekannt. Statt
$a[x][z] = a[x][z] \;||\; a[x][y] \;\&\&\; a[y][z]$ setzt man
$a[x][z] = min(a[x, z], a[x][y] + a[y][z])$.

Da man sich gewöhnlich nur für die kürzeste Entfernung zwischen zwei fest vorgegebenen Punkten interessiert (und nicht für alle), wollen wir hier einen Algorithmus diskutieren, der auf einer ähnlichen Idee aufbaut wie Warshalls Algorithmus, der aber den Vorteil hat, zu terminieren, sobald die kürzeste Entfernung zwischen zwei bestimmten Knoten gefunden wurde.

Wir suchen also in dem Graphen $G$ auf V die kürzeste Verbindung $d(u, v)$ zwischen zwei Knoten $u$ und $v$. Wir definieren $S$ als die Menge aller Knoten k, für welche die kürzeste Entfernung $d(u, k)$ bereits bekannt ist.

Zu Beginn des Algorithmus gilt: $S = \{u\}$. In jedem Schritt wird die Menge $S$ um ein neues Element erweitert. Dazu bestimmen wir unter allen Kanten $(k_1, k_2) \in G$ mit $k_1 \in S$ und $k_2 \notin S$ diejenigen, für welche $d(u, k_1) + a[k_1][k_2]$ minimal ist. Dieser Wert muss die kürzeste Entfernung von $u$ nach $k_2$ sein, denn jeder andere Weg von $u$ nach $k_2$ müsste ja irgendwo, sagen wir über eine Kante$(k, k')$, die Menge $S$ verlassen. Wäre diese Verbindung kürzer, so wäre auch $d(u, k) + a[k][k'] < d(u, k_1) + a[k_1][k_2]$ und wir hätten bei $(k, k')$ statt bei $(k_1, k_2)$ das Minimum gefunden.

Wir können also $k_2$ in $S$ aufnehmen und setzen den Prozess so lange fort, bis $v \in S$ gilt.

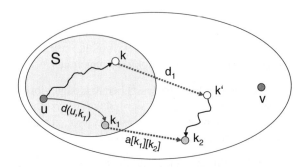

*Abb. 4.79:*    *Konstruktion des kürzesten Weges von u nach v*

In der Java-Implementierung repräsentieren wir $S$ durch ein boolesches Array:

```
void minSuche(int u, int v) {
    int max = knotenZahl;
    boolean [] s = new boolean[max];
    for (int i = 0; i < max; i++) s[i] = false;
    s[u] = true;
```

4.9 Graphen

```java
int [] minEntf = new int [max];
for (int i = 0; i < max; i++) minEntf[i] = 0;
while (!s[v]){
    int minMin = 1000000;
    int minInd = 0;
    for (int k1 = 0; k1 < max; k1++)
        for (int k2 = 0; k2 < max; k2++)
            if (s[k1] && !s[k2] && (kanten[k1][k2] > 0)){
                int minNeu = kanten[k1][k2]+minEntf[k1];
                if (minNeu < minMin){
                    minMin = minNeu;
                    minInd = k2;
                }
            }
    s[minInd] = true;
    minEntf[minInd] = minMin;
    System.out.println("nach "+ knoten[minInd] +
                            " ist " + minMin + " km.");
}
}
```

Der Aufwand für das Hinzufügen eines neuen Knotens zu $S$ ist bei diesem Algorithmus offenbar $n^2$. Dies multipliziert sich mit der Anzahl der notwendigen Schritte, im ungünstigsten Fall also mit $N$. Damit haben wir, wie auch bei Floyds Algorithmus, eine Laufzeit von $O(n^3)$ im ungünstigsten Fall.

Der Aufwand für den angegebenen Algorithmus lässt sich in nahe liegender Weise verbessern. In jeder Iteration der *while*-Schleife werden alle $n^2$ Paare $(k_1, k_2)$ daraufhin untersucht, ob sie eine Kante bilden, ob $k_1 \in S$ und $k_2 \notin S$ gilt. Wir können stattdessen alle diese Paare in einer Liste mitführen. Eine Kante aus dieser Liste wird in jedem Update-Schritt ausgewählt, die jeweils einen neu hinzuzufügenden Knoten $k_2$ liefert. Die Kante muss anschließend aus der Liste entfernt, und jede andere Kante, welche von $k_2$ aus $S$ wegführt, hinzugenommen werden. Dijkstra gibt für eine Variante dieses Algorithmus eine Laufzeit von $O(n^2)$ an.

Im folgenden Anwendungsbeispiel wird die kürzeste Entfernung von San Rafael nach Scotts Valley nach 13 (von max. 15) Schritten gefunden.

```
Min-Suche Ausgangsknoten: San Rafael
            Zielknoten: Scotts Valley

Die kürzeste Entfernung von San Rafael
    nach Richmond ist 15 km.
    nach San Francisco ist 18 km.
    nach Oakland ist 30 km.
    nach Pacifica ist 33 km.
    nach San Mateo ist 38 km.
    nach Half Moon Bay ist 48 km.
```

```
nach Hayward ist 50 km.
nach Palo Alto ist 56 km.
nach Fremont ist 64 km.
nach Santa Clara ist 66 km.
nach San Jose ist 81 km.
nach Santa Cruz ist 98 km.
nach Scotts Valley ist 101 km.
```

## 4.9.8    Schwere Probleme für Handlungsreisende

Wir suchen nun einen Algorithmus, der zu zwei vorgegebenen Knoten $u$ und $v$ in einem zusammenhängenden bewerteten Graphen den kürzesten Weg errechnet, der von $u$ zu $v$ führt *und dabei alle anderen Knoten mindestens einmal besucht*. Einen solchen Weg nennt man auch eine *Tour* von $u$ nach $v$.

Das Problem beschreibt abstrakt die Aufgabe eines Handlungsreisenden (*travelling salesman*), der eine Reihe von Kunden besuchen soll. Er stellt fest, in welchen Städten diese wohnen, und versucht dann, eine möglichst kurze Route zu finden, die bei allen Kunden vorbeiführt. Solche und ähnliche Probleme sind in vielen Aufgabenstellungen enthalten, bei denen es um Tourenplanung geht. Effiziente Lösungen sind also eminent wichtig für Speditionen, Logistik-Unternehmen etc. Um so erschreckender ist es, dass niemand einen Algorithmus kennt, der das Problem in polynomialer Zeit löst.

Das *Travelling Salesman Problem* (TSP) ist auch in theoretischer Hinsicht sehr wichtig, denn es gehört zu einer Gruppe von Problemen, die als algorithmisch besonders schwierig bekannt sind – alle derzeit bekannten Algorithmen haben exponentielle Komplexität.

Nicht einmal das vereinfachte Problem: *„Gegeben eine Distanz d und zwei Knoten u und v. Gibt es eine Tour von u nach v, die kürzer ist als d"* ist effizienter lösbar. Der beste bekannte Algorithmus hat die gleiche Komplexität wie die folgende, unsäglich naiv erscheinende so genannte *guess-and-check*-Methode:

> *Guess:*      Rate eine Tour.
> *Check:*      Prüfe, ob sie kürzer ist als $d$.

Man findet leicht einen Algorithmus, der den zweiten Teil, die Überprüfung, effizient erledigt. Das Problem steckt in der nichtdeterministischen Natur des Ratens.

Es gibt eine Reihe von bekannten und praktisch sehr relevanten Problemen, für die kein besserer Lösungsweg bekannt als eine analoge *Guess-and-check*-Methode. Sie sind untereinander äquivalent in dem Sinne, dass ein schneller Algorithmus für eines davon auch einen entsprechend schnellen Algorithmus für jedes andere der Problemklasse nach sich ziehen würde. Ob es aber einen schnelleren Algorithmus für eines – und damit für alle – dieser Probleme gibt, oder ob ein Algorithmus mit polynomieller Laufzeit unmöglich ist, das ist die bekannteste ungelöste Frage der theoretischen Informatik.

Genauer lautet die Frage, ob jeder nichtdeterministisch polynomiale (*NP*) Algorithmus – dazu gehören alle Algorithmen vom oben gezeigten *Guess-and-Check*-Typ – auch durch einen polynomialen (*P*) Algorithmus ersetzt werden kann. Zur Lösung dieser Frage, die man durch die prägnante Gleichung

$$P = NP \ ?$$

darstellen kann, würde es genügen, nur einen aus einer sehr großen Sammlung bekannter *Guess-and-Check* Algorithmen auf polynomielle Laufzeit zu beschleunigen, oder zu beweisen, dass das unmöglich ist. Auf die Antwort sind 1.000.000.- US$ ausgesetzt.

In dem Unterkapitel *Komplexitätstheorie* ab S. 734 werden wir uns eingehend mit diesen und ähnlichen Fragen der Komplexitätstheorie beschäftigen und die genaue Grundlage und die Hintergründe der genannten Fragen beleuchten. Die Antwort auf die Frage, ob *P=NP* ist, müssen wir aber unseren Lesern überlassen.

Die obigen Ausführungen sollten jetzt aber Spediteure und Handelsvertreter nicht in Depressionen treiben, denn wenn man mit einer nicht optimalen, aber dennoch ganz guten Lösung zufrieden ist, kann man auf Algorithmen zurückgreifen, die in der Praxis brauchbare Ergebnisse liefern. Außerdem sagen Komplexitätsaussagen nur etwas über das asymptotische Verhalten aus, wenn also *N* (hier die Anzahl der Knoten) genügend groß ist. Für kleine *N* kann es durchaus brauchbare Algorithmen geben. Einen solchen wollen wir hier entwickeln.

## 4.9.9 Eine Implementierung des TSP

In der klassischen Formulierung des TSP sind Anfangs- und Endpunkt gleich und es wird gefordert, dass jede Stadt genau einmal besucht wird. Diese Einschränkung führt dazu, dass es in vielen Fällen überhaupt keine Lösung gibt. Daher beschäftigen wir uns mit dem TSP in der oben angegebenen allgemeineren Formulierung.

In unserem Verkehrsnetz gibt es zum Beispiel keine Lösung des TSP für eine gesuchte Tour von San Francisco nach San Mateo, die alle Städte nur einmal besucht. Es gibt aber eine Lösung mit je einem Zusatzbesuch von San Fransisco und Santa Cruz. Zur Lösung des TSP generieren wir alle möglichen Wege von *u* nach *v*, die alle Städte besuchen und jede höchstens *ariMax* mal. Dabei benutzen wir *ariMax* als Schranke für die Anzahl der Besuche einer Stadt. Zur Generierung aller Wege können wir einen Algorithmus verwenden, der Ähnlichkeit mit der Tiefensuche hat. Dabei kam es jedoch darauf an, dass alle Knoten aufgezählt wurden. Sie mussten nicht entlang eines Weges aufgezählt werden. Dies ist aber beim TSP der Fall. Wir müssen die Knoten eines Graphen derart aufzählen, dass dabei ein Weg entsteht. Dies kann man durch Rücksetzen der gemachten Besuche erreichen, wenn man in eine Sackgasse gerät.

Um das TSP zu implementieren, müssen wir einige zusätzliche Felder in die bereits vorgestellte Klasse *Graph* aufnehmen:

```
private final int ariMax = 1;
private int schranke;
private int wegeMax = 5*knotenZahl;
private int[] minWeg = new int[wegeMax];
private int aktWegLaenge;
```

Der Kern des folgenden Programmausschnitts ist die rekursive Prozedur *Besuche*. Sie *besucht* einen Knoten, testet, ob der um diesen Knoten erweiterte aktuell generierte Weg einer der gesuchten Wege ist, das heißt eine Lösung des TSP. Falls das der Fall ist, wird er mit dem bisher gefundenen minimalen Weg verglichen und ersetzt diesen ggf. Falls das nicht der Fall ist, wird versucht, alle Nachbarknoten zu besuchen, die noch unterhalb der Besuchsschranke *ariMax* liegen. Am Ende der Prozedur wird in jedem Fall der Besuch rückgängig gemacht. Die Generierung eines Weges wird nicht weiter verfolgt, wenn er länger ist als die zuletzt gefundene Lösung des TSP. Solange noch keine Lösung gefunden wurde, nimmt man einen Schätzwert als Schranke. Je näher dieser Schätzwert an der zukünftigen Lösung liegt, umso geringer ist die zu erwartende Laufzeit. Wenn der Schätzwert allerdings zu niedrig liegt, wird irrtümlich keine Lösung des TSP gefunden.

```java
private boolean testeWeg(int[] weg, int[] marken,
                         int maxIndex, int ziel){

    if (weg[maxIndex] != ziel) return false;
    int max = knotenZahl;
    if (maxIndex < (max-1)) return false;
    for (int k = 0; k < max; k++)
        if (marken[k] == 0) return false;
    return true;
    }


private void besuche(int k, int[] weg, int maxIndex,
                     int ziel, int[] marken){

    int max = knotenZahl;
    maxIndex++;
    if (maxIndex >= (wegeMax-2)){
        System.out.println("Der Weg wurde zu lang ..... ");
        return;
        }
    weg[maxIndex] = k;
    int bisherigeLaenge = 0;
    if (maxIndex == 0) aktWegLaenge = 0;
    else {
        bisherigeLaenge = aktWegLaenge;
        aktWegLaenge += kanten[weg[maxIndex-1]][weg[maxIndex]];
        }
    marken[k]++;
    if (aktWegLaenge < schranke){
        if (testeWeg(weg, marken, maxIndex, ziel )){
            System.arraycopy(weg, 0, minWeg, 0, maxIndex+2);
            schranke = aktWegLaenge;
            }
        else
```

4.9 Graphen

```java
            for (int n = 0; n < max; n++)
                if (kanten[k][n] > 0)
                    if (marken[n] < ariMax)
                        besuche(n, weg, maxIndex, ziel, marken);
        }
        // Besuch wieder rückgängig machen:
        aktWegLaenge = bisherigeLaenge;
        weg[maxIndex] = -1;
        marken[k]--;
    }

void tsp(int u, int v){
    int max = knotenZahl;

// Automatisches Abschätzung für schranke
// int s = 0;
// for (int x=0; x < max; x++)
//     for (int y=0; y < max; y++) s += kanten[x][y];
// schranke = s;

// Bzw. Experimentelles Setzen der schranke
    int s =370;
    schranke = s;

    int[] weg = new int[wegeMax];
    for (int i = 0; i < wegeMax; i++) weg[i] = -1;
    System.arraycopy(weg, 0, minWeg, 0, wegeMax);
    int[] marken = { 0,0,0, 0,0,0, 0,0,0, 0,0,0, 0,0,0 };
    int maxIndex = -1;

    long zeit1 = System.currentTimeMillis();
    besuche(u, weg, maxIndex, v, marken);
    long zeit2 = System.currentTimeMillis();

    System.out.println("LaufZeit: "+(zeit2-zeit1));
    if ( s == schranke){
        System.out.println("Kein Weg gefunden !!!");
        return;
        }
    System.out.println("Länge des kürzesten Weges: "+ schranke);
    System.out.println("Der kürzeste Weg ist: ");
    int knotenNr = minWeg[0];
    int wegIndex = 1;
    while (knotenNr >= 0){
        for (int i=0; i < (2*wegIndex+10); i++)
            System.out.print(' ');
```

```
        System.out.println(knoten[knotenNr]);
        knotenNr = minWeg[wegIndex];
        wegIndex++;
        }
    }
```

Eine Lösung des TSP von San Francisco nach San Rafael ist mit einem einfachen Weg möglich. Dieser Weg wurde auf einem 3,0-GHz Pentium-4-PC in nicht messbarer Zeit gefunden:

```
Länge des kürzesten Weges: 342.
```

```
Der kürzeste Weg ist: San Francisco, Pacifica, Half Moon Bay,
San Mateo, Palo Alto, Santa Clara, Scotts Valley, Santa Cruz,
Watsonville, San Jose, Fremont, Hayward, Oakland, Richmond, San
Rafael.
```

Eine Lösung des TSP von San Francisco nach San Mateo gelingt nur mit Mehrfachbesuchen. Der folgende Weg wurde auf einem 3,0-GHz Pentium-4-PC in ca. 0.38 Sekunden gefunden.

```
Länge des kürzesten Weges: 364.
```

```
Der kürzeste Weg ist: San Francisco, San Rafael, Richmond, Oak-
land, San Francisco, Pacifica, Half Moon Bay, Santa Cruz,
Scotts Valley, Santa Cruz, Watsonville, San Jose, Santa Clara,
Palo Alto, Fremont, Hayward, San Mateo.
```

Die Suche nach einer Lösung des TSP gelingt bei 15 Städten in nicht messbarer Zeit, wenn wir höchstens einen Besuch für jede Stadt zulassen. Wenn wir zulassen, dass jede Stadt bis zu zweimal besucht werden darf, wächst der Rechenaufwand ganz erheblich. Die Zahl der zu generierenden Wege steigt in diesem Fall dramatisch an. Für die Suche nach der Lösung des ersten Beispiels wurden 483 Wege generiert, beim zweiten Beispiel waren 3.832.913 Wege erforderlich. Dies liegt an einer Vielzahl von *unsinnigen* Doppelbesuchen, die der Algorithmus nicht als unsinnig *erkennt*. Man müsste ihm eine Hilfestellung geben, welche Städte einmal und welche zweimal besucht werden sollen. Die oben genannte Anzahl der generierten Wege ergibt sich, wenn man die Schranke automatisch abschätzen lässt. Mit einer kleineren Schranke erniedrigt sich die Zahl der generierten Wege erheblich.

Offensichtlich kann man sehr viel Laufzeit sparen, wenn man die Suche auf einfache Wege beschränkt. Trotzdem kann man nicht hoffen, umfangreiche Travelling Salesman Probleme mit diesem Programm berechnen zu können, denn die Laufzeit $l$ ist exponentiell, also $l = c \cdot 2^n$ mit einer geeigneten Konstanten $c$. Dies ist leicht einzusehen, denn selbst wenn jeder Knoten nur zwei Nachbarn hätte, verdoppelt sich jedesmal die Anzahl der möglichen Wege.

Unter der Annahme, die Laufzeit im Falle $n = 15$ sei eine Millisekunde gewesen, finden wir $c = 1/30\,000\,000$. Im Falle eines Graphen mit $n = 40$ Knoten müssen wir mit einer Laufzeit von etwa

$$2^{40}/30\,000\,000 \approx 1000^4/30\,000\,000 \approx 30\,000 \; \textit{Sekunden}$$

rechnen. Mit einem 10fach schnelleren Rechner könnten wir zwar die Aufgabe in nur 3000 Sekunden erledigen. Wenn wir dann allerdings die Zahl der Städte um zehn erhöhen, ergibt sich sofort eine tausendmal größere Laufzeit.

Aus diesen Gründen kann eine punktuelle Optimierung des Algorithmus keinen nennenswerten Einfluss auf die Laufzeit haben, solange nicht mindestens ein polynomialer Algorithmus gefunden wird – doch das ist höchst unwahrscheinlich.

# 4.10 Zeichenketten

Eine Zeichenkette (*String*) ist eine Folge von Einzelzeichen (*Char*) über einem Zeichencode (zum Beispiel ASCII oder Unicode). Zeichenketten und Algorithmen, um diese zu manipulieren oder in den Zeichenketten nach bestimmten Sequenzen zu suchen, sind von großer Bedeutung nicht nur in Textverarbeitungsprogrammen, sondern z.B. auch in Virenprüfprogrammen oder in der Molekularbiologie. In letzterem geht es darum, Muster in sehr langen, Zeichenketten über dem aus den Basen $\{A, C, G, T\}$ gebildeten vierelementigen Alphabet zu finden.

Für die Speicherung von Strings sind zwei Methoden gängig – eine benutzt Arrays, die andere verwendet so genannte nullterminierte Strings.

## 4.10.1 Array-Implementierung

Bei der ersten Methode legen wir die maximale Länge einer Zeichenkette bei ihrer Definition fest und speichern den aktuellen String in einem Array dieser Länge zusammen mit einem Längenfeld. Eine Klassendefinition für derartige Strings könnte so aussehen:

```
class ArString{

    private int aktLaenge = 0;
    private char[] zeichen = null;

    ArString(int maxL){
        Zeichen = new char[maxL];
        }
    int laenge (){ return aktLaenge;}
    // Weitere Methoden zur Stringverarbeitung
}
```

Diese Methode hat den Nachteil, dass für jede Zeichenkette soviel Platz verbraucht wird, wie sie (durch nachträgliche Einfügungen und Löschungen) maximal benötigen könnte.

## 4.10.2 Nullterminierte Strings

Bei der anderen Methode kann eine Zeichenkette (fast) beliebig lang sein. Ihr *Ende* wird durch ein bestimmtes Zeichen gekennzeichnet. Für dieses Endezeichen (*Terminator*) wird meist der ASCII-Wert 0 verwendet. Man spricht daher auch von nullterminierten Strings. Wenn man statt mit den Zeichenketten selbst mit Referenzen auf diese arbeitet, kann man dafür sorgen, dass für Zeichenketten genauso viel Speicherplatz benötigt wird, wie es die Stringlänge erfordert. Der Nachteil dieser Methode ist der Mehraufwand für die Speicherverwaltung und die Ermittlung der Länge eines aktuellen Strings sowie der Umstand, dass das ASCII-0-Zeichen in keinem nullterminierten String vorkommen darf.

```
int laenge (){
    if (zeichen == null) return;
    int l = 0;
    while (zeichen[l] != 0) l++;
    return l;
}
```

Bei nullterminierten Strings ist als maximale Länge meist 32767 vorgegeben. Nullterminierte Strings sind vor allem in der Programmiersprache C üblich und damit auch in der Windows-Programmierung:

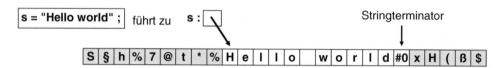

*Abb. 4.80:* Nullterminierter String im Hauptspeicher

### 4.10.3 Java-Strings

In der Programmiersprache Java wird eine vordefinierte Klasse *java.lang.String* zur Bearbeitung von Zeichenketten angeboten. Bei der Konstruktion eines Java-String-Objekts wird die Zeichenkette als Array angelegt und kann nicht mehr geändert werden. Eine String-Variable ist ein Pointer auf ein solches Java-String-Objekt. Wenn ein String geändert werden soll, muss ein neues String-Objekt erzeugt werden. Dieses Konzept ist wesentlich flexibler als die bisher diskutierten Lösungen. Allerdings ist der Aufwand für die Speicherverwaltung größer.

### 4.10.4 Grundoperationen

Für die Bearbeitung von Zeichenketten benötigt man mindestens die Grundoperationen:

- Einfügen eines Zeichens an einer bestimmten Position,
- Entfernen eines Zeichens an einer bestimmten Position,
- Überschreiben eines Zeichens an einer bestimmten Position,
- Suchen eines vorgegebenen Teilstrings (Muster),
- Aneinanderhängen (Konkatenieren) zweier Strings.

Bei den ersten drei genannten Grundoperationen muss jeweils ein neues String-Objekt mit den gewünschten Änderungen erzeugt werden.

## 4.10 Zeichenketten

Wir wollen nun das Problem betrachten, einen Teilstring *P* (*P* wie *Pattern* bzw. *Muster) in* einem String *S* zu finden. Natürlich ist die Suche nur sinnvoll, wenn *S* länger ist als *P*.

Diese Suchoperation wird von fast allen Textsystemen, Texteditoren und speziellen Suchprogrammen angeboten, die in der Lage sind, ganze Dateisysteme nach bestimmten Suchstrings zu durchforsten. In Java gibt es für das Suchen eine Methode in der vordefinierten Klasse *java.lang.String*:

```
public int indexOf(String str) throws NullPointerException;
```

*indexOf* sucht die Zeichenkette des aktuellen String-Objekts nach dem ersten Vorkommen des Musterstrings *str* ab. Wenn *str* in *S* vollständig enthalten ist, dann liefert *indexOf* die Position des ersten Zeichens in *S*, an dem *ein mit str* gleicher Teilstring beginnt. Wenn *str* nicht in *S* enthalten ist, dann hat *indexOf* das Funktionsergebnis –1. Wenn das aktuelle String-Objekt nicht vorhanden ist, wird die *NullPointer-Ausnahme* erzeugt.

In der vordefinierten Klasse *java.lang.String* sind zahlreiche weitere Methoden zum Suchen in Zeichenketten definiert.

## 4.10.5 Suchen in Zeichenketten

Wir wollen uns nun überlegen, wie man solche Funktionen programmieren kann. Dabei werden wir feststellen, dass es auf den ersten Blick sehr einfach geht, mit etwas Überlegung aber auch sehr viel effizienter. Dabei wollen wir die Aufgabe von Anfang an etwas allgemeiner formulieren, als wir dies bisher getan haben.

Wir nehmen an, wir suchen ein *Muster* in einer Tabelle. Diese Tabelle ist ein großes Array, das vollständig mit Chars gefüllt ist. Dazu benötigen wir folgende Deklarationen:

```
class Suchen{
    char[] tabelle;
    suchen(String s){
        tabelle = s.toCharArray();
        }
....
    }
```

Mit diesen Deklarationen können wir nun zwei Suchalgorithmen implementieren:

*   *Brute Force* (engl. *rohe Gewalt*) und
*   *Boyer Moore*.

Der einfachste dieser Algorithmen ist die *Brute-Force*-Suche. Von der ersten Position an wird jeweils das Muster mit dem darunterliegenden Tabelleninhalt verglichen. Im Falle eines Fehlvergleichs wird das Muster um eins nach rechts geschoben:

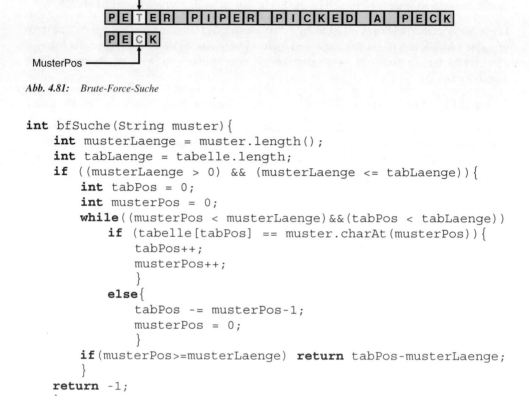

*Abb. 4.81:* Brute-Force-Suche

```
int bfSuche(String muster){
    int musterLaenge = muster.length();
    int tabLaenge = tabelle.length;
    if ((musterLaenge > 0) && (musterLaenge <= tabLaenge)){
        int tabPos = 0;
        int musterPos = 0;
        while((musterPos < musterLaenge)&&(tabPos < tabLaenge))
            if (tabelle[tabPos] == muster.charAt(musterPos)){
                tabPos++;
                musterPos++;
                }
            else{
                tabPos -= musterPos-1;
                musterPos = 0;
                }
        if(musterPos>=musterLaenge) return tabPos-musterLaenge;
        }
    return -1;
    }
```

Wenn die Länge des Musters *m* und die Länge der Tabelle *n* ist, benötigt dieser Algorithmus im *Worst-Case* $m \cdot n$. Im *Normalfall* ist die Laufzeit besser, nämlich $m + n$, da meist die innere Schleife, also der Vergleich mit dem *Muster*, frühzeitig abbricht.

### 4.10.6 Der Boyer-Moore-Algorithmus

Um bessere Algorithmen für die Stringsuche haben sich seit 1970 Cook, Knuth, Morris, Pratt, Boyer, Moore, Karp und Rabin bemüht. Wir gehen näher auf den Algorithmus von Boyer und Moore ein, der in den Communications of the ACM 20, 10 (Oktober 1977) erstmalig veröffentlicht wurde. Die Grundidee des Algorithmus besteht darin, die Information auszunutzen, die in dem Suchmuster enthalten ist. Wir vergleichen das Muster jeweils *von rechts nach links (!)* mit der aktuellen Tabellen-Position. Wenn der Vergleich negativ ist, verschieben wir die Position des Suchmusters in Abhängigkeit von dem Zeichen an der Fehlposition um einen Betrag, der der Position dieses Buchstabens im Suchmuster entspricht. Wenn er nicht vorkommt, was meistens der Fall ist, können wir um die volle Länge des Suchmusters weiterschieben.

4.10 Zeichenketten

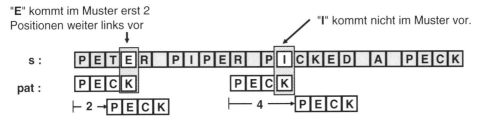

*Abb. 4.82:* Boyer-Moore: die Idee

In der obigen Abbildung haben wir als erstes das letzte Element, „K" im Suchmuster mit dem „E" im String verglichen. Da wir keine Übereinstimmung haben und ein „E" frühestens zwei Positionen weiter links im Suchmuster auftritt, können wir dieses um mindestens zwei Positionen nach rechts schieben. Ähnlich können wir jedem Zeichen eine Distanz zuordnen. Jedes Zeichen, das nicht im Suchmuster vorkommt erhält als Distanz die Länge des Suchmusters.

```
int bm1Suche(String muster){
    int musterLaenge = muster.length();
    int tabLaenge = tabelle.length;
    char[] delta1Tab = baueDelta1Tab(muster);
    if ((musterLaenge > 0) && (musterLaenge <= tabLaenge)){
        int tabPos = musterLaenge-1;
        int musterPos = 0;
        while( tabPos < tabLaenge){
            musterPos = musterLaenge-1;
            int tabPosAlt = tabPos;
            while (tabelle[tabPos] == muster.charAt(musterPos)){
                if (musterPos == 0) return tabPos;
                musterPos--;
                tabPos--;
            }
            tabPos = tabPosAlt + delta1Tab[tabelle[tabPosAlt]];
        }
    }
    return -1;
}
```

Der Aufbau der Distanzen-Tabelle erfolgt in dem folgenden Programmausschnitt:

```
char[] baueDelta1Tab(String muster){
    int ls = muster.length();
    char[] deltaTab = new char[256];
    for (int i = 0; i < 256; i++) deltaTab[i] = (char) ls;
    for (int i = 1; i < ls; i++)
        deltaTab[muster.charAt(i-1)] = (char) (ls - i) ;
    return deltaTab;
}
```

Boyer und Moore haben diese einfache Idee weiter verbessert, indem sie eine zweite Tabelle aufbauten, mit deren Hilfe eine weitere Wiederaufsetzposition berechnet wird. Tatsächlich benutzt wird dann die am weitesten rechts befindliche Position. Die Implementierung dieser verbesserten Variante ist allerdings recht komplex, daher verweisen wir auch hier auf die weiterführende Literatur.

In diesem Kapitel haben wir viele, teilweise auch umfangreiche, Programme kennen gelernt und die in den letzten Kapiteln erarbeiteten Grundlagen vertieft. Als eine wichtige Erkenntnis halten wir fest, dass gute und schnelle Programme nicht durch raffinierte Programmiertricks, sondern durch wohlüberlegte Datenstrukturen und Algorithmen zu erreichen sind.

# 5 Rechnerarchitektur

Computer bestehen aus einer Zentraleinheit (engl. *Central Processing Unit*, kurz *CPU*), einem Arbeitsspeicher (engl. *Random Access Memory*, kurz *RAM*) und Peripheriegeräten. Alle diese Teile sind hochkomplexe Schaltkreise, die hauptsächlich aus *Transistoren* aufgebaut sind. Transistoren werden hier als als elektrisch gesteuerte Ein-Aus-Schalter eingesetzt. Durch geschickte Kombination vieler solcher Schalter entstehen Schaltkreise, die jedes gewünschte Verhalten realisieren können. Die *boolesche Algebra*, die wir in der ersten Hälfte dieses Kapitels kennen lernen, erlaubt es uns, zu einer beliebigen Schaltaufgabe einen entsprechenden Schaltkreis auszurechnen. Damit ausgerüstet zeigen wir, wie die wichtigsten Bauelemente eines Rechners, nämlich ALU (engl. *Arithmetic Logic Unit*, kurz *ALU*) und Speicher, aus einfacheren Schaltkreisen aufgebaut werden können. Aus diesen konstruieren wir danach eine mikroprogrammierte CPU und vollziehen damit den Übergang von der Hard- zur Software. Wir verfolgen diesen bis zum Maschinencode und Assembler und diskutieren anschließend noch RISC (engl. *Reduced Instruction Set Computer*) als alternative CPU-Architektur.

Dieses Kapitel erläutert also prinzipiell, wie durch geschickte Kombination von Transistoren ein komplexes Gerät wie ein PC entsteht. Wenn man wollte, könnte man Transistoren auch durch optische Schalter ersetzen und mit den gleichen Prinzipien einen optischen Computer konstruieren. Durch die schnelleren Umschaltzeiten optischer Bauteile darf man sich einen erheblichen Geschwindigkeitsgewinn erhoffen. Allerdings sind optische Schalter heute noch nicht so einfach zu realisieren wie Transistoren. Insbesondere ist eine technische Lösung für die Zusammenfassung (Integration) von Tausenden oder gar Millionen optischer Bauelemente auf einem Chip noch in weiter Ferne. Einige Aspekte der Herstellung elektronischer Chips wollen wir im ersten Unterkapitel beleuchten.

## 5.1 Vom Transistor zum Chip

Das für uns wichtigste elektronische Bauelement ist der so genannte *MOS-Transistor*. MOS ist die Abkürzung für den englischen Begriff *Metal-Oxide-Semiconductor* (Metalloxid-Halbleiter). Es gibt verschiedene Arten von MOS-Transistoren, alle sind aber, wie auch in der folgenden Abbildung zu sehen, aus mehreren Materialschichten aufgebaut.

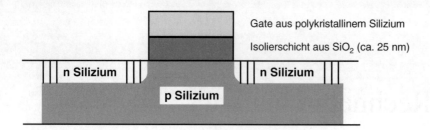

***Abb. 5.1:***   *Ein MOS-Transistor*

Der oben gezeigte Transistor enthält bereits verschiedene Materialien: neben dem nicht gezeigten reinen Silizium zusätzlich p-Silizium, n-Silizium, Siliziumdioxid ($SiO_2$) und polykristallines Silizium. Bei p-Silizium bzw. n-Silizium handelt es sich um absichtlich verunreinigtes (*dotiertes*) Silizium, das zusätzliche positive bzw. negative Ladungsträger enthält. Hinzu kommen noch die ebenfalls nicht gezeigten metallischen Leitungsebenen, Abdichtungen, Kontakte etc. Diese verschiedenen Materialien und Strukturen werden beim Herstellungsprozess schrittweise erzeugt.

Für uns ist hier vor allem relevant, dass der Transistor wie ein Schalter wirkt. Dies soll in dem folgenden symbolischen Schaltbild zum Ausdruck kommen.

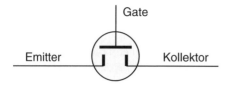

***Abb. 5.2:***   *Ein Transistor als Schalter*

Der Transistor besitzt nach außen drei elektrische Anschlüsse, diese werden als *Emitter*, *Kollektor* und *Gate* bezeichnet. Ist auf dem *Gate* keine Ladung, ist der Schalter offen, es kann also kein Strom vom Emitter zum Kollektor fließen. Wenn sich auf dem Gate Ladungsträger befinden, ist der Schalter geschlossen.

## 5.1.1   Chips

Ein *Chip* ist ein dünnes Silizium-Scheibchen (daher Chip), auf das die Transistorschaltung beim Herstellungsprozess aufgebracht wird. Da auf einer daumennagelgroßen Fläche eine sehr große Anzahl von Schaltgliedern zu einem Schaltkreis zusammengefasst werden, nennt man das entstandene Bauteil auch *Integrated Circuit* (*IC*). Mit den Jahren wuchs die Anzahl der Bauelemente auf einem einzigen Chip um mehrere Größenordnungen, entsprechend wandelte sich auch der Name über LSI (large scale IC) zu VLSI (very large scale IC). Heutige CPU-Chips ent-

# 5.1 Vom Transistor zum Chip

halten ca. 100 000 000 Transistoren auf einer Fläche von weniger als 100 mm$^2$, Speicherchips können aufgrund ihrer regelmäßigeren Struktur noch höher integriert werden.

Die Dicke eines Chips beträgt nur etwa 1/10 mm, die der *aktiven Schicht* ist noch erheblich geringer. In der aktiven Schicht finden sich die Transistoren, Dioden, Widerstände und die Leitungen. Der Chip ist in ein Gehäuse aus Kunststoff oder Keramik eingebettet, das erheblich größer ist als das Silizium-Scheibchen. Die Verbindungen von dem inneren Silizium-Scheibchen zu den Außenkontakten des Chip-Gehäuses werden mithilfe hauchdünner Golddrähtchen hergestellt. Klassische Chips sind in einem rechteckigen Gehäuse mit zwei Reihen seitlich angebrachter Anschlussdrähte, den *Beinchen* (engl. *pin),* untergebracht. Die Anzahl der Außenverbindungen ist bei solchen Chips auf etwa 64 beschränkt. Chips mit mehr Anschlüssen (bis zu etwa 100) setzt man oft in ein quadratisches Gehäuse mit Ansch!ussdrähten an allen vier Seiten. Noch mehr Außenverbindungen schafft man durch Anbringung der Beinchen unter dem Chip. Durch diese *Pin Grid Array* (PGA) genannte Technik lassen sich Chips bauen, die mehrere hundert Verbindungen aufweisen können. Der erste Intel Pentium Prozessor hatte ein PGA mit 273 Pins, der PentiumPro kommt auf 387 Pins. Der neueste Prozessor aus der Intel 8086 Serie, der Pentium-4, hat ein PGA mit 423 Pins. Ein Pentium-4-Prozessor ist auf S. 36 abgebildet.

Eine Leiterplatte ist in der Regel mit Chips unterschiedlicher Bauart bestückt und enthält zusätzlich einzelne klassische Bauelemente wie Kondensatoren oder Widerstände. Die Verdrahtung erfolgt meist in mehreren, mindestens jedoch zwei Verdrahtungsebenen. Diese stehen auf der Leiterplatte zur Verfügung, sind untereinander isoliert und haben Querverbindungen zu den anderen Ebenen. Werden mehrere Leiterplatten benötigt, sind diese meist senkrecht in eine Systemplatine (engl. *motherboard*) eingesteckt, die die Verbindungen enthält. Mit Anschlussbuchsen für genormte, mehrpolige Stecker kann ein Anschluss zu Netzteilen, externen Geräten etc. erfolgen.

In heutigen Computern finden sich meist eine oder mehrere Leiterplatten mit ca. 50 Chips. In unmittelbarer Zukunft wird man durch höhere Integration die Anzahl der Chips in einem Rechner auf weniger als zehn reduzieren und zur selben Zeit die Leistung der Geräte um mehrere Größenordnungen steigern können.

## 5.1.2 Chipherstellung

Für die Herstellung eines Chips wird zunächst gereinigtes Silizium (Quarzsand) auf über tausend Grad erhitzt, bis es flüssig wird. Aus dieser Schmelze werden so genannte Einkristalle gezogen, die bis zu 2 m lang sein können und einen Durchmesser von etwa 20 cm haben. Sie werden nach dem Erkalten in dünne Scheiben gesägt und poliert. Diese Scheiben sind das Ausgangsmaterial für den Herstellungsprozess, in dem auf jeder dieser Scheiben einige hundert Chips in einem Arbeitsgang entstehen.

Komplexe Chips erfordern mehrere hundert Herstellungsschritte. Sie können viele Millionen individueller Transistoren enthalten. Für jeden Schritt kommt, in jeweils abgewandelter Form, ein fotolithografisches Grundverfahren zur Anwendung. Dabei wird jedesmal zunächst eine Materialschicht aufgetragen und mit Fotolack überzogen. Dieser wird mithilfe einer Maske, auf der die Chipstrukturen ausgespart sind, belichtet. Nach der Entwicklung werden die unbelichteten Stellen bearbeitet, das heißt entweder weggeätzt, dotiert oder mit Kontakten versehen. Dann wird der restliche Fotolack entfernt.

Um den in Abb. 5.1 gezeigten Transistor herzustellen, wird zunächst eine p-leitende Schicht erzeugt werden, darauf eine n-leitende Schicht, darauf eine Isolierschicht, dann eine polykristalline Schicht. Teile dieser Schichten werden jeweils fotolithografisch ausgespart, wieder verändert und schließlich mit metallischen Leitungen verdrahtet. Die wesentlichen Bearbeitungsvorgänge sind Oxidation, Diffusion zur Erzeugung von p- und n-leitenden Schichten, Ätzen und Metallisierung zur Erzeugung von leitenden Verbindungen und Kontakten.

Nach dem Aufbringen der Transistoren und Leiterbahnen entsteht auf den rechteckigen Siliziumscheiben, in einem durch die verwendeten kreisförmigen Masken definierten Gebiet, ein waffelartiges Muster einzelner Chips. Daher werden die Siliziumscheiben auch *Wafer* genannt. Sie werden zersägt, in die Gehäuse eingebaut und mit den Anschlussdrähten verbunden. Das Gehäuse wird endgültig verschlossen – und fertig ist der Chip.

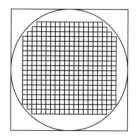

*Abb. 5.3:*   Ein Wafer

Gegenwärtig ist Silizium der Rohstoff der Wahl für die Fertigung von Chips. Silizium ist billig und einfacher zu bearbeiten, als der alternative Rohstoff Galliumarsenid, aus dem man Chips mit erheblich kürzeren Schaltzeiten fertigen kann, die in Supercomputern und anderen kritischen Anwendungen gelegentlich eingesetzt werden.

### 5.1.3   Kleinste Chip-Strukturen

Ein wesentlicher Parameter bei der Chip-Herstellung ist die Größe der kleinsten Strukturen. Dabei handelt es sich um Leitungen, den Abstand zwischen zwei Leitungen oder um die Größe von Transistorzellen. Die kleinsten erzeugbaren Strukturen lagen bis vor kurzem im Bereich von etwa 1µ (1µ = 1 Mikrometer = 1/1000 mm). Zurzeit werden Strukturen von 1,0 µ bis 0,1 µ verwendet, teilweise bereits noch kleinere. Man spricht vom so genannten Submikronbereich. Ein weiteres Absenken der kleinsten Strukturen auf Werte im Bereich von 0,025 µ wird in absehbarer Zeit für möglich gehalten. Die Schwierigkeiten beim Verkleinern der Chip-Strukturen bestehen im Herstellen geeigneter Masken für die verschiedenen fotolithografischen Prozesse, in der exakten Positionierung der Masken, in Belichtungsproblemen, wenn die Wellenlänge des für die Belichtung verwendeten Lichts erreicht wird, und in mikroskopischen Ungenauigkeiten beim Ätzen, Beschichten etc.

5.1 Vom Transistor zum Chip

Diese Schwierigkeiten konnten bisher immer wieder bewältigt werden. Meist waren dafür jedoch langwierige Forschungs- und Entwicklungsarbeiten erforderlich, so dass die kleinsten beherrschbaren Strukturen nur relativ langsam von 2 µ auf 1 µ und dann schrittweise auf 0,1 µ verkleinert werden konnten. Die weitere Verkleinerung auf Werte in der Größenordnung von 0,025 µ wird weitere technische Innovationen erfordern.

## 5.1.4    Chipfläche und Anzahl der Transistoren

Die Herstellung von Chips ist ein langwieriger und fehleranfälliger Prozess. Der Anteil von funktionsfähigen Chips beträgt daher nur etwa 5 bis 50 %, bezogen auf die Gesamtproduktion, je nach der bereits gewonnenen Produktionserfahrung mit einem bestimmten Herstellungsprozess. Die Fehlerrate bei den einzelnen Chips ist von der Fläche des produzierten Chips abhängig. Um die Produktion wirtschaftlich zu machen, versucht man, die Chipfläche auf ein vertretbares Minimum zu reduzieren. Nur wenn es nicht anders geht, erhöht man die Chipfläche, um die Anzahl der Transistoren zu erhöhen. Gegenwärtig ändert sich die effektiv ausgenutzte Chipfläche von ca. 100 mm$^2$ nur wenig, da die Herstellungsprozesse so häufig verbessert werden, dass eine Vergrößerung der Chipfläche kaum notwendig ist.

Der Pentium-4-Prozessor verfügt über 42 Millionen Transistorfunktionen auf einer Fläche von 217 mm$^2$, der neuere Pentium-4E-Prozessor hat sogar ca. 125 Millionen Transistorfunktionen auf einer Fläche von nur 112 mm$^2$. Der PowerPC 7457 von Motorola und IBM bringt 58 Millionen Transistorfunktionen auf  98,3 mm$^2$ unter. In der nächsten Generation wird die Anzahl der Transistorfunktionen vermutlich weiter steigen - bei gleichbleibender oder geringer werdender Fläche.

Gegenwärtig wird bei Speicher Chips mit ca. 100 mm$^2$ effektiver Nutzfläche in Anwendung einer  0,17-µ-Technik eine Zahl von ca. 500 000 000 Transistoren erreicht. Über weitere Steigerungsmöglichkeiten kann man derzeit nur spekulieren. Die Firma *Intel* prognostiziert z.B. für das Jahr 2007 einen CPU-Chip mit 1 000 000 000 Transistoren, einer Taktrate von 20 GHz und einer 0,045-µ-Technik.

## 5.1.5    Weitere Chip-Parameter

Je geringer die kleinsten Strukturen auf einem Chip sind, desto geringer sind die Schaltverzögerungen pro Transistor und der Energieverbrauch pro Schaltvorgang. Wenn dieser Energieverbrauch, der gegenwärtig ca. 1 pJ (Picojoule) beträgt, nicht um eine ganze Größenordnung gesenkt werden könnte, wäre eine Erhöhung der Transistorzahl gar nicht möglich – die Chips würden zu heiß werden.

Während die Schaltverzögerung von NMOS-Transistoren etwa 0,8 ns (Nanosekunden) beträgt, ist dieser Wert bei neueren CMOS-Transistoren nur noch etwa 0,08 ns. Die Schnelligkeit einer ganzen Leiterplatte wird nicht nur durch die Geschwindigkeit der Transistoren in den Chips bestimmt, sondern auch durch die Zahl und die Länge der Verbindungen der verschiedenen Chips untereinander. Je mehr Transistoren in einem Chip untergebracht werden können, desto weniger Inter-Chip-Verbindungen sind erforderlich – um so schneller ist die Leiterplatte.

## 5.1.6 Speicherbausteine

Auch der Speicher eines Rechners ist aus Chips aufgebaut, den so genannten RAM-Chips. *RAM* ist die Abkürzung für den englischen Begriff *Random Access Memory* – zu deutsch: Speicher mit wahlfreiem Zugriff. Verwendet man die Ladung auf dem Gate eines Transistors zur Speicherung eines Bit, kommt man, zusammen mit der Adressierlogik, auf Speicherbausteine mit weniger als 1,5 Transistoren pro Bit. Allerdings verlieren diese *dynamischen* Speicherbausteine (*DRAM*) nach kurzer Zeit ihre Ladung wieder. Jedes Bit muss innerhalb einer bestimmten Zeit, die im Millisekundenbereich liegt, wieder aufgefrischt, also gelesen und neu geschrieben werden. Eine Alternative ist die Verwendung *statischer* Speicherbausteine (*SRAM*). Diese müssen zwar nicht ständig aufgefrischt werden, benötigen aber mehrere Transistoren pro Bit. Sowohl dynamische als auch statische RAM-Chips verlieren die gespeicherte Information, wenn kein Strom vorhanden ist. Dies kann durch bestimmte, aufwändige Schaltungen oder durch Verwendung von Akku-Puffern verhindert werden. Heute werden dynamische RAM-Chips mit 128, 256 und 512 MBit Speicherkapazität gefertigt, noch im Jahre 2004 werden 1 GBit RAM-Chips produziert werden – in unmittelbarer Zukunft wird es bereits 4 GBit RAM-Chips geben. Die Entwicklungsgeschichte der Speicherbausteine illustriert die folgende Abbildung:

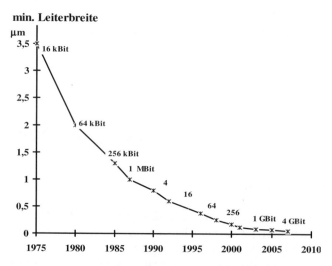

*Abb. 5.4:*   *Entwicklung von Speicherchips*

## 5.1.7 Logikbausteine

Speicherbausteine bestehen aus vielen gleichartigen Speicherzellen und aus einer Lese- und Schreiblogik. Entsprechende Schaltpläne können in jeder Größe relativ rasch angefertigt werden. Daher verwundert es nicht, dass mit einem neuen Herstellungsprozess, der eine bestimmte Maximalzahl von Transistoren ermöglicht, als erstes Speicherbausteine gebaut werden können. Anders sieht es bei den *Logikbausteinen* aus. Hierbei handelt es sich um

# 5.1 Vom Transistor zum Chip

Mikroprozessoren oder um sonstige Spezialschaltungen. Die entsprechenden Schaltpläne sind nicht so einfach herzustellen wie die der Speicherbausteine. Sie bestehen nicht aus immer wieder kopierten Speicherzellen, sondern im Extremfall aus lauter unterschiedlichen Funktionsgruppen. Im Fall der ersten Mikroprozessoren, die nur über wenige Tausend Transistorfunktionen verfügten, konnten die entsprechenden Schaltpläne noch am Reißbrett entworfen werden. Spätere Mikroprozessoren, wie der Intel 8086 mit ca. 30 000 und der Motorola 68000 mit 68 000 Transistorfunktionen, konnten mit den damaligen Werkzeugen nur noch entwickelt werden, weil Teile des Mikroprozessors wiederum als Speicher ausgelegt waren – als *Mikroprogrammspeicher.* Der Übergang zu höher integrierten Schaltungen, wie z.B. der des 80286 mit 150 000 Transistoren, war nur mit computerunterstützten Methoden möglich. Heute stehen ausgereifte Werkzeuge zum Entwurf hochintegrierter Logikbausteine zur Verfügung, mit denen Mikroprozessoren, wie z.B. der ursprüngliche Pentium-4-Prozessor mit seinen ca. 42 Millionen Transistorfunktionen und der neuere Pentium-4E-Prozessor mit seinen ca. 125 Millionen Transistorfunktionen, entwickelt werden können.

## 5.1.8    Schaltungsentwurf

Die wesentlichen Hilfsmittel für den Entwurf hochintegrierter Schaltungen sind CAD-Systeme und Simulationsprogramme. CAD steht für *Computer Aided Design* – zu deutsch etwa: Entwurfsverfahren mithilfe von Rechnern. Von Hand gezeichnete Schaltpläne für einige 100 000 Transistoren würden so groß wie Fußballfelder sein. Solche Schaltungen können daher nur noch mit elektronischen Entwurfssystemen beherrscht werden. Ähnliches gilt auch für das Testen der Schaltung. Früher wurde ein Prototyp hergestellt und dieser anschließend getestet. Die Herstellung von Chip-Prototypen ist jedoch sehr aufwändig. Es kann Monate dauern, bis ein Prototyp fertig ist, nur um dann nach Stunden wegen eines Fehlers verworfen zu werden.

Bei einem Chip mit einigen 1000 Transistoren kann die Schaltung im Elektroniklabor mithilfe von Oszillografen getestet werden. Wenn einige 100 000 oder sogar einige 100 000 000 Transistoren auf Funktionstüchtigkeit und hinsichtlich ihres Zusammenspiels getestet werden müssen, ist ein solches Verfahren nicht mehr möglich. Aus diesen Gründen verlagert man die Produktion der Prototypen von der Hardware in die Software. Statt eines physischen Probanden wird ein abstraktes Modell des zukünftigen Chips definiert und dessen Verhalten auf einem Rechner simuliert.

Dennoch verbleibt das Risiko von unentdeckten Entwurfsfehlern. Wie das Beispiel des „Pentium-FDIV-Bug" zeigt, wurde ein Fehler in dem Pentium-Prozessor weder bei den Simulationen vor Produktionsbeginn noch beim Testen der ersten Serien von Prozessoren entdeckt. Erst anderthalb Jahre nach Beginn der Serienproduktion kam dieser Fehler mehr oder weniger zufällig ans Licht.

Der Entwurf hochintegrierter Transistorschaltungen ist ein ähnlich anspruchsvolles Problem wie der Entwurf und die Programmierung eines Softwaresystems, das aus mehreren hochkomplexen Programmen besteht. Es verwundert daher nicht, dass in beiden Fällen ähnliche Techniken angewendet werden.

*Der modulare Entwurf*: Ein komplexes System wird in mehrere einfachere Module mit klaren Schnittstellen zerlegt. Ein hochintegrierter Chip besteht häufig aus einzelnen Modulen, die über Schaltungskanäle verdrahtet sind.

*Standardschaltungen*: Für bestimmte wiederkehrende Aufgaben werden immer die gleichen Schaltungen verwendet, die in *Zellbibliotheken* verwaltet werden. Diese Zellbibliotheken bestehen aus logischen Standardschaltungen und deren Implementierung, jeweils in einem bestimmten Herstellungsprozess.

Nach wie vor ist die Struktur vieler heutiger Mikroprozessoren so, dass möglichst viele Funktionen in *Mikroprogramme* verlegt werden, die wiederum in Speicherzellen abgelegt werden. So haben heutige Mikroprozessoren einen Anteil von 20 bis 50 % an Transistoren mit Speicherfunktion.

Ein alternativer Weg zur Vereinfachung von Mikroprozessoren wird von den noch zu diskutierenden *RISC-Prozessoren* eingeschlagen. Bei RISC-Prozessoren wird der Befehlssatz so weit vereinfacht, dass man mit sehr wenigen Mikroprogrammen auskommt. Durch die konsequente Verwendung von *regulären Strukturen* erreicht man eine Vereinfachung des Schaltungsentwurfes und damit eine schnellere Anwendung eines moderneren Herstellungsprozesses auch für Logikschaltungen.

## 5.2 Boolesche Algebra

Die *boolesche Algebra* entstand aus den Arbeiten des Engländers *George Boole* (1815–1864), dessen eigentliches Ziel es war, die Logik formal zu begründen. Es ging darum, die Wahrheit oder Falschheit von Aussagen zweifelsfrei feststellen zu können, ähnlich wie man auch das Ergebnis einer Addition oder Multiplikation ausrechnen kann. Die Objekte, mit denen Boole operierte, waren *Wahrheitswerte* (*wahr* und *falsch*) doch kann man sie genauso gut als Bitwerte (**0** und **1**) oder Stromzustände (Strom fließt/Strom fließt nicht) interpretieren.

### 5.2.1 Serien-parallele Schaltungen

Information wird in einem Rechner letztlich durch eine Folge von Bits realisiert. Jedes Bit kann zwei Zustände haben, die wir mit **0** und **1** bezeichnen. Technisch können diese Zustände durch Spannungen realisiert werden, z.B. **0** durch eine Spannung zwischen 0,0 und 0,4 V und **1** durch eine Spannung zwischen 2,4 und 5,0 V.

In einem einfachen Stromkreis, bestehend aus einer Batterie B, einem Widerstand R und einem Schalter S, können wir z.B. ein Bit durch die an dem Widerstand anliegende Spannung darstellen: Ist der Schalter geöffnet, so ist die anliegende Spannung 0, ist er geschlossen, so ist die Spannung ca. 5 V und stellt nach Vereinbarung das Bit **1** dar.

## 5.2 Boolesche Algebra

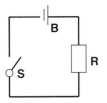 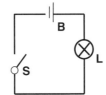

**Abb. 5.5:** *Schaltungen*

Vereinfachend könnte man auch den Widerstand durch ein Lämpchen ersetzen. Die Bitwerte **1** und **0** werden dann dadurch realisiert, dass das Lämpchen brennt oder erlischt (vorgehende Abbildung). Das Verhalten des Kreises kann man in einer Tabelle darstellen. Wenn wir die Stellungen des Schalters, offen bzw. geschlossen, mit **0** bzw. **1** bezeichnen, erhalten wir die folgende Tabelle für den Zustand der Lampe L:

| S | L |
|---|---|
| 0 | 0 |
| 1 | 1 |

Ersetzen wir den Schalter S durch zwei Schalter, $S_1$ und $S_2$, so ergeben sich zwei Kombinationsmöglichkeiten, die Parallelschaltung und die Serienschaltung:

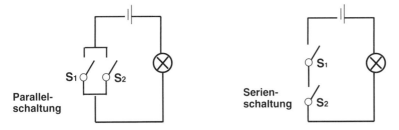

Die zugehörigen Schalttabellen beschreiben alle möglichen Stellungen von $S_1$ und $S_2$ zusammen mit dem Ergebnis, das wir in Spalte L angeben:

Parallelschaltung

| $S_1$ | $S_2$ | L |
|---|---|---|
| 0 | 0 | 0 |
| 0 | 1 | 1 |
| 1 | 0 | 1 |
| 1 | 1 | 1 |

Serienschaltung

| $S_1$ | $S_2$ | L |
|---|---|---|
| 0 | 0 | 0 |
| 0 | 1 | 0 |
| 1 | 0 | 0 |
| 1 | 1 | 1 |

**Abb. 5.6:** *Parallelschaltung und Serienschaltung*

Wir können auf diese Weise fortfahren und weitere Kombinationen von Schaltern untersuchen. Dabei werden wir den von Boole entwickelten und heute nach ihm benannten mathematischen Kalkül, die *boolesche Algebra*, kennenlernen. Boole hat ihn in seinem Werk *An Investigation into the laws of thought* ursprünglich als eine *Algebra der Logik* entwickelt. Die boolesche Algebra ist aber auch in vielen anderen Bereichen anwendbar, insbesondere bei der Konstruktion digitaler Schaltkreise und in der Mengenalgebra.

### 5.2.2  Serien-parallele Schaltglieder

Wir untersuchen das Verhalten von Schaltgliedern, die aus einfacheren Schaltern zusammengebaut sind. Beginnend mit Elementarschaltern bauen wir neue Schaltglieder durch *Serien-* bzw. *Parallelschaltung*. Jedes Schaltglied hat einen Eingang und einen Ausgang. Sind $S_1$ und $S_2$ Schaltglieder, so erhält man durch Parallelschaltung das Schaltglied $S_1 + S_2$ und durch Serienschaltung das Schaltglied $S_1 * S_2$. Bei der Parallelschaltung genügt es, wenn einer der Schalter, $S_1$ *oder* $S_2$, eingeschaltet ist, damit die gesamte Schaltung Strom durchlässt, bei der Serienschaltung ist es notwendig, dass $S_1$ *und* $S_2$ eingeschaltet sind. Daher wird die Parallelschaltung auch als *Oder-Schaltung*, die Serienschaltung als *Und-Schaltung* bezeichnet. Durch fortgesetzte Kombination von Schaltkreisen durch Serien- oder durch Parallelschaltung erhalten wir beliebig komplexe Schaltkreise, die *Serien-Parallel-Kreise*.

**Parallelschaltung**  **Serienschaltung**

Das Verhalten von zusammengesetzten Schaltungen kann man in einer Tabelle beschreiben. Dabei interessiert uns lediglich, ob bei einer bestimmten Stellung der Elementarschalter das gesamte Schaltglied ein- oder ausgeschaltet ist. Mit der Abkürzung Ein = 1, Aus = 0 erhalten wir die Operationstafeln für $S_1 + S_2$ und $S_1 * S_2$:

| + | 0 | 1 |
|---|---|---|
| 0 | 0 | 1 |
| 1 | 1 | 1 |

| * | 0 | 1 |
|---|---|---|
| 0 | 0 | 0 |
| 1 | 0 | 1 |

**Abb. 5.7:**   *Oder- und Und-Verknüpfung*

## 5.2.3 Boolesche Terme

Bezeichnet man die elementaren Ein-Aus-Schalter mit Variablen $x, y, z, \ldots$, so lässt sich jeder serien-parallele Schaltkreis durch einen serien-parallel Term (kurz *SP-Term*) beschreiben. Diese sind induktiv folgendermaßen definiert:

**Definition (SP-Terme):**

(i)   0 und 1 sind SP-Terme
(ii)  Jede Variable $x, y, z, \ldots$ ist ein SP-Term.
(iii) Sind $t_1$ und $t_2$ SP-Terme, so auch $t_1 + t_2$ und $t_1 * t_2$.

0 bzw. 1 stehen in dieser Definition für Schalter, die immer offen bzw. immer geschlossen sind. Die Operationszeichen + und * haben natürlich eine andere Bedeutung als gewohnt. Um eine Verwechslung auszuschließen, benutzt man statt ihrer auch die Zeichen $\vee$ und $\wedge$ oder schreibt sie aus als **OR** und **AND**. Zusätzlich erlauben wir Klammern, um die Entstehung eines Terms aufgrund der definierenden Regeln klarzustellen.

Das Schaltglied, das durch einen SP-Term beschrieben wird, lässt sich schrittweise ermitteln. Für den Term $x*(y + z)$ baut man zunächst den inneren Teilterm $(y + z)$ aus den Schaltern $y$ und $z$ zusammen und schaltet den erhaltenen Kreis in Serie mit dem Schalter $x$:

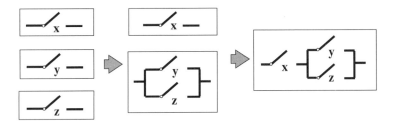

*Abb. 5.8:*     *Aufbau des zum Term $x*(y+z)$ gehörenden Schaltkreises*

Ähnlich erstellt man schrittweise die zugehörige Schalttabelle:

| x y z | y + z | x*(y+z) |
|-------|-------|---------|
| 0 0 0 | 0 | 0 |
| 0 0 1 | 1 | 0 |
| 0 1 0 | 1 | 0 |
| 0 1 1 | 1 | 0 |
| 1 0 0 | 0 | 0 |
| 1 0 1 | 1 | 1 |
| 1 1 0 | 1 | 1 |
| 1 1 1 | 1 | 1 |

*Abb. 5.9:*     *Zum Term $x*(y+z)$ gehörende Schalttabelle*

## 5.2.4 Schaltfunktionen

Eine *Schaltfunktion* ist eine *n*-stellige Operation auf der Menge $\{0, 1\}$, also eine Abbildung $f: \{0,1\}^n \to \{0,1\}$. Jeder SP-Term beschreibt mittels seiner Schalttabelle eine Schaltfunktion. Der Term $x*(y + z)$ realisiert z.B. die Funktion $f: \{0,1\}^3 \to \{0,1\}$ mit:

$f(0,0,0) = 0 \qquad f(0,0,1) = 0 \qquad f(0,1,0) = 0 \qquad f(0,1,1) = 0$
$f(1,0,0) = 0 \qquad f(1,0,1) = 1 \qquad f(1,1,0) = 1 \qquad f(1,1,1) = 1$

Verschiedene Terme können durchaus dieselbe Schaltfunktion beschreiben, wie zum Beispiel im Fall der Terme $t_1 = x*(y + z)$ und $t_2 = (x*y) + (x*z)$. Dies erkennt man durch Tabellierung der zugehörigen Schaltfunktionen oder durch Analyse der zugehörigen Schaltkreise.

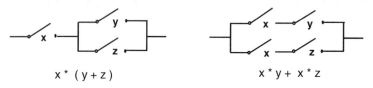

**Abb. 5.10:** *Zwei Schaltungen mit gleicher Schaltfunktion*

Man beachte, dass in einem Term, wie z.B. $x*y + x*z$, eine Variable mehrfach vorkommen kann. Für den entsprechenden Schaltkreis stellen wir uns vor, dass Schalter mit gleichem Namen so gekoppelt sind – mechanisch oder elektrisch –, so dass sie immer im gleichen Schaltzustand sind.

## 5.2.5 Gleichungen

Eine Gleichung $t_1 = t_2$ besteht aus zwei Termen, die dieselbe Schaltfunktion beschreiben. Um nachzuweisen, dass eine Gleichung $t_1 = t_2$ gilt, kann man daher die Schaltfunktionen der beiden Terme tabellieren und die Ergebnisse vergleichen. Während die Gleichung $x*(y + z) = x*y + x*z$ noch vertraut aussieht, überrascht vielleicht die folgende Gleichung:

$x + (y*z) = (x + y)*(x + z).$

Durch Tabellierung erhalten wir aber identische Ergebnisse für alle Belegungen der Variablen:

## 5.2 Boolesche Algebra

| x y z | y * z | x+(y*z) | (x+y) | (x+z) | (x+y)*(x+z) |
|-------|-------|---------|-------|-------|-------------|
| 0 0 0 | 0 | 0 | 0 | 0 | 0 |
| 0 0 1 | 0 | 0 | 0 | 1 | 0 |
| 0 1 0 | 0 | 0 | 1 | 0 | 0 |
| 0 1 1 | 1 | 1 | 1 | 1 | 1 |
| 1 0 0 | 0 | 1 | 1 | 1 | 1 |
| 1 0 1 | 0 | 1 | 1 | 1 | 1 |
| 1 1 0 | 0 | 1 | 1 | 1 | 1 |
| 1 1 1 | 1 | 1 | 1 | 1 | 1 |

**Abb. 5.11:** *Vergleich der Schaltfunktionen x+(y\*z) und (x+y)\*(x+z)*

Es gibt eine recht überschaubare Menge von gültigen Gleichungen, aus denen sich alle anderen Gleichungen ableiten lassen. Eine Struktur, die diese Gleichungen erfüllt, heißt *distributiver Verband*.

| | | |
|---|---|---|
| $x + x = x$ | Idempotenz | $x*x = x$ |
| $x + y = y + x$ | Kommutativität | $x*y = y*x$ |
| $x + (y + z) = (x + y) + z$ | Assoziativität | $x*(y*z) = (x*y)*z$ |
| $x*(x + y) = x$ | Absorption | $x + (x*y) = x$ |
| $x*(y + z) = (x*y) + (x*z)$ | Distributivität | $x + (y*z) = (x + y)*(x + z)$ |

**Abb. 5.12:** *Gleichungen eines distributiven Verbandes*

Es fällt sofort auf, dass sich die Gleichungen in der linken und in der rechten Spalte entsprechen, sofern man + durch * und * durch + ersetzt. Dieses Phänomen ist unter dem Namen *Dualität* bekannt. Die Terme 0 und 1, die den immer geöffneten, bzw. den immer geschlossenen Schaltkreis bezeichnen, werden durch die folgenden Gleichungen charakterisiert. Auch

| | |
|---|---|
| $x + 0 = x$ | $x * 1 = x$ |
| $x + 1 = 1$ | $x * 0 = 0$ |

hier entsprechen sich die Gleichungen, sofern man zusätzlich 0 mit 1 vertauscht. Vertauschen wir + und * sowie 0 und 1 in einem Term $t$, so erhalten wir den zu $t$ *dualen Term*, den man mit $t^d$ bezeichnet. Durch zweimaliges Dualisieren erhalten wir den alten Term zurück. Bei den Gleichungen haben wir bereits gesehen, dass mit jeder Gleichung $t_1 = t_2$ auch die duale Gleichung $t_1{}^d = t_2{}^d$ gilt. Dieses *Dualitätsprinzip* setzt sich auch auf alle Gleichungen fort, die wir aus den Basisgleichungen in Abb. 5.12 folgern können. Wir haben also immer $t^{dd} = t$, und zu jeder Gleichung $t_1 = t_2$ automatisch auch die duale Gleichung $t_1{}^d = t_2{}^d$.

## 5.2.6　SP-Schaltungen sind monoton

Wir wissen bisher, dass jeder Term eine Schaltfunktion realisiert, haben aber noch nicht geklärt, ob wir auf diese Weise jede denkbare Schaltfunktion realisieren können. Dies ist jedoch nicht der Fall. Wir überlegen uns leicht, dass ein geschlossenes Schaltglied durch Schließen weiterer Schalter nicht geöffnet werden kann. Ist also $f \colon \{0,1\}^n \to \{0,1\}$ die durch ein SP-Schaltglied realisierte Schaltfunktion und gilt $f(b_1, ..., 0, ..., b_n) = 1$, so muss auch $f(b_1, ..., 1, ..., b_n) = 1$ gelten.

Setzt man die natürliche Ordnung $0 \leq 1$ komponentenweise auf $\{0,1\}^n$ fort durch

$$(b_1, ..., b_n) \leq (c_1, ..., c_n) \quad :\Leftrightarrow \quad b_i \leq c_i \text{ für alle } i \text{ mit } 1 \leq i \leq n,$$

so erkennen wir, dass jede durch einen SP-Schaltkreis realisierte Schaltfunktion $f$ im folgenden Sinne *monoton* sein muss:

$$(b_1, ..., b_n) \leq (c_1, ..., c_n) \Rightarrow f(b_1, ..., b_n) \leq f(c_1, ..., c_n).$$

Diese intuitiv klare Erkenntnis wollen wir durch Induktion über den Aufbau von Termen nachweisen. Den Induktionsanfang bilden hierbei die Terme $0$ und $1$ sowie die Variablen $x_i$. Für den Induktionsschritt nehmen wir an, die Behauptung sei für $t_1$ und für $t_2$ schon bewiesen und zeigen, dass sie dann auch für $t_1 + t_2$ und für $t_1 * t_2$ gilt.

Für die konstanten Terme $0$ und $1$ ist die Behauptung in der Tat trivial. Die zu $0$ gehörende konstante Schaltfunktion $0$ z.B. erfüllt $0(b_1, ..., b_n) = 0 \leq 0 = 0(c_1, ..., c_n)$.

Der Variablen $x_i$ entspricht gerade die Schaltfunktion mit $x_i(b_1, ..., b_n) = b_i$. Sie ist offensichtlich monoton, denn aus $(b_1, ..., b_n) \leq (c_1, ..., c_n)$ folgt nach Definition $b_i \leq c_i$, was wiederum gleichbedeutend ist mit $x_i(b_1, ..., b_n) \leq x_i(c_1, ..., c_n)$.

Sind $t_1$ und $t_2$ bereits als monoton nachgewiesen, und sei $(b_1, ..., b_n) \leq (c_1, ..., c_n)$, dann gilt:

$$(t_1 + t_2)(b_1, ..., b_n) = t_1(b_1, ..., b_n) + t_2(b_1, ..., b_n)$$
$$\leq t_1(c_1, ..., c_n) + t_2(c_1, ..., c_n)$$
$$= (t_1 + t_2)(c_1, ..., c_n).$$

Entsprechendes finden wir auch für $t_1 * t_2$. Dabei haben wir die Monotonie von $+$ und $*$ ausgenutzt, die man leicht von den Operationstabellen abliest:

$$b_1 \leq c_1, \ b_2 \leq c_2 \Rightarrow (b_1 + b_2) \leq (c_1 + c_2) \text{ und } (b_1 * b_2) \leq (c_1 * c_2).$$

## 5.2.7　Negation

Ein einfaches Beispiel einer nützlichen Schaltung, die nicht mehr durch eine SP-Schaltung realisierbar ist, ist eine *Wechselschaltung*. Dabei soll eine Lampe $L$ von zwei verschiedenen Schaltern unabhängig ein- und ausgeschaltet werden können. Seien die Schalter $x$ und $y$, so ist die Funktionsweise durch eine der folgenden Tabellen gegeben. Nachdem wir den Wert von $L$ für $x = y = 0$ festgelegt haben, ergeben sich die restlichen Einträge aus der Forderung, dass bei jeder Veränderung eines der Schalter sich der Zustand der Lampe verändern muss.

5.2 Boolesche Algebra 421

| x | y | Lampe |
|---|---|-------|
| 0 | 0 | 0 |
| 0 | 1 | 1 |
| 1 | 0 | 1 |
| 1 | 1 | 0 |

| x | y | Lampe |
|---|---|-------|
| 0 | 0 | 1 |
| 0 | 1 | 0 |
| 1 | 0 | 0 |
| 1 | 1 | 1 |

**Abb. 5.13:** *Mögliche Schaltfunktionen für Wechselschalter*

Beide Schaltfunktionen verletzen die Forderung der Monotonie, können daher nicht allein durch SP-Schaltglieder realisiert werden.[1] Die einfachste nicht monotone Schaltfunktion ist durch die folgende Tabelle gegeben:

| x | x' |
|---|-----|
| 0 | 1 |
| 1 | 0 |

**Abb. 5.14:** *Schalttabelle für Negation*

Wenn der Schalter $x$ offen ist, ist das Schaltglied geschlossen – und umgekehrt. Das entsprechende Schaltglied nennt man *Negation*.

**Definition**: *Ist* S *ein Schaltglied, so sei* S' *dasjenige Schaltglied, das genau dann offen ist, wenn* S *geschlossen ist.* S' *heißt die* Negation *von* S.

Für die zweifache Negation gilt offensichtlich: S'' = S. Andere Namen für die Negation sind auch: *Komplement* oder *Inverses*.

In elektrischen Schaltkreisen lässt sich die Negation durch ein *Relais* realisieren: Fließt Strom durch *S*, so wird durch die Magnetwirkung einer Spule der Schalter S' geöffnet. Mit Transistoren gelingt die Realisierung der Negation einfacher und natürlicher.

## 5.2.8 Boolesche Terme

Ein Schaltkreis, in dem neben Serien- und Parallel-Schaltung auch noch die Negation verwendet werden darf, heißt *boolesche Schaltung*. Der einer booleschen Schaltung entsprechende Term heißt *boolescher Term*. Formal definieren wir:

---

1. Elektriker benutzen für die Realisierung einer Wechselschaltung keine *Ein-Aus-Schalter*, sondern *Wechselschalter*, die eine Eingangsleitung mit einer von zwei Ausgangsleitungen verbinden.

**Definition** (Boolesche Terme):

(i)    0 und 1 sind boolesche Terme.

(ii)   Jede Variable ist ein boolescher Term.

(iii)  Sind $t$, $t_1$ und $t_2$ boolesche Terme, so auch: $t_1 + t_2$, $t_1 * t_2$ und $t$'.

Die Gleichheit boolescher Terme definiert man analog zu der Gleichheit von SP-Termen: Zwei Terme heißen gleich, wenn sie identische Schaltfunktionen besitzen. Als Beispiel einer booleschen Gleichung betrachten wir die *deMorgansche Regel*

$$(x + y)' = x' * y'$$

und ihre Herleitung durch Vergleich der entsprechenden Spalten der Schaltfunktionen.

| x | y | x+y | (x+y)' | x' | y' | x'*y' |
|---|---|-----|--------|----|----|-------|
| 0 | 0 | 0 | 1 | 1 | 1 | 1 |
| 0 | 1 | 1 | 0 | 1 | 0 | 0 |
| 1 | 0 | 1 | 0 | 0 | 1 | 0 |
| 1 | 1 | 1 | 0 | 0 | 0 | 0 |

Die wichtigsten Gleichungen, die das Verhalten der Negation bestimmen, sind:

| | | |
|---|---|---|
| $(x + y)' = x' * y'$ | deMorgansche Regeln | $(x * y)' = x' + y'$ |
| $x + x' = 1$ | Komplementregeln | $x * x' = 0$ |
| | $x'' = x$ | |

Eine algebraische Struktur, in der neben den Gleichungen eines distributiven Verbandes und den Gleichungen für 0 und 1 auch noch die obigen Komplementgleichungen gelten, heißt *boolesche Algebra*.

## 5.2.9    Dualität

Auch zu einem booleschen Term $t$ gewinnt man den dualen Term $t^d$ durch Vertauschen von + mit * und 0 mit 1. Der duale Term zu $t = x * (y + 0)'$ ist also $t^d = x + (y * 1)'$. Wie hängen die Schaltfunktionen zu $t$ und zu $t^d$ zusammen?

**Behauptung:** *Für beliebige* $(b_1, ..., b_n) \in \{0,1\}^n$ *ist* $t(b_1, ..., b_n)' = t^d(b_1', ..., b_n')$.

Aus dieser Behauptung ergibt sich sofort, dass mit einer Gleichung $t_1 = t_2$ auch immer die duale Gleichung $t_1^d = t_2^d$ richtig ist.

Wir beweisen die Behauptung durch Induktion über den Aufbau boolescher Terme.

(i) $t = 0$   ( $t = 1$ analog):
$$0(b_1, ..., b_n)' = 0' = 1 = 1(b_1', ..., b_n') = 0^d(b_1', ..., b_n')$$
(ii) $t = x_i$:

## 5.2 Boolesche Algebra

$$x_i(b_1, ..., b_n)' = b_i' = x_i(b_1', ..., b_n') = x_i^d(b_1', ..., b_n')$$

(iii) $t = t_1 + t_2$ ( $t = t_1 * t_2$ analog ):

$$(t_1 + t_2)(b_1, ..., b_n)' = (t_1(b_1, ..., b_n) + t_2(b_1, ..., b_n))'$$
$$= t_1(b_1, ..., b_n)' * t_2(b_1, ..., b_n)' \qquad \text{(deMorgan)}$$
$$= t_1^d(b_1', ..., b_n') * t_2^d(b_1', ..., b_n') \qquad \text{(Ind.-Annahme)}$$
$$= (t_1^d * t_2^d)(b_1', ..., b_n')$$
$$= (t_1 + t_2)^d(b_1', ..., b_n').$$

## 5.2.10 Realisierung von Schaltfunktionen

In der Praxis stellt sich häufig das Problem, zu einer gegebenen Schaltfunktion einen entsprechenden booleschen Term zu finden, der diese Schaltfunktion realisiert. Dazu betrachten wir zunächst spezielle boolesche Terme, so genannte *Literale* wie z.B. $x$, $x'$, $x_1$, $x_3'$ und *Monome*, wie z.B. $x'yz'$, $xy'z$ oder $x_1'x_2'x_3x_4$. Wir haben hier, wie auch in der Arithmetik üblich, das Multiplikationszeichen weggelassen, d.h. wir schreiben kurz: $t_1t_2$ für $t_1 * t_2$.

**Definition**: *Ein* Literal *ist eine Variable oder eine negierte Variable. Ein* Monom *ist ein Produkt von Literalen.*

Die Schaltfunktion eines Monoms kann nur dann 1 sein, wenn jedes darin vorkommende Literal 1 ist, d.h. wenn jede vorkommende Variable mit 1 und jede vorkommende negierte Variable mit 0 belegt ist. $x'yz'$ ist also nur dann 1, falls $x = z = 0$ und $y = 1$ sind. Der boolesche Term, der aus der Summe zweier Monome besteht, hat genau dort eine 1, wo mindestens eines der Monome eine 1 hat. So hat der Term $t = x'yz' + xy'z$ eine 1 für $x = z = 0$, $y = 1$ sowie für $x = z = 1$, $y = 0$. Durch Summierung von geeigneten Monomen kann man also an beliebigen Stellen einer Schaltfunktion eine 1 realisieren.

Als Beispiel sei eine Schaltfunktion gesucht, die es gestattet, eine Lampe von drei verschiedenen Schaltern $x$, $y$ und $z$ unabhängig ein- und auszuschalten. Die gesuchte Schaltfunktion $g(x, y, z)$ ist in der linken Tabelle spezifiziert:

| x y z | g(x,y,z) |
|-------|----------|
| 0 0 0 | 0 |
| 0 0 1 | 1 |
| 0 1 0 | 1 |
| 0 1 1 | 0 |
| 1 0 0 | 1 |
| 1 0 1 | 0 |
| 1 1 0 | 0 |
| 1 1 1 | 1 |

| x y z | $m_1$ | $m_1$ | $m_3$ | $m_4$ | $m_1+m_2+m_3+m_4$ |
|-------|-------|-------|-------|-------|-------------------|
| 0 0 0 | 0 | 0 | 0 | 0 | 0 |
| 0 0 1 | 1 | 0 | 0 | 0 | 1 |
| 0 1 0 | 0 | 1 | 0 | 0 | 1 |
| 0 1 1 | 0 | 0 | 0 | 0 | 0 |
| 1 0 0 | 0 | 0 | 1 | 0 | 1 |
| 1 0 1 | 0 | 0 | 0 | 0 | 0 |
| 1 1 0 | 0 | 0 | 0 | 0 | 0 |
| 1 1 1 | 0 | 0 | 0 | 1 | 1 |

*Abb. 5.15: Schaltfunktion - Spezifikation und Realisierung als Summe von Monomen*

Diese Schaltfunktion liefert an vier Stellen den Wert 1, sie lässt sich also als Summe von vier Monomen $m_1, m_2, m_3, m_4$ schreiben. Die benötigten Monome sind:

$$m_1 = x'y'z, \quad m_2 = x'yz', \quad m_3 = xy'z' \text{ und } m_4 = xyz.$$

Der gesuchte boolesche Term ist daher:

$$g(x, y, z) = m_1 + m_2 + m_3 + m_4 = x'y'z + x'yz' + xy'z' + xyz.$$

Der durch die obige Vorgehensweise gebildete Term hat eine spezielle Form, die man auch als *disjunktive Normalform* (DNF) bezeichnet. Darunter versteht man eine Summe von Monomen, wobei verlangt ist, dass jede Variable in jedem Monom (entweder direkt oder negiert) vorkommt. Zu jeder Schaltfunktion gibt es dann genau eine disjunktive Normalform und diese lässt sich auf die oben beschriebene Weise gewinnen.

Für praktische Zwecke ist es sinnvoll, die gewonnene disjunktive Normalform noch zu vereinfachen. In dem obigen Beispiel erhalten wir durch Ausklammern:

$$g(x, y, z) = (x'y' + xy)z + (x'y + xy')z'.$$

Das Verfahren ist offensichtlich für jede Schaltfunktion durchführbar, so dass gilt:

*Jede Schaltfunktion lässt sich durch einen booleschen Term realisieren.*

## 5.2.11 Konjunktive Normalform

Die vorgestellte Methode liefert für jede Schaltfunktion einen booleschen Term, welcher um so komplizierter ist, je mehr 1-en die Schaltfunktion hat. Das Dualitätsprinzip deutet eine zweite Vorgehensweise an, die immer dann sinnvoll ist, wenn die Schaltfunktion mehr Einsen als Nullen hat.

Wir definieren eine *Elementarsumme* als Summe von Literalen. Die Schaltfunktion einer Elementarsumme ergibt genau für einen Input eine 0, sonst immer 1. Sind $e_1$ und $e_2$ Elementarsummen, so hat das Produkt $e_1 e_2$ genau dort eine 0, wo $e_1$ oder $e_2$ eine 0 haben. Jede Schaltfunktion kann man als Produkt von Elementarsummen schreiben.

**Beispiel:** Gegeben sei die Schaltfunktion $h(x, y, z)$, durch die Werte in der vierten Spalte der folgenden Tabelle.

## 5.2 Boolesche Algebra

| x y z | h(x,y,z) |
|-------|----------|
| 0 0 0 | 0 |
| 0 0 1 | 1 |
| 0 1 0 | 1 |
| 0 1 1 | 0 |
| 1 0 0 | 1 |
| 1 0 1 | 0 |
| 1 1 0 | 1 |
| 1 1 1 | 1 |

| x y z | $e_1$ | $e_1$ | $e_3$ | $e_1 * e_2 * e_3$ |
|-------|-------|-------|-------|-------------------|
| 0 0 0 | 0 | 1 | 1 | 0 |
| 0 0 1 | 1 | 1 | 1 | 1 |
| 0 1 0 | 1 | 1 | 1 | 1 |
| 0 1 1 | 1 | 0 | 1 | 0 |
| 1 0 0 | 1 | 1 | 1 | 1 |
| 1 0 1 | 1 | 1 | 0 | 0 |
| 1 1 0 | 1 | 1 | 1 | 1 |
| 1 1 1 | 1 | 1 | 1 | 1 |

**Abb. 5.16:** *Schaltfunktion als konjunktive Normalform*

Die drei Nullwerte geben Anlass für drei Elementarsummen $e_1 = x + y + z$, $e_2 = x + y' + z'$ und $e_3 = x' + y + z'$. Sie sind in der gleichen Tabelle dargestellt. Ihr Produkt ergibt den gesuchten booleschen Term:

$$h(x, y, z) = e_1 e_2 e_3 = (x + y + z)(x + y' + z')(x' + y + z').$$

Den so gewonnenen Term nennen wir auch *konjunktive Normalform*. Wiederum ist diese eindeutig, für praktische Zwecke ist es aber sinnvoll, die Darstellung zu vereinfachen.

## 5.2.12 Aussagenlogik

George Boole hatte die Absicht, die *Gesetze des Denkens* zu formalisieren. Wir gehen dazu von *Elementaraussagen* aus, von denen wir lediglich verlangen wollen, dass sie entweder wahr ($T = true$) oder falsch ($F = false$) sind. Beispiele solcher Elementaraussagen sind z.B.

„2 + 2 = 5"

*„Microsoft ist eine Biersorte."*

*„Blei ist schwerer als Wasser."*

*„Jede ungerade Zahl größer als 3 ist Summe zweier Primzahlen."*

Durch Verknüpfung mit den logischen Operationen $\wedge$ (und), $\vee$ (oder) $\neg$(nicht) erhält man neue, zusammengesetzte *Aussagen*. Formal:

- Jede Elementaraussage ist eine Aussage.
- Sind $A$, $A_1$ und $A_2$ Aussagen, so auch $A_1 \vee A_2$, $A_1 \wedge A_2$ und $\neg A$.

Der *Wahrheitswert* einer zusammengesetzten Aussage berechnet sich aus den Wahrheitswerten der Teilaussagen anhand der *Wahrheitstabellen*. Die Wahrheitstabellen für $\vee$, $\wedge$ und $\neg$ ergeben sich aus den entsprechenden Tabellen für $+$, $*$ und $'$, indem man überall 0 durch $F$ und 1 durch $T$ ersetzt (siehe auch S. 15):

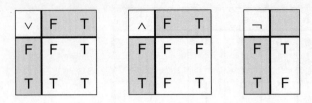

**Abb. 5.17:** *Verknüpfungstabellen der logischen Operatoren Oder, Und und Negation*

Für die Äquivalenz von Aussagen gelten genau die Gleichungen der booleschen Algebra. Man muss lediglich +, *, ', 0, 1 durch ∨, ∧ ¬, F, T ersetzen. Beispielsweise hat man: $A \vee (A \wedge B) = A$, d.h. eine Aussage der Form $A \vee (A \wedge B)$ ist genau dann wahr, wenn $A$ wahr ist. Zusätzliche logische Verknüpfungen kann man als Kombination aus den vorhandenen definieren, zum Beispiel:

$A \Rightarrow B$ durch $\neg A \vee B$.

## 5.2.13 Mengenalgebra

Ausgehend von einer festen Grundmenge $M$ betrachten wir $\mathbf{P}(M)$, die Menge aller Teilmengen von $M$. Auf $\mathbf{P}(M)$ untersuchen wir die Operationen ∪, ∩, ⁻ (Vereinigung, Schnitt und Komplement). Hier gelten die Gleichungen der booleschen Algebra, wenn man +, *, ', 0, 1 durch ∪, ∩, ⁻, ∅ und $M$ ersetzt. Beispielsweise gilt für beliebige $U, V \in \mathbf{P}(M)$ die deMorgansche Regel

$$\overline{U \cap V} = \overline{U} \cup \overline{V}.$$

## 5.3 Digitale Logik

In der *digitalen Logik* geht es darum, Schaltfunktionen technisch zu realisieren. Als Elementarschalter werden in der Praxis *Transistoren* eingesetzt. Ein Transistor hat einen Eingang (*Source*), einen Ausgang (*Drain*) und einen Steuerungseingang (*Gate*). Legt man eine Spannung zwischen Source und Drain, so fließt nur dann Strom, falls auch eine Steuerspannung zwischen Source und Gate besteht.

In einem Stromkreis, bestehend aus einem Transistor und einem Widerstand $R$ zwischen den Polen einer Spannungsquelle, kann man den Transistor als Schalter auffassen, der von einer Spannung zwischen $g$ und $s$ eingeschaltet wird.

Ist $V_{ext}$ die externe elektrische Spannung (zwischen + und - in der obigen Abbildung), so kann man $V_{out}$, die Spannung zwischen $d$ und $s$, in Abhängigkeit von $V_{in}$, der Spannung zwischen $g$ und $s$, tabellieren. Man erhält, wenn man, wie üblich, die Spannung $V_{ext}$ (die meist ca. 3 bis 5 V beträgt) mit 1 bezeichnet.

## 5.3 Digitale Logik

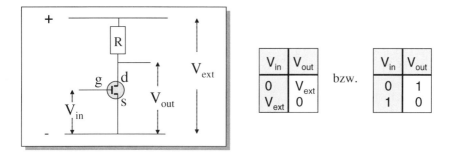

**Abb. 5.18:** *Transistor als Schalter*

Betrachtet man stattdessen als Ausgangsspannung die am Widerstand $R$ abfallende Spannung $V_R$, so hat man gerade das komplementäre Verhalten, denn $V_R = V_{ext} - V_{out}$.

Die folgenden beiden Schaltungen realisieren die Schaltfunktionen NAND und NOR.

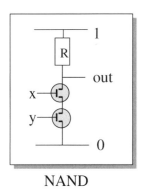
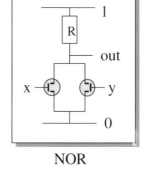

**Abb. 5.19:** *NAND und NOR*

Wir geben die Spannungswerte hier bezüglich des negativen Pols der Spannungsquelle an und erhalten die Tabellen:

| x | y | out |
|---|---|---|
| 0 | 0 | 1 |
| 0 | 1 | 1 |
| 1 | 0 | 1 |
| 1 | 1 | 0 |

bzw.

| x | y | out |
|---|---|---|
| 0 | 0 | 1 |
| 0 | 1 | 0 |
| 1 | 0 | 0 |
| 1 | 1 | 0 |

Die Schaltglieder für AND und OR könnte man somit folgendermaßen realisieren:

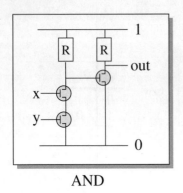 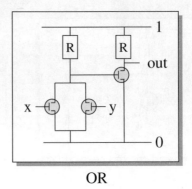

*Abb. 5.20:* AND und OR

Diese grundlegenden Schaltglieder stellt man durch *Gatter*symbole (engl. *gate*) dar, wobei nur die Input- und Outputleitungen gezeichnet werden. Die einfachste Schaltung gibt den Input unverändert an den Output weiter. Sie wird als Puffer (engl. *buffer*) bezeichnet.

Das Symbol für das NOT-Glied setzt sich aus dem Puffer-Symbol und einem kleinen Kreis zusammen. Dieser Kreis taucht auch in einigen der folgenden Schaltglieder auf und deutet an, dass das Signal entlang der bezeichneten Leitung invertiert wird:

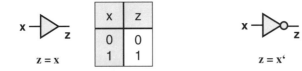

*Abb. 5.21:* Puffer und Negation

Die AND und OR Gatter haben zwei Eingänge:

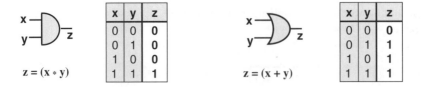

*Abb. 5.22:* AND-Gatter und OR-Gatter

Die NAND und NOR-Gatter invertieren den Ausgang des AND bzw. OR-Gatters.

5.3 Digitale Logik

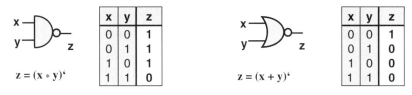

*Abb. 5.23:* NAND-Gatter und NOR-Gatter

Ein häufig benutztes Gatter ist das XOR-Gatter. Es entspricht dem *exklusiven oder*. Da es der bitweisen Addition ohne Übertrag entspricht, schreibt man häufig auch $x \oplus y$ und spendiert ihm eine eigene Gatterdarstellung:

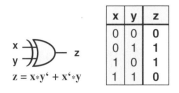

*Abb. 5.24:* XOR-Gatter

Neben den gezeigten Gatterdarstellungen gibt es eine neuere Norm, die sich allerdings international nicht durchgesetzt hat. Alle Gatter werden einheitlich als Rechtecke dargestellt. Nur die Aufschrift spezifiziert, um welches Gatter es sich handelt. Für die Negation einer Leitung verwendet man wie bisher einen Kreis.

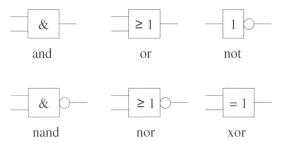

*Abb. 5.25:* Neuere Gatterdarstellung

Es ist leicht einzusehen, dass nicht alle Gatter unbedingt notwendig sind. Man könnte theoretisch sogar allein mit dem NAND-Gatter auskommen. Man gewinnt zunächst das Komplement als $x' = x$ NAND $x$, dann die Konjunktion durch $x \cdot y = (x$ NAND $y)'$ und die Disjunktion durch $x + y = (x'$ NAND $y')$.

Eine wichtige Schaltung ist der *Multiplexer*, auch als *MUX-Glied* bezeichnet:

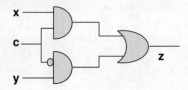

*Abb. 5.26:* Multiplexer

Wenn $c = 1$ ist, dann ist $z = x$, ansonsten ist $z = y$. Diese Schaltung implementiert ein *if-then-else*, denn $z = $ *if c then x else y*. Ein Multiplexer ist häufiger Bestandteil in digitalen Schaltungen. Man stellt derartige Bausteine oft nur als Blockschaltbild dar:

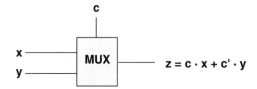

*Abb. 5.27:* Blockschaltbild des Multiplexer

Die elementaren Gatter sind auch mit mehreren Eingängen verfügbar:

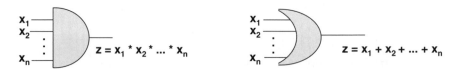

*Abb. 5.28:* Elementargatter mit mehreren Eingängen

Durch Kombination von MUX-Gliedern kann man Mehrkanal-Multiplexer aufbauen. Ein Vierkanal-Multiplexer z.B. kann je nach Wahl von $c_1$ und $c_2$ einen der Kanäle $x_0, \ldots, x_3$ durchschalten:

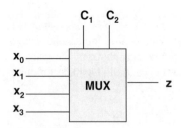

*Abb. 5.29:* Vierkanal-Multiplexer

## 5.3.1 Gatter mit mehreren Ausgängen

Gatter mit mehreren Ausgängen realisieren Funktionen $f: \{0,1\}^m \to \{0,1\}^n$. Ein entsprechendes Schaltglied hat also $m$ Eingänge und $n$ Ausgänge. Jedes solche Schaltglied kann aus $n$ Schaltgliedern mit je $m$ Eingängen und einem Ausgang aufgebaut werden. Mathematisch stellen wir $f$ als Tupel von $n$ Schaltfunktionen dar: $f = (f_1, \ldots, f_n)$. Technisch kann man jede Komponente getrennt aufbauen und die Eingänge zusammenfassen. In Einzelfällen lassen sich einige Schaltglieder auch gemeinsam nutzen.

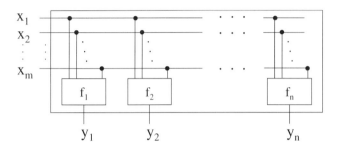

**Abb. 5.30:** *Zusammensetzung eines Schaltgliedes aus Schaltfunktionen*

Als Beispiel betrachten wir den *Halbaddierer*, eine Schaltung, die zwei Binärziffern $x$ und $y$ addiert. An den Eingängen $x$ und $y$ liegen die zu addierenden Binärziffern, am Ausgang $s$ entsteht das Summenbit und am Ausgang $c$ der Übertrag (engl. *carry*). Aufbau, Tabelle, Schaltzeichen und definierende Gleichungen zeigt die folgende Abbildung:

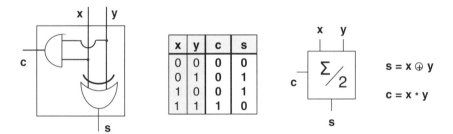

**Abb. 5.31:** *Halbaddierer: Schaltplan, Schaltfunktion, Schaltzeichen und Gleichungen*

Ein *Volladdierer* soll ebenfalls zwei Binärziffern $x$ und $y$ addieren können. Er muss aber ggf. noch einen von einer niedrigeren Zifferposition kommenden Übertrag $ci$ (*carry-in*) berücksichtigen. Das Ergebnis ist die (letzte) Ziffer der Summe sowie ein Übertrag $co$ (*carry-out*). Er lässt sich aus zwei Halbaddierern und einem **OR**-Glied aufbauen:

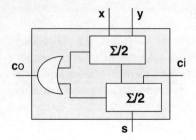 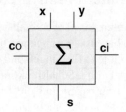

***Abb. 5.32:*** *Volladdierer: Schaltplan und Schaltzeichen*

Mit einer Kaskade von *n–1* Volladdierern und einem Halbaddierer kann man ein Addierwerk zusammensetzen, um zwei *n*-stellige Binärzahlen $x_n \ldots x_1$ und $y_n \ldots y_1$ zu addieren. Jeder Ein-Bit-Addierer ist für eine Zifferposition verantwortlich. Der *co*-Ausgang des *k*-ten Addierers wird mit dem *ci*-Eingang des nächsten verbunden.

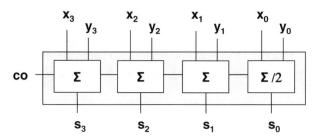

***Abb. 5.33:*** *Kaskade von 4 Addierern*

## 5.3.2 Logik-Gitter

Umfangreiche Schaltkreise werden nicht individuell aus einzelnen Schaltelementen zusammengesetzt. Man verwendet Standardmodule, die auf einfache Weise angepasst werden können, um die jeweils gewünschte Schaltung zu realisieren. Ein *Logik-Gitter* (engl. *logic array*) ist ein zweidimensionales Leitungsgitter, dessen Kreuzungspunkte jeweils von einem Gitterbaustein gebildet werden. Man kommt mit 4 verschiedenen Gitterbausteinen aus, einem *Identer*, einem *Multiplizierer,* einem *Negat-Multiplizierer* und einem *Addierer.* Dies sind jeweils einfache Bausteine mit zwei Eingängen und zwei Ausgängen. In seiner Position im Gitter erhält ein solcher Baustein einen Input x von seinem linken Nachbarn und einen zweiten Input y von seinem oberen Nachbarn. Die Ausgänge r und u führen entsprechend zu dem rechten bzw. unteren Nachbarn.

## 5.3 Digitale Logik

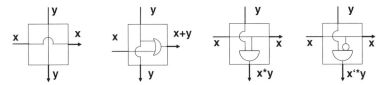

*Abb. 5.34:* Identer, Addierer, Multiplizierer und Negat-Multiplizierer

Multiplizierer und Negat-Multiplizierer leiten den Input, den sie von links erhalten, unverändert nach rechts weiter. Nach unten jedoch geben sie den verknüpften Wert $x*y$ bzw. $x'*y$ aus. Der Addierer reicht den von oben erhaltenen Wert nach unten durch, während er nach rechts die Summe seiner Eingabewerte ausgibt. Der Identer leitet sowohl horizontal als auch vertikal seinen Input unverändert weiter.

In einem Gitter, das an den Kreuzungspunkten nur drei dieser Bausteine, nämlich Identer, Multiplizierer oder Negat-Multiplizierer hat, legen wir an den oberen Spalteneingängen jeweils eine 1 an und an den linken Zeileneingängen die Werte $x_1, x_2, \ldots, x_n$. An den unteren Ausgängen der Spalten entsteht dann jeweils ein Monom. Eine Variable $x_i$ kommt im Monom der $k$-ten Spalte genau dann komplementiert vor, wenn am Kreuzungspunkt der $i$-ten Zeile mit der $k$-ten Spalte ein Negat-Multiplizierer sitzt, unkomplementiert, wenn es sich um einen Multiplizierer handelt. Ein Identer bewirkt, dass die entsprechende Variable im Monom nicht erscheint. Dies geht aus dem oberen Teil der folgenden Abbildung hervor. Diesen Teil nennt man auch die UND-Ebene.

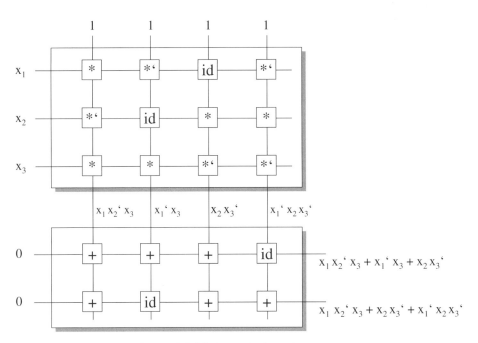

*Abb. 5.35:* Ein Logik-Gitter, das zwei Schaltfunktionen implementiert

Im unteren Teil des Gitters, der so genannten ODER-Ebene, werden die ankommenden Monome addiert und der Wert nach rechts ausgegeben. Jede Zeile dieses Teiles enthält nur Identer oder Addierer und summiert auf diese Weise nur die benötigten Monome. Da man jede gewünschte Schaltfunktion durch Summe von Monomen darstellen kann, bieten Logik-Gitter ein einfaches Schema, um beliebige Schaltfunktionen zu realisieren. Allgemeiner hat man nicht nur eine, sondern mehrere Zeilen in der ODER-Ebene, so dass man gleichzeitig mehrere boolesche Terme realisieren kann.

In der obigen Figur sind die Bauteile Identer, Addierer, Multiplizierer und Negat-Multiplizierer mit den Symbolen id, +, * und *' bezeichnet – üblicherweise nummeriert man die Bauteile in dieser Reihenfolge einfach von 0 bis 3 durch. Dann kann ein Logik-Gitter einfach durch eine $(n + m) \times k$ Matrix spezifiziert werden, wobei $n$ die Anzahl der Variablen bestimmt, $m$ die Anzahl der verschiedenen booleschen Terme und $k$ die Anzahl der benötigten Monome. In den ersten $n$ Zeilen der Matrix kommen nur die Werte 0, 1, 2 vor, in den letzten $m$ Zeilen nur 0 oder 1. Das vorige Beispiel würde also durch folgende $(3 + 2) \times 4$-Matrix beschrieben:

$$\begin{pmatrix} 2 & 3 & 0 & 3 \\ 3 & 0 & 2 & 2 \\ 2 & 2 & 3 & 3 \\ 1 & 1 & 1 & 0 \\ 1 & 0 & 1 & 1 \end{pmatrix}$$

### 5.3.3 Programmierbare Gitterbausteine

Zu einem universellen Werkzeug wird ein Logik-Gitter erst, wenn wir die Gitterbausteine nicht fest an den Kreuzungspunkten des Gitters platzieren, sondern stattdessen einen programmierbaren Gitterbaustein verwenden, der sich, abhängig von einem externen Input, wie ein beliebiger Gitterbaustein verhalten kann. Für die Spezifikation, um welchen der 4 Gitterbausteine es sich handeln soll, benötigt man 2 zusätzliche Bit $(b_1, b_0)$, so dass der universelle Gitterbaustein vier Eingänge $(b_1, b_0, x, y)$ und zwei Ausgänge $(r, u)$ besitzt. Über die Eingänge $(b_1, b_0)$ kann er verändert (programmiert) werden, was den Namen *PLA* (*programmable logic array*) erklärt. Für die Schaltfunktion dieses universellen Gitterbausteins liest man unmittelbar aus der Tabelle ab:

$$r = x + b_1{'}b_0\, y \quad \text{sowie} \quad u = b_1{'}y + b_1 b_0{'}xy + b_1 b_0 x{'}y = b_1{'}y + b_1 y(b_0 \text{ XOR } x).$$

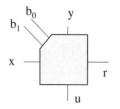

|    | $b_1$ | $b_0$ | r | u |
|----|----|----|-------|-------|
| id | 0  | 0  | x     | y     |
| +  | 0  | 1  | x + y | y     |
| *  | 1  | 0  | x     | x * y |
| *' | 1  | 1  | x     | x' * y |

**Abb. 5.36:** *Programmierbarer Gitterbaustein*

## 5.3.4 Rückgekoppelte Schaltungen

Ein Schaltkreis heißt *rückgekoppelt*, wenn der Ausgang eines Schaltgliedes wieder in dessen Eingang geleitet wird. Dies kann direkt oder auf dem Umweg über andere Zwischenglieder geschehen. Schaltkreise, die wir aus booleschen Termen gewinnen, sind nie rückgekoppelt. Folglich können wir einen rückgekoppelten Schaltkreis nicht unmittelbar durch einen booleschen Term beschreiben. Wozu brauchen wir aber rückgekoppelte Schaltkreise, wenn wir doch jede Schaltfunktion durch einen booleschen Term und damit durch eine nicht-rückgekoppelte Schaltung realisieren können?

Die Antwort ist, dass rückgekoppelte Schaltungen ein *Gedächtnis* haben können. Mit unseren bisherigen Methoden könnten wir zwar Schaltkreise bauen, die elementare Operationen, wie Addition oder Multiplikation, realisieren, wir können aber noch keine *Speicherzelle* konstruieren. Um diese Phänomene zu studieren, analysieren wir ein OR-Gatter, mit Eingängen $x$ und $y$, dessen Ausgang $z$ mit dem Eingang $y$ verbunden wurde.

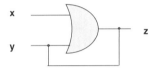

*Abb. 5.37:* Rückgekoppeltes OR-Gatter

Für $x = 1$ gilt offensichtlich $z = 1$, doch für $x = 0$ ist sowohl $z = 1$ als auch $z = 0$ möglich. War aus irgendeinem Grund einmal $z = y = 0$, so bleibt dieser Zustand erhalten, solange wir $x$ auf 0 halten. Wird $x$ einmal auf 1 gesetzt, so wird $z = 1$ und dieser Zustand bleibt hinfort erhalten, auch wenn $x$ wieder 0 wird. Der Kreis hat sich also „gemerkt", dass $x$ früher einmal 1 war.

Von einer Speicherzelle werden wir aber eine bessere Merkfähigkeit erwarten, denn sie muss sich zwei mögliche Werte merken können. Eine solche Speicherzelle können wir bereits mit 2 NOR-Gattern herstellen. Die Schaltung trägt den scherzhaften Namen *Flip-Flop*, benannt nach den beiden Zuständen, in denen sie sich befinden kann. (Viel wissenschaftlicher klingt natürlich *bistabiler Multivibrator*.) Wir betrachten zunächst den *set-reset-Flip-Flop*, kurz *RS-Flip-Flop* (eigentlich müsste es SR-Flip-Flop heißen). Dieser besteht aus zwei NOR-Gliedern, deren Ausgänge mit je einem Eingang des jeweils anderen NOR-Gliedes verbunden sind. Die beiden freien Eingänge heißen $s$ und $r$, die Ausgänge $q$ und $\bar{q}$.

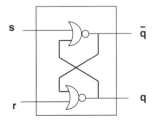

*Abb. 5.38:* Flip-Flop

Das Verhalten des Kreises kann man durch zwei gekoppelte Gleichungen beschreiben:

$$q = (r+\bar{q})' \quad \text{und} \quad \bar{q} = (s+q)'.$$

Für $r = 0$ folgt aus der ersten Gleichung $q = (0+\bar{q})' = \bar{q}'$, also $q' = q$. Für $s = 0$ folgt aus der zweiten Gleichung $\bar{q} = (0+q)' = q'$, also ebenfalls $q' = \bar{q}$. Ist also $r = 0$ oder $s = 0$, so liegt an $\bar{q}$ immer das Komplement von $q$. Im praktischen Einsatz wird der RS-Flip-Flop nie in dem Zustand $r = s = 1$ betrieben, so dass man, unter dieser Voraussetzung, immer davon ausgehen kann, dass $q' = \bar{q}$ ist.

Außer für $r = s = 0$ hat das obige Gleichungssystem immer genau eine Lösung für $q$ und $\bar{q}$: Für $s = 1$ folgt $\bar{q} = 0$ also $q = 1$ und für $r = 1$ folgt $q = 0$. Für $r = s = 0$ dagegen ist das Gleichungssystem unterbestimmt: Sowohl $q = 0$ als auch $q = 1$ sind mögliche Lösungen. Beide Lösungen sind *stabil*, das heißt, dass die Schaltung nicht zwischen den beiden Lösungen *schwanken* kann: Ist z.B. $\bar{q} = 1$, so liegt dieser Wert am Eingang des zweiten NOR-Gliedes und bewirkt, dass $q = 0$ ist. $q = 0$ liegt zusammen mit $s = 0$ am ersten NOR-Glied und bestätigt $\bar{q} = 1$. Ebenso würde auch $\bar{q} = 0$ sich selbst stabilisieren.

Demzufolge wird der RS-NOR-Flip-Flop folgendermaßen betrieben: Der Ruhezustand ist $r = s = 0$. Ein Impuls 1 auf $s$ (set) setzt $q$ auf 1. Ein Impuls 1 auf $r$ (reset) setzt $q$ auf 0. Fällt der Impuls (auf $r$ oder $s$) wieder auf 0 ab, so bleibt der vorige Wert von $q$ erhalten. Damit *merkt* sich die Schaltung also, ob die letzte Aktion ein *set* oder ein *reset* war. In der folgenden Figur wurde durch Vorschalten zweier Gatter dafür gesorgt, dass die Eingänge des inneren NOR-Flip-Flops nie gleichzeitig auf 1 liegen können.

Man kann die NOR-Glieder eines RS-NOR-Flip-Flops natürlich auch durch NAND-Glieder ersetzen. Man erhält einen RS-NAND-Flip-Flop, dessen Verhalten dual zu dem des RS-NOR-Flip-Flop ist. Es gibt viele Variationen der grundlegenden Flip-Flop-Schaltung. Ein Beispiel ist in der nächsten Schaltung dargestellt. Um eine solche rückgekoppelte Schaltung zu beschreiben, schneidet man so viele Verbindungen durch, bis die entstehende Schaltung durch einen oder mehrere boolesche Terme darstellbar ist. Bei jedem Schnitt benennt man beide Schnittenden mit derselben Variablen. Anschließend stellt man für jeden Ausgang eine boolesche Gleichung auf.

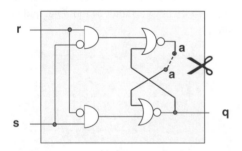

*Abb. 5.39:* RS-Flip-Flop und Beschreibung durch boolesche Gleichungen

## 5.3 Digitale Logik

In dem Beispiel erhalten wir die Gleichung

$$a = (rs' + (r's+a)')'$$

und diese vereinfacht zu

$$a = (r' + s)(r's + a).$$

Aus der Gleichung lesen wir ab: Falls $r = 1$ und $s = 0$, so gilt $a = 0$; falls $r = 0$ und $s = 1$ gilt $a = 1$ und falls $r = s$ vereinfacht die Gleichung zu $a = a$. In diesem Falle sind sowohl $a = 0$ als auch $a = 1$ möglich.

### 5.3.5 Anwendungen von Flip-Flops

Flip-Flops finden vielfältige Verwendung, nicht nur als Speicherbausteine. Ein kleines Beispiel soll hier stellvertretend erwähnt werden. Wir stellen uns einen mechanischen Schalter vor, der geöffnet oder geschlossen wird. Jede Taste der Computertastatur ist ein solcher Schalter. Man erwartet, dass bei Betätigung des Schalters eine elektrische Größe (Strom oder Spannung) von einem alten Wert zu einem neuen Wert springt, zum Beispiel von 0 V auf 5 V, und auf dem neuen Wert verharrt, bis die Schalterstellung wieder verändert wird. In Wirklichkeit beobachtet man, dass der Schalter *prellt*, das heißt, dass die Spannung für eine kurze Weile zwischen dem alten und dem neuen Wert hin- und herspringt, bis sie nach einer Weile auf dem endgültigen Wert verharrt. Bei einer Computertastatur kann dies dazu führen, dass das einmalige Drücken einer Taste den entsprechenden Buchstaben mehrfach auf den Bildschirm bringt. Um einen solchen Schalter zu *entprellen,* bedient man sich eines Flip-Flops.

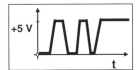
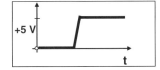

*Abb. 5.40:* Prellender und idealer Schalter

Am Eingang des Wechselschalters liegt der boolesche Wert 1, der Schalter leitet diesen alternativ zum Set- oder Reset-Eingang eines RS-Flip-Flops. Wird der Schalter eingeschaltet, so gelangt der Wert 1 an den Set-Eingang. Auch wenn dieser zwischenzeitlich auf 0 fällt, bleibt nach dem ersten 1-Puls auf Set der Wert 1 am Q-Ausgang so lange erhalten, bis der Wechselschalter umgelegt wird und den logischen Wert 1 auf den Reset-Eingang legt.

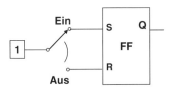

*Abb. 5.41:* Entprellung mit Flip-Flop

Die wichtigste Verwendung finden Flip-Flops allerdings beim Aufbau von Speicherzellen. Durch einen 1-Puls auf den Set- bzw. den Reset-Eingang speichert man eine 1 bzw. eine 0. Der gespeicherte Wert liegt am Ausgang $Q$ und bleibt so lange erhalten, bis er durch einen erneuten Puls auf Set oder auf Reset überschrieben wird.

Getaktete Flip-Flops können ihren Zustand nur zu bestimmten Zeitpunkten ändern, wenn z.B. ein Uhrimpuls vorliegt. Das von einem Taktgeber erzeugte Signal öffnet und schließt die als Schalter den $R$ und $S$ Eingängen vorgelagerten AND-Glieder. Nur solange der Taktgeber eine 1 produziert, kann ein Signal an $S$ oder an $R$ den Speicherzustand beeinflussen. Das Schaltzeichen für einen getakteten Flip-Flop symbolisiert den Uhreneingang CLK durch ein kleines Dreieck.

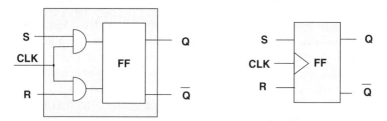

*Abb. 5.42:* Getakteter Flip-Flop, Schaltungsaufbau und Schaltsymbol

### 5.3.6 Technische Schwierigkeiten

Dass beim Umlegen eines mechanischen Schalters eine Spannung nicht augenblicklich von einem alten zu einem neuen Wert umspringt, haben wir bereits erwähnt. Auch wenn wir Transistoren bzw. AND-Glieder als Schalter einsetzen, dauert es immer eine kurze Zeit, bis sich der neue Schaltzustand eingestellt hat. Deshalb können wir auch die Taktrate eines Prozessors nicht beliebig erhöhen. Weil aber Schaltglieder eine gewisse Zeit brauchen, um den neuen Zustand einzunehmen, und verschiedene Glieder je nach Komplexität verschiedene Zeiten, können in der Zwischenzeit kurzfristig unbeabsichtigte Schaltzustände auftreten, die unangenehme Effekte hervorbringen können.

Als Beispiel (siehe Abbildung 5.43) betrachten wir die boolesche Schaltung, die dem Term $(A + 0) \cdot (A \cdot 1)$' entspricht. Der Term vereinfacht zu $A \cdot A' = 0$. Unabhängig von dem Input-Wert bei $A$ sollte der Ausgang, der in der Figur mit $Z$ bezeichnet ist, den Wert 0 behalten.

Wir betrachten nun einen Zeitpunkt $t_0$, zu dem $A$ von 0 auf 1 umschaltet. Dabei wechselt der Ausgang des OR-Gliedes $G_1$ von 0 auf 1 und der Ausgang des NAND-Gliedes $G_2$ von 1 auf 0. Wir erhalten wieder 1 und 0 am Eingang des letzten AND-Gatters, also $z = 0$.

Nun nehmen wir aber an, dass Gatter $G_1$ zum Zeitpunkt $t_1$ den neuen Schaltzustand bereits eingenommen hat, Gatter $G_2$ aber erst etwas später, zur Zeit $t_2$. In der Zwischenzeit, von $t_1$ bis $t_2$, liegen beide Eingänge des AND-Gliedes auf 1, und im Ausgang, der nach der Theorie konstant 0 sein sollte, ist für eine Zeitdauer $t_2 - t_1$ ein 1-Puls entstanden.

## 5.3 Digitale Logik

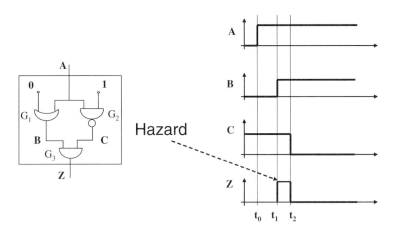

*Abb. 5.43:* *Spannungsverläufe an verschiedenen Punkten in einer Schaltung mit Hazard*

Diesen Puls, der nur kurzzeitig während eines Schaltvorganges auftritt, nennt man auch einen *Hazard*. Ein Hazard kann in einer Schaltung mit speichernden Gliedern viel Unheil anrichten. Er könnte zum Beispiel ausreichen, um einen Flip-Flop versehentlich zu schalten. Um Hazards auszuschließen, muss man boolesche Schaltungen ggf. mit zusätzlichen Schaltgliedern ausstatten. Zu einem booleschen Term gilt es dann also, einen äquivalenten hazard-freien booleschen Term zu finden. Auf dieses Problem wollen wir hier aber nicht weiter eingehen.

### 5.3.7 Die Konstruktion der Hardwarekomponenten

Aus den einfachen booleschen Schaltgliedern AND, OR, NAND, NOR, NOT und rückgekoppelten Gliedern wie dem Flip-Flop werden wir beispielhaft alle wesentlichen Komponenten eines Rechners entwickeln. Dabei wird deutlich werden, dass das Rechenwerk selber, die Arithmetisch-Logische Einheit (engl. *Arithmetical Logical Unit*), kurz *ALU*, als rein boolesche Schaltung realisiert ist, wohingegen für die Speicherbauteile rückgekoppelte Schaltungen in Form von Flip-Flops benötigt werden. Theoretisch werden wir eine komplette Bauanleitung für einen Universalrechner beschreiben. In der Praxis sind jedoch zusätzliche Schaltungen vonnöten. Wir haben exemplarisch bereits auf einige der technischen Probleme hingewiesen: Hazards müssen vermieden werden, Schalter entprellt werden etc.

### 5.3.8 Schalter, Codierer, Decodierer

Wir beginnen mit dem einfachsten Bauelement, einem *Ein-Aus-Schalter*. Ein AND-Glied erfüllt diese Funktion. Ein Eingang dient als Schalteingang. Je nachdem, ob er auf 1 oder 0 liegt, wird ein 1-Signal vom zweiten Eingang durchgeschaltet oder nicht.

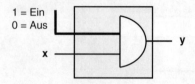

**Abb. 5.44:**   *Ein-/Ausschalter*

Das nächste zu besprechende Bauelement ist ein *Codierer* bzw. ein *Decodierer*. Ein Decodierer hat $n$ Eingänge und $2^n$ viele Ausgänge. Die Folge von 0-en und 1-en am Eingang wird als Binärzahl $k$ interpretiert, dann wird die $k$-te Ausgangsleitung auf 1 gesetzt, alle anderen auf 0. In der praktischen Anwendung wird am Eingang eines Decodierers die binäre Adresse einer Speicherzelle anliegen. Am Ausgang wird dann genau die Leitung, die zu der gewünschten Speicherzelle führt, aktiviert.

Die Funktionsweise eines *Codierers* ist genau umgekehrt. Er besitzt $2^n$ viele Eingänge und $n$ Ausgänge. Wenn am $k$-ten Eingang der Wert 1 liegt und an allen anderen Eingängen der Wert 0, dann wird die Zahl $k$ an den Ausgängen $z_0, \ldots, z_{n-1}$ binär dargestellt. Für alle anderen Eingabewerte ist das Ergebnis unspezifiziert.

## 5.3.9  Speicherzellen

Wir kommen nun zum Aufbau einer *Speicherzelle*. Den prinzipiellen Aufbau mithilfe eines Flip-Flops kennen wir schon. Mit einer 1 am $S$-Eingang setzen wir $Q$ auf 1, mit einer 1 am $R$-Eingang setzen wir $Q$ auf 0. Wir fügen jetzt noch einige wenige Schaltglieder hinzu, die dazu dienen, bestimmte Speicherzellen in einem aus vielen Zellen bestehenden Speicher zum Lesen oder zum Schreiben auszuwählen. Zunächst setzen wir AND-Glieder als Schalter vor die Eingänge $R$ und $S$ und hinter den $Q$-Ausgang eines Flip-Flops. Ein Eingang dieser Schalter ist jeweils mit der Leitung SELECT verbunden. Nur wenn SELECT = 1 ist, steht der Wert von $Q$, also der gespeicherte Wert der Speicherzelle, an der nach außen geführten Leitung OUT zur Verfügung. Die Schalter an den Eingängen erfordern zusätzlich noch, dass der Speicher zum Schreiben bereit ist. Dies wird durch die Leitung WRITE erreicht. Nur für WRITE = 1 und SELECT = 1 sind die Schalter vor den Eingängen des Flip-Flops offen. Das zu schreibende Bit liegt als 0- oder als 1-Signal an der Leitung INPUT an. Eine 1 muss den Set-Eingang aktivieren, eine 0 den RESET-Eingang. Daher wird der INPUT-Eingang sowohl an den SET- als auch über ein Negationsglied zum RESET-Eingang geführt. (Genau genommen handelt es sich um einen trivialen Decodierer.)

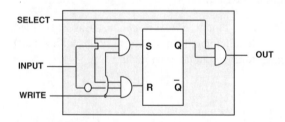

**Abb. 5.45:**   *Speicherzelle*

## 5.3 Digitale Logik

In einem Blockschaltbild einer Speicherzelle stellen wir nur die nach außen geführten Leitungen, SELECT, INPUT und WRITE sowie OUT dar. Wir merken uns: Nur bei SELECT = 1 steht der gespeicherte Wert bei OUT zur Verfügung, und nur bei SELECT = WRITE = 1 kann der Wert an der INPUT-Leitung gespeichert werden.

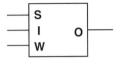

*Abb. 5.46:* Vereinfachtes Schaltbild einer Speicherzelle

### 5.3.10 Register

Eine Gruppe von Speicherzellen nennen wir ein *Register*. Die Anzahl der Speicherzellen in einem Register ist meist gleich der Wortgröße, also 8 Bit, 16 Bit oder 32 Bit. Da man nie einzelne Zellen eines Registers anspricht, kann man die SELECT-Eingänge wie auch die WRITE-Eingänge der einzelnen Zellen verbinden. Diese Leitungen werden dann gemeinsam nach außen geführt, was in dem folgenden Blockschaltbild für ein 4-Bit-Register angedeutet wird.

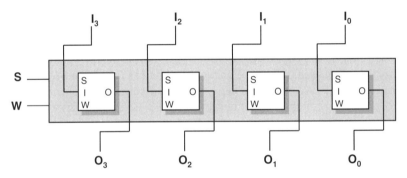

*Abb. 5.47:* Register

Eine Schaltung, die es gestattet, den Inhalt eines Registers $X$ in ein anderes, $Y$, zu kopieren, ist jetzt konzeptionell einfach zu entwickeln: Wir verbinden die Ausgänge von $X$ mit den entsprechenden Eingängen von $Y$. Dazwischen setzen wir jeweils einen Schalter. Alle diese Schalter, die natürlich jeweils durch ein AND-Glied realisiert sind, werden durch ein gemeinsames 1-Signal geöffnet, so dass die Information vom $X$-Register zum $Y$-Register fließen kann. Gleichzeitig müssen natürlich die SELECT-Eingänge beider Register sowie der WRITE-Eingang des $Y$-Registers *aktiviert*, also auf 1 gesetzt sein.

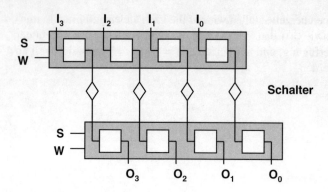

*Abb. 5.48:* Register-Transfer

Zu guter Letzt wollen wir die Speicherzellen zu einem adressierbaren Hauptspeicher organisieren. Der Übersichtlichkeit halber gehen wir in der Zeichnung von einer Wortlänge von 3 Bit aus und realisieren einen Speicher für 4 Worte. Jeweils 3 Zellen sind zu einem Register zusammengeschaltet. Die INPUT-Eingänge wie auch die OUT-Ausgänge der entsprechenden Bit-Zellen aller Register sind untereinander verbunden.

Dies ist möglich, da die SELECT-Ausgänge der jeweiligen Register einzeln nach außen geführt sind und nur solche Register geschrieben oder gelesen werden können, deren SELECT-Leitung gerade aktiviert ist. Dass tatsächlich immer genau ein Register selektiert ist, dafür sorgt ein Decodierer. Dieser setzt eine binär dargestellte Speicheradresse im Speicher-Adressregister (engl. *Memory Address Register*, kurz *MAR*) in ein 1-Signal auf der SELECT-Leitung des gewählten Speicherregisters um. Aufgrund der Funktionsweise eines Decodierers ist immer genau ein Register selektiert. Die WRITE-Eingänge sämtlicher Register sind untereinander verbunden, doch da immer nur ein Register selektiert ist, kann nur dieses verändert werden.

Die zu schreibenden Daten liegen dabei im Daten-Register, (engl. *Memory Data Register*, *MDR*), dessen Ausgänge mit den entsprechenden Eingängen sämtlicher Speicherregister verbunden sind. Um ein Wort zu speichern, bringt man dieses zunächst in das Datenregister MDR. Im Speicher-Adressregister wird die binär dargestellte Speicheradresse hinterlegt. Der Decodierer wählt das entsprechende Speicherregister aus, und wenn anschließend der WRITE-Eingang des Speichers auf 1 gesetzt wird, wird das Datum aus dem MDR in das richtige Speicherregister geschrieben.

Die Ausgänge sämtlicher Speicherregister sind über AND-Schalter mit den entsprechenden Eingängen des Datenregisters MDR verbunden. Die Schalter werden durch ein Signal am READ-Eingang des Speichers geöffnet. Wiederum ist nur ein Speicherregister selektiert, so dass nur dessen Daten abgerufen werden. Da READ bzw. WRITE nur alternativ selektiert werden sollen, fasst man sie zu einem MODE-Input zusammen. MODE = 1 entspricht einem WRITE, MODE = 0 einem READ.

## 5.3 Digitale Logik

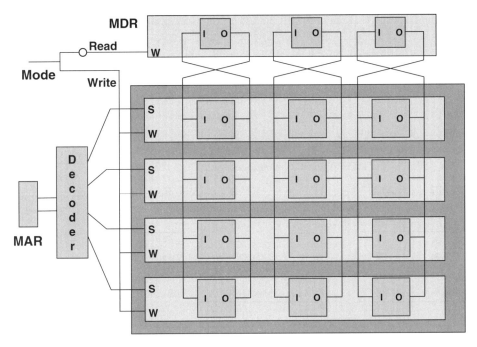

*Abb. 5.49:* Speicher

Als Schnittstelle nach außen bietet ein Speicher das Adressregister MAR, das Datenregister MDR sowie eine MODE-Leitung, über die man die Funktionen WRITE bzw. READ auswählen kann.

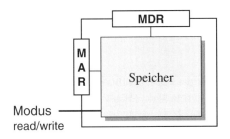

*Abb. 5.50:* Blockschaltbild für den Speicher

### 5.3.11 Die Arithmetisch-Logische Einheit

Die *Arithmetisch-Logische Einheit* (kurz *ALU*) dient zur Realisierung der Elementaroperationen eines Rechners. Dazu gehören, wie der Name schon andeutet, sowohl arithmetische Operationen wie Addition und Subtraktion als auch logische Operationen wie AND, OR oder Prüfung auf Gleichheit. Im Allgemeinen werden zwei Eingabewerte $X$ und $Y$ zu einem Ergebniswert $Z$ verknüpft. Diese Werte stehen in Registern gleichen Namens zur Verfügung. Die

Registerbreite kann 8, 16, 32 oder 64 Bit betragen. Man spricht dann von einem 8-, 16-, 32- oder 64-Bit-Rechner. Bei der Ausführung einer Operation kann es zu verschiedenen Ausnahmefällen kommen. Beispiele für solche Ausnahmefälle sind:

- *Overflow*: Bei der Addition passt das Ergebnis nicht in das Z-Register;
- *Sign*: Das Ergebnis einer Operation war negativ;
- *Zero*: Das Ergebnis einer Operation war 0.

Um solche Ausnahmefälle anzuzeigen, besitzt die ALU ein weiteres Ausgaberegister, das *Flag-Register*. Jedes Bit des Flag-Registers steht dabei für eine solche Ausnahme. Ist das Bit gesetzt, so ist die Ausnahme eingetreten, ansonsten nicht.

Da schließlich die ALU in der Lage sein soll, verschiedene Funktionen auszuführen, muss noch ein Mode-Eingang bereitgestellt werden, über den die auszuführende Operation ausgewählt wird. Schematisch stellt man eine ALU dann auf folgende Weise dar:

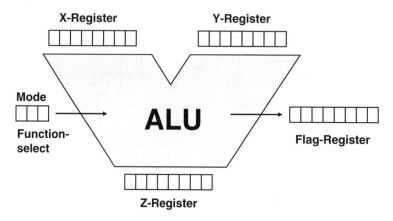

*Abb. 5.51:* Arithmetisch-Logische Einheit

Wir wollen nun eine geeignete ALU konstruieren. Die logischen Operationen auf Bit-Vektoren sind komponentenweise erklärt, so dass es genügt, mehrere 1-Bit-ALUs nebeneinander zu schalten. Für arithmetische Operationen ist auch ein Übertrag von einer zur nächsten Bitposition zu berücksichtigen, so dass jede 1-Bit-ALU einen zusätzlichen Eingang Carry-In und einen zusätzlichen Ausgang Carry-Out erhalten sollte.

Angenommen, wir wollen 8 verschiedene Operationen implementieren, so wird eine 1-Bit-ALU als boolesche Schaltung mit 6 Eingängen realisiert werden müssen: 3 Eingänge $M$, $S_0$ und $S_1$, um eine der $2^3$ Operationen einzustellen, ein Carry-Eingang $C_i$ sowie die Eingänge für die Eingabewerte $X_i$ und $Y_i$. Wir benötigen dagegen nur 2 Ausgänge: $Z_i$ für das Ergebnis der Operation und $C_{i+1}$ für den neuen Übertrag. Als logisches Schaltbild erhalten wir:

## 5.3 Digitale Logik

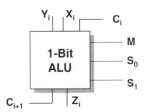

*Abb. 5.52:* 1-Bit-ALU

Die Funktionsweise der 1-Bit-ALU können wir nach Belieben durch eine Wertetabelle spezifizieren und danach die boolesche Schaltung entwickeln. Arithmetische Operationen sind dadurch gekennzeichnet, dass sie $C_i$ berücksichtigen und $C_{i+1}$ verändern, während logische Operationen das Carry ignorieren. Wollen wir Eingang $M$ als Modus deuten, so können wir je 4 logische und arithmetische Operationen implementieren, die wir durch Kombination der Werte in $S_0$ und $S_1$ ansteuern können.

Es ist nun klar, wie wir mehrere 1-Bit-ALUs zu einer ALU von Wortbreite zusammenschalten: die Eingänge $M$, $S_0$ und $S_1$ der einzelnen ALUs werden untereinander verbunden, so dass in jeder Komponente die gleiche Funktion berechnet wird. Der Carry-Ausgang der $i$-ten ALU wird mit dem Carry-Eingang der $(i+1)$-ten ALU verbunden. Der Carry-Eingang der $0$-ten ALU, welche auf dem niedrigstwertigen Bit operiert, wird fest auf 0 gesetzt, und der Carry-Ausgang der ALU für das höchstwertige Bit als Überlauf registriert.

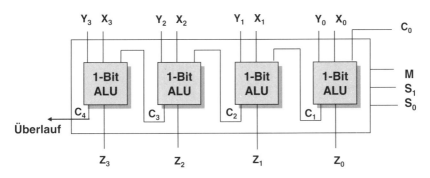

*Abb. 5.53:* 4-Bit-ALU

Als wichtige arithmetische Operation fehlt bisher noch die Multiplikation. Unsere ALU-Architektur ist für diese Operation noch nicht geeignet. Jede 1-Bit-ALU verknüpft nur $X_i$ mit $Y_i$, d.h. die $i$-te Stelle von $X$ mit der $i$-ten Stelle von $Y$. Bei der Multiplikation muss aber jede Stelle von $X$ mit jeder Stelle von $Y$ verknüpft werden. Im Prinzip können wir die Multiplikation zweier Binärzahlen auf Additionen und Verschiebeoperationen zurückführen. Dies wird deutlich, wenn wir zwei Binärzahlen schriftlich multiplizieren.

```
0 0 1 0 1  *  0 1 0 1 1
              0 0 1 0 1
            0 0 1 0 1
        0 0 1 0 1
       ─────────────────
       0 0 1 1 0 1 1 1
```

$5 * 11 = 55$

**Abb. 5.54:** *Schriftliche Multiplikation im Binärsystem*

Die Binärdarstellung von $X$ wird jeweils um eine Stelle nach links geschoben. Falls die entsprechende Stelle von $Y$ gerade 0 war, wird sie annulliert, ansonsten addiert. Da die Addition und die Linksverschiebung üblicherweise in der ALU vorhanden sind, kann die Multiplikation durch eine Folge von ALU-Operationen implementiert werden. Als Alternative bietet sich an, eine gesonderte Multiplikationsschaltung zur ALU beizufügen.

Das *Barrel-Shifter-Multiplikationswerk* orientiert sich an der gerade besprochenen schriftlichen Multiplikation. Es besteht im Wesentlichen aus AND-Gliedern und 1-Bit-Volladdierern. Zunächst stellen wir fest, dass die bitweise Multiplikation gerade der logischen AND-Operation entspricht. Sind $X$ und $Y$ die Input-Register mit den Bit-Stellen $X_{n-1}, \ldots, X_0$ bzw. $Y_{n-1}, \ldots, Y_0$ stellen wir ein Gitter her, in dem jede Überkreuzungsstelle $X_i$ mit $Y_j$ durch ein AND-Glied verbunden wird. Mit Volladdierern summieren wir die Spalten auf. Dabei wird das Carry-Bit zeilenweise nach links durchgegeben. Ein Überlauf in einer Zeile wird zur nächsten Spalte addiert. Selbstverständlich muss man für das Ergebnis einer Multiplikation ein Register vorsehen, das doppelt so breit ist wie die Input-Register. Meist benutzt man zur Darstellung des Ergebnisses zwei reguläre Register, eines für die niederwertigen und eines für die höherwertigen Stellen.

Die folgende Zeichnung zeigt schematisch ein Barrel-Shifter-Multiplikationswerk für 4-stellige Binärzahlen. Die AND-Glieder an den Überkreuzungspunkten des Gitters sind durch kleine Karos dargestellt.

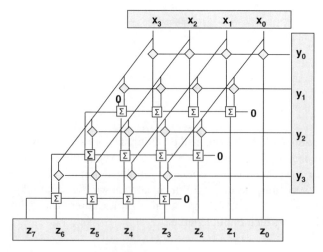

**Abb. 5.55:** *Barrel-Shifter-Multiplikationswerk*

5.4 Von den Schaltgliedern zur CPU                                                                                                    447

Es ist ersichtlich, dass mit dieser Schaltung ein hohes Maß an Parallelität erreicht wird. Sämtliche Bitmultiplikationen können parallel ausgeführt werden, da alle Eingänge der AND-Karos direkt von den Inputregistern kommen. Ein Engpass ist die Addition, da das Carry-Bit von einer zur nächsten Stelle übertragen werden muss, bevor die folgende Addition stattfindet. Bei optimaler Ausnutzung der möglichen Parallelität wird die Multiplikation zweier $n$-Bit-Zahlen demnach die $(2n-1)$-fache Zeitdauer einer 1-Bit-Volladdition benötigen. Berücksichtigt man allerdings, dass auch für die Addition zweier $n$-Bit-Zahlen das Carry-Bit von Stelle zu Stelle übertragen werden muss, so findet man, dass schon die Addition so viel Zeit benötigt wie $n$ 1-Bit-Additionen. Letztendlich dauert also die Multiplikation nur doppelt so lange wie die Addition.

Allerdings gibt es auch Möglichkeiten, die Addition zu beschleunigen. Teilt man die Bits der Binärzahl in die höherwertigen und die niederwertigen Bits auf, so kann man diese Gruppen jeweils einzeln, aber parallel addieren. Die Frage ist lediglich, ob ein Übertrag von den niederwertigen Bits erzeugt wurde oder nicht. Gegebenenfalls muss man die Binärzahl, die durch die höherwertigen Bits dargestellt wird, noch um 1 inkrementieren. Ausgefeiltere Methoden, die Addition zu beschleunigen, sind unter den Bezeichnungen *Übertragsauswahl* (engl. *carry select*), *Übertragsvorausschau* (engl. *carry lookahead*) bzw. *Übertragsumleitung* (engl. *carry bypass*) in der Spezialliteratur zu finden.

# 5.4    Von den Schaltgliedern zur CPU

Die wichtigsten Einzelteile, aus denen eine CPU (Central Processing Unit) aufgebaut ist, haben wir bereits besprochen: ALU, Register und Speicher. Diese Komponenten sind durch Leitungen verbunden, welche durch Schalter geöffnet oder geschlossen werden können. Das Öffnen und Schließen dieser Schalter muss in einer zeitlichen Abfolge koordiniert werden. Daher besitzt eine CPU zunächst einen *Taktgeber*, der die Zeit in einzelne Takte zerhackt. Diese Takte sind sehr kurz, bei einem 1-GHz-Prozessor dauert ein Takt $10^{-9}$s, also eine Nanosekunde. Jede Operation der CPU benötigt einen Takt. Für eine einfache Operation, wie etwa die Addition zweier Registerinhalte, werden dazu drei *Phasen* benötigt:

- **Phase 1: (Hol-Phase)**
  Hole die Argumente aus den Registern und stelle sie der ALU bereit.
- **Phase 2: (Rechenphase)**
  Führe die ALU-Operation durch.
- **Phase 3: (Bring-Phase)**
  Speichere das Ergebnis in ein Register.

Für jede dieser Phasen müssen gewisse Schalter geöffnet, andere wieder geschlossen werden. Entsprechend können auch CPU-Operationen, die Datenaustausch zwischen Registern und dem Speicher betreffen, in drei Phasen zerlegt werden. Diesen Phasen entsprechen Leitungen $P1$, $P2$ und $P3$, die abwechselnd auf 1, dann wieder auf 0 gesetzt werden. In Phase $i$ ist $Pi = 1$, alle anderen $Pi = 0$.

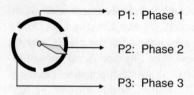

**Abb. 5.56:** *Taktgeber – schematisch*

Damit die Datenleitungen zur richtigen Zeit offen bzw. geschlossen sind, werden sie durch Schalter gesichert, die nur für eine bestimmte Phase geöffnet werden können. Schalter werden wie üblich durch AND-Glieder realisiert. Durch einen zusätzlichen, mit $Pi$ verbundenen Eingang kann der Schalter nur in Phase $i$ eingeschaltet werden, so dass nur in Phase $i$ und bei Steuersignal $S = 1$ Eingang $E$ mit Ausgang $A$ verbunden ist:

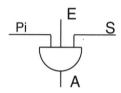

**Abb. 5.57:** *Schalter mit Phaseneingang*

## 5.4.1 Busse

Datenleitungen verbinden Register miteinander. Register enthalten Datenworte, d.h. aus mehreren Bits bestehende Daten. Wir wollen in unserer Diskussion von einer 32-Bit-Architektur ausgehen, so dass alle Register 32 Bit breit sind. In einem Registertransfer werden die entsprechenden Bits von Quell- und Zielregister durch parallele Leitungen verbunden. Die Schalter in diesen Datenleitungen sind entweder alle eingeschaltet oder alle ausgeschaltet. Wir stellen die Verbindung zwischen zwei Registern daher lediglich durch einen Pfeil mit einem kleinen Karo dar.

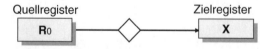

**Abb. 5.58:** *Registertransfer*

Der Pfeil steht also für eine Reihe paralleler Leitungen (eine pro Bitstelle) und das Karo für je einen Schalter in jeder dieser Leitungen, die alle an derselben Phase und demselben Steuersignal hängen. Die Pfeilspitze deutet die Richtung an, in der der Registertransfer bei geöffnetem Schalter stattfindet.

Oft hat man eine Auswahl von Registern $R_0$, ..., $R_k$, von denen man Daten in ein Zielregister $X$ bringen kann, oder ein Register $Z$, von dem man Daten in eines der Register $R_0$, ..., $R_k$ transferieren will. Der Zugang zu dem Register $X$ oder der Ausgang von $Z$ wird dann in einen parallelen Strang von Leitungen (eine pro Bitstelle) geführt. Die Register $R_0$, ..., $R_k$ werden an diesen Strang angeschlossen. Diese Leitungsstränge nennt man auch *Busse*, in unserem Falle haben wir demnach einen $X$-Bus und einen $Z$-Bus. Wir stellen die Busse durch parallele Linien dar.

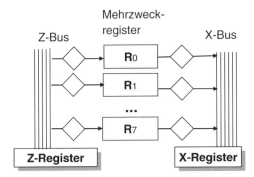

*Abb. 5.59:* Busse

## 5.4.2 Mikrocodegesteuerte Operationen

Wir haben bereits alle Ingredienzen, um einen Taschenrechner mit einigen Speicherzellen (Registern) zu bauen, kennen gelernt. Wir benötigen dazu zunächst eine ALU, eine Reihe von Registern (hier $R_0$, $R_1$, ..., $R_7$), Busse und Schalter.

Die ALU versehen wir mit zwei Operandenregistern, $X$ und $Y$, sowie einem Ergebnisregister $Z$. Dann verbinden wir jedes Allzweckregister $R_0$, $R_1$, ..., $R_7$ über zwei Busse, den $X$-Bus und den $Y$-Bus, mit den entsprechenden Operandenregistern der ALU. Das Ergebnisregister $Z$ der ALU verbinden wir über den $Z$-Bus mit den Allzweckregistern.

Zwischen den Registern und den Bussen sitzen Schalter, die nur in bestimmten Phasen geöffnet werden können. Entsprechend der Bedeutung der drei Phasen, Hol-Phase, Rechen-Phase und Bring-Phase, sind die Schalter zwischen den Registern und dem $X$- und $Y$-Bus nur in der ersten Phase, der Hol-Phase, aktivierbar. Nur dann können die Daten von den Registern zu den Operandenregistern der ALU fließen. In der zweiten Phase rechnet die ALU, und in der dritten Phase steht das Ergebnis im $Z$-Register zur Verfügung. Nur in dieser Bring-Phase sind die Schalter zwischen $Z$-Bus und den Allzweckregistern aktivierbar, damit das Ergebnis in einem der Register abgelegt werden kann. Der komplette Aufbau ist in Abbildung 5.60 dargestellt. Die Zahlen in den Schaltern geben an, in welcher Phase sie aktiv sind.

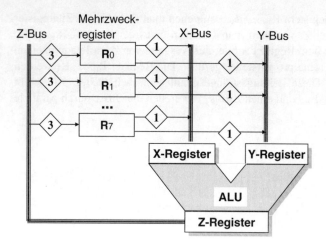

**Abb. 5.60:** *Rechnerkern: ALU + Register + Busse*

Jeder der Schalter besitzt aber noch einen Steuereingang $S_i$, der auf 1 liegen muss, um den Schalter zu öffnen. Dieses Steuersignal bleibt einen kompletten Takt lang erhalten. Wegen der Phasenabhängigkeit sind die Zugänge zum X- und Y-Bus ohnehin in Phase 2 und 3 und der Zugang vom Z-Bus zu den Registern in Phase 1 und 2 geschlossen.

Die Steuersignale können wir durch eine Gruppe von 3 Bytes darstellen, jedes Byte ist für einen Bus-Zugang verantwortlich, die Bitstellen entsprechen den einzelnen Registern. Zur Illustration betrachten wir das folgende Steuersignal:

| 0 1 0 0 0 0 0 0 | 0 0 1 0 0 0 0 0 | 0 1 0 0 0 0 0 1 |
|---|---|---|
| X - B u s | Y - B u s | Z - B u s |

Wenn in einem Takt dieses Steuersignal vorliegt, wird in der ersten Phase der Inhalt von $R_1$ zum X-Register und der Inhalt von $R_2$ zum Y-Register fließen. In der Phase 2 werden alle Schalter geschlossen sein, die ALU wird aus den Operanden einen Ergebniswert berechnen, und dieser wird in Phase 3 gleichzeitig in die Register $R_1$ und $R_7$ geschrieben. Bei der angegebenen Schalterstellung wird also die Operation

$$R_1, R_7 := R_1 \text{ op } R_2$$

ausgeführt, wobei die durch Komma getrennten Ziele auf der linken Seite gleichzeitig das Ergebnis der Operation empfangen.

Schließlich müssen wir noch an der ALU einstellen können, welche Operation *op* sie berechnen soll. Wir nehmen an, dass unsere ALU ein Repertoire von 64 Operationen umfasst, so dass wir die ausgewählte Operation mit 6 Bit beschreiben können. Neben den grundlegenden arithmetischen, logischen und vergleichenden Operationen sind auch konstante Operationen nicht vergessen worden. Diese dienen lediglich dazu, eine feste Konstante im Z-Register bereitzustellen. Die ALU-Funktionscodes (ALU-FC) sind in der folgenden Tabelle darge-

## 5.4 Von den Schaltgliedern zur CPU

stellt. Die Zuordnung der Codes zu einer Operation ist frei wählbar. Die ALU als boolesche Schaltung ist nach beliebigen Vorgaben konstruierbar. In der Operations-Spalte wird angegeben, wie sich der Wert im $Z$ Register aus den Werten im $X$ und $Y$-Register ergibt. Ggf. werden noch die Inhalte von $X$ und $Y$-Register gegenseitig ersetzt oder vertauscht, was durch $Y \rightarrow X$ bzw. $X \leftrightarrow Y$ angedeutet wird.

Die Auswahl der Operationen und die Zuordnung der Funktionscodes entspricht der Implementierung in dem CPU-Simulator *MicroSim* von M. Perner. Mit diesem Windows-Programm lässt sich die Funktionsweise der in diesem Abschnitt beschriebenen CPU in allen Details und auf verschiedenen Abstraktionsstufen experimentell nachvollziehen. Dieser Simulator wurde mit dem 1. Preis in der Kategorie „Computer Science" des Europäischen Akademischen Software Preises 1994 ausgezeichnet. Eine funktionsfähige Demo-Version gehört zur Software, die zu diesem Buch gehört.

| ALU-FC | Operation | ALU-FC | Operation |
|--------|-----------|--------|-----------|
| 0 | $Z := Z$ (Keine Operation) | 8 | $Z := X, Y \rightarrow X$ |
| 1 | $Z := -Z$ | 9 | $Z := X + 1$ |
| 2 | $Z := X$ | 10 | $Z := X - 1$ |
| 3 | $Z := -X$ | 11 | $Z := X + Y$ |
| 4 | $Z := Y$ | 12 | $Z := X - Y$ |
| 5 | $Z := -Y$ | 13 | $Z := X * Y$ |
| 6 | $Z := Y, X \leftrightarrow Y$ | 14 | $Z := X$ DIV $Y$ |
| 7 | $Z := X, X \leftrightarrow Y$ | 15 | $Z := X$ MOD $Y$ |

***Abb. 5.61:*** *Arithmetische ALU-Operationen*

Um eine komplette CPU-Operation auszuführen, wie z.B. die Addition zweier Register und die Speicherung des Ergebnisses

$$R_1 := R_1 + R_2,$$

muss demzufolge der ALU-Code Nr. 11 = $(001011)_2$ eingestellt sein, die Schaltersignale für die $X$-Schalter sind 01000000, für die $Y$-Schalter 00100000 und für die $Z$-Schalter 01000000. Man kann folglich den ALU-Code mit den Schaltersignalen zusammenfassen und dies als Mikrocode für die CPU-Operation $R_1 := R_1 + R_2$ darstellen:

CPU-Operation          Mikrocode

$$R_1 := R_1 + R_2 \quad \Leftrightarrow \quad \underbrace{001011}_{\text{ALU-FC}} \quad \underbrace{01000000}_{X\text{-Bus}} \quad \underbrace{00100000}_{Y\text{-Bus}} \quad \underbrace{01000000}_{Z\text{-Bus}}$$

## 5.4.3 Der Zugang zum Hauptspeicher

Der *Hauptspeicher* (engl. *Random Access Memory* kurz *RAM*) hat als Interface zwei Register und einen einstellbaren Modus. Bei den Registern handelt es sich um das *Adressregister* (*MAR = Memory Address Register*) und das *Datenregister* (*MDR = Memory Data Register*). Wie bereits bei der Behandlung des linearen Speichers besprochen, steht im Adressregister eine Speicheradresse und im Datenregister ein Wert, der an der angegebenen Adresse geschrieben werden soll oder von der angegebenen Adresse gelesen wurde.

Der Zugang zum Adressregister geschieht über den Z-Bus. Im Allgemeinen wurde vorher von der ALU ein Wert berechnet, der dann im Z-Register vorliegt. Über den Z-Bus gelangt er zum MAR. Das Datenregister MDR wird im Unterschied zum MAR sowohl geschrieben als auch gelesen. Daher gibt es einerseits eine Verbindung vom Z-Bus zum MDR, andererseits auch eine Verbindung vom MDR zum Y-Bus. Soll ein Datenwert in den Speicher geschrieben werden, so ist er i.A. gerade berechnet worden und liegt nach der Rechenphase im Z-Register vor. In der 3. Phase kann er über den Z-Bus zum MDR gelangen. Entsprechend geschieht der Zugang vom MDR zum Y-Bus in der 1. Phase. Es bleibt noch die Breite der Register MAR und MDR zu diskutieren. Die Größe von MAR bestimmt den ansprechbaren Adressraum. Im Simulator ist MAR 12 Bit breit, so dass wir $2^{12} = 4096$ Adressen darstellen können. Jede Adresse bezeichnet ein Byte. Von den über den 32 Bit breiten Z-Bus in das Adressregister gelangenden Daten werden die höherwertigen 20 Bits abgeschnitten.

Das Datenregister ist ebenso groß wie die Allzweckregister $R_0$, $R_1$, ..., $R_7$, also 32 Bit. Wird ein 32 Bit großes Wort in den Speicher geschrieben, so verteilt es sich auf die 4 Bytes an den Speicheradressen [MAR], [MAR+1], [MAR+2], und [MAR+3]. Entsprechend wird beim Lesen der Inhalt des MDR aus diesen 4 Bytes zusammengefügt. Unser Speicher sieht aber ebenfalls die Möglichkeit vor, 16-Bit-Größen bzw. 8-Bit-Größen zu lesen und zu schreiben. Beim Schreiben einer 16-Bit-Größe werden nur die zwei niederwertigen Bytes aus dem MDR an die Stellen [MAR] und [MAR]+1 geschrieben. Beim Lesen werden die vorderen 16 Stellen des MDR durch Nullen aufgefüllt.

Entsprechend geht man bei 8-Bit-Speicheroperationen vor. Um eine komplette Speicheroperation beschreiben zu können, benötigt man sowohl einen Mode (lesend, schreibend oder wartend) als auch ein Datenformat (8 Bit, 16 Bit oder 32 Bit). Mit je zwei Ziffern lässt sich der Modus beschreiben (00: wartend, 01: lesend, 10: schreibend) und mit zwei weiteren Bits das Datenformat (00: 1 Byte, 01: 2 Byte, 11: 4 Byte). Wollen wir Speicheroperationen beschreiben, benötigen wir also vier weitere Bits, um eine ALU-Operation zu spezifizieren. Zusätzlich benötigen wir einige Bits, um weitere Schalter zu beschreiben, die die Datenwege zwischen MAR bzw. MDR und den Bussen steuern.

Im erwähnten CPU-Simulator stehen sechs Speicher-Zugänge zur Verfügung:

```
Z   --> MAR
Z   --> MDR
MDR --> Z
MDR --> Y
```

## 5.4 Von den Schaltgliedern zur CPU

```
MDR --> COP
MAR --> Z
```

Die letzten beiden werden wir erst später benötigen. Der dritte ist eigentlich nicht notwendig, da wir einen Datentransfer vom Speicher zum Z-Bus und damit in ein Allzweckregister auch ohne die direkte Verbindung MDR --> Z in nur einem Takt schaffen:

> Phase 1:   MDR --> Y
> Phase 2:   Z := Y        (Alufunktion 000100)
> Phase 3:   Z --> Register.

Allerdings muss man berücksichtigen, dass diese Lösung voraussetzt, dass der Speicher den Wert im MDR bereits zu Beginn von Phase 1 bereitgestellt haben muss. Mit dem direkten Weg MDR --> Z hat der Speicher Zeit bis Phase 3, um die Daten zu finden. In der Tat kommt es häufig vor, dass der Speicher für die CPU zu langsam ist. Man muss künstlich leere Prozessortakte (*waitstates*) einschieben, um dem RAM Zeit zu geben, die Daten zu besorgen.

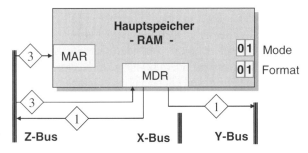

**Abb. 5.62:** *Hauptspeicherzugang*

Unsere Mikrobefehle sind nun bereits 40 Bit lang geworden:

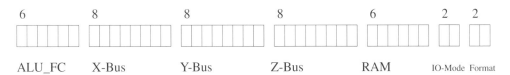

Die sechs mit RAM bezeichneten Schalter bedienen die Datenwege zwischen MAR, MDR und den Z- und Y-Bussen, wie in der vorhergehenden Tabelle aufgelistet.

Zur Illustration zeigen wir, wie in zwei Takten der Inhalt von $R_1$ zu dem 16-Bit-Wort an Speicherstelle 5 addiert werden kann ($[5] := R_1 + [5]$). Wir entwickeln zunächst die beiden Mikrobefehle in ihren einzelnen Phasen:

| Takt 1 | Phase 1 : keine Operation | |
|---|---|---|
| | Phase 2 : Z := 5 | ALU-FC: 100101 |

|  | Phase 3 : Z --> MAR | RAM: 100000 |
|---|---|---|
|  | (I0-Mode = Lesen, Format = 2 Byte) | Modus: 01, Format: 01 |
|  | (jetzt liegt der Inhalt von [5h] im MDR) |  |
| Takt 2 | Phase 1 : MDR --> Y, $R_1$ --> X | XBUS: 01000000 |
|  | Phase 2 : Z := X + Y | ALU-FC: 001011 |
|  | Phase 3 : Z --> MDR | RAM: 010100 |
|  | (I0-Mode = Schreiben, Format = 2 Byte). | Modus: 10, Format: 01 |

Die beiden nacheinander auszuführenden *Mikrobefehle* sind also:

```
100101   00000000   00000000   00000000   100000   01   01
001011   01000000   00000000   00000000   010100   10   01.
```

### 5.4.4 Der Mikrobefehlsspeicher – das ROM

*Mikrobefehle* sind Bitfolgen, die wie andere Daten auch in einem Speicher abgelegt werden können. Ein solcher *Mikrobefehlsspeicher* ist Teil der CPU. Der Speicher ist als *ROM* (*Read-Only-Memory*) ausgeführt, d.h. er kann nur gelesen, nicht aber verändert werden. Ansonsten ist das ROM wie jeder andere Speicher aufgebaut, insbesondere besitzt es ein Adressregister, in dem die Adresse eines Speicherwertes abgelegt wird, und ein Datenregister, in dem der dort befindliche Datenwert zurückgegeben wird. Weil die im ROM gespeicherten Daten als Mikrocode interpretiert werden, bezeichnen wir das Adressregister mit CAR (*Code Address Register*) und das Datenregister mit CDR (*Code Data Register*). In unserem CPU-Modell beabsichtigen wir, bis zu 1024 Mikrobefehle im ROM speichern zu können, daher benötigen wir ein 10 Bit breites CAR. Mikrobefehle sind bis jetzt 40 Bit, d.h. 5 Byte lang. Wir müssen aber noch ein weiteres Byte vorsehen, um Sprünge realisieren zu können. Daher wird im Endeffekt jeder Mikrobefehl 6 Byte lang sein. Damit wird das auf der CPU befindliche ROM eine Größe von 6 kByte besitzen. Wir können aber nicht jedes Byte adressieren wie im RAM, sondern nur jeden Mikrobefehl, d.h. jedes 6. Byte.

*Abb. 5.63:* *Mikrobefehlsspeicher (ROM)*

### 5.4.5 Sprünge

Die im ROM befindlichen Befehle könnte man der Reihe nach abarbeiten. Das wäre aber sehr eintönig und sinnlos, denn dann würde immer dasselbe Programm ablaufen, da der Inhalt des ROM ja unveränderbar ist. Indem beliebige Adressen in das CAR geschrieben werden kön-

5.4 Von den Schaltgliedern zur CPU 455

nen, sind wir in der Lage, beliebige Sprünge zu realisieren. Jeder Mikrobefehl besitzt daher ein weiteres Byte, das *Sprungbyte*, das bestimmt, welcher Befehl als Nächster auszuführen ist. Es sind zwei Fälle zu unterscheiden: Entweder steht das Sprungziel von vornherein fest, oder das Sprungziel ergibt sich als Wert einer Berechnung der ALU, aus dem Inhalt des RAMs oder aufgrund einer Bedingung, die aus dem Flag-Register der ALU ablesbar ist. Die erste Art von Sprüngen bezeichnen wir als einen *festen Sprung*, die letzteren Arten heißen *berechnete Sprünge*. Die ersten beiden Bits des Sprungbytes legen den Sprungmodus fest, d.h. um welche Art von Sprung es sich handeln soll. Wir reservieren die Kombination 11 für berechnete und bedingte Sprünge und die Kombinationen 00, 01 und 10 für feste Sprünge. Betrachten wir zunächst die festen Sprünge, so bleiben uns vom Sprungbyte noch 6 Bit übrig, um das Sprungziel festzulegen. Diese 6-Bit-Binärzahl heißt CN für *Code Next*. Wir müssen uns also mit $2^6 = 64$ möglichen Sprungzielen begnügen. Um diese etwas besser über den Speicher zu verteilen, multiplizieren wir CN noch mit 4, indem wir zwei Nullen anhängen.

Auf diese Weise bietet sich eine logische Gruppierung von je 4 aufeinanderfolgenden Mikrocodeadressen zu einem *Segment* an. Das *k*-te Segment besteht aus den Adressen *4k*, *4k+1*, *4k+2* und *4k+3*. Somit sind die 1024 möglichen Mikrocodeadressen in 256 Segmente gruppiert.

Im *Sprungmodus 00* ergibt sich nun die tatsächliche Sprungadresse (also der Inhalt des CAR) zu $4 \times$ CN. Ein solcher Sprung heißt auch *absoluter Sprung*. Mit absoluten Sprüngen ist der obere Teil des ROM-Speichers nicht erreichbar, denn die höchste erreichbare Adresse ist 252, d.h. der Beginn des 63. Segmentes. Auf jeden Fall landet ein absoluter Sprung immer auf dem Beginn eines Segmentes.

Im *Sprungmodus 01* wird ein Vorwärtssprung *relativ zum gegenwärtigen CAR* ausgeführt. Die Adresse des neuen Befehls ergibt sich zu

$$\text{CAR} := \text{CAR} + 1 + 4 \times \text{CN}.$$

Entsprechend bewirkt Sprungmodus 10 einen Rückwärtssprung:

$$\text{CAR} := \text{CAR} + 1 - 4 \times \text{CN}.$$

Würde in den obigen Fällen die +1 fehlen, so könnte man immer nur die Befehle am Anfang eines Segmentes erreichen. Außerdem führt ein relativer Sprung, gestartet vom letzten Befehl eines Segmentes, immer wieder auf den Anfang eines anderen Segmentes. Insbesondere führt Sprungmodus 01 mit CN = 0, d.h. das Sprungbyte 01 000000, zum jeweils nächsten Befehl.

## 5.4.6    Berechnete Sprünge

Auch mit den bisher behandelten Möglichkeiten, Sprünge zu programmieren, ist das Mikroprogramm noch nicht von außen beeinflussbar. Diese Möglichkeit schaffen wir uns jetzt dadurch, dass wir Sprünge von dem Inhalt des RAM oder von Ergebnissen von Operationen beeinflussen lassen. Beides ist im Sprungmodus 11 möglich. In diesem Falle soll die Adresse des Sprunges nicht mehr in CN stehen. Die 6 Bits von CN können also anders genutzt werden.

Zunächst sei COP[1] ein Register, in das die Adresse des berechneten Sprungs von außen hineingeschrieben werden soll. Für diesen Zweck gibt es einen Datenpfad vom Datenregister des RAM zum COP, wir haben ihn vorher bereits ohne Erklärung als MDR --> COP erwähnt. Auf diese Weise können im RAM abgelegte Sprungadressen übernommen werden. Falls CN mit den Bits 00 beginnt, geschieht dies und die neue Adresse lautet:

$$CAR := 4 \times COP$$

Beginnt CN *nicht* mit 00, dann sollen die Flags der ALU in Betracht gezogen werden. Die ALU signalisiert bestimmte Ereignisse bei der Berechnung durch Setzen einiger Bits in einem Statusregister, das man oft auch Flag-Register nennt. Wichtige Ereignisse solcher Art sind insbesondere: *Overflow* einer arithmetischen Operation, Ergebnis war 0 oder Ergebnis war negativ. Die entsprechenden Flags heißen *overflow flag*, *zero flag* oder *sign flag*. Ein weiteres Flag zeigt an, ob das Ergebnis positiv war. Wie man diese Flags bei den verschiedenen Zahlendarstellungen heranziehen kann, um Größenvergleiche von Argumenten durchzuführen, wird im Kapitel über Assembler näher erläutert.

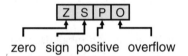

**Abb. 5.64:** *Flag-Register der ALU*

Um den Inhalt des Flag-Registers in die Sprungberechnung mit einzubeziehen, gibt man in den letzten 4 Bits von CN eine Maske an. Dies ist eine 4-stellige Binärzahl, die über ein logisches AND mit dem Inhalt des Flag-Registers verknüpft wird. Ist das Ergebnis ≠ 0000, so wird der Sprung zur Adresse 4 COP ausgeführt, ansonsten gilt

$$CAR := CAR + 1,$$

d.h. es geht mit dem nächsten Befehl weiter.

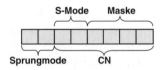

Für Sprungmode 11 zerlegt man CN in S-Mode und Maske.

**Abb. 5.65:** *Das Sprungbyte*

Wollen wir beispielsweise einen Sprung nur ausführen, falls das Ergebnis einer Berechnung 0 oder Overflow war, so wählen wir die Maske 1001. Nur falls im Flag-Register das erste oder das letzte Bit gesetzt war, ergibt ein AND mit dieser Maske ein Ergebnis ≠ 0000.

---

1. Im Abschnitt über die Interpretation von Maschinensprachen auf Seite S. 461 wird deutlich, warum die Benennung COP gewählt wurde: C kennzeichnet es als ein Code-Register und OP erinnert daran, dass mit diesem Registers der Anfang einer Routine zur Abarbeitung eines OpCodes angesteuert werden kann.

5.4 Von den Schaltgliedern zur CPU

Zusammenfassend eine Übersicht über die Interpretation des Sprungbytes

| Sprungmode | Sprungziel |
|---|---|
| 00 | CAR := 4 × CN |
| 01 | CAR := CAR + 1 + 4 × CN |
| 10 | CAR := CAR + 1 - 4 × CN |
| 11 | Zerlege CN in S-Mode (2 Bit) und Maske (4 Bit) |

Für Sprungmode = 11 gilt folgende Tabelle:

| S-Mode | Sprungziel |
|---|---|
| = 00 | CAR := 4 × COP |
| ≠ 00 | CAR := 4 × COP, falls (Maske AND Flags) ≠ 0000 |
|  | CAR := CAR+1, falls (Maske AND Flags) = 0000 |

## 5.4.7 Der Adressrechner

Zur Adressberechnung des nächsten Mikrocodebefehls, wie oben dargestellt, wird eine Adressberechnungseinheit benötigt, die ein einfaches Repertoire an Operationen (AND, × 4, +1) besitzen muss. Zweck der Einheit ist, in CAR die Adresse des nächsten Mikrobefehles bereitzustellen. Bei der Berechnung von CAR werden berücksichtigt:

- der gegenwärtige Inhalt von CAR,
- das Sprungbyte des gegenwärtigen Mikrobefehls,
- das von außen zugängliche Operationsregister COP,
- das Flag-Register der ALU.

Nun ist die CPU, bestehend aus Registern $R_0$, ..., $R_7$, *X*, *Y*, *Z*-Bussen, ALU, RAM, ROM und Adressberechnungseinheit, komplett. Die nächste Aufgabe ist, ein geeignetes Programm für das ROM zu überlegen, so dass die CPU extern (über das RAM) programmierbar wird.

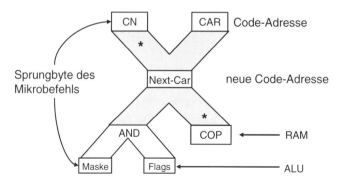

*Abb. 5.66:*   *Mikroprogramm-Adressrechner*

## 5.4.8    Ein Mikroprogramm

Zum Abschluss präsentieren wir ein Mikroprogramm, das die Summe aller Zahlen von 1 bis $N$ berechnet, wobei $N$ eine Zahl ist, die im RAM an der Stelle 00H gespeichert ist. Wir erstellen das Programm mit dem bereits erwähnten CPU-Simulator. Nachdem wir mit Datei/Neu eine neue ROM-Datei Gauss.rom eröffnet haben, drücken wir zunächst den *Reset-Button* des Simulators, um anschließend mit dem *ROM-Button* den *ROM-Editor* aufzurufen. Dort können wir durch anklicken die einzelnen Teile der Mikrobefehle zusammensetzen, sie mit Kommentaren versehen und nach dem Beenden und Speichern das Programm austesten. Vorher schreiben wir mit dem *RAM-Editor* noch Testdaten in das RAM.

Wir verwenden in unserer Programmbeschreibung die ROM-Adresse des Mikrobefehls als Befehlsnummer. Nach einer allgemeinen Befehlsbeschreibung erklären wir die Aktionen in den einzelnen Phasen und stellen zum Schluss den fertigen Befehl dar. Dabei ist das erste Byte das Sprungbyte, es folgen der ALU-Funktionscode (6 Bit), die Zugänge zu den Bussen (3 Byte), die Datenwege zum Speicher (6 Bit), Speichermodus (2 Bit) und Speicherformat (2 Bit).

---

00:    Initialisiere $R_0$, ..., $R_7$ und MAR mit 0

Phase1: keine Aktion

Phase 2: Z := 0

Phase 3: Z --> $R_0$, ... , $R_7$, Z --> MAR

01 00 0000    100000    00000000 00000000 11111111    100000    00 00

01:    Lies $N$ aus [00H] und speichere N in $R_0$

Phase 1: Speicher liest, MDR --> Y

Phase 2: Z := Y

Phase 3: Z --> $R_0$

01 00 0000    000100    00000000 00000000 10000000    000100    01 00

02:    1 --> MDR (Sprungvorbereitung)

Phase 2: Z := 1

Phase 3: Z --> MDR

01 00 0000    100001    00000000 00000000 00000000    010000    00 00

03:    MDR--> COP (noch Sprungvorbereitung)

Phase 1: MDR --> COP

01 00 0000    000000    00000000 00000000 00000000    000010    00 00

04:    Addiere $R_0$ zu $R_2$

Phase 1: R0 --> X, R2 --> Y

Phase 2: Z := X+Y

Phase 3: Z --> R2

---

| 01 00 0000 | 001011 | 00100000 10000000 00100000 | 000000 | 00 00 |

05:     Dekrementiere $R_0$ und springe (an 4*COP=4), falls Ergebnis > 0

Phase 1: R0 --> X

Phase 2: Z := X–1

Phase 3: Z --> R0

| 11 01 0100 | 001010 | 10000000 00000000 10000000 | 000000 | 00 00 |

## 5.4.9    Maschinenbefehle

Die Vorstellung, größere Programme in Mikrocode programmieren zu müssen, ist abschreckend. Als Programmierer sollte man sich nicht damit plagen müssen, Schalter in Datenwegen zu betätigen, Daten mühsam via Adress- und Datenregister aus dem Speicher zu lesen, Code-Adressen in Code-Adress-Register zu schreiben oder ähnliche lästige Dinge festzulegen. Die Details der Benutzung der Busse und der zeitlichen Abfolge der Teilschritte in den einzelnen Phasen sollen dem Programmierer ebenfalls verborgen bleiben. Eine abstraktere Sicht der CPU ist notwendig.

Diese abstrakte Sicht der CPU zeigt immer noch Speicherzellen und Register, verschwunden sind aber Busse, ALU, Adressrechner, Phasen und Schalter. Stattdessen gibt es Befehle, um Operationen direkt auf Registerinhalten durchzuführen und Daten zwischen Registern und Speicher zu verschieben. Außerdem gibt es Befehle, die direkt Sprünge zu besonders gekennzeichneten Code-Stellen bewirken, anstatt dass mühsam aus Sprungmode und Masken Programmverzweigungen hergestellt werden müssen.

Unser abstraktes Bild der CPU zeigt jetzt nicht mehr acht identische Register $R_0$, ..., $R_7$, sondern eine Sammlung von Registern, von denen jedes seine spezielle Aufgabe hat und daher auch nur bestimmte Operationen ausführen kann. In unserem Modell wählen wir wieder acht Register (es hätten auch mehr oder weniger sein können), die wir mit *A, B, X, I, DP, SP, IP, I0* bezeichnen. Die Register *A* und *B* nennen wir auch Akkumulatoren. Mit ihnen können arithmetische und Verschiebe-Operationen durchgeführt werden, z.B.:

**ADD** A, B

wobei der Inhalt von *B* zu dem Inhalt von *A* addiert wird, oder

**MOV** A, [61h]

wobei der Inhalt von Speicherzelle 61h in Register *A* kopiert wird.

*X* dient als Hilfsregister, um Werte kurzfristig zwischenzuspeichern, *I* als Index für Schleifen. *DP*, *SP* und *IP* stehen für Data Pointer, Stack Pointer und Instruction Pointer. Sie können nicht in arithmetischen Operationen oder in Datenverschiebeoperationen verwendet werden, sondern nur durch spezialisierte Befehle. PUSH und POP z.B. verändern *SP*, Sprungbefehle verändern *IP*, doch kann man *IP* nicht mit einem Datenverschiebebefehl (à la MOV IP , [61h]) verändern. I/0 Werte werden aus dem I0 Register in einen Port geschrieben.

Sprungbefehle bewirken eine Verzweigung zu einer gewünschten Stelle des Programms. Diese Stelle kann durch eine Zeilennummer oder eine Maske gekennzeichnet sein. Statt mühsam eine Maske zu erstellen, tragen die Befehle verständliche Namen wie JMP (Springe auf jeden Fall, Jump) oder JNZ (Springe, falls das letzte arithmetische Ergebnis ≠ 0, Jump if Not Zero).

Statt an dieser Stelle in Details von Maschinensprache einzudringen, verweisen wir auf S. 463 ff, wo Maschinensprache und Assembler des IBM-PC ausführlich behandelt werden. Ein kleines Programm in Maschinensprache zur Addition der Zahlen 1 ... N, wobei *N* der anfängliche Inhalt von Speicherzelle 1 ist, mag einen ersten Eindruck vermitteln. Rechts neben jedem Befehl steht als Kommentar eine kurze Erklärung.

```
    MOV A, [0h]       ; Inhalt von [0h] nach Register A
    MOV B, 0          ; Initialisiere B mit 0
nochmal:              ; ein Sprungziel (label)
    ADD B, A          ; Addiere A zu B
    DEC A             ; Erniedrige A
    JNZ nochmal       ; Falls letzte Operation ≠ 0 ergab, springe zu nochmal
```

Zunächst wird hier der Inhalt von Speicheradresse 0 in Register *A* geladen und *B* initialisiert. Ab dem mit der Marke *nochmal* gekennzeichneten Befehl wird *A* zu *B* addiert und *A* erniedrigt. War das Ergebnis ≠ 0, so wird mit JNZ (jump if not zero) erneut zur Marke *nochmal* gesprungen.

Genau genommen handelt es sich bei dem obigen Programm um eine lesbare Form der Maschinensprache, die auch Assemblersprache genannt wird. In reiner Maschinensprache hat jeder Befehl eine Nummer, *OpCode* genannt. Die Abkürzungen ADD, MOV, JNZ etc. sind aber leichter zu merken als entsprechende Befehlsnummern.

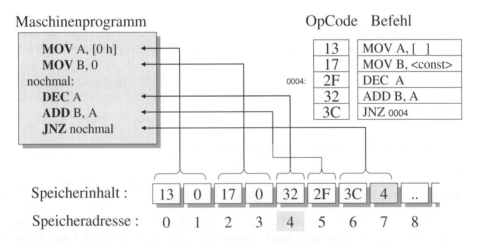

*Abb. 5.67:* Ein Maschinenprogram im RAM-Speicher

Einige Befehle sind allein durch ihren OpCode gekennzeichnet. Dazu gehören Befehle wie PUSH, POP, INC A, INC B, ADD A, B etc. Andere Befehle wie ADD A, [061h] oder MOV

[01h] ,B besitzen noch Argumente. Für jeden OpCode liegt die Anzahl der Argumente fest. Ein Programm in Maschinensprache besteht aus einer Folge von OpCodes, gegebenenfalls begleitet von ihren Argumenten. Das Programm wird im Hauptspeicher (RAM) abgelegt. Die Aufgabe des Mikrobefehlsspeichers (ROM) auf dem Chip ist es nun, ein solches im RAM abgelegtes Programm auszuführen.

## 5.4.10 Der Maschinenspracheinterpretierer

Das ROM beinhaltet ein Mikroprogramm, dessen Aufgabe es ist, ein Programm in Maschinensprache, das als Folge von OpCodes mit Argumenten im Hauptspeicher vorliegt, auszuführen. Zunächst müssen den Registern, auf die sich die Befehle beziehen, tatsächliche Register der CPU zugeordnet werden. Wir ordnen den Registern $R_0$, ..., $R_7$ in dieser Reihenfolge die Register *IP, A, B, I, X, IO, DP, SP* zu. Anschließend muss jeder Maschinenbefehl durch ein kleines Stück Mikroprogramm implementiert werden.

Der Befehl INC A, der Register A um 1 erhöhen soll, kann z.B. durch einen einzigen Mikrobefehl implementiert werden. Andere Befehle, wie MOV A, [Speicheradresse], benötigen mehrere Mikrobefehle. Wir legen fest, dass die Routine für den Maschinenbefehl mit OpCode *n* an der Stelle 4 × n, also im *n*-ten Segment des ROM liegen soll. Dies vereinfacht das Aufsuchen des Befehls, denn man muss lediglich den OpCode in das Register COP des Adressrechners schaffen und einen absoluten Sprung an 4 × COP ausführen. Die Dimensionierung des ROM auf 1024 Adressen, d.h. 256 Segmente, lässt danach maximal 256 Maschinenbefehle zu. Wenn sich einige davon über mehr als ein Segment erstrecken, werden es eventuell noch weniger.

Zusätzlich muss am Anfang des ROM nach einer kurzen Initialisierungsroutine noch eine Interpreterschleife eingebaut werden, die

- den nächsten Opcode aus dem RAM liest,
- den Programmzähler erhöht,
- zur Mikroroutine, die den OpCode implementiert, verzweigt.

Dies nennt man den *Load-Increment-Execute-Zyklus*. Dieser ist mit nur zwei Mikroinstruktionen implementierbar! Der Interpreter für Maschinensprache kann in einer Art Pseudocode folgendermaßen beschrieben werden:

| | |
|---|---|
| Segment 0: | Initialisiere alle Register zu 0, initialisiere $R_7$ (SP) zu 7FFh (maximale Stackgröße). |
| Segment 1: | Lies den Opcode, auf den der Programmzeiger (IP = $R_0$) zeigt, aus dem RAM ins MDR |
| | Befördere MDR in Register COP des Adressrechners, erhöhe IP und springe nach 4 × COP, d.h. führe den Befehl, dessen OpCode in COP steht, aus. |
| | Springe zum Anfang von Segment 1. |

| Segmente 2-255: | Implementierung der Maschinenbefehle mit den OpCodes 2-255. Jeder Befehl endet mit einem Sprung zu Segment 1. |
|---|---|

Der Load-Increment-Execute-Zyklus, also Segment 1, besteht aus den folgenden zwei Befehlen:

| Befehl 1: | Lade Programmzeiger in MAR: | |
|---|---|---|
| | Phase 1: | $R_0 \longrightarrow X$ |
| | Phase 2: | $Z := X$ |
| | Phase 3: | $Z \longrightarrow MAR$ |
| | | |
| Befehl 2: | Lies OpCode, erhöhe IP | und verzweige nach 4*OpCode. |
| | Phase 1: | $[MAR] \longrightarrow MDR$ |
| | | (Modus = Lesen, Format 1 Byte) |
| | | $MDR \longrightarrow COP$ |
| | Phase 2: | $4*COP \longrightarrow CAR$ |
| | | (Sprungadresse = Segment des Opcodes) |
| | | $Z := X + 1$ |
| | Phase 3: | $Z \longrightarrow R_0 \quad Z \longrightarrow MAR$ |
| | | (Zeige auf nächst. OpCode oder Argument). |

Jede Routine des Mikroprogramms muss die folgende Invariante der *while*-Schleife respektieren:

*IP zeigt immer auf den als Nächstes auszuführenden OpCode.*

## 5.4.11    Argumente

*Maschinenbefehle* können ein oder mehrere Argumente beinhalten. Der Befehl MOV <memory>, A besitzt ein Argument, nämlich die zwei Byte umfassende Adresse des Hauptspeichers (*main memory*), an der der Inhalt von A gespeichert werden soll. Nehmen wir an, der entsprechende MOV-Befehl habe Opcode 02C, so würde der komplette Befehl MOV [3FCh], A aus den 3 aufeinanderfolgenden Bytes

```
2C, 03, FC
```

bestehen. Anschließend folgt der OpCode für den nächsten Befehl. Der Load-Increment-Execute-Zyklus hat dafür gesorgt, dass *IP* um 1 erhöht wurde, bevor zur Adresse $4 \times 02C$ gesprungen wurde. *IP* zeigt jetzt auf das Argument des Befehls. In der Implementierung von OpCode 2C kann man daher ausnutzen, dass der Programmzähler *IP* bereits auf das erste Byte des Argumentes zeigt, und man muss dafür sorgen, dass am Ende *IP* um 2 erhöht wird, damit die oben erwähnte Invariante nicht verletzt wird.

# 5.5 Assemblerprogrammierung

*Maschinensprache* ist eine Sammlung von Befehlen, die dem Programmierer zum direkten Zugriff auf die CPU zur Verfügung steht. Im Grunde ist es unangemessen, diese Befehlssammlung als *Sprache* zu bezeichnen, fehlen doch die grundlegenden Strukturierungsmittel höherer Programmiersprachen. Dafür gestattet Maschinensprache den unmittelbaren Zugang zur gesamten Hardware: der CPU, dem Speicher, Bildschirm, Tastatur, seriellen und parallelen Eingängen, Laufwerke, Maus etc. Ein zweiter Grund, Maschinensprache statt einer höheren Programmiersprache zu benutzen, ist, dass man nur in Maschinensprache eine genaue Kontrolle über die Ausführungszeiten der Befehle hat. Man kann zeitkritische Programmteile sehr effizient in Aktionen der CPU umsetzen. Allerdings gehört viel Übung dazu, Konstrukte höherer Programmiersprachen besser in Maschinensprache zu übersetzen, als dies ein guter optimierender Compiler kann. Bei einem RISC Prozessor mit mehreren Pipelines kann unter Umständen ein Befehl, der mehr Takte benötigt günstiger sein, als ein Befehl mit weniger Takten, der sich aber schlechter mit anderen Befehlen in der Pipeline verträgt. Eine empfehlenswerte Vorgehensweise ist in jedem Fall, zunächst ein Programm in einer Hochsprache zu entwickeln, anschließend die zeitkritischen Stellen oder die Stellen, die spezielle Hardwarezugriffe erfordern, zu identifizieren und sie gezielt in Maschinensprache umzuschreiben.

Der Nachteil von Programmen in Maschinensprache ist, dass sie nur auf dem Prozessortyp lauffähig sind, für den sie geschrieben wurden. Immerhin bemühen sich die Hardwarehersteller, neue Prozessorgenerationen abwärts kompatibel zu halten, so das auch alte Programme auf der neuen Hardware laufen.

Früher wurden viele zeitkritische Programme in Maschinensprache erstellt. Heute ist mit der schnelleren Hardware die Bedeutung von Maschinensprache zurückgedrängt worden. Maschinensprache wird vor allem als Bindeglied zwischen Hardware und Betriebssystem oder als Zielsprache für einen Compiler verwendet. Für einen neuen Chip werden zunächst ein Betriebssystemkern und ein C-Compiler, also ein Übersetzer, in Maschinensprache geschrieben. Der Rest des Betriebssystems wird in C oder einer ähnlichen Sprache erstellt. C besitzt Anweisungen, die sehr maschinennah sind, dennoch ist C als Hochsprache auf allen gängigen CPUs verfügbar. Daher kann man in C implementierte Betriebssysteme leicht auf andere Architekturen *portieren*. Auch andere Hochsprachen haben Schnittstellen zur Maschinensprache – etwa in Form von *Inline Assembler*, das sind Programmteile, die in Assembler geschrieben sind.

## 5.5.1 Maschinensprache und Assembler

Jeder Maschinenbefehl besteht zunächst aus einer Bitfolge. Davon identifizieren einige Bits den Typ des Befehls, andere sind Teile von Operanden. Die Bedeutung der einzelnen Bits müsste man im Grunde immer in einer Tabelle nachschlagen. Es gibt daher lesbare Darstellungen von Maschinensprachbefehlen, so genannte *Mnemonics*. So verwendet man z.B. für den Sprungbefehl, der nur ausgeführt wird, wenn das Zero-Flag gesetzt ist, das Mnemonic *JZ* (für *jump on zero*). Programme, die mit solchen lesbaren Abkürzungen, formuliert sind, nennt man Assemblerprogramme. Als *Assemblierer* oder *Assembler* bezeichnet man ein Programmsystem, das Assemblerprogramme in Maschinenprogramme umwandelt (engl: *to assemble = zusammenstellen*).

Ein *Disassemblierer* (oder *Disassembler*) leistet in eingeschränktem Maße die umgekehrte Übersetzung. Aus einem Maschinenspracheprogramm versucht er das ursprüngliche Assemblerprogramm zu rekonstruieren.

Glücklicherweise besitzt ein Assembler noch mehr Fähigkeiten als zu einem Assemblerbefehl den zugehörigen Maschinenbefehl aus einer Tabelle herauszusuchen. Der Assembler erlaubt auch, symbolische Namen für Speicherplätze (Variablen), symbolische Sprungadressen (*Labels*) und Daten (Konstanten) zu verwenden. Außerdem steht ein einfaches Prozedurkonzept zur Verfügung. *Makros* dienen dazu, den Code lesbarer und übersichtlicher zu gestalten, und natürlich sind auch Kommentare erlaubt.

Kommerziell verfügbare Assembler für die 80x86 Prozessorfamilie sind zum Beispiel *MASM* (Macro Assembler) der Firma Microsoft sowie *TASM* (Turbo Assembler) von Borland. Freie Varianten sind u.a. *masm32*, *goASM* und *fasm*. Letztere können ausführbare Dateien sowohl für Linux als auch für Windows erzeugen. Die Maschinenbefehle sowie deren Schreibweise in Assemblersprache werden vom Hersteller der CPU definiert, so dass sich verschiedene Assembler nur in Komfort und Sprachzusätzen unterscheiden, im Kern leisten sie jeweils das gleiche. Die Abbildungen 1.16 und 1.17 ab S. 42 zeigen Assemblerbefehle sowie deren Übersetzung in Maschinensprache.

## 5.5.2 Register der 80x86-Familie

Die ersten Prozessoren des IBM-PC, der 8088, 8086 und der 80286, waren 16-Bit Prozessoren. Aus dieser Zeit hat der heutige Pentium noch die bekannten 16-Bit-Register geerbt. Es handelt sich um die *Allzweck-Register AX, BX, CX, DX, SI, DI, BP* und *SP*, die *Segment-Register CS, DS, SS* und *ES*, den *Befehlszähler IP* sowie das *Flag-Register*. Die niederwertigen Byte (low byte) bzw. die höherwertigen Byte (high byte) der Register AX, BX, CX und DX sind als 8-Bit-Register AL, BL, CL, DL bzw. AH, BH, CH, DH gesondert ansprechbar.

Seit dem 80386 verarbeitet der Intel-Prozessor 32-Bit-Daten, braucht also auch 32-Bit breite Register. Darum hat man einfach die bestehenden Register auf 32 Bit breite Register *EAX, EBX, ECX, EDX, ESI, EDI, EBP, ESP* und *EIP* erweitert. Der Präfix „*E*" steht für „*extended*". Die alten Register sind immer noch adressierbar, physikalisch stellen sie die niederwertigen zwei Byte der neuen 32-Bit Register dar. Die Segmentregister *CS, DS, SS* und *ES* behielten ihre Grösse von 16 Byte, wurden aber um zwei neue Register, *FS* und *GS* ergänzt. So blieb der Pentium abwärts kompatibel zu den früheren 80x86 Prozessoren. Für die Speicherverwaltung, bei der die Segmentregister eine besondere Rolle spielen, gilt dies aber nur, wenn der Prozessor im so genannten *Real-Mode* betrieben ist. Moderne Betriebssysteme betreiben den Prozessor aber fast durchweg im so genannten *Protected-Mode*.

## 5.5 Assemblerprogrammierung

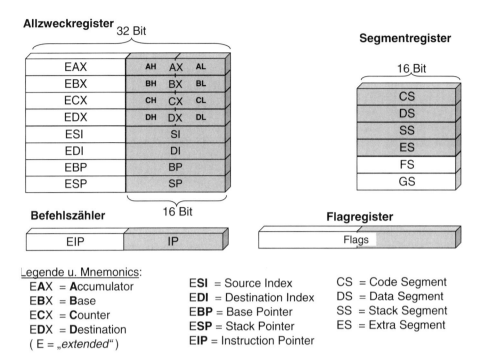

*Abb. 5.68:* Register des Pentium

Das obige Bild zeigt die wichtigsten Register für die Ganzzahlarithmetik, die Speicheradressierung und die Programmlogik. Nicht gezeigt sind die 80-Bit breiten Spezialregister zur Verabeitung von Gleitkommazahlen, die 64-Bit breiten MMX-Register für schnelle graphische Operationen und die 128 Bit breiten so genannten XMM SIMD Register. Der Pentium besitzt von jedem dieser Registertypen 8 Stück. Wir werden uns in unserem Assembler-Exkurs auf die oben gezeigten Register beschränken.

Die meisten Assemblerbefehle, die Operationen beschreiben, sind von der Form

*Op Ziel, Quelle.*

*Ziel* und *Quelle* werden mit der Operation *Op* verknüpft und das Ergebnis in *Ziel* gespeichert. In Java-Notation entspräche dies einer Zuweisung: *Ziel = Ziel Op Quelle*. Je nach Befehl können Ziel und Quelle Register oder Speicherplätze sein. Als Quelle kommen auch konstante Werte in Frage. Beispiele solcher Befehle sind `add EAX,EBX` oder `sub AX,5`.

Daten liegen entweder als Konstanten oder als Inhalte von Registern und Speicherzellen vor. Die Interpretation der dort gespeicherten Bitfolgen bleibt dem Programmierer überlassen, es gibt keine Typüberprüfung. Der Assemblierer kann lediglich feststellen, ob die Breiten der verknüpften Register zueinander passen. Die meisten Operationen sind mit 32-, 16-oder 8-Bit-Registern durchführbar, doch muss die Datenbreite von Quelle und Ziel stets übereinstimmen.

In Assembler schreibt man stets einen Befehl pro Zeile. Zwischen Groß- bzw. Kleinschreibung wird nicht unterschieden. Ein Semikolon beginnt einen Kommentar, der sich bis zum Zeilenende erstreckt. Das folgende Assemblerfragment benutzt die arithmetischen Operationen *ADD*, *SUB*, *INC*, *DEC* und *NEG* auf den Allzweckregistern EAX bis EDX sowie deren 16-Bit und 8-Bit-Teilregistern AX bis DX, AH bis DH und AL bis DL. Der Befehl *MOV* transportiert einen Wert von Quelle nach Ziel. Die Wirkung jedes Befehls wird in Java-ähnlicher Notation in einem Kommentar erklärt.

```
add AH, AL          ; AH = AH+AL
mov AL, CL          ; AL = CL
dec CL              ; CL = CL-1
add EAX, 3E8h       ; EAX = EAX+1000
inc ECX             ; ECX = ECX+1
neg ECX             ; ECX = -ECX
```

Während das Ziel einer arithmetischen Operation immer ein Speicherplatz oder ein Register sein muss, bezeichnet die Quelle immer einen Wert: den Inhalt eines Registers oder Speicherplatzes oder auch eine Konstante. Diese kann dezimal oder in hexadezimaler Notation (kurz Hex) angegeben sein. Hex-Notation erreicht man durch ein nachgestelltes *h* oder eine vorangestellte *0*.

### 5.5.3    Allzweckregister und Spezialregister

Alle Allzweckregister EAX, EBX, ECX, EDX, ESI, EDI, EBP, ESP können als Ziel von arithmetischen Operationen (dazu gehört auch der *mov*-Befehl) dienen. Dennoch erfüllen ESI, EDI, EBP, ESP noch besondere Aufgaben, so dass es sinnvoll und üblich ist, sich für arithmetische Berechnungen auf EAX - EDX zu beschränken. Die Spezialregister, dazu gehören die *Segmentregister SS*, *DS*, *CS*, *ES*, *FS* und *GS* sowie der *Instruction Pointer EIP* und das *Flag-Register*, können nicht oder nur eingeschränkt Ziel arithmetischer Operationen sein. In ein Segmentregister kann man nicht unmittelbar konstante Werte übertragen. Um etwa 100h nach *DS* zu bringen, muss man den Umweg über ein Allzweckregister in Kauf nehmen:

```
mov AX, 100h
mov DS, AX.
```

Das Register *EIP* enthält stets die Adresse des nächsten Befehls. Es ist demnach nicht möglich, dort Daten zu speichern. *EIP* wird entweder automatisch erhöht, oder durch Sprungbefehle, dazu gehören auch Funktionsaufrufe und -rücksprünge, verändert.

### 5.5.4    Flag-Register

Das *Flag-Register* ändert sich nach arithmetischen Operationen. Es dient dazu, spezielle Situationen bei der Durchführung einer ALU-Operation, anzuzeigen. Es ist eigentlich ein Ausgaberegister, dennoch kann es auf dem Umweg über den später zu besprechenden Stack gezielt verändert werden.

5.5 Assemblerprogrammierung                                                          467

Im Flag-Register hat jedes einzelne Bit seine eigene Bedeutung. Von den 32 Bit des Flag-Registers werden nur 14 verwendet, uns interessieren hier nur 9 davon. Deren Namen sind in der folgenden Tabelle mit einem Kurzkommentar aufgelistet. Die Flags $C, A, O, S, Z, P$ beziehen sich immer auf das Ergebnis einer gerade durchgeführten Operation.

Die Flags $D, I$ und $T$ dienen als Schalter. Sie bleiben unverändert, bis man sie durch Spezialbefehle verändert. Die so genannte *direction flag*, $D$, beeinflusst die Wirkungsweise von String-Befehlen. Ist $D$ gesetzt, so werden Strings von links nach rechts, andernfalls von rechts nach links abgearbeitet. Die Befehle STD (set direction) und CLD (clear direction) setzen die $D$-Flag auf 1 bzw. auf 0. Entsprechend bestimmt die *interrupt-enable flag*, $I$, ob der Prozessor auf gewisse Unterbrechungen (z.B. auf die Tastatureingabe) reagieren soll oder nicht.

Schließlich wird die *trap flag* von Programmen wie einem *Debugger* verwendet. Ein Debugger erlaubt die schrittweise Ausführung eines Maschinenprogramms zu Testzwecken. Damit ergibt sich eine Zweiteilung der Flags in solche, die eigentlich als Schalter dienen, und solche, die Ergebnisse von Operationen erläutern.

| C | Carry | Bereichsüberschreitung für vorzeichenlose Zahlen. |
|---|---|---|
| A | Aux. Carry | Bereichsüberschreitung für vorzeichenlose Nibbles. |
| O | Overflow | Bereichsüberschreitung bei arithmetischer Operation auf Zahlen mit Vorzeichen. |
| S | Sign | Ergebnis war negativ. |
| Z | Zero | Ergebnis war Null. |
| P | Parity | Ergebnis war ein Byte/Word mit gerade vielen Einsen. |
| D | Direction flag | Legt die Richtung von String-Befehlen fest. |
| I | Interrupt | Bestimmt, ob Interrupts zugelassen werden. |
| T | Trap Flag | Vom Debugger verwendet. Erlaubt single step modus. |

Von den Ergebnisflags sind sowohl $Z$ als auch $P$ offensichtlich zu interpretieren. $Z = 1$ bedeutet, dass das Ergebnis der letzten arithmetischen Operation 0 war, und $P = 1$ bedeutet, dass das Ergebnis der letzten Operation gerade viele Einsen hatte. Diese Information ist für die Datenübertragung manchmal nützlich, wenn zu übertragende Daten mit einem zusätzlichen *Prüfbit* so aufgefüllt werden, dass das zu übertragende Datum eine gerade Anzahl von Einsen hat. Wird ein Wort mit einer ungeraden Anzahl von Einsen empfangen, so erkennt man, dass ein Fehler eingetreten ist.

Nicht alle Operationen beeinflussen alle Flags, so dass evtl. auch später noch durch eine frühere Operation erzeugte Spezialbedingungen aus dem Flag-Register ablesbar sind. In diesem Zusammenhang muss man aber wissen, ob die seither durchgeführten anderen Operationen die fraglichen Flags nicht beeinflusst haben. Eine fundierte Kenntnis von Maschinensprache beinhaltet daher auch das Wissen, welche Operation welche Flag beeinflusst.

## 5.5.5 Arithmetische Flags

Die Flags, *C*, *A*, *O*, und *S* beziehen sich auf die Interpretation der beteiligten Daten als ganze Zahlen. Der Prozessor *weiß* nicht, ob die Inhalte von Registern als natürliche Zahl (*unsigned number*) oder als ganze Zahl in Zweierkomplement-Darstellung (*signed number*) gemeint sind (siehe dazu das Kapitel über Zahlendarstellungen, S. 17ff.). Für die einfachen arithmetischen Operationen ist diese Information auch nicht notwendig, da das Ergebnis in beiden Fällen durch die gleiche Bitfolge dargestellt wird. Allerdings kann in der einen Interpretation das Resultat ungültig sein und in der anderen Interpretation nicht. Für beide Fälle werden vorsorglich die richtigen Flags gesetzt. Für die Deutung als vorzeichenlose Zahl zeigt das *Carry-Bit*, ob ein Übertrag aus der höchsten Bitposition entstanden ist bzw. ob das Ergebnis negativ und daher als vorzeichenlose Zahl ungültig ist. Für die Interpretation als vorzeichenbehaftete Zweierkomplementzahl zeigt das *overflow flag* eine Bereichsüberschreitung oder -unterschreitung an. *Zero flag* und *sign flag* zeigen, ob das Ergebnis der letzten Operation 0 oder negativ war.

Wir demonstrieren beide Sichtweisen an einigen konkreten Beispielen. Im ersten Fall werden die Register AL und BL mit den Bytes 0FD und 0FF gefüllt und addiert. Als Ergebnis entsteht im Register AL das Byte 0FC. Als Zweierkomplementzahlen interpretiert, haben wir –1 zu –3 in Register AL addiert. Das Ergebnis –4 ist korrekt, da wir den Bereich –128 ... + 127 der 8-Bit-Zweierkomplementzahlen nicht verlassen haben. Konsequenterweise ist das O-Flag nicht gesetzt. Interpretieren wir dieselben Daten als vorzeichenlose natürliche Zahlen, so wird zu 253 in *AL* die Zahl 255 aus BL addiert. Von dem Ergebnis, 253 + 255 = 508, passen nur die niedrigsten 8 Bit in das Zielregister AL, also 508 mod 256 = 252. Das Carry-Bit zeigt an, dass ein Übertrag aus der höchsten Bitposition entstanden ist. Als Addition von natürlichen Zahlen ist das Ergebnis also ungültig. Aus den Befehlsgruppen im folgenden Bild erzeugt der Assemblierer in der Tat jeweils identische Maschinenbefehle. Die richtige Interpretation muss der Programmierer liefern und dafür die entsprechenden Flags beachten.

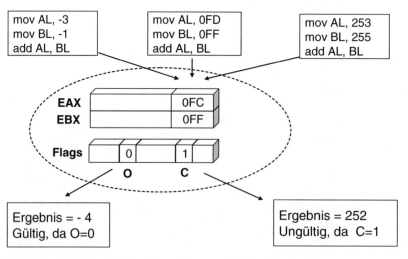

*Abb. 5.69:* Maschinenbefehle und ihre Wirkung auf das Flag-Register (1)

## 5.5 Assemblerprogrammierung

Als zweites Beispiel betrachten wir die Befehle:

```
mov AL, 100
add AL, AL
```

Diese Befehlsfolge ist identisch mit:

```
mov AL, 064
add AL, AL
```

In jedem Fall befindet sich am Ende 0C8 im Register AL. Interpretiert man die Berechnung als vorzeichenbehaftete 8-Bit-Addition, so findet man das Ergebnis –56 in AL und das Overflow-Bit gesetzt. Es hat eine Bereichsüberschreitung stattgefunden. Als natürliche Zahl betrachtet stellt 0C8h gerade 200 dar. Es hat während der Addition keine Bereichsüberschreitung stattgefunden, weswegen das C-Bit nicht gesetzt wurde.

Dieselben Überlegungen gelten auch für die Subtraktion. Beispielsweise ist

```
mov AH, 02
mov BH, 0FF
sub AH, BB
```

sowohl als vorzeichenbehaftete Subtraktion 2 – (– 1) = 3 als auch als Subtraktion von ganzen Zahlen 2 – 255 interpretierbar. In jedem Falle enthält AH den Wert 3, das Carry-Bit zeigt aber an, dass die Operation für vorzeichenlose Zahlen ungültig war.

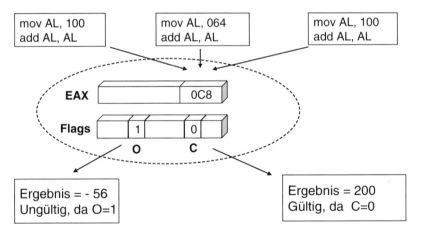

*Abb. 5.70:* Maschinenbefehle und ihre Wirkung auf das Flag-Register (2)

### 5.5.6 Größenvergleiche

Die Subtraktion mit anschließender Flag-Prüfung kann man verwenden, um Registerwerte der Größe nach zu vergleichen. Es stellt sich aber ein kleines Problem: Ist der Hex-Wert 02 kleiner oder größer als 0FF? Als vorzeichenlose Zahl gilt 02 = 2 und 0FF = 255, also 02 < 0FF. Als Zweierkomplementzahl gilt 02 = 2 und 0FF= −1, also 02 > 0FF.

Die Frage, ob für zwei Registerinhalte $X$ und $Y$ die Relation X < Y gilt, hängt also davon ab, wie wir $X$ und $Y$ interpretieren. Demgemäß unterscheidet man auf Hex-Zahlen zwei Ordnungen: *below* und *less*. Für beliebige Registerinhalte $X$ und $Y$ sagt man

- $X$ *below* $Y \Leftrightarrow X < Y$   als vorzeichenlose natürliche Zahl,
- $X$ *less*   $Y \Leftrightarrow X < Y$ als Zweierkomplementzahl.

Die entsprechenden inversen Relationen heißen *above* bzw. *greater*. Vorzeichenlose Zahlen muss man also mit *above/below* und vorzeichenbehaftete Zahlen mit *greater/less* vergleichen. Die Ordnungen stimmen überein, wenn man kleine positive Zahlen vergleicht, also 8-Bit Zahlen kleiner als 128, 16-Bit Zahlen kleiner als 32768 oder 32-Bit-Zahlen kleiner als $2^{31}$. Ob eine der Ordnungsrelationen zutrifft, erkennt man direkt nach einer Subtraktion X − Y an den Flags:

- $X$ *below*  $Y \Leftrightarrow$ Bei der Subtraktion ist ein Übertrag aufgetreten, also $C = 1$.
- X = Y $\Leftrightarrow$ Z-Flag gesetzt, also $Z = 1$.
- $X$ *above* $Y \Leftrightarrow$ sonst, also $C = 0$ und $S = 0$.

Für die Interpretation als vorzeichenbehaftete Zahlen gilt entsprechend:

- $X$ *less* $Y$     $\Leftrightarrow$ X-Y negativ und O=0 oder X-Y positiv und O=1, kurz: $S \neq O$.
- $X = Y$        $\Leftrightarrow$ Z-Flag gesetzt, also $Z = 1$.
- $X$ *greater* $Y \Leftrightarrow$ sonst, also $Z = 0$ und $S = 0$.

Bei einer Subtraktion von $X$ = 0FFh und $Y$ = 06h in einem 8-Bit-Register werden die folgenden Flags setzt: $C = 0, Z = 0, O = 0, S = 1$. Damit gilt: $X$ *above* $Y$ und gleichzeitig $X$ *less* $Y$. In der Tat gilt vorzeichenlos: $X$ = 255, $Y$ = 6 und somit X > Y. Als 8-Bit-Zweierkomplementzahlen gilt dagegen: X = − 1, $Y$ = +6 und X < Y. Findet die gleiche Subtraktion in einem 16-Bit-Register statt, so gilt X *above* Y und X *greater* Y, da X als 16-Bit-Zweierkomplementzahl +255 darstellt.

Da für einen Vergleich nur die Flags nach der Subtraktion eine Rolle spielen, nicht aber das Ergebnis, gibt es eine Operation *cmp*, die genau das Nötige leistet. Die Operation

      cmp *Ziel, Quelle*

setzt die Flags wie die entsprechende *SUB*-Operation ohne den Inhalt von *Ziel* zu verändern. Je nach Ausgang einer Vergleichsoperation kann z.B. verzweigt werden.

Die arithmetischen Operationen, *INC* und *DEC* dienen zum Inkrementieren bzw. Dekrementieren eines Speicher- oder Registerinhaltes um 1. Die *INC*- und *DEC*-Versionen sind schneller und lesbarer als die entsprechenden *ADD*- und *SUB*-Befehle und werden oft in Schleifen benötigt. *INC* und *DEC* verändern jedoch nicht das Carry-Flag. Das ist insbesondere deswegen nicht von Nachteil, weil man die Bedingung auch anders testen kann: *ADD Ziel, 1* setzt genau dann das Carry-Flag, wenn das Ergebnis 0 ist, d.h. wenn auch das Z-Flag gesetzt wird. *SUB Ziel, 1* setzt genau dann das Carry-Flag, wenn vorher Ziel = 0 war. Auch dies ist leicht

## 5.5 Assemblerprogrammierung

feststellbar. Somit verzichten INC und DEC auf das Setzen des Carry-Flag, was für die Programmierung von Schleifen oft von Vorteil ist.

### 5.5.7 Logische Operationen

Die logischen Operationen *AND*, *OR*, *XOR*, *NOT* funktionieren prinzipiell wie die arithmetischen und auch mit denselben Registern. Die meisten logischen Operationen setzen das Carry-Flag auf 0. Die Flags *S*, *Z* und *P* werden je nach Ergebniswert gesetzt.

Die Bedeutung dieser Operationen bedarf kaum einer Erläuterung. Sie werden bitweise ausgeführt. Beispielsweise ist

```
AND 7 13 = AND 00000111b 00001101b = 0101b = 9.
```

Häufig werden logische Operationen für Zwecke benutzt, die nicht unmittelbar klar sind:

```
        ; Setze Register AX auf 0
    xor AX, AX
        ; Vertausche den Inhalt der Register AX und BX
    xor AX, BX
    xor BX, AX
    xor AX, BX
```

Mit *AND* und *OR* kann man einzelne Bits in einem Wort löschen oder setzen. Dazu benutzt man als zweiten Operanden eine *Maske*. Das ist eine konstante Bitfolge, die an den aus- oder einzublendenden Bits eine 1 besitzt. Die Maske wird gern als Binärzahl, erkenntlich an dem nachgestellten *b*, geschrieben.

```
        ; Setze Bit 2 und Bit 7 von AL auf 1
    or AL, 0100 0010b
        ; Setze Bit 2 und Bit 7 von BL auf 0
    and BL, 0100 0010b
```

Die Operation *TEST* setzt alle Flags wie der entsprechende AND-Befehl, lässt aber die Operanden intakt. Somit verhält sich *TEST* zu *AND* wie *CMP* zu *SUB*.

```
        ; Prüfe, ob Bit 2 oder Bit 7 in AH gesetzt sind
    test AH, 0100 0010b
        ; jetzt sollte man die Z-Flag überprüfen
```

Zum Verständnis von Assemblerbefehlen gehört also nicht nur das Wissen um das Ergebnis einer ausgeführten Operation, sondern auch um deren Einfluss auf die Flags. Die folgende Tabelle fasst dies noch einmal zusammen. Auf die Operationen `mul` und `div` werden wir später noch eingehen.

| add, sub, neg | beeinflussen | $O, S, Z, C, P, A$ |
|---|---|---|
| inc, dec | beeinflussen | $O, S, Z, P, A$ |
| mul, div | beeinflussen | $O, C$ |

| and, or, xor | beeinflussen | $S, Z, P$ und setzen $C = 0$ |
|---|---|---|
| cmp | setzt die Flags wie | sub |
| test | setzt die Flags wie | and |

## 5.5.8    Sprünge

Assemblerbefehle werden in der Reihenfolge ausgeführt, in der sie im Text erscheinen, es sei denn, es handelt sich um einen *Sprungbefehl*. Ein solcher bewirkt die Fortsetzung des Programms an einer beliebigen, durch einen Namen markierten Stelle. Die Sprungmarke (engl. *label*) ist das Argument des Sprungbefehles.

Es gibt unbedingte Sprünge, bei denen der Sprung auf jeden Fall stattfindet, und *bedingte Sprünge*, bei denen er nur erfolgt, falls eine bestimmte Bedingung erfüllt ist. Die Bedingung wird immer anhand des Flag-Registers überprüft.

*JMP* ist der unbedingte Sprungbefehl (Jump). *JZ* steht für *Jump on zero*, der nur ausgeführt wird, falls das Zero-Flag gesetzt ist. *JNZ* (Jump if not zero) wird ausgeführt, falls das Zero-Flag nicht gesetzt ist. Meist folgt ein solcher Sprungbefehl auf einen Vergleich oder auf eine arithmetische oder logische Operation. Die Befehle JE (jump on equal) und JNE (jump on not equal) sind identisch zu JZ und JNZ. Der Assembler erzeugt jeweils identischen Maschinencode.

```
        ; Berechne den ggT von AX und BX

        mov ax,  504     ; Anfangswerte
        mov bx,  210     ;  -- " --

schleife:
        cmp ax, bx       ; Vergleich
        jz ausgabe       ; Bedingter Sprung
        jb AX_below_BX   ; Bedingter Sprung
        sub ax,bx        ; AX = AX - BX
        jmp schleife     ; unbedingter Sprung

    AX_below_BX:
        sub bx, ax       ; BX = BX-AX
        jmp schleife     ; unbedingter Sprung

    ausgabe:
```

**Abb. 5.71:**   *Schleife mit bedingtem Sprung*

Wichtig sind die auf einem Größenvergleich basierenden Sprünge. Auch sie erfolgen üblicherweise im Anschluss an einen CMP-Befehl. Je nachdem, ob Registerinhalte als vorzeichenlose oder vorzeichenbehaftete Zahlen aufgefasst werden sollen, muss eine der Ordnungen *above/below* oder *greater/less* geprüft werden. Die mnemonischen Formen JA (jump above), JB (jump below), JG (jump greater), JL (jump less) entledigen den Programmierer der Mühe, sich genau zu überlegen, welche Flags zu überprüfen sind.

| Sprungbefehl | Bedeutung | Flag-Bedingung |
|---|---|---|
| JA | Jump Above | $C = 0$ and $Z = 0$ |
| JAE | Jump Above or Equal | $C = 0$ |
| JB | Jump Below | $C = 1$ |
| JBE | Jump Below or Equal | $C = 1$ or $Z = 1$ |

*Abb. 5.72:* *Sprünge, basierend auf dem Vergleich vorzeichenloser Zahlen*

| Sprungbefehl | Bedeutung | Flag-Bedingung |
|---|---|---|
| JG | Jump Greater | $S = O$ and $Z = 0$ |
| JGE | Jump Greater or Equal | $S = O$ |
| JL | Jump Less | $S \neq O$ |
| JLE | Jump Less or Equal | $S \neq O$ or $Z = 1$ |

*Abb. 5.73:* *Sprünge, basierend auf dem Vergleich vorzeichenbehafteter Zahlen ( O ist O-Flag)*

## 5.5.9 Struktur eines vollständigen Assemblerprogrammes

Mit den elementaren arithmetischen Operationen und Sprüngen können wir erste sinnvolle Assemblerprogramme schreiben. Ein lauffähiges Assemblerprogramm benötigt noch zusätzliche Hinweise (Direktiven), deren genaue Syntax von dem gewählten Assemblierer abhängen. Im Falle des Freeware-Systems *masm32* sind dies u.a.:

```
.386
.model flat, stdcall
option casemap :none
```

Es soll hier Code für einen 386-Prozessor (oder später) erzeugt werden. Man geht von einem linearen (flachen) Speichermodell aus, wobei Code und Daten in dem gleichen Speichersegment liegen. Funktionsaufrufe erwarten ihre Parameter in umgekehrter Reihenfolge auf dem Stack (*stdcall*) und Sprungmarken sowie Funktionsnamen sind case-sensitiv. Soll das Programm unter Windows lauffähig sein und Windows Ressourcen anfordern, so müssen die benötigten Datentypen und Prozeduren des Betriebssystems dem Assembler bekannt gemacht werden. Dies geschieht durch *include*-Direktiven

```
include \masm32\include\windows.inc
include \masm32\include\kernel32.inc
includelib \masm32\lib\kernel32.lib
```

Oft werden noch weitere nützliche Bibliotheksprogramme auf diese Weise geladen, denn auch Assemblerprogrammierer wollen das Rad nicht neu erfinden.

Das Programm selber besteht aus *Segmenten*, in denen Speicherplatz für Daten reserviert und strukturiert wird und aus Segmenten, die den Code enthalten. Die entsprechenden Teile werden jeweils durch die Schlüsselworte .data bzw .code eingeleitet. Nicht jedes Programm benötigt ein Datensegment. Das Codesegment muss mindestens eine Marke besitzen, bei der die Programmausführung beginnen soll. Diese wird dadurch gekennzeichnet, dass sie nach dem Schlüsselwort end wiederholt wird.

Nach seiner Beendigung soll das Program die Kontrolle wieder an das Betriebssystem zurückgeben. Zu diesem Zweck ruft es die Bibliotheksfunktion ExitProcess auf, deren Parameter 0 vorher mit push 0 auf dem Stack abgelegt wurde. Das Codesegment eines mit *masm32* erstellten und unter Windows lauffähigen Assemblerprogramms sieht dann folgendermaßen aus:

```
.code
main:
        ; ... hier kommt der Programmcode hin ...
    push 0              ; Argument 0
    call ExitProcess    ; Funktionsaufruf - zurück zu Windows
end main
```

Nachdem das Programm mit einem Editor erstellt und in einer Datei *ggT.asm* abgespeichert wurde, kann es assembliert werden. Es entsteht zunächst eine Objekt-Datei, unter Windows mit der Endung .obj. Diese muss noch durch einen so genannten *linker* mit den nötigen Bibliotheksfunktionen zu einer ausführbaren exe-Datei verbunden werden.

## 5.5.10   Ein Beispielprogramm

Im *Datensegment* des folgenden Beispielprogramms, das mit dem Schlüsselwort .data beginnt, werden die Variablen Rahmentxt und Fenstertxt als Bytefolgen erklärt und mit Anfangswerten vorbelegt:

```
.data
    Rahmentxt    db "Gruss von Windows",0
    Fenstertxt   db "Das Ergebnis ist : "
    ergebnis     db 5 DUP (0)
```

Für ergebnis werden 5 Byte mit Inhalt 0 reserviert. db steht hierbei für *define byte*. Analog gibt es dw, dd,dq für *word*, *double word* und *quad word*. Eine Direktive $n$ DUP $(x)$ veranlasst den Assembler, $n$ viele Speicherplätze zu reservieren und mit dem Wert $x$ vorzubelegen. Der Speicherplatz wird hintereinander im Speicher angelegt. Die eingeführten Namen sind genau genommen als Marken im Datensegment zu verstehen, d.h. als Adressen relativ zum Anfang des Datensegments. Im obigen Fall haben wir also
Rahmentxt: 0, Fenstertxt: 18=12h, ergebnis: 37=25h.

Die Angabe, ob es sich um Byte, Word, DoubleWord oder QuadWord Formate handelt, dient nur zur Vermeidung logischer Fehler. So wird sich der Assembler weigern, ein `mov Rahmentxt,ax` oder ein `mov Rahmentxt,eax` zu assemblieren, weil (E)AX eine 16(32)-Bit Größe enthält, nicht ein Byte. Sollte der Programmierer aber darauf bestehen, muss er es mit der Direktive *Word Ptr* bzw. *DWord Ptr* klarstellen, also etwa `mov DWORD PTR Rahmentxt,eax`.

Im *Code-Segment*, das mit dem Schlüsselwort `.code` beginnt, wird zuerst in Register EAX der ggT von 504 und 210 berechnet und dann das Ergebnis, das bei Beendigung der Schleife in EAX als Hex-Wert (2Ah) vorliegt, mit Hilfe der Funktion `dwtoa` (double word to ascii) aus der *masm32*-Bibliothek in eine Dezimalzahl (42) umgerechnet und als Folge von ASCII-Zeichen „4", „2" in ergebnis abgelegt. Anschließend rufen wir die Betriebssystemfunktion `MessageBox` auf, die die Startadressen zweier Strings verlangt.

```
invoke dwtoa, eax, addr ergebnis
invoke MessageBox,0,addr Fenstertxt, addr Rahmentxt,MB_OK
```

Strings enden automatisch mit dem ersten NULL-Byte (00h), weshalb der erste String explizit mit 0 beendet wurde. `Fenstertxt` wurde nicht mit 0 abgeschlossen, daher endet der dort beginnende String mit der ersten 0, die in den 5 Bytes von ergebnis gefunden wird, was in der MessageBox die Ausgabe „*Das Ergebnis ist : 42*" bewirkt.

*Abb. 5.74: Komplettes Assemblerprogramm und Ergebnis des Aufrufs unter Windows XP*

Heutige Benutzeroberflächen, so auch der zu *masm32* gehörende *Quick Editor,* verbinden das Assemblieren und Linken zu einem einzigen Menübefehl. Die Abbildung zeigt ein komplettes Programm, das den *ggT* zweier Zahlen berechnet und das Ergebnis in einer Windows MessageBox ausgibt. Der Menüpunkt *Project>Build All* assembliert und verlinkt das Programm zu einer ausführbaren *exe*-Datei, die mit *Projekt>Run* sofort gestartet werden kann.

Zur Ausführung von ggT.exe wird die Datei vom Betriebssystem in den Speicher geladen. Die physikalische Adresse der genannten Variablen ergibt sich dann durch Addition mit der Adresse an der der Anfang des Datensegments im Speicher zu liegen kommt.

### 5.5.11 Testen von Assemblerprogrammen

Auch sorgfältig programmierte Assemblerprogramme funktionieren selten auf Anhieb. Syntaxfehler werden bereits vom Assembler erkannt. Logische Fehler, dazu gehören auch Endlosschleifen, stellen sich erst zur Laufzeit heraus. Oft hilft es, gewisse Programmteile schrittweise durchzugehen und dabei die Wirkung der einzelnen Instruktionen auf die Register und auf den Speicher zu verfolgen. Diesen Zweck erfüllen *Debugger.* Kommerzielle Debugger, wie z.B. *SoftIce* sind nicht ganz billig, für den Anfang tut der frei erhältliche *Turbo Debugger 32* von Borland gute Dienste.

Die folgende Abbildung zeigt *TD32* bei der Inspektion von ggT.exe. Nachdem das Programm in den Debugger geladen wurde, kann es mit der Taste *F8* schrittweise ausgeführt werden. In der Mitte erkennt man die Darstellung des Programmcodes, im rechten Fenster die Register mit ihren Inhalten und am rechten Rand die wichtigsten Flags. Der Programmzähler steht gerade bei jb, der fünften Instruktion. Die Register EAX und EBX enthalten die Werte 54h bzw. D2h, weswegen der Vergleich cmp eax, ebx soeben das Vorzeichen-Flag s (sign) und das Übertrag-Flag c (carry) gesetzt hat. Als Nächstes steht der Sprung jb an, der aufgrund der gesetzten c-Flag auch ausgeführt werden wird.

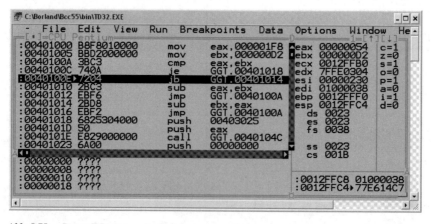

***Abb. 5.75:*** *Das ggT-Programm im Debugger*

# 5.5 Assemblerprogrammierung 477

Der Maschinencode für den Sprung besteht aus den beiden Bytes 72h und 04h. Davon ist 72h der eigentliche Sprungbefehl und 04 die Sprungweite. Es wird also um 4 Byte nach vorne gesprungen werden, gezählt vom Beginn der folgenden Instruktion. Analog wurde der unbedingte Sprung `jmp schleife` des ursprünglichen Assemblerprogramms übersetzt in EB F2. Hier steht EBh für den unbedingten Sprung und F2h für -14, also einen Sprung um 14 Byte zurück. In der vordersten Spalte des linken Fensters erkennt man auch die Speicheradressen, an denen die einzelnen Maschinencodes gespeichert sind.

Mit einem Debugger kann man jedes ausführbare Programm schrittweise mitverfolgen, gegebenenfalls auch verändern und zurückschreiben. Letzteren Prozess nennt man auch *disassemblieren*. Einfachere Programme für die Erkundung und Veränderung fremder Programme heissen auch *Disassembler*. Da beim Assemblieren die Marken und die Namen der aufgerufenen Routinen verlorengehen, ersetzt der Debugger diese durch automatisch generierte Namen. Man kann das Quellprogramm durch geeignete Parameter auch so übersetzen, dass die vom Programmierer definierten Namen und Marken in einer *Symboltabelle* aufbewahrt werden und vom Debugger verwendet werden können, was eine Fehlersuche im Debugger deutlich erleichtert.

## 5.5.12 Speicheradressierung

Unter DOS ist es kein Problem, direkt auf eine bestimmte Zelle im Hauptspeicher lesend oder schreibend zuzugreifen. Sofern das Segmentregister DS richtig gesetzt ist, kann durch `mov [110h],'a'` der Buchstabe „a", also die Hex-Zahl 61h in Speicherzelle 110h geschrieben werden und mit `mov ax,110h` wird das Wort, dessen low und high byte in Zellen 110h und 111h liegen, in Register AX kopiert.

Unter Windows oder Linux sind solche direkten Speicherplatzzugriffe nicht erlaubt, da sie andere Programme oder das Betriebssystem stören könnten. Jedes Benutzerprogramm erhält zwar seinen eigenen Adressraum von 4 GByte, in dem es Daten schreiben und lesen kann. Wie dieser Adressraum aber auf den physikalisch vorhandenen (oder nicht vorhandenen) Speicher abgebildet wird, ist Sache des Betriebssystems. Um physikalische Geräte oder Ports anzusteuern, muss man sich der Funktionen des Betriebssystems bedienen. Das ist ohnehin der bequemere Weg.

Natürlich muss man auch unter Windows den Hauptspeicher verwenden, allerdings bestimmt das Betriebssystem, in welchen physikalischen Speicherzellen die Benutzerdaten abgelegt werden. Der Benutzer verwaltet einen virtuellen Hauptspeicherbereich, welchen er durch die Datendefinitionen *db, dw, dd, dq* strukturiert.

Angenommen, eine Bank definiert Daten für Konten und Transaktionsnummern (TAN)

```
.data
    KontoNr    dd   123987
    TAN        dw   6734, 1067, 2945, 1981, 5511,
```

durch welche `KontoNr` als 32-Bit Wert mit Inhalt 123987 und `TAN` als Liste von fünf 16-Bit Werten definiert werden. In dem Datensegment bezeichnet dann `KontoNr` die Adresse 0 und `TAN` die Adresse 4. Die folgenden Daten der TAN-Liste beginnen an den Adressen 6, 8, 10 und 12. Obwohl `KontoNr` und `TAN` Adressen sind, dürfen wir mit ihnen fast so umgehen wie mit Variablen in höheren Programmiersprachen:

```
mov eax, KontoNr
```

lädt die `KontoNr` in Register EAX, wobei der Assemblierer überprüft, dass die Variablengröße *double* mit der Länge des EAX-Registers (32 Bit) übereinstimmt.

```
mov TAN, ax
```

ersetzt die erste `TAN` durch den Inhalt von Register AX. Die folgenden `TAN` können wir durch ihre Speicheradressen TAN+2, TAN+4, ... ,TAN+8 ansprechen. Alternativ ist auch die Notation `TAN[2]`,`TAN[4]`, ... ,`TAN[8]` zugelassen. Um beispielsweise die dritte und die fünfte `TAN` zu vertauschen, könnte man schreiben:

```
mov ax, TAN[4]
mov bx, TAN[8]
mov TAN+8, ax
mov TAN+4, bx
```

Bei dem MOV-Befehl dürfen nicht sowohl Quelle als auch Ziel Speicheradressen sein – mov `TAN[4]`,`TAN[8]` ist also nicht erlaubt. Allerdings würde eine vermutlich fehlerhafte Anweisung wie `mov  TAN[5]`,`ax` vom Assembler akzeptiert, was den dritten und den vierten TAN-Wert der Liste verändern würde. Selbst `mov  KontoNr[4]`,`eax` würde klaglos akzeptiert, obwohl durch den Befehl ein Teil der TAN-Liste überschrieben würde.

In dem gerade betrachteten Fall waren die korrekten relativen Speicheradressen bereits zur Assemblierzeit bekannt. Meist werden die Adressen aber erst zur Laufzeit berechnet, so beispielsweise, wenn wir alle Werte der TAN-Liste um eins erhöhen. Wir können das durch eine kleine Schleife erledigen. Dazu benötigen wir allerdings die so genannte *indirekte Adressierung*, wobei der Index der TAN-Liste in dem Register EBX (mnemonisch für *base index*) berechnet wird. Das Register [E]BX spielt hierbei eine Sonderrolle. Neben einfachen Indexangaben wie `TAN[bx]` oder alternativ `[TAN+bx]` sind auch einfache konstante Ausdrücke wie z.B. `[TAN+2*ebx-2]` zugelassen. Zur Illustration folgt ein kurzes Programm, das jede unserer TAN-Nummern um eins erhöht:

```
    mov ebx,5
naechste:
    mov ax, TAN[2*ebx-2]
    inc ax
    mov TAN[2*ebx-2],ax
    dec ebx
    jne naechste
```

## 5.5.13 Operationen auf Speicherblöcken

Die 80x86-Familie besitzt spezielle Operationen und Schleifenmechanismen, um ganze Datenblöcke im Speicher zu verschieben oder zu vergleichen. Die Register *ESI* (extended Source Index) und *EDI* (extended Destination Index) müssen zur Adressierung von Quelle

# 5.5 Assemblerprogrammierung

und Ziel der Datenbewegung verwendet werden. Die Befehle zur Stringverschiebung (*MOVSx*) und zum Stringvergleich (*CMPSx*) dienen zur direkten Bewegung bzw. zum Vergleich von Daten ohne Umweg über ein Register. *x* steht hier für die Datengröße, muss also durch B, W, D oder Q ersetzt werden. So kopiert beispielsweise der Befehl *MOVSB* ein Byte von der Adresse in ESI zur Adresse in EDI. Je nachdem, ob das *destination flag* D gesetzt ist oder nicht, werden automatisch ESI und EDI erniedrigt oder erhöht, so dass ein erneuter Befehl *MOVSB* das nächste Byte kopiert.

Die String-Befehle erlauben zusätzlich noch *Wiederholungspräfixe. REP* wiederholt den folgenden Befehl, bis das ECX Register 0 ist und dekrementiert jedesmal ECX. Auf diese Weise kann man sehr effizient Datenblöcke verschieben. Im folgenden Beispiel wird ein Block von 6 Byte, der an Adresse MyOS beginnt, an Adresse Rahmentxt+10 verschoben. *Offset* ist eine Assembler-Direktive, die die Adresse einer Marke im Datensegment berechnet.

```
.data
    Rahmentxt    db "Gruss von Windows",0
    MyOS         db "Linux",0
.code
beispiel:
    mov esi, offset MyOS          ; Quelladresse setzen
    mov edi, offset Rahmentxt+10  ; Zieladresse setzen
    cld                           ; Richtung: aufsteigend
    mov ecx, 6                    ; Anz. d. Wiederholungen
    rep movsb                     ; While cx>0 MOVSB
end beispiel
```

Für die Vergleichsoperationen CMPSx sind die Wiederholungspräfixe REPZ bzw. REPNZ nützlich, die den Vergleich solange ausführen, wie CX nicht 0 ist und das Zero-Flag gesetzt bzw. nicht gesetzt ist. Die Richtung von Datenbewegungen oder Vergleichen läst sich mit CLD (clear direction flag) und STD (set direction flag) festlegen.

## 5.5.14 Multiplikation und Division

Wir kehren nun zur Besprechung der beiden noch fehlenden arithmetischen Grundoperationen zurück, der Multiplikation und der Division. Von dem Format *Op Ziel, Quelle* muss man hier abweichen, da das Ergebnis im Allgemeinen nicht in das Zielregister passen würde. Daher dienen, je nach Größe der Faktoren, spezielle Register zur Aufnahme des Produktes. Für die Multiplikation von 8-Bit-Zahlen wird ein Operand im Register AL erwartet, der andere Operand in einem 8-Bit-Allzweckregister oder Speicher. Das Ergebnis von „MUL *Operand*" steht dann als 16-Bit-Größe in AX. Umgekehrt kann man eine 16-Bit-Zahl in AX durch einen 8-Bit-Operanden dividieren: „DIV *Operand*". Der Quotient liegt danach in AL, der Rest in AH.

```
mov al, 17
mov dl, 30
mul dl    ; ax := al * dl
```

```
mov ax, 37
mov bl, 3
div bl
;   al := ax div bl
;   ah := ax mod bl
```

Für die Multiplikation von 16(32)-Bit-Zahlen wird ein Operand in (E)AX erwartet, der andere 16(32)-Bit-Operand in einem Allzweckregister oder dem Speicher. Das Ergebnis von mul *Operand* steht dann als 32(64)-Bit-Größe in (E)DX:(E)AX, d.h. die höherwertigen Bits in (E)DX, die niederwertigen in (E)AX. Umgekehrt kann man eine solche 32-Bit-Zahl in (E)DX:(E)AX durch einen 16(32)-Bit Operanden dividieren. Der Quotient liegt danach in (E)AX, der Rest in (E)DX.

```
mov ax, 1001
mov cx, 30
mul cx
    ;   dx:ax = 30030
```

```
mov ax, 1001
mov dx, 0
mov cx, 15
div cx
    ;   ax = 66
    ;   dx = 11
```

Im Gegensatz zu Addition und Subtraktion funktionieren Multiplikation und Division bei vorzeichenlosen Zahlen anders als bei vorzeichenbehafteten Zahlen. MUL und DIV arbeiten auf vorzeichenlosen, d.h. natürlichen Zahlen. Für vorzeichenbehaftete oder ganze Zahlen muss man die entsprechenden Befehle IMUL (integer multiply) bzw. IDIV (integer divide) verwenden.

### 5.5.15    Shift-Operationen

Multiplikation und Division sind relativ aufwändige Operationen. Für spezielle Fälle, etwa Multiplikation mit einer Zweierpotenz, kann man auch die Shift- bzw. Rotate-Operationen benutzen. Diese Operationen verschieben den Inhalt eines Registers um eine oder mehrere Bitposition nach links oder nach rechts. Dabei fällt rechts bzw. links ein Bit aus dem Register, an dem anderen Ende entsteht eine Lücke, die mit irgendeinem Bit aufgefüllt werden muss.

In der Art, wie diese herausfallenden bzw. zu füllenden Bitpositionen zu behandeln sind, unterscheiden sich die verschiedenen Shift- bzw. Rotate-Versionen. Bei den Shift-Operationen gelangt ein herausfallendes Bit in das Carry-Flag. Die Shift-Instruktionen sind:

```
SHR     ; Shift unsigned right,
SHL     ; Shift unsigned left,
SAR     ; Shift arithmetic right,
SAL     ; Shift arithmetic left.
```

Bei den ersten beiden Operationen, SHR und SHL, wird die jeweils entstehende Lücke mit einer 0 gefüllt. Diese Operationen führen also eine Halbierung bzw. Verdopplung ihres Argumentes durch. Sei beispielsweise in AL die Zahl $183 = (10110111)_2$ gespeichert.

```
SHR AL, 1
```

ändert den Inhalt von AL zu 01011011b, was als vorzeichenlose Zahl $(01011011)_2 = 91$ darstellt. Am Inhalt des Carry-Flag, $C = 1$, erkennt man, dass ein Rest bei der Division durch 2 entstanden ist. Ein

```
SHL AL, 1
```

hätte AL zu 01101110b gesetzt. Die am weitesten links stehende 1 wäre in die Carry-Flag gewandert, welche so angezeigt hätte, dass die Multiplikation mit 2 den zulässigen Bereich überschritten hat.

Teilt man eine negative ganze Zahl durch 2, so ist zu berücksichtigen, dass die am weitesten links stehende Bitposition als Vorzeichen dient. Bei einem Rechts-Shift sollte sie nicht einfach durch 0 aufgefüllt werden, sondern ihren alten Wert behalten. Daher gibt es die Variante für vorzeichenbehaftete Zahlen, SAR, shift arithmetic right.

```
SAR AX, 1
```

teilt eine ganze Zahl in AX durch 2. Die Operation SAL ist identisch mit SHL.

Der zweite Operand einer Shift-Operation gibt die Anzahl der auszuführenden Shifts an. Er muss entweder 1 oder das Register CL sein. Entsprechendes gilt für die *Rotate*-Operationen. Bei diesen wird das herausgeschobene Bit benutzt, um die am anderen Ende entstandene Lücke zu füllen. Die *Rotate*-Operationen sind:

**ROR**     ;    rotate right,
**ROL**      ;    rotate left,
**RCR**     ;    rotate through carry right,
**RCL**      ;    rotate through carry left.

In den letzten beiden Versionen, RCL und RCR, wird das Carry-Bit in die Rotation einbezogen. Das Carry-Bit füllt die Lücke, und das herausfallende Bit wandert in das Carry.

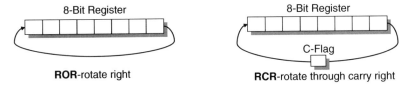

**Abb. 5.76:** *Rotate-Befehl und Carry-Flag*

Der folgende Code multipliziert eine positive 32-Bit-Zahl in DX:AX mit 2:

```
SHL AX, 1
RCL DX, 1
```

Die Shift- und Rotate-Operationen sind um ein Vielfaches schneller als die entsprechenden Multiplikationen oder Divisionen.

## 5.5.16 LOOP-Befehle

Mit den Sprungbefehlen kann man beliebige *while-*, *repeat-* und *for-* Schleifen nachbilden. Die 80x86-Prozessorfamilie besitzt aber zusätzliche Operationen, um dies effizienter und lesbarer zu gestalten. In allen diesen Befehlen wird das CX Register als Schleifenzähler benutzt. Es enthält die Anzahl der verbleibenden Iterationen.

Man kann sich $C$ als Abkürzung für *counter* einprägen. Der Befehl LOOP dekrementiert CX und springt an den Anfang der Schleife, falls CX $\neq 0$ ist. Es wird keine Flag verändert, insbesondere auch nicht die Z-Flag gesetzt. Um im Falle, dass vor Beginn der Schleife schon CX = 0 ist, gleich an deren Ende zu springen, gibt es den Sprungbefehl JCXZ (jump if CX is zero). Abgesehen von den Flags ist folgende *for-*Schleife

```
          MOV   CX, k
          JCXZ Fertig
    Schleife:
          Befehl1
              .  .  .
          Befehln
          LOOP Schleife
    Fertig:        .  .  .
```

äquivalent zu dem etwas umständlicheren Code:

```
                    MOV   CX, k
                    CMP   CX, 0
                    JZ  Fertig
    Schleife:       Befehl1
                        .  .  .
                    Befehln
                    DEC   CX
                    JNZ   Schleife
    Fertig:
```

Es gibt weitere LOOP-Befehle, die wir hier nicht weiter besprechen wollen. LOOPZ und LOOPNZ terminieren, wenn entweder CX = 0 oder die Zero-Flag 1 bzw. 0 ist.

## 5.5.17 Der Stack

Der Stack ist hauptsächlich für die Ausführung von Unterprogrammen erforderlich. Bei jedem Aufruf wächst der Stack, bei jedem Rücksprung schrumpft er wieder. Im Allgemeinen muss der Benutzer den Stack nicht explizit manipulieren.

Dennoch gibt es Situationen, in denen die Stack-Operationen PUSH und POP auch dem Programmierer nützlich sind. Eine typische Situation tritt auf, wenn Register für eine Zwischenrechnung gebraucht werden, ihre alten Inhalte aber aufbewahrt werden müssen. Es ist z.B. eine Konvention der Win32-API-Programmierung, dass die Register EAX, ECX und EDX in den Bibliotheksfunktionen verändert werden können, während EBX, ESI und EDI erhalten werden sollen. Wird also eine solche API-Funktion aufgerufen und soll aber der gegenwärtige Inhalt von EAX und ECX gerettet werden, so empfiehlt es sich, den Inhalt dieser Register auf dem Stack zu retten:

```
    push eax
    push edx

    invoke dwtoa, eax, addr ergebnis
    invoke MessageBox,0,addr Ftxt,addr Rtxt,64

    pop edx
    pop eax
```

*Abb. 5.77:* Verwendung des Stack

Ganz analog wird der Programmierer einer Bibliotheksfunktion vorgehen. Falls er etwa das Register EBX oder BX benötigt, wird er den alten Wert mit  push ebx speichern und ihn vor Ende der Funktion wieder mit  pop ebx restaurieren.

### 5.5.18 Einfache Unterprogramme

Auch in Assembler kann man strukturiert programmieren. Ein wesentliches Hilfsmittel dazu bietet der Prozedur-Mechanismus. In der einfachsten Ausprägung besteht dieser aus zwei Assembler-Instruktionen: CALL und RET. Ein Unterprogramm ist dann Assembler-Code, der mit einer Sprungmarke *marke:* beginnt und der Anweisung RET endet. Der Aufruf des Unterprogramms geschieht mit dem Befehl CALL *marke*.

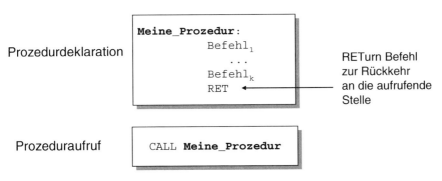

*Abb. 5.78:* Prozedurdeklaration und -aufruf

In unserem vorigen ggT-Beispiel hatten wir eine mysteriöse Funktion dwtoa aufgerufen, die den Wert des EAX-Registers als ASCII-String in der Variablen ergebnis ablegte. Wir wollen ein ähnliches Unterprogramm toAscii selber programmieren. Wir benötigen ein weiteres Unterprogramm `letzteZiffer`, um die letzte Dezimalziffer von EAX zu berechnen und als ASCII-Zeichen in DL zu speichern. Der Quotient EAX/10 liegt danach wieder in EAX.

```
letzteZiffer:              ; erwartet Zahl in eax und liefert
                           ; ASCII der letzten Dezimalziffer in dl
                           ; Quotient in eax
        xor edx, edx       ; 32-Bit Divison vorbereiten
        mov ecx,10         ; Quotient
        div ecx            ; eax := edx:eax / ecx
        add dl,'0'         ; '0' = 48
        ret

toAscii:                   ; schreibt Dezimalwert von eax als ASCII-
                           ; String der Länge 5 in "ergebnis"
        mov ebx,5          ;
        mov ergebnis[ebx],0 ; String mit 0 terminieren
        dec ebx
vorigeZiffer:
        call letzteZiffer  ; letzte Ziffer berechnen
        mov ergebnis[ebx],dl ; schreiben
        dec ebx            ; zurück
        jge vorigeZiffer   ; nochmal
        ret
```

*Abb. 5.79:*   *Assemblerprogramm mit Prozeduren*

Der Unterprogramm-Mechanismus ist technisch erstaunlich einfach zu realisieren. Der Aufruf des Unterprogramms

    call letzteZiffer

führt zu zwei Aktionen: zunächst wird der Programmzeiger IP auf den Stack gelegt und anschließend mit einem unbedingten Sprung `jmp letzteZiffer` verzweigt. Das Unterprogramm selbst endet mit dem Befehl:

    ret

Dieser bewirkt ein POP des obersten Stackwertes in den Programmzähler IP. Dies hat zur Folge, dass die Berechnung mit der Instruktion fortgesetzt wird, die auf das zuletzt ausgeführte CALL-Kommando folgt.

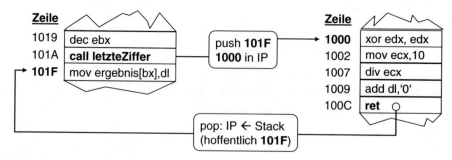

*Abb. 5.80:*   *Der CALL-RET-Mechanismus*

Der Mechanismus funktioniert auch bei verschachtelten Prozeduraufrufen dank des last-in-first-out Mechanismus des Stacks: der zuletzt abgelegte Wert wird als erster wieder entfernt.

### 5.5.19 Parameterübergabe und Stack

Bisher haben wir nur parameterlose Unterprogramme gezeigt. Benötigt ein solches aber Parameter, so gibt es mehrere Möglichkeiten, diese zu übergeben. Am einfachsten ist es, sie in bestimmte Register zu schreiben und dann das Unterprogramm aufzurufen. Dieses kann die Argumente dann den entsprechenden Registern entnehmen. Analoges gilt für Rückgabewerte. So hatten wir es bei der Funktion toAscii praktiziert, die ihr Argument in EAX erwartet und das Ergebnis in DL abliefert.

Für längere Parameterlisten oder für Array-Parameter wäre dies zu unübersichtlich oder gar unmöglich. Statt dessen bietet es sich an, den Stack zu nutzen. Vor dem Aufruf des Unterprogramms werden die Argumente auf den Stack gelegt. Danach kommt der Aufruf. So kommt die Rücksprungadresse über den Argumenten zuoberst auf dem Stack zu liegen. Um an die Parameter heranzukommen, muss das Unterprogramm daher in den Stack hineinschauen können, ohne diesen mit POP zu verändern. Genau für diese Zwecke gibt es das *EBP*-Register. Es dient zum indizierten Zugriff auf Daten im Stacksegment, ähnlich wie EBX einen indizierten Zugriff im Datensegment ermöglicht. Da das Register *ESP* (extended stack pointer) stets auf den aktuellen top des Stacks zeigt, kann man EBP folgendermaßen initialisieren:

    mov EBP, ESP

Sodann findet man bei [EBP] die Rücksprungadresse, bei [EBP + 2] das zuletzt abgelegte Argument, bei [EBP + 4] das vorletzte etc., wenn wir der Einfachheit halber 16 Bit große Parameter annehmen.

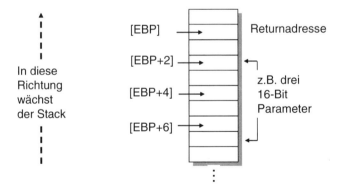

*Abb. 5.81:* Parameterübergabe mittels Stack

Nach Beendigung des Aufrufes müssen alle Argumente wieder von dem Stack entfernt werden. Dies erreicht man am bequemsten mit dem Befehl RET k, wobei k die Anzahl der Bytes angibt, die zusätzlich zur Rücksprungadresse vom Stack entfernt werden müssen. Selbstverständlich bedeutet *Entfernen vom Stack* lediglich, SP neu zu berechnen.

```
; Prozedur für komplexe Addition
; Parameter XReal, XComp, YReal, YComp
; werden über den Stack übergeben
; Resultat in  AX, BX :   Summe = AX + i*BX

complexAdd:
        Mov BP, SP              ; Aufruf mit den
        Mov AX, [BP+8]          ; Parametern Xr, Xc, Yr, Yc
        Add AX, [BP+4]
        Mov BX, [BP+6]              Mov AX, Xr
        Add BX, [BP+2]             Push AX
        RET 8                      Mov AX, Xc
                                   Push AX
                                   Mov AX, Yr
                                   Push AX
                                   Mov AX, Yc
                                   Push AX
                                   CALL complexAdd
```

**Abb. 5.82:**  *Prozedur mit Parametern – Definition und Aufruf*

## 5.5.20    Prozeduren und Funktionen

Es ist klar, dass der Zugriff auf die Parameter knifflig und fehlerträchtig ist. Daher haben alle
Assembler einen *Prozedurmechanismus*, der die Sache erleichtert. Die Parameter bekommen
einen Namen, über den sie im Programm referenziert werden können, und eine Länge. Beim
Assemblieren werden die Namen durch entsprechende Stackadressen ersetzt. Das vorige Beispiel wird so deutlich übersichtlicher:

```
complexAdd  PROC   XReal:WORD,XComp:WORD,YReal:WORD,YComp:WORD
      MOV   AX, XReal
      ADD   AX, YReal
      MOV   BX, XComp
      ADD   BX, YComp
      RET
complexAdd  ENDP
```

*PROC* und *ENDP* sind so genannte *Pseudooperationen*. Man kann sich vorstellen, dass
PROC <Argumente> zunächst in elementaren Assemblercode expandiert und dieser danach
in Maschinensprache übersetzt wird. Zusätzlich zu den Parametern kann man mit der Direktive *LOCAL* auch noch locale Variablen deklarieren. Zur Ausführungszeit der Prozedur befinden diese sich dann ebenfalls auf dem Stack.

Prozeduren dürfen selber den Stack benutzen, sie müssen diesen aber am Ende so verlassen,
wie er aufgefunden wurde. Der PROC-Mechanismus sorgt dafür, dass am Ende alle Argumente wieder vom Stack verschwunden sind, obwohl der Benutzer die Funktion mit einem
einfachen RET beendet.

## 5.5 Assemblerprogrammierung

### 5.5.21 Makros

Die einfachste Form eines *Makro* ist eine Abkürzung eines Textteiles durch ein Schlüsselwort. Jedes spätere Erscheinen des Schlüsselwortes wird von dem Assembler vor der Übersetzung automatisch *expandiert*, d.h. durch den ungekürzten Text ersetzt. Im Allgemeinen lassen Makros auch Parameter zu. Sie haben dann eine große Ähnlichkeit zu Prozeduren. Allerdings existiert der Code für eine Prozedur nur einmal in dem Programm. Bei jedem Aufruf wird an die Stelle, an der sich der Code befindet, verzweigt. Bei Makros wird dagegen jeder Aufruf durch eine Kopie des Makro-Textes ersetzt. Die Expansion von Makros kann ein mehrstufiger Prozess sein, weil Makro-Aufrufe auch geschachtelt sein können.

Ein Beispiel eines in Masm32 schon vordefinierten Makros ist *invoke*, der es erlaubt Funktionen mit Parametern fast wie in Hochsprachen aufzurufen. Angenommen, wir hätten unsere Funktion `toAscii` als Procedur mit folgenden Parametern deklariert:

```
toAscii PROC Wert:DWORD, laenge:BYTE
```

Vor einem Aufruf müssen zuerst die Parameter auf den Stack gebracht werden:

```
push 5
push eax
call toAscii
```

Wir bauen nun einen Makro, um beliebige Funktionen mit zwei Argumenten bequemer aufrufen zu können:

```
rufe2 MACRO Funktion, Arg1, Arg2
    push Arg2
    push Arg1
    call Funktion
ENDM
```

Ohne an den Stack zu denken, können wir nun Funktionen mit zwei Parametern bequem in einer Zeile aufrufen:

```
rufe2 toAscii, eax, 5
```

Der Aufruf bewirkt, dass vor dem Assemblieren der Makro `rufe2` expandiert wird, wobei `Funktion`, `Arg1` und `Arg2` durch `toAscii`, `eax` und `5` ersetzt werden.

Die Möglichkeiten von *Masm32*, Makros zu erstellen, sind vielfältig, man kann sogar von einer Makro-Sprache reden, deren Darstellung unseren Rahmen sprengen würde. Nicht umsonst steht *masm* für „Macro Assembler". Eine Reihe von Macros, wie z.B. *.if - .elseif - .else* oder *.while - .endw* sind bereits vordefiniert, so dass sich auch Assemblerprogramme sehr übersichtlich gestalten lassen. Macros können lokale Variablen und lokale Daten- und Codesegmente haben. Auch *invoke* ist ein solcher vordefinierter Makro, der, anders als unser bescheidener `rufe2`, beliebig viele Parameter zulässt.

## 5.5.22 Assembler unter DOS

Seit dem 80386 haben die Intel-Prozessoren einen privilegierten Modus. Der Prozessor bootet immer im Real-Mode und wird erst durch das Betriebssystem in den Protected Mode umgeschaltet. Startet man mit einem einfachen System wie MS-DOS, so behält man volle Kontrolle über die Hardware, muss aber auf jegliche Vorzüge eines modernen graphischen Betriebssystem verzichten. Unter DOS kann man den Hauptspeicher direkt adressieren, allerdings kann man lediglich 1MB Speicher verwalten. Dazu dienen die Segment-Register CS, DS, SS und ES. Eine Speicheradresse wird immer als Kombination mit einem dieser Register gebildet.

Der Adressbus des 8086 hatte eine Breite von 20 Bit. Damit ließen sich also maximal $2^{20} = 1$ MByte Speicher adressieren. Andererseits waren die Register nur 16 Bit breit, so dass mit einem Register nur $2^{16} = 64$ kByte adressiert werden konnten. Man sucht sich also ein 64 kByte-Segment innerhalb des Speichers aus und fasst alle Speicheradressen als relative Adressen innerhalb dieses Segmentes auf. Den Anfang des gewählten Segmentes speichert man in dem *DS*-Register. *DS* steht für *Daten-Segment*. Wenn der so gewählte Speicherbereich von 64 kByte nicht ausreicht, muss man durch eine Änderung des Wertes von DS das aktuelle Datensegment verschieben. Das Datensegment kann man sich also wie ein verschiebbares Fenster in den real existierenden Hauptspeicher vorstellen. Das Datensegment kann natürlich nicht überall im 1 MByte großen Hauptspeicher beginnen, denn mit dem 16 Bit großen DS-Register kann man höchstens $2^{16}$ viele der $2^{20}$ möglichen, d.h. jede 16te Speicheradresse benennen. Daher begann das Datensegment immer an der physikalischen Speicheradresse: $16 \times DS$.

Mit [k] wird im Assemblerprogramm immer der Inhalt der $k$-ten Speicherzelle im Datensegment angesprochen. Die absolute oder physikalische Speicheradresse, an der das Datum in Wirklichkeit liegt, ist: $16 \times DS + k$. Jede Adresse versteht sich als relativ zu dem bei $16 \times DS$ beginnenden Segment. Als Notation gibt man eine absolute Speicheradresse als Kombination von Segmentadresse $S$ und relativer Adresse $R$ als $S{:}R$ an. Damit gilt z.B. $0{:}35 = 1{:}19 = 2{:}3$, denn $0 \times 16 + 35 = 1 \times 16 + 19 = 2 \times 16 + 3$.

Analog zu DS bezeichnet Register *CS* das aktuelle Codesegment. Die Adresse der nächsten Instruktion errechnet sich immer als $16 \times CS + IP$. Im *Real Mode*, in dem auch ein Pentium unter DOS betrieben wird, kann man direkt auf die Hardware zugreifen, indem man entweder Daten in bestimmte Speicherplätze schreibt, Daten in Ports schreibt oder einliest oder BIOS-Funktionen aufruft.

Wie wir den Hauptspeicher verändern, wissen wir bereits. *Ports* adressieren interne oder externe Hardware. Beispielsweise bezeichnen die Ports Nr. 60h und 61h Tastatur und eingebauten Lautsprecher. Mit `in al,60h` lässt sich ein Byte vom Tastaturpuffer in Register AL einlesen, mit `out 61h,al` ein Byte zum internen Lautsprecher übertragen.

Applikationsprogramme, die auf diese Weise direkt auf die Hardware zugreifen, waren selbst in DOS-Zeiten viel zu kompliziert (allein ein Ändern des Grafikmodus erfordert ca. 30 Assembleranweisungen) und nicht portabel. Sie würden also auch auf kompatiblen PCs anderer Firmen nicht unbedingt laufen. PCs enthalten im ROM eine *BIOS* (*Basic Input Output*

5.5 Assemblerprogrammierung 489

*System*) genannte Programmsammlung zur einfacheren Ansteuerung der Hardware. Außerdem liefern Hardwarehersteller so genannte Treiber (engl.: *driver*) für ihre Komponenten mit. Diese Programme bieten ebenfalls eine einfache Schnittstelle für die Hardware. Beide, BIOS und Treiber, sind firmenabhängig. Das BIOS wird vom Hersteller des Rechners ausgesucht, die Treiber stammen von den Herstellern der entsprechenden Komponenten. Daher gibt es zusätzlich eine geräteunabhängige Schnittstelle zur Hardware als Teil des DOS-Betriebssystems. Benutzt man nur diese DOS-Schnittstelle, so kann man davon ausgehen, dass das Assemblerprogramm auf allen kompatiblen Rechnern läuft.

Diese Schnittstelle wird durch so genannte *Software-Interrupts* realisiert, das sind einfache Maschinenprogramme für die Ansteuerung externer Geräte. Der Aufruf eines *Software-Interrupts* geschieht durch den Assemblerbefehl *INT*, gefolgt von der Nummer des Interrupts. Von besonderem Interesse für DOS-Programmierer ist der Interrupt 21h, den man demzufolge mit INT 21h aufruft. Vorher wählt man sich über das *AH*-Register eine gewünschte Unterfunktion. Einige dieser Unterfunktionen sind in der folgenden Tabelle aufgeführt. Funktionen, die ein Ergebnis zurückliefern, benutzen dafür i.A. das *AL*-Register. Parameter werden in einem der *D*-Register erwartet.

| Funkt.Nr. | Funktionsbeschreibung | Parameter in | Resultat in |
|---|---|---|---|
| 1 | Tastatureingabe (mit Wait u. Echo) | | AL |
| 2 | Zeichenausgabe auf Bildschirm | DL | |
| 6 | Tastatureingabe (ohne Wait) | | AL |
| 7 | Tastatureingabe (mit Wait, kein Echo) | | AL |
| 9 | Stringausgabe | DS:DX | |
| A | String einlesen | DS:DX | |
| B | Tastaturstatus | | AL |
| 36h -56h | Funktionen zur Dateiverwaltung | | |
| 4Ch | Rückkehr zu DOS | | |

***Abb. 5.83:*** *DOS-Interrupt 21h*

Die Funktion 76 = 4Ch dient dazu, ein eigenständiges Assemblerprogramm zu beenden und die Kontrolle über den Prozessor wieder an DOS zurückzugeben. Sie spielt unter DOS eine analoge Rolle wie der Aufruf von ExitProcess unter Windows. Somit beendet man unter DOS Assemblerprogramme immer mit

```
MOV ah, 4Ch
INT 21h
```

## 5.5.23 Assembler unter Windows

Da unter DOS jeweils nur ein Programm aktiv ist, stört es niemanden sonst, wenn der Hauptspeicher verändert, die Festplatte angehalten oder der Lautsprecher zum Pfeifen gebracht wird. Startet man ein modernes Betriebssystem wie Windows oder Linux, so übernimmt dieses die Kontrolle über die komplette Hardware. Schließlich wird sie von vielen verschiedenen Prozessen und vielleicht auch verschiedenen Benutzern gleichzeitig benötigt. Zu diesem Zweck versetzt Windows den Prozessor in den so genannten *Protected Mode*, in dem direkte Zugriffe, wie die soeben geschilderten IN, OUT und INT Befehle aus Anwendungsprogrammen nicht möglich sind. Auch bei den Speicherzugriffen, etwa durch MOV, muss der Prozessor garantieren, dass sie sich auf Bereiche beschränken, für die das ausführende Programm eine Berechtigung hat.

Genauer befindet sich im Protected Mode der Prozessor immer in einer von 4 Privilegierungsstufen, die mit 0 – 3 bezeichnet werden. Diese visualisiert man oft durch konzentrische Ringe mit Ring 0 in der Mitte und Ring 3 aussen. Der Betriebssystemkern läuft in Ring 0, während Anwendungsprogramme und DLLs in Ring 3 bleiben. Die gegenwärtige Prioritätsstufe oder *current privilege level (CPL)* bestimmt, welche Aktionen, Aufrufe und Zugriffe dem Prozessor erlaubt sind. Programme mit höherer Priorität (kleinerem PL-Wert) dürfen Prozesse mit niedrigerer Priorität (größerem PL-Wert) aufrufen, nicht aber umgekehrt. Ähnlich verhält es sich mit dem Datenzugriff.

So haben die Segmentregister, CS, DS, SS, ES, FS, GS im protected mode eine andere Bedeutung als im real mode. Jetzt werden Bit 0 und Bit 1 als verlangte Privilegierungsstufe oder *requested privilege level* (RPL) interpretiert. Die restlichen Bits dienen als Index (Selektor) in eine (lokale oder globale) Descriptor-Tabelle. Erst dort findet sich die physikalische Speicheradresse, auf die sich ein Assemblerbefehl bezieht. Im protected mode werden daher die Segment-Register als *Selektor-Register* bezeichnet.

Ein eigenmächtiger Eingriff in diese Sicherheitsmaßnahmen muss natürlich verhindert werden. Eine Befehlsfolge wie sie vom Assembler akzeptiert wird, und die auch unter DOS unproblematisch wäre, führt zum sofortigen Abbruch des Windowsprogramms.

```
mov ax, cs        ; Codeselektor laden
or  ax, 00000011b ; RPL erhöhen
mov cs, ax        ; Codeselektor zurückschreiben
```

In unserem Durchgang durch den 8086-Assembler haben wir selbstverständlich nicht alle Befehle ansprechen können. Dennoch haben wir einen ersten Eindruck gewonnen und gesehen, wie jedes Register der CPU spezielle Fähigkeiten hat und spezifische Aufgaben übernehmen kann. Wie ein Regisseur seine Akteure, so muss auch ein Assemblerprogrammierer die Register mit ihren Eigenheiten kennen, um sie sinnvoll und effektiv einsetzen zu können.

## 5.6    RISC-Architekturen

Zu Beginn der 80er Jahre wurde der Begriff *RISC* geprägt. Diese Abkürzung steht für ein CPU-Konzept mit einem *reduzierten* Befehlssatz (*Reduced Instruction Set Computer*). Mit dieser Begriffsbildung wurden gleichzeitig die bis dahin verwendeten Konzepte für die Konstruktion von CPUs mit dem gegenteiligen Begriff *CISC* (*Complex Instruction Set Computers*) belegt. Das Ziel der RISC-Philosophie war es, die CPU-Architektur an neuere Entwicklungen der zugrunde liegenden Hardware-Technik anzupassen. Die Grundidee war, einen Maschinenbefehl nicht durch ein Mikroprogramm zu implementieren, sondern ihn direkt durch einen einzigen Mikrobefehl ausführen zu lassen.

Anfang der 80er Jahre entstanden Prototypen zur RISC-Technologie (Stanford MIPS, Berkeley RISC und IBM 801). Die ersten darauf aufbauenden kommerziellen Produkte waren nicht besonders erfolgreich (Beispiel: IBM R/6000 Serie). Ende der 80er Jahre begann dann die Blütezeit der RISC-Technologie. In den letzten Jahren gab es bzw. gibt es mehrere kommerziell und technisch erfolgreiche Produktreihen, die auf RISC-Prozessoren aufbauen:

- IBM RS/6000, PowerPC,
- DEC α,
- SUN Sparc, Ultra Sparc,
- SGI Iris Indigo, Crimson, Indy 2, O2, Challenger, Origin,
- HP PA.

### 5.6.1    CISC

Als besonders markante Vertreter von Computerfamilien, die auf CISC-CPUs aufbauen, gelten die Familien:

- /360, /370, ES9000 von IBM,
- VAX  von DEC.

Aber auch die Mikroprozessoren der x86-Serie von Intel und der 680x0-Serie von Motorola müssen diesem CPU-Konzept zugeordnet werden, auch wenn die Hersteller Wert darauf legen, bei neueren Modellen weitgehend RISC-Konzepte zu berücksichtigen. Dies trifft z.B. auf die im nächsten Abschnitt diskutierten Pentium Prozessoren von Intel zu. Die den CISC-Prozessoren zugrunde liegenden Ideen charakterisieren die Situation Anfang der 60er Jahre und gehen aus von:

- einer relativ schnellen Arbeitsweise der CPU,
- einem relativ langsamen Arbeitsspeicher,
- einem sehr kleinen Arbeitsspeicher,
- einem sehr teuren Arbeitsspeicher.

Während die ersten beiden Punkte sich bis heute nicht wesentlich verändert haben, aber im Gegensatz zu früher durch Cache-Speicher im Wesentlichen kompensiert werden können, treffen die beiden letzten Punkte heute nicht mehr zu.

Aus damaliger Sicht war es jedoch erstrebenswert, möglichst wenige, dafür komplexe Maschinenbefehle zu verwenden, mit dem Ziel, Programme zu verkürzen und die Zahl der Speicherzugriffe zum Laden von Instruktionen zu minimieren.

Ermöglicht werden komplexe Maschinenbefehle durch die im vorletzten Abschnitt erläuterte *Mikroprogrammtechnik*. Nur durch die Einführung dieser zusätzlichen Abstraktionsschicht erhält man die Chance, eine große Zahl komplexer Befehle fehlerfrei in einer CPU zu realisieren. Die komplexen Maschinenbefehle werden als Einsprungpunkte in ein Mikroprogramm aufgefasst und von dem dort anzutreffenden Mikroprogramm gesteuert, durch eine relativ einfache CPU-Logik ausgeführt. Das Mikroprogramm kann vor der Konstruktion der CPU entworfen werden und mithilfe von Simulationsprogrammen ausgetestet werden.

Eine andere Motivation für die Verwendung von Mikroprogrammen erwuchs aus der Absicht, mit unterschiedlichen Mikroprogrammen für verschiedene, mehr oder weniger aufwändige CPU-Konstruktionen dieselbe Hard- bzw. Software- Schnittstelle in Form einer definierten Maschinenarchitektur anzubieten.

Ein Charakteristikum von CPUs in CISC-Architektur ist meist die Verwendung von relativ wenigen Registern (typisches Beispiel ist die x86-Familie von Intel), dafür aber die Möglichkeit zu direkter Speicheradressierung in praktisch allen Befehlen. Operanden können entweder aus einem Register oder direkt aus dem Speicher stammen. Diese Speicheradressierung und die große Menge komplexer Instruktionen werden häufig damit begründet, dass auf Basis eines solchen Designs die Generierung von Maschinencode durch einen Compiler einfacher wird.

## 5.6.2    Von CISC zu RISC

Einer der Ausgangspunkte des Übergangs zu RISC-Architekturen war die Untersuchung gängiger Compiler. Es wurden Statistiken bekannt, denen zufolge gängige Compiler einen großen Teil der komplexen Instruktionen überhaupt nicht verwendeten. Und auch dort, wo sie verwendet wurden, trugen die komplexen Instruktionen nur ca. 20 % zur Laufzeit des generierten Codes bei. Die übrigen Instruktionen sind dagegen so einfach, dass sie auch zur RISC-Philosophie passen.

Hinzu kam die Beobachtung, dass immer mehr Speicher innerhalb der CPU und im Arbeitsspeicher zur Verfügung stehen, so dass keine Notwendigkeit besteht, Instruktionen zusammenzutauschen. Cache-Speicher verringern den zusätzlichen Zeitaufwand zum Laden von *mehreren* Instruktionen.

Eine der Maßnahmen zur Reduzierung des Platzbedarfs von CISC-Instruktionen war die Definition zahlloser Befehlsformate: So kann die Befehlslänge bei der x86-Familie von 1 bis 32 Byte variieren, wobei fast jeder Zwischenschritt möglich ist. Bei dem weitgehend unbekannten Prozessor iAPX 432 aus dem Jahr 1982 variierten Befehlsanfang und Befehlslänge nicht nur auf Byte-, sondern sogar auf Bitebene.

## 5.6.3    RISC-Prozessoren

RISC-Prozessoren sind gekennzeichnet durch:

## 5.6 RISC-Architekturen

- wenige einfache Befehle, die möglichst in einem Maschinentakt ausgeführt werden,
- wenige Befehlsformate, möglichst mit nur einer festen Befehlslänge,
- viele Mehrzweckregister,
- Speicherzugriffe nur über Load- bzw. Store-Befehle.

Letzteres bedeutet, dass Quelle und Ziel von Operationen nur Register, nie Hauptspeicher sein können. Werden Operanden aus dem Speicher benötigt, so müssen sie vorher durch einen gesonderten Load-Befehl in einem Register bereitgestellt werden.

Als typisches Beispiel hat der MIPS-Prozessor R3000 64 Maschinenbefehle, der Operationscode wird mit 6 Bit codiert. Es gibt drei Befehlsformate, eine Befehlslänge und 32 Mehrzweckregister. Die Anzahl der Register war bei den ersten Prototypen der RISC-Architekturen sehr verschieden:

- Der Stanford MIPS (Vorläufer der MIPS R Serien) hatte nur 16 Register.
- Der Berkeley RISC (Vorläufer der SPARC-Prozessoren) hatte 138 Register.
- Der IBM 801 (Vorläufer der IBM-POWER-Prozessoren) hatte 32 Register.

Heute gilt die Zahl von 32 Registern als guter Kompromiss. Die Effekte, die man mit einer größeren Anzahl von Registern erzielen wollte, insbesonder die Verringerung von Speicherzugriffen, erreicht man heute besser mit einem On-Chip-Cache.

Strittig ist noch die Frage, wie viele Befehle ein RISC-Prozessor haben soll. Die oben genannte Zahl von 64 Befehlen erscheint aus heutiger Sicht sehr einengend. Möglicherweise ist eine Codierung des Operationscodes durch 8 Bits sinnvoller. Diese würde bis zu 256 Befehle zulassen und damit eigentlich der ursprünglichen RISC-Philosophie widersprechen. Andererseits gingen ursprüngliche RISC-Entwürfe von einer Aufteilung der Funktionen auf mehrere Chips bzw. Prozessoren und Coprozessoren aus. Mit der heutigen Integrationsdichte erscheint diese Vorgehensweise nicht mehr zeitgemäß. Es ist daher sinnvoller, Gleitpunktoperationen durch eigene Maschinenbefehle anzusprechen und nicht über eine Coprozessorschnittstelle abzuwickeln.

Nach wie vor unumstritten ist die Reduktion des Speicherzugriffs auf Load- bzw. Store-Befehle. Daten können nur manipuliert werden, wenn sie sich in Registern befinden:

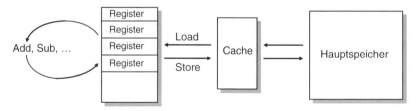

*Abb. 5.84:* Speicherhierarchien bei RISC-Prozessoren

Häufig vorkommende Befehle wie Load, Store, Add, Sub etc. werden möglichst schnell ausgeführt, d.h. in einem Maschinentakt und ohne Hilfe eines Mikroprogramms. Einer besonderen Optimierung bedarf es auch bei Sprungbefehlen, da diese sehr häufig vorkommen und wegen eines eventuell notwendigen Speicherzugriffs zum Laden der Zieladresse nicht in einem Takt erledigt werden können. Häufig findet man daher das Konzept des verzögerten Sprungs. Ein Sprungbefehl wird in einem Takt *abgearbeitet*, *springt* aber erst einen Takt später. Der Programmierer/Compiler hat Gelegenheit dies zu nutzen, indem er die Befehle so umsortiert, dass unmittelbar nach dem Sprungbefehl noch ein Befehl abgearbeitet wird, der logisch gesehen vor dem Sprung ausgeführt werden soll und die Sprungbedingung nicht beeinflusst. Falls ein solcher Befehl nicht gefunden werden kann, muss ein Noop-Befehl eingefügt werden, der nichts tut (No Operation).

Dieses Konzept der verzögerten Wirkung kann auch auf Load- und Store-Befehle angewendet werden, falls sich die Taktzeit auf diese Weise weiter reduzieren lässt.

Die ursprüngliche RISC-Philosophie forderte den gänzlichen Verzicht auf Mikroprogramme. Solange nur ganz wenige Befehle mehrere Takte benötigen (z.B. die Multiplikation und vor allem die Division), ließ sich das auch durchhalten. Heute werden wegen der hohen Integrationsdichte wieder zunehmend komplexere Befehle in der CPU ausgeführt, z.B. Gleitpunktbefehle, Bitblockbefehle, Multimediabefehle, so dass man von dem ursprünglichen Konzept wieder Abstand nimmt und lediglich fordert, dass nur *wenige* Befehle mithilfe von Mikroprogrammen abgewickelt werden. Der zusätzlichen Leistungssteigerung dienen heute zwei weitere Konzepte:

- Anwendung der Fließbandtechnik (Pipelining),
- Parallelisierung (Superskalar-Technik).

Diese Techniken steigern die Leistung der Prozessoren und nutzen die ungeheure Zahl von Transistorfunktionen, die in einem heutigen Chip potentiell zur Verfügung stehen. Im Jahr 2004 haben die höchstintegrierten Chips (1 GBit DRAMs) ca. 1.600.000.000 Transistorfunktionen. Die meisten bekannten CPU-Chips verwenden bisher aber nur bis zu 150.000.000 – nur der Itanium 2 verfügte bereits im Jahr 2003 über 410.000.000 Transistorfunktionen.

## 5.6.4 Pipelining

Eine *Pipeline* ist eine Warteschlange, in der sich die als Nächstes abzuarbeitenden Befehle befinden. Jeder Befehl besteht aus einer Reihe von Phasen. Während noch die letzten Phasen der vorderen Befehle in der Pipeline abgearbeitet werden, kann bereits mit den ersten Phasen der nächsten Befehle begonnen werden.

Mithilfe der Pipeline-Technik lassen sich die Taktzeiten einer CPU weiter reduzieren, wobei angestrebt wird, dass die durchschnittliche Ausführungszeit eines Befehls nahe bei einem Takt liegt. Der Befehl wird in mehrere Phasen aufgeteilt, die nacheinander, aber gleichzeitig mit anderen Phasen anderer Befehle, in einer Pipeline ausgeführt werden. Während eine Phase eines Befehls bearbeitet wird, erledigt die Pipeline schon andere Phasen weiterer Befehle. Heute sind 5- bis 35-stufige Pipelines üblich. Bei einer 5-stufigen Pipeline könnte die Phasen-Aufteilung für einen Register/Register-Befehl etwa folgendermaßen aussehen:

| | |
|---|---|
| S1: | Befehlsbereitstellung |
| S2: | Dekodieren des Befehls |

| | |
|---|---|
| S3: | Lesen der beteiligten Register |
| S4: | ALU-Operation |
| S5: | Schreiben in das Ziel-Register |

Dabei werden bis zu fünf Befehle gleichzeitig überlappend bearbeitet. Während die Ergebnisse des 1. Befehls noch in ein Register übertragen werden, wird bereits der 5. Befehl bereitgestellt, der 4. Befehl dekodiert usw.

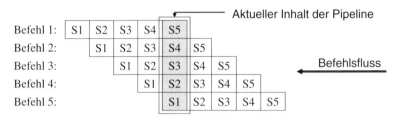

*Abb. 5.85:* *Befehlsfluss in einer Pipeline*

Die Verwendung einer Pipeline setzt voraus, dass zwischen den 5 beteiligten Befehlen keine störenden Zwischenbeziehungen existieren. Beispiel: Da der 2. Befehl seine Register bereits gelesen hat, dürfen diese nicht mit dem Register übereinstimmen, das der 1. Befehl noch schreiben will. Es gibt Techniken, solche Zwischenbeziehungen auf Hardwareebene zu entdecken. In einem solchen Fall muss die Pipeline zwischen den beteiligten Befehlen so lange angehalten werden bis Konsistenz vorliegt.

### 5.6.5 Superskalare Architekturen

Bei einer *superskalaren Architektur* kommen mehrere Pipelines parallel zum Einsatz. Bei heutigen CPUs sind dies 2 bis 10 – in Zukunft könnten es noch mehr werden.

Oft wird jeweils eine Pipeline für Integeroperationen und für Gleitpunktoperationen implementiert. Der Befehlsfluss wird zerlegt und, soweit das ohne Störung der Konsistenz der Daten möglich ist, auf die Pipelines verteilt:

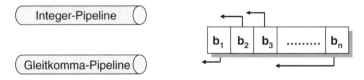

*Abb. 5.86:* *Verteilung des Befehlsflusses auf mehrere Pipelines*

## 5.6.6  Cache-Speicher

Ob CISC oder RISC, alle Rechnerarchitekturen sind heute mit aufwändigen Zwischenspeichern (*Caches*) ausgestattet. Der Grund dafür sind die immer höheren Prozessortaktraten bei wenig verbesserten Hauptspeicherzugriffszeiten. Typisch waren, bis vor wenigen Jahren, Zugriffszeiten von 50 bis 60 ns. Erst der Einsatz von SD-RAM-Bausteinen hat diese Zeiten in neueren Rechnern auf etwa 10 bis 20 ns reduzieren. Diesem Speichertyp stehen jetzt aber wiederum schnellere Prozessoren gegenüber. Daher ist es üblich geworden, eine Hierarchie von schnelleren Cache-Speichern zwischen den Prozessor und den Hauptspeicher zu schalten. Man spricht von einem *L1-Cache*, wenn dieser in das Prozessordesign voll integriert ist. Heute sind L1-Caches mit bis zu 64 kByte üblich. Zusätzlich wird meist ein weiterer Cache, der so genannte *L2-Cache*, verwendet. Dieser ist entweder direkt auf dem Prozessorchip untergebracht oder auf einer Platine als Einheit direkt mit dem Prozessor verbunden und hat eine typische Größe von 256 bis 1024 kByte. Einige Prozessoren besitzen dann noch einen *L3-Cache* unabhängig vom CPU-Chip auf dem Motherboard. Die Xeon-Versionen der Pentium-Prozessoren haben einen nochmals schnelleren und größeren L2-Cache (bis zu 2 MB ).

## 5.6.7  Leistungsvergleich

Alle Hersteller behaupten, die jeweils schnellsten Prozessoren anzubieten. Objektive Leistungsvergleiche sind aber kaum möglich, weil die Charkteristika der Rechner zu unterschiedlich sind. Früher wurde die Leistung von Prozessoren häufig in der fragwürdigen Einheit *MIPS* (*million instruction per second*) angegeben. Diese Zahl kann aber, gerade bei Verwendung von Cache-Speichern, sehr unterschiedlich ausfallen, je nachdem ob man Befehle zählt, die aus dem L1-Cache, dem L2-Cache, dem L3-Cache oder dem Hauptspeicher geladen werden können bzw. müssen.

Wichtig ist auch, dass Leistungsvergleiche von Gremien durchgeführt werden, die unabhängig von den Herstellern sind. In diesem Buch beziehen wir uns auf einen Leistungsvergleich einer Organisation namens *SPEC* (System Performance Evaluation Cooperative). SPEC wurde 1988 von einer kleinen Gruppe von Workstation-Herstellern mit dem Ziel gegründet, einen herstellerunabhägigen Standard-Leistungstest zu definieren. Es wurden Testprogramme entwickelt und in verschiedenen Varianten zur Verfügung gestellt (*www.specbench.org*). Es gibt Testgruppen für Ganzzahl- und für Gleitpunktarithmetik. Die aktuelle Version dieser Tests wird SPEC CPU2000 genannt und ist unterteilt in CINT2000 und CFP2000. Im Jahre 2004 wird eine neue Version erwartet.

Leider sind die neueren Vergleichsprogramme CINT2000 und CFP2000 mit den älteren nicht direkt vergleichbar. Es gibt auch wenige Messungen der alten und neuen Werte auf jeweils gleichen Rechnern – allerdings ist der Resultatbereich der neueren Werte um eine Größenordnung, also um einen Faktor 10, größer.

Optimal wäre es, die Anwenderprogramme, die für einen Interessenten relevant sind, auf verschiedenen Rechnern mit identischen Lastdaten laufen zu lassen. Da aber Anwenderprogramme derzeit meist nicht auf allen Plattformen ablauffähig sind, kann man auf diese Weise meist nur verschiedene Rechner einer Plattform vergleichen. Ein Beispiel für einen Test, der

# 5.6 RISC-Architekturen

aus einem Mix von bestimmten Anwenderprogrammen besteht, ist der BAPCo32 Test für die verschiedenen Varianten von Windows.

## 5.6.8    Konkrete RISC-Architekturen

**Die SUN-SPARC-Architektur:** Die SPARC-Architektur von SUN-Microsystems baut auf dem Konzept des Berkeley RISC-Prototyps auf und wurde zwischen 1984 und 1987 entworfen. Sie sieht ein festes Befehlsformat, 69 verschiedene Befehle und sehr viele (bis zu 520) Register vor. Die Verarbeitung erfolgt in einer mehrstufigen Pipeline. Die ursprüngliche SPARC-Architektur war als 32-Bit-Architektur definiert. Die aktuellen Ultra-Sparc-Prozessoren implementieren eine erweiterte 64-Bit-Architektur.

**Die IBM-POWER-Architektur:** Von Anfang an war IBM an der Entwicklung von RISC-Prozessoren beteiligt. Zunächst mit dem Prototypen IBM 801, dann mit einer ersten Workstation-Produktfamilie, die allerdings wegen ihres schlechten Preis-/Leistungsverhältnisses ein Misserfolg war, und seit Ende 1989 mit einer weiterentwickelten RISC-Architektur. Diese wird von IBM als POWER (*Performance Optimized With Enhanced RISC*) bezeichnet. Auf der Basis einer POWER-Architektur mit einem Chipsatz von bis zu 7 Millionen Transistoren bietet IBM die Workstationfamilie RS 6000 an. Im Rahmen einer Kooperation mit Apple und Motorola entwickelte IBM eine neue, leicht modifizierte Architektur namens PowerPC. Ziel war dabei, die POWER-Architektur auf einem einzigen, preisgünstigen Chip zu realisieren. Der erste derartige Chip wurde 1993 unter dem Namen MPC 601, alternativ PowerPC 601, vorgestellt. Bemerkenswert für diesen sind die geringe Chipfläche, der günstige Herstellungspreis und der geringe Energieverbrauch. Neuere Modelle mit höherer Leistung haben allerdings eine deutlich erhöhte Leistungsaufnahme. Die Modelle MPC 7450 und 7457 werden in Apple Macintosh Systemen mit der Bezeichnung G4 eingesetzt.

| | Chipfläche in $mm^2$ | Transistorzahl in Millionen | Energieverbrauch in Watt | Maximale Taktfrequenz in MHz |
|---|---|---|---|---|
| MPC 601 | 121 | 2.8 | $\leq 10$ | 80 |
| MPC 603e | 42 | 2.6 | $\leq 4$ | 300 |
| MPC 604e | 47 | 5.1 | $\leq 11$ | 350 |
| MPC 750 | 67 | 6.35 | $\leq 6$ | 266 |
| MPC 7450 | 106 | 33 | $\leq 10$ | 867 |
| MPC 7457 | 98,3 | 58 | maximal 25,6 | 1267 |

Der PowerPC baut auf einem Befehlssatz mit ca. 180 Befehlen in einem einheitlichen Format auf. Der PowerPC 7457 verfügt über 32 Integer-Register mit jeweils 32 Bit, 32 Gleitpunktregister mit jeweils 64 Bit, einen L1-Cache von je 32 kByte für Daten und Befehle und einen L2-Cache mit 512 kByte, die beide im dem Prozessorgehäuse integriert sind. Ein weiterer L3-Cache wird unterstützt. Die Verarbeitung erfolgt in sechs Pipelines, die in bis zu 4 Stufen aufgeteilt sind. Diese werden wie folgt verwendet:

- eine Pipeline für die Bereitstellung folgender Instruktionen,
- eine Pipeline für Lade- und Speicherbefehle,
- zwei Pipelines für Integer-Arithmetik,
- eine Pipeline für Gleitpunktarithmetik.

Die Analyse der zu bearbeitenden Befehle erfolgt in einer mehrstufigen Queue. Die Befehle können unabhängig von ihrer tatsächlichen Reihenfolge in den Pipelines bearbeitet werden, wenn diese frei sind und zwischen den Befehlen keine Datenabhängigkeiten bestehen. Theoretisch können zu einem Zeitpunkt bis zu 10 Befehle gleichzeitig bearbeitet werden – praktisch ist es jedoch ziemlich unwahrscheinlich, dass eine Sequenz von 10 Befehlen vorkommt, die ausreichend datenunabhängig sind, um tatsächlich gleichzeitig bearbeitet zu werden.

Die maximale Taktrate war Ende 2003 1267 MHz. Angaben zu der Leistung dieser Prozessoren sind nur wenige veröffentlicht. Die Zeitschrift c't veröffentlichte im Jahr 2002 folgende Angaben über einen 1 GHz Prozessor dieser Baureihe: CINT2000 306 und CFP2000 187.

Im Vergleich zu anderen Prozessoren sind die Leistungsdaten der PowerPC Prozessoren seit dem Jahr 2000 eher bescheiden. Apple hat daher zusammen mit IBM einen neuen Prozessor entwickelt, der seit Ende 2003 unter der Bezeichnung G5 erhältlich ist. Es handelt sich um eine 64-Bit Architektur, die abwärtskompatibel zu den bisherigen 32-Bit PowerPCs ist. Bisher (Anfang 2004) werden Prozessoren angeboten, die eine Taktrate von 1.6, 1.8 und 2.0 haben. Die Chips haben 58 Millionen Transistoren und werden mit einem 0.13 μm Prozess hergestellt. Diese Werte unterscheiden sich nicht von denen des MPC 7457. Apple vermarktet diese Rechner daher überwiegend mit zwei Prozessoren, um mit den Leistungsdaten der Konkurrenz vergleichbar zu sein. Es ist damit zu rechnen dass auch diese Prozessorfamilie in 2004 und 2005 erheblich leistungsfähiger werden wird.

**Die MIPS-R4000-Architektur:** Der RISC-Prozessor R4000 von MIPS war der erste Prozessor mit einer 64-Bit-Architektur, baut auf dem Stanford RISC-Prototyp auf, sieht ein festes Befehlsformat, 64 verschiedene Befehle, 32 Register und eine integrierte Gleitpunkteinheit vor. Die Verarbeitung erfolgt in einer siebenstufigen, superskalaren Mehrfach-Pipeline, die bis zu 2 Befehle pro Takt gleichzeitig fertig stellen kann. Neuere Serien mit jeweils leicht verbesserter Architektur sind R5000 und R10000.

**Die DEC-α-Architektur:** 1992 hat DEC ebenfalls einen 64-Bit-RISC-Mikroprozessor vorgestellt, dessen Architektur (zumindest behauptete dies die Herstellerfirma) die neueste und modernste der bekannten Mikroprozessoren war. Durch hohe Taktraten schaffte es DEC auch in den Folgejahren immer wieder, sich mit dem α-Prozessor an die Spitze von Hitlisten mit Leistungsvergleichen zu setzen. Leider sind die Aussichten dieses Prozessortyps alles andere als günstig, nachdem DEC von Compaq übernommen wurde; die Prozessorsparte wurde sogar an den Konkurrenten Intel weiterverkauft, der die Produktion des α-Prozessors hat auslaufen lassen.

**Die IA64-Architektur von Intel und HP:** Intel hat zusammen mit HP frühzeitig ein völlig neues Design für zukünftige 64-Bit Prozessoren entwickelt. Die Architektur baut auf einem völlig anderen Konzept auf als RISC. Viele Instruktionen werden zu Einheiten zusammengefasst, die parallel abgearbeitet werden. Dieses Konzept ist auch unter dem Namen VLIW

(Very Large Instruction Word) bekannt geworden. Intel und HP haben allerdings einen anderen Begriff für die von ihnen entwickelte Rechnerarchitektur geprägt: EPIC (Explicitly Parallel Instruction Computing). Diese Architektur baut auf einer sehr großen Zahl von Registern auf – jeweils 128 Integer und Gleitpunktregister. Instruktionen werden zu Gruppen und Bündeln zusammengefasst, die weitgehend parallel abgearbeitet werden können. Die Gruppierung soll von Compilern betrieben werden – daher die Bezeichnung explizite Parallelität. Die Ausführung von Befehlen kann auch auf Verdacht (spekulativ) oder in Abhängigkeit von Prädikaten durchgeführt werden. Eine erste Implementierung erfolgte mit dem Prozessor Itanium, ein neueres Modell ist der Itanium 2. Der Chip dieses Prozessors hat eine Fläche von $374\ mm^2$ auf der 410 Millionen Transistoren untergebracht sind und wird mit einem $0.13\ \mu m$ Prozess gefertigt. Beim Itanium 2 ist ein L3 Cache von 6 MB Größe auf dem Prozessorchip untergebracht – das erklärt die ungewöhnlich hohe Zahl von Transistoren. Die Leistungsaufnahme ist maximal 130W. Der Prozessor kommt auf beeindruckende Werte bei den neueren Vergleichsprogramme CINT2000 und CFP2000 und zwar 1400 und 2160. Insbesondere für Gleitpunktrechnungen eignet sich der Itanium 2 offenbar sehr gut. Diese Leistungsdaten werden sich noch verbessern, wenn Intel auch diesen Prozessor mit dem $0,09\ \mu m$ Prozess fertigen wird.

Trotz der beeindruckenden Leistungsdaten und der anspruchsvollen neuen Rechnerarchitektur des Itanium lagen die Verkaufszahlen dieses Prozessors im Jahre 2003 unter den Erwartungen von Intel. Bisher wird der Itanium nur für den Servermarkt angeboten. Es gibt derzeit (Anfang 2004) noch keine Aussagen von Intel, ob es in absehbarer Zeit Desktop-Rechner auf Itanium Basis geben wird. Es wird sogar darüber spekuliert, ob Intel zweigleisig fahren wird und neben der neuen Rechnerarchitektur zusätzlich 64-Bit Prozessoren auf Basis der von AMD entwickelten x86 64-Bit Erweiterungen anbieten wird.

# 5.7 Die Architektur der Intel-PC-Mikroprozessorfamilie

Die Architektur der Prozessorserie x86 von Intel geht auf den 8080 Chip zurück, der 1974 auf den Markt kam und als der erste kommerziell angebotene Mikroprozessor gilt. Während der 8080 noch ein 8-Bit-Mikroprozessor war, bot Intel 1978 erstmalig mit dem 8086 einen 16-Bit-Mikroprozessor an, der aber zum 8080 *weitgehend* kompatibel war. Mit dem 80286 erweiterte Intel die Adressbreite des 8086 von 20 auf 24 Bit und erweiterte den Befehlssatz. Mit dem 80386 führte Intel eine 32-Bit-Architektur für die x86-Chipserie ein. Allerdings ist der Prozessor umschaltbar, im 8086-/80286-Mode als 16-Bit-Prozessor und im neuen 80386-Mode als 32-Bit-Prozessor nutzbar. Unter den Betriebssystemen MS-DOS und Windows 3.0 bzw. 3.1 werden die 80386-Prozessoren bzw. ihre Nachfolger, lediglich im 16-Bit-Mode betrieben. UNIX, OS2, Windows 95, Windows 98, Windows ME bzw. Windows NT und Windows XP betreiben diese Prozessoren jedoch im 32-Bit-Modus.

Die folgende Tabelle vergleicht verschiedene ältere Prozessoren. Die Leistung wird in der (fragwürdigen) Einheit MIPS (Millionen Befehle pro Sekunde im Durchschnitt) angegeben. Neuere Leistungsdaten (SPEC95 oder SPEC2000) sind für diese Modelle meist nicht verfügbar.

| Chip | Markt-einführung | anfänglicher Preis | späterer Preis | MIPS zu Anfang | MIPS später | Transistorenzahl |
|------|------------------|--------------------|----------------|----------------|-------------|------------------|
| 8086 | 1978 | 360$ | / | 0.33 | 0.75 | 29.000 |
| 80286 | 1982 | 360$ | 8$ | 1.2 | 2.66 | 134.000 |
| 80386 | 1985 | 299$ | 91$ | 5 | 11.4 | 275.000 |
| 80486 | 1989 | 950$ | 317$ | 20 | 54 | 1.200.000 |
| Pentium 66 | 1993 | 900$ | 300$ | 112 | 112 | 3.100.000 |
| Pentium 100 | 1994 | 700$ | 100$ | 166 | 166 | 3.300.000 |

**Abb. 5.87:** *Leistung und Preise älterer Intel-Prozessoren. Quelle: Byte, Mai 1993 und spätere Ausgaben*

Der Name *Pentium* wurde statt *80586* gewählt, um ein Copyright für den Namen erwerben zu können; für Namen, die nur aus Ziffern bestehen, ist das in den USA nicht möglich. Die Prozessoren 80486 und Pentium erweitern die 80386-Architektur jeweils nur geringfügig und unterscheiden sich hauptsächlich in der Implementierung. Neuere Pentium-Prozessoren implementieren zusätzlich den erweiterten MMX Befehlssatz. Beim Pentium III wurde der Befehlssatz nochmals um *Vektorbefehle* (ISSE) erweitert. Die folgende Tabelle vergleicht Intel-Prozessoren aus „mittleren Jahrgängen". Die Leistungsdaten liegen als SPECint95 bzw. SPECfp95 vor:.

| Chip | Markt-einführung | SPECint95 | SPECfp95 | Zahl der Transistoren |
|------|------------------|-----------|----------|-----------------------|
| Pentium 100 | 1994 | 3,3 | 2,59 | 3.3 Millionen |
| Pentium 200 MMX | 1997 | 6,41 | 4,66 | 4,5 Millionen |
| PentiumPro 200 | 1995 | 8,09 | 6,75 | 5,5 Millionen |
| Pentium-II 266 | 1997 | 10,8 | 6,89 | 7,5 Millionen |
| Pentium-II 450 | 1998 | 18,5 | 13,3 | 7,5 Millionen |
| Pentium-III 550 | 1999 | 22,3 | 15,1 | 9,5 Millionen |

**Abb. 5.88:** *Leistungsdaten von Intel-Prozessoren der 90er Jahre. Quelle: Intel*

Die neuere Entwicklung der Nachfolger des 8086-Prozessors wird durch einen intensiven Konkurrenzkampf der Firmen AMD und Intel geprägt. Bis 1998 konnte Intel sich stets rühmen, die leistungsfähigsten Prozessoren herzustellen. Seither aber bietet AMD Prozessoren unter dem Namen *Athlon* und *Opteron* an, die den Intel-Prozessoren ebenbürtig oder sogar überlegen sind. Neuere Marktnamen der AMD Prozessoren sind *Athlon XP, Athlon MP, Ath-*

## 5.7 Die Architektur der Intel-PC-Mikroprozessorfamilie

*lon 64* und *Opteron.* Intel hat dieser Entwicklung die dritte Generation an Pentium-4 Prozessoren entgegenzusetzen, die unter der Bezeichnung Pentium 4E vermarktet wird.

In der folgenden Tabelle werden die 32-Bit Spitzenmodelle von AMD und Intel aus dem Jahre 2003 verglichen. Die Werte CINT2000 bzw. CFP2000 Daten zeigen einen erheblichen Vorteil des Pentium-4, dies ist aber insoweit irreführend, da AMD seine Spitzenmodelle derzeit als 64-Bit Rechner anbietet.

|  | AMD Athlon MP | Intel Pentium-4 |
|---|---|---|
| Taktfrequenz (Ende 2003) | 2133 MHz | 3200 MHz |
| Größe des L1-Cache | 64 kB Befehle 64 kB Daten | 12 k Mikro-Befehle 8 kB Daten |
| Größe des L2-Cache | 512 kB | 512 kB |
| L2-Cache Busbreite | 64+8 Bit | 64 Bit |
| Prozess | 0,13 µm | 0,13 µm |
| Chipfläche | 101 mm$^2$ | 131 mm$^2$ |
| Transistoren | 54,3 Millionen | 55 Millionen |
| Speicherbus | FSB400 (200 MHz) | FSB800 (200 MHz) |
| Speicherart | DDR SDRAM | DDR SDRAM |
| CINT2000 | 898/933 | 1205/1249 |
| CFP2000 | 782/843 | 1267/1285 |
| Stromverbrauch typisch/maximal | 47,2W / 60W | 82W / 103W |

**Abb. 5.89:**  *Vergleich von 32-Bit Athlon und Pentium Prozessoren.*

Während AMD die weitere Entwicklung auf Basis einer 64-Bit Erweiterung der 8086-Architektur betreibt, hat sich Intel entschlossen, die Pentium Baureihe weiterhin als 32-Bit Prozessor zu vermarkten. Seit Anfang 2004 werden die neuesten Modelle mit dem Namen Pentium-4E angeboten. In der folgenden Tabelle vergleichen wir das Topmodell im Februar 2004 mit dem aktuellen Spitzenmodell der AMD 64-Bit Baureihe. Prozessoren dieser Baureihe werden unter der Bezeichnung Opteron für Server und als Athlon FX für Desktop-Rechner angeboten. Beide Modelle zeigen ähnliche Leistungswerte, die weitere Entwicklung des Konkurrenzkampfes der Firmen AMD und Intel verspricht aber gerade im Jahre 2004 spannend zu werden. Es wird mit einem deutlichen Leistungssprung bei den AMD Prozessoren gerechnet, wenn AMD seine Fertigung auf einen 0,09 µm Prozess umstellt. Umgekehrt wird auch bei Intel mit Verbesserungen gerechnet, da die ersten Modelle einer neuen Prozessorgeneration

502                                                                                                    5 Rechnerarchitektur

bei Intel immer eher langsam waren und das volle Potenzial der neuen Technik meist erst
nach einigen Monaten erreichten.

|                          | AMD Athlon 64 FX 51        | Intel Pentium-4E         |
|--------------------------|----------------------------|--------------------------|
| Taktfrequenz (Anfang 2004) | 2200 MHz                 | 3400 MHz                 |
| Größe des L1-Cache       | 64 kB Befehle              | 12 k Mikro-Befehle       |
|                          | 64 kB Daten                | 16 kB Daten              |
| Größe des L2-Cache       | 1024 kB                    | 1024 kB                  |
| Prozess                  | 0,13 µm                    | 0,09 µm                  |
| Chipfläche               | 193 mm$^2$                 | 112 mm$^2$               |
| Transistoren             | 105,9 Millionen            | 125 Millionen            |
| Speicherbus              | Hypertransport             | FSB800 (200 MHz)         |
| Speicherart              | DDR SDRAM                  | DDR SDRAM                |
| CINT2000                 | 1422                       | 1400                     |
| CFP2000                  | 1369                       | 1397                     |
| Stromverbrauch maximal   | 89W                        | 103W                     |

**Abb. 5.90:**   *Vergleich von Athlon und Pentium Prozessoren aus dem Jahr 2004.*

Beim Pentium-4 bzw. -4E wurde der Befehlssatz nochmals um weitere Multimediabefehle
erweitert (Internet Streaming SIMD Extensions 2 und 3 kurz SSE2 bzw. SSE3).

Bei der Implementierung des Pentium hat Intel weitgehend die heute bei RISC-Prozessoren
üblichen Prinzipien verwirklicht. Der Pentium verfügt über fünf mehrstufige Pipelines für
Integer-Arithmetik und zwei mehrstufige Pipelines für Gleitkomma-Arithmetik. Die Anzahl
der Bearbeitungsstufen wird mit 32 angegeben. Man kann sich allerdings kaum vorstellen wie
die Bearbeitung eines Maschinenbefehls in 32 Einzelschritte aufgeteilt werden kann. Vermutlich werden in einer solchen langen Pipeline mehrere Befehle zusammen bearbeitet. Das kann
allerdings bei bedingten Sprungbefehlen zu einer Verlangsamung der Bearbeitung führen,
wenn die Vorhersage des Sprungzieles nicht stimmte. Dies soll aber nach Angaben von Intel
in weniger als einem Prozent der Fälle so sein.

Pentium Prozessoren verfügen bereits seit einiger Zeit über eine Hierarchie von Cache-Speichern, die auf dem Prozessorchip untergebracht sind. Direkt mit dem Prozessor verbunden ist
der so genannte L1-Cache. Dieser besteht aus zwei getrennten Teilen für Daten und Befehle.
Für Daten stehen 16 kB zur Verfügung, im Befehlsteil können 12k so genannter Mikroopera-
tionen gespeichert werden, dies entspricht ebenfalls etwa 16kB Speicherplatz. Mit insgesamt
32 kB ist der L1-Cache im Vergleich zu den AMD-Prozessoren eher unterdimensioniert. Der
L1-Cache bezieht seine Daten aus dem L2-Cache. Dieser ist mit 1 MB im Vergleich zu dem
Vorgängermodell doppelt so groß ausgefallen.

Ein Blockschaltbild des Pentium 4E zeigt die folgende Abbildung.

## 5.7 Die Architektur der Intel-PC-Mikroprozessorfamilie

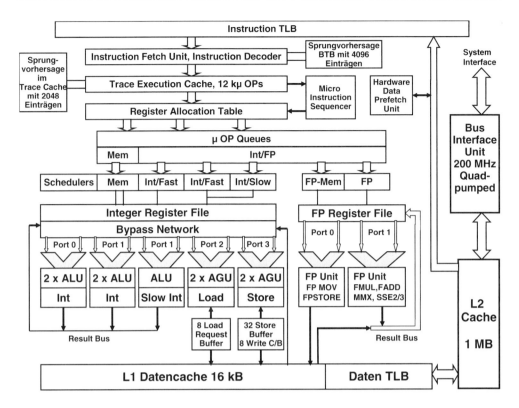

*Abb. 5.91:* Blockdiagramm der Pentium 4E CPU

Trotz aller RISC-Prinzipien ist und bleibt die x86-Architektur eine CISC-Architektur. Das macht sich vor allem bemerkbar durch:

- relativ wenige Register,
- viele verschiedene Befehlsformate mit einer komplexen Befehlscodierung,
- Operationen mit Speicheroperanden,
- viele komplexe Befehle, die Mikroprogramme erfordern.

Alle *einfachen* Befehle werden vom Pentium ohne Mikroprogramm in einem Takt erledigt. Durch die Mehrfach-Pipelines können in einem Takt sogar zwei Befehle ausgeführt werden. Die komplexe Befehlsdecodierung kostet viel Zeit und die geringe Registerzahl führt zu häufigeren Speicherzugriffen. Beides benachteiligt den Pentium gegenüber vergleichbaren RISC-Prozessoren.

### 5.7.1 Adressierung

In einem Maschinenbefehl werden Datenadressen folgenden Typs verwendet:

Basis + (Index x Skalierungsfaktor) + Distanz.

504                                                                    5 Rechnerarchitektur

Basis und Index werden einem der Mehrzweckregister entnommen, Skalierungsfaktor und
Distanz sind absolute Zahlen, die dem jeweiligen Befehl entnommen werden. Von den drei
Komponenten einer oben definierten effektiven Datenadresse (EA) können ein oder zwei entfallen (siehe dazu auch die vorangegangen Beispiele). Wenn Daten adressiert werden sollen,
wird die oben beschriebene effektive Datenadresse gebildet und der Segmentierungseinheit
als 32-Bit-Adresse übergeben. Wenn Befehle adressiert werden sollen, wird die Befehlsa-
dresse aus dem IP-Register *(Instruction Pointer)* entnommen bzw. von der Prefetch-Einheit
vorausberechnet und dann als 32-Bit-Adresse der Segmentierungseinheit übergeben. Das IP-
Register ist eines von vielen internen CPU-Registern, die es noch zusätzlich zu den Mehr-
zweckregistern gibt.

## 5.7.2    Die Segmentierungseinheit

Ein auf einem Pentium-Rechner ablaufendes Programm kann Daten und Befehle benutzen,
die in Segmenten organisiert sind. Diese Segmente werden mithilfe einer Betriebssystem-
Tabelle verwaltet. Diese enthält jeweils Informationen über ein in Ausführung befindliches
Programm, das wir *Prozess* nennen wollen. Diese Tabelle kann Einträge für maximal 16 000
Segmente enthalten. Es wäre nicht effizient, wenn ständig auf diese im Speicher befindliche
Tabelle zugegriffen werden müsste. Daher sind in der Segmentierungseinheit Register enthal-
ten, die ständig die nötigen Informationen für 6 Segmente enthalten.

Segment-Selektor        Segment-Deskriptor

| | | |
|---|---|---|
| CS | Basisadresse, Grenzadresse etc. | Code-Segment |
| SS | Basisadresse, Grenzadresse etc. | Stack-Segment |
| DS | Basisadresse, Grenzadresse etc. | Daten-Segment |
| ES | Basisadresse, Grenzadresse etc. | Daten-Segment |
| FS | Basisadresse, Grenzadresse etc. | Daten-Segment |
| GS | Basisadresse, Grenzadresse etc. | Daten-Segment |

**Abb. 5.92:**   *Register der Segmentierungseinheit*

Der Pentium beherrscht aus Kompatibilitätsgründen drei Arten der Auswertung von Segmentadressen – von denen zwei in den folgenden Abschnitten beschrieben sind.

Zur Bearbeitung von 8086-Programmen muss der Rechner mit 20-Bit-Adressen arbeiten können. In diesem Fall ist die Eingangsadresse der Segmentierungseinheit 16 Bit breit, einem
Segmentregister wird der 16 Bit breite Segmentselektor entnommen und, um vier Bits nach
links verschoben (d.h. mit $16=2^4$ multipliziert), zu der Eingangsadresse addiert:

## 5.7 Die Architektur der Intel-PC-Mikroprozessorfamilie

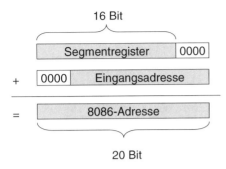

*Abb. 5.93:* Bearbeitung von 8086-Adressen

Zur Bearbeitung neuer Programme im so genannten *protected mode* wird der Segmentselektor lediglich als Index in die Segmenttabelle des Prozesses interpretiert. Die Eingangsadresse wird zu der im Deskriptor enthaltenen Anfangsadresse des Segmentes addiert. Nunmehr wird geprüft, ob das Ergebnis unterhalb der ebenfalls im Deskriptor enthaltenen Grenzadresse liegt. Die daraus resultierende 32-Bit-Adresse wird im korrekten Fall an die Adressübersetzungseinheit weitergereicht. Welches der Segmentregister verwendet wird, hängt von der Adressierung ab.

Befehlsadressen beziehen sich auf das Code-Segmentregister, Datenadressen, die für Stack-Befehle umgewandelt werden, auf das Stack-Segmentregister und alle anderen Adressen auf das DS-Daten-Segmentregister. Die von der CPU implizit vorgenommene Auswahl eines Segmentregisters kann explizit durch einen Präfixbefehl für den nachfolgenden Befehl verändert werden – so können z.B. auch die Segmentregister ES, FS und GS angesprochen werden.

Eine logische Adresse des 80386 ist also 48 Bit lang: die ersten 16 Bit definieren einen Segmentselektor, die restlichen 32 Bit definieren die Relativadresse im Segment. Jedes Segment kann somit bis zu $2^{32}$ Byte groß sein – also 4 Gigabyte. Eine Segmenttabelle kann bis zu $2^{14}$ Segmenteinträge haben – damit ergibt sich ein logischer Adressraum von 64 Terabyte. Allerdings ist das eine eher theoretische Überlegung, da nur die Segmente effizient adressierbar sind, die in einem 4 GB-Adressraum untergebracht sind.

Die Segmentierung des Speichers ist wohl von Intel weniger als Ausweitung des Adressraumes gedacht denn als Möglichkeit, einen 4 GB großen Adressraum in geschützte Segmente zu unterteilen: die Segmentierung verhindert die Bildung von Adressen, die außerhalb definierter Segmentgrenzen liegen. Diese Segmentgrenzen sind für ein Anwenderprogramm nicht zugänglich und können nur vom Betriebssystem vergeben werden – daher wird der Betrieb eines Programms mit dieser Art von Segmentadressen auch als *protected mode* bezeichnet.

### 5.7.3 Adressübersetzung

Das Ergebnis der Segmentierungseinheit ist eine virtuelle 32-Bit-Adresse. Diese wird in eine reale Hauptspeicheradresse umgesetzt. Die Umsetzung erfolgt mithilfe einer Adressumsetzungstabelle, die 32 Einträge hat und TLB genannt wird:

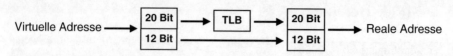

*Abb. 5.94: TLB*

Falls in der TLB kein passender Eintrag vorhanden ist, wird dem Kontrollregister CR3 eine Adresse entnommen, über die in einem zweistufigen Verfahren eine Seitentabelle erreicht wird, der der gesuchte Eintrag entnommen wird, wenn die fragliche Seite im Hauptspeicher resident ist. Andernfalls muss das Betriebssystem über einen Seitenwechselfehler informiert werden und die fehlende Seite beschafft.

Die Adressübersetzung erfolgt parallel zu den anderen Aktivitäten der CPU – so wird erreicht, dass fast keine Zeit zusätzlich benötigt wird. Sie kann durch ein Bit im Kontrollregister CR0 ermöglicht bzw. unterdrückt werden.

### 5.7.4   Datenstrukturen und Befehle des Pentium

Der Pentium Prozessor hat Befehle zur Bearbeitung folgender Datentypen:

- Bit, Bit-Feld (4 Byte), Bit-Kette (maximal 4 Gigabit lang).
- Zahlen ohne Vorzeichen in den Längen 8, 16 oder 32 Bit.
- Zahlen mit Vorzeichen in Zweier-Komplement-Darstellung (8, 16 oder 32 Bit).
- Byte-Ketten als ASCII-Zeichenketten, BCD-Zahlen oder gepackte BCD-Zahlen.
- 32-Bit Pointer *(Near Pointer)*.
- 48-Bit Logische Adressen *(Far Pointer)*.
- Kurze Gleitpunktzahlen mit 8-Bit-Exponenten und 23-Bit-Mantisse.
- Lange Gleitpunktzahlen mit 11-Bit-Exponenten und 52-Bit-Mantisse.
- Temporäre Gleitpunktzahlen mit 15-Bit-Exponenten und 63-Bit-Mantisse.
- Ganze Zahlen mit oder ohne Vorzeichen bestehend aus 64 Bit.
- In 10 Bytes gepackte BCD-Zahlen mit 18 Ziffern und einem Vorzeichenbyte.

Es gibt zehn Kategorien von Maschinenbefehlen:

- Befehle zum Laden, Speichern und Bewegen von Daten,
- Arithmetische Befehle,
- Schiebebefehle und logische Befehle,
- Befehle zur Bearbeitung von Byteketten,
- Befehle zur Bearbeitung von Bitketten,
- Bedingte und unbedingte Sprünge,
- Unterprogrammaufrufe und Unterbrechungen,
- Befehle zur Unterstützung höherer Programmiersprachen,
- Befehle zur Kontrolle des Protected Mode,
- Befehle zur Kontrolle des Prozessors.

5.7 Die Architektur der Intel-PC-Mikroprozessorfamilie          507

## 5.7.5    MMX-Befehle

Speziell für die Bearbeitung von Grafik, Audio- und Videodaten hat Intel dem Pentium neue
Register und neue Befehle spendiert. Diese Erweiterung wird als *MMX (MultiMedia-eXten-
sion)* bezeichnet. Bei den genannten Anwendungen hat man oft viele kleine gleichartige
Datenpakete, die mit einem Befehl gleichzeitig bearbeitet werden können. So kann man z.B. 8
Pixel zu je 8 Bit oder 4 Audio-Samples zu 16 Bit in ein 64 Bit großes Register packen und
dieses mit einem Befehl manipulieren. Typisch sind Befehle wie PADDB (parallel add Byte)
oder PADDW (parallel add word) etc. Die Idee ist nicht neu und als Konzept der Parallelver-
arbeitung unter dem Namen *SIMD (single instruction multiple data)* bekannt.

## 5.7.6    Betriebsarten des Pentium

Der Pentium kann im so genannten Real-Mode betrieben werden – er verhält sich dann wie
ein 8086. In dieser Betriebsart können 8086-Programme ohne jede Änderung bearbeitet werden – allerdings wesentlich schneller als mit dem Vorgängermodell.

Im Protected Mode können bisherige 80286-Programme und neuere Programme ablaufen, die
die Möglichkeiten dieses Prozessors überhaupt erst richtig nutzen. Daneben können 8086-
Programme im so genannten Virtual-8086-Mode ausgeführt werden. Alle diese Programme
können als Prozesse konkurrierend betrieben werden. Der Prozessor unterstützt dies durch
vordefinierte Datenstrukturen zur Verwaltung von Prozessen, durch Maschinenbefehle, die
den Prozesswechsel unterstützen, und durch verschiedene Schnittstellen, die einen Prozess in
die Lage versetzen, Anforderungen anderer Prozesse zu erfüllen. Dabei sind die von den einzelnen Prozessen verwendeten Speicherbereiche gegen unberechtigte Zugriffe anderer Prozesse geschützt. Die Prozesse haben definierte Rechte und Privilegien. Typisch für eine
solche Umgebung ist es, dass nur die Betriebssystem-Prozesse das Recht haben, bestimmte
privilegierte Befehle auszuführen, wie z. B. Ein- und Ausgabebefehle.

## 5.7.7    Ausblick

Intel hat den Pentium mit der neuesten, sonst nur bei RISC-Prozessoren vorhandenen Technologie ausgestattet. Diese Technik konnte bei der Entwicklung des PentiumPro, des Pentium II,
des Pentium III, des Pentium-4 und des Pentium-4E noch weiter verbessert werden. Die
ursprüngliche Leistung des Pentium 66 lag bei 112 MIPS im Jahre 1993, steigerte sich 1994
beim Pentium 100 auf 168 MIPS. Seit dieser Zeit sind die SPECint95- und SPECfp95-Werte
für diesen Prozessor erhältlich. Sie liegen bei 3,3 und 2,59. Diese Werte konnten mit den neueren Pentium-4 Modellen um den Faktor 15 verbessert werden. Für die neueren Modelle liegen nur noch die nicht direkt vergleichbaren SPEC-Werte CINT2000 und CFP2000 vor, diese
erreichen beim Pentium-4E derzeit Werte von 1400 und 1397.

Noch im Jahr 2004 sollen mit 4 GHz getaktete neue Prozessoren auf den Markt kommen.
Angespornt durch die Athlon Konkurrenten von AMD, gelingt es Intel immer wieder, die ver-
meintlichen Leistungsvorteile der RISC-Konkurrenten durch „schnellere" Chip-Technologie
wett zu machen. Trotzdem leidet diese Prozessorfamilie an den Schwächen des in den 70er

Jahren definierten Befehlssatzes, an der geringen Registerzahl und an der segmentierten Adressierung. Wünschenswert wäre daher der Übergang zu einer moderneren Prozessorarchitektur.

Andererseits hat sich die Architektur der x86 Familie als de facto-Standard für Personal Computer durchgesetzt. Weltweit werden mehr als 50 Millionen PCs pro Jahr verkauft, die zu diesem Standard kompatibel sind. Einige 100 Millionen Standard-PCs sind im Einsatz – mit einer ungeheuren Menge von installierter Software, die nur auf diesen Prozessoren lauffähig ist. Daher wird der Bedarf an immer schnelleren Prozessoren, die kompatibel zu den Pentium-Prozessoren sind, auf absehbare Zeit eher zunehmen – auch wenn man heute Prozessoren kaufen kann, die moderner und schneller sind.

# 6 Betriebssysteme

Ein *Betriebssystem* ist ein Programm, das dem Benutzer und den Anwendungsprogrammen grundlegende Dienste bereitstellt. Nutzer eines Betriebssystems sind nicht nur Programmierer, sondern auch Personen, die mit dem Rechner umgehen wollen, von dessen Funktionieren aber keine Ahnung haben. Für solche Benutzer präsentiert sich der Rechner über das Betriebssystem. Die Dienste, die es bereitstellt, sind das, was der Rechner in den Augen eines solchen Nutzers *kann.* Erst den grafischen Betriebssystemoberflächen ist es zu verdanken, dass heute jeder einen Rechner irgendwie bedienen kann und dass es auch leicht ist, mit einem bisher unbekannten Programm zu arbeiten, ohne vorher dicke Handbücher zu wälzen.

Genau genommen handelt es sich bei den *grafischen Oberflächen* um Betriebssystemaufsätze. Die elementaren Dienste des Betriebssystems werden, mehr oder minder geschickt, bildlich umgesetzt. Der Rechner präsentiert grafisch einen Schreibtisch (*desktop*), auf dem Akten und Ordner (Dateien und Verzeichnisse) herumliegen. Diese Akten können geöffnet und verändert (*edit*), kopiert (*copy*) oder in einen Papierkorb geworfen werden (*delete*). Man kann die Objekte des Schreibtisches anfassen, verschieben oder aus Ordnern neue Akten herausholen. Mit dieser *Desktop Metapher* kann eine Sekretärin auch ohne vorherige Computerkenntnisse nach kürzester Zeit umgehen.

Leider kam diese Idee des *Desktop* zehn Jahre zu früh. Sie entstand bei Rank Xerox. In demselben Zusammenhang wurde auch das objektorientierte Programmieren, insbesondere die Sprache *Smalltalk,* entwickelt. Das *Office System* von Xerox war Anfang der achtziger Jahre noch zu teuer, die Hardware noch etwas langsam, und die Vorstellung, dass jeder Benutzer seinen eigenen Bildschirm haben sollte, aufgrund der hohen Hardwarekosten noch illusorisch. Rechner schienen zu wichtigeren Zwecken da zu sein als zur Textverarbeitung und zur Büroorganisation. Das Konzept von Xerox wurde dennoch von der Firma *Apple* aufgegriffen. Nach einem anfänglichen Misserfolg mit dem System *Lisa* trat der *Macintosh* seit den frühen 80er Jahren seinen Erfolgszug an.

Unter den Handlungen, die man auf dem Desktop vollführt, können Programmierer einfache Betriebssystemdienste erkennen, die sie bis dato durch Kommandos aufgerufen hatten. Geübte Rechnerbenutzer ziehen oft die unterliegende Kommandosprache dem „Herumfuhrwerken" mit der Maus vor. Die Kenntnis dieser Kommandosprache ist für sie ohnehin notwendig, weil der D*esktop* nur einen Bruchteil der Betriebssystemdienste widerspiegelt.

## 6.0.1 Basis-Software

Direkt nach dem Einschalten eines Rechners müssen bereits die ersten Programme gestartet werden. Diese Programme wollen wir als *Basis-Software* bezeichnen. Dabei handelt es sich noch nicht um Teile eines Betriebssystems. Vielmehr muss der Rechner zuerst initialisiert werden, seine Komponenten werden getestet und erst danach wird zu einem Programm, dem Ladeprogramm gesprungen, welche das *Betriebssystem* lädt.

Ein Teil dieser Basis-Software ist in Festwertspeichern, also in ROMs *(read only memory)*, gespeichert. Sie wird immer dann aktiviert, wenn der Rechner eingeschaltet oder zurückgesetzt *(reset)* wird. Bei IBM-kompatiblen PCs wird die Grundsoftware *ROM-BIOS* genannt, wir haben das BIOS bereits in Kapitel 1 (S. 59 ff.) besprochen.

Die Basis-Software enthält neben Testroutinen auch grundlegende Programme, um Daten von Diskette, Festplatte oder CD-Laufwerk zu lesen, sowie einfache Ausgaberoutinen, um Meldungen auf dem Bildschirm auszugeben. Diese werden benötigt, denn beim „Hochfahren" müssen Erfolgs- oder Fehlermeldungen, sowie der Fortschritt des Ladevorganges angezeigt werden. Sind keine Fehler aufgetreten, dann wird von der Festplatte (evtl. auch von einer CD oder einer Diskette) das Betriebssystem geladen. Es können durchaus mehrere Betriebssysteme zur Verfügung stehen. In diesem Fall erscheint ein *Prompt*, also eine Anforderung an den Benutzer, das gewünschte auszuwählen. Dieses wird nun geladen, initialisiert und gestartet.

Als erstes wird ein Betriebssystemkern mit einem so genannten *Kommandointerpreter* gestartet. Dies ist ein Programm, das lediglich einen Textbildschirm – z.B. 25 Zeilen zu je 80 Spalten – mit einem Eingabeprompt anzeigt. Hier kann der Benutzer Kommandos eingeben. Diese werden vom Betriebssystem ausgeführt, eventuelle Ausgaben werden auf dem Textbildschirm angezeigt, dann erscheint wieder der Prompt für das nächste Kommando. Die Art und Syntax der Kommandos unterscheidet sich je nach Betriebssystem, dennoch gibt es viele Gemeinsamkeiten. Insbesondere wird der Name jedes ausführbaren Programms als Kommando aufgefasst. Gibt man den Namen einer Datei ein, die ein ausführbares Programm enthält, z.B. test.exe, so wird dieses gestartet. Das hört sich einfach an, erfordert aber eine Reihe recht komplizierter Verwaltungstätigkeiten des Betriebssystems, mit denen wir uns in diesem Kapitel befassen wollen.

Die ersten einfachen Betriebssysteme, wie z.B. MS-DOS, konnten nur über einen solchen Kommandointerpreter bedient werden. Der Benutzer tippte den Namen eines Programms ein, das Betriebssystem suchte die entsprechende Programmdatei auf der Festplatte oder auf der Diskette, lud sie in den Hauptspeicher und startete das Programm. Nachdem dieses beendet war, kehrte die Kontrolle zu dem Kommandointerpreter zurück. Erst dann konnte der nächste Befehl gegeben werden. Geriet das Programm in eine Endlosschleife, musste der Rechner neu gestartet werden.

*Multitasking* Betriebssysteme müssen gleichzeitig viele Kommandos ausführen. Während in einem Fenster ein Web-Browser läuft, im anderen ein Mail-Programm, sorgt ein mp3-Abspielprogramm für gute Stimmung. Jedes dieser gleichzeitig ablaufenden Programme ist ein *task* (engl. für *Aufgabe*). Unter *Windows* kann man durch gleichzeitiges Drücken der Tasten <Strg><Alt><Entf> alle aktiven Tasks anzeigen lassen. Man erkennt, dass neben den Benutzerprogrammen viele Verwaltungstasks des Betriebssystems aktiv sind. Ein *Multitasking-Betriebssystem* muss also nicht nur die angeschlossenen Geräte verwalten, sondern auch dafür sorgen, dass die vielen gleichzeitig im Hauptspeicher laufenden Programme sich nicht gegenseitig stören, dass sie sich in der Benutzung der CPU abwechseln, dass sie bei Bedarf ein Gerät – etwa einen Drucker – für einen *job* zugeteilt bekommen, diesen aber nicht auf unbestimmte Zeit blockieren.

*Multi-user* Betriebssysteme müssen zusätzlich noch mehrere Benutzer verwalten und dafür sorgen, dass deren Programme und Daten vor dem Zugriff – und den Augen – der jeweils anderen angemessen geschützt sind.

Ein Betriebssystem muss also umfangreiche Verwaltungstätigkeiten übernehmen. Es ist andererseits selber ein Programm, benötigt daher ähnliche Ressourcen wie alle anderen. Es muss aber mehr Rechte besitzen, um notfalls ein abgestürztes Programm zu beenden, Speicher wieder freizugeben oder den Zugriff auf eine Ressource zu verweigern. Um zu verhindern, dass Benutzerprogramme sich ähnliche Rechte anmaßen, muss der Prozessor verschiedene *Privilegierungsstufen* vorsehen. Die höchste Stufe steht nur dem *Kern*, d.h. den besonders zentralen und kritischen Teilen des Betriebssystems zur Verfügung. Anwendungsprogramme können nur in der niedrigsten Stufe laufen.

Meist merkt der Benutzer von alledem nichts. Nachdem nämlich sein Rechner hochgefahren ist, wird automatisch ein Betriebssystemaufsatz gestartet, der alle Tätigkeiten des Betriebssystems und alle Ressourcen, wie z.B. Dateien, Geräte und Programme, hinter einer *Benutzeroberfläche* (*user interface*) versteckt. Dem Benutzer wird also ein Schreibtisch mit Schreibwerkzeugen, Telefon, Akten, Papierkorb und Aktenschränken etc. vorgegaukelt, die er mit der Maus durch Anklicken und Verschieben bedient. Der Betriebssystemaufsatz sorgt dafür, dass die Aktionen des Benutzers in entsprechende Programmaufrufe und Dateioperationen des zugrunde liegenden Betriebssystems umgesetzt werden. Benutzeroberflächen sind daher nicht an ein bestimmtes Betriebssystem gebunden. In der Tat hat der Benutzer z.B. bei *Linux* die Qual der Wahl zwischen verschiedenen Benutzeroberflächen, darunter auch einer, die in Aussehen und Funktionsweise dem *Windows-Desktop* entspricht.

Nicht alle Funktionen des Betriebssystems sind über die Bedienoberfläche erreichbar. Im Gegensatz zum Endanwender im Büro, müssen Systemverwalter verstehen, wie das Betriebssystem die Ressourcen – Festplatten, Hauptspeicher, Rechenzeit – verwaltet und mit welchen Kommandos dies gesteuert werden kann. Programmierer müssen wissen, welche Kommandos bereitstehen und wie diese in Anwendungsprogrammen eingesetzt werden können.

Einige Betriebssysteme sind nur für PCs verfügbar, dazu gehören das veraltete MS-DOS und verschiedene Varianten von MS-Windows (Windows 3.1, Windows 95/98/ME). Vorwiegend auf PCs werden Windows NT, Windows 2000, Windows XP, OS/2, BeOS und Linux eingesetzt. Diese Systeme sind aber auch auf anderer Hardware (z.B. auf Workstations) verfügbar. MacOS ist ein Betriebssystem speziell für die Macintosh Rechner der Firma Apple.

Workstations werden meistens unter dem Betriebssystem UNIX oder Abkömmlingen dieses Systems wie Linux, Solaris, AiX etc. betrieben. Bekannte Betriebssysteme für Mainframes heißen MVS, VM/SP, CMS und BS 2000.

## 6.1 Betriebsarten

Je nach Art der vorherrschenden Anwendung kann man verschiedene *Betriebsarten* eines Betriebssystems unterscheiden. Bei einem *Anwender-Betriebssystem* hat man direkten Zugang zum Rechner über Tastatur und Bildschirm und kann beliebige Programme aufrufen. Die einfachsten Anwender-Betriebssysteme bieten *einem* Anwender die Möglichkeit, mit *einem* Computer zu arbeiten. Schwieriger wird es, wenn *mehrere* Anwender gleichzeitig mit einem Computer arbeiten wollen. *Multi-user* Betriebssysteme müssen jedem Anwender im *Zeitmultiplexverfahren* (*timesharing*) den Rechner abwechselnd für kurze Zeit zur Verfügung stellen – man spricht von *Teilnehmerbetrieb*. Im Gegensatz dazu haben beim *Teilhaberbetrieb* die Anwender nur eingeschränkten Zugang zu bestimmten Funktionen, so genannten *Dienstleistungen* des Rechners.

### 6.1.1 Teilhaberbetrieb

Im Teilhaberbetrieb wird dem Anwender nur die Möglichkeit gegeben, bestimmte vordefinierte Transaktionen auszuführen. Ein Beispiel ist das System einer Bank, die an ihren Schaltern Terminals oder Personal Computer installiert hat, die mit einem Zentralrechner verbunden sind und den Angestellten oder den Kunden bestimmte Transaktionen erlauben, wie z.B. Überweisungen zu tätigen oder Kontoauszüge zu drucken. Andere Beispiele sind Systeme für Flugreservierungen und Reisebuchungen.

Die Anwender sind jeweils mit einem bestimmten Programm, einem *Transaktionsmonitor*, direkt verbunden und können diesem ihre Wünsche mitteilen. Dieses Programm macht aus diesen Wünschen *Transaktionen* und reicht sie an andere Programme weiter, die diese abarbeiten. *Transaktionen* sind jeweils aus kleineren Unteraufträgen bestehende Aufgaben, die entweder komplett oder gar nicht bearbeitet werden müssen.

Ein typisches Beispiel für eine Transaktion ist ein Überweisungsauftrag. Dieser beinhaltet eine Abbuchung vom Sendekonto und eine Gutschrift auf dem Empfangskonto. Es wäre problematisch, wenn nur einer dieser Teilaufträge erledigt würde. Der Transaktionsmonitor garantiert, dass *Transaktionen* komplett durchgeführt werden oder, falls ein Problem auftritt, dass der Zustand zu Beginn der Transaktionsbearbeitung wiederhergestellt wird. Dieses Beispiel wird im Datenbankkapitel ab S. 751 ausführlich diskutiert.

### 6.1.2 Client-Server-Systeme

Klassische Teilhaber-Systeme werden immer stärker durch verteilte *Client-Server-Systeme* verdrängt. Dabei sind die Anwender nicht mehr direkt mit einem Zentralrechner verbunden, sondern indirekt mit einem oder mehreren Rechnern in einem Netzwerk. Der Anwender

## 6.1 Betriebsarten

arbeitet mit einem Programm, das auf dem Personal Computer an seinem Arbeitsplatz abläuft. Dieses kann Dienstleistungen von einem oder mehreren Rechnern in dem Netzwerk anfordern. Das anfordernde Programm kann man sich als Kunden (engl. *Client*) vorstellen, der von dem Dienstleister (*Server*) einen Dienst anfordert. Diese Betriebsart wird häufig *Client-Server-Betrieb* genannt. Im Unterschied zum Teilhaberbetrieb können von dem Rechner des Anwenders aus viele Dienste und Dienstleister in Anspruch genommen werden, so etwa Datei-Server, Datenbank-Server (siehe dazu auch S. 759), Druck-Server oder Mail-Server.

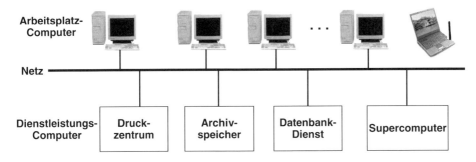

*Abb. 6.1:* Client-Server-Betrieb

Durch eine solche Aufgabenverteilung werden die Dienstleistungsrechner (*server*) entlastet und können ihre eigentliche Aufgabe besser und schneller erbringen. Die Benutzerschnittstelle und die Überprüfung der Benutzereingaben werden direkt am Arbeitsplatz realisiert, bei dem *client*. Nur diejenigen Benutzerwünsche, die nicht bereits lokal erledigt werden können, werden als Dienstleistungsanforderungen über das Netz an den Server geschickt. Dienstleistungen können durch Anwenderprogramme auf Universalrechnern realisiert werden. In diesem Fall ist dann z.B. nur der Transaktionsmonitor der wesentliche Teil des Betriebssystemes dieser Rechner. Dienstleistungsrechner sind von der Notwendigkeit entlastet, direkt mit Anwendern zu kommunizieren und können sich folglich auf andere Dinge konzentrieren wie z.B.:

- garantiertes Antwortzeitverhalten,
- Ausfallsicherheit und Transaktionsbearbeitung,
- Zugriff auf internationale Netze wie das Internet,
- Datenschutz und Datensicherheit.

Jedes einzelne Betriebssystem in einem verteilten System könnte einfacher sein als ein Universalbetriebssystem, das alle Aufgaben eines Computersystems abdecken muss. In vielen Fällen wird aber auch im Client-Server-Betrieb ein Universalbetriebssystem – häufig UNIX – auf der Serverseite eingesetzt.

Die verteilte *dezentrale* Rechnerversorgung wirft allerdings einige organisatorische Probleme auf. Wie sollen zum Beispiel verschiedene Entwickler auf gemeinsame Daten zugreifen? Muss jedes benutzte Programm auf jedem Rechner als Kopie vorliegen oder kann es zentral gehalten und gemeinsam genutzt werden? Die Lösung konnte nur sein, dass man die verschiedenen Rechner in irgendeiner Weise untereinander verband und so zu einem *Netz* zusammenfasste. Ein oder mehrere leistungsfähige Rechner in diesem Netz speichern zentral zumindest die gemeinsam genutzten Dateien und Programme und spielen so die Rolle eines Datei-Verwalters (engl. *File-Server*). Sie sind mit einer großen Plattenkapazität ausgestattet, während die Rechner der Benutzer im Extremfalle nicht einmal eine Festplatte besitzen müssen (*Diskless Workstation* oder *Network PC*). Sie fordern als Kunden (engl. *Client*) des Datei-Verwalters dessen Dateien und Programme über das Netz an, arbeiten lokal die Programme ab und senden Ergebnisdateien wieder zurück an den Datei-Verwalter. Diese Vorgehensweise, derzufolge ein Anbieter (*Server*) gewisse Ressourcen anbietet, die von einem Kunden (*Client*) genutzt werden können, werden wir noch öfter antreffen. Eine solche *Client-Server-Architektur* ist geradezu charakteristisch für Software-Architekturen in einer Netzwerkumgebung.

Von *Diskless Workstations* oder *Network PCs* ist heute kaum noch die Rede, vor allem, weil die Preise für Festplatten dramatisch gefallen sind. Das Konzept einer dezentralen Rechnerversorgung mit Servern, die die Rolle eines zentralen Datei-Verwalters übernehmen und viele andere Dienste (E-Mail, WWW, Datenbankenanbindung, etc.) anbieten und Rechnern, die als Klienten diese Dienste in Anspruch nehmen, hat sich jedoch weitgehend durchgesetzt.

# 6.2 Verwaltung der Ressourcen

Zu den fundamentalen Aufgaben eines Betriebssystems gehört es, die Ressourcen, die der Rechner in Form von Hardware (Speicher, Prozessorleistung, externe Geräte) zur Verfügung hat, dem Benutzer in einfacher Weise nutzbar zu machen. Selbst eine simple Tätigkeit, wie die Eingabe eines Textes von der Tastatur, ist aus Sicht des Prozessors eine ungemein komplizierte Aufgabe. So löst jeder einzelne Tastendruck einen *Hardware-Interrupt* aus, bei dem der Prozessor seine sonstige Arbeit unterbricht, untersucht, welches Zeichen angekommen ist und was damit zu tun ist. Müsste ein Programmierer sich um diese Details kümmern, käme ein größeres Projekt nie zu Stande.

Ähnlich kompliziert ist eigentlich auch der Zugriff auf externe Geräte wie Festplatten, Drucker und CD-ROM. Bei jedem Lesen von der Festplatte muss der Lesearm auf eine bestimmte Spur positioniert und die Daten von einem Sektor gelesen werden.

Ein Betriebssystem enthält daher Software, mit deren Hilfe die Benutzung eines PCs erheblich vereinfacht wird. Ein Benutzer (auch ein Programmierer) soll sich vorstellen, dass zusammengehörige Daten in so genannten *Dateien* gespeichert sind, die er lesen und verändern kann. Die Organisation der Dateien, die Übersetzung eines lesenden oder schreibenden Zugriffes auf Dateien in entsprechende Aktionen der Festplatte, das sind nur einige wenige der Aufgaben eines Betriebssystems.

## 6.2.1 Dateisystem

Viele Speichergeräte arbeiten *blockweise,* indem sie Daten als Blöcke fester Größe (häufig 512 Bytes) in Sektoren speichern, die in bestimmten Spuren zu finden sind. Die Hardware bietet somit eine Menge von Blöcken an, von denen jeder eindeutig durch ein Tupel $(g, z, h, s)$

## 6.2 Verwaltung der Ressourcen

adressierbar ist. Dabei bedeutet *g* das Laufwerk, *z* die Zylindernummer, *h* die Nummer des Schreib-/Lesekopfes (oder der Plattenoberfläche) und *s* die Nummer des Sektors. Herstellerspezifische *Gerätetreiber* stellen dem Betriebssystem Routinen zur Verfügung, um einzelne Blöcke zu lesen und zu schreiben.

Für einen Benutzer ist es einfacher und intuitiver, seine Daten in *Dateien* (engl. *files*) zu organisieren. Eine Datei entspricht intuitiv einer Akte und diese können in *Ordnern* zusammengefasst werden. Jede Datei hat einen *Namen* und einen *Inhalt*. Dieser kann aus einer beliebigen Folge von Bytes bestehen. Das Betriebssystem muss eine Übersetzung zwischen den von der Hardware angebotenen Blöcken und den vom Benutzer gewünschten Dateien gewährleisten.

Das *Dateisystem*, als zuständiger Teil des Betriebssystems, verwaltet eine Datei als Folge von Blöcken. Selbst wenn sie nur ein Byte enthält, verbraucht eine Datei mindestens den Speicherplatz eines Blockes. In einem *Katalog*, auch *Verzeichnis* (engl. *directory*) genannt, findet sich für jede Datei ein Eintrag mit Informationen folgender Art:

- *Dateiname* (dazu gehört ggf. auch die „Erweiterung"),
- *Dateityp* (Normaldatei, ausführbare Datei, Katalogdatei),
- *Länge* in Bytes,
- *zugehörige Blöcke* (meist reicht ein Verweis auf den ersten Block),
- *Zugriffsrechte* (Besitzer, ggf. Passwort, wer hat Lese- oder Schreibrechte)
- *Datum* (Erstellung, Änderung, evtl. Verfallsdatum).

Verzeichnisse werden selber wieder in Dateien gespeichert, so dass ein hierarchisches Dateisystem, ein *Dateibaum* (siehe S. 531), entsteht. Die Blätter des Dateibaumes sind die „normalen" Dateien, die inneren Knoten sind Verzeichnisse bzw. Ordner.

In DOS/Windows ist jedes Laufwerk die Wurzel eines eigenen Dateibaums. Sie wird mit einem „Laufwerksbuchstaben" (A: , C: , etc.) benannt. In UNIX sind die Dateisysteme aller Laufwerke Unterbäume eines globalen Dateibaumes, dessen Wurzel *root* heißt. Ein systemweites Dateisystem hat Vorteile, wenn viele Festplatten vorhanden sind und der Benutzer gar nicht wissen will, auf welchen Geräten sich die Daten befinden. Es hat aber Nachteile, wenn Geräte mit auswechselbaren Datenträgern (z.B. Disketten) betrieben werden, da bei jedem Diskettenwechsel entsprechende Teile des Kataloges geändert werden müssen.

Zusätzlich muss das Betriebssystem eine Pseudodatei verwalten, die aus allen *freien* (also noch verfügbaren) Blöcken des Datenträgers besteht. Eine weitere Pseudodatei besteht aus allen Blöcken, die als unzuverlässig gelten, weil ihre Bearbeitung zu Hardwareproblemen geführt hat. Sie werden nicht mehr für Dateien genutzt. Es gibt also

- belegte Blöcke,
- freie Blöcke,
- unzuverlässige Blöcke.

Während der Bearbeitung der Dateien ändern sich diese Listen dynamisch.

## 6.2.2 Dateioperationen

Das Dateisystem bietet dem Anwenderprogramm mindestens folgende Operationen zur Verwaltung von Dateien:

- *Neu*: Anlegen einer noch leeren Datei in einem bestimmten Verzeichnis; die Parameter dieser Operation sind Dateiname und Dateityp;
- *Löschen*: Die Datei wird entfernt und damit unzugänglich;
- *Kopieren*: Dabei kann implizit eine neue Datei erzeugt oder eine bestehende überschrieben oder verlängert werden;
- *Umbenennen*: Änderung des Dateinamens oder anderer Katalogeinträge einer Datei;
- *Verschieben*: Die Datei wird in einen anderen Katalog übernommen.

Um eine Datei bearbeiten zu können, muss man sie vorher *öffnen*. Dabei wird eine Verbindung zwischen der Datei und ihrem Katalogeintrag, zwischen der Zugriffsmethode (lesen/schreiben) und einem Anwenderprogramm, das dies veranlasst, hergestellt. Nach dem Bearbeiten muss die Datei wieder geschlossen werden.

Wenn beispielsweise ein Anwender eine Textdatei editiert, dann muss das Betriebssystem aus dem Dateinamen die Liste der Blöcke bestimmen, in denen der Datei-Inhalt gespeichert ist. Meist ist dazu nur die Kenntnis des ersten Blockes notwendig. Dieser enthält dann einen Verweis auf den nächsten Block und so fort. Wird die editierte Datei gespeichert, so müssen möglicherweise neue Blöcke an die Liste angehängt werden oder einige Blöcke können entfernt und der Liste der freien Blöcke übergeben werden.

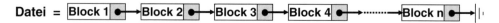

**Abb. 6.2:**   *Eine Datei als Folge von Blöcken*

Die Benutzerbefehle „*Neu*" oder „*Löschen*" führen lediglich dazu, dass Blöcke der Liste der freien Blöcke entnommen oder zurückgegeben werden. Der Inhalt der Blöcke muss nicht gelöscht werden. Aus diesem Grunde sind in einigen Betriebssystemen auch versehentlich gelöschte Dateien ganz oder teilweise wiederherstellbar, sobald man den ersten Block wiederfindet. Sind mittlerweile aber einige Blöcke in anderen Dateien wiederbenutzt worden, ist es zu spät.

## 6.2.3 Prozesse

Ein auf einem Rechner ablauffähiges oder im Ablauf befindliches Programm, zusammen mit all seinen benötigten Ressourcen wird zusammenfassend als *Prozess* oder *Task* bezeichnet.

Auf einem Rechner mit einer CPU ist es nicht wirklich möglich, dass mehrere Prozesse gleichzeitig laufen. Wenn man allerdings mehrere Prozesse abwechselnd immer für eine kurze Zeit (einige Millisekunden) arbeiten lässt, so entsteht der Eindruck, als würden diese Prozesse gleichzeitig laufen. Die zur Verfügung stehende Zeit wird in kurze Intervalle unter-

## 6.2 Verwaltung der Ressourcen

teilt. In jedem Intervall steht die CPU einem anderen Prozess zur Verfügung. Dazwischen findet ein *Taskwechsel* statt, wobei der bisherige Prozess suspendiert und ein anderer Prozess (re-)aktiviert wird.

Ein Prozess kann sich, nachdem er *gestartet* wurde, in verschiedenen Zuständen befinden. Nach dem Start ist er zunächst *bereit* (oder *rechenwillig*) und wartet auf die Zuteilung eines Prozessors, auf dem er ablaufen kann. Irgendwann wird er vom Betriebssystem zur Ausführung ausgewählt – er ist dann *aktiv*. Wenn er nach einer gewissen Zeitdauer nicht *beendet* ist, wird das Betriebssystem ihn unterbrechen (*suspendieren*), um einem anderen Prozess den Prozessor zuzuteilen. Unser Prozess ist dann erneut *bereit*. Es kann aber auch der Fall eintreten, dass der Prozess auf eine Ressource wartet – z.B. auf einen Drucker oder auf eine Dateioperation. Dann wird er *blockiert* und erst wieder als *bereit* eingestuft, falls das Signal kommt, dass seine benötigten Ressourcen bereitstehen. In der Zwischenzeit können die anderen Prozesse den Prozessor nutzen. Hat ein Rechner genau eine CPU, so ist höchstens ein Prozess zu jedem Zeitpunkt aktiv. Dieser wird als *laufender* Prozess bezeichnet.

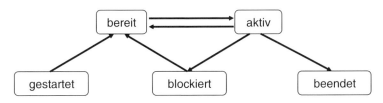

**Abb. 6.3:** *Zustandsdiagramm eines Prozesses*

### 6.2.4 Bestandteile eines Prozesses

Ein *Prozess* ist eine Instanz eines in Ausführung befindlichen Programmes. Wenn er deaktiviert wird, müssen alle notwendigen Informationen gespeichert werden, um ihn später im exakt gleichen Zustand reaktivieren zu können. Dazu gehören

- sein Programmcode,
- seine im Arbeitsspeicher befindlichen Daten,
- der Inhalt der CPU-Register einschließlich des Befehlszählers,
- eine Tabelle aller geöffneten Dateien mit ihrem aktuellen Bearbeitungszustand.

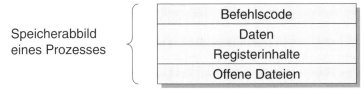

**Abb. 6.4:** *Speicherabbild eines Prozesses*

Wenn ein Prozess unterbrochen werden soll, muss der Inhalt der CPU-Register in den vorgesehenen Arbeitsbereich *gerettet* werden. Wenn ein *wartender* Prozess aktiviert werden soll, muss der Inhalt der Register, so wie er bei seiner letzten Unterbrechung gesichert wurde, wieder geladen werden.

### 6.2.5 Threads

Jeder Prozess besitzt seinen eigenen Speicherbereich. Demgegenüber sind *Threads* (engl. *thread* = Faden) Prozesse, die keinen eigenen Speicherbereich besitzen. Man nennt sie daher auch leichtgewichtige Prozesse (engl. *lightweight process*). Der Laufzeit-Overhead zur Erzeugung und Verwaltung von Threads ist deutlich geringer als bei Prozessen. Gewöhnlich laufen innerhalb eines Prozesses mehrere Threads ab, die den gemeinsamen Speicherbereich nutzen. Threads sind in den letzten Jahren immer beliebter geworden. Moderne Sprachen, wie Java, haben Threads in die Sprache integriert.

### 6.2.6 Prozessverwaltung

Wenn viele Prozesse gleichzeitig betrieben werden sollen, kann es sein, dass auch der Arbeitsspeicher des Rechners nicht ausreicht, um für alle Prozesse jeweils die notwendigen Bereiche zur Verfügung zu stellen. In diesem Fall kann es notwendig werden, einen Prozess anzuhalten und sein gesamtes Speicherabbild auf einer Festplatte als Datei zwischenzuspeichern. Man spricht dann davon, dass dieser Prozess *verdrängt* oder *ausgelagert* wurde. Für diesen Zweck reservieren viele Betriebssysteme auf der Festplatte einen festen Speicherbereich als *Auslagerungsdatei* (*swap space*).

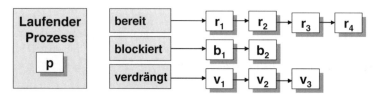

*Abb. 6.5:* Prozessverwaltung

Für die Verwaltung der Prozesse hat das Betriebssystem verschiedene Möglichkeiten. Die einfachste Methode besteht darin, Prozessen eine *Priorität* zuzuordnen und jeweils dem rechenwilligen Prozess höchster Priorität die CPU zu geben, so lange bis dieser Prozess nicht mehr rechenwillig ist oder ein anderer Prozess höherer Priorität bereit ist.

Eine allein durch Prioritäten gesteuerte Verwaltung begünstigt also den Prozess mit höchster Priorität. Zeitpunkt und Dauer der Ausführung von Prozessen geringerer Priorität sind nicht vorhersehbar. Sobald mehrere Anwenderprogramme gleichzeitig bearbeitet werden, ist diese Art der Prozessverwaltung ungerecht und unangemessen.

Eine bessere Methode besteht darin, die Zuteilung des Betriebsmittels CPU nicht allein von der Priorität eines Prozesses abhängig zu machen, sondern jedem rechenwilligen Prozess per

## 6.2 Verwaltung der Ressourcen

*Zeitmultiplex* in regelmäßigen Abständen die CPU zuzuteilen. Diese Methode bezeichnet man als *Zeitscheibenverfahren* (engl. *time slicing* oder *time sharing*). Das Betriebssystem führt eine neue CPU-Zuteilung durch, wenn der laufende Prozess entweder

- eine bestimmte Zeit gerechnet hat oder
- wenn er auf ein Ereignis warten muss.

Ein solches Ereignis könnte die Ankunft einer Nachricht von einem anderen Prozess sein oder die Freigabe eines Betriebsmittels wie Laufwerk, Drucker, Modem, welches der Prozess zur Weiterarbeit benötigt.

Die Maximalzeit, die der laufende Prozess ohne Unterbrechung durch das Betriebssystem rechnen darf, wird *Zeitscheibe* genannt. Je nach System werden als Dauer einer Zeitscheibe 10 Millisekunden, 1 Millisekunde oder weniger gewählt. Die Zuteilung von Zeitscheiben erfolgt immer nur an rechenwillige Prozesse und zwar so, dass

- jeder Prozess in einem bestimmten Zeitraum eine garantierte Mindestzuteilung erhält;
- möglichst nach einiger Zeit die Anzahl der einem Programm zugeteilten Zeitscheiben proportional zu seiner Priorität ist.

Bei bestimmten Anwendungen, z.B. zur Steuerung zeitkritischer Überwachungsprogramme, muss für einige Prozesse eine bestimmte Reaktionszeit garantiert werden. Zu diesem Zweck werden Expressaufträge benötigt, die jeweils am Ende einer Wartezeit eine Sonderzuteilung von einer oder mehreren Zeitscheiben erhalten.

Die meisten Betriebssysteme führen allerdings nur eine sehr einfache Zeitscheibenzuteilung für die rechenwilligen Prozesse durch. Dieses Verfahren wird *round robin* (engl. für *Ringelreihen*) genannt und besteht darin, alle Prozesse, die rechenwillig sind, in einer zyklischen Liste anzuordnen:

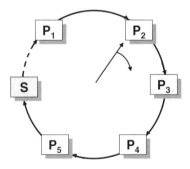

*Abb. 6.6:*   *Das round-robin-Verfahren*

Die rechenwilligen Prozesse kommen in einem bestimmten Turnus an die Reihe und erhalten jeweils eine Zeitscheibe. Prozesse, die nicht mehr rechenwillig sind, werden aus der Liste ausgeklinkt, solche, die soeben rechenwillig geworden sind, werden an einer bestimmten Stelle in der Liste eingehängt. Die Verwaltung der Prozesse erfolgt durch einen Teil des Betriebssystems, den so genannten *scheduler,* der selbst als einer der Prozesse betrieben wird,

520                                                                6  Betriebssysteme

die in der obigen Liste enthalten sind. Er wird einmal pro Rundendurchlauf aktiv und kann
den Ablauf der anderen Prozesse planen. In der vorangegangenen Abbildung 6.6 ist er als
Prozess **S** gekennzeichnet.

## 6.2.7    Prozesskommunikation

Prozesse die unabhängig voneinander ablaufen und in keiner Weise interagieren, nennt man
auch *parallele Prozesse*. Sie können entweder auf verschiedenen CPUs gleichzeitig ablaufen,
oder auf einer CPU im Zeitscheibenverfahren. Im letzteren Falle spricht man manchmal auch
von *Quasi-Parallelität*, obwohl bei vertretbarer Auslastung der CPU ein Beobachter von
außen keinen Unterschied zwischen echt paralleler und quasi-paralleler Ausführung erkennen
kann. Da jeder der Prozesse nur auf seinen privaten Speicherbereich zugreifen kann, können
sie sich gegenseitig nicht stören, sie können aber auch nicht kooperieren.

Häufig möchte man aber Systeme aus vielen miteinander kooperierenden Prozessen aufbauen. In diesem Falle müssen die Prozesse Daten und Zwischenergebnisse austauschen, man
sagt, dass sie miteinander *kommunizieren*. Ein System, das aus vielen miteinander interagie-
renden Prozessen besteht, nennt man *verteiltes System*. Verteilte Systeme können effizienter
arbeiten, als ein aus einem einzelnen Prozess bestehendes System, da in der Zeit, in der ein
Prozess auf eine Ressource – z.B. Daten von der Festplatte – wartet, ein anderer, mit ihm koo-
perierender Prozess eine sinnvolle Tätigkeit erledigen kann. Methoden für die Kommunikation von Prozessen – oder Threads – stellen viele Programmiersprachen zur Verfügung. Die
Java-Klasse *Thread* haben wir bereits in Kapitel 3 diskutiert (S. 250 ff.). Wir werden hier
erkennen, dass für eine verlässliche Kommunikation gewisse Basisdienste des Betriebssystems vonnöten sind.

Um Chancen, aber auch Probleme verteilter Systeme zu erkennen, und um dafür wiederum
Lösungen zu finden, ist es auch an dieser Stelle hilfreich, sich analoge Situationen des täglichen Lebens vorzustellen. In einem Restaurant, zum Beispiel, könnte theoretisch jeder Angestellte zunächst eine Bestellung aufnehmen, in die Küche eilen, die Speise zubereiten, um sie
anschließend zu servieren. Die Probleme liegen auf der Hand, z.B. wenn mehrere Köche
gleichzeitig den Ofen benutzen möchten. Eine arbeitsteilige Organisation, in der ein Kellner
(Prozess A) die Bestellungen aufnimmt, diese an den Koch (Prozess B) weitergibt, worauf sie
von der Serviererin (Prozess C) ausgegeben werden, ist effizienter und einfacher zu koordi-
nieren. Selbstverständlich müssen diese Prozesse geeignet miteinander kommunizieren.

Eine Kommunikation zwischen zwei Prozessen kann *synchron* oder *asynchron* erfolgen. Bei
der synchronen Kommunikation müssen beide Prozesse an einer gewissen Stelle in ihrem
Programmcode angekommen sein. Falls notwendig, muss einer der Prozesse auf den anderen
warten. Sodann erfolgt der Datenaustausch. In den Sprachen Ada und Eiffel nennt man diese
Methode der Kommunikation *Rendezvous*.

Die bei der synchronen Kommunikation anfallende Wartezeit wird bei der *asynchronen Kommunikation* zwischen zwei oder mehreren Prozessen vermieden. Für diese gibt es zwei einfache Modelle. Im ersten Fall wird ein Speicherbereich für beide Prozesse zur gemeinsamen
Benutzung freigegeben – man spricht von *shared memory*. In diesem gemeinsamen Bereich

## 6.2 Verwaltung der Ressourcen

können beide (oder mehrere) Prozesse jederzeit lesen und schreiben. Im zweiten Modell werden *Kommunikationskanäle* zwischen Prozessen bereitgestellt. Ein Prozess kann eine Botschaft (*message*) in diesen Kanal senden, ein anderer kann die Botschaft aus dem Kanal empfangen – man nennt dies *message passing*. Die Botschaften werden in der Reihenfolge gelesen, in der sie geschrieben wurden (*first-in first-out*). Nachrichten können aus vereinbarten Kürzeln oder aber aus den Werten eines beliebigen Datentyps bestehen.

## 6.2.8 Kritische Abschnitte – wechselseitiger Ausschluss

Ein Kanal ist programmtechnisch nichts anderes als eine Queue. Wir haben an früherer Stelle (S. 342) bereits gesehen, dass eine Queue typisch ist für eine *producer-consumer* Situation. Der Sender, der Daten in den Kanal sendet, ist der Produzent (producer), der Empfänger, also der lesende Prozess, heißt Konsument (consumer). In unserem Restaurant-Beispiel haben wir zwei Kanäle – einen, in dem die Bestellungen übertragen werden, einen anderen für die fertigen Speisen. Der Koch ist in einem Falle Konsument, im zweiten Produzent.

Wir nehmen an, dass unsere Programmiersprache keine besonderen Konzepte für die Prozesskommunikation zur Verfügung stellt, so dass wir diese *von Hand* implementieren müssen. Die Kommunikation soll über einen beschränkten *Puffer* (ein anderes Wort für *Queue*) laufen. MAXQ sei die maximale Puffergröße. Der Pseudocode ist dann etwa:

```
Producer:                           Consumer:
while(true){                        while(true){
  <... produziere Element ...>        while(!(size > 0)){ };
  while(!(size < MAXQ)){ };          < entnehme Element >
  < speichere Element >              size = size - 1;
  size = size+1 ;                    <... konsumiere Element ...
};                                  };
```

Beide Prozesse benutzen eine *while*-Schleife mit leerem Rumpf

```
    while (!<Bedingung>){ };
```

in der sie auf das Eintreffen einer <Bedingung> warten. Diese Methode heißt *busy waiting*, denn auch während des Wartens bleibt der Prozess aktiv und belegt so unnützerweise die CPU. Besser ist es, wenn das Betriebssystem einen Systemaufruf „Wait(<Bedingung>)“ anbietet. In diesem Fall legt der Prozess sich „schlafen“ und lässt sich vom Betriebssystem erst wieder „aufwecken“, wenn die Bedingung erfüllt ist.

Ein wirkliches Problem kann aber dadurch auftreten, dass beide Prozesse auf die gemeinsame Variable *size* zugreifen. Beide Prozesse können nämlich jederzeit von dem Scheduler des Betriebssystems unterbrochen werden. Wird nun einer der Prozesse unterbrochen, nachdem ein Element entnommen bzw. gespeichert wurde, aber bevor die Variable *size* neu gesetzt wurde, so geht der andere Prozess von einer falschen Queuegröße aus. Dies mag im Kontext des obigen Beispiels noch hinnehmbar erscheinen. Allerdings gehen aus dem gezeigten Java Programm noch nicht alle möglichen Unterbrechungspunkte hervor. Ein Compiler könnte die Inkrementierung bzw. Dekrementierung von *size* übersetzt haben in:

```
MOV AX, size          MOV AX, size
INC AX                DEC AX
MOV size, AX          MOV size, AX
```

Wenn die beiden Prozessstückchen hintereinander ausgeführt werden, so ist insgesamt *size* gleich geblieben. Wenn der Prozesswechsel aber nach dem Lesen und vor dem Zurückschreiben der Variablen *size* erfolgt, dann werden beide Prozesse den gleichen Wert von *size* gelesen haben. Am Ende wird *size* entweder um eins erhöht oder erniedrigt worden sein – je nachdem, welcher der Prozesse das letzte Wort hatte.

Ein Codeabschnitt in einem Prozess, in dem, wie soeben dargestellt, gemeinsam benutzte Variablen gelesen und verändert werden, heißt *kritischer Bereich* (*critical section*). Man muss garantieren, dass nie zwei Prozessinstanzen gleichzeitig in ihrem kritischen Bereich sein können. Diese Forderung nennt man *wechselseitigen Ausschluss* (*mutual exclusion*). Die einfachste Methode, diesen zu garantieren, wäre, wenn der Prozess selber veranlassen könnte – etwa durch ein *interrupt disable* Signal –, dass er nicht unterbrochen werden will. Am Ende des kritischen Bereiches müsste er wieder ein *interrupt enable* signalisieren. Eine solche Methode käme für Prozesse des Betriebssystemkerns in Frage, nicht aber für Benutzerprozesse, da ansonsten ein Benutzerprozess die CPU mutwillig okkupieren könnte, ohne sie wieder freizugeben.

Es gibt hier nur zwei Möglichkeiten. Entweder muss der kritische Bereich durch Programmiertricks so eingeengt werden, dass er sich in einer Prozessorinstruktion – die ja nicht unterbrochen werden kann – unterbringen lässt, oder das Betriebssystem muss Methoden bereitstellen, mit denen sich eine Gruppe von zusammengehörigen Benutzerprozessen einvernehmlich gegen die Unterbrechung durch andere Prozesse der Gruppe schützen können.

Eine Lösung der ersten Art ist eine als „*Test and Set*" (TAS) bekannte Instruktion.

```
TAS schloss, x
```

entspricht den beiden Befehlen

```
x      := schloss;
schloss:= true
```

ist aber nicht unterbrechbar, man sagt *atomar*. Wenn *schloss* eine zwischen kooperierenden Prozessen gemeinsame Variable ist, kann man den Zugang zu einem kritischen Bereich mittels einer lokalen Variablen *x* folgendermaßen kontrollieren:

```
< ... unkritisch ... >
do{ <TAS schloss, x> } while( x );
< ... kritischer Bereich ... >
schloss = false;
```

Es wird immer wieder der Wert des Schlosses (*true* für *verschlossen, false* für *offen*) in die Variable *x* gespeichert. Auf jeden Fall wird dabei das Schloss verschlossen. Danach kann *x* in Ruhe untersucht werden. Zeigt es sich, dass das Schloss bei dem letzten Test offen gewesen

## 6.2 Verwaltung der Ressourcen

war, kann der kritische Bereich betreten werden. Am Ende des kritischen Abschnitts wird das Schloss geöffnet.

### 6.2.9 Semaphore und Monitore

Wenn eine Instruktion wie TAS nicht vorhanden ist, genügt es, wenn das Betriebssystem entsprechende Systemfunktionen bereitstellt. Da alle Benutzerprozesse in einer niedrigen Prioritätsstufe ausgeführt werden, muss der fraglichen Systemfunktion einfach nur eine genügend hohe Prioritätsstufe zugeteilt werden, und sie ist damit für andere Benutzerprozesse ununterbrechbar. Die Dienste, die ein Betriebssystem üblicherweise für die Kommunikation zwischen Prozessen, Ressourcenkontrolle und wechselseitigen Ausschluss zur Verfügung stellt, sind auf einer höheren Abstraktionsstufe angesiedelt als TAS. Wir betrachten hier stellvertretend nur *Semaphore* und *Monitore*.

Eine *Semaphore* (engl. für Signalmast) ist eine Datenstruktur bzw. eine Klasse mit einem Zähler *count* und den Methoden

| | |
|---|---|
| wait() | warte bis *count > 0* und dekrementiere *count* |
| signal() | inkrementiere *count*. |

Beides sind atomare, d.h. ununterbrechbare Methoden. Mit einem Semaphoren-Objekt S kann man den Zugang zu einem kritischen Bereich kontrollieren:

```
<... unkritisch ...>
S.wait();
<... kritischer Bereich ...>
S.signal()
```

Bei der Initialisierung von *count* wird festgelegt, wie viele Prozesse gleichzeitig in dem kritischen Bereich sein dürfen. Meist ist dies 1, man spricht dann von einer *binären Semaphore*.

Eine gute Implementierung von Semaphoren, als Datenstruktur oder als Java Klasse, ordnet jeder Semaphoren eine Warteschlange zu. Ein erfolgloses *wait* nimmt den Prozess in die Warteschlange aller derjenigen Prozesse auf, die auf die gleiche Semaphore warten und blockiert ihn alsdann. Ein *signal* entfernt den am längsten wartenden Prozess, sofern es einen solchen gibt, aus der Warteschlage und setzt ihn auf *ready*.

Bei einem *Monitor* handelt es sich um eine Datenstruktur oder Klasse, von deren Methoden zu jeder Zeit immer nur eine aktiv sein kann. Alle anderen Prozesse, die eine Prozedur des Monitors benutzen wollen, werden solange in eine Warteschlange eingefügt. So kann man das Producer-Consumer Problem elegant lösen. Man muss die Datenstruktur der Queue einfach in einen Monitor verpacken. In Java genügt es, die Methoden des Monitors als *synchronized* zu erklären (siehe S. 232):

```
class queueMonitor {
    . . .
    synchronized void einlagern(Object obj) { ... }
    synchronized Object abholen() { ... }
}
```

Das Erzeuger-Verbraucher Problem erfordert jetzt kein weiteres Nachdenken mehr. Ist *lager* ein Objekt der Klasse *queueMonitor*, so schreiben wir:

```
Producer:                          Consumer:
while (true){                      while (true){
  if (lager.size < MAXQ){            if (lager.size > 0){
    produziere(x);                     lager.abholen(x);
    lager.einlagern(x)                 konsumiere(x)
  }                                  }
};                                 };
```

Allerdings findet hier ein *busy waiting* statt – beim Produzenten, falls das Lager voll ist, und beim Konsumenten, falls das Lager leer ist. Aus diesem Grunde ergänzt man das Monitorkonzept noch um so genannte *Bedingungsvariablen* (*condition variables*). Diese ähneln binären Semaphoren, sind aber nur innerhalb des Monitors sichtbar. Im Falle des *queueMonitor* können wir Bedingungsvariablen *nonFull* und *nonEmpty* einführen. Wir implementieren die Methode *einlagern* so, dass sie im Falle eines vollen Puffers ein *nonFull.wait* aufruft und am Ende eines erfolgreichen Einlagerns ein *nonEmpty.signal*. Analog ruft *abholen* bei einem leeren Puffer ein *nonEmpty.wait* auf und nach erfolgreichem Abholen eines Elementes ein *nonFull.signal*. Weil sich jetzt *einlagern* und *abholen* selber darum kümmern, dass kein Über- bzw. Unterlauf der Queue eintritt, vereinfacht sich die Implementierung der Producer-Consumer Interaktion zu:

```
Producer:                          Consumer:
while (true){                      while (true){
  produziere(x);                     lager.abholen(x);
  lager.einlagern(x)                 konsumiere(x)
};                                 };
```

Monitore und Semaphore sind gleich mächtige Konzepte. Man kann immer das eine durch das andere implementieren. Beispielsweise könnte man dem gesamten Monitor eine Semaphore zuordnen. Jede Prozedur beginnt mit einem *wait* auf diese Semaphore und endet mit einem *signal*.

## 6.2.10  Deadlocks

Wenn mehrere Fahrzeuge eine unbeschilderte Straßenkreuzung überqueren wollen, gibt es eine einfache Regel: *rechts vor links*. Diese Regel funktioniert auch fast immer, außer in dem höchst unwahrscheinlichen, aber nicht ganz unmöglichen Fall, dass zur gleichen Zeit von jeder Einmündung ein Fahrzeug kommt. Wenn dann jeder auf seinem Recht beharrt, wird der Verkehr für immer zum Stillstand kommen. Wenn zusätzlich jeder nur nach rechts schaut, um zu warten, bis von rechts frei ist, wird niemand die Verklemmung erkennen.

In einem Rechnersystem mit mehreren gleichartigen Prozessen können ähnliche *Verklemmungen* (engl. *deadlocks*) auftreten. Der klassische Fall ist, dass mehrere Prozesse gemeinsame Betriebsmittel (z.B. Drucker und Scanner) gleichzeitig benötigen. Prozess $P_1$ reserviert Betriebsmittel $A$ und blockiert bis $B$ frei wird. Dummerweise benötigt Prozess $P_2$ die gleichen

## 6.2 Verwaltung der Ressourcen

Betriebsmittel, er hat $B$ schon reserviert und wartet auf $A$. Ohne weiteres wird keiner der Prozesse einen Fortschritt machen, sie verklemmen.

Ein ähnlicher Fall kann in einem Transaktionssystem auftreten, wie wir es beispielhaft auf S. 512 betrachtet haben. Wenn Prozess $P_1$ eine Überweisung von Konto $A$ nach Konto $B$ tätigen will und gleichzeitig Prozess $P_2$ eine Überweisung von Konto $B$ zu Konto $A$, dann kann eine analoge Situation auftreten, denn jeder muss Empfänger- und Zielkonto sperren. Noch unwahrscheinlicher wären drei gleichzeitige Überweisungen, eine von $A$ nach $B$, eine von $B$ nach $C$ und eine von $C$ nach $A$.

Deadlocks benötigen für ihr Eintreffen eine Reihe von Bedingungen. Eine davon ist die ringförmige Blockierung von Betriebsmitteln, wie im obigen Kontenbeispiel, eine andere Bedingung ist, dass niemand einem Prozess das reservierte Betriebsmittel entziehen kann. Da all diese Bedingungen nur mit sehr geringer Wahrscheinlichkeit gleichzeitig eintreffen, werden Deadlocks oft ignoriert. Wo aber absolute Zuverlässigkeit gefordert ist, muss man sie ausschließen. Dafür muss man nur eine der notwendigen Bedingungen verletzen. Im obigen Beispiel könnte man entweder die Betriebsmittel ordnen und verlangen, dass immer zuerst das in der Ordnung niedrigere belegt werden muss. Damit ist eine ringförmige Blockierung ausgeschlossen. Eine andere Möglichkeit wäre, den Prozessen Prioritäten – etwa anhand ihrer *prozessId* – zu geben und ggf. dem mit niedrigerer Priorität das Betriebsmittel zu entziehen.

# 6.2.11 Speicherverwaltung

Eine der Aufgaben des Betriebssystems besteht in der Versorgung der Prozesse mit dem Betriebsmittel *Arbeitsspeicher*. Dabei sollen die Prozesse vor gegenseitiger Störung durch fehlerhafte Adressierung gemeinsam benutzter Speicherbereiche geschützt werden, falls die Hardware eines Rechners dies zulässt. Bei heutigen Rechnern ist dies meist der Fall. Die wesentlichen Verfahren zur Speicherverwaltung sind:

* *Swapping* und
* *Paging.*

Beim *Swapping* (engl. *to swap* = tauschen) besteht das Speicherabbild eines Prozesses aus einem oder mehreren *Segmenten* unterschiedlicher Größe. Dies ist ein Speicherbereich, der aus allen Speicherzellen zwischen einer Anfangs- und einer End-Adresse besteht. Diese müssen vollständig im Arbeitsspeicher geladen sein, während der Prozess läuft. Die Anzahl der Segmente ist meist relativ klein, ihre Größe kann beliebig sein.

Beim *Paging* (von engl. *page* = Seite) besteht das Speicherabbild eines Prozesses aus *Speicherseiten*. Eine Speicherseite ist ein Segment einer vorgegebenen Größe (z.B. 4 kBytes). Nur die wirklich benötigten Speicherseiten müssen im Arbeitsspeicher geladen sein, während ein Prozess läuft. Wenn eine nicht geladene Seite adressiert wird, muss dieser Vorgang von der Hardware entdeckt werden. Dies ist im Allgemeinen nur dann der Fall, wenn der Prozessor über eine *virtuelle Adressierungstechnik* verfügt. Die fehlende Seite kann dann vom Betriebssystem nachgeladen werden.

526                                                                                    6  Betriebssysteme

Paging ist typisch für Computersysteme mit *virtueller Adressierung*, Swapping dagegen für Systeme mit *realer Adressierung*. Bei letzteren Systemen erhält ein Prozess vom Betriebssystem einige Segmente des Arbeitsspeichers zugewiesen und darf genau die Adressen verwenden, die in diese Segmente verweisen. Bei der realen Adressierung ist der Adressraum jedes Prozesses kleiner als der tatsächliche Arbeitsspeicher, da auch das Betriebssystem Teile des Arbeitsspeichers benötigt. Hat das Betriebssystem mehrere Prozesse zu verwalten, muss der Hauptspeicher unter diesen aufgeteilt werden. Ist der zuweisbare Teil des Hauptspeichers für einen Prozess nicht ausreichend, kann dieser nicht bearbeitet werden. Wenn ein Prozess viel Platz benötigt, müssen andere Prozesse – unter Umständen sogar alle anderen – auf die Festplatte verdrängt werden. Swapping ist ein einfaches Verfahren, das immer dann angewendet wird, wenn – bedingt durch die Hardware – keine virtuelle Adressierung möglich ist. Da das Speicherabbild eines Prozesses beim Start immer vollständig im Hauptspeicher vorhanden sein muss, führt Swapping meist zu einer hohen Transferrate zwischen Platte und Hauptspeicher.

Bei *virtueller Adressierung* darf jeder Prozess **alle** Adressen verwenden, die auf Grund der Hardwarearchitektur des Rechners überhaupt möglich sind, unabhängig davon, wie groß der Arbeitsspeicher des Rechners tatsächlich ist. Bei einem System mit 32-Bit-Adressen kann jeder Prozess einen Adressraum von 4 Gigabyte verwenden – auch wenn der tatsächliche Arbeitsspeicher wesentlich kleiner ist, wenn der Rechner z. B. nur einige Megabyte realen Speicher hat. Voraussetzung dafür ist die Verwendung eines Betriebssystems, das die virtuelle Adressierung der Hardware unterstützt und den Hauptspeicher im Paging-Verfahren verwaltet.

Ein Prozess, der gestartet werden soll, muss dem Betriebssystem mitteilen, wie viel virtueller Hauptspeicher benötigt wird. Für diesen virtuellen Speicherbereich muss ein *Schattenspeicher* in einem speziellen Bereich des Dateisystems reserviert werden. Diese *Paging Area* residiert auf der Festplatte. Ihre Größe begrenzt letztlich das Betriebsmittel Hauptspeicher, das allen rechenwilligen Prozessen zugeteilt werden kann. Bei einem System mit 32-Bit-Adressierung und weniger als 4 GB Festplattenspeicher kann keinem rechenwilligen Prozess ein voller virtueller Adressraum auch tatsächlich zugewiesen werden. Da natürlich auch das normale Dateisystem einen erheblichen Teil des vorhandenen Festplattenspeichers belegt, sind also Systeme, die einen oder gar mehrere Prozesse mit jeweils vollem virtuellen Adressraum unterstützen, nur möglich, wenn die Festplatten entsprechend groß sind. Beispiele für mögliche Konfigurationen sind in der folgenden Tabelle enthalten:

|  | System 1 | System 2 | System 3 | System 4 | System 5 |
|---|---|---|---|---|---|
| Festplattenspeicher gesamt | 4 GB | 20 GB | 50 GB | 150 GB | 250 GB |
| Umfang der Paging Area | 1 GB | 5 GB | 20 GB | 25 GB | 30 GB |
| Größe des Dateisystems | 3 GB | 15 GB | 30 GB | 125 GB | 220 GB |
| Max. Adressraum eines Prozesses | 1 GB | 4 GB | 4 GB | 4 GB | 4 GB |
| Max. Zahl von Prozessen mit Adressraum von je 100 MB | 10 | 50 | 200 | 250 | 300 |

6.2 Verwaltung der Ressourcen

Diese Tabelle zeigt deutlich, dass Programme auf einem 32-Bit-Computer den theoretisch möglichen Adressraum von 4 GB nur dann tatsächlich ermöglichen, wenn ein entsprechender Festplattenspeicher vorhanden ist.

Nachdem das Betriebssystem für einen rechenwilligen Prozess den angeforderten Speicherplatz erfolgreich in der Paging Area reserviert hat, müssen Tabellen zur Verwaltung des Adressraumes angelegt werden. Es sind dies ein Seitentafelverzeichnis und eine Reihe von Seitentabellen. Während ein Prozess läuft, müssen alle benötigen Tabellen im Hauptspeicher des Rechners vorhanden sein. Nur wenn ein Prozess nicht aktiv ist, dürfen auch seine Seitentabellen und sein Seitentafelverzeichnis verdrängt werden. Für jeden Prozess wird ein Seitentafelverzeichnis mit z.B. 1024 Einträgen benötigt. Jeder Eintrag verweist auf eine Seitentabelle mit ebenso vielen Einträgen. Seitentabellen werden nur für die Speicherbereiche benötigt, die von einem Prozess angefordert wurden. Jeder Eintrag in einer Seitentabelle ermöglicht die Adressierung einer Seite mit z.B. 4096 Bytes. Für den Eintrag werden mindestens vier Bytes benötigt.

In der folgenden Tabelle sind Beispiele für den Speicherplatzbedarf einiger Prozesse mit jeweils unterschiedlichem Adressraumbedarf aufgeführt:

|  | Prozess 1 | Prozess 2 | Prozess 3 | Prozess 4 | Prozess 5 |
|---|---|---|---|---|---|
| Benötigter virtueller Adressraum | 4 MB | 16 MB | 100 MB | 1 GB | 4 GB |
| Anzahl der Seitentabellen | 1 | 4 | 25 | 256 | 1024 |
| Zahl der Tabellen insgesamt | 2 | 5 | 26 | 257 | 1025 |
| Speicherplatz für diese Tabellen | 8 kB | 20 kB | 104 kB | 1028 kB | 4100 kB |

Alle Tabellen des laufenden Prozesses befinden sich im Hauptspeicher. Wenn dieser Prozess nunmehr eine Adresse A verwendet, kann diese aus einer z.B. 20 Bits langen Seitennummer SN und einer 12 Bits langen Relativadresse zum Seitenanfang bestehen. Diese Adresse kann unmittelbar verwendet werden, wenn die Adressübersetzungseinheit einen entsprechenden Eintrag in ihrem Pufferspeicher der virtuellen Adressierungseinheit vorfindet. Andernfalls wird einem geeigneten CPU-Register die Adresse des relevanten Seitentafelverzeichnisses entnommen. Mit den vorderen 10 Bits der Seitennummer wird ein Eintrag in dieser Tafel bestimmt, der auf eine Seitentabelle zeigt. Mit den restlichen 10 Bits wird ein Eintrag in dieser Seitentabelle bestimmt. Die Seitentabelle ist z.B. durch ein Feld von Einträgen realisiert:

```
Eintrag[] Seitentabelle = new Eintrag[1024];
```

Jeder Eintrag besteht mindestens aus 4 Bytes, also aus 32 Bits. Eines dieser Bits, das *P-Bit* (Präsenz-Bit), ist gesetzt, wenn die fragliche Seite einer realen Speicherseite entspricht. Wenn das P-Bit nicht gesetzt ist, wird die Seite auf die Festplatte verdrängt und die übrigen 31 Bits können vom Betriebssystem in beliebiger Weise verwendet werden, um die Seite in der Paging Area wiederzufinden. Wenn das P-Bit gesetzt ist, kann die reale Adresse einer benötigten virtuellen Seite, deren Adresse nicht im TLB war, dem Seitentabelleneintrag entnommen und ins TLB übernommen werden. Die Abkürzung *TLB* steht für *Translation Lookaside Buffer* und wird für einen Puffer der Adressübersetzungseinheit verwendet.

Wenn das P-Bit nicht gesetzt ist, wird das Betriebssystem wegen eines Adressumsetzungsfehlers (= *page fault*) aktiviert und hat die Aufgabe, den Fall zu klären. Es gibt dann drei Möglichkeiten: Entweder wurde die fragliche Seite bisher noch gar nicht benötigt oder sie ist in die Paging Area verdrängt worden und muss wieder in den Speicher zurückgeholt werden, oder aber es handelt sich um einen Zugriff auf eine Seite, die der fragliche Prozess nicht adressieren darf, weil er sie gar nicht angefordert hat. Das Betriebssystem wird auch dann aktiviert, wenn schon der Zugriff auf das Seitentafelverzeichnis erfolglos war. Die Einträge des Seitentafelverzeichnisses haben dieselbe Struktur wie die Einträge in den Seitentafeln. Wenn das P-Bit eines Eintrags des Seitentafelverzeichnisses nicht gesetzt ist, wurde die entsprechende Seitentabelle diesem Prozess gar nicht erst zugewiesen.

Damit können wir den virtuellen Adressraum eines Prozesses wie folgt einteilen:

- einem Teil entspricht gar kein Speicher, da er bisher nicht benutzt wurde;
- einem Teil entspricht ein auf Platte ausgelagerter Speicherbereich, da er in der letzten Zeit selten benutzt wurde;
- der restliche Teil ist realen Hauptspeicherseiten zugewiesen.

Wenn ein Prozess Speicher anfordert, der später nur selten oder gar nicht verwendet wird, wird das System im Falle der virtuellen Adressierung dadurch nur minimal belastet. Beim Swapping müsste dieser Ballast immer wieder ein- und ausgelagert werden.

Beim Prozesswechsel muss das Betriebssystem lediglich alle Einträge im Pufferspeicher der virtuellen Adressierungseinheit für ungültig erklären. Das geschieht z.B. immer dann, wenn das CPU-Register mit der Adresse des Seitentafelverzeichnisses eines neuen Prozesses geladen wird. Bevor dies geschehen kann, muss das Betriebssystem sicherstellen, dass dieses Seitentafelverzeichnis auch tatsächlich im Hauptspeicher vorhanden ist. Sobald das der Fall ist, kann der eigentliche Prozesswechsel erfolgen.

Wenn ein Prozess eine nicht im Hauptspeicher befindliche Seite benötigt, muss das Betriebssystem eine freie Hauptspeicherseite suchen. Dazu wird eine weitere Tabelle benötigt, mit deren Hilfe der reale Hauptspeicher des Rechners verwaltet wird, jeweils in Seiten zu 4096 Bytes. Pro Megabyte realem Hauptspeicher ergeben sich 256 Seiten, die in dieser Tabelle zu verwalten sind. Bei 256 MB Hauptspeicher sind das bereits 65536 Einträge.

Die Tabelle der realen Speicherseiten enthält einen Eintrag für jede reale Seite. Dieser informiert darüber, ob die fragliche Seite frei oder belegt ist. Im letzten Fall ist zusätzlich ein Pointer zu finden, der auf einen Eintrag in der Seitentabelle eines Prozesses verweist, der diese Seite gerade verwendet. Zur Verwaltung der freien Seiten benötigt das Betriebssystem folgende Informationen:

- wann auf eine Seite zuletzt zugegriffen wurde,
- wie häufig auf diese Seite zugegriffen wurde,
- ob der Inhalt dieser Seite seit der letzten Zuweisung geändert wurde,
- ob diese Seite hauptspeicherresident sein muss.

Diese Informationen werden, außer der letzten, während der Adressumsetzung ermittelt und dann vom Betriebssystem verwendet.

## 6.3  Das Betriebssystem UNIX

Wenn ein Prozess eine freie Seite benötigt, sucht das Betriebssystem in der soeben beschriebenen Tabelle nach ihr. Wird eine solche gefunden, kann sie in Gebrauch genommen werden. Andernfalls muss das Betriebssystem eine belegte Seite verdrängen. Zu diesem Zweck wird eine Seite gesucht, die vermutlich in absehbarer Zeit nicht wieder benötigt werden wird. Die meisten Betriebssysteme versuchen eine Seite zu finden, auf die insgesamt wenig zugegriffen wurde und die auch in der unmittelbaren Vergangenheit nicht benutzt wurde. Diese Strategie nennt man *LRU*. LRU ist eine Abkürzung für den englischen Begriff *least recently used* (in letzter Zeit am wenigsten benutzt). Für die zu verdrängende Seite muss Platz in der Paging Area gefunden werden; dann muss der Inhalt dorthin abgespeichert und die Seitentabelle des Prozesses, der die Seite genutzt hat, geändert werden. Für die Verwaltung der Paging Area wird eine weitere Tabelle benötigt.

Das hier hauptsächlich diskutierte Paging-Verfahren zur Verwaltung des Hauptspeichers eines Rechners mit virtueller Adressierung ist offensichtlich sehr aufwändig. Viele umfangreiche Tabellen werden benötigt, ein Teil des Festplattenspeichers wird als *Paging Area* verwendet, und es muss unterschieden werden zwischen Seiten, die ständig hauptspeicherresident sein müssen und solchen, die ausgelagert werden können.

Trotz dieses gewaltigen *Overhead* ist Paging das Verfahren, das gewählt werden sollte, falls die verwendete Hardware dies ermöglicht. Gründe hierfür sind:

- Der Aufwand beim Prozesswechsel ist minimal.
- Prozesse müssen nicht komplett speicherresident sein, um ablaufen zu können.
- Beim Prozesswechsel behält ein Prozess seine hauptspeicherresidenten Seiten. Er verliert sie erst, wenn sie von der Verwaltung des realen Speichers verdrängt werden.
- Programme können, unabhängig von der Größe des realen Hauptspeichers, den vollen virtuellen Adressraum benutzen, sofern genügend Plattenspeicher existiert.
- Der tatsächlich an Prozesse zugewiesene reale Speicherplatz ändert sich dynamisch.
- Speicherschutzmechanismen sind einfach zu realisieren.
- Das Betriebssystem kann einen eigenen, von den anderen Prozessen unabhängigen Adressraum verwenden. In diesem kann es insbesondere alle bisher diskutierten Tabellen unterbringen. Diese können daher von den Prozessen, die sie benutzen, weder irrtümlich noch absichtlich verändert werden.

# 6.3  Das Betriebssystem UNIX

Im Prinzip liefert das Betriebssystem eine hardwareunabhängige Schnittstelle zum Rechner. Dennoch sind Betriebssysteme von den Stärken und Schwächen oder von besonderen Fähigkeiten spezieller CPUs beeinflusst. So sind einfache Betriebssysteme wie MS-DOS (Disk Operating System) nur auf Rechnern einer Bauart (IBM-PC) verfügbar, während andere Betriebssysteme wie UNIX und Windows NT auf vielen Hardware-Plattformen (darunter auch der IBM-PC) verfügbar sind. Auf Workstations und im wissenschaftlichen Umfeld dominiert seit Anfang der 80er Jahre das Betriebssystem UNIX. Aufgrund der weiten Verbreitung von UNIX und Linux wollen wir exemplarisch den Umgang mit diesem Betriebssystem behandeln. Wir betrachten hier UNIX aus der Sicht eines Benutzers. Für Interna und die Implementierung von UNIX sei insbesondere auf das Buch von Tanenbaum verwiesen.

## 6.3.1 Linux

Eine speziell auf IBM-PCs zugeschnittene Implementierung von UNIX ist unter dem Namen *Linux* in den letzten Jahren sehr populär geworden. Eine erste Implementierung stammte von dem finnischen Studenten Linus Torvalds. Eine rasch wachsende Fan-Gemeinde kooperierte weltweit über das Internet in der Weiterentwicklung dieses kostenfrei erhältlichen UNIX-Clones. Heute steht dieses voll entwickelte Mehrbenutzer- und Multi-Tasking-Betriebssystem, das von den einfachsten Diensten bis zur vollen Netzwerkunterstützung und grafischen Benutzeroberflächen alles bietet, keinem kommerziell erhältlichen UNIX-System nach. Immer mehr Firmen erkennen die Vorzüge von Linux, denn es ist so stabil, dass es gerne als Betriebssystem für Webserver eingesetzt wird. Mit *OpenOffice* steht für Linux ein vollständiges und freies Bürosystem zur Verfügung, so dass Linux sowohl auf Workstations als auch auf PCs eine echte Alternative zu den kommerziellen Betriebssystemen darstellt. Für Linux gibt es Bedienoberflächen (KDE, Gnome), die nach Wunsch konfiguriert werden können, so dass sie wahlweise aussehen wie Windows 98 oder wie der UNIX-Standard *CDE (common desktop environment)*. Die Software für Linux ist zum überwiegenden Teil unter der so genannten *GNU Public License* entwickelt. Sie ist damit nicht nur kostenlos, sondern auch im Quelltext verfügbar, so dass sie von jedem Anwender modifiziert oder verbessert werden kann. Linux kann man sich direkt aus dem Internet herunterladen. Alternativ gibt es auch so genannte Distributionen, das sind CDs (bzw. DVDs) mit dem Betriebssystem und einer Fülle von Anwenderprogrammen sowie Installationsprogrammen und Handbüchern. Auf diese Weise können auch technisch Ungeübte eine Linux-Installation auf ihrem PC anstatt oder zusätzlich zu dem Standardbetriebssystem Windows einrichten. Ein genügend schneller Prozessor, genügend RAM und Plattenplatz vorausgesetzt, kann ein PC zu einer preiswerten Workstation ausgebaut werden. Alles was im Folgenden über UNIX gesagt wird, gilt demnach gleichermaßen für Linux.

## 6.3.2 Das UNIX-Dateisystem

Unter den elementarsten Diensten jedes Betriebssystems befinden sich solche, die den Umgang mit Dateien (engl. *files*) organisieren. Dateien müssen erzeugt, verändert, abgespeichert, umbenannt und gelöscht werden. In die Fülle der existierenden Dateien muss eine Ordnung gebracht werden. Der Zugang zu ihnen muss den anderen Benutzern des Rechners ermöglicht oder blockiert werden. Das UNIX-System hat für viele spätere Systeme in diesem Bereich Maßstäbe gesetzt und ist insbesondere auf Workstations zum de facto-Standard geworden.

Das UNIX-Dateisystem ist als Baum organisiert. Die Dateisysteme der einzelnen Benutzer sind Unterbäume des globalen Dateibaumes. Die Wurzel dieses Baumes heißt *root* und wird mit einem Schrägstrich „ / " abgekürzt. Die inneren Knoten sind *Verzeichnisse (directories)*, die Blätter sind die eigentlichen Dateien. In UNIX zählt man auch die Verzeichnisse zu den Dateien. Ebenso werden Geräte (Drucker, Terminals, Platten, Maus etc.) logisch wie Dateien als *special files* behandelt. In die einem Bildschirm zugeordnete Datei kann man nur schreiben, von der zu

## 6.3 Das Betriebssystem UNIX

einer Tastatur gehörenden Datei nur lesen. Löscht man diese Dateien, so kann man das zugehörige Gerät nicht mehr ansprechen. Diese Philosophie hat den Vorteil der Einfachheit. Wenn der Benutzer weiß, wie er ein Datum in eine Datei schreibt, so weiß er auch, wie er es druckt: es wird einfach in die dem Drucker zugeordnete Datei geschrieben. Für die Organisation des UNIX-Dateibaumes haben sich gewisse Konventionen eingebürgert. Unter den Söhnen der Wurzel befinden sich meist einige Unterverzeichnisse mit folgender Bedeutung:

| `bin` : | Systemdateien | (binär) |
|---|---|---|
| `dev` : | Gerätedateien | (devices) |
| `lib` : | Bibliotheken | (libraries) |
| `usr` : | Benutzerdateien | (user) |
| `etc` : | Sonstige Systemdateien | |

**Abb. 6.7:** *Standardkataloge*

UNIX ist ein Mehrbenutzersystem. Das Dateisystem jedes Benutzers ist ein Unterbaum des globalen Dateisystems, meist direkt unter dem Verzeichnis *usr* angehängt. Die Wurzel dieses Benutzer-Dateibaumes heißt auch *home directory* des Benutzers.

Jede Datei hat einen *owner*. Wie der Name schon andeutet, besitzt dieser die Datei, kann also die Zugriffsrechte anderer Benutzer auf diese Datei vergeben. Jeder Benutzer kann auf beliebige Dateien in dem Dateibaum zugreifen, sofern ihm die notwendigen Zugriffsrechte gewährt werden. Auf diese Weise können Ressourcen des Systems gemeinsam genutzt werden.

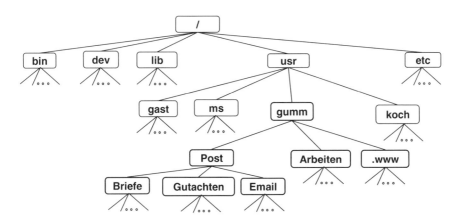

**Abb. 6.8:** *Teil eines UNIX-Dateibaumes*

## 6.3.3 Dateinamen

UNIX-Dateinamen können aus beliebigen Folgen von ASCII-Zeichen bestehen. Daher können auch Punkte und Sonderzeichen in Dateinamen auftreten. Der Name einer Datei sagt nichts über deren Inhalt aus. Dateien, deren Namen mit einem Punkt beginnen, sind so genannte versteckte (engl. *hidden*) Dateien. Bei der standardmäßigen Auflistung aller Dateien eines Verzeichnisses werden *hidden files* nicht angezeigt. Ansonsten verhalten sie sich wie normale Dateien. Beispiele für Dateinamen in UNIX sind etwa:

```
play             index.html       ftp.sites.usa
brief.text       homework.17.inf  gimmicks.c
.profile         .cshrc           .login
```

Attribute wie *ausführbar*, *schreibgeschützt*, *öffentlich* etc. sind nicht vom Namen abhängig. So könnte `brief.text` durchaus der Name einer ausführbaren Datei sein. Für den Benutzer ist es jedoch von Vorteil, sich an gängige oder eigene Konventionen zu halten.

## 6.3.4 Dateirechte

Wie bereits erwähnt, hat jede Datei einen Besitzer (*owner*), welcher festlegen darf, wer welche Zugriffsberechtigung hat. Es gibt drei Arten des Zugriffs:

| | | |
|---|---|---|
| r | : Lesezugriff | (r = read) |
| w | : Schreibzugriff | (w = write) |
| x | : Ausführung | (x = execute) |

Die Schreibberechtigung *w* schließt das Recht für Änderungen und das Löschen der Datei ein. Um aber eine Datei zu erstellen, oder zu löschen, muss man für das Verzeichnis, in dem sie sich befindet, eine Schreibberechtigung haben. Die Ausführungsberechtigung *x* ist nur für Programmdateien relevant. Die Benutzer werden in drei Klassen eingeteilt:

| | |
|---|---|
| user | : der Besitzer (owner) der Datei |
| group | : die Arbeitsgruppe, zu der der owner gehört |
| others | : alle anderen Benutzer des Systems |

Für jede dieser Benutzerklassen können die drei Zugriffsarten jeweils erlaubt oder verboten werden. Mit dem Befehl *chmod* ( siehe S. 539 ) kann der *owner* die Rechte der Datei ändern. Der Systemverwalter legt fest, zu welcher *group* der Benutzer gehört.

## 6.3.5 Pfade

Jedes Unterverzeichnis und jede Datei lässt sich eindeutig durch den Weg von der Wurzel zur Datei beschreiben. Die Folge der Knoten auf dem Weg von der Wurzel wird, mit „ / “ getrennt, als *Pfad* bezeichnet. Technisch ist der vollständige Pfad nötig, um eine Datei eindeu-

## 6.3 Das Betriebssystem UNIX

tig zu identifizieren. Wir haben bereits erwähnt, dass das Dateisystem jedes Benutzers ein Unterbaum des kompletten UNIX-Dateibaumes ist. Die Wurzel dieses Unterbaumes nennt man das *home directory* des Benutzers. Meist wird er auf Dateien zugreifen, die sich in diesem Unterbaum befinden. Daher steht das Zeichen „~" als Abkürzung für den Pfad zu dem Home-Verzeichnis des jeweiligen Benutzers.

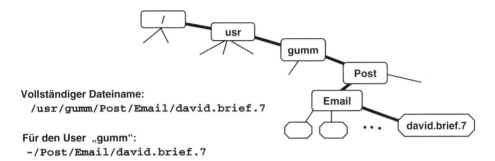

**Vollständiger Dateiname:**
`/usr/gumm/Post/Email/david.brief.7`

**Für den User „gumm":**
`~/Post/Email/david.brief.7`

*Abb. 6.9:*    *Ein Pfad im Home-Verzeichnis*

Verzeichnisse dienen dazu, Ordnung und Übersicht in das Dateisystem zu bringen, indem z.B. logisch zusammengehörende Dateien in einem gemeinsamen Verzeichnis gespeichert werden. Bei der Arbeit bezieht man sich daher oft auf Dateien, die in demselben Verzeichnis aufgeführt sind. Daher gibt es den Begriff des *aktuellen Verzeichnisses* (engl. *working directory*). Bei der Angabe von Dateien kann der Anfang des Pfades, der den Weg zum *working directory* beschreibt, weggelassen werden. Jederzeit kann ein anderes Verzeichnis die Position des neuen working directory einnehmen. Die Vorstellung ist, dass man sich immer *„in einem Verzeichnis befindet"*. Zu Anfang einer UNIX-Sitzung ist dies das Home-Verzeichnis.

Der Befehl

        **pwd**           (print working directory)

gibt den Namen des aktuellen Verzeichnisses aus, z.B. `/usr/gumm/Post`. Jedem nicht mit „/" beginnenden Bezug auf eine Datei, z.B. `siemens.brief.12` oder `Privat/Ausgaben/steuer.01` wird implizit der Pfad zum aktuellen Verzeichnis vorangestellt:

    `/usr/gumm/Post/siemens.brief.12` und
    `/usr/gumm/Post/Privat/Ausgaben/steuer.01`.

Das aktuelle Verzeichnis kann mit dem Befehl

        **cd** *dir*        (change directory)

verändert werden. Das Argument *dir* steht hierbei für den Namen irgendeines Verzeichnisses. Fehlt dieses, so wird „~", das Home-Verzeichnis, angenommen. Neben der Abkürzung „~" sind auch noch „ . " und „ .. " wichtig. Mit „ . " bezeichnet man immer das gerade aktuelle

Verzeichnis und mit „ .. " dessen Vater oder *parent directory*. Beispiele für die Anwendung des *cd*-Befehles sind:

```
cd                         (gehe zum Home-Verzeichnis)
cd Post/E-Mail             (gehe nach ./Post/E-Mail)
cd /usr/gast/Programme     (absoluter Verzeichnisname)
cd ../Daten                (gehe nach /usr/gast/Daten).
```

### 6.3.6 Special files

Auch Geräte (Drucker, Bandgeräte, Platten, Terminals) werden, wie bereits erwähnt, logisch als Dateien betrachtet. Sie befinden sich in dem Verzeichnis /dev oder in einem Unterver-zeichnis davon. Man unterscheidet diese *special files* ebenfalls nach ihrer Zugriffsmethode:

> *character special files* erlauben nur sequentiellen Zugriff
> *block special files* erlauben beliebigen Zugriff(random access).

Bandgeräte, ASCII-Terminals, Drucker sind Beispiele für *character special files*, Festplatten, CD-Laufwerke und Disketten-Laufwerke sind dagegen *block special files*.

Eine ganz besondere Datei ist /dev/Null. Sie ist mit einem Papierkorb vergleichbar. Wenn ein Kommando eine Ausgabe hat, der Benutzer aber nicht an ihr interessiert ist, kann er diese in /dev/Null umlenken.

### 6.3.7 Externe Dateisysteme

Um mit externen Dateisystemen zu arbeiten, die sich etwa auf einer Diskette oder einem externen Rechner befinden, kann man diese Dateisysteme in den UNIX-Dateibaum einhängen und ebenso wieder entfernen. Befindet sich auf einer Diskette ein Dateibaum, so kann man diesen mit dem Befehl mount an beliebiger Stelle in den UNIX-Dateibaum einklinken. Anschließend gibt es keine Unterscheidung mehr zwischen Dateien (und Dateizugriffen) auf der Diskette oder anderen block special files. Mit dem Befehl umount wird der entspre-chende Unterbaum wieder abgehängt. In ihrer allgemeinen Form sind die Befehle *mount* und *umount* nur dem Systemverwalter zugänglich. Dieser kann sie für bestimmte Zwecke (etwa zur Bedienung externer Laufwerke) auch anderen Benutzern zugänglich machen.

### 6.3.8 UNIX-Shells

Ein UNIX-Kommandointerpreter heißt *Shell*. Dahinter steckt die Vorstellung, dass sich der Kommandointerpreter wie eine Schale (engl. *Shell*) um den Betriebssystemkern legt. Die Shell vermittelt zwischen den Wünschen des Benutzers und den Ressourcen des Betriebssys-tems. Sie nimmt Kommandos (auch *Befehle* genannt) entgegen, analysiert diese und sorgt dafür, dass das Betriebssystem die gewünschten Aktionen ausführt. Nach einer abgeschlosse-nen Aktion wartet die Shell auf das nächste Kommando.

6.3  Das Betriebssystem UNIX

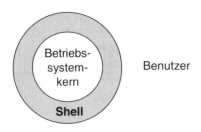

*Abb. 6.10:*  *UNIX-Shell*

Der UNIX-Benutzer hat verschiedene Shells zur Auswahl. Einige davon sind die *Bourne-Shell*, die *Korn-Shell*, die *C-Shell* oder die *tc-Shell*. Sie unterscheiden sich weniger, was die elementaren Kommandos betrifft, sondern eher in der Art ihrer Programmierbarkeit und des Komforts, den sie bieten. Aus der ersten Shell, die der Benutzer beim Anmelden (*login*) vorfindet, der so genannten *login Shell*, kann er weitere Shells starten.

## 6.3.9  UNIX-Kommandos

Auf der Kommandoebene unterscheidet sich UNIX nicht sehr von DOS. Für den geübten Benutzer erweist es sich aber als weit mächtiger und flexibler. Zwei Kommandos kennen wir schon: `pwd` und `cd`.

Für jeden Befehl (*command*) existiert ein Eintrag im Online Manual, welcher mit

    **man** *command*

abgerufen werden kann. Man erhält eine komplette Beschreibung des Befehls. Füllt der Eintrag mehrere Seiten, so kann mit der Leertaste vorwärts und mit *b* (*backward*) rückwärts geblättert werden. *q* oder *Ctrl-c* brechen die Ausgabe ab. Als Beispiele versuche man:

    `man pwd`   oder auch   `man man`

Die meisten UNIX-Befehle sind allgemeiner, effektiver und flexibler als die entsprechenden DOS-Befehle. Oft sind sie auch kürzer. Die folgende Liste gibt eine Gegenüberstellung der wichtigsten Befehle zur Dateiverwaltung in MS-DOS und in UNIX.

| MS-DOS | UNIX | Beschreibung |
|---|---|---|
| `copy` | `cp` | Kopiere (**cop**y) eine Datei |
| `ren` | `mv` | Datei umbenennen (**ren**ame, **m**ove) |
| `del` | `rm` | Datei löschen (**del**ete, **rem**ove ) |
| `mkdir` | `mkdir` | Neues Verzeichnis erstellen (**m**ake **dir**ectory ) |
| `rmdir` | `rmdir` | Verzeichnis löschen (**rem**ove **dir**ectory) |
| `dir` | `ls` | Dateiliste anzeigen (**l**ist **dir**ectory) |
| `type` | `cat` | Datei-Inhalt anzeigen |

| MS-DOS | UNIX | Beschreibung |
|--------|------|--------------|
| more | more | Datei-Inhalt seitenweise anzeigen |
| print | lp | Datei drucken (**line-print**) |

**Abb. 6.11:** *Befehle von MS-DOS und UNIX*

UNIX-Befehlen wird nachgesagt kryptisch, d.h. schwer verständlich zu sein. In der Tat liegt das oft daran, dass sie zu allgemein sind. Ein Beispiel dafür ist der Befehl cat. Um den Inhalt einer Datei am Bildschirm anzuzeigen, ist zunächst der DOS-Befehl type verständlicher. Allerdings ist der UNIX-Befehl cat dazu gedacht, Dateien zu *konkatenieren*, das heißt aneinanderzuhängen. Wenn keine Ergebnisdatei angegeben ist, wird das Ergebnis auf dem Bildschirm ausgegeben. Der Aufruf

**cat** *Datei*

ist ein Spezialfall: Nur eine Datei muss konkateniert werden, und da keine Ergebnisdatei genannt worden ist, wird die Datei auf dem Bildschirm angezeigt.

In der C-Shell (csh) oder der tcshell (tcsh) kann man sich mit dem alias-Befehl beliebige neue Kommandonamen einrichten. Nach dem Aufruf

```
alias type 'cat'
```
steht z.B. type als alternative Bezeichnung (*alias*) für cat zur Verfügung.

## 6.3.10 Optionen

Die meisten UNIX-Befehle können durch *Optionen* noch verändert und damit den Benutzeranforderungen angepasst werden. Optionen werden in der Regel durch einen Buchstaben mit vorgestelltem Bindestrich (*dash*) gekennzeichnet. Man kann auch mehrere Optionen zu einem String zusammenfassen und mit vorgestelltem „-" dem Befehl anhängen. Die Syntax des Befehls ls wird im Manual mit

**ls** [*options*] [*files*]

angegeben. Wie üblich sind die Teile in den eckigen Klammern optional (siehe EBNF-Notation ). Ein Beispiel für die Benutzung des ls-Befehls ist:

```
ls -al *.dvi
```
Hier wird der ls-Befehl mit den Optionen *-a* (*all*) und *-l* (*long*) aufgerufen. Gemeint ist: „*Liste in langer Form (d.h. mit Zusatzinformationen) die Dateien auf, deren Namen auf „.dvi" enden, und zwar **alle** (auch die versteckten).*"

Die wichtigsten Optionen des ls-Befehles sind im Folgenden zusammengestellt. Viele Benutzer stellen sich ihre Lieblingskombinationen zusammen und definieren ein entsprechendes Alias, z.B.:

```
alias dir 'ls -al'.
```

6.3  Das Betriebssystem UNIX                                                    537

Einige der Optionen sind:

| | | |
|---|---|---|
| -a | *(all)* | Zeige alle Dateien, auch die versteckten. |
| -l | *(long)* | Langes Format, d.h. Namen + Zusatzinformation. |
| -C | *(columns)* | Mehrspaltige Ausgabe. |
| -c | *(creation date)* | Zeige Dateien in der Reihenfolge ihrer Erzeugung. |
| -d | *(directories)* | Zeige nur die Verzeichnisse. |
| -F | *(Flag filetype)* | Zeige an, ob es sich um ein Verzeichnis, ein Programm oder einen Link (siehe unten) handelt. |

Im Folgenden sind einige Versuche mit dem *ls*-Kommando mitprotokolliert. Die Benutzereingaben sind fett dargestellt.

```
> pwd
/home/luna/gumm
> cd SOUND
> ls -CF
Sonstiges/ crash.au  play*
zappa.au
> ll
command not found
> alias ll 'ls -alF'
> ll
total 3015
drwxr-xr-x   3 gumm        512  Jan 24 14:41  ./
drwxr-xrwx  31 gumm       3584  Jan 24 14:40  ../
drwxr-xr-x   2 gumm        512  Jan 24 14:32  Sonstiges/
-rw-r--r--   1 gumm      97158  Dec 16 17:23  crash.au
-r-xr-xr-x   1 gumm      40960  Dec 16 22:17  play*
-rw-r--r--   1 gumm      58376  Dec 10 13:00  zappa.au
```

Die ersten Spalten der Dateiliste zeigen, ob es sich um ein Unterverzeichnis (d = *directory*) handelt und welche Rechte (**r**ead-**w**rite-e**x**ecute) *owner*, *group* und *others* haben. Mit dem nachgestellten „/" werden Verzeichnisse und mit „*" ausführbare Dateien markiert. „./" kennzeichnet das aktuelle und „../" das übergeordnete (*parent*) Verzeichnis.

## 6.3.11  Datei-Muster

Immer wenn ein Kommando eine Liste von Dateinamen erwartet, lässt sich an deren Stelle auch ein Datei-Muster (*pattern*) angeben. Dieses bezeichnet die Liste aller Dateien, deren Namen auf dieses Muster passen (engl. *to match*).

Wenn die Shell ein solches Muster liest, expandiert sie dieses sofort in die Liste aller Dateinamen im aktuellen Verzeichnis, die auf dieses Muster passen. Die Datei-Muster benutzen zwar teilweise dieselben Metazeichen wie die regulären Ausdrücke (siehe S. 540), aber in einer unterschiedlichen Bedeutung. Als Datei-Muster steht der Stern „ * “ (auch *wildcard* genannt) für einen beliebigen String und „?“ für ein beliebiges Zeichen. Für die Auswahl eines Zeichens aus einer Folge oder aus einem Bereich verwendet man eckige Klammern:

| | |
|---|---|
| * | passt auf jeden String (incl. Sonderzeichen). |
| ? | passt auf ein beliebiges einzelnes Zeichen. |
| [ab7] | passt auf eines der Zeichen a, b oder 7. |
| [A-Z0-9] | passt auf einen Großbuchstaben oder eine Ziffer. |

## 6.3.12   Standard-Input/Standard-Output

Viele UNIX-Kommandos, die mit Input und/oder Output arbeiten, erwarten, wenn nichts anderes vereinbart wird, den Input von der Tastatur und liefern den Output an den Bildschirm. Da sowohl Tastatur als auch Bildschirm als Dateien behandelt werden, kann man sie auch durch andere Dateien ersetzen. Man spricht von einer Umlenkung (redirection) von *standard input* und *standard output*. Die Umlenkung von Standard-Output geschieht mit den Zeichen „ > “ (bzw. „ >> “) und die Umlenkung von Standard-Input durch das Zeichen „ < “. In einem UNIX-Befehl bedeuten

| | |
|---|---|
| > *file* | Ersetze Standard-Output durch *file*. |
| >> *file* | Hänge Standard-Output an *file* an. |
| < *file* | Ersetze Standard-Input durch *file*. |

Beispielsweise kann man mit dem Kommando

```
ls  *.tex  >dokumente
```

eine Datei dokumente erzeugen, die die Namen aller Dateien im aktuellen Verzeichnis enthält, dern Namen mit „.tex“ endet. Auf dem Bildschirm erscheint kein Zeichen, denn Standardausgabe ist jetzt die Datei dokumente. Erwartet ein UNIX-Kommando einen Dateinamen als Argument, so wird, falls dieser nicht angegeben wird, meist Standard-Input angenommen. Das Zeichen „-“ bezeichnet in diesem Zusammenhang auch Standard-Input.

## 6.3.13   Dateibearbeitung

Die bisherigen Kommandos dienten im Wesentlichen der Navigation und Orientierung im UNIX-Dateisystem. Zur Verarbeitung und Veränderung von Dateien gibt es eine Reihe von effektiven und vielseitigen Kommandos, von denen wir jetzt eine kleine Auswahl vorstellen. Wenn eine Ausgabe erzeugt wird, so geht diese immer zur Standardausgabe, also zum Terminal, wenn nichts anderes vereinbart wurde. Fehlt eine Eingabedatei, so wird die Eingabe von der Standardeingabe, also von der Tastatur, erwartet. Das Ende einer UNIX-Datei wird durch das Zeichen *Ctrl-d* (eof) gekennzeichnet.

**cat** [*options*] [*files*]

## 6.3 Das Betriebssystem UNIX

konkateniert die angegebenen Dateien. Beispielsweise fügt

```
cat Kapitel.1  Kapitel.2  Kapitel.3 > Buch
```

die drei angegebenen Dateien zu einer neuen Datei Buch zusammen während

```
cat > meinfile
```

eine neue Datei mit Eingabe von *standard input* erzeugt. *Ctrl-d* beendet die Eingabe.

```
cat Kapitel.4  -  Kapitel.7 >> Buch
```

hängt Kapitel.4, den Input von *standard input* und Kapitel.7 an Buch an und

```
cat    Kapitel.1
```

zeigt den Inhalt von Kapitel.1 auf dem Bildschirm an.

**diff** [*options*] *file1 file2*

zeigt die Zeilen an, in denen *file1* und *file2* differieren und mit

**sort** [*options*] [*file*]

kann man die Zeilen einer Datei sortieren. Wie immer ist *standard output* die voreingestellte Ausgabedatei. Mit

```
sort -u namelist > namelist.sortiert
```

sortieren wir eine Datei namelist, entfernen Duplikate ( **-u** = *unique* ) und speichern das Ergebnis in namelist.sortiert.

Die Anzahl aller Zeilen( **-1** = *lines*), Worte (**-w**) und Buchstaben ( **-c** = *characters*) einer Datei erhält man mit **word**count :

**wc** [*options*] [*files*]

So zählt zum Beispiel

```
wc -wc romeo-julia
```

die Worte (-w) und Zeichen (-c) in romeo-julia, während

```
wc  -c
```

die Anzahl der Zeichen zählt, die der Benutzer eintippt bevor er mit *Ctrl-d* (=*eof*) die Eingabe beendet:

**head** [-n] [*file*]     bzw.     **tail** [-n][*file*]

liefern die ersten bzw. letzten n Zeilen einer Datei.

Der Besitzer (*owner*) einer Datei kann deren Zugriffsrechte für die Benutzerklassen **u** (*user*), **g** (*group*) und **o** (*others*) festlegen oder ändern:

**chmod** [*options*] *mode filenemes*

Die möglichen Rechte sind: **r** (read), **w** (write), **x** (execute). Nach dem folgenden Befehl

```
chmod ug=rw  myfile
```

dürfen der **u**ser und die Gruppe (**g**roup) die Datei myfile lesen und schreiben.

Ein sehr mächtiges Suchkommando, um in einer Gruppe von Dateien nach Zeichenketten zu suchen, ist grep (*global regular expression*):

**grep** [*options*] *regexp* [*files*]

In den angegebenen Dateien werden alle Zeilen gesucht, in denen eine Zeichenkette vorkommt, welche dem in *regexp* definierten Muster genügt. Mit Optionen lässt sich steuern, ob Groß- und Kleinschreibung berücksichtigt wird oder nicht (**-i**) oder ob statt der gefundenen Zeilen nur die Namen der Dateien, in denen der Ausdruck vorkommt, gezeigt werden sollen (**-1**). Reguläre Ausdrücke als Muster für Strings werden im nächsten Abschnitt erläutert.

**Beispiele:** Suche in allen `*.tex`-Dateien alle Zeilen, die ein Wort enthalten, das mit einem Konsonanten (groß- oder klein) beginnt und danach nur aus Ziffern besteht:

```
grep  -i  "[^aeiou][0-9]*"  *.tex
```
Gib die Namen aller Dateien an, in denen das Wort *Hugo* vorkommt:

```
grep  -l  Hugo  *
```

## 6.3.14   Reguläre Ausdrücke

Reguläre Ausdrücke sind Muster, mit denen Klassen von Strings beschrieben werden. Weitgehend folgt man dabei den von EBNF her bekannten Konventionen. Reguläre Ausdrücke werden in allen UNIX-Programmen verwendet, die mit der Verarbeitung und Analyse von Text zu tun haben. Dazu gehören neben *grep* auch die Editoren *emacs* und *vi* sowie *lex*, ein Werkzeug zur Entwicklung von Compilern.

Reguläre Ausdrücke bestehen aus ASCII-Zeichen, wobei einige Zeichen, die sog. *Metazeichen*, eine besondere Bedeutung in einem Suchmuster haben. Die wichtigsten Metazeichen mit ihrer Bedeutung sind:

| | |
|---|---|
| . | passt auf ein beliebiges Zeichen, |
| [] | passt auf jedes einzelne Zeichen, das in den eckigen Klammern vorkommt, Auch (Kombinationen von) Bereichen sind erlaubt, z.B.: [0-3], [a-zA-Z] . Mit ^ kann man komplementäre Bereiche spezifizieren, z.B. [^aeiou]. |
| * | Der vorangehende reguläre Ausdruck wird beliebig oft wiederholt. |
| + | Der vorige reguläre Ausdruck wird ein- oder mehrfach wiederholt. |
| ? | Der vorhergehende Ausdruck ist optional. |
| \| | Alternative zweier Ausdrücke |
| ( ) | Klammern. |

Es gibt noch weitere Metazeichen, auf die wir hier aber nicht weiter eingehen. Statt dessen betrachten wir einige Beispiele:

| Der reguläre Ausdruck ... | ... passt auf alle Strings, die |
|---|---|
| `[a-z].*` | mit einem Kleinbuchstaben beginnen, |
| `[a-zA-Z][a-zA-Z0-9_]*` | legale Pascal-Bezeichner sind, |
| `.*[^aeiou]` | mit einem Konsonanten enden, |
| `.*(Hugo \| Otto).*` | `Hugo` oder `Otto` enthalten. |

Man beachte, dass reguläre Ausdrücke nicht dasselbe sind wie die Datei-Muster (siehe S. 537), die in vielen UNIX-Befehlen benutzt werden. So passt der reguläre Ausdruck „a*" auf jeden String, der nur aus einer Folge von *a*'s besteht, also auf „a", „aa", „aaa" etc., während das Dateimuster „a*", wie z.B. in „ls a*", auf alle Dateien zutrifft, die mit dem Buchstaben „a" beginnen. Damit in einem Kommando wie *grep* reguläre Ausdrücke nicht mit Dateimustern verwechselt werden, ist es oft nötig, erstere in Anführungsstriche zu setzen wie in grep 'a*' *.dvi. Oft kommen UNIX-Befehle auch nicht alle regulären Operatoren zurecht - so kann man z.B. in grep weder die Operatoren '+' und '?', noch Klammern verwenden.

## 6.4 UNIX-Prozesse

Ein Prozess (siehe S. 516) ist eine Instanz eines laufenden Programms. Prozesse können zeitweilig angehalten und später fortgeführt werden. In der Zwischenzeit kann der Prozess aus dem Hauptspeicher entfernt und evtl. auf die Platte ausgelagert werden. Das Betriebssystem kann ihn später wieder laden und fortsetzen. Während einer UNIX-Sitzung sind im Allgemeinen eine Reihe von Prozessen aktiv:

- Die *Shell* jedes Benutzers ist ein Prozess.
- Jedes UNIX-Kommando erzeugt einen eigenen Prozess.
- Ein *Pipe*-Kommando (siehe unten) erzeugt mehrere Prozesse.

Da der *Taskwechsel* von einem Prozess zum nächsten sehr schnell vonstatten geht, erscheint es jedem Benutzer, als ob ihm die Maschine alleine gehören würde. Zwischen zwei Tastatureingaben bleibt dem Betriebssystem genügend Zeit, konkurrierende Prozesse zu bedienen. Wenn allerdings zu viele Prozesse im System aktiv sind, kann es geschehen, dass dem Benutzer der Rechner *langsam* erscheint. Wenn darüber hinaus der Hauptspeicher so klein bemessen ist, dass immer wieder Prozesse zwischenzeitlich auf die Platte ausgelagert werden müssen, dann können Taskwechsel merklich viel Zeit in Anspruch nehmen. Um die effiziente Nutzung des Betriebssystems zu erhöhen, sind viele Parameter zu berücksichtigen, beispielsweise die Dauer der Zeitscheiben, die Priorität gewisser Prozesse oder die Dimensionierung von Haupt- und Plattenspeicher.

### 6.4.1 Pipes

Viele UNIX-Kommandos transformieren Input nach Output. Input und Output sind dabei meist Dateien (speziell auch Tastatur und Bildschirm). Solche Kommandos heißen oft *Filter*, man kann sie sich aber auch als Röhre (engl. *Pipe*) vorstellen:

*Abb. 6.12:* *UNIX-Kommando als Filter*

Oft wird der Output des ersten Kommandos als Input des nächsten benötigt. Es liegt daher nahe, beide Kommandos zu verknüpfen, was mit der Röhrenvorstellung folgendermaßen dargestellt werden kann:

Input → ⎛ Kommando1 ⎞⎛ Kommando2 ⎞ → Output

*Abb. 6.13:*   *Eine Pipe*

Auf der Kommandozeilenebene kann man mit dem Zeichen „ | " zwei Kommandos zu einer Pipe zusammensetzen. Der Output eines Befehls wird zum Input des nächsten, ohne dass temporäre Dateien angelegt werden müssten. Bereits die wenigen bisher bekannten Befehle können mit Pipes zu interessanten Aufgaben kombiniert werden.

**Beispiele**: Wie viele Dateien befinden sich im aktuellen Directory?
    ls | wc -w
Wie groß sind *Kapitel.1* und *Kapitel.2* zusammen?
    cat Kapitel.1 Kapitel.2 | wc -l
Ist Data1 zeilenweise sortiert ? (0 = *ja*, sonst *nein*)
    sort Data1 | diff Data1 | wc -l
Finde Herrn Müller in Marburg:
    grep -i mueller | grep -i marburg
In der Datei *Kndn* seien Kundendaten gespeichert, jeweils die Anschrift eines Kunden pro Zeile. Suche alle Kunden aus Köln und speichere sie sortiert in „*Koelsche.Kndn*":
    grep -i koeln Kndn | sort > Koelsche.Kndn

Gelegentlich möchte man von einer Pipe auch ein Zwischenergebnis abzweigen. Für diesen Vorgang wird ein T-Stück benötigt. Dieses wird durch das Kommando *tee* realisiert.

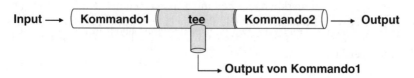

*Abb. 6.14:*   *Ein tee-Stück in einer Pipe*

**Beispiel**: Speichere alle Kunden aus Köln in der Datei *Koeln*. Gebe aber nur deren Anzahl auf dem Bildschirm aus:
    grep -i koeln Kndn | tee Koeln | wc -l

## 6.4.2   Sind Pipes notwendig?

Alle Effekte, die mithilfe von Pipes erzielt werden, könnte man scheinbar auch ohne Pipes, nämlich mithilfe von Zwischendateien erbringen. Es scheint, als sei

## 6.4 UNIX-Prozesse

*Kommando1 | Kommando2*

äquivalent zu den der Befehlsfolge

> *Kommando1 > temp*
> *Kommando2 < temp*
> *rm temp*

In Wirklichkeit ist dies aber nicht der Fall. Abgesehen von der Tatsache, dass die Pipe-Version keine Hilfsdatei anlegt, laufen in einer wirklichen Pipe die Befehle als unabhängige Prozesse gleichzeitig ab. Während Kommando1 noch Output produziert, konsumiert Kommando2 diesen bereits als Input. Wenn Kommando2 terminiert, signalisiert es dies an Kommando1, so dass dieses seine Arbeit evtl. vorzeitig einstellen kann, denn ein weiterer Output wird nicht mehr benötigt. Man kann sich

> *Kommando1 | Kommando2*

daher besser als *producer-consumer* Paar vorstellen. Statt der temporären Zwischendatei wird ein *Puffer* (*Queue*) verwendet. Das folgende Beispiel demonstriert den Vorteil einer Pipe gegenüber der Version mit der Zwischenablage. Aufgabe sei, aus einer Datei, die aus einer ungeordneten Folge von Zahlen besteht, die kleinste Zahl zu finden. Die Ursprungsdatei enthalte eine Zahl pro Zeile. In der ersten Lösung

```
sort numbers > temp
head -1 temp
rm temp
```

wird zunächst die komplette Datei `numbers` sortiert und von der entstandenen sortierten Datei das erste Element bestimmt. Die Lösung mit der Pipe

```
sort numbers | head -1
```

*kann* erheblich schneller sein, denn sobald `head -1` die erste von `sort` produzierte Zeile gelesen und ausgegeben hat, ist `head -1` fertig und signalisiert `sort` abzubrechen, denn für weiteren Output ist kein Abnehmer mehr da. Die genaue Ersparnis hängt in dem konkreten Beispiel von dem Algorithmus ab, der `sort` zugrundeliegt. Der Befehl

```
sort numbers | head -1
```

könnte eine lineare Laufzeit haben, obwohl das Sortieren allein schon quadratisch oder zumindest *loglinear* ist.

Das beschriebene Verhalten ist nicht auf eine besonders clevere Programmierung der Befehle *sort* und *head* zurückzuführen, sondern auf das UNIX-Prozesskonzept in Verbindung mit dem Pipe-Mechanismus. Hinter Befehlen verbergen sich ja nur Programme, und wir können in der Tat denselben Effekt mit selbstgeschriebenen Programmen erzielen. Angenommen, wir suchen die kleinste Primzahl $p > 1000$, für die $p + 2$ auch eine Primzahl ist. Das Paar $(p, p + 2)$ heißt dann *Primzahl-Zwilling*. Wir schreiben zwei Programme:

```
generate_Primes
```

erzeugt in aufsteigender Folge alle Primzahlen $\geq 1000$ und gibt sie auf Standard-Output aus. Ein zweites Programm,

```
find_Pair
```

liest beliebige Zahlen von Standard-Input und terminiert, sobald zwei aufeinanderfolgende Zahlen sich um 2 unterscheiden. Diese werden auch ausgegeben. Die beiden Programme sind sehr einfach zu testen. Das Pipe-Kommando

```
generate_Primes | find_Pair
```

findet jetzt den kleinsten Primzahlzwilling. Das erste Programm, *generate_Primes,* kann man als Produzent, das zweite, *find_Pair,* als *Konsument* betrachten. Die logische Schlussfolgerung ist, dass eine Pipe das Betriebssystem dazu veranlasst, eine Warteschlange (*Queue*) bereitzustellen, in die der *producer* schreibt und von der der *consumer* liest.

## 6.4.3    Prozess-Steuerung

Das Prozess-Konzept von UNIX kommt nicht nur im *Pipe*-Mechanismus zum Vorschein. Der Benutzer kann die Abarbeitung seiner Prozesse auch durch spezielle Kommandos beeinflussen. Er kann auf diese Weise Prozesse erzeugen (*fork*), abbrechen (*kill*), suspendieren (*sleep*) und reaktivieren (*wake*). Man kann Prozesse in den Hintergrund verschieben (&), wieder hervorholen, zu einem bestimmten Zeitpunkt starten lassen oder Prozesse auch nach dem Abmelden des Benutzers weiterlaufen lassen.

Die Tastatureingabe *Ctrl-z* suspendiert den zuletzt gestarteten und noch laufenden Prozess. Mit dem Kommando **fg** kann man ihn wieder reaktivieren, das heisst im Vordergrund (**f**ore**g**round) ablaufen lassen. Die Kombination von *Ctrl-z* und fg erlaubt ein bequemes Unterbrechen und Wiederaufnehmen von Tätigkeiten an einem UNIX-Rechner, selbst wenn wir ihn nur über die Kommandozeile bedienen.

Angenommen, wir benutzen den UNIX-Texteditor *vi*, um einen Brief zu beantworten. Mitten in dem Vorgang fällt uns ein, dass wir im Kalender einen Termin nachsehen müssen. In einem System ohne *Multitasking*-Fähigkeiten müssten wir

- den Editorinhalt abspeichern und den Editor verlassen,
- das Kalenderprogramm aufrufen,
- das Kalenderprogramm verlassen,
- den Editor wieder aufrufen und die Stelle finden, wo wir aufgehört haben.

In einem UNIX-System, das mehrere Prozesse gleichzeitig verwalten kann, können wir:

- mit *Ctrl-z* den Editor suspendieren,
- das Kalenderprogramm aufrufen,
- das Kalenderprogramm verlassen,
- mit fg das suspendierte Programm reaktivieren.

Der Inhalt des Editors und die Position der Schreibmarke präsentieren sich exakt wie vor der Betätigung von *Ctrl-z*. Wenn wir das Kalenderprogramm zwischendurch noch öfter brauchen,

6.4 UNIX-Prozesse                                                                                                545

empfiehlt sich auch eine Suspendierung dieses Programms. Hat man allerdings mehrere suspendierte Programme, so ist der Befehl fg für sich nicht eindeutig. Die vollständige Syntax

> **fg** [*Prozesskennung*]

erlaubt uns aber, den Prozess entweder über seine Nummer, die so genannte *process id*, oder als eine Zeichenkette der Form %s einzugeben. Gemeint ist dann der Prozess, dessen Namen mit dem String s beginnt. Zur Ermittlung der Kennungen aller suspendierten Prozesse, auch *jobs* genannt, gibt es das entsprechende Kommando

> **jobs** [options]

Dieses zeigt alle suspendierten Kind-Prozesse des gegenwärtigen Prozesses. Der *gegenwärtige Prozess* ist in der interaktiven Arbeit meist eine Shell. Die Kind-Prozesse sind dann diejenigen Prozesse, die aus dieser Shell heraus gestartet worden sind.

Ein Beispiel für das Zusammenspiel von *Ctrl-z*, jobs und fg zeigen wir in dem folgenden Protokoll einer Terminalsitzung.

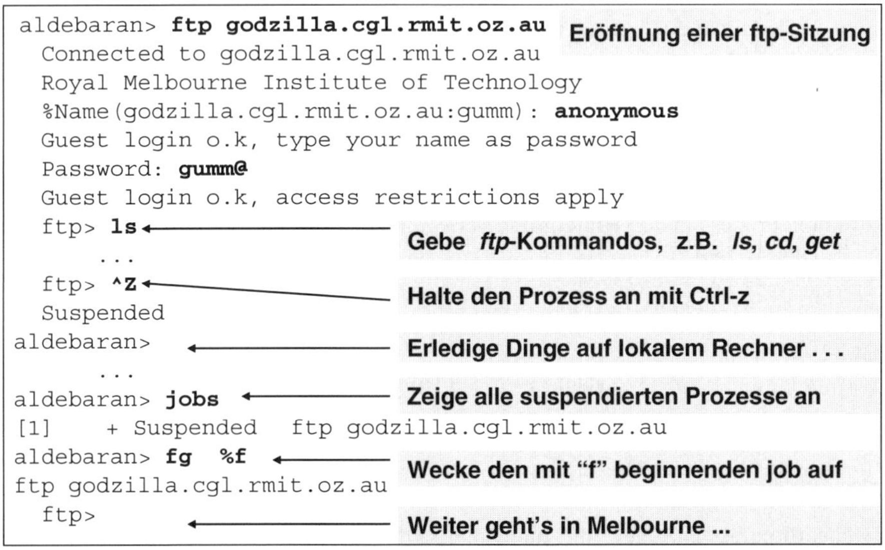

```
aldebaran> ftp godzilla.cgl.rmit.oz.au      Eröffnung einer ftp-Sitzung
   Connected to godzilla.cgl.rmit.oz.au
   Royal Melbourne Institute of Technology
   %Name(godzilla.cgl.rmit.oz.au:gumm): anonymous
   Guest login o.k, type your name as password
   Password: gumm@
   Guest login o.k, access restrictions apply
ftp> ls                                     Gebe ftp-Kommandos, z.B. ls, cd, get
   ...
ftp> ^Z                                     Halte den Prozess an mit Ctrl-z
   Suspended
aldebaran>                                  Erledige Dinge auf lokalem Rechner ...
   ...
aldebaran> jobs                             Zeige alle suspendierten Prozesse an
[1]   + Suspended   ftp godzilla.cgl.rmit.oz.au
aldebaran> fg %f                            Wecke den mit "f" beginnenden job auf
ftp godzilla.cgl.rmit.oz.au
   ftp>                                     Weiter geht's in Melbourne ...
```

*Abb. 6.15:*   *Prozessunterbrechung*

Der lokale Rechner heißt aldebaran, die Shell meldet sich mit dem Prompt
>       aldebaran >

Nachdem wir eine Verbindung mit einem Rechner godzilla an einer australischen Universität aufgebaut haben, fällt uns ein, dass wir auf dem lokalen Rechner aldebaran etwas erledigen müssen. Wir wollen aber die aufgebaute Verbindung nicht abbrechen. Mit *Ctrl-z* suspendieren wir den ftp-Prozess, der die Verbindung etabliert, erledigen unsere Arbeit auf aldebaran und lassen uns anschließend mit jobs die suspendierten Prozesse anzeigen. Es erscheint in diesem Falle nur einer, den wir mit `fg %f` reaktivieren. Wir arbeiten danach auf dem australischen Rechner weiter.

## 6.4.4 Multitasking

Wir haben bereits festgestellt, dass mehrere Benutzer gleichzeitig an einem Rechner arbeiten können. Die Sitzung jedes Benutzers ist ein Prozess, und das Betriebssystem sorgt dafür, dass so schnell von einem Prozess zum nächsten gewechselt wird, dass alle Prozesse scheinbar gleichzeitig ablaufen. Nicht nur das Betriebssystem, auch ein Benutzer kann mehrere Prozesse gleichzeitig starten. Wenn ein Prozess voraussichtlich längere Zeit in Anspruch nehmen wird, möchte der Benutzer nicht warten, bis der Prozess beendet ist, sondern andere Dinge gleichzeitig erledigen. Er kann diesen Prozess dann im Hintergrund ablaufen lassen. Wenn ein Prozess aus einer Shell gestartet wird, wird dies erreicht, indem man das Kommando, das den Prozess startet, mit einem „&" abschließt. Eine typische Situation entsteht, wenn eine Datei ausgedruckt werden soll. Das Kommando

> `lp` meinfile

würde die Shell so lange blockieren, bis die Datei gedruckt ist. `lp` steht für **line**p**rinter**. Beendet man das Kommando dagegen mit einem **&** wie in

> `lp meinfile &`

so wird der Druckprozess im Hintergrund ausgeführt. Die Shell ist sofort für das nächste Kommando bereit, während noch der Druck erledigt wird. Explizit kann man auch mit

> **bg** [*processID*]

einen bestimmten Prozess in den Hintergrund verlegen. Hätte man also aus Versehen das „**&**" vergessen, also den Befehl

> `lp meinfile`

gegeben, so könnte man folgendermaßen vorgehen:

> `Ctrl-z`         (hält `lp` an)
> `bg %1`         (legt `lp` in den Hintergrund).

Danach erscheint die Shell sofort wieder, auch wenn *lp* noch arbeitet. Mit

> **ps** [options]

kann man alle Prozesse anzeigen, die momentan auf der Maschine aktiv sind. Auf diese Weise erfährt man auch deren Process-Ids. Um einen davon abzubrechen tötet man ihn mit

> **kill** [*options*] [*processId*]

Das *kill*-Kommando kennt eine Reihe von Optionen, von denen `-9` besonders tödlich wirkt. Wird die erste Shell, die so genannte *login shell* terminiert, so beendet dies die Sitzung.

Wenn der Rechner sich einmal „aufgehängt" hat, also in einen Zustand gerät, in dem er auf keinen Tastendruck mehr reagiert, so würde man, falls es sich um einen PC handelt, diesen aus- und wieder einschalten. Bei einem Mehrbenutzersystem wie UNIX geht dies natürlich nicht. Hier besteht die Lösung darin, ein anderes Terminal zu finden und sich dort erneut anzumelden. Mit dem *ps*-Kommando findet man die Prozesskennung des aufgehängten Prozesses und mit *kill* wird dieser gewaltsam beendet.

Interessant sind noch die Möglichkeiten, Kommandos zu bestimmten Zeiten oder auch zu immer wiederkehrenden Zeiten auszuführen.

> **cron** [*Zeitangabe*] [*Datei*]

führt die Kommandos in der angegebenen Datei zu der angegebenen Zeit durch. Der Befehl

> **crontab** [Datei]

kann beliebige Kommandos zu festen oder wiederkehrenden Zeiten starten, z.B.:

- führe jeden Sonntagabend eine Datensicherung durch,
- lasse alle halbe Stunde eine Kuckucksuhr ertönen.

# 6.4.5     UNIX-Shell-Programmierung

Die UNIX-Shell ist, wie wir bereits gesehen haben, selber ein Prozess. Von diesem aus können neue Prozesse, Kind-Prozesse der Shell, gestartet werden. Jedes der Shell übergebene UNIX-Kommando startet einen eigenen Kind-Prozess. Wenn die Kommandozeile mit „&" abgeschlossen wurde, laufen sowohl die Shell als auch der Kind-Prozess gleichzeitig weiter. Ansonsten wartet die Shell, bis der Kind-Prozess terminiert hat.

Es gibt eine Reihe von Shells, unter denen ein Anwender auswählen kann. Alle zeigen das oben beschriebene Verhalten, doch können die meisten mehr, als nur einen *Prompt* darzustellen und UNIX-Prozesse zu starten. Beispielsweise kann man mit dem Kommando history die letzten Befehle noch einmal anzeigen oder mit dem Kommando „!!" den letzten Befehl erneut ausführen lassen. Solche Befehle heißen *Shell-Kommandos*, sie werden von der Shell selber interpretiert und führen nicht zu einem Kind-Prozess. Unterschiedliche Shells haben unterschiedliche Sammlungen von Shell-Befehlen. Der Benutzer kann meist nicht zwischen UNIX-Kommandos, die in allen Shells gleich funktionieren, und Shell-Kommandos unterscheiden. Erst wenn er zu einer anderen Shell übergeht, werden ihm Unterschiede auffallen.

Die Bourne-Shell *sh* ist die Standardshell von UNIX. Daneben sind aber auch andere Shells populär geworden, zum Beispiel die C-Shell *csh* oder die Korn-Shell *ksh*. Mit dem Kommando sh wird eine neue Bourne-Shell gestartet, mit csh eine neue C-Shell. Mit exit oder *Ctrl-d* terminiert man sie. Wenn ein Benutzer sich anmeldet (*einloggt*), wird zunächst eine Shell gestartet. Der Systemverwalter hat festgelegt, ob es eine C-Shell oder eine andere Shell sein soll. Die erste Shell, die Mutter aller Prozesse, heißt *login-shell*. Terminieren der login-shell bedeutet abmelden des Benutzers.

# 6.4.6     Die C-Shell

Die C-Shell wird mit dem Kommando *csh* gestartet. Möglicherweise ist aber die login-Shell bereits eine C-Shell. Sie ist besonders unter C-Programmierern beliebt. Ihre genaue Arbeitsweise wird von den folgenden Dateien beeinflusst, die im *Home*-Verzeichnis des Benutzers, in „~", liegen sollten:

`.cshrc`      enthält Kommandos, die beim Starten jeder C-Shell ausgeführt werden,
`.login`      wird von der login-Shell direkt nach .cshrc ausgeführt,
`.logout`      wird beim Terminieren der login-Shell, also beim logout ausgeführt,
`.history`      enthält die Liste der letzten Befehle der letzten Sitzung.

Bis auf `.history` sind alle diese Dateien Kommandodateien, d.h. sie enthalten beliebige UNIX- oder Shell-Kommandos. Üblicherweise werden sie dazu benutzt, Systemparameter zu setzen, mit *alias* andere Namen für Kommandos zu definieren und Suchpfade festzulegen. Ein Suchpfad gibt an, in welchen Verzeichnissen zusätzlich gesucht werden soll, falls im Arbeitsverzeichnis eine Datei nicht gefunden wird.

## 6.4.7     Kommando-Verknüpfungen

Mehrere Kommandos können auf vielfältige Weise zu neuen Kommandos verknüpft werden. Ein Beispiel war die Verknüpfung zweier Kommandos durch eine *Pipe*. Andere Kommando-verknüpfungen sind:

| | |
|---|---|
| *cmd* **&** | Führe *cmd* im Hintergrund aus. |
| *cmd1* **;** *cmd2* | Führe erst *cmd1* aus, danach *cmd2*. |
| *cmd1* **\|** *cmd2* | Bilde eine Pipe aus *cmd1* und *cmd2* |
| *cmd1* **&&** *cmd2* | AND. Falls *cmd1* fehlerfrei terminiert, führe *cmd2* aus |
| *cmd1* **\|\|** *cmd2* | OR. Falls *cmd1* mit Fehler terminiert, führe *cmd2* aus |
| *cmd1* **'** *cmd2* **'** | Benutze die Ausgabe von *cmd2* als Argument für *cmd* |

Es folgen einige Beispiele. Diese könnten auch in einer Kommandadatei stehen. Ein # beginnt einen Kommentar, der sich bis zum Zeilenende erstreckt.

```
sort AdressenDatei &              # Sortiere im Hintergrund
cd ; pwd                         # Erst cd, dan pwd
sort daten | pg | lp             # Sortiere, paginiere, drucke
grep -l Hugo *.txt || echo Nix da    # Melde erfolglose Suche
vi ´grep -l Hugo *.c´            # Editiere alle C-Dateien, mit „Hugo"
(date ; who ; pwd) > logfile     # Kompletter Output wird umgeleitet.
```

## 6.4.8     Variablen

Variablen können in der C-Shell benutzt werden, um Zwischenwerte zu speichern oder das Verhalten der Shell zu beeinflussen. Der Wert einer Variablen kann ein String, eine Zahl, ein Symbol oder eine Liste von Werten sein. Mit dem Kommando

     **set** *variable = wert*

## 6.4 UNIX-Prozesse

wird einer Variablen ein Wert zugeordnet. Fehlt der Wert, so wird eine Variable *gesetzt*. Mit unset wird dies wieder rückgängig gemacht. Ohne Argumente zeigt set alle Variablen zusammen mit ihren Werten an.

Um auf den Wert einer Variablen zuzugreifen, muss man ein „$" davorsetzen. Auf diese Weise kann man zwischen Symbolen und Variablen unterscheiden. Als Beispiel betrachten wir das Kommando **echo**, das lediglich seine Argumente auf dem Bildschirm ausgibt. Nach dem Setzen der Variablen *hallo* durch

        set hallo=" Guten Tag"
führt der Aufruf

        echo hallo $hallo
zu der Bildschirmausgabe

        hallo Guten Tag.

Die folgenden Variablen sind vordefiniert. Sie haben also eine besondere Bedeutung für die C-Shell. Einige, wie z.B. *argv* und *cwd*, werden automatisch gesetzt, andere werden meist beim Aufruf der C-Shell gesetzt und können interaktiv verändert werden. Dazu gehören u.a. die Variablen *home*, *path*, *prompt*, *term*, *user*. Da die Werte dieser Variablen das Verhalten der Shell bestimmen, ist es sinnvoll, in der Datei „.cshrc", die zu Beginn jedes Aufrufes einer C-Shell abgearbeitet wird, den Variablen geeignete Werte zuzuweisen. Einige der wichtigsten vordefinierten Variablen sind:

| | |
|---|---|
| argv | Liste der Argumente zum gegenwärtigen Kommando |
| echo | Falls gesetzt: Zeige jede Zeile nochmal, ehe sie ausgeführt wird. |
| home | Home-Verzeichnis des Benutzers |
| ignoreeof | Ignoriere eof vom Terminal (Verhindert versehentliches logout) |
| noclobber | Verhindere Output redirection in die bereits bestehende Datei |
| path | Liste von Pfadnamen, in denen Kommandos nach Dateien suchen |
| prompt | String, der als Prompt dienen soll |
| term | Terminal typ |
| user | Login-Name des Users. |

Um auf den Wert einer Variablen zugreifen zu können, ist es nötig, ein *$* voranzustellen. Genau genommen handelt es sich um eine Substitution, wie wir sie von der Behandlung der Datei-Muster bereits kennen: Ein Ausdruck der Form *$var* wird von der Shell durch den Inhalt der Variablen *var* ersetzt. Erst dann wird das Kommando, in dem *$var* vorkommt, ausgeführt.

Solche Substitutionen spielen eine große Rolle in den so genannten *Shell Scripts*. Das sind Dateien, die eine Reihe von Kommandos enthalten, ähnlich den Batch-Dateien in DOS. In der folgenden Tabelle werden die wichtigsten Ersetzungen aufgelistet, die durch das vorangestellte *$* veranlasst werden. Die geschweiften Klammern sind oft überflüssig. Sie dienen dazu, einen Variablennamen von den folgenden Zeichen zu trennen, die sonst als Teil des Namens interpretiert werden könnten.

| | |
|---|---|
| ${var} | Inhalt der Variablen var |
| ${var[i]} | i-tes Wort der Liste var |

| | |
|---|---|
| `${#var}` | Anzahl der Worte in `var` |
| `${?var}` | 1, falls `var` gesetzt, 0 sonst. |
| `$$` | Prozessnummer der gegenwärtigen Shell |
| `$<` | Lies Zeile von Standard-Input. |

**Beispiel:** Sortiere die letzte Datei der Eingabezeile und speichere das Resultat in einer neuen temporären Datei:

```
sort $argv[$#argv] > temp.$$
```

Jedes UNIX-Kommando liefert nach Beendigung einen *return code* zurück. Dieser wird in der Variablen `status` gespeichert. Ist der Wert 0, so hat das Kommando erfolgreich terminiert, ist er ungleich 0, so muss er als ein für dieses Kommando spezifischer Fehlercode interpretiert werden.

## 6.4.9    Shell-Scripts

Ein Shell-Script ist eine Datei, die eine Reihe von Kommandos enthält, welche dem Kommandointerpreter übergeben werden können. Diese Kommandos werden dann genauso ausgeführt, als wären sie von der Tastatur eingetippt worden. Ein Beispiel eines Shell-Scriptes ist `.cshrc`. Darin werden meist einige Variablen gesetzt und Alias-Namen definiert, um die Shell benutzerspezifisch anzupassen. Auch Shell-Scripts sollten durch Kommentare verständlich gemacht werden. Ein einfaches Beispiel einer `.cshrc`-Datei ist:

```
# Das Zeichen "#" beginnt einen Kommentar bis zum Zeilenende
clear           # Lösche Bildschirm
pwd
# -------------   Variablendefinitionen -------------
set path=(~ ~/bin /usr/ucb /bin /usr/bin . )
set prompt='Dein naechster Befehl, Meister  %'
# -------------   Aliasdefinitionen ----------------
alias ls   ls -CF
alias ll   ls -lF
alias del 'mv \!* ~/Trash'  # \!* steht fuer Argumentliste
```

## 6.4.10    Ausführung von Shell-Scripts

Die Kommandos in einem Shell-Script werden von einer Shell interpretiert. Daher muss man ein Shell-Script auch nicht compilieren, sondern es genügt, mithilfe von `chmod` eine *execute*-Erlaubnis zu setzen (`chmod u=x` *Script*). Anschließend kann *Script* wie ein Kommando verwendet werden, es ist z.B. aufrufbar durch Eintippen des Dateinamens auf der Kommandozeile. Da der Aufruf einer Shell aber selber wieder ein UNIX-Kommando darstellt, ergeben sich insgesamt folgende Alternativen:

| | |
|---|---|
| **csh** < *Script* | Rufe eine Subshell auf mit Standard-Input aus Script |
| **source** *Script* | Führe Kommandos aus *Script* in der aktuellen Shell aus, |

6.4 UNIX-Prozesse                                                                                         551

| | | | |
|---|---|---|---|
| **exec** *Script* | | Terminiere aktuelle Shell und führe Script aus | |
| *Script* | | Führe das Script in einer Subshell aus. | |

Im letzten Fall ist es nötig, dass die Datei vorher mit chmod als *executable* markiert wurde. Im Allgemeinen muss *Script* mit seinem vollen Pfad angegeben werden. Wenn sich die Datei Script im aktuellen Verzeichnis befindet, das ja mit „." bezeichnet wird, lauten die vollständigen Kommandos also: source ./Script, exec ./Script, und ./Script.

# 6.4.11  UNIX-Kommandos und Shell-Kommandos

Ohne Handbuch ist es oft nicht ersichtlich, ob ein Kommando ein UNIX-Kommando ist oder ein Shell-Kommando. Letzteres kann bei einer Shell (etwa der C-Shell) vorhanden sein, es kann aber auch bei einer anderen Shell fehlen oder eine andere Syntax haben. Ein Beispiel ist das *alias*-Kommando, das uns von der C-Shell bekannt ist. Die Syntax der Korn-Shell unterscheidet sich geringfügig, in der Bourne-Shell fehlt das *alias*-Kommando ganz. Im Folgenden sind in einer Tabelle einige syntaktische Unterschiede der Shells einander gegenübergestellt:

| sh | ksh | csh | Bedeutung |
|---|---|---|---|
| $ | $ | % | Prompt |
| | alias x=y | alias x y | x steht für y |
| set x y | set x y | set x=y | Wertzuweisung |
| $? | $? | $status | exit status |
| $# | $# | $#argv | Anzahl der Argumente |
| pwd | pwd | dirs | Print working directory |
| read | read | $< | Lese vom Terminal |
| for/do | for/do | foreach | For-Loop |
| while/do | while/do | while | While-Loop |
| done | done | end | Ende eines loops |
| if[$i -eq 5] | if ((i==5)) | if ($i == 5) | Syntax von "if" |
| fi | fi | endif | Ende eines If |
| esac | esac | endsw | Ende eines switch |
| until | until | | Until-Loop |

*Abb. 6.16:*   *Syntaktische Unterschiede der Shells*

Generell sind Shell-Kommandos solche, die mit der Wirkungsweise der Shell selber zu tun haben. Dazu gehören einerseits das Setzen von Variablen, Kommandoersetzung und Kommandoverknüpfung sowie der History-Mechanismus. Andererseits gibt es auch Shell-Kommandos, die lediglich eine schnellere Version eines UNIX-Kommandos bereitstellen, wie z.B. das Kommando *dirs* der C-Shell. Es ist identisch zu dem UNIX-Kommando *pwd*, wird aber schneller ausgeführt. Das liegt an der verschiedenen Behandlung von Shell- und UNIX-Kommandos:

• ein Shell-Kommando wird von der gegenwärtigen Shell als Unterroutine ausgeführt,

- ein UNIX-Kommando veranlasst die Shell, einen neuen Prozess zu erzeugen, der in einer eigenen Subshell das Kommando ausführt.

Ein Beispiel für das Zusammenspiel von Shell-Kommandos und UNIX-Kommandos ist:

```
set anzahl  = 'cat/etc/passwd | wc -l'
```

*set* ist ein Shell-Kommando, *cat* und *wc* sind UNIX-Kommandos. Der komplette Befehl führt zu zwei neuen Prozessen, zu einem für *cat* und einem für *wc*, während *set* direkt von der Shell ausgeführt wird.

## 6.4.12    UNIX als Mehrbenutzersystem

UNIX ist ein *Mehrbenutzersystem*. Für jeden Benutzer, der sich beim System anmeldet, wird eine Shell (*login Shell*) als neuer Prozess gestartet. Mit dem Befehl

**login**

meldet sich ein eingetragener Benutzer bei dem System an. Dieses fragt zunächst nach Benutzernamen und Passwort. Anschließend wird seine login-Shell gestartet. Mit

**passwd**

sollte man gelegentlich sein Passwort ändern. Das Passwort kann beliebige Zeichen, auch Sonderzeichen, enthalten. Nur die ersten 8 Zeichen sind relevant. Mit dem Befehl

**who**

kann man sich *umschauen*. Der Befehl zeigt an, wer noch an derselben Maschine arbeitet. Genauere Informationen über sonstige Benutzer erhält man mit dem Kommando

**finger** [*options*] *users*

Dieses gibt nähere Informationen über die unter *users* aufgeführten Benutzer preis. Wenn diese zusätzliche Informationen über sich bekannt geben wollen (Tiefsinniges, Sprüche, Aphorismen oder schlicht Telefonnummern), können sie diese in ihren Dateien .project oder .plan ablegen. Finger zeigt den Inhalt dieser Dateien, falls vorhanden, an, wie in folgendem Beispiel:

```
% who
rr              console     Apr   7   14:05

steve           tty03       Apr   2   09:13
% finger rr
Login name: rr            In real life : Ronald Reagan
On since Jan 18 15:05:01 on ttyp7 from PC12102
No unread mail
No Plan.
```

6.4 UNIX-Prozesse 553

Nachdem festgestellt worden ist, wer außerdem noch im System aktiv ist, kann man mit diesen Benutzern in Kommunikation treten. Diese Kommunikation kann aber auch netzweit oder, falls der Rechner am *Internet* angeschlossen ist, sogar weltweit fortgesetzt werden. Mit

**write** *user* [*tty*]        oder        **talk** *user* [*@machine*] [*tty*]

wird eine Kommunikation zu einem anderen Benutzer eingeleitet. Dieser erhält ein akustisches Signal und die Aufforderung zur Antwort. Kommt er dieser nach, so ist die Verbindung hergestellt. Das, was einer der Partner anschließend auf seiner Tastatur eingibt, erscheint gleichzeitig auf dem Bildschirm des anderen. Mit *eof* (*Ctrl-d*) wird die Kommunikation abgebrochen. Um allen Benutzern des Systems eine Botschaft mitzuteilen, gibt es das Kommando

**wall**

Meist benutzt der Systemverwalter ein solches Kommando, um allen Benutzern mitzuteilen, dass die Maschine *heruntergefahren* werden soll.

## 6.4.13    Verbindung zu anderen Rechnern

In lokalen Netzwerken kann man mit dem Befehl

**rlogin** [*options*] [*host*]

zu einem anderen Rechner (*host* = Gastgeber, Wirt) wechseln. rlogin steht für **r**emote **login**. In *lokalen Netzwerken* ist es oft gleichgültig, an welchem Rechner gearbeitet wird. Wenn die Dateisysteme mehrerer Rechner mittels *mount* verbunden sind, kommt man von jedem Rechner aus in das eigene Home-Verzeichnis, dabei ist der Standort nicht von Belang. Ein *rlogin* führt zu einem Dialog, der dem eines regulären *login* ähnelt. Wenn der Zielrechner in seiner Datei .rhosts den Quellrechner eingetragen hat, verzichtet er auf die Passwortabfrage.

## 6.4.14    Weltweiter Rechnerzugang

Wenn der Rechner an das *Internet* angeschlossen ist, kann der Benutzer auf einen beliebig anderen Rechner im Internet zugreifen, vorausgesetzt, er besitzt dort die notwendige Berechtigung. Die wichtigsten TCP/IP-Dienste (für eine eingehende Diskussion siehe S. 608 ff.) sind in UNIX als Kommandos verfügbar. Die wichtigsten, welche oft auch von Hand in einer UNIX-Shell benutzt werden müssen, sind *telnet*, *ftp* und *mail*. Mit dem Kommando

**telnet** [*options*] [ *host* [*port*]]

eröffnet man eine Verbindung zu dem Wirtsrechner. Im Beispiel wird eine Verbindung zu einem Rechner acf9.nyu.edu an der New York University (NYU) aufgebaut:

```
% telnet acf9.nyu.edu
Connected to 128.122.128.66
New York University UNIX Cluster
Please login.
```

```
Login: clinton
Password: **********
Welcome to Courant Institute
You have mail
$ _
```

Leider muss man eine Benutzerkennung mit Passwort auf dem Wirtsrechner kennen, um dort eingelassen zu werden. Dies ist natürlich nur bei den wenigsten Rechnern der Fall. Da das *telnet*-Protokoll Sicherheitslücken aufweist, weil alle Daten, darunter Benutzername und Passwort, unverschlüsselt übertragen werden, wird heute oft nur der Zugang mit **ssh** (*secure Shell*) gestattet.

Viele Rechner gestatten aber einen eingeschränkten Zugang mit dem Dienst *ftp* (*file transfer protocol*), um Dateien zwischen Rechnern transportieren zu können. Mit dem Kommando

> **ftp** [*options*][*host*]

meldet man sich bei dem fremden Rechner an. Als Benutzername gibt man anonymous oder ftp an und als Passwort benutzt man seine eigene Internet-Adresse. Einige UNIX-Kommandos funktionieren auch unter *ftp*, (beispielsweise cd, ls, pwd) und mit den Kommandos get, mget und put kann man Dateien transferieren. Auf diese Weise werden heute viele Programme und Dateien ausgetauscht. Meist befinden sich die öffentlich zugänglichen Dateien in einem Verzeichnis /pub.

Auch viele einfache mail-clients stehen unter UNIX in einer Kommandozeilenversion zur Verfügung. Dazu gehören *mail*, *mailx* und *pine*. Selbstverständlich erledigen viele Menschen heutzutage ihre E-Mail mithilfe von fensterorientierten Programmen vom *desktop* aus. Sollte man jedoch einmal in die Verlegenheit kommen, von ferne, z.B. aus dem Urlaub, Zugang zum heimischen Briefkasten zu benötigen, ist es gut zu wissen, wie man sich mittels *telnet* verbindet und in der dann verfügbaren *Shell* seine Post bearbeitet. Aus dem gleichen Grund sollte man zumindest auch die elementarsten Funktionen eines aus einer *Shell* bedienbaren editors, wie z.B. *vi* oder *emacs* kennen.

## 6.4.15   UNIX-Tools

Die Verfügbarkeit einer umfangreichen Sammlung von Software-Werkzeugen (*tools*) hat UNIX in den 80er Jahren, insbesondere an Universitäten und Forschungseinrichtungen, äußerst beliebt gemacht. Die dort entwickelte Software ist im Allgemeinen kostenlos zugänglich und kann auf vielen Rechnern via *anonymous ftp* abgeholt werden.

Unter den Entwicklern dieser Tools ist vor allem die „Free Software Foundation" hervorzuheben. Diese Gruppe ehemaliger Studenten des MIT stellt unter dem Projektnamen GNU (*GNU is Not UNIX*) hochwertige UNIX-Tools her, die kostenlos vertrieben werden. Diese Produkte werden im Quellcode (C oder C++) weitergegeben und sind meist besser als die kommerziell erhältlichen Gegenstücke. Einige der GNU-Entwicklungswerkzeuge sind

| | |
|---|---|
| **emacs** | ein Full-Screen-Editor |
| **gcc** | GNU-C-Compiler |
| **gas** | GNU-Assembler |
| **g++** | C++-Compiler |
| **flex** | Scanner-Generator, GNU-Variante von lex |
| **bison** | Parser-Generator, GNU-Variante von yacc |
| **GNU-LISP** | LISP, eine funktionale Sprache. |

Im Folgenden werden wir einige der erwähnten Systeme kurz vorstellen. Auf flex und bison werden wir im Kapitel über Compilerbau noch näher eingehen.

## 6.4.16    Editoren

Der mächtigste und in UNIX-Kreisen sehr beliebte Editor ist emacs. Mehr als ein Editor, bietet emacs eine komplette Oberfläche, aus der heraus man nicht nur Daten editieren, sondern auch UNIX-Kommandos ausführen, LISP-Ausdrücke auswerten und in mehreren Fenstern gleichzeitig arbeiten kann. Dennoch ist emacs aus jeder Shell heraus zu bedienen, somit auch über beliebige *telnet*-Verbindungen.

Emacs kennt eine Reihe von Dateiformaten, kann während der Bearbeitung solcher Dateien Syntax- und Rechtschreibprüfungen durchführen, zeigt korrespondierende Klammerpaare optisch an und kann mit regulären Ausdrücken spezifizierte Textteile suchen und ersetzen. Mit einer mächtigen Makro-Sprache kann man emacs beliebig an eigene Bedürfnisse anpassen. Da emacs in der Sprache LISP, einer interaktiven funktionalen Sprache, geschrieben ist, steht immer ein eingebautes LISP-System zur Verfügung. Falls einem UNIX-Benutzer keine grafische Benutzeroberfläche zur Verfügung steht – sei es, dass er kein grafikfähiges Terminal benutzt, sei es, dass er nur via *telnet* mit dem Wirtrechner verbunden ist – bietet emacs die wohl intelligenteste Oberfläche. Viele Programmierer ziehen emacs auch in der täglichen Praxis dem Umgang mit einer grafischen Benutzeroberfläche vor. Sind ihm erst einmal die Kommandos und Tastenkombinationen bekannt und hat er emacs seinem Geschmack und seinen Bedürfnissen angepasst, kann er damit schneller arbeiten als mit einer grafischen Oberfläche.

Trotz der Vorzüge von emacs ist es eine Tatsache, dass emacs nicht zum Umfang kommerzieller UNIX-Systeme gehört. Es gibt einen anderen Editor, **vi** (sprich: „wie ei"), der mit Sicherheit auf jedem UNIX-System vorhanden ist. Auf einem neuen oder einem fremden UNIX-System könnte man daher anfänglich gezwungen sein, diesen Editor zu benutzen. Daher ist es sinnvoll, sich einige Grundkenntnisse über vi anzueignen. Wichtig ist es zu wissen, dass vi sich immer in einem von zwei Modi befindet:

- *command mode*    oder
- *input mode*.

In *command mode* erwartet vi einen Befehl und in *input mode* die Eingabe von Text. Der *input mode* ist selber wieder in viele Modi unterteilt. Dementsprechend wird der neu eingegebene Text links oder rechts vom Cursor angehängt, in den alten Text eingefügt oder über diesen geschrieben. Im *command mode* kann man

- den Cursor bewegen,
- Worte, Zeilen oder Buchstaben löschen,
- den Text speichern und *vi* verlassen.

In den Command-Modus gelangt man mit den *ESC-* und Cursortasten. Die Tasten **i** (*insert before cursor*), **a** (*append after cursor*) und einige mehr führen vom Command-Modus in den Input-Modus zurück.

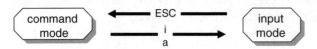

*Abb. 6.17:* vi-modes

vi kann von jedem UNIX-Terminal aus bedient werden. Dieses muss nicht einmal Cursor-Tasten besitzen. In diesem Fall geht man zunächst in *command mode* und bewegt die Schreibmarke mit den Buchstabentasten **h**, **j**, **k** und **l**. Die rudimentärsten, in *command mode* notwendigen Befehle sind:

*Cursorbewegungen*: Falls vorhanden, mit den Pfeiltasten ↑, ↓, ←, →, ansonsten mit **h**, **j**, **k**, **l** oder **w** (ein **W**ort nach rechts) oder mit **b** (*backward*) ein Wort nach links.
*Löschen*: **x** (Zeichen unter Cursor) **dd** (Zeile unter Cursor), **dw** (Wort unter Cursor),
*Speichern und Beenden*: **ZZ** (Comicfans assoziieren damit „schnarchen") speichert und verlässt *vi*, ebenso **:wq**, zusammengesetzt aus **:w** (*write*) und **:q** (*quit*).

## 6.4.17 C und C++

UNIX hat einen kompakten Kern, der in Assembler geschrieben und daher auch maschinenabhängig ist. Der größte Teil von UNIX ist aber in der Sprache *C* geschrieben. Daher ist UNIX relativ einfach auf neue Maschinen portierbar.

C ist eine imperative Sprache wie Java und Pascal, hat aber weit weniger Sicherheitsmechanismen (insbes. was die Typprüfung angeht). C ist hauptsächlich für die systemnahe Programmierung geeignet, hat aber, bedingt durch den Erfolg von UNIX, auch als allgemeine Programmiersprache eine herausragende Bedeutung erlangt. C++ ist eine objektorientierte Erweiterung von C. Ursprünglich von B. Stroustrup als Präprozessor für C entwickelt, gibt es heute zahlreiche C++ Compiler. C++ hat den Siegeszug von C fortgesetzt und ist heute auf fast allen Betriebssystemen erhältlich. Viele PC-Anwendungen (Excel, Windows, ...) sind in C oder in C++ programmiert.

Im Vergleich zu Java oder Pascal hat der C-Programmierer sehr viel mehr mit der Speicherverwaltung zu tun. Viele Daten werden über untypisierte Pointer angesprochen. Programmierfehler sind daher vom Compiler oft nicht erkennbar und führen erst während der Laufzeit zu Schwierigkeiten. Solche Fehler sind immer nur mühsam zu erkennen.

6.4  UNIX-Prozesse                                                                                      557

Hier wird die Sprache C nicht näher besprochen. Wir zeigen als Illustration lediglich den
Quelltext eines Programms, das eine Temperaturtabelle mit Fahrenheit und Celsiuswerten
ausgibt. Die Ähnlichkeit der C-Syntax mit der von Java ist offensichtlich.

**Quellprogramm**

```
/*Temperaturtabelle Celsius-Fahrenheit*/
#include <stdio.h>

int low, high;

zeile(int c){
        printf(" %d\t %d\n",c,32+(9*c)/5);
                }

main(){ int i;
        scanf("%d %d", &low, &high);
        printf("Celsius  Fahrenheit\n");
        printf("-------  ----------\n");
        for( i=low ; i <= high ; i+=10) {
                zeile(i);
                }
        };
```

**Ausgabe (Beispiel)**

```
Celsius Fahrenheit
-------  ----------
  -50        -58
  -40        -40
  -30        -22
  -20         -4
  -10         14
   0          32
   10         50
   20         68
   30         86
   40        104
   50        122
```

*Abb. 6.18:*   *Ein C-Programm mit Ausgabe*

## 6.4.18    Scanner- und Parsergeneratoren

*Scanner* und *Parser* sind wichtige Bestandteile von Compilern. Sie dienen dazu, einen als
String vorliegenden Text in Bestandteile zu zerlegen und seine syntaktische Struktur zu analysieren. Sobald bestimmte Strukturen erkannt wurden, können entsprechende Aktionen veranlasst werden, z.B. die Übersetzung der erkannten Struktur oder die Ausführung eines
erkannten Befehls.

Viele interessante Aufgaben lassen sich durch eine syntaxgesteuerte Übersetzung lösen, daher
gibt es Systeme, die aus einer mit regulären Ausdrücken und BNF beschriebenen Sprache
automatisch entsprechende Scanner und Parser erzeugen.

Mit *lex*, einem Scannergenerator und *yacc*, einem Parsergenerator, gibt es in UNIX die wohl
mächtigsten Werkzeuge in diesem Bereich. Als freie Alternativen zu diesen beiden Werkzeugen hat die *Free Software Foundation* die Alternativen *flex* und *bison* entwickelt. Da diese,
getreu der GNU-Philosophie, im C-Quelltext abgegeben werden, sind sie auch in anderen
Betriebssystemen nutzbar. Es ist wichtig zu erkennen, dass der Einsatzbereich dieser Werkzeuge nicht auf den Compilerbau beschränkt ist, sondern dass man mit ihnen auch viele Programmieraufgaben erheblich erleichtern kann.

Ein Scanner ist zunächst ein Programm, das einen String in einer selbst definierbaren Weise in Teilstrings zerlegt und diese klassifiziert. Die Klassen heißen *Token*. Oft werden die Teilstrings als die elementaren Bestandteile einer Sprache definiert: Worte in natürlicher Sprache, Schlüsselworte, Variablennamen, Konstanten und Operationszeichen in einer Programmiersprache. Aus einer Definition der elementaren Bestandteile einer Sprache mittels regulärer Ausdrücke erzeugt *lex* einen Scanner. Diese Anwendungen von *lex* diskutieren wir im Kapitel über Theoretische Informatik ab Seite S. 665.

Es gibt noch sehr viel mehr Möglichkeiten, *lex* zu nutzen, als nur Scanner für Compiler zu erstellen, denn in den Aktionen können beliebige C-Anweisungen stehen. Als Beispiel wollen wir ein Programm erstellen, das aus Textdateien überflüssige Leerzeichen entfernt und zusätzlich alle Großbuchstaben in Kleinbuchstaben umwandelt. Wir erstellen die folgende lex-Datei `lower.lxi`:

```
[A-Z]        putchar(yytext[0]+'a'-'A');
[ ]+$        ;
[ ]+         putchar(' ');
```

Die lex-Datei enthält drei reguläre Ausdrücke. Der erste, `[A-Z]`, passt auf jeden Großbuchstaben. Da der jeweils von *lex* erkannte Text in dem String `yytext` gehalten wird, liefert `yytext[0]` den ersten Buchstaben des erkannten Textes und `yytext[0]+'a'-'A'` den entsprechenden Kleinbuchstaben, der dann mit *putchar* ausgegeben wird. `[ ]+` passt auf Folgen von einem oder mehreren Leerzeichen, und $ steht für das Zeilenende. `[ ]+$` passt daher auf eine nichtleere Folge von Leerzeichen vor dem Zeilenende $, und die zugehörige Aktion „ ; “ entspricht der leeren C-Anweisung. Die Wirkung ist, dass Leerzeichen am Zeilenende entfernt werden. Mehrere Leerzeichen werden durch ein einzelnes Leerzeichen ersetzt (`putchar(' ');`).

Mit einem Befehl wird aus der *flex*-Datei ein ausführbares Programm:

```
lex lower.lxi | cc -ll > lower.exe
```

Ein *Parser* ist ein Programm, das einen Text liest und ihn mit einer vorgegebenen Grammatik vergleicht. Die einzelnen Textteile werden den grammatikalischen Einheiten zugeordnet. Lässt sich der gelesene Text nicht im Sinne der Grammatik zerlegen, so wird ein Fehler angezeigt. Ansonsten wird die Struktur des Textes anhand der Grammatik erkannt.

In der Informatik setzt man Grammatiken zur Beschreibung von Programmiersprachen ein. Ein *Parser* ist das „*Front End*“ eines Compilers. Die den syntaktischen Bestandteilen zugeordneten Aktionen bewirken eine Übersetzung von der Quell- zur Zielsprache. Mit *yacc* lässt sich aus einer Syntaxbeschreibung ein Parser erzeugen. Unter Verwendung *grammatischer Aktionen* kann sogar ein großer Teil eines Compilers oder Interpreters allein aus einer lex/ yacc Beschreibung generiert werden.

*yacc* und *lex* – genauer, die von ihnen erzeugten Scanner und Parser – arbeiten Hand in Hand. Der eingegebene Text wird von dem Scanner in Worte (*Token*) zerlegt, diese werden von *dem* Parser den grammatikalischen Einheiten zu geordnet. Weitere Daten, wie z.B. Tokenwerte, werden über gemeinsame Variablen ausgetauscht. Im Kapitel 9 über *Theoretische Informatik* werden wir auf die Konstruktion und die Verwendung von Parsern näher eingehen.

### 6.4.19 Projektbearbeitung

Bei größeren Softwaresystemen setzt sich das fertige Programm oft aus vielen verschiedenen Dateien zusammen, zum Beispiel aus Objekt-Dateien (*.obj), welche zu einem ausführbaren Programm (*.exe) gebunden werden. Die Objekt-Dateien werden mittels verschiedener Compiler aus Quelldateien gewonnen. Auf diese Weise ergeben sich Abhängigkeiten, welche in einem Baum veranschaulicht werden. Die Wurzel ist das Endergebnis, z.B. das endgültige Programm. Die Söhne jedes Knotens sind die Dateien, von denen der Knoten direkt abhängig ist.

Wenn in einer der Dateien eine Änderung vorgenommen wird, müssen alle anderen Dateien, die von dieser Datei abhängig sind, auf den aktuellen Stand gebracht werden. Das UNIX-Tool *make* dient dazu, das Projekt mit minimalem Aufwand in einen konsistenten Zustand zu versetzen. Dazu notiert man in einem *makefile* die Abhängigkeiten der Dateien untereinander sowie für jeden inneren Knoten die Befehle, mit denen dieser Knoten aus seinen Söhnen neu erzeugt werden kann. Nach einer Änderung irgendwelcher Quelldateien sorgt *make* dafür, dass alle davon abhängigen Dateien wieder entsprechend erzeugt werden. Diese Änderungen setzen sich rekursiv bis zur Wurzel fort. Das Programm *make* ist mittlerweile auch für andere Betriebssysteme erhältlich.

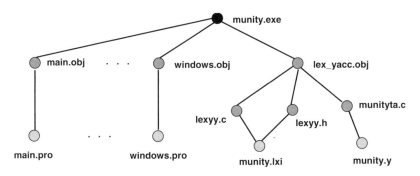

*Abb. 6.19:* Einige Dateien des Projekts MUNITY und ihre Abhängigkeiten

## 6.5 X Window System

Grafische Benutzeroberflächen haben sich unter UNIX erst langsam durchgesetzt. Durch seine Verbreitung im technisch-wissenschaftlichen Bereich und durch seine Abwesenheit auf PCs blieb UNIX meist Spezialisten vorbehalten, für die die Beherrschung der UNIX-Kommandosprache keine Schwierigkeiten bedeutete. Die Handhabung mit Maus und Fenstern beschleunigte die Arbeit nicht unbedingt und war so eher eine Last als eine Erleichterung. Mit UNIX-Kommandos und Befehlstasten in Verbindung mit UNIX-Werkzeugen, wie z.B. emacs, kann ein UNIX-Spezialist schnell und gezielt umgehen.

Mit der Schnelligkeit, mit der neue Anwendungen entstehen, wächst jedoch der Druck, neue Software auszuprobieren und anzuwenden, ohne vorher Kommandos, Befehlstasten oder überhaupt ein Manual zu studieren. Hierbei ist eine intuitive Benutzeroberfläche von Vorteil. Heute stattet jeder Workstation-Hersteller sein Rechner-Betriebssystem daher mit einer grafischen Oberfläche aus. Wären diese Oberflächen nicht kompatibel, dann wäre dies von Nachteil für die Portabilität von UNIX-Anwendungen. Andererseits möchte jeder Hersteller seine Oberfläche mit dem speziellen *look and feel* ausstatten, der sie im Vergleich mit dem Konkurrenten hervorhebt.

Vor diesem Hintergrund wurde 1984 an der US-amerikanischen Universität MIT (Massachusetts Institute of Technology) das X-Fenstersystem (X Window System) entwickelt, dessen Version 11 aus dem Jahre 1987 sich als X11-Standard in der UNIX-Welt etabliert hat. *X* ist ein netzwerkunabhängiges Fenstersystem, das auf den Rechnern vieler Hersteller, z.B. auch auf dem IBM-PC, läuft. Voraussetzung ist allerdings ein grafikfähiger Bildschirm nebst Tastatur und Maus. Eine X-Applikation kann sich auf mehrere Rechner in einem Netzwerk verteilen. Diese Rechner spielen dabei verschiedene Rollen:

- Der X-Display-Server ist Anbieter der Ein- und Ausgabedienste. Er stellt mit seinem Bildschirm die Fenster (X-Windows) dar und registriert Maus- und Tastatureingaben.
- Ein oder mehrere X-Clients sind die Kunden oder Nutzer der Server-Dienste. Gemäß dem X-Protokoll fordern sie Ein- und Ausgabedienste von dem Server an. Die auf den X-Clients laufenden Programme können beliebige UNIX-Programme sein: Datenbanken, Editoren, Compiler etc.

Typischerweise sind Rechner heute in lokalen und globalen Netzen eingebunden. Demgemäß können X-Clients und X-Server auf verschiedenen Rechnern eines Netzes ablaufen, andererseits ist es aber auch möglich, dass sowohl Client als auch Server auf demselben Rechner zu Hause sind. Das X-System ist damit ein Beispiel für ein in der Netzwelt häufig anzutreffendes Konzept der *Client-Server-Architektur.*

Was ist damit gewonnen? Angenommen, dass ein Benutzer vom Rechner auf seinem Schreibtisch eine Datenbankabfrage starten möchte, die ihm Aufschluss über die in einer entfernten Bibliothek vorhandenen Buchtitel zu einem bestimmten Thema gibt. Das Ergebnis soll in einem Fenster dargestellt werden, in dem man mithilfe einer *scrollbar* die gelieferten Titel in aller Ruhe ansehen kann. Wegen der begrenzten Kapazität der Netzverbindung, aber auch aus anderen Gründen wäre es unsinnig, wenn der entfernte Bibliotheksrechner die Pixel des Rechners auf dem Schreibtisch des Benutzers zeichnen müsste, seine Mausbewegungen registrieren und darauf reagieren sollte. Als X-Client erwartet das Datenbankprogramm von dem X-Server des Benutzers lediglich, dass dieser ein Fenster mit Rollbalken bereitstellt und die gefundenen Namen darin darstellt. Solange der Betrachter mit Maus und Rollbalken diese Liste inspiziert, ist der Bibliotheksrechner nicht involviert. Erst wenn Mausereignisse oder Tastatureingaben zu einer weiteren Anfrage führen, führt er den nächsten Befehl aus. Insofern ist es ihm auch gleichgültig, in welcher Farbe, Größe oder welchem Stil die Fenster des Servers erscheinen, allein die Funktionalität – Fenster mit Rollbalken + Inhalt – ist relevant und wird durch das Netz übertragen.

In der Tat bietet ein X-Server allein noch keine überwältigende Benutzeroberfläche. Eine Reihe von nützlichen Hilfsmitteln steht aber zur Verfügung, die es gestatten, auf dem X-Ser-

## 6.5 X Window System

ver eine nützliche Oberfläche zu gestalten. Diese Hilfsmittel sind üblicherweise selber als X-Clients konzipiert. Die wichtigsten Clients sind dabei der so genannte *Window-Manager*, der *xterm* Terminal-Emulator sowie eine Reihe von nützlichen Hilfsmitteln, so genannte *utilities*.

### 6.5.1 Window-Manager und Terminal Emulator

Der Window-Manager ist ein Client, der es erlaubt, die Größe und die Position von Fenstern zu bestimmen und zu verändern. Mit ihm kann man Fenster verschieben, überlappen, zu Icons verkleinern, öffnen und beliebig in der Größe verändern. Der Window-Manager ist, als Client, selbst ein X-Programm und kann beliebig ersetzt werden. Ein populärer Window-Manager heißt *uwm*, für *universal window manager*, aber es gibt eine Reihe von Alternativen wie *Sawfish*, *kwm* oder *KWin*.

Ein *Terminal-Emulator* ist ein Fenster, in welchem man ein Terminal nachbilden kann. Das Programm *xterm* etwa emuliert z.B. das früher weitverbreitete DEC VT102-Terminal. In dem Terminal-Fenster wird im VT102 Modus jeder Tastendruck so interpretiert, als wäre er an dem VT102-Terminal geschehen und auch die Ausgabe beschränkt sich auf den Textmodus des VT102. Eine solche Verbindung im Textmodus ist oft bei Netzverbindungen nötig, etwa bei einem *login* auf einem entfernten Rechner, *rlogin*, oder bei einer *ftp*- oder *telnet*-Verbindung. Da der X-Server eine Reihe von Clients gleichzeitig bedienen kann, dürfen mehrere solcher Terminalfenster zur selben Zeit geöffnet sein. So kann man zum Beispiel in einem Fenster Text editieren und in einem anderen Fenster Dateien transferieren. Wie bei den meisten X-Clients lässt sich durch eine Reihe von Optionen das Verhalten von *xterm* auf vielfältige Weise den Benutzerwünschen anpassen.

### 6.5.2 Grafische Oberflächen

Wenn auch X11 zum Standard für grafikorientierte Programme geworden ist, so spricht nichts dagegen, dass Firmen ihren Produkten ein eigenes *look-and-feel*, also ein charakteristisches, abgestimmtes Aussehen geben. Das X Window System stellt eine Grundfunktionalität zur Verfügung, auf der firmeneigene Benutzeroberflächen aufsetzen können. Diese Benutzeroberflächen können sich durch eine eigene Gestaltung der grafischen Elemente oder auch durch besondere Funktionalität auszeichnen. Damit z.B. alle Anwendungen der Firma SUN in gewisser Weise einheitlich zu bedienen sind, wird in einer OPEN LOOK genannten Spezifikation eine grafische Benutzeroberfläche spezifiziert. An diese Spezifikation sollen sich Entwickler halten, damit ein Benutzer neue Software sofort bedienen kann, ohne erst ein Handbuch wälzen zu müssen. Ein einfaches Beispiel mag dies erläutern: „Ist ein Eintrag in einer Menüleiste zusätzlich mit einem umgedrehten Dreieck ausgestattet, so führt das Auswählen dieses Menüpunktes mit der rechten Maustaste zu einem Untermenü." Wenn sich alle Entwickler an solche und andere in OPEN LOOK festgelegte Vorgaben halten, erleichtert dies das Erlernen neuer Software. Eine Implementierung einer Benutzeroberfläche, die sich an die OPEN LOOK-Spezifikation hält, bietet SUN in dem *OpenWindows*-System an.

OPEN LOOK mit OpenWindows bietet aber beileibe nicht die einzige grafische Benutzeroberfläche, die auf X11 aufsetzt. Von der Open Software Foundation (OSF) erfreut sich z.B.

auch OSF/Motif großer Beliebtheit. Des Weiteren lässt sich auf X11 auch die Benutzeroberfläche von MS-Windows oder die des Apple Macintosh aufsetzen.

Mittlerweile gibt es als Nachfolger von OPEN LOOK das so genannte Common Desktop
Environment (CDE). Ziel ist es, in Konkurrenz zu Microsoft Windows, einen einheitlichen
UNIX-Desktop Standard zu schaffen. Ab 1995 waren die ersten CDE-Implementierungen
verfügbar. Die Linux-Version heißt KDE und ist selbstverständlich kostenlos und im Source-
text erhältlich.

## 6.6    MS-DOS und MS-Windows

Als im Jahre 1981 IBM einen Personal Computer (PC) auf den Markt brachte, konnte niemand ahnen, dass ein Jahrzehnt später schon über 50 Millionen PCs verkauft sein würden.
Mittlerweile sind es über 150 Millionen geworden. Natürlich hat sich der ursprüngliche PC
weiterentwickelt, und nur ein geringer Teil der verkauften Personal Computer sind von IBM
hergestellt – es handelt sich vielmehr um technisch kompatible Maschinen, so genannte *Clo-
nes*. Der ursprüngliche Prozessortyp 8088 der Firma Intel mit 16-Bit-Registern, aber nur 8 Bit
breitem Datenbus, wurde nacheinander ersetzt durch die Typen 286, 386 und 486. Dessen
Nachfolger heißt nicht 586, sondern *Pentium*. Mit den aktuellen Versionen *Pentium III* und
*Pentium-4* ist der PC leistungsmäßig in die Kategorie der *Workstations* aufgestiegen und  in
jeder Beziehung kaum noch mit seinem Urahn von 1981 vergleichbar. Die von der Firma
AMD entwickelten *Athlon*-Prozessoren konkurrieren mit den aktuellen Pentium Modellen
und sind in der Leistungsfähigkeit durchaus vergleichbar. Derzeit hat AMD sogar eine eigenständige 64-Bit Erweiterung der x86 Prozessorfamilie entwickelt, die ausgesprochen erfolgreich ist.

Dennoch trägt auch der neueste, ausgereifteste und schnellste PC noch eine Verpflichtung mit
sich, die von seinem Vorfahren stammt: Millionen von Anwendern haben viel Geld und Trai-
ning in Software investiert, was sie nicht aufgeben möchten.

Was den Prozessor angeht, ist das Problem technisch lösbar. Neue Prozessoren werden als
Erweiterung der bisherigen Prozessoren konzipiert. Der neue Prozessor beherrscht immer
noch die Befehle des Vorgängermodells und einige mehr und hat noch die gleiche Register-
struktur, deren Breite sich lediglich verdoppelt hat. So wurden im Übergang vom 80286 zum
80386 im Jahre 1986 die Register von 16 Bit zu 32 Bit erweitert, auf neueren Athlon Rechnern sogar zu 64 Bit. Die neuen 32-Bit-Allzweckregister EAX, EBX, ECX und EDX beinhalten nun die vormaligen 16-Bit-Allzweckregister AX, BX, CX und DX in den niederwertigen
16 Bit, so dass alte Assemblerprogramme weiter verwendbar sind. Zusätzlich besitzen die
neuen Prozessoren einen Modus, in dem sie den alten 8088-Prozessor simulieren. Diesen
Modus nennt man den *real mode*.

Nun wäre es von Vorteil, wenn man alte Software im Real-Mode laufen lassen und für die neu
erworbene Software die neuen Tricks des Prozessors nutzen könnte. Unglücklicherweise
ergibt sich aber eine Schwierigkeit: das Betriebssystem MS-DOS. Da de facto jedes Benutzerprogramm auf die Dienste des Betriebssystems zurückgreifen muss, stellt sich auch hier das

6.6  MS-DOS und MS-Windows                                                            563

Problem der Kompatibilität zu alten Versionen, für die die Software vielleicht auch einmal geschrieben und getestet worden ist.

Hätte man im Jahre 1981 ahnen können, in welche Bereiche der PC einmal vorstoßen und welche Speichergrößen einmal realistisch werden würden, so hätte man MS-DOS anders konzipiert. Bald wurde dieses Betriebssystem aber das größte Hemmnis in der Ausnutzung der Möglichkeiten des PCs. Bereits der PC/AT von 1984 konnte 16 MBytes Speicher adressieren, die späteren Prozessoren (seit 1986) 4 Gigabytes. MS-DOS jedoch konnte bis Ende der 80er Jahre gerade mal ein Megabyte verwalten, so viel wie 1981. Nur im so genannten *Protected Mode* des Prozessors, der aber inkompatibel zu DOS ist, kann auf diesen Speicherbereich zugegriffen werden.

Die erste Version von MS-DOS wurde 1981 von der Firma Microsoft erstellt. Das System war eng an das damals im Home-Computer-Bereich populäre Betriebssystem CP/M angelehnt. Da auch IBM davon ausging, dass der IBM-PC hauptsächlich für Spielprogramme genutzt werden würde, schien dies eine gute Wahl. Da der erste IBM-PC 64 kByte Speicher besaß, erschien ein Betriebssystem, das für bis zu 1 MByte Hauptspeicher ausgelegt war, mehr als ausreichend auch für künftige Versionen. Die Folge war, dass bis zur Einführung von Windows 95, die meisten Benutzer aus Kompatibilitätsgründen immer noch auf MS-DOS angewiesen waren und von ihren bis zu 16 MByte installierten Hauptspeichern nur 640 kByte uneingeschränkt für Programme nutzen konnten. Zudem betrieben sie den Prozessor im *Real-Mode*, denn nur in diesem Modus lief das Betriebssystem.

Obwohl das Betriebssystem also seit vielen Jahren technisch überholt ist, war es bis vor wenigen Jahren mit Abstand das meistgenutzte Betriebssystem der Welt. Microsoft hat ihm 1990 eine grafische, mit der Maus zu bedienende Oberfläche gegeben. Doch das neue System, Windows 3.11, benötigte als Basis immer noch das 1981 konzipierte Betriebssystem MS-DOS. Erst 1995 kam eine neue Version, *Windows 95*, auf den Markt, ein eigenständiges Betriebssystem, das nicht mehr als DOS-Aufsatz realisiert ist. Dennoch besitzt es einen DOS-Mode und eine DOS-Box, so dass auch Anwender von *Windows 95* alte DOS Programme weiterbenutzen können. *Windows 98* und *Windows ME* sind weiterentwickelte Versionen von Windows 95.

Das völlig neu entwickelte *Windows NT* (siehe S. 564) ist Microsofts Betriebssystem für High-End-PCs, Workstations und Server. Mit der Version 5.0 änderte Microsoft die Bezeichnung zu *Windows 2000*. Eine neuere Version wird seit Herbst 2001 unter dem Namen *Windows XP* angeboten und hat Windows NT/2000 und Windows 95/98/ME weitgehend abgelöst. Windows XP ist derzeit das dominierende Betriebssystem für alle PC-Leistungsklassen – vom Notebook über Desktop-Modelle bis hin zu High-End-PCs und Servern.

## 6.6.1    Dynamic Link Libraries

Ein ausführbares DOS-Programm enthält, als Teil seiner EXE-Datei, alle Unterroutinen, die es zu seiner Abarbeitung benötigt. Ein Programmiersystem, wie etwa Turbo Pascal beinhaltet neben dem Compiler auch noch einen Editor, Menüs für die Auswahl, das Laden oder Drucken von Dateien, ein Hilfe-System und viele andere Teile, die man auch in anderen Programmen wiederverwenden könnte. Wird derselbe Editor etwa in einem anderen System erneut benutzt, so muss eine Kopie seines Codes auch in jener Programmdatei vorhanden sein. Wenn auch die Einzelteile getrennt programmiert und zu Objekt-Dateien kompiliert worden sind, wurden diese zur Erstellung des fertigen Programms mit einem *Linker* zu einer EXE-Datei zusammengebunden. Diesen Prozess nennt man auch statisches Linken. Dynamisches Linken geht von dem Prinzip aus, dass wiederverwertbare Routinen nur einmal vorhanden sein müssen und dass sie auch nur dann im Hauptspeicher vorhanden sein sollen, wenn sie tatsächlich gebraucht werden. Windows gestattet es, Routinen in Dynamic Link Libraries (*DLL*) zusammenzufassen. Anwenderprogramme können auf die dort zentral vorhandenen Routinen gemeinsam zugreifen. Erst wenn eine Routine einer DLL tatsächlich benötigt wird, wird die komplette DLL in den Speicher geladen.

## 6.6.2 Object Linking and Embedding

Mit Version 3.1 von MS-Windows wurde ein neues Konzept zum Datenaustausch zwischen Windows-Applikationen eingeführt: „Object Linking and Embedding", kurz *OLE*. Objekte sind hierbei Datenobjekte, die von einer Windows-Applikation erstellt wurden und die mit einer Referenz auf diese Applikation ausgestattet sind. Diese Applikation bezeichnet man dabei als den *Server* des Objektes. Eine zweite Applikation, der *Client,* kann das Objekt übernehmen. Durch den Link auf den Server ist das übernommene Objekt auch nachher noch jederzeit veränderbar. Ein Klick mit der Maus auf das eingebettete Objekt ruft automatisch den Server wieder auf, mit dem man das Objekt nachträglich modifizieren kann.

Beispielsweise kann eine mit dem Programm Paintbrush erstellte Freihandzeichnung als eingebettetes Objekt in ein mit MS-Word erstelltes Textdokument übernommen werden. Paintbrush ist in diesem Falle der Server und MS-Word der Client. Selektiert man nun im Word-Dokument die eingebettete Zeichnung, so öffnet sich automatisch Paintbrush, um die Zeichnung verändern zu können. Leider werden in der gegenwärtigen Windows-Version noch die Objekte komplett in die Applikationen des Clients kopiert, anstatt dass dieser nur einen Link verwalten würde.

## 6.6.3 Windows NT, Windows 2000 und Windows XP

Durch die Entwicklung von Windows 3.x und später Windows 95 hat es Microsoft geschafft, IBM's Betriebssystem OS/2 vom Markt zu verdrängen. Auf lange Sicht war das Konzept von Windows 3.x, als Betriebssystemaufsatz über DOS, eine Sackgasse. Ein neuer Betriebssystemstandard war unausweichlich. In dieser Situation hat Microsoft ein eigenes neues Betriebssystem entwickelt: Windows NT bzw. Windows 2000 oder Windows XP, wie es in neueren Versionen heißt. Es handelt sich um ein Multitasking-Betriebssystem, das zwar von Grund auf neu konzipiert worden ist, mit dem man aber dennoch an den Erfolg von Windows anknüpfen will.

Die Benutzeroberfläche von Windows NT war ursprünglich identisch mit der von Windows 3.x, so dass die Anwender nicht umlernen mussten. Auch die alten Windows 3.x- und DOS-Programme konnten weiter benutzt werden, allerdings in einem so genannten Subsystem, für welches das Betriebssystem eigens einen PC simuliert. Neuere Versionen haben eine Benut-

## 6.6 MS-DOS und MS-Windows

zeroberfläche, die mit der von Windows 95 fast identisch ist. Entsprechend orientieren sich neuere Versionen von Windows NT an Windows 98.

Ansonsten aber ist Windows NT ein modernes 32-Bit-Multitasking-Betriebssystem. Es unterstützt echtes *preemptives Multitasking*. Nach bestimmten Prioritätskriterien werden Prozesse unterbrochen und andere gestartet, der Scheduler ist nicht auf die Kooperation der Prozesse angewiesen wie unter Windows 3.x.

Besonders hervorzuheben ist, dass Windows NT nicht mehr an die Intel-Prozessoren gebunden ist. Windows NT ist auch auf vielen anderen Prozessortypen lauffähig, insbesondere auf Multiprozessorsystemen. Dafür ist eine Schnittstelle verantwortlich, der so genannte *Hardware Abstraction Layer* (HAL), die man für den jeweiligen Prozessor bereitstellen muss und auf der der Betriebssystemkern erst aufsetzt. Dieser bietet seine Dienste spezialisierten *Subsystemen* in Form von Systemaufrufen an.

Der Benutzer kommuniziert nur mit diesen Subsystemen. Wichtigstes Subsystem ist *Win32*, auf dem alle speziell für Windows NT geschriebenen 32-Bit-Applikationen aufsetzen. Andere Subsysteme sind etwa *OS/2* oder *security*. Wenn Windows NT auf einem Nicht-Intel-Prozessor läuft, dann wird zur Unterstützung von DOS und Windows 3.x eigens ein IBM-PC vom Wirt-Prozessor emuliert.

Windows NT bringt auch eine Netzwerkunterstützung mit, so dass es sich als Server-Betriebssystem in einem möglicherweise *heterogenen Netz* eignet. Damit ist ein Netz gemeint, in dem sich Rechner (Clients) von verschiedenen Herstellern befinden und die zudem noch unter verschiedenen Betriebssystemen betrieben werden können.

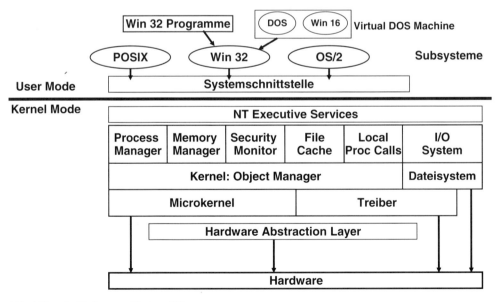

*Abb. 6.20:* Architektur von Windows NT

Als Einzelplatzbetriebssystem ist Windows NT fast schon ein „Overkill". Es bietet selbst hier über das Subsystem *Security* die Möglichkeit, dass mehrere Benutzer (nacheinander) an demselben Rechner arbeiten können, ihre Daten und Applikationen aber voreinander geschützt sind. Dies beinhaltet, dass sich jeder Benutzer zu Beginn seiner Sitzung durch ein *login* beim System anmelden muss. Ebenso ist es notwendig, direkte Plattenzugriffe, wie sie bei DOS üblich waren, nicht zu erlauben. Gleichzeitig besitzt Windows NT aus diesem Grund ein neues Dateisystem, NTFS, da laut Microsoft selbst das ursprünglich gemeinsam mit IBM entwickelte OS/2-Dateisystem HPFS den Sicherheitsanforderungen nicht stand hält. Microsoft hat für Windows NT das amerikanische Sicherheitszertifikat *C2* erhalten.

## 6.6.4    Windows XP

Die zunehmende Leistungsfähigkeit aktueller PCs hat es Microsoft ermöglicht, seine Betriebssystemlinien wieder zusammenzuführen. Mit Windows XP wird ein System für alle PC-Leistungsklassen angeboten – vom Notebook über Desktop-Modelle bis hin zu High-End-PCs und Servern. Es gibt zwar zwei Ausgaben: *XP Home-Edition* und *XP Professional* – diese sind aber gleich umfangreich und leistungsfähig. Einer der wenigen Unterschiede ist die fehlende Benutzerverwaltung in der Home Edition. Während einige technische Neuerungen bei den älteren Windows-Versionen nur mit zusätzlichen Erweiterungen benutzbar sind, glänzt Windows XP damit, alle technischen Entwicklungen der letzten Jahre nahtlos zu integrieren – allerdings nur, wenn alle Service Packs und Patches installiert sind:

- die schnelle Anbindung von Peripherie über USB 2 und Firewire,
- die volle Integration von Netzwerkkomponenten wie Internet, LAN, WLAN etc.,
- die neuste Multimediatechnologie, z.B. DirectX Version 9.

Windows XP hat darüber hinaus eine deutlich modernisierte Benutzerschnittstelle, die den Umgang mit dem System nochmals einfacher und intuitiver macht. Auch die Installation wurde vereinfacht. Großen Wert legt Microsoft auf die dynamische Erkennung von Änderungen der Konfiguration. Erst unter Windows XP funktioniert *Plug and Play* tatsächlich fast so, wie man sich das vorstellt.

# 6.7    Alternative PC-Betriebssysteme

Viele Jahre haben MS-DOS und der Nachfolger Windows den Markt der Betriebssysteme für IBM-PCs beherrscht. Jahrelang mussten die Anwender mit den Mängeln von MS-DOS fertigwerden. Als dieses Betriebssystem endlich von *Windows* abgelöst wurde, krankte jenes unter dem Zwang der Abwärtskompatibilität zu DOS. Diese Abwärtskompatibilität war das erfolgreichste Geschäftsprinzip von Microsoft, hatte man dadurch doch immer die größte existierende Softwarebasis mit im Boot. Die Abwärtskompatibilität war für jeden Benutzer, auch für den, der nicht mehr an DOS interessiert war, teuer erkauft. Legende ist die Instabilität der frühen Windows-Versionen, ihr Ressourcenhunger und ihre Größe. Mit jeder neuen Version wurde ein neuer Rechner fällig, da für ein vernünftiges Arbeiten der Prozessor zu langsam war, Festplatte und Hauptspeicher viel zu klein dimensioniert. Natürlich bot das Betriebssys-

## 6.7 Alternative PC-Betriebssysteme

tem immer mehr Features, wurde immer bequemer zu bedienen und immer leistungsfähiger. Aber dennoch ist die Frage berechtigt, ob die stetige Aufblähung des Betriebssystems ein notwendiger Preis für die gebotenen Fähigkeiten ist.

Die Antwort haben am eindrucksvollsten der finnische Student Linus Torvalds und mit ihm Tausende von enthusiastischen Idealisten gegeben, die mit *Linux* (siehe S. 530) ein leistungsfähiges, stabiles und ausgereiftes Betriebssystem geschaffen und kostenlos zur Verfügung gestellt haben. Linux gewinnt vor allem durch seine Stabilität, aber auch durch die explosionsartig zunehmende Softwarebasis, die von professioneller Qualität und dazu noch kostenlos ist, sowohl im privaten als auch im kommerziellen Bereich immer mehr an Bedeutung.

*Knoppix* ist eine freie Linux-Distribution, die das Linux-Betriebssystem und alle wichtigen Applikationen, darunter KDE-Desktop, Browser, Compiler, Textsatzsysteme TeX/LaTeX, das Bürosystem *OpenOffice* und viele Spiele auf einer CD unterbringt. Das Beste ist, dass man das System von dieser CD booten und loslegen kann – es muss nicht installiert werden. Auf diese Weise ist ein unverbindliches Ausprobieren möglich. Ein anderer Einsatz von Knoppix ist, als Notfallsystem auf einer CD bereit zu stehen.

Andere, frühere Alternativen zu Windows konnten sich vor allem wegen der marktbeherrschenden Stellung von Microsoft nicht durchsetzen. Bereits Ausgang der 80er Jahre gab es mit *GEM* bzw. *GeOS* grafische Betriebssysteme für PCs, komplett mit Textverarbeitung, Tabellenkalkulation, Zeichenprogrammen und Datei-Managern, die selbst auf den 286er Rechnern zufriedenstellend schnell und stabil liefen. Sie krankten aber an der mangelnden Verfügbarkeit von vielen Programmen, vor allem von Spielen.

Nach dem Ausstieg von Microsoft aus der Entwicklung von OS/2 wurde dieses Betriebssystem von IBM weiterentwickelt. Lange sah dieses technisch überlegene System (OS/2 Warp) nach einem ernsthaften Konkurrenten für Microsoft aus, doch auch IBM hat schließlich vor der Übermacht von Microsoft kapituliert.

Ein neuer Versuch wurde mit großem Enthusiasmus von der Firma *Be* gestartet. Ihr Betriebssystem *BeOS* war speziell als Multimedia-Betriebssystem für die Bearbeitung von Musik, Grafik und Videos auf dem PC konzipiert. Eine Weile schien es, als ob BeOS sogar der vormals im Multimedia-Bereich dominierenden Firma *Apple* Konkurrenz machen könnte. BeOS ist erheblich kleiner, aber auch viel fixer als Windows. Es hat ein 64-Bit-Dateisystem, kann aber alle anderen gängigen Dateisysteme und Dateiformate lesen und gleichzeitig mit einem anderen System installiert werden. BeOS unterstützt 1, 2, 4 oder 8 Prozessoren gleichzeitig, ohne dass es rekonfiguriert werden musste. Es dauert gerade einmal 20 Sekunden, bis das System hochgefahren ist. Leider wurde die Firma *Be* im Jahre 2001 von *Palm* gekauft und die Weiterentwicklung von BeOS eingestellt. Allerdings hat auch hier die Fangemeinde nicht aufgegeben und entwickelt mit großem Enthusiasmus ein *OpenBeOS* weiter.

Wie klein kann ein grafisches Betriebssystem sein? Ein grafisches Betriebssystem benötigt heute mindestens eine grafische Benutzeroberfläche, Unterstützung verschiedenster Grafikkarten mit unterschiedlichen Auflösungen, Mausunterstützung, Modemanschluss, TCP/IP, Netzwerkanbindung und natürlich Grundsoftware wie Dateimanager, Texteditor, einen Browser mit JavaScript-Unterstützung und Plug-Ins für verschiedene Bildformate. Selbstverständlich sollte es auch via *Plug and Play* die Hardware-Konfiguration selbstständig erkennen. Die Firma *QNX* hat es geschafft, ein Betriebssystem, das dies und noch viel mehr kann, auf einer einzigen 1,44-MB-Diskette unterzubringen! Eine Demoversion ist von *ftp://ftp.qnx.com/usr/ free/qnx4/os/demos/misc/* erhältlich. Mit diesem System wollte das Unternehmen nur demonstrieren, wie man auch programmieren könnte, wenn man technisch sorgfältig und überlegt vorgeht. Offensichtlich müssen leistungsfähige Betriebssysteme auf Mini-Rechnern, in Organizern und Haushaltsgeräten keine Illusion bleiben, auch ohne immense Investitionen in die Hardware.

# 7    Rechnernetze

Bis in die frühen 80er Jahre waren Computer große und teure Anlagen, zu denen nur wenige Personen direkten Zugang besaßen. Betriebe und Universitäten hatten Rechenzentren eingerichtet, welche die kostbare Rechnerleistung verwalteten, und die Benutzer mussten sich in Terminalräume begeben, wenn sie am Rechner arbeiten wollten. Diese Situation hat sich in den 80er Jahren dramatisch verändert. Personal Computer und Workstations, die direkt auf den Schreibtischen von Entwicklern und Ingenieuren stehen, liefern nicht nur ausreichende Rechenleistung, sie bieten mit ihrer Grafikfähigkeit und ihren Benutzeroberflächen eine viel attraktivere Arbeitsumgebung als frühere Großrechner. Heute sind jene weitgehend verdrängt, und nur noch in bestimmten zentralen Aufgaben finden sie ihre Anwendung. Die Leistungsfähigkeit von Personal Computern ist mittlerweile so weit gediehen, dass auch die Unterscheidung von Workstations und Personal Computern keinen Sinn mehr macht. Wir sprechen daher allgemein von *Rechnern* und meinen damit sowohl Workstations als auch Personal Computer und tragbare Geräte, also Notebook-Computer (früher  Laptop-Computer genannt).

Rechner sind heute fast immer in einem Netzwerk verbunden. Das Konzept einer dezentralen Rechnerversorgung mit Servern, die die Rolle eines zentralen Datei-Verwalters übernehmen und viele andere Dienste (E-Mail, WWW, Datenbankenanbindung, etc.) anbieten und Rechnern, die als Klienten diese Dienste in Anspruch nehmen, hat sich jedoch weitgehend durchgesetzt. Wir sind darauf im Kapitel über Betriebssysteme bereits unter dem Stichwort „Client-Server-Systeme" eingegangen (siehe dazu auch S. 512).

In neuerer Zeit ist zu diesen *Rechnern* noch eine Vielzahl anderer Geräte hinzugekommen, deren Leistungsfähigkeit zum Teil ein ähnliches Niveau erreicht. Der einzige Unterschied liegt darin, dass sie meist auf spezielle Anwendungen ausgerichtet sind. Dazu zählen vor allem *persönliche digitale Assistenten* (PDAs) und *mobile Telefone* (Handys) sowie Kombinationen aus beiden Gerätetypen (*Smartphones*). Dies sind kleine, mobile Computer, deren Funktionsumfang auf den Bereich der persönlichen Organisation und/oder auf den Bereich der drahtlosen Kommunikation abgestimmt ist.

Die große Herausforderung ist die Vernetzung all dieser Geräte, wobei in die Netze heute bzw. in Zukunft auch Geräte wie Drucker, Scanner, HiFi-Anlagen, Fernseher, Heizungen, Kühlschränke etc. einbezogen sind bzw. sein werden.

## 7.1 Rechner-Verbindungen

Die Voraussetzung für die Vernetzung von Rechnern aller Art ist die direkte Verbindung von Rechnern untereinander. Ist dieser Schritt erstmal geschafft, kann man mehrere Rechner zu einem logischen Netz zusammenfassen. Jedes Netz eröffnet vielfältige Möglichkeiten der Kommunikation zwischen den angeschlossenen Rechnern. Ein nächster nahe liegender Schritt besteht darin, verschiedene Netze untereinander zu verbinden. So entstand z.B. seit etwa 1970 ein weltumspannendes Netz von Rechnernetzen, das *Internet*, dessen fantastische Möglichkeiten als weltumspannendes Informationssystem erst nach und nach entdeckt werden.

In diesem Kapitel werden wir auf die Techniken der direkten Verbindung von Rechnern untereinander und auf verschiedene Netzwerktechnologien eingehen, bevor wir uns im nächsten Kapitel dem Internet zuwenden.

### 7.1.1 Signalübertragung

Signale sind elektrische oder optische Repräsentationen von Daten. Auf der untersten Ebene verstehen wir Daten als Bitfolgen. Angenommen wir wollen das ASCII-Zeichen „b", also die Bitfolge 01100010, übertragen. Wir stellen diese durch einen Spannungsverlauf mit fester Amplitude dar, indem wir dem Bit 0 die Spannung 0 V zuordnen und dem Bit 1 die Spannung 1 V. Der Spannungsverlauf ist eine Rechteckkurve wie in der folgenden (mithilfe von „gnuplot" erzeugten) Abbildung dargestellt.

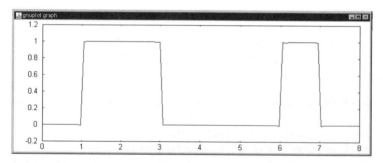

*Abb. 7.1:* Rechteckkurve für das Bitmuster 01100010

Bei der Übertragung durch elektromagnetische Wellen setzt sich jedes Signal $s(t)$ als unendliche Summe von *harmonischen Schwingungen* zusammen. Der $k$-te Summand ist dabei die harmonische Schwingung $a_k \cdot \cos(k \cdot \omega \cdot t) + b_k \cdot \sin(k \cdot \omega \cdot t)$ mit der Frequenz $f = k \cdot \omega/(2\pi)$. Die Amplituden $a_k$ und $b_k$ des Cosinus- und Sinusanteils heißen auch die „Fourierkoeffizienten". Wie man sie rechnerisch bestimmt, soll hier nicht näher erläutert werden. Die Fourier-Darstellung der kompletten Signalfunktion s(t) ist dann die unendliche Summe

## 7.1 Rechner-Verbindungen

$$s(t) = \frac{a_0}{2} + \sum_{k=1}^{\infty} (a_k \cdot \cos(k \cdot \omega \cdot t) + b_k \cdot \sin(k \cdot \omega \cdot t)) \quad .$$

Bricht man diese Summation nach endlich vielen Schritten ab, so erhält man bereits eine recht gute Approximation an das wahre Signal. In Abb.7.1 haben wir die gewünschte Rechteckkurve durch die ersten 1000 Summanden der Fourierentwicklung angenähert. Bricht man schon viel früher ab, so enthält man ungenauere Approximationen. In der folgenden Abbildung haben wir zum Vergleich sukzessiv bessere Approximationen an das wahre Signal in einem gemeinsamen Schaubild dargestellt. Die relativ flache Funktion in der Mitte zeigt die Approximation nach einem Schritt. Nach $k = 3$ Schritten sind bereits zwei peaks zu erkennen, aber noch nicht, ob das Bitmuster 01100110 oder 01100010 herauskommen wird. Nach $k = 10$ Schritten ist das Bitmuster bereits klar ersichtlich, und nach $k = 100$ Schritten hat man fast die perfekte Rechteckkurve, nur an den scharfen Ecken gibt es noch leichte Verzerrungen so genannte „Überschwinger".

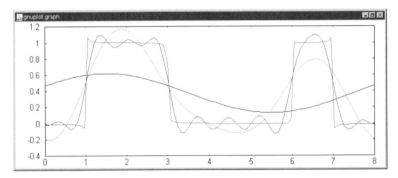

*Abb. 7.2:* Approximationen der Rechteckkurve aus Abb. 7.1 mit $k = 1, 3, 10, 100$

Der für die approximative Darstellung eines Signals verwendete Frequenzbereich ist die *effektive Bandbreite* des Signals. Allgemein verstehen wir unter dem Begriff *Bandbreite* einen Frequenzbereich oder die Differenz zwischen der höchsten und niedrigsten Frequenz eines solchen Bereiches. Wenn wir also unser Signal bei einer Grundfrequenz $f$ durch die ersten $k$ Fouriersummanden approximieren, so nutzen wir eine Bandbreite von $k \cdot f - f = (k-1) \cdot f$ aus. Bei $f = 1$ MHz $= 10^6$ Hz und $k = 10$ benötigen wir eine Bandbreite von 9 MHz. Dabei wird das Signal, hier ein Byte, in der Zeit $T = 1/f = 10^{-6}$s $= 1\mu$s übertragen. Wollen wir die Datenrate verdoppeln, so heißt das, dass wir $T$ halbieren. Wir wählen also $2 \cdot f$ als Grundfrequenz. Jetzt benötigen wir aber die doppelte Bandbreite, nämlich
$k \cdot (2f) - (2f) = 2 \cdot (k-1) \cdot f$.
Für $k = 10$ und $f = 1$ MHz wären dies 18 MHz.

Solche Überlegungen sind deswegen relevant, weil sich in jedem elektromagnetischen Übertragungsmedium nur eine gewisse Bandbreite zur Signalübertragung nutzen lässt. Außerhalb dieser Bandbreite werden die Signale zu stark gedämpft. Bei genügend großer nutzbarer Bandbreite lässt sich diese noch in disjunkte (nicht überlappende) Bereiche, *Kanäle* genannt, unterteilen. Innerhalb jedes Kanals kann eine unabhängige Datenübertragung stattfinden. Von der Radioübertragung ist uns die Methode wohlbekannt. Die Bandbreite der Radiosender eines Wellenbereiches ist in Kanäle aufgeteilt, die jeweils einem Sender zur Verfügung stehen. Dabei entsteht die Optimierungsaufgabe, möglichst viele Kanäle zu schaffen, die sich untereinander nicht stören, andererseits jedem Kanal genügend Bandbreite zur Verfügung zu stellen, so dass die Signale unverzerrt übertragen werden können.

### 7.1.2 Physikalische Verbindung

Die einfachste physikalische Verbindung zwischen zwei Rechnern geschieht durch ein Paar von Kupferdrähten, das möglichst noch verdrillt sein sollte. Die Verdrillung verringert die Störanfälligkeit.

*Abb. 7.3:* Verdrillte Kabel

Nicht abgeschirmte verdrillte Kabel (*UTP = Unshielded twisted Pair*) sind die billigste und einfachste Verdrahtungsmöglichkeit. Sie sind in Rechnernetzen und im Bereich der Telefonie sehr weit verbreitet und erlauben heute, z.B. bei ISDN, Datenübertragungsraten von 150 kBit/s über größere Strecken. Auf mittlere Distanzen sind auch Datenübertragungsraten von über 10 MBit/s möglich. Diese Möglichkeit wird von der DSL-Technologie (siehe S. 578) genutzt. Auf kurze Distanzen sind noch höhere Datenübertragungsraten erzielbar, z.B. beim Gigabit-Ethernet. Weniger weit verbreitet sind abgeschirmte verdrillte Kabel (*STP = Shielded Twisted Pair*).

*Kupferkoaxialkabel* bestehen aus einem isolierten Kupferdraht, der zur Ausschaltung von Störungen mit einer leitenden Abschirmung umhüllt ist.

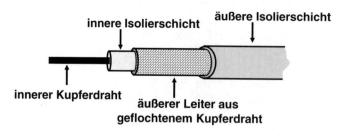

*Abb. 7.4:* Kupferkoaxialkabel

Mit Kupferkoaxialkabeln lassen sich Übertragungsraten von 100 MBit/s im *Basisbandverfahren* erzielen. Dieser Begriff bezeichnet die direkte Übertragung von Bits durch verschiedene Spannungsniveaus, bzw. durch verschiedene optische Niveaus im Falle der gleich zu besprechenden Glasfaserkabel. Im Gegensatz dazu wird bei einer *Breitbandübertragung* das eigentliche Signal auf eine hochfrequente elektrische Welle aufmoduliert. Durch die Definition verschiedener Frequenzbereiche (FDM = frequency division multiplexing) lassen sich mehrere unabhängige Übertragungskanäle einrichten, so dass sich die Datenübertragungsrate entsprechend vervielfacht. Während bei verdrillten Kupferdrähten und Koaxialkabeln in lokalen Netzen die Basisbandübertragung vorherrscht, wird bei Funkverbindungen und vermehrt auch bei optischen Verbindungen die Breitbandübertragung eingesetzt.

*Glasfaserkabel* zeichnen sich durch Unempfindlichkeit gegen äußere Störungen und höchstmögliche Übertragungsraten aus. Nachteilig sind der hohe Aufwand für Sender und Empfänger sowie die relativ hohen Kosten des Mediums. Bei einer *Multimode* Glasfaser reflektiert das übertragene Licht am inneren Rand der Glasfaser. Auf diese Weise folgt es auch den Biegungen der Faser. Allerdings werden die von einer Lichtquelle ausgehenden Strahlen, je nach Eintrittswinkel in die Faser, verschieden oft reflektiert, so dass sich unterschiedliche Weglängen ergeben. Ein Strahl entlang des Zentrums kommt früher an als einer, der oft reflektiert wird. Ein eintretender kurzer Lichtpuls wird auf diese Weise zeitlich „verschmiert", was wiederum eine verringerte Datenübertragungsrate zur Folge hat.

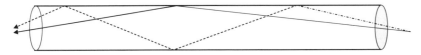

*Abb. 7.5:*     *Strahlengänge in einer Glasfaser*

Man kann diesem Effekt entgegenwirken, indem man den Brechungsindex der Faser vom Zentrum zum äußeren Rand verringert. Ein höherer Brechungsindex bedeutet gleichzeitig eine geringere Fortpflanzungsgeschwindigkeit, so dass ein Strahl entlang des Zentrums zwar seltener reflektiert wird, aufgrund des höheren Brechungsindexes in der Mitte aber verlangsamt wird.

Eine bessere Lösung besteht darin, die Dicke der Faser auf eine Größenordnung zu reduzieren, die der Wellenlänge des verwendeten Lichtes nahekommt. In einer solchen *Singlemode* Glasfaser wandert das Signal weitgehend unreflektiert auf einem einzigen Pfad durch die Faser. Singlemode Glasfasern erlauben die höchsten Übertragungsraten. Heute sind 622 MBit/s im Basisband üblich, im Testbetrieb sogar 2,5 GBit/s. Durch die gleichzeitige Nutzung mehrerer Wellenlängen (WDM = wavelength division multiplexing) sind heute bereits problemlos Gesamtdatenraten von 2,5 GBit/s pro Faser üblich. Im Testbetrieb verwendet man bereits 32 Wellenlängen gleichzeitig in einer Faser und erreicht eine entsprechende Vervielfachung der Datenrate.

*Funkübertragung* wurde früher hauptsächlich bei Weitverkehrsnetzen, mit Satelliten als Relaisstationen, eingesetzt. Bei einer Breitbandübertragung im Mikrowellenbereich stehen in jedem Kanal ca. 500 MBit/s zur Verfügung.

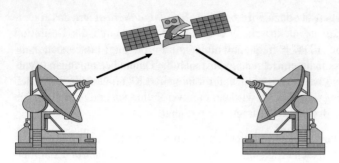

*Abb. 7.6:*   *Funkübertragung mit Satelliten*

Funkübertragung erlaubt im Nahbereich den Aufbau von kabellosen Netzen. Im Bereich von bis zu 100 Metern hat sich die WLAN-Technologie etabliert. Im Bereich von wenigen Metern kann man mit kabellosen Mäusen, Tastaturen, Druckern etc. arbeiten. Manchmal wird dabei bereits der neue *bluetooth*-Standard verwendet. Dieser definiert ein Protokoll für die kabellose Kommunikation zwischen Geräten im Nahbereich bis zu 10 Metern und verdrängt die *Infrarot-Übertragung,* bei der das Signal auf infrarotes Licht aufmoduliert wird, mehr und mehr.

Andere Technologien wie z.B. Jini und UPnP befassen sich mit der spontanen Einbindung von Geräten in ein Netz – etwa wenn sich ein Mensch mit seinem Notebook-Computer einem Drucker nähert. Außerdem kann man sich etwa im Bereich einer Privatwohnung, einer Firma oder einer öffentlichen Einrichtung mit seinem Notebook oder mit seinem PDA bewegen ohne die Netzeinbindung und damit den Zugang zu allen gewohnten Ressourcen zu verlieren. Entsprechende Schlagworte heißen: *ubiquitous computing*, *pervasive computing* oder *ambient intelligence*.

## 7.1.3  Synchronisation

Bei einer *asynchronen* Datenübertragung werden die Daten in kleinen Paketen übertragen (meist jeweils 1 Byte lang), die durch ein Start- und ein Stopbit markiert sind. Das Startbit signalisiert dem Empfänger, dass Daten folgen, ein eventuell vorhandenes Stopbit zeigt das Ende der Übertragung an. Allerdings ist eine solche Art der Übertragung nicht sehr effektiv. Es bietet sich an, größere Datenblöcke auf einmal zu senden. Dabei entsteht aber die Schwierigkeit, dass die Uhren von Sender und Empfängern auseinanderdriften können, was besonders bei der Übertragung langer Blöcke des gleichen Bits zu Fehlern führen kann.

Das Problem lässt sich vermeiden, wenn man Sender und Empfänger durch eine zusätzliche Taktleitung verbindet, über die ihre Uhren im Gleichlauf gehalten werden können; man spricht von einer *synchronen* Datenübertragung. Als Alternative zu der aufwändigen zusätzlichen Taktleitung, kann man die Synchronisation zwischen Sender und Empfänger auch durch eine geschickte Codierung der übertragenen Daten erreichen, wie sie im folgenden Abschnitt dargestellt wird.

## 7.1.4 Bitcodierungen

Die einfachste Methode, ein Bit elektrisch über eine Leitung zu übertragen, ist die Darstellung von 0 bzw. 1 durch verschiedene Spannungsniveaus. Beispielsweise könnte eine 0 durch 0 Volt und eine 1 durch 5 Volt codiert sein – oder umgekehrt. Diese Kodierung heißt auch *NRZ-L* (nonreturn to Zero-Level). Eine Variation hiervon, *NRZI* (nonreturn zero inverted), interpretiert eine *Spannungsänderung* als 1 und eine gleichbleibende Spannung als 0. Driften die Uhren von Sender und Empfänger sehr stark auseinander, dann könnte sich der Empfänger bei einer langen Folge von 0-en „verzählen".

Mit drei Spannungsniveaus „+", „–" und „0" arbeitet der *bipolar-AMI*-Code. Der Pegel „0" steht für das Bit 0 und sowohl „+" als auch „–" signalisieren das Bit 1. Dabei wird aber immer zwischen „+" und „–" abgewechselt. Auf diese Weise kommt es häufig zu Pegeländerungen, anhand derer sich Sender und Empfänger synchronisieren können. Außerdem lassen sich Fehler in gewissem Umfang erkennen, da nie zwei Spannungen gleicher Richtung, etwa „+ +", „– –" oder „+ 0 +" aufeinander folgen können. Lediglich eine lange Folge von 0-en ist immer noch ein Problem. In der Praxis modifiziert man daher bipolar-AMI zu dem *B8ZS* oder ähnlichen Codes. Bei B8ZS wird eine Folge von 8 Nullbits durch die Pegelfolge „0 0 0 + – 0 – +" bzw. „0 0 0 – + 0 + –" dargestellt. Diese Pegelfolge kann ansonsten in bipolar-AMI nicht vorkommen, da sie die Folge „+ 0 +" bzw. „– 0 –" enthalten, in der „+" bzw. „–" nicht alternieren.

Interessanter sind *selbstsynchronisierende Codes*, wie beispielsweise der *Manchester-* Code, der mit zwei Spannungsniveaus „0" und „1" arbeitet. Das Manchester-Verfahren ist dadurch gekennzeichnet, dass innerhalb einer jeden Bitzelle – das ist der für die Übertragung eines Bits reservierte Zeitraum – ein *Pegelsprung* auftritt. Dessen Flanke kann zur Synchronisation benutzt werden. Ein Sprung von „0" nach „1" steht für das Bit 1, ein Sprung von „1" nach „0" für das Bit 0. Folgen zwei gleiche Bits aufeinander, so muss am Ende der Bitzelle auf das vorige Ausgangsniveau zurückgesprungen werden. Der Empfänger erkennt den Anfang der ersten Bitzelle durch eine spezielle Bitfolge, die am Anfang einer Übertragung gesendet wird, die *Präambel*.

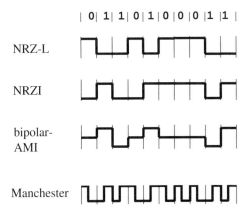

**Abb. 7.7:** *Verschiedene Codierungen der Bitfolge 0110100011*

Mit der Manchester-Codierung ist eine sehr gute Synchronisierung möglich, allerdings erfordert die Übertragung eines Bits im Schnitt 1,5 Pegelwechsel. Da die Anzahl der Pegelwechsel andererseits ein limitierender Faktor des Übertragungsmediums ist, zieht man heute Variationen des bipolaren AMI-Codes, z.B. den B8ZS-Code, gegenüber der Manchester-Codierung vor.

## 7.2 Datenübertragung mit Telefonleitungen

Bei einem klassischen Telefongespräch wurden – bis zur Einführung von ISDN – Wählimpulse und Sprache als analoge Signale übertragen. Zur Übertragung von Daten kann man diese einfach Tonsignalen aufprägen (modulieren) und diese Tonsignale über die analoge Telefonleitung übertragen. Beim Empfänger müssen die ankommenden Töne wieder in Bitsignale umgesetzt (demoduliert) werden. Geräte zur Modulation und Demodulation werden Modem (= **Mod**ulator / **Dem**odulator) genannt.

*Abb. 7.8:*   *Datenübertragung mithilfe von MODEMs*

Die physikalische Größe, die bei gegebener Bandbreite des Übertragungskanals die Obergrenze der Übertragungsgeschwindigkeit bestimmt, ist die Anzahl der Pegelwechsel pro Zeiteinheit. Je mehr Details nämlich das Signal bestimmen, desto größer ist die effektive Bandbreite, die nötig ist, das Signal eindeutig darzustellen. Die Anzahl der Pegelwechsel pro Sekunde wird in *baud* gemessen und ist nicht notwendigerweise identisch mit der in Bit/s oder *bps* (Bit pro Sekunde) gemessenen Datenübertragungsrate.

Bei der Manchester-Codierung, zum Beispiel, entsprechen einem Bit im Schnitt 1,5 Pegelwechsel. Verbesserte Kodierungsmethoden benötigen durchschnittlich nur knapp mehr als 1 Pegelwechsel pro Bit, so dass man ungefähr 1 *baud* ≈ 1 *bps* setzen kann.

Schließlich können die Daten vor dem Versand noch *komprimiert* werden. Im einfachsten Falle nutzt man aus, dass gewisse Zeichen oder Zeichenkombinationen häufig, andere seltener vorkommen. In einem Text kommt zum Beispiel „e" häufig, „x" seltener vor. Kodiert man häufig vorkommende Zeichen durch besonders kurze, seltene Zeichen durch entsprechend längere Bitsequenzen, so kann man schon beachtliche Kompressionsraten erzielen. Mit raffinierten Kodierungs- und Kompressionsverfahren erreichen moderne Modems Übertragungsraten von bis zu ca. 56000 Bit/s. Allerdings kann man diese Übertragungsraten nur dann nutzen, wenn beide Modems, die an der Verbindung beteiligt sind, das entsprechende Übertragungsverfahren unterstützen.

7.2 Datenübertragung mit Telefonleitungen

Heutige Modems bieten ausreichende Schnelligkeit zum Austausch elektronischer Post, zum Surfen im Internet oder zum Austausch von kleinen Programmdateien. Zur Übertragung von Audio- oder Videodaten eignen sie sich weniger, wie die folgende Tabelle zeigt, in der die entsprechenden Dateigrößen der notwendigen Übertragungszeit gegenübergestellt sind. Wir vergleichen dabei analoge Modems mit den neueren Technologien ISDN und ADSL, die in den nächsten Abschnitten vorgestellt werden. Es wird klar, dass auch ISDN noch nicht die entscheidende Verbesserung bringt. Erst bei Benutzung von ADSL (in Deutschland T-DSL) ändert sich die Situation merklich. In der Tabelle ist nur die ursprüngliche Variante dieser Technik berücksichtigt. Derzeit werden bereits schnellere Varianten angeboten (T-DSL-1000, T-DSL-2000 und T-DSL-3000).

|  | Typische Größe | Modem 33600 bps | ISDN 64000 bps | T-DSL 768 000 bps |
|---|---|---|---|---|
| Kurznachricht | 1 kB | 0,2 s | 0,1 s | 0,01 s |
| Brief | 10 kB | 2,4 s | 1,2 s | 0,1 s |
| Artikel (Postscript) | 500 kB | 2 min | 1 min | 5 s |
| Musikstück (MP3 codiert) | 3 MB | 12 min | 6 min | 30 s |
| Musikstück (WAV codiert) | 35 MB | 2:20 h | 1:12 h | 6 min |
| CD (Audio oder Daten) | 650 MB | 43 h | 22 h | 2 h |

# 7.2.1   ISDN

Seit 1989 wurde in der Bundesrepublik Deutschland, wie in anderen Ländern bereits üblich, schrittweise ein digitales Telefonsystem eingeführt. Dieses *diensteintegrierende* Netz wird *ISDN* (= *Integrated Services Digital Network*) genannt. Ein ISDN-Anschluss ermöglicht einen schnellen Verbindungsaufbau und bietet einem Teilnehmer neben einem Signalisierungskanal mit 16 kBit/s zwei Nutzkanäle mit je 64 kBit/s zur Übertragung von Gesprächen, Daten, Texten und Bildern etc. Drei Telefonnummern erhält man zur freien Verfügung und kann jederzeit zwei davon *gleichzeitig* benutzen.

ISDN stellt eine durchgehende digitale Verbindung zwischen den Endgeräten zur Verfügung. Modems sind nicht mehr erforderlich, da die Daten nicht mehr *vertont* werden müssen. Stattdessen benötigt ein Computer zum direkten Anschluss an eine ISDN-Leitung eine entsprechende ISDN-Karte oder eine Anschlussbox, die z.B. an den USB-Port angeschlossen werden kann.

Im einfachsten Fall wird das zu Hause ankommende Telefonkabel an ein Netzabschlussgerät (*NTBA=Network Termination Basic Access*) angeschlossen. Dieses stellt dann einen *ISDN-Basisanschluss* in Form eines so genannten $S_0$-*Bus* zur Verfügung. An ihn lassen sich bis zu acht Endgeräte anschließen, von denen jeweils nur zwei gleichzeitig betrieben werden können:

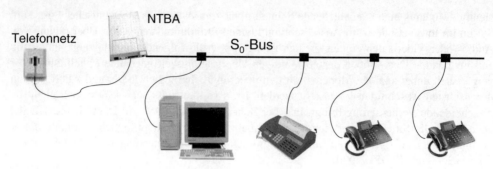

*Abb. 7.9:* ISDN-Basisanschluss

Der Verbindungsaufbau zwischen zwei ISDN-Anschlüssen erfolgt nicht mehr durch Simulation einer Wählscheibe, wie dies bei analogen Tastentelefonen früher üblich war. Nach der Wahl der letzten Ziffer ist die Verbindung praktisch sofort da. Dies ermöglicht einem Netz von Computern, die über ISDN mithilfe entsprechender Karten kommunizieren, folgende Vorgehensweise:

- Wenn ein Paket von Daten zur Übertragung ansteht, wird eine Verbindung aufgebaut. Nach der Übertragung wird nur bis zum Ende des aktuellen Zeittaktes gewartet, ob eine weitere Übertragung ansteht, andernfalls wird die Verbindung abgebrochen.
- Nur wenn einer der gewünschten Anschlüsse auf beiden Nutzkanälen besetzt ist, führt diese Methode zu zeitlichen Nachteilen gegenüber einer ständigen Verbindung.

Die Übertragung von Daten kann über einen oder, falls beide Kommunikationspartner sich darauf verständigen, sogar über beide Nutzkanäle erfolgen. Die Übertragung erfolgt dann mit maximal 64 + 64 = 128 kBit/s. Die Telekom bietet neben dem ISDN-Basisanschluss auch einen Primärmultiplexanschluss an, der bis zu 30 Nutzkanäle ermöglicht. Kommunikationspartner, die beide über einen solchen Anschluss verfügen, können auf diese Weise bei Bedarf bis zu 1,92 MBit/s nutzen.

## 7.2.2 DSL, ADSL und T-DSL

*DSL (digital subscriber line)* ist eine Technologie, die dem Anwender eine vergleichsweise hohe Datenübertragungsrate über eine ganz normale Telefonleitung zur Verfügung stellt. Der Begriff xDSL steht für verschiedene Varianten der DSL-Technologie, wie z.B. ADSL (asymmetric DSL), HDSL (High Data Rate DSL), VDSL (Very HDSL) und T-DSL (die von der deutschen Telekom angebotene ADSL-Version).

Die DSL-Technologie wurde bereits Ende der 80er Jahre in den *Bellcore* Laboratorien in den USA entwickelt. Physikalisch werden schlichtweg freie Bandbreiten im existierenden Telefonnetz nutzbar gemacht. Während bei der Sprachübertragung nur ein Frequenzbereich bis 4 Kilohertz (kHz) ausgelastet wird, können Kupferkabel theoretisch einen Bereich bis 1,1 Megahertz (MHz) abdecken. Aufgrund der enormen Verluste in hohen Frequenzbereichen wurden in der Praxis bisher nur Frequenzen bis 120 kHz verwendet. Höhere Frequenzen wurden durch Filter im Telefonnetz blockiert. Mit der DSL-Technologie wird ein größerer Frequenzbereich genutzt; theoretisch ist eine Gesamtdatenrate im Bereich von 10 bis 50 MBit/s erreichbar. Je höher die

## 7.2 Datenübertragung mit Telefonleitungen

erzielte Datenrate ist, desto kürzer muss die Leitung zwischen der Vermittlungsstelle und dem Übergabepunkt zum Nutzer sein (unter 1000 m bei sehr hohen Datenraten). Außerdem steigen die Kosten für die verwendeten elektronischen Komponenten. Um die Gesamtdatenrate niedrig zu halten, wird die Bandbreite eines *ADSL*-Anschlusses asymmetrisch für die Übertragung vom Anwender zum Provider (*upstream*) bzw. in der anderen Richtung (*downstream*) aufgeteilt. Dies folgt den Nutzungsanalysen, die zeigen, dass das Datenvolumen zum *upload* nur 10 % dessen ausmacht, was für das *download* aufgewendet wird.

Die von der Deutschen Telekom bis Anfang 2004 angebotene Standardversion *T-DSL* ist ein asymmetrisches Verfahren mit einer Downstream-Kapazität von 768 kBit/s und einer Upstream-Kapazität von 128 kBit/s. Im Vergleich zu den theoretischen Werten ist die angebotene Bandbreite relativ niedrig, dafür sind auch die Restriktionen hinsichtlich der Entfernung zur Vermittlungsstelle minimal. Seit April 2004 werden schnellere Versionen unter der Bezeichnung T-DSL-1000 (Downstream 1024 kBit/s und Upstream 128 kBit/s), T-DSL-2000 (Downstream 2048 kBit/s und Upstream 192 kBit/s) und T-DSL-3000 (Downstream 3072 kBit/s und Upstream 384 kBit/s) angeboten. Unter der Bezeichnung T-DSL-Business werden weitere DSL-Tarife mit symmetrischen und asymmetrischen Varianten und einer derzeit maximalen Downstream-Kapazität von 3072 kBit/s und einer maximalen Upstream-Kapazität von 2048 kBit/s offeriert.

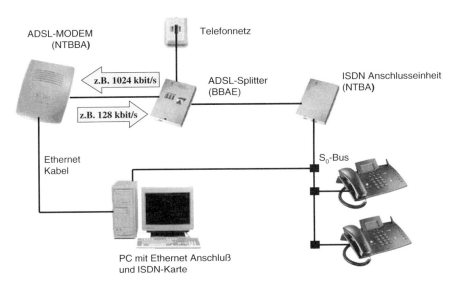

*Abb. 7.10:*   *Anschluss von T-DSL*

Die für T-DSL benötigte Hardware kann bei vorhandenem technischen Know-how selbst angeschlossen werden, wie die Abbildung 7.10 zeigt, die in ähnlicher Form von T-Online veröffentlicht wird. Das von der Vermittlungsstelle kommende Kabel wird direkt oder über eine TAE-Steckdose an einen *Splitter* angeschlossen. Dieser trennt das DSL-Signal von dem ISDN-Signal. Der DSL-Ausgang des Splitters wird zu einem ADSL-MODEM geführt. Die Verbindung mit dem anzuschließenden Computer erfolgt dann über eine Ethernetkarte mit passender Kabelverbindung.

580                                                                                                    7 Rechnernetze

Über diesen Weg erhält der angeschlossene Rechner eine Internetverbindung, die der Provider über eine *Flatrate*, einen *Volumentarif* oder einen *Zeittarif* abrechnet.

Am ISDN-Ausgang des Splitters kann bei Bedarf ein ISDN-Netzabschluss (NTBA) angeschlossen werden, welcher dann einen normalen ISDN-Basisanschluss erzeugt. Der in der Abbildung zusätzlich dargestellte ISDN-Anschluss des Rechners ist nicht zwingend nötig, erlaubt aber z.B. den direkten Fax-Versand vom PC.

Anstelle der Ethernet-Verbindung zwischen Rechner und ADSL-MODEM wird heute auch sehr häufig eine drahtlose Verbindung (*WLAN*) genutzt. Siehe dazu auch S. 597.

# 7.3    Protokolle und Netze

Zu einer Kommunikation zwischen Rechnern gehört neben einer physikalischen Verbindung noch eine Vereinbarung über Art und Abfolge des Datenaustausches, ein so genanntes *Kommunikationsprotokoll*. Dieses regelt unter anderem:

- die elektrischen Signale während der Kommunikation,
- die Reihenfolge, in der die Partner kommunizieren,
- die Sprache, in der sie sprechen.

Zunächst muss geregelt werden, wer von den Kommunikationspartnern Zugriff auf den Übertragungskanal hat. Wenn die Datenübertragung zwischen den Endgeräten einer physikalischen Verbindung immer nur in einer Richtung, von einem Sender zu einem Empfänger, erfolgt, spricht man von einem *Simplexverfahren*. Dieses kommt allerdings in der Praxis äußerst selten vor. Wenn in beiden Richtungen im Wechselbetrieb übertragen wird, spricht man von einem *Halbduplexverfahren*, wenn beide Endgeräte gleichzeitig senden und empfangen können, von einem *Duplexverfahren*.

Im einfachsten Fall steht nur ein Übertragungskanal zur Verfügung, dann werden die Daten bitweise nacheinander gesendet; sie werden *seriell* übertragen. Für eine *parallele* Übertragung, bei der die Daten in Bit-Gruppen (meist 1 Byte) parallel übermittelt werden, benötigt man entsprechend viele parallele Kanäle. Vom PC zu einem Drucker wurden die Dateien meist parallel übertragen – heute steht mit der USB-Schnittstelle ein genügend schneller serieller Übertragungsstandard zur Verfügung.

## 7.3.1    Das OSI-Modell

Ein vollständiges Kommunikationsprotokoll muss die Spannweite von der physikalischen Signalübertragung bis zu den komplexen Diensten, die durch Anwendungsprogramme gefordert werden, beschreiben. Um diese überschaubar zu machen, zerlegt man ein Protokoll in Schichten (engl. *layer*), wobei jede Schicht eine gewisse Funktionalität für die nächsthöhere Schicht bereitstellt und ihrerseits die Dienste der darunterliegenden Schicht nutzt.

## 7.3 Protokolle und Netze

Die folgende Abbildung zeigt das normierte Referenzmodell für Kommunikationsprotokolle in offenen Systemen. Dieses wird als OSI-Referenzmodell bezeichnet.

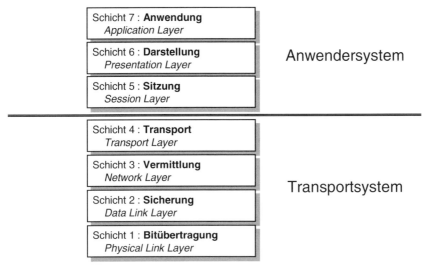

**Abb. 7.11:** *OSI-Schichtenmodell*

OSI ist eine Abkürzung für den englischen Begriff *Open Systems Interconnection*, der deutsch in etwa *Vernetzung offener Systeme* bedeutet. Das OSI-Referenzmodell ist in einer Reihe von Dokumenten der ISO (*International Standard Organization*) beschrieben und umfasst sieben Schichten.

Die oberste Schicht beschreibt das Kommunikationsprotokoll aus der Sicht des Anwenders. Tiefere Schichten beziehen sich auf die zunehmend technischeren Details. Die niedrigste Schicht z.B. behandelt die im letzten Abschnitt besprochene Bitcodierung und die physikalische Übertragung von Bitströmen. Jede Schicht wird in der direkt darunterliegenden Schicht implementiert. Diese Methode, verschiedene Abstraktionsschichten einzuführen, ist uns bereits im Zusammenhang mit Datenstrukturen begegnet (siehe Abb. 2.13). Hier wird also eine Informationsübertragung, vermittelt durch mehrere (7) Abstraktionsstufen, anhand von Datenübertragung implementiert.

Die unteren Schichten des OSI-Modells bezeichnet man auch als Transport- oder Transitsystem, die oberen als Anwendersystem. Die folgende Grafik soll verdeutlichen, wie die Kommunikation zwischen zwei Anwendungen stufenweise durch die Kommunikation in den niedrigeren Schichten bewerkstelligt wird.

Die unterste Schicht ist für die Übertragung von Bitfolgen zuständig. Die darauf aufbauende zweite Schicht behandelt die Übertragung von Bitfolgen als Datenpaket. Diese werden mit Adressen und Korrekturbits versehen. Beim Versenden werden Quittungen verwendet, um den Erfolg zu überprüfen. In der Vermittlungsschicht wird der Leitungsweg in einem Netz ermittelt, außerdem werden ggf. anfallende Übertragungskosten abgerechnet. In der darüberliegenden vierten Schicht werden die Parameter der Verbindung bestimmt sowie die Aufteilung der Verbindung auf mehrere Nutzer (Leitungs-Multiplexing). Die Sitzungsschicht ist verantwortlich für den logischen Aufbau von Verbindungen: Anmeldung, Passwortabfrage, Dialogsteuerung, Synchronisation und zuletzt Verbindungsabbau.

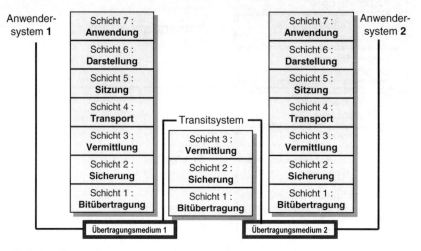

*Abb. 7.12:* Übertragung über ein Transitsystem

Die beiden obersten Schichten sind zwar auch definiert, die Interpretation dieser Definitionen ist aber auf unterschiedliche Weisen möglich, da hier Vorgänge geregelt werden, die mit der eigentlichen Datenübertragung wenig zu tun haben.

Das OSI-Modell bietet eine „Rahmenrichtlinie". Nicht alle real existierenden Protokolle passen genau in dieses Modell. Viele Protokolle, darunter auch Ethernet, betreffen mehrere Schichten des OSI-Modells. Auch die heute überwiegend im Internet verwendeten Protokolle und Dienste lassen sich nicht ohne weiteres den Schichten des OSI-Modells zuordnen. Abb. 7.13 kann daher nur eine grobe und zum Teil willkürliche Einordnung versuchen. Die meisten der dargestellten Protokolle werden in diesem und im nächsten Kapitel näher erläutert.

E-Mail- und FTP-Clientprogramme setzen direkt auf den Protokollen SMTP, POP3 und FTP auf. Im Allgemeinen werden keine Zwischenprotokolle der Ebene 6 benutzt. Web-Browser stellen Seiten dar, die mithilfe von HTML und/oder XML codiert sind. Dies ist eines der wenigen guten Beispiele für eine Anwendung der Darstellungsschicht. Ebenso nutzen Web-Browser das HTTP-Protokoll, um Dokumente zu lesen. Wie auch SMTP, POP3 und FTP ist dieses der 5. Schicht zuzuordnen.

7.3 Protokolle und Netze 583

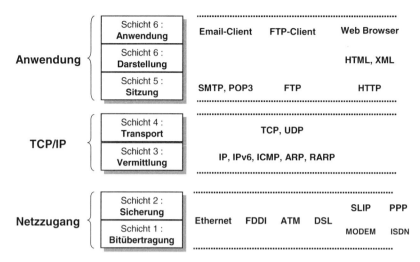

*Abb. 7.13:* Einordnung üblicher Internet-Protokolle und Dienste in das OSI-Modell

## 7.3.2 Netze

Unter einem Rechnernetz versteht man eine Gruppe von Rechnern, die untereinander verbunden sind, um miteinander zu kommunizieren oder gemeinsame Ressourcen nutzen zu können. Je nachdem, ob ein Rechnernetz sich auf einen begrenzten Raum beschränkt oder ob es sich weltweit erstreckt, spricht man von lokalen oder globalen Netzen.

Ein *lokales Netz (LAN = Local Area Network)* dient zur Verbindung von Rechnern und Servern in einem räumlich begrenzten Gebiet (mit einer maximalen Ausdehnung von wenigen Kilometern) über Leitungen, für die nur der Betreiber (also nicht etwa die Telekom) verantwortlich ist. Die Übertragungsraten in lokalen Netzen liegen im Bereich von 1 bis 1000 MBit/s.

Ein *Stadtnetz (MAN = Metropolitan Area Network)* ist ein spezielles Weitverkehrsnetz, das sich typischerweise auf ein (Teil-)Gebiet einer Stadt oder aber auf das Gelände einer größeren Firma beschränkt. Von den traditionellen Weitverkehrsnetzen unterscheidet es sich durch vergleichsweise hohe Datenübertragungsraten im Bereich von 100 MBit/s bis 1 GBit/s.

Ein *Weitverkehrsnetz (WAN = Wide Area Network)* verbindet Rechner innerhalb eines Landes oder in mehreren Ländern über öffentliche Datenübertragungseinrichtungen. Die Übertragungsgeschwindigkeiten traditioneller Weitverkehrsnetze liegen zwischen 64 kBit/s und 600 MBit/s. Gegenwärtig werden aber auch schon *Breitband-Weitverkehrsnetze* mit Bandbreiten zwischen 2,5 und 10 GBit/s genutzt. Beispiele sind das amerikanische *Internet2* und das deutsche *G-Win* (**G**igabit-**Wi**ssenschafts-**N**etz). In Zukunft rechnet man mit noch höheren Übertragungsraten im Terabitbereich.

Ein *globales Netz (GAN = Global Area Network)* verbindet Rechner weltweit und ermöglicht die Übertragung von *electronic mail* und von beliebigen anderen Dateien mit Programmen, Daten, Text, Sprache und Bildern. Ein globales Netz ist die *logische Zusammenfassung* verschiedener LANs, MANs etc. durch öffentliche oder private Weitverkehrsverbindungen. Beispiele sind globale Netze multinationaler Firmen, militärische Netze oder öffentliche Netze wie das Internet.

### 7.3.3 Netztopologien

Die Verbindungsstruktur der Rechner in einem Netz bezeichnet man als *Netztopologie*. Für spezielle Netztopologien gibt es geeignete Protokolle und Techniken, mit denen die Kommunikation der Teilnehmer untereinander gewährleistet wird.

Bei einem *sternförmigen Netz* sind alle Rechner mit einem Zentral-Rechner oder einem Vermittlungssystem verbunden:

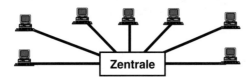

*Abb. 7.14:*   *Sternförmiges Netz*

Der Zugang zum Netz erfolgt bei sternförmigen Netzen meist unter Kontrolle der Zentrale durch *polling*. Dabei befragt die Zentrale die angeschlossenen Systeme der Reihe nach, ob Sendewünsche vorliegen und erfüllt diese gegebenenfalls. Nachteile eines sternförmigen Netzes sind

- der Ausfall des gesamten Netzes, wenn die Zentrale ausfällt,
- die Überlastung der Zentrale, wenn alle Stationen sendewillig sind,
- die Notwendigkeit, alle Stationen mit der Zentrale zu verbinden.

Bei einem *Busnetz* sind alle Stationen an ein gemeinsames passives Medium angeschlossen, zum Beispiel an ein Kupferkoaxialkabel. Jeder angeschlossene Rechner besitzt eine Netzwerkkarte mit einer eindeutigen Adresse. Sendet ein Teilnehmer Daten auf das Netz, so können diese im Prinzip von allen Teilnehmern „belauscht" werden. Ist die Sendung jedoch nur für einen bestimmten Rechner bestimmt, so wird sie nur von der Netzwerkkarte mit der richtigen Adresse an das Betriebssystem des zugehörigen Rechners weitergeleitet.

*Abb. 7.15:*   *Busnetz*

7.3 Protokolle und Netze

Da eine zentrale Instanz fehlt, ist der Zugriff auf das Netz („wer darf wann senden") nicht so leicht zu organisieren wie im Fall des sternförmigen Netzes. Er wird meist mithilfe eines Wettkampfverfahrens (CSMA-CD) geregelt, das wir im nächsten Abschnitt besprechen. Die Abwesenheit einer zentralen Instanz ist andererseits ein großer Vorteil von Busnetzen. Die Verkabelung ist einfach, und das Netz ist relativ ausfallsicher, da zur Übertragung einer Nachricht nur die beteiligten Stationen benötigt werden, alle anderen können theoretisch ausfallen.

Bei einem *ringförmigen Netz* ist jeder Rechner mit dem folgenden verbunden, bis sich am Ende der Kreis wieder schließt. Die Übertragung von Nachrichten erfolgt durch ein Weiterleiten der Nachricht, immer in einer bestimmten Richtung:

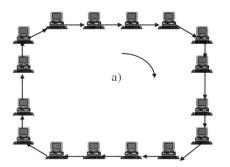 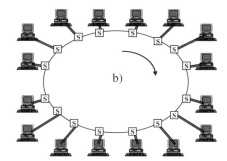

*Abb. 7.16:* Ringförmige Netze

Ein Nachteil eines Ringnetzes (Abb. 7.16) ist, dass das Netz unterbrochen wird, wenn nur eine angeschlossene Station ausfällt. Dieses Problem lässt sich aber durch einen einfachen schaltungstechnischen Trick beheben. Die Stationen sind an das Netz über einen Schalter angeschlossen, der im Ruhezustand direkt den Eingang mit dem Ausgang verbindet. Wenn eine angeschlossene Station funktionsfähig ist, wird der Schalter durch ein Signal umgelegt. Die Station ist an das Netz angebunden. Sobald dieses Signal entfällt, wird der Schalter automatisch zurückgestellt.

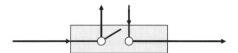

*Abb. 7.17:* Schalter für den Anschluss an Ringnetze

Auch im Falle der Ringnetze ist der Netzzugriff nicht ganz einfach zu regeln und wird mit einer *Berechtigungsmarke* (*token*) betrieben. Das Token ist ein festgelegtes Bitmuster, welches im Netz kreist. Eine Station muss auf das Token warten, bevor sie senden darf. Wenn sie ihre Daten gesendet hat, gibt sie das Token wieder frei.

Der Vorteil der Ringstruktur liegt ebenfalls in der einfachen Verkabelung. Es brauchen nur Punkt-zu-Punkt-Verbindungen zwischen benachbarten Stationen gelegt zu werden. Ringnetze können ziemlich groß sein, weil immer nur eine kurze Entfernung zwischen benachbarten Stationen überbrückt werden muss. Allerdings gibt es auch Probleme mit dem Netzzugang mittels des Tokens. Ein Fehlverhalten eines einzigen Rechners kann u.a. dazu führen, dass das Token verloren geht oder dass ein zweites Token erzeugt wird. Daneben muss geklärt werden, wer das erste Token generiert und wie ein Bitmuster innerhalb einer Nachricht, das zufällig identisch mit dem Bitmuster des Tokens ist, von diesem unterschieden wird. Da die Verbreitung ringförmiger Netze im Rückgang begriffen ist, werden wir auf diese Probleme hier nicht näher eingehen.

Klassische Rechnernetze sind überwiegend Sternnetze. Personal Computer werden heute überwiegend mit Busnetzen bzw. mit Schnittstellenvervielfältigern verknüpft, da die Verkabelung einfacher ist und ein zentraler Rechner nicht benötigt wird. Welche Netztopologie im Einzelfall besser ist, lässt sich nicht entscheiden – erst die angewendeten Zugriffsverfahren erlauben eine fundierte Diskussion der Vor- und Nachteile.

Mehr und mehr werden auch Verkabelungssysteme für Busnetze üblich, die statt eines physischen Kabels mit Schnittstellenvervielfältigern (Hub) arbeiten. In gewisser Weise verhalten sich solche Systeme wie ein Busnetz, auch wenn man sie eher als Mehrfach-Stern bezeichnen muss. Ein Schnittstellenvervielfältiger bietet eine Anzahl von *Kabel-Anschlüssen,* ohne dass ein Kabel physisch existiert:

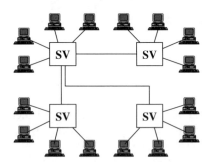

***Abb. 7.18:*** *Schnittstellenvervielfältiger (Hub)*

## 7.3.4 Netze von Netzen

Es ist in vielen Fällen nicht möglich, alle potentiellen Teilnehmer an ein einziges Netz anzuschließen. In anderen Fällen wird eine direkte Kopplung über ein Netz nicht gewünscht, z.B. um eine Netzüberlastung zu vermeiden oder aus Gründen des Datenschutzes bzw. der Sicherheit gegen Eindringlinge. In allen diesen Fällen kann es jedoch von Interesse sein, ein bestimmtes Rechnernetz mit anderen gleichartigen Netzen zu koppeln oder gar Übergänge zu Netzen mit anderen Protokollen zu ermöglichen. Von besonderem Interesse ist in den letzten Jahren der Anschluss an das weltweite Internet geworden.

Die Verbindung zwischen Netzen erfolgt durch Vermittlungsrechner (VR). Diese können Netze unmittelbar verbinden, indirekt über Telefonleitungen oder mit übergeordneten Netzen (Backbone-Netze).

7.3 Protokolle und Netze 587

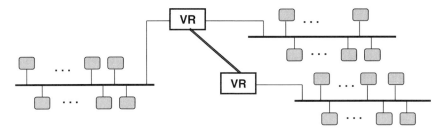

*Abb. 7.19:* Verbindung von Netzen

Wenn mehrere Netze verbunden sind, haben wir ein Netz von Netzen vor uns. Die Kommunikation zwischen einer Station $X$ in einem Quellnetz erfolgt dann über mehrere Zwischennetze zu einer Station $Y$ in einem Zielnetz. Die Datenpakete können über unterschiedliche Wege von $X$ nach $Y$ und umgekehrt gesendet werden. Diesen Vermittlungsvorgang nennt man *Routing* (engl. für Wegsuche).

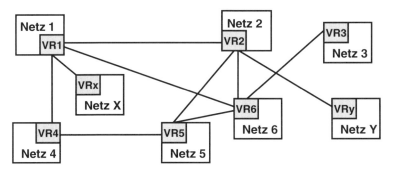

*Abb. 7.20:* Routing in Datennetzen

Als Vermittlungsrechner werden Geräte unterschiedlicher Intelligenz eingesetzt. Für diese Geräte sind Bezeichnungen im Gebrauch, die von Herstellerfirmen verschieden interpretiert werden:

- *Repeater* verbinden Teilnetze (Segmente) zu einem logischen Gesamtnetz. Die Aufgabe eines Repeaters ist es, das Signal neu zu generieren. Dadurch können die Signalstärken innerhalb der Teilnetze reduziert werden. Die Signale werden in ihrer ursprünglichen Stärke in das jeweils nächste Teilnetz gegeben. Repeater haben keine eigene Intelligenz: Die Signale und damit die Pakete werden durch Repeater unverändert auf alle angeschlossenen Teilnetze übertragen. Das Netzprotokoll wird durch Repeater nicht verändert.
- *Bridges* haben eine ähnliche Funktion wie Repeater, sind aber mit der Fähigkeit ausgestattet, zu erkennen, ob das Signal weitergegeben werden muss oder nicht. Eine Bridge verbindet genau zwei Teilnetze und kennt die angeschlossenen Teilnetze und die in diesen befindlichen Rechner. Eine Bridge muss über eine Tabelle mit Einträgen für die Rechner der angeschlossenen Teilnetze verfügen. Sie weiß wie die Pakete des verwendeten Netz-

protokolls aussehen, empfängt alle in den angeschlossenen Teilnetzen gesendeten Pakete und macht eine Fehlerprüfung. Fehlerhafte Pakete werden gleich weggeworfen, ebenso wie Pakete, die für unbekannte Rechner bestimmt sind. Wenn ein Paket korrekt empfangen wurde, das für einen bekannten Rechner in dem anderen der beiden angeschlossenen Teilnetze bestimmt ist, wird das Paket in dieses Teilnetz gesendet. Die Verwendung von Bridges entkoppelt die angeschlossenen Teilnetze.
- *Switches (Vermittlungsrechner)* haben dieselbe Funktion wie Bridges, verbinden aber i.A. mehr als zwei Teilnetze. Der Name erinnert daran, dass diese Systeme eine ähnliche Aufgabe haben, wie die für Telefonanlagen verwendeten Vermittlungssysteme.
- *Router* (auch *IP-Switch*) haben dieselbe Funktion wie die gerade besprochenen Vermittlungsrechner, aber in einer anderen Protokollebene. Repeater, Bridges und Switches verbinden Teilnetze eines lokalen Netzes auf den unteren beiden Schichten des OSI-Modelles (siehe Abb. 7.11 und 7.13), Router verbinden Teilnetze des Internets. Sie dienen also der Paketvermittlung für das IP-Protokoll. Im Internet ist ein Router ein eigenständiger Rechner oder in einigen Fällen lediglich eine spezielle Softwarekomponente eines Rechners, die den **nächsten** Rechner im Internet bestimmt, zu dem ein gegebenes IP-Paket auf seinem Weg zum endgültigen Ziel geschickt werden soll. Diesen Vorgang nennt man *Routing*. Meist ist ein Router dafür zuständig, ein gegebenes lokales Netz mit dem Internet zu verbinden. Er verschickt die abgehenden Pakete ins Internet und verteilt die ankommenden Pakete im lokalen Netz. Ein Router führt normalerweise eine Tabelle, die Internetadressen Rechnern zuordnet, zu denen für sie bestimmte Pakete weitergeleitet werden sollen. Für die Ermittlung von optimalen Routen werden Algorithmen benötigt, die den Zustand der verfügbaren Routen und die Kosten bzw. die benötigte Zeitdauer für das Versenden von Paketen auf bestimmten Routen berücksichtigen.
- *Gateway* nennt man ganz allgemein einen Rechner, der die Verbindung zum Internet herstellt. Meist handelt es sich dabei einfach um einen Router.

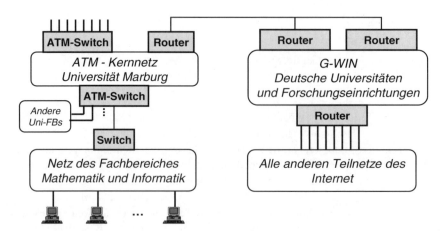

**Abb. 7.21:** *Hierarchie von Netzen*

# 7.3 Protokolle und Netze

Netze von Netzen sind meist hierarchisch strukturiert. Ein gutes Beispiel hierfür ist die Einbettung des lokalen Netzes des Fachbereiches Mathematik und Informatik der Universität Marburg. Dies zeigt Abbildung 7.21.

## 7.3.5 Zugriffsverfahren

Wenn mehrere Partner über ein gemeinsames Medium kommunizieren, braucht man ein Zugriffsprotokoll, damit nie mehrere Stationen gleichzeitig senden, dennoch aber jeder in angemessener Zeit drankommt und mit jedem anderen Teilnehmer Nachrichten austauschen kann. In vielen Fällen orientieren sich die zu diskutierenden Zugriffsverfahren an bekannten Verfahren des täglichen Lebens, wie z.B. an Gesprächen zwischen einer Gruppe von Personen. Allerdings sind die technischen Protokolle exakt geregelt und bauen nicht auf Höflichkeitskonventionen auf.

- Die Zugangsregelung mittels eines Tokens, wie sie bei Ringnetzen üblich ist, erinnert an eine Diskussionsgruppe, in der genau ein Mikrofon vorhanden ist. Dieses wird von Teilnehmer zu Teilnehmer weitergereicht. Nur wer das Mikrofon hat, kann sprechen. Nach Beendigung des Redebeitrags, muss der Teilnehmer das Mikrofon an den nächsten weiterreichen.
- Die Analogie beim *Wettkampfverfahren* ist eine Diskussionsgruppe, in der alle gleichberechtigt reden dürfen. Jederzeit darf ein Gruppenmitglied anfangen zu reden, sofern es niemand anders reden hört. Wenn es begonnen hat, darf es eine Weile ungestört reden. Wenn mehrere Teilnehmer fast gleichzeitig begonnen haben – das kann passieren, weil der Schall eine endliche Ausbreitungsgeschwindigkeit hat und jeder Teilnehmer eine gewisse Reaktionszeit benötigt –, müssen alle in dem Moment den Redefluss beenden, wo sie merken, dass noch jemand redet. Sie können es später nochmal versuchen.

## 7.3.6 Wettkampfverfahren: CSMA-CD

CSMA-CD ist eine Abkürzung für den englischen Begriff *Carrier Sense Multiple Access with Collision Detection*. Der Begriff beschreibt die wesentlichen Punkte der Zugangssteuerung:

- Mehrere Rechner können gleichzeitig auf das Medium zugreifen (*multiple access*).
- Bevor Daten gesendet werden sollen, wird überprüft, ob das Kabel nicht gerade von einem anderen Rechner benutzt wird. Zu diesem Zweck kann die sendebereite Station ein Trägersignal testen (*carrier sense*).
- Haben mehrere Stationen mit dem Senden von Daten begonnen, so entsteht eine *Kollision*. Jeder Sender muss Kollisionen erkennen (*collision detect*) und sofort das Senden einstellen.

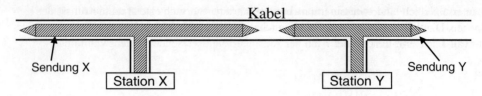

***Abb. 7.22:*** *Fast zeitgleicher Sendebeginn*

In Abbildung Abb. 7.22: haben Station $X$ und Station $Y$ fast gleichzeitig mit dem Senden begonnen, $X$ etwas früher als $Y$. Die Ausbreitung des Signals jeweils in beide Richtungen, ist schraffiert dargestellt. Nach einer Weile erkennt $Y$, dass noch eine andere Station sendet, und bricht ab (Abb. 7.23). Etwas später erkennt dies auch $X$ und bricht ebenfalls ab. Natürlich können auch mehrere Stationen eine Kollision verursachen.

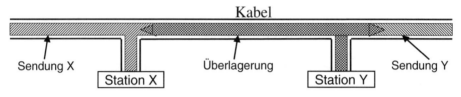

***Abb. 7.23:*** *Y hat Kollision schon erkannt und bricht ab*

Ist $t_{X,Y}$ die Laufzeit des Signals von $X$ nach $Y$, so kann die Station $X$ im schlimmsten Fall erst nach der Zeit $2 \cdot t_{X,Y}$ erkennen, dass ihre Sendung an der Kollision beteiligt war und daher erneut gesendet werden muss. Bei CSMA-CD muss eine Kollision erkannt werden, solange eine Station noch sendet. Daher muss die Übertragungszeit der kürzesten erlaubten Nachricht länger sein als die doppelte maximale Signallaufzeit zwischen zwei Stationen. Wir rechnen dies an einem Beispiel durch:

Bei der Verwendung von Kupferkoaxialkabeln und einer Übertragungsrate von 10 MBit/s sei die kürzeste erlaubte Nachricht auf 64 Byte, also 512 Bit, festgelegt. Damit dauert jeder erfolgreiche Sendevorgang mindestens $512 \cdot 10^{-7}$s. Bei einer Signalgeschwindigkeit von Strom in Kupferkabeln von ca. 200 000 km/s entspricht dies einer Strecke von 10240 m, also ca. 10 km. Der maximale Abstand zweier Stationen kann dann maximal die Hälfte, also 5 km sein. Unter Berücksichtigung zusätzlicher Einflüsse wie Senderverzögerungen, Verstärker etc. kann sich die maximale Entfernung auf 2 km verkürzen.

Natürlich muss auch die maximale Länge einer Nachricht vorgeschrieben sein, sonst könnte eine Station das Netz monopolisieren. Mögliche Maximalwerte sind 512 Bytes oder 1500 Bytes etc.

Im Falle einer Kollision müssen **alle** Stationen warten, bis sich das Netz wieder elektrisch beruhigt hat. Die Stationen, die an der Entstehung einer Kollision beteiligt waren, müssen eine zusätzliche Wartezeit einlegen, bevor sie es wieder versuchen. Wichtig ist offensichtlich, dass

# 7.4 Netztechnologien

sie unterschiedlich lange warten, um nicht beim nächsten Versuch eine erneute Kollision zu verursachen. Die Wartezeit wird daher auf allen Stationen *unabhängig* als Zufallszahl in einem Zeitintervall 1 ... T ermittelt, wobei T mit der Anzahl erfolgloser Sendeversuche zunimmt.

# 7.4 Netztechnologien

Netztechnologien, das heißt Hardware und Software für die Rechnervernetzung, werden von verschiedenen Firmen angeboten. Wir besprechen vier Standards – Ethernet, FDDI, ATM und SONET/SDH.

## 7.4.1 Ethernet

*Ethernet* ist ein spezielles lokales Netz, das von Xerox, Intel und DEC Anfang der 80er Jahre entwickelt wurde. Ein experimentelles Vorläufer-Ethernet wurde von Xerox bereits in den 70er Jahren in den PARC-Laboratorien benutzt. Ethernet ist heute der am weitesten verbreitete LAN-Standard und weltweit standardisiert. Ein Ethernet kann mithilfe von Kabelsegmenten, Verstärkern zur Verbindung von Segmenten und Schnittstellenvervielfältigern aufgebaut werden. Kabelsegmente können aus verdrillten Kabeln, dünnen oder dicken Kupferkoaxialkabeln oder aus Glasfasern bestehen. Verwendet wird ein passiver Basisband-Bus mit einer Datenübertragungsrate von 10 MBit/s. Die maximale Netzwerkausdehnung beträgt bis zu 2500 m. Bis zu 1024 Endgeräte können angeschlossen werden. Als Zugriffsverfahren wird CSMA-CD verwendet. Ethernet ist ein paketvermittelndes Datennetz. Die Pakete können aus bis zu 1518 Bytes bestehen; maximal 1500 davon sind Datenbytes. Die Bytes werden mithilfe des Manchester Codes dargestellt. Die *Slot-Time* – das ist die maximale Zeit, die eine Nachricht von einem Ende eines Ethernets bis zum anderen Ende und zurück unterwegs sein darf – ist definiert als 512 Mal die Zeit, die zur Übertragung eines Bits benötigt wird. Bei 10 MBit/s sind das also 51,2 µs. Jedes Paket muss mindestens 512 Bit lang sein, so dass der Sender auch nach der *Slot-Time* immer noch sendet. Dadurch kann er spätestens bei Beendigung des Sendevorgangs sicher sein, dass keine Kollision aufgetreten ist oder auftreten wird. Die Kollisionsauflösung erfolgt mit *Exponential Backoff*. Das bedeutet, dass die Wartezeit zwischen zwei Sendeversuchen als Produkt einer Zufallszahl und der Slot-Time bestimmt wird. Die Zufallszahl wird beim $k$-ten Sendeversuch im Intervall $0 ... 2^n$ gesucht mit $n = \min(k, 10)$. 10 ist in diesem Fall das *backoff-limit*. Das *attempt-limit* legt die maximale Zahl von Sendeversuchen mit 16 fest.

*Fast Ethernet*, auch 100BASE-T10 genannt, ist ein Ethernet-Standard mit einer Übertragungsrate von 100 MBit/s. Eine noch schnellere Variante nennt sich *Gigabit Ethernet* und verwendet ausschließlich Glasfaserkabel bei einer Übertragungsrate bis zu einem Gigabit pro Sekunde. Gigabit Ethernet wird derzeit überwiegend als Backbone-System für große Firmen und Behörden eingesetzt. Ein Standard für 10 Gigabit Ethernet ist bereits in Entwicklung.

## 7.4.2  FDDI

Eine spezielle Variante der im vorletzten Abschnitt diskutierten Netze von Netzen sind die so genannten *Backbone-Netze*.

Diese haben die Aufgabe, mehrere lokale Netze eines Unternehmens oder z.B. einer Universität zu verbinden. Sie fallen also in die Kategorie der MANs. Bis etwa 1998 am weitesten verbreitet waren FDDI-Ringe (FDDI = *Fibre Distributed Data Interface*).

Ein FDDI-Ring besteht aus einem primären und einem sekundären Ring. Der zweite Ring dient der Betriebssicherheit, er kann aber auch zusätzlich zur Datenübertragung eingesetzt werden. Beide Ringe arbeiten jeweils in entgegengesetzter Richtung, so dass jede Station mit beiden Richtungen verbunden bleibt, auch wenn der Ring an irgendeiner Stelle durchtrennt wird. Ein FDDI-Ring wird mithilfe von Glasfasersegmenten aufgebaut, ist maximal bis zu 200 km lang und bietet Anschluss für maximal 1000 Stationen, an die jeweils wieder ein LAN oder ein Endgerät angeschlossen ist. Die Datenübertragungsrate beträgt 100 MBit/s.

Eine Variante des FDDI ist das CDDI. Es bietet die gleichen Leistungsparameter, arbeitet aber mit Kupferkoaxialkabeln.

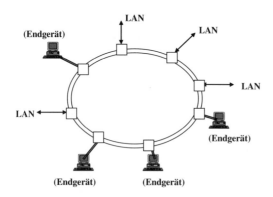

*Abb. 7.24:*   *FDDI-Ring*

## 7.4.3  ATM

FDDI-Ringe dienen hauptsächlich der Verbindung von Datennetzen. Die gleiche Funktion kann auch von Breitbandnetzen übernommen werden. Die Entwicklung dieser Breitbandnetze ging von der Überlegung aus, dass die für ISDN definierten Datenraten von 64 bzw. 128 kBit/s zwar zur Übertragung von Sprache und normalen Datenmengen ausreichen, aber nicht für die Übertragung von Bewegtbildern. Um Video-Informationen zu übertragen, sind, auch wenn die Bilddaten komprimiert werden, Datenraten von 10 MBit/s und mehr erforderlich.

Um dies in öffentlichen Netzen oder in MANs zu ermöglichen, wurde ein Standard zur Übertragung großer Datenmengen in Vermittlungsnetzen entwickelt. Dieser trägt den Namen ATM

## 7.4 Netztechnologien

(*Asynchronous Transfer Mode*). Netze und Vermittlungseinrichtungen auf ATM-Basis werden seit Jahren kommerziell angeboten.

Während ein FDDI-Ring primär zur Übertragung von Daten angewendet wird, sind ATM-Netze Mehrzwecknetzwerke, die außerdem als Telefonnetze genutzt werden können. Ähnlich wie FDDI-Ringe kann man sie auch als Backbone-Netze zur Verknüpfung von LANs nutzen. Damit wachsen Telefonvermittlungstechnik und die Datenübertragungstechnik, die sich seit Jahren auseinanderentwickelt hatten, potentiell wieder zusammen. ATM-Netze sind auch geeignet zur Übertragung von Bewegtbildern und können verwendet werden, um Fernsehprogramme und Videos zu übertragen.

ATM ist ein paketvermitteltes Datenübertragungsnetz. Übertragen werden sehr kleine Pakete fester Länge. Diese bestehen jeweils aus 53 Bytes und werden *Zelle* genannt. Die zu übertragenden Daten – gleichgültig ob es sich um digitalisierte Sprache für eine Telefonverbindung oder um einige Bytes einer Datei oder eines Fernsehbildes handelt – werden in kleine Portionen zerhackt, in Zellen eingepackt und auf das Netz gegeben. Die Gesamtübertragungsleistung des Netzes muss so groß sein, dass die Zellen ohne wahrnehmbare Zeitverzögerung am Ziel ankommen. Ein Netz auf ATM-Basis besteht aus Endgeräten und Vermittlungseinrichtungen.

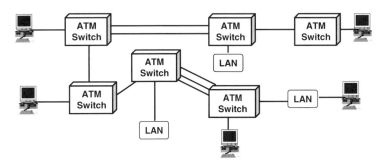

*Abb. 7.25:* ATM-Netz

An jeden ATM-Vermittlungsknoten können Endgeräte direkt oder über LANs angeschlossen werden. Untereinander können diese Knoten direkt über eine oder mehrere Leitungen oder indirekt über eine Kette von Zwischenknoten verbunden sein. Jede dieser Verbindungsleitungen ist eine Glasfaserleitung mit einer Übertragungsleistung von 155 oder 622 MBit/s.

Die Entwicklung der ATM-Technologie hat nicht zu dem von der Industrie erhofften Durchbruch geführt. Für die Übertragung von Daten waren ATM-Netze wegen der geringen Paketgröße nie besonders populär. Zudem hat die schnelle Entwicklung des Internet dazu geführt, das noch höhere Datenraten benötigt werden, als sie von ATM-Netzen geboten werden. Das deutsche Forschungsnetz, das deutsche Universitäten und Forschungseinrichtungen verbindet, basierte einige Jahre auf einem deutschlandweiten ATM-Netz mit der Bezeichnung B-Win. Seit Anfang des Jahres 2000 wird dieses Netz durch das leistungsfähigere G-Win abgelöst.

## 7.4.4 SONET/SDH

*SONET* und *SDH* sind Protokolle, die für den Betrieb vollständig optischer Netzwerkstrukturen definiert wurden. Es handelt sich um ausgereifte Standards, die teilweise schon seit Jahren in den öffentlichen Telekommunikationsnetzen verwendet werden. Im Internet werden sie zunehmend zur Verbindung verschiedener Teilnetze des Internets eingesetzt, da hierfür hohe Bandbreiten gefordert sind.

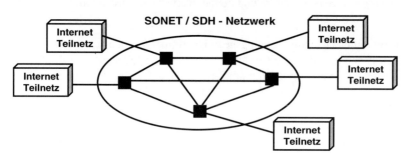

*Abb. 7.26:* Verbindung von Internet-Teilnetzen durch ein SONET/SDH-Netzwerk

SONET steht für *Synchronous Optical Network* und ist die in Nordamerika verwendete Version des ANSI-Standards. SDH steht für **S**ynchronous **D**igital **H**ierarchy und ist die in Europa verwendete, von der ITU empfohlene Version. Mit SONET/SDH kann man zwischen Vermittlungsrechnern höherer Ebenen eine Punkt-zu-Punkt oder auch eine Mehrpunktverbindung realisieren. Vorgesehen sind dabei unterschiedliche Datenübertragungsraten, für die bei SONET bzw. SDH jeweils leicht unterschiedliche Bezeichnungen gewählt wurden.

| SONET Bezeichnung | SDH Bezeichnung | Bitrate |
|---|---|---|
| STS-1 | STM-0 | 51,84 MBit/s |
| STS-3 | STM-1 | 155,52 MBit/s |
| STS-12 | STM-4 | 622,08 MBit/s |
| STS-48 | STM-16 | 2488,32 MBit/s ~ 2,5 GBit/s |
| STS-192 | STM-64 | 9953,28 MBit/s ~ 10 GBit/s |

Um die beiden letztgenannten Bitübertragungsraten zu erreichen, wird die neueste Technik eingesetzt, um die Bandbreite von Glasfasernetzen zu steigern. Diese *WDM*-Technik (Wavelength Division Multiplexing) überträgt gleichzeitig mehrere Lichtsignale unterschiedlicher Wellenlänge über dieselbe Glasfaser. Wenn pro Wellenlänge 622 MBit/s übertragen werden können, lässt sich das durch die gleichzeitige Verwendung von 4 bzw. 16 Wellenlängen auf 2,5 GBit/s bzw. 10 GBit/s pro Glasfaser steigern. In Zukunft erwartet man die Nutzung einer Übertragungsrate von 2,5 GBit pro Wellenlänge bei einer Nutzung von bis zu 32 verschiedenen Wellenlängen.

## 7.5 Drahtlose Netze 595

Die IP-Router der durch das G-Win verbundenen deutsche Universitäten und Forschungseinrichtungen sind direkt durch ein SDH-Netz miteinander verbunden. Den Stand der Vernetzung des G-Win Anfang des Jahres 2001 zeigt die Abbildung 7.27.

In den USA wurde ein ähnliches Hochleistungsnetz wie das G-Win mit der Bezeichnung *Internet2* installiert. Beide Netze sind untereinander und mit dem bisherigen Internet direkt verbunden. Derzeit gibt es je eine 622 MBit/s Leitung von Frankfurt bzw. von Hannover nach New York.

*Abb. 7.27:* *G-Win in Deutschland – Stand Anfang 2001*

## 7.5 Drahtlose Netze

In der Telefonie sind drahtlose Netze selbstverständlich, viele Geräte im Haushalt werden mit Infrarot-Fernbedienungen ausgeliefert. Im Bereich der Computertechnik hat sich die Verwendung drahtloser Technik relativ spät etablieren können. Derzeit beobachten wir allerdings einen Boom hinsichtlich des Einsatzes von WLANs zum drahtlosen Anschluss von PCs, Notebooks etc. ans Internet. Der Einsatz von Infrarottechnik konnte sich im Bereich der Computertechnik nicht durchsetzen. Zwar gibt es eine Organisation zur Propagierung von Infrarot-Spezifikationen (IrDa, Infrared Data Association), aber die Nachteile der Infrarotechnik führten nur zu einem begrenzten Einsatz: Infrarottechnik kann nur über relativ kurze Distanzen genutzt werden, Sender und Empfänger müssen aufeinander ausgerichtet sein, es können keine optischen Hindernisse auf dem Weg des Infrarotstrahls überwunden werden.

Populärer ist daher der Einsatz von Funktechnik. Hierzu stehen drei Frequenzbereiche zur Verfügung, die ohne besondere Lizenzen genutzt werden können, wenn die Sendeleistung bestimmte Grenzwerte nicht übersteigt. Das 27 MHz Band wird üblicherweise für Tastaturen und Mäuse genutzt, die drahtlos betrieben werden. In diesem Bereich tummeln sich noch zahllose andere Geräte, z.B. Funktelefone, Fernsteuerungen für den Modellbau etc. Da Tastaturen und Mäuse nur eine geringe Bandbreite benötigen und die benutzten Datenpakete mit speziellen Kennungen versehen sind, verläuft der Betrieb generell störungsfrei.

Das klassische Frequenzband für drahtlose Netze liegt im Bereich von 2,4000 bis 2,4835 GHz. Dieser Bereich war ursprünglich generell für Anwendungen im Bereich von Industrie, Wissenschaft und Medizin freigegeben (ISM-Frequenzband). Die Nutzung ist nach deutschem Recht anmelde- und gebührenfrei, sofern die Nutzung auf eigenem Gelände erfolgt und eine bestimmte Sendeleistung nicht überschritten wird. Störungen kann es zum Beispiel durch defekte Mikrowellengeräte geben, da diese im gleichen Bereich arbeiten. Ein weiterer, neu zugelassener Bereich, der unter ähnlichen Bedingungen genutzt werden kann, ist der Bereich von 5,15 bis 5,35 GHz. In Europa ist die Nutzung nur mit Einschränkungen zulässig, z.B. muss ein automatisches Frequenzwahlverfahren (Dynamic Frequency/Channel Selection, DFS/DCS) benutzt werden. Störungen können z.B. von Radaranlagen ausgehen. Wegen der hohen Frequenz ist auch mit einer höheren Dämpfung des Signals durch Hindernisse zu rechnen als bei dem 2,4 GHz Frequenzbereich.

## 7.5.1    Bluetooth

*Bluetooth* ist eine lizenzfreie Spezifikation für Funkverbindungen. Der Name erinnert an Harald Blatand, genannt Blauzahn, König von Dänemark, der etwa von 940 bis 985 lebte und einzelne Gebiete zu dem einheitlichen Königreich Dänemark zusammenfasste. Sein Sohn, Sven Gabelbart, war der erste Dänenkönig auf dem englischen Thron. Bluetooth wurde ursprünglich von der schwedischen Firma Ericsson entwickelt, später von einem Konsortium zu dem auch Firmen wie Intel, IBM, Nokia und Toshiba gehören. Der gemeinsame Grundgedanke war und ist es, eine preiswerte und Energie sparende Funkverbindung zu schaffen, die Kabelverbindungen auf kurzer Distanz vollständig ersetzt. Bluetooth ist vom technischen Ansatz her in alle elektronischen Geräte, die Datenkommunikation betreiben, integrierbar.

Typische Anwendungen verbinden zwei Geräte direkt miteinander. Bluetooth kann also ohne weiteres benutzt werden, um z.B. Tastatur und Maus mit einem PC zu verbinden. Bei dieser Anwendung steht Bluetooth also in direkter Konkurrenz zu den üblicherweise für diesen Zweck eingesetzten Funksystemen im 27 MHz-Band. Der Nachteil – aus heutiger Sicht – ist der höhere Preis für eine Verbindung mit Bluetooth, der Vorteil die mögliche Mehrfachnutzung einer Bluetooth-Schnittstelle am PC, die zusätzlich zur Kommunikation mit einem

Mobiltelefon, mit einer Kamera, einem Notebook, einem Drucker etc. genutzt werden kann. Bluetooth ist ein Kurzstreckenfunkstandard, der die kabellose Kommunikation zwischen Geräten unterschiedlicher Hersteller ermöglicht, sowie deren Verbindung mit dem PC. Die Übertragungsleistung liegt derzeit bei 1 Mbit/s, der Frequenzbereich ist das ISM-Band, also ca. 2,4 GHz. Der Übertragungsbereich liegt bei maximal 10 Metern und kann darüber liegen, wenn die Sendeleistung erhöht wird oder mehrere gekoppelte Funkzellen benutzt werden. Die geringe Reichweite liegt an der geringen Sendeleistung. Diese und auch die geringe Datenübertragungsrate beruht auf Überlegungen, dass Bluetooth häufig in Geräten eingesetzt wird, die mit Batterien und daher Strom sparend betrieben werden sollten. Außerdem sollen die Geräte billig sein, die Elektronik sollte daher möglichst auf einem Chip integrierbar sein. Zur Überbrückung größerer Entfernung soll es in Zukunft Bluetooth-Module mit zuschaltbarem Leistungsverstärker geben, der die Sendeleistung bis auf 100 mW erhöht.

Auf Grund der niedrigen Datenrate und der geringen Reichweite ist Bluetooth eine zur Zeit noch kostspielige Alternative zur Verbindung von Geräten mit Infrarot- oder mit konventionellen Funkverbindungen im 27 MHz-Band, aber keine Konkurrenz zu den im folgenden Abschnitt beschriebenen WLANs.

## 7.5.2    WLAN

*WLAN* ist eine Abkürzung für *Wireless LAN*, also für ein drahtloses lokales Netz. Häufig findet sich mittlerweile auch die Bezeichnung *Wi-Fi* abgekürzt von der englischen Bezeichnung Wireless Fidelity, die an den Begriff Hi-Fi angelehnt ist – obwohl der Begriff *Fidelity* (Treue, bzw. Wiedergabetreue) in dem Kontext drahtloser Netze eigentlich wenig Sinn macht. Trotzdem gibt es eine WI-Fi Alliance (www.wifi.org) zum Zwecke der Förderung des Einsatzes drahtloser Netze.

Der Einsatz drahtloser Netze beruht überwiegend bzw. ausschließlich auf der IEEE Norm 802.11. Diese Norm definierte ursprünglich die drahtlose Kommunikation im 2,4 GHz-Bereich mit einer Übertragungsrate von 1 bzw. 2 MBit/s. Heute benutzt werden die Varianten a bis i dieses Standards. Dabei legen die Standards a, b, g und h jeweils eine WLAN-Technik fest, die anderen Buchstaben bezeichnen zusätzliche Standards z.B. steht i für Verschlüsselung und Authentifizierung.

Derzeit am Weitesten verbreitet ist der Standard 802.11b. WLANs, die auf diesem Standard beruhen, arbeiten im 2,4 GHz Bereich mit einer Übertragungsrate von 11 MBit/s. Eine Sendeleistung von maximal 100 mWatt sorgt für eine Reichweite von ca. 50 Metern. Als Zugangsprotokoll wird CSMA/CA benutzt. CSMA ist im Abschnitt über Wettkampfverfahren bereits erläutert worden und ein typisches Zugriffsverfahren für lokale Netze. Bei einem drahtlosen Netz ist i.A. eine Kollisionserkennung analog zu der in einem kabelgebundenen CSMA/CD-Netz nicht möglich. Der Zusatz CA steht für Kollisionsvermeidung (*Collision Avoidance*). Um Kollisionen und sonstige Fehler zu vermeiden, ist bei drahtlosen Netzen der Nutzlastanteil der Brutto-Datenrate relativ gering, so dass die Nettodatenrate bei etwa 5 MBit/s liegt. Über einen längeren Zeitraum betrachtet, sinkt die Datenrate natürlich proportional zu der Anzahl der aktiven Teilnehmer an dem Netz.

Der neuere, kürzlich fertig gestellte Standard 802.11g ist eine Weiterentwicklung des gerade besprochenen Standards 802.11b. Er arbeitet ebenfalls im 2,4 GHz Bereich, hat aber eine Datenrate von Brutto 54 bzw. netto 32 MBit/s. Das Zugriffsverfahren wurde erweitert mit dem Austausch von RTS/CTS-Paketen (siehe weiter unten), um die Kollisionswahrscheinlichkeit zu senken.

Die Standards 802.11a und 802.11h sind beide für den 5 GHz-Bereich spezifiziert und arbeiten mit brutto 55 MBit/s. Der erste dieser Standards wurde für den Einsatz in Amerika spezifiziert und konnte in Europa nicht eingesetzt werden, da die in Europa geforderten Auflagen für die Benutzung des 5 GHz-Bereiches nicht erfüllt werden. Diese wurden in die kürzlich verabschiedeten Norm 802.11h eingearbeitet. Die Erweiterung des Zugriffsverfahrens wurde aus 802.11g übernommen.

In einem drahtlosen Netz gibt es meist zwei Arten von Teilnehmern: einen Server, der in diesem Kontext meist *Access-Point* (*Zugangsknoten*) genannt wird und Klienten, die mit dem Server kommunizieren. Direkter Kontakt der Klienten unter sich ist möglich (und wird dann *Peer-to-Peer Kommunikation* genannt), ist aber in diesem Kontext eher unüblich. Der Access-Point vermittelt den Zugriff der Klienten auf ein lokales stationäres Netz und/oder den Internetzugang. Damit das drahtlose Netz sinnvoll funktioniert, müssen alle Klienten eine ungestörte Verbindung zum Access Point haben, aber nicht notwendig untereinander. Dies führt zu dem so genannten *Hidden-Node* Problem, bei dem ein Klient aktive Sendungen eines anderen Klienten nicht bemerkt, weil dieser für ihn verdeckt ist.

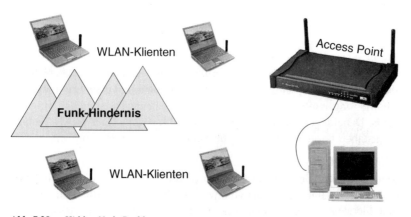

**Abb. 7.28:** *Hidden-Node Problem*

In der Abbildung haben alle WLAN-Klienten Funkzugang zu dem Access Point, aber untereinander sind sie teilweise verdeckt. Das Verfahren zur Kollisionsvermeidung für WLAN Netze sieht vor, dass eine sendewillige Station das Netz eine bestimmte Zeit beobachtet. Wenn sie in dieser Zeit keinen Funkverkehr festgestellt hat, beginnt sie zu senden – auch wenn eine für sie verdeckte Station gerade sendet. Dieses Problem versucht man dadurch zu vermeiden, dass zunächst ein RTS-Paket (RTS: *Ready to send*) verschickt wird. Wenn der Empfänger dieses Paket erhalten hat und aus seiner Sicht nichts gegen die Sendung spricht, antwortet er mit einem

## 7.5 Drahtlose Netze

CTS-Paket (CTS: *Clear to send*). Die eigentliche Sendung beginnt daher erst, wenn Sender und Empfänger keinen anderen Funkverkehr im Netz beobachten. Natürlich kann das Senden des RTS-Paketes bereits zu einer Kollision führen. Da RTS/CTS-Pakete sehr klein sind, sind Kollisionswahrscheinlichkeit und Schaden aber geringer als ohne das Senden dieser Pakete.

Zum Betrieb eines drahtlosen Netzes benötigt man Hardware für einen Access-Point und für die Klienten. Letztere wird in Form von PCI-Karten für stationäre PCs angeboten und in Form von PC-Karten für Notebook-Computer. Die folgende Abbildung zeigt eine Auswahl einschlägiger Produkte. In der oberen Reihe finden sich Access Points, in der unteren Karten für Klienten.

*Abb. 7.29:* WLAN Produkte

Anfang 2004 angebotene Geräte unterstützen hauptsächlich die Standards 802.11b und 802.11g, also drahtlose Kommunikation im 2,4 GHz-Bereich mit 11 bzw. 54 MBit/s. Zusätzlich werden zum Teil nicht standardisierte Übertragungsraten von 22 und 108 MBit/s angeboten. Für das 5 GHz Band waren Anfang 2004 nur wenige Geräte verfügbar. Diese unterstützten den bisher in Europa nicht zulässigen Standard 802.11a, versprechen aber ein Upgrade auf 802.11h in der Zukunft.

In einer typischen Konfiguration eines WLAN ist der Access Point über ein externes oder ein integriertes DSL-MODEM an das Internet angeschlossen und bietet allen angeschlossenen Geräten unabhängigen Internetzugang. Darüber hinaus haben sie Zugriff auf die Ressourcen eines lokalen Netzes auf Ethernet Basis. Auch im privaten Bereich ist derzeit die Installation von WLAN Access Points sehr populär, da dadurch der Anschluss ans Internet sehr viel einfacher möglich ist und Geräte sowohl mit Kabeln als auch drahtlos an ein gemeinsames lokales Netz mit Internet-Gateway angeschlossen werden können.

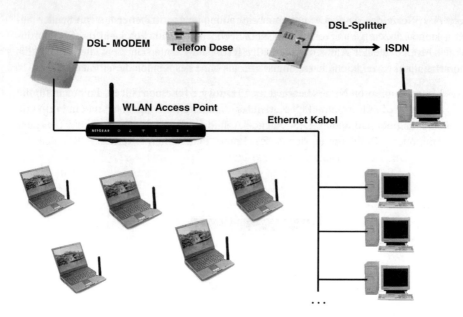

*Abb. 7.30:* Typische WLAN Konfiguration

Die Kommunikation in einem WLAN erfolgt über einen oder mehrere Access Points. Für jeden Access Point ist eine einstellbare Netzkennung SSID (*Service Set IDentifier*) festgelegt. Bei jeder Sendung zwischen einem Klienten und einem Access Point wird diese Kennung verwendet, um die Zuordnung zu einem WLAN zu ermöglichen. Auf diese Weise ist der Betrieb mehrerer überlappender WLANs möglich. Diese können unabhängig jeweils als BSS (*Basic Service Set*) oder im Verbund mehrerer Netze als ESS (*Extended Service Set*) operieren.

In Universitäten sind kabelgebundene Netze seit Jahren Standard. In vielen Fällen werden diese durch den Einsatz von WLAN Access Points in Hörsälen, Bibliotheken, Seminar- und Besprechungsräumen ergänzt. Studenten können so im Hörsaal direkt über ein WLAN Material zu der Vorlesung empfangen und an ihrem Notebook-Computer verarbeiten, speichern etc. Besucher und Studenten haben überall im Bereich der Campus-WLANs Zugang zum Internet bzw. zum Intranet der Universität.

Der Zugang zum Internet bzw. zu lokalen Zusatzangeboten ist aber auch generell äußerst attraktiv. Daher entwickelt sich derzeit mit großer Geschwindigkeit ein System von so genannten *Hotspots*. Diese bezeichnen ein Gebiet, in dem über ein oder mehrere Access Points der Zugriff auf ein WLAN öffentlich oder für Berechtigte möglich ist. Derartige Hotspots werden von Bibliotheken, Hotels, Cafes und Restaurants, aber auch im Bereich von Messen, Kongressen, Flughäfen, Bahnhöfen und anderen öffentlichen Einrichtungen angeboten. Derzeit haben sie meist einen festen Standort, in der Zukunft könnten sie aber auch in öffentlichen Verkehrsmitteln eingerichtet werden. Die Benutzung erfolgt über eine spezielle örtliche Zugangsprozedur, die Gebühren werden dann mit dem örtlichen Anbieter abgerechnet. Alternativ bieten überörtliche Anbieter ihre Dienste an. Diese ermöglichen die Nutzung

# 7.5 Drahtlose Netze

aller drahtlosen Netze des Anbieters mit einer einheitlichen Zugriffsprozedur. Im Internet finden sich Listen (*hotspotlists*) bzw. Suchmaschinen (*hotspotfinder*) zum Auffinden von Hotspots. Von T-Mobile wurden Anfang 2004 erste Hotspots in allen größeren Städten angeboten. In kleineren Städten finden sich derzeit meist nur wenige Hotspots lokaler Anbieter.

Besonders einfach ist die Nutzung kostenfreier Hotspots. In diesem Fall ist der Access Point so konfiguriert, dass er in regelmäßigen Abständen ein *SSID-Broadcast* sendet. Ein Notebook-Computer mit eingebauter WLAN-Karte, der eine solche Sendung empfängt, kann mittels der übermittelten SSID mit dem örtlichen Access Point kommunizieren und hat so den gewünschten Zugriff, z.B. zum Internet. Bei kostenpflichtigen Hotspots ist die Nutzung nicht so einfach, es wird spezielle Hardware und Software benötigt, die eine Identifikation bzw. Authentifizierung des Benutzers zum Zwecke der Abrechnung erzwingt. T-Mobile und andere Anbieter verlangen außerdem die Nutzung einer spezieller SSID, die nicht per Broadcast bekannt gegeben wird, um unberechtigte Benutzer fern zu halten.

Die Nutzung von WLANs erfordert ein hohes Maß an Sicherheitsbewusstsein. Der naive Betrieb eines drahtlosen Netzes kann zu ernsten Problemen führen:

- Die Kommunikation kann von Dritten abgehört werden. Die Rechner der berechtigten Teilnehmer im WLAN können ausspioniert, benutzt bzw. manipuliert werden.
- Das WLAN kann von unberechtigten Personen als Zugang zu den Ressourcen dieses WLAN bzw. zum Internet genutzt werden. Dabei können Kosten entstehen, die den Betreibern berechnet werden. Illegale Aktivitäten können den Betreibern des WLAN angelastet werden, obwohl sie von unberechtigten Personen verursacht wurden.

Die Erkundung von Zugangsmöglichkeiten zu WLANs hat sich mittlerweile zu einem Sport einer bestimmten Spezies von Hackern entwickelt. Mit einem Notebook-Computer mit WLAN-Karte ausgerüstet, versuchen sie bei Erkundungsgängen ungeschützt zugängliche WLANs zu finden. Im Bereich dieser Netze werden Kreidezeichen angebracht, die die Zugangsmöglichkeiten zu diesem Netz kennzeichnen. Diese Aktivität wird *Warchalking* genannt.

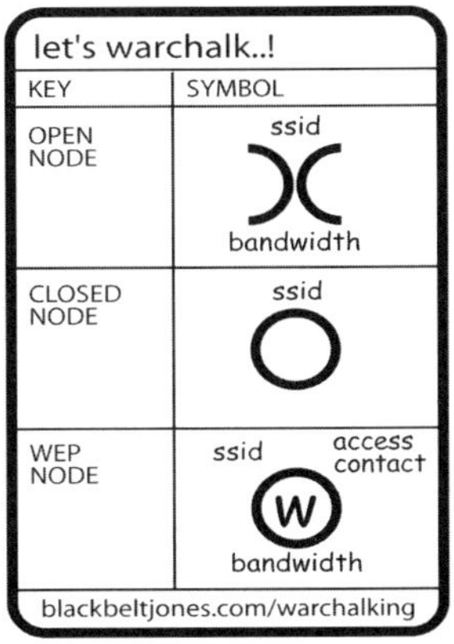

**Abb. 7.31:**   *Warchalking Symbole*

Das Internetbüro Literaturwissenschaft der Fakultät für Linguistik und Literaturwissenschaft der Universität Bielefeld schreibt dazu: „Unter *Warchalking* versteht man die öffentliche Kennzeichnung offener drahtloser Netzwerke (Wireless LAN Hotspots) etwa durch Kreidezeichen an Hauswänden und auf Bürgersteigen. Genau wie die Reisenden früherer Zeiten sich durch Graffiti über die Qualität der lokalen Infrastruktur austauschten tun dies auch moderne Informationsnomaden. Um überall mit dem Internet verbunden zu sein, nutzen sie oft auch die (unzureichend gesicherten oder absichtlich offen gelassenen) Wireless LANs von Institutionen und Privatpersonen, um über diese Netzwerke Verbindung mit dem Netz der Netze aufzunehmen. Das Nutzen von Wireless LANs als öffentlicher Internetzugang bieten auch viele Hotels ihren Gästen an (freilich durch Hochglanzbroschüren und nicht durch Kreidezeichen). Einige Firmen versprechen sich ein besseres Image, indem sie ihre ungenutzte Bandbreite auf diese Art der Öffentlichkeit zur Verfügung stellen und bringen die entsprechenden Markierungen sogar selbst an ihrer Fassade an. In anderen Fällen handelt es sich um unbeabsichtigt offen gelassene, unzureichend gesicherte Netze."

Bei der Einrichtung eines drahtlosen Netzes ist also Vorsicht angebracht. Für ein privates Netz sollte zuerst das SSID-Broadcast abgeschaltet werden. Falls keine Verschlüsselung erfolgt, ist es einem erfahrenen Hacker aber immer noch möglich, durch Mitschneiden gesendeter Pakete die SSID auszulesen. Als Nächstes sollte die Zugangskontroll-Liste des Access Points aktiviert werden. Jede WLAN-Hardware besitzt eine eindeutige Netzzugangsadresse (MAC = *media access control*). Wenn die MAC-Adressen der berechtigten Benutzer in der aktivierten Zugangskontroll-Liste des Access Points eingetragen sind, können nur diese Teilnehmer in dem WLAN kommunizieren – dies nennt man „MAC-Adressen Filterung". Zwar kann man mit dem entsprechenden Know-How auch diese Adressen fälschen („spoofen"), aber das ist schon schwieriger. Als dritte Maßnahme sollte die Verschlüsselung aktiviert sein. Die beiden ersten Maßnahmen sind wegen des Administrationsaufwandes nur in privaten Netzen sinnvoll und möglich. Die Verschlüsselung kann und sollte in jedem WLAN angewendet werden.

In allen 802.11 Netzwerken war von Anfang an eine Verschlüsselung unter dem Namen WEP (*wired equivalent privacy*) vorgesehen. Mittlerweile gilt diese Technik allerdings als unsicher. Sie baut auf einem Schlüssel auf, der in jedem teilnehmenden WLAN-Gerät eingegeben werden muss und der dann solange verwendet wird, bis auf allen Geräten – fast gleichzeitig – ein neuer Schlüssel eingegeben wird. In den meisten Netzen wird dies ein längerer Zeitraum sein. Da der verwendete Verschlüsselungsalgorithmus nicht dem neuesten Stand der Technik entspricht, ist es derzeit einem Angreifer möglich, innerhalb weniger Stunden den WEP-Schlüssel eines gegebenen WLAN zu ermitteln. Diese grundsätzliche Schwäche von WEP ist seit längerem bekannt. Innerhalb der Normierungsgremien wird an der Norm IEEE 802.11i gearbeitet, die die Sicherheit von WLANs in Zukunft regeln wird. Mit einer Verabschiedung dieser Norm ist im Laufe des Jahres 2004 zu rechnen. Wesentliche Teile der zukünftigen Norm, von denen man annimmt, dass sie sich nicht mehr ändern, wurden in dem „vorläufigen Standard" WPA (Wi-Fi Protected Access) zusammengefasst. Es wird erwartet, das die endgültige Norm 802.11i eine kompatible Erweiterung von WPA sein wird und möglicherweise die Bezeichnung WPA-2 erhalten wird. Neuere Geräte sollten durch Austausch der Firmware auf den neuen Standard aufrüstbar sein.

Die wesentlichen Verbesserungen von WPA bzw. 802.11i im Vergleich zu WEP sind:

## 7.5 Drahtlose Netze 603

- Dynamische Schlüsselmodifikation auf der Basis von TKIP (*temporal key integrity protocol*). Dies ist die wesentliche Neuerung, da die Entschlüsselung von WEP gerade auf der ständigen Anwendung desselben Schlüssels beruhte. TKIP ist zwar nur eine Behelfslösung, baut aber auf dem Verschlüsselungsalgorithmus von WEP auf. Es ist daher möglich mit diesem Protokoll WEP sicherer zu machen.
- Authentifizierung von Benutzern auf der Basis von EAP (*extensible authentication protocol*). Die Authentifizierung fehlte bei WEP vollständig.
- Benutzung eines modernen Verschlüsselungsalgorithmus, der auf AES (*advanced encryption standard*) aufbaut. Dieser wird nicht kompatibel zu WEP sein und ggf. neue Hardwarekomponenten zur Implementierung der Verschlüsselung erfordern.

WPA wurde zwar bereits Anfang 2003 spezifiziert, aber bei vielen, möglicherweise sogar bei allen Produkten, die Anfang 2004 angeboten wurden, fand sich ein Hinweis auf WPA nur in der Form eines Versprechens eines späteren kostenlosen Upgrades der Firmware. Solange WPA noch nicht eingesetzt werden kann, bleibt nur die Möglichkeit WEP einzusetzen und den verwendeten Schlüssel möglichst häufig auszutauschen.

# 8    Das Internet

Nachdem in den vorigen Abschnitten vor allem technische Aspekte von Rechnernetzen behandelt wurden, wollen wir uns jetzt dem wichtigsten globalen Netz widmen, dem *Internet*. Dieses Netz verbindet weltweit über 100 000 000 Rechner und eine um ein Vielfaches größere Zahl von Menschen und ist zu einer nie da gewesenen und alle Grenzen überwindenden Kommunikations-, Wissenschafts- und Wirtschaftsplattform geworden.

Historisch liegen die Anfänge des Internet in dem amerikanischen ARPANET (*Advanced Research Projects Agency-Net*) das seit 1969 als militärisches Netzwerk entwickelt wurde. Ab etwa 1972 wurde es auch eingesetzt, um Universitäten und Forschungseinrichtungen zu verbinden, die mit dem Verteidigungsministerium zusammen arbeiteten. Aus Sicherheitsgründen wurde das ARPANET später in einen öffentlichen und einen nichtöffentlichen Teil getrennt. Der öffentliche Teil wurde zum Internet.

Seit etwa 1990 hat sich das Internet durch die Einführung der Dienste *gopher* und World-Wide-Web (*WWW*) zu einem einfach zu bedienenden Informationssystem entwickelt. 1995 wurde es auch für kommerzielle Anwendungen geöffnet. Die Anzahl der Benutzer ist in den letzten Jahren drastisch gestiegen. Einem von R. H. Zakon (*www.zakon.org*) veröffentlichten Abriss der Geschichte des Internets entnehmen wir die folgende Tabelle, die die gerundete Anzahl der mit dem Internet verbundenen *Hostcomputer* (engl. *host* = Gastgeber) im Verlauf der letzten 30 Jahre angibt. Die Zahlen aus jüngerer Zeit sind Schätzwerte, da viele Rechner immer nur temporär über Modem und Betreiber (*Provider*) am Internet angeschlossen sind und dabei nur eine zeitweilig genutzte *Hostadresse* ausgeliehen bekommen.

| Zeitpunkt | Hosts | Zeitpunkt | Hosts | Zeitpunkt | Hosts |
|---|---|---|---|---|---|
| 10/69 | 4 | 10/85 | 1.961 | 7/2000 | 93.000.000 |
| 10/70 | 11 | 11/86 | 5.089 | 1/2001 | 109.000.000 |
| 4/71 | 23 | 12/87 | 28.174 | 7/2001 | 125.000.000 |
| 1/73 | 35 | 10/88 | 56.000 | 1/2002 | 147.000.000 |
| 6/74 | 62 | 10/90 | 313.000 | 7/2002 | 162.000.000 |
| 3/77 | 111 | 10/92 | 1.136.000 | 1/2003 | 171.000.000 |
| 12/79 | 188 | 10/94 | 3.864.000 | 7/2003 | ? |
| 8/81 | 213 | 7/96 | 9.472.000 | 1/2004 | ? |
| 8/83 | 562 | 7/98 | 36.739.000 | 7/2004 | ? |

Besser noch kann man sich die Entwicklung der Zahl der registrierten Hosts anhand der folgenden Grafik veranschaulichen. Sie hat einen logarithmischen Maßstab. Die Kurve ähnelt in weiten Teilen einer geraden Linie, ein Indiz für das exponentielle Wachstum. In letzter Zeit scheint eine gewisse Sättigung eingetreten zu sein, trotzdem wird die Milliardengrenze in absehbarer Zeit überschritten werden.

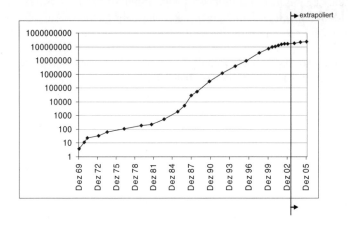

***Abb. 8.1:***   Die Zahl der im Internet registrierten Hostcomputer

Die Zahl der Menschen, die das Internet benutzen, lässt sich ebenfalls nur schwer abschätzen, da einzelne Benutzer nicht als solche registriert sind. Die meisten haben zwar registrierte E-Mail-Adressen – über deren Zahl liegt allerdings keine Statistik vor.

## 8.0.1  Bildung von Standards im Internet

Bereits die ersten Schriftstücke aus dem Jahr 1969 mit Vorschlägen für das zukünftige, damals noch nicht so genannte, Internet wurden mit dem Kürzel *RFC* bezeichnet. Es steht für *request for comment* und ist eine Aufforderung an andere Entwickler, Kommentare zu diesem Arbeitspapier abzugeben. Praktisch alle Entwicklungen im Zusammenhang mit dem Internet sind in Form solcher RFCs dokumentiert. Diese sind durchnummeriert und über *www.rfc-editor.org* abrufbar.

Die wichtigste Funktion von RFCs ist die schrittweise Festlegung von Protokollen. Aus ersten Diskussionsentwürfen werden Vorschläge und schließlich Internet-Standards. So sind die aktuellen Versionen der Basisprotokolle IP und TCP durch die RFCs 791 bzw. 793 festgelegt. Die ursprünglichen Standards für E-Mail (SMTP) waren in den RFCs 821 und 822 festgehalten worden; sie wurden kürzlich überarbeitet und sind derzeit unter den Nummern 2821 und 2822 zu finden – mit dem Hinweis, dass diese Dokumente nunmehr die Vorgänger ersetzen.

Gelegentlich, bevorzugt mit Datum 1. April, finden sich nicht ganz so ernst gemeinte RFCs, wie z.B. RFC 1149 mit dem Titel „A standard for the transmission of IP datagrams on avian carriers" (frei übersetzt: „Transport von IP-Paketen mit Brieftauben").

Protokollnummer, Port-Nummern, Internetadressen und ähnliche „Zahlen" wurden in der Frühzeit des Internet ebenfalls in RFCs geregelt. Da die Vergabe dieser „Zahlen" jedoch ein dynamischer Prozess ist, wurde bereits im Dezember 1988 die *Internet Assigned Numbers Authority* (IANA – www.iana.org) gegründet. Deren Direktor war der legendäre Internetpionier Jon Postel, der bis zu seinem Tod im Jahr 1998 auch als RFC Editor tätig war.

Neben der IANA gibt es noch die Organisation *The Internet Corporation for Assigned Names and Numbers* (ICANN – *www.icann.org*), die dem Namen nach eine sehr ähnliche Aufgabe hat. Nach eigenen Angaben hat dese Organisation die Aufgaben der IANA übernommen. Trotzdem existiert die IANA weiterhin und ist offenbar weiterhin für die Vergabe von Protokollnummer, Port-Nummern, Internetadressen und ähnliche *Zahlen* zuständig. ICANN beschäftigt sich mit der Vergabe der im Internet verwendeten *Namen*. Diesen *Domain-Names* ist das Unterkapitel 8.5 gewidmet.

Für die Zuteilung von Namen und Adressen werden von IANA bzw. von ICANN so genannte *Registrare* eingesetzt. Auf internationaler Ebene ist das *INTERNIC* (*www.internic.org*) für die Vergabe von Domain-Namen und Internetadressen, die so genannte *Registrierung*, autorisiert. Daneben gibt es derzeit vier *regionalen Internet Registrare* (RIR). Für Europa wurde eine Organisation namens *RIPE* (Réseaux IP Européens) eingesetzt. RIPE (www.ripe.net) ist derzeit außer für Europa noch für den Nahen Osten und für Teile von Afrika zuständig. Die anderen regionalen Registrare sind derzeit ARIN (*American Registry for Internet Numbers*, www.arin.net), APNIC (*Asia Pacific Network Information Centre*, www.apnic.net) und LACNIC (*Latin American and Caribbean IP address regional registry*, lacnic.net). Die regionalen Registrare erhalten Adressblöcke und Namensbereiche von IANA/ICANN. Hieraus ergibt sich eine hierarchische Vergabe von Internetadressen und Namen. Die unterste Ebene besteht aus den lokalen Registraren (LIR: *Local Internet Registry*), z.B. dem DENIC in Deutschland, dem AFNIC in Frankreich usw.

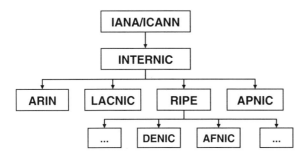

*Abb. 8.2:*   *Hierarchie der Registrare*

## 8.1 Die TCP/IP Protokolle

Das Internet ist ein Netz von Netzen. Diese sind untereinander durch Vermittlungsrechner (*gateways* oder *router*) verknüpft. Basis des Internets ist eine Familie von Protokollen, die bis etwa 1982 spezifiziert wurden und unter dem Namen *TCP/IP* bekannt sind.

*TCP* (*transmission control protocol*) und *IP* (*internet protocol*) definieren zusammen das Übertragungsprotokoll des Internets. Sie sind auf Stufe 4 bzw. 3 des OSI-Referenzmodells angesiedelt. TCP ist verantwortlich für das Verpacken der zu übertragenden Daten in eine Folge von Datenpaketen. Diese werden mit einer Adresse versehen und an die niedrigere Schicht, IP, weitergereicht. IP ist für den Versand der einzelnen Pakete zuständig. Jedes Datenpaket wandert zu dem nächsten Vermittlungsrechner – meist wird dafür die englische Bezeichnung *Gateway oder Router benutzt (siehe auch* S. 588) – und wird von diesem weitergeleitet, bis es über viele Zwischenstationen an einem Vermittlungsrechner ankommt, in dessen Bereich (engl. *domain*) sich der Zielrechner befindet. Da die einzelnen Pakete einer Datei verschiedene Wege nehmen können, ist es möglich, dass sie in veränderter Reihenfolge beim Empfänger ankommen. Für die Zusammensetzung der Pakete in der richtigen Reihenfolge ist dann wieder TCP zuständig.

Ein wichtiges Ziel bei der Entwicklung von TCP/IP war es, ein ausfallsicheres Netz zu schaffen. Das ursprünglich militärische Netz sollte auch noch funktionieren, wenn durch einen Atomschlag einige Verbindungsrechner vernichtet sein sollten. Diese Ausfallsicherheit wird durch die Paketvermittlung gewährleistet. Allerdings steht dem auch ein großer Nachteil gegenüber. Die Pakete reisen unverschlüsselt über viele Vermittlungsrechner und können im Prinzip an jeder Zwischenstation gelesen werden. Zwar kann ein Benutzer selber seine Daten verschlüsseln, bevor er sie versendet, aber nicht immer ist ihm klar, dass er vertrauliche Daten auf die Reise schickt.

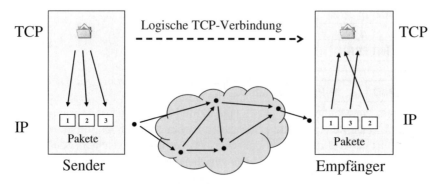

***Abb. 8.3:***   *TCP-Verbindung – realisiert durch IP*

Ein Beispiel mag dies verdeutlichen. Mit dem Internet-Dienst *telnet* (siehe S. 553) kann man sich in einen entfernten Rechner einloggen. Es erscheint ein login-Bildschirm, so als ob man direkt vor dem fernen Rechner säße. Dieser erfragt natürlich zuerst Name und Passwort des

## 8.1 Die TCP/IP Protokolle

Benutzers. Beides reist in TCP/IP Paketen unverschlüsselt über mehrere Gateways bzw. Router und kann dort theoretisch abgehört und gesammelt werden. Daher wird *telnet* immer seltener öffentlich zur Verfügung gestellt.

Daten werden von TCP/IP in Paketen verschickt. Die Daten stammen von Anwendungen bzw. von Protokollen, die bestimmte Anwendungen wie z.B. E-Mail unterstützen. In Abb. 8.4 sehen wir wie eine Datei mit dem FTP-Protokoll (siehe dazu auch S. 636) verschickt wird. Die Datei wird dazu in kleine Einheiten gestückelt, da in einem Paket maximal 64 kB an Daten versandt werden können. Meist beschränkt man sich jedoch auf wesentlich kleinere Pakete – z.B. 4 kB. Die gestückelten Daten werden jeweils in ein TCP-Paket eingepackt und mit Informationen versehen. Diese werden in einem *Header* zusammengefasst. Im nächsten Abschnitt werden wir uns näher damit befassen. Das TCP-Paket wird dann schließlich in ein IP-Paket eingepackt, um einen IP-Header erweitert und im Internet verschickt.

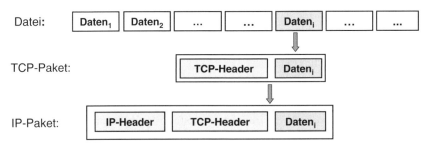

*Abb. 8.4:* *Verpackung von Daten in Pakete*

Die Abbildung könnte den Eindruck erwecken, als ob die Daten, also die Nutzlast, einen geringeren Anteil am Gesamtpaket hätten, als die beiden Header. Das ist natürlich i.A. nicht der Fall. Beide Header umfassen ca. 40 Byte. Bei einem Paket von mehr als 1 kB Gesamtgröße ist der Anteil des „Ballast" also vergleichsweise gering.

### 8.1.1 Die Protokolle TCP und UDP

Typischerweise laufen auf einem Rechner viele Anwendungen gleichzeitig, die Daten über das Internet verschicken oder in Empfang nehmen. Während ich meine Post bearbeite, kann ich gleichzeitig surfen, Web-Radio hören und im Hintergrund eine große Datei herunterladen. Alle nötigen Daten kommen in vielen kleinen Paketen an bzw. werden als solche versandt. Wie bereits erwähnt, ist das IP-Protokoll für den Transport der Datenpakete vom Sender zum Empfänger verantwortlich. Der Versand erfolgt ungesichert und ohne Kenntnis, zu welcher Anwendung die Pakete gehören.

Die Verteilung der Pakete an die richtigen Anwendungen muss das TCP-Protokoll übernehmen. Dazu etabliert es so genannte *logische Verbindungen* zwischen spezifischen Anwendungen zweier Rechner, die längere Zeit andauern können. Jede erhält eine spezifische Nummer, die so genannte *Port-Nummer*. Der Begriff suggeriert einen Hafen (engl. *port*), in dem die zugehörigen Datenpakete einlaufen können.

*Ports* werden durch vorzeichenlose 16-Bit Zahlen, d.h. Werte im Bereich von 0 bis 65535 benannt. Von diesen sind einige für so genannte *„well-known ports"* reserviert. Diese *gut bekannten Port-Nummern* werden benutzt, um die Dienste im Internet beliebigen Hosts unter einer definierten Adresse anbieten zu können. Für E-Mail (SMTP-Protokoll) wird beispielsweise die Port-Nummer 25 verwendet, für das HTTP Protokoll die Nummer 80. Ursprünglich waren 256 Nummern für diese Zwecke reserviert, mittlerweile sind es 1024.

Die Port-Nummern werden von der IANA vergeben bzw. registriert. Es werden derzeit drei Bereiche für Port-Nummern unterschieden. Der Bereich von 0 bis 1023 ist für die bereits genannten *well-known ports* reserviert. Der Bereich von 1024 bis 49151 wird von der IANA auf Wunsch für spezielle Anwendungen öffentlich registriert. Diese Registrierungen sind aber unverbindlich, d.h. diese Port-Nummern können auch anderweitig genutzt werden. Der Bereich von 49152 bis 65535 kann von Anwendungen ohne weitere Einschränkungen genutzt werden.

Jede TCP-Verbindung stellt eine zuverlässige Duplexverbindung zwischen zwei Anwendungen auf verschiedenen Hosts dar. In beiden Richtungen steht jeweils ein Übertragungskanal zum Lesen bzw. Schreiben zur Verfügung. Das TCP-Protokoll regelt den Verbindungsaufbau, den gesicherten Austausch von Daten und den Abbau der Verbindung im Falle eines normalen und eines fehlerbedingten Verbindungsendes.

Der Header eines TCP-Paketes ist eine Datenstruktur variabler Größe. Die Länge des Header ist in dem Feld HL (header length) angegeben. Die unterschiedliche Länge ergibt sich aus der Zahl der verwendeten Optionsfelder. Diese und einige weitere Felder in einem TCP-Header sind historisch bedingt und werden kaum verwendet.

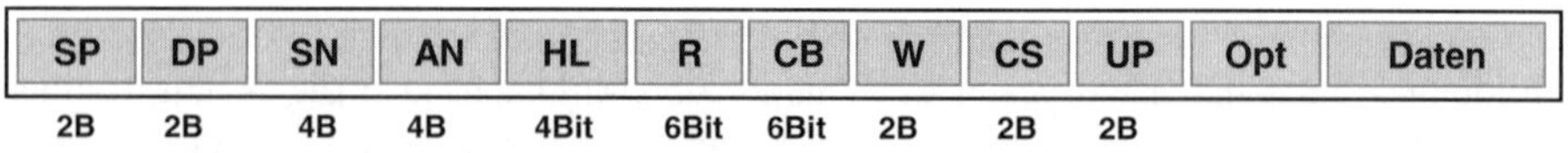

| SP | DP | SN | AN | HL | R | CB | W | CS | UP | Opt | Daten |
|----|----|----|----|----|----|----|----|----|----|----|----|
| 2B | 2B | 4B | 4B | 4Bit | 6Bit | 6Bit | 2B | 2B | 2B | | |

**Abb. 8.5:**   *Die Felder eines TCP-Paketes*

Die Felder SP (source port) und DP (destination port) bezeichnen die Portnummern des sendenden und des empfangenden Programms. In dem Feld SN (sequence number) wird die Anzahl der Bytes angegeben, die in der Richtung des aktuellen Paketes gesendet worden sind und in AN (acknowledge number) wird die Anzahl der Bytes bestätigt, die in der umgekehrten Richtung erfolgreich angekommen sind. Diese Anzahlen verstehen sich kumulativ d.h. sie geben auch gleichzeitig eine Sequenznummer in dem Datenstrom in der jeweiligen Richtung an.

In dem W-Feld (Window) gibt der Sender an, wie groß die Differenz zwischen gesendeten und bestätigten Sequenznummern maximal werden darf. Man nennt diese Zahl auch die für die Übertragung in dieser Richtung verwendete *Fenstergröße* (engl. sliding window). Wenn diese zu groß ist, werden viele Daten auf Verdacht gesendet, bei einem Fehler müssen sie ggf. erneut gesendet werden. Wenn die Zahl zu klein ist, sinkt die Übertragungseffizienz, weil häufig auf eintreffende Bestätigungen gewartet werden muss. Die Übertragungsprotokolle berücksichtigen schließlich noch eine Prüfsumme im Feld CS (check sum) und einige der Bits aus dem Feld CB (Code-Bits).

8.1  Die TCP/IP Protokolle                                                                    611

Das TCP-Protokoll ist recht komplex. Es wurde konzipiert, um den gesicherten Transfer großer Datenmengen, z.B. für das FTP-Protokoll, zu garantieren oder um eine zeitlich länger
andauernde Verbindung herzustellen, z.B. für das HTTP-Protokoll. In vielen Fällen reicht
aber ein einfacheres Protokoll aus, wenn nur kleinere Datenmengen ungesichert übertragen
werden sollen. Parallel zu TCP wurde daher *UDP (user datagram protocol)* entwickelt. Es
wird häufig für einfache Anfragen benutzt, die ggf. wiederholt werden, wenn ein Fehler aufgetreten ist bzw. wenn nach einer bestimmten Zeit keine Antwort eingetroffen ist. Ebenso wie
bei TCP wird bei UDP mit Hilfe von Port-Nummern eine direkte Verbindung zwischen zwei
Anwendungen hergestellt. Ein Beispiel für die Anwendung von UDP sind die später diskutierten Anfragen an Domain-Name-Server. Der Header eines UDP-Paketes besteht aus genau
4 Feldern, ist also einfacher als der eines TCP-Paketes. Außer den Feldern SN, DN und CS
gibt es nur noch ein Feld, das die Gesamtlänge des Paketes angibt.

## 8.1.2   Das IP Protokoll

Das IP-Protokoll ist für den Versand *einzelner* Pakete verantwortlich. Jedes Paket wird für
sich *nach besten Kräften* (engl. best effort) zu dem Empfänger befördert. Der wesentliche
Inhalt des Headers eines IP-Paketes sind daher Absender- und Zieladresse. Mit diesen werden
wir uns im nächsten Unterkapitel beschäftigen.

Derzeit wird überwiegend die Version 4 des IP-Protokolles benutzt, abgekürzt *IPv4*. Die Zahl
der mit diesem Protokoll adressierbaren Rechner bzw. Netze hat sich als zu klein erwiesen.
Daher wurde ein neues Protokoll, *IPv6* (IP Version 6) entwickelt. Die Versionen 4 und 6 des IP-
Protokolls (über eine Version 5 ist wenig bekannt) unterscheiden sich hauptsächlich in der
Adressbreite. Während IPv4 mit 32-Bit-Adressen arbeitet, sind bei der neueren Version 128 Bits
für Adressen vorgesehen. Die Anzahl der mit IPv6 adressierbaren Rechner bzw. Netze ist offensichtlich sehr groß – Spötter sagen, man könnte damit jedes Atom unseres Planeten adressieren.

Die Einführung von IPv6 wäre im Prinzip schon ab 1995 möglich gewesen. Seither liest man
in vielen Publikationen (so auch in den letzten Auflagen dieses Buches) immer wieder den
Satz: „Die Umstellung von IPv4 auf IPv6 wird schrittweise in den nächsten Jahren erfolgen.“
Tatsächlich wird IPv6 aber immer noch nicht in nennenswertem Umfang eingesetzt. Auch
gibt es keine Pläne, die eine endgültige Umstellung bzw. Einführung von IPv6 vorsehen.
Zweifellos hätten 48- oder 64-Bit-Adressen ausgereicht, um die Schwächen der IPv4 Adressierung zu überwinden – vielleicht wären solche auch schneller allgemein akzeptiert worden.

IP-Pakete werden häufig auch *Datagramme* genannt. Ihre Länge muss ein Vielfaches von
einem 4 Byte Wort sein. Dies gilt ebenfalls für den Header. Ähnlich wie bei TCP-Paketen
können optionale Felder benutzt werden. Daher können die Header unterschiedlich lang sein
– mindestens aber 5 Worte und höchstens 16 Worte. Die Gesamtlänge ist maximal 65 536
Bytes = 16384 Worte.

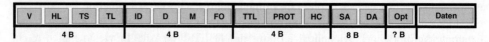

**Abb. 8.6:** *Struktur von IPv4 Paketen*

Das erste Feld eines IPv4 Headers gibt Auskunft über die Version des Protokolls, enthält also eine 4. Die meisten Felder sind historisch bedingt und spielen derzeit kaum noch eine Rolle. Die wichtigsten Felder sind SA (Source Address), DA (Destination Address), TTL (Time to live) und PROT. Das letztere Feld gibt Auskunft über das enthaltene Protokoll. Im Falle eines eingebetteten TCP-Paketes enthält dieses Feld z.B. die Nummer 6. Die Felder SA und DA enthalten die IPv4-Adressen von Absender und Empfänger. Das Feld TTL enthält einen Zähler, der jedes Mal, wenn das Paket von einem Vermittlungsrechner weitergeleitet wird, um 1 erniedrigt wird. Wenn das Feld den Wert 0 erreicht, wird das Paket verworfen. Dadurch sollen Irrläufer eliminiert und Routing-Fehler kompensiert werden. Ein typischer Anfangswert für TTL ist 50. Meist erreichen Pakete nach höchstens 10 Vermittlungen ihr Ziel.

Die Struktur eines IPv6 Headers ist durch die deutlich größere Adressbreite der Felder SA und DA gekennzeichnet. Die Versionsnummer und das TTL Feld sind auch übernommen worden, letzteres wird allerdings in dem aktuellen Protokoll meist als *Hop Limit* bezeichnet. Damit nimmt man direkt Bezug auf die maximale Zahl von Vermittlungspunkten (*hops* genannt).

| V | TC | FL | PL | NH | TTL | SA | DA | Daten |
|---|----|----|----|----|-----|----|----|-------|
| 4 Bit | 8 Bit | 20 Bit | 16 Bit | 8 Bit | 8 Bit | 128 Bit | 128 Bit | |

**Abb. 8.7:** *Struktur von IPv6 Paketen*

Man sieht sofort, dass nur wenige Felder von IPv4 nach IPv6 übernommen wurden. Hinzu gekommen ist eine Möglichkeit Pakete zu kennzeichnen, die besondere Anforderungen an die Übertragungsgeschwindigkeit haben. Dazu kann das Feld TC (Traffic Class) für eine Kennzeichnung der gewünschten Anforderungen genutzt werden. Mit dem Feld FL (Flow Label) kann eine Folge von Paketen als zusammengehörig gekennzeichnet werden. Diese sollten dann von den Vermittlungsrechnern in besonderer Weise behandelt werden. Damit ist es möglich auch schon auf IP-Ebene eine bestimmte Verbindung zu kennzeichnen, etwa um ein Video in Echtzeit zu übertragen.

Der IPv6 Header hat eine feste Länge und keine Optionsfelder. Die Optionen sind aber nicht entfallen, ihre Behandlung ist verallgemeinert worden. Unmittelbar nach dem Header kann eine Folge von zusätzlichen Headern eingeschoben werden. Falls kein Header folgt, hat dieses Feld dieselbe Bedeutung wie das Protokollfeld bei IPv4 – im Falle eines eingebetteten TCP-Paketes enthält es also die Nummer 6. Diese Zahl stammt aus einer von der IANA verwalteten Liste von Protokollnummern. In dieser Liste finden sich auch Nummern für die bisher definierten möglichen Erweiterungsheader. Deren Struktur und jeweilige Größe sind im IPv6 Protokoll genau definiert. Einige der bisher definierten Erweiterungsheader sind:

- Destination Options Header: Zusatzinformationen für den Zielrechner (Prot. Nr. 60)
- Routing Header: Vorschlag für eine (Teil-) Route (Prot. Nr. 43)
- Authentication Header: Authentifizierungsdaten des Absenders (Prot. Nr. 51)
- Encapsulating Security Payload Header: Verschlüsselung der Nutzlast (Prot. Nr. 50)
- No Next Header: ein leeres Paket ohne Nutzlast (Prot. Nr. 59)

Jeder Erweiterungsheader beginnt mit einem Next Header Feld, so dass eine Kette von optionalen Erweiterungen des ursprünglichen Headers möglich ist.

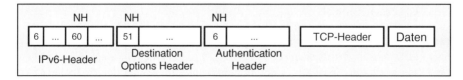

*Abb. 8.8:* Beispiel für die Verwendung von Erweiterungsheadern

## 8.2 IP-Adressen

Jeder Rechner, der am Internet angeschlossen ist, benötigt eine Adresse. Diese Adresse setzt sich zusammen aus der *Netzadresse* des Teilnetzes, in dem der Rechner sich befindet, und aus seiner Adresse innerhalb dieses Teilnetzes, der *Hostadresse*.

Die Paketvermittlung im Internet erfolgt ausschließlich über die Netzadressen. Der Vermittlungsrechner des Zielnetzes (*Gateway* bzw. *Router*) verbindet dann zu den einzelnen Rechnern innerhalb des Teilnetzes. Für diese Zwecke steht jedem Teilnetz ein Kontingent von Hostadressen zur Verfügung. Diese können bestimmten Rechnern fest zugeordnet sein oder temporär vergeben werden. Rechner, die ständig im Netz sind, wie z.B. Server, erhalten immer eine feste Adresse. Rechnern, die nicht ständig *online* sind, sondern sich z.B. über ein Modem einwählen, kann bei Bedarf eine gerade freie Hostadresse zugeordnet werden. Dabei kommen verschiedene Techniken zur Anwendung, z.B. das *DHCP* (Dynamic Host Configuration Protocol) genannte Protokoll. Der Hauptvorteil der *dynamischen Adresszuordnung* ist die Möglichkeit, mit einem gegebenen Kontingent von Hostadressen eine potenziell größere Zahl von Rechnern bedienen zu können.

Netzadresse und Hostadresse bilden zusammen die vollständige *Internetadresse*, abgekürzt *IP-Adresse*. Diese wird als 32-Bit-Zahl codiert und der besseren Lesbarkeit wegen in der Form $d_1 \cdot d_2 \cdot d_3 \cdot d_4$ notiert. Dabei stehen $d_1, d_2, d_3, d_4$ jeweils für die dezimalen Äquivalente der vier Bytes, aus denen diese Adresse besteht. Per Konvention findet sich die Netzadresse am Anfang der Gesamtadresse, die Hostadresse ergibt sich aus den restlichen Bits. Die Zahl der für die Netzadresse verwendeten Bits ist flexibel, allerdings müssen es mindestens 8 Bits sein.

Der *Name-Server* (siehe S. 621) des Fachgebiets Informatik der Universität Marburg verwaltet dessen Name-Service und läuft derzeit (Anfang 2004) auf einem Rechner mit der festen IP-Adresse 137.248.123.44. Diese aus 4 Bytes bestehende Adresse lautet als Binärzahl:

1000 1001 1111 1000 0111 1011 0010 1100.

Die Adresse setzt sich zusammen aus der Netzadresse 137.248 und der Hostadresse 123.44. Es werden also jeweils 16 Bits für die Netzadresse und für die verwendeten Hostadressen benutzt.

## 8.2.1    Adressklassen

Jahrzehntelang hat man die IP-Adressen in 5 Klassen aufgeteilt: A, B, C, D und E. Der Übergang zu einer *klassenlosen* Vergabe von IPv4 Adressen wurde bereits mit dem RFC 1519 aus dem Jahr 1993 eingeleitet und hat sich in den Folgejahren durchgesetzt. Diese Technik wird als CIDR (*classless interdomain routing*) bezeichnet. Die Einteilung von Adressen in Klassen hat somit nur noch historische Bedeutung. Adressbereiche werden heute nur noch in der Form *Anfangsadresse/Netzbits* vergeben. Die durch Netzbits gegebene Zahl definiert, wie viele Bits am Anfang der Adresse als Netzadresse interpretiert werden. Diese Netzadresse sollte durch die Anfangsadresse eindeutig bestimmt sein, alle Bits dieser Adresse, die nach den Netzbits kommen, sollten daher Null sein. Der bereits untersuchte Adressbereich der Universität Marburg lässt sich in dieser Notation als 137.248.0.0/16 schreiben. Die deutsche Telekom hat den Adressblock 217.224.0.0/11 erhalten, der den Adressbereich 217.224.0.0 bis 217.255.255.255 beinhaltet.

Die klassenlose Vergabe von IPv4 Adressen ermöglicht eine flexible, an den Bedarf angepasste Vergabe von Adressbereichen. Ein weiteres Ziel ist die Bündelung von Adressen nach regionalen Gesichtspunkten, um die Vermittlung von Paketen durch die Router zu vereinfachen. So ist der genannte Adressblock 217.224.0.0/11 enthalten in dem Adressblock 217.0.0.0/8 der der für Europa zuständigen Vergabestelle für Netzadressen RIPE zugeordnet ist. Ideal wäre es, wenn weltweit alle IPv4 Adressen nach regionalen Gesichtspunkten zugeordnet wären. Leider greift die geschilderte hierarchische und regional gegliederte Adressvergabe nur für Adressen, die ab Mitte der 90er Jahre vergeben wurden. Ältere Adressen wurden überwiegend entsprechend dem früheren Klassenschema und ohne Rücksicht auf regionale Gesichtspunkte vergeben. Insgesamt sind IPv4 Adressen daher teilweise regional gegliedert, überwiegend werden aber „regional gemischte" Adressen aus der Vergangenheit verwendet – auch die Adresse 137.248.0.0 ist eine solche – der sie umfassende Adressblock 137.0.0.0/16 wird von „verschiedenen Registraren" genutzt.

Bei der früher üblichen Aufteilung der IP-Adressen in 5 Klassen werden die Adressen anhand der Position der ersten Null in der Binärdarstellung klassifiziert. Die Anzahl der Netzbits ist in jeder Klasse fest vorgegeben. Dadurch gibt es beispielsweise in der Klasse A nur relativ wenig Netzadressen, die zugehörigen Netze verfügen aber über sehr viele Hostadressen.

## 8.2 IP-Adressen 615

1. Klasse A: Die Adressen, die binär mit 0 beginnen. Das erste Byte bildet die Netzadresse, die restlichen 3 Bytes können für Hostadressen in dem jeweiligen Netz verwendet werden. Dies deckt den Adressbereich von 0.0.0.0 bis 127.255.255.255, also die Hälfte aller IP-Adressen ab. Die klassenlose Notation wäre 0.0.0.0/1, dies gibt zwar den Bereich korrekt an, würde aber die tatsächlich für die Netzadresse verwendete Bitzahl 8 nicht berücksichtigen. Dies trifft ähnlich auf die folgenden Klassen zu, daher wird die klassenlose Notation nicht angegeben, wenn eine spezifische Festlegung der Bitzahl für die Netzadresse besteht.

2. Klasse B: Die Adressen, die mit 10 beginnen. Die ersten 2 Bytes bilden die Netzadresse eines Klasse-B-Netzes, die restlichen 2 Byte können als Hostadressen verwendet werden. Dies umfasst die Adressen von 128.0.0.0 bis 191.255.255.255. Das Netz der Universität Marburg ist ein Netz der B-Klasse.

3. Klasse C: Die Adressen dieser Klasse beginnen mit 110. Die ersten 3 Bytes bilden die Netzadresse, es bleibt noch 1 Byte für Hostadressen übrig. Die Adressen von 192.0.0.0 bis 223.255.255.255 gehören zur Klasse C.

4. Klasse D: Die Adressen dieser Klasse beginnen mit 1110 und sind reserviert für die Adressierung von Gruppen von IP-Adressen. Diese Gruppen werden verwendet, um so genannte *Multicast*-Sendungen zu ermöglichen. Dabei wird eine Folge von Paketen an mehrere Adressaten gleichzeitig versendet. Der Adressbereich erstreckt sich hier von 224.0.0.0 bis 239.255.255.255. Jede dieser Adressen kann als Adresse einer Multicast-Gruppe verwendet werden. Diese hat einen Namen, besteht aus einer Menge von IP4-Adressen und muss registriert werden.

5. Klasse E: Die Adressen dieser Klasse waren, bzw. sind immer noch, reserviert für „zukünftige Verwendungen". Der dafür vorgesehene Adressbereich ist 240.0.0.0 bis 247.255.255.254 bzw. 240.0.0.0/4 in klassenloser Notation. Dieser Bereich könnte jederzeit „in Betrieb" genommen werden. Diese Reserve von mehr als 250 Millionen Adressen ist jederzeit verfügbar!

Eine Sonderrolle spielt die Adresse 0.0.0.0. Diese wird temporär von Rechnern verwendet, die die eigene IP-Adresse nicht kennen. In Erweiterung dieser Konvention ist der gesamte Bereich 0.0.0.0/8 reserviert zur Adressierung von Hosts innerhalb eines Netzes mit (noch) unbekannter Netzadresse.

Per Konvention dürfen einige Adressbereiche im Internet (außerhalb des eigenen Netzes) nicht benutzt werden. Router dürfen Pakete mit Adressen aus diesen Bereichen nicht weiterleiten. Es handelt sich unter anderem um die Bereiche 0.0.0.0/8, 10.0.0.0/8, 127.0.0.0/8, 172.16.0.0/12 und 192.168.0.0/16. Adressen im Bereich von 127.0.0.0/8 dienen als so genannte *Loopback*-Adressen. Pakete an diese Adresse werden nicht ins Internet verschickt, sondern innerhalb des Rechners direkt vom Sendeteil des Protokolls zum Empfangsteil umgeleitet. Diese Konvention soll das Testen von Protokollimplementierungen ermöglichen, ohne das umgebende Netz zu stören. Die anderen Bereiche werden für die weiter unten beschriebene Adressübersetzung genutzt.

Eine Sonderrolle spielen auch die Hostadressen, deren Binärdarstellung aus lauter Nullen bzw. aus lauter Einsen besteht. Erstere wird wieder temporär von Rechnern verwendet, die noch keine Hostadresse haben. Letztere werden für *Broadcast*-Sendungen verwendet. Diese sind an alle Rechner im jeweiligen Netz oder Subnetz gerichtet und können zum Beispiel verwendet werden, um die Adresse eines DHCP-Servers zu erfragen, um diesen dann anschließend um Zuteilung einer IP-Adresse zu bitten.

In einem Netz können Teilnetze gebildet werden. Diese Teilnetzbildung ist allerdings nur innerhalb eines Netzes von Bedeutung. Im Internet wird eine eventuelle Teilnetzugehörigkeit nicht beachtet. Das Netz 137.248.0.0/16 ist der Universität Marburg zugeordnet. Selbstverständlich wurden die bis zu 65.536 möglichen Hostrechner nicht wahllos durchnummeriert, sondern auf intern definierte Subnetze verteilt, welche dem Rechenzentrum, den Fachbereichen und anderen Institutionen zugeordnet sind. So verwaltet z.B. der Fachbereich 12 (Mathematik und Informatik) die Subnetze 121 bis 129. In jedem dieser Subnetze kann er jeweils bis zu 254 Hostadressen vergeben.

## 8.2.2 Adressübersetzung

Die Zahl der mit den ursprünglichen Adressklassen adressierbaren Netze hat sich als zu klein erwiesen. Eine bessere Nutzung des IP4 Adressbereichs hat sich durch den Übergang zur klassenlosen Adressierung ergeben. Aber auch der gesamte nunmehr zur Verfügung stehende Adressraum wird irgendwann erschöpft sein. Abhilfe verspricht der wesentlich größere Adressraum von IPv6. Da die Einführung von IPv6 nicht mit der notwendigen Eile erfolgt ist, haben sich parallel dazu verschiedene Techniken etabliert, die eine verbesserte Nutzung von IPv4 Adressen ermöglichen. Neben der klassenlosen Adressierung ist das vor allem eine Technik, die unter dem Namen NAT (*N*etwork *A*dress *T*ranslation) bekannt geworden ist.

Die Grundidee von NAT besteht darin, einer Gruppe von Benutzern einen privaten Adressbereich zuzuordnen, der im internen Netz der Gruppe verwendet wird, aber beim Zugang zum öffentlichen Internet in andere Adressen übersetzt wird. Für derartige private Adressbereiche wurden mit dem RFC 1918 folgende Bereiche reserviert:

- 10.0.0.0/8 – das ist ein Bereich mit 16.777.214 individuellen Adressen
- 172.16.0.0/12 – das ist ein Bereich mit 1.048.574 individuellen Adressen
- 192.168.0.0/16 – das ist ein Bereich mit 65.534 individuellen Adressen

Diese Bereiche werden von der IANA nicht vergeben; die Adressen dieser Bereiche dürfen nur in privaten Netzwerken verwendet werden – im öffentlichen Internet dürfen sie nicht auftauchen. Wenn ein Benutzer eines privaten Netzes ins öffentliche Netz will, muss seine Adresse in eine legale Internetadresse übersetzt werden. Dazu dient eine so genannte NAT-Box.

8.2 IP-Adressen

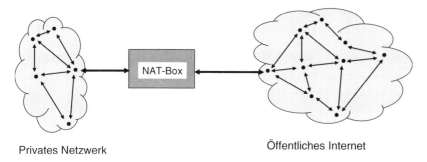

Privates Netzwerk        Öffentliches Internet

*Abb. 8.9:*   *Adressübersetzung mit einer NAT-Box*

Für die Übersetzung der Adressen gibt es zahlreiche Vorschläge, von denen wir hier nur einige wenige erwähnen. Man unterscheidet die traditionelle Übersetzung von Adressen und ein experimentelles Protokoll namens RSIP (*Realm Specific IP*, beschrieben in einigen RFCs ab 3102). Die traditionelle Übersetzung von Adressen wird in RFC 3022 besprochen und unterscheidet wiederum zwischen Basic NAT und NAPT (*Network Address Port Translation*).

Bei einem Basic NAT werden zur Verfügung stehende globale, externe IP-Adressen dynamisch den internen Hosts zugewiesen auf einer 1:1 Basis. Diese Zuweisung erfolgt i.A. temporär bzw. dynamisch, kann aber für einige Hosts (z.B. für Server) auch statisch vorgenommen werden, wenn eine Internetverbindung garantiert werden soll. Nur wenn der Pool der zur Verfügung stehenden globalen, externen IP-Adressen größer oder gleich der Anzahl der internen Hosts ist, kann eine gleichzeitige Verbindung ins Internet gewährleistet werden. Mit Hilfe von Basic NAT wird die bereits erwähnte *dynamische Adresszuordnung* realisiert, mit deren Hilfe mit einem gegebenen Kontingent von Hostadressen eine potenziell größere Zahl von Rechnern bedient werden kann.

Sehr viel häufiger als Basic NAT wird heute das flexiblere NAPT eingesetzt. Mit Hilfe von NAPT können mehrere Rechner eines privaten Netzwerkes gleichzeitig eine Verbindung ins Internet mit derselben öffentlichen IP-Adresse aufnehmen und aufrechterhalten. Die NAT-Box, wegen der erweiterten Funktionalität jetzt NAPT-Server genannt, unterscheidet die verschiedenen Verbindungen anhand der lokalen IPv4-Adressen und Port-Nummern der Rechner im privaten Netz. Die Initiative zu einem Verbindungsaufbau muss bei NAPT von einem Rechner im privaten Netz ausgehen. Da Port-Nummern zur Identifikation der Verbindungen benutzt werden, können nur TCP- und UDP-Verbindungen aufgebaut werden. Der NAPT-Server verwaltet eine Menge von öffentlichen IP-Adressen und für jede von diesen ein Kontingent von Port-Nummern. Meist werden alle Nummern im Bereich 1024 bis 65.535 dafür verwendet, so das pro IPv4-Adresse mehr als 64.000 Verbindungen aufgebaut werden können.

Mit einem NAPT-Server kann man aus einem privaten Netzwerk heraus mit einer gegebenen Zahl öffentlicher IPv4-Adressen gleichzeitig ein Vielfaches an Verbindungen ins öffentliche Netz realisieren. Kleinere private Netze kommen mit einigen wenigen öffentlichen IPv4-Adressen aus – aber auch größere private Netze benötigen kaum mehr als die früher in einem C-Netz verfügbaren 254 Adressen. Meist bieten NAPT-Server noch einige nützliche Zusatzdienstleistungen unter anderem:

- Einige der öffentlichen IPv4-Adressen können reserviert werden, um von außen einen Zugang zu bestimmten Rechnern im privaten Netz zu ermöglichen. Dies ermöglicht den Betrieb von Servern wie z.B. von Web-Servern und E-Mail-Servern.
- NAPT ermöglicht eigentlich nur TCP- und UDP Verbindungen. Im Falle von Fehlermeldungen wird jedoch noch eine Variante des IP-Protokolls namens ICMP (*Internet Control Message Protocol*) benötigt. Derartige Pakete werden analysiert und anhand der Tabellen der jeweiligen Verbindung zugeordnet, sinngemäß umgesetzt und weitergeleitet.

Bei Benutzung von NAPT ergeben sich eine Reihe von Vor- und Nachteilen sowohl für das globale Internet, als auch für den lokalen Nutzer.

Vorteile von NAPT:

- Für eine Gruppe von Rechnern in einem privaten Netz, die Internetzugang benötigen, werden nur einige wenige global gültige IP-Adresse benötigt. Gegenüber dem öffentlichen Internet wird die Verwendung der internen IP-Adressen anonymisiert.
- Die Vergabe der IP-Adressen im privaten Netz kann entsprechend den Interessen des Betreibers erfolgen. Die Vergabe erfolgt unabhängig vom gewählten Provider und kann bei einem eventuellen Wechsel beibehalten werden. Es stehen umfangreiche Adressräume zur Verfügung, so das auch eine Teilnetzstruktur entsprechend den Wünschen des Betreibers des privaten Netzes erfolgt.
- Der NAPT-Server bietet bereits Schutzfunktionen, da jeder Verbindungsaufbau überwacht wird. Verbindungen von außerhalb in das Netz sind nur zu ausgewählten Servern möglich, im Übrigen kann der Verbindungsaufbau nur aus dem privaten Netz heraus erfolgen.

Nachteile von NAPT:

- Die Adressübersetzung ist zwar im Allgemeinen anwendungsunabhängig, jedoch müssen für bestimmte Anwendungen (z.B. FTP) zusätzliche Maßnahmen ergriffen werden, um diese verwendbar zu machen. Dies liegt daran, dass nach dem Aufbau einer ersten TCP-Verbindung für eine FTP-Sitzung, eine zweite Verbindung aufgebaut wird (FTP benötigt eine Kontroll- und eine Datentransportverbindung). Die Daten der zweiten Verbindung, also die verwendeten IP- und Portadressen, werden innerhalb der ersten Verbindung gegenseitig mitgeteilt. Ohne zusätzliche Tricks können diese Adressen nicht vom NAPT-Server übersetzt werden, damit kommt die benötigte zweite TCP-Verbindung nicht zustande.
- Anwendungen, die nicht auf TCP oder UDP aufsetzen, sondern ein anderes Protokoll nutzen oder direkt IP-Pakete benutzen, werden von NAPT nicht unterstützt.
- Vom Konzept her sollten IP-Adressen weltweit eindeutig sein. Durch die Verwendung von dynamischer Adressumsetzung bzw. von privaten Adressräumen wird dieses Prinzip verletzt. Die Adresse 10.42.9.7 kann z.B. zu einem Zeitpunkt gleichzeitig von vielen Rechnern benutzt werden.
- Der verbindungslose Austausch von IP-Paketen ist nicht möglich. IP-Pakete können nur für TCP- oder UDP-Verbindungen ausgetauscht werden. Damit wird das Internet lokal zu einem verbindungsorientierten Netz. Da der NAPT Server nicht direkt den Verbindungsaufbau und -abbau kontrolliert, kann es hier zu Fehlersituationen kommen, z.B. wenn der NAPT-Server irrtümlich eine Verbindung wegen einer langen Pause für beendet erklärt und die benutzen IP und Portadressen anderweitig verwendet.

## 8.2 IP-Adressen 619

- NAPT verletzt grundlegend einige Prinzipien der Rechnerkommunikation: So sollte ein Vermittlungsrechner keine Veränderung an den vermittelten Paketen vornehmen und bei Vermittlung eines IP-Paketes keine Annahmen über die höher liegenden Schichten machen.

Die klassenlose Vergabe von IPv4 Adressen und die Übersetzung von Netzwerkadressen haben das Problem des zu kleinen Adressraums kurzfristig gelöst und damit indirekt zu einer weiterhin verzögerten Einführung von IPv6 Adressen geführt. Eine langfristige, technisch saubere und dauerhafte Lösung für dieses Problem ist aber nur die Einführung des IPv6 Protokolls.

IPv6 Adressen bestehen aus 128 Bits, also aus 16 Bytes. Die bevorzugte Schreibweise dieser Adressen ist x:x:x:x:x:x:x:x, wobei jedes x zwei Byte, also 16 Bit, in hexadezimaler Notation repräsentiert. Nullfolgen können einmal durch :: abgekürzt werden. Beispiele:

- FEDC:BA98:7654:3210:FEDC:BA98:7654:3210
- FF01:0:0:0:0:0:557A:43 bzw. abgekürzt FF01::557A:43

IPv4 Adressen werden eingebettet in eine IPv6 Adresse, deren erste 96 Bits 0 sind. Für diese speziellen Adressen wird für den IPv4 Teil die alte Notation beibehalten. Beispiel:

- 0:0:0:0:0:0:137.248.123.44 bzw. abgekürzt ::137.248.123.44

IPv6 Adressen identifizieren eine Netzschnittstelle (ein „interface") und nicht mehr notwendig einen Rechner. Ein Rechner kann mehrere Netzschnittstellen haben und damit mehrere IPv6 Adressen. Es gibt drei Adress-Typen:

- *Unicast-Adressen* identifizieren eine einzelne Netzschnittstelle.
- *Anycast-Adressen* identifizieren eine Menge von Netzschnittstellen, z.B. alle Schnittstellen einer Menge von Servern. Ein Paket an eine Anycast-Adresse wird an *eine* Adresse der Menge ausgeliefert.
- *Multicast-Adressen* identifizieren eine Menge von Netzschnittstellen, z.B. alle Schnittstellen einer Gruppe individueller Rechner. Ein Paket an eine Multicast-Adresse wird an *alle* Adressen der Menge ausgeliefert.

Den normalen Host-Adressen der Version 4 entsprechen die so genannten globalen IPv6 Unicast-Adressen. Derzeit wird für diese Adressen ein Achtel des möglichen Adressraums verwendet, fast alle anderen Adressen sind derzeit noch „reserviert für mögliche zukünftige Verwendung". Diese Adressen beginnen mit der Bitfolge 001, daran schließt sich ein 45 Bit breiter globaler Routing-Präfix an, daran ein 16 Bit großes Teilnetzfeld und schließlich 64 Bit zur Identifikation der Netzschnittstelle. Der globale Routing-Präfix wird von der IANA verwaltet und in geographisch zusammenhängenden Blöcken an den regionalen Registraren zugeteilt.

## 8.3     Das System der Domain-Namen

In der Anfangsphase des Internet wurden nur die oben beschriebenen IP-Adressen verwendet. Jeder Hostcomputer verwaltete eine Datei *hosts.txt*, in der die Namen aller Hosts mit ihren IP-Adressen zu finden waren. In jeder Nacht wurde eine aktualisierte Version dieser Datei von einem zentralen Rechner abgeholt. Solange es relativ wenige Teilnehmer gab, funktionierte diese zentrale Datenhaltung gut. Ab etwa 1980 wurde als Alternative eine verteilte Datenbanklösung zur Verwaltung von Namen im Internet entwickelt. 1984 wurde sie unter dem Namen DNS (*domain name service*) eingeführt. Dabei hatte man die Vorstellung, dass jedes Teilnetz des Internets einen Bereich (engl. *domain*) von Namen verwaltet und selbst einen Bereichsnamen (*domain name*) hat.

Heute ist es zwar immer noch so, das jedes Teilnetz des Internet in der Regel einen Domain-Namen hat, aber daneben gibt es unzählige Domain-Namen, die benutzt werden können, ohne dass ihnen ein eigenes Teilnetz des Internets entspricht. Diese Namen werden von dem Name-Service eines Netzbetreibers (*provider*) mitverwaltet und benötigen noch nicht einmal eine feste IP-Adresse. Um an den Inhaber eines solchen Domain-Namens eine E-Mail schicken zu können, benötigt man lediglich die IP-Adresse des Name-Servers des Netzbetreibers und kann von diesem die IP-Adresse des Mail-Service erhalten, welcher für die Benutzer des Domain-Namens zuständig ist.

Domain-Namen im Internet bestehen aus mindestens zwei Komponenten, die durch Punkte getrennt sind. Die Schreibweise spielt keine Rolle: Groß- und Kleinbuchstaben werden nicht unterschieden. Landestypische Zeichen wie ä,ö,ß waren bis vor kurzem nicht zulässig, werden aber zunehmend benutzt, was aber (immer noch) zu Problemen führen kann. Beispiele:

domain.ToplevelDomain    oder    subdomain.domain.ToplevelDomain.

Am weitesten rechts steht der Name einer *Toplevel-Domain (abgekürzt: TLD)*. Dieser bezeichnet einen geografischen oder organisatorischen Bereich. Die zweite Komponente (von rechts) beinhaltet den eigentlichen Domain-Namen, dann folgt, immer noch von rechts, eine Einteilung in Unterbereiche (*subdomains*). Beispiele sind:

mathematik.uni-marburg.de und informatik.uni-marburg.de

In diesem Falle ist „*de*" die TLD und „*uni-marburg*" der Domain-Name des Netzes der Universität Marburg, „*mathematik*" bzw. „*informatik*" der Name einer subdomain. In diesem Fall handelt es sich um zwei Synonyme für das gleiche Netz.

Ein solcher Name wird von rechts nach links abgearbeitet. Für Deutschland (*de*) muss es ein globales Namensverzeichnis geben, in dem *uni-marburg* eingetragen ist. Ein weiteres Namensverzeichnis an der Uni-Marburg weiß dann, wie *mathematik* zu finden ist, bzw. dass *informatik* ein alias für dasselbe Subnetz ist.

Geografische TLDs werden auch als *ccTLD* bezeichnet (dabei steht *cc* für country code). Weitere ccTLDs sind z.B. *aq* für Antarctica, *at* für Österreich, *ch* für die Schweiz, *fr* für Frankreich, *pn* für Pitcairn und *uk* für das Vereinigte Königreich von Großbritannien. Die Liste der

## 8.3  Das System der Domain-Namen            621

zulässigen Kürzel für Ländernamen ist in der Norm ISO 3166-1 festgelegt. Dort findet sich auch das Kürzel *us* für die USA. Die Anfänge des Internet lagen in den USA – daher ist die Verwendung der TLD *us* eher selten. Amerikanische Institutionen verwenden meist unspezifische TLDs. Insbesondere die Kennungen *gov* (für Regierungsstellen) und *mil* (für das Militär) sind für nordamerikanische Institutionen reserviert.

Nicht alle TLDs sind einem spezifischen Land zugeordnet. Dazu gehören auch *com* (für kommerzielle Organisationen), *net* (für Organisationen in Zusammenhang mit dem Internet), *org* (für nichtkommerzielle Organisationen), *edu* (für Bildungseinrichtungen) und *int* (für Organisationen des internationalen Rechts wie z.B die UNESCO). Diese werden auch als generische TLDs (kurz *gTLD*) bezeichnet.

Die Einführung weiterer gTLDs wird seit Jahren kontrovers diskutiert. TLDs werden von ICANN festgelegt. Seit langem sollten schon *aero*, *biz*, *coop*, *info*, *name*, *museum* und *pro* zugelassen werden, aber erst im Laufe des Jahres 2001 wurden diese Namen schrittweise zur Benutzung freigegeben. Ende 2003 waren fast alle dieser neuen gTLDs verfügbar, aber bei weitem nicht so weit verbreitet, wie man das ursprünglich erwartet hatte.

Für jede TLD sind ein oder mehrere von ICANN bestimmte Registrare zuständig. Auf internationaler Ebene ist das *INTERNIC* (*www.internic.org*) für die Vergabe von Domain-Adressen, die so genannte *Registrierung*, autorisiert. Für die nationalen TLDs erledigt dies ein jeweils in dem betreffenden Land angesiedeltes *Network Information Center (NIC)*. *In Deutschland ist das DENIC* (*www.denic.de*) für die Domain *de verantwortlich*. Einige Länder, z.B. Großbritannien (*uk*) haben unter ihrer Toplevel-Domain eine weitere freiwillige Kategorisierung eingeführt. Englische Universitäten, allgemeiner „*academic institutions*", sind z.B. in der subdomain (*.ac.uk*) zu finden.

Für jede TLD müssen ein oder mehrere *Name-Server* betrieben werden, die alle registrierten Subdomains kennen. Die Verweise auf alle Name-Server der TLDs werden von einem Netz von weltweit verteilten *Root-Servern* verwaltet. Diese bilden die Wurzeln eines baumartig verzweigten Domain-Name-Systems. Derzeit gibt es 13 solcher Root-Server: *A.root-servers.net*, ... , *M.root-servers.net*. Deren IP-Adressen müssen in jedem Name-Server voreingestellt werden. Das *ISC* (*Internet Software Consortium*) betreibt *F.root-servers.net* mit der IP-Adresse 192.5.5.241. Dieser Server beantwortet nach Angaben von ISC mehr als 272 Millionen Anfragen pro Tag. Wie Abbildung 8.10 zeigt, sind 10 Root-Server in den USA stationiert und nur 3 außerhalb. Um die Effizienz der Root-Server zu verbessern, ist man im Laufe des Jahres 2003 dazu übergegangen die genannten 13 Root-Server als logische Geräte zu betreiben, die physikalisch durch mehrere identische (gespiegelte) Installationen an geographisch unterschiedlichen Orten realisiert werden. Eine Anfrage an einen solchen Mehrfach-Root-Server wird dann als Anycast geroutet und dem nächstgelegenen (oder dem am wenigsten ausgelasteten) Server zugeführt. Diese Strategie soll auch die Gefahr von Hacker Angriffen auf die Root-Server vermindern. Ein erster Schritt in diese Richtung war die Installation eines gespiegelten Servers für den J-Server in Korea.

Die Zuordnung von IP-Adressen zu beliebigen Domain-Namen erfolgt aus einem Cache mit bereits gespeicherten Zuordnungen oder beginnt mit einer Suche bei einem Root-Server und endet bei dem für den Namen zuständigen Domain-Name-Server. Die Suche nach *informa-*

*tik.uni-marburg.de* könnte bei *K.root-servers.net* beginnen und würde über den Name-Server von DENIC zum Name-Server der Universität Marburg führen bzw. zum Name-Server der Informatik.

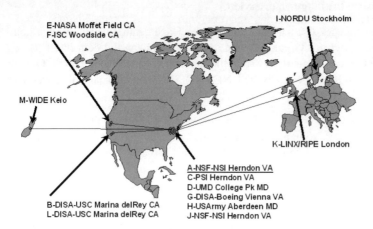

**Abb. 8.10:**   *Die Verteilung der DNS-Root-Server*

## 8.3.1   DNS-lookup in Java

Mit der Verbreitung des Internet und seiner vielfältigen Möglichkeiten wächst auch die Notwendigkeit, dass Anwendungsprogramme Dienste des Internets in Anspruch nehmen. Beispiele sind Depotverwaltungsprogramme, die zwar lokal auf dem Rechner des Benutzers laufen, sich aber mit dem Internet verbinden, um Kurslisten zu aktualisieren, Musik-Verwaltungsprogramme, die nach dem Einlegen einer CD automatisch mit der Datenbank *CDDB* Kontakt aufnehmen, um Interpreten und Titel der eingelegten CD zu ermitteln, und vieles mehr. Um ein Gespür für die praktische Umsetzung solcher Programme zu geben, werden wir parallel zur Besprechung der Dienste des Internets zeigen, wie man in der Sprache Java einen Zugriff auf solche Dienste implementieren kann. Alle diskutierten Programme sind in der Programmsammlung zu diesem Buch enthalten.

Wir beginnen mit dem Zugriff auf den *Domain Name Service (DNS),* wobei wir die IP-Adresse zu einem gegebenen Host-Namen, bzw. umgekehrt den Host-Namen zu einer vorgegebenen IP-Adresse ermitteln. Jede Implementierung von TCP/IP stellt zu diesem Zweck die Methoden *getHostbyName* bzw. *getHostbyAddr* zur Verfügung. Java bietet in dem Paket *java.net* eine Klasse *InetAddress* an, in der sich die statischen Methoden *getByName* und *getByAddress* finden. *getByName* erwartet einen String mit dem Domain-Namen, *getByAddress* einen Byte-Array mit den 4 Komponenten einer IPv4-Adresse. Bei einem erfolgreichen Aufruf liefern diese Methoden jeweils eine Instanz der Klasse *Inet-Address* zurück, in der alle Informationen über den gesuchten Host enthalten sind. Ein erfolgloser Aufruf erzeugt die Ausnahme *UnknownHostException*.

## 8.3 Das System der Domain-Namen

In unserem Programmbeispiel werden diese Methoden getestet. In ein Inputfeld gibt der Benutzer einen String ein, welcher eine IP-Nummer oder einen Domain-Namen darstellen sollte. Die zugehörige *Internet-Adresse* wird ermittelt und die darin enthaltene Information – Adresse und Hostnamen – in einem Mitteilungsfenster ausgegeben.

Das folgende Bild zeigt zwei Aufrufe des Testprogramms – links nach Eingabe der IP-Adresse „192.18.97.71" und rechts nach Eingabe des Domain-Namens „*www.example.com*".

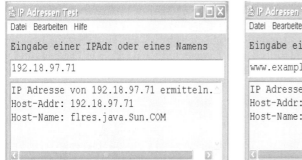 

*Abb. 8.11:*   *Testprogramm zur Analyse von Internet-Adressen*

Der Programmtext zeigt den Kern der Interaktion. Falls der eingegebene String eine IP-Nummer darstellt, wird diese von der hier nicht näher erläuterten Methode *scanIP* auseinander genommen und in einem Byte-Array gespeichert, ansonsten ist das Ergebnis *null* und es wird angenommen, dass die Eingabe einen Hostnamen darstellt. Je nachdem welcher der Fälle vorliegt, wird mit *getByName* oder mit *getByAddress* die vollständige *InetAddress* ermittelt. Aus dieser können mit *getHostName* und *getHostAddress* die gesuchten Informationen extrahiert werden.

```
void doLookUpIPAdr(String einString){
    mdg.append("IP Adresse von " + einString + " ermitteln...\n");
    byte[] eineIPNummer = scanIP(einString);
    InetAddress eineAdresse = null;
    if (eineIPNummer == null)   // by Name
    try { eineAdresse = InetAddress.getByName(einString); }
    catch (UnknownHostException e) {
        mdg.append("getByName: UnknownHostException.\n");
        return;
        }
    else   // by Address
    try { eineAdresse = InetAddress.getByAddress(eineIPNummer); }
    catch (UnknownHostException e) {
        mdg.append("getByAddress: UnknownHostException.\n");
        return;
    }
```

```
        mdg.append("Host-Addr: "+ eineAdresse.getHostAddress()+"\n");
        mdg.append("Host-Name: "+ eineAdresse.getHostName()+"\n");
    }
```

Die oben benutzte Methode *getByAddress* ist erst ab Version 1.4 des JDK vorhanden. Neu in der gleichen Version sind auch die Erweiterungsklassen *Inet4Address* und *Inet6Address* der Klasse *InetAddress*.

### 8.3.2  Programmierung einer TCP Verbindungen

Jede TCP-Verbindung stellt eine zuverlässige Duplexverbindung zwischen zwei Anwendungen auf verschiedenen Hosts dar. In beiden Richtungen steht jeweils ein Übertragungskanal zum Lesen bzw. Schreiben zur Verfügung. Diese Kanäle verhalten sich wie Dateien, und so kann man sie in Java Programmen auch behandeln (siehe dazu auch den Abschnitt über Dateien: Ein- und Ausgabe auf Seite 289).

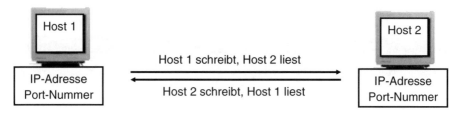

**Abb. 8.12:**  *Schema einer TCP-Verbindung*

Für die Programmierung einer TCP-Verbindung gibt es in Java, wie auch in vielen anderen Programmiersprachen, eine Datenstruktur *Socket* (engl. Steckdose). Auf beiden zu verbindenden Hosts wird ein Socket eröffnet, dann werden diese Sockets miteinander verbunden. Bevor eine Verbindung zu Stande kommen kann, muss eine der Seiten einen *Server* für die gewählte Port-Nummer starten. Dieser wartet und „lauscht", bis irgendein Host im Internet sich mit dem angebotenen Port verbinden möchte. Die Klasse *ServerSocket* stellt einen geeigneten Server zur Verfügung.

Als Beispiel programmieren wir ein rudimentäres *Chat*-Programm. Das folgende Bild zeigt einen Dialog zwischen zwei Instanzen dieses Programmes auf Rechnern mit den IP-Adressen 217.236.171.14 bzw. 137.248.121.186. In eine Eingabezeile kann man eine Botschaft eintippen, diese wird zur Gegenseite gesendet und in einem dafür vorgesehenen Fenster angezeigt. Zusätzlich werden einige diagnostische Informationen ausgegeben. Um den Programmcode überschaubar zu halten, haben wir die IP-Adresse der jeweiligen Gegenseite fest eingetragen, man könnte sie natürlich auch über ein weiteres Eingabefeld einstellbar machen. Aus Platzgründen unterdrücken wir Teile des Codes, die der Meldung und Behandlung von Sonderfällen, Fehlern und Ausnahmen dienen.

8.3 Das System der Domain-Namen

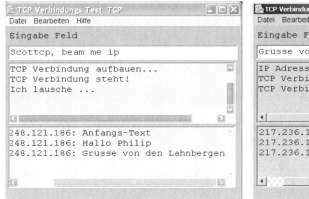 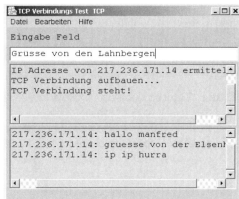

**Abb. 8.13:** *Beispiel einer TCP-Verbindung*

Auf beiden Rechnern läuft, abgesehen von der eingestellten IP-Adresse, dasselbe Programm. Da es sich nicht um eine Standardanwendung handelt, wurden als Port-Nummern Zahlen im nicht reservierten Bereich gewählt. Beide Seiten der Kommunikation nutzen 8002 – hätten aber auch unterschiedliche Zahlen wählen können. Zur Einstellung der Parameter der TCP-Verbindung dienen folgende Deklarationen.

```
private static String yourIPAdrStr = "137.248.121.186";
private static int yourPort = 8002;
private static InetAddress yourIPAdr;
private static int myPort = 8002;
private static ServerSocket myServer;
private static Socket verbSocket;
private static tcpVerbindung tcpVerb;
```

Im Menü *Bearbeiten* des Programms werden die Aktionen *Starte Server* und *TCP-Verbindung aufbauen* angeboten. Zunächst muss eine der beiden Seiten mit dem ersten der beiden Kommandos einen Port-Server starten. Dies geschieht mit der Methode

```
void doStartPortServer(){
    Mdg1.append("Server für Port "+ myPort+ " konstruieren...\n");
    try { myServer = new ServerSocket(myPort); }
    catch (IOException e) {
       Mdg1.append("Server konstruieren - Fehler " + e +"\n");
       return;
       }
    ServerAccept sa = new ServerAccept(myServer);
    sa.start();
    }
```

Diese Methode delegiert die Installation des Port-Servers an einen eigenen Thread. Nach der Installation dieses Servers muss man seine Methode *accept* aufrufen. Dabei handelt es sich aber um einen blockierenden Aufruf, der erst beendet wird, wenn tatsächlich ein Klient mit diesem Server verbunden wird. Daher ist es sinnvoll diesen Aufruf in einen Thread zu verpacken, der unabhängig von dem aufrufenden Hauptprogramm abläuft. Dies geschieht durch den Aufruf der *start*-Methode von *ServerAccept*. Diese Klasse ist als innere Klasse implementiert und hat daher Zugriff auf die Felder der übergeordneten Klasse, wie z.B. *Mdg1*.

```
class ServerAccept extends Thread{
    ServerSocket thisServer;
    ServerAccept(ServerSocket s){ thisServer = s; }
    public void run(){
        try { // to serve the Port
            while (true){
                Mdg1.append("Ich lausche ...\n");
                verbSocket = thisServer.accept(); // Warte ...
                tcpVerb = new tcpVerbindung(verbSocket);
                tcpVerb.start();
                }
            }
            catch (IOException e) {}
        } // to serve the Port
    } // inner class ServerAccept
```

Beim Start dieses Threads wird die *run*-Methode ausgeführt. Sie besteht aus einer Endlosschleife, die jeweils in der *accept*-Methode auf einen Verbindungswunsch wartet. Das Ergebnis des Aufrufes ist ein *Socket*. Wenn ein Verbindungswunsch von der anderen Seite eintrifft, kann mit Hilfe dieses Socket die gewünschte TCP-Verbindung aufgebaut werden. Diese wird in einem weiteren Thread *tcpVerb* behandelt, der abgearbeitet wird, während der aktuelle Thread bereits wieder auf den nächsten Verbindungswunsch wartet. Die folgende innere Klasse wird von beiden Seiten der Verbindung für den Aufbau einer TCP-Verbindung genutzt:

```
class tcpVerbindung extends Thread{
    Socket stecker;
    PrintWriter steckerOut;
    BufferedReader steckerIn;
    tcpVerbindung(Socket s){
        stecker = s;
        try { // Input/Output Streams verbinden
            steckerOut =
                new PrintWriter(stecker.getOutputStream(), true);
            steckerIn  = new BufferedReader(
                new InputStreamReader(stecker.getInputStream()));
            }
        catch (IOException e) {}
        }
    public void run(){
        String gelesen;
```

8.3 Das System der Domain-Namen 627

```
    while (true){
        if (NeueEingabe) {
            steckerOut.println(EingabeText); // Übertragen
            NeueEingabe = false;
            }
        try {// try Read
            while (steckerIn.ready()){
                gelesen = steckerIn.readLine();
                if (gelesen != null) Mdg2.append("Von " +
                    yourIPAdrStr+ " gelesen: " + gelesen + "\n");
                } // end while
            } // end try Read
        catch (IOException e) { Mdg2.append("Lese Fehler.\n");}
        yield();
        try {sleep(100);}catch(InterruptedException ci){};
        } // while true
    } // end run
} // inner class tcpVerbindung
```

Der Konstruktor dieses Threads speichert die *Socket*-Instanz der Verbindung, für die er tätig werden soll und versucht dann einen *PrintWriter* zum Schreiben und einen *BufferedReader* zum Lesen der Daten dieser Verbindung zu erzeugen.

Falls die Konstruktion des Threads erfolgreich war, kann er mit der *run*-Methode gestartet werden. Diese besteht aus einer Endlosschleife, die einen *busy-wait* realisiert. Nach jedem Schleifendurchgang erfolgt ein *yield*-Aufruf, der anderen Threads Gelegenheit gibt, etwas zu tun. Danach wird durch einen *sleep(100)*-Aufruf die Anzahl der Schleifendurchgänge pro Zeiteinheit auf einen vernünftigen Wert heruntergeregelt, um die CPU-Belastung nicht auf 100% ansteigen zu lassen, da das Programm andernfalls alle anderen Programme weitgehend blockieren würde.

In der Endlosschleife der *run*-Methode wird zunächst getestet, ob in dem Eingabefeld des Hauptprogrammes ein String eingegeben wurde. Dieser wird ggf. an die Gegenseite der Verbindung geschickt. Dann wird getestet, ob über die Verbindung etwas eingetroffen ist. Dann ist der Eingabepuffer nicht mehr leer und *steckerIn.ready( )* nimmt den Wert *true* an. In diesem Fall wird der Eingabepuffer zeilenweise gelesen und im Meldungsfenster ausgegeben, bis er wieder leer ist.

Während die eine Seite der Verbindung einen Port-Server installieren muss und die gewünschte TCP-Verbindung erhält, sobald der Port-Server einen Verbindungswunsch akzeptiert, muss die Gegenseite das Kommando *Aufbau einer TCP-Verbindung* zu dem Port-Server der Gegenseite abarbeiten. Dies geschieht im folgenden Programmteil:

```
void doTCPVerb(){
    if (yourIPAdr == null){
        Mdg1.append("IP Adresse der Gegenseite ermitteln...\n");
        try { yourIPAdr = InetAddress.getByName(yourIPAdrStr); }
        catch (UnknownHostException e) { return;}
```

```
            }
    Mdg1.append("TCP Verbindung aufbauen...\n");
    verbSocket = null;
    try { verbSocket = new Socket(yourIPAdr, yourPort); }
    catch (IOException e) { return;}
    Mdg1.append("TCP Verbindung steht!\n");
    tcpVerb = new tcpVerbindung(verbSocket);
    tcpVerb.start();
}
```

Falls noch keine TCP-Verbindung existiert, wird ggf. die IP-Adresse der Gegenseite ermittelt. Dann wird durch Konstruktion einer neuen Instanz von Socket mit der IP-Adresse der Gegenseite und der vereinbarten Port-Nummer eine neue TCP-Verbindung zum Port-Server der Gegenseite aufgebaut. Diese Verbindung wird dann in einem eigenen Thread *tcpVerbindung* behandelt, der abgearbeitet wird, während das aufrufende Hauptprogramm bereit für Eingaben z.B. im Eingabefeld bleibt. Die Klasse, die für diesen Thread zuständig ist, haben wir bereits oben besprochen.

## 8.4 Intranets, Firewalls und virtuelle private Netzwerke

Im Zusammenhang mit der Adressübersetzung durch NAT bzw. NAPT haben wir bereits *private Netzwerke* kennen gelernt. Für private Netzwerke, die von einer Firma, einer Behörde oder einer vergleichbaren Organisation zu internen Zwecken genutzt werden, ist der Begriff *Intranet* üblich geworden. Typisch für ein Intranet ist die interne Verwendung der Internetprotokolle sowie von IP-Adressen und der externe Anschluss an das öffentliche Internet. Die im vorigen Abschnitt genannten Vorteile der Adressübersetzung durch einen NAPT-Server kommen den typischen Interessen von Intranetnutzern entgegen, werden aber i.A. noch nicht als ausreichend angesehen. Daher ist ein typisches Intranet über einen Server an das öffentliche Internet angeschlossen, der die NAPT Funktionalität erweitert und dann *Firewall* genannt wird. Eine solche Brandschutzmauer soll das Intranet vor Gefahren aus dem öffentlichen Netz schützen und darüber hinaus ggf. den Zugriff aus dem Intranet nur auf ganz bestimmte Netzadressen des öffentlichen Internet ermöglichen.

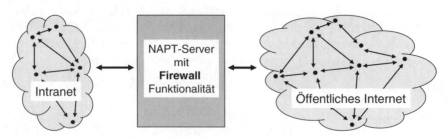

**Abb. 8.14:**   *Intranet und Firewall*

## 8.4 Intranets, Firewalls und virtuelle private Netzwerke

Neben den bereits genannten durch die Nutzung von NAPT erreichbaren Sicherheitsmerkmalen werden von einer Firewall i.A. noch einige der folgenden Schutzmassnahmen realisiert:

- Der Zugriff aus dem Intranet auf Rechner im Internet wird nur für bestimmte Netzadressen ermöglicht. Diese können in Form einer Negativliste (alle außer diesen) oder noch einschränkender in Form einer Positivliste (nur zu diesen) definiert sein.
- Verbindungen zu den von außen zugänglichen Servern werden gefiltert, um Angriffe auf diese Rechner zu verhindern und um z.B. im Falle eines E-Mail Servers das Abliefern unerwünschter Mails zu verhindern.

Viele Nutzer eines Intranet sind an verschiedenen Standorten vertreten, haben Filialen etc. Daraus ergibt sich die Notwendigkeit, ein Intranet aus verschiedenen Teilnetzen zu einem logischen Gesamtnetz zusammenzusetzen. Früher war es üblich, eine Verbindung zwischen Teilnetzen eines privaten Netzes durch spezielle meist angemietete Leitungen (*Standleitungen*) zu verbinden, heute ist ein einfacherer und meist kostengünstigerer Weg üblich. Die Verbindung erfolgt über das öffentliche Internet unter Verwendung spezieller Gateways. Ein solches Gateway nimmt Pakete aus *seinem Teilnetz* entgegen, die für ein anderes Teilnetz bestimmt sind, verschlüsselt sie mit einem allen Gateways bekannten Schlüssel, packt das Ergebnis in ein neues IP-Paket, das an das Gateway des Ziel-Teilnetzes adressiert ist, und verschickt das Paket über das öffentliche Internet. Das Ziel-Gateway nimmt das Paket entgegen, packt den Inhalt aus, dekomprimiert ihn und schickt das resultierende Paket an den Empfänger im eigenen Teilnetz. Eine Verbindung zwischen zwei oder mehr Gateways in einem solchen Verbund von Teil-Intranets nennt man auch einen *Tunnel*. Pakete werden durch einen solchen Tunnel, unsichtbar für Dritte, von einem Teilnetz in ein anderes transportiert. Da ein solcher Tunnel eher *virtuell* ist, da die Verbindung zwischen den Gateways im öffentlichen Internet über unterschiedliche Zwischenstationen erfolgen kann, nennt man das resultierende Gesamtnetz auch ein *Virtuelles Privates Netzwerk* (VPN). Die Gateways nennen wir dann *VPN-Gateways*. Natürlich können diese VPN-Gateways auch den normalen Zugang zum öffentlichen Internet für das virtuelle private Netzwerk mit erledigen, also auch als NAPT-Server mit Firewall-Funktionalität für das Teilnetz oder für das gesamte VPN konfiguriert sein.

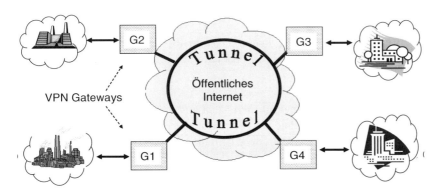

*Abb. 8.15:* Intranet, bestehend aus mehreren Teilnetzen

Wir haben uns bisher mit der Verbindung mehrerer Teilnetze zu einem virtuellen privaten Netzwerk befasst. Typisch für ein solches Netzwerk ist außerdem noch der Wunsch, einen gesicherten Zugang zum VPN für reisende Mitarbeiter zu ermöglichen, die sich derzeit außerhalb der Firma befinden und keinen direkten Zugang zu einem der Teilnetze haben. Es gehört zur typischen Funktionalität von VPN Lösungen, eine derartige Zugangsfunktion anzubieten.

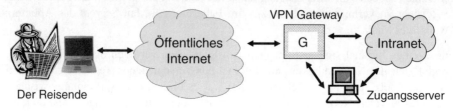

*Abb. 8.16:*   *Externer Zugang zu einem VPN*

Der Reisende hat auf seinem Computer eine spezielle Zugangssoftware, die von einem beliebigen Ort aus über das öffentliche Internet eine Verbindung zum Intranet seiner Firma gestattet. Sie baut eine Verbindung zu einem Zugangsserver auf, der zu den von außen zugänglichen Servern des Intranets gehört. Nach der Identifikation über Name und Passwort erhält der Reisende Zugang zu dem Intranet über einen Tunnel der zwischen seinem Rechner und dem Zugangsserver aufgebaut wird. Zur Verschlüsselung wird ein mitgeführter Schlüssel benutzt.

## 8.5   Die Dienste im Internet

Es ist noch nicht lange her, dass die primäre Aufgabe des Internets die Verteilung von elektronischer Post, der E-Mail war. Bald kamen neue nützliche Dienste hinzu: News, FTP, Telnet, Gopher und schließlich die „Killerapplikation", das *World Wide Web* (*WWW*). Wir wollen auf diese Dienste nun im Einzelnen eingehen.

### 8.5.1   E-Mail

Elektronische Post realisiert eine nahe liegende Idee: Ein Brief ist eine Datei, die über das Netz übertragen werden kann. Jeder Teilnehmer benötigt dazu eine Adresse der Form

*Benutzername@subdomain.domain.tld*

Rechts von „@", dem Kürzel für *at* (engl. für *bei*), steht ein Domain-Name, links davon der Name eines Benutzers, der im Allgemeinen auf dem *Mail-Server* dieser Domain einen elektronischen Briefkasten hat. Beispiele für mögliche E-Mail-Adressen sind:

>    *gumm@mathematik.uni-marburg.de*
>    *sommer@informatik.uni-marburg.de*
>    *Muffin.Man@yellow.shark.org*
>    *webmaster@unesco.int*

## 8.5 Die Dienste im Internet

Elektronische Post wird von verschiedenen Diensten im Internet realisiert. Ein *Mail-Server* hat beim Absender die Aufgabe, die elektronische Post entgegenzunehmen und an einen anderen Mail-Server zu versenden, der einen Briefkasten für den Empfänger hat. Der Empfänger nutzt eines der Protokolle *POP3* (Post Office Protocol) oder *IMAP* (Internet Message Access Protocol), um einen Briefkasten zu leeren bzw. um einzelne Briefe abzuholen. Die Anwenderprogramme, *Mail-Clients*, unterstützen den Benutzer bei allen Postfunktionen, also beim Lesen, Bearbeiten, Verschicken, Weiterleiten oder Speichern. Bekannte Mail-Clients sind *mail* und *pine* unter UNIX, *Outlook*, *Netscape* und *PegasusMail* für Windows und *POP-Mail* für Macintosh.

Beim Versenden eines Briefes benutzt der Mail-Server einen Dienst, der traditionell *sendmail* genannt wird. Im einfachsten Fall versucht dieser, einen Mail-Server in einem Netz zu finden, das dem Domain-Namen des Empfängers zugeordnet ist. Es kann aber auch sein, dass dem Domain-Namen kein physisches Netz entspricht. In diesem Fall muss es im übergeordneten Netz einen Name-Server geben, der einen so genannten *MX-Record* (*Mail Exchange Record*) für den fraglichen Domain-Namen enthält. Ein Eintrag

*yellow.shark.org ... MX ... mailhost.mathematik.uni-marburg.de*

würde dazu führen, dass Post für *Muffin.Man@yellow.shark.org* an den Mail-Server *mailhost.mathematik.uni-marburg.de* weitergeleitet wird.

*Abb. 8.17:* Versand von Mail

E-Mail wird mithilfe des *SMTP-Protokolls* (*simple mail transfer protocol*) versandt. Dieses Protokoll setzt auf dem TCP-Protokoll auf (siehe dazu auch die Abbildung auf S. 624). Es gibt zahllose Programme, die das Versenden von E-Mail mit SMTP beherrschen, wir wollen dieses Protokoll anhand eines einfachen Postversands näher kennen lernen.

Es beginnt damit, dass der Mail-Client eine TCP-Verbindung mit dem Mail-Server aufbaut. Dann folgt eine Reihe von Kommandos des Clients, die dem Server als Textzeilen übersandt werden. Der Server quittiert jedes Kommando mit einer Codenummer und evtl. Zusatzinformationen. Auffallend ist, dass die Absenderangabe frei wählbar ist. Diese Besonderheit von SMTP ist nicht unproblematisch! Die wichtigsten Kommandos des Client und ihre Argumente (hier in spitzen Klammern dargestellt) sind:

```
MAIL FROM: <Adresse des Senders>
RCPT TO: <Adresse des Empfängers>
DATA
```

Das Kommando *DATA* wechselt in den Datenmodus, in dem jede folgende Zeile als Bestandteil der zu übermittelnden Nachricht aufgefasst wird. Ein Punkt „." auf einer ansonsten leeren Zeile wechselt wieder zurück in den Kommando-Modus. Die Interaktion endet schließlich mit dem Kommando

```
QUIT
```

Eine typische Interaktion zeigt der folgende Dialog. Auf einem UNIX-System kann man ihn mitverfolgen, wenn man das Programm *sendmail* im gesprächigen (verbosen) Modus (-v) von der Kommandozeile aus aufruft, etwa in der Form:

```
> sendmail -v sommer@mathematik.uni-marburg.de
> Hallo,
> diese Test mail wurde zu Fuss generiert.
> Gruss, M.S.
> .
```

Die Antworten des Servers sind kursiv und eingerückt. Sie beginnen immer mit einem numerischen Code. Als Erstes wird eine TCP-Verbindung mit dem SMTP-Server aufgebaut. Dieser identifiziert sich mit:

```
    220 mailhost.Mathematik.Uni-Marburg.de ESMTP
    Sendmail 8.11.0/8.11.0; Thu, 12 Jul 2001 17:38:17 +0200
HELO sommer

    250 mailhost.Mathematik.Uni-Marburg.de Hello
    mppp023.PPP.Uni-Marburg.DE [137.248.76.23],
    pleased to meet you

MAIL FROM: <sommer@informatik.uni-marburg.de>

    250 2.1.0 <sommer@informatik.uni-marburg.de>... Sender ok

RCPT TO: <gumm@mathematik.uni-marburg.de>

    250 2.1.5 <gumm@mathematik.uni-marburg.de>... Recipient ok

DATA
    354 Enter mail, end with "." on a line by itself
Hallo,
diese Test mail wurde zu Fuss generiert.
Gruss, M.S.
.
    250 2.0.0 f6CFcHS28988 Message accepted for delivery
```

8.5 Die Dienste im Internet 633

```
QUIT
    221 2.0.0 mailhost.Mathematik.Uni-Marburg.de
    closing connection
```

Mit den bisherigen Kenntnissen ist ein rudimentärer Mailer auch rasch in Java implementiert, er findet sich in der Programmsammlung zu diesem Buch. Wir kommentieren hier nur die wichtigsten Aspekte. Zunächst ermitteln wir die Adresse des Mail-Servers:

```java
if (mailerIPAdr == null){
    try { mailerIPAdr = InetAddress.getByName(MailerText); }
    catch (UnknownHostException e) { return; }
}
```

Dann versuchen wir, eine TCP-Verbindung zum Mail-Server herzustellen. Falls vorhanden, wartet der Mail-Server auf der „gut bekannten" Port-Nummer 25. Sobald die Verbindung existiert können wir, analog wie bei den TCP-Verbindungen des letzten Abschnittes, einen *PrintWriter* zum Schreiben und einen *BufferedReader* zum Lesen der Daten dieser Verbindung zu erzeugen.

```java
    mailerSocket = null;
    try { mailerSocket = new Socket(mailerIPAdr, 25); }
    catch (IOException e) {return;}
    PrintWriter steckerOut;
    BufferedReader steckerIn;
    try {//Input/Output Streams verbinden wie im letzten
Abschnitt
    ....
```

Für den Dialog mit dem Mail-Server benutzen wir eine Methode, die jeweils einen String an den Server schickt und in einem der Fenster des Mailers ausgibt, dann die Antwort liest und im anderen Fenster ausgibt:

```java
private static boolean toFromServer(String Anfrage,
        PrintWriter toServer, BufferedReader fromServer){
    if (Anfrage != null){
        Mdg1.append(Anfrage + "\n");
        toServer.println(Anfrage);
        }
    String Gelesen = null;
    try{
        while (!fromServer.ready());
        while (fromServer.ready())
            Gelesen = fromServer.readLine();
            if (Gelesen != null) Mdg2.append(Gelesen + "\n");
            }
    catch (IOException e) { return false; }
    return true;
    }
```

Es folgt der eigentliche Dialog. Bereits nach Aufbau der TCP-Verbindung hat der Server eine Meldung für uns. Diese nehmen wir mit dem ersten Aufruf von *toFromServer* entgegen. Dabei ist der Anfrageparameter noch *null*. Dann folgen 6 weitere Dialogschritte mit je einer Anfrage an den Server und einer Antwort, die wir nicht weiter analysieren:

```
String Anfrage;
if (!toFromServer(null, steckerOut, steckerIn)) return;
Anfrage = "HELO sommer";
if (!toFromServer(Anfrage, steckerOut, steckerIn)) return;
Anfrage = "MAIL From:<" + AbsenderText + ">";
... etc. ...
```

Die *sendmail-Komponente* des Mail-Servers hat eine ganz einfache Aufgabe: einen Absendernamen und einen oder mehrere Empfängernamen – ungeprüft – sowie einen Briefinhalt entgegenzunehmen. Daraus werden ein oder mehrere Briefumschläge generiert. Auf diesen finden sich jeweils ein Absender- und Empfängername; in ihnen der Inhalt. Im nächsten Schritt werden diese dann versandt, erst dabei kann es zu Fehlermeldungen kommen, wenn etwa der Empfänger unbekannt ist. In diesem Fall wird der Brief zurückgeschickt. Dies scheitert ebenfalls, wenn der Absender nicht korrekt ist. Diese Vorgehensweise orientiert sich an der konventionellen Briefbeförderung!

Da das eigentliche SMTP, so wie es im RFC 821 bzw. 2821 beschrieben wird, „zu einfach" ist, gibt es eine in den RFCs 822 und 2822 beschriebene Konvention, um auch den Inhaltsteil der Mail weiter zu strukturieren. So wird dieser in einen Kopf (*header*) und einen Brieftext (*body*) unterteilt. Beide sind durch eine Leerzeile getrennt. Die meisten Informationen des Headers werden von den Mailerprogrammen automatisch erzeugt, so z.B. ein Protokoll des Weges, den der Brief vom Sender zum Empfänger genommen hat. Andere Header-Informationen wie der Absender, die Empfänger von Duchschlägen (cc, von engl. *carbon copy*) können für eine bequeme Reply-Funktion verwendet werden.

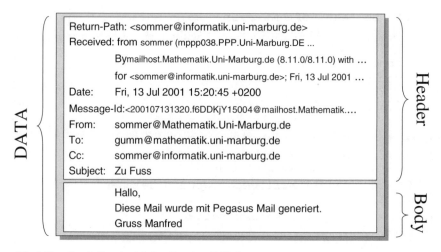

**Abb. 8.18:** *Der Aufbau des Inhaltsteiles einer E-Mail*

8.5 Die Dienste im Internet 635

Anlagen (*attachments*) sind beliebige Dateien, die zusammen mit einer E-Mail verschickt werden. Sie werden mit der ursprünglichen E-Mail vom Mail-Client zu einer MIME-Mail (*multipurpose internet mail extension*) zusammengefasst und in dieser Form weitergeleitet. Der Inhaltsteil einer E-Mail wird auf diese Weise zu einer Folge von Teilen, mit deren Hilfe verschiedenste Dateien in einer E-Mail eingepackt werden können. Der Header muss dann zusätzliche Kopfzeilen enthalten, die Version und Art der Verwendung von MIME spezifizieren. Die einzelnen Teile wiederum enthalten jeweils einen eigenen Teil-Header, der den Inhalt spezifiziert. Dieser kann ein in JPEG codiertes Bild sein, eine Audio-Datei oder Text in verschiedenen Formaten: von einfachem Text, über Postscript bis zu HTML-Text etc. Auf diese Weise sind auch Briefe im HTML-Format zulässig und damit alle Gestaltungsmittel, die HTML bereitstellt.

In der MIME-Spezifikation werden verschiedene Inhalts-Codierungen und darüber hinaus auch so genannte *Transfer-Codierungen* erlaubt, darunter auch 8-Bit ASCII und beliebige Binärformate. Trotzdem findet man fast immer, vermutlich aus einer traditionellen Angst vor Problemen beim Versand binär codierter Daten, eine Codierung der MIME-Teile einer E-Mail im *base64* Format. Dabei werden jeweils 3 Bytes in 4 Bytes umcodiert. Die 24 Bit der 3 Bytes werden in vier 6-Bit Blöcke aufgeteilt, die auf einen „ungefährlichen" ASCII-Bereich abgebildet werden. Dabei vermeidet man die ersten 30 ASCII Zeichen, die früher als Steuerzeichen benutzt wurden, und viele andere Bytes, die von anderen Code-Systemen (EBCDIC, uuencoded Data, X.400) eventuell missverstanden werden könnten. Das scheint heutzutage zwar übervorsichtig, ist aber de facto üblich und verlängert Dateien, die per E-Mail versandt werden, um den Faktor 4:3.

## 8.5.2 News

Mit der Popularisierung von E-Mail entstanden auch sehr bald so genannte *mailing lists*. Dies sind Diskussionsgruppen zu einem bestimmten Thema. Nachdem man sich als Teilnehmer einer Liste hat registrieren lassen, erhält man sämtliche Beiträge, die einer der Teilnehmer an die Liste geschickt hat und man kann selber Beiträge an die Liste schicken.

Der *News-Dienst* ist eine konsequente Weiterführung der Idee der mailing lists. Nur braucht man sich nicht in einer der Listen registrieren zu lassen, sondern kann sämtliche Listen (auch Diskussionsforen genannt) lesen und an jede seinen Kommentar schicken („*posten*" im *Netspeak*). Würde man allerdings jeden Morgen sämtliche Beiträge zu sämtlichen Newsgroups in seinem Briefkasten vorfinden, dann wäre dies kein Vergnügen. Daher hat jeder Domain oder Subdomain, der am News-Service teilnimmt, seinen eigenen Server. Mit einem so genannten *Newsreader* auf dem eigenen Rechner kann man nun selektiv in den interessanten Newsgruppen schmökern und Fragen oder Antworten zu einem diskutierten Thema *posten*. Damit Neueinsteiger nicht stets dieselben Fragen zum Thema einer Diskussionsgruppe stellen, gibt es in jeder Gruppe meist eine Datei namens *FAQ* (frequently asked questions), in der ebensolche beantwortet werden.

Es gibt unzählige nützliche, weniger nützliche und spleenige Newsgruppen. Von *alt.fan.frank.zappa* über *comp.lang.pascal* zu *rec.arts.movies.reviews* existieren Tausende mehr oder minder aktive Gruppen. Insbesondere bei sehr speziellen technischen Problemen kann man unter Umständen eine schnelle Antwort bekommen, wenn man die Frage in der richtigen Newsgruppe stellt.

In so genannten *moderierten* Newsgruppen filtert ein Moderator die ernsthaften und nützlichen Beiträge heraus und verhindert, dass unsinnige oder gar beleidigende Artikel erscheinen. Ansonsten sind die Teilnehmer selber auf die Einhaltung gewisser Spiel- und Höflichkeitsregeln (der so genannten *netiquette*) bedacht.

### 8.5.3 FTP

Das *file transfer protocol (ftp)* dient dazu, Dateien zwischen Rechnern zu übertragen. Insbesondere wird es heute dazu verwendet, um Dateien von im Internet vorhandenen Archiven herunterzuladen oder um eigene Dateien bereitzustellen. Auf diese Weise werden bequem und schnell Programme oder Publikationen der Öffentlichkeit zugänglich gemacht. Der Autor legt sein Werk in einem *ftp-Archiv* ab. Jeder Interessent kann es von dort kopieren.

Ein *anonymer ftp-Server* ist ein Rechner, in den man sich mit dem Befehl

```
ftp  rechnername.domain
```

einloggen kann. Als Benutzername gibt man *anonymous* oder *ftp* ein und als Passwort seine eigene E-Mail-Adresse – wenn man will, abgekürzt in der Form *name@*. Dann befindet man sich in einer Art *UNIX-Shell*, in der eine beschränkte Anzahl von Befehlen (*ls, cd, get, put, mget, mput*) zur Verfügung steht. Die wichtigsten Befehle sind dabei *get,* um eine Datei zu holen, bzw. *put,* um eine Datei abzulegen. Meist gibt es eine Datei *README*, die man zuerst holen und durchlesen sollte.

Wie findet man aber eine bestimmte Datei oder ein bestimmtes Programm, wenn man nicht einmal weiß, auf welchem ftp-Server es sich befindet? Kein Problem, es gibt ja *Archie*. An einigen Orten, z.B. an der *TU-Darmstadt,* gibt es so genannte *Archie-Server.* Diese Server besitzen eine riesige Datenbank mit einer Liste von ftp-Servern und den Namen der dort gespeicherten Dateien. Früher benötigte man einen lokalen *Archie-Client,* heute kann man über HTML-Formulare auf Archie-Server zugreifen. Die von Archie erzeugte Antwort ist ein Hypertext-Dokument, mit eingebetteten Verweisen. Ein Klick auf einen Link startet *ftp* und lädt die gesuchte Datei auf die eigene Festplatte. Man kann Archie als Vorläufer der Suchmaschinen betrachten. Weiß man, wie die gesuchte Datei heißt, ist die Suche mit Archie aber deutlich schneller.

Das FTP-Protokoll ist in RFC 959 beschrieben und ähnelt sehr dem SMTP-Protokoll. Allerdings ist es das einzige Protokoll, das zwei Portnummern verwendet. Der „normale Dialog" wird über ein Programm geführt das serverseitig die Port-Nummer 21 bedient. Wenn es zu einem Dateitransfer kommt, wird dieser von einem unabhängigen Programm durchgeführt, das Port 20 zugeordnet ist. Während des Transfers bleibt das Programm auf Port 21 bedienbar. Dieser Umstand kann z.B. dazu genutzt werden, den laufenden Datei-Transfer abzubrechen. Der FTP-Client verwendet ebenfalls zwei Port-Nummern, aber im freien Bereich. Die erste erfährt der Server beim Aufbau der TCP-Verbindung, die zweite muss durch einen eigenen Befehl übermittelt werden, bevor sie benutzt werden kann.

8.5 Die Dienste im Internet 637

Der Protokoll-Dialog findet ähnlich wie bei SMTP mit einer kleinen Menge von Kommandowörtern bestehend aus genau 4 Buchstaben statt: ABOR, LIST, PASS, PORT, QUIT, RETR, STOR, SYST, TYPE und USER. Einige dieser Kommandos haben Parameter. Mit *RETR Dateiname* wird ein Dateitransfer in einer Richtung („Retrieve"), mit *STOR Dateiname* in der anderen Richtung („Store") in Gang gesetzt. Zuvor muss der Client dem Server mit dem PORT Kommando die Port-Nummer mitteilen, die dieser für die Verbindung zum Dateitransport zu verwenden gedenkt. Die Verbindung zwischen Client und Server ist im Prinzip symmetrisch, obwohl der Anstoß von Kommandos natürlich in der Regel von der Seite des Clients erfolgen wird. Kommandos werden von der Gegenseite jeweils mit einer Quittung beantwortet, die einen dreistelligen Code enthält – z.B: „200 Command OK" oder „550 Access denied". Auf diesem Basis-Protokoll setzen einfache FTP-Client-Programme auf, die den oben erwähnten erweiterten Befehlssatz (*ls, cd, get, put, mget, mput, ...*) mithilfe der Befehle des FTP-Protokolls implementieren. Noch komfortablere FTP-Clients wie z.B. *WS-FTP* oder *CuteFTP* verstecken alle Befehlszeilen-Kommandos hinter einer grafischen Benutzeroberfläche.

## 8.5.4 Telnet

Mit *telnet* kann man sich auf einen beliebigen Rechner im Internet einwählen. Man nennt dies ein *remote login*. So kann man sich z.B. auf einem Rechner in Hawaii einloggen, vorausgesetzt, dass man Benutzernamen und Passwort eines dortigen Benutzers kennt. Mit dem Kommando

**telnet** *<rechner.domain>*

eröffnet man eine Sitzung. Nach Eingabe von Benutzernamen und Passwort kann man im Kommandozeilenmodus auf dem entfernten Rechner arbeiten. Ein Beispiel für eine telnet-Sitzung ist auf S. 553 protokolliert.

Die uneingeschränkte Nutzung von telnet gilt mittlerweile als gefährlich, insbesondere auch deshalb, weil Benutzername und Passwort bei der Anmeldung unverschlüsselt von TCP/IP übertragen wird. Mehr und mehr wird daher die Benutzung von telnet durch Restriktionen verhindert.

## 8.5.5 Gopher

*Gopher* war der erste Dienst im Internet, der auch für Computerlaien sofort zugänglich war. Obwohl Gopher durch die Einführung des WWW obsolet geworden ist, wollen wir es kurz ansprechen, weil es bereits die wichtigsten Ideen des WWW vorwegnahm. Das entscheidende, was Gopher noch fehlte war HTML. Stattdessen gibt es in Gopher zwei Sorten von Dateien: Menüs und Daten. Menü-Dateien wurden auf dem Bildschirm angezeigt, man wählt einen Menüpunkt und landet entweder bei einem anderen Menü oder bei einer Datei mit dem gesuchten Inhalt. Diese kann Text, Musik oder Bilder enthalten. Das Besondere war, – und darin bestand die Neuerung von Gopher – dass alle diese Menüs oder Dateien auf beliebigen Rechnern im Netz verstreut sein konnten.

Mit dem Aufkommen des World-Wide-Web und dem *http*-Protokoll ist Gopher obsolet geworden, da das WWW Gopher verallgemeinert und beinhaltet. Vorhandene Gopher-Server können zwar weiter genutzt werden, sie werden aber kaum noch gepflegt.

## 8.6 Das World Wide Web

Das *World Wide Web* ist technisch gesehen eine recht nahe liegende Weiterentwicklung von Gopher. Durch die Verwendung von Grafik und verschiedenen Textformaten und der Möglichkeit, statt der strikten Menüs an beliebigen Stellen Verweise (sog. *links*) in den Text zu integrieren, ist es sofort und begeistert von der „Netzgemeinde" aufgenommen worden und hat sich zur „Killerapplikation" des Internets entwickelt. Firmen erkannten schnell die Möglichkeiten eines solchen universellen Kommunikationsmittels und die Öffentlichkeit ist nicht nur auf das Internet aufmerksam geworden, sondern hat das Internet mittlerweile neben Zeitung, Funk und Fernsehen als weiteres Medium akzeptiert und schätzen gelernt.

Offiziell ist das World Wide Web (*WWW*), kurz *das Web*, ein „verteiltes Hypermediasystem". *Verteilt* heißt, dass es sich um ein Informationssystem handelt, dessen Bestandteile auf unzähligen Rechnern in der Welt verstreut sind. *Hypermedia* leitet sich von *Hypertext* ab. Letzterer besteht aus Textdokumenten, in denen gewisse, farblich besonders gekennzeichnete, Textstellen *aktive Links* sind. Klickt man sie an, so wird automatisch in ein entsprechendes neues Dokument verzweigt oder an eine bestimmte Stelle des gegenwärtigen Dokumentes gesprungen. Ein Link ist also ein Verweis. In einem Lexikon werden Verweise durch einen vorgestellten Pfeil gekennzeichnet wie z.B.: „Pfeil: Sternbild ↑Sagitta". Der Leser muss dann selber an der angegebenen Stelle nachschlagen, im Hypertext erledigt dies ein Mausklick.

Auch Überschriften und Stichpunkte in einem Inhaltsverzeichnis oder einem Index sind Verweise, Bilder oder Teile von Bildern können ebenfalls als Verweis benutzt werden. Verknüpft man diese durch aktive Links mit dem entsprechenden Kapitelanfang oder einer Textstelle, so kann man ein Dokument nicht nur linear (von vorne nach hinten) lesen, sondern man kann über die Links beliebig im Dokument *navigieren*. Ein Klick auf einen Link führt dazu, dass ein Dokument von irgendeinem Rechner im Internet geholt und auf dem lokalen Rechner dargestellt wird. Weil WWW-Dokumente nicht nur Text, sondern auch Sound, Grafik oder Videos enthalten können, spricht man nicht nur von einem Hypertext- sondern von einem Hypermedia-System. Nicht immer muss die Navigation mit Links der Übersichtlichkeit dienen, was auch die Schlagworte „lost in hypertext" bzw. „lost in hyperspace" unterstreichen. Ein dem Leser vielleicht bekanntes Hypertextsystem ist auch das Hilfesystem für Windows-Programme – viele (wenn nicht sogar die meisten) Hilfesysteme orientieren sich mittlerweile am Web.

8.6 Das World Wide Web

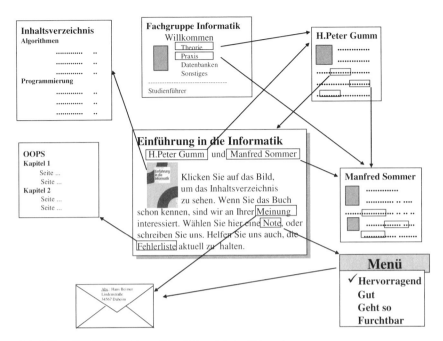

*Abb. 8.19:* *Das WWW ist ein multimediales, globales Netzwerk*

Das World Wide Web greift Ideen auf, die bereits früher veröffentlicht wurden, aber wegen der fehlenden technischen Voraussetzungen erfolglos blieben. Als Startpunkt wird meist ein Artikel von Vannevar Bush aus dem Jahr 1945 zitiert, weitergehende Vorarbeiten fanden in den 60er Jahren statt. Erfinder des World Wide Web in der heutigen Form ist der britische Physiker Tim Berners-Lee. Als Mitarbeiter bei CERN in Genf schlug er 1989 ein Projekt mit dem Titel „Information Management" vor, aus dem sich dann in den Folgejahren das *World Wide Web* entwickelte. Dieser Name wurde im Oktober 1990 geprägt, erste Implementierungen entstanden im Jahr 1991.

1993 wurde am NCSA von Marc Andreesen, dem späteren Netscape Gründer, der Mosaic-Browser veröffentlicht. Der weltweite Durchbruch des Web als das neue Medium des Internets ereignete sich dann ab 1994. Gleichzeitig wurde das World Wide Web Consortium (W3C) gegründet. Dieses Gremium koordiniert bis heute alle Aktivitäten rund um das WWW und ist für die Veröffentlichung von Standard-Dokumenten zu WWW, HTML und XML verantwortlich. Präsident dieser Organisation, die derzeit am M.I.T. angesiedelt ist, ist Tim Berners-Lee.

Das *WWW* hat dieselbe Client-Server-Architektur wie alle bisher besprochenen Dienste. Als *WWW-Server* dienen Rechner, die oft auch *www* heißen, gefolgt von *.Subdomain.Domain*, wie bei den E-Mail-Adressen. Der WWW-Server des Fachbereiches Mathematik hat demnach die Adresse *www.mathematik.uni-marburg.de*. Hängt man an diese Adresse noch den Namen einer WWW-Datei samt komplettem Pfad an, so hat man eine im ganzen Internet gültige

Adresse für ein WWW-Dokument. Dokumente, die nähere Informationen und Materialien zu diesem Buch enthalten sind z.B.:

```
www.mathematik.uni-marburg.de/~gumm/einfinf.html
www.mathematik.uni-marburg.de/~sommer/main/book.htm
www.informatikbuch.de/index.html
```

Auf diese Weise ist eine Datei im gesamten Internet eindeutig identifiziert. Stellt man ihr noch die Angabe eines Protokolles voran, mit dem sie übertragen werden soll, so erhält man einen so genannten *URL* (Universal Resource Locator). In diesem Falle ist der komplette URL:

```
http://www.informatikbuch.de/index.html
```

Es handelt sich also um ein Hypertext Dokument, das im HTML-Format (*hypertext markup language*) erstellt wurde. Dies ist das Standard-Format für Dateien, auf die mit dem Protokoll HTTP ( *hypertext transfer protocol*) zugegriffen wird.

Die Aufgabe eines *WWW-Clients* ist es im Wesentlichen, HTML-Dokumente anzuzeigen, Mausklicks auszuwerten und die entsprechende Datei vom Server anzufordern. Man nennt einen solchen Client auch *Browser*. Die bekanntesten Browser sind der *Microsoft Internet Explorer*, der *Netscape Navigator, Mozilla, Firefox* und *Opera*. Es gibt sogar textbasierte Browser, z.B. *lynx*, die für einfache Text-Terminals konzipiert und auch etwa zum Anschluss an Ausgabegeräte für Sehbehinderte geeignet sind. Selbstverständlich muss in diesem Fall auf die Darstellung von im Text eingebetteter Grafik verzichtet werden.

## 8.6.1 HTTP

Eine der Komponenten des WWW ist das Transportprotokoll *HTTP*. Dieses Protokoll hat Ähnlichkeit mit den bereits besprochenen Protokollen SMTP und FTP. Der Client baut eine TCP-Verbindung mit Port 80 zu einem Web-Server auf und führt dann einen lesbaren Dialog mit dem Server durch, der mit einer Anfrage der folgenden Art beginnt:

```
GET /index.php HTTP/1.1
host: www.mathematik.uni-marburg.de
```

In der ersten Zeile wird die Art der Anfrage, der Dateiname und das zu verwendende Protokoll spezifiziert, in der zweiten Zeile der Name des Servers, an den die Anfrage gerichtet werden soll. Eine Leerzeile schließt die Anfrage ab. Als Antwort schickt der Server seine Identifizierung, das Datum, einige Angaben zum Dokument sowie den Inhalt der angeforderten Datei zurück.

```
HTTP/1.1 200 OK
Date: Fri, 23 Jan 2004 12:12:48 GMT
Server: Apache/1.3.27 (Unix)   (Red-Hat/Linux) ...
X-Powered-By: PHP/4.1.2
Transfer-Encoding: chunked
Content-Type: text/html
```

8.6 Das World Wide Web 641

```
<!DOCTYPE HTML PUBLIC "-//W3C//DTD HTML 4.01 Transitional//EN"
    "http://www.w3.org/TR/html4/loose.dtd">
<HTML>
<HEAD>
<TITLE>Fachbereich 12 | Startseite </TITLE>....
</BODY>
</HTML>
```

In Java kann man, wie in dem E-Mail Beispiel, eine TCP-Verbindung zu dem Server aufbauen und erhält nach einigen Schritten einen Input- und Output-Stream vom Client zum Server. Diesen kann man dann nutzen, um den oben gezeigten Dialog zu führen:

```
steckerOut.println("GET " + fileName + " HTTP/1.1");
steckerOut.println("host: " + hostName);
steckerOut.println(" " );
while (!steckerIn.ready());
while (steckerIn.ready()){
    String Gelesen = steckerIn.readLine();
    if (Gelesen != null) Mdg2.append(Gelesen + "\n");
    }
```

Man kann den Dialog vereinfachen, wenn man die Methode *openStream* der Klasse *URL* verwendet. In dieser Methode sind das Eröffnen einer TCP-Verbindung zum Server und der Dialog mit der *get*-Anfrage bereits vorprogrammiert. Man erhält direkt einen *stream* mit dessen Hilfe man den Inhalt der Webseite zu der angegebene URL lesen kann.

```
InputStream is = hostURL.openStream();
```

Im Testprogramm unserer Programmsammlung finden sich beide Wege als Menüpunkte des Menüs „Bearbeiten". Mit dem Unterpunkt „*HTTP Verbindung testen*" kann man den Aufbau einer HTTP-Verbindung in voller Schönheit testen, mit dem Unterpunkt „*URL Reader testen*" kann man die abgekürzte Version ausprobieren.

## 8.6.2    HTML

*HTML* ist eine Dokumentbeschreibungssprache (engl. *markup language*). Sie wird vom W3C standardisiert und liegt aktuell in Version 4 vor. Leider wird dieser Standard von den wichtigen Browsern nicht vollständig implementiert, stattdessen werden firmenspezifische Erweiterungen als zusätzliche *Features* eingebaut. Unsere Beispiele wurden mit dem *Internet Explorer Version 6.0* getestet.

Ein HTML-Dokument ist eine Text-Datei – verwendet wird der Zeichensatz „Universal Character Set (UCS)", der durch die Norm ISO10646 definiert ist. UCS ist inhaltlich äquivalent zu Unicode (S. 13) und enthält die weit verbreiteten ASCII Erweiterung ISO8859-1 (S. 12) als Teilmenge. UCS wird häufig mithilfe von UTF-8 codiert (S. 13).

Neben dem Text des Dokumentes enthält die Datei auch dessen Gliederung in Kapitel, Unterkapitel, Absätze, Überschriften, Aufzählungen und Querverweise. In HTML verwendet man dafür so genannte *tags*, das sind Marken, die bestimmte Stellen oder Bereiche im Text kennzeichnen. Tags erscheinen in spitzen Klammern, wie z.B. das Tag <BR>, das einen Zeilenumbruch kennzeichnet. Eine *Bereichskennzeichnung* besteht aus zwei Marken, die den Beginn und das Ende des Bereiches festlegen. Die Endemarke beginnt dabei immer mit der Kombination „</" wie in dem Paar <EM> und </EM>.

Die Verschiedenheit der unterstützten Browser verlangt, dass HTML die *Rolle* eines Dokumententeils in den Vordergrund stellt und nicht dessen optische Erscheinung. Man sollte beispielsweise einen hervorzuhebenden Textbereich mit <EM> als *emphasized* kennzeichnen statt mit <I> als *italic* (=kursiv). Jeder Browser wird dann seine Methode des Hervorhebens benutzen, sei es kursive, fette oder unterstrichene Darstellung. Dies kommt insbesondere auch Text-basierten Browsern entgegen, die kursive Schrift nicht darstellen können, wohl aber Unterstreichung oder fette Darstellung. Ähnliches gilt auch für Listen, Tabellen oder Zitate. Würde man solche Merkmale durch Einrückungen, Tabulatoren oder besondere Schriftmerkmale kennzeichnen, dann würde das Ergebnis in bestimmten Browsern oder auf bestimmten Seitengrößen hässlich aussehen.

HTML unterstützt neben Textbeschreibung auch andere nützliche Dinge. Einem Querverweis (*Link*) kann man durch einen einfachen Mausklick folgen. Dabei kann in irgendeine Datei auf irgendeinem Rechner oder auch nur an eine andere Position im aktuellen Dokument verzweigt werden. Außerdem kann man Formulare, Buttons und Pulldown-Menüs in den Text einbauen. Füllt der Leser ein Formular aus, klickt er einen Button oder eine Menü-Option an, so wird die vorgenommene Selektion an den Anbieter der Seite übermittelt. Mit diesen Auswahlen als Parameter läuft hier ein vorher festgelegtes Programm ab. Dieses wird die eingegebenen Daten auswerten und dem Leser eine HTML-Seite zuschicken, in der eine Reaktion, eine Antwort oder eine Bestätigung enthalten ist. Auf diese Weise kann die Anmeldung zu einer Tagung, die Bestellung aus einem Katalog oder eine Umfrage zu einem Thema interaktiv geschehen. Serverseitig wird hierfür meist die Schnittstelle *CGI* (Common Gateway Interface) eingesetzt. Als Programmiersprachen dienen Scriptsprachen wie z.B. *Perl*, *php* oder *JavaScript* (genauer *ServerSideJavaScript – SSJS*).

Programme können aber auch auf der Client-Seite ablaufen. Auf diese Weise kann eine HTML-Seite zu einer Benutzeroberfläche für ein beliebig kompliziertes Programm werden. Für einfache Zwecke kann man dafür z.B. *JavaScript* verwenden, für aufwändigere Anwendungen setzt man so genannte *Java-Applets* ein.

Über die bereits erwähnte WWW-Seite zu diesem Buch

    www.informatikbuch.de

gelangen Sie zu einer Web-Seite, in der Sie diesem Buch eine Note geben oder uns, den Autoren, Fehler oder schlicht Ihre Meinung mitteilen können. Letztere Möglichkeit wird durch einen so genannten *mailto-link* realisiert. Klickt man ihn an, so öffnet sich ein bereits fertig adressiertes Brief-Formular. Es folgt ein Teil des HTML-Quelltextes des Dokumentes und in Abbildung Abb. 8.20 der Anblick desselben im Internet Explorer.

## 8.6 Das World Wide Web

```html
<html>
 <head><title>Einführung in die Informatik</title></head>
 <body bgcolor="#FFFFCC">

  <font face="Tahoma" size="4">
  <h1>Einführung in die Informatik, 5. Auflage</h1>

  <img SRC="pic/Umschlag5A.jpg"  align=TEXTTOP>
  <h3>Die Autoren</h3>
  <h4><a href="http://www.mathematik.uni-marburg.de/~gumm/">
   H. Peter Gumm</a> </h4>
  <h4><a href="http://www.mathematik.uni-marburg.de/~sommer/">
   Manfred Sommer</a></h4>
Das Inhaltsverzeichnis können Sie auch als  PDF-Datei herunterladen:
  <a href="Seiten/Inhalt.pdf">Inhaltsverzeichnis (PDF)</a></br>
Das Buch ist im <a href="http://www.oldenbourg.de">
   Oldenbourg Verlag</a> erschienen.</br>
  <a href="http://www.oldenbourg.de/cgi-bin/rotitel?T=25635">
Die Homepage des Buches im Oldenbourg Verlag finden Sie hier</a></br>
Sie können das Buch bei <a href="http://www.amazon.de/.......>
Amazon.de </a> oder <a href="http://www.buecher.de/.......>
Buecher.de</a> bestellen.</br></br>
  <a href="Seiten/Download.html">Downloads zu dem Buch finden Sie
hier.</a></br></br>Wenn Sie das Buch schon kennen, sind wir an
Ihrer Meinung interessiert. Wälen Sie eine Note:
  <form><select name="Note">
        <option> Hervorragend
        <option> Gut
        <option> Geht so
        <option> Furchtbar
        </select>
  </form>
oder schreiben Sie uns. Lesen Sie hier bisherige
  <a href="Seiten/Leserstimmen.html">Kommentare unserer Leser</a>.
  </br>
Bitte helfen Sie uns auch, die
  <a href="Seiten/Fehlerliste.html">Fehlerliste</a> aktuell zu halten.
  </br>Schreiben Sie uns doch einfach!</br>
  <img src="pic\mail.gif" border="0"  align=TEXTTOP></a></br>
  <a href="mailto:Gumm@Informatik.Uni-Marburg.DE">
E-Mail an H. Peter Gumm</a></br>
  <a href="mailto:Sommer@Informatik.Uni-Marburg.DE">
E-Mail an Manfred Sommer</a>
  </font>
 </body>
</html>
```

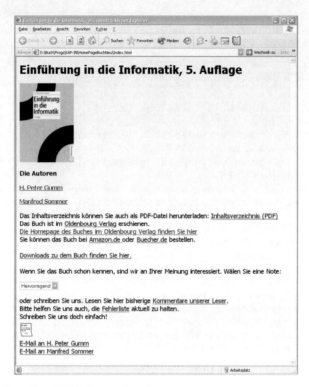

***Abb. 8.20:***  *Darstellung dieser HTML Seite in einem Browser*

## 8.6.3 Die Struktur eines HTML-Dokumentes

Ein HTML-Dokument besteht aus einem Kopf, in dem einige Bestandteile, wie z.B. der Titel des Dokumentes und JavaScript-Funktionen deklariert werden können, und einem Rumpf, der das eigentliche Dokument enthält. Das gesamte Dokument wird mit den <HTML>-Tags als HTML-Dokument gekennzeichnet. Der durch das Tag-Paar <TITLE> und </TITLE> gekennzeichnete Titel erscheint im Rahmen des Fensters, in dem der Browser läuft und wird von den meisten Suchmaschinen registriert. Die allgemeine Struktur eines HTML-Dokumentes ist also:

```
<HTML>
    <HEAD>
        <title>Mein Dokument</title>
            … der Kopf des Dokuments …
    </HEAD>
    <BODY>
            … der Rumpf des Dokuments …
    </BODY>
</HTML>
```

8.6 Das World Wide Web                                                              645

Die bisherigen Tags sind für die meisten Browser noch optional. Wie man sieht, können sie in
Groß- oder Kleinschreibung erscheinen. Im Rumpf des Dokumentes kennzeichnet man Überschriften je nach Größe durch die Bereichsmarken `<H1>` bis `<H6>`. Ein neuer Absatz wird
durch `<P>` (für *paragraph*), ein Zeilenumbruch durch `<BR>` (für *break*) markiert. Zur Gestaltung von Textbereichen dienen u.a. die folgenden Bereichsmarken:

| | |
|---|---|
| `<EM>` | Hervorhebung (meist kursiv) |
| `<STRONG>` | starke Hervorhebung (meist fett) |
| `<CITE>` | Buchtitel, Zitate, …(meist kursiv) |
| `<BLOCKQUOTE>` | Zitat einer Textstelle (meist kursiv, beidseitig eingerückt) |
| `<KBD>` | Tastatur-Eingabe, … (äquidistante Schrift, z.B. Courier) |

Im Zweifelsfall sollte man diese benutzen, anstatt der typografischen Festlegungen `<B>` fett
(engl. *bold*), `<I>` kursiv (engl. *italic*), und `<IT>` äquidistante Schrift (*teletype*).

Aufzählungsbereiche werden mit `<UL>` (*unordered list*) oder `<OL>` (*ordered list*) gebildet.
Im letzteren Falle werden die Listenelemente durchnummeriert. Innerhalb einer Aufzählung
wird jedes neue Element mit `<LI>` (*list item*) markiert.

```
<OL Type=I Start=2>
        <li> Algorithmen
        <li> Datenstrukturen
        <li> Kontrollstrukturen
</OL>
```

Viele Tags dürfen noch mit Optionen modifiziert werden. Im obigen Beispiel wurde mit
`Type=I` eine Durchnummerierung mit römischen Ziffern verlangt, die wegen `Start=2` mit
römisch 2, also `II.`, begonnen wird. Bereichsmarken können erneut Tags enthalten – sowohl
Bereichsmarken als auch einfache Marken. Beispielsweise würde man für ein komplettes
Inhaltsverzeichnis mehrfach geschachtelte Listen verwenden.

## 8.6.4    Querverweise: Links

Das für das WWW interessanteste Tag in HTML ist die *Anker-Marke*. Ein Mausklick auf den
zwischen `<A>` und `</A>` eingeschlossenen Bereich verzweigt auf die Datei, die mit der
Option `href="`*url*`"` angegeben ist. *url* steht dabei für irgendeinen URL im Internet oder eine
Datei im lokalen Verzeichnis.

```
<A href="www.uni-marburg.de/index.html">Uni Marburg</A>
```

Wenn der URL auf eine HTML-Datei verweist, so wird diese geladen. Handelt es sich um
eine Audio, Bild oder Video Datei, so wird diese mit dem entsprechenden Ausgabegerät wie-
dergegeben. Bezeichnet der URL ein Verzeichnis, so wird dort (in der Regel) nach einer Datei
mit Namen `index.html` gesucht.

Interessant sind auch Verweise auf bestimmte Stellen im Innern von HTML-Dokumenten,
auch innerhalb des aktuellen Dokumentes. Dazu muss man an den möglichen Zielpunkten der
Verweise Zielmarken anbringen. Mit

```
<A Name="Ziel">Text</A>
```

könnte man z.B. einen Anker mitten in ein Dokument setzen. Diese Marke springt man an, wenn man an den URL noch „#Ziel" anhängt. In einem Buch würde man solche Marken, etwa an den Beginn eines jeden Kapitels setzen und im Inhaltsverzeichnis einen Querverweis anbringen. Mit einem Mausklick hätte man dann sofort die richtige Seite aufgeschlagen:

```
... Siehe auch <A href=url#Ziel>S. 643</A> ...
```

Der Bereich eines Ankers muss nicht nur aus Text bestehen. Beliebt sind auch Bilder und Grafiken. Ein Bild wird mit dem IMG-Tag (von engl. *image*) und unter Angabe seiner Quelle (*source*) identifiziert. Ein Beispiel wäre

```
<IMG src="Siegel.gif">
```

Da der Transport von Bildern häufig viel Zeit benötigt, ist es oft angenehm, wenn sich auf der Seite ein kleines Bild, ein so genannter *thumbnail,* quasi als Vorschau für das große Bild, befindet. Erst wenn man ihn anklickt, wird das größere Bild geladen.

```
<A href="Siegel.gif"> <IMG src="MiniSiegel.gif"> </A>
```

Man sollte aber nicht vorsätzlich die Menschen ausschließen, deren Browser in einem Text-Bildschirm oder in einer Braille-Zeile dargestellt wird. Dazu kann man allen nichttextuellen HTML-Elementen einen Ersatztext als Alternative mitgeben.

```
<IMG scrc="MiniSiegel.gif" alt="Mein chinesischer Stempel">
```

## 8.6.5    Tabellen und Frames

Mit der HTML Version 3.0 wurden auch Tabellen eingeführt. Die Größe der Zeilen und Spalten passt sich automatisch dem Inhalt und der Fenstergröße des Browsers an, so dass eine gewisse Unabhängigkeit vom Ausgabemedium noch gewahrt ist. Textbasierte Browser versuchen eine Ersatzdarstellung durch Tabulatoren zu erzielen.

Eine Tabelle ist ein Bereich, der durch <TABLE> und </TABLE> begrenzt wird. Darin wird mit <TR> (*Table Row*) jeweils eine neue Zeile der Tabelle eröffnet. Innerhalb einer Zeile erreicht man die jeweils nächste Zelle durch <TD> (*Table Data*). In dem folgenden Beispiel stellen wir die Verknüpfungstafel der *xor*-Operation (siehe S. 15) als Tabelle dar. Da die Randzellen der Beschriftung dienen sollen, bezeichnen wir sie mit <TH> (Table Header) statt mit <TD>. Dies bewirkt bei den meisten Browsern eine fette Schriftdarstellung. Schließlich unterlegen wir mit <CAPTION> der Tabelle noch eine Beschreibung.

```
<TABLE BORDER COLS=3 WIDTH="25%" >
    <TR>    <TH>XOR    <TH>true    <TH>false  </TR>
    <TR>    <TH>true   <TD>false   <TD>true   </TR>
    <TR>    <TH>false  <TD>true    <TD>false  </TR>
    <CAPTION ALIGN=BOTTOM>XOR-Tabelle</CAPTION>
</TABLE>
```

8.6 Das World Wide Web

Die Marken <TR>, <TH> und <TD> sind auch als Bereichsmarken <TR> und </TR> etc. verwendbar. Für die Breite (engl. *width*) haben wir 25 % der Fensterbreite spezifiziert.

Neben Tabellen sind auch Rahmen (*frames*) eine Möglichkeit, die Information im Fenster des Browsers weiter zu untergliedern. Dies führt leider oft dazu, dass das ohnehin stets zu kleine Monitorfenster noch weiter untergliedert wird. Frames dienen selten der Verbesserung von HTML-Seiten, der Vollständigkeit halber sei aber ein Beispiel der Aufteilung einer Seite durch Frames gezeigt.

Durch <Frameset> wird eine vertikale (cols="...") oder horizontale (rows="...") Aufteilung des Ausgabefensters definiert. Bei der Aufteilung spezifiziert man entweder die absolute Dimension in Pixeln oder den prozentualen Anteil jedes Rahmens. In dem folgenden Beispiel wird eine gleichmäßige vertikale Unterteilung in 3 Frames vorgenommen. Mit <FRAME> </FRAME> legt man den Inhalt jedes Rahmens fest. Der dritte Rahmen wird erneut horizontal unterteilt. Dabei erhält der untere Rahmen eine Höhe von 200 Pixeln, der Rest geht an den oberen.

```
<FRAMESET cols="33%,33%,33%">
    <FRAME src="inhalt_von_frame1.html">
    <FRAME src="inhalt_von_frame2.html">
    <FRAMESET rows="*,200">
        <FRAME src="inhalt_von_frame3.html">
        <FRAME src="inhalt_von_frame4.gif">
    </FRAMESET>
</FRAMESET>
```

*Abb. 8.21:*   *Aufteilung eines Fensters in Frames*

## 8.6.6  Formulare

Das <FORM>-Tag kennzeichnet einen Bereich als *Formular*. Innerhalb desselben können auf vielfältige Weise Benutzereingaben erfragt werden. Zur Eingabe stehen Eingabezeilen, Textfelder, Checkboxen, Schaltflächen (Buttons), Menüs, Auswahllisten etc. zur Verfügung. Jedes der Elemente kann zusätzliche Parameter beinhalten, die ihm einen Namen zuordnen, seine Größe spezifizieren, ggf. seinen Rückgabewert (value) festlegen oder angeben, was bei einem Ereignis zu tun ist. Wir listen hier nur die wichtigsten Elemente für die Eingabe auf und geben ihnen einige beispielhafte Parameter mit. Ein komplettes Beispiel für die Verwendung eines Formulars ist auf S. 651 zu finden:

- Eine mit *OK* beschriftete Schaltfläche (Button). Wenn sie gedrückt wird, wird die Java-Script Funktion *tuwas*(...) ausgeführt:

```
<INPUT type="button" name="Knopf"
       value="OK" onclick="tuwas(…);">
```
- Ein einzeiliges Eingabefeld für maximal 15 Zeichen:

```
<INPUT type="text" name="Stadt" size=15>
```
- Ein Feld zur Ausgabe der Summe der Felder PLZ und Hausnr:

```
<INPUT type="text" name="Summe"
       value="PLZ.value + Hausnr.value">
```
- Ein Textfeld mit Rollbalken (10 Zeilen, 40 Spalten) zur Eingabe längerer Texte:

```
<textarea name="brief" rows=10 cols=40>
    Optionaler Text
</textarea>
```
- Ein Menü mit den Wahlmöglichkeiten „Rot" „Gruen" „Blau" (vgl. auch S. 643):

```
<select name="urteil">
   <option>Rot
   <option>Gruen
   <option>Blau
</Select>
```

Die Werte eines ausgefüllten Formulars können entweder an einen Webserver übertragen werden, dazu dienen die Optionen `method="post"  action="..."`, wobei ... für den URL des Webservers steht, oder sie können im aktuellen Dokument ausgewertet werden, wie in dem Beispiel auf S. 651.

## 8.6.7    Style Sheets

In der Anfangszeit diente das Internet vor allem Wissenschaftlern zur Kommunikation. Wichtiger als das Erscheinungsbild eines HTML-Dokumentes war dessen Inhalt und dessen Strukturierungsmöglichkeiten. Mit der Kommerzialisierung des Netzes haben sich die Dinge umgedreht. Das W3C hat auf die neuen Bedürfnisse reagiert und den Einsatz von so genannten *Style-Sheets* ermöglicht. In Style-Sheets kann ein recht genaues Erscheinungsbild für HTML-Dokumente festgelegt werden. Damit geht natürlich einiges von der Plattformunabhängigkeit verloren, aber andererseits nähern sich die Möglichkeiten von HTML denen von Desktop-Publishing-Systemen. Style Sheets können in verschiedenen *Style-Sheet-Sprachen* abgefasst werden. Heutige Browser unterstützen *CSS*, dies steht für *cascading style sheets*. Mit einem `<META>`-Tag im Kopf des Dokumentes wird die gewünschte Sprache festgelegt, z.B.

```
<META http-equiv="Content-Style-Type" content="text/css">
```

für ein Dokument, dessen Layout in CSS beschrieben wird. Durch die `<STYLE>`-Marke kann man auch direkt im Kopf eines Dokumentes Stil-Regeln für die Ausgabe der Elemente festlegen. Im Folgenden spezifizieren wir, dass bei der Darstellung im Browser alle Überschriften der Hierarchie H1 zentriert werden sollen. Diese Angaben sind in einen Kommentar verpackt, um sie vor Browsern, die Stylesheets nicht beherrschen, zu verbergen. Bei der Ausgabe über ein Sprachausgabegerät jedoch sollen vor und nach der Überschrift bestimmte Klänge ertö-

8.7 Web-Programmierung 649

nen. Dieses Beispiel ist der Dokumentation des W3C entnommen, das man unter der bereits erwähnten Adresse im Netz (*www.w3c.org*) findet.

```
<STYLE type="text/css" media="screen">
<!--
    H1 { text-align: center }
// -->
</STYLE>
<STYLE type="text/acss" media="speech">
<!--
    H1 { cue-before: url(bell.aiff); cue-after: url(dong.wav)}
// -->
</STYLE>
```

Da eine HTML-Seite immer im Quelltext über das Netz übertragen wird und erst im Browser des Benutzers zu einem ansprechenden und funktionierenden Dokument umgesetzt wird, kann man sich auch jederzeit den Quelltext eines besonders schönen Dokuments anschauen und evtl. für seinen eigenen Bedarf verwenden. Die Einfachheit der Beschreibungssprache HTML und die Verfügbarkeit einer Reihe von Bedienelementen (Buttons, Forms, Pulldown-Menüs) haben dazu geführt, dass manche Firmen die Benutzeroberfläche für ihre Software-Produkte gleich in HTML realisieren.

## 8.6.8  Weitere Möglichkeiten von HTML

HTML, allgemeiner Hypertext, bietet viel mehr Möglichkeiten als nur Text ansprechend zu formatieren und zu gestalten. Ein Beispiel für eine interessante Anwendung ist auch eine automatische Umsetzung von Pascal-, C- oder Java-Programmen in HTML. An die Prozedur*aufrufe*, an Variablen-, Typ- oder Klassennamen werden automatisch Hypertext-Links zu den entsprechenden Deklarationen angefügt. In jedem Browser kann man dann den Programmtext inspizieren, mit einem Mausklick kann man die Definition eines Prozedur- oder Variablennamens oder einer Klasse einsehen, mit einem zweiten Klick ist man wieder an der ursprünglichen Textstelle.

Auch Datenbankinterfaces lassen sich durch HTML-Seiten gestalten. Für diesen Zweck stehen auch bereits Schnittstellen von HTML zu Datenbanksprachen wie z.B. SQL zur Verfügung.

# 8.7    Web-Programmierung

Bereits mit HTML hat man umfassende Möglichkeiten Internetseiten nicht nur optisch aufwändig, sondern auch interaktiv zu gestalten. Mit der Möglichkeit ganze Programme einzubauen, gibt es keine Grenzen mehr für die Gestaltung und die Funktionalität von Internetdokumenten.

## 8.7.1    JavaScript

Die einfachste Möglichkeit, Programme in HTML-Seiten einzugliedern, besteht in der Verwendung der Sprache *JavaScript*. JavaScript entstand zwar unabhängig von Java – mittlerweile kann man aus JavaScript heraus aber zahlreiche Java-Klassen nutzen, so dass JavaScript zu einer Art interpretiertem Java geworden ist. Ursprünglich von der Firma Netscape entwickelt, wurde es von der *ECMA(European computer manufacturers association)* unter dem Namen *ECMAScript* standardisiert und wird daher von den wichtigsten Browsern interpretiert. Die Version 1.4 von JavaScript ist voll zu dem Standard ECMA-262 kompatibel. Der Netscape Communicator 7.0 implementiert bereits die neuere Version 1.5, die seit April 2000 vorliegt. Für eine Version 2.0 von JavaScript gibt es bereits Vorschläge.

Die Syntax von JavaScript ist jedem Java-Programmierer sofort vertraut. JavaScript ist für kurze Programme gedacht, mit denen man die Fähigkeiten von HTML erweitert, nicht für komplexe Anwendungen. So wie man Excel-Spreadsheets mithilfe von BASIC-Programmen zusätzliche Funktionalität verleihen kann, so kann man HTML-Seiten mit JavaScript zum Leben erwecken. Es ist nichts Spezielles an dieser Sprache, man könnte stattdessen auch BASIC verwenden, es kommt nur darauf an, dass der Browser, mit dem man die HTML-Seite anschaut, einen entsprechenden Sprachinterpreter beinhaltet. Seit der Version 1.2, die allerdings nicht vollständig von Microsoft unterstützt wird, kann man sogar den Browser in seinem Aussehen steuern, die Java-Klassen benutzen und mit den im Dokument enthaltenen Objekten (Applets, Bildern, Formularen) kommunizieren.

Scripts können überall in HTML-Dokumenten erscheinen. Üblicherweise werden im Kopf des HTML-Dokumentes Funktionen definiert, die dann überall im Rumpf benutzt werden können.

Script-Programme werden nicht kompiliert, sondern im Quelltext von HTML-Dokumenten eingefügt. Dafür gibt es die <SCRIPT>-Marken. Der Parameter `language` spezifiziert die gewünschte Script-Sprache. Als interpretierte Sprache ist JavaScript nicht statisch getypt, folglich müssen Variablen auch nicht deklariert werden. Mit dem Präfix „var“ können sie aber lokal innerhalb eines Blockes festgelegt werden. Ansonsten sind seit Version 1.2 alle von Java her bekannten Kontroll- und Datenstrukturen vorhanden. Die vorhandene Objekthierarchie bezieht sich auf das gegenwärtige Fenster samt dessen Bestandteilen, den Frames, Bildern (images), applets, Formularen (forms), links und Ankern (anchors). Somit können mit all diesen Objekten und mit dem Browser Daten ausgetauscht werden. Die Objekthierarchie ist:

```
window           (Vaterklasse der Objekthierarchie)
   location      (... Informationen über den URL der Seite)
   history       (... erlaubt Sprünge zu den bereits besuchten Seiten)
   frames        (... zum Zugriff auf die einzelnen frames der Seite)
   document      (... ein HTML-Dokument)
          ... und die Unterklassen von „document“ sind:
      images     (... ... die Bilder des Dokuments; HTML-Tag: IMG)
      applets    (... ... seine Applets; HTML-Tag: APPLET)
      forms      (... ... seine Formulare ; HTML-Tag: FORM)
      links      (... ... seine Querverweise; HTML-Tag: LINK)
      anchors    (... ... seine Anker; HTML-Tag: A)
```

8.7 Web-Programmierung 651

Ist zum Beispiel myApplet der Name des dritten Applets im Dokument, so kann dieses als win-dow.document.applets.myApplet oder als window.document.applets[2] angesprochen werden. Mit *getClass()* erfährt man dessen Klasse und kann dann auf alle Variablen des Applets, die als static oder public gekennzeichnet sind, zugreifen.

Im folgenden Beispiel zeigen wir ein JavaScript Programm aus einer HTML-Datei, die man vielleicht als Briefvorlage benutzten könnte und bei der automatisch das gegenwärtige Datum in den Brief eingefügt wird. Die Funktion *heute()*, die im Kopf definiert wird, gibt das aktuelle Datum als String zurück. Sie nutzt dabei die Java-Klasse *Date*. Als Monat erhält man eine Zahl zwischen 0 und 11, daher ++monat im Ergebnisstring. Im Rumpf des HTML-Dokumentes wird *heute()* als Parameter der Methode *write* der Klasse document aufgerufen.

```
<HTML><HEAD>
<TITLE>Briefvorlage</TITLE>
<SCRIPT type="text/javascript">
<!--
    function heute(){
        var heute = new Date();
        var tag   = heute.getDate();
        var monat = heute.getMonth();
        var jahr  = heute.getYear();
        return (tag+"."+ ++monat +"."+jahr);
    }
// -->
</SCRIPT>
</HEAD><BODY>
...
Marburg, den
    <SCRIPT type="text/javascript">
    <!--
        document.write(heute());
    // -->
    </SCRIPT>
Sehr geehrte …
</BODY></HTML>
```

Im Zusammenhang mit den <INPUT>-Tags von Formularen können Dokumente auf sehr elementare Weise interaktiv gestaltet werden. Das folgende Beispiel zeigt eine interaktive HTML-Seite, die als einfache Testumgebung für JavaScript Funktionen dienen könnte. Dabei nutzen wir aus, dass der JavaScript-Interpreter selber als JavaScript-Funktion eval aufgerufen werden kann. Im oberen Textfeld darf man einen beliebigen JavaScript-Ausdruck (evtl. auch Funktionsdefinitionen) eingeben. Drückt man auf den Button mit der Aufschrift „*Berechne*", so wird der Wert im unteren Feld angezeigt.

```
<HTML><TITLE>JavaScript Tester</TITLE> <HEAD >
<SCRIPT type="text/javascript">
<!--
```

```
        function berechne(textfeld, formular) {
            formular.ergebnis.value = eval(textfeld.value)
        }
// -->
</SCRIPT>
</HEAD>
<BODY>
Bitte geben Sie einen JavaScript-Ausdruck ein:
<FORM>
    <TEXTAREA NAME="eingabe" ROWS=8 COLS=40></TEXTAREA>
    <P>
    <INPUT TYPE="button" VALUE="Berechne"
            ONCLICK=berechne(eingabe,this.form)>
    <INPUT TYPE="text" NAME="ergebnis" SIZE=32>
</FORM>
</BODY></HTML>
```

*Abb. 8.22:* Der JavaScript-Tester im Fenster des Browsers

## 8.7.2 Applets

*Applets* sind Java-Programme, die aus HTML-Seiten aufgerufen werden können. Dazu muss der Browser eine virtuelle Java Maschine enthalten. Das Applet führt zur Anzeige eines Fensters, in dem das Programm abläuft. Ein wesentlicher Unterschied zu JavaScript Programmen ist, dass der Code für das Applet in compilierter Form vorliegt. Auf diese Weise können Firmen umfangreiche Programme im Netz anbieten, ohne den Quelltext enthüllen zu müssen. In der Tat gibt es bereits komplette Office-Pakete, die als Applets erstellt worden sind.

8.7 Web-Programmierung 653

Speziell für diese Internet-Anwendungen sind aber besondere Sicherheitsmechanismen notwendig. Da in Internet-Seiten eingebundene Applets auf dem Rechner des Betrachters ablaufen, muss verhindert werden, dass sie dort unerlaubte Dinge anstellen. Dazu könnte gehören, dass Daten ausspioniert oder gar gelöscht werden, ein Virus eingeschleppt oder der Rechner zum Absturz gebracht wird. So ist es Applets nicht erlaubt, bestimmte Klassen der Laufzeitbibliothek zu nutzen, Dateioperationen auf dem lokalen Rechner auszuführen oder externe Programme zu starten. Trotz der vielfältigen Vorkehrungen wurden aber immer wieder Lücken in dem Sicherheitskonzept von Java-Applets entdeckt, die es einem potentiellen Angreifer gestatten, die volle Kontrolle über den Rechner eines ahnungslosen Surfers zu erlangen.

Für den Einbau von Applets in HTML-Seiten gibt es das APPLET-Tag. Dieses muss zumindestens drei Parameter enthalten:

- den Namen der Datei, die den compilierten Java-Code enthält
- Breite und Höhe des benötigten Fensters.

Im einfachsten Falle befindet sich die Datei mit dem compilierten Applet-Code in demselben Verzeichnis, aus dem auch die HTML-Seite geladen wurde. Andernfalls kann über den Parameter `codebase` ein Pfad zu dieser Datei angegeben werden.

```
<APPLET code="HalloWelt.class" width=300 height=200>
    <param name="heimat" value="Ohlweiler">
    Java-faehige Browser zeigen hier ein Applet !
</APPLET>
```

Hier wurde dem Applet `Hallo.class` noch ein Parameter, `heimat="Ohlweiler"` mitgegeben. Der sich anschließende Ersatztext wird von Browsern ohne Java-Unterstützung angezeigt. Mit der Version 4 von HTML wurde das Applet-Tag zu dem Object-Tag verallgemeinert. Dessen Verwendung ist aber sehr ähnlich wie die des Applet-Tags. Der folgende Ausschnitt zeigt dieses Tag so wie es benutzt wird, um das weiter unten abgedruckte Applet *Zeichnen* zu starten:

```
<OBJECT classid="java:Zeichnen" code="Zeichnen.class"
    codetype="application/java-vm" WIDTH=800 HEIGHT=600>
</OBJECT>
```

## 8.7.3 Die Struktur eines Applets

Java Applets sind Unterklassen der Klasse `java.applet.Applet`. Auf dem Pfad von dieser Klasse zur Wurzel der Java-Klassenhierarchie finden sich die folgenden Klassen des *awt* (abstract windowing toolkit), von denen *Applet* Methoden und Felder erbt:

$$Applet \rightarrow Panel \rightarrow Container \rightarrow Component \rightarrow Object.$$

Eine *Component* ist dabei ein rechteckiges Bildschirmfenster, das insbesondere Maus-Ereignisse behandeln und mit der Methode *paint* grafische Objekte und Text darstellen kann. Ein *Container* ist eine Komponente, die andere Komponenten enthalten kann. Auf jeden Fall erbt Applet daher die Methoden der Klasse *Component*.

Jedes Mal wenn das Applet neu zu zeichnen ist, wird automatisch die Methode *paint* aufgerufen. Ihr Argument ist ein Objekt der Klasse *Graphics*. Durch Überschreiben dieser Methode erhalten wir bereits ein einfaches Hallo-Welt-Applet. In unserem Beispiel zeigen wir zusätzlich noch, wie der über die HTML-Seite übergebene Parameter „heimat" mit der Methode *getParameter* importiert werden kann und wir erzeugen mit *showStatus* eine Ausgabe in der Statuszeile des Browsers.

```
import java.awt.*;
import java.applet.*;

public class Hallo extends Applet {
    public void paint(Graphics g){
        String s = getParameter("heimat");
        g.drawString(s+" gruesst den Rest der Welt",20,10);
        showStatus("Hallo, Welt - running");
    }
}
```

Die *import*-Anweisungen für die Pakete `awt` und `applet` sind für alle Applets notwendig, so dass wir sie in den folgenden Beispielen nicht mehr aufführen wollen.

## 8.7.4    Der Lebenszyklus eines Applets

Beim ersten Aufruf eines Applets wird vom Browser die Methode *init* angestoßen. Typischerweise werden dabei Initialisierungen vorgenommen, Parameter eingelesen, Fonts geladen etc. Anschließend wird das Applet mit der Methode *start* gestartet. Die Methode *stop* wird aufgerufen, wenn z.B. der Browser eine neue Seite lädt, oder wenn das Fenster, in dem der Browser läuft, verändert wird. Dabei wird das Applet nicht zerstört, denn wenn die Seite mit dem Applet wieder geladen wird, ruft der Browser erneut *start* auf. Erst wenn klar ist, dass das Applet nicht mehr gebraucht wird, z.B. bei Beendigung des Browsers, wird die Methode *destroy* ausgeführt. Den Lebenszyklus eines Applets veranschaulicht also das folgende Diagramm:

$$\texttt{init()} \longrightarrow \texttt{start()} \underset{\longleftarrow}{\longrightarrow} \texttt{stop()} \longrightarrow \texttt{destroy()}$$

Mit dem folgenden Applet lässt sich leicht verfolgen, wie der Browser über die Methoden *start*, *stop*, und *paint* mit dem Applet kommuniziert, wenn man beispielsweise die Größe des Browserfensters verändert, es verschiebt oder zwischendurch eine neue Seite lädt.

```
public class AppLife extends Applet{
    int paints=0;
    int starts=0;
    int stops=0;

    public void paint(Graphics g){
        g.drawString(" Paints : " + ++paints
                +" Starts : " + starts
                +" Stops : " + stops, 10,50);
```

8.7 Web-Programmierung                                                                    655

```
        }
        public void start() { ++starts ;}
        public void stop()  { ++stops ;}
}
```

Der Programmierer erweckt also das Applet zum Leben, indem er die Methoden *paint*, *init*, *start*, *stop* und *destroy* überschreibt. Applets besitzen keine Funktion *main*!

## 8.7.5    Interaktionen

Im abschließenden Beispiel zeigen wir, wie ein Applet auf Mausaktionen reagieren kann. Dazu werden die Methoden *mousePressed* und *mouseDragged* aus den Interfaces *MouseListener* und *MouseMotionListener* implementiert und das Applet als Zuhörer für Mausereignisse angemeldet. Bei jeder Betätigung der Maustaste wird ihre Position notiert. Ein Ziehen der Maus (mit gedrückter Taste) führt zu zahlreichen *mouseDragged*-Ereignissen. Dabei ziehen wir jedes Mal eine Linie von der alten zu der gegenwärtigen Position und notieren diese. Insgesamt bewirkt dies ein freihändiges Malen mit der Maus.

```
import java.awt.*;
import java.awt.event.*;
import java.applet.*;
public class Zeichnen extends Applet
        implements MouseListener, MouseMotionListener{
    public void init(){
        addMouseListener(this);
        addMouseMotionListener(this);
        }
    private int x_pos=0;
    private int y_pos=0;
    public void mousePressed(MouseEvent e){
        x_pos = e.getX();
        y_pos = e.getY();
        }
    public void mouseDragged(MouseEvent e){
        Graphics g=getGraphics();
        int x = e.getX();
        int y = e.getY();
        g.drawLine(x_pos,y_pos,x,y);
        x_pos = x;
        y_pos = y;
        }
    public void mouseClicked(MouseEvent e){}
    public void mouseEntered(MouseEvent e){}
    public void mouseExited(MouseEvent e){}
    public void mouseReleased(MouseEvent e){}
    public void mouseMoved(MouseEvent e){}
}
```

Jedes Mal, wenn das Applet mit der Methode *paint* neu gezeichnet wird – dies passiert insbesondere, wenn man das Bildschirmfenster mit dem Browser verschiebt, vergrößert oder verkleinert – wird unsere Ausgabe gelöscht. Will man dies verhindern, so müsste man alle Mauspositionen in einem Array aufsammeln und mit jedem Aufruf von *paint* das gezeichnete Kunstwerk rekonstruieren. Wir wollen dies hier nicht tun, sondern stattdessen eine Schaltfläche (*Button*) einbauen, mit der wir das Zeichenbrett löschen können. Ein *Button* ist ein Element von *Button*, einer Unterklasse von Component. Wir können ihn daher mit der Methode *add* dem Container unseres Applets hinzufügen. Wenn die Schaltfläche „Loesche" gedrückt wurde, rufen wir einfach *repaint* auf.

Damit das Ganze auch noch etwas multimedial wird, unterlegen wir das Löschen des Bildes mit einem klirrenden Geräusch. Dazu rufen wir den Audioplayer *play* mit zwei Parametern auf. Im ersten Parameter ermitteln wir mit *getCodeBase* den URL des Verzeichnisses, in dem sich die aktuelle HTML-Datei befindet, in dem zweiten Parameter benennen wir die dort befindliche Audio-Datei – in diesem Falle „klirr.au".

```java
public class Tafel extends Zeichnen implements ActionListener{
    private Button loeschKnopf;
    public void init(){
        super.init();
        loeschKnopf = new Button("Loesche");
        add(loeschKnopf);
        loeschKnopf.addActionListener(this);
    }
    public void actionPerformed(ActionEvent event){
        play(getDocumentBase(),"klirr.au");
        repaint();
    }
}
```

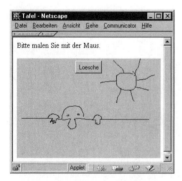

*Abb. 8.23:*   *Das Applet im Fenster des Browsers*

Zahlreiche Beispiele von Applets sind im Internet zu finden, insbesondere auf dem Server *www.gamelan.com*. Weitere wichtige Java-Ressourcen sind

8.7 Web-Programmierung 657

*http://java.sun.com* und *www.javasoft.com*.

Die interessantesten URLs werden gehandelt wie die *peeks* und *pokes* in der Anfangszeit der Home-Computer. Auch in Zeitschriften und im Fernsehen findet man haufenweise nützliche oder spleenige URLs. Ob Sie sich über das Wetter in Hawaii, eine elektronisch publizierte Zeitschrift oder mittels einer Online-Kamera über den Füllstand des Coca-Cola-Automaten im Computer Science Lab der Carnegie Mellon Universität informieren wollen, Sie finden es im World Wide Web.

## 8.7.6 PHP

JavaScript-Programme und Java-Applets müssen strengen Sicherheitseinschränkungen unterworfen werden, weil sie auf dem Rechner des Betrachters ablaufen. Gelangt ein Surfer im Internet auf eine HTML-Seite, in der JavaScript-Code oder Applets enthalten sind, so wird der entsprechende Code übertragen und auf dem lokalen Rechner ausgeführt.

Für den Betrachter der Seite birgt dies die Gefahr, dass der geladene Code bösartige Dinge auf seinem Rechner ausführen könnte, z.B. Dateien löschen, Viren einschleusen, oder den Rechner auszuspionieren. Um dies zu verhindern, sind sowohl JavaScript als auch Java-Applets vielen Einschränkungen unterworfen, so dass derartige Gefahren eigentlich nicht auftreten dürften. Beispielsweise ist es unmöglich, beliebige Dateien zu schreiben oder zu lesen. Dennoch werden immer wieder Sicherheitslücken in Browsern bekannt, was manche Leute dazu veranlasst, JavaScript prinzipiell zu deaktivieren, womit konsequenterweise einige Webseiten nur eingeschränkt nutzbar werden.

Der Anbieter der Seite hat das Problem, dass der JavaScript-Code im Quelltext übertragen wird, und dass Applets, wenn auch in kompilierter Form, gestohlen werden können, um auf anderen Seiten, evtl. mit geänderten Parametern, Dienst zu tun. Zudem machen die Einschränkungen viele Dinge unmöglich. Wie sollte man z.B. einen Passwort-geschützen Zugang in JavaScript bewerkstelligen – das Passwort könnte man ja im Programm-Code finden –, wie einen eingeschränkten Zugang zu einer Datenbank?

Wünschenswert aus diesen und anderen Gründen ist eine Programmiersprache, die serverseitig ausgeführt wird, so dass nur das Ergebnis der Programmausführung übertragen wird. In der Tat gibt es auch eine serverseitige Variante von JavaScript, allerdings hat sich eine andere Lösung in der letzten Zeit durchgesetzt: PHP (ehemals **P**ersonal **H**ome**P**age, jetzt: **P**HP-**H**ypertext **P**reprozessor).

In der Tat kann man PHP als Präprozessor für HTML ansehen. Ist auf dem Server ein PHP-Prozessor installiert, so wird jede Datei mit Endung „.php" vor der Versendung über das Netz von PHP vorverarbeitet. Dabei wird in einer ansonsten normalen HTML-Datei alles, was in dem Klammerpaar

```
<?php ... ?>
```

eingeschlossen ist, als PHP-Kommando aufgefasst, alles außerhalb wird unverändert weitergegeben. Das Resultat des PHP-Kommandos ist ein Textstring, der an der gleichen Stelle in die HTML-Seite eingesetzt wird. Das Ergebnis ist also eine normale HTML-Seite, die anschließend über das Netz versandt wird. Ein einfaches Beispiel einer PHP-Seite wäre

```
<HTML><TITLE>Hallo Welt in PHP</TITLE></HEAD>
<BODY>
<H1>Die folgende Aufzählung kommt aus PHP:<H1>
<?php
 echo "Hi vom <UL><LI>PHP<LI>Hypertext<LI>Präprozessor</UL>";
?>
</BODY></HTML>
```

Die Syntax von PHP ist an C bzw. Java angelehnt und sofort verständlich. Variablen werden durch ein vorangestelltes $-Zeichen gekennzeichnet und müssen nicht deklariert werden. In dem folgenden Beispiel soll sich der Benutzer in einem HTML-Formular identifizieren. PHP prüft, ob dies geschehen ist und begrüßt den Benutzer mit Namen oder weist ihn darauf hin, bitte den Namen einzugeben. Die Datei „welcome.php" möge folgendes HTML-Formular (siehe S. 647) enthalten:

```
<FORM action="pruefung.php" method="post">
Wie heissen Sie:
<INPUT type="text" name="benutzerName">
<INPUT type="submit">
</FORM>
```

In der Datei „pruefung.php" wird jetzt geprüft, ob der Benutzer einen Namen eingegeben hat oder nicht:

```
<?php if (isset($benutzerName)) { ?>
    <p> Guten Tag, Herr/Frau <i>
<?php echo "$benutzerName; </i><p>";
    } else {
?>
<h1>Bitte geben Sie Ihren Namen ein</h1>
<?php } include("pruefung.php"); ?>
```

Charakteristisch – und anfangs verwirrend – ist die scheinbare Fragmentierung des PHP-Codes. Dies erklärt sich leicht dadurch, dass alles außerhalb der `<?php ... ?>`-Klammern implizit als Argument einer echo-Anweisung aufzufassen ist.

In PHP kann man beliebige Dateioperationen ausführen – es geschieht ja immer auf dem Server. Interessanter ist die Datenbankanbindung. In dem folgenden Beispiel werden aus einer Literatur-Datenbank alle Artikel über das Thema „Coalgebra" gefunden, und in einer HTML-Tabelle ausgegeben. Die *mySQL*-Datenbank heißt `Literatur`, liegt auf dem Rechner `maputo` und hat die Relation `artikel` mit Attributen `Autor`, `Titel`, `Thema`, etc.

Zuerst stellen wir eine Verbindung zum Datenbank-Server her. Dafür benötigen wir natürlich eine Benutzerkennung und ein Passwort. Wenn die Verbindung steht, formulieren wir unsere Anfrage als SQL-Query (s. S. 759 ff.) und befragen die Datenbank. Das Ergebnis speichern wir in der Variablen `$antwort`:

```
$verbindung = @mysql_connect("maputo","gumm","geheim");
```

8.7 Web-Programmierung

```
if ($verbindung)
    $anfrage = "SELECT Autor,Titel FROM artikel
        WHERE Subject = Coalgebra";
$antwort = mysql_db_query("Literatur",$anfrage,$verbindung);
```

Als letzter Schritt sollte das Ergebnis noch in einer HTML-Tabelle ausgegeben werden. Dazu benutzen wir die PHP-Funktion `mysql_fetch_row`, um aus der ErgebnisTabelle jeweils eine Zeile zu lesen. Dabei speichern wir die Spaltenwerte `Autor` und `Titel` in gleichnamigen Variablen ab:

```
list($autor,$titel) = mysql_fetch_row($erg);
```

Der Befehl ist Teil einer Schleife, die die HTML-Tabelle (siehe S. S. 646) erzeugt:

```
<TABLE><tr><th>Der Autor<th>Titel des Artikels></tr>
<?php while (list($autor,$titel)= mysql_fetch_row($antwort))
        echo "<tr><td>$autor<td>$titel</tr>";
?>
</TABLE>
```

PHP-Programme (PHP-Scripts) sind massenhaft im Internet zu finden. Auch beachtliche Anwendungen sind in PHP programmiert (PHP-Nuke, Squirrel-Mail, etc.). Voraussetzung für die Nutzung von PHP ist die Installation eines freien PHP-Interpreters (siehe: www.php.net) auf dem Web-Server. Die meisten Provider haben einen solchen Interpreter in ihrem Web-Server installiert, so dass sich PHP in den letzten Jahren weitgehend durchgesetzt hat.

Als Programmiersprache hat PHP eine Reihe von Nachteilen. So kann man zwar schnell lauffähige Programme erzeugen, für große Anwendungen fehlen aber geeignete Abstraktionsmechanismen. Obwohl PHP fast alle gängigen Datenbanken unterstützt, fehlen auch hier geeignete Abstraktionsmechanismen – für jede Datenbank ist ein eigenes Interface vonnöten.

PHP hat die vormals dominierende Script-Sprache *Perl* etwas zur Seite gedrängt. Perl erinnert stark an eine Shell-Programmiersprache (siehe S. 547ff) mit zusätzlichen Mitteln zur String-Verarbeitung. Perl hat sich in den letzten Jahren aber ständig weiterentwickelt. Unter den zahlreichen Erweiterungen von Perl findet man z.B. mit der DBI-Bibliothek ein abstraktes Datenbank-Interface so dass Perl-Programme auch leicht an veränderte Konfigurationen angepasst werden können. Unter „gestandenen Programmierern" ist Perl sehr beliebt. Für Anfänger, die nur ihre Homepage zum Leben erwecken wollen, ist die Lernkurve oft zu hoch.

Im Windows-dominierten kommerziellen Bereich findet man als Alternative zu PHP die so genannten *active server pages* (ASP) von Microsoft. Hier handelt es sich um eine Server-seitige Plattform, innerhalb der man mehrere Sprachen (meist VB Script, aber auch z.B. Java-Script) einsetzen kann. ASP ist ein kommerzielles Microsoft-Produkt, setzt einen Microsoft IIS-Webserver (internet information server) voraus, der Quellcode ist nicht verfügbar und es hatte in den ersten Jahren den Ruf, viele Sicherheitsprobleme zu erzeugen. Mit dem Nachfolger ASP.NET, einer vollständigen technischen Neuentwicklung, versucht Microsoft wieder Boden gutzumachen.

## 8.7.7 XML

Mit HTML konnte man ursprünglich nur Dokumente logisch gliedern, z.B. in Paragrafen, Absätze, Aufzählungen, Überschriften, Zitate, Verweise etc. Aus den logischen Bestandteilen konnte je nach Fähigkeiten des Mediums eine geeignete Ausgabe erzeugt werden. Später verliehen zusätzliche Komponenten wie Menüs, Buttons und Formulare HTML die Möglichkeit, Interaktion und Benutzeroberflächen, etwa für Datenbankanfragen, Elektronisches Shopping oder Banking, zu modellieren. Das Ergebnis einer Anfrage, etwa bei einer Suchmaschine, wurde in eine HTML-Seite verpackt und dem Benutzer übermittelt. Als fiktives Beispiel diene hier eine Anfrage an einen Wetterdienst, die in folgender Antwort resultieren könnte:

```
<HTML>
    <HEAD>
        <TITLE>Mein Wetterbericht</TITLE>
    </HEAD>
    <BODY>
        <P> Marburg, Messpunkt Kirchspitze</P>
        <P> Donnerstag, der 9.9.1999 um 09h19 </P>
        <P> Sonnig </P>
        <P> 42 Grad Celsius</P>
        <P> Wind SO 10 km/h </P>
        <P> 1033 mbar </P>
        <P> 90% </P>
        <P> Sicht: 19 km </P>
    </BODY>
</HTML>
```

Die Antwort ist formatierter Text. Jegliche Struktur, die vielleicht einmal in den gefundenen Daten steckte, ist verloren oder bestenfalls implizit in der Formatierung angedeutet. Dies macht es schwer, das übermittelte Ergebnis maschinell weiterzuverarbeiten.

An dieser Stelle setzt XML an, eine Sprache, die auf den ersten Blick große Ähnlichkeit mit HTML zu haben scheint. Mit XML lassen sich beliebige Baumstrukturen beschreiben. Dabei kennzeichnet man jeden Knoten durch ein Paar von Tags, analog zu den Bereichstags von HTML. Zwischen den Tags steht entweder ein unstrukturierter Text oder erneut eine Liste von Knoten. Während HTML dem Anwender ein umfangreiches aber fest definiertes Repertoire an Tags zur Verfügung stellt, kann der XML-Anwender die Tags für sein Dokument frei definieren. Das Dokument mit den Wetterinformationen könnte in XML z.B. folgendermaßen aussehen:

```
<?xml version="1.0" encoding="ISO-8859-1"?>
<Wetter>
    <Ort Messpunkt="Kirchspitze">Marburg</Ort>
    <Datum>
        <Tag>9</Tag>
        <Monat>9</Monat>
        <Jahr>1999</Jahr>
```

## 8.7 Web-Programmierung

```
        <Zeit>09:19</Zeit>
    </Datum>
    <Himmel> Sonnig </Himmel>
    <Temperatur Einheit="Celsius"> 42 </Temperatur>
    <Wind Einheit="km/h"> SO 10 </Wind>
    <Luftdruck Einheit="mbar"> 1033 </Luftdruck>
    <Feuchtigkeit> 90 </Feuchtigkeit>
    <Sicht Einheit="km"> 19 </Sicht>
</Wetter>
```

Der auffälligste Unterschied zu HTML ist die Möglichkeit, selbstdefinierte Tags zu verwenden. Während die Informationen in der HTML-Fassung durch eher nichts sagende Absatzmarken **<P>** gegliedert sind, geben die entsprechenden XML-Tags bereits Hinweise auf die Bedeutung des Textes, den sie umgeben. Weitere Informationen können in Form von frei definierbaren Attributen bereits in der Markierung untergebracht werden. Im Beispiel sind das Informationen über den Messpunkt und die Einheiten der Messungen.

Kleinere Unterschiede resultieren aus der im Vergleich zu HTML wesentlich rigideren syntaktischen Beschreibung von XML. So muss zu jedem öffnenden Tag auch ein zugehöriges schließendes Tag vorhanden sein. Während man bei HTML in einer Markierung <P> und </P> das letztere Tag auch weglassen darf, ist eine derartige „Abkürzung" in XML nicht mehr erlaubt. Natürlich gibt es auch Markierungen, für die es keinen sinnvollen Inhalt gibt, bei denen ein schließendes Tag daher keinen Sinn macht. In HTML wäre <BR> ein Beispiel für ein solches Tag. In XML müssen derartige *terminale* Tags mit einem / am Ende geschrieben werden – also z.B. <BR/>. Solche gleichzeitig öffnenden und schließenden Tags können aber auch weitere Informationen in Form von Attributen enthalten.

Ein weiterer Unterschied findet sich bei der Groß- und Kleinschreibung. Bei HTML ist die Schreibweise der Tags gleichgültig: zwischen <TABLE>, <Table> und <table> wird nicht unterschieden. XML dagegen ist case-sensitiv, es behandelt diese drei Tags als verschiedene Markierungen. Aus dem Gesagten folgt schon, dass XML streng genommen nicht abwärts kompatibel zu HTML ist, dennoch lassen sich HTML-Dokumente sehr einfach in gültige XML-Dokumente umwandeln.

Die Bedeutung der Markierungen ist in HTML vordefiniert. In XML kann man dagegen eigene, problemspezifische Markierungen benutzen, ohne ihre Bedeutung vorher definiert zu haben. Die Verwendung solcher undefinierten Markierungen in Dokumenten macht ihre weitere Verarbeitung natürlich schwierig, daher kann – und sollte – man Regeln für ihren Gebrauch festlegen.

Eine solche Festlegung kann in einer so genannten DTD (Document Type Definition) getroffen werden. Diese definiert die Struktur eines Dokumentes und sollte alle verwendeten Markierungen beschreiben. Dies ist leider jedoch keine Pflicht! Die DTD entspricht in gewisser Weise den Typdefinitionen in höheren Programmiersprachen. Ihre Definition muss der Benutzung vorangehen.

662                                                                    8  Das Internet

Ein durch eine Markierung gekennzeichneter Bereich eines XML-Dokumentes nennt man *XML-Element*. Genauer versteht man darunter einen Knoten, bestehend aus einem öffnenden und einem entsprechenden schließenden Tag sowie dessen Inhalt wie z.B. in: `<Himmel>` `Sonnig </Himmel>`

In einer Typdefinition für ein solches XML-Element wird festgelegt, welche Attribute das zugehörige Tag haben kann und welche Werte für diese Attribute zulässig sind. Weiterhin wird bestimmt, was als Inhalt erlaubt ist oder was mindestens vorhanden sein muss. Der Inhalt kann aus weiter zu verarbeitendem Text (#PCDATA = parsed character data), aus Bildern und anderen Bezügen auf nicht weiter zu verarbeitende Einheiten (Unparsed Entities) sowie aus weiteren, ineinander geschachtelten Elementen bestehen. Betrachten wir ein weiteres Beispiel:

```
<AdrListe>
    <Adr>
        <Vorname> H. Peter </Vorname>
        <Nachname> Gumm </Nachname>
        <Postfach>  42 </Postfach>
        <PLZ Land="D">  35288 </PLZ>
        <Ort>  Halsdorf </Ort>
    </Adr>
    <Adr>
        <Vorname> Manfred </Vorname>
        <Nachname> Sommer </Nachname>
        <Strasse>  Carolinenhöhe </Strasse>
        <PLZ Land="D">  35037 </PLZ>
        <Ort>  Marburg </Ort>
    </Adr>
</AdrListe>
```

Hier ist das Element *AdrListe* Wurzel des Dokumentenbaumes. Man könnte vorschreiben, dass dieses Element keine Attribute haben darf und dass der Inhalt nicht aus Text, sondern nur aus `Adr`-Elementen bestehen darf.

Für die einzelnen `Adr`-Elemente könnte man vorschreiben, welche Elemente im Inhalt vorkommen dürfen, in welcher Reihenfolge sie stehen dürfen und ob es optionale oder Pflichtelemente sind. *Vorname* ist z.B. ein optionales Element, das ggf. an erster Stelle stehen muss, *Nachname* ist ein Pflichtelement usw. Weiterhin kann man festlegen, dass der Inhalt von *Vorname* und *Nachname* nur aus Text bestehen darf und der von *PLZ* nur aus Ziffern. In dem Beispiel hat *PLZ* ein Attribut, dessen Wert explizit angegeben ist. Der Wert „D" könnte in Deutschland aber auch als Vorgabewert definiert sein, der immer angenommen wird, wenn er nicht explizit anders angegeben wird.

Eine DTD kann innerhalb (intern) und/oder außerhalb (extern) eines Dokumentes definiert sein. Der folgende Text sollte sich in derselben Textdatei befinden wie die obige Adressliste, und zwar unmittelbar vor derselben:

```
<?xml version="1.0"?>
<!DOCTYPE AdrListe [
```

```
        <!ELEMENT AdrListe (Adr)*>
        <!ELEMENT Adr (Vorname?, Nachname,
                      (Strasse|Postfach), PLZ, Ort)>
        <!ELEMENT Vorname (#PCDATA)>
        <!ELEMENT Nachname (#PCDATA)>
        <!ELEMENT Strasse (#PCDATA)>
        <!ELEMENT Postfach (#PCDATA)>
        <!ELEMENT PLZ (#PCDATA)>
        <!ELEMENT Ort (#PCDATA)>
        <!ATTLIST PLZ Land (D|A|F|I|GB|CH) "D">
]>
....
```

Die gezeigte DTD schreibt vor, dass dazu passende Dokumente aus einer Folge von `Adr`-Elementen bestehen. Diese wiederum haben ein optionales Element *Vorname*. Alle anderen Elemente sind Pflichtelemente. An dritter Position muss eines der beiden Elemente *Straße* oder *Postfach* stehen. Alle Elemente eines `Adr`-Elements beinhalten beliebigen Text, aber keine weiteren Elemente. Auf die Vorschrift, dass Postleitzahlen nur aus Ziffern bestehen, wurde verzichtet. Die letzte Definition besagt, dass das Element *PLZ* ein Attribut namens *Land* hat. Dieses kann die in der nachfolgenden Liste angegebenen Werte annehmen. „D" ist der Vorgabewert.

Um ein XML-Dokument ganz oder in Auszügen optisch darzustellen, braucht man zusätzlich noch Formatierungsvorschriften. Dann kann man aus einem XML-Dokument eine Druckausgabe z.B. in Form einer Postscript- oder PDF-Datei erzeugen. In der XML-Literatur wird auch immer wieder auf weitergehende Beispiele verwiesen: Folienpräsentationen, Audioausgaben usw.

Die Möglichkeit einer standardisierten Beschreibung von Struktur, Inhalt und Format eines Dokumentes macht XML zu einem geeigneten Kandidaten für den elektronischen Austausch von Daten für Transaktionen im Bereich *electronic commerce*. Es ist wahrscheinlich, dass XML dabei auch den in kleineren Betrieben nur zögerlich angenommenen EDI-Standard (electronic data interchange) ersetzen wird.

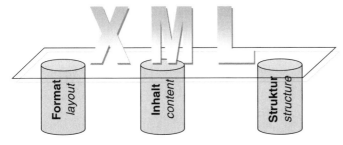

*Abb. 8.24: Die drei Säulen eines XML-Dokumentes*

Wie genau die dritte Säule, also die Formatierung eines XML-Dokumentes, zu bewerkstelligen ist, ist noch umstritten. Ein Ansatz beruht auf der Verwendung von erweiterbaren Stilvorlagen namens *XSL* für XML-Dokumente (analog zu CSS, den vorher erwähnten cascading style sheets). Der aktuelle W3C-Vorschlag für XSL baut auf XSLT auf, einer Sprache für Baumtransformationen. Diese gestattet die Umwandlung eines XML-Baumes in einen beliebigen anderen Baum. Mithilfe einer Baumwanderung durch einen derart transformierten Baum sollen dann Formatierungsanweisungen erzeugt werden, die ähnlich wie Postscript ein *Ausgabe-Dokument* beschreiben. Die für XML/XSL geplanten Formatierungsanweisungen sollen in der XSL-Spezifikation des W3C beschrieben werden. Noch sind diese Vorschläge aber nicht sehr weit gediehen.

Ein weiterer Ansatz ist in einer W3C-Empfehlung vom 1.10.1998 zu finden. In dieser Spezifikation wird *DOM* (*document object model*) vorgestellt. Es beinhaltet Schnittstellen zu verschiedenen gängigen Programmiersprachen (unter anderen zu Java). SUN hat bereits eine Java-Implementierung bereitgestellt. Mithilfe von DOM kann man eigene Java-Programme schreiben, die auf XML-Dokumente zugreifen und beliebige daraus abgeleitete Dokumente erzeugen. Da die Dokumente über die DOM-Schnittstelle auch verändert werden können, ist dieser Ansatz allgemeiner als der XSL-Ansatz.

Während das Erstellen von abgeleiteten Dokumenten mithilfe von XSL nicht viel schwieriger ist als das Erstellen von HTML-Seiten, beinhaltet das Arbeiten mit DOM die Erstellung von Programmen und ist somit nicht für jeden Anwender geeignet.

Die Entwicklung von XML ist noch keineswegs abgeschlossen. Auch XML wird (wie auch HTML) vom W3C entwickelt. Seit Februar 2004 liegt Version 1.1 als W3C-Empfehlung vor (*www.w3c.org*), allerdings sind Teilkonzepte noch immer in der Diskussion.

# 9 Theoretische Informatik und Compilerbau

Theoretische Informatik und Mathematik schaffen die Basis für viele der technischen Entwicklungen, die wir in diesem Buch besprechen. Die *boolesche Algebra* (S. 414 ff.) legt die theoretischen Grundlagen für den Bau digitaler Schaltungen, die *Theorie formaler Sprachen* zeigt auf, wie die Syntax von Programmiersprachen aufgebaut werden sollte, damit Programme einfach und effizient in lauffähige Programme übersetzt werden können, und die *Theorie der Berechenbarkeit* zeigt genau die Grenzen des Berechenbaren auf. Sie zieht eine klare Linie zwischen dem was man prinzipiell programmieren kann und dem was prinzipiell nicht von einem Rechner zu lösen ist.

In diesem Kapitel wollen wir einen kurzen Ausflug in die theoretische Informatik unternehmen. Wir werden sehen, dass diese Theorie nicht trocken ist, sondern unmittelbare praktische Anwendungen hat. Die *Automatentheorie* zeigt, wie man effizient die Wörter einer Programmiersprache festlegen und erkennen kann, die *Theorie der kontextfreien Sprachen* zeigt, wie man die Grammatik einer Programmiersprache definieren sollte, und wie man Übersetzer und Compiler dafür bauen kann. Letzterem haben wir ein eigenes Unterkapitel *Compilerbau* gewidmet. Ein fehlerfreies Programm ist aber noch lange nicht korrekt. Wünschenswert wäre es, wenn man feststellen könnte, ob jede Schleife auch terminiert. Dass diese und ähnliche semantischen Eigenschaften nicht automatisch geprüft werden können, ist eine der Konsequenzen der *Berechenbarkeitstheorie*. Mit dieser kann man zeigen, dass, wenn man einmal von Geschwindigkeit und Speicherplatz absieht, alle Rechner in ihren mathematischen Fähigkeiten identisch sind und damit das gleiche können bzw. nicht können. Schließlich hilft uns die *Komplexitätstheorie*, Aussagen über den Aufwand zu machen, den man zur Lösung wichtiger Probleme treiben muss.

## 9.1    Analyse von Programmtexten

Programme sind zuerst einmal Texte, also Folgen von Zeichen aus einem gewissen Alphabet. Die ersten Programmiersprachen erlaubten nur Großbuchstaben, Klammern und Ziffern. In Pascal und C sind auch Kleinbuchstaben, und Sonderzeichen wie _ , +, ( , ), >, : , möglich und in Java sind sogar Unicode-Zeichen, insbesondere auch ä, ö und ü erlaubt. Die Menge aller Zeichen, die in einem Programm einer gewissen Programmiersprache vorkommen dürfen, nennt man ihr *Alphabet*. Aus diesem Alphabet definiert man zunächst einmal die *Wörter*, aus denen die Sprache aufgebaut werden soll. Im Falle von Java oder Pascal sind dies u.a. *Schlüsselwörter* (**while**, **do**, **for**, **if**, **else**, ...), *Sonderzeichen* (**+, -, \*, <=, >=** , ... ), benutzerdefinierte *Bezeichner* ( testFunktion, betrag, _anfangsWert, x37, r2d2 ) und *Konstanten*. Unter letzteren unterscheidet man noch Integer-Konstanten ( 42, 386, 2004) von Gleitkommazahlen (3.14, 6.025e23, .5 ).

Ein Compiler für eine Programmiersprache muss als erstes prüfen, ob das vorgelegte Programm überhaupt ein syntaktisch korrektes Programm ist. Ihm liegt der Quelltext als String, also als eine Folge von Zeichen vor. Die Analyse des Textes zerfällt in zwei Phasen - die *lexikalische Analyse* und die *syntaktische Analyse*. Dies entspricht in etwa auch unserem Vorgehen bei der Analyse eines fremdsprachlichen Satzes: In der ersten Phase erkennen wir die Wörter, aus denen der Satz besteht – vielleicht schlagen wir sie in einem Lexikon nach – und in der zweiten Phase untersuchen wir, ob die Wörter zu einem grammatikalisch korrekten Satz zusammengefügt sind.

## 9.1.1    Lexikalische Analyse

Die erste Phase eines Compilers nennt man *lexikalische Analyse*. Dabei wird der vorgebliche Programmtext in Wörter zerlegt. Alle Trennzeichen (Leerzeichen, Tab, newLine) und alle Kommentare werden entfernt. Aus einem einfachen PASCAL-Programm, wie

```
PROGRAM ggT;
BEGIN
    x := 54;
    y := 30;
    WHILE not x = y DO
     IF x > y THEN x := x-y ELSE y:= y-x;
    writeln('Das Ergebnis ist: ',x)
END .
```

wird dabei eine Folge von *Token*. Dieses englische Wort kann man mit *Gutschein* übersetzen. Für jede ganze Zahl erhält man z.B. ein Token *num*, für jeden Bezeichner ein Token *id*, für jeden String ein Token *str*. Gleichartige Token stehen für gleichartige Wörter. Andere Token, die in dem Beispielprogramm vorkommen, sind *eq* (=) , *gt* (>), *minus* (-), *assignOp*( := ), *klAuf* ( ( ), *klZu*( ) ), *komma* ( , ), *semi* (;), *punkt* (.). Jedes Schlüsselwort bildet ein Token für sich.

Nach dieser Zerlegung ist aus dem Programm eine Folge von Token geworden. Damit ist die erste Phase, die lexikalische Analyse, abgeschlossen. Im Beispiel hätten wir:

> *program id semi begin id assignOp num semi id assignOp num semi*
> *while not id eq id do if id gt id then id assignOp id minus id else*
> *id assignOp id minus id semi id klAuf str komma id klZu end punkt*

9.1 Analyse von Programmtexten

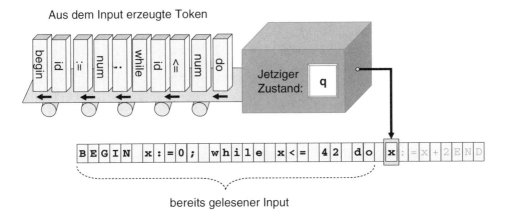

**Abb. 9.1:** *Endlicher Automat als Scanner*

Diese erste Phase ist nicht schwer, aber auch nicht trivial. Es muss u.a. entschieden werden, ob `BeGin` das gleiche ist, wie `BEGIN`, ob `beginnen` ein *id* ist, oder das Schlüsselwort *begin* gefolgt von dem Bezeichner `nen`. Schließlich muss erkannt werden, ob `00.23e-001`, `.523e`, `314.e-2` das Token *num* repräsentieren, oder nicht. Programme für die lexikalische Analyse heißen *Scanner*. Heutzutage kann man solche Scanner aus einer Beschreibung der Token durch sogenannte *reguläre Ausdrücke* automatisch erzeugen. Der bekannteste frei erhältlicher Scannergenerator heißt `flex`. Die lexikalische Analyse ist das Thema des ersten Unterkapitels.

## 9.1.2 Syntaxanalyse

Wir nehmen an, dass unser Programm die lexikalische Analyse gut überstanden hat. Dann folgt als nächstes die sogenannte *Syntaxanalyse*. Hier wird geprüft, ob die gefundenen Wörter in der vorliegenden Reihenfolge ein grammatikalisch korrektes Programm bilden.

Ausdrücke wie *Wörter*, *Sprache*, *Grammatik*, etc. erinnern nicht zufällig an natürliche Sprachen. Auch eine Analyse eines fremdsprachigen Satzes erfordert zunächst seine Zerlegung in Wörter und deren Klassifikation. Dabei könnte man vielleicht Token wie *verb*, *nomen*, *artikel*, *adjektiv*, *komma*, *punkt* benutzen. Aus einem Satz wie beispielsweise

```
Die lila Kuh legt ein Schokoladenei.
```

hätte die lexikalische Analyse die Tokenfolge

  *artikel adjektiv nomen verb artikel nomen punkt*

abgeliefert. In der syntaktischen Analyse muss jetzt anhand der Regeln der Sprache überprüft werden, ob diese Folge von Token zulässig ist. Hier würde man Bildungsregeln der deutschen Sprache heranziehen, wie (stark vereinfacht):

| | |
|---|---|
| *Satz* | :: *Subjekt Prädikat Objekt* |
| *Subjekt* | :: **artikel nomen \| artikel adjektiv nomen** |
| *Prädikat* | :: **verb \| hilfsverb** |
| *Objekt* | :: **artikel nomen** |

Ganz analog sehen die Bildungsregeln einer Programmiersprache aus. Im Beispiel von Pascal hat man u.a.:

| | |
|---|---|
| *Programm* | :: *Kopf Deklarationen AnweisungsTeil* **punkt** |
| *Kopf* | :: **program id semi** |
| *Anweisungsteil* | :: **begin** *Anweisungen* **end** |
| *Anweisungen* | :: *Anweisung \| Anweisungen Anweisung* |

In der Syntaxanalyse überprüft man, ob eine Folge von Token diesen Regeln entsprechen. Diesen Überprüfungsprozess nennt man auch *Parsen* (engl.: *to parse*=zerteilen).

Wie man Regeln für eine Programmiersprache sinnvollerweise festlegt, und wie man einen Parser dafür schreiben und sogar automatisch erzeugen kann, davon handelt der zweite Teil dieses Kapitels.

## 9.2    Reguläre Sprachen

Zuerst erkennen wir eine Gemeinsamkeit von lexikalischer und syntaktischer Analyse. Erstere betrachtet Wörter als Folge von Zeichen und fragt, ob ein Wort zu einer Klasse von Wörtern (**num**, **float**, **id**) gehört, letztere betrachtet Wörter als Folge von Token und fragt ebenfalls, ob das zusammengesetzte Wort zur Klasse der nach gewissen Regeln korrekt aufgebauten Programmen gehört. Abstrakt definieren einfach:

**Definition**(Alphabet): *Ein Alphabet ist eine endliche Menge von Zeichen.*

Alphabete bezeichnet man gern mit großen griechischen Buchstaben wie $\Sigma$ oder $\Gamma$ und Zeichen mit $a,b,c$, etc.. Aus den Zeichen eines Alphabets können wir Wörter bilden, daher folgt sogleich die nächste Definition:

**Definition**(Wort): *Ein Wort über einem Alphabet* $\Sigma$ *ist eine endliche Folge von Zeichen aus* $\Sigma$. *Die Menge aller Wörter über* $\Sigma$ *bezeichnet man mit* $\Sigma^*$.

Wörter bezeichnen wir meist mit den Buchstaben $u, v, w$. Eine besondere Rolle spielt das *leere Wort*, es wird mit $\varepsilon$ bezeichnet. Wörter über $\Sigma$ sind nichts anderes als *Strings*, deren Zeichen aus $\Sigma$ stammen.

Als *Konkatenation* bezeichnet man die Zusammenfügung zweier Wörter $u$ und $v$ zu einem neuen Wort, das man als $uv$ bezeichnet. Für jedes Wort $u$ gilt offensichtlich: $\varepsilon u = u\varepsilon = u$.

Die *Länge* eines Wortes $w$ ist die Anzahl der Zeichen, aus der $w$ besteht. Man schreibt $|w|$ für die Länge von $w$. Offensichtlich gilt: $|\varepsilon|=0$ und $|uw| = |u|+|w|$. Ein Zeichen kann man auch als

9.2 Reguläre Sprachen                                                                                    669

Wort der Länge 1 auffassen. Daher benutzen wir die Notation $aw$ auch für das Wort, das aus $w$ entsteht, wenn man das Zeichen $a$ davorsetzt, analog versteht man $wa$.

*Beispiele:* Sei $\Sigma$ die Menge aller Ziffern, und $\Gamma$ die Menge aller Großbuchstaben, dann sind 42, 2004, 0, $\varepsilon$ Elemente von $\Sigma^*$ und $\varepsilon$, C, ML, LISP sind Elemente von $\Gamma^*$. Weiter sind R2D2, MX5 und X86 Elemente von $(\Sigma \cup \Gamma)^*$, nicht aber von $\Sigma^* \cup \Gamma^*$.

**Definition**(Sprache): *Eine Sprache über einem Alphabet $\Sigma$ ist eine Menge von Wörtern über $\Sigma$.*

Eine Sprache über $\Sigma$ ist also einfach eine beliebige Teilmenge von $\Sigma^*$. Insbesondere ist auch die leere Menge { } eine Sprache, ebenso wie $\Sigma^*$. Für Sprachen benutzt man gerne den Buchstaben $L$, weil dieser an das englische Wort *language* erinnert.

Die folgenden Beispiele sind relevant und motivierend für die Entwicklung der Theorie:

*Beispiel 1*: Die Sprache der Pascal-Bezeichner. Als Alphabet hat man die Ziffern, die Buchstaben (ohne Umlaute) und den Unterstrich, also $\Sigma = \{\_, 0, ..., 9, a, ..., z, A, ..., Z\}$. Die Sprache aller gültigen Pascalbezeichner ist $L = \{au \mid u \in \Sigma^*, a \notin \{0, ..., 9\}\}$, also alle nichtleeren Wörter, die nicht mit einer Ziffer beginnen.

*Beispiel 2*: Die Sprache aller dezimalen Konstanten in Assembler. Dezimale Konstanten sind alle Wörter, die optional mit einem Vorzeichen beginnen, gefolgt von einer Folge von Ziffern. Sie dürfen nicht mit 0 beginnen außer wenn keine weitere Ziffer folgt. (In Assembler wird 012 als Hex-Zahl interpretiert.) Als Alphabet wählen wir $\Gamma = Digit \cup Sign$ mit $Digit = \{0, 1, ..., 9\}$ und $Sign = \{-, +\}$. Wir definieren zuerst eine Hilfssprache $L_{nat} = \{au \mid a \in Digit - \{0\}, u \in Digit^*\} \cup \{0\}$ und dann schließlich

$$L_{DAss} = L_{nat} \cup \{au \mid a \in Sign, u \in L_{nat}\}.$$

Mit einem kleinen Trick hätten wir die Definition kompakter gestalten können: Mit Hilfe des leeren Wortes definieren wir uns eine Sprache $OptSign = \{+, -, \varepsilon\}$. Dann haben wir

$$L_{DAss} = \{uv \mid u \in OptSign, v \in L_{nat}\}.$$

Offensichtlich lässt die bisher verfügbare mathematische Notation noch Wünsche offen. Um z.B. die Sprache aller *float*-Zahlen auf die obige Weise in Java auszudrücken, müsste man sich schon anstrengen. Wir erinnern, dass u.a. die folgenden Zahlen gültige float sind:   -3.14, 2.7f, 2.7, .3, 1e-9F, aber auch 00.5E000F.

## 9.2.1 Reguläre Ausdrücke

Um komplizierte Sprachen aus einfacheren aufbauen zu können, definieren wir uns die Operationen, mit denen wir aus gegebenen Sprachen neue konstruieren können:

Seien $L$ und $M$ Sprachen über dem gemeinsamen Alphabet $\Sigma$. Wir definieren

- $L \cdot M = \{uv \mid u \in L, v \in M\}$ das *Produkt* von $L$ und $M$.
- $L^0 = \{\varepsilon\}$, $L^{n+1} = L \cdot L^n$, die *Potenzen* von $L$.
- $L^* = \cup \{L^n \mid n \in Nat\}$, der *Kleene-Stern* von $L$.

670                                    9 Theoretische Informatik und Compilerbau

Zusammen mit den bekannten mengentheoretischen Operationen $\cup$ und $\cap$ können wir daraus weitere nützliche Operatoren gewinnen:

- $L^+ = L \cdot (L*)$, *mehrmals L*,
- $L? = L \cup \{\varepsilon\}$, *optional L*.

Mit den gerade eingeführten Operationszeichen bauen wir uns zunächst eine Notation, in der wir die betrachteten Sprachen gut beschreiben können.

**Definition**(regulärer Ausdruck): Sei $\Sigma$ *ein Alphabet.*

- $\emptyset$ und $\varepsilon$ sind reguläre Ausdrücke.
- $a$ ist ein regulärer Ausdruck für jedes $a \in \Sigma$.
- Sind $e$ und $f$ reguläre Ausdrücke, dann auch $e + f$, $e \cdot f$ und $e*$.

Zur eindeutigen Darstellung erlauben wir Klammern „(" und „)". Zur Klammernersparung vereinbaren wir, dass * stärker bindet als $\cdot$, und dieses stärker als $+$.

Jeder reguläre Ausdruck soll eine Sprache beschreiben. Mit $L(e)$ bezeichnen wir die Sprache, die durch den regulären Ausdruck beschrieben wird. Die Definition folgt dem induktiven Aufbau der regulären Ausdrücke:

$$L(\emptyset) = \{ \} \text{ und } L(\varepsilon) = \{\varepsilon\}.$$
$$L(a) = \{a\} \text{ für jedes } a \in \Sigma.$$
$$L(e + f) = L(e) \cup L(f),$$
$$L(e \cdot f) = L(e) \cdot L(f) \text{ und}$$
$$L(e*) = L(e)*.$$

Man beachte den feinen Unterschied zwischen der leeren Sprache $\{ \}$ und der Sprache, die nur das leere Wort enthält, $\{\varepsilon\}$. Mit regulären Ausdrücken könnten wir jetzt die vorhin diskutierten Sprachen beschreiben. Beispielsweise gilt

$$L_{nat} = (1+2+3+4+5+6+7+8+9) \cdot (0 +1+2+3+4+5+6+7+8+9)* + 0.$$

Die eingeführte Notation ist noch nicht kompakt genug, daher definieren wir einige Abkürzungen:

$$e? := e+\varepsilon \qquad \text{drückt aus, dass } e \text{ optional ist}$$
$$e^+ := e \cdot e* \qquad \text{mehrmals } e, \text{ mindestens einmal.}$$

Teilmengen des Alphabets dürfen wir auch aufzählen, z.B. [ä,ü,ö] statt (ä+ü+ö). Meist sind die Zeichen des Alphabets geordnet. Für diesen Fall definieren wir die Abkürzung

$$[a - c] \quad \text{für } \{x \in \Sigma \mid (a \le x \le c)\}.$$

Das Konkatenationszeichen $\cdot$ lässt man oft weg. So wird aus den vorigen Beispielen:

$$nat := \quad [1 - 9][0 - 9]* + 0$$
$$DAss := [+, - ]? \; nat$$
$$letter := [a - z]+[A - Z], \quad digit := [0 - 9],$$
$$PascalBezeichner := ( \_ + letter)( \_ + letter+digit)*$$

## 9.2 Reguläre Sprachen

Die so eingeführte reguläre Sprache wird in vielen Unix-Tools (*sed*, *grep*, *awk*) und in vielen Sprachen (*Perl*, *Tcl/Tk*) praktisch eingesetzt. Viele Editoren erlauben Textsuche nach beliebigen Zeichenketten mit Hilfe eines regulären Ausdrucks.

Reguläre Ausdrücke werden praktisch immer verwendet, um den lexikalischen Anteil von Programmiersprachen festzulegen. So auch in dem Werkzeug *lex* (bzw. *flex*), mit dessen Hilfe automatisch ein C-Programm generiert wird, das die lexikalische Analyse für eine selbstdefinierte Programmiersprache übernimmt und somit die erste Stufe eines Compilers bildet. Die folgenden Zeilen zeigen zwei Einträge aus einer *flex*-Datei. Es werden Bezeichner und Dateinamen definiert. Der Schrägstrich '/' hat für *flex* eine Spezialbedeutung. Durch das vorangestellte *Escape-Zeichen* '\' wird diese aber aufgehoben.

```
[_a-zA-Z][a-zA-Z0-9]*      return BEZEICHNER;
[0-9\/.-]+                 return FILENAME;
```

Im folgenden Paragraphen wollen wir uns der Frage widmen, wie Werkzeuge wie lex funktionieren können. Konkret:

*Wie kann man ein Programm erstellen, das zu einem beliebigen regulären Ausdruck e und einem beliebigen Text s erkennt, ob s ∈ L(e) ist, oder das alle Textstellen findet, die auf den regulären Ausdruck passen.*

### 9.2.2    Automaten und ihre Sprachen

Ein Automat ist ein sehr einfaches Modell einer zustandsorientierten Maschine. Wir stellen uns einen Kasten vor, der eine Eingabe erhält und daraufhin seinen internen Zustand ändert. Damit das ganze einen Nutzeffekt hat, soll der Automat auch eine Ausgabe haben, für unsere Zwecke wird es aber ausreichen, wenn wir uns auf zwei mögliche Ausgaben beschränken - *ja* oder *nein*, *true* oder *false*, *Licht an* oder *Licht aus*.

Als Eingabe des Automaten $A$ verwenden wir ein Alphabet $\Sigma$. Wir gehen davon aus, dass der Automat eine Menge $Q$ von möglichen Zuständen einnehmen kann. Mit einer *Reset*-Taste können wir ihn in einem wohldefinierten Ausgangszustand starten. Danach geben wir Zeichen aus $\Sigma$ ein. Jedes eingegebene Zeichen kann den Automaten in einen neuen Zustand versetzen. Ist $q$ der gegenwärtige Zustand und geben wir ein Zeichen $a$ ein, so sei $\delta(q, a)$ der neue Zustand. Einen Zustand, der die Ausgabe *true* erzeugt, nennen wir einen *finalen* oder *akzeptierenden* Zustand. Die formale Definition ist:

**Definition**(Automat) *$\Sigma$ sei ein endliches Alphabet. Ein $\Sigma$-Automat besteht aus einer Menge $Q$ von Zuständen und einer Übergangsfunktion $\delta: Q \times \Sigma \to Q$. Ein spezieller Zustand $q_0 \in Q$ dient als Anfangszustand und $F \subseteq Q$ sei eine Menge von finalen oder akzeptierenden Zuständen.*

**Beispiel**: Eine Funk-Digitaluhr habe nur zwei Knöpfe: *mode*, *lap*. Wir können diese als Alphabet $\Sigma = \{mode, lap\}$ auffassen. Die internen Zustände seien *Uhr*, *Timer*, *Pause* und die Zustandsübergänge etwa $\delta(Uhr, mode) = Pause$, $\delta(Pause, mode) = Uhr$ $\delta(Pause, lap) = Timer$ und $\delta(Timer, lap) = Pause$, $\delta(Uhr, lap) = Uhr$, etc.. *Uhr* sei der Anfangszustand. Die finalen Zustände eines Joggers seien: $\{Timer, Pause\}$.

**Beispiel**: Ein Erkenner (engl.: *scanner*) für Pascal-Bezeichner habe als Alphabet das ASCII-Alphabet und als Zustände: {*Start, OK, Error*} mit $\delta(Start, b) = OK$, für jeden Buchstaben (engl.: *letter*) $b$ und $\delta(OK, c) = OK$ für jeden Buchstaben oder Ziffer (engl.: *digit*) c. (Wir rechnen einfach „_" zu den Buchstaben.) In jedem anderen Fall sei $\delta(q, a) = Error$.

Automaten kann man veranschaulichen, indem man jeden Zustand $q$ durch einen Kreis darstellt und jeden Übergang $\delta(q, a) = q'$ durch einen Pfeil von $q$ nach $q'$, den man mit $a$ beschriftet. Zwischen zwei Zuständen malt man höchstens einen Pfeil und beschriftet ihn mit allen Zeichen, die diesen Zustandsübergang hervorrufen.

Auf den Anfangszustand zeigt ein Pfeil, der aus dem Nichts kommt. Akzeptierende Zustände kennzeichnet man durch eine doppelte Umrandung. Für jedes Zeichen $a$ muss aus jedem Zustand $q$ ein Pfeil ausgehen, der mit $a$ beschriftet ist. Allerdings ist diese Bedingung manchmal lästig. Man kann sie aber immer erfüllen, wenn man einen *Errorzustand E* hinzunimmt, zu dem alle fehlenden Pfeile gerichtet werden. In der Figur haben wir diese durch gestrichelte Pfeile hervorgehoben. Später werden wir diese weglassen.

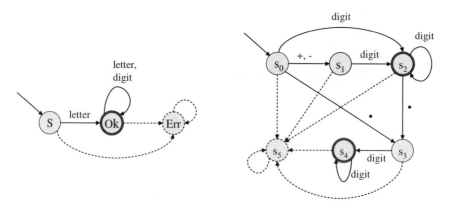

*Abb. 9.2:* Automaten für Bezeichner und für Dezimalzahlen

Wie das letzte Beispiel andeutet, kann man Automaten dazu benutzen, Wörter zu akzeptieren oder zurückzuweisen. Dazu startet man sie im Anfangszustand $q_0$ und gibt der Reihe nach die Zeichen $c_1, c_2, c_3, \ldots$ eines Wortes $w$ ein.

Der Automat geht dabei durch die Zustände $q_0, \quad q_1 = \delta(q_0, c_1), \quad q_2 = \delta(q_1, c_2), \ldots$

Ist er zum Schluss, wenn das Wort $w$ komplett abgearbeitet ist, in einem akzeptierenden Zustand, so wird das Wort akzeptiert, ansonsten zurückgewiesen.

Man kann ein Wort $w = c_1 c_2 c_3 \ldots c_n$ als eine Art *Fahrplan* durch den Automaten auffassen. Am Anfangsknoten $q_0$ ist dem Pfeil zu folgen, der mit $c_1$ beschriftet ist, im Folgezustand $q_1 = \delta(q_0, c_1)$ dem Pfeil mit Beschriftung $c_2$, etc. Die Folge der dabei besuchten Zustände nennt man auch einen *Lauf für w*.

## 9.2 Reguläre Sprachen

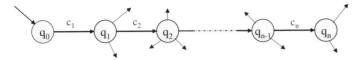

**Abb. 9.3:** Lauf für $w = c_1 c_2 c_3 \ldots c_n$

Somit interessiert uns hauptsächlich, welche Wirkung ein ganzes Wort auf den Automaten hat. Daher erweitern wir die Funktion $\delta$ zu einer Funktion $\delta^*: Q \times \Sigma^* \to Q$ durch

$$\delta^*(q, \varepsilon) = q$$
$$\delta^*(q, aw) = \delta^*(\delta(q, a), w) \quad \text{für jedes Wort } w \text{ und Zeichen } a.$$

Jeder Automat definiert auf diese Weise eine Sprache, nämlich die Menge aller Wörter, die uns vom Anfangszustand in einen Endzustand führen:

**Definition**(Sprache eines Automaten): Sei $A$ ein $\Sigma$-Automat mit Anfangszustand $q_0$, Transitionsfunktion $\delta$ und akzeptierenden Zuständen $F \subseteq Q$, dann heißt

$$L(A) = \{w \in \Sigma^* \mid \delta^*(q_0, w) \in F\}$$

die Sprache des Automaten $A$.

Die Sprache des linken Automaten in Abbildung 9.2 besteht aus allen Wörtern, die mit einem Buchstaben (letter) beginnen, auf den dann beliebig viele Buchstaben oder Ziffern folgen. Die Sprache des rechten Automaten ist die Menge aller Dezimalzahlen.

### 9.2.3 Implementierung endlicher Automaten.

Für alle uns interessierenden Anwendungen werden die Automaten nur endlich viele Zustände haben. Für solche *endlichen Automaten* kann man die Abbildung $\delta: Q \times \Sigma \to Q$ durch eine $|Q| \times |\Sigma|$-Tabelle mit Einträgen aus $Q$ implementieren. Für $q \in Q$ und $a \in \Sigma$ findet man $\delta(q, a)$ in der $q$-ten Zeile und der $a$-ten Spalte. Die Abbildung $\delta^*$ wird durch eine einfache *for*-Schleife realisiert:

```
Zustand deltaStern(Zustand z,String wort){
        for(int i=0;i<wort.length;i++)
            z = tabelle[z][wort.charAt(i)];
        return z;
}
```

und die Endzustände durch ihre charakteristische Funktion:

```
    boolean isFinal(Zustand z){ ... }
```

Für Sprachen, die durch endliche Automaten beschrieben werden, ist ein Scanner also einfach zu implementieren. Allerdings wird, wie bereits gesagt, der lexikalische Anteil von Programmiersprachen meist durch reguläre Ausdrücke spezifiziert. Wie kann man aber den regulären Ausdruck in einen Automaten umwandeln? Leider geht dies nicht direkt, sondern nur auf dem Umweg über sogenannte *nichtdeterministische Automaten*.

## 9.2.4 ε-Transitionen und nichtdeterministische Automaten

ε-Transitionen sind Zustandsübergänge, die ein Automat machen kann, ohne dass ein Eingabezeichen verbraucht wird. Wir erweitern unser Automatenkonzept, indem wir jetzt erlauben, dass Transitionen eingefügt werden, die wir mit ε beschriften. Von einem Zustand $q$ dürfen keine, eine oder mehrere solche ε-Transitionen ausgehen.

Ein Lauf für ein Wort $w = c_1 c_2 c_3 \ldots c_n$ ist jetzt eine Zustandsfolge $q_0, q_1, q_2, \ldots, q_k$ bei der in jedem Schritt entweder ein Zeichen $c_i$ verbraucht wird oder einer ε-Transition gefolgt wird. Wir wollen uns die formale Definition hier sparen und veranschaulichen die Situation graphisch:

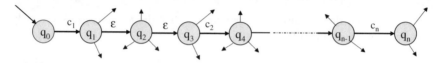

**Abb. 9.4:** *Lauf mit ε-Transitionen*

Ein Wort $w = c_1 c_2 \ldots c_n$ ist nun kein eindeutiger Fahrplan mehr. Ist man nach $i$ Schritten zum Zustand $q_i$ gelangt, dann können wir entweder einem mit $c_{i+1}$ beschrifteten Pfeil oder einer ε-Transition folgen, sofern eine solche vorhanden ist.

Jetzt sagt man, dass ein Wort akzeptiert wird, *wenn es möglich ist*, mit diesem Wort in einen akzeptierenden Zustand zu kommen. Für einen Automaten $A$ mit ε-Transitionen definieren wir also die Sprache $L(A)$, die durch den Automaten $A$ erkannt wird als

$$L(A) = \{w \in \Sigma^* \mid \text{Es gibt einen } w\text{-Lauf zu einem akzeptierenden Zustand.}\}$$

Meist führt man an dieser Stelle noch sogenannte *nichtdeterministische Automaten* ein. Sie erlauben, dass für beliebige Zeichen $a \in \Sigma$ aus jedem Zustand keiner oder mehrere Pfeile mit Beschriftung $a$ führen können. Für unsere Zwecke benötigen wir diese allgemeinere Automatendefinition aber nicht.

## 9.2.5 Automaten für reguläre Sprachen.

Für jeden regulären Ausdruck $e$ wollen wir jetzt einen Automaten $A_e$ mit ε-Transitionen konstruieren, der genau die gleiche Sprache erkennt, also mit $L(e) = L(A_e)$. Wir folgen dem induktiven Aufbau der regulären Ausdrücke. Dabei konstruieren wir in jedem Schritt sogar Automaten mit genau einem akzeptierenden Zustand, der verschieden ist vom Anfangszustand. Für die regulären Ausdrücke $\emptyset$, $\varepsilon$ und $a \in \Sigma$ wählen wir:

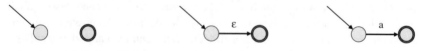

**Abb. 9.5:** *Automaten für $\emptyset$, $\varepsilon$ und $a \in \Sigma$.*

## 9.2 Reguläre Sprachen

Für die regulären Operatoren +, · und * gehen wir jeweils davon aus, dass wir für die regulären Ausdrücke $e$ und $f$ schon Automaten $A_e$ und $A_f$ mit je einem Anfangs- und Endzustand konstruiert haben. Wir fügen ggf. neue Anfangs- und Endzustände und $\varepsilon$-Transitionen hinzu und machen früher akzeptierende Zustände zu nicht akzeptierenden, um die Automaten für $e+f$, $e \cdot f$ und $e^*$ zu erhalten.

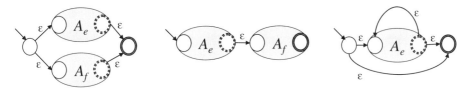

**Abb. 9.6:** *Automatenkonstruktionen für +, · und *.*

### 9.2.6 Von nichtdeterministischen zu deterministischen Automaten

Wir haben gesehen, wie man zu jedem regulären Ausdruck $e$ einen Automaten $A$ finden kann, der die durch $e$ spezifizierte Sprache erkennt. Da der Automat aber $\varepsilon$-Übergänge haben kann, funktioniert unsere vorher gezeigte Implementierung von Automaten durch eine Tabelle nicht mehr unmittelbar. Daher müssen wir zuerst unseren $\varepsilon$-Automaten durch einen gleichwertigen deterministischen Automaten ersetzen. Die *Potenzmengenkonstruktion*, die wir hier vorstellen, funktioniert für jeden nichtdeterministischen Automaten.

Sei also $A_\varepsilon$ unser Ausgangsautomat mit endlicher Zustandsmenge $Q$, Anfangszustand $q_0$ und Finalzuständen $F \subseteq Q$. Zu jedem Wort $w \in \Sigma^*$ sei $Q(w) \subseteq Q$ die Menge aller Zustände, zu denen es einen $w$-Pfad von $q_0$ aus gibt. Wir konstruieren einen deterministischen endlichen Automaten $D$, der die gleiche Sprache erkennt wie $A_\varepsilon$. Wir wählen

- als Zustandsmenge $\{Q(w) \mid w \in \Sigma^*\}$. $D$ hat also maximal $2^{|Q|}$ viele Zustände.
- als Anfangszustand $Q(\varepsilon)$ und
- als finale Zustände alle $Q(w)$, mit $F \cap Q(w) \neq \emptyset$,
- als Zustandsübergangsfunktion $\vartheta(Q(w), a) = Q(wa)$ für $a \in \Sigma$ und $w \in \Sigma^*$.

Da aus $Q(w) = Q(w')$ folgt $Q(wa) = Q(w'a)$, ist $\vartheta$ wohldefiniert und es gilt:

**Hilfssatz:** *Für alle $w, v \in \Sigma^*$ ist $\vartheta^*(Q(w), v) = Q(wv)$.*

Beweis durch Induktion über den Aufbau der Wörter $v \in \Sigma^*$ : Ist $v = \varepsilon$, dann gilt nach Def von $\vartheta^*$ sofort $\vartheta^*(Q(w), \varepsilon) = Q(w) = Q(w\varepsilon)$. Ist $v = au$ und sei für alle $w \in \Sigma^*$ die Behauptung $\vartheta^*(Q(w), u) = Q(wu)$ schon gezeigt, insbesondere also auch $\vartheta^*(Q(wa), u) = Q(wau)$, dann rechnen wir:

$$\vartheta^*(Q(w), au) = \vartheta^*(\vartheta(Q(w), a), u) = \vartheta^*(Q(wa), u) = Q(wau) = Q(wv).$$

**Satz:** $A_\varepsilon$ *und $D$ erkennen die gleiche Sprache, kurz:* $L(A_\varepsilon) = L(D)$.

Beweis: $w \in L(D)$

$\quad \Leftrightarrow \quad \delta^*(Q(\varepsilon), w)$ ist final in $D$

$\quad \Leftrightarrow \quad Q(w)$ ist final in $D$ (aufgrund des Hilfssatzes)

$\quad \Leftrightarrow \quad$ es gibt einen finalen Zustand $q_f \in Q(w)$

$\quad \Leftrightarrow \quad$ in $A_\varepsilon$ gibt es einen $w$-Pfad zu einem finalen Zustand $q_f \in Q$

$\quad \Leftrightarrow \quad w \in L(A_\varepsilon)$.

Wir haben also einen deterministischen Automaten gefunden, der die gleiche Sprache erkennt wie $A_\varepsilon$. Somit halten wir als Hauptergebnis fest:

**Satz**: *Zu jedem regulären Ausdruck e gibt es einen deterministischen endlichen Automaten $A_e$, der die durch e spezifizierte Sprache erkennt. Diesen können wir mittels einer Tabelle implementieren.*

Die Umkehrung, dass es zu jedem endlichen Automaten $A$ auch einen entsprechenden regulären Ausdruck gibt, wollen wir hier nicht beweisen. Für praktische Zwecke ist diese Richtung nicht so interessant.

## 9.2.7 Anwendung: flex

Das bereits erwähnte Programm *flex* ist eine freie Variante des UNIX-Programms *lex*. Es akzeptiert als Eingabe einen oder mehrere reguläre Ausdrücke und erzeugt daraus ein C-Programm, das einen Scanner für die besagten regulären Ausdrücke implementiert. Mittlerweile gibt es auch Varianten von *flex* für andere Sprachen, u.a. für *Pascal*, *perl*, oder *Java*. *flex* funktioniert prinzipiell wie oben theoretisch beschrieben, allerdings transformiert es nicht nur einen, sondern gleich mehrere reguläre Ausdrücke in Automaten und dann das ganze in ein tabellengesteuertes Programm. Außerdem werden die gefundenen Automaten noch minimiert, indem äquivalente Zustände identifiziert werden.

Zustände $q$ und $q'$ heißen dabei *äquivalent*, wenn für alle $w \in \Sigma^*$ gilt:

$$\delta^*(q, w) \in F \Leftrightarrow \delta^*(q', w) \in F.$$

Der von *flex* generierte Scanner liest einen String von der Eingabe (standard input) und versucht jeweils Anfangsstücke abzutrennen, die zu einem der regulären Ausdrücke gehören. Immer wenn er erfolgreich ist, kann er noch eine gewünschte Aktion ausführen.

Die beiden Zeilen einer flex-Datei, die auf S. 671 gezeigt sind, geben jeweils ein Token - in Form von benutzerdefinierten Konstanten BEZEICHNER, bzw. FILENAME zurück. Für solche Zwecke können im Vorspann einer *flex*-Sprachbeschreibung entsprechende Token definiert werden.

Eine *flex*-Datei besteht aus drei Teilen, die durch %% getrennt sind. Im ersten Teil werden Abkürzungen für reguläre Ausdrücke definiert. Im zweiten Teil stehen auf jeder Zeile ein regulärer Ausdruck und die zugehörige Aktion als C-Anweisung. Die von flex erzeugte Scannerfunktion hat den Namen *yylex()*. Sie hat einen input-stream *yyin*, auf dem sie die Eingabedatei erwartet. Wenn immer ein Anfangsstück aus der Eingabe erkannt wurde, wird es in der

9.3 Kontextfreie Sprachen 677

Variablen *yytext* zwischengespeichert. Die Aktionen, der jeweils erkannten regulären Ausdrücke können jeweils auf diesen String zurückgreifen.

Im folgenden zeigen wir eine komplette *flex*-Datei `zeit.lxi`. Sie soll alle Zeitangaben in einem Text finden und ausdrucken. Im Vorspann wird `zeit` als regulärer Ausdruck mit den Hilfsausdrücken für `stunde` und `minSec` definiert Im Hauptteil stehen die regulären Ausdrücke `zeit`, ein Punkt „.", und $. Letztere stehen für ein beliebiges Zeichen, bzw. für ein Zeilenende.

```
stunde    [01][0-9]|2[0-3]
minSec    [0-5][0-9]
zeit      {stunde}:{minSec}(:{min_sec})?
%%
{zeit}    { printf("%s\n",yytext); }
.             { }
$             { zeilenZahl++;}
%%
main( argc, argv){
    int argc;
    int zeilenZahl=0;
    char **argv;{
    yyin = stdin;
    yylex();
    printf("%d Zeilen gelesen\n",zeilenZahl);
}
```

Im dritten Teil kann der Aufruf von `yylex()` in ein Hauptprogramm `main()` eingebettet werden. In diesem Falle erzeugt *flex* aus `zeit.lxi` einen lauffähigen Scanner. Dieser muss nur noch mit einem C-Compiler übersetzt und mit Funktionen der *lex-library* `ll` verlinkt werden:

```
flex zeit.lxi | cc -ll > zeit.exe
```

# 9.3 Kontextfreie Sprachen

Mit regulären Ausdrücken kann man die Wörter, aus denen Programmiersprachen aufgebaut sind, beschreiben. Technisches Ergebnis dieser Beschreibung kann ein Scanner sein, der einen Programmtext in Wörter zerteilt und für jedes gefundene Wort ein entsprechendes Token liefert. In der nächsten Phase muss entschieden werden, ob die entstandene Folge von Token ein korrektes Programm darstellt. Fasst man die Token als neues Alphabet $\Gamma$ auf, so ist ein Programm ein Wort über diesem Alphabet. Die Menge aller korrekten Programme ist also eine Sprache über $\Gamma$. Die Frage liegt nahe, ob man diese Sprache auch durch reguläre Ausdrücke beschreiben kann. Die Antwort ist negativ, was man an dem folgenden Beispiel sieht:

**Beispiel**: Sei $\Sigma = \{$ ( , ) $\}$ das Alphabet, das aus einer öffnenden und schließenden Klammer besteht. Die Sprache *KK*, der korrekten Klammerausdrücke, bestehe aus allen Wörtern über $\Sigma$, die aus einem korrekten arithmetischen Ausdruck entstehen, wenn man alles, bis auf die Klammern, löscht. Beispielsweise gilt $( )((( )( ))( )) \in KK$, dagegen ist z.B. $((()))(( ) \notin KK$. Angenommen, man könnte $KK$ durch einen regulären Ausdruck beschreiben, dann gäbe es auch einen endlichen deterministischen Automaten, der $KK$ erkennt. Geben wir diesem ein Wort ein, das mit $k$ vielen öffnenden Klammern beginnt, also $((( \ldots ($, so sei $q_k$ der erreichte Zustand. Für $k \neq k'$ muss aber $q_k \neq q_{k'}$ gelten, denn aus ersterem Zustand muss man mit $k$ schließenden Klammern in einen akzeptierenden Zustand, aus dem zweiten darf man dies nicht. Mithin müsste der Automat unendlich viele Zustände haben.

## 9.3.1 Kontextfreie Grammatiken

Klammerausdrücke kommen in allen Programmiersprachen vor, sei es in arithmetischen Ausdrücken, oder in Form von **begin** und **end**, { und }. Eine allgemeinere Notation für die Sprachdefinition bieten sogenannte *kontextfreie Grammatiken*. Wir zeigen zuerst als Beispiel eine Grammatik für eine einfache Sprache, die wir *WHILE* nennen wollen:

| | | |
|---|---|---|
| *Programm* | :: | **begin** *Anweisungen* **end** |
| *Anweisungen* | :: | ε \| *Anweisung* \| *Anweisung* **;** *Anweisungen* |
| *Anweisung* | :: | *Zuweisung* \| *Schleife* \| *Alternative* |
| *Zuweisung* | :: | **id := ** *Expr* |
| *Schleife* | :: | **while** *Bexpr* **do** *Anweisung* |
| *Alternative* | :: | **if** *Bexpr* **then** *Anweisung* |
| *Expr* | :: | *Expr* **+** *Expr* \| *Expr* **-** *Expr* \| *Expr* ***** *Expr* \| **(** *Expr* **)** \| **id** \| **num** |
| *Bexpr* | :: | *Expr* **=** *Expr* \| *Expr* **<** *Expr* \| **not** *Bexpr* \| **true** \| **false** |

Der Lesbarkeit halber verwenden wir hier die Zeichen **;**, **:=**, **+**, etc. anstatt der Tokennamen **semi**, **assignOp**, **plus**, **minus**, etc. Jede Zeile ist als Definition des Begriffes links von dem zweifachen Doppelpunkt zu verstehen. Auf der rechten Seite trennt der senkrechte Strich Alternativen, er ist als „*oder*" zu lesen. ε bezeichnet wie bisher das leere Wort. Beispielsweise besagen die ersten beiden Zeilen: „Ein *Programm* beginnt mit dem Token **begin**, dann folgen *Anweisungen* dann das Token **end**" und „*Anweisungen* sind leer oder bestehen aus einer *Anweisung* oder aus einer *Anweisung* gefolgt von einem „**;**" und *Anweisungen*."

*WHILE* ist also eine Sprache über dem Alphabet { **begin**, **end**, **;**, **id**, **:=** , **while**, **do**, **if**, **then**, **+**, **-**, *****, **(** , **)**, **=**, **<**, **num**, **not**, **true**, **false** }. Man nennt diese Zeichen *Terminale* oder *Token*. Als *Nonterminale* bezeichnet man die in der Grammatik definierten Begriffe wie *Programm*, *Anweisungen*, *Anweisung*, *Zuweisung*, *Expr*, *Bexpr*, etc.

**Definition**: Eine *kontextfreie Grammatik* besteht aus einer Menge $T$ von *Terminalen* (oder *Token*), einer dazu disjunkten Menge $NT$ von *Non-Terminalen*, einer endlichen Menge von *Produktionen* $P \subseteq NT \times (T \cup NT)^*$ und einem *Startsymbol* $S \in NT$.

Eine *Produktion* ist also ein Paar $(A, \alpha)$ bestehend aus einem $A \in NT$ und einem Wort $\alpha \in (T \cup NT)^*$, das aus Terminalen und Nonterminalen bestehen kann. Ein solches Wort nennt man auch *Satzform*. Im Zusammenhang mit Grammatiken verwenden wir vorwiegend griechische Buchstaben $\alpha$, $\beta$, $\gamma$ für Satzformen, kursive Großbuchstaben $A, B, C$ oder $S$ für Nonterminale und Kleinbuchstaben $a, b, c, t$ für Terminale.

## 9.3 Kontextfreie Sprachen

Statt $(A, \alpha)$ schreibt man auch $A \to \alpha$ oder $A :: \alpha$. Außerdem fasst man verschiedene Produktionen mit gleicher linker Seite zu einer sogenannten *Regel* zusammen, wobei man die rechten Seiten durch „|" trennt. Eine Regel $A :: \alpha_1|\alpha_2|...|\alpha_n$ steht dann für die Menge $\{A \to \alpha_1, A \to \alpha_2, ..., A \to \alpha_n\}$ von Produktionen.

Wenn man eine Grammatik aufschreibt, versteht man das Nonterminal der ersten Produktion als Startsymbol. In unserer *WHILE*-Sprache ist also *Programm* das Startsymbol.

### 9.3.2 Ableitungen

Wir beschäftigen uns als erstes damit, wie man aus einer Grammatik irgendwelche syntaktisch korrekte Programme ableiten kann. Das wird natürlich nicht unser endgültiges Ziel sein, denn später wollen wir herausfinden, wie man zu einem vorliegenden Programm feststellen kann, ob (und wie) es aus einer Grammatik abgeleitet werden kann.

Eine *Ableitung* beginnt mit dem Startsymbol $S$ und ersetzt jeweils ein Nonterminal $A$ durch eine Satzform $\alpha$, sofern $A \to \alpha$ eine Produktion ist. Die Ableitung endet, wenn nur noch Terminale vorhanden sind. Im Beispiel unserer *WHILE*-Grammatik haben wir

$$Programm \Rightarrow \textbf{begin } Anweisungen \textbf{ end} \Rightarrow \textbf{begin end}$$

als kürzestmögliche Ableitung einer terminalen Satzform. Im ersten Schritt wurde die Produktion *Programm* :: **begin** *Anweisungen* **end** benutzt, im zweiten: *Anweisungen* :: $\varepsilon$.

Eine Ableitung eines anderen Programms ist z.B.:

$$\begin{aligned}
Programm \quad &\Rightarrow \textbf{begin } Anweisungen \textbf{ end} \\
&\Rightarrow \textbf{begin } Anweisung \textbf{ ; } Anweisungen \textbf{ end} \\
&\Rightarrow \textbf{begin } Zuweisung \textbf{ ; } Anweisungen \textbf{ end} \\
&\Rightarrow \textbf{begin } Zuweisung \textbf{ ; } Anweisungen \textbf{ end} \\
&\Rightarrow \textbf{begin id := } Expr \textbf{ ; } Anweisungen \textbf{ end} \\
&\Rightarrow \textbf{begin id := num ; } Anweisungen \textbf{ end} \\
&\Rightarrow \textbf{begin id := num ; end}
\end{aligned}$$

Im Allgemeinen leitet man in jedem Schritt aus einer Satzform $\alpha A \beta$ mithilfe einer Produktion $A \to \gamma$ die Satzform $\alpha \gamma \beta$ ab. Man notiert einen solchen Schritt als $\alpha A \beta \Rightarrow \alpha \gamma \beta$.

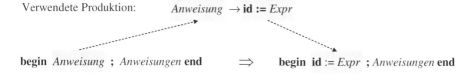

**Abb. 9.7:** Ableitungsschritt

680                                             9 Theoretische Informatik und Compilerbau

Hat die ursprüngliche Satzform mehrere Nonterminale, so darf man in jedem Schritt ein beliebiges davon ersetzen - welches spielt keine Rolle. In den obigen Beispielen haben wir immer
das linkeste Nonterminal ersetzt. Eine solche Ableitung heißt *Linksableitung* – analog gibt es
auch den Begriff der *Rechtsableitung*. Gibt es eine Folge $\alpha \Rightarrow \beta \Rightarrow \ldots \Rightarrow \gamma$ von Ableitungen,
so schreibt man $\alpha \Rightarrow^* \gamma$.

**Definition**: Sei $G$ eine kontextfreie Grammatik mit Startsymbol $S$. Als *Sprache von G*
bezeichnet man $L(G) = \{w \in T^* \mid S \Rightarrow^* w\}$.

*L(WHILE)* enthält somit u.a. **„begin end"** und **„begin id := num ; end"**. Die vorher erwähnte
Sprache *KK* der korrekten Klammerausdrücke ist $L(G)$ für folgende Grammatik:

$$A ::= ( A ) \mid A A \mid \varepsilon$$

## 9.3.3     Stackmaschinen (Kellerautomaten)

Ähnlich wie im Falle der regulären Sprachen wollen wir zu einer beliebigen Grammatik einen
Automaten finden, der die zugehörige Sprache erkennt. Allerdings ist dies mit dem Konzept
des endlichen Automaten unmöglich, da endliche Automaten nur reguläre Sprachen erkennen
können. Speziell für die Sprache der korrekten Klammerausdrücke haben wir gesehen, dass
man mit endlich vielen Zuständen nicht auskommen kann.

Wir müssen daher einen neuen Automatenbegriff einführen, den sogenannten *Stackautomaten*, auf Deutsch auch als *Kellerautomat* bezeichnet. (Im Süddeutschen wird *Stack* oft mit *Keller* übersetzt. Vermutlich beruht dies auf der Erkenntnis, dass die zuletzt eingekellerten
Kartoffeln zuerst auf den Tisch kommen.) Zusätzlich zu den endlich vielen Zuständen besitzt
dieser noch einen unbegrenzten Stack, auf dem er Symbole eines speziellen Alphabets $\Gamma$
ablegen kann. Offiziell besteht ein Stackautomat also aus

- einem endlichen Alphabet $\Sigma$, dem sog. *Eingabealphabet*
- einem endlichen Alphabet $\Gamma$, dem sog. *Stackalphabet*
- einer nichtdeterministischen *Übergangsfunktion*

$$\delta : Q \times (\Sigma \cup \{\varepsilon\}) \times \Gamma \to \wp(Q \times \Gamma^*)$$

Die Absicht ist, dass ein Stackautomat ein Wort $w \in \Sigma^*$ akzeptieren soll, wobei er jeweils
das erste Zeichen $a$ des Inputs sieht und folgendermaßen arbeitet:

Ist der Automat im Zustand $q \in Q$ und ist das oberste Stackelement $A \in \Gamma$, so kann er ein
beliebiges $(q', \alpha) \in \delta(q, \varepsilon, A)$ wählen und

> in den neuen Zustand $q'$ wechseln,
> das oberste Stackelement durch das Wort $\alpha \in \Gamma^*$ ersetzen.

Ist das Eingabezeichen $a$, so kann er stattdessen auch ein $(q', \alpha) \in \delta(q, a, A)$ wählen,

> das Zeichen $a$ einlesen,
> in den neuen Zustand $q'$ wechseln,
> das oberste Stackelement durch das Wort $\alpha \in \Gamma^*$ ersetzen.

9.3 Kontextfreie Sprachen 681

Bei der Ersetzung des obersten Stackelementes durch die Satzform $\alpha \in \Gamma^*$ werden die Zeichen von $\alpha$ in umgekehrter Reihenfolge auf dem Stack abgelegt, so dass also das erste Element von $\alpha$ zuoberst liegt.

Für die Erkennung eines Wortes $w \in \Gamma^*$ startet der Automat mit einem speziellen *Startsymbol* $S \in \Gamma$ auf dem ansonsten leeren Stack und dem Wort $w$ im Input. Es gilt als *akzeptiert*, wenn es von der Eingabe komplett eingelesen werden *kann*, so dass anschließend der Stack leer ist. Der Stackautomat arbeitet also nichtdeterministisch, da er bei Eingabesymbol $a \in \Sigma$ und mit $A \in \Gamma$ zuoberst auf dem Stack ein beliebiges $(q', \alpha)$ aus $\delta(q, \varepsilon, A) \cup \delta(q, a, A)$ wählen kann. Mit $L(A)$ bezeichnet man die *Sprache des Automaten*, d.h. die Menge aller Wörter, die der Stackautomat $A$ akzeptieren *kann*.

Man kann zeigen, dass die Zustandskomponente $Q$ überflüssig ist, da man immer mit einem einzigen Zustand auskommen kann. Wenn man will, kann man daher $Q$ weglassen und $\delta$ als Funktion $\delta : (\Sigma \cup \{\varepsilon\}) \times \Gamma \to \wp(\Gamma^*)$ angeben.

**Beispiel**: Wähle $\Sigma = \{ (, ) \}$ und $\Gamma = \{ (, ), S, A \}$ und setze $\delta(\varepsilon, S) = \{A\}$, $\delta(\varepsilon, A) = \{\varepsilon, (A), AA\}$ und $\delta( (, ( ) = \delta( ), ) ) = \{\varepsilon\}$. Ansonsten sei $\delta(x, Y) = \varnothing$. Offensichtlich kann man diesen Automaten folgendermassen beschreiben:

- Liegt ein Terminalzeichen, im aktuellen Beispiel kann es sich nur um „(" oder „)" handeln, auf dem Stack und findet sich das gleiche Zeichen im Input, so wird es eingelesen (akzeptiert). Das oberste Element des Stacks wird dabei durch $\varepsilon$ ersetzt, d.h. entfernt.
- Liegt ein Nonterminalzeichen (im Beispiel $S$ oder $A$) auf dem Stack, so wird es durch die rechte Seite einer seiner Produktionen gemäß der folgenden Grammatik

    S :: A
    A :: $\varepsilon$ | (A) | AA

ersetzt. Damit ist sofort ersichtlich, dass der definierte Automat genau die Sprache der korrekten Klammerausdrücke erkennt.

## 9.3.4 Stackmaschinen für beliebige kontextfreie Sprachen

Das gerade betrachtete Beispiel verrät schon das Rezept, nach dem zu einer beliebigen kontextfreien Grammatik eine Stackmaschine konstruiert werden kann. Sei dazu $G$ eine Grammatik mit Terminalsymbolen $T$ und Nonterminalen $NT$, dann wählen wir $\Sigma = T$ und $\Gamma = T \cup NT$. Für jedes Terminalsymbol $t \in T$ setzen wir $\delta(t, t) = \{\varepsilon\}$ und für jede Regel $A :: \alpha_1 | \alpha_2 | ... | \alpha_n$ setzen wir $\delta(\varepsilon, A) = \{\alpha_1, \alpha_2, ..., \alpha_n\}$.

Startet man den Automaten mit dem Startsymbol $S$ auf dem ansonsten leeren Stack, und Wort $w \in \Sigma^*$ im Input, so kann er offensichtlich jede Linksableitung von $w$ nachvollziehen. Betrachten wir nämlich eine solche Linksableitung

$$S \Rightarrow w_1 A_1 \beta_1 \Rightarrow ... \Rightarrow w_1 ... w_k A_k \beta_k \Rightarrow w_1 ... w_k \alpha_k \beta_k \Rightarrow ... \Rightarrow w$$

wobei jeweils die $A_i$ die linkesten Nonterminale sein sollen, dann müssen natürlich $w_1$, $w_1 w_2$, ..., $w_1 ... w_k$ Anfangsstücke von $w$ sein. Sie können daher durch die Transitionen

$\delta(t, t) = \{\varepsilon\}$ sukzessive entfernt werden, bis wieder ein Nonterminal $A_i$ zuoberst auf dem Stack liegt. Ist dann $A_i \rightarrow \alpha_i$ die für die Linksableitung benutzte Produktion, so ist auch $\alpha_i \in \delta(\varepsilon, A_i)$, weshalb $A_i$ durch $\alpha_i$ ersetzt werden kann. Wir erhalten also:

**Satz**: *Zu jeder kontextfreien Grammatik G gibt es einen nichtdeterministischen Stackautomaten A mit $L(A) = L(G)$.*

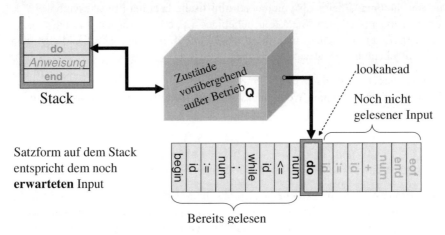

**Abb. 9.8:** Stackautomat beim nichtdeterministischen Top-Down Parsen

## 9.3.5 Nichtdeterministische Algorithmen und Backtracking

Eine konkrete Implementierung eines nichtdeterministischen Algorithmus wie der obigen Stackmaschine erfordert meist einen *backtracking* Algorithmus. Unter *backtracking* versteht man die Möglichkeit, eine von mehreren Alternativen spekulativ auszuwählen. Falls die Auswahl sich später als falsch herausstellt, kann zu dem letzten Entscheidungspunkt zurückgekehrt und eine andere Alternative ausprobiert werden. Dabei müssen ggf. stattgefundene Zustandsänderungen rückgängig gemacht werden.

Eine häufig verwendete Technik zur Implementierung von backtracking besteht darin, die zu treffenden Entscheidungsmöglichkeiten durch ein kurz evaluiertes boolesches *oder* ( || in Java ) zu verknüpfen:

```
alternative_1() || alternative_2() || ... || alternative_n()
```

Dafür müssen die einzelnen Alternativen als boolesche Methoden formuliert werden. Die kurze Evaluierung des || bewirkt, dass die erste erfolgreiche Möglichkeit gewählt werden kann, ohne die folgenden alle auszuwerten. Führt die erste Alternative nicht zum Ziel, so liefert diese den Wert *false*. Dies bewirkt, dass die nächste Alternative berechnet werden muss, etc.

Vor dem Beginn jeder neuen Alternative müssen alle relevanten Zustandsänderungen, die die erfolglose vorherige Alternative vorgenommen hat, rückgängig gemacht werden. Eine elegante Lösung dieses Problems besteht darin, die relevanten Zustandsvariablen als Parameter

9.3 Kontextfreie Sprachen 683

zu übergeben. Jede neu ausprobierte Alternative kann dann mit dem gleichen initialen Zustand neu beginnen:

```
boolean loesung(Zustand z){
    return alternative_1(z)
          || alternative_2(z)
          || ...
          || alternative_n(z);
};
```

Für unsere nichtdeterministische Stackmaschine haben wir eine solche Lösung programmiert. Von unserer *while*-Grammatik zeigen wir nur zwei Regeln in der Implementierung - eine deterministische und eine andere mit mehreren Alternativen. Das komplette Programm ist in der Programmsammlung zu diesem Buch zu finden.

Der Zustand, von dem die Parser-Routine abhängt, besteht aus der aktuellen Inputposition next und der Satzform s, die auf dem Stack liegt. Der Einfachheit halber repräsentieren wir hier Token und Nonterminale als Strings. Wir implementieren den Parserstack als Liste, die die aktuelle Satzform enthält. Dabei liefert hd das erste Element und tl den Rest der Liste. Mit cons(a) erhalten wir eine neue Liste mit zusätzlichem Element a und mit (u) liefert die neue Liste, deren erstes Element durch eine Satzform u ersetzt wurde.

Der Aufruf des Parsers geschieht mit next=0 und der Liste, die das Startsymbol enthält:

```
parse(0,new Liste("Programm"));
```

Der Aufruf liefert true, falls es gelingt, den Stack zu entleeren (**s.istLeer()**), wobei gleichzeitig der input aufgezehrt ist **(next==input.length)**.

Falls das vorderste Element gleich dem aktuellen Symbol im Input ist, muss es sich um ein Terminalsymbol handeln. Es wird vom Stack entfernt und der Input rückt um ein Symbol weiter. Ein Nonterminal auf dem Stack muss durch die rechte Seite seiner Produktion ersetzt werden. Besitzt es mehrere Produktionen, so werden die rechten Seiten der Reihe nach ausprobiert. Wichtig ist dabei, dass jede Alternative in dem gleichen Zustand, repräsentiert durch next und s, ausprobiert wird. Dies wäre nicht gegeben, wenn eine der Alternativen den Zustand ändern würde und die nächste mit dem so geänderten Zustand weitermachen müsste.

```
class BacktrackParser{
/* Die Grammatikregeln */
    String[]    Start       = { "Programm" };
    String[]    Programm     = { "begin", "Anweisungen", "end"};
    String[][] Anweisungen = {  {},
                                {"Anweisung"},
                                {"Anweisung", ";", "Anweisungen"} };
//                      ... etc. ...

// Der Parser .. versucht die Satzform s im Rest des inputs zu erkennen:
    boolean parse(int next, Liste s){
      if(s.istLeer())
        return (next==input.length);        // input fertig --> Erfolg
      else if(s.hd().equals(input[next]))
        return parse(next+1,s.tl());        // akzeptieren und weiter
```

```
      else if(s.hd().equals("Programm"))
        return parse(next,s.mit(Programm));   // ersetze s.hd() durch
                                               // rechte Seite der Produktion
      else if(s.hd().equals("Anweisungen"))
        return  parse(next,s.mit( Anweisungen[0] )) // versuche erste Prod.
        || parse(next,s.mit( Anweisungen[1] ))      // versuche zweite
        || parse(next,s.mit( Anweisungen[2]));      // versuche dritte ...

// ... etc für jede Regel der Grammatik ....

// ... und ganz zum Schluss ...
    else return false;
} // Ende von parse

// Eingabebeispiel: Eine Liste von Token - reprösentiert als Strings *
  String[] input = { "begin", "if", "id", "=", "id", "then", "id",
                ":=", "id", "else", "id", ":=", "id","end" };
```

Die Methode ist offensichtlich auf jede Grammatik $G$ anwendbar. Sei $S$ das Startsymbol von $G$. Sofern *parse(w,Liste(S))* terminiert, liefert es die Entscheidung, ob $w \in L(G)$ oder nicht. Wenn *parse* nicht terminiert, muss i.W. eine Regel der Form $A \to A\alpha$, oder ein Ring $A_i \to A_{i+1}\alpha_{i+1}$, $i = 1, ..., n$ mit $A_n \to A_1\alpha_1$ vorliegen. Dabei ruft sich parse immer wieder selber auf, ohne, dass sie im input vorankommt. Wir werden später eine Methode kennenlernen, solche *Linksrekursionen* zu entfernen. Damit besitzen wir dann für jede beliebige kontextfreie Grammatik einen Algorithmus, der zu einem vorgelegten Wort $w \in \Sigma^*$ entscheidet, ob es zu $L(G)$ gehört oder nicht:

**Satz**: *Jede kontextfreie Sprache ist entscheidbar. Zur Entscheidung kann man einen Stack-Automaten mit backtracking programmieren.*

## 9.3.6 Inhärent nichtdeterministische Sprachen

Wünschenswert wäre ein deterministischer Parser, d.h. eine *deterministische Stackmaschine*. Darunter versteht man eine Stackmaschine - evtl. mit nichtleerer Zustandsmenge $Q$ - für die alle Mengen $\delta(q, a, A) \cup \delta(q, \varepsilon, A)$ höchstens einelementig sind. In jedem Zustand $q$ mit beliebigem Eingabezeichen $a$ und Stacksymbol $A$ gibt es also höchstens eine mögliche Aktion des Parsers. Die Implementierung könnte dann ohne Backtracking auskommen.

Leider gibt es kontextfreie Sprachen, für die ein deterministischer Parser nicht möglich ist. Ein einfaches Beispiel einer solchen *nichtdeterministischen Sprache* $L \subseteq \{0, 1\}^*$ besteht aus allen Binärfolgen der Form $xx^R$, wobei $x^R$ das zu $x$ reverse (gespiegelte) Wort bedeutet. Man kann sie durch folgende Grammatik $G$ definieren:

$\qquad A :: \varepsilon \mid 0A0 \mid 1A1.$

Das Problem, das diese Sprache einem Parser stellt, ist, zu entscheiden, wann die Mitte des Wortes erreicht ist. Genau zu diesem Zeitpunkt muss die Produktion $A \to \varepsilon$ verwendet werden. Wo die Mitte des Wortes liegt, kann man aber erst sagen, wenn dieses komplett eingelesen ist, da eine beliebige Zeichenfolge $u \in \Sigma^*$ stets zu einem Wort $uu^R$ aus $L(G)$ fortgesetzt werden kann. Wir folgern:

*Es gibt Sprachen, für die kein deterministischer Parser existiert.*

## 9.3.7 Ableitungsbaum, Syntaxbaum

Mit jeder Grammatik kann man eine Klasse von Bäumen assoziieren. Zu jeder Produktion $A \to \tau_1 \tau_2 \ldots \tau_k$, wobei jedes $\tau_i$ ein Token oder ein Nonterminal ist, gibt es einen Knotentyp mit Wurzel $A$ und Kindern $\tau_1, \tau_2, \ldots, \tau_k$. Ein aus diesen Knotentypen zusammengesetzter Baum mit dem Startsymbol $S$ als Wurzel heißt *Ableitungsbaum*.

Die Konstruktion eines Ableitungsbaumes beginnt mit dem Startsymbol $S$ als Wurzelknoten. In jedem Schritt wird ein mit einem Nonterminal, sagen wir: $A$, beschriftetes Blatt des Baumes ausgewählt und eine Produktion für $A$, zum Beispiel $A \to \tau_1 \tau_2 \ldots \tau_k$. Sodann werden die Kinder $\tau_1 \tau_2 \ldots \tau_k$ an den besagten Knoten angehängt.

Wir betrachten den algebraischen Ausdruck $x - 2*(y + 1)$, repräsentiert durch die Tokenfolge {**id**, **-**, **num**, **\***, **(**, **id**, **+**, **num**, **)**}, für die wir eine Ableitung $Expr \Rightarrow \ldots \Rightarrow x - 2*(y + 1)$ suchen. Zwei der vielen möglichen Ableitungen sind:

| $Expr$ | $\Rightarrow Expr - Expr$ | $Expr$ | $\Rightarrow Expr * Expr$ |
|---|---|---|---|
| | $\Rightarrow \textbf{id} - Expr$ | | $\Rightarrow Expr - Expr * Expr$ |
| | $\Rightarrow \textbf{id} - Expr * Expr$ | | $\Rightarrow \textbf{id} - Expr * Expr$ |
| | $\Rightarrow \textbf{id} - \textbf{num} * Expr$ | | $\Rightarrow \textbf{id} - \textbf{num} * Expr$ |
| | $\Rightarrow \textbf{id} - \textbf{num} * (Expr)$ | | $\Rightarrow \textbf{id} - \textbf{num} * (Expr)$ |
| | $\Rightarrow \textbf{id} - \textbf{num} * (Expr + Expr)$ | | $\Rightarrow \textbf{id} - \textbf{num} * (Expr + Expr)$ |
| | $\Rightarrow \textbf{id} - \textbf{num} * (\textbf{id} + Expr)$ | | $\Rightarrow \textbf{id} - \textbf{num} * (\textbf{id} + Expr)$ |
| | $\Rightarrow \textbf{id} - \textbf{num} * (\textbf{id} + \textbf{num})$ | | $\Rightarrow \textbf{id} - \textbf{num} * (\textbf{id} + \textbf{num})$ |

Die zugehörigen Ableitungsbäume sind in der folgenden Figur dargestellt.

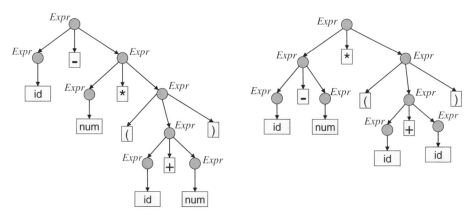

**Abb. 9.9:** *Zwei Ableitungsbäume für $x - 2*(y + 1)$*

In beiden Fällen liest man die Folge der Eingabetoken von den Blättern ab. Offensichtlich fasst der linke Ableitungsbaum den Ausdruck als Differenz auf, der rechte als Produkt. Letztere Interpretation ist aber nicht erwünscht. Die höhere Priorität von * über − wird also von der Grammatik nicht berücksichtigt.

Solange es nur darum geht, zu erkennen, ob ein vorgelegtes Programm ein Wort aus einer Sprache $L(G)$ darstellt, ist Mehrdeutigkeit irrelevant. Anders sieht es aus, wenn der konstruierte Ableitungsbaum als Basis für eine Übersetzung oder Auswertung dienen soll.

### 9.3.8 Abstrakte Syntaxbäume

Abstrakte Syntaxbäume sind kompaktere Darstellungen von Ableitungsbäumen. Zu jeder Produktion $A \rightarrow \alpha$ gibt es einen Knotentyp, der nur *zu jedem Nonterminal* in $\alpha$ einen Sohn besitzt. Terminale werden in der Regel nicht dargestellt, da aus dem Knotentyp auf ihre Existenz geschlossen werden kann. Allerdings gibt es gewisse Terminale, für die eine Zusatzinformation bewahrt werden muss - für einen **id** der Name, oder für ein **num** der Zahlenwert. Abstrakte Syntaxbäume mit dieser Zusatzinformation sind Ausgangspunkte für Übersetzer und Interpreter. Im Falle von arithmetischen Ausdrücken entsprechen die Terminale außer **id** und **num** gerade den Operatoren, wie z.B. in *Expr*:: *Expr* + *Expr*, oder in *Expr* :: *−Expr*, so dass die Benutzung dieser Regeln zum Aufbau eines + -Knotens bzw. eines Negations-Knotens im abstrakten Syntaxbaum führt. Klammern kann man in diesem Zusammenhang weglassen, denn eine Regel wie *Expr* :: (*Expr*) führt zwar zu einem Knoten mit einem Sohn, allerdings ist der zugehörige Operator die Identität. Die folgende Figur zeigt die abstrakten Syntaxbäume, die zu den vorhin gesehenen Ableitungen des Ausdrucks $x - 2*(y + 1)$ gehören. Wieder wird deutlich, dass der rechte Syntaxbaum unerwünscht ist.

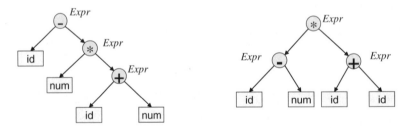

**Abb. 9.10:** *Abstrakte Syntaxbäume für x − 2\*(y + 1)*

Erwünscht wäre eine Grammatik, die für jeden arithmetischen Ausdruck nur einen Ableitungsbaum zulässt. Eine Grammatik $G$ heißt *eindeutig*, falls es zu jedem Wort $w \in L(G)$ nur einen Syntaxbaum gibt. Ansonsten nennt man sie *mehrdeutig*.

Um unsere *Expr*-Grammatik eindeutig zu machen, führen wir neue Nonterminale ein, die Unterausdrücke einer bestimmten *Prioritätsstufe* kennzeichnen. Wir verwenden dazu die Nonterminale *Expr*, *Term* und *Faktor,* sowie die Regeln:

*Expr*   :: *Expr* + *Term* | *Expr* - *Term* | *Term*
*Term*   :: *Term* \* *Faktor* | *Faktor*
*Faktor* :: **id** | **num** | ( *Expr* )

*Expr* sind mit dieser Grammatik also Summen und Differenzen von Termen, *Terme* sind Produkte von Faktoren und die *Faktoren* **id**, **num** und (*Expr*) sind die Ausdrücke der höchsten Prioritätsstufe.

Mit dieser Grammatik sind arithmetische Ausdrücke eindeutig ableitbar. Betrachten wir beispielsweise unseren vorigen Ausdruck $x - 2 * (y + 1)$, so ist die fälschliche Ableitung als Produkt von $x - 2$ und $(y + 1)$ nicht mehr möglich, da $x - 2$ nicht als *Term* ableitbar ist. Auch Linksklammerung wird korrekt gehandhabt: $x - y - z$ kann nur als Differenz von $x - y$ und $z$ abgeleitet werden, nicht jedoch als Differenz von $x$ und $y - z$.

# 9.4 Grundlagen des Compilerbaus

Compiler für Programmiersprachen lesen einen Programmtext und übersetzen diesen in Befehle für einen konkreten Prozessor oder eine virtuelle Maschine. Zu diesem Zweck muss der Compiler zunächst den Programmtext analysieren und feststellen, dass keine syntaktischen Fehler vorliegen. Ist dies der Fall ermittelt er den Ableitungsbaum des vorgelegten Programms.

Diese erste Phase nennt man *Analysephase*, der entsprechende Teil des Compilerprogramms heisst auch *front end*. Als *back end* bezeichnet man die nächsten Phasen, in denen Prüfungen auf Typkorrektheit, korrekte Deklaration und Verwendung von Variablen und Methoden durchgeführt werden. Schließlich wird aus dem ermittelten Ableitungsbaum des zu übersetzenden Programms Code erzeugt. Diese Phase ist prinzipiell nicht schwer, weil die entsprechenden Algorithmen auf leicht zu programmierenden Baumtraversierungen beruhen. Allerdings ist in neuerer Zeit mit dem Siegeszug von RISC-Prozessoren mit mehreren vielstufigen Pipelines auch die Codeerzeugung zu einer Herausforderung geworden.

Wir werden uns hier vorwiegend mit der Analysephase eines Compilers beschäftigen. Dies war früher die schwierigste Aufgabe für einen Compilerbauer. Heute steht dafür eine gut verstandene und bewährte Theorie bereit, dazu Werkzeuge die komplette *front ends* aus einer Sprachbeschreibung erzeugen können. Die Konstruktion guter back ends, die effizienten Programmcode für eine bestimmte Maschinenarchitektur erzeugen, ist theoretisch noch nicht so umfassend durchdrungen und bisher eher eine Ingenieurskunst.

## 9.4.1 Parsen durch rekursiven Abstieg (recursive descent)

Als *Parsen* bezeichnet man den zur Ableitung umgekehrten Weg. Gegeben eine Grammatik $G$ und ein Programm $P$, finde heraus, ob $P \in L(G)$ ist. Für den Compilerbau will man sogar etwas mehr wissen: *Wie* kann man $P$ mit Hilfe von $G$ aus dem Startsymbol $S$ ableiten? Bevor wir diese Frage in voller Allgemeinheit beantworten, wollen wir eine einfache und für viele praktisch relevante Grammatiken einfache Methode verraten, die Methode des *rekursiven Abstiegs* (engl.: *recursive descent*). Derart konstruierte Parser heißen RD-Parser.

Die Kernidee ist, für jedes Nonterminal $A$ einen eigenen Parser *parseA* zu schreiben. Ist $A \rightarrow \alpha$ eine Produktion für $A$, so übersetzt sich jedes Nonterminal $B$ in $\alpha$ in einen Aufruf von *parseB* im Rumpf von *parseA*. Terminale werden im Inputstream erwartet und *akzeptiert*.

Die Struktur des Parsers folgt genau den Regeln der Grammatik: Jede einzelne Regel beschreibt eine Prozedur zum Erkennen der auf der linken Seite der Regel angegebenen syntaktischen Einheit. Die Regel für eine *Schleife*

$\quad$ *Schleife* :: **while** *Bexpr* **do** *Anweisung*

besagt demnach:

$\quad$ Um eine *Schleife* zu erkennen
$\qquad$ - *akzeptiere* ein ***while***
$\qquad$ - *erkenne* ein *Bexpr*
$\qquad$ - *akzeptiere* ein *do*
$\qquad$ - *erkenne* eine *Anweisung*.

Analog werden alle Regeln in Prozeduren (Methoden) umgesetzt. Die rekursive Struktur der Regeln hat natürlich entsprechend rekursive Prozeduren zur Folge. Der rekursive Abstieg endet jeweils mit dem Akzeptieren eines erwarteten Tokens. Die Methode des Parsers für das Erkennen einer *Schleife* lautet nun:

```
void parseSchleife(){
    akzeptiere(while);
    parseBexpr();
    akzeptiere(do);
    parseAnweisung();
}
```

Ein Problem tritt auf, wenn es zu einem Nonterminal mehrere rechte Seiten gibt, wie z.B. im Falle von *Anweisung* oder *Anweisungen*. Wir verschieben für einen Moment das Problem, indem wir uns eine magische **ODER**-Anweisung vorstellen, mit der wir die verschiedenen Möglichkeiten in der Parse-Funktion kombinieren. Aus
$\quad$ *Anweisung* :: *Zuweisung* | *Schleife* | *Alternative*
wird dann:

```
void parse_Anweisung( ){
        parse_Zuweisung();
    ODER
        parse_Schleife();
    ODER
        parse_Alternative();
}
```

und aus
$\quad$ *Anweisungen* $\quad$ :: ε | *Anweisung* | *Anweisung* **;** *Anweisungen*

```
void parse_Anweisungen( ){
        return;  // leeres Wort
    ODER
        parse_Anweisung();
    ODER
```

9.4 Grundlagen des Compilerbaus 689

```
        parse_Anweisung();
        akzeptiere(semi);
        parse_Anweisungen();
    }
```

Bei einer Regel, deren rechte Seite (wie im Falle der Regel für *Anweisung)* aus mehreren Alternativen besteht, muss sich der Parser für eine der Alternativen entscheiden. Als Anhaltspunkt liegt ihm nur das vom Scanner bereitgestellte nächste Token, das so genannte *lookahead* vor. Ist es anhand dieses Tokens möglich, sich eindeutig für eine der Alternativen zu entscheiden, so spricht man einer LL(1)-Grammatik.

## 9.4.2 LL(1)-Grammatiken

In vielen Fällen ist der Nichtdeterminismus der aus einer Regel $A :: \alpha_1 \mid \alpha_2 \mid ... \mid \alpha_n$ erwächst, leicht auflösbar. Insbesondere ist dies der Fall, wenn jedes $\alpha_i$ mit einem Token $t_i$ beginnt und diese untereinander verschieden sind. In diesem Falle kann sich ein Parser *parseA* anhand des nächsten Tokens im Eingabestrom für eine der Alternativen entscheiden. Allgemeiner versteht man unter $First(\alpha)$ für eine beliebige Satzform $\alpha$ die Menge aller Token, mit denen ein aus $\alpha$ abgeleitetes Wort beginnen kann. Gilt dann

$$First(\alpha_i) \cap First(\alpha_j) = \varnothing$$

für alle $i \neq j$, so kann der Nondeterminismus eindeutig anhand des nächsten Tokens aufgelöst werden. Ein Backtracking ist damit nicht mehr nötig.

In unserer *WHILE*-Grammatik ist diese Bedingung insbesondere im Falle der *Anweisung* erfüllt, da offensichtlich: $First(Zuweisung) = \{id\}$, $First(Alternative) = \{if\}$ und $First(Schleife) = \{while\}$, somit können wir das „ODER" aus dem obigen Pseudocode für *parseAnweisung* entfernen:

```
parse_Anweisung( ){
    if (lookahead == id) parse_Zuweisung();
    else if (lookahead == if) parse_Alternative();
    else if (lookahead == while) IfAnweisung();
    else error("id, if oder while erwartet"};
}
```

Ein weiteres Problem tritt auf, wenn eine oder mehrere Alternativen einer Regel optional (d.h. $\varepsilon$) sind. In unserer *WHILE*-Grammatik betrifft dies die Regel für *Anweisungen*:

> *Anweisungen*   ::  $\varepsilon$ | *Anweisung* | *Anweisung* ; *Anweisungen*

Aus technischen Gründen zählt man daher auch $\varepsilon$ zu $First(A)$, falls $\alpha \Rightarrow * \varepsilon$. Formal lautet die Definition von *First* für ein beliebiges Nonterminal $A$ also:

$$First(A) = \{t \mid A \Rightarrow * t\alpha\} \cup \{\varepsilon \mid A \Rightarrow * \varepsilon\}.$$

Im Fall der *Anweisungen* kann man entweder das Erkennen von *Anweisungen* gleich beenden oder die zweite Alternative versuchen. Dazu betrachtet man wieder das *lookahead*, also das nächste Token im Input. Ist es ein Token, das niemals auf *Anweisungen* folgen kann, so ist die zweite oder dritte Alternative angesagt. Auf *Anweisungen* kann in der bisherigen Grammatik nur das Token **end** folgen, wie man durch Inspektion der Regeln leicht sieht. Eine *Anweisung* muss aber mit einem der Token **id**, **if** oder **while** beginnen. Somit können wir auch diese Unbestimmtheit in dem Parser für *Anweisungen* beseitigen:

```
void parse_Anweisungen( ){
    switch (lookahead){
        case end: return;  // keine weitere Anweisung
        case id: case if: case while:
                parse_Anweisung(); parseRestAnweisungen();
        default: error("end,id,if oder while erwartet");
    }
}
```

Mit *Follow(A)* bezeichnet man die Menge aller Token, die in der Grammatik auf ein *A* folgen können. Die genaue Definition ist:

$$Follow(A) = \{t \mid S \Rightarrow {}^*\alpha At\beta \}.$$

In unserer *WHILE*-Grammatik haben wir u.a.:

$Follow(Anweisungen) = \{\ \textbf{end}\ \}$,
$Follow(Anweisung) = \{\ \textbf{;}, \textbf{end}\ \}$,
$Follow(Expr) = \{\ \textbf{;}, \textbf{+}, \textbf{-}, \textbf{*}, \textbf{)}, \textbf{=}\ \}$.

*First*($\alpha$) lässt sich *für jede Satzform* $\alpha$ einfach algorithmisch bestimmen. Es besteht aus Terminalen und ggf. dem leeren Wort $\varepsilon$:

1. Fall: $\alpha = t\gamma$ für ein Token $t$: Setze $First(\alpha) = \{t\}$.

2. Fall : $\alpha = B\gamma$ für ein Nonterminal B:
- Für jede Produktion $B \to \beta$ : $\qquad$ $First(\beta) - \{\varepsilon\} \subseteq First(\alpha)$.
- Falls noch $B \Rightarrow {}^* \varepsilon$ : $\qquad$ $First(\gamma) \subseteq First(\alpha)$
- Falls sogar $\alpha \Rightarrow {}^* \varepsilon$ : $\qquad$ $\varepsilon \in First(\alpha)$.

*Follow*($A$) ist *für alle Nonterminale* zu berechnen. Am besten führt man dies simultan für alle Nonterminale durch. Ein spezielles Token **eof** signalisiere das Ende des Inputs:

1. $\textbf{eof} \in Follow(S)$

2. Für jede Produktion $A :: \alpha X \beta$
$\qquad First(\beta) - \{\varepsilon\} \subseteq Follow(X)$
$\quad$ Falls $\beta \Rightarrow {}^* \varepsilon$ setze:
$\qquad Follow(A) \subseteq Follow(X)$.

9.4 Grundlagen des Compilerbaus                                                                691

**Definition**: *Eine Grammatik heißt LL(1), falls für jede Regel $A :: \alpha_1 \mid \alpha_2 \mid \ldots \mid \alpha_n$ und alle $i \neq j$ folgende Bedingungen erfüllt sind:*

$\quad$ 1. $\qquad First(\alpha_i) \cap First(\alpha_j) = \varnothing$.

$\quad$ 2. $\qquad \varepsilon \in First(\alpha_i) \rightarrow Follow(A) \cap First(\alpha_j) = \varnothing$.

Für jede LL(1) Grammatik lässt sich auf die geschilderte Weise leicht ein recursive descent Parser gewinnen, sofern Linksrekursionen vermieden werden können. Die Zahl 1 in LL(1) steht für die Anzahl der Zeichen, die der Parser vorausschauen darf, bevor er sich für eine Produktion entscheidet.

## 9.4.3     Äquivalente Grammatiken

Ist eine Grammatik von Hause aus nicht LL(1), so kann man versuchen, diese in eine äquivalente Grammatik umzuformen, ohne dass sich die zugehörige Sprache verändert. Man nennt daher zwei Grammatiken $G_1$ und $G_2$ *äquivalent*, falls $L(G_1) = L(G_2)$.

Eine in der Praxis typische Situation tritt auf, wenn neben dem *if-then* als auch ein *if-then-else* vorhanden ist. In diesem Fall beginnen beide Produktionen für *Alternative* mit dem gleichen Nonterminal **if**:

$\qquad$ *Alternative* :: **if** *Bexpr* **then** *Anweisung* **else** *Anweisung* | **if** *Bexpr* **then** *Anweisung*

In solchen Fällen kann man den gemeinsamen Anfangsteil zusammenfassen und für den Rest eine neues Nonterminal einführen. Im vorliegenden Fall nennen wir es *ElseTeil*:

$\qquad$ *Alternative* $\qquad$ :: **if** *Bexpr* **then** *Anweisung ElseTeil*
$\qquad$ *ElseTeil* $\qquad\qquad$ :: $\varepsilon$ | **else** *Anweisung*

Diesen Prozess nennt man auch *Links-Faktorisierung*. Ein anderes Beispiel ist die Regel für *Anweisungen*

$\qquad$ *Anweisungen* $\qquad$ :: $\varepsilon$ | *Anweisung* | *Anweisung* **;** *Anweisung*

wo wir den gemeinsamen Beginn *Anweisung* aus der zweiten und dritten Alternative ausklammern und das neue Nonterminal *RestAnweisungen* einführen:

$\qquad$ *Anweisungen* :: $\varepsilon$ | *Anweisung RestAnweisungen*
$\qquad$ *RestAnweisungen* :: $\varepsilon$ | **;** *Anweisung*

Allgemein klammert man aus einer Regel der Form $A :: \alpha\beta \mid \alpha\gamma$ das gemeinsame Anfangsstück $\alpha$ aus und erhält unter Verwendung einer neuen Nonterminals $R$ die Regeln $A :: \alpha R$ und $R :: \beta \mid \gamma$.

Das gleiche Problem taucht auch bei der *Expr*-Grammatik auf. Zusätzlich haben wir dort aber ein noch schwerwiegenderes Problem, die sogenannte *Linksrekursion*. Selbst wenn wir nach der vorherigen Methode die Anfangsteile zusammenfassen wollten, etwa zu

$\qquad$ *Expr* $\qquad$ :: *Expr Rest* | *Term*
$\qquad$ *Rest* $\qquad$ :: + *Term* | - *Term*

so würde sich *parseExpr( )* sofort selber aufrufen, bevor nur ein Token verbraucht wurde. Unser Parser würde also in eine Endlosschleife geraten. Dieses Problem nennt man auch *Linksrekursion*. Neben der LL(1) Eigenschaft ist für einen RD-Parser also auch darauf zu achten, dass keine Linksrekursionen auftreten.

Links-Rekursionen kann man ebenfalls durch Umwandlung der Grammatik beheben. Man beobachtet zunächst, dass eine Regel der Form $A :: A\beta \mid \gamma$ nur Wörter der Form $\gamma\beta\beta\ldots\beta$ ableiten kann. Dieselben Wörter kann man aber auch durch zwei neue nicht-linksrekursive Regeln erzeugen:

$A:: \gamma\,R$ und $R :: \beta R \mid \varepsilon$.

Eine leichte Verallgemeinerung dieser Idee macht auch die *Expr*-Grammatik eindeutig:

> *Expr*        ::  *Term RestExpr*
> *RestExpr* ::  *+ Term RestExpr* | *- Term RestExpr* | ε
>
> *Term*       ::  *Faktor RestTerm*
> *RestTerm* ::  *\* Faktor RestTerm* | ε
>
> *Faktor*      ::  **id**, **num**, ( *Expr* )

## 9.4.4    Top-down und bottom-up

Für praktische Zwecke soll ein Parser nicht bloß feststellen, ob ein Wort $w$ zur Sprache $L(G)$ gehört, er soll auch den zugehörigen Syntaxbaum erstellen. Im Falle eines RD-Parsers beginnt das Wachstum des Ableitungsbaumes und damit auch des Syntaxbaumes, in der Wurzel $S$. Allgemein kommt für ein beliebiges Nonterminal $A$ mit Grammatik-Regel $A :: \alpha_1 \mid \alpha_2 \mid \ldots \mid \alpha_n$ und ein konkretes Wort $w$ eine bestimmte Alternative $\alpha_i$ zum Zuge. Im Ableitungsbaum wächst ein $\alpha_i$ entsprechender Knoten. Im Syntaxbaum hat dieser Knoten zu jedem Nonterminal in $\alpha_i$ einen Sohn. Insgesamt wächst der Syntaxbaum von der Wurzel zu den Söhnen und schließlich zu den Blättern. Die entspricht der Aufrufhierarchie der *parse*-Methoden, denn beginnend mit *parseS* ruft ein beliebiges *parseA* die parse-Routinen auf, die den Nonterminalen in $\alpha_i$ entsprechen. Da man in der Informatik Bäume immer mit der Wurzel nach oben darstellt, sagt man, dass der Baum *top-down* (engl. für: *von der Spitze nach unten*) wächst.

Das folgende Bild zeigt die Situation eines RD-Parsers für unsere *WHILE*-Sprache mit einem konkreten Programmtext als Eingabe zu einem Zeitpunkt als von der Eingabe der Text „begin if x > y then x := x-y" gelesen worden ist. Die Blätter des bereits fertiggestellten Teiles des Ableitungsbaumes ergeben von links nach rechts gelesen genau die Folge der Token, die bereits gelesen wurden. Als nächstes wird ein semikolon erwartet, daraufhin eine *Anweisung* und schließlich ein **end**.

## 9.4 Grundlagen des Compilerbaus

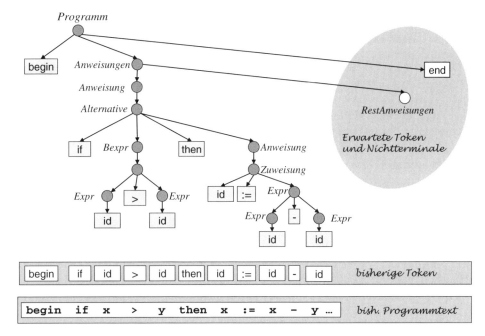

*Abb. 9.11:* Top-Down-Parsing

Recursive descent ist demnach eine top-down-Methode. Die Knoten des Abstrakten Syntaxbaumes werden in pre-order Reihenfolge, beginnend mit der Wurzel, dann in den linken Teilbaum absteigend, aufgebaut.

### 9.4.5 Shift-Reduce Parser

Während Recursive Descent Parser leicht und elegant in jeder Programmiersprache zu erstellen sind, bedient man sich für die professionelle Compilerentwicklung meist einer anderen Methode - des sogenannten *Shift-Reduce Parsens*. Dass Shift-Reduce Parser schwieriger zu erstellen sind als Recursive-Descent Parser fällt deswegen nicht ins Gewicht, weil man dazu mächtige Tools benutzen kann, die die Erstellung eines Parsers automatisieren. Da solche Tools aus einer Syntaxbeschreibung automatisch den Syntaxanalyseteil eines Compilers erzeugen, heißen sie auch *compiler-compiler*. Das bekannteste heißt *yacc* (**y**et **a**nother **c**ompiler **c**ompiler). Die kostenfreie Variante, die unter der *GNU Public licence* auf allen Plattformen erhältlich ist heißt *bison*.

Wozu aber komplizierte Werkzeuge, wenn es einfachere Programmiertechniken gibt? Wollte man lediglich die Syntax prüfen, also parsen, so gäbe es in der Tat keinen Grund. In der Praxis will man aber während des Parsens sofort - und möglichst automatisch - den Syntaxbaum erstellen. Da erweist es sich als Nachteil, wenn man die ursprüngliche Grammatik umschreiben musste, um sie in LL(1)-Form zu bringen. Dabei wurden immer wieder aus linksgeklammerten Ausdrücken rechtsgeklammerte. Gleich mehrere Beispiele finden wir in der Grammatik der *While*-Sprache.

Das ursprüngliche

$$Expr :: Expr + Expr \mid Expr - Expr \mid Expr * Expr \mid (Expr) \mid \mathbf{id} \mid \mathbf{num}$$

hatten wir unter Verwendung zweier neuer Nonterminale *Term* und *Faktor* umgeschrieben zu

$$Expr :: Term + Expr \mid Term - Expr \mid Term$$

$$Term :: Faktor * Term \mid Faktor$$

$$Faktor :: ( Expr ) \mid \mathbf{id} \mid \mathbf{num}$$

Dies bewirkt jetzt aber, dass eine Summe wie $x - 1 + y$ nur folgendermaßen abgeleitet werden kann

$$Expr \rightarrow Term - Expr \rightarrow \dots$$

mit $Term \Rightarrow * \mathrm{x}$ und $Expr \Rightarrow * 1 + y$, was leider dem Syntaxbaum von $1 - (2 + 3)$ entspricht. Bei der Abarbeitung der Syntaxbäume ist diese falsche Repräsentation wieder auszugleichen. Shift-Reduce Parser haben im Gegensatz zu RD-Parsern keine Probleme mit der Linksrekursion. Für einen Shift-Reduce Parser dürfte man direkt die „richtigen" Regeln verwenden, die der Linksklammerung arithmetischer Operatoren entsprechen.

$$Expr \quad :: Expr + Term \mid Expr - Term \mid Term$$

$$Term \quad :: Term * Faktor \mid Faktor$$

$$Faktor :: ( Expr ) \mid \mathbf{id} \mid \mathbf{num}$$

## 9.4.6    Die Arbeitsweise von Shift-Reduce-Parsern

Shift-Reduce Parser versuchen immer, die *rechte Seite* einer Regel im Input zu erkennen und diese dann zur linken Seite zu reduzieren. Im Allgemeinen hat also ein Shift-Reduce-Parser bereits eine Satzform $\alpha$ im Input erkannt und sieht als nächstes ein Token $a$, worauf dann der Rest des Eingabewortes $w = au$ folgt. Wir stellen diesen Zustand des Parsers durch die Notation

$$\alpha \bullet au$$

dar. Der Parser kann jetzt zwei mögliche Aktionen vollführen:

| *Shift* | : das nächste Zeichen im Input lesen und in den Zustand $\alpha a \bullet u$ übergehen, oder |
| *Reduce* | : ein Endstück $\alpha_2$ von $\alpha$ als rechte Seite einer Regel $A \rightarrow \alpha_2$ erkennen, und dieses $A$ ersetzen.Kurz: Aus $\alpha_1 \alpha_2 \bullet au$ wird $\alpha_1 A \bullet au$ mit Hilfe der Produktion $A \rightarrow \alpha_2$. |

9.4 Grundlagen des Compilerbaus 695

Ein Reduktionsschritt ist also die Umkehrung eines Ableitungsschrittes. Der gesamte Erkennungsprozess eines Wortes $w$ beginnt mit dem Zustand $\varepsilon \bullet w$ und endet mit $S \bullet \varepsilon$, wobei $S$ das Startsymbol der Grammatik ist. Wir zeigen in der folgenden Sequenz die einzelnen Schritte im Erkennungsprozess für das Wort $x * (y + 1)$, also für die Tokenfolge **id * ( id + num)**. Die Nonterminale *Expr*, *Term* und *Faktor* kürzen wir mit $E$, $T$ und $F$ ab.

| $\varepsilon \bullet$ **id**\*(**id** + **num**) | » | **id** $\bullet$ * (**id** + **num**) | Shift |
|---|---|---|---|
| | » | $F \bullet$ * (**id** + **num**) | Reduktion mit $F \to$ **id** |
| | » | $T \bullet$ * (**id** + **num**) | Reduktion mit $T \to F$ |
| | » | $T$ * (**id** $\bullet$ + **num** ) | 3 Shifts hintereinander |
| | » | $T$ * ($F \bullet$ + **num** ) | Reduktion mit $F \to$ **id** |
| | » | $T$ * ($T \bullet$ + **num** ) | Reduktion mit $T \to F$ |
| | » | $T$ * ($E \bullet$ + **num** ) | Reduktion mit $E \to T$ |
| | » | $T$ * ($E$ + **num** $\bullet$ ) | 2 Shifts |
| | » | $T$ * ($E + F \bullet$ ) | Reduktion mit $F \to$ **num** |
| | » | $T$ * ($E + T \bullet$ ) | Reduktion mit $T \to F$ |
| | » | $T$ * ($E \bullet$ ) | Reduktion mit $E \to E + T$ |
| | » | $T$ * ($E$) $\bullet \varepsilon$ | Shift |
| | » | $T$ * $F \bullet \varepsilon$ | Reduktion mit $F \to (E)$ |
| | » | $T$ $\bullet \varepsilon$ | Reduktion mit $T \to T * F$ |
| | » | $E$ $\bullet \varepsilon$ | Reduktion mit $E \to T$ |

Verfolgt man die Aktionen rückwärts, so erhält man in der Tat eine Rechtsableitung des Eingabewortes. Ein Shift-Reduce-Parser vollführt also offensichtlich eine Rechtsableitung rückwärts. Damit ist insbesondere klar, dass für jede Grammatik ein nichtdeterministischer Shift-Reduce Parser existiert. Für praktische Zwecke ist aber der Nichtdeterminismus zu beseitigen.

## 9.4.7 Bottom-up Parsing

Die Aktionen eines Shift-Reduce Parsers sind in vielerlei Hinsicht invers zu denen eines RD-Parsers. Dazu gehört auch, dass der Ableitungsbaum bzw. Syntaxbaum nicht top-down, sondern bottom-up generiert wird. Das soll bedeuten, dass das Wachstum mit den Blättern, den Terminalen, beginnt. Blätter wachsen zu Bäumen zusammen, diese schließlich zu einem einzigen Ableitungsbaum.

Zu einem beliebigen Zeitpunkt hat ein SR-Parser bereits eine Satzform $\alpha$ erkannt. Jedes Zeichen $\kappa$ dieser Satzform ist bereits die Wurzel eines eigenen kleinen Baumes. Dieser besteht nur aus einem Blatt, falls $\kappa$ ein Terminalzeichen ist, bzw. aus einem Knoten $A$ mit Unterbäumen $\kappa_i$, falls er durch Reduktion mit einer Produktion $A \to \kappa_1 \kappa_2 ... \kappa_n$ entstanden ist. Bei jedem shift-Schritt kommt ein aus einem Blatt bestehender Baum hinzu, bei jedem Reduktionsschritt mit Produktion $A \to \kappa_1 \kappa_2 ... \kappa_n$ werden bestehende Bäume $\kappa_i$ unter einer gemeinsamen Wurzel $A$ zusammengefasst.

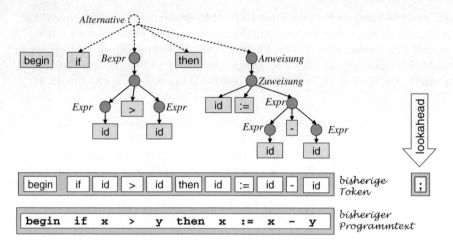

*Abb. 9.12:* Bottom-Up Parsing

Abbildung 9.12 zeigt einen Schnappschuss eines Bottom-Up Parsers für unsere *While*-Sprache. Die bereits erkannte Satzform ist **„begin if** *Bexpr* **then** *Anweisung*". Dem entsprechen 5 Ableitungsbäume - die jeweils nur aus einem Blatt bestehenden **begin**, **if**, **then** und die beiden Bäume mit Wurzeln *Bexpr* bzw. *Anweisung*. Wäre das nächste Zeichen des Inputs ein **else**, so würde dieses als weiterer trivialer Baum hinzukommen. Da das nächste Zeichen „;" aber zu einer Reduktion mit der Regel

*Alternative* :: if *Bexpr* then *Anweisung*

führt, werden als nächstes, wie in der Figur angedeutet, die letzten vier Bäume durch einen *Alternative*-Knoten zusammengefasst. Es bleiben also zwei Bäume übrig, ihre Wurzeln von links nach rechts gelesen repräsentieren die Satzform „**begin** *Alternative*".

## 9.4.8 Konflikte

Solange noch ein Zeichen im Input vorhanden ist, könnte der SR-Parser shiften. Allerdings sieht man leicht, dass dies in Sackgassen führen könnte. Würde man zum Beispiel in der Situation $T * (E + \text{num} \bullet )$ shiften, was $T * (E + \text{num}) \bullet \varepsilon$ produziert, so könnte man nie mehr reduzieren, denn die *Expr*-Grammatik hat keine Regel, deren rechte Seite ein Endstück von $T * (E + \text{num})$ ist.

Jede Situation, in der der Parser zwei verschiedene Aktionen vollführen könnte, nennt man einen *Konflikt*. Kann er sowohl ein Shift, als auch ein Reduce vollführen, wie in der gerade besprochenen Situation, so nennt man dies einen *shift-reduce-Konflikt*. Ein *reduce-reduce-Konflikt* liegt vor, wenn zwei verschiedene Reduktionen möglich wären. Ein Beispiel ist die Situation $T * (E + T \bullet )$. Hier sind zwei Reduktionen möglich - mit Regel $E \rightarrow T$ zu $T * (E + E \bullet )$, oder mit Regel $E \rightarrow E + T$ zu $T * (E \bullet )$. Offensichtlich kann nur letztere zum Ziel führen.

9.4 Grundlagen des Compilerbaus

## 9.4.9 Ein nichtdeterministischer Automat mit Stack

Eine Grammatik heißt *LR(1)*, falls es möglich ist, nur anhand des nächsten Zeichens im Input alle Konflikte eindeutig auflösen zu können. Zu diesem Zweck setzen wir die bisher noch ungenutzte Möglichkeit ein, die Aktionen der Stackmaschine von Zuständen $Q$ abhängig zu machen. Anhand des gegenwärtigen Zustands $q \in Q$ und anhand des nächsten Zeichens im Input soll man entscheiden können, ob ein *shift* oder ein *reduce* angebracht ist, und im letzteren Falle auch, mit welcher Regel reduziert werden soll.

Als Zustandsmenge wählt man sogenannte *items*. Das sind Produktionen der Grammatik, deren rechte Seite eine Markierung trägt. Diese soll andeuten, an welcher Position in der rechten Seite der Regel der Parser sich gerade befindet. Als Beispiel wählen wir im Folgenden einen Ausschnitt aus unserer *Expr*-Grammatik. Wir haben ein Startsymbol $S$ und ein end-of-file-token **eof** beigefügt und für spätere Zwecke die Produktionen durchnummeriert:

(0) $S :: T$ **eof**
(1) $T :: T * F$
(2) $\quad | \; F$
(3) $F :: ( T )$
(4) $\quad | \;$ **id**

Aus den Produktionen gewinnen wir die folgenden items:

$$S \to \; \bullet \, T \, \textbf{eof}, \quad S \to T \bullet \, \textbf{eof}, \qquad S \to T \, \textbf{eof} \, \bullet \;\; ,$$
$$T \to \; \bullet \, T * F, \quad T \to T \bullet \, * F, \qquad T \to T * \bullet \, F, \quad T \to T * F \bullet \;\; ,$$
$$T \to \; \bullet \, F, \qquad T \to F \bullet \;\; ,$$
$$F \to \; \bullet \, (T), \qquad F \to ( \; \bullet \, T), \qquad F \to (T \bullet \, ), \qquad F \to (T) \bullet \;\; ,$$
$$F \to \; \bullet \, \textbf{id}, \qquad F \to \textbf{id} \bullet \;\; .$$

Ein SR-Parser im Zustand $F \to (T \bullet )$, beispielsweise, ist im Begriff unter Benutzung der Regel $F \to (T)$ ein $F$ zu erkennen. Den ersten Teil der rechten Seite, „$(T$ ", hat er bereits gesehen. Er erwartet jetzt noch ein „ $)$ ", bevor er zu $F$ reduzieren kann.

Die Menge aller *items* bildet die Zustandsmenge $Q$ eines nichtdeterministischen Automaten über dem Alphabet $\Gamma = T \cup NT$, das aus allen Terminalen und Nonterminalen der Grammatik besteht. Der Automat hat Transitionen

$$\text{„} A \to \alpha \bullet \kappa \gamma \text{"} \quad \to \quad \text{„} A \to \alpha \kappa \bullet \gamma \text{",}$$

für jedes Inputsymbol $\kappa \in T \cup NT$, und eine $\varepsilon$-Transition

$$\text{„} A \to \alpha \bullet B \gamma \text{"} \quad \to \quad \text{„} B \to \; \bullet \beta \text{"}$$

für jede Regel $B \to \beta$ der Grammatik.

In unserem Beispiel haben wir also u.a. die folgenden Transitionen:

$$\delta(\; F \to ( \; \bullet \; T ) \; , T) = \{ \; F \to (T \bullet ) \; \} \, , \text{und}$$
$$\delta(\; F \to ( \; \bullet \; T ) \; , \varepsilon) = \{ T \to \; \bullet \, T * F, \; T \to \; \bullet \, F \; \}.$$

Auf diese Weise entsteht folgender Automat:

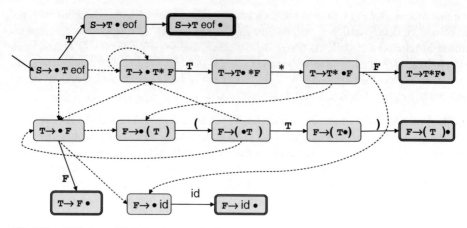

**Abb. 9.13:** *Nichtdeterministischer Automat der items*

Die $\varepsilon$-Transitionen haben wir durch gestrichelte Linien kenntlich gemacht. Items der Form $A \rightarrow \alpha \bullet$ mit dem Punkt am Ende heißen Reduce-Items. In einem solchen Zustand kann der Stackautomat mit der Regel $A \rightarrow \alpha$ reduzieren. Eine solche Reduktion entspricht gleichzeitig einer Transition mithilfe des Nonterminals $A$.

Wir verfolgen dies anhand des Inputs **id** * (**id**) **eof**. Die Aufgabe des nichtdeterministischen Automaten ist es, mit dem gegebenen Input vom Anfangszustand $S \rightarrow \bullet T$ **eof** in den Zustand $S \rightarrow T$ **eof** $\bullet$ zu gelangen. Zuerst ist also ein Nonterminal $T$ zu erkennen. Dazu wird der gegenwärtige Zustand $S \rightarrow \bullet T$ **eof** auf dem Stack abgelegt und mit einer $\varepsilon$-Transition zu einer der Produktionen für $T$ gesprungen. Wir wählen $T \rightarrow \bullet T * F$. Erneut müssen wir ein $T$ erkennen, wir legen also auch $T \rightarrow \bullet T * F$ auf den Stack und springen diesmal zu $T \rightarrow \bullet F$. Jetzt ist ein Nonterminal $F$ zu erkennen, also kommt auch $T \rightarrow \bullet F$ auf den Stack und wir nehmen die $\varepsilon$-Transition zu $F \rightarrow \bullet$ **id**. Dies ist ein Shift-Zustand, von dem wir mit Hilfe des ersten Input-Zeichens in den Zustand $F \rightarrow$ **id** $\bullet$ gelangen. Wir können reduzieren, was gleichbedeutend damit ist, ein $F$ im Input erkannt zu haben.

Auf dem Stack liegen mittlerweile die Zustände $S \rightarrow \bullet T$, $T \rightarrow \bullet T * F$, $T \rightarrow \bullet F$.

Sie entsprechen den noch nicht gelösten Aufgaben. Da wir aber gerade ein $F$ erkannt haben, wurde die letzte auf dem Stack abgelegte Aufgabe gelöst. Wir entfernen das oberste Stack-Element, führen die $F$-Transition aus und gelangen in den Zustand $T \rightarrow F \bullet$. Dieser reduce-Zustand besagt wiederum, dass wir gerade ein $T$ erkannt haben, womit wir auch den ersten Schritt der mittlerweile zuoberst auf dem Stack liegenden Aufgabe $T \rightarrow \bullet T * F$ gelöst haben. Wir entfernen diesen Zustand vom Stack und gehen in den Zustand $T \rightarrow T \bullet * F$ über. Dieser Shift-Zustand veranlasst uns zum Einlesen eines $*$ vom Input, was gelingt und uns nach $T \rightarrow T * \bullet F$ bringt. Wir legen ihn auf den Stack und springen in eine Produktion für $F$, diesmal wählen wir natürlich $F \rightarrow \bullet (T)$.

## 9.4 Grundlagen des Compilerbaus

Nach einigen weiteren Schritten haben wir das Eingabewort vollständig erkannt und sind gleichzeitig im Zielzustand $S \rightarrow T$ **eof** $\bullet$ angelangt.

Die Regeln können wir allgemein also folgendermaßen zusammenfassen:

Ein Shift-Zustand $A \rightarrow \alpha \bullet t\gamma$ mit einem Terminalzeichen $t$ führt über das Einlesen von $t$ aus dem Input zu $A \rightarrow \alpha t \bullet \gamma$.

Ein Zustand $A \rightarrow \alpha \bullet B\gamma$ mit Nonterminal $B$ wird auf dem Stack abgelegt und es wird mit einer $\varepsilon$-Transition in einen Zustand der Form $B \rightarrow \bullet \beta$ gesprungen.

Ein Reduce-Zustand $B \rightarrow \beta \bullet$ entspricht dem Erkennen des Nonterminals $B$. Auf dem Stack muss ein Zustand der Form $A \rightarrow \alpha \bullet B\gamma$ liegen. Dieser wird entfernt und in den Zustand $A \rightarrow \alpha B \bullet \gamma$ übergegangen.

Die folgende Figur zeigt einen Shift-Reduce Parser, implementiert durch eine Stackmaschine, beim Lesen eines *While*-Programms. Der aktuelle Zustand $Expr \rightarrow num \bullet$ führt bei lookahead **do** zu einer Reduktion, was gleichbedeutend damit ist, ein *Expr* im Input erkannt wurde. Der oberste Stackzustand wird entfernt, der darunterliegende durch $Bexpr \rightarrow Expr\ Relop\ Expr \bullet$ ersetzt. Eine erneute Reduktion bei unverändertem lookahead führt zu $Anweisung \rightarrow$ **while** $Bexpr \bullet$ **do** $Anweisung$ auf dem Stack. Als nächstes wird **do** geshiftet etc., bis am Ende durch ein Shift von **eof** der Stack entleert ist.

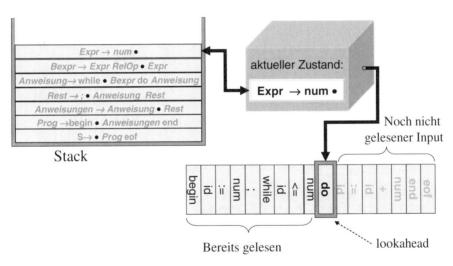

**Abb. 9.14:** *Stackautomat beim nichtdeterministischen Shift-Reduce-Parsen*

### 9.4.10 Übergang zum deterministischen Automaten.

Unser nächstes Ziel ist, den Nichtdeterminismus aus dem Automaten $A$ zu entfernen. Dazu führen wir die Konstruktion des vorigen Unterkapitels durch, wobei ein Zustand des neuen Automaten gerade eine Teilmenge der Zustände des ursprünglichen Teilmengen repräsentiert, die durch das gleiche Wort erreichbar sind.

In unserem Falle sind z.B.

$$A := \{S \to \bullet T \text{ eof}, T \to \bullet F, F \to \bullet \text{id}, F \to \bullet (T), T \to \bullet T * F\}$$
$$B := \{S \to T \bullet \text{ eof}, T \to T \bullet * F\},$$
$$G := \{T \to T * \bullet F, F \to \bullet \text{id}, F \to \bullet (T)\}$$

Zustände des deterministischen Automaten und es gilt z.B.:

$$\delta(A, T) = B, \delta(B, *) = G.$$

Man kann die Zustände auch so erzeugen, dass man mit dem Start-Item $S \to \bullet T \text{ eof}$ beginnt und alle durch $\varepsilon$ erreichbaren Items hinzufügt. Man erhält dann gerade die Itemmenge A, welche somit den Anfangszustand des deterministischen Automaten repräsentiert. Weiter erhält man z.B. $\delta(A, F) = \{T \to F \bullet\}$, denn $T \to \bullet F$ ist das einzige item in A, für das eine $F$-Transition möglich ist.

Für die öffnende Klammer „(„ erhält man zunächst $F \to ( \bullet T)$ als Element von $\delta(A, ( )$. Da aber von diesem Zustand $\varepsilon$-Transitionen ausgehen, muss man noch $T \to \bullet T * F$ und $T \to \bullet F$ hinzunehmen. Das letzte Item hat erneut $\varepsilon$-Transitionen nach $F \to \bullet \text{id}$ und $F \to \bullet (T)$, so dass das Ergebnis $\delta(A, ( ) = D$ ist mit

$$D = \{F \to ( \bullet T), T \to \bullet T * F, T \to \bullet F, F \to \bullet \text{id}, F \to \bullet (T)\}$$

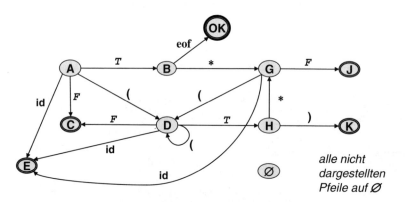

*Abb. 9.15:* Deterministischer Goto-Automat

## 9.4 Grundlagen des Compilerbaus

In der Compilerliteratur nennt man die Tabelle des so entstehenden deterministischen Automaten auch *Goto-Tabelle*. Der vollständige Automat für unsere kleine Grammatik ist in der obigen Figur dargestellt. Reduce Zustände sind besonders hervorgehoben. Beispielsweise sind C bzw. J reduce-Zustände für $T \rightarrow F \bullet$ bzw. $T \rightarrow T * F \bullet$, E bzw. K sind reduce-Zustände für $F \rightarrow id \bullet$ bzw. $F \rightarrow (T) \bullet$ und *OK* ist reduce-Zustand für $S \rightarrow T$ **eof** $\bullet$. Kommt also der Parser in den Zustand J, dann hat er gerade die Satzform $T * F$ im Input gesehen. Er kann jetzt

- die 3 obersten Elemente des Stacks entfernen
- mit dem dann obersten Stackelement $X$ die Transition $\delta(X, T)$ ausführen
- und das Ergebnis auf den Stack legen.

Ein Zustand des deterministischen Automaten kann sowohl shift-items als auch reduce-items beinhalten. Ein Konflikt kann dennoch meist vermieden werden, wenn man das nächste Zeichen des Inputs, das *lookahead*, berücksichtigt. Ein shift-reduce Konflikt liegt nur vor, wenn ein Zustand sowohl ein shift-item $A \rightarrow \alpha \bullet t\gamma$ als auch ein reduce-item $B \rightarrow \beta \bullet$ enthält und zusätzlich $t \in Follow(B)$ gilt. Man sagt, der Zustand ist ein *shift-reduce-Konflikt für $t$*.

Ein *reduce-reduce-Konflikt für $t$* ist ein Zustand mit zwei reduce-items $A \rightarrow \alpha \bullet$ und $B \rightarrow \beta \bullet$ so dass $t \in Follow(A) \cap Follow(B)$ gilt.

Wenn wir unter Berücksichtigung des lookaheads keinen Konflikt mehr haben, dann können wir den deterministischen Parser in einer *Parsertabelle* darstellen. Die Zeilen entsprechen den Zuständen, die Spalten den Terminalen und Nichtterminalen. In Zeile $X$ und Spalte $\kappa$ steht dann jeweils

$\delta(X, \kappa)$,           falls $X$ ein item der Form $A \rightarrow \alpha \bullet \kappa\gamma$ enthält.

*reduce* $(A \rightarrow \alpha)$,       falls $(A \rightarrow \alpha \bullet) \in X$ und $\kappa \in Follow(A)$.

Wenn die Grammatik konfliktfrei ist, kann genau einer dieser Fälle auftreten.

| | | id | ( | ) | * | T | F | eof |
|---|---|---|---|---|---|---|---|---|
| (0) $S \rightarrow$ $T$ **eof** | A | E | D | | | B | C | |
| (1) $T \rightarrow$ $T * F$ | B | | | | G | | | OK |
| (2) $\quad\mid F$ | C | | | r(2) | r(2) | | | r(2) |
| (3) $F \rightarrow$ $(T)$ | D | E | D | | | H | C | |
| (4) $\quad\mid id$ | E | | | r(4) | r(4) | | | r(4) |
| | G | E | D | | | | J | |
| | H | | | K | G | | | |
| | J | | | r(1) | r(1) | | | r(1) |
| | K | | | r(3) | r(3) | | | r(3) |

*Abb. 9.16:*   *Grammatik mit Parsertabelle*

Alle Informationen, die der Parser benötigt, sind in dieser Tabelle enthalten. Jeder Eintrag der Form $\delta(X, \kappa) = Y$ bedeutet, dass ein Terminal oder Nichtterminal $\kappa$ im Input erkannt wurde. Statt dieses selber auf den Stack zu bringen, kann man genausogut den neuen Zustand $Y$ ablegen.

Ein Eintrag wie r(1) in der Zeile für J bedeutet: Mit Regel (1) reduzieren. In diesem konkreten Falle werden zunächst 3 Einträge des Stacks, stellvertretend für $T$, $*$ und $F$, entfernt. Sei danach $X$ das oberste Stackelement, so wird anschließend $\delta(X, T)$ auf den Stack gelegt, schließlich ist ja gerade ein $T$ erkannt worden. Ist Regel (i) also $A \to \alpha$, so besagt r(i):

– entferne die obersten $|\alpha|$ -vielen Elemente vom Stack,
– auf das jetzt oberste Stack-Element $X$ lege $\delta(X, A)$ ab.

Die Entwicklung des Parserstacks bei Eingabe des Wortes (**id** * **id**) **eof** zeigt die folgende Figur. Grau dargestellt sind die Zustände $X$, aus denen ein shift $\delta(X, \kappa)$ - dargestellt durch die Pfeile - ausgeführt wurde. Dabei ist $\kappa$ entweder ein Terminalzeichen aus dem Input, oder ein Nonterminal der Grammatik - als Folge einer zugehörigen Reduktion. Zum Abschluss könnte noch mit Regel r(0) reduziert werden, so dass der Stack wieder - bis auf A entleert würde.

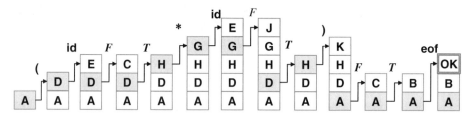

*Abb. 9.17:* Stack beim SR-Parsen von ( **id** * **id**) **eof**.

## 9.4.11 Präzedenz

Für recursive descent Parser war es notwendig, die Grammatik umzuschreiben, um die gewünschten Präzedenzen der arithmetischen Operatoren zu erreichen. Im obigen Beispiel haben wir dies auch für das Beispiel unseres Shift-Reduce Parsers gemacht. Es stellt sich heraus, dass diese Umschreibung nicht notwendig ist. Auch dies macht SR-Parser besonders attraktiv. Wir beginnen also gleich mit der gewünschten Grammatik, so wie sie ursprünglich für die *While*-Sprache spezifiziert wurde. Wir beschränken uns auf einen vereinfachten *Expr*-Teil der Grammatik und kürzen *Expr* wieder mit $E$ ab:

$$
\begin{array}{lll}
(0) & E \;::\; & E - E \\
(1) & & |\; E * E \\
(2) & & |\; \mathbf{id}
\end{array}
$$

9.4 Grundlagen des Compilerbaus · 703

Wenn wir jetzt den nichtdeterministischen Automat der *items* konstruieren, dann daraus den deterministischen Automat, dessen Zustände aus *item*-Mengen bestehen, stoßen wir u.a. auf den folgenden Zustand:

$$A = \{E \to E - E \bullet \, , \; E \to E \bullet - E, \; E \to E \bullet * E\}$$

Da sowohl „–" als auch „*" in $Follow(E)$ liegen, hat er je einen shift-reduce Konflikt für das lookahead „–" und für das lookahead „*".

Tritt aber der Konfliktfall mit „–" als lookahead auf, dann wurde bereits ein Ausdruck der Form $E - E$ im Input erkannt, und es kommt das nächste „–". Offensichtlich führt ein *reduce* zu einer Linksklammerung einer Folge von Subtraktionen $E - E - \dots$ und ist somit angebracht.

Für das lookahead „*" ist dagegen ein *shift* angezeigt. Im Konfliktfall haben wir eine Differenz $E - E$ erkannt und sehen ein „*" vor uns. Das zweite $E$ ist also Teil eines Produktes. Dieses muss aufgrund der Präzedenz von „*" über „–" zuerst ausgewertet und danach die Differenz gebildet werden. Somit wird dieser Konflikt durch ein *shift* korrekt gelöst. Folglich muss in der Parsertabelle in Zeile A und Spalte „–" ein *reduce* (hier r(0)) stehen und in Spalte „*" ein *shift*, also $\delta(A, *)$.

Analoge shift-reduce Konflikte bei lookahead „–" und „*" enthält der Zustand

$$B = \{E \to E * E \bullet \, , \; E \to E \bullet - E, \; E \to E \bullet * E\}.$$

In diesem Falle sind sowohl bei lookahead „–" als auch bei lookahead „+" reduce-Aktionen angebracht. Im ersten Fall, weil „*" höhere Präzedenz als „–" hat, im zweiten Fall, weil „*" linksgeklammert werden soll.

Shift-reduce-Konflikte können also willkürlich aufgelöst werden und damit eine Präzedenz von Operatoren festlegen. Compiler-compiler wie *yacc* oder *bison*, die aus einer Grammatik automatisch eine Parsertabelle erzeugen, erlauben, die Präzedenz und *Assoziativität* von Operatoren anzugeben. Letztere kann die Werte *left* oder *right* haben, was bedeutet, dass der betreffende Operator links bzw. rechts geklammert werden soll.

# 9.4.12 LR(1) und LALR(1)

Die besprochene Methode des Parsens nennt man auch *LR-Parsen*. Der erste Buchstabe „*L*" bedeutet, dass der Input von *L*inks nach rechts gelesen wird, und das „*R*", dass dabei eine *R*echtsableitung nachvollzogen wird. Entsprechend handelte es sich bei den früher besprochenen recursive-descent Parsern um *LL-Parser*.

Schließlich unterscheidet man die Parsermethoden noch dadurch, wieviele Zeichen im Input als *lookahead* berücksichtigt werden. Im Falle der RD-Parser hatten wir stets ein lookahead berücksichtigt, man spricht also von LL(1)-Parsern.

Im Falle des Shift-Reduce Parsers hatten wir bei der Konstruktion der items die lookaheads ignoriert, erst bei der Konstruktion der Parsertabelle wurden sie einbezogen. Es handelt sich hierbei um einen Kompromiss zwischen einem LR(0) und einem LR(1)-Parser, den man auch als *SLR-Parser* (*Simple LR*) bezeichnet. Ein richtiger LR(1)-Parser bezieht schon bei der Konstruktion der items die möglichen Lookaheads ein. Ein *LR(1)-item* ist dann ein Paar

$$[A \to \alpha \bullet \beta, \; t \,], \text{ mit } t \in \mathit{Follow}(A).$$

Beginnend mit $[S \to \; \bullet A \,, \mathbf{eof}]$ konstruieren wir den deterministischen Automaten mit den $X$-Transitionen

$$[A \to \alpha \bullet X\gamma, t] \quad \to \quad [A \to \alpha u \bullet \gamma, t] \,,$$

für $X$ terminal oder nonterminal und den $\varepsilon$-Transitionen

$$[A \to \alpha \bullet B\gamma, a] \quad \to \quad [B \to \; \bullet \beta, b] \quad , \text{ falls } b \in \mathit{First}(\gamma a).$$

Nach dem Übergang zum deterministischen Automaten sind in der Regel mehr Zustände entstanden, als bei der SLR-Methode. Daher verschmilzt man in der Praxis zwei Zustände, wenn sie die gleichen LR(0)-Items, aber verschiedene Lookaheads beinhalten. Den so entstehenden Parser nennt man LALR(1)-Parser.

Mit LALR(1)-Parsern kann man in der Praxis alle üblichen syntaktischen Konstrukte von Programmiersprachen erkennen. Daher erzeugen die meistgenutzten Parsergeneratoren, yacc (bzw. bison) LALR(1)-Parser. Eine Ausnahme bietet auch hier wieder das bekannte if-then-else-Konstrukt. Eine Regel wie

> *Anweisung* ::     | **if** *B*expr **then** *Anweisung*
>                  | **if** *B*expr **then** *Anweisung* **else** *Anweisung*
>                  | ...

führt immer zu einem Shift-Reduce-Konflikt bei lookahead **else**. Parsergeneratoren entscheiden sich in solchen Fällen für ein shift. Dies entspricht im gezeigten Beispiel auch der üblichen Vereinbarung: ein else bezieht sich auf das letzte **then**, dem noch kein else zugeordnet ist.

## 9.4.13    Parsergeneratoren

Parsergeneratoren automatisieren die Konstruktion eines Parsers aus einer kontextfreien Grammatik. Die bekanntesten Parsergeneratoren, *yacc* und die freie Variante *bison,* implementieren die obigen Schritte der Konstruktion einer Parsertabelle aus einer Grammatik und der Umsetzung in ein lauffähiges Programm. Es handelt sich dabei um LALR(1)-Parsergeneratoren. Bei Java-Programmierern ist auch der Parsergenerator *javacc* beliebt, der einen RD-Parser erzeugt. Mit *JFlex* und *javacup* stehen auch SR-Parsergeneratoren für Java bereit.

Eine *yacc-*(bzw. *bison-*)Datei besteht aus drei Teilen, die jeweils durch %% getrennt sind. Im ersten Teil werden die Token deklariert, im zweiten Teil folgen die Grammatik-Regeln und im dritten Teil kann eine C-Funktion angegeben werden, die durch einen Aufruf von *yyparse()* den Parser startet. Um zu vergleichen, wie das soeben theoretisch besprochene mit bison nachvollzogen werden kann, bereiten wir eine Datei *expr.y* mit folgendem Inhalt vor. Wir können dabei Token entweder als C-Konstanten deklarieren, wie im Falle `token ID`, oder wir können sie direkt durch Apostrophe markieren. Semikola „;" schließen Regeln mit mehreren Alternativen ab.

## 9.4 Grundlagen des Compilerbaus

```
%token ID
%%
    S   : T
    T   :   T '*' F
        |   F
        ;
    F   : '(' T ')'
        |   ID
        ;
%%
```

Der Befehl *bison -v expr.y* erzeugt jetzt die Datei *expr_tab.c*, die u.a. die C-Funktion *yyparse()* definiert. Wegen der Option *-v* (*v* wie *verbose*=geschwätzig) entsteht zusätzlich eine Diagnosedatei *expr.output*. Diese stellt die Zustände als Menge von items, aber in kompakter Form (ohne die durch ε erreichbaren Nachfolgezustände) dar. Außerdem wird angegeben, bei welchen lookahead geshiftet und in welchen Zustand gegangen, bzw. mit der wievielten Regel reduziert werden soll. Wir zeigen hier nur die ersten drei Zustände aus *expr.output* und ermutigen den Leser sich die Software von den Seiten des Buches herunterzuladen und selber mit bison zu experimentieren.

```
state 0
    ID  shift, and go to state 1
    '(' shift, and go to state 2
    S   go to state 9
    T   go to state 3
    F   go to state 4
state 1
    F  -> ID .   (rule 5)
    $default reduce using rule 5 (F)
state 2
    F  -> '(' . T ')'   (rule 4)
    ID  shift, and go to state 1
    '(' shift, and go to state 2
    T   go to state 5
    F   go to state 4
```

Eine vollständige Eingabedatei für *bison* (bzw. *yacc*), die die Grammatik unserer While-Sprache beschreibt, findet sich in der Software zu diesem Buch. Wir zeigen nur einen kleinen Ausschnitt.

## 9.4.14    lex/flex & yacc/bison

*Lex* und *yacc* arbeiten als Team. Lex produziert aus einer Beschreibungsdatei, z.B. *while.l* eine C-Datei *lex.yy.c*. Darin wird eine Funktion *yylex()* definiert. Analog produziert *yacc* aus der Definitionsdatei, etwa *while.y*, eine C-Datei *while_tab.c*. Wie der Name schon andeutet, beinhaltet diese die Parsertabelle und stellt sie in Form der Funktion *yyparse()* zur Verfügung. Zusätzliche C-Routinen, insbesondere die obligatorische *main()*-Funktion können aus externen Dateien eingebunden werden oder auch in dem dritten Abschnitt der *lex*- oder der *yacc*-Datei definiert werden.

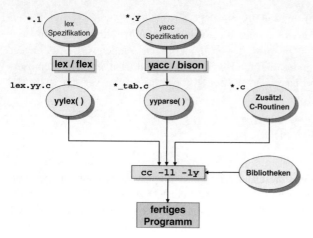

*Abb. 9.18:   Parserentwicklung mit* `lex` *und* `yacc`

Für unsere While-Sprache haben wir also z.B. die lexikalische Definition in der Datei *while.l* und unsere grammatische Definition in *while.y*. Mit den Befehlen

```
lex while.l
bison while.y
```

erzeugen wir die C-Dateien `lex.yy.c` und `while_tab.c`. Wir rufen den C-Compiler `cc` auf, um `while_tab.c` zu übersetzen. Da es ein `include lex.yy.c` enthält, wird dieses Programm mitübersetzt. Aus den *lex*- und *yacc*-Bibliotheken werden durch die Optionen `-ll` und `-ly` noch Routinen hinzugebunden:

```
cc -o while y.tab.c -ll -ly
```

Das fertige Program heißt dann `while`, bzw. `while.exe`. Wird es gestartet, dann ruft seine Hauptfunktion *main()* die Parserfunktion *yyparse()* auf. Diese fordert jeweils von *yylex()* das nächste Token an. *yylex()* liest Zeichen aus dem Input, bis es ein komplettes Token gefunden hat und gibt dann dessen Nummer an *yyparse()* zurück. Kann *yyparse()* die gefundenen Token zu einem gültigen Wort der Grammatik gruppieren, so gibt es den Wert 0 an das Hauptprogramm zurück. Die Phasen eines Compilers, *scannen, parsen, Codeerzeugung* laufen also nicht wirklich nacheinander ab, sondern ineinander verschränkt.

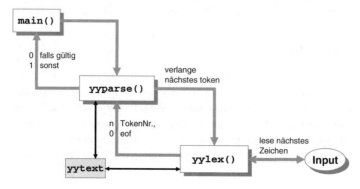

9.4 Grundlagen des Compilerbaus 707

Einige Token tragen eine Zusatzinformation, die für die Codeerzeugung wichtig sind. Für ein **id** ist insbesondere der Name der Variablen relevant, weil der Compiler jeder Variablen einen Speicherplatz zuordnen möchte, für ein **num**-Token der konkrete Zahlenwert. Aus diesem Grund kann sich *yyparse()* zu jedem gelieferten Token auch noch dessen textuelle Repräsentation in der String-Variablen *yytext* besorgen. Analog gibt es eine zweite Variable *yylval* für den Zahlenwert von numerischen Token.

## 9.4.15    Grammatische Aktionen

In der Praxis soll ein Parser nicht nur prüfen, ob der Eingabestring ein syntaktisch korrektes Programm ist, er muss dieses auch übersetzen. Meist ist das Übersetzungsziel die Maschinensprache einer konkreten Prozessorarchitektur oder im Falle von Java die Sprache der Java Virtual Machine (JVM). Letztere ist ein Stackprozessor, insbesondere heißt das, dass für die Auswertung von Operationen die Operanden zuerst mit einem *push-* oder *load-*Befehl auf den Stack gelegt werden müssen. Man muss unterscheiden, ob es sich um einen konstanten Operanden handelt (z.B. LOADC 42) oder um einen Operanden, dessen Wert zunächst aus dem Speicher geladen werden muss (z.B. LOAD x). Danach wird der Operationsbefehl (etwa ADD, SUB, MUL, DIV, etc.) ausgeführt. Dabei werden die obersten Stackelemente mit der entsprechenden Operation verknüpft. Sie werden vom Stack entfernt und durch das Ergebnis der Operation ersetzt. Beispielsweise entspricht der Ausdruck 2*betrag*(zins+1) folgenden Befehlen des Stackprozessors:

```
LOADC 2
LOAD betrag
MUL
LOAD zins
LOADC 1
ADD
MUL
```

In einem wirklichen Compiler müssten noch die Namen der Bezeichner durch ihre Speicheradressen ersetzt werden.

Sowohl beim RD-Parsen als auch beim SR-Parsen können sogenannte semantische Aktionen des Parsers in Form von C-Code in die Grammatik eingefügt werden. Diese semantischen Aktionen können u.a. dazu dienen,

> *den übersetzten Programmtext auszugeben,*
> *einen Syntaxbaum aufzubauen,*
> *einen Wert aus Werten der Unterausdrücke zu berechnen.*

Die yacc-Eingabedatei erlaubt semantische Aktionen als C-Blöcke (in { } - Klammern eingeschlossene Anweisungsfolgen) einzubauen. Die folgende yacc-Datei zeigt, wie man einen einfachen Übersetzer von arithmetischen Operationen in Befehle für einen Stackprozessor erhält. Dabei benutzen wir die globalen Variablen *yytext* und *yylval*. Erstere enthält stets den Text, der das letzte gesehene Token ausmacht. Im Falle numerischer Token enthält *yylval* deren Zahlenwert.

```
%token  ID,  NUM
%left   PLUS,  MINUS
%left   TIMES,  QUOT
%start  expr
%%
expr : expr PLUS expr        { printf("add "); }
     | expr MINUS expr       { printf("sub "); }
     | expr TIMES expr       { printf("mult "); }
     | expr QUOT expr        { printf("div "); }
     | NUM                   { printf("LOADC %d ",yylval);}
     | ID                    { printf("LOAD %s ",yytext);}
;
%%
#include "lex.yy.c"
int main(){
    printf("Bitte geben Sie einen Ausdruck ein :\n");
    yyparse();
}
```

Auch RD-Parser können mit diesen semantischen Aktionen umgehen. Die Aktionen müssen meist aber in die ursprüngliche Grammatik eingebaut werder - bevor die Grammatik umgeschrieben wird, um Linksrekursionen und gemeinsame Links-Faktoren zu beseitigen. Bei der Umschreibung der Grammatik werden diese semantischen Aktionen wie Terminale behandelt. Wir zeigen, im Folgenden, wie eine vereinfachte Version der obigen Grammatik umgeschrieben werden kann. Wir gehen aus von

$$Expr \quad :: Expr + Expr \qquad \texttt{\{ printf("add "); \}}$$
$$| \; Expr * Expr \qquad \texttt{\{ printf("mult "); \}}$$
$$| \; \textbf{num} \qquad \texttt{\{ printf("LOADC \%d ",yylval);\}}$$

Wir führen Präzedenzen ein, um die Grammatik eindeutig zu machen:

$$Expr \quad :: Expr + Term \quad \texttt{\{ printf("add "); \}}$$
$$| \; Term$$
$$Term \quad :: Term * \textbf{num} \quad \texttt{\{ printf("mult "); \}}$$
$$| \, \textbf{num} \qquad \texttt{\{ printf("LOADC \%d ",yylval);\}}$$

Jetzt entfernen wir die Linksrekursionen. Dabei behandeln wir grammatische Aktionen wie Terminale:

$$Expr \quad :: Term \; ERest$$
$$ERest \quad :: \varepsilon$$
$$| + Term \; \texttt{\{printf("add ");\}} \; ERest$$

$$Term \quad :: \textbf{num} \; \texttt{\{printf("LOADC \%d ",yylval);\}} \; TRest$$
$$TRest \quad :: \varepsilon$$
$$| * Term \; \texttt{\{ printf("mult "); \}}$$

Diese Grammatik lässt sich jetzt unmittelbar in ein C- (oder Java-)Programm fassen.

9.4 Grundlagen des Compilerbaus                                                    709

## 9.4.16    Fehlererkennung

Fehler bei der Syntaxanalyse treten sowohl im Scanner als im Parser auf. Der Scanner kann
Zeichenfolgen erhalten, die sich nicht zu gültigen Token gruppieren lassen, wie z.B. „§" oder
„!?". Diese können einfach durch „Invalid Token" gemeldet werden, wobei noch die Zeile
und Spalte im Quelltext angegeben wird, oder der Editor kann die Eingabemarke an der fraglichen Stelle platzieren.

Fehler treten beim Parsen auf, wenn die eingehenden Token nicht zu der gewünschten Satzform gruppieren lassen. Entsprechende Meldungen kann man schon bei der yacc-Spezifika-
tion als grammatische Aktionen einbauen, etwa in der Form:

$$\begin{aligned}
\textit{Zuweisung} \quad &:: \textbf{id} = \textit{Expr} \\
&| \textbf{ id} = \quad \{ \text{ fehler("Expr erwartet"); } \} \\
&| \textbf{ id} \qquad \{ \text{ fehler("= erwartet"); } \}
\end{aligned}$$

Nützlich ist die Fehlermeldung aber nur, wenn auch die Fundstelle angegeben wird. Zu diesem
Zweck kann der Scanner jedem Token seine Fundstelle im Quelltext als Attribut mitgeben.

## 9.4.17    Synthetisierte Werte

Yacc und bison können im Input gefundenen Terminalen und Nonterminalen Werte zuordnen,
die während des Parsens berechnet und propagiert werden. Klassisch ist das Beispiel der Spezifikation eines Taschenrechners durch eine yacc-Grammatik. Jedes **num**-Token erhält seinen
Zahlenwert als Wert. Alle relevanten Grammatikregeln ergänzt man um Angaben, wie der
neue Wert berechnet werden soll, wenn die Regel reduziert wird. Beispielsweise besagt die
erste Zeile der Regel

$$\begin{aligned}
\textit{Expr} \quad &:: \textit{Expr } \textbf{PLUS} \textit{ Expr} \qquad \{ \ \$\$ = \$1 + \$3; \} \\
&| \textbf{ num} \qquad\qquad\qquad\quad \{ \ \$\$ = \$1; \ \}
\end{aligned}$$

dass der neue Wert ($$) des *Expr* auf der linken Seite sich aus den Werten des ersten und drit-
ten Knotens der Regel ergibt. Die Aktion der zweiten Zeile ist offensichtlich. Da sie die
default-aktion ist, kann sie auch weggelassen werden. Das Token **num** erhält seinen Wert im
Scanner. Dieser speichert ihn in der gemeinsamen Variablen *yylval*.

Solche synthetisierte Werte kann man auch zur Typüberprüfung verwenden. In der obigen
Regel würde man aus den Typen der rechten Seiten (etwa float und int) einen umfassen-
den Typ berechnen und diesen der linken Seite zuordnen. Bei der Zuweisung

$$\textit{Zuweisung} :: \textbf{id} = \textit{Expr}$$

würde überprüft, dass der deklarierte Typ des **id** mit dem Typ des *Expr* kompatibel ist. Um
aber festzuhalten, welcher **id** wie erklärt wurde benötigt man eine global zugreifbare Daten-
basis, eine sogenannte *Symboltabelle*.

## 9.4.18 Symboltabellen

Während der Syntaxprüfung legt ein Parser (mindestens) eine Symboltabelle an, in der wichtige Bestimmungsstücke von Variablen, zumindest aber Name, Typ und Speicherplatz festgehalten werden. Trifft der Parser auf einen neuen Bezeichner, so prüft er, ob dieser bereits in der Symboltabelle vorhanden ist. Beim Parsen eines Deklarationsteils sollte dies noch nicht der Fall sein. Der Bezeichner zusammen mit seinem Typ wird eingefügt, und ihm wird eine Speicheradresse zugeordnet. Beim Parsen eines Anweisungsteils muss verifiziert werden, dass ein gefundener Bezeichner schon in der Symboltabelle verzeichnet ist.

Viele Sprachen erlauben geschachtelte Gültigkeitsbereiche - in Pascal können Funktionen und Prozeduren beliebig geschachtelt werden, in Java können Klassen geschachtelt werden. Dementsprechend muss in der Praxis meist eine Hierarchie von Symboltabellen verwaltet werden.

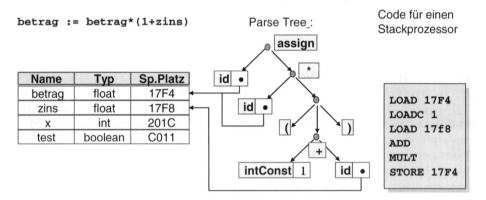

**Abb. 9.19:** *Symboltabelle, Ableitungsbaum und erzeugter Code*

## 9.4.19 Codeoptimierung

Nach der Codeerzeugung eines Compilers schließt sich eine Phase der Codeoptimierung an. Dabei wird, meist mit speziellen Regeln und Heuristiken, versucht, das automatisch erzeugte Maschinenprogramm zu beschleunigen. Einige der Regeln sind:

- Erkennen identischer Teilausdrücke, z.B. in

    ```
    if(x*x < 32767)  x = x*x;
    ⇒   temp=x*x;
        if (temp<10) x=temp;
    ```

- Berechnung und Propagierung von Konstanten, Entfernung toten Codes:

    ```
    debug=false;
    ... und später: ...
    if(debug)System.out.println("x ist"+x);
    ```

9.5 Berechenbarkeit 711

– Benutzung algebraischer Gleichungen zur Beschleunigung von Berechnungen

```
2*x      ⇒     x+x
```

– Entfernung von Ausdrücken aus Schleifen, deren Variablen sich nicht ändern

```
while(x<100){sum+=y*y%x;}
   ⇒    tmp=y*y;
        while(x<100){sum+=tmp%x;}

while(x<y*y){sum+=x++;}
   ⇒    tmp=y*y;
        while(x<tmp){sum+=x++;}
```

In den meisten der obigen Beispielen könnte man einwenden, dass der Programmierer sich ziemlich dumm angestellt hat, wenn er derart ineffizienten Code schreibt. Allerdings können derart ineffiziente Codeteile auch als Zwischenschritte vorangegangene Transformationen entstanden sein.

Besondere Herausforderungen an die Codeoptimierung stellen RISC-Prozessoren mit mehreren Pipelines. Bevor ein Befehl beendet ist, wird bereits der nächste Befehl in die Pipeline geschoben. Falls der erste Befehl ein bedingter Sprung war, kann es sein, dass der zweite Befehl gar nicht ausgeführt wird. Dies führt zu einem Stau in der Pipeline, sie muss evtl. entleert werden und mit dem Befehl am Sprungziel neu begonnen werden. Wichtig ist es daher, Sprünge richtig vorherzusagen, so etwa Sprünge, die aus Schleifen entstehen. Viele spezielle Verhaltensweisen einer CPU müssen dem Compilerbauer vertraut sein. So sind z.B. beim Pentium (ab P3) Rücksprünge schneller als Vorwärtssprünge, da die Adressen von Rückwärtssprüngen im Cache gehalten werden.

# 9.5    Berechenbarkeit

In den letzten Jahrzehnten haben wir uns daran gewöhnt, dass Computer immer anspruchsvollere Aufgaben zu meistern in der Lage sind. Sie steuern Flugzeuge, spielen Schach, simulieren Atomkriege. Die Versprechen der künstlichen Intelligenz von selbstlernenden Maschinen, die den Menschen an Intelligenz bald überflügeln, somit auch für ihre eigene Reproduktion sorgen können, klingen uns noch in den Ohren. Wie könnte da jemand auf die Idee kommen, die Grenzen der Computer bestimmen zu wollen? Es war in der Tat kein Technikpessimist, sondern ein Mathematiker, dessen spätere Aufgabe im zweiten Weltkrieg darin bestand, den Code der deutschen Wehrmacht zu entschlüsseln, Alan M. Turing. 1936, viele Jahre vor der realen Existenz von Computern, charakterisierte er streng mathematisch, was Computer berechnen können, und wozu sie niemals in der Lage sein werden.

## 9.5.1 Berechenbare Funktionen

Um die Leistung verschiedener Typen von Rechnern, sei es ein PC, eine Spielekonsole, ein MP3-Player, eine Mikrowelle, vergleichbar zu machen, wollen wir sie anhand einer gemeinsamen Kernaufgabe vergleichen: *Aus einer Eingabe einen Wert zu berechnen*. Dabei ist es unerheblich, ob die Eingabe von der Tastatur, einem Lenkrad, einer CD oder irgendwelchen Sensoren kommt, ob die Ausgabe angezeigt, oder in Bilder oder Schallwellen umgesetzt wird. Da jede Eingabe und jede Ausgabe irgendwie kodiert sein muss, können wir die Kernkompetenz eines Rechners auf die Berechnung von Funktionen

$$f : \Sigma^* \to \Gamma^*$$

reduzieren, wobei $\Sigma$ und $\Gamma$ Ein- bzw. Ausgabealphabete sind. Eine solche Funktion soll *berechenbar* heißen. Gestehen wir unserem Rechner zu, dass er nicht alle möglichen Eingaben aus $\Sigma^*$ akzeptiert, so handelt es sich um eine sogenannte *partielle Funktion*, die nur auf einer Teilmenge $def(f) \subseteq \Sigma^*$ definiert ist, also $f : def(f) \to \Gamma^*$. Auf die explizite Angabe des Definitionsbereiches kann man meist verzichten und schreibt

$$f :: \Sigma^* \to \Gamma^*,$$

für eine solche partielle Funktion. Statt $x \notin def(f)$ findet man oft die Schreibweise

$$f(x) = \bot,$$

wobei das Zeichen $\bot$ als *„undefiniert"* oder *„bottom"* ausgesprochen wird. Eine partielle Funktion $f :: \Sigma^* \to \Gamma^*$ nennt man dann *berechenbar*, falls es einen Algorithmus gibt, der diese Funktion berechnet.

Die Natur der Alphabete $\Sigma$ und $\Gamma$ ist natürlich unerheblich, offensichtlich kommen wir immer mit dem zweielementigen Alphabet $\{0, 1\}$ aus, wenn wir jedes Zeichen aus $\Sigma$ bzw. aus $\Gamma$ durch eine gleichlange Binärfolge kodieren.

Schließlich können wir Binärfolgen als Zahlen codieren - und umgekehrt.

$$f(w) = (1w)_2 - 1$$

definiert eine leicht zu berechnende bijektive Abbildung, die jedem Wort $w \in \{0, 1\}^*$ eine natürliche Zahl zuordnet. (Wir dürfen nicht einfach das Wort $w \in \{0, 1\}^*$ als Binärzahl $(w)_2$ auffassen, weil die Wörter 001 und 1 verschieden sind, als Binärzahlen aber $(001)_2 = (1)_2$ gilt. Durch die Subtraktion $-1$ wird 0 zum Code für das leere Wort: $f(\varepsilon) = (1)_2 - 1 = 0$.)

Durch einfaches Umkodieren kann man also Abbildungen $f :: \Sigma^* \to \Gamma^*$ in Abbildungen

$$f :: N \to N$$

umwandeln und umgekehrt. Etwas allgemeiner definieren wir daher:

**Definition:** *Eine partielle Funktion* $f :: N^k \to N$ *heißt berechenbar, falls es einen Algorithmus gibt, der diese Funktion berechnet.*

## 9.5 Berechenbarkeit

In Kapitel 2 haben wir „Algorithmus" als *„detaillierte und explizite Vorschrift zur schrittweisen Lösung eines Problems"* definiert. Leider handelt es sich dabei um keine mathematisch exakte Definition. Unter dieser mangelnden Präzision leidet infolgedessen auch unsere Definition einer *berechenbaren Funktion*. Sicher sind Programme detaillierte und explizite Vorschriften zur Steuerung eines Rechners, der dann die Funktion berechnen kann. Wenn es uns also gelingt, eine Funktion zu programmieren - in irgendeiner Programmiersprache - dann sollte diese Funktion berechenbar sein.

Was aber, wenn es uns nicht gelingt? Vielleicht ist die Sprache nicht mächtig genug, der Rechner zu schlecht oder technisch nicht genügend ausgereift? Könnte eine Funktion mit heutiger Technik nicht berechenbar sein, die notwendige Technologie vielleicht aber morgen bereitstehen?

### 9.5.2 Beispiele berechenbarer Funktionen

Selbst mit der noch unpräzisen Definition können wir einige Funktionen als berechenbar identifizieren. Wir beginnen mit Funktionen, die durch konkrete Programme beschrieben werden können, und die wir später auch noch benötigen werden, wie z.B.:

```
int pair(int x, int y){
    return (x+y)*(x+y+1)/2+x;
}

int maxGauss(int k){
    int i=0;
    while (i*(i+1)/2 <= k) i++;
    return --i;
}

int pi1(int k){
    int i=maxGauss(k);
    return k-i*(i+1)/2;
}

int pi2(int k){
    int i=maxGauss(k);
    return (i+1)*(i+2)/2-k-1;
}
```

Offensichtlich handelt es sich bei *pair* um eine bijektive Funktion $pair : N^2 \rightarrow N$ mit Umkehrfunktion (pi1,pi2). Dies sieht man anhand der folgenden Figur leicht ein.

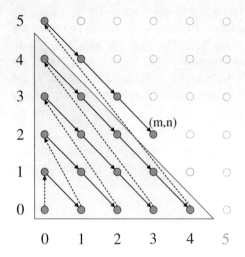

**Abb. 9.20:** *Aufzählung von N × N*

Die Gitterpunkte im ersten Quadranten der Zahlenebene entsprechen den Elementen von $N^2$. Sie werden systematisch durchnummeriert. Wir beginnen mit dem Ursprung und zählen jeweils die Punkte der Geraden $x + y = k$ durch. Auf der $k$-ten Geraden $k = 0, 1, \ldots$ liegen dabei $k + 1$ Gitterpunkte, auf dem Dreieck, das aus den ersten $k$ Geraden gebildet wird, somit $1 + 2 + \ldots + k = k*(k+1)/2$. Bis die Aufzählung beim Gitterpunkt mit den Koordinaten $(m, n)$ angelangt ist, sind alle Punkte auf den Geraden $x + y < m + n$ schon durchgezählt worden, das sind $(m+n)*(m+n+1)/2$ viele, und auf der Geraden $x + y = m + n$ die ersten $m$ Punkte. Daher wird der Gitterpunkt $(m, n)$ im Schritt $pair(m, n) = (m+n) \times (m+n+1)/2 + m$ erreicht.

Umgekehrt, erhält man die erste Koordinate $pi_1(k)$ des im $k$-ten Schritt erreichten Punktes, indem man von $k$ die größte Zahl der Form $i \times (i+1)/2$ subtrahiert, die kleiner oder gleich $k$ ist. Ähnlich bestimmt man die zweite Koordinate $pi_2(k)$.

Als nächstes können wir auch bijektive berechenbare Funktionen $f_k :: N^k \to N$ für jedes feste $k$ angeben - für $k > 2$ wir müssen nur die obige Abbildung iterieren.

Es gibt sogar eine bijektive Abbildung $f: N^* \to N$. Dazu können wir beispielsweise jede Folge $n_1, n_2, \ldots, n_k$ durch das Paar $pair(k-1, f_k(n_1, n_2, \ldots, n_k))$ kodieren. Addieren wir 1 dazu, so haben wir auch Platz für das leere Wort $\varepsilon$ mit $f(\varepsilon) = 0$.

Während die bisherigen Funktionen durch einen klaren Algorithmus angegeben wurden, gibt es auch Funktionen die zweifellos berechenbar sind, ohne dass jemand einen Algorithmus angeben könnte. Ein Beispiel dafür ist die Funktion

$$f(x) = \begin{cases} 0, \text{ falls es unendl. viele Primzahlzwillinge gibt} \\ 1, \text{ sonst.} \end{cases}$$

## 9.5 Berechenbarkeit

Es handelt sich um eine der zweifellos berechenbaren konstanten Funktionen $f(x) = 0$ oder $f(x) = 1$, leider weiß bis heute niemand um welche. Eine Funktion ist also berechenbar, wenn es einen Algorithmus *gibt*, wobei nicht gefordert ist, dass man den Algorithmus auch angeben kann.

Bei den bisherigen Beispielen handelte es sich um totale berechenbare Funktionen. Eine partiell berechenbare Funktion ist z.B. durch das folgende Programm definiert:

**int** f(**int** n){ **if** (n==0) **return** n/2 **else return** f(n-2);}

Offensichtlich ist $f(n) = n/2$, falls $n$ positiv und gerade, $f(n) = \perp$ sonst. Analog ist

**int** $\Omega$ (**int** n) { **return** $\Omega$ ($\Omega$ (n)); }

eine der vielen Möglichkeiten die überall undefinierte Funktion $\Omega$ zu definieren.

## 9.5.3 Diagonalisierung

Georg Cantor hat gezeigt, dass es keine surjektive Abbildung von $N$ auf die Potenzmenge $\wp(N)$ geben kann. Die Beweisidee von Cantor ist interessant, da sie in der Theorie der Berechenbarkeit vielfach unter dem Namen *Diagonalisierung* aufgegriffen wird.

Stellen wir uns vor, wir hätten eine surjektive Abbildung $\Phi : N \to \wp(N)$. Dann betrachten wir $D = \{ n \in N \mid n \notin \Phi(n)\}$. Dies ist offensichtlich eine Teilmenge von $N$, also ein Element von $\wp(N)$. Wenn $\Phi$ surjektiv wäre, müsste es ein $d \in N$ mit $\Phi(d) = D$ geben. Die Frage: „Ist $d \in D$?", führt nun zur Absurdität:

$$d \in D \Leftrightarrow d \in \Phi(d) \Leftrightarrow d \notin D.$$

Der Begriff *Diagonalisierung* geht auf eine geometrische Veranschaulichung zurück. Wir können jede Teilmenge von $N$ durch ihre charakteristische Funktion

$$\chi_U(n) = \textbf{if} \ (n \in U) \ \textbf{return} \ 1 \ \textbf{else return} \ 0$$

oder äquivalent durch das boolesche Array $\chi_U$, mit $\chi_U[n] = (n \in U)? \ 1 : 0$ darstellen. Die angenommene Funktion $\Phi$ würde uns dann eine unendlich große Tabelle liefern, deren $i$-te Zeile gerade das Array $\Phi(i)$ wäre.

Konstruieren wir jetzt das Array $D$, das entsteht, wenn wir die Diagonale der Tabelle entlanglaufen und jeweils den dort gefundene booleschen Wert invertieren (aus 0 wird 1 und aus 1 wird 0), so unterscheidet sich $D$ von jeder Zeile der Tabelle - und zwar von der $i$-ten, $\Phi(i)$, mindestens an der $i$-ten Stelle.

| | 0 | 1 | 2 | 3 | 4 | 5 | 6 | 7 | 8 | 9 | ... | | |
|---|---|---|---|---|---|---|---|---|---|---|---|---|---|
| $\Phi(0)$ | **0** | 1 | 1 | 0 | 0 | 0 | 1 | 1 | 0 | 1 | 1 | 1 | 0 |
| $\Phi(1)$ | 1 | **1** | 0 | 1 | 1 | 1 | 1 | 0 | 1 | 1 | 0 | 1 | 0 |
| $\Phi(2)$ | 1 | 0 | **1** | 1 | 0 | 1 | 1 | 0 | 0 | 0 | 0 | 1 | 0 |
| $\Phi(3)$ | 0 | 0 | 0 | **0** | 0 | 0 | 1 | 1 | 0 | 0 | 0 | 1 | 0 |
| $\Phi(4)$ | 1 | 1 | 1 | 0 | **1** | 1 | 0 | 1 | 1 | 0 | 0 | 0 | 0 |
| $\Phi(5)$ | 1 | 1 | 1 | 0 | 0 | **0** | 1 | 0 | 1 | 0 | 1 | 0 | 1 |

Eine Zeile, die nicht in der Tabelle vorkommt ...

| D | **1** | **0** | **0** | **1** | **0** | **1** | ... | ... | ... | ... | ... | ... | ... |
|---|---|---|---|---|---|---|---|---|---|---|---|---|---|

**Abb. 9.21:** *Diagonalisierung*

## 9.5.4 Nicht berechenbare Funktionen

Aus dem Satz von Cantor folgt, dass es mehr Teilmengen von $N$ geben muss, als Elemente von $N$. Man sagt, dass die Menge $\wp(N)$ *über-abzählbar* ist. Infolgedessen ist auch die Menge aller Funktionen $f : N \to \{0, 1\}$ und erst recht die Menge aller Funktionen $f : N \to N$ über-abzählbar.

Andererseits gibt es nur *abzählbar* viele berechenbare Funktionen. Dies liegt daran, dass es zu jeder berechenbaren Funktion einen Algorithmus geben muss. Da ein Algorithmus aber durch einen endlichen Text, also ein Wort $w \in \Sigma^*$ gegeben sein muss und wir bereits eine bijektive Funktionen zwischen $\Sigma^*$ und $N$ gesehen haben, gibt es nur abzählbar viele Algorithmen und erst recht nur abzählbar viele berechenbare Funktionen.

Folglich müssen (sehr viele) Funktionen übrig bleiben, die nicht durch einen Algorithmus berechnet werden können. Um aber konkret eine solche Funktion angeben zu können, ist es nötig, den Begriff des Algorithmus präziser fassen.

## 9.5.5 Algorithmenbegriff und Churchsche These

Für eine präzise Definition des Begriffes „Algorithmus" müssen wir einerseits die „Hardware" beschreiben und die „elementaren Aktionen", die diese ausführen kann, andererseits auch die erlaubten „Kontrollstrukturen", mit denen man festlegen kann, wann und unter welchen Bedingungen eine bestimmte Aktion ausgeführt werden soll.

Streit scheint vorprogrammiert, da jeder seine eigene Hardware und seine Lieblings-Programmiersprache als Grundlage einer mathematischen Definition von „Algorithmus" sehen möchte. In der Tat hat es viele und sehr unterschiedliche Vorschläge zur präzisen Definition des Begriffes „Algorithmus" gegeben. Eine Möglichkeit, die verschiedenen Konzepte zu vergleichen, besteht darin, die Menge aller berechenbaren Funktionen zu bestimmen, die mit einem der vorgeschlagenen Algorithmenkonzepte beschrieben werden können. Überraschen-

9.5 Berechenbarkeit                                                           717

derweise hat sich herausgestellt, dass man stets auf die gleiche Menge der berechenbaren Funktionen gestoßen ist. Diese Erfahrung mündete in die Überzeugung, die heute als *Churchsche These* bezeichnet wird:

> *Jede (vernünftige) Präzisierung des Begriffes Algorithmus führt auf die gleiche Menge berechenbarer Funktionen.*

Offensichtlich kommt es nicht auf die Marke des eingesetzten Rechners oder sein Betriebssystem an, allein schon, weil wir Algorithmen in einer höheren Programmiersprache formulieren. Außerdem wissen wir, dass im Kern jede CPU auf einem Satz einfacher arithmetischer und boolescher Operationen aufbaut, in die auch Java-Programme im Endeffekt übersetzt werden. In jedem Rechnermodell ist es daher einfach, ein Programm zu schreiben, das die CPU der anderen Marke simuliert, so dass prinzipiell Apple, Intel-PC, ZX-80 und der teuerste Supercomputer die gleichen Funktionen berechnen können. Somit erscheint uns die Churchsche These einleuchtend, solange wir uns auf handelsübliche Rechner und Programmiersprachen beziehen.

Es gibt aber von der Denkweise der gängigen Programmiersprachen abweichende - und trotzdem nicht weniger interessante Ideen, den Begriff des Algorithmus zu fassen. Einige davon haben sogar zu völlig neuartigen Programmiersprachenkonzepten geführt, ein bekanntes Beispiel ist die Sprache Prolog.

Schließlich eröffnet die Churchsche These die Möglichkeit, minimale Kernkonzepte bestehender Sprachen und deren Äquivalenzen herauszuarbeiten. Dies wollen wir im Folgenden tun, wenn wir einige der bekanntesten Algorithmenkonzepte vorstellen.

## 9.5.6 Turingmaschinen

Für theoretische Überlegungen ist es interessant, möglichst einfache und überschaubare Maschinen zu haben, die dennoch alle theoretischen Fähigkeiten der großen Rechner besitzen. Ein solches Modell wurde von Alan Turing entworfen, die sogenannte *Turingmaschine*. Die „Hardware" der Turingmaschine ähnelt der Stackmaschine des vorigen Kapitels. Statt eines Stacks besitzt die Turingmaschine allerdings ein beidseitig unbegrenztes Band, das in einzelne Kästchen unterteilt ist. Ein Leseschreibkopf kann ein Zeichen $a$ auf dem Band lesen und abhängig von diesem und von dem internen Zustand $q \in Q$ das gelesene Zeichen mit einem neuen Zeichen $b$ überschreiben, ein Kästchen nach rechts oder links gehen und in einen neuen Zustand $p$ wechseln. Formal kann man die Turingmaschine durch eine partielle Abbildung

$$\delta :: Q \times \Sigma \to Q \times \Sigma \times \{L, R\}$$

beschreiben. Ist $q$ der gegenwärtige Zustand und $a$ das Zeichen unter dem Lese-Schreibkopf und ist $\delta(q, a) = (p, b, d)$, so

- überschreibt die Maschine das Zeichen unter dem Kopf mit $b$,
- dann bewegt sich der Kopf nach *Rechts*, falls $d=R$, bzw. *Links* falls $d=L$
- und die Maschine wechselt in den Zustand $p$.

Falls $\delta(q, a) = \bot$, hält die Maschine.

Die Abbildung δ kann man als Tabelle schreiben, wobei die Zeilen den Zuständen und die Spalten den gelesenen Eingabezeichen entsprechen. In Zeile $q$ und Spalte $a$ trägt man dann den Wert $\delta(q, a)$ ein, also das Tripel aus neuem Zeichen, neuem Zustand und Bandbewegung. Man nennt δ daher auch Turingtabelle oder Turingtafel.

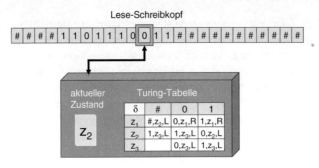

*Abb. 9.22:*   *Turingmaschine zur Addition von 1*

Die in der Abbildung gezeigte Turing-Maschine addiert 1 zu einer Binärzahl. Dazu schreibt man die Binärzahl auf das ansonsten leere Band und setzt den Lese-Schreibkopf auf die erste (linkeste) Ziffer der Zahl. Startet man die Maschine im Zustand $z_1$, so läuft zunächst der Schreibkopf über die Zahl hinweg an das rechte Ende. Das Leerzeichen haben wir durch „#" sichtbar gemacht. Dort wechselt die Maschine in Zustand $z_2$. In diesem Zustand läuft der Kopf nach links, wobei er jede 1 in eine 0 ändert (Additionsphase) und die erste 0 zu einer 1. Sobald letzteres einmal eingetreten ist, wechselt die Maschine in den dritten Zustand $z_3$ (Abschlussphase). In diesem Zustand läuft der Kopf über alle Ziffern nach links, bis er auf ein leeres Feld trifft. Dort ist kein Nachfolgezustand definiert, $\delta(z_3, \#) = \bot$, die Maschine stoppt also.

Es gibt viele Varianten von Turing-Maschinen, die sich in ihrer „Mächtigkeit" aber als gleichwertig herausstellen - eine lässt sich durch die andere simulieren. Beispielsweise kann man erlauben, dass sich in einem Zustandsübergang der Kopf nicht bewegt, also $\delta(q, a) = (p, b, -)$. Dies erreicht man durch Einführung eines Hilfszustandes $q'$ und die Transitionen $\delta(q, a) = (q', b, R)$ und $\delta(q', x) = (p, x, L)$ für jedes $x \in \Sigma$.

Turingmaschinen mit großem Input-Alphabet $\Gamma$ lassen sich durch Maschinen mit kleinem Alphabet - z.B. mit dem Alphabet $\Sigma = \{\#, 0, 1\}$ - simulieren. Dazu kodiert man jedes Zeichen aus $\Gamma - \{\#\}$ durch mehrere Zeichen aus $\Sigma$, so wie wir auch ASCII-Zeichen durch Bitfolgen kodieren. Etwas trickreicher ist schon die Variante einer Turingmaschine mit mehreren Bändern und entsprechend vielen Leseschreibköpfen, die man auch mit einer Standard-Turingmaschine simulieren kann.

Begrenzt man das Band an einer Seite, so schmälert man die Mächtigkeit der Turingmaschine nicht. Turingmaschinen mit einseitig unendlichen Band können Turingmaschinen mit beidseitig unendlichem Band simulieren, und sind daher gleich mächtig.

9.5 Berechenbarkeit

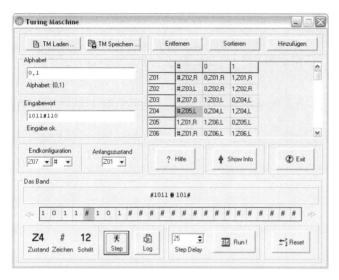

*Abb. 9.23:* Addition zweier Binärzahlen im Turing-Simulator

Im Internet sind zahlreiche Turing-Maschinen Simulatoren zu finden. Besonders einfach zu bedienen erscheint uns der Simulator von Gregor Buchholz. Der obige Bildschirmabzug zeigt ein Programm zur Addition zweier Binärzahlen $m$ und $n$. Die Zahlen stehen durch ein Leerzeichen „#" getrennt auf dem ansonsten leeren Band, der Kopf auf dem linkesten Zeichen der ersten Zahl. In Zustand $z_1$ wandert der Kopf an das rechte Ende der ersten Zahl, wechselt dann in Zustand $z_2$, um in diesem weiter an das Ende der zweiten Zahl zu wechseln. In den Zuständen $z_3$ und $z_4$ subtrahiert die Maschine, von rechts nach links laufend, von $n$ eine 1. Dann geht es weiter nach links zu $m$, zu der 1 addiert wird (Zustände $z_5$ und $z_6$). Vorne angekommen, wechselt die Maschine wieder in Zustand $z_1$, so dass das ganze Spiel von vorne beginnt. Insgesamt wird bei jedem Schleifendurchlauf die zweite Zahl um eins erniedrigt und die erste um eins erhöht. Das Programm endet, wenn in Zustand $z_3$ ein leeres Feld angetroffen wurde. Das kann nur vorkommen, wenn bei der ersten Subtraktion -1 erzeugt wurde. Die erste Zahl ist dann gerade $m + n$.

Das gezeigte Programm ist sicher nicht das effizienteste Additionsprogramm. Mit etwas mehr Programmieraufwand könnte man stattdessen auch die gewohnte schriftliche (bitweise) Addition von Binärzahlen simulieren.

### 9.5.7 Turing-Post Programme

Der Name Turingmaschine steht in der Literatur für das geschilderte Maschinenmodell, bestehend aus der gedachten Hardware zusammen mit einer festen Turingtabelle. Nach dem heute üblichen Sprachgebrauch wäre es angemessener, Hardware und Software begrifflich zu trennen in *Turingmaschine* und *Turingtabelle* bzw. *-programm*. In der Tat kann man die Tabelle durch eine Programmiersprachennotation ersetzen, die wir *TPL* nennen wollen. *TPL* steht für *Turing-Post-Language* und wurde von *Martin Davis* angegeben. Jedes *TPL*-Programm besteht aus einer Folge von Anweisungen, je eine pro Zeile. Die Programmzeilen sind nummeriert und es gibt nur 4 Befehle:

```
LEFT
RIGHT
WRITE  <e>                    für jedes e ∈ Σ
CASE  <e>  JUMP  <n>          für jedes e ∈ Σ und jedes n ∈ N,
HALT
```

Damit lässt sich jede Turingtabelle als Programm schreiben. Beispielsweise lautet unser Programm, das eine 1 addiert:

```
    // Über die erste Zahl hinweg nach rechts
    10 RIGHT
    20 CASE 0 JUMP 10
    30 CASE 1 JUMP 10
    // Von rechts kommend 1-en zu 0-en umwandeln
    40 LEFT
    50 CASE 1 JUMP 80
    60 CASE 0 JUMP 100
    70 CASE # JUMP 140
    80 WRITE 0
    90 CASE 0 JUMP 40
   100 WRITE 1
    // Nach links laufen
   110 LEFT
   120 CASE 0 JUMP 110
   130 CASE 1 JUMP 110
   140 HALT
```

Von Zuständen ist in TPL keine Rede mehr, ihre Aufgabe wurde durch die Programmzeilen übernommen. Jedes TPL-Programm kann man auch wieder als Turingtabelle schreiben. Dabei werden die Zeilennummern zu Zuständen. Den Befehl

$$<n> \text{ CASE } <e> \text{ JUMP } <m>$$

beispielsweise, übersetzen wir in

$$\delta(z_n, e) = (z_m, e, \text{-}) \text{ und } \delta(z_n, x) = (z_{n+1}, x, \text{-}) \text{ für alle } x \text{ mit } e \neq x \in \Sigma .$$

## 9.5.8    Turing-berechenbare Funktionen

Um eine beliebige partielle Funktion $f :: N^k \to N$ mit einer Turingmaschine zu berechnen, schreiben wir das Argumenttupel $(n_1, n_2, ..., n_k) \in N^k$ in der Form $n_1 \# n_2 \# ... \# n_k$ auf das leere Band und stellen den Kopf auf das erste Zeichen von $n_1$. Jetzt wird die Maschine im Anfangszustand gestartet. Kommt sie irgendwann zum Stehen, so lesen wir das Ergebnis vom Band ab, beginnend mit dem Zeichen unter dem Lese-Schreibkopf. Falls $(n_1, n_2, ..., n_k) \in def(f)$ war, so muss dort die Zahl $f(n_1, ..., n_k)$ zu finden sein. Falls $(n_1, n_2, ..., n_k) \notin def(f)$, so kann die Turingmaschine nicht halten, oder unter dem Leseschreibkopf beginnt keine Zahl.

9.5 Berechenbarkeit                                                                          721

**Definition**: *Eine partielle Funktion $f :: N^k \to N$ heißt Turing-berechenbar, falls es eine Turing-Tabelle gibt, die f im obigen Sinne berechnet.*

Hat man eine Turingtabelle für die Berechnung von $f$, so kann man diese immer so modifizieren, dass am Ende der Berechnung alle Zwischenrechnungen vom Band gelöscht wurden, dass also nur das Ergebnis $f(n_1, \ldots, n_k)$ auf dem ansonsten leeren Band steht, mit dem Kopf auf der ersten Ziffer. Auf diese Weise kann man ggf. mit dem erzielten Ergebnis weiterrechnen. Insbesondere folgt, dass die Hintereinanderausführung zweier Turing-berechenbarer partiellen Funktionen $f, g :: N \to N$ wieder Turing-berechenbar ist. Dies stimmt auch für eine mehrstellige partielle Funktionen. Sind also $f :: N^k \to N$ und $g_i :: N^r \to N$ für $i = 1, \ldots, k$ Turing-berechenbar, dann auch $f(g_1, \ldots, g_k) :: N^r \to N$. Dazu muss man allerdings dafür sorgen, dass die Zwischenergebnisse nicht von einer nachfolgenden Berechnung überschrieben werden. Am einfachsten greift man daher zu einer k-Band Turingmaschine, berechnet $g_i(n_1, \ldots, n_r)$ jeweils auf dem $i$-ten Band, kopiert dann alle Resultate auf ein gemeinsames Band und führt $f$ aus. Hier erkennt man, dass für praktische Zwecke Turingmaschinen höchst ungeeignet sind, wir betrachten daher andere Modelle.

## 9.5.9    Registermaschinen

Turing-Maschinen scheinen weit weg von dem, was wir als *Rechner* kennen. Aber sie sind als extrem einfaches Modell einer Rechenmaschine nützlich. Näher an der Realität befinden sich die sogenannten *Registermaschinen*. Sie bestehen aus einem *Akkumulator* und abzählbar unendlich vielen Speicherzellen, in denen jeweils eine ganze Zahl gespeichert werden kann. Den Speicher kann man als Array $c$ ansehen, mit dem Akkumulator als 0-ter Komponente Die Befehle erinnern an Assembler-Anweisungen:

```
Load n          Lade die Konstante n in den Akkumulator, kurz c[0]:=n
Load [n]        Lade den Inhalt von Speicherplatz c[n], kurz c[0] := c[n]
Store [n]       Speichere den Inhalt des Akkumulators: c[n] := c[0]
Add [n]         Addiere Inhalt von c[n] zum Akkumulator: c[0] := c[0]+c[n]
Sub,Mul,Div     analog
Goto i          Sprung an Zeile i
JZero i         Sprung, falls [0] = 0,
Halt.
```

Wollen wir eine partielle Funktion $f :: N^k \to N$ mit einer Registermaschine berechnen, so legen wir die Argumente $x_1, \ldots, x_k$ in den Speicherzellen c[1] , ..., c[k] ab und starten das Programm. Wenn es beendet ist, finden wir das Ergebnis im Akkumulator c[0].

Mit Registermaschinen kann man Turingmaschinen simulieren. Beispielsweise könnte man die ungeraden Speicherzellen für die Repräsentation der Zellen des Turingbandes benutzen und die geraden Speicherzellen für sonstige Hilfsrechnungen. Wir brauchen das nicht explizit durchzuführen, wenn wir uns plausibel machen, dass
- ein Simulationsprogramm in der Sprache *While* des vorigen Unterkapitels möglich ist
- jedes *While*-Programm in ein Registermaschinenprogramm compiliert werden kann.

## 9.5.10 GOTO-Programme

Die *Goto*-Programmiersprache verwendet statt Registern beliebige Variablennamen und ist insofern näher an einer der üblichen Programmiersprachen. Jede Zeile eines Goto-Programmes trägt eine Zeilennummer und besteht ansonsten entweder aus einer Zuweisung oder einem bedingten Sprung:

> \<zz\> : *id* := *Expr*
> \<zz\> : **if** *BExpr* **Goto** \<ii\>.

\<zz\> und \<ii\> stehen hier für irgendwelche Zeilennummern. Für arithmetische und boolesche Ausdrücke kann man sich beschränken auf

> *Expr*　:: *id* | 0 | succ(*Expr*)
> *Bexpr*　:: *Expr* <= *Expr*.

Es ist nicht schwer einzusehen, dass jede Registermaschine durch ein Goto-Programm simuliert werden kann. Im Wesentlichen muss man nur die Operationen *Add, Mult, Div* implementieren, was nicht schwierig ist. Beispielsweise kann man die nicht vorhandene Anweisung z := x+y mit einer Hilfsvariablen k durch folgendes Unterprogramm ersetzen, wobei ggf. die Zeilennummern anzupassen sind:

```
10 z := x
20 k := 0
30 if y <= k goto 70
40 z := succ(z)
50 k := succ(k)
60 if k <= y goto 40
```

Ähnlich findet man Ersatzprogramme für *Mul* und *Div*. Ein Sprung an eine nicht vorhandene Zeilennummer soll das Programm beenden.

Umgekehrt kann man jedes Goto-Programm durch eine Registermaschine simulieren. Man kann dazu jeder Variablen $y$ eine Speicherzelle $[n_y]$ zuordnen und jede Zuweisung durch entsprechende *Load-Store*-Anweisungen ersetzen. Beispielsweise wird die Goto-Anweisung

```
x := succ(y)
```

mit Hilfe einer beliebigen Hilfszelle a ersetzt durch

```
loadc 1
store [a]
load [n_y]
add [a]
store [n_x]
```

Die beiden Berechnungskonzepte sind daher äquivalent - man kann mit ihnen die gleichen partiellen Funktionen berechnen.

## 9.5 Berechenbarkeit 723

# 9.5.11    While-Programme

Ein While-Programm ist ein Programm gemäß der Grammatik des vorigen Unterkapitels. Wir können sogar noch etwas sparsamer sein, denn wir benötigen nicht alle Konstrukte und nicht alle Operatoren. Wir definieren *While*-Programme durch die folgende Syntax:

*Prog* :: id := *Expr* | **if** *BExpr* **then** *Prog* **else** *Prog* | **while** *BExpr* **do** *Prog* | *Prog* ; *Prog*
*Bexpr* :: *Expr* <= *Expr*
*Expr* :: *id* | 0 | succ(*Expr*)

Ein Programm ist also eine Zuweisung, eine bedingte Anweisung, eine While-Schleife, oder eine Hintereinanderausführung von Programmen. Die Werte aller Variablen sind natürliche Zahlen, so dass wir uns Deklarationen sparen können. Als Operationen lassen wir nur die Nachfolgeroperation *succ* zu, als booleschen Ausdruck nur den Vergleich <=. Da die Grammatik nicht eindeutig ist, erlauben wir Klammern { und } um Programme.

Der Bequemlichkeit halber erlauben wir, Funktionen mit selbstgewählten Namen zu definieren. Dies geschieht, wie in Pascal üblich, indem im Funktionskörper dem Funktionsnamen ein Wert zugewiesen wird. Rekursion ist nicht erlaubt! Die Addition zweier Zahlen kann man z.B. folgendermaßen definieren:

```
add(x,y)
{
    z = 0;
    add := x;
    while succ(z) <= y do {
        add := succ(add);
        z := succ(z);
    }
}
```

Funktionsdefinitionen verstehen wir als reine Schreibabkürzungen, sie dienen nur der Bequemlichkeit und der Übersicht. Wenn man wollte, könnte man überall, wo eine Funktion aufgerufen wird, ihre Definition einsetzen. Die Syntax der Funktionsdefinition ist:

*Func* ::    *id* ( *Args* ) { *Prog* }
*Args* ::    ε | *id* | *id* , *Args*

und der Aufruf fügt *Expr* die Klausel hinzu:

*Expr* ::    . . .    | *id*( *Exprs* )
*Exprs* ::    ε | *Expr* | *Expr* , *Exprs*

Man erkennt, dass auch folgende Funktionen durch *While*-Programme definierbar sind:

| | | | |
|---|---|---|---|
| $pred(x)$ | = | $max\{0, x-1\}$ | |
| $sub(x, y)$ | = | $max\{0, x-y\}$ | |
| $times(x, y)$ | = | $x \times y$ | |
| $div(x, y)$ | = | $x/y$ | ganzzahlige Division, falls $y \neq 0$ |
| $mod(x, y)$ | = | $x \bmod y$ | modulo |

Es ist klar, dass man jedes *While* durch bedingte Sprünge ersetzen kann, denn

```
while E1 <= E2 do
      Prog
```

ist äquivalent zu dem Goto-Programm

```
z1 : if succ(E2) <= E1 goto z3
        Prog
z2 : if E1 <= E2 goto z1
```

nachdem auch *Prog* entsprechend übersetzt wurde.

Um zu zeigen, dass man umgekehrt mit While-Programmen auch Registermaschinen und Goto-Programme simulieren kann, führen wir den Programmzähler *PC* als zusätzliche Variable ein. Aus jeder Goto-Anweisung *Gi* machen wir eine While-Anweisung *Wi* und zwar übersetzen wir

```
<zz> : id := Expr            in    id := Expr ; PC = PC+1;
<zz> : if Bexpr goto <ii>    in    if Bexpr then PC := <ii>.
```

Aus einem beliebigen Goto-Programm

```
z1 : G1
z2 : G2
   . . .
zk : Gk
```

wird dann das While-Programm

```
PC := n1;
while PC <= zk do {
    if PC = z1 then W1;
    if PC = z2 then W2;
      . . .
    if PC = zk then Wk
}
```

Wir erkennen also, dass *Goto* und *While* gleichmächtige Programmiersprachen sind:

**Satz**: *Jedes Goto-Programm lässt sich in ein äquivalentes While-Programm umwandeln und umgekehrt.*

Bemerkenswert an dieser Übersetzung ist, dass das fertige While-Programm mit einer einzigen *While*-Schleife auskommt. Wenn wir davon ausgehen, dass die berechenbaren Funktionen genau die *While*-berechenbaren sind – immerhin wissen wir schon, dass letztere identisch mit den durch Registermaschinen bzw. durch Turingmaschinen berechenbaren sind– haben wir bereits das berühmte *Normalformentheorem von Kleene* eingesehen:

**Satz**(Kleene): *Jede berechenbare Funktion kann mit nur einer While-Schleife programmiert werden.*

9.5 Berechenbarkeit                                                                725

## 9.5.12  *For*-Programme (*Loop*-Programme)

Eine eingeschränkte Klasse von Funktionen erhalten wir, wenn wir die *while*-Schleife verbieten und stattdessen durch eine *for-Schleife* mit der Syntax

$\qquad$ *Prog* :: ... | **for** $x$ := *Expr* **to** *Expr* **do** *Prog*

ersetzen. Diese soll so ausgeführt werden, dass zuerst die beiden *Expr* zu Zahlenwerten $n_1$ und $n_2$ ausgewertet werden. Falls $n_1 \leq n_2$ ist, durchläuft $x$ alle Werte von $n_1$ bis $n_2$. Für jeden Wert von $x$ wird *Prog* ausgeführt. $x$ darf in *Prog* nicht verändert werden und ist nur innerhalb der *for*-Schleife zugreifbar.

Mit diesen Sicherheitsmaßnahmen gilt offensichtlich:

$\qquad$ *Jedes For-Programm terminiert.*

Aus diesem Grund können wir weder einen Turing-Maschinensimulator, noch einen Registermaschinensimulator in der *For*-Sprache schreiben, diese ist daher echt schwächer als die *While*-Sprache. *For*-Programme heißen manchmal auch *Loop-Programme*.

Andererseits kann man alle oben gezeigten Funktionen *add*, *pred*, *times* auch als For-Programm schreiben. *div* und *mod* kann man als For-Programme schreiben, falls man einen Ersatzwert für $div(x, 0)$ und $mod(x, 0)$ festlegt. Offensichtlich gilt auch: *Jedes Polynom lässt sich als For-Programm schreiben.*

Es wird sich später herausstellen, dass nicht alle total berechenbaren Funktionen als For-Programme beschreibbar sind, dennoch kann man sagen, dass alle „effizienten" totalen Funktionen *For*-berechenbar sind, wie wir im folgenden Abschnitt zeigen.

## 9.5.13  Effiziente Algorithmen als *For*-Programme

Es scheint auf den ersten Blick überraschend, wenn wir behaupten, dass die meisten relevanten Programme allein mit dem *For*-Konstrukt geschrieben werden können. Java-Programmierer werden dem vielleicht zustimmen, möglicherweise aber aus den falschen Gründen. Die **for**-Schleife in Java (und in C) ist eigentlich keine *For*-Schleife in obigem Sinne, denn man kann damit sehr wohl nichtterminierende Programme produzieren. Dies liegt daran, dass in Java die Anzahl der Iterationen der Schleife nicht nur einmal vorab festgelegt, sondern nach jeder Iteration erneut überprüft wird. Damit kann man dann beliebige while-Schleifen programmieren:

$\qquad$ **for**( ; B ; ) { ... }

In Pascal ist das schon schwieriger, aber auch nicht ganz unmöglich, weil das gewaltsame Verändern der Schleifenvariable nicht explizit verboten ist:

$\qquad$ FOR i := 1 TO 2 DO i := 1

Kehren wir aber zurück zu unseren richtigen *For*-Programmen, so können wir eine While-Schleife genau dann durch eine For-Schleife ersetzen, wenn wir eine obere Schranke für die

726                                       9 Theoretische Informatik und Compilerbau

Anzahl der Iterationen der While-Schleife kennen. *For*-Programme in unserem Sinne terminieren also immer und können schon deswegen nicht so mächtig sein wie *While*-Programme.

Wie bereits erwähnt, gibt es aber auch totale berechenbare Funktionen, die nicht *For*-programmierbar sind. Es kann sich dabei aber nur um extrem ineffizient zu berechnende Funktionen handeln – jedenfalls wenn man „effizient" als „polynomiale Komplexität" definiert. Hier verstehen wir unter *polynomialer Komplexität* einer Funktion $f: N \to N$, dass es ein $k$ gibt und einen Algorithmus $A(n)$, der $f(n)$ in $O(n^k)$ Schritten berechnet.

> **Satz:** *Jede totale berechenbare Funktion polynomialer Komplexität ist durch ein For-Programm berechenbar.*

Um die Behauptung des Satzes einzusehen, nehmen wir einen solchen Algorithmus $A(n)$ an und transformieren ihn in ein Goto-Programm. Anschließend wandeln wir dieses, wie im vorigen Abschnitt gezeigt, in ein While-Programm der Form

```
PC := z1;
while PC <= zk do {
    if PC = z1 then W1;
    ...
    if PC = zk then Wk
}
```

um. Die Anzahl der Berechnungschritte im neuen Programm ist immer noch polynomial, also durch $n^k$ für jeden Input $n$ beschränkt.

Wir verwandeln nun das obige While-Programm in ein For-Programm, indem wir zuerst eine obere Schranke für benötigte Anzahl der Schritte berechnen und damit die While-Schleife durch eine For-Schleife ersetzen:

```
PC := z1;
zaehler = C*n^k;
for i=0 to zaehler do {
    if PC = z1 then W1;
    ...
    if PC = zk then Wk
}
```

Da $\texttt{C*n}^k$ durch ein *For*-Programm berechenbar ist, haben wir insgesamt ein For-Programm zur Berechnung von $f$ gewonnen.

## 9.5.14    Elementare (primitive) Rekursion

Funktionale Programmiersprachen kommen gänzlich ohne Zuweisung und ohne Schleifen aus. Jede Funktion kann direkt durch Rekursion definiert werden. Man setzt lediglich voraus, dass 0 und *succ* vorhanden sind und definiert neue Funktionen induktiv durch Rekursionsgleichungen. Dabei wählt man eine Variablenposition, z.B. $x_0$, aus und definiert die Funktion separat für die Fälle $x_0 = 0$ und $x_0 = n + 1$:

## 9.5 Berechenbarkeit

$$f(\ 0\ , x_1, ..., x_k) \qquad = \qquad g(x_1, ..., x_k)$$

$$f(n+1, x_1, ..., x_k) \qquad = \qquad h(w, n, x_1, ..., x_k) \text{ mit } w = f(n, x_1, ..., x_k).$$

Bei der Definition einer neuen Funktion $f$ darf man auf der rechten Seite also

- bereits vorhandene Funktionen $g$ und $h$
- den Wert von $f$ auf dem vorigen Argumentwert $n$

verwenden. Einsetzung (Komposition) von schon vorhandenen Funktionen und Gleichsetzung und Vertauschung von Argumentpositionen sind ebenfalls erlaubt. Beispiele solcher *primitiv rekursiver* Definitionen sind:

```
add(x,0)   = x
add(x,y+1) = succ(add(x,y))
pred(0)    = 0
pred(x+1)  = x
sub(x,0)   = x
sub(x,y+1) = pred(x,y)

mult(x,0)   = 0
mult(x,y+1) = add(mult(x,y),x)
```

Interpretieren wir 0 als *false* und 1 als *true*, so können wir Funktionen mit Werten in $\{0, 1\}$ als boolesche Funktionen auffassen. Als Beispiele erhalten wir

```
not(0)   = 1
not(n+1) = 0
```

Sind $f$, $g$ bereits definierte Funktionen und ist $B$ eine boolesche Funktion, so können wir

```
h(x)  =  if B(x) then f(x) else g(x)
```

( in Java-Notation: `B(x) ? f(x) : g(x)` ) durch

```
h(x)  =  add(mult(B(x),f(x)),mult(not(B(x)),g(x)))
```

ausdrücken. Offensichtlich sind alle bisher definierten Funktionen total und auch *For*-berechenbar. In der Tat kann man die obige allgemeine Definition von $f$ durch die bereits vorhandenen Funktionen $g$ und $h$ durch ein *For*-Programm erreichen:

```
f(n,x1,...,xk) {
    w := g(x1,...,xk);
    for z := 1 to n do
        w := h(w,z,x1,...,xk)
    f = z;
}
```

Auch die Umkehrung lässt sich zeigen, somit gilt:
   *Die primitiv rekursiven Funktionen sind identisch mit den For-definierbaren.*

728                                                9 Theoretische Informatik und Compilerbau

Damit können wir das frühere Ergebnis über *For*-Programme auch so formulieren:

*Jede berechenbare Funktion polynomialer Komplexität ist primitiv rekursiv.*

Dieses wird gelegentlich verkürzt zu:

*Jede „vernünftige" total berechenbare Funktion ist primitiv rekursiv.*

## 9.5.15    Allgemeine Rekursion (μ-Rekursion)

Ein Typ von Problemen, die wir mit primitiver Rekursion nicht lösen können, sind *Suchprobleme*. Gegeben eine boolesche Funktion $B(z, x_1, ..., x_k)$ mit $k + 1$ Argumenten, suchen wir ein (oder das kleinste) $z$, für das die Funktion den Wert *true* ergibt, d.h. das kleinste Element der Menge $\{ z \mid B(z, x_1, ..., x_k) \}$. Die einfachste Methode, dieses $z$ zu finden, ist systematisches Ausprobieren aller $z$ beginnend mit $z = 0$, dann $z = 1$, etc..

Das folgende rekursive Programm verallgemeinert zunächst das Problem, indem es bei einem beliebigen $k$ mit der Suche beginnt:

```
muB(k,x₁, . . . ,xₖ)  = if B(k,x₁, . . . ,xₖ) then k
                        else muB(k+1,x₁, . . . ,xₖ) .
```

Offensichtlich entspricht diese Definition nicht mehr dem primitiv rekursiven Schema, da eine Argumentposition des rekursiven Aufrufes nicht kleiner, sondern größer wird. Ein solches Programm birgt die Gefahr des Nichtterminierens, wenn *kein* $z$ existiert mit $B(z, x_1, ..., x_k)$.

Wir definieren nun die *Minimumfunktion* $\mu B$ durch:

$$(\mu B)(x_1, ..., x_k) \; : \; = \; muB(0, x_1, ..., x_k) .$$

Falls $B$ eine totale Funktion ist, gilt in der Tat, dass $(\mu B)(x_1, ..., x_k)$ das kleinste Element $z$ ist mit $B(z, x_1, ..., x_k)$. Falls $B$ aber nicht total ist, könnte es sein, dass für ein $z_0$ die Berechnung von $B(z_0, x_1, ..., x_k)$ nie stoppt. Falls für alle vorherigen $z < z_0$ der Wert von $B(z, x_1, ..., x_k) = false$ war, so wird man nie erfahren, ob vielleicht $z_0$ das gesuchte Element ist. Wenn $B$ eine partielle Funktion ist, gilt daher:

$$(\mu B)(x_1, ..., x_k) = \begin{cases} min\{z \mid B(z, x_1, ..., x_k)\}, \text{ falls } \forall (k < z).B(k, x_1, ..., x_k) = false \\ \bot \qquad\qquad\quad , \text{ sonst.} \end{cases}$$

Diese Formel nennt man: *Schema der μ-Rekursion*. Man kann μ als *Operator* auffassen, der einer $(k+1)$-stelligen booleschen Funktion $B$ die $k$-stellige Funktion $\mu B$ zuordnet.

Erlauben wir neben der primitiven Rekursion auch die Anwendung des μ-Operators, so erhalten wir die Klasse der *μ-rekursiven Funktionen*. Es überrascht sicher nicht, dass die Klasse der μ-rekursiven Funktionen mit der Klasse der *While*-berechenbaren Funktionen übereinstimmt. Eine Richtung dieser Behauptung ist wieder offensichtlich. Wir haben oben schon gesehen, dass die primitiv-rekursiven Funktionen mit den For-berechenbaren Funktionen übereinstimmen. Dass wir die in diesem Abschnitt geschilderten Suchprobleme auch mit einem *While*-Programm lösen können ist klar:

```
z=0; while not B(z,x₁, . . . , xₖ) do z := z+1
```

9.5 Berechenbarkeit    729

Analog zu dem Kleenesche Normalformentheorem für *While*-Programme kann man auch zeigen, dass man den µ-Operator nur einmal wirklich benötigt, genau:

> *Jede berechenbare Funktion lässt sich als Komposition*
> $p \cdot (\mu B)$ *ausdrücken, wobei* $p$ *und* $B$ *primitiv rekursiv sind.*

## 9.5.16    Die Ackermannfunktion

Jede *For*-berechenbare Funktion ist total. Jede totale berechenbare Funktion, für die wir mit einem *For*-Programm eine Abschätzung für die maximale Anzahl von Schleifendurchläufen angeben können, ist ebenfalls *For*-berechenbar. Es stellt sich die Frage, ob jede totale berechenbare Funktion durch ein *For*-Programm darstellbar ist.

For-berechenbare Funktionen sind genau die primitiv rekursiven Funktionen. Ackermann, ein Assistent von David Hilbert, hat eine Funktion gefunden, die zwar total und berechenbar ist, jedoch nicht primitiv rekursiv. Wir wollen hier den Beweis nicht nachvollziehen, wohl aber den Gedankengang, der Ackermann zu seiner Funktion führte. Dazu betrachten wir noch einmal die primitiv rekursiven Definitionen von Addition, Multiplikation, Exponentiation, ...

```
mult(x,0) = 0
mult(x,y+1)=add(x,mult(x,y))
exp(x,0)=1
exp(x,y+1) = mult(x,exp(x,y))

hyp(x,0)=2
hyp(x,y+1) = exp(x,hyp(x,y))
...
```

Offensichtlich könnte man die Reihe fortsetzen. Da uns die Namen ausgehen, benutzen wir $f_1, f_2, f_3, \ldots$ statt *mult, exp, hyp,* ... . Benutzen wir nun den Index als weiteres Argument, so kommen wir zu folgender Definition:

```
f(0,x,y)  = add(x,y)
f(k,x,0)  = k
f(k+1,x,y+1)=f(k,x,f(k,x,y))
```

Offensichtlich handelt es sich bei den $f_k$ um extrem schnell anwachsende Funktionen. Dennoch ist jede dieser Funktionen berechenbar und total, mithin auch $f$. Das Rekursionsschema genügt jedoch nicht der primitiven Rekursion. Heute versteht man unter der Ackermannfunktion eine vereinfachte zweistellige Variante, nämlich

```
ack(0,y)=y+1
ack(x+1,0) = a(x,1)
ack(x+1,y+1) = ack(x,ack(x+1,y))
```

Von dieser Funktion kann man zeigen, dass sie in folgendem Sinne schneller wächst, als jede primitiv rekursive Funktion:

*Für jede primitiv rekursive Funktion $f : N^k \to N$ gibt es eine Zahl $d$, so dass für alle $x_1, ..., x_k \in N$ gilt: $f(x_1, ..., x_k) < ack(d, x_1 + ... + x_k)$.*

Wäre $ack$ primitiv rekursiv, dann auch $g(x) = ack(x, x)$. Es müsste also ein $d$ geben mit $g(x) < ack(d, x)$. Für $x = d$ folgt der Widerspruch $g(d) < ack(d, d) = g(d)$.

### 9.5.17 Berechenbare Funktionen - Churchsche These

Als Möglichkeiten für die mathematische Definition von *Algorithmus* stehen uns jetzt zur Verfügung

> Algorithmus = Turing-Programm
> Algorithmus = Registermaschinenprogramm
> Algorithmus = While-Programm
> Algorithmus = Definition durch primitive und μ-Rekursion

Mit Turing-Maschinen können wir Registermaschinen simulieren, mit Registermaschinen While-Programme (qua Compilation) und mit While-Programmen wiederum Turingmaschinen. Damit sind offenbar die Konzepte gleichwertig. Insbesondere folgt für partielle Funktionen $f :: N^k \to N$ die Äquivalenz

> *Turing-berechenbar = Register-berechenbar = While-berechenbar = μ-rekursiv.*

Man könnte zu dieser Liste noch viele Äquivalenzen hinzufügen, z.B. *Java-berechenbar, C-berechenbar, Prolog-berechenbar, rekursiv definierbar, zahlentheoretisch definierbar, etc.* Wie gesagt haben sich alle bisher vorgeschlagenen Algorithmenkonzepte als äquivalent erwiesen. Man spricht daher von *den berechenbaren Funktionen*, ohne sie genauer als Turing-, Register-, While-, oder Java-berechenbar zu qualifizieren. Nach einer dem Mathematiker *Alonzo Church* zugeschriebenen Vermutung wird auch kein zukünftiges Algorithmenkonzept mehr als diese berechenbaren Funktionen erfassen können. Diese *Churchsche These* lautet:

> *Jedes „vernünftige" Berechenbarkeitskonzept beschreibt die gleiche Klasse von berechenbaren Funktionen*

### 9.5.18 Gödelisierung

Für jedes der betrachteten Algorithmenkonzepte können wir die Menge aller Algorithmen systematisch aufzählen. Betrachten wir beispielsweise die Menge aller Java-Programme, die eine partielle Funktion $f :: N^k \to N$ beschreiben. Dies sind Programme mit der Signatur

```
int f(int n1, ..., int nk)
```

Jedes solche Programm ist zunächst ein Text, also ein Wort $w \in \Sigma^*$ wobei wir für $\Sigma$ etwa ASCII oder UNICODE wählen können. Die Wörter $w \in \Sigma^*$ können wir systematisch aufzählen - zuerst das leere Wort, dann alle Wörter der Länge 1, der Länge 2, etc. Füttern wir jedes dieser Wörter in den Java-Compiler, und werfen alle diejenigen weg, die entweder nicht mit obiger Signatur beginnen, oder nicht compilieren, so erhalten wir systematisch eine Liste $A_0, A_1, A_2, ...$ aller Java-Algorithmen für $k$-stellige Funktionen $f :: N^k \to N$. Mit $\varphi_m^{(k)}$

9.5 Berechenbarkeit                                                                          731

bezeichnen wir die partielle Funktion, die durch $A_m$ dargestellt wird, d.h. die $k$-stellige Funktion zum $m$-ten Programm.

Jedes Java-Programm $P$, das eine $k$-stellige partiell berechenbare Funktion beschreibt, kommt in der obigen Auflistung genau einmal vor, also $P = A_m$ für ein bestimmtes $m$. Dieses $m$ heißt *Gödel-Nummer* von $P$.

Zu jeder partiell oder total berechenbare Funktion $f :: N^k \to N$ gibt es viele Algorithmen, die $f$ beschreiben. Ist $A_m$ ein solcher, so heißt $m$ eine Gödelnummer von $f$. Jede partiell berechenbare Funktion hat also viele, genau genommen sogar unendlich viele Gödelnummern - es gibt unendlich viele $m$ mit $f = \varphi_m^{(k)}$.

Die partiellen berechenbaren Funktionen lassen sich also systematisch, d.h. durch ein Programm, aufzählen, wenn auch die gleiche Funktion in der Aufzählung sehr oft vorkommen kann. Die *totalen* berechenbaren Funktionen lassen sich dagegen nicht aufzählen, auch wenn man in Kauf nimmt, dass jede Funktion mehrmals vorkommen darf. Dies kann man wieder mit dem Cantorschen Diagonalverfahren zeigen:

Könnte man nämlich algorithmisch alle totalen berechenbaren Funktionen aufzählen, etwa als $\psi_0, \psi_1, \psi_2, \ldots$, so könnte man auch einen Algorithmus für die folgende Funktion schreiben:

$$\Delta(n) = \psi_n(n) + 1.$$

Diese Funktion wäre total und berechenbar, aber verschieden von allen $\psi_i$.

Es lohnt sich, einmal darüber nachzudenken, warum dieser Widerspruch mit den partiell berechenbaren Funktionen, etwa den einstelligen, nicht funktioniert. Eine partiell berechenbare Funktion $\varphi_n^{(1)}$ kann für gewisse Eingaben $n$ undefiniert sein, etwa weil das zugehörige Programm in eine Endlosschleife geraten ist. Wir schreiben dann $\varphi_n^{(1)} = \bot$. Würde man $\Delta$ entsprechend anpassen, etwa als

$$\Delta(n) = \textbf{if } (\varphi_n^{(1)}(n) = \bot) \textbf{ return } 0 \textbf{ else return } \varphi_n^{(1)}(n) + 1$$

dann wäre nicht klar, ob $\Delta$ berechenbar ist, denn wie sollte man die Bedingung der Anweisung testen? Man könnte den Algorithmus $A_n$ zwar mit Input $n$ laufen lassen. Wenn er aber nach zweitausend Jahren immer noch nicht fertig wäre, könnte man noch nicht mit Sicherheit sagen, ob er nicht doch irgendwann terminiert.

## 9.5.19  Aufzählbarkeit und Entscheidbarkeit

Eine Funktion $f : N \to U$ heißt *Aufzählung*, falls $f$ total, berechenbar und surjektiv ist. Wir können uns die Aufzählung als einen Prozess vorstellen, der nacheinander alle Elemente von $U$ produziert. Die Menge $U$ heißt dann *aufzählbar*. Die leere Menge $\{\ \}$ definiert man auch als aufzählbar.

Wir haben mit $\varphi^{(k)}$ gerade eine Aufzählung der partiell berechenbaren Funktionen gesehen. Die total berechenbaren Funktionen dagegen sind nicht aufzählbar. Dies folgte mit dem Cantorschen Diagonalargument.

Ist eine Menge $U \subseteq \Sigma^*$ aufzählbar, so können wir feststellen, *dass* für ein Element $e \in \Sigma^*$ sogar $e \in U$ gilt: Wir starten die Aufzählung und warten, bis $e$ erzeugt wird. Tritt dies ein, stoppen wir den Algorithmus und berichten den Erfolg. Wenn aber $e \notin U$ gilt, so terminiert der Algorithmus nicht. Ein Misserfolg wird also evtl. nie festgestellt. Man nennt $U$ daher auch *semi-entscheidbar*, weil im positiven Falle die Entscheidung sicher in endlicher Zeit gefällt wird.

Was man noch benötigen würde, wäre ein Aufzählungsverfahren für das Komplement $\Sigma^* - U$. Dann würde man beide Aufzählungsverfahren, das für $U$ und das für $\Sigma^*-U$ gleichzeitig starten. Eines müsste irgendwann $e$ produzieren und damit die Information liefern, ob $e \in U$ oder $e \in \Sigma^* - U$. Eine Menge $U \subseteq \Sigma^*$ heißt *entscheidbar*, falls die charakteristische Funktion $\chi_U$ berechenbar ist. Diese liefert $\chi_U(e) = 1$, falls $e \in U$ und $\chi_U(e) = 0$ sonst.

Ist $U$ entscheidbar, so auch $\Sigma^* - U$, denn offensichtlich gilt $\chi_{\Sigma^* - U}(n) = 1 - \chi_U(n)$. Außerdem ist jede entscheidbare Menge aufzählbar. Um $U$ aufzuzählen, muss man lediglich alle Elemente aus $\Sigma^*$ aufzählen und dabei alle Elemente weglassen, die nicht in $U$ sind. Da $U$ entscheidbar ist, liefert die Überprüfung, ob $e \in U$ gilt, immer ein Ergebnis. Somit haben wir folgende wichtige Tatsache verifiziert:

> *Eine Menge $U \subseteq \Sigma^*$ (bzw. $U \subseteq \mathbb{N}^k$) ist genau dann entscheidbar, wenn $U$ und ihr Komplement aufzählbar sind.*

## 9.5.20 Unlösbare Aufgaben

Ein einfaches Beispiel einer Aufgabe, die auch zukünftige Rechner nicht lösen können werden, ist das sogenannte *Halteproblem*. Es geht darum, zu entscheiden, ob ein vorgelegtes Programm, evtl. für bestimmte Inputwerte, terminieren wird, oder nicht. Wir beschränken uns zunächst einmal auf Programme für einstellige partielle Funktionen, in Java also auf Methoden mit Signatur `int f(int n)`.

Ein Compiler kann entscheiden, ob ein vorgelegtes Programm syntaktisch korrekt ist, aber kann er auch entscheiden, ob eine Endlosschleife auftreten kann? Sicher ist die Frage der Terminierung für eine bestimmte Eingabe semi-entscheidbar - wenn Programm $A_m$ mit Input $n$ terminiert, so können wir es feststellen - wir brauchen es lediglich auszuführen und zu warten. Die Menge $\{(m, n) | \varphi_m^{(1)}(n) \neq \bot\}$ ist also semi-entscheidbar. Wenn $A_m$ mit Input $n$ aber nicht terminiert, wenn also gilt: $\varphi_m^{(1)}(n) = \bot$, wann und wie sollen wir dies feststellen. Ist daher die obige Menge entscheidbar?

Das Problem ist als *Halteproblem* bekannt: Gibt es ein Programm $A$, das zwei Inputs entgegennimmt

- ein Programm $A_m$ oder äquivalent dessen Gödelnummer $m$
- eine Zahl $n$

und das folgendes leistet:

$$A(m, n) = \begin{cases} 0, & \text{falls } \varphi_m^{(1)}(n) = \bot \\ 1, & \text{sonst.} \end{cases}$$

9.5 Berechenbarkeit  733

Um zu zeigen, dass ein solches hypothetisches Programm $A$ nicht existieren kann, wenden wir wieder den Cantorschen Diagonaltrick an und konstruieren ein neues Programm:

```
int Diag(int n) {if(A(n,n)==0)return 1 else while(true){}}.
```

Es muss eine Gödelnummer $d$ für *Diag* geben, so dass $Diag = \varphi_d^{(1)}$. Der Widerspruch entsteht nun, wenn wir $d$ als Input verwenden:

$$\varphi_d^{(1)}(d) = Diag(d) \neq \perp \Leftrightarrow A(d,d) = 0 \Leftrightarrow \varphi_d^{(1)}(d) = \perp.$$

Es folgt also, dass der geforderte Halteprüfer $A$ nicht existieren kann. Man sagt:

> *Das Halteproblem ist nicht entscheidbar.*

Damit haben wir auch eine erste „konkrete" Funktion, die nicht berechenbar ist. Unser obiges $A(m, n)$ beschreibt sicher eine totale Funktion im mathematischen Sinne, sie ist aber nicht berechenbar. Dies ist äquivalent zur Aussage, dass $\{(m, n)\mid \varphi_m^{(1)}(n)\}$ keine entscheidbare Teilmenge von $N^2$ darstellt.

## 9.5.21 Semantische Probleme sind unentscheidbar

Das Halteproblem ist ein Problem, welches nicht die *Syntax* von Programmen betrifft, wie wir sie in den ersten Teilen dieses Kapitels studiert haben, sondern die *Semantik* – ihre Bedeutung. Als *Semantik* eines Algorithmus wollen wir hier die Funktion ansehen, die der Algorithmus berechnet. Als *semantische Eigenschaft* von Algorithmen versteht man solche Eigenschaften, die mit einem Algorithmus $A$ auch allen dazu *äquivalenten* Algorithmen $A'$ zukommen, also denen, die die gleiche partielle Funktion berechnen.

Beispielsweise ist „terminieren für jeden Input" eine semantische Eigenschaft. Ebenso „eine monoton wachsende Funktion berechnen", „die Fakultätsfunktion berechnen", oder „für keinen Input terminieren", d.h. „$\Omega$ berechnen". Eine semantische Eigenschaft $E$ ist immer durch eine Menge $F$ von Funktionen bestimmt wie in den vorigen Beispielen. Sie heißt *trivial*, wenn keiner oder alle Algorithmen sie erfüllen. Ein erstaunlich weitreichendes Resultat liefert der folgende Satz von Rice:

**Satz** (Rice): *Keine nichttriviale semantische Eigenschaft ist entscheidbar.*

Zum Beweis sei $E$ eine nichttriviale semantische Eigenschaft und $A_\Omega$ ein Algorithmus für die überall undefinierte Funktion $\Omega$ (siehe S. 715). Wir dürfen annehmen, dass $A_\Omega$ die Eigenschaft $E$ nicht erfüllt (andernfalls betrachten wir $\neg E$). Sei $B$ ein Algorithmus, der $E$ erfüllt.

Könnten wir $E$ entscheiden, so würden wir das Halteproblem folgendermaßen lösen:

> Gegeben die Frage, ob $A_m(n)$ terminiert,
> - konstruiere maschinell den folgenden Algorithmus:
>
> ```
>         int A(int x) {
>             A_m(n);
>             return B(x);
>         }
> ```
>
> - entscheide, ob dieser $E$ erfüllt.

Man beachte, dass dieser (automatisch konstruierte) Algorithmus entweder äquivalent ist zu $A_\Omega$ oder zu $B$. Dies liegt daran, dass der Aufruf $A_m(n)$, den wir quasi als Bremse eingebaut haben, nicht vom Input x abhängt. Entweder wirkt die Bremse, und dann für jedes x, oder sie wirkt nicht, dann kommt immer dasselbe heraus wie bei $B(x)$. Im ersten Falle ist also $E$ nicht erfüllt, im zweiten Falle ist $E$ erfüllt. Auf diese Weise gibt uns die Entscheidung, ob $E$ gilt oder nicht, Auskunft darüber, ob $A_m(n)$ terminiert oder nicht. Wenn also $E$ entscheidbar wäre, könnten wir das Halteproblem lösen.

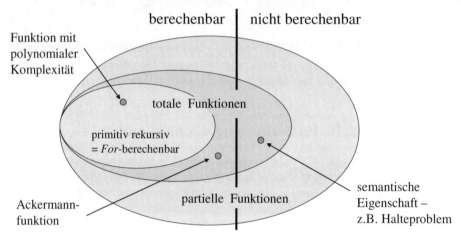

**Abb. 9.24:** *Überblick über die partiellen Funktionen $f::N \to N$*

Die obige Figur fasst einige der in diesem Unterkapitel gewonnenen Erkenntnisse zusammen und gibt einen ersten groben Überblick über die zahlentheoretischen Funktionen aus dem Blickwinkel der Berechenbarkeit.

## 9.6 Komplexitätstheorie

Die Theorie der Berechenbarkeit befasst sich mit der Frage, welche Funktionen prinzipiell berechenbar sind, unabhängig vom Aufwand, der dafür zu treiben ist. Wir haben Funktionen gesehen, die zwar berechenbar sind, deren Berechnung aber so aufwändig ist, dass man sie nur für sehr kleine Eingabewerte wirklich durchführen kann. Dazu gehören die Ackermannfunktion und die Funktion, die einem Algorithmus $A$ seine Gödelnummer zuordnet, also diejenige Zahl $n$ mit $A = A_n$. In diesem Kapitel wollen wir untersuchen, welche Funktionen *effizient* berechenbar sind.

Im Allgemeinen wird der zeitliche Aufwand eines Algorithmus von dessen Input abhängen. Wenn der Berechnungsaufwand exponentiell mit der Größe der Argumente ansteigt, dann werden wir den Algorithmus nicht als effizient einstufen. Derartige Algorithmen beinhalten oft ein „systematisches Probieren":

## 9.6 Komplexitätstheorie

- *rate eine Lösung*
- *prüfe, ob die Lösung korrekt ist.*

*SAT*: Ein klassisches Beispiel eines Problems, für das kein wesentlich besserer Algorithmus bekannt ist, ist das *SAT-Problem*. Es geht um die *Erfüllbarkeit* (engl.: *satisfiability*) eines booleschen Termes $F(x_1, x_2, ..., x_m)$, der aus Variablen $x_1, x_2, ...$, Operationszeichen $\wedge$, $\vee$, und Negation $\neg$ aufgebaut ist. Gesucht ist eine *Belegung* der Variablen durch Wahrheitswerte 0 und 1, die die Formel wahr macht. Ist ein Kandidat für eine Belegung gegeben, so kann man recht effizient testen, ob dieser die Formel erfüllt. Bei $m$ Variablen gibt es $2^m$ mögliche Kandidaten für eine Belegung. Die Triviallösung ist:

- *generiere systematisch alle Belegungen*
- *teste jeweils, ob die Belegung die Formel erfüllt.*

*CLIQUE*: Ein Beispiel aus der Graphentheorie ist das sogenannte *Cliquenproblem*. In einem Graph $G$ bezeichnet man eine Teilmenge $C$ von Knoten als *Clique*, falls je zwei verschiedene Elemente von $C$ durch eine Kante verbunden sind. Nimmt man zum Beispiel als Knotenmenge alle Studenten einer Uni und verbindet zwei Knoten, falls die entsprechenden Studenten sich kennen, dann besteht eine Clique aus einer Gruppe $C$ von Studenten, von denen jeder den anderen kennt. Das Cliquenproblem fragt zu einem gegebenen Graphen nach der Größe einer maximalen Clique. Eine banale Lösung, die aber von der Komplexität her nicht schlechter abschneidet als die beste bekannte Lösung, ist

- *generiere systematisch alle Teilmengen $S$ von Knoten von $G$*

- *prüfe, ob $S$ eine Clique ist.*

*TSP*: Ein weiteres Beispiel, für das man ebenfalls keine effiziente Lösung kennt, ist das *Travelling-Salesman Problem(TSP)*. Eine Menge von Städten, deren jeweiliger Abstand $e(i, k) \in N$ bekannt ist, soll von einem Handelsreisenden besucht werden. Dieser soll eine Rundreise so planen, dass die Gesamtstrecke möglichst kurz ist.

## 9.6.1 Rückführung auf ja/nein-Probleme

Viele Probleme lassen sich auf ja/nein Probleme, also auf *Entscheidungsprobleme* zurückführen. Suchen wir zum Beispiel eine Belegung der Variablen $x_1, x_2, ..., x_m$, mit der die aussagenlogische Formel $F(x_1, x_2, ..., x_m)$ wahr wird, so können wir fragen, ob es eine Belegung von $x_2, ..., x_m$ gibt, die die Formel $F(1, x_2, ..., x_m)$ wahr macht. Wenn ja, legen wir uns auf $x_1 = 1$ fest, und machen mit der Formel $F(1, x_2, ..., x_m)$ weiter, ansonsten betrachten wir $F(0, x_2, ..., x_m)$. Auf diese Weise wird das Problem, eine Belegung zu finden, auf die Frage zurückgeführt, ob eine Lösung *existiert*.

Das Cliquenproblem wie auch das Problem des Handlungsreisenden können wir ebenfalls auf ja/nein-Probleme reduzieren. Dazu wählen wir eine Schranke $T$ und fragen: Gibt es eine Rundreise der Länge $\leq T$ bzw. eine Clique mindestens $T$ Elementen? Auch für das derart reduzierte Problem ist kein prinzipiell effizienterer Algorithmus bekannt, obwohl es Heuristiken gibt, die in der Praxis recht gut funktionieren.

736                                                    9 Theoretische Informatik und Compilerbau

Wenn wir eines der genannten ja/nein Probleme gelöst haben, können wir das allgemeine Problem darauf zurückführen. Dahinter steckt ein generelles Prinzip. Angenommen, wir wollen eine Funktion

$$f : N \to N$$

mit Input $n$ berechnen, wobei wir für den Funktionswert $f(n)$ eine untere Schranke $min$ und eine obere Schranke $max$ kennen, also $min \le f(n) \le max$. Das Ja/Nein-Problem

  *Ist $f(n) \le (min + max)/2$ ?*

liefert $(min + max)/2$ entweder als neue untere oder als neue obere Schranke, mit der die Berechnung dann fortgesetzt wird. Nach $\log_2(max - min)$ Schritten ist der Funktionswert in ein Intervall der Länge 1 eingeschlossen und damit eindeutig bestimmt. Eine effiziente Lösung des ja/nein-Problems zieht daher auch eine effiziente Lösung des allgemeinen Problems nach sich.

## 9.6.2    Entscheidungsprobleme und Sprachen

Ja/Nein-Probleme sind Entscheidungsprobleme. Für eine Klasse von Problemen legt man eine Codierung durch ein Alphabet $\Sigma$ fest, so dass jedes einzelne Problem zu einem Wort $w \in \Sigma^*$ wird. Die Menge aller lösbaren Probleme ist dann eine Teilmenge, also eine Sprache $L \subseteq \Sigma^*$. Die Frage, ob ein bestimmtes Problem lösbar ist, ist äquivalent zu der Frage, ob das zugehörige Wort $w$ in der Sprache $L$ aller lösbaren Probleme liegt.

SAT-Probleme kann man als Wörter im Alphabet $\Sigma = \{x, 0, 1, \ \wedge \ , \vee \ , ', ( , )\}$ kodieren. Mit $x$, $xx$, $xxx$, ... können wir beliebig viele Variablen benennen. Ein SAT-Problem ist durch eine aussagenlogische Formel gegeben, so dass die Menge aller SAT-Probleme eine kontextfreie Sprache über $\Sigma$ darstellt. Die Menge aller *lösbaren* SAT-Probleme ist eine Teilsprache, die wir ebenfalls *SAT* nennen wollen. Ein Algorithmus zur Lösung des SAT-Problems ist nichts anderes als ein Entscheidungsalgorithmus für $SAT \subseteq \Sigma^*$.

Jedes Cliquenproblem kann man über dem Alphabet $\Sigma = \{0, ..., 9, x, ( , ) , ',' \}$ als Wort $k, (a_1, b_1), (a_2, b_2), ..., (a_n, b_n)$ kodieren, wobei die Knoten mit $x$, $xx$, $xxx$, ... benannt werden können und das Paar $(a_i, b_i)$ anzeigt, dass Knoten $a_i$ und $b_i$ verbunden sind. $k$ bezeichnet die Größe der gesuchten Clique. Die Menge aller Cliquenprobleme ist wieder eine kontextfreie Sprache über $\Sigma$ und die Menge aller *lösbaren* Cliquenprobleme eine entscheidbare Teilsprache $CLIQUE \subseteq \Sigma^*$.

Wir betrachten in diesem Kapitel nur algorithmisch lösbare Probleme, d.h. entscheidbare Sprachen $L$ über einem Alphabet $\Sigma$. Die charakteristische Funktion $\chi_L : \Sigma^* \to \{0, 1\}$ von $L$ ist also auf jeden Fall total und berechenbar.

## 9.6.3    Maschinenmodelle und Komplexitätsmaße

Wir haben bisher viele mögliche Definitionen des Algorithmenbegriffes gesehen, von denen alle in ihren Ausdrucksmöglichkeiten äquivalent sind - wir können jeweils die gleichen berechenbaren Funktionen ausdrücken. Hinsichtlich der Untersuchungen dieses Kapitels gilt dies auch für die Komplexität der Berechnungen. Dies werden wir aber nicht im Einzelnen nachweisen.

9.6 Komplexitätstheorie                                                737

Hier interessieren wir uns nur für Algorithmen, die totale Funktionen $f: \Sigma^* \to \{0, 1\}$ beschreiben. Der zeitliche Aufwand für die Berechnung von $f$ wird meist von der Länge $|w|$ des Eingabewortes $w \in \Sigma^*$ abhängen. Für eine Turing-Maschine $T$, definieren wir:

$$time_T(n) = maximale\ Anzahl\ der\ Schritte\ für\ ein\ w \in \Sigma^*\ mit\ |w| \le n\,.$$

Für *While*-Programme $W$ könnten wir entsprechend die Anzahl der *Zuweisungen* plus die Anzahl der *zu überprüfende Bedingungen* zählen. Bei Goto-Programmen wären die Anzahl der *Zuweisungen* und der *Sprünge* ein gutes Maß für den Berechnungsaufwand.

Jeder Algorithmus $A$ definiert also eine Kostenfunktion $time_A : N \to N$. Diese Funktion werden wir nie exakt ermitteln, sondern nur abschätzen. Zu einem Algorithmus $A$ und einer vorgegebenen Schätzfunktion $t : N \to N$ sagen wir

$A$ *hat Komplexität* $O(t)$, falls $time_A \in O(t)$.

Wir erinnern uns, dass dies bedeutet, dass es eine Konstante $C$ gibt, so dass
$$time_A(n) \le C \times t(n)$$
zumindest für alle $n$ ab einer Zahl $n_0$ gilt.

Als Beispiel betrachten wir eine Turingmaschine, die feststellen soll, ob ein Wort $w \in \Sigma^*$ ein *Palindrom* ist, ob es also von vorne und von hinten gelesen das gleiche Wort ergibt, wie etwa „*otto*" oder „*ein neger mitgazellezagtim regen nie*". Das Problem definiert die Sprache $L = \{\ xx^R \mid x \in \Sigma^*\ \}$, wobei $x^R$ das zu $x$ *reverse* Wort bezeichnet.

Zur Lösung können wir eine Turingmaschine bauen, die jeweils den ersten Buchstaben liest, diesen löscht und an das Ende des Wortes läuft. Findet sie dort den gleichen Buchstaben, so löscht sie diesen und macht mit dem verkürzten Wort weiter. Es ist leicht zu sehen, dass für ein Wort der Länge $n$ höchstens $1 + 2 + \ldots + n = n \times (n + 1)/2$ Schritte auszuführen sind, daher hat die beschriebene Turingmaschine Komplexität $O(n^2)$.

Es ist in einem solchen Falle noch nicht ausgeschlossen, dass das Problem, Palindrome zu erkennen, sogar Komplexität $O(n)$ oder gar $O(\log(n))$ haben könnte. Dazu müssten wir aber Turingmaschinen konstruieren, die das Problem mit entsprechend wenigen Schritten lösen, was im vorliegenden Falle kaum gelingen wird.

In diesem Kapitel werden wir einen Algorithmus $A$ als *effizient* einstufen, wenn

$$time_A(n) \in O(p(n))\,.$$

## 9.6.4    Sprachen und ihre Komplexität

Für ein *Problem* $L$, also für die Aufgabe, festzustellen, ob ein beliebiges Wort $w \in \Sigma^*$ in der Sprache $L \subseteq \Sigma^*$ enthalten ist, definieren wir die *Komplexität* durch die besten Turingmaschinen, die das Problem lösen.

**Definition**: $L$ *hat Komplexität* $O(t(n))$, *falls es eine Turingmaschine* $T_L$ *mit* $time_T(n) \in O(t(n))$ *gibt, die* $L$ *entscheidet.*

Somit hat $\{\ xx^R \mid x \in \Sigma^* \}$ Komplexität $O(n^2)$. Die Sprache $\{a^m b^n \mid m, n \in N\}$ hat lineare Komplexität, und *TSP* hat exponentielle Komplexität. Letztere Aussage schließt nicht aus, dass es auch eine quadratische oder kubische Komplexität haben könnte. Dafür müsste man eine entsprechend effiziente Turingmaschine finden, was die meisten Fachleute für sehr unwahrscheinlich halten.

Für das SAT-Problem, das Cliquenproblem und das Travelling-Salesman Problem sind keine effizienten Lösungen bekannt. Bisher ist nicht einmal bekannt, ob es eine Zahl $k$ gibt, so dass sie Komplexität $O(n^k)$ haben. Allgemein klassifiziert man eine Sprache als *polynomiell*, falls es ein Polynom $p(n)$ gibt, so dass $L$ Komplexität $O(p(n))$ hat. Dies ist aber äquivalent dazu, dass es ein $k$ gibt, so dass $L$ Komplexität $O(n^k)$ hat. Man definiert

$$P = Klasse\ aller\ Sprachen\ L \subseteq \Sigma^*\ mit\ polynomialer\ Komplexität.$$

Wir haben gesehen, dass $L_1 = \{\ xx^R \mid x \in \Sigma^*\}$, $L = \{a^m b^n \mid m, n \in N\}$ in $P$ sind und vermuten stark, dass SAT, CLIQUE und TSP nicht in $P$ sind.

## 9.6.5 Effiziente parallele Lösungen

Für die Probleme SAT, CLIQUE und TSP gäbe es vielleicht einen schnellen Lösungsweg, wenn wir beliebig große Parallelrechner oder ein Cluster von unbegrenzt vielen Rechnern zur Verfügung hätten, von denen jeder einen kleinen Teil des Problems bearbeiten würde. Unter dem Schlagwort *„Grid-Computing"* laufen bereits seit einigen Jahren eine Reihe weltumspannender Projekte, bei denen Privatpersonen die Rechenkapazität Ihrer am Internet angeschlossenen PCs nachts und in Totzeiten in den Dienst einer lobenswerten Sache stellen, etwa der Suche nach extraterrestrischer Intelligenz (`http://setiathome.ssl.berke-ley.edu/`). Zentrale Computer verteilen kleine Teilaufgaben, die lokal gelöst werden. Der Glückspilz, dessen PC die ersten Liebesgrüße eines Außerirdischen empfängt, darf auf dauerhaften irdischen Ruhm hoffen.

Könnten wir auf diese Weise auch das SAT-Problem oder das CLIQUE-Problem lösen, und wie lange müssten wir auf eine erfolgreiche Rückmeldung warten?

Sei $F$ die aussagenlogische Formel der Länge $n$ mit $m$ Variablen. Zunächst müsste jeder der beteiligten Rechner die Formel $F$, sowie einen Lösungsvorschlag $(x_1, x_2, ..., x_m) \in 2^m$ erhalten, oder lokal erzeugen. Dies ginge in $m + n$ Schritten, wenn wir eine hierarchische Verteiler-Organisation voraussetzen. Jeder Prozessor würde nun seinen Lösungsvorschlag dahingehend überprüfen, ob es sich tatsächlich um eine Lösung handelt. Der Aufwand dafür wäre proportional $n$. Wenn einer der Prozessoren Erfolg vermeldet, ist der Algorithmus am Ziel. Insgesamt benötigt unser „Grid-Algorithmus" damit einen Aufwand, der proportional der Länge der Formel ist, also $O(n)$.

Was aber, wenn es keine Lösung gibt? Da eine Lösung, wenn es sie gibt, von einem der beteiligten Rechner in maximal $C \times n$ Schritten gefunden ist, können wir nach Ablauf dieser Zeit die Berechnung einstellen und die Unerfüllbarkeit der Formel feststellen.

## 9.6 Komplexitätstheorie

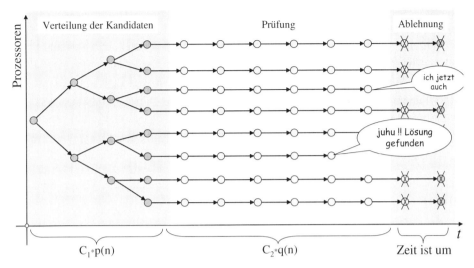

**Abb. 9.25:** *Lösung in zwei Phasen – Aufgabenverteilung – Prüfung*

Analog könnte man auch das Cliquenproblem und das TSP-Problem angehen. Man würde alle Lösungskandidaten – im Falle von QLIQUE jede $k$-Teilmenge des Graphen, und im Falle von TSP alle denkbaren Reihenfolgen von Städten – generieren und auf entsprechend viele parallel arbeitende Rechner verteilen. Wichtig ist, dass jeder in polynomialer Zeit überprüfen kann, ob sein Kandidat tatsächlich eine Lösung ist. Es muss also einen Algorithmus geben und ein Polynom $q(n)$, so dass jeder Kandidat in $O(q(n))$ Schritten überprüft werden kann, wobei $n$ die Größe der Problembeschreibung misst.

Alle Probleme, die wir mit dieser Vorgehensweise in polynomieller Zeit lösen können, nennt man *nichtdeterministisch polynomiell*, kurz *NP*. Eine präzise Definition von *NP* als Klasse von Sprachen werden wir auf S. 740 nachliefern.

Selbstverständlich muss man in unserem Grid-Schema auch die Lösungskandidaten in $O(p(n))$ vielen Schritten erzeugt haben, um zu garantieren, dass in polynomialer Zeit das Problem – positiv oder negativ – entschieden ist. Allerdings ist das meist kein Problem, es darf sich ruhig um $O(2^{p(n)})$ Kandidaten handeln.

Daher kann man den Unterschied zwischen $P$ und $NP$ prägnant so formulieren:

$P$ : *Probleme, die effizient gelöst werden können*
$NP$ : *Probleme, deren Lösungskandidaten effizient überprüft werden können.*

### 9.6.6 Nichtdeterminismus

Mathematisch kann man die Situation auch mit einem *nichtdeterministischen Algorithmus* beschreiben. Ein solcher hat zu jedem Zeitpunkt einen oder mehrere mögliche nächste Schritte zur Verfügung, von denen er einen beliebig auswählen kann. Wenn nun ein einziger Computer einen beliebigen Lösungsvorschlag nichtdeterministisch hätte erzeugen können, und bei jeder Auswahl vom Glück verwöhnt worden wäre, so wäre er genauso schnell fertig wie unser komplettes Grid. Dieser optimistische Begriff eines nichtdeterministischen Rechners der mit traumwandlerischer Sicherheit immer die besten Entscheidungen trifft, ist daher, was Effizienz angeht, äquivalent zum Begriff der unbeschränkten Parallelität oder eines unbeschränkten Grids (siehe Abbildung 9.26).

Aus diesem Grund kann man zur Analyse unbegrenzter Parallelität auch nichtdeterministische Algorithmenkonzepte verwenden. Im Falle von Turingmaschinen spricht man von *nichtdeterministischen Turingmaschinen*, sogenannten *NTMs*.

Formal wird eine nichtdeterministische Turingmaschine durch eine Abbildung

$$\delta : Q \times \Sigma \to \wp(Q \times \Sigma \times \{L, R\})$$

beschrieben, die jedem Zustand $q \in Q$ und jedem Zeichen $z \in \Sigma$ eine Menge möglicher Instruktionen

$$\delta(q, z) = \{(q_0, z_0, d_0), (q_1, z_1, d_1), ..., (q_k, z_n, d_n)\},$$

zuordnet. Ist die Maschine im Zustand $q$ und liest sie das Zeichen $z$, so kann sie ein beliebiges Tripel $(q_i, z_i, d_i) \in \delta(q, z)$ aussuchen und demgemäß das Zeichen $z_i$ schreiben, den Kopf in Richtung $d_i$ bewegen und in Zustand $q_i$ übergehen.

Für unser obiges Problem würden wir eine NTM bauen, die $n$ mal nichtdeterministisch eine 0 oder eine 1 auf das Band schreibt. Die erzeugte $0 - 1$-Folge wird als Belegung interpretiert und getestet, ob sie die Formel erfüllt. Im Erfolgsfall könnten wir dann nach polynomial vielen Schritten fertig sein. Die - mit viel Glück - nichtdeterministisch gewählte Belegung entspricht der Belegung die der Glückspilz in dem Rechner-Grid getestet hat, der zuerst eine Lösung vermeldete. Daher ist die optimistische Vorstellung der *NTM*, die nur richtige Entscheidungen trifft, nicht ganz so abwegig.

Bei einem nichtdeterministischen Algorithmus $A$ versteht man unter $ntime_A(w)$ die Mindestanzahl von Schritten einer nichtdeterministischen Berechnung, bei Eingabe von $w \in \Sigma^*$. Mit $ntime_A(n)$ bezeichnen wir das Maximum aller $ntime_A(w)$ mit $|w| \le n$.

Falls $ntime_A(n) \in O(t(n))$ für eine Schätzfunktion $t : N \to N$ ist, so sagt man, dass der Algorithmus $A$ *nichtdeterministische Komplexität* $O(t)$ hat. Entscheidet $A$ die Sprache $L$, so sagen wir, dass $L$ *nichtdeterministische Komplexität* $O(t(n))$ hat.

## 9.6.7 Die Klasse NP

Analog zu der Klasse $P$ definieren wir jetzt

*NP = Klasse aller Sprachen mit nichtdeterminstisch polynomialer Komplexität.*

Offensichtlich sind normale Turingmaschinen Spezialfälle nichtdeterministischer Turingmaschinen. Ist eine Sprache daher in $P$, so ist sie auch in $NP$, d.h. $P \subseteq NP$.

Alle betrachteten schweren Probleme konnte man in zwei Phasen lösen, die man mit den Begriffen „*Guess*" (raten) und „*Check*" (überprüfen) umschreiben kann. In der ersten Phase konstruierte man nichtdeterministisch eine Vermutung und in der zweiten prüfte man, ob die Vermutung sogar eine Lösung ist.

## 9.6 Komplexitätstheorie

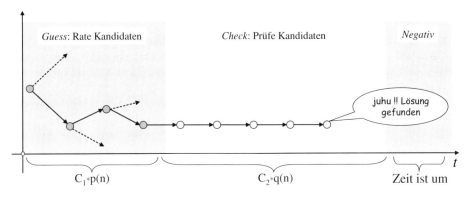

**Abb. 9.26:** *Guess und Check – nichtdeterministisch*

Die Guess-Phase muss in nichtdeterministisch polynomialer Zeit $p(n)$ geschehen. Dies garantiert, dass nach polynomialer Zeit jeder, auch unser Glückspilz, seinen Input hat.

Die Check-Phase muss in deterministisch polynomialer Zeit $q(n)$ beendet werden. Sie ist von jedem der parallelen Prozessoren, auch von unserem Glückspilz, zu erledigen. Insgesamt kann dieser spätestens zum Zeitpunkt $p(n) + q(n)$ seinen Erfolg verkünden.

Unsere mehrmals genannten Probleme haben alle die besprochene Form:

SAT:
   *Guess*: Rate eine Belegung $(x_1, x_2, ..., x_m) \in \{0, 1\}^m$ : (n Schritte).
   *Check*: Prüfe, ob $F(x_1, x_2, ..., x_m) = 1$ : (proportional zur Länge der Formel)

CLIQUE
   *Guess*: Rate eine Teilmenge $C \subseteq G$ :    (max $|G|$ Schritte)
   *Check*: Prüfe, ob $C$ eine Clique ist :    (proportional $|G|^2$).

Beide Probleme sind somit in *NP*. Analoges gilt für das TSP-Problem.

### 9.6.8 Reduzierbarkeit

Eine gute Strategie, ein neues Problem $X$ anzugehen, besteht darin, es auf ein anderes, bereits gelöstes Problem $f(X)$ zurückzuführen. Diese Vorgehensweise ist auch mit Komplexitätsbetrachtungen verträglich, sofern der Aufwand des Übersetzens nicht ins Gewicht fällt.

Da jedes ja/nein-Problem als Frage „Ist ein Wort $w$ in der Sprache $L$" kodiert werden kann, betrachten wir zwei Sprachen $L \subseteq \Sigma^*$ und $S \subseteq \Gamma^*$ und eine Abbildung $f: \Sigma^* \to \Gamma^*$ so dass für jedes Wort $w \in \Sigma^*$ gilt:

$$w \in L \Leftrightarrow f(w) \in S.$$

Falls $f$ höchstens polynomiale Komplexität hat, so schreiben wir

$$L \leq S$$

und sagen: *L ist polynomiell reduzierbar (zurückführbar) auf S*.

742                                           9 Theoretische Informatik und Compilerbau

Ist $S$ in $P$ bzw. in $NP$, dann gilt das gleiche auch für $L$. Um $w \in L$ zu entscheiden, berechnen wir in polynomialer Zeit $f(p)$ und entscheiden $f(p) \in S$.

Als erstes Beispiel betrachten wir 3SAT, eine scheinbare Vereinfachung des SAT-Problems. Hier betrachtet man nur spezielle Formeln, nämlich Konjunktionen von Klausel mit jeweils maximal drei Literalen. Zur Erinnerung ist

  – ein *Literal* $l$ eine Variable $x_i$ oder deren Negation $\neg x_i$
  – eine *Klausel* $K$ eine Disjunktion von Literalen $l_1 \vee l_2 \vee \dots \vee l_k$.

Jede aussagenlogische Formel kann bekanntlich als Konjunktion von Klauseln geschrieben werden. Das *3SAT-Problem* betrachtet lediglich Formeln, die bereits als Konjunktion von Klauseln vorliegen, wobei zusätzlich jede Klausel aus höchstens 3 Literalen bestehen soll. Ein Beispiel ist $(\neg x \vee \neg y \vee \neg z) \wedge (x \vee \neg z) \wedge (y \vee z) \wedge (x \vee \neg y)$. Da jedes 3SAT-Problem auch ein SAT-Problem ist, gilt natürlich $3SAT \leq SAT$. Formal kann man $f = id_{\Sigma^*}$, die Identität auf $\Sigma^*$, als Übersetzungsfunktion wählen.

Interessanter ist die umgekehrte Richtung: $SAT \leq 3SAT$. Hierzu müssen wir ein beliebiges SAT-Problem als 3SAT-Problem kodieren. Eine beliebige Formel $F$ müssen wir also in eine erfüllbarkeits-äquivalente Formel des $3SAT$-Problems überführen.

Dazu betrachten wir den Syntaxbaum von $F$. Mit $\neg\neg x = x$ und den deMorganschen Gesetzen $\neg(x \wedge y) = \neg x \vee \neg y$ und $\neg(x \vee y) = \neg x \wedge \neg y$ entfernen wir alle $\neg$-Knoten. Dies erfordert nicht mehr Schritte als $F$ Zeichen hat. Danach haben wir nur noch $\wedge$- und $\vee$-Knoten, sowie Blätter der Form $x_i$ oder $\neg x_i$, also Literale $l_i$.

Jetzt schneiden von unserem Baum von unten immer einen Knoten mit zwei Blättern ab. Die Schnittstelle versorgen wir mit einer neuen Variablen $z$. Das abgeschnittene Bäumchen - entweder $(l_i \vee l_j)$ oder $(l_i \wedge l_j)$ - wird zu einem Formelchen $z \leftrightarrow (l_i \vee l_j)$ bzw. $z \leftrightarrow (l_i \wedge l_j)$. Zum Schluss haben wir den Baum in lauter solche Bäumchen zerschnitten aber die ursprüngliche Formel $F$ ist offensichtlich genau dann erfüllbar, wenn auch die Konjunktion aller entstandenen Formelchen erfüllbar ist. Wegen der Äquivalenzen

$$z \leftrightarrow (l_1 \vee l_2) \quad \Leftrightarrow \quad (\neg z \vee l_1 \vee l_2) \wedge (\neg l_1 \vee z) \wedge (\neg l_2 \vee z)$$

$$z \leftrightarrow (l_1 \wedge l_2) \quad \Leftrightarrow \quad (\neg z \vee l_1) \wedge (\neg z \vee l_2) \wedge (\neg l_1 \vee \neg l_2 \vee z)$$

handelt es sich tatsächlich um eine Konjunktion von Klauseln mit höchstens 3 Literalen.

In der folgenden Abbildung beginnen wir mit $x_1 \wedge \neg((x_2 \vee \neg x_3) \wedge \neg x_4)$ und gewinnen im ersten Schritt die Formel $x_1 \wedge ((\neg x_2 \wedge x_3) \vee \neg x_4)$ mit zugehörigem Syntaxbaum.

## 9.6 Komplexitätstheorie

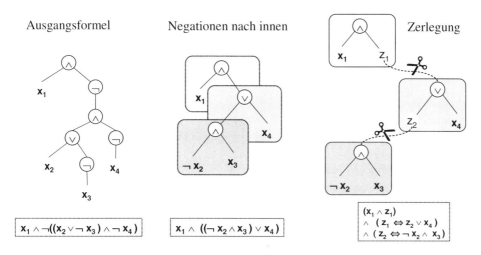

**Abb. 9.27:** *Rückführung auf 3SAT*

Bei der Zerschneidung entstehen an den Schnittstellen neue Variablen $z_1$ und $z_2$ und für die drei Bäumchen die Formeln $(x_1 \wedge z_1)$, $(z_1 \Leftrightarrow z_2 \vee x_4)$, $(z_2 \Leftrightarrow \neg x_2 \wedge x_3)$. Wir ersetzen die Äquivalenzen $u \Leftrightarrow w$ durch Implikationen $(u \Rightarrow w) \wedge (w \Rightarrow u)$, und danach jede Implikation $u \Rightarrow w$ durch $\neg u \vee w$. Wir erhalten in unserem Beispiel:

$(x_1 \wedge z_1)$
$\wedge \ (\neg z_1 \vee z_2 \vee x_4) \wedge (\neg z_2 \vee z_1) \wedge (\neg x_4 \vee z_1)$
$\wedge \ (\neg z_2 \vee \neg x_2) \wedge (\neg z_2 \vee x_3) \wedge (x_2 \vee \neg x_3 \vee z_2)$.

Die entstandene Formel ist *nicht äquivalent* zur Ausgangsformel, denn sie hat weitere Variablen. Sie ist aber *erfüllbarkeits-äquivalent*, d.h. sie ist genau dann erfüllbar, wenn die Ausgangsformel erfüllbar ist.

Selbstverständlich müssen wir uns vergewissern, dass die Umwandlung in polynomieller Zeit vonstatten ging. Hier ging es sogar in $O(n)$, wobei $n$ die Länge der Formel ist.

### 9.6.9 Der Satz von Cook

Endliche Transitionssysteme sind durch boolesche Formeln kodierbar. Relevante Systemeigenschaften führen auf SAT-Probleme. Dies legt nahe, dass das SAT ein recht universeller Problemtypus ist. Gibt es überhaupt härtere Probleme als SAT? Gibt es in NP ein härtestes Problem?

Es stellt sich heraus, dass man jedes Problem in NP auf SAT zurückführen kann. Das ist das Resultat des berühmten Satzes von Cook:

**Satz**(*Cook*): *Jedes Problem in NP ist polynomial auf SAT reduzierbar.*

744                                                    9 Theoretische Informatik und Compilerbau

Der Beweis ist jetzt nicht mehr schwer: Jedes Problem in NP ist durch eine Sprache $L$ gegeben, die durch ein nichtdeterministische Turingmaschine in polynomieller Zeit entschieden werden kann. Es gibt also eine NTM $T_L$ und ein Polynom $p$, so dass für jedes $w \in \Sigma^*$ in $p(|w|)$ vielen Schritten festgestellt werden kann, ob $w \in L$. Wir können annehmen, dass genau dann die TM in einen Endzustand kommt, wenn $w \in L$.

Bezeichnen wir die Bandposition, auf der der Kopf zu Anfang steht, mit $0$ und codieren wir die Zeit durch die natürlichen Zahlen $t \in N$, so liefert das Wissen, dass die Maschine in maximal $m = p(|w|)$ Schritten fertig ist, zwei wichtige Endlichkeitsbedingungen:

- nur die Bandzellen von $-m$ bis $+m$ werden je betreten
- wir brauchen nur den Zeitraum $0 \le t \le m$ zu betrachten.

Setzen wir $P = [-m, m]$ für die möglichen Bandpositionen und $T = [0, m]$ für die relevanten Zeitpunkte, so können wir die Aktionen der Turingmaschine durch vier Relationen zwischen den Mengen $P$, $T$, $Q$ und $\Sigma$ beschreiben:

| | |
|---|---|
| $Band(t, p, e)$ | zum Zeitpunkt $t$ steht an Position $p$ das Zeichen $e$ |
| $Zust(t, q)$ | zum Zeitpunkt $t$ befindet sich die Maschine in Zustand $q$ |
| $Kopf(t, i)$ | zum Zeitpunkt $t$ befindetsich der Kopf an Position $i$ |
| $F(q)$ | $q$ ist ein Endzustand |

Für jedes denkbare Tupel der obigen Relationen führen wir eine aussagenlogische Variable ein. Beispielsweise soll die Variable $b_{t, p, e}$ wahr sein, falls $Band(t, p, e)$ gilt, daher können wir den Ausdruck $Band(t, p, e)$ auch als aussagenlogische Variable $b_{t, p, e}$ auffassen. Die Anfangskonfiguration, die Übergangsrelation und die Endkonfiguration der Turingmaschine können wir durch folgende aussagenlogische Formeln beschreiben:

Zum Anfangszeitpunkt steht das Wort $w = a_0 a_1 \ldots a_k$ auf dem Band,

$$( A ): Band(0, 0, a_0) \wedge Band(0, 1, a_1) \wedge \ldots \wedge Band(0, n, a_n)$$

der Kopf befindet sich auf der 0-ten Zelle

$$(K): Kopf(0, 0)$$

und die Maschine ist im Zustand $q_0$, also $Zust(0, q_0)$. Wir können die TM so modifizieren, dass sie zur Zeit $m$ genau dann in einem Endzustand ist, wenn das Wort $w \in L(M)$ ist. In diesem Falle gilt also am Ende:

$$( Z ): Zust(m, q) \wedge F(q).$$

Für jedes $(q', e', d) \in \delta(q, e)$ und jedes $t \in T$ haben wir eine Formel:

$$(R_{t, q, e, q', e', d}): Zust(t, q) \wedge Kopf(t, i) \wedge Band(t, i, e)$$

$$\Rightarrow Zust(t + 1, q') \wedge Kopf(t + 1, i + d) \wedge Band(t, i, q').$$

Die folgende Formel beschreibt daher alle möglichen Übergänge der NTM:

$$(R): \wedge \{ \vee \{R_{t, q, q', e', d} \mid (q', e', d) \in \delta(q, e)\} \mid t \in T, q \in Q, e \in \Sigma\}.$$

9.6 Komplexitätstheorie

Falls die Turingmaschine, aus der Anfangskonfiguration gestartet, das Wort $w$ akzeptiert, gibt es natürlich eine erfüllende Belegung für die Formel

$$A \wedge K \wedge Z \wedge R .$$

Die Belegung ordnet z.B. der Variablen $b_{t,p,e}$ den Wahrheitswert *true* zu, falls in der akzeptierenden Berechnung zur Zeit $t$ an Bandposition $p$ das Zeichen $e$ stand, etc..

Leider gilt noch nicht die Umkehrung, denn die Formeln erzwingen noch nicht, dass
- anfangs außer $w$ nichts anderes auf dem Band stand,
- nur das Zeichen unter dem Kopf verändert werden darf,
- zu jedem Zeitpunkt
    der Kopf nur auf einer Position sein kann
    die Maschine genau einen Zustand hat
    auf jeder Bandposition genau ein Zeichen ist

Diese Bedingungen drücken wir durch die folgenden Formeln aus:

$(A_{links})$: $Band(0, -m, \#) \wedge \ldots \wedge Band(0, -1, \#)$
$(A_{rechts})$: $Band(0, k+1, \#) \wedge \ldots \wedge Band(0, m, \#)$

$(Bd_{fix})$: $\wedge \{ Band(t, i, e) \wedge Kopf(t, j) \Rightarrow Band(t+1, e) \mid i \neq j \in P \}$ .

*Kopf* ist eine Funktion:

$( Kopf_1 )$: $\wedge \{ \vee \{ Kopf(t, p) \mid p \in P \} \mid t \in T \}$
$( Kopf_2 )$: $\wedge \{ \neg(Kopf(t, p) \wedge Kopf(t, p')) \mid t \in T, p \neq p' \in P \}$ ,

analog drücken wir aus, dass auch *Zust* und *Band* Funktionen sind. Aus einer Belegung, die die Formel

$$A \wedge K \wedge Z \wedge R \wedge A_{li} \wedge A_{re} \wedge Bd_{fix} \wedge Kopf_1 \wedge Kopf_2 \wedge Zust_1 \wedge Zust_2 \wedge Band_1 \wedge Band_2$$

wahrmacht, können wir einen $w$ akzeptierenden Lauf der Turingmaschine gewinnen.

Insgesamt haben wir also die Frage, ob $w \in L$ ist, auf die Frage zurückgeführt, ob eine bestimmte Formel erfüllbar ist, also auf ein SAT-Problem.

Selbstverständlich wird kaum jemand behaupten, dass die entsprechende Codierung praktisch sehr nützlich ist, aber für unsere theoretischen Zwecke ist sie brauchbar, wenn wir uns überzeugen, dass der Codieraufwand in Abhängigkeit von der Länge $|w|$ höchstens polynomial wächst. Man überprüft leicht, dass die Länge der konstruierten Formel höchstens kubisch mit der Länge $|w|$ des Eingabewortes wächst, d.h. der Prozess ist von Komplexität $O(n^3)$.

## 9.6.10    NP-Vollständigkeit

Der Satz von Cook besagt, dass SAT ein schwierigstes Problem in der Klasse NP ist. Jedes Problem in NP kann mit polynomiellem Aufwand auf SAT zurückgeführt werden. Da andererseits SAT auch auf 3SAT zurückgeführt werden kann, sind beide gleich schwer. Wir werden bald sehen, dass die analoge Aussage auch für CLIQUE zutrifft.

746                                                   9 Theoretische Informatik und Compilerbau

Allgemein nennt man ein Problem $L$ *NP-vollständig*,

- wenn es in $NP$ liegt, und
- wenn jedes Problem in $NP$ polynomiell auf $L$ reduziert werden kann.

Seit Cook's Entdeckung, dass SAT und 3SAT NP-vollständig sind, wurden eine Vielzahl von natürlichen und auch praktisch relevanten Problemen als NP-vollständig nachgewiesen. Dies geschieht immer nach dem gleichen Schema:

- Weise nach, dass das Problem in $NP$ ist,
- führe eines der bereits bekannten $NP$-vollständigen Probleme darauf zurück.

Für den Nachweis des ersten Schrittes genügt meist zu zeigen, dass das Problem mit dem *Guess-und-Check* Schema polynomiell lösbar ist. Für den zweiten Schritt sucht man sich ein möglichst verwandtes, aber bereits als NP-vollständig identifiziertes Problem, um es auf das neue Problem zurückzuführen.

## 9.6.11    CLIQUE ist NP-vollständig

Exemplarisch studieren wir die Vorgehensweise am Cliquenproblem. Die Codierung eines Cliquenproblems ist ein Wort $w$, das die Schranke $k$, sowie die Knoten $V$ des Graphen und alle Verbindungen auflistet. Wir können es nichtdeterministisch polynomiell lösen:

> *Guess*: Rate eine Teilmenge $C \subseteq V$
> *Check*: Prüfe nach, ob $C$ eine $k$-Clique ist.

Der nichtdeterministische Guess-Schritt hat Komplexität $O(|w|)$. Im deterministischen Check-Schritt muss man für jede Kante $(c_1, c_2) \in C$ prüfen, ob sie in $w$ vorhanden ist, benötigt also maximal $O(|C|^2 \times |w|) \leq O(|w|^3)$ Schritte. Somit ist CLIQUE in NP.

Als nächstes wählen wir das schon als NP-vollständig bekannte 3SAT und führen es auf CLIQUE zurück. Wir gehen also von einer aussagenlogischen Formel $F$ mit $m$ Variablen aus, die als Konjunktion von $k$ Klauseln mit (maximal) je drei Literalen vorliegt:

$$F(x_1, x_2, ..., x_m) = (l_1^1 \vee l_2^1 \vee l_3^1) \wedge (l_1^2 \vee l_2^2 \vee l_3^2) \wedge ... \wedge (l_1^k \vee l_2^k \vee l_3^k).$$

Eine erfüllende Belegung muss in jeder Klausel ein Literal $l$ wahr machen. Das gewählte Literal bestimmt umgekehrt auch die Belegung der zugehörigen Variablen: $x = 1$ falls $l = x$ und $x = 0$, falls $l = \neg x$. Eine beliebige Auswahl von Literalen $l_{i1}^1, l_{i2}^2, ..., l_{ik}^k$, eines aus jeder Klausel, ist genau dann zulässig (ergibt genau dann eine erfüllende Belegung), falls keine zwei Literale darin komplementär sind.

Jedes in der Formel vorkommende Literal machen wir zum Knoten eines Graphen $G_F$ mit $3k$ Knoten. Zwei Knoten werden verbunden, wenn

- sie in verschiedenen Klauseln liegen und
- *nicht* komplementäre Literale sind.

## 9.6 Komplexitätstheorie

$k$-Cliquen in diesem Graphen entsprechen genau den zulässigen Literalauswahlen, denn

- Literale der gleichen Klausel sind nicht verbunden,
- daher muss jede Klausel genau ein Literal zur $k$-Clique beitragen
- je zwei Knoten der Clique sind verbunden,
- daher können keine zwei Literale komplementär sein.

Das folgende Bild zeigt den Graphen zu einer erfüllbaren Formel. Die hervorgehobene Clique entspricht einer erfüllenden Belegung.

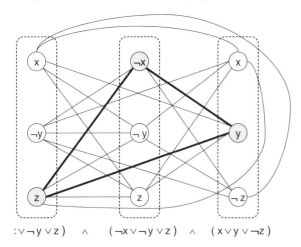

$(x \vee \neg y \vee z) \quad \wedge \quad (\neg x \vee \neg y \vee z) \quad \wedge \quad (x \vee y \vee \neg z)$

**Abb. 9.28:** *Graph zu einer Formel mit 3-Clique*

### 9.6.12 Praktische Anwendung von SAT-Problemen

Das SAT-Problem klingt zunächst wie ein mathematischer Zeitvertreib. Es ist aber in der praktischen Informatik und in der Industrie von größter Bedeutung. Insbesondere die Verifikation endlicher Systeme, Algorithmen und Protokolle führt immer zu SAT-Problemen, die dann möglichst effizient gelöst werden müssen.

Allgemein kann man endliche Systeme (man spricht auch von *Transitionssystemen*) durch eine endliche Menge $Z$ von Zuständen und eine *Übergangsrelation* $R \subseteq Z \times Z$ angeben. Statt $(z, z') \in R$ schreibt man auch $z \to z'$ und sagt:

*von Zustand $z$ kann das System in Zustand $z'$ übergehen.*

Eine Folge $z_1 \to z_2 \to \ldots \to z_n$ von Zuständen nennt man einen *Pfad* von $z_1$ nach $z_n$. Jeder Pfad beschreibt eine mögliche zeitliche Entwicklung des Systems.

Meist hat man noch einen *Anfangszustand* $z_0$ und eine oder mehrere Mengen $E \subseteq Z$ von *Endzuständen*. In Anwendungen handelt es sich dabei oft um *verbotene Zustände*. Hat man zum Beispiel ein Bauteil, das eine Eisenbahn-Signalanlage steuert, so will man etwa garantieren, dass nie zwei sich kreuzende Fahrwege gleichzeitig freigegeben werden. Man will also verifizieren, dass gewisse verbotene Zustände nie erreicht werden können.

Kleine Systeme kann man, wie in der nachfolgenden Abbildung gezeigt, als Graph veranschaulichen, wobei man die Zustände durch Knoten darstellt und die Paare $(z, z') \in R$ durch eine Kante von $z$ nach $z'$.

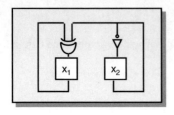
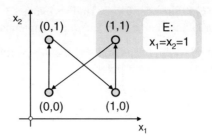

Eine Schaltung          Darstellung als Transitionssystem

**Abb. 9.29:** *Schaltung als Transitionssystem*

Gegeben ein solches Transitionssystem $S = (Z, R, z_0, E)$, so stellt sich die Frage, ob es einen Pfad von $z_0$ zu einem $y \in E$ gibt. In einem endlichen System brauchen wir nur nach Pfaden der Länge $\leq |Z|$ zu fragen, da alle längeren Pfade eine Schleife haben müssen. Für ein beliebiges $k$ wollen wir also die Frage

„*Gibt es einen Pfad der Länge $k$ von $z_0$ zu einem $z \in E$ ?*"

durch eine aussagenlogische Formel kodieren.

Dazu beschreiben wir $Z$ erst einmal durch irgendeine Datenstruktur. Benutzt diese $n$ Bits zur Repräsentation eines Elementes, so können wir $Z$ als Teilmenge von $\{0, 1\}^n$, d.h. als Menge von Bitfolgen der Länge $n$ auffassen.

Sind zum Beispiel $(1, 0, 1, 1)$ und $(0, 1, 1, 0)$ Repräsentationen zweier Elemente $z_1, z_2 \in Z$, so werden diese durch die Formeln $\tilde{z}1(x_1, x_2, x_3, x_4) = x_1 \wedge \neg x_2 \wedge x_3 \wedge x_4$ und $\tilde{z}2(x_1, x_2, x_3, x_4) = \neg x_1 \wedge x_2 \wedge x_3 \wedge \neg x_4$ charakterisiert. Die Disjunktion $\tilde{z}1 \vee \tilde{z}2$ repräsentiert offensichtlich die Zweiermenge $\{z_1, z_2\}$, etc..

Allgemein entspricht jede Teilmenge $E$ von $Z$ einer Abbildung $\chi_E : \{0, 1\}^n \to \{0, 1\}$, also einer booleschen Funktion. Diese können wir durch einen booleschen Term, d.h. eine aussagenlogische Formel $\tilde{E}(x_1, x_2, ..., x_n)$ darstellen.

Die Relation $R$ ist eine Teilmenge von $Z \times Z$, also auch eine Teilmenge von $\{0, 1\}^n \times \{0, 1\}^n$, daher finden wir eine Formel mit $2n$ Variablen

$$\tilde{R}(x_1, ..., x_n, y_1, ..., y_n) \quad ,$$

die genau dann für eine Bitfolge $b_1, b_2, ..., b_n, c_1, c_2, ..., c_n$ wahr ist, wenn die durch $b_1, b_2, ..., b_n$ und $c_1, c_2, ..., c_n$ repräsentierten Zustände in $R$ sind.

Ist $a \in Z$ und $E \subseteq Z$, so gibt es genau dann einen Weg der Länge $k$ von $a$ zu einem Element der Menge $E$, wenn die folgende Formel erfüllbar ist:

## 9.6 Komplexitätstheorie

$$\begin{aligned}
&\bar{a}(x_1, x_2, ..., x_n) \\
&\wedge \quad R(x_1, ..., x_n, z_1^1, ..., z_n^1) \\
&\wedge \quad \bar{R}(z_1^1, ..., z_n^1, z_1^2, ..., z_n^2) \\
&\quad ... \\
&\wedge \quad \bar{R}(z_1^{k-1}, ..., z_n^{k-1}, y_1, ..., y_n) \\
&\wedge \quad \bar{E}(y_1, y_2, ..., y_n)
\end{aligned}$$

Die erfüllende Belegung liefert die Zustände $a, z^1, z^2, ..., z^{k-1}, y$ eines Pfades, der in $a$ beginnt und in einem $y \in E$ endet. Gibt es also eine Belegung, so kann ein (verbotener) Zustand $z \in E$ erreicht werden. Gibt es keine erfüllende Belegung, so ist die Sicherheitseigenschaft: Das System kommt nie in einen (verbotenen) Zustand $z \in E$ erfüllt

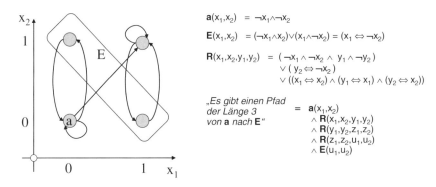

**Abb. 9.30:** *Kodierung eines endlichen Systems*

Für die Lösung solch typischer SAT-Probleme sind in den letzten Jahren wichtige Techniken entwickelt worden. Eine Kernidee beruht auf einer speziellen Darstellung boolescher Formeln durch „*geordnete Entscheidungsbäume*" (ordered binary decision diagrams - *OBDD*). Sogenannte „*model checker*", wandeln Algorithmen, Systembeschreibungen und logische Spezifikationen in entsprechende boolesche Formeln um und prüfen jene auf Erfüllbarkeit. Sehr ausgereifte System, wie z.B. *Cadence SMV* von Ken McMillan sind im akademischen Umfeld kostenfrei erhältlich.

### 9.6.13 P = NP ?

Die Probleme in der Klasse $P$ zählt man zu den effizient lösbaren, während diejenigen in $NP$ als schwierige oder harte Probleme gelten. Die schwierigsten Probleme in NP sind die NP-vollständigen, zu denen SAT, 3-SAT, CLIQUE und auch TSP gehören.

Es ist klar, dass $P \subseteq NP$ gilt. Erstaunlicherweise ist bis heute der Nachweis, dass $NP \not\subset P$ gilt nicht gelungen. Es könnte daher immer noch möglich sein, dass die beiden Klassen zusammenfallen, dass also $P = NP$ gilt. Dazu müsste nur für ein einziges NP-vollständiges

Problem ein deterministisch polynomieller Algorithmus gefunden wären, Alle andern Probleme in NP wären dann automatisch auch in $P$.

Die Frage, ob $P = NP$ ist, gilt als derzeit schwierigstes Problem der theoretischen Informatik und nicht umsonst zählt es zu den vom *Clay Mathematical Institute* bestimmten *Millenium Problemen*. Neben der Ehre könnte derjenige unserer geneigten Leser, der diese Frage als erster löst, sich ein erkleckliches Sümmchen verdienen. Die genauen Wettbewerbsbedingungen sind bei www.claymath.org/millennium/ zu erfragen.

# 10 Datenbanksysteme

In vielen Anwendungen müssen große Datenbestände dauerhaft auf Externspeichern verwaltet werden. Stellen diese Daten eine logische Einheit dar, so spricht man von einer *Datenbank*. Im Gegensatz zu rein privaten Datenbanken, die nur von einem Benutzer gepflegt und genutzt werden, wird in diesem Kapitel der für die Praxis relevantere Fall betrachtet, dass eine Datenbank einen gemeinsamen Datenbestand *mehrerer* Benutzer darstellt. Insbesondere muss der gleichzeitige Zugriff verschiedener Benutzer unterstützt werden. Die Software zur Verwaltung einer Datenbank wird auch als *Datenbankverwaltungssystem* (DBVS) (engl. *database management system*) bezeichnet. Der Begriff *Datenbanksystem* (DBS) wird für die Datenbank und ihr zugehöriges DBVS verwendet.

## 10.1 Datenbanken und Datenbanksysteme

In den 60er Jahren wurde bereits die Notwendigkeit für spezielle DBVS erkannt. Es war damals üblich, die für eine Anwendung relevanten Daten direkt in den Anwendungsprogrammen zu verwalten. Dies führte insbesondere zu folgenden Problemen:

- Die Daten der verschiedenen Anwendungen hatten verschiedene Datenformate und Datenmodelle, so dass ein Austausch zwischen den Anwendungen nur mit sehr hohem Aufwand zu bewerkstelligen war. Dies führte dazu, dass Daten mehrfach in verschiedenen Datenbeständen vorlagen und in sich nicht konsistent waren.
- Die Wartungskosten der vielen Programme zur Datenverwaltung waren immens hoch. Änderte sich die Schnittstelle zu den Daten, mussten alle Programme geändert, neu übersetzt und getestet werden.
- Die Programme unterstützten keinen Mehrbenutzerbetrieb, da im Allgemeinen nur ein Benutzer zu einem Zeitpunkt auf die Datenbank zugreifen konnte.
- Die Anwendungsprogramme waren äußerst komplex, da insbesondere ein hoher Programmieraufwand für die effiziente Ausführung von Anfragen notwendig war.

Durch die Einführung eines DBVS wird eine einheitliche Schnittstelle für den Zugriff auf die Daten angeboten. Alle Benutzer verwenden zwar noch spezielle Anwendungsprogramme, diese delegieren jedoch alle notwendigen Datenzugriffe über die Schnittstelle an das DBVS. Neben dieser einheitlichen Zugriffsschnittstelle bietet ein DBVS im Vergleich zu Individuallösungen noch weitere wichtige Vorteile:

- Das DBVS verwendet im Wesentlichen drei Abstraktionsebenen zur Repräsentation der Daten. Diese sind in Abb. 10.1 veranschaulicht. Auf der *internen Ebene* wird beschrieben, wie Daten auf den Externspeicher abgebildet werden. Die Gesamtheit dieser Abbildungsvorschriften wird auch als *internes Schema* bezeichnet. Auf der *konzeptuellen Ebene* erfolgt durch ein entsprechendes Schema eine Beschreibung der Gesamtheit aller Daten in der Datenbank. Zusätzlich gibt es noch die *externe Ebene*, wo individuelle Schemata für Benutzergruppen definiert werden können. Diese Schemata sind logische Konstruktionen, die, ähnlich einer Schnittstelle in Java, den Zugriff auf die Daten einschränken.

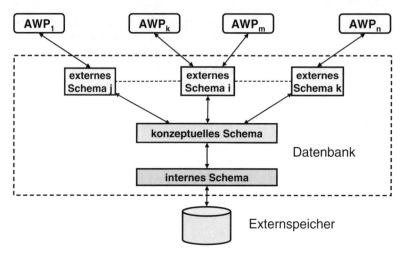

*Abb. 10.1:*   *Drei-Schichten Architektur einer Datenbank*

- Ein Benutzer wird i.A. ein Programm, das *Anwendungsprogramm* (AWP), benutzen, um über ein externes Schema auf die relevanten Daten der Datenbank zuzugreifen. Aufgrund dieser klaren Schichtung führen Änderungen in der Datenbank nicht dazu, dass das Anwendungsprogramm eines Benutzers geändert werden muss. Man spricht dann auch von *Datenunabhängigkeit*. Die Beschreibungen der Schemata werden wiederum als so genannte *Metadaten* in einem Teil der Datenbank (engl. *data dictionary*) gehalten.
- Zusätzlich zu der Möglichkeit, über ein AWP auf die Datenbank zuzugreifen, bieten heutige DBVS eine einfache *ad-hoc Anfragesprache* an, um interaktiv mit der Datenbank zu arbeiten. Der Anforderungskatalog für eine solche Sprache umfasst das Anlegen und Ändern eines Datenbankschemas sowie die Verarbeitung einzelner Objekte in der Datenbank. Die Sprachen bedienen sich vorwiegend deklarativer Konzepte. Dies bedeutet insbesondere, dass bei einer Anfrage nur die Antwortmenge beschrieben wird, nicht aber, wie diese aus dem Datenbestand gewonnen werden soll. Eine wesentliche Aufgabe des DBVS ist es deshalb, aus einer solchen deklarativen Beschreibung einer Antwortmenge einen effizienten Ausführungsplan zu generieren. Dies ist die Aufgabe des *Anfrageoptimierers*, einer der wichtigsten Komponenten eines DBVS.

## 10.2 Datenmodelle 753

- DBVS unterstützen einen *Mehrbenutzerbetrieb*, indem intern im DBVS (für den Benutzer unsichtbar) eine Koordinierung der Aktivitäten aller Benutzer stattfindet. Einerseits muss dabei ein hoher Grad an Parallelität erzielt, andererseits stets die Konsistenz der Daten gewährleistet werden.

Im Folgenden wollen wir uns auf Erläuterungen zu den Themenbereichen Datenmodelle, Anfragesprachen, Anwendungsprogrammierung und Mehrbenutzerbetrieb beschränken. Darüber hinaus gibt es eine Reihe interessanter Aspekte von DBVS, die hier unberücksichtigt bleiben. Als Schlagworte seien stellvertretend genannt: Datenschutz, Integritätsbedingungen, Fehlertoleranz. Für die Erläuterung dieser Begriffe und eine Vertiefung der Thematik verweisen wir den Leser auf die entsprechende Fachliteratur, z.B. auf die Bücher von Vossen bzw. von Kemper und Eickler.

# 10.2 Datenmodelle

Ähnlich wie bei der Erstellung von großen Softwaresystemen wird bei der Entwicklung einer Datenbank zunächst auf Grundlage einer Anforderungsanalyse ein *konzeptionelles Datenmodell* erstellt, das später zur Spezifikation der Datenbank dient. Dieses konzeptionelle Datenmodell ist unabhängig von dem später verwendeten DBVS. Üblicherweise wird es heutzutage auf Basis des so genannten *Entity/Relationship* (kurz:E/R) Modells erstellt, dessen grundlegende Techniken wir hier vorstellen wollen. Im nächsten Schritt wird dann das konzeptionelle Datenmodell in ein Modell des verwendeten DBVS umgesetzt. Aufgrund der marktbeherrschenden Position relationaler DBVS wird im Allgemeinen eine Umsetzung in das relationale Modell erfolgen. Dessen Hauptbestandteile sollen deshalb in einem weiteren Unterkapitel kurz vorgetellt werden.

## 10.2.1 Entity/Relationship-Modell

Das *E/R-Datenmodell* beschreibt eine Abstraktion der realen Welt durch Verwendung von Entitäten (engl. *entities*) und ihren Beziehungen untereinander (engl. *relationships*). Eine *Entität* entspricht einer Abstraktion eines Gegenstands aus der realen Welt, der sich von anderen Entitäten unterscheidet. Entitäten besitzen Eigenschaften, die im Folgenden als *Attribute* bezeichnet werden. Logisch zusammengehörende Entitäten, die über gleiche Attribute verfügen, werden zu einer *Entitätsmenge* zusammengefasst. Die Strukturbeschreibung einer Entitätsmenge bezeichnet man auch als *Entitätstyp*. Dieser wird durch einen eindeutigen Namen und mit einer zugehörigen Menge von Attributen beschrieben.

Um Entitäten innerhalb der Entitätsmenge eindeutig zu identifizieren, genügt es, eine Teilmenge der zugehörigen Attribute zu betrachten. Eine solche Teilmenge heißt *Schlüsselkandidat*, wenn durch Entfernen eines beliebigen Attributs die Eindeutigkeit nicht erhalten bleibt. Für einen Entitätstyp kann es durchaus mehrere Schlüsselkandidaten geben. Einer dieser Schlüsselkandidaten wird dann zur Identifikation der Entitäten des Typs fest ausgewählt und als *Primärschlüssel* bezeichnet. Man beachte aber, dass Schlüsselkandidaten zeitunabhängige Invarianten sind. Die Eigenschaft kann nicht mit einer derzeit gültigen Entitätsmenge nachgewiesen werden, sondern ist Bestandteil des Entitätstyps. Für jede Entitätsmenge des Typs muss also diese Eigenschaft erfüllt sein.

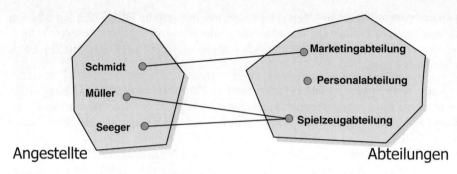

*Abb. 10.2:* Entitäten, Entitätsmengen und Beziehungen

Durch eine *Beziehung* lassen sich Zusammenhänge zwischen verschiedenen Entitäten herstellen. Zusätzlich zu den beteiligten Entitäten kann eine Beziehung optional auch noch eine Menge von Attributen besitzen. Logisch zusammengehörende Beziehungen darf man zu einer *Beziehungsmenge* zusammenfassen. Ein *Beziehungstyp* beschreibt die Struktur einer Beziehungsmenge, indem die Menge der beteiligten Entitätstypen und die Menge der Attribute angegeben werden.

In Abb. 10.2 werden zwei verschiedene Entitätsmengen (Angestellte und Abteilungen) eines Unternehmens dargestellt. Eine Entität besitzt in diesem einfachen Beispiel als Attribut den Namen des Angestellten bzw. den Namen der Abteilung. Jede Verbindungslinie zwischen den Entitäten veranschaulicht eine Beziehung. So besteht z.B. zwischen der Entität Müller und der Entität Spielzeugabteilung eine Beziehung.

*Beziehungstypen* werden nach der Kardinalität der in dem Beziehungstyp auftretenden Entitätstypen klassifiziert. Gehen wir von einem Beziehungstyp mit zwei Entitätstypen A und B aus, so ergeben sich folgende drei Klassen:

- *1:1-Beziehung*: Eine Entität des Typs A steht mit höchstens einer Entität des Typs B in Beziehung und umgekehrt.
- *n:1-Beziehung*: Eine Entität des Typs A steht mit höchstens einer Entität des Typs B in Beziehung, und eine Entität des Typs B kann mit mehreren Entitäten des Typs A in Beziehung stehen.
- *n:m-Beziehung*: Eine Entität des Typs A kann mit mehreren Entitäten des Typs B in Beziehung stehen und umgekehrt.

Ein E/R-Datenmodell lässt sich als Graph (*E/R-Diagramm*) veranschaulichen. Die Knoten des Graphen werden als Rechtecke oder Rauten dargestellt, je nachdem ob sie Entitätstypen oder Beziehungstypen repräsentieren. Zwischen einem Rechteck und einer Raute wird eine Kante gezogen, falls der zugehörige Entitätstyp im entsprechenden Beziehungstyp auftritt. Die Kante besitzt als Markierung die Kardinalität, die der Entitätstyp in dem Beziehungstyp besitzt. Dieser Graph lässt sich noch weiter verfeinern, indem die Attribute durch Ellipsen als eigenständige Knoten veranschaulicht und über eine Kante mit ihrem Entitäts- bzw. Beziehungstyp verbunden werden. Dabei unterstreicht man alle zum Primärschlüssel gehörenden

## 10.2 Datenmodelle

Attribute. Aus Gründen der Übersichtlichkeit stellt man oft nur die wichtigsten Attribute im E/R-Diagramm dar.

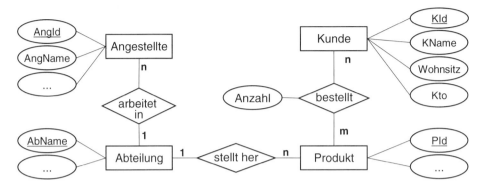

**Abb. 10.3:** *Beispiel eines E/R-Diagramms*

Ein Beispiel eines E/R-Diagramms zeigt Abb. 10.3. Es beschreibt die „Miniwelt" eines Industrieunternehmens, in dem als Entitätstypen Angestellte, Abteilung, Produkt und Kunde auftreten. Es gibt zwei 1:n Beziehungstypen (arbeitet in, stellt her) und einen n:m-Beziehungstyp (bestellt). Da die Beziehung bestellt eine n:m-Beziehung ist, kann ein Kunde verschiedene Produkte bestellen und ein Produkt von verschiedenen Kunden bestellt werden. Bei der n:1-Beziehung arbeitet in ist zu erkennen, dass ein Angestellter zu höchstens einer Abteilung gehören darf. Der Entitätstyp Kunde besitzt insgesamt vier Attribute: KId ist eine eindeutige Kundennummer und wird als Primärschlüssel verwendet, KName bezeichnet den Namen, Wohnsitz ist der Hauptwohnsitz des Kunden. Da ein Kunde im Allgemeinen noch nicht alle Rechnungen bezahlt hat, wird die Summe seiner Fälligkeiten in dem Attribut Kto vermerkt. Wir werden in diesem Kapitel immer wieder auf dieses Beispiel zurückgreifen. Es sei hier ausdrücklich darauf hingewiesen, dass das E/R-Diagramm nur einen Auszug des gesamten E/R-Modells visualisiert und dass deshalb zusätzlich zu dem Diagramm das eigentliche E/R-Modell in einer Dokumentation noch vollständig beschrieben werden muss.

Insgesamt stellt das E/R-Datenmodell die Grundlage für einen guten Datenbankentwurf dar. Die E/R-Modellierung wird auch in anderen Bereichen wie z.B. bei der Entwicklung von Software verwendet. Es wurden vielfältige Erweiterungen des E/R-Datenmodells vorgestellt, z.B. in dem Buch von Vossen, die sich auch in der Praxis gegenüber dem ursprünglichen Modell bewährt haben.

### 10.2.2 Das Relationale Datenbankmodell

Das *relationale Datenmodell* wurde in seiner ursprünglichen Form 1970 von Codd vorgestellt. Die heute marktbeherrschenden DBVS wie z.B. Oracle, SQL Server, Sybase, Informix und DB2 orientieren sich im Wesentlichen an diesem relationalen Modell. Der folgende

756                                                                    10  Datenbanksysteme

Abschnitt beschreibt die Grundlagen, die für das Verständnis der erwähnten Datenbanksysteme von großer Wichtigkeit sind.

## 10.2.3   Relationen

Der Begriff der *Relation* ist von zentraler Bedeutung innerhalb des relationalen Modells. Zu einer Relation $R$ gibt es ein *Relationenschema*, das aus dem Namen der Relation und einer Folge von Attributen besteht. Zu jedem *Attribut* $A_i$ gehört ein *Wertebereich* $D_i$, für den im Allgemeinen nur atomare Werte wie ganze Zahlen, Fließkommazahlen und Zeichenketten zugelassen sind, nicht aber strukturierte und mengenwertige Daten.

Der Inhalt einer in der Datenbank gespeicherten Relation ist zeitlichen Veränderungen unterworfen. Zu jedem Zeitpunkt hat man daher eine bestimmte *Instanz* $I_R$ von $R$ vorliegen. Unter einer Instanz verstehen wir hier eine *Teilmenge* des kartesischen Produkts der zugehörigen Wertebereiche, also das, was man ansonsten in der Mathematik unter einer Relation versteht: $I_R \subseteq D_1 \times \ldots \times D_n$. Ein Element einer Instanz wird *Tupel* oder *Datensatz* genannt. Eine *Relation* ist daher genau genommen die Menge aller erlaubten Instanzen eines vorgegebenen Relationenschemas. Der Begriff der Relation wird oft aber auch synonym für die (aktuelle) Instanz benutzt.

Der bisherige Begriff der Relation ist für praktische Zwecke zu weit gefasst, da Datensätze zugelassen werden, die in der realen Welt nicht auftreten können. Um die Möglichkeiten der Relationsinstanzen in diesem Sinne einzuschränken, führt man *Integritätsbedingungen* ein, die für alle Instanzen einer Relation erfüllt sein müssen. Ein Beispiel für eine Integritätsbedingung ist der Primärschlüssel einer Relation. Entsprechend dem Begriff des Primärschlüssels im E/R-Datenmodell bezeichnet der *Primärschlüssel* im relationalen Modell eine minimale Menge von Attributen, welche die Datensätze der Relation eindeutig identifiziert. Es darf also keine Instanz einer Relation geben, in der zwei Tupel existieren, die bezüglich ihres Primärschlüssels gleich sind. Primärschlüssel werden im relationalen Modell auch als „Zeiger" benutzt, die insbesondere zur Modellierung von Beziehungen verwendet werden.

Relationen lassen sich übersichtlich als Tabellen veranschaulichen. Abbildung 10.4 stellt z.B. eine Relation Kunde als Tabelle dar. Die Attribute der Relation werden dabei in einer Kopfzeile aufgeführt. Jede weitere Zeile der Tabelle enthält genau einen Datensatz. Die Repräsentation von Relationen durch Tabellen ist so intuitiv, dass viele DBVS eine entsprechende grafische Benutzerschnittstelle anbieten.

| KId | KName | Wohnsitz | Kto |
|-----|-------|----------|-----|
| 2 | Lutz | Darmstadt | 0 |
| 3 | Feldmann | Bremen | −2000 |
| 5 | Seidl | München | −1000 |
| 7 | Breitenbach | Darmstadt | 0 |

*Abb. 10.4:*   *Darstellung der Relation* Kunde *als Tabelle*

10.2 Datenmodelle 757

## 10.2.4 Die relationale Algebra

Die *relationale Algebra* stellt eine Menge von ein- und zweistelligen Operatoren zur Verfügung. Diese Operatoren berechnen zu einer bzw. zwei Relationen eine neue Relation. Sei im Folgenden *Rel* die Menge aller möglichen Relationen. Im Wesentlichen umfasst die relationale Algebra folgende fünf Operatoren:

- *Vereinigung* $\cup$ : $(Rel, Rel) \rightarrow Rel$ : Zu zwei Relationen mit gleichem Relationenschema wird die Vereinigung ihrer Instanzen berechnet.
- *Differenz* $-$ : $(Rel, Rel) \rightarrow Rel$ : Zu zwei Relationen mit gleichem Relationenschema wird die Mengendifferenz ihrer Instanzen berechnet.
- *Kartesisches Produkt* $\times$ : $(Rel, Rel) \rightarrow Rel$ : Zu zwei Relationen wird das kartesische Produkt ihrer Instanzen gebildet.
- *Projektion* $\pi_T$ : $Rel \rightarrow Rel$ : Zu einer Relation und einer Teilmenge $T$ ihres Relationenschemas wird eine Relation mit Schema $T$ erzeugt, deren Instanz alle Tupel aus der Eingaberelation eingeschränkt auf $T$ enthält.
- *Selektion* $\sigma_P$ : $Rel \rightarrow Rel$ : Zu einer Relation und einem Prädikat $P$ werden alle Tupel der Relation berechnet, die das Prädikat $P$ erfüllen.

Als sechster Operator wird die *Umbenennung* $\rho$ : $Rel \rightarrow Rel$ benötigt, die es ermöglicht, Attribute und Relationen umzubenennen (ohne dabei die Instanz der Relation zu verändern). Man beachte bei der Projektion und bei der Vereinigung, dass eine Instanz einer Relation eine Menge ist und deshalb keine Duplikate existieren dürfen.

Bei den zweistelligen Operatoren wird die Infixnotation und bei den einstelligen Operatoren die funktionale Schreibweise benutzt. Betrachten wir z.B. die in Abbildung 10.2.4 aufgeführte Relation Kunde. Durch die Operation $\sigma_{Kto < 0}$(Kunde) wird eine Relation erzeugt, deren Instanz aus zwei Datensätzen besteht. Die Operation $\pi_{Wohnort, Kto}$(Kunde) erzeugt eine Relation mit den Attributen Wohnort und Kto. Die Instanz enthält insgesamt drei Datensätze, da die Datensätze mit KId 2 und 7 gleich sind. Durch Verschachtelung von mehreren Operatoren der relationalen Algebra können auch komplexere Anfragen formuliert werden. Sollen z.B. nur die Namen der Kunden mit negativem Kontostand ausgegeben werden, so kann das Resultat durch den Ausdruck $\pi_{KName}(\rho_{Kto < 0}$(Kunde)) berechnet werden.

Auf Basis dieser wenigen Operatoren lassen sich noch weitere Operatoren ableiten. Beispielsweise kann der Schnitt zweier Relationen (mit gleichen Relationenschema) durch eine Kombination von Vereinigung und Differenz ausgedrückt werden. Eine der wichtigsten Operatoren im relationalen Datenmodell ist der *Verbund* (engl. *join*). Der so genannte $\theta$-*Verbund* verknüpft zwei Relationen bezüglich des Prädikats $\theta$ miteinander, indem alle Tupel des kartesischen Produkts betrachtet werden, die das Prädikat $\theta$ erfüllen. Der $\theta$-Verbund lässt sich also als eine Kombination von kartesischem Produkt und Selektion ausdrücken.

## 10.2.5 Erweiterungen des relationalen Datenmodells

Es gibt einige wichtige Unterschiede zwischen den „relationalen" Datenmodellen, die in einem kommerziellen DBVS verwendet werden, und dem relationalen Datenmodell in seiner ursprünglichen Form. In kommerziellen DBVS gibt es nicht nur die Relationen (Menge von Tupeln), sondern auch Relationen, deren Instanzen Duplikate enthalten und somit Multimengen darstellen (*M-Relation*). Des Weiteren kann auf Relationen auch eine Ordnung definiert werden (*O-Relation*). Daraus erwächst die Notwendigkeit, weitere Operationen einzuführen, die verschiedene Typen von Relationen ineinander überführen. Um zu einer Relation eine entsprechende O-Relation zu erzeugen, wird z.B. ein *Sortieroperator* benötigt. Zu einer M-Relation kann durch *Eliminierung aller Duplikate* eine gewöhnliche Relation erzeugt werden.

Eine weitere zentrale Erweiterung des relationalen Modells stellt die Berechnung von Aggregaten (wie z.B. Summen- und Durchschnitten) dar. Ein *Aggregationsoperator* berechnet zu einer Relation eine neue Relation, die genau ein Attribut und genau ein Tupel besitzt. Soll z.B. die Summe aller Kontostände der Relation Kunde berechnet werden, könnte dies durch den Operator $\text{sum}_{\text{Kto}}(\text{Kunde})$ erfolgen. Dieses Konzept kann noch durch die Einführung eines Gruppierungsoperators verfeinert werden. Zu einer vorgegebenen Teilmenge des Relationenschemas (den so genannten Gruppierungsattributen) unterteilt der *Gruppierungsoperator* die Tupel der Instanz in disjunkte Teilmengen, so dass in jeder Teilmenge die Tupel bezüglich den Gruppierungsattributen gleich sind. Für jede dieser Teilmengen wird genau ein Aggregat berechnet. Das Schema der Ergebnisrelation besteht dabei aus den Gruppierungsattributen und dem Aggregationsattribut.

In den letzten fünf Jahren haben sich relationale DBVS zu objekt-relationalen Systemen gewandelt. Insbesondere das relationale Datenmodell wurde durch Berücksichtigung objektorientierter Aspekte erheblich erweitert. So ist es inzwischen z. B. erlaubt, dass Attribute strukturierte Daten besitzen können. Diese neuen Entwicklungen sind aber noch nicht vollständig ausgereift, so dass wir in dieser kurzen Einführung nicht weiter darauf eingehen werden.

## 10.2.6  Abbildung eines E/R-Datenmodells in ein relationales Modell

In der Einführung dieses Kapitels wurde bereits die Vorgehensweise bei der Erstellung einer Datenbank erläutert. Nachdem auf Basis einer Anforderungsanalyse ein E/R-Diagramm erstellt wurde, muss dieses in ein relationales Modell überführt werden. Es wird dabei folgendermaßen vorgegangen:

- Für jeden Entitätstyp $E$ des E/R-Modells wird eine Relation $R_E$ angelegt, die alle Attribute des Entitätstyps $E$ enthält. Für jede 1:n-Beziehung zwischen einem Entitätstyp $F$ und dem Typ $E$ wird der Primärschlüssel von $F$ als Attribut in $R_E$ importiert. Der Primärschlüssel der Relation $R_E$ ergibt sich direkt aus dem des Entitätstyps $E$.
- Eine n:m-Beziehung $B$ wird als eigenständige Relation $R_B$ umgesetzt, die alle Attribute des Beziehungstyps enthält. Zusätzlich werden die Primärschlüssel der an der Beziehung beteiligten Entitätstypen als Attribute in der Relation $R_B$ aufgenommen. Diese importierten Primärschlüssel bilden den Primärschlüssel der Relation $R_B$.

Betrachten wir wieder unser Beispiel aus Abbildung 10.3. Dieses E/R-Datenmodell wird in ein relationales Modell mit fünf Relationen umgesetzt. Jeder der vier Entitätstypen wird in eine eigene Relation abgebildet. Man beachte, dass bei den Entitätstypen Angestellte

10.3 Die Anfragesprache SQL            759

und `Produkt` als Fremdschlüssel der Primärschlüssel des Entitätstypen `Abteilung(Abt-Name)` aufgenommen wird. Die fünfte Relation ergibt sich aus dem n:m-Beziehungstyp `bestellt`. Das Relationenschema von `bestellt` besteht aus drei Attributen `PId`, `KId` und `Anzahl`, wobei sich der Primärschlüssel aus `PId` und `KId` zusammensetzt.

# 10.3     Die Anfragesprache SQL

Mitte der 70er Jahre wurde ein erster Prototyp eines relationalen DBVS (System R) im Forschungslabor Almaden von IBM entwickelt. Die dabei konzipierte Anfragesprache SQL ist heute in leicht modifizierter Form die Sprache der relationalen DBVS. Der gegenwärtige Standard wird auch als SQL2 bzw. SQL92 bezeichnet. Derzeit befindet sich SQL3 bzw. SQL99, das erhebliche Erweiterungen zu SQL2 vorsieht, (immer noch) in der Entwicklung. Trotz des SQL2-Standards bietet jeder Anbieter relationaler DBVS einen erweiterten Sprachumfang an. Möchte man eine Datenbank und die entsprechenden Anwendungsprogramme unabhängig vom zugrundeliegenden DBVS entwickeln, so ist zu empfehlen, sich auf den standardisierten Sprachumfang zu beschränken. Auch sei hier darauf verwiesen, dass SQL nicht eine Programmiersprache im herkömmlichen Sinn ist, sondern im Vergleich zu Java nur relativ eingeschränkte Möglichkeiten bietet. Kontrollstrukturen wie Schleifen und bedingte Anweisungen gibt es in SQL nicht. Das ursprüngliche Ziel der Entwickler von SQL war es, eine einfache *deskriptive* Anfragesprache zu entwickeln. Der Anwender sollte bei einer Anfrage an das DBS nur beschreiben, *was* als Ergebnis verlangt ist, aber nicht, *wie* das Ergebnis berechnet werden soll. Das DBVS leistet letztendlich die Umsetzung der Anfrage in einen entsprechenden Ausführungsplan.

SQL bietet dem Benutzer die Möglichkeit, einerseits Schemata anzulegen (*Datendefinition*) und andererseits die Daten der Datenbank anzusprechen (*Datenmanipulation*). Beide dieser Möglichkeiten werden im Folgenden diskutiert. Unser Ziel ist es dabei, dem Leser an einigen Beispielen wichtige Prinzipien von SQL zu erläutern, ohne auf die Details der Sprache einzugehen.

## 10.3.1     Datendefinition

Wir haben bereits in der Einführung dieses Kapitels gesehen, dass eine Datenbank in drei Ebenen unterteilt ist. Auf allen drei Ebenen kann durch SQL ein Schema angelegt bzw. modifiziert werden.

Auf der konzeptuellen Ebene werden die Relationen der Datenbank angelegt. Dies geschieht durch den Befehl **create table** und der Angabe eines Relationennamens. Jedes Attribut der Relation muss mit Namen und Datentyp aufgeführt werden. Weiterhin gibt es eine Vielzahl von so genannten Integritätsregeln, die bei der Definition einer Relation angegeben werden können. Diese schränken die möglichen Instanzen der Relation ein. Eine der wichtigsten Integritätsregeln ist **not null**. Folgt dies der Attributsdefinition, so muss jeder Datensatz einer Relationeninstanz in diesem Attribut einen gültigen Wert besitzen. Fehlt diese Integritätsregel, dann sind Datensätze erlaubt, bei denen das entsprechende Attribut mit keinem Wert belegt ist. Im folgenden Beispiel wird durch

```
create table Kunde (
    KId integer primary key,
    KName char(20) not null,
    Wohnsitz char(50),
    Kto integer(7)
)
```

die Relation Kunde mit vier Attributen angelegt. Als Integritätsbedingung wird verlangt, dass das Attribut KName bei jedem Datensatz einen gültigen Wert besitzen muss. Weiterhin wird durch die Integritätsbedingung **primary key** das Attribut KId als Schlüssel gekennzeichnet, das den Datensatz innerhalb einer Instanz der Relation identifiziert. Die Datentypen **integer** und **char(n)** repräsentieren hierbei ganze Zahlen bzw. Zeichenketten der Länge $n$. Durch den Befehl **alter table** kann das Schema einer bestehenden Relation geändert werden. Im Allgemeinen ist es aber durch diesen Befehl nur möglich, neue Attribute ins Relationenschema hinzuzufügen und nicht Attribute zu entfernen. Schließlich kann durch den Befehl **drop table** ein Relationenschema und die entsprechende Instanz aus der Datenbank gelöscht werden.

Auf der externen Ebene können für Benutzergruppen oder sogar für spezielle Benutzer individuelle *Sichten* auf Basis des konzeptuellen Schemas angelegt werden. Hierbei wird durch ein externes Schema nur der für die Benutzergruppe relevante Teil der Datenbank zur Verfügung gestellt. Dieser wird dabei durch eine SQL-Anfrage beschrieben.

In unserem Beispiel könnte etwa für eine spezielle Benutzergruppe durch

```
create view GuteKunden as
    select * from Kunde where Kto > 100
```

eine Sicht GuteKunden definiert werden, die alle Kunden enthält, deren Kontostand größer als 100 ist. Die Anfrage, die durch den *select*-Befehl formuliert wird, kann beliebig komplex sein. Da Sichten aber logische Konstruktionen sind und die Auswertung einer Sicht zur Laufzeit erfolgt, empfiehlt es sich, die Komplexität der Anfrage möglichst gering zu halten. Meist kann ein Benutzer bei der Formulierung einer Anfrage nicht zwischen einer Sicht oder einer Relation unterscheiden. Unterschiede treten nur dann auf, wenn Änderungsoperationen wie z.B. das Einfügen eines neuen Datensatzes auf einer Sicht ausgeführt werden. Solche Änderungsoperationen werden jedoch nur sehr eingeschränkt auf einer Sicht unterstützt, da es oft nicht möglich ist, die Änderungen an die zugrunde liegenden Basisrelationen weiterzuleiten.

Auf der internen Ebene wird die Speicherrepräsentation der Relation festgelegt. Wir wollen hier nur kurz beschreiben, wie Indexe auf dieser Ebene definiert werden. Ein *Index* dient bei großen Relationen dazu, Suchoperationen auf der Relation effizient zu unterstützen. Da die Daten extern auf dem Plattenspeicher verwaltet werden, bieten kommerzielle DBVS als zugrunde liegende Indexstruktur Varianten des B+-Baums (siehe S. 377) an. Betrachten wir hierzu wiederum die Relation Kunde. Da viele Benutzer der Datenbank über den Kundenna-

10.3 Die Anfragesprache SQL 761

men auf die Datensätze zugreifen, könnte es sinnvoll sein, hier mit dem Befehl **create index** einen Index anzulegen:

**create index** KundenName **on** Kunde(KName)

Zu einer Relation kann eine beliebige Anzahl von Indexen angelegt werden. Dabei kann auch ein Index unter Ausnutzung der lexikographischen Ordnung auf mehrere Attribute der Relation definiert werden. Gibt es zu viele Indexe auf einer Relation, verursachen diese bei Änderungen der Relationeninstanz (z.B. durch Einfügen eines neuen Datensatzes) auch entsprechend hohe Kosten. Ist die Änderungsrate der Datenbank im Vergleich zu der Suchrate entsprechend hoch, kann sich eine große Anzahl von Indexen sogar negativ auf die Gesamtleistung des DBS auswirken.

## 10.3.2 Einfache Anfragen

Eine *Anfrage* in SQL setzt sich im Wesentlichen aus drei Klauseln zusammen:

**select** $A_1, \ldots, A_n$
**from** $R_1, \ldots, R_m$
**where** $P$

Dabei sind $R_j$ Relationen ($1 \leq j \leq m$) und $A_i$ Attribute ($1 \leq i \leq n$), die direkt einem Attribut der Relationen $R_1, \ldots, R_m$ entsprechen. In der **where**-Klausel wird ein Prädikat $P$ unter Verwendung der Attribute der Relationen $R_1, \ldots, R_m$ definiert. Die Anfrage lässt sich folgendermaßen auf Operatoren der relationalen Algebra zurückführen. Zunächst wird das kartesische Produkt der Relationen in der **from**-Klausel gebildet. Danach erfolgt eine Selektion unter Verwendung von $P$ als Selektionsprädikat. Das Resultat der Anfrage – dies ist wiederum eine Relation – ergibt sich dann aus der Projektion auf die Attribute der **select**-Klausel. Die Anfrage

**select** KName
**from** Kunde
**where** Kto < 0

liefert eine *M-Relation* (*M* steht hier für Multimenge) mit dem Attribut KName. In dieser Relation befinden sich alle Datensätze aus Kunde, deren Kontostand negativ ist. Möchte man tatsächlich eine Relation als Ergebnis geliefert bekommen (in der jeder Datensatz nur einmal existiert), muss in der **select**-Klausel hinter **select** das Schlüsselwort **distinct** angefügt werden.

Das Prädikat der **where**-Klausel setzt sich aus atomaren Einheiten der Form $A \theta B$, $A \theta c$ und $c \theta B$ zusammen, wobei $A$ und $B$ Attribute, $c$ eine Konstante und $\theta$ ein relationaler Operator aus der Menge $\{=, <, >, \ldots\}$ ist. Zusätzlich sind auch Atome erlaubt, die Mengenoperatoren und Quantoren beinhalten. Wir wollen diese erst in einem späteren Abschnitt kurz erläutern. Die Atome lassen sich mit den booleschen Operatoren *and*, *or* und *not* zu komplexeren Ausdrücken zusammenbauen.

762                                                                    10  Datenbanksysteme

Wie bereits in der erweiterten Form der relationalen Algebra kann SQL als Ergebnis auch eine
geordnete Relation liefern. Möchte man z.B. das Ergebnis der letzten Anfrage sortiert ausgeben, so muss man die Anfrage noch um die Zeile

 **order by** KName

ergänzen. Hinter dem Schlüsselwort **order by** folgen also ein oder mehrere Attribute, nach
denen die Daten sortiert werden sollen.

## 10.3.3 Gruppierung und Aggregate

Im Folgenden wollen wir auch einige Möglichkeiten von SQL bei der Aggregatberechnung
erläutern. Die wichtigsten Aggregatfunktionen in SQL sind *count, sum, avg, min* und *max*.
Die Funktion *count* berechnet die Anzahl der Tupel in der Ergebnisrelation. Die Anfrage

 **select count**(*)
 **from** Kunde
 **where** Kto < 0

liefert die Anzahl der Tupel in der Relation Kunde mit negativen Kontostand. Man beachte,
dass in der **select**-Klausel kein Attribut der Relation Kunde aufgeführt ist, sondern nur
eine Aggregatfunktion implizit als Attribut der Ergebnisrelation auftritt. Die Aggregatfunktion *sum* berechnet die Summe der Werte zu einem Attribut. Die Anfrage

 **select sum**(Kto)
 **from** Kunde
 **where** Kto < 0

liefert also die Summe über die Kontostände der Kunden mit negativem Kontostand. Schließlich werden durch die Aggregatfunktionen *avg, min* und *max* entsprechend der Durchschnitt,
das Minimum bzw. das Maximum eines Attributs berechnet.

Es gibt auch die Möglichkeit, Relationen in disjunkte Gruppen aufzuteilen und für jede
Gruppe ein Aggregat zu berechnen. Dazu existiert eine zusätzliche Klausel mit dem Schlüsselwort **group by**. Die Anfrage

 **select** Wohnsitz, **sum**(Kto)
 **from** Kunde
 **where** Kto < 0
 **group by** Wohnsitz

berechnet für jeden Ort (Wohnsitz), in dem es einen Kunden mit negativem Kontostand
gibt, die Summe der Kontostände von Kunden mit negativem Kontostand. Durch eine weitere
Klausel mit dem Schlüsselwort **having** lässt sich auch noch eine Selektion über die Gruppen
angeben. Würden wir an die letzte Anfrage die Zeile

 **having count**(*) > 4

anhängen, so würden nur noch die Gruppen berücksichtigt, die mindestens fünf Tupel enthalten.

## 10.3 Die Anfragesprache SQL

### 10.3.4 Verknüpfung verschiedener Relationen

Die bisherigen Beispiele haben gezeigt, wie man in SQL Anfragen auf einer Relation formulieren kann. Häufig werden jedoch Anfragen benötigt, die Datensätze aus verschiedenen Relationen in geeigneter Weise miteinander verknüpfen. Sollen z.B. alle Namen der Kunden ausgegeben werden, die derzeit ein Produkt bestellt haben, müssen die Daten aus der Relation Kunde und aus der Relation bestellt bezüglich des Primärschlüssels von Kunde miteinander verknüpft werden. Die Anfrage kann dann folgendermaßen formuliert werden:

```
select KName
from Kunde, bestellt
where Kunde.KId = bestellt.KId
```

Diese Anfrage benötigt alle Tupel aus dem kartesischen Produkt zwischen Kunde und bestellt, welche die Bedingung der **where**-Klausel erfüllen. Da das Attribut KId in beiden Relationen vorkommt, muss in der **where**-Klausel wegen der Eindeutigkeit der Attributnamen zusätzlich der Relationennamen angegeben werden. Für alle qualifizierenden Tupel wird anschließend noch eine Projektion auf das Attribut KName ausgeführt. Wir haben also gerade mittels der Elementaroperationen der relationalen Algebra beschrieben, was die SQL Anfrage wirklich berechnet. Dies bedeutet jedoch nicht, dass das DBVS diese Anfrage auch tatsächlich in dieser Form verarbeitet. Die oben formulierte Anfrage lässt sich auch noch durch einen anderen SQL-Befehl ausdrücken:

```
select KName
from Kunde
where KId in (
    select KId
    from bestellt)
```

Dieser Befehl ist ein Beispiel für eine *geschachtelte Anfrage*. In der **where**-Klausel wird eine Bedingung formuliert, die wiederum einen SQL-Befehl enthält. Die Vorgehensweise bei der Verarbeitung erfolgt ähnlich wie bei einem Paar von Schleifen in Java von außen nach innen, d.h. es wird für jede KId aus der Relation Kunde geprüft, ob diese auch in der Resultatsmenge der inneren Anfrage liegt. Dieses Thema der geschachtelten Anfragen soll hier aber nicht weiter vertieft werden. Vielmehr sollte nur verdeutlicht werden, dass mit einem einzigen SQL-Befehl sehr komplexe Anfragen formuliert werden können, da es keine Einschränkung bei der Verschachtelungstiefe gibt.

### 10.3.5 Einfügen, Ändern und Löschen von Datensätzen

Zum Abschluss der Ausführungen zu SQL zeigen wir, wie Datensätze in eine Relation eingefügt oder wieder gelöscht werden können. Die einfachste Möglichkeit besteht darin, genau einen Datensatz einzufügen, zu ändern oder zu löschen. So wird durch

```
insert into Kunde (KId, KName, Kto)
    value (42, 'Schmidt', 0)
```

ein Datensatz in die Relation eingefügt. In der ersten Zeile sind hinter dem Relationennamen alle Attribute aufgeführt, die durch die entsprechenden Werte, die hinter dem Schlüsselwort **value** stehen, belegt werden. Man beachte hierbei, dass durch diese Operation kein Wert für das Attribut Wohnsitz angegeben wird. In der Datenbank wird dann nach dieser Einfügeoperation der Wert **NULL** zur Initialisierung dieses Attributs verwendet, um anzuzeigen, dass noch kein Wert vorliegt. Ist zu einem späteren Zeitpunkt bekannt geworden, dass der Kunde Schmidt seinen Wohnsitz in Marburg hat, so kann durch den Befehl

```
update Kunde
set Wohnsitz = 'Marburg'
where KId = 42
```

die entsprechende Information in die Datenbank eingebracht werden. In der **where**-Klausel wird durch das Prädikat der Datensatz selektiert, auf den die Änderungsoperation der **set**-Klausel angewendet werden soll. Durch

```
delete from Kunde
where KId = 42
```

wird der Datensatz wieder aus der Relation Kunde entfernt. Beim Ändern und beim Löschen eines Datensatzes wird hier übrigens ausgenutzt, dass das Attribut KId Schlüssel in der Relation Kunde ist.

SQL unterstützt auch das Einfügen, Löschen und Ändern einer Reihe von Datensätzen mit einem Aufruf. Exemplarisch betrachten wir hier den Fall, dass alle Kunden aus der Datenbank gelöscht werden sollen, deren Wohnsitz in Marburg ist und die keinen negativen Kontostand haben. Dies erfolgt durch den Befehl

```
delete from Kunde
where Wohnsitz = 'Marburg' and Kto >= 0
```

## 10.3.6 Mehrbenutzerbetrieb

Da eine Datenbank einem integrierten Datenbestand mehrerer Benutzer darstellt, muss das zugrunde liegende DBVS auch einen Mehrbenutzerbetrieb unterstützen. Mehrere Benutzer sollten zur gleichen Zeit auf einer Datenbank effektiv arbeiten können. Dieser Mehrbenutzerbetrieb sollte aber keine direkten Auswirkungen für den einzelnen Benutzer haben. Das DBVS sollte dem Benutzer das Gefühl vermitteln, alleine mit der Datenbank zu arbeiten. Diese Anforderung führt aber zu den folgenden Problemen:

- Eine strikt sequentielle Verarbeitung von Anfragen verschiedener Benutzer ist zu restriktiv, da dies zu erheblichen Wartezeiten führt, bis schließlich ein Benutzer den Zugang zum DBS erhält und seine Anfrage stellen darf. Das DBVS sollte deshalb eine verzahnte Verarbeitung von Anfragen unterstützen.
- Eine gleichzeitige oder verzahnte Verarbeitung kann zu erheblichen Synchronisationsproblemen führen, wenn z.B. der gleiche Datensatz von verschiedenen Benutzern geschrieben wird.

10.3  Die Anfragesprache SQL                                                    765

Die oben angesprochenen Probleme lassen sich anhand des Beispiels der Verwaltung von Konten bei einer Bank verdeutlichen. Bankkunden haben über Bankautomaten direkten Zugriff auf die Datenbank, indem sie Banktransaktionen wie z. B. eine Überweisung vornehmen können. Eine Banktransaktion entspricht im Wesentlichen einer Anfrage in einem DBS. Kunden erwarten von dem DBS einer Bank, dass Banktransaktionen unabhängig von Ort und Zeit ablaufen können und dabei die Antwortzeiten im Sekundenbereich liegen. Bei Banken mit einer großen Anzahl von Bankkunden müssen mehrere tausend Banktransaktionen gleichzeitig verarbeitet werden. Auf Grund der Anforderung kurzer Antwortzeiten ist es deshalb erforderlich, dass mehrere Banktransaktionen gleichzeitig vom DBVS verarbeitet werden.

Das DBVS bietet zur Unterstützung des Mehrbenutzerbetriebs als eine neue Kontrollstruktur die *Transaktion*, die mehrere Elementaroperationen (z.B. mehrere SQL-Befehle) zu einer logischen Einheit bündelt. In SQL gibt es Anweisungen, um die Ablaufsteuerung einer Transaktion zu beeinflussen. Die wichtigsten sind *bot* (*begin of transaction*), *commit* und *rollback*. Durch *bot* wird der Anfang einer Transaktion markiert, und durch *commit* wird eine Transaktion erfolgreich abgeschlossen, so dass alle in der Transaktion durchgeführten Änderungen auch tatsächlich in der Datenbank wirksam werden. Durch den Befehl *rollback* wird eine Transaktion vorzeitig beendet. Dabei werden alle bisher von dieser Transaktion ausgeführten Änderungen an der Datenbank wieder rückgängig gemacht, so als ob die Transaktion nie gestartet worden wäre.

Durch das Transaktionskonzept werden die so genannten *ACID-Bedingungen* (von engl. *atomicity, consistency, isolation, durability*) sichergestellt:

A: Eine Transaktion ist die kleinste atomare Ausführungseinheit in einem DBS. Entweder werden alle Änderungen in der Datenbank wirksam oder überhaupt keine.

C: Eine Transaktion überführt einen konsistenten Datenbankzustand in einen anderen konsistenten Zustand. Konsistent bedeutet dabei, dass alle Integritätsbedingungen der Datenbank erfüllt sind. Nur innerhalb einer Transaktion können temporär die Integritätsbedingungen außer Kraft gesetzt werden.

I: Eine Transaktion läuft isoliert von anderen Transaktionen ab, d.h. es besteht keine direkte Kommunikation zwischen zwei Transaktionen. Somit kann das Ergebnis einer Transaktion nicht durch andere Transaktionen beeinflusst werden.

D: Ist eine Transaktion durch commit erfolgreich abgeschlossen worden, so sind alle Änderungen dauerhaft in der Datenbank.

Die ACID-Prinzipien lassen sich auch wieder am Beispiel der Kontenverwaltung einer Bank verdeutlichen. Atomarität ist z. B. bei einer Überweisung sehr wichtig, da eine solche Transaktion aus zwei Änderungsoperation besteht: Ein Konto wird um ein Betrag erhöht und ein anderes Konto um den gleichen Betrag erniedrigt. Bankkunden erwarten, dass eine Überweisung atomar ist und insbesondere nach der Abbuchung des Betrags von dem einen Konto auch eine Gutschrift auf dem anderen Konto erfolgt. Die Bewahrung der Konsistenz ist insbesondere für die Bank von Bedeutung. Z. B. soll eine Überweisung nicht von einem Konto erfolgen, wenn der daraus resultierende Kontostand unterhalb eines Limits liegt. Eine isolierte Verarbeitung von Transaktionen ist dann wichtig, wenn zwei unterschiedliche Bankkunden zur gleichen Zeit einen Betrag auf das gleiche Konto überweisen. Ohne Verwendung des Transaktionsmechanismus könnte bei beiden Überweisungen zunächst gleichzeitig der Kontostand des Zielkontos gelesen werden, bevor dann der geänderte Kontostand zurückgeschrieben wird.

Dies ist in Abb. 10.5 veranschaulicht, wo die Überweisung des zweiten Kunden auf das Zielkonto nicht wirksam wird, da bei der ersten Überweisung der Wert des Kontos überschrieben wird. Die Dauerhaftigkeit bei einer Banktransaktion versteht sich von selbst. Gebe ich meinen Überweisungsauftrag ab (elektronisch oder klassisch mit einem Formular), erwarte ich nach dem Empfang der Bestätigung, dass die Überweisung auch tatsächlich erfolgt ist.

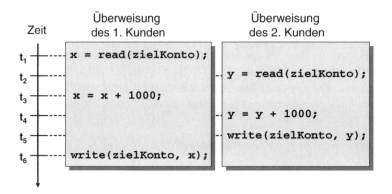

*Abb. 10.5:* Inkorrekter Ablauf von zwei Überweisungen mit gleichem Zielkonto

Bei der Implementierung eines DBVS stellt gerade eine effiziente Transaktionskomponente einen erheblichen Aufwand dar. Wir wollen hier nicht weiter die Aspekte der Transaktionsverwaltung vertiefen und stattdessen den Leser wiederum auf weiter führende Literatur, z.B. das Buch von Kemper und Eickler, verweisen.

## 10.4 Anwendungsprogrammierung in Java

Im letzten Abschnitt haben wir die wichtigsten Konzepte von SQL vorgestellt. SQL wird als eine ad-hoc Anfragesprache benutzt, um interaktiv mit einer Datenbank zu arbeiten. Die meisten Datenbanknutzer werden nicht direkt Anfragen in SQL formulieren, sondern vorgefertigte Programme aufrufen. Diese Programme, die in einer herkömmlichen Programmiersprache geschrieben sind, heißen auch *Anwendungsprogramme* (AWP).

Für die Anwendungsprogrammierung werden oft Sprachen eingesetzt, die Sprachkonstrukte für die Datenbankanbindung enthalten. Die bekannteste dieser Sprachen ist die von Microsoft entwickelte Sprache *Visual Basic*, die auch in der Praxis in vielen Projekten verwendet wird. Vorteil dieser Sprache ist insbesondere die Unterstützung des Objektmodells von Microsoft, das eine

## 10.4 Anwendungsprogrammierung in Java

einfache Kopplung verschiedener Programme unterstützt. Prinzipiell gibt es aber Bedenken, ob solche *ungetypten* Sprachen für die Entwicklung großer Applikationen geeignet sind.

Für moderne Sprachen wie Java existieren zwei verschiedene Ansätze, um Anwendungsprogramme zu erstellen. Zum einen bietet Java eine Programmbibliothek an, die es erlaubt in SQL formulierte Anfragen an das DBS zu schicken und Resultate vom DBS zu empfangen. Zum anderen gibt es die Möglichkeit einen Vorübersetzer zu benutzen. Hierbei werden Java-Programme mit eingebetteten SQL-Anweisungen vom Benutzer erstellt. Der Vorübersetzer übernimmt dann die Aufgabe, diese Datei in eine entsprechende Java-Datei zu übersetzen. Diese Technologie ist unter dem Namen *Embedded SQL* für Java oder kurz *SQLJ* bekannt. Im Folgenden werden wir den ersten Ansatz näher betrachten und auf eine Beschreibung von SQLJ verzichten. Die Möglichkeiten beider Ansätze sind im Buch von Saake und Sattler beschrieben.

AWP und DBVS werden im Allgemeinen auf verschiedenen Computern ausgeführt. Man bedient sich daher meist einer *Client/Server-Architektur*, wobei auf dem Client das AWP und auf dem Server das DBVS läuft. Ein Vorteil von Java bei der Ausführung von solchen AWP ist, dass im Idealfall keine spezielle Netzwerksoftware auf dem Client benötigt wird, um mit dem DBVS zu kommunizieren.

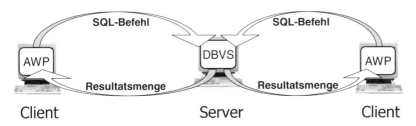

*Abb. 10.6:* Client/Server-Architektur

### 10.4.1 Das SQL-Paket in Java

Java bietet mit dem Paket *java.sql* eine Bibliothek an, um Anwendungsprogramme mit *Datenbankzugriff* zu entwickeln. SQL-Befehle werden als Zeichenketten vom Client an den Server geschickt, der dann die zugehörigen Resultatsmengen wieder an den Client übermittelt. Dieses Vorgehen wird in Abbildung 10.6 veranschaulicht. Ein Problem dabei ist, dass SQL nur Datenmengen (Relationen) und Java als Programmiersprache zunächst nur Datensätze verarbeiten kann. Um diesen Unterschied zwischen SQL und Java aufzuheben, wird in Java eine neue Datenstruktur in Form der Klasse *ResultSet* angeboten, die es erlaubt, über die Elemente einer Ergebnisrelation zu iterieren.

### 10.4.2 Aufbau einer Verbindung

Bevor das AWP eine Anfrage an das DBS absetzen kann, muss zunächst eine Verbindung zwischen Client und Server aufgebaut werden. Hierfür benötigt man ein Programm (*Treiber*), das ein

Protokoll zwischen Client und Server implementiert. Es gibt dazu mehrere Möglichkeiten, von denen eine ausführlicher dargestellt werden soll. In den folgenden Schritten zeigen wir exemplarisch, wie eine Verbindung aufgebaut werden kann. Zunächst wird mit der Anweisung

```
Class.forName("oracle.jdbc.driver.OracleDriver");
```

eine Treiberklasse im System angemeldet. Dabei wird die Klasse

```
oracle.jdbc.driver.OracleDriver.class
```

initialisiert. Im zweiten Schritt wird ein Objekt der Klasse Connection erzeugt:

```
Connection con = DriverManager.getConnection (
    "jdbc:oracle:thin:
        @venus.mathematik.uni-marburg.de:1521:Init_DB",
    "scott", "tiger");
```

Dabei ist der erste Parameter eine URL zur Datenbank, wobei die Teile der Zeichenkette aus dem Protokollnamen, dem Namen des DBVS, dem Typ des Protokolls, dem Namen des Servers, der Kanalnummer und dem Namen der Datenbank bestehen. Die beiden anderen Parameter sind Benutzername und Passwort. Diese sollten natürlich nicht im Quelltext eines Programms auftauchen, sondern stets interaktiv abgefragt werden.

Über das daraus gewonnene Verbindungsobjekt können sowohl Anfragen an den Server geschickt als auch Resultate vom Server empfangen werden. Darüber hinaus kann über das Verbindungsobjekt eine Folge von SQL-Anweisungen als Transaktion definiert werden. Die Standardeinstellung sieht vor, dass jede SQL-Anweisung einer Transaktion entspricht. Diese Einstellung kann durch einen Aufruf der Methode *setAutoCommit* aufgehoben werden. Dann kann durch die Methoden *commit* und *rollback* das Ende einer Transaktion definiert werden. Ist eine Transaktion beendet, so wird implizit die nächste gestartet. Ein spezielles Kommando für den Beginn einer Transaktion gibt es nicht.

## 10.4.3 Anfragen

Es gibt im Wesentlichen drei Möglichkeiten, Anfragen zu formulieren und Ergebnisse zu empfangen. Wir werden im Folgenden die ersten beiden Möglichkeit an Hand eines Beispiels erläutern. Die dritte Möglichkeit, auf die wir nicht eingehen wollen, bezieht sich auf den Aufruf von Prozeduren, die im DBS verwaltet und gespeichert werden (engl. *stored procedures*).

Bei der ersten Möglichkeit erzeugen wir durch Aufruf der Methode *createStatement* ein Objekt der Klasse *Statement* und rufen die Methode *executeQuery* des Objekts auf. Diese Methode verlangt als Eingabeparameter eine Zeichenkette, die als SQL-Befehl interpretiert wird, und liefert als Ergebnis ein Objekt der Klasse *ResultSet*. Innerhalb dieser Methode wird die SQL-Anfrage übersetzt (und optimiert), sowie die übersetzte SQL-Anfrage auch tatsächlich ausgeführt. Dieses Objekt erlaubt es, über die Ergebnisrelation zu iterieren und dabei die einzelnen Tupel auszulesen. Betrachten wir als Beispiel wieder die Anfrage nach den Namen der Kunden mit negativem Kontostand, so kann die Anfrage in einem Java-Programm folgendermaßen formuliert werden:

## 10.4 Anwendungsprogrammierung in Java

```java
// Voraussetzung: es existiert bereits eine Verbindungsobjekt con
   Statement stmt = con.createStatement ();
   ResultSet rset = stmt.executeQuery (
       "select KName from Kunde where Kto < 0");
   while (rset.next ())
       System.out.println(rset.getString(1));
   rset.close();
```

Auf die Attribute der Ergebnistupel wird in der *while*-Schleife über **get**-Methoden zugegriffen. Zu jedem Basistyp gibt es eine entsprechende **get**-Methode. Der Eingabeparameter gibt dabei an, auf welches Attribut der Relation zugegriffen wird. Die Objektmethode *next* setzt einen internen Verweis auf das erste oder das nächste Tupel der Ergebnisrelation und liefert als Ergebnis, ob es ein solches Tupel noch gibt. Danach kann über die oben genannten **get**-Funktionen auf das Tupel zugegriffen werden. Der Benutzer muss sich dabei selbst darum kümmern, ob die Typen übereinstimmen. Gibt es einen Typkonflikt, wird eine Ausnahme erzeugt.

Als Alternative zur Erzeugung eines Objekts der Klasse *Statement* kann durch Aufruf der Methode *prepareStatement* ein Objekt der Klasse *PreparedStatement* erzeugt werden. Hierbei muss die SQL-Anweisung bereits beim Aufruf des Konstruktors als Parameter übergeben werden. Die Anfrage wird beim Konstruktoraufruf einmalig übersetzt und kann später mehrmals ausgeführt werden, ohne dass hierfür eine Neuübersetzung erforderlich ist. Darüber hinaus bietet ein *PreparedStatement* die Möglichkeit, die Anfrage zu parametrisieren und erst zum Zeitpunkt der Anfrage entsprechende Werte zu setzen. Parameter werden im SQL-Befehl durch „?" spezifiziert. Die Parameterübergabe erfolgt über *set*-Methoden aus der Klasse *PreparedStatement*. Unser Beispiel hätte bei Verwendung eines *PreparedStatement* folgende Gestalt:

```java
// Voraussetzung: es existiert bereits eine Verbindungsobjekt con
   PreparedStatement pstmt = con.prepareStatement (
       "select KName from Kunde where Kto < ?");
   pstmt.setInt(1, 0);
   ResultSet rset = pstmt.executeQuery ();
   while (rset.next ())
       System.out.println(rset.getString(1));
   rset.close();
```

Änderungsoperationen können ebenfalls über Objekte der Klasse *Statement* und *PreparedStatement* verarbeitet werden. Für ein Objekt der Klasse *Statement* wird die Methode *executeUpdate* aufgerufen, die als Eingabeparameter eine SQL-Anweisung erwartet, die mit dem Schlüsselwort *update*, *insert* oder *delete* beginnt. Das folgende Beispiel löscht alle Kunden aus der Kundenrelation, deren Kontostand negativ ist.

```java
   Statement stmt = con.createStatement ();
   int numb = stmt.executeUpdate (
       "delete from Kunde where Kto < 0");
```

Die Methode *executeUpdate* liefert die Anzahl der gelöschten Objekte als Ergebnis. Eine entsprechende Methode existiert auch in der Klasse *PreparedStatement*.

Eine ausführliche Diskussion dieser Aspekte findet der interessierte Leser in der Fachliteratur wie z. B. dem Buch von Saake und Sattler.

## 10.4.4 Zusammenfassung

In diesem Kapitel sind die wichtigsten Konzepte von Datenbanksystemen kurz erläutert worden. Zunächst wurde dabei die Herangehensweise bei der Erstellung einer Datenbank betrachtet. Danach wurden die wichtigsten Prinzipien der Datenbankanfragesprache SQL vorgestellt. Es wurden einige Aspekte des Mehrbenutzerbetriebs kurz diskutiert. Insbesondere haben wir erläutert, wie SQL innerhalb eines in Java geschriebenen Programms genutzt werden kann. Dieses Kapitel über Datenbanksysteme stellt nur eine sehr knappe Einführung in die Problemstellung dar, so dass viele wichtige Aspekte von DBS überhaupt nicht erwähnt wurden. Aufgrund der heute marktbeherrschenden Position von relationalen DBVS haben wir uns bei unseren Erläuterungen auch auf diese Systeme beschränkt. Derzeit wird insbesondere untersucht, inwieweit die Funktionalität solcher Systeme um objektorientierte Techniken, wie sie in Java existieren, erweitert werden kann.

# 11 Grafikprogrammierung

Die Umsetzung quantitativer Information in eine grafische Darstellung ist nicht erst seit der Erfindung des Computers üblich geworden.

*Ein Bild sagt mehr als 1000 Worte – und erst recht mehr als 1000 Zahlen.*

Die Anzeige und Bearbeitung von Bildern und der Schnitt von Urlaubsvideos ist längst eine selbstverständliche Aufgabe von Computern aller Art, auch des heimischen PCs. Keine Webseite verzichtet mehr auf Grafiken, Fotos oder gar kleine Animationen. Jeder moderne Browser kann solche Elemente darstellen. Textverarbeitungssysteme präsentieren das entstehende Dokument grafisch fast exakt so wie der Drucker es ausgeben wird. Auch die Bedienung von Computern erfolgt heute fast ausschließlich mithilfe grafischer Bediensysteme. Nicht zu vergessen sind auch Spiele, die aufwändige 3-dimensionale Szenen in Echtzeit berechnen und verblüffend realistisch auf dem Bildschirm darstellen.

Alle derartigen Anwendungen benötigen ein Grafiksystem, das in der Lage ist, Mausbewegungen, Fenster, Bilder und Filme sehr schnell auf den Monitor zu zaubern, sie zu verändern, vergrößern, verkleinern, verschieben, etc. Viele der aufgezählten Grafikoperationen sollen nicht die CPU belasten, sondern selbständig von einem separaten Grafiksystem ausgeführt werden.

Voraussetzung für die Bearbeitung von Grafiken und Bildern ist die Möglichkeit zur Grafikprogrammierung. In diesem Kapitel werden einige Grundlagen dazu besprochen. Weitere Informationen zum Thema Computergrafik kann man dem Buch von Foley, van Dam, Feiner und Hughes entnehmen.

## 11.1 Hardware

Standardgrafiksysteme sind in vielen Fällen bereits auf der Hauptplatine des Rechners integriert. Weitergehende grafische Fähigkeiten erwerben Rechner normalerweise durch gesonderte Grafikkarten. Eine heutige Grafikkarte hat eine eigene CPU, den so genannten *Grafik-Prozessor*, bis zu 256 MB eigenen Speicher, der auch als *VRAM* (Video-Ram) bezeichnet wird und jeweils eine Schnittstelle für die Ausgabe von analogen und digitalen Signalen. Das analoge Signal wird mit einem *Digital-Analog-Converter* (*DAC*) erzeugt. An diese Schnittstelle können konventionelle Bildschirme mit Kathodenstrahlröhre angeschlossen werden. Mit dem digitalen Signal kann man Flüssigkristallanzeigen direkt ansteuern.

Der Grafik-Prozessor verfügt u.a. über folgende elementaren Fähigkeiten:

- Bildpunkte lesen und schreiben,
- rechteckige Bildausschnitte verschieben,
- Linien und Rechtecke erzeugen,
- Ellipsen und Kreise erzeugen,
- Unterstützung von 3D Grafikfunktionen.

### 11.1.1 Auflösungen

Für den Anwender ist zunächst die logische Sicht des Bildschirms von Interesse. In der oberen linken Ecke befindet sich der Ursprung eines Koordinatensystems:

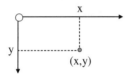

Das Bild besteht aus einzelnen Punkten, die zusammen mit ihrer Färbung als Bildelemente *Pixel* (= Picture Elements) bezeichnet werden. Die Anzahl der Pixel ist abhängig von den Fähigkeiten der Grafikkarte. Gängige Formate sind:

| x-maximal | y-maximal | Gesamtzahl der Pixel |
|---|---|---|
| 640 | 480 | 307 200 |
| 800 | 600 | 480 000 |
| 1024 | 768 | 786 432 |
| 1280 | 1024 | 1 228 800 |

Nur das erste dieser Formate hat weniger Bildpunkte als ein Standard-Fernsehbild mit ca. 400 000 Bildpunkten.

### 11.1.2 Farben

Wichtiger noch als die Zahl der Bildpunkte ist die Zahl der verschiedenen darstellbaren Farben. Aus technischen Gründen waren vor einiger Zeit meist nur 16 verschiedene Farbwerte möglich. Heute werden je nach Grafikkarte folgende Farbzahlen unterstützt:

| Bytes pro Pixel | Mögliche Farbwerte |
|---|---|
| 1 | 256 |
| 2 | 65 536 |
| 3 | 16 777 216 |

11.2 Grafikroutinen für Rastergrafik 773

Um Bilder darzustellen, genügen 256 Farbwerte nicht. Andererseits ist der Speicherbedarf für eine Bilddarstellung mit mehr als 256 Farben vergleichsweise hoch:

| | Speicherbedarf in kB bei | | |
|---|---|---|---|
| x/y-Format | 1 B/Pixel | 2 B/Pixel | 3 B/Pixel |
| 640 x 480 | 300 | 600 | 900 |
| 800 x 600 | 469 | 938 | 1406 |
| 1024 x 768 | 768 | 1536 | 2304 |
| 1280 x 1024 | 1311 | 2622 | 3933 |

Um Bilder auf einem gängigen Bildschirm mit Kathodenstrahlröhre flimmerfrei darzustellen, sind ca. 75 Bildwiederholungen pro Sekunde erforderlich. Dies führt bei hohen Auflösungen und mehreren Bytes pro Pixel offensichtlich zu Datenraten, die auch heute noch an der Grenze des Machbaren liegen.

Bildschirme mit Flüssigkristallanzeigen erfordern keine so hohen Bildwiederholfrequenzen, da die Bilder sowieso flimmerfrei sind. Außerdem ist eine wesentlich niedrigere Datenrate erforderlich, wenn diese Bildschirme direkt an eine digitale Schnittstelle angeschlossen werden. Derartige Bildschirme sind mittleweile sehr weit verbreitet und ersetzen die älteren Röhrenbildschirme mehr und mehr.

Die Farbdarstellung beim Fernseher erfolgt nicht durch Übertragung von Farbwerten in Form von Bytes pro Bildelement, sondern durch *analoge Farbsignale*. Die Anzahl der auf diese Weise übertragbaren Farbwerte ist aber sehr hoch – vergleichbar Bildern mit 2-Byte-Farbinformationen pro Bildelement. *Dia-Scanner* bieten die Möglichkeit an, Dias in digitaler Form z.B. auf einer *CD-ROM* zu speichern. Dabei können hochauflösende Formate mit etwa 2500 x 3000 Bildelementen mit je 3-Byte-Farbinformationen pro Bildelement verwendet werden. Damit ergibt sich folgender Vergleich:

| Farbfernsehbild (nicht *hochauflösend*) | Computerbild mittlerer Auflösung 768 x 1024 x 3 Byte | Farbdia in hoher Auflösung |
|---|---|---|
| ca. 800 kB | ca. 2,3 MB | ca. 20 MB |

# 11.2 Grafikroutinen für Rastergrafik

Im letzten Abschnitt haben wir ausschließlich die Grundlagen der *Rastergrafik*, d.h. Grafik auf der Basis von diskreten Bildpunkten, die mit Farbinformationen versehen sind, diskutiert. Die Verwendung von Rastergrafik ist keineswegs selbstverständlich. Die ersten Grafikbildschirme arbeiteten nach dem Prinzip der *Vektorgrafik*. Dieses Prinzip wird auch heute noch von Plottern angewendet. Man hat einen Stift und gibt direkte Fahrbefehle zur Steuerung des Stiftes.

Für Bildschirme ist dieses Verfahren weitgehend unüblich geworden. Zur Definition von Bildern ist Vektorgrafik in vielen Fällen sogar besser geeignet als Rastergrafik. Wir werden in einem der folgenden Abschnitte *Turtle-Grafik* einführen und auf dieser Basis viele interessante Bilder definieren. Im Grunde ist Turtle-Grafik nichts anderes als *Vektorgrafik*. Vektorgrafik wird heute in vielen Fällen zur Speicherung und Definition von Bildern auf einer *höheren Ebene* wieder erfunden. Auf der untersten Ebene ist Rastergrafik für viele Geräte die einfachste und flexibelste Schnittstelle. Dazu zählen Bildschirme und alle Arten von Druckern – bis auf die Plotter.

Die Übertragung einer Zeichnung auf Rastergrafik erfordert eine Anpassung an das Rastermaß. Die *wahre Zeichnung* wird i.A. zwischen den Rasterpunkten hindurchführen. Geeignete nahe liegende Rasterpunkte müssen ausgewählt und als *Alias-Punkte* gemalt werden. Wir wollen dies am Beispiel der geraden Linie diskutieren. Routinen zum Zeichnen von Linien werden zwar von jedem Grafikpaket als elementare Funktionen zur Verfügung gestellt, trotzdem wollen wir den dafür verwendeten Algorithmus vorstellen, da er die Grundlagen der Darstellung von *gerasterten Zeichnungen* demonstriert. Das folgende Bild zeigt eine Linie und die nahe liegenden Rasterpunkte stark vergrößert:

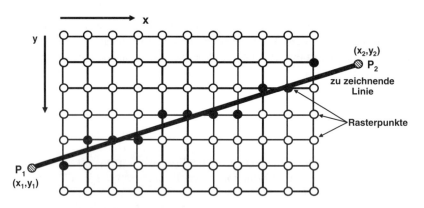

*Abb. 11.1:*  *Zeichnen einer gerasterten Linie*

Die *gefüllten Punkte* wurden zur Darstellung ausgewählt. Pro senkrechte Rasterlinie wurde jeweils ein Punkt bestimmt – und zwar immer der nächstliegende. Dafür können wir einen elementaren Algorithmus angeben:

```
void Linie(int x1, int y1, int x2, int y2, Color Farbe){
  double dy = y2-y1;
  double dx = x2-x1;
  double m  = dy/dx;
  double y  = y1 + 0.5;
  for (int x = x1; x <= x2; x++ ){
    putPixel(x, (int) y , Farbe);
    y += m;
    }
}
```

## 11.2 Grafikroutinen für Rastergrafik

Dabei nehmen wir an, dass der Abstand zwischen Rasterpunkten jeweils 1 beträgt und *putPixel* einen Punkt in der gewünschten Farbe setzt. Dieser Algorithmus ist zwar sehr elementar, hat aber einen offensichtlichen Nachteil: Bei jedem Schritt ist eine aufwändige Gleitpunktarithmetik erforderlich. Dafür kann allerdings die Punktauswahl der *round*-Methode überlassen werden.

### 11.2.1 Bresenham Algorithmus

J. E. Bresenham veröffentlichte 1965 einen Algorithmus zur optimierten Rasterdarstellung von Linien. Dieser kommt ganz ohne Gleitpunktarithmetik aus und verwendet nur Inkrementier-Operationen. Der Algorithmus wird in fast allen Hardware- bzw. Softwareimplementierungen zum Zeichnen von Linien verwendet. Da er diesen Algorithmus zur Verbesserung einer Plottersteuerung verwenden konnte, erhielt Bresenham sogar Patentrechte dafür.

Die zu zeichnende Gerade $g$ sei durch die Punkte $P1 = (x1, y1)$ und $P2 = (x2, y2)$ gegeben. Wir können voraussetzen, dass ihre Steigung $m = (y2 - y1)/(x2 - x1)$ zwischen 0 und 1 liegt, denn alle anderen Fälle lassen sich durch naheliegende Symmetrien auf diesen Fall reduzieren. Wir nehmen an, ein Punkt P mit den Koordinaten $(xp, yp)$ sei gerade gemalt worden. Die x-Koordinate des nächsten Punktes in *x*-Richtung steht schon fest: $xp+1$. Gesucht wird der zugehörige *y*-Wert. Dieser kann entweder $yp+1$ oder $yp$ sein, je nachdem, ob die Gerade $g$ die senkrechte Linie $x = xp+1$ über oder unter dem Mittelpunkt $M'$ der Strecke $P'Q'$ schneidet.

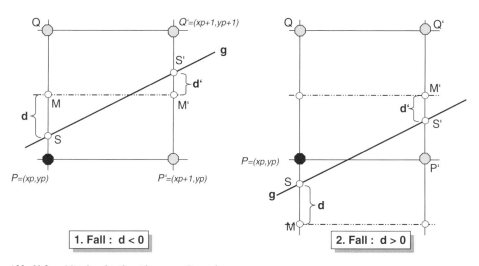

*Abb. 11.2:* *Mittelpunkt-Algorithmus von Bresenham*

Ist $d'$ die Differenz der *y*-Koordinate des Schnittpunktes $S'$ von der des Mittelpunktes $M'$, dann entspricht dies den Fällen $d' > 0$ bzw. $d' < 0$. Der Fall $d' = 0$ kann beliebig entschieden werden. Die erste Idee von Bresenham ist es nun, den Differenzwert $d'$ aus dem vorigen Differenzwert $d$ zu berechnen. Dabei treten zwei Fälle auf, die man leicht aus der obigen Figur abliest:

- War $d < 0$, so gilt offensichtlich $d' - d = m = (y2 - y1)/(x2 - x1)$ und daher $d' = m + d$.
- War $d > 0$, so gilt stattdessen $1 - d + d' = m = (y2 - y1)/(x2 - x1)$ und daher $d' = m + d - 1$.

Bresenham wollte in seinem Algorithmus Operationen mit Gleitpunktzahlen sowie Divisionen vermeiden, da diese auf damaliger Plotter-Hardware sehr aufwändig waren. Würde man die obigen Formeln in ein Programm umsetzen, müssten $m$, $d$ und $d'$ mit Gleitpunktgenauigkeit berechnet werden. Der zweite Trick von Bresenham ist, $d$ und $d'$ mit dem konstanten Faktor $(x2 - x1) \times 2$ zu multiplizieren und statt ihrer mit den Werten $D = d \times (x2 - x1) \times 2$ bzw. $D' = d' \times (x2 - x1) \times 2$ rechnen, denn diese sind genau dann positiv oder negativ, wenn das auch für $d$ bzw. $d'$ zutrifft, können aber mit Ganzzahlarithmetik berechnet werden. Man erhält also:

$$D < 0 \Rightarrow D' := D + (y2 - y1) \times 2$$
$$D > 0 \Rightarrow D' := D + (y2 - y1) \times 2 - (x2 - x1) \times 2$$

Damit ergibt sich sofort folgender optimierter Linienalgorithmus:

```
void OptLinie(int x1, int y1, int x2, int y2, Color Farbe){
    int dy = (y2-y1);
    int dx = (x2-x1);
    int incKN = dy*2;
    int incGN = (dy-dx)*2;
    int D = incGN-dx;
    int y = y1;
    putPixel(g, x1, y1, Farbe);
    for (int x=x1+1; x <= x2; x++ ){
        if (D <= 0) D += incKN;
        else { D += incGN; y++; }
        putPixel(g, x, y, Farbe);
    }
}
```

Die scheinbar unmotivierte Erweiterung mit dem Faktor 2 war notwendig, um mit einem ganzzahligen Initialwert von $D$ beginnen zu können. Die beiden Multiplikationen mit 2 können natürlich durch Additionen oder Shift-Operationen ersetzt werden.

# 11.3 Einfache Programmierbeispiele

Zu neueren Betriebssystemen mit grafischer Benutzeroberfläche gehört normalerweise ein Paket mit mehr oder weniger elementaren Grafikroutinen. Bei Windows handelt es sich um das so genannte *GDI* (*graphic device interface*). Java bietet eine Grafikschnittstelle, die unabhängig vom jeweiligen Betriebssystem ist. Diese haben wir am Ende des dritten Kapitels vorgestellt. Erstaunlicherweise sind keine Methoden zum Malen einzelner Punkte (Pixel) und zum Setzen der Linienstärke vorgesehen. Seit Version 1.2 des JDK steht eine erweiterte Klasse für die Ausgabe von Grafik zur Verfügung: *Grafics2D*. Diese bietet eine wesentlich

## 11.3 Einfache Programmierbeispiele

erweiterte Funktionalität, so z.B. auch das Setzen der Linienstärke – allerdings ist das Malen einzelner Punkte (Pixel) immer noch keine *Grundoperation*. Die oben verwendete Methode *putPixel* müssen wir also selbst implementieren.

Es folgt ein kleines Beispielprogramm, das die Benutzung von Java-Grafikmethoden demonstriert. Es ermuntert z.B. zum Experimentieren mit Farbverläufen.

```
void kreise(){
    Graphics g = getGraphics();
    int x0 = xMax / 2;
    int y0 = yMax / 2;
    for (int i = 255; i > 0; i--){
        g.setColor(new Color(i, 255-i, i));
        int r =  i + 2;
        int d =  2*r;
        g.fillOval(x0-r,y0-r,d,d);
    }
}
```

Diese Methode zeichnet konzentrische, gefüllte Kreise von außen nach innen rund um einen Mittelpunkt (*x0*, *y0*), der aus der aktuellen Fenstergröße abgeleitet wird. Die Kreise haben einen Radius von 257, 256, 255, ... , 2. Sie werden gefüllt gemalt. Die Füllfarbe wird mit einem Konstruktor der Klasse Color erzeugt, der die RGB-Komponenten der gewünschten Farbe nimmt. Die Werte sind der Reihe nach: (255, 0, 255), (254, 1, 254), (253, 2, 253), ... , (0, 255, 0). Die Farbe verläuft also von Magenta nach Grün. Diese Methode kann in eine der Fensterklassen eingebettet werden, die im 9. Abschnitt des 3. Kapitels vorgestellt wurde.

Als weiteres Beispiel wollen wir eine Methode zum Malen eines so genannten Pythagoras-Baum angeben. Auch diese Methode kann, wie oben beschrieben, in eine Fensterklasse eingebaut werden. Ein Pythagoras-Baum ist nach folgendem Schema aufgebaut:

*Abb. 11.3:*   *Pythagoras-Baum*

778                                                                11 Grafikprogrammierung

Bei dem Pythagoras-Baum-Beispiel müssen Rechtecke gemalt werden, die nicht notwendig achsenparallel zum Koordinatensystem sind. Daher kann die Methode *fillRect* nicht benutzt werden. Folglich werden diese Rechtecke mithilfe der Methode von *fillPolygon* aus allen Eckpunkten $P_1$, $P_2$, $P_3$ und $P_4$ erzeugt. Die Berechnung dieser Eckpunkte, pro neuer Generation dieser Punkte, hängt vom Winkel $\alpha$ ab und ist etwas mühsam. Die Programmierung wäre mithilfe von Turtle-Grafik einfacher möglich gewesen. Diese wird im übernächsten Abschnitt beschrieben.

```java
void pythagoras(){
    Graphics g = getGraphics();
    Point p1 = new Point(290, 590); // z.B.
    Point p2 = new Point(410, 590); // z.B.
    pythagorasBaum(g, p1, p2);
    }
void pythagorasBaum(Graphics g, Point p1, Point p2){
    int dx = p2.x - p1.x;
    int dy = p1.y - p2.y;
    int   hy = dx*dx+dy*dy;
    Point p3 = new Point(p2.x - dy, p2.y - dx);
    Point p4 = new Point(p1.x - dy, p1.y - dx);
    Polygon Poly = new Polygon();
    Poly.addPoint(p1.x, p1.y);
    Poly.addPoint(p2.x, p2.y);
    Poly.addPoint(p3.x, p3.y);
    Poly.addPoint(p4.x, p4.y);
    ZufallsFarbe(g);
    g.fillPolygon(Poly);
    int xneu = (int) (0.64*p1.x + 0.36*p2.x - 1.48*dy);
    int yneu = (int) (0.64*p1.y + 0.36*p2.y - 1.48*dx);
    Point pNeu = new Point( xneu, yneu);
    if (hy > 10) {
        pythagorasBaum(g, p4, pNeu);
        pythagorasBaum(g, pNeu, p3);
        }
    }
```

## 11.3.1   Mandelbrot- und Julia-Mengen

Besonders eindrucksvolle Bilder lassen sich mithilfe der Mandelbrot- und der Julia-Mengen gestalten. Diese Bilder wurden zunächst (seit etwa 1980) von Benoit B. Mandelbrot am Watson-Forschungszentrum der IBM in USA untersucht. Die Gestaltung dieser Bilder, die auch häufig *fraktale Grafiken* genannt werden, ist ebenso einfach wie wirkungsvoll. Allerdings benötigt die einschlägige Rechenvorschrift relativ viel Rechenzeit. Erst mit neueren leistungsfähigen PCs kann man mit fraktalen Grafiken experimentieren, ohne unnötig lange auf die Resultate warten zu müssen.

11.3  Einfache Programmierbeispiele                                                        779

Die Mandelbrot-Menge ist definiert als Teilmenge der komplexen Zahlen. Ausgehend von
einer Iterationsvorschrift

$$z_{n+1} := z_n^2 + c \text{ mit } z, c \in \mathbb{C} \ ,$$

wobei $\mathbb{C}$ die Menge der komplexen Zahlen und $c$ eine beliebige, aber feste konstante Zahl ist,
definiert man die Mandelbrot-Menge $M$ als $M = \{ c \in \mathbb{C} : z_n \not\mapsto \infty \}$.

M ist also die Menge der komplexen Zahlen $c \in \mathbb{C}$, für die die obige Iterationsvorschrift konvergiert.

Man kann auf folgende Weise ein Bild der Mandelbrot-Menge malen:

Um die Mandelbrot-Menge darzustelen, färbt man in einem vorgegebenen Rechteck des Bildschirms einen Punkt $(x, y)$ schwarz, falls die komplexe Zahl $c = x + iy$ aus der Mandelbrot-
Menge stammt. Alle anderen Punkte malt man weiß. Das entstehende Bild wird häufig *Apfelmännchen* genannt und ist für Werte von $x$ im Intervall $(-2.2, 1.8)$ und für Werte von $y$ im Intervall von $(-1.5, 1.5)$ anzutreffen. Für eine Bildschirmdarstellung muss daher noch eine geeignete
Koordinatentransformation durchgeführt werden. Der folgende Programmausschnitt berechnet
das *Apfelmännchen-Bild*. Dabei wird angenommen, dass die Iterationsvorschrift divergiert,
wenn $|z_n|$ innerhalb einer bestimmten Zahl von Iterationen einen Grenzwert überschreitet. Dieser
Grenzwert *limit* wird der Prozedur als Parameter übergeben. Nach dem Ende der Berechnungen
wird eine Prozedur *putPixel* aufgerufen, die die Aufgabe hat, an der Stelle $(i, j)$ einen schwarzen
Pixel zu malen, wenn $n \geq nMax$ gilt. Das Ausklammern dieser Prozedur hat den Vorteil, dass
man ohne große Änderungen Variationen vornehmen kann. Noch eindrucksvoller als das
schwarz-weiße Apfelmännchen sind diese Bilder, wenn man eine Färbung einführt. Dabei kann
man z.B. die Farben der Pixel außerhalb des schwarzen Bereiches in Abhängigkeit von der
Anzahl der notwendigen Iterationen setzen. Dabei sind der Fantasie, wie man die Farbzuord-
nung vornimmt, *fast* keine Grenzen gesetzt. Außerdem kann man die Darstellung des Bildes in
unterschiedlichen Größen vorsehen, wenn man statt einzelner Pixel ganze Rechtecke ausgibt.
(Dies ist bei Verwendung der Java Grafik-Methoden ohnehin notwendig, da es keine Methode
zum Setzen einzelner Pixel gibt. Ein Pixel ist ein Rechteck mit Breite und Höhe 0.)

Außer der Methode zur Berechnung der Iterationsvorschrift benötigen wir eine Reihe von
Feldern in der Klasse, die diese Methode enthält. Dies sind hauptsächlich Konstanten, die
Größe und Art des erzeugten Bildes, sowie Lage und Schrittweite des zu berechnenden Bereiches festlegen – ebenso wie die maximale Zahl *nMax* von Iterationen, die berechnet werden
soll, bevor die Berechnung der Iterationsvorschrift beendet wird.

```
boolean        farbig  = true;  // Farbig oder Schwarz/Weiß
final int      fOffset = 28;    // Platz für die Menüleiste
final int      xMax = 350;      // Fensterbreite für Ausgabe
final int      yMax = 260;      // Fensterhöhe für Ausgabe
final int      nMax = 255;      // Maximalzahl der Iterationen

final double amin = -2.2;   // Mandelbrot Rechteck
final double amax =  1.8;
final double bmin = -1.5;
```

```
final double bmax =   1.5;
final double deltaA = (amax - amin) / xMax;
final double deltaB = (bmax - bmin) / yMax;

void mandelbrot(double limit, int nMax, int pixSize){
    Graphics g = getGraphics();
    for (int i = 0; i <= xMax; i++){
        double A = amin+i*deltaA;
        for (int j = 0; j <= yMax; j++){
            double B = bmin + j*deltaB;
            double x = 0;
            double y = 0;
            double x2n = 0;
            double y2n = 0;
            int n = 0;
            do {
                double xneu = x2n-y2n+A;
                double yneu = 2*x*y+B;
                if (( x == xneu) && (y == yneu)){
                    n = nMax;
                    break;
                }
                x = xneu;
                y = yneu;
                x2n  =   x*x;
                y2n  =   y*y;
                n++;
            } while ((n < nMax) && ((x2n+y2n) <= limit));
            putPixel(g, i, j, n, nMax, pixSize);
        }//j
    }//i
}//mandelbrot
```

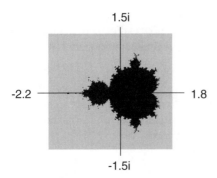

*Abb. 11.4:*   *Apfelmännchen (S/W)*

Es folgt die Ausgaberoutine für die einzelnen Pixel. Sie implementiert einen *einfachen* Färbungsvorschlag, falls die Pixel nicht schwarz-weiß gemalt werden sollen.

```
private static Color [] farben  = new Color[nMax+1];   // Farben
```

## 11.3 Einfache Programmierbeispiele

```
    { //static initializer für die Farben
        for (int n = 0; n < nMax; n++)
            farben[n] = new Color((n*26)%250,(n*2)%250, (n*35)%250);

        farben[nMax] = Color.black;
    }
void putPixel(Graphics g, int x, int y, int n, int nMax, int pixSize){
        g.setColor(farbig ? farben[n] : Color.black);
        g.drawRect(x*pixSize, yOffset1 + y*pixSize,
                            pixSize - 1, pixSize - 1);
        }
```

Um die Farbwerte, die in jeder Komponente im Bereich 0 bis 255 liegen, variieren zu können, empfiehlt es sich, als Wert für *nMax* 255 zu wählen. Es ergibt sich dann zum Beispiel das folgende Bild:

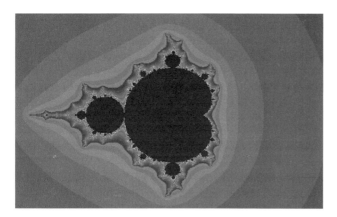

*Abb. 11.5:* Apfelmännchen

Besonders interessante Bilder ergeben sich, wenn man den gleichen Algorithmus auf Ausschnittvergrößerungen am Rand des ursprünglichen Apfelmännchens anwendet. Dabei entstehen teilweise unerwartete neue Formen, teilweise aber auch Strukturen, die dem ursprünglichen Bild sehr ähnlich sind. Dieses Phänomen wird *Selbstähnlichkeit* genannt.

Die Julia-Menge entsteht aus der gleichen komplexen Iterationsvorschrift wie bei der Mandelbrot-Menge, mit dem Unterschied, dass hier $c$ an Stelle von $z$ konstant vorgegeben wird. Damit kann man zu jeder komplexen Zahl $c \in \mathbb{C}$ eine Julia-Menge $J_c$ definieren:

$$J_c = \{z_0 \in \mathbb{C} \ : \ z_0 \not\mapsto \infty \text{ für } n \to \infty\}.$$

Dabei ist jeweils $z_0$ Anfangswert der Iterationsvorschrift. Insbesondere kann man zu jedem Punkt m der Mandelbrot-Menge eine zugehörige Julia-Menge definieren:

$$M \ni m \to J_m$$

Auch die grafische Darstellung der Julia-Menge – insbesondere mit Farben – erzeugt viele interessante Bilder.

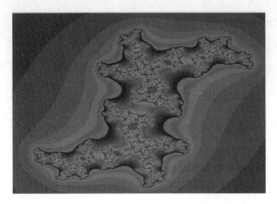

**Abb. 11.6:** Julia-Menge

## 11.3.2 Turtle-Grafik

Ein einfaches Hilfsmittel zur Erzeugung von Grafiken ist die so genannte *Turtle-Grafik*. Diese Bezeichnung kommt von einer Schildkröte, die sich entweder vorwärts bewegt oder eine Drehung macht und dabei eine Spur hinterlässt.

Das Modell der Turtle-Grafik besteht aus einem Schreibstift, der die folgenden verschiedenen Eigenschaften besitzt:

- Er befindet sich immer an einer bestimmten Position, der *Grafik-Schreibmarke* (xkoord, ykoord).
- Er hat eine aktuelle Bewegungsrichtung, die im Bogenmaß oder als Winkel angegeben sein kann. Bei einer *Drehung* ändert sich diese.
- Er kann sich in der aktuellen Bewegungsrichtung vorwärts und rückwärts *bewegen*.
- Es gibt default-Werte für Drehungen und Bewegungen.
- Er hat eine bestimmte Farbe und Schreibstärke.
- Er befindet sich *oben* oder *unten*, d.h. nur wenn er unten ist, führt eine Bewegung zu einer Zeichnung.

Die wichtigsten Methoden einer Turtle-Klasse sind:

stiftHoch(), stiftRunter(): Ändere den Stiftzustand.
dreheRechts(w), dreheLinks(w): Ändere die aktuelle Richtung um den angegebenen Winkel w nach Rechts bzw. Links.
vor(s), zurueck(s): Bewege Grafikmarke um s bzw -s in die aktuelle Richtung. Falls der Stift unten ist, entsteht dabei eine Linie in der aktuellen Farbe und Dicke.

Alle Befehle kann man auch ohne Parameter aufrufen, diese verwenden dann Defaultwerte.

11.3  Einfache Programmierbeispiele                                    783

Zur Implementierung der Turtle-Klasse nutzen wir in den folgenden Beispielen die Möglichkeiten
der Graphics2D-API.

```java
class Turtle{
    protected float    xKoord = 0;
    protected float    yKoord = 0;
    protected float    richtungWin = 0;
    protected float    richtungRad = 0;
    protected boolean stiftOben  = false;
    protected Color    stiftFarbe = Color.black;
    protected int      stiftDicke = 1;
    protected float    defaultVor = 10;
    protected float    defaultWin = 90;
    private GeneralPath turtleGr;
    Turtle(){ turtleGr = new GeneralPath(); }
    Turtle(float xpos, float ypos){
        turtleGr = new GeneralPath();
        setStiftPosition(xpos, ypos);
        }
    Turtle(float xpos, float ypos, int w){
        this(xpos, ypos);
        setStiftRichtung(w);
        }
    Turtle(float xpos, float ypos, int w, float dV, float dW){
        this(xpos, ypos, w);
        defaultVor = dV;
        defaultWin = dW;
        }
    GeneralPath getPath(){return turtleGr;}
    void zurueck(){ vor(-defaultVor);}
    void zurueck(float s){ vor(-s);}
    void vor(){ vor(defaultVor);}
    void vor(float s){
        xKoord += s*Math.sin(richtungRad);
        yKoord -= s*Math.cos(richtungRad);
        if (! stiftOben) turtleGr.lineTo(xKoord, yKoord);
        else turtleGr.moveTo( xKoord, yKoord);
        }
    void vorUp(){ vorUp(defaultVor);}
    void vorUp(float s){ stiftHoch(); vor(s); stiftRunter();}
    void dreheLinks() { dreheLinks(defaultWin);}
    void dreheLinks(float w) { neuerWinkel(richtungWin - w);}
    void dreheRechts() { dreheRechts(defaultWin);}
    void dreheRechts(float w){ neuerWinkel(richtungWin + w);}
    void stiftHoch(){ stiftOben = true;}
    void stiftRunter(){ stiftOben = false;}
    Point2D.Float getStiftPosition(){
```

```
        return new Point2D.Float(xKoord, yKoord);}
    void setStiftPosition(Point2D.Float P){
        xKoord = P.x; yKoord = P.y;
        turtleGr.moveTo( xKoord, yKoord);}
    void setStiftPosition(float x, float y){
        xKoord = x; yKoord = y;
        turtleGr.moveTo( xKoord, yKoord);}
    float getStiftRichtung(){ return richtungWin;}
    void setStiftRichtung(float w){ neuerWinkel(w); }
    Color getStiftFarbe(){ return stiftFarbe;}
    void  setStiftFarbe(Color F){stiftFarbe = F;}
    int  getStiftDicke(){ return stiftDicke;}
    void setStiftDicke(int D){ stiftDicke = D; }
    void neuerWinkel(float w){
        richtungWin = w % 360;
        richtungRad = toRad(richtungWin);
        }
    float toRad(double R){
        double d = 2.0*Math.PI*R/360.0;
        return (float) d;
        }
}//Turtle
```

Wir können die Klasse Turtle z.B. nutzen, um einfache Bäume zu malen. Das folgende Beispiel setzt voraus, dass ein passender Turtle definiert und initialisiert wurde. Bei der Initialisierung müssen die Anfangsposition und die anfängliche Astlänge in geeigneter Weise gesetzt werden. Wir setzen dabei voraus, dass die Größe des Fensters bereits in den Feldern xMax, yMax und yOffset vorberechnet wurde. Das Beispiel zeigt, dass man mithilfe rekursiver Turtle-Anwendungen oft mit wenig Aufwand erstaunliche Wirkungen erzielen kann.

```
    void doBaum(){
        float yAnfang = yOffset + 2*R;
        float xAnfang = xMax/2;
        float laenge  = 4*R/5;
        Turtle mTurtle = new Turtle(xAnfang, yAnfang);
        baum(mTurtle, laenge);
        GeneralPath p = mTurtle.getPath();
        Graphics2D g = (Graphics2D) getGraphics();
        Loeschen(g);
        g.draw(p);
        }
    void baum(Turtle mTurtle, float s){
        if (s < 1) return;
        Point2D.Float P = mTurtle.getStiftPosition();
        float w = mTurtle.getStiftRichtung();
        mTurtle.dreheLinks(45);
```

## 11.3 Einfache Programmierbeispiele

```
mTurtle.vor(s);
baum(mTurtle, s/2);
mTurtle.setStiftPosition(P);
mTurtle.setStiftRichtung(w);
mTurtle.dreheRechts(45);
mTurtle.vor(s);
baum(mTurtle, s/2);
}
```

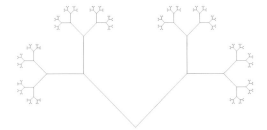

**Abb. 11.7:** *Einfacher Baum*

### 11.3.3 L-Systeme

Mithilfe von *L-Systemen* kann man den Baum des vergangenen Beispiels noch einfacher und systematischer erhalten. L-Systeme sind nach dem Biologen Aristid Lindenmayer (1925 – 1989) benannt und werden z.B. in dem Buch *The Algorithmic Beauty of Plants* beschrieben. L-Systeme sind spezielle Grammatiken. Man hat:

- einen Zeichenvorrat (*Alphabet*) $\Sigma$.
- ein Startwort $S \in \Sigma^*$. (Mit $\Sigma^*$ bezeichnet man die Menge aller *Worte* (Strings), die nur aus Zeichen in $\Sigma$ bestehen.)
- Ersetzungsregeln der Form $u \to U$, wobei $u \in \Sigma$ und $U \in \Sigma^*$ sind.

Eine Regel $u \to U$ besagt, dass das Zeichen $u \in \Sigma$ durch den String $U \in \Sigma^*$ ersetzt werden darf. Aus einem gegebenen Wort $W_1$ wird ein neues Wort $W_2$ hergeleitet, indem *gleichzeitig jedes* Zeichen $u$ von $W_1$ durch den String $U$ ersetzt wird, sofern eine entsprechende Regel $u \to U$ in der Grammatik existiert. Man schreibt: $W \Rightarrow W'$.

Beginnend mit dem Startwort $S$ entsteht somit eine Folge von Worten

$$S \Rightarrow G_1 \Rightarrow G_2 \Rightarrow G_3 \Rightarrow ...$$

Bei der Beschreibung des Pflanzenwachstums interpretiert man $S$ als Samen und $G_i$ als den Zustand der Pflanze in der $i$-ten Generation.

Als Beispiel betrachten wir folgendes L-System:

Alphabet : { f , F , + , - }

Startwort :    F − F
Regel :    F → F + f + F

Bei diesem Beispiel entstehen folgende Generationen:

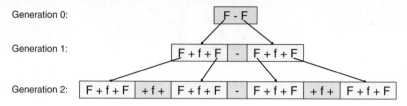

***Abb. 11.8:***   *L-Systeme: Beispiel*

Für Strings, die aus L-Systemen über dem Alphabet { f , F, + , - } abgeleitet werden, gibt es eine interessante grafische Interpretation mithilfe der Turtle-Klasse:
- F:   Eine Vorwärtsbewegung der Länge d mit gesenktem Stift.
- f:   Eine Vorwärtsbewegung der Länge d mit gehobenem Stift.
- +:   Drehe links um den Winkel $\delta$.
- -:   Drehe rechts um den Winkel $\delta$.

Für die Länge d und den Winkel $\delta$ kann man die in der Klasse Turtle definierten default-Werte verwenden. Damit entsteht mühelos ein grafischer Interpreter für die aus einem L-System abgeleiteten Strings:

```
void lInterpreter1(Turtle tur, String s){
    int l = s.length();
    for (int i = 0; i < l; i++)
        switch (s.charAt(i)) {
            case 'F' : { tur.vor(); break;}
            case 'f' : { tur.vorUp(); break;}
            case '+' : { tur.dreheLinks(); break;}
            case '-' : { tur.dreheRechts(); break;}
        }
}
```

Auch die Erzeugung einer Folge von Generationen dieser Strings kann man ganz einfach programmieren. Ausgehend von der Startregel und den Substitutionen für F und f, wird der sich nach n Generationen ergebende String berechnet:

```
String L1Generation(String Start, String FRegel,
                                  String fRegel, int n){
    String res = Start;
    for (int ng = 0; ng < n; ng++){
        String neu = "";
        int l = res.length();
        for (int i = 0; i < l; i++){
```

## 11.3 Einfache Programmierbeispiele

```
            char c = res.charAt(i);
            switch (c) {
                case 'F' : { neu += FRegel; break;}
                case 'f' : { neu += fRegel; break;}
                default  : { neu += c;      break;}
            }
        }// for i
        res = neu;
    }// for ng
    return res;
}
```

Mit diesem L-System können wir nun als Beispiel einige der nach dem schwedischer Mathematiker Helge von Koch (1870 bis 1924) benannten *Schneeflockenkurven* erzeugen. In der Generation 0 müssen wir ein Dreieck malen. Wir setzen dabei wieder voraus, dass die Größe des Fensters bereits in den Feldern xMax, yMax und yOffset vorberechnet wurde.

```
void snow0(){
    float yAnfang = yOffset + yMax - yMax/4;
    float xAnfang = xMax/4;
    float laenge  = (Math.min(xMax/2, yMax/2));
    Turtle mTurtle = new Turtle(xAnfang,yAnfang,0,laenge,60);
    String st = "F--F--F";
    Graphics2D g = (Graphics2D) getGraphics(); loeschen(g);
    g.drawString(st, 10, yOffset*2);
    lInterpreter1(mTurtle, st);
    GeneralPath p = mTurtle.getPath();
    g.draw(p);
}
```

*Abb. 11.9:* Koch'sche Schneeflocke; Generation 0

Um die weiteren Generationen zu erhalten, müssen wir in dem Programmstück folgende Zeilen ändern bzw. einfügen:

```
    String st = L1Generation("F--F--F", "F+F--F+F", "f", n);
    lInterpreter1(mTurtle, st);
```

Außerdem muss noch die Länge der Seiten angepasst werden, damit die entstehenden Bilder nicht zu groß sind.

Das Startwort F – – F – – F nennt man auch *Initiatorstring* und die rechte Seite der Regel für F den *Generatorstring*. In der Turtle-Interpretation, bei der ein F einer Linie entspricht und ein + bzw. ein - einer Drehung um +60 bzw. -60 Grad, beschreibt der Initiatorstring F – – F – – F ein gleichseitiges Dreieck. Der Generatorstring F + F – – F + F beschreibt eine Strecke, an deren mittlerem Drittel ein gleichseitiges Dreieck anliegt.

Die Ersetzungsregel F → F + F – – F + F verlangt daher, dass in jeder Generation jede Linie F durch eine Strecke mit aufgesetztem Dreieck ersetzt wird. Dabei passen wir die Längen entprechend an – in unserem Fall ersetzen wir also in jeder neuen Generation die Linienlänge d durch d/3.

Die erste Anwendungen des Generator- auf den Initiator-String ergibt die linke Figur in der folgenden Abbildung. Dabei wird jede Gerade durch einen Generator passender Größe und Richtung ersetzt. In der nächsten Generation entsteht die mittlere Figur der Abbildung. In der fünften Generation wird schließlich die rechte Figur des Bildes erzeugt.

**Abb. 11.10:** *Koch'sche Schneeflocke - erste, zweite und fünfte Generation*

Mit L-Systemen kann man viele Arten von Bildern darstellen, z.B. auch raumfüllende Kurven malen. Erweitert man die *Spielregeln*, so kann man z.B. Position und Richtung in einem Stack speichern und wieder zurückholen. Auf diese Weise lassen sich Pflanzen und Baumdarstellungen entwickeln - das eigentliche Thema von Herrn Lindenmayer.

## 11.3.4 Ausblick

In diesem Kapitel haben wir bisher einige einfache Algorithmen besprochen, mit denen „nette Bilder" erzeugt werden können. Dies ist natürlich nur ein Einstieg in die Welt der Grafikprogrammierung. Themen, die in weitergehender Literatur besprochen werden, müssen hier aus Platzgründen unberücksichtigt bleiben. Dazu gehören im Bereich der 2-D-Grafik vor allem das Gebiet *Computational Geometry*, die Approximation von Kurven mithilfe von Béziers und B-Splines, die Diskussion der Farbdarstellung, Bildverarbeitung, Kompression von Bildern und von gängigen Grafik-Dateiformaten.

## 11.4 3-D-Grafikprogrammierung

Bei der Darstellung dreidimensionaler Objekte muss zunächst eine Abbildung definiert werden, mit deren Hilfe die 3-D-Objekte in eine Darstellungsebene projiziert werden. Wir betrachten eine Menge von Objekten in einem 3-D-Würfel, eine so genannte *Szene*.

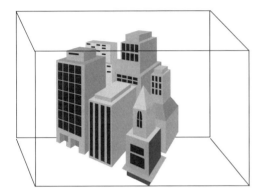

***Abb. 11.11:*** *Eine Szene in einem 3-D-Würfel*

Es geht um die Darstellung eines 2-D Bildes dieser Szene, so wie sie ein Betrachter von einem *Augpunkt* aus sehen würde bzw. mit einer Kamera aufzeichnen könnte. Zwischen Szene und Augpunkt befindet sich eine Leinwand, auf die das Bild projiziert wird. Dieses Bild kann dann auf einen Bildschirm abgebildet werden. Die am häufigsten angewandte Darstellungsmethode ist die Perspektivprojektion. Dabei verzerrt sich der Szene-Würfel zu einem Pyramidensockel.

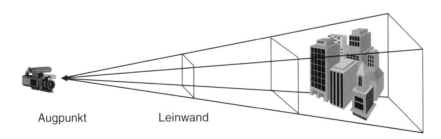

***Abb. 11.12:*** *Projektion einer Szene*

Die Objekte der Szene werden meist in einem vierdimensionalen homogenen Koordinatensystem dargestellt. Das hat den Vorteil, dass die Perspektivprojektion und die linearen Transformationen, Skalierung, Translation und Rotation einheitlich als Matrizen dargestellt werden können.

790                                                                    11  Grafikprogrammierung

Es ist i.A. nicht möglich, 3D-Szenen der realen Welt exakt zu beschreiben. Es werden
Modelle zur Approximation der gewünschten Objekte definiert. Je komplexer die Modelle
sind, desto mehr nähern wir uns den virtuellen Realitäten! Die am häufigsten verwendeten
Modellierungsverfahren sind:

- Drahtmodelle (wire frames)
- Flächenmodelle (polygon meshes)
- Volumenmodelle (solid modelling)

Die klassische Methode ist die Anwendung von Flächenmodellen, genauer von Netzen von
Polygonflächen (*polygon meshes*). Modelliert wird dabei die Oberfläche der Objekte. Sie
wird approximiert durch Flächenstücke. Die einzelnen Flächenstücke werden auch Patches
genannt. Die Patches sind definiert durch eine Folge von Punkten $P_1$, $P_2$, ..., $P_n$. Diese sollten
in einer Ebene liegen und eine einfache, konvexe Polygonfläche bilden. Am häufigsten werden Netze von Dreiecken oder Vierecken verwendet.

## 11.4.1    Sichtbarkeit

Gegeben sind 2 oder mehr Objekte in einer perspektivisch dargestellten Szene. Gesucht sind
Algorithmen, die entscheiden, welche Punkte der Szene vom Augpunkt aus sichtbar sind.
Sinnvoll ist diese Fragestellung nur bei Anwendung von Flächenmodellen oder von Volumen-
modellen. Die meisten Algorithmen wurden für Flächenmodelle entwickelt. Es werden nun
einige Klassen von Sichtbarkeitsalgorithmen diskutiert:

- Z-Puffer-Algorithmen: Alle Objekte der Szene werden der Reihe nach gemalt. Wenn es
  Pixel mit gleichen (x,y) Werten gibt, werden die mit dem geringsten Abstand zum Augpunkt genommen (also die mit dem kleinsten z-Wert). Beim Malen eines Pixels wird der
  Abstand des zugehörigen Szene-Punktes als z-Wert in einem Puffer gespeichert. Wenn ein
  weiteres Pixel mit den gleichen (x,y) Werten gemalt werden soll, wird der neue z-Wert mit
  dem bisherigen verglichen. Wenn er kleiner ist, ersetzen die neuen Werte (x, y, z) die alten,
  andernfalls gilt der Punkt als unsichtbar und wird nicht berücksichtigt. Dies ist der einfachste mögliche Algorithmus. Für ihn findet man häufig Hardwareunterstützung. Allerdings ist er wenig effizient: Es müssen immer alle Objekte gemalt werden – auch wenn sie
  gar keinen Beitrag zum entstehenden Bild liefern. Es wird viel umsonst gerechnet und
  gemalt. Probleme gibt es auch, wenn Objekte gemalt werden sollen, die mehr oder weniger transparent sind.
- Depth-Sort-Algorithmen: Die Polygonflächen werden der Tiefe nach sortiert. Verdeckte
  Polygonflächen werden eliminiert. Der Rest wird gemalt. Schwierigkeiten bereiten Polygonflächen, die sich nur teilweise verdecken. Diese müssen an den Schnittkanten in kleinere Flächen aufgeteilt werden. Diese Algorithmen sind zwar aufwändig zu
  implementieren, aber im Ergebnis recht effizient.
- Scanline-Algorithmen: Für jede „horizontale Linie" (Scanline) des Bildes werden die
  aktuellen Polygonflächen gesucht, die für die Pixel dieser Linie relevant sind. Die aktuelle
  Linie wird zerlegt in Abschnitte, die jeweils einer Polygonfläche zugeordnet werden können.

11.4   3-D-Grafikprogrammierung                                                      791

- *Strahlverfolgungs-Algorithmen* (*Ray-Tracing*): Vom Augpunkt aus wird durch jedes Pixel
  ein Strahl durch die Szene verfolgt. Dabei wird das erste Objekt der Szene gesucht, das
  von diesem Strahl getroffen wird. Dies ist der vom Augpunkt aus sichtbare Punkt. Diese
  Vorgehensweise eignet sich vor allem für Volumenmodelle.

## 11.4.2   Beleuchtungsmodelle

Nachdem festgestellt wurde, welcher Punkt auf der Oberfläche eines Objektes als Pixel in
dem entstehenden Bild erscheinen muss, geht es darum, dem Pixel eine Farbe zuzuordnen.
Gesucht werden Algorithmen, die das abzubildende Objekt möglichst naturgetreu einfärben.
Man spricht auch im Deutschen von *rendering*. Dieses englische Wort könnte mit „übertragen" oder „verputzen" übersetzt werden. Beides trifft aber den Vorgang nicht sehr gut: Es
geht um die realitätsnahe Gestaltung dreidimensionaler Objekte durch Farb- und Lichteffekte.

Die einfachste Methode bei Flächenmodellen ist die Färbung der Polygonflächen in jeweils
genau einer Farbe. Man nennt diesen Vorgang auch *Schattieren*. Die daraus resultierenden
Bilder wirken stumpf. Insbesondere erkennt man die Polygonflächen und ihre Kanten. Dies
kann man mit dem *Gouraud-Shading* vermeiden. Nur die Eckpunkte der Polygonflächen
erhalten Farben. Dann werden die Farben im Inneren eines Polygons interpoliert, so dass man
kontinuierliche Farbverläufe erhält.

Beim Schattieren (*shading*) von Objekten geht es zunächst nur darum, Oberflächen einzufär-
ben. Das zu Grunde liegende Modell ist einfach (und falsch). Richtig ist: Man sieht erst etwas,
wenn Objekte beleuchtet sind. D.h. wir müssen von Lichtquellen ausgehen und die Färbung
von Objekten berechnen als Funktion folgender Komponenten:

- Art und Menge des einfallenden Lichtes,
- Eigenfarbe (Materialeigenschaften),
- Reflexionsverhalten,
- Transmissionsverhalten.

Bei einem *lokalen Beleuchtungsmodell* wird nur Licht, das direkt von Lichtquellen kommt,
berücksichtigt. Bei einem *globalen Beleuchtungsmodell* wird auch Licht, das indirekt von
Lichtquellen kommt, berücksichtigt. Für die Beleuchtung (eines Punktes) einer Oberfläche
gilt generell folgende Gleichung:

*Einfallendes Licht = Reflektiertes Licht + Gestreutes Licht +*
*Absorbiertes Licht + Durchscheinendes Licht*

Die genaue Berechnung der Lichtverhältnisse an einer Oberfläche kann aber extrem komplex
sein. Daher beschränkt man sich vereinfachend auf die Berücksichtigung typischer Effekte:

- *Spiegelnde Reflexion*: Diese Komponente berücksichtigt nur die ideale Spiegelung. Sie ist
  nur in genau einer Richtung wirksam. Wenn die Oberfläche ein idealer Spiegel wäre, wäre
  das die einzige zu berücksichtigende Reflexion.
- *Direktionale diffuse Reflexion*: Diese Komponente berücksichtigt eine fast ideale Spiegelung. Kleinere Unebenheiten der Oberfläche führen zu einem Anteil an diffus reflektier-

tem Licht, das in eine bevorzugte Richtung abgestrahlt wird. Diese verteilt sich um den Reflexionsvektor. Durch diesen Effekt werden glänzende Flächen verursacht.

- *Diffuse Reflexion*: Diese Komponente berücksichtigt rauhe und matte Objekte. Im Bereich der Oberfläche dieser Objekte kommt es zu Mehrfachspiegelungen und Interferenzen. Einfallendes Licht wird durch diese Effekte gleichmäßig in alle Richtungen reflektiert.
- *Ambientes Licht*: Eigentlich dürften wir nur Lichtquellen und das Reflexionsverhalten an Oberflächen betrachten. Andererseits müssen wir davon ausgehen, dass das diffus reflektierte Licht wiederum einen Beitrag zur Beleuchtung der Objekte liefert. Um die sekundäre Wirkung dieser Anteile zu modellieren, kann man sich eines *ambienten Termes* bedienen. Das ambiente Licht in einer Szene ist gedanklich *die Summe aller diffusen Reflexionen*. Ambientes Licht trifft jedes Objekt gleichermaßen und wird mit einem materialabhängigen Reflexionskoeffizienten gleichmäßig in alle Richtungen reflektiert. Diese Annahmen sind eine grobe Vereinfachung und ein Schwachpunkt aller darauf aufbauenden Beleuchtungsmodelle.

Das lokale Beleuchtungsmodell von *Phong Bui-Tong* (1975) besteht aus konkreten Algorithmen, die die genannten Effekte berücksichtigen. Es ist einfach, leicht zu rechnen und gilt als der defacto Standard für Beleuchtungsmodelle. In neueren Modellen dieser Art werden noch einige Verbesserungen angegeben.

Bei Flächenmodellen benutzt man dieses Verfahren, um die Eckpunkte der Polygonflächen zu berechnen. Die Punkte im Inneren werden dann wieder mit Gouraud-Interpolation ermittelt.

Beim Phongschen Beleuchtungsmodell wird die Farbe eines Punktes P berechnet, der sich auf einer Fläche F befindet. Dabei werden berücksichtigt:

- Der *Sehstrahl*: Eine Gerade von P zum Augpunkt. Wichtig ist auch der Winkel zwischen Sehstrahl und der Fläche F.
- Die *Lichtfühler*: Dies sind Geraden von P zu allen berücksichtigten Lichtquellen. Dabei geht man von einer festen Zahl von *punktförmigen* Lichtquellen aus. Wichtig ist wiederum der Winkel zwischen dem jeweiligen Lichtfühler und der Fläche F. (Außerdem müsste ermittelt werden, ob das Licht ungehindert von der Lichtquelle zum Punkt P gelangt, oder ob ein Hindernis dazwischen liegt. Diese Aufgabe bleibt aber meist den globalen Beleuchtungsmodellen vorbehalten.)

Berücksichtigt wird vom Phongschen Beleuchtungsmodell eine Linearkombination von drei Komponenten:

- Ein *ambienter Term*, der unabhängig von den Lichtquellen ist und nur Materialeigenschaften des Objektes berücksichtigt, auf dem der Punkt sitzt.
- Ein Term für diffuse Reflexion. Dieser wird als Summe über alle Lichtquellen berechnet, ist abhängig vom Sehstrahl und den Lichtfühlern und wiederum von Materialeigenschaften.
- Ein Term für spiegelnde Reflexion. Dieser wird ebenfalls als Summe über alle Lichtquellen berechnet, ist abhängig vom Sehstrahl und den Lichtfühlern und wiederum von Materialeigenschaften.

## 11.4  3-D-Grafikprogrammierung

Die Materialeigenschaften eines Objektes modellieren unterschiedliche Gegenstände: Holz, Metall, Glas, spiegelnde Oberflächen, rauhe Oberflächen etc. Sie können pro Farbkomponente (rot, grün und blau) unterschiedlich angegeben werden und ermöglichen es so, die Färbung der Objekte unter unterschiedlichen Lichteinflüssen zu modellieren.

Eine der wirksamsten Maßnahmen zur Verschönerung von Bildern ist der Einsatz von Texturen. Arithmetisch erzeugte Muster oder mit einer Kamera aufgenommene Bilder werden auf die Oberfläche der Objekte projiziert und dann bei der Berechnung des entstehenden Bildes berücksichtigt. Mit dieser Technik können auch spiegelnde Flächen modelliert werden. Die Umgebung eines Objektes wird auf seine Oberfläche gespiegelt. Dies kann man durch ein vorberechnetes Bild der Umgebung eines Objektes simulieren, das dann als Textur des Objekts benutzt wird.

Eine der wesentlichen Schwächen der bisher betrachteten lokalen Beleuchtungsmodelle ist, dass sie keine Schatteneffekte berücksichtigen. In der Literatur bleibt die Berücksichtigung von Schatten den globalen Beleuchtungsmodellen vorbehalten.

Bei globalen Beleuchtungsmodellen berücksichtigt man zusätzlich zu reflektiertem Licht auch noch das Licht, das ggf. durch ein Objekt hindurchgeht. Damit können ganz oder teilweise transparente Objekte modelliert werden. Den Effekt nennt man auch *Transmission*. Da durchscheinendes Licht durch mindestens eine weitere Oberfläche hindurchgeht, kann man es in lokalen Beleuchtungsmodellen nicht berücksichtigen. An den Oberflächen ist jeweils die *Beugung* des Lichtes zu berücksichtigen. Die bekanntesten Verfahren zur Implementierung globaler Beleuchtungsmodelle sind *Strahlverfolgungs-Algorithmen* (*Ray-Tracing*).

# 11.4.3  Ray-Tracing

Der Hauptvorteil des *Ray-Tracing* besteht darin, dass verschiedene Probleme, die bei der Darstellung von 3D-Objekten auftreten, mit einem einzigen Algorithmus auf einen Schlag erledigt werden können:

- Sichtbarkeits-Tests,
- Beleuchtung durch direkte Lichtquellen,
- Globale Beleuchtungseffekte,
- Schattenberechnung.

Der wesentliche Nachteil des Ray-Tracing ist der enorme Rechenaufwand. Ray-Tracing kann als eine Verbesserung der lokalen Beleuchtungsmodelle angesehen werden – deren Grundproblem, der *ambiente Term*, wird durch Ray-Tracing aber leider nicht verbessert.

Die Grundidee des Ray-Tracing besteht darin, einen Strahl vom Augpunkt durch ein Pixel in die Szene zu verfolgen. Am ersten getroffenen Objekt werden zwei Folgestrahlen generiert – einer, der das Objekt durchdringt, (Transmission) und einer, der an der Oberfläche gespiegelt wird. Diese werden rekursiv weiterverfolgt.

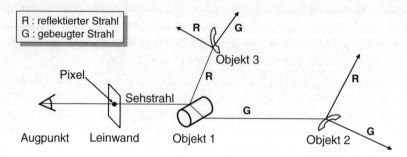

*Abb. 11.13:* Rekursive Strahlverfolgung

Die Farbe eines Punktes wird nun ermittelt als Mischung

- der lokalen Intensität. Diese wird wie in einem lokalen Beleuchtungsmodell ermittelt, allerdings werden dabei Schatten berücksichtigt. Es wird also ermittelt, ob das Licht ungehindert von den Lichtquellen zum Punkt P gelangt, oder ob Hindernisse dazwischen liegen.
- der Beiträge aus Richtung der beiden weiterverfolgten Strahlen.

Das Mischungsverhältnis hängt natürlich von den Materialeigenschaften ab. Zusätzlich zu den Materialeigenschaften bei lokalen Beleuchtungsmodellen können jetzt alle Formen der Transparenz berücksichtigt werden. Gerade die Modellierung von Szenen mit Gläsern, Spiegeln etc. sind die besondere Stärke von Ray-Tracern. Allerdings darf man keine Modellierung von optischen Effekten durch Prismen, Linsen etc. erwarten.

### 11.4.4 Die Radiosity Methode

Ray-Tracing leistet gute Arbeit bezüglich spiegelnder Reflexion und dispersionsloser Brechung. Der ambiente Beleuchtungsterm ist allerdings nur eine sehr grobe Näherung der Wirklichkeit. Einen Ausweg liefern thermische Energie-Modelle (*Radiosity Methoden*), die die Emission und Reflexion von Strahlung simulieren. Das erklärte Ziel dieser Methode ist die bessere Berechnung der ambienten Beleuchtung.

Die Radiosity Methode beschäftigt sich mit der Strahlung, die von Flächenstücken ausgeht. Sie wird in einem iterativen Prozess ermittelt. Am Anfang der Iteration werden nur emittierende Flächen berücksichtigt, also Lichtquellen. Dann trifft das von ihnen ausgehende Licht andere Flächen, von denen es ggf. reflektiert, bzw. gebrochen wird. Mit fortschreitender Iteration werden immer mehr sich gegenseitg beeinflussende Flächen berücksichtigt. Die Iteration wird abgebrochen, wenn ein *eingeschwungener* Zustand erreicht wird, wenn sich also an den Beleuchtungsverhältnissen nur noch wenig ändert. Das Modell für diese Iteration ist gedanklich ein dunkler Raum, in dem zu einem Zeitpunkt T gleichzeitig mehrere Beleuchtungsquellen eingeschaltet werden. Zuerst geht das Licht nur von diesen aus, dann von den Flächen, auf die es auftrifft und die es reflektieren bzw. beugen, dann von der nächsten Generation getroffener Flächen usw.

11.4  3-D-Grafikprogrammierung                                                              795

Im eingeschwungenen Zustand ist die Strahlungsrate, die eine Fläche verlässt, die Summe aus der eigenen emittierten Strahlungsrate und der Strahlungsrate, die von anderen Flächen kommt und auf dem Wege der Reflexion oder Brechung an der eigenen Fläche diese wieder verlässt.

Die Radiosity Methode kann nur auf Flächenmodelle angewandt werden. Es wird also angenommen, dass die Szene aus einer Anzahl von diskreten Polygonflächen aufgebaut ist. Diese müssen hinreichend klein gewählt werden, damit man keinen allzu großen Fehler macht, wenn man annimmt, dass jedes Flächenstück nach dem Lambertschen Prinzip über seine gesamte Fläche einheitlich emittiert und reflektiert.

Zunächst erfolgt iterativ eine augpunktunabhängige Berechnung der Strahlungsrate für jedes dieser Flächenstücke in der Szene. Diese Berechnung ist sehr aufwändig. Anschließend können eine oder mehrere augpunktabhängige Ansichten der Szene berechnet werden. Die Radiosity Methode beschäftigt sich ausschließlich mit den Lichtverhältnissen. Sichtbarkeitsfragen und augpunktabhängige Spiegelungseffekte müssen mit anderen Algorithmen zusätzlich berechnet werden.

Ziel der Radiosity Methode ist die genauere Berechnung der ambienten Lichtverhältnisse in einer Szene. Ein optimales Programm zur Darstellung von 3D-Szenen könnte also etwa so funktionieren:

- Die Szene wird als Flächen- und als Volumenmodell dargestellt.
- Mithilfe der Radiosity Methode wird die ambiente Beleuchtung ermittelt.
- Mithilfe eines Ray-Tracers werden die Sichtbarkeitsverhältnisse und andere augpunktabhängige Effekte wie z.B. Spiegelungen berücksichtigt.

Man kann sich vorstellen, dass der Rechenaufwand für eine derartige Vorgehensweise enorm ist.

## 11.4.5    Ausblick

Im zweiten Teil dieses Kapitels haben wir die Grundlagen einiger Verfahren zur realistischen Darstellung von 3D-Szenen diskutiert. Dies ist natürlich nur ein Einstieg in die Welt der 3D-Grafikprogrammierung. Themen, die in der weiter führenden Literatur besprochen werden, müssen hier aus Platzgründen unberücksichtigt bleiben. Wir konnten nur einen Überblick über Ray-Tracing und Radiosity geben. Einzelheiten, insbesondere auch Verfahren zur Optimierung dieser Algorithmen, konnten nicht besprochen werden. Gar nicht berücksichtigt wurden Themen wie: Animation, 3D-Modellierungssprachen und CAD-Systeme.

Betrachtet man eine Folge von Darstellungen dreidimensionaler Objekte, erhält man eine Animation. Dabei kann man Effekte erzielen wie das Betrachten einer Szene von allen Seiten (*Rundflug*) oder auch die Simulation von Bewegungsabläufen in der Szene. Mischt man solche Animationen mit echtem Filmmaterial, erhält man Filme mit Effekten wie z.B. Spielbergs „Jurassic Park". Den Fortschritt der Technik konnte man in den späteren Versionen „Lost World" bzw. „Jurassic Park III" bewundern. Mittlerweile wird Computergenerierte Animation in fast jedem neueren Film eingesetzt. Eindrucksvoll kann man das in den Terminator-Filmen des derzeitigen kalifornischen Gouverneurs und in den drei Folgen der Verfilmung des Herrn der Ringe sehen.

796                                                            11  Grafikprogrammierung

Mit dem sich schnell verbreitenden Internet wächst das Interesse an Systemen, mit denen man analog zu HTML Ansichten von 3D-Szenen modellieren und in WWW-Seiten einfügen kann. Seit 1994 wird an einer Modellierungssprache für derartige Anwendungen gearbeitet. Ihr Name ist VRML (Virtual Reality Modeling Language). Seit August 1996 existiert die Spezifikation der Version 2.0 dieser Sprache; später wurde daraus dann VRML97. Mit VRML kann man nicht nur statische Szenen modellieren, sondern auch Animationen mit interaktiven Steuerungsmöglichkeiten. Leider ist es um diese Modellierungssprache recht ruhig geworden, VRML hat nicht die erhoffte Akzeptanz gefunden – vermutlich, weil die Komplexität der Modelle bereits bei einfachen Beispielen sehr hoch ist. Derzeit versucht man eine Wiederbelebung der VRML Weiterentwicklung unter dem Namen X3D bzw. Web3D.

Praktisch alle Techniken der Grafikprogrammierung finden Anwendung im Bereich der Computergestützten Konstruktion: CAD (Computer Aided Design). Mit CAD-Programmen können Szenen mit 3-D-Objekten so detailliert konstruiert werden, dass sie anschließend am Rechner *naturgetreu* abgebildet und z.B. in Baupläne umgesetzt werden können.

CAD-Programme finden Anwendung in allen Bereichen des ingenieurmäßigen Konstruierens wie z.B. in der Architektur, aber auch bei der Erstellung von Leiterplatten etc.

# 12 Software-Entwicklung

Die Entwicklung von Software ist ein außerordentlich komplexer Prozess, der umso problematischer wird, je umfangreicher die zu entwickelnde Software ist. Dabei kann man den Umfang von Software auf verschiedene Arten messen. Beispiele für solche Maße sind:

- die Zahl der Quelltextzeilen der Programme, aus denen das Softwareprodukt besteht;
- die Zeit, die benötigt wird, um ein Programm zu erstellen. Diese kann z.B. in Bearbeiter-Jahren (*BJ*) gemessen werden.

Beide Maße sind offensichtlich nicht sehr genau. Es gibt mehr oder weniger kompakten Quelltext und mehr oder weniger produktive Bearbeiter. Außerdem kann ein schnell gelieferter Quelltext unbrauchbar oder fehlerhaft sein – daher ist die Erstellungsgeschwindigkeit oft ein trügerisches Maß. In grober Annäherung kann man davon ausgehen, dass ein Bearbeiter an einem Arbeitstag ca. 10 bis 100 Zeilen (*Lines of Code = LOC*) produziert. Diese Schätzung ist von vielen Einflussgrößen abhängig, insbesondere auch von der Komplexität und dem Umfang des Projektes. Als grobe Näherung wollen wir im Folgenden ca. 5000 Programmzeilen pro Jahr annehmen.

Die folgende Tabelle enthält eine grobe Klassifikation von Software-Projekten hinsichtlich ihres Umfangs:

| Projektklasse | Quelltext-Zeilen (LOC) | Bearbeitungsaufwand (BJ) |
|---|---|---|
| sehr klein | 0 – 1.000 | 0 - 0,2 |
| klein | 1.000 – 10.000 | 0,2 - 2 |
| mittel | 10.000 – 100.000 | 2 - 20 |
| groß | 100.000 – 1 Mio. | 20 - 200 |
| sehr groß | 1 Mio. – ... | 200 - ... |

**Abb. 12.1:**   *Klassifikation von Software-Projekten*

Eines der Hauptprobleme der Software-Entwicklung ist die Entwicklung *zuverlässiger Software*. Man bezeichnet ein Programm als *zuverlässig*, wenn es sich – relativ zu vorgegebenen Toleranzwerten für Abweichungen – im Betrieb so verhält, wie man es aufgrund der *Anforderungen* an das Programm erwartet. Je umfangreicher ein Software-Projekt ist, desto unwahrscheinlicher ist es, dass sein Ergebnis jemals *fehlerfrei* wird. Man muss sogar davon ausgehen, dass es unmöglich ist, umfangreiche Software-Produkte vollständig fehlerfrei zu entwickeln.

Ein weiteres Hauptproblem der Software-Entwicklung besteht darin, die Software so zu entwickeln, dass sie später problemlos *geändert* werden kann. Für den Entwickler ist es vorteilhaft, wenn die Entwicklung eines Software-Systems nach seiner Fertigstellung beendet ist. Eine weitergehende Betrachtung zeigt jedoch, dass die Entwicklung eines Software-Systems ein *evolutionärer Prozess* ist, der oft sehr lange währt, und dessen Ende womöglich nicht abzusehen ist. So wurden in den Jahren 1960 bis 1980 viele Software-Systeme entwickelt, von denen man annahm, dass sie das Jahr 2000 nicht überdauern würden. Dies hat dann zu dem bekannten „Jahr 2000 Problem" geführt.

Änderungen eines „fertig" entwickelten Softwareprodukts werden nötig, wenn z.B. einer der folgenden Fälle eintritt:

- es werden Fehler entdeckt;
- es werden neue Anforderungen an die Software gestellt, weil sich z.B. gesetzliche, betriebliche oder organisatorische Rahmenbedingungen geändert haben;
- die Software soll in einer anderen Hardware-Umgebung eingesetzt werden;
- die Software muss zusätzliche Hardware-Komponenten nutzen.

# 12.1 Methoden und Werkzeuge für Projekte

Seit 1968 beschäftigt man sich in der Informatik unter dem Schlagwort *Software Engineering* mit der Frage, wie die Entwicklung von qualitativ hochwertiger Software ablaufen sollte. Einige Kriterien für die Qualität von hochwertiger Software sind:

- Zuverlässigkeit und Korrektheit – d.h. relative Fehlerfreiheit,
- Modifizierbarkeit, Wartbarkeit, Testbarkeit und Wiederverwendbarkeit,
- Effizienz,
- Kosten.

Das Ergebnis einer *idealen* Software-Entwicklung wären völlig fehlerfreie, kostengünstige Software-Systeme, die man später leicht ändern kann. Eine Patentlösung zur Erfüllung dieses Ideals ist bisher allerdings nicht gefunden worden. Jedoch sind u.a. folgende Methoden mit unbestrittenem Erfolg eingesetzt worden:

- *Strukturierte Programmierung,*
- *Top-down-Entwurf* von Software-Systemen und *schrittweise Verfeinerung* von Programmen,
- *Modularisierung* von Software nach dem *Daten-Abstraktionsprinzip,*
- *Objektorientierte Software-Konstruktion.*

Während einer Informatik-Ausbildung erwirbt der Lernende in der Regel die Fähigkeit zur Entwicklung von *sehr kleinen* Software-Produkten. In einem Praktikum stellt sich ihm die Aufgabe, eventuell ein etwas größeres Programm zu entwickeln, das aber immer noch *klein* im Sinne der obigen Klassifikation ist.

## 12.1 Methoden und Werkzeuge für Projekte

Die Hauptprobleme der Software-Entwicklung tauchen erst bei mittleren und großen Projekten auf, die in einem Team von mehreren Entwicklern bearbeitet werden. Die Entwicklung großer Software-Systeme kann allein schon aus Zeitgründen in keiner Informatik-Ausbildung geübt werden. Die genannten Probleme und Techniken werden den Lernenden zwar theoretisch erläutert und an überschaubaren Beispielen demonstriert, wirklich begreifen werden sie diese aber vermutlich erst in der Praxis, wenn sie zum ersten Mal selbst in einem umfangreichen Entwicklungsprojekt tätig werden.

Wenn die Programme einen Umfang von 1000 oder 2000 Zeilen übersteigen, versagt in der Regel eine völlig unsystematische Programmierung. Das Problem muss dann in mehrere Teilprobleme zerlegt werden. Die Teile müssen mehrfach *wiederverstanden* werden, wenn sie z.B. an anderer Stelle oder von anderen Programmieren *benutzt* werden, was eine methodische Vorgehensweise voraussetzt. Darum teilt man *mittlere* und *große* Programme in mehrere *Module* auf, die möglicherweise von mehreren Entwicklern unabhängig voneinander erstellt und separat übersetzt werden. Dabei muss der Compiler die gemeinsam verwendeten Daten- und Kontrollstrukturen auf konsistente Verwendung überprüfen.

Für kleine Software-Projekte ist eine formale *Projektorganisation* nicht unbedingt erforderlich. Sind an einem Software-Projekt jedoch viele, zum Teil wechselnde Entwickler längere Zeit tätig, kann man ohne die methodische Organisation des Projektes nicht mehr auskommen. Je größer ein Software-System wird, desto mehr erhöht sich die Wahrscheinlichkeit, dass gravierende Fehler unentdeckt bleiben oder – noch schlimmer – dass die gesamte Funktionalität des Systems nicht mehr überschaubar ist und damit keine zuverlässigen Aussagen über sein Verhalten gemacht werden können. Da aber die umfangreichsten Software-Systeme ausgerechnet in Bereichen benutzt werden, die unter Sicherheitsaspekten kritisch sind, ist die Frage zu stellen, ob *zu große* Software-Systeme überhaupt erstellt werden sollten. Immer wieder hört man von Fehlfunktionen, wie z.B. bei Weltraumflügen oder Satellitensystemen, die letzten Endes von Software-Fehlern verursacht werden und zu hohen Risiken und Verlusten führen.

Für die *Produktivität* von Software-Entwicklern sind viele Faktoren maßgeblich. Dazu gehören z.B. die Ausstattung mit leistungsfähigen Rechnern, Netzverbindungen und geeigneten Entwicklungs-Werkzeugen. Diese werden unter der Bezeichnung *Programmierumgebung* oder *Software-Entwicklungsumgebung* zusammengefasst. (Siehe dazu auch S. 835.)

Neben den technischen Voraussetzungen sind die organisatorischen und sozialen Rahmenbedingungen für die Arbeitsproduktivität ausschlaggebend: Wer sich in seiner Arbeitsumgebung wohl fühlt, leistet mehr. Diese oft unterschätzte Erkenntnis wird u.a. in dem Buch *Peopleware* von Tom de Marco in eindrucksvoller Weise demonstriert. Wer z.B. seine Programmierer wie Sklaven in fensterlose Kabäuschen („cubicles") sperrt und schamlos für unbezahlte Überstunden ausnutzt, kann nicht damit rechnen, dass diese lange in seiner Firma bleiben und damit wirklich produktiv für diese werden. Spitzenleistungen lassen sich in der Software-Entwicklung (wie in anderen Berufszweigen) nur von hoch motivierten, aufeinander eingespielten, „verschworenen" Teams erreichen.

Etwa gleichzeitig mit dem Aufkommen des Begriffs Software Engineering wurde das Wort von der *Software-Krise* geprägt. Damit war im weitesten Sinne die Summe aller Probleme angesprochen, die sich einerseits aus schnell wachsenden Anforderungen und immer komplexeren Aufgabenstellungen und andererseits aus dem schnellen Wandel der Hardware- und Kommunikationstechnik ergaben. D.h. in kürzester Zeit sollten immer größere Programmsysteme für neue, hochkomplexe Aufgabenstellungen auf immer neuen, einem stetigen Wandel unterliegenden technischen Plattformen entwickelt werden.

Diese Herausforderungen an die Software-Entwickler und an die dafür verantwortlichen Manager und Projektleiter sind bis heute kaum geringer geworden. Zwar hat sich die *Softwaretechnik* als Informatik-Fachgebiet etabliert und eine Vielzahl von nützlichen, heute unentbehrlichen Methoden, Techniken und Werkzeugen hervorgebracht. Auch sorgt heute eine solide Ausbildung in Informatik und speziell Softwaretechnik für einen Stamm von gut qualifizierten Software-Entwicklern. Aber gleichzeitig schaffen immer kürzere Innovationszyklen bei Rechnerausstattung und Vernetzung sowie ein ungebremster Drang zur Automatisierung mit immer größeren und komplizierteren Anwendungen ständig neue Herausforderungen an die Softwaretechnik. Ein Ende dieses Wettlaufs ist zurzeit noch nicht abzusehen.

# 12.2    Vorgehensmodelle

Eine zentrale Frage der Softwaretechnik betrifft das Vorgehen im Projekt. B. Boehm hat 1988 vier Klassen von *Vorgehensmodellen* unterschieden:

*   *Code and fix*-Modelle,
*   *Phasen-* und *Wasserfall*-Modelle,
*   *Transformations*-Modelle,
*   *Evolutionäre Entwicklungsmodelle.*

Wir erweitern diese Klassifizierung um

*   Prototyping- und Spiralmodelle,
*   Modelle zur *inkrementellen* Systementwicklung,
*   Modelle zur *objektorientierten* Systementwicklung.

Im Folgenden wollen wir diese sieben Modellklassen (in einer leicht veränderten Reihenfolge) kurz durch ihre wesentlichen Eigenschaften charakterisieren. Dabei unterscheiden wir *sequentielle* Modelle, d.h. solche, die den Software-Entwicklungsprozess als eine Folge sequentiell ablaufender Phasen betrachten, von *nicht-sequentiellen* Modellen.

## 12.2.1    Code and fix-Verfahren

Unter *code and fix*-Verfahren versteht B. Boehm die unsystematische Vorgehensweise in der Frühzeit des Programmierens: Man beginnt ohne weitere Planungen und Vorüberlegungen mit dem Schreiben von *Code* (oft in einer niederen, wenig übersichtlichen Programmiersprache) und endet mit dem langwierigen und mühseligen Austesten und Zusammenfügen der Programmbausteine (*fix*).

## 12.2.2 Wasserfall-Modelle

Der Begriff *Wasserfall* steht für den weitaus größten Teil der Phasenmodelle, die heute nach wie vor in der industriellen Praxis verbreitet sind. Kennzeichnend für diese Modelle ist die Einteilung des Entwicklungsprozesses in sequentiell aufeinander folgende Phasen. Für jede Phase sind Ausgangspunkt und Vorgaben, durchzuführende Tätigkeiten und Ergebnisse genau festgelegt. Jedes Phasenergebnis bildet gleichzeitig die Vorgabe für die weitere Entwicklung in der Folgephase. Deren Ergebnis ist dann am Ende des Phasendurchlaufs gegenüber der Vorgabe zu überprüfen.

Das bekannteste Beispiel für ein Wasserfall-Modell zeigt die folgende Abbildung:

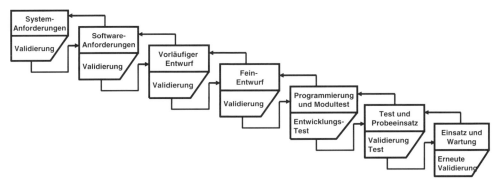

*Abb. 12.2:* Wasserfall-Modell von Royce/Boehm

Die *wasserfallartigen* Vorgehensmodelle haben vor allem zusammen mit der in den 1970er Jahren entwickelten und danach zunehmend auch industriell eingesetzten Daten-Abstraktionstechnik (vgl. S. 811) eine große Verbreitung gefunden. Diese Technik ermöglicht die systematische Dekomposition von großen Software-Systemen in klar definierte Module mit sauber spezifizierten und überprüfbaren Schnittstellen. Damit war eine notwendige Voraussetzung für eine weitgehende Arbeitsteilung und die Synchronisation parallel verlaufender Entwicklungstätigkeiten gegeben.

Für das *Projekt-Management* bedeutet dies die Betonung einer *ergebnisorientierten* Arbeitsweise: Entwickler können aufgrund vorgegebener oder gemeinsam abgestimmter und dann verbindlicher Spezifikationen in Parallelarbeit ihre Module entwickeln. Die Ergebnisse sind in Form und Umfang festgelegt und müssen oft in einem engen Zeitrahmen erbracht werden, um ihre Integration vorbereiten und termingerecht durchführen zu können.

Für diese „rigorose" Vorgehensweise spricht eine ganze Reihe von Argumenten, und sie hat sich in der Praxis bei zahlreichen, erfolgreich abgewickelten Software-Projekten bewährt. Verfahren dieser Art sind nicht zuletzt deshalb so erfolgreich, weil sie sowohl ein methodisch fundiertes und technisch ausgereiftes Konzept zur Systemstrukturierung als auch wirkungsvolle Mittel für die Projektführung anbieten, um mit dem Problem der Arbeitsteilung und der Zusammenführung parallel entwickelter Bausteine in großen Projekten fertig zu werden.

Heute finden wir in den meisten bekannten Phasenmodellen (in mehr oder weniger modifizierter Form) die folgenden Projektabschnitte:

1. Problemanalyse und Anforderungsdefinition
2. Fachlicher Entwurf
3. Software-technischer Entwurf
4. Programmierung und Modultest
5. System-Integration und Systemtest
6. Installation, Betrieb und Weiterentwicklung

**Problemanalyse und Anforderungsdefinition**

Zu Projektbeginn wird der *Gegenstandsbereich* des Projekts (z.B. die Kontenführung bei einer Bank oder die Einführung von Bildschirm-Terminals in den Schaltern der Postämter) analysiert und abgegrenzt gegenüber Leistungen und Vorgängen, die nicht Gegenstand des Projekts sein sollen. Sodann werden die *Anforderungen* an das zukünftige Software-System (die sich in der Regel auch auf die davon betroffene organisatorische Umgebung beziehen) in überprüfbarer (d.h. schriftlicher) Form niedergelegt.

Früher wurde diese Projekt-Startphase oft unterschätzt und vernachlässigt, Anforderungen wurden häufig gar nicht oder nur unzureichend erarbeitet und dokumentiert. Heute weiß man aus Erfahrung, wie häufig der Projekterfolg von sauber spezifizierten Anforderungen abhängt und misst dieser Phase eine so große Bedeutung zu, dass sich daraus ein eigener Zweig der Softwaretechnik, genannt *Requirements Engineering,* herausgebildet hat.

**Fachlicher Entwurf**

Nachdem der Gegenstandsbereich des Projekts abgegrenzt und die Funktionalität des künftigen Systems grob festgelegt sind, werden dessen Funktionen aus fachlicher Sicht vollständig spezifiziert. Grundlage dafür ist in der Regel ein Modell, das die Objekttypen des Gegenstandsbereichs (z.B. Kunden, Banken, Konten, Überweisungen, Einlagen, Vergütungen etc.) benennt, strukturiert und miteinander in Beziehung setzt. Ein solches Modell wird *Datenmodell, Informationsmodell, Klassenmodell* oder *Objektmodell* genannt. Sind dort einmal die Bezeichnungen und Strukturen für alle relevanten Objekte festgelegt, so lassen sich die Systemfunktionen wesentlich leichter beschreiben und miteinander konsistent halten.

Das Datenmodell und die Beschreibungen der Funktionen und Abläufe werden zusammen auch als *Anwendungsmodell* bezeichnet. Dieses bildet den Kern des *fachlichen Entwurfs.*

**Software-technischer Entwurf**

Im Gegensatz zum fachlichen bezieht sich der (Software-)technische Entwurf ganz auf die Struktur der zu entwickelnden Software. Im Zuge der objektorientierten Methoden wird angestrebt, den fachlichen und den technischen Entwurf in ihrer Struktur zu vereinheitlichen – man spricht hier auch von *model-driven architecture* – was die Grenze zwischen ihnen etwas verschwimmen lässt. Andererseits werden sich allein schon wegen der unterschiedlichen Ziel-

## 12.2 Vorgehensmodelle

gruppen die beiden Entwürfe auch in Zukunft noch unterscheiden – und sei es nur in der Detaillierung technischer Einzelheiten.

Im technischen Entwurf wird das System in Teilsysteme (oft *Komponenten* oder *Pakete* – engl. *packages* – genannt) gegliedert, die wiederum aus selbständigen, meist getrennt übersetzbaren Bausteinen, den so genannten *Modulen*, bestehen. Diese haben miteinander *Schnittstellen*, über die sie z.B. untereinander Operationen aufrufen oder auf gemeinsame Daten zugreifen. Zum Entwurf gehört eine saubere (heute häufig in einer formalen oder halbformalen Spezifikationssprache abgefasste) *Spezifikation* aller Schnittstellen.

### Programmierung und Modultest

Die eigentliche *Codierung*, d.h. die Umsetzung der Spezifikationen in Programme, nimmt innerhalb des gesamten Entwicklungsprozesses heute oft nur noch ca. 20 bis 30 % ein. Ein wichtiger Bestandteil dieser Phase ist der *systematische Test* der Module. Dazu werden Testfälle definiert und mit ausgesuchten Testdaten ausgeführt. Solche geplanten und jederzeit (z.B. nach Programmänderungen) wiederholbaren Tests sind nicht zu verwechseln mit der Fehlerbehebung (*debugging*), d.h. mit Programmänderungen aufgrund erkannter Fehler.

### System-Integration und Systemtest

Nach der Codierung und dem erfolgreich abgeschlossenen Modultest werden einzelne Module nach einem vorher festgelegten Integrationsplan zu so genannten *Subsystemen* zusammengefügt und diese werden in ähnlicher Weise wie vorher die einzelnen Module getestet. Die Integration aller Subsysteme zum Gesamtsystem und der *Systemtest* schließen den Entwicklungsprozess (vorläufig) ab.

### Installation, Betrieb und Weiterentwicklung

Ist der Systemtest in der Entwicklungsumgebung erfolgreich bestanden, wird das System in seiner Zielumgebung installiert, und unter der Aufsicht des Auftraggebers findet der *Abnahmetest* statt. Danach kann das System in den laufenden Betrieb gehen. Oft findet allerdings auch ein *schrittweiser Übergang* statt, z.B. bei der Umstellung von einem Altsystem auf ein Neusystem, bei der gemäß einer vorher festgelegten Übergangsstrategie Komponenten des alten Systems Schritt für Schritt durch neue ersetzt werden.

Ein Software-System ist niemals „fertig", d.h. es gibt immer Änderungs-, Verbesserungs- und Erweiterungswünsche. Begrenzte Modifikationen, die sich nur geringfügig auf das Gesamtverhalten des Systems auswirken, lassen sich oft im laufenden Betrieb, z.B. durch den Austausch einzelner Module, bewerkstelligen. Nehmen die Änderungswünsche dagegen einen größeren Umfang an und sind Auswirkungen auf die Gesamtstruktur des Systems zu erwarten, so ist oft eine Weiter- bzw. Neuentwicklung des Systems in einem eigenen Projekt erforderlich. Im Zusammenhang mit der *evolutionären Systementwicklung* werden wir auf diesen Punkt zurückkommen.

## 12.2.3 Transformations-Modelle

Nach dem *Transformations-Ansatz* ist Programmentwicklung eine Folge formal beschreibbarer (und deshalb auch computergestützt durchführbarer) Transformations-Schritte, die von der Spezifikation bis zum fertigen, lauffähigen Programm führen. Setzt man die Korrektheit der Spezifikation und der einzelnen Transformationsschritte voraus, so ergibt sich damit automatisch die Korrektheit des resultierenden Programms, d.h. Test- und andere Prüfmaßnahmen werden (im Idealfall) überflüssig.

Der Transformationsgedanke ist für kleine bis mittlere, formal leicht beschreibbare Programmieraufgaben geeignet, stößt bei großen Programmsystemen allerdings auf praktische Schwierigkeiten. Das liegt unter anderem daran, dass sich große Programmsysteme nur schwer vollständig formal spezifizieren lassen (und die Spezifikationen, je umfangreicher sie werden, um so schwerer verständlich sind) und dass die Transformationsschritte (sowohl im Einzelnen als auch in ihrem Zusammenwirken) mit wachsender Systemgröße überproportional komplexer werden.

## 12.2.4 Nichtsequentielle Vorgehensmodelle

Neben ihren unbestreitbaren Vorteilen weisen die sequentiellen Modelle auch eine Reihe von Mängeln auf, die dazu geführt haben, dass man in der Praxis häufig vom vorgegebenen Vorgehen abgewichen ist und schließlich nach anderen, nicht-sequentiellen Vorgehensweisen Ausschau gehalten hat. Zu häufig genannten Mängeln gehören:

- *Realitätsferne und mangelnde Flexibilität des Vorgehens*
  Die Idealvorstellung eines sequentiellen Projektfortschritts von Phase zu Phase erweist sich in der Praxis oft als unrealistisch. Für Anforderungen, die sich noch während der Entwicklung ändern, für Tätigkeiten, die parallel über Phasengrenzen hinweg ablaufen, und für Rückkehrschleifen zu früher durchlaufenen Phasen ist in der Modellvorstellung kein Platz, in der Praxis sind sie jedoch an der Tagesordnung. Die vom Phasenmodell geforderte Festschreibung der Anforderungen und Spezifikationen geht oft an den Projektbedürfnissen vorbei. Dies gilt besonders für große, komplexe und innovative Projekte in sich schnell verändernden Anwendungsbereichen.
- *So genannte „Software-Bürokratie"*
  Der Zwang, zu festgelegten Zeitpunkten ständig neue Dokumente zu erzeugen, führt zu Redundanzen und Ineffizienzen. Im Extremfall fühlen sich die Entwickler durch übertriebene Vorschriften, Richtlinien, starre Phasen- und Dokumentstrukturen gegängelt und zweifeln am Sinn ihrer Tätigkeit. Die Starrheit des Vorgehens überträgt sich häufig auch auf die Produkte und beeinträchtigt deren Anpassungsfähigkeit an geänderte Anforderungen und neue Bedürfnisse.
- *Keine langfristige Weiterentwicklungs-Strategie*
  Software-Projekte sind früher häufig als isolierte, inselhafte Entwicklungsvorhaben „auf der grünen Wiese" angesehen worden. Mittlerweile bezieht sich nur noch ein kleinerer Teil der Software-Projekte auf totale Neuentwicklungen. In der Mehrzahl der Fälle knüpft man an bereits existierende Systeme an. Dafür bieten die herkömmlichen Vorgehensmodelle allerdings kaum Rezepte an.

12.2 Vorgehensmodelle                                                                                    805

- *Trennung von Anwender- und Entwickler-Welt*
  Das Phasenschema verlangt, dass zuerst auf der Anwenderseite die Anforderungen festgelegt werden, ehe man auf der Entwicklerseite mit deren Umsetzung beginnt und dann wieder auf der Anwenderseite das entwickelte System einsetzt. In der Praxis ist man aber oft auf Zusammenarbeit und Rückkopplungen angewiesen, besonders wenn die Anforderungen noch instabil sind und nicht klar ist, ob, in welchem Umfang und mit welchem Aufwand sie sich realisieren lassen.

Um sich in dieser Beziehung besser der Realität anzupassen, wurden *nicht-sequentielle Vorgehensmodelle* entworfen und praktiziert. Vorrangiges Ziel der meisten nicht-sequentiellen Modelle ist es, durch zusätzlichen Aufwand in den Frühphasen, z.B. unterstützt durch *Prototypen*, zu stabileren Anforderungen zu gelangen oder auf sich ändernde Anforderungen – z.B. durch kontrolliert ablaufende Entwicklungszyklen – möglichst flexibel reagieren zu können.

## 12.2.5    Prototyping und Spiralmodelle

*Prototyping* wird als nichtlineare Form des Vorgehens schon seit längerem propagiert, in der industriellen Praxis als offizieller Standard allerdings wenig eingesetzt. Dafür gibt es verschiedene Gründe. So dient *prototyping* zuweilen als Feigenblatt für *code and fix* und für den Rückfall in unsystematische Arbeitsweisen.

Prototypen können mit sehr unterschiedlichen Zielsetzungen und in sehr unterschiedlichen Formen erstellt werden. Ch. Floyd unterscheidet z.B. exploratives, experimentelles und evolutionäres Prototyping. Ludewig bemerkt dazu mit Recht, dass Prototyping „... in der Literatur wesentlich häufiger vorkommt als in der Praxis" und weist darauf hin, dass „das Wort Prototyp für nahezu jede Bedeutung verwendet wird".

Allerdings kann Prototyping auch als systematische Abfolge von aufeinander aufbauenden Prototyp-Entwicklungen verstanden und praktiziert werden, wie das *Spiralmodell* von B. Boehm zeigt. (Vgl. dazu Abb. 12.3 auf S. 806.) Dort bleibt die lineare Abfolge der Phasen *Analyse, Entwurf* und *Realisierung* bestehen. Jede dieser Phasen entspricht darin allerdings einem Umlauf in der Spirale. Die vier dabei durchlaufenen Quadranten entsprechen den Aktivitäten *Zielbestimmung, Bewertung* der Alternativen (mit Prototypen), *Entwicklung* und *Verifikation* des nächsten verfeinerten Produkts und *Planung* der nächsten Phasen. Die Prototypen, die bei jedem Umlauf der Spirale erstellt werden, müssen noch keine Bestandteile des Endprodukts sein, sondern dienen hauptsächlich der Bewertung verschiedener Alternativen (*risk analysis*). Das erste lauffähige System liegt somit wie bei den Wasserfall-Modellen erst relativ spät vor.

Boehm berichtet vom Einsatz seines Modells in einem größeren Werkzeug-Entwicklungsprojekt. Die Erfahrungen, die man hierbei gesammelt hat, bewertet er insgesamt positiv. Für das Management stellt er hierbei besonders die Möglichkeiten heraus, Risiken frühzeitig zu erkennen und zu beseitigen und sich flexibel an die günstigste Vorgehensweise anzupassen.

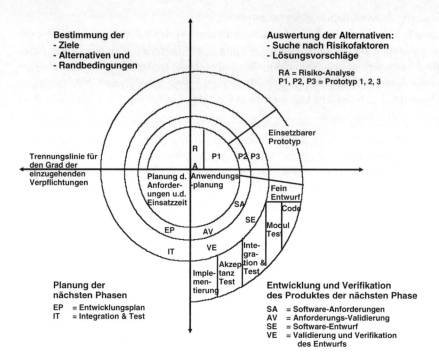

*Abb. 12.3:* Spiralmodell von B. Boehm

## 12.2.6 Modelle zur inkrementellen Systementwicklung

Nahe verwandt mit dem Prototyp-Ansatz ist die Idee der *inkrementellen Entwicklung*, d.h. der schrittweisen, sukzessiven Erweiterung der Funktionalität eines Systems durch so genannte *Inkremente*. Ausgangspunkt ist ein relativ kleiner, überschaubarer Kern, vergleichbar einem Prototyp. Das kann z.B. ein Steuermodul zusammen mit einer ersten Systemfunktion sein. Anders als beim Prototyp wird dieser Kern jedoch beibehalten und weiter ausgebaut. Weitere Funktionen werden schrittweise entwickelt und als *Inkremente* eingehängt. Das kann sequentiell nacheinander, aber auch zeitlich verschränkt und teilweise parallel zueinander erfolgen. Voraussetzung dafür ist allerdings, dass die Systemfunktionen voneinander (relativ) unabhängig sind bzw. in systematischer Weise aufeinander aufbauen.

## 12.2.7 Evolutionäre Entwicklungsmodelle

Der Begriff der *evolutionären Systementwicklung* wurde erstmals von M. M. Lehman formuliert. Er bezieht ihn vorrangig auf so genannte „sozial eingebettete" Systeme wie z.B. Systeme zur Büroautomatisierung, zur Verkehrskontrolle oder zur automatischen Fertigung (nicht zu verwechseln mit den *embedded systems*, die man in technischen Großgeräten wie Flugzeugen oder Raketen findet).

# 12.2 Vorgehensmodelle

Sozial *eingebettete Systeme* haben einen unmittelbaren Einfluss auf ihr Umfeld und lösen damit oft Rückkoppelungseffekte aus. Das unterscheidet sie wesentlich von Systemen mit klar gestellter und damit vorher spezifizierbarer Aufgabenstellung wie z.B. einem Compiler. Für eingebettete Systeme bietet sich ein zyklischer Entwicklungsprozess an, der neben kurzen Fehlerbehebungs- und Korrekturzyklen auch langfristige Verbesserungs- und Weiterentwicklungszyklen vorsieht.

Betrachtet man die Entwicklung sozial eingebetteter Systeme in der Praxis der letzten Jahre, so ist eine gewisse Evolution unverkennbar – meist allerdings nicht als geplante Reaktion auf vorhergesehene Rückkopplungen, sondern als erzwungene und oft unter Zeitdruck stehende Behebung erkannter Schwächen und Mängel, was sich dann leicht in „verfilzten" Systemstrukturen niederschlägt.

## 12.2.8 Modelle zur objektorientierten Systementwicklung

Die Frage des Vorgehensmodells kann nicht losgelöst von der verwendeten Methode und der angestrebten Systemarchitektur betrachtet werden. Der oben erwähnte Zusammenhang zwischen Daten-Abstraktionstechnik und wasserfallartigem Vorgehen war ein erstes Beispiel dafür. *Objektorientierte* (kurz OO-) *Methoden* zur Systementwicklung fordern speziell dann eine besondere Art des Vorgehens, wenn die Objektorientierung durchgängiges Entwicklungsprinzip ist, d.h. schon in der frühen Analysephase einsetzt.

Die meisten heute bekannten OO-Analyse- und Entwurfsmethoden wie die von Shlaer/Mellor, Booch, Rumbaugh und Jacobson enthalten eigene Vorgehensmodelle. Diese verwenden die objektorientierte Terminologie, betonen den zyklischen Charakter der Software-Entwicklung und weisen auf die Wichtigkeit der Wiederverwendung hin, stehen jedoch noch weitgehend in der Tradition der Wasserfall-Modelle.

Bei der Firma Rational, die zu den Marktführern für OO-Entwicklungsmethoden und -werkzeuge gehört, wurde in den 1990er Jahren die Modellierungssprache UML (vgl. S. 817) und dazu passend ein Vorgehensmodell unter dem Namen *Rational Unified Process* (*RUP*) entwickelt. Dieses geht auf die Ideen von G. Booch, J. Rumbaugh und vor allem auf den *Objectory Process* von I. Jacobson zurück. Methodische Aspekte wie z.B. eine Anwendungsfall-getriebene (*use case driven*) Analyse oder eine inkrementelle Systementwicklung gehen ausdrücklich in die Prozessbeschreibung ein. Die Entwickler-Tätigkeiten sind allerdings sowohl einer nach wie vor dominierenden Phasenstruktur als auch so genannten *Disziplinen* (Aktivitätsklassen) zugeordnet und überlappen sich teilweise, was eine systematische Projektplanung und -verfolgung durch das Management nicht leichter macht.

Die (für alle OO-Methoden) vorrangige Forderung nach Wiederverwendbarkeit der Bausteine zieht zwangsläufig deren größere Unabhängigkeit voneinander und damit ein evolutionäres Vorgehen nach sich. Damit löst sich die strenge Phasenstruktur der Wasserfall-Modelle vollends auf: Entwicklungszyklen einzelner Bausteine laufen zeitlich verschränkt und bis zu einem gewissen Grade unabhängig voneinander ab – bis hin zur Verlagerung von Analysetätigkeiten in die spezifischen Bausteinzyklen hinein.

Das in Marburg von W. Hesse entwickelte *EOS-Modell* (für *Evolutionäre Objektorientierte Software-Entwicklung*) trägt diesen neuen Anforderungen Rechnung. Danach wird jedem zu entwickelnden Software-Baustein (sei es ein gesamtes Anwendungssystem, eine Komponente, ein Subsystem oder eine Klasse) ein eigener Entwicklungszyklus zugeordnet. Alle Zyklen haben die gleiche Grundstruktur, bestehend aus den Tätigkeiten *Analyse*, *Entwurf*, *Implementierung* und *Operationaler Einsatz/Revision*. In Abbildung 12.4 sind sie durch jeweils vier zyklusartig angeordnete Pfeile dargestellt.

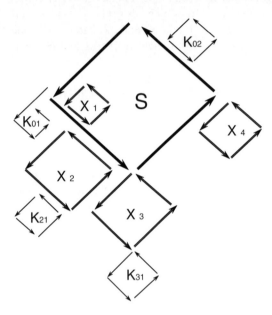

*Abb. 12.4:* Tätigkeitszyklen des EOS-Modells

Diese Entwicklungszyklen können nun in zeitlich nahezu beliebiger Weise zusammengebaut werden. D.h. während des alles umfassenden System-Entwicklungszyklus werden weitere Zyklen für Komponenten und Subsysteme angestoßen, von diesen wiederum Zyklen für Unterkomponenten und schließlich für einzelne Klassen. Die Koordination der Zyklen und der darin ausgeführten Aktivitäten erfolgt mithilfe so genannter *Revisionspunkte*. Diese werden vom Projekt-Management definiert und legen die bis zu einem bestimmten Zeitpunkt zu erfolgenden Aktivitäten und vorzulegenden Ergebnisse fest. Die Planung, Fortschreibung und Anpassung der Revisionspunkte erfolgt dynamisch, d.h. im laufenden Projekt. Damit können die Projekt-Manager flexibel und gezielt auf die jeweils aktuellen Projekt-Erfordernisse reagieren.

## 12.3 Traditionelle Methoden zur Programmentwicklung

Die frühesten Ansätze zur systematischen Entwicklung von Software sind mit den Schlagworten *Structured programming*, *Stepwise refinement* und *Top down design* verbunden. Dijkstra, Hoare, Wirth, Mills, Parnas und viele andere propagierten diese Methoden ab ca. 1970. Sie waren so grundlegend und allgemein gültig, dass sie sich auch in den meisten späteren Methoden und Ansätzen wiederfinden.

### 12.3.1 Strukturierte Programmierung

Ein wesentliches Ziel der *Strukturierten Programmierung* ist es, die Lesbarkeit und damit den Nachweis der Korrektheit von Software zu verbessern. Unter anderem wird empfohlen, bei der Programmierung Regeln einzuhalten wie:

- Verwende nur *strukturierte* Anweisungen wie einfache, bedingte Fall- und Schleifen-Anweisungen, nicht aber *goto*-Anweisungen.
- Baue das Programm so auf, dass einzelne Teile *leicht abtrennbar* (und damit separat verifizierbar) sind, z.B. durch ausgiebige Verwendung von Prozeduren und Funktionen.
- Verwende klar aufgebaute (und separat vereinbarte) *Datenstrukturen* und *Konstantenvereinbarungen* (statt über das Programm verstreute Codeschlüssel).
- Verwende selbsterklärende und programmspezifische *Bezeichner*.

Wie streng solche Regeln eingehalten werden, bleibt oft dem persönlichen Stil des Programmierers vorbehalten, zuweilen werden sie jedoch durch bindende Programmierrichtlinien oder gar durch Werkzeuge erzwungen – wie z.B. die Vermeidung des *goto* durch die so genannten *Struktogramme* (oder Nassi/Shneiderman-Diagramme), eine der ersten populären Techniken für den Programmentwurf in grafischer Form.

Moderne Programmiersprachen wie *Pascal*, *Modula* oder *Java* unterstützen durch die angebotenen (und weggelassenen) Sprachelemente das strukturierte Programmieren. Nach wie vor hängt es aber in erster Linie von den Fertigkeiten und der Disziplin des Programmierers ab, wie gut seine Programme strukturiert sind.

### 12.3.2 Schrittweise Verfeinerung und Top-down-Entwurf

Die strukturierte Programmierung gibt Regeln für das „Programmieren im Kleinen" an, d.h. für die innere Gestaltung kleinerer Programme. Für die Erstellung mittlerer bis großer Programmsysteme ist damit noch nichts ausgesagt. Hier kommt die Idee der *schrittweisen Verfeinerung* (*stepwise refinement*) zum Tragen. Aus großen, schwer überschaubaren Problembereichen werden kleinere Teilprobleme herausgelöst und gesondert bearbeitet. Dieser Schritt kann mehrfach wiederholt werden und hat die schrittweise Verfeinerung ganzer Programmteile zur Folge. Stellt man diesen Prozess grafisch dar, so gelangt man zu einer Baumdarstellung.

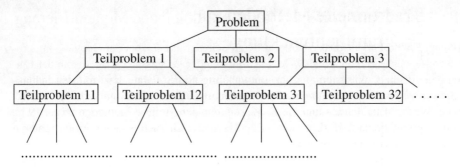

**Abb. 12.5:** Zerlegung eines Problems in Teilprobleme

Da sich die Wurzel dieses Baums (wie in der Informatik üblich) oben befindet, bekam dieses Verfahren auch den Beinamen *Top-down-Entwurf*. Im Prinzip verbirgt sich dahinter die uralte Strategie des *divide et impera* (teile und herrsche). Ein schwer beherrschbares Problem wird solange zerlegt, bis es beherrschbar ist.

Eine schrittweise Systementwicklung muss allerdings nicht notwendigerweise *top down*, d.h. vom Ganzen zu den Teilen hin erfolgen. Einzelne Teile können ebenso bereits vorher separat erstellt (oder von woanders übernommen) und später zu größeren Einheiten zusammengefügt werden.

Allen frühen Ansätzen zur *Software-Strukturierung im Großen* ist gemeinsam, dass sie eine *funktionale* Untergliederung des Programmsystems unterstützen. Das bedeutet, dass komplexe Funktionen in Teilfunktionen zerlegt werden.

Die Methode des Top-down-Entwurfs funktioniert nur dann gut, solange ihr nicht zur Funktionsstruktur querlaufende Datenstrukturen entgegenstehen. Diese sind meist nicht einfach *top down* in Teilstrukturen zerlegbar. Das war der Grund für methodische Weiterentwicklungen, die dann Mitte der 1970er Jahre u.a. zur *Daten-Abstraktionsmethode* führten.

## 12.4 Daten- und Funktionsorientierte Software-Entwicklungsmethoden

Methoden der ersten Generation wie die Strukturierte Programmierung reichen als methodische Wegweiser nicht mehr aus, wenn es um die Probleme des „Programmierens im Großen" geht – also z.B. wie man große Programmieraufgaben in separat zu behandelnde Teilaufgaben zerlegt und dabei Daten und Funktionen gemeinsam in adäquater Weise strukturiert. Solche Fragen erforderten eine neue, zweite Generation von Methoden, die seit Ende der 1970er Jahre zunehmend industriell eingesetzt wurden und bis heute nichts an Bedeutung eingebüßt haben.

## 12.4.1 Geheimnisprinzip, Daten-Abstraktion und Modularisierung

1972 erkannte David Parnas, dass eine der größten Schwierigkeiten bei der Entwicklung großer Software-Systeme in dem *Kommunikationsproblem* der Personen besteht, die an der Entwicklung beteiligt sind. Wie kann man Programmbausteine (im Folgenden *Module* genannt), die nicht nur über Kontroll-, sondern auch über Datenstrukturen miteinander verknüpft sind, so definieren und gegeneinander abgrenzen, dass der einzelne Entwickler nicht mit Detailwissen über die Module der anderen Entwickler überfrachtet wird, trotzdem aber das für ihn Notwendige über diese erfährt?

Parnas' Antwort auf diese Frage war das *Geheimnisprinzip* (engl: *information hiding*). Dieses besagt, dass beim Entwurf eines großen Systems jedes Modul in zwei Teilen zu beschreiben ist:

**(S)** alle Vereinbarungen, die für die Benutzung des Moduls durch andere Module notwendig sind (dieser Teil wurde später *visible part* oder auch *Spezifikation* genannt),

**(K)** alle Vereinbarungen und Anweisungen, die für die Benutzung des Moduls durch andere Module nicht benötigt werden (*private part* oder auch *Konstruktion*).

Damit war der Grundstein gelegt für das wenige Jahre später definierte *Daten-Abstraktionsprinzip*: Daten und darauf operierende Funktionen (hier *Operationen* genannt) müssen immer gemeinsam in einem unmittelbaren Zusammenhang definiert werden. Datenstrukturen sind so in Module zu verpacken oder zu „verkapseln", (engl. *data encapsulation*), dass auf sie von anderen Modulen nur über ihre Operationen zugegriffen werden kann. Die Definition dieser Operationen macht allein die Modul-Spezifikation (den für andere sichtbaren Teil) aus. Dagegen liegt die Programmierung der konkreten Datenzugriffe im Konstruktions- (d.h. privaten) Teil und damit im alleinigen Verantwortungsbereich des damit befassten Entwicklers. Der Aufbau eines Software-Systems nach diesen Prinzipien führt zu einer Modularisierungsstruktur, wie in Abb. 12.6 dargestellt.

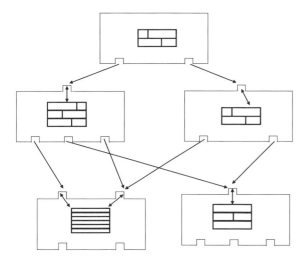

*Abb. 12.6:* Ein nach dem Daten-Abstraktionsprinzip entworfenes System

Dieses Prinzip hat nicht nur bis zum heutigen Tage die Struktur großer Software-Systeme maßgeblich beeinflusst, sondern auch wesentlich zu einer klaren Aufgabenteilung und damit zur Lösung eines der drängendsten Management-Probleme bei der Software-Entwicklung beigetragen.

### 12.4.2 Strukturierte Analyse- und Entwurfstechniken

Ein weiterer, zu den genannten Methoden etwa zeitparallel vorangetriebener Ansatz zielte darauf, die erfolgreiche Methode der Strukturierten Programmierung durch geeignete Hilfsmittel für den Entwurf großer Programmsysteme und später noch weiter für die vorgelagerte Analysephase auszubauen. So entstanden die Techniken des *Strukturierten Entwurfs (Structured Design)* und der *Strukturierten Analyse (Structured Analysis)*.

Bei beiden stehen grafische Dokumentationsformen im Vordergrund. Bei *Structured Design* sind es Strukturdiagramme für größere Software-Bausteine, bei *Structured Analysis* die so genannten Datenflussdiagramme. Zunächst als Hilfsmittel für die Entwurfsarbeit mit Papier und Bleistift gedacht, haben diese Techniken seit Mitte der 1980er Jahre an Bedeutung gewonnen, nachdem die gewachsenen Hardware-Möglichkeiten das Arbeiten mit Grafiken am Computer zuließen.

Ein *Datenflussdiagramm* (engl. *data flow diagram*, kurz *DFD*, vgl. Abb. 12.7) ist ein einfacher gerichteter Graph, dessen Knoten für Tätigkeiten, Aktionen oder Vorgänge und dessen Kanten für zwischen diesen transferierte Informationseinheiten, die so genannten *Datenflüsse*, stehen. Spezialsymbole für interne Datenspeicher und für externe Quellen und Senken von Informationen vervollständigen das grafische Vokabular. Datenflussdiagramme sind in erster Linie geeignet für die Darstellung von Abläufen und funktionalen Zusammenhängen, lassen sich aber mit datenorientierten Methoden wie z.B. der E/R-Modellierungsmethode relativ gut kombinieren.

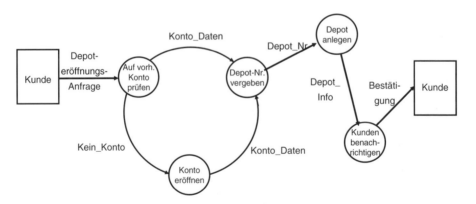

*Abb. 12.7:* Einfaches Datenflussdiagramm für die Depoteinrichtung bei einer Bank

12.4 Daten- und Funktionsorientierte Software-Entwicklungsmethoden 813

Bei den seit ca. 1980 angebotenen so genannten CASE-Werkzeugen (*CASE = Computer Aided Software Engineering*) spielt die grafische Unterstützung von Entwurfs- und Spezifikationsaufgaben eine zentrale Rolle.

## 12.4.3 Entity/Relationship-Modellierung

1976 veröffentlichte P. Chen seine Arbeit über das *Entity/Relationship-Modell* (Abkürzung: *E/R* siehe dazu auch Kapitel 10 S. 753), das als uniforme Entwurfstechnik für komplexe Datenbank-Strukturen gedacht war. Bald erkannte man jedoch, dass nicht nur beim Datenbankentwurf, sondern ganz allgemein bei der Entwicklung größerer Software-Systeme der detaillierten Programmierarbeit ein Entwurfsschritt – *Datenmodellierung* genannt – vorangehen sollte, der es erlaubt, sich auf die konzeptuellen Zusammenhänge der zu speichernden Informationen zu konzentrieren und dabei noch unabhängig von einer späteren Implementierung zu arbeiten.

Die Datenmodellierung und damit das E/R-Modell erlangten in kurzer Zeit auch in der Software-Technik eine hervorragende Bedeutung. Heute wird weltweit für die Mehrzahl der industriell entwickelten größeren Software-Systeme eine Datenmodellierung durchgeführt. Dabei wird meistens eine der zahlreichen E/R-Varianten verwendet.

Der Aufbau von E/R-Diagrammen wurde bereits im Kapitel über Datenbanken erläutert – siehe dazu auch den Abschnitt über das Entity/Relationship Modell, S. 753ff.

Die E/R-Technik ist nicht zuletzt deshalb so populär geworden, weil sie es gestattet, größere strukturelle Zusammenhänge auf der Datenseite in kompakter und relativ übersichtlicher Form darzustellen und dabei von funktionalen Zusammenhängen und von der Systemdynamik zunächst einmal zu abstrahieren. Natürlich ist damit keine vollständige Systembeschreibung zu erreichen, doch lassen sich E/R-Diagramme relativ leicht mit Darstellungen funktionaler Zusammenhänge wie z.B. Datenflussdiagrammen kombinieren. Die ursprünglich von Chen definierten Diagramme haben zahlreiche Erweiterungen, z.B. durch Attribute, verfeinerte Kardinalitäten oder Subtypen erfahren und sind später zum Ausgangspunkt für viele objektorientierte Techniken geworden.

## 12.4.4 Systematische Test-, Review- und Inspektionsverfahren

Bei der Betrachtung von Software-Entwicklungsmethoden stehen oft die frühen Phasen von der Analyse über den Entwurf bis hin zur Programmierung im Vordergrund. Mindestens ebenso wichtig (und oft noch kostenintensiver) sind die Tätigkeiten, die ausgeführt werden müssen, um die Analysen und Entwürfe zu überprüfen und um einmal produzierte Software zum stabilen und zuverlässigen Einsatz zu bringen. Um Qualitätsanforderungen an Software konkret, transparent und (zumindest teilweise) messbar zu machen, hat man in den letzten Jahren zahlreiche Qualitäts-Standards und Gütekenngrößen entwickelt. Auf die diesbezüglichen Methoden und Verfahren werden wir in Abschnitt 12.8 zurückkommen.

814                                                                12  Software-Entwicklung

# 12.5    Objektorientierte Software-Entwicklungsmethoden

Seit dem Aufkommen der Programmiersprache Smalltalk zu Beginn der 1980er Jahre hat sich der Begriff *„objektorientiert"* in der Softwaretechnik kontinuierlich verbreitet und ist heute zu einem der beherrschenden Schlagworte geworden. Dahinter verbirgt sich zunächst einmal eine neue Denkweise in der Programmierung (die objektorientierte Programmierung wurde ausführlich im 2. Kapitel vorgestellt).

## 12.5.1    Prinzipien der Objektorientierung

Prinzipiell kann jede speicherbare Größe als *Objekt* aufgefasst werden, das nicht nur passiven Charakter hat (wie die herkömmlichen Programm-Variablen), sondern zugleich aktiv werden kann durch eigene Operationen (bei Smalltalk und Java *Methoden* genannt), die z.B. Nachrichten an andere Objekte versenden oder selbst welche empfangen und darauf reagieren können. Diese Eigenschaften bezeichnet man als *Verhaltens-Aspekt* der Objektorientierung.

Gleichartige Objekte (oder *Exemplare*, engl. *instances*) können zu *Klassen* zusammengefasst werden – siehe dazu auch die Abschnitte über Klassen und Objekte, S. 250 ff. In der Softwaretechnik nennt man ihre definierenden Merkmale vorzugsweise *Attribute* und *Operationen* statt Felder und Methoden wie das bei Java üblich ist. Attribute können selbst wieder Objekte von (möglicherweise komplexen) Klassen sein. Auch in dieser Hinsicht gehen die OO-Techniken über frühere Entwicklungen hinaus, wie z.B. die relationalen Datenbanken, bei denen die Objekte grundsätzlich nur „flache" Attribute haben (*struktureller Aspekt* der Objektorientierung).

Die in Klassen zusammengefassten Mengen von Objekten sind naturgemäß nicht immer disjunkt, sondern können zum Teil dieselben Objekte enthalten. Ein Beispiel sind die Klassen *Person, Kunde* und *Lieferant*, die eine Klassenhierarchie bilden in dem Sinne, dass jeder Lieferant gleichzeitig auch ein Kunde und jeder Kunde gleichzeitig auch eine Person ist. Während eine Person vielleicht gerade durch Attribute *Name, Vorname, Geburtstag* und *Adresse* und Operationen *Personendaten_aufnehmen* und *Personendaten_ändern* charakterisiert ist, kommen bei einem Kunden spezifische Attribute wie *Kunden_Nr* und Operationen wie *Kunden_Nr_vergeben* und für Lieferanten möglicherweise noch weitere Attribute und Operationen hinzu.

Hier setzt das *Vererbungsprinzip* an, das für objektorientierte Techniken charakteristisch ist: Bei der Vereinbarung von Subklassen (wie *Kunde* oder *Lieferant*) muss man die in Superklassen (wie *Person* in unserem Beispiel) deklarierten Attribute und Operationen nicht nochmals vereinbaren, sondern diese werden automatisch von der Superklasse übernommen (*geerbt*).

Ein weiteres mit der Objektorientierung verbundenes Prinzip ist das der *Polymorphie* und des *dynamischen Bindens*. Es besagt, dass in einer Klassenhierarchie gleichnamige Operationen für verschiedene Subklassen unterschiedlich implementiert sein können. Objekte können *polymorph* sein, d.h. die zum jeweiligen Kontext passende Operation zur Verfügung stellen.

12.5 Objektorientierte Software-Entwicklungsmethoden 815

Wenn für ein einzelnes Objekt die spezifisch anwendbaren Operationen erst zur Laufzeit ausgewählt werden, sagt man, dass Operationen *dynamisch* zu den Objekten *gebunden* werden.

Ähnlich wie bei den Strukturierten Techniken hat (zeitlich versetzt) auch bei den OO-Techniken eine Weiterentwicklung und Ausdehnung von den mittleren hin zu den früheren Phasen der Software-Entwicklung stattgefunden. So entstanden nacheinander Techniken zur *OO-Programmierung* (in erster Linie Programmiersprachen wie Smalltalk, C++, Java oder die OO-Versionen von Pascal oder LISP), zum *OO-Entwurf* und zur *OO-Analyse*.

## 12.5.2 Objektorientierter Entwurf

Einer der wichtigsten Ansätze zum *objektorientierten Entwurf* stammt von B. Meyer. Kern dieses Ansatzes ist die Sprache *Eiffel*, die durch das gleichnamige Werkzeug unterstützt wird. Meyer charakterisiert den Begriff der Objektorientierung durch die drei Grundeigenschaften Datenverkapselung, Vererbung und Polymorphie und baut Klassen- und Objektgeflechte auf den beiden semantischen Grundbeziehungen Generalisierung/Spezialisierung („*is-a*") und Benutzung („*is client of*") auf.

Logisch zusammengehörige Klassen können zu Komplexen (engl. *clusters*) zusammengefasst werden, doch bietet Eiffel keine spezifischen Sprachelemente dafür an. Die frühen Phasen der Analyse und Anwendungsmodellierung werden ebenfalls eher am Rande behandelt. Daher ist eine volle Durchgängigkeit des Verfahrens noch nicht gegeben. Doch hat der Eiffel-Ansatz durch seine methodische Prägnanz, die terminologische Klarheit und die bereits frühzeitig existierende Werkzeugunterstützung nachhaltigen Einfluss auf die weitere Entwicklung ausgeübt.

Im Buch von Grady Booch wird die zyklische Natur des OO-Entwicklungsprozesses betont. Anstelle von *top down* oder *bottom up design* propagiert Booch einen *Round-trip gestalt design*, d.h. eine inkrementelle und iterative Vorgehensweise. Indem die Entwickler das System aus verschiedenen möglichen Blickrichtungen darstellen, erwerben sie sich ein immer tieferes Verständnis dafür. Ziel ist – wie bei allen OO-Methoden – die Schaffung selbstständiger, d.h. getrennt übersetzbarer und voneinander (relativ) unabhängiger Bausteine.

Einen wichtigen Beitrag zur Entwicklung der OO-Techniken haben Rumbaugh et al. mit ihrer *Object Modelling Technique* (kurz: *OMT*) geleistet. Deren wichtigste Phasen sind Analyse, Systementwurf und Objektentwurf, doch betonen die Autoren, dass *OMT* sowohl mit einer phasenorientierten als auch mit einer zyklischen und prototyp-orientierten Vorgehensweise verträglich sei.

Einen pragmatischen Ansatz verfolgen Denert und Siedersleben in ihrem Buch über Software Engineering. Im Mittelpunkt steht hier das *Sachbearbeiter-Konzept*, das zur Erklärung des Leistungsangebots einer Klasse in einem objektorientierten System die Metapher des Sachbearbeiters heranzieht. Ein Sachbearbeiter repräsentiert eine bestimmte Sicht auf einen vorhandenen Datenbestand und vereinigt alle Funktionen in sich, die mit dieser Sicht arbeiten. Damit ersetzen die Sachbearbeiter-Schemata das Funktionsmodell, neben dem weiter ein globales Datenmodell existiert.

# 12.6 Objektorientierte Analyse

Während beim OO-Entwurf das zu entwerfende System und seine strukturellen und Verhaltens-Aspekte im Mittelpunkt der Betrachtung stehen, rückt mit der OO-Analyse das gesamte Anwendungssystem – angefangen bei dem durch Software zu verändernden Weltausschnitt mit den dort identifizierten Objekten, Sachverhalten und Beziehungen in den Vordergrund der Betrachtung. Wir wollen diese Fokussierung auf den (auch *universe of discourse* genannten) Gegenstandsbereich den *ontologischen* Aspekt der Objektorientierung nennen.

Damit wird deren simulativer Charakter stärker betont: Ein OO-System wird unter dem Anspruch entwickelt, den Gegenstandsbereich möglichst „objektgetreu" abzubilden und darin stattfindende Abläufe mit Computer-Hilfe zu simulieren. Da das Urbild dieser „Abbildung" aber prinzipiell formal nicht fassbar ist und deshalb eher die Intension des Systemanalytikers darstellt, könnte man diesen Aspekt treffender als *Intensions-Aspekt* bezeichnen.

Verfahren zur OO-Analyse werden seit ca. 1990 in großer Zahl veröffentlicht und verbreitet. Frühe Ansätze wie der von Shlaer und Mellor gehen allerdings methodisch nur geringfügig über die bekannten *Entity/Relationship*-Verfahren hinaus. Dagegen werden bei Coad und Yourdon (ähnlich wie bei B. Meyer) Klassen und Objekte als Verkapselungen von aktiven und passiven Merkmalen (letztere werden *services* genannt) eingeführt, für die Klassifizierung, Vererbung und Nachrichtenaustausch möglich sind. Zur Strukturierung des Gesamtmodells führen die Autoren den Begriff der *subjects* ein und geben ein standardisiertes Vorgehen für die OO-Modellierung in fünf Schritten an.

Ferstl und Sinz bauen ihr *Semantisches Objektmodell* auf dem strukturierten *Entity/Relationship-Modell*, einer Erweiterung des ursprünglichen Chenschen Modells, sowie auf dem Objektmodell von Smalltalk auf. Um betriebliche Vorgänge im Zusammenhang modellieren zu können, werden Vorgangsobjekttypen eingeführt, die Aspekte der herkömmlichen Funktionsmodellierung abdecken.

In neuerer Zeit wird die *Durchgängigkeit* der OO-Verfahren betont. So haben viele Autoren (wie z.B. G. Booch) ihre Ansätze auf „OO-Analyse und Entwurf" ausgeweitet oder sprechen von *OO-Modellierung*, womit die gemeinsame Behandlung von Analyse und Entwurf gemeint ist. Die zunehmende Verwendung der Unified Modeling Language (UML, vgl. S. 817) hat diese Tendenz noch verstärkt.

## 12.6.1 Standardisierung der objektorientierten Modellierung

Eine der Versprechungen der objektorientierten Techniken bestand darin, dass sie mithelfen, die Strukturbrüche zwischen den einzelnen Phasen der Software-Entwicklung zu verringern oder gar aufzuheben. Heute kann man feststellen, dass sich diese Prophezeiung weitgehend erfüllt hat – zumindest was die „frühen" Phasen Analyse und Entwurf anbetrifft. Das bedeutet nicht, dass die Unterschiede zwischen den Tätigkeiten des Analysierens (am Gegebenen, Vorhandenen ausgerichtet) und des Entwerfens (am Zukünftigen, noch nicht Vorhandenen ausgerichtet) verschwinden oder verwischt werden sollten. Vielmehr bedeutet es, dass man bei beiden Tätigkeiten mit den gleichen Strukturen (Klassen, Objekten, Attributen, Operationen)

12.6 Objektorientierte Analyse 817

arbeitet – während der Analyse werden sie aufgebaut und zur Untersuchung der Anwendung eingesetzt, beim Entwurf werden sie verfeinert und im Hinblick auf die Umsetzung in Computer-Programme ausgebaut.

Heute ist man sich einig über die besondere Rolle, die die Modellbildung für die Software-Entwicklung spielt. Leitgedanke der *OO-Modellierung* ist es, während der Analyse die Objekte des Anwendungsbereichs zu erkennen, zu benennen, ihre aktiven und passiven Merkmale (Operationen, Attribute und Beziehungen) zu untersuchen und diese durch ein OO-Anwendungsmodell darzustellen. Als Hilfsmittel studiert man dazu häufig exemplarische *Anwendungsfälle*, eine Methode, die nach dem Erscheinen des Buches *Object Oriented Software Engineering* von I. Jacobson unter dem Namen *Use case analysis* sehr populär geworden ist.

Das zentrale Ergebnis dieser Analyse, das *Objekt-* oder *Klassenstrukturmodell*, fasst die Inhalte des herkömmlichen Daten- und Funktionsmodells zusammen. Es bildet eine wesentliche Grundlage für den dann folgenden technischen Entwurf.

Die vielen konkurrierenden Methoden auf dem Gebiet der OO-Modellierung haben zunächst zu einer inflationären Vermehrung von Begriffen und Notationen geführt, die sich teilweise in ihrem Inhalt bzw. ihrer Bedeutung nur geringfügig oder gar nicht voneinander unterschieden. Bei der Firma Rational, für die G. Booch seine Methode entwickelt hatte, hat man deshalb auf eine Standardisierung der Methoden gesetzt und zu diesem Zweck J. Rumbaugh und später I. Jacobsen für das Projekt einer Einheitlichen Methode (*Unified Method*) unter Vertrag genommen. Als erster Teil dieses Projekts wurde als vereinheitlichte Modellierungssprache die *Unified Modeling Language* (*UML*) entwickelt. Diese ist Anfang 1997 festgeschrieben und veröffentlicht worden.

Konkurrierende Entwürfe für eine Standardisierung wie die von Firesmith, Henderson-Sellers u.a. entwickelte *OPEN Modeling Language* (*OML*) haben sich, trotz teilweise guter Konzepte, nicht durchgesetzt, konnten aber wertvolle Impulse für die UML-Weiterentwicklung liefern.

## 12.6.2 Die Modellierungssprache UML

Die UML favorisiert eine grafikbasierte Software-Entwicklung und wurde mit dem Ziel entwickelt, alle Aspekte eines OO-Systems in einer einheitlichen Notation ausdrücken zu können. Dies bedeutet allerdings nicht, dass die UML mit einer einzigen Art von Diagrammen auskommt. Vielmehr bietet sie acht verschiedene Diagrammtypen zur Darstellung der verschiedenen Aspekte an, unter denen sich ein System modellieren läßt. Es handelt sich trotzdem insofern um eine zusammenhängende Sprache, als gleiche Elemente, die in verschiedenen Diagrammen vorkommen (wie z. B. Klassen oder Objekte) immer gleich dargestellt werden.

Auf der anderen Seite lässt die UML für viele Konstrukte verschiedene alternative Notationen zu, um einzelnen Firmen oder Entwicklern Freiheiten zur Entwicklung eines eigenen Stils und zur individuellen Gestaltung zu belassen. Außerdem haben die Autoren großen Wert auf die Erweiterbarkeit der Sprache gelegt. Dazu dienen z.B. so genannte *Stereotype*, das sind

Sprachmittel, um Modell-Elemente zu klassifizieren, ihren Gebrauch näher zu charakterisieren und um zusätzliche Werte, Einschränkungen und neue graphische Präsentationsformen einzuführen.

*Abb. 12.8:* Eine UML-Klasse mit Stereotyp << ... >>

Die wichtigsten UML-Diagrammtypen sind:

**(a) für die statische Modellierung**

- *Klassenstrukturdiagramm* (*class structure diagram*): Darin werden Klassen, ihre Merkmale (Attribute und Operationen) sowie ihre *Assoziationen* (= Beziehungen untereinander) dargestellt (vgl. Abb. 12.9).

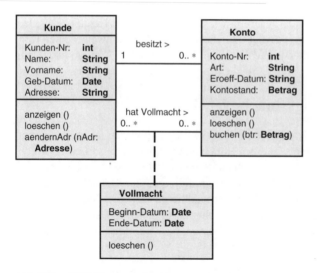

*Abb. 12.9:* UML-Klassenstrukturdiagramm

## 12.6 Objektorientierte Analyse

- Bei der *Vollmacht* handelt es sich um eine Assoziation, die selbst wieder Klasseneigenschaften hat, d.h. zu der z.B. eigene Objekte als Exemplare gebildet werden können.
- Klassen können (u.a.) generalisiert bzw. spezialisiert werden:

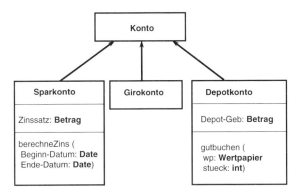

*Abb. 12.10: Generalisierung/Spezialisierung von Klassen*

### (b) für die dynamische Modellierung

- Anwendungsfall-Diagramm (*use case diagram*): Dies sind sehr einfach aufgebaute Diagramme, die die Interaktion verschiedener *Aktoren* im Anwendungssystem (wie z.B. Benutzer oder Operateure) mit den einzelnen Anwendungsfällen darstellen.
- Sequenz- oder Ablaufdiagramm (*sequence diagram*): Dieses dient dazu, exemplarisch den Ablauf einer Operation darzustellen. Da diese in der Regel zum Aufruf weiterer Operationen führt, sind die Sequenzdiagramme besonders gut geeignet, die Interaktion von Objekten dazustellen.

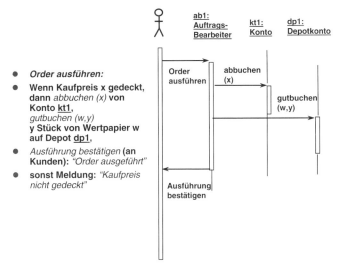

*Abb. 12.11: Sequenzdiagramm*

- Kollaborations-Diagramm (*collaboration diagram*): Dieses beschreibt ebenfalls die Interaktion von Objekten und bildet somit eine Alternative zum Sequenzdiagramm – allerdings ohne die explizite Darstellung der zeitlichen Dimension.
- Zustandsdiagramm (*statechart diagram*). Damit kann man den Lebenszyklus der Objekte einer gegebenen Klasse anhand von Zuständen und Zustandsübergängen beschreiben und u.a. Operationen für die Klassendefinition ableiten bzw. deren Notwendigkeit überprüfen.

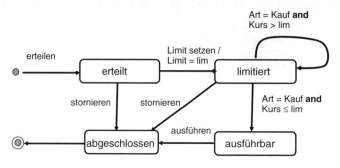

**Abb. 12.12:** *Zustandsdiagramm*

- Aktivitätsdiagramm (*activity diagram*): Dies ist ebenfalls ein Zustandsdiagramm, in welchem die Zustände durch Aktivitäten (= Operations-Ausführungen) und die Zustandsübergänge durch die Beendigung von Operationen gebildet werden.

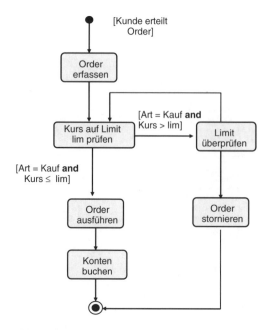

**Abb. 12.13:** *Aktivitätsdiagramm*

Wie diese kurzen Charakterisierungen bereits zeigen, sind die Anwendungsbereiche für die verschiedenen Arten von UML-Diagrammen nicht disjunkt, sondern überlappen sich – teilweise sogar in beträchtlichem Maße. Es ist also wenig ratsam, unbesehen alle Diagrammarten zu übernehmen und zu versuchen, jede Software-Entwicklung durch Diagramme aller Arten zu dokumentieren.

Die UML hat sich in den letzten Jahren – teilweise sogar über den reinen Informatik-Bereich hinaus – weit verbreitet und ist heute *de facto* zur *Standard-Modellierungssprache* geworden. Daneben wird unter dem Namen UML 2.0 intensiv an einer Revision und Weiterentwicklung der Sprache gearbeitet. Erste Veröffentlichungen lassen einerseits ein stärkeres Zusammenwachsen der verschiedenen Diagrammarten und der darin verwendeten Elemente, andererseits eine größere Auffächerung, viele Erweiterungen und neue Kombinationsmöglichkeiten erwarten. Damit werden sich die Einsatzbreite und -vielfalt, aber auch die Komplexität und der Einarbeitungsaufwand für die UML nicht unbeträchtlich erhöhen.

## 12.6.3 Software-Architekturen, Muster und Programmgerüste

Das Paradigma der Objektorientierten Systementwicklung ist eng mit der Zielsetzung verbunden, wiederverwendbare Software-Bausteine zu schaffen, zu denen auch Entwürfe und sogar Analysen gehören können. Um solche Bausteine unabhängig voneinander entwickeln und aneinander anpassen zu können, ist man an einer grundsätzlichen Festlegung der Struktur von OO-Systemen und an einer Standardisierung der Schnittstellen-Beschreibungen interessiert.

Fragestellungen dieser Art werden unter dem Schlagwort *Software-Architektur* behandelt. Da strukturelle Betrachtungen unter sehr unterschiedlichen Gesichtspunkten erfolgen können, hat der Architekturbegriff eine große Bedeutungsvielfalt erlangt. Eine erste, relativ einfache Betrachtung orientiert sich an den *Benutzt*-Beziehungen der einzelnen Bausteine und führt (bei diszipliniertem Gebrauch solcher Beziehungen) zu einer *Schichtenstruktur*: Bausteine oberer Schichten benutzen Bausteine tieferer Schichten – aber nicht umgekehrt.

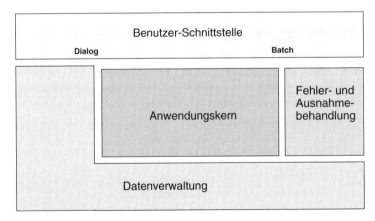

*Abb. 12.14: Einfaches Schichtenmodell*

In der Praxis kommen weitere, komplexere Zusammenhänge hinzu. So wurde beim Software-haus sd&m unter dem Namen *Quasar* (Qualitäts-Standard-Architektur) ein Architekturmo-dell entwickelt, dem die strikte Trennung von Anwendungsbezogenen und technisch beeinflussten Systemteilen (A-Software und T-Software) zugrunde liegt.

Für die Struktur verteilter OO-Systeme hat die Object Management Group (OMG) unter dem Namen *CORBA* (= *Common Object Request Broker Architecture*) einen Standard definiert. Diesem liegt die Metapher eines Objekt-Maklers (*object request broker*, technisch gesehen einer Art Software-Bus) zugrunde, dessen Aufgabe darin besteht, Anforderungen von Bau-stein-Nachfragern mit denen von Baustein-Anbietern zur Deckung zu bringen. Um Schnitt-stellen-Beschreibungen zu vereinheitlichen, wurde mit der *Interface Definition Language* (*IDL*) eine eigene Sprache definiert.

Neben CORBA haben sich firmenspezifische Standards wie Java Enterprise Beans, (EJB, Firma *Sun*) und DCOM/COM (Firma *Microsoft*) verbreitet.

Unter Software-Entwicklern ist es seit langem bekannt, dass ein großer Teil der Arbeit immer wieder zur Erledigung gleicher oder sehr ähnlicher Aufgabenstellungen wie der Definition von Listen und Bäumen und ihren Operationen oder der Aufgabenverteilung zwischen miteinander kooperierenden Klassen erbracht werden muss. Hier lässt sich durch die Verwendung von *Ent-wurfsmustern* (*design patterns*) viel Arbeit sparen. E. Gamma et al. haben in ihrem gleichnami-gen Buch eine Reihe von solchen Mustern zusammengestellt. Zu den bekanntesten Beispielen gehören das aus der Smalltalk-Umgebung stammende *MVC-Muster* (wobei MVC für *Model-View-Controller* steht und damit für drei Typen von Klassen, die für verschiedene Aufgabenbe-reiche in einem OO-System zuständig sind), das *Fassaden-Muster* (für die Zusammenfassung von Leistungen mehrerer Klassen zu einer größeren, paketartigen Einheit und deren Angebot in einer „Fassade") sowie das *Factory-Muster* (für die Generierung und Verwaltung einer Menge von gleichartigen Objekten durch ein so genanntes Factory-Object).

Die Idee, Muster für eine breitere Verwendung zur Verfügung zu stellen, ist inzwischen auf die frühen Phasen ausgedehnt worden und hat zur Definition von *Analysemustern* geführt (vgl. dazu das Buch von Fowler).

Eine weitere Möglichkeit, einmal erarbeitete Ergebnisse bei der Software-Konstruktion wie-derzuverwenden, besteht darin, aus einem bereits eingesetzten und bewährten Stück Software die anwendungsspezifischen Teile herauszunehmen und das verbleibende Programmgerüst als *Framework* zur weiteren Verwendung zur Verfügung zu stellen. Typisch für solche Gerüste ist, dass sie die zu erstellenden anwendungsspezifischen Bausteine benötigen, um wieder lauffähig zu werden ( „Don't call us, we call you!" )

# 12.7    Projekt-Management

Modernes Software Engineering unterscheidet sich von der bloßen Anwendung traditioneller Programmiermethoden nicht zuletzt dadurch, dass es ein straffes *Projekt-Management* vor-aussetzt und diesem einen hohen Stellenwert einräumt. Wenn mehrere Entwickler oder

## 12.7 Projekt-Management 823

womöglich ganze Hundertschaften gemeinsam an einem geistigen Produkt erfolgreich arbeiten sollen, ist eine effektive Projektführung unverzichtbar. Zu ihren Aufgaben gehört die stetige Motivation, Koordination, Information und Lenkung der Entwickler, die Steuerung ihrer Tätigkeiten und Arbeitsergebnisse, die Abstimmung mit Auftraggebern und sonstigen Betroffenen sowie die ökonomische und qualitative Zielsetzung und Erfolgskontrolle des Projektes. Diese Aufgaben erfordern eine besondere Qualifikation der damit Betrauten und einen erheblichen Zeitaufwand.

Die Aufgaben des Projekt-Managements lassen sich zeitlich grob in die folgenden drei Teilbereiche gliedern:

- Projektinitialisierung und -planung,
- Projektsteuerung und -koordination,
- Projektabschluss und -bericht.

## 12.7.1 Projektinitialisierung und -planung

Ein Software-Projekt wird *initialisiert*, indem ein *Projektleiter* benannt, ein *Projektteam* (in möglicherweise zunächst noch kleiner Besetzung) aufgestellt und diesem ein *Projektauftrag* erteilt wird. Zu den ersten Aufgaben des Projektleiters gehört die Aufstellung des *Projektplans*, der sich in einen Grobplan für das Gesamtprojekt sowie Feinpläne für dessen einzelne Abschnitte (Phasen oder Entwicklungszyklen) gliedert. Die Feinpläne werden in der Regel nach und nach während des Projekts aufgestellt und nach Bedarf verfeinert.

Dabei spielt das *Vorgehensmodell*, das oft vom Unternehmen oder vom Auftraggeber vorgegeben ist, einerseits die Rolle eines Musters für die Planung der Entwickler-Tätigkeiten, sollte aber andererseits dem Projektleiter noch genügend Spielraum lassen, um es an seine projektspezifischen Erfordernisse anzupassen. Zur Planung gehört die Zuteilung von Ressourcen (Personal, Werkzeuge, sonstige Betriebsmittel) für bestimmte Zeiträume, die Festlegung von Meilensteinen und Abschlussterminen sowie von Qualitätszielen und Maßnahmen, die das Erreichen der Ziele gewährleisten sollen.

Eine der schwierigsten Aufgaben, die das Management im Vorfeld des Projekts oder in einem sehr frühen Projektstadium zu bewältigen hat, betrifft die *Aufwandsschätzung* für das Projekt. Sie wird vor allem dann notwendig, wenn der Auftraggeber die Nennung eines Festpreises für ein Softwareprodukt verlangt, was heute mehr und mehr die Regel auch für individuell entwickelte Software wird. Es gibt mittlerweile eine Reihe von Schätzverfahren (z.B. das *function point-Verfahren* von IBM oder das *object point-Verfahren* von H. Sneed), die um so zuverlässiger sind, je mehr dokumentierte Erfahrungswerte beim Auftragnehmer aus Vorprojekten vorliegen und bei der Schätzung mit berücksichtigt werden können.

## 12.7.2 Projektsteuerung und -koordination

Während des Projektablaufs übernimmt das Management im Wesentlichen *steuernde und koordinierende* Aufgaben. Diese beziehen sich sowohl auf die Tätigkeiten der Entwickler als auch auf den Kontakt mit Auftraggebern, Anwendern und sonstigen Betroffenen. Ein Projekt effektiv zu steuern setzt vor allem voraus, stets gut über den aktuellen Projektstand informiert zu sein. Diesem Ziel dienen u.a. regelmäßige Projektsitzungen, fest etablierte Informationskanäle (z.B. *Intranet* und *electronic mail*), gemeinsam genutzte Werkzeuge zur Produktverwaltung sowie sorgfältig geplante und eingehaltene Maßnahmen zur Qualitätssicherung.

Neben der ständigen, begleitenden Erfolgskontrolle gibt es meist einige vordefinierte Kontrollpunkte, die so genannten *Meilensteine*, an denen (z.B. als Voraussetzung für den erfolgreichen Abschluss eines Projektabschnitts) wesentliche (Zwischen-) Ergebnisse einer Qualitätsprüfung unterzogen werden. Von den Resultaten solcher Prüfungen hängt der weitere Verlauf des Projekts maßgeblich ab: ob es z.B. im Sinne der ursprünglichen Planung mit Folgetätigkeiten fortgesetzt werden kann, ob Nacharbeiten oder gar ein Zurücksetzen und Anknüpfen an frühere Zwischenergebnisse notwendig sind, ob eine verstärkte personelle oder Werkzeug-Unterstützung erforderlich wird etc.

Neben den Steuerungs- und Koordinationsaufgaben nach innen hat der Projekt-Manager das Projekt nach außen – gegenüber Vorgesetzten, Auftraggebern, Anwendern oder Benutzern – zu vertreten. Dazu gehören Aufgaben wie z.B. den Projektauftrag und mögliche weitere Zusatzaufträge inhaltlich abzustimmen, die Ressourcen-, Termin- und Qualitätspläne zu erstellen und ggf. anzupassen, notwendige Treffen oder Kooperationen mit Anwender- bzw. Benutzervertretern zu organisieren, zu den festgelegten Zeitpunkten Bericht zu erstatten, über eventuell auftretende Schwierigkeiten rechtzeitig zu informieren und jederzeit als Anlaufstelle zur Verfügung zu stehen.

### 12.7.3   Projektabschluss und -bericht

Zum Projektabschluss, aber häufig auch beim Erreichen bestimmter Meilensteine ist das Projekt-Management gehalten, Vorgesetzten, Auftraggebern oder sonstigen Kontrollinstanzen Bericht über den Projektstand zu erstatten. Diese Berichte sind nicht-technischer Natur (und auch nicht mit den technischen Ergebnisberichten zu verwechseln). Sie enthalten z.B. Angaben über den Projektverlauf, über den erbrachten Aufwand zur Einhaltung der Projekt- und Qualitätsziele bzw. über Abweichungen davon, wichtige Projektereignisse, erfolgte Maßnahmen zur Projektkontrolle und -steuerung, Kostenaufstellungen, Plan-Ist-Vergleiche etc.

# 12.8   Software-Qualitätssicherung

Bei der Qualitätssicherung (kurz: *QS*) handelt es sich um einen weiteren, aus den verwandten Ingenieursdisziplinen entlehnten Begriff. Unter *Software-Qualitätssicherung* versteht man die Gesamtheit der vorbereitenden (konstruktiven) und auf erarbeitete bzw. bereits vorliegende Ergebnisse angewendeten (analytischen) Maßnahmen, die geeignet sind, die geforderte Qualität eines Softwareprodukts, -Bausteins oder -Herstellungsprozesses zu erreichen oder zu erhalten.

Die Qualität von Software lässt sich – darin unterscheidet sich Software nicht von anderen Produkten – nur dann zuverlässig beurteilen und bewerten, wenn sie von vornherein in Form von *Qualitätszielen* oder *Qualitäts-Anforderungen* in überprüfbarer (möglichst: quantifizier-

## 12.8 Software-Qualitätssicherung

barer) Form festgelegt ist. Daher beginnt die Qualitätssicherung nicht bei der Prüfung, sondern bei der Festlegung der Qualitäts-Anforderungen zu Beginn des Projekts. Solche Anforderungen können z.B. lauten:

- „Die Antwortzeiten dürfen beim Normalbetrieb nicht länger als 2 s sein".
- „Der Speicherbedarf für das Gesamtsystem darf im laufenden Betrieb 16 MB Hauptspeicher nicht übersteigen".
- „Das Gesamtsystem darf im laufenden Betrieb im Mittel nicht länger als 1 Stunde pro 10.000 Betriebsstunden ausfallen".
- „Der Code ist zu 100 % C1-getestet." (Anmerkung: Dabei handelt es sich um ein Test-Überdeckungsmaß, das sinngemäß besagt, dass jeder Programmzweig im Test mindestens einmal durchlaufen wurde.)

Diese wenigen Beispiele zeigen bereits die große Bandbreite von *Qualitäts-Kriterien*, an denen sich die Anforderungen orientieren können. B. Boehm nennt z.B. die folgenden Kriterien:

- Korrektheit, Zuverlässigkeit,
- Modularität, Flexibilität, Elastizität, Interoperabilität,
- Testbarkeit, Änderbarkeit, Wiederverwendbarkeit, Wartbarkeit,
- Portabilität, Effizienz, Wirtschaftlichkeit,
- Durchsichtigkeit, Verständlichkeit, Integrität,
- Verwendbarkeit, Gültigkeit, Allgemeinheit, Dokumentation.

Die Qualitäts-Anforderungen stehen also gleichberechtigt neben den funktionalen Anforderungen und führen zu Maßnahmen bzw. Aktivitäten der Manager, Entwickler und/oder eigens dafür abgestellter Spezialisten, die darauf zielen, diese Anforderungen zu erfüllen. Mögliche Maßnahmen teilen wir grob in zwei Kategorien ein:

(a) *konstruktive* Maßnahmen zur Qualitätssicherung:

- einen Qualitäts-Plan aufstellen, der die Kriterien, ihre Relevanz und die daraus abgeleiteten Anforderungen enthält;
- einen Zeitplan für abzuhaltende Reviews, Inspektionen und sonstige QS-Prüfmaßnahmen aufstellen (in Abstimmung mit der Terminplanung für die Entwicklung);
- Richtlinien, Standards und Muster für die zu erstellenden Ergebnisse verbreiten und sicherstellen, dass sie auch verwendet werden;
- den Entwicklungsprozess begleiten, soweit notwendig dokumentieren und Qualitäts- und Terminpläne ggf. an die aktuellen Projekterfordernisse anpassen.

(b) *analytische* Maßnahmen zur Qualitätssicherung:

- Reviews, Inspektionen und sonstige QS-Prüfmaßnahmen durchführen und dokumentieren;
- Aktionen, die als Ergebnis von Prüfmaßnahmen als notwendig erachtet wurden, in Gang setzen und verfolgen.

Natürlich ist die letztgenannte Maßnahme bereits wieder „konstruktiv", bezogen auf den darauffolgenden Projektabschnitt. Wir erwähnen sie aber ausdrücklich in diesem Zusammenhang, weil durch sie die Prüfmaßnahmen erst ihren Sinn erhalten.

*Software-Prüfverfahren* zielen darauf, für ein gegebenes Stück Software nachzuweisen, dass es vorgegebenen Qualitäts-Anforderungen genügt. Solche Qualitäts-Anforderungen können z.B. die Genauigkeit der Ergebnisse (Abweichung innerhalb vorgegebener Grenzen), die Gestaltung der Benutzer-Schnittstelle (z.B. die Erfüllung fest vorgegebener ergonomischer Kriterien), die Zahl der maximal zu tolerierenden Ausfälle oder Fehlfunktionen oder die Qualität der mitgelieferten Dokumentation betreffen.

Das zuverlässigste, aber auch teuerste und oft an Grenzen der Praktikabilität stoßende Prüfverfahren ist die *Programm-Verifikation*. Diese Technik wurde ausführlich im 2. Kapitel erörtert. Ein Stück Software zu verifizieren bedeutet, sein erwartetes funktionales Verhalten in einer formalen Spezifikation festzulegen und die Korrektheit des Programms mithilfe eines mathematisch-logischen Kalküls formal zu beweisen. Für sehr kleine bis kleine Programme sind wirksame Verifikationsverfahren seit langem bekannt. Diese auf mittelgroße bis große Programmsysteme auszudehnen und zum industriellen Einsatz zu bringen, ist allerdings wegen der dabei überproportional steigenden Komplexität bisher kaum gelungen.

In der industriellen Praxis ist das wichtigste Prüfverfahren der *Test*, d.h. ein Programm wird gemäß einer Auswahl vorher spezifizierter *Testfälle* zum Ablauf gebracht und dabei mit *Testdaten* versorgt. Die *Testergebnisse* werden mit erwarteten Resultaten oder mit den Ergebnissen vorheriger Abläufe verglichen, und bei erkannten Fehlfunktionen werden Maßnahmen zur *Fehlerbehebung* (engl: *debugging*) eingeleitet. Je nachdem, ob ein Modul von außen, von seiner Schnittstelle (z.B. durch Aufruf seiner nach außen sichtbaren Operationen) oder im Hinblick auf seine innere Funktionstüchtigkeit (z.B. die Ablauflogik) getestet wird, spricht man vom *black-box-* oder vom *white-box-Test (*oder genauer *glass-box-Test).*

Neben den Computer-basierten Testverfahren spielen die *Begutachtungsverfahren* durch menschliche Gutachter eine nach wie vor wichtige Rolle beim Software-Prüfprozess. Zuweilen wird zwischen *Reviews*, *Inspektionen* und *Walkthroughs* unterschieden, doch sind hier die Grenzen eher fließend. *Reviews* folgen oft festgelegten formalen Regeln: Es gibt einen Moderator, den Autor eines Dokuments, Vorleser, Schriftführer und ggf. weitere Gutachter. Ziel ist es, durch eine gemeinsame Begutachtung Fehler und Inkonsistenzen aufzudecken und Lösungswege miteinander abzustimmen. Daher sind Reviews eine besonders effektive Qualitätsmaßnahme, wenn es um die Überprüfung und Abstimmung von Schnittstellen-Vereinbarungen (z.B. zwischen mehreren Modulen eines größeren Programmsystems) geht.

*Inspektionen* laufen oft nach nicht so strengen formalen Regeln ab und beziehen sich vorwiegend auf Code oder Testergebnisse, aber es gibt auch Code-Inspektionsverfahren (wie das bei IBM von M. Fagan entwickelte und sehr verbreitete Verfahren), die in einem ähnlich formalen Rahmen ablaufen wie Reviews.

Beim *Walkthrough* wird im Gegensatz zur Code-Inspektion der Code nicht sequentiell (in der Aufschreibungs-Reihenfolge) gelesen, sondern in der Ausführungs-Reihenfolge, d.h. die menschlichen Begutachter „spielen Computer".

12.8 Software-Qualitätssicherung                                                       827

Will man die Qualität von Software quantitativ erfassen und bewerten, so ist dazu das Gebiet der so genannten *Software-Metriken (software metrics)* zu Rate zu ziehen. Dort werden Qualitätsmaße definiert, mit deren Hilfe man einem gegebenen Stück Software Werte auf einer Zahlenskala zuordnen kann, die mit der Erfüllung eines bestimmten Qualitätskriteriums korrespondieren. Antwortzeiten, Speicherbedarf und Testabdeckung sind Beispiele für direkt quantifizierbare Größen. Aber auch für Kriterien, für die sich keine unmittelbaren Zahlenwerte ablesen lassen, wie die Komplexität oder Interdependenz eines Bausteins, wurden Qualitätsmaße entwickelt. Ein Beispiel ist das Maß von McCabe für die innermodulare Komplexität eines Software-Bausteins.

Metriken finden ihre Grenzen dort, wo statt objektiv messbarer Kriterien subjektive Einschätzungen den Ausschlag geben. Beispiele dafür sind die Aufgaben-Angemessenheit einer Lösung sowie die Benutzerfreundlichkeit, Änderbarkeit und Wartbarkeit eines Software-Produkts. Hier bieten Umfragen und Interviews eine Möglichkeit, die Qualität von Software aufgrund von individuellen oder von statistisch aufbereiteten Einschätzungen zu bewerten und zu vergleichen.

## 12.8.1   Qualitätsnormen und Zertifizierung

Die vielfach beschworene Analogie zwischen der Software-Entwicklung und herkömmlichen Ingenieurdisziplinen legt die Idee nahe, Software-Produkte mit einem Zertifikat (analog zu einer TÜV-Plakette) zu versehen, um damit dem Käufer und Nutzer eine Garantie für deren Qualität zu bieten. Dies betrifft natürlich in allererster Linie die Fehlerfreiheit, d.h. eine Garantie dafür, dass die Software auch wirklich das tut, was sie zu tun verspricht. Hier kommt nun ein wesentlicher Unterschied zwischen einem herkömmlichen Industrieprodukt und einem Stück Software zum Tragen: Turing, Dijkstra und andere haben schon vor Jahrzehnten gezeigt, dass man im Allgemeinen (d.h. für ein beliebig vorgegebenes Computerprogramm) zwar die Anwesenheit von Fehlern (falls vorhanden), nicht aber deren Abwesenheit beweisen kann.

Damit schließt sich ein allgemeines Qualitäts-Zertifikat für Software-Produkte allein schon aus theoretischen Erwägungen aus. Und auch für spezifische Problemstellungen, bei denen sich theoretisch ein Korrektheitsbeweis führen ließe, ist dies in der Praxis aus Komplexitätsgründen fast immer unmöglich. Aufgrund dieser Schwierigkeiten ist man bei der Software-Qualitätssicherung schon seit längerem dazu übergegangen, neben der Produkt-Qualität auch die Qualität des Herstellungsprozesses zu bewerten.

Daraus hat sich erfolgreich ein neuer Ansatz zur Zertifizierung im Software-Bereich entwickelt: Nicht das einzelne Produkt bekommt einen Prüfstempel, sondern ganze Unternehmen oder Unternehmensteile. Um ein solches Zertifikat zu bekommen, muss sich die betreffende Institution einer umfangreichen Bewertungs-Prozedur unterziehen. Diese besteht in der Regel aus Anteilen der Selbstbewertung (gemäß einem vorgegebenen Bewertungs-Plan) und der Fremdbewertung durch akkreditierte, unabhängige Gutachter.

Modelle und Verfahren für die Bewertung von Software-produzierenden Institutionen sind in den letzten Jahren vielerorts entwickelt und erfolgreich angewendet worden. Zwei der bekanntesten Ansätze sind das Reifegrad-Modell (*Capability Maturity Model – CMM*) des US-amerikanischen Software Engineering-Instituts (SEI) und die Normenserie ISO 9000. Im Zentrum des CMM steht eine 5-stufige Bewertungsskala (vgl. Abb. 12.15), die den Maßstab für die Begutachtungs-Aktivitäten liefert. Nach vorliegenden Ergebnisberichten befinden sich viele Unternehmen heute noch auf den Stufen *Initial* und *Repeatable*, während die höchsten Stufen bisher nur selten erreicht wurden.

| Stufe | Charakterisierung | Haupt-Problemgebiete |
|---|---|---|
| 5 Optimizing | Ständige Prozessverbesserung auf Basis der ermittelten Parameter und Problemanalysen | Automatisierung der Entwicklung |
| 4 Managed | (quantitativ) Wichtige Prozesspara-meter werden regelmäßig ermittelt und analysiert. | Neue Technologien, Problem-analyse und -vermeidung |
| 3 Defined | (qualitativ) Prozesse sind definiert und eingeführt. | Prozessmessungen, Problem-analyse, Quantitative Q.-Pläne |
| 2 Repeatable | (intuitiv) Prozesse sind unter gleichen Bedingungen wiederhol-bar, hängen aber von einzelnen Per-sonen ab. PM ist vorhanden. | Schulung, Review-,Test-techniken, Prozessorientierung |
| 1 Initial | (*ad hoc*, chaotisch) Es werden keine spezifischen Anforderungen an das Unternehmen gestellt. | Projektmanagement (PM), Projektplanung, Konfigurations-Management |

**Abb. 12.15:** *Die Bewertungsskala des Capability Maturity Model – (CMM)*

# 12.9    Werkzeuge und Programmierumgebungen

Software-Methoden sind so lange in ihrer Wirksamkeit eingeschränkt, wie sie nicht durch Werkzeuge unterstützt werden. Jeder Software-Entwickler ist heute den Umgang mit vielfältigen Werkzeugen gewöhnt: Editoren, grafische Entwurfshilfen, Analysatoren, Konsistenzprü-fer, Generatoren, Compiler, Verifikatoren, Testsysteme, Debugger, Dokumentenerzeuger, Datenlexika und Projektbibliotheken sind nur eine Auswahl möglicher Werkzeuge, die den Entwickler bei seinen verschiedenen Tätigkeiten unterstützen.

## 12.9.1    Klassifizierung von Werkzeugen

Um sich in der Werkzeug-Landschaft einen gewissen Überblick zu verschaffen, kann man Werkzeuge nach verschiedenen Gesichtspunkten klassifizieren. Ein erstes nahe liegendes Kri-terium bezieht sich auf die *unterstützten Tätigkeiten*. Danach lassen sich unterscheiden:

## 12.9 Werkzeuge und Programmierumgebungen

- *Tätigkeitsspezifische Werkzeuge*: Diese unterstützen den Entwickler vorwiegend bei *einer* spezifischen Tätigkeit, z.B. beim Spezifizieren, Programmieren oder Testen. Beispiele solcher Werkzeuge sind ein *grafischer Editor*, ein *Analysator* für eine Spezifikationssprache, ein *Compiler*, ein *Testsystem* oder ein *Debugger*.

  Eine nahe liegende weitere Unterteilung dieser Klasse richtet sich nach der spezifischen Tätigkeit oder Tätigkeitsgruppe. Danach gehören der grafische Editor zum Modellieren, der Analysator zum Spezifizieren, der Compiler zum Programmieren, das Testsystem und der Debugger zum Testen. Nicht zu vergessen sind in diesem Zusammenhang Werkzeuge, die spezifische Tätigkeiten des Projekt-Managements unterstützen wie Planungsinstrumente oder Hilfsmittel zur Aufwandsschätzung.

- *Tätigkeitsübergreifende Werkzeuge*: Diese stehen dem Entwickler über weite Strecken seiner Tätigkeit zur Verfügung, möglicherweise über den gesamten Entwicklungsprozess hinweg. Beispiele aus dieser Gruppe von Werkzeugen sind: (Text-) Editoren, Dokumentenerzeuger, Datenlexikon und Projektbibliothek.

Ein weiteres Unterscheidungskriterium für Werkzeuge betrifft die *Arbeitsweise des Entwicklers*. Denert unterscheidet grundsätzlich zwei verschiedene Arbeitsweisen: die dokumentenorientierte und die transaktionsorientierte.

- *Dokumentenorientiert* zu arbeiten, bedeutet für einen Entwickler, dass er jeweils an einem Dokument (z.B. einer Spezifikation, einem Programm, einem Bericht) arbeitet. Er *schreibt* Software, was in einem gewissen Sinne mit einer schriftstellerischen Tätigkeit vergleichbar ist. Typische Werkzeuge dafür sind Editor, Analysator, Compiler, Dokumentenersteller, aber auch die Projektbibliothek als Verwaltungswerkzeug für Dokumente über den gesamten Entwicklungsprozess hinweg.

- Dagegen ist die *transaktionsorientierte* Arbeitsweise mit der Tätigkeit eines Sachbearbeiters in einem Bank- oder Versicherungsunternehmen zu vergleichen: Er arbeitet nacheinander *Transaktionen* ab wie das Beschreiben eines Attributs in einem Datenmodell oder den Entwurf einer Elementarfunktion, das Beseitigen eines Fehlers oder das Erzeugen eines Berichts aus einem Bestand von Management-Daten – analog zu den Buchungs- oder Abwicklungsvorgängen bei Anwender-Unternehmen. Werkzeuge für diese Arbeitsweise findet man oft unter dem Stichwort *CASE (Computer Aided Software Engineering)*.

Eine dritte Klassifizierungsmöglichkeit lässt sich aus dem *Grad der Unterstützung* ableiten: Diese reicht von der Textspeicherung und -bearbeitung über die Dokumentenverwaltung, Ausgabe von Berichten aufgrund von Teilanalysen, syntaktische und semantische Überprüfung bis zur Code-Erzeugung, Entscheidungshilfe und Entscheidungsübernahme. Im Buch von Hesse, Merbeth und Frölich ist dieses Kriterium zum Aufstellen einer Werkzeug-Pyramide benutzt worden, die von der einfachsten Computer-Unterstützung durch Dateisysteme und Editoren bis zu Programm-Transformationssystemen und Synthetisierern (d.h. Werkzeugen zur automatischen Erstellung von Programmen aus Spezifikationen) reicht.

Bei der folgenden, kurzgefassten Darstellung wollen wir uns an den Tätigkeiten des Software-Entwicklers bzw. -Managers orientieren. Dabei soll es weniger darum gehen, konkrete Produkte aufzuzählen und einander gegenüberzustellen, sondern eher darum, anhand der oben besprochenen Methoden typische Werkzeugfunktionen zu erläutern. Für ein vertieftes Studium verweisen wir auf die reichhaltige Literatur zu diesem Thema.

## 12.9.2 Werkzeuge zur Analyse und Modellierung

Heute gibt es für die verbreiteten Methoden wie *Structured Analysis (SA)*, *Entity/Relationship-Modellierung (E/R)* und objektorientierte Analyse und Entwurf (OOA/OOD) eine reichhaltige Palette von Werkzeugen. Die klassischen Werkzeuge unterstützen das Erstellen, Editieren und Verwalten von Datenflussdiagrammen für die Funktionsmodellierung und von E/R-Diagrammen für die Datenmodellierung.

Die Grenze zu den so genannten *CASE tools* ist hier fließend. Eigentlich steht *CASE* für *Computer Aided Software Engineering* und damit für die Gesamtheit aller computergestützten Entwicklungswerkzeuge. Aus historischen Gründen wurde *CASE* jedoch häufig mit transaktions- und grafikorientierten Werkzeugen gleichgesetzt, die vorrangig die *SA-* und *E/R-Methoden* unterstützten. Die meisten Werkzeug-Hersteller haben ihre Produkte auf die Unterstützung *objektorientierter Methoden* ausgeweitet bzw. umgestellt. Bekannte Werkzeuge für die *objektorientierte Analyse und Modellierung* sind z.B. *ObjektiF, Innovator, Paradigm Plus, Software through pictures, Together* und *Rational Rose*. Neben den Methoden (und Notationen) von Coad/Yourdon, Rumbaugh (*OMT*) und Grady Booch wird heute fast ausnahmslos die *Unified Modeling Language* (UML) unterstützt.

## 12.9.3 Werkzeuge für Spezifikation und Entwurf

Während für die Mehrzahl der eingesetzten Analyse-Werkzeuge die transaktionsorientierte, zeichnerische Arbeitsweise und damit die Grafikunterstützung im Vordergrund stehen, spielen für die meisten Spezifikations- und Entwurfswerkzeuge die dokumentenorientierte Arbeitsweise (vgl. S. 829) und die sprachlichen Beschreibungsmittel eine weit größere Rolle. *Spezifikationssprachen* gibt es viele, ein bekanntes Beispiel aus dem Forschungs- und Entwicklungsbereich ist die Sprache Z. In der Praxis findet man bei vielen Unternehmen mit eigener Software-Entwicklung eine oder mehrere „selbstgestrickte" Entwurfs- und Spezifikationssprachen, oft lokal auf bestimmte Bereiche oder Abteilungen begrenzt.

Die meisten dieser Sprachen unterstützen das Geheimnisprinzip durch Trennung von Spezifikation (*visible part*) und Konstruktion (*private part*) und die hochsprachliche Formulierung von Typvereinbarungen, Operationsköpfen und anderen Schnittstellen-Informationen. Die zugehörigen Werkzeuge umfassen einen Analysator, der die syntaktische Richtigkeit der Spezifikationen und ihre Konsistenz (auch über Modulgrenzen hinweg) überprüft, ihren Inhalt in einem *Schnittstellen-Lexikon* festhält und ggf. einen Code für eine oder mehrere gegebene Programmiersprachen oder Testsequenzen für spätere *black-box-Tests* generiert. Abbildung 12.16 zeigt die genannten Funktionen im Zusammenhang als Teile eines Spezifikations-Werkzeugs.

Ist ein Entwurfswerkzeug fest mit einer höheren Programmiersprache verbunden, so stellt sich die Situation etwas anders dar. Der Übergang zur nachfolgenden Programmierphase ist dann eher fließend und Entwürfe unterscheiden sich von fertigen Programmen lediglich durch mögliche (Noch-) Unvollständigkeit und (Noch-) Nicht-Ausführbarkeit. Beispiele solcher Sprachen, für die bereits beim Entwurf eine ausgeprägte Werkzeugunterstützung besteht, sind Modula, Ada, Eiffel und Java.

12.9 Werkzeuge und Programmierumgebungen

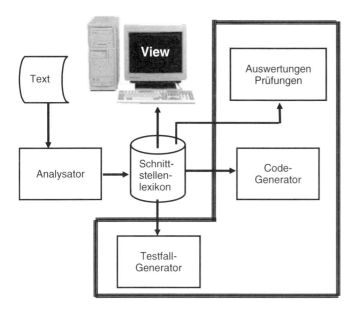

*Abb. 12.16:* Funktionen eines Spezifikations-Werkzeugs

## 12.9.4 Programmier-Werkzeuge

Programmier-Werkzeuge gibt es mindestens so viele wie Programmiersprachen (und noch einige mehr), so dass wir uns hier auf ein paar grundsätzliche Bemerkungen zur Werkzeugunterstützung der Programmierung beschränken müssen. Hervorstechendes Werkzeug ist natürlich der Compiler mit seinen klassischen Funktionen der lexikalischen, syntaktischen und semantischen Analyse sowie Codegenerierung.

Viele moderne Compiler bieten dem Programmierer optimale Unterstützung durch lückenlos eingebundene Editoren, *cross-reference-checker,* Fehlerbehebungshilfen (*debugging aids*), Binder, Modulbibliotheken und eine Fülle von Standardroutinen und allgemein verwendbaren Modulen. Die Grenze zu den Entwicklungs-Umgebungen (vgl. S. 835) ist hier fließend: Es ist in erster Linie eine Frage der Terminologie, ob man einen solchermaßen angereicherten Compiler noch als Programmier-Werkzeug oder als Entwicklungs-Umgebung bezeichnet.

Auch heute ist das Programmieren in einer Hochsprache mit so komfortabler Compiler-Unterstützung immer noch nicht die Regel. Aus historischen Gründen (d.h. genauer: weil eine Programmiersprache in der Regel äußerst langlebige Rahmenbedingungen für ein Unternehmen schafft – sowohl was die Software-Bestände als auch was die Mitarbeiter-Qualifikation betrifft) halten sich technisch überholte, aber altgediente Programmiersprachen wie Fortran, Cobol, Basic und selbst Assembler nach wie vor in vielen Unternehmen und für viele Aufgabenbereiche.

Daneben wurden einige ältere Sprachen für die OO-Programmierung aufgerüstet, erweitert oder neu definiert. So entstanden Delphi (für Pascal), C++ für C, Object Chill, Fortran-90 oder Objective-Cobol und wurden mit modernen Werkzeugen ausgerüstet.

Speziell für Objektorientierte Programmierung im Zusammenhang mit Netz-Anwendungen wurde die Sprache Java entwickelt, für die es mittlerweile leistungsstarke Compiler und eine vielfältige Werkzeugunterstützung gibt.

### 12.9.5 Test- und Fehlerbehebungs-Werkzeuge

Bei den Testwerkzeugen finden wir eine noch größere Vielfalt und Individualität vor als bei den Spezifikations-Werkzeugen: Es gibt weder Standards noch wirklich verbreitete Marktprodukte (abgesehen von den oben bereits erwähnten Compilerfunktionen, z.B. für das *debugging*), dafür aber eine Fülle von unternehmens- oder abteilungsspezifischen Werkzeugen, die meist aus der täglichen Projektarbeit der Entwickler heraus entstanden sind.

Wir wollen die Funktionalität solcher Werkzeuge am Beispiel eines hypothetischen (aber in ähnlicher Form vielfach realisierten) *Software-Testsystems* erläutern (vgl. Abb. 12.17).

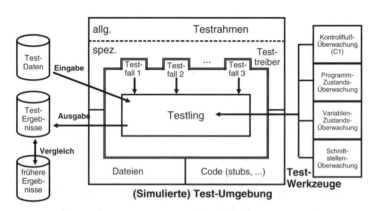

*Abb. 12.17:* Struktur eines Software-Testsystems

In der Mitte steht der so genannte *Testling*, d.h. der zu testende Programmbaustein – in der Regel ein Modul oder ein aus mehreren Modulen zusammengesetztes *Subsystem*. Ein *Testrahmen* stellt die allgemein verwendbaren (d.h. testlings-unabhängigen) Funktionen – z.B. zum Verwalten, Anstoßen und Auswerten von Testfällen – zur Verfügung.

Der Testrahmen bietet eine Schnittstelle zum Einhängen spezifischer *Testtreiber* an, die für jeden Testling neu zu schreiben sind. Ein Testtreiber ist ein Programm, das einen oder mehrere *Testfälle* enthält und zum Ablauf bringt. Ein Testfall kann z.B. aus einer Abfolge mehrerer Operationen des Testlings bestehen. Um einen Testfall zum Ablauf zu bringen, müssen dazu notwendige *Testdaten* (z.B. Operations-Parameter und Daten-Vorbesetzungen) eingelesen und die *Testergebnisse* zur Überprüfung abgespeichert werden.

12.9 Werkzeuge und Programmierumgebungen 833

Die Prüfung der Ergebnisse erfolgt entweder manuell (wobei so genannte *Zusicherungen* oder *assertions*, d.h. Aussagen über die zu erwartenden Ergebnisse aus der Spezifikation hilfreich sind) oder – im Falle so genannter *Regressionstests* – automatisch gegenüber früheren Abläufen des gleichen Tests. Für den letztgenannten Fall sind die Testergebnisse in einer gesonderten Datei für spätere Überprüfungen aufzubewahren.

Verschiedene Werkzeuge zur Fehlerbehebung, die z.B. das Anhalten des Programms an jeder beliebigen Stelle, das Inspizieren von Variablen beim Anhalten oder an definierten Schnittstellen, das Verfolgen von Programmdurchläufen etc. unterstützen, runden die Funktionalität des Testsystems ab.

## 12.9.6 Weitere Werkzeuge zur Qualitätssicherung

Außer für den Test und für die Fehlerbehebung lassen sich Werkzeuge auch sinnvoll für Programm-Verifikation, Reviews, Inspektionen sowie für die Anwendung von Software-Metriken einsetzen.

Voraussetzung für die *Programm-Verifikation* ist eine Spezifikation von *Vor- und Nachbedingungen (pre and post conditions)* für das Programm bzw. seine Teile, d.h. logischen Aussagen, die bei jedem möglichen Programmdurchlauf an den betreffenden Stellen den Wahrheitswert „wahr" liefern müssen. Aus solchen Bedingungen und dem vorliegenden Code lassen sich mithilfe eines Verifikations-Werkzeugs sog. *Verifikationsbedingungen (verification conditions)* ableiten, von deren Erfüllung die Korrektheit des Programms abhängt.

Wenn sich die Verifikation auch nicht „flächendeckend" auf mittlere bis große Programme anwenden lässt, so kann die Sicherheit eines Programmes doch beträchtlich erhöht werden, wenn bestimmte Kernalgorithmen oder -protokolle formal verifiziert werden. Hier können Verifikations-Systeme wertvolle Hilfestellung für die Herstellung zuverlässiger Software liefern.

Zur Unterstützung von *Reviews* und *Inspektionen* wurden z.B. assistierende Programme und Informationssysteme entwickelt, die den Reviewer oder Inspekteur bei seiner Tätigkeit leiten, gezielt mit den notwendigen Informationen versorgen und es ihm gestatten, seine Ergebnisse zu dokumentieren und für künftige Prüfmaßnahmen weiterzugeben.

Die Anwendung von Qualitäts-Maßen lässt sich durch spezifische Werkzeuge unterstützen, die (je nach Maß statisch oder dynamisch) einen gegebenen Programmtext bzw. Programmablauf im Hinblick auf das geforderte Qualitätskriterium analysieren und automatisch mit Maßzahlen bewerten.

## 12.9.7 Tätigkeitsübergreifende Werkzeuge

Der Schwerpunkt der tätigkeitsübergreifenden Werkzeuge liegt auf den Gebieten der Dokumentation und Verwaltung von Entwicklungsergebnissen und Softwareprodukten. Software-Entwicklung hat manches mit einer schriftstellerischen Tätigkeit gemeinsam, daher ist ein leistungsfähiger und benutzerfreundlicher *Editor* eine unentbehrliche Grundvoraussetzung für die meisten Entwicklungsaufgaben. Neben guten ausgereiften Werkzeugen findet man auch heute noch kryptische, aus einer Hacker-Mentalität entstandene Editoren, die dem Benutzer nicht einmal signalisieren, in welchem Modus (Texteingabe oder Funktionsmodus) er sich befindet. Daran kann man jedoch gut lernen, wie wichtig die *Software-Ergonomie* ist: ein Teilgebiet der Softwaretechnik, das sich u.a. mit der anwendergerechten Gestaltung von Benutzer-Schnittstellen befasst.

Dokumente, die mit Editoren (und anderen Werkzeugen) bearbeitet werden, erfordern eine *Verwaltung*. Das beinhaltet Grundfunktionen zum Speichern, Wiederauffinden, Ersetzen, Archivieren und Löschen von Dokumenten. Solche Funktionen werden in rudimentärer Form bereits von Dateisystemen angeboten. Komfortablere Werkzeuge erlauben es, Dokumente oder Dokumententeile zu typisieren und typabhängige Operationen darauf auszuführen, wie z.B.:

- Gib zur vorliegenden Beschreibung eines Entitäts- oder Objekttyps die zugehörigen Attribut-Beschreibungen.
- Gib zur vorliegenden Spezifikation die zugehörige Konstruktion.
- Gib die Liste aller Module, die die vorliegende exportierte Funktion importieren.
- Überführe das vorliegende Dokument von der Arbeits- in die Integrationsversion.

Unter den fortgeschrittenen Verwaltungswerkzeugen sind die Datenlexika, Projektbibliotheken und Klassenbibliotheken hervorzuheben. Ein *Datenlexikon* (engl. *data dictionary*, kurz: *DD*) ist ein Werkzeug zur Verwaltung der Elemente von Anwendungs-modellen, d.h. in erster Linie von Arbeitsergebnissen der Analyse und des fachlichen Entwurfs (vgl. S. 806). Beispiele von DD-Einträgen sind: Entitätstyp „Mitarbeiter", Attribut „Personalnummer", Funktion „Mitarbeiterdaten ändern".

Eine *Projektbibliothek* hat die Aufgabe, alle während der Entwicklung anfallenden, weiter benötigten und projektweit relevanten Dokumente aufzunehmen. Dazu gehören z.B. Analyseergebnisse, Spezifikationen, Konstruktionen, Programmcode, Testfälle und Testdaten für alle Module, Ergebnisse von Reviews und Inspektionen, im weiteren Sinne auch Management-Dokumente wie Grob- und Feinpläne, Balkendiagramme, Netzpläne, Soll-/Ist-Vergleiche etc.

*Klassenbibliotheken* spielen eine Rolle bei der objektorientierten Software-Entwicklung. In ihnen werden die Klassendefinitionen mit den Spezifikationen ihrer Attribute und Operationen verwaltet. Vorrangiges Ziel ist dabei die Wiederverwendung: Eine einmal definierte und in der Klassenbibliothek abgelegte Klasse kann intern für andere Systemteile oder extern für weitere Systementwicklungen unverändert übernommen, referenziert, instanziiert, verfeinert, zu Subklassen spezialisiert werden etc.

Die genannten Werkzeuge haben einige Gemeinsamkeiten. Wenn sie in einem Projekt nebeneinander benutzt werden, ist genau festzulegen, welches Werkzeug für welche Aufgaben zu nutzen ist und ggf. wie der Übergang von einem Werkzeug zum anderen zu bewerkstelligen ist. Besser ist das Konzept einer *Entwicklungs-Datenbank* (engl. *repository*), das die Funktionen der genannten Werkzeuge integriert und unter einer gemeinsamen, einheitlichen Benutzer-Schnittstelle anbietet. Beispiele dafür sind das *Microsoft Repository* und der *Enabler* von von Fujitsu (früher: Softlab).

Schließlich wollen wir an dieser Stelle noch die Werkzeuge für das Projekt-Management einordnen, da sie nicht an spezifische Entwicklungs-Tätigkeiten gebunden, sondern größtenteils

12.9 Werkzeuge und Programmierumgebungen 835

über den gesamten Software-Lebenszyklus hinweg anwendbar sind. Hierzu gehören Werkzeuge zur Ressourcen-, Termin- und Aufwandsplanung, zum Erfassen von Ist-Werten und Vergleichen mit entsprechenden Soll-Werten, zur Abwicklung von Qualitätssicherungs-Maßnahmen (Reviews und Inspektionen), zur Erstellung von Berichten etc. Sie sind häufig an eine Projektbibliothek oder an ein ähnliches Werkzeug gekoppelt.

## 12.9.8 Entwicklungs-Umgebungen

Über Software-Entwicklungs-Umgebungen (kurz: *SEU*, engl. *Software Engineering Environments*, *SEE*) oder Software-Produktions-Umgebungen (*SPU*) spricht man seit ca. 1980. Gemeint ist damit ein Verbund von Werkzeugen, die alle miteinander abgestimmt und nach Möglichkeit unter einer gemeinsamen, einheitlichen Benutzer-Schnittstelle anzusteuern sind und die die durchgängige Bearbeitung einer Entwicklungs-Aufgabe über mehrere Phasen oder über den gesamten Entwicklungszyklus hinweg unterstützen.

Sommerville unterscheidet in seinem Buch über Software Engineering drei Arten von Umgebungen:

### (a) Programmier-Umgebungen

Bei diesen konzentriert sich die Unterstützung auf die Aufgaben der Programmierung, des Testens und der Fehlerbehebung, während Analyse- und Entwurfsaufgaben weniger unterstützt werden. Oft sind solche Umgebungen sprach-orientiert, d.h. ihr Ausgangspunkt ist eine bestimmte Programmiersprache mit ihrem Übersetzungs- und Laufzeitprogrammen, an die weitere Werkzeuge (Editoren, Entwurfs- und Testhilfen, Fehleranalyse-Programme etc.) angebunden werden. Beispiele für solche Umgebungen sind Interlisp, Rational Rose (in seinen Anfängen, aufbauend auf der Sprache ADA), Turbo Pascal (Delphi) und JDK für Java.

### (b) CASE-Arbeitsplätze (CASE workbenches)

Diese haben ihren Schwerpunkt in der Unterstützung der Analyse-, Spezifikations- und Entwurftätigkeiten. Normalerweise liefern sie nur wenig Programmier-Unterstützung, können aber mit einer Programmier-Umgebung gekoppelt werden. Typische Bestandteile sind grafische Editoren für das Bearbeiten von Diagrammen, Analyse-Instrumente für Entwürfe und Spezifikationen, Datenlexika und zugehörige Abfrage-Instrumente, Berichts- und Formular-Generatoren, Code-Generatoren und Schnittstellen zu anderen Werkzeugen, etwa zu einem Repository.

### (c) Software Engineering-Umgebungen

Zu dieser umfassendsten Klasse gehören alle solche Umgebungen, die für die Entwicklung und Pflege großer, langlebiger Software-Systeme ausgelegt sind, Aufgaben, an denen normalerweise viele Personen beteiligt sind, die eng zusammen arbeiten und miteinander kommunizieren müssen. Ein Ansatz für diese Art von Umgebung besteht darin, verschiedene Werkzeuge, die womöglich unterschiedliche Tätigkeiten unterstützen, mit kompatiblen Schnittstellen (Protokollen) auszustatten und somit die lückenlose Bearbeitung von Bausteinen über mehrere Entwicklungsschritte hinweg zu ermöglichen. Dabei können für bestimmte

836                                                                12  Software-Entwicklung

Tätigkeiten auch verschiedene Werkzeuge dem „Werkzeugkasten" entnommen und wahlweise eingesetzt werden. Ein bekannter Standard für einen solchen Werkzeugverbund, der im Rahmen eines gemeinsamen europäischen Projekts entwickelt wurde, heißt Portable Common Tool Environment (PCTE).

*Integrierte Entwicklungs-Umgebungen* (sog. *IPSE*'s), die nicht nur die Entwickler bei ihren verschiedenen Tätigkeiten unterstützen, sondern auch Management-Funktionen und ein umfassendes Produktverwaltungs-Werkzeug (repository) enthalten, bilden heute einen wichtigen Erfolgsfaktor für Software-produzierende Unternehmen und Abteilungen. So kommen die Vorteile der Objektorientierten Entwicklungstechnik erst dann voll zum Tragen, wenn spezifische Werkzeugfunktionen zur Analyse, zum Entwurf, zur Programmierung und zum Test mit den Editier-, Verwaltungs- und Retrievalfunktionen gekoppelt sind, die für eine effektive Wiederverwendung von Software-Bausteinen unerlässlich sind.

# A    Literatur

In dem vorliegenden Buch wurden viele verschiedene Themen angesprochen. Zu jedem dieser Gebiete gibt es umfangreiche weiter führende Literatur. Im Folgenden ist eine Auswahl von aktuellen und grundlegenden Titeln zusammengestellt – geordnet nach den Themen der einzelnen Kapitel.

## A.1    Einführende Bücher

Balzert, Helmut: Lehrbuch Grundlagen der Informatik
    Spektrum Akademischer Verlag Heidelberg; 1999; 1. Auflage;
    2. Auflage voraussichtlich im September 2004
    ISBN: 3-8274-0358-8 bzw. 3-8274-1410-5

Goldschlager, Les; Lister, Andrew: Informatik
    Carl Hanser Verlag München; 1990; 3. Auflage; ISBN: 3-446-15766-2

Hansen, Hans Robert: Wirtschaftsinformatik I
    Uni-TB. Verlag Stuttgart; 2001; 8. Auflage; ISBN: 3-8252-0802-8

Küchlin, Wolfgang; Weber, Andreas: Einführung in die Informatik.
    Objektorientiert mit Java
    Springer-Verlag Heidelberg; 2002; 2. Auflage; ISBN: 3-540-43608-1

Rechenberg, Peter: Was ist Informatik?
    Carl Hanser Verlag München; 2000; 3. Auflage; ISBN: 3-446-21319-8

Rechenberg, Peter; Pomberger, Gustav: Informatik-Handbuch
    Carl Hanser Verlag München; 2002; 3. Auflage; ISBN: 3-446-621842-4

## A.2    Lehrbücher der Informatik

Bauer, Friedrich L.; Goos, Gerhard: Informatik 1
    Springer-Verlag Heidelberg; 1991; 4. Auflage; ISBN: 3-540-52790-7

Bauer, Friedrich L.; Goos, Gerhard: Informatik 2
    Springer-Verlag Heidelberg; 1992; 4. Auflage; ISBN: 3-540-55567-6

Blieberger, Johann et al.: Informatik
Springer-Verlag Wien; 2001; 4. Auflage; ISBN: 3-211-83710-8

Broy, Manfred: Informatik – Eine grundlegende Einführung
Band 1: Programmierung und Rechnerstrukturen
Springer-Verlag Heidelberg; 1997; 2. Auflage; ISBN: 3-540-63234-4
Band 2: Systemstrukturen und Theoretische Informatik
Springer-Verlag Heidelberg; 1998; 2. Auflage; ISBN: 3-540-64392-3

Goos, Gerhard: Vorlesungen über Informatik
Band 1: Grundlagen und funktionales Programmieren
Springer-Verlag Heidelberg; 2000; 3. Auflage; ISBN: 3-540-67270-2
Band 2: Objektorientiertes Programmieren und Algorithmen
Springer-Verlag Heidelberg; 2001; 3. Auflage; ISBN: 3-540-41511-4
Band 3: Berechenbarkeit, formale Sprachen, Spezifikationen
Springer-Verlag Heidelberg; 1997; 1. Auflage; ISBN: 3-540-60655-6
Band 4: Paralleles Rechnen und nicht-analytische Lösungsverfahren
Springer-Verlag Heidelberg; 1998; 1. Auflage; ISBN: 3-540-60650-5

Knuth, Donald E.: The Art of Computer Programming. Volume I:
Fundamental Algorithms
Addison-Wesley Verlag Reading; 1997; 3. Auflage; ISBN: 0-201-89683-4

Knuth, Donald E.: The Art of Computer Programming. Volume II:
Seminumerical Algorithms
Addison-Wesley Verlag Reading; 1997; 3. Auflage; ISBN: 0-201-89684-2

Knuth, Donald E.: The Art of Computer Programming. Volume III:
Sorting and Searching
Addison-Wesley Verlag Reading; 1997; 3. Auflage; ISBN: 0-201-89685-0

Pepper, Peter: Grundlagen der Informatik
Oldenbourg Wissenschaftsverlag München; 1995; 2. Auflage;
ISBN: 3-486-23513-3


# A.3    Programmieren in Pascal

Herschel, Rudolf; Dieterich, Ernst-Wolfgang: Turbo Pascal 7.0
Oldenbourg Wissenschaftsverlag München; 2000; 2. Auflage;
ISBN: 3-486-25499-5

Kaiser, R.: Object Pascal mit Delphi
Springer-Verlag Heidelberg; 1998; 1. Auflage; ISBN: 3-540-60340-9

Warken, Elmar: Delphi 6.
Addison-Wesley Verlag Bonn; 2003; ISBN: 3-8273-2143-3

# A.4    Programmieren in Java

Arnold, Ken; Gosling, James; Holmes, David: The Java Programming Language
Addison-Wesley Verlag; 2000; 3. Auflage; ISBN: 0-201-170433-1

Barnes, David J.; Kölling, Michael: Objektorientierte Programmierung mit Java.
Eine praxisnahe Einführung mit BlueJ.
Pearson Studium; 2003; ISBN 3-8273-7073-6

Campione, Mary; Walrath, Kathy: The Java Tutorial
Addison-Wesley Verlag; 2001; 3. Auflage; ISBN: 0-201-70393-9

Campione, Mary; Walrath, Kathy; Huml, Alison: The Java Tutorial Continued
Addison-Wesley Verlag; 1999; 2. Auflage; ISBN: 0-201-48558-3

Dieterich, Ernst-Wolfgang: Java 2. Von den Grundlagen bis zu Threads und Netzen
Oldenbourg Wissenschaftsverlag München; 2001; 2. Auflage;
ISBN: 3-486-25423-5

Echtle, Klaus; Goedicke, Michael: Lehrbuch der Programmierung mit Java
dpunkt-Verlag, Heidelberg; 2000; ISBN: 3-932-58822-3

Gosling, James; Joy, Bill; Steele, Guy; Brancha, Gilad:  The Java Language Specification
Addison-Wesley Verlag; 2000; 2. Auflage; ISBN: 0-201-31008-2

Flanagan, David: Java in a Nutshell
O'Reilly & Associates; 2002; 4. Auflage; ISBN: 0-59600283-1

Flanagan, David: Java Examples in a Nutshell
O'Reilly & Associates; 2000; 3. Auflage; ISBN: 0-59600620-9

Horton, Ivor: Beginning Java 2, SDK 1.4 Edition
Wrox Press; 2002; ISBN: 1-86100569-5

Harold, Elliotte Rusty: Java Network Programming
O'Reilly & Associates; 2000; 2. Auflage; ISBN: 1-56592-870-9

Hughes, Merlin; Hamner, Derek: Java Network Programming
Manning; 1999; 2. Auflage; ISBN: 1-884777-49X

Jobst, Fritz: Programmieren in Java
Carl Hanser Verlag München; 2002; 4. Auflage; ISBN: 3-446-22061-5

Li, Liwu: Java: Data Structures and Programming
Springer-Verlag; 1998; 1. Auflage; ISBN: 3-540-63763-X

Reilly, David; Reilly, Michael: Java Network Programming and Distributed Computing
Addison-Wesley; 2002; ISBN: 0-201-71037-4

Schmidt-Thieme, Lars; Schader, Martin: Java
Springer-Verlag; 2003; 4. Auflage; ISBN: 3-540-00663-X

Zeppenfeld, Klaus; Waning, Susanne M.; Wenczek, Marc: Objektorientierte
Programmiersprachen. Einführung und Vergleich von Java, C++, C# und Ruby
Spektrum Akademischer Verlag; 2003; 1. Auflage; ISBN: 3-82741449-0

## A.5 Algorithmen und Datenstrukturen

Bentley, Jon: Programming Pearls
Addison-Wesley Verlag Reading; 1999; 2. Auflage; ISBN: 0-201-65788-0

Cormen, Thomas H.: Introduction to Algorithms
MIT Press Verlag; 2001; 2. Auflage; ISBN: 0-262-03293-7

Lafore, Robert: Data Structures and Algorithms in Java
Waite Group; 2002; 2. Auflage; ISBN: 0-67232453-9

Lang, Hans W.: Algorithmen in Java
Oldenbourg Wissenschaftsverlag München; 2002; ISBN: 3-486-25900-8

Saake, Gunter; Sattler, Kai-Uwe: Algorithmen und Datenstrukturen.
Eine Einführung mit Java
dpunkt-Verlag Heidelberg; 2004; 2. Auflage; ISBN: 3-89864122-8

Sedgewick, Robert: Algorithmen
Pearson Studium; 2002; 2. Auflage; ISBN: 3-827-37032-9

Sedgewick, Robert: Algorithms in Java: Parts 1-4 und 5 in zwei Bänden
Addison-Wesley Verlag; 2003; 3. Auflage; ISBN: 0-201-77578-6

Weiss, Mark Allen: Data Structures and Problem Solving Using Java
Addison-Wesley Verlag Reading; 2002; 2. Auflage; ISBN: 0-201-74835-5

Wirth, Niklaus: Algorithmen und Datenstrukturen (Pascal Version)
Teubner Verlag Stuttgart; 2000; 5. Auflage; ISBN: 3-519-22250-7

Wirth, Niklaus: Systematisches Programmieren
Teubner Verlag Stuttgart; 1993; 6. Auflage; ISBN: 3-519-32338-9

## A.6 Rechnerarchitektur

Bähring, Helmut: Mikrorechner-Systeme. Mikroprozessoren, Speicher, Peripherie
Springer-Verlag Heidelberg; 2001; 3. Auflage; ISBN: 3-540-41648-X

Herrmann, Paul: Rechnerarchitektur. Aufbau, Organisation und Implementierung
Vieweg Verlag; 2002; 3. Auflage; ISBN: 3-528-25598-6

A.7 Betriebssysteme                                                              841

Hennessy, J.L.; Patterson, D.A.: Computer Organization and Design
     The Hardware/Software Interface
     Morgan Kaufmann Publishers; 1997; 2. Auflage; ISBN: 1-5586-0491-X

Hennessy, J.L.; Patterson, D.A.; Goldberg, D.: Computer Architecture
     Morgan Kaufmann Publishers; 2002; ISBN: 15586-0724-2

Hoffmann, Kurt: VLSI-Entwurf. Modelle und Schaltungen
     Oldenbourg Wissenschaftsverlag München; 1998; 4. Auflage;
     ISBN: 3-486-24788-3

Märtin, Christian: Einführung in die Rechnerarchitektur
     Fachbuchverlag Leipzig; 2003; ISBN: 3-44622242-1

Märtin, Christian: Rechnerarchitekturen
     Fachbuchverlag Leipzig; 2004; ISBN: 3-44621475-5

Malz, Helmut: Rechnerarchitektur. Eine Einführung für Ingenieure und Informatiker
     Vieweg Verlag; 2001; 1. Auflage; ISBN: 3-528-03379-7

Messmer, Hans Peter: PC-Hardware
     Addison-Wesley Verlag Bonn; 2000; 6. Auflage; ISBN: 3-8273-1461-5

Oberschelp, Walter; Vossen, Gottfried: Rechneraufbau und Rechnerstrukturen
     Oldenbourg Wissenschaftsverlag München; 2003; 9. Auflage;
     ISBN: 3-486-27206-3

Schildt, Gerhard H.; Redlein, Alexander; Kahn, Daniela:
     Einführung in die Technische Informatik
     Springer-Verlag Wien; 2003; 1. Auflage; ISBN: 3-21183853-8

Tanenbaum, Andrew S.: Computerarchitektur
     Prentice Hall; 1999; ISBN: 3-8272-9573-4

Tanenbaum, Andrew S.: Structured Computer Organization
     Prentice Hall; 1999; ISBN: 0-13-020435-8

# A.7    Betriebssysteme

Brause, Rüdiger: Betriebssysteme – Grundlagen und Konzepte
     Springer-Verlag Heidelberg; 2003; 3. Auflage; ISBN: 3-540-00900-0

Karp, David A.; O'Reilly, Tim; Troy, Matt: Windows XP in a Nutshell
     O'Reilly; 2002; 1. Auflage; ISBN: 0-59600249-1

Kofler, Michael: Linux
     Addison-Wesley Verlag Bonn; 2004; 7. Auflage; ISBN: 3-8273-2158-1

Siegert, Hans-Jürgen; Baumgarten, Uwe: Betriebssysteme
Oldenbourg Wissenschaftsverlag München; 2001; 5. Auflage;
ISBN: 3-486-25714-5

Siever, Ellen; Figgins, Stephen; Weber, Aaron: Linux in a Nutshell
O'Reilly Associates, Inc.; 2003; 4. Auflage; ISBN: 0-59600482-6

Tanenbaum, Andrew S.: Moderne Betriebssysteme
Pearson Studium; 2002; 2. Auflage; ISBN: 3-8273-7019-1

# A.8     Rechnernetze

Halsall, Fred: Data Communications, Computer Networks and Open Systems
Addison-Wesley Verlag Reading; 1996; 4. Auflage; ISBN: 0-201-42293-X

Halsall, Fred: Multimedia Communications
Addison-Wesley Verlag Reading; 2000; 1. Auflage; ISBN: 0-201-39818-4

Proebster, Walter E.: Rechnernetze
Oldenbourg Wissenschaftsverlag München; 2002; 1. Auflage;
ISBN: 3-48625777-3

Tanenbaum, Andrew S.: Computer Networks
Prentice Hall; 2002; 4. Auflage; ISBN: 0-13038488-7

# A.9     Internet

Alpar, Paul: Kommerzielle Nutzung des Internet
Springer-Verlag Heidelberg; 1998; 2. Auflage; ISBN: 3-540-64449-0

Berners-Lee, Tim: Weaving the Web
Texere Verlag London; 2000; 1. Auflage; ISBN: 1-58799-018-0

Black, Uyless D.: Internet Architecture: An Introduction to IP Protocols
Prentice Hall; 2000; ISBN: 0-13019906-0

Comer, Douglas E.: Computernetzwerke und Internets
Pearson Studium; 2002; ISBN 3-8273-7023-X

Comer, Douglas E.: Internetworking with TCP/IP,
Vol.1: Principles, Protocols, and Architectures
Prentice Hall; 2000; 4. Auflage; ISBN: 0-13018380-6
Vol 2: Design, Implementation, and Internals
Prentice Hall; 2004; 4. Auflage; ISBN: 0-13031996-1

A.9   Internet                                                                          843

Dittler, Hans P.: IPv6, das neue Internet-Protokoll
        dPunkt Verlag Heidelberg; 2002; 1. Auflage; ISBN: 3-89864149-X

Hahn, Harley: Harley Hahn Teaches the Internet
        Hayden Books; 2000; 2. Auflage; ISBN: 0-78972093-0

Handke, Jürgen: Multimedia im Internet
        Oldenbourg Wissenschaftsverlag München; 2003; 1. Auflage;
        ISBN: 3-486-27217-9

Harold, Elliotte Rusty: XML Bible
        John Wiley & Sons; 2004; 3. Auflage; ISBN: 0-76454986-3

Karp, David A.; Means, W. Scott: XML in a Nutshell
        O'Reilly; 2002; 2. Auflage; ISBN: 3-89721337-0

Koch, Stefan: JavaScript. Einführung, Programmierung und Referenz
        dpunkt-Verlag Heidelberg; 2001; 3. Auflage; ISBN: 3-898-64111-2

Lienemann, Gerhard: TCP/IP-Grundlagen
        dpunkt-Verlag Heidelberg; 2003; 3. Auflage; ISBN: 3-936-93107-0

Lienemann, Gerhard: TCP/IP-Praxis
        dpunkt-Verlag Heidelberg; 2003; 3. Auflage; ISBN: 3-936-93105-4

Lobin, H.: Informationsmodellierung mit XML und SGML
        Springer-Verlag; 2001; 2. Auflage; ISBN: 3-540-65356-2

Meinel, Christoph; Sack, Harald: WWW
        Springer-Verlag Heidelberg; 2003; 1. Auflage; ISBN: 3-540-44276-6

Möhr, W.; Schmidt I.: SGML und XML
        Springer-Verlag Heidelberg; 1999; 1. Auflage; ISBN: 3-540-65543-3

Muenz, Stefan; Nefzger, Wolfgang: HTML & Web-Publishing Handbuch
        Gesamtpaket, 2 Bde. m. CD-ROM
        Franzis-Verlag Feldkirchen; 2002; ISBN 3-77237517-0

Muhrhammer, Martin: TCP/IP Tutorial and Technical Overview
        Prentice Hall; 1999; 6. Auflage; ISBN 0-13-020130-8

Stevens, Richard W.: TCP/IP Illustrated Volume 1: The Protocols
        Addison-Wesley Verlag; 1994; 1. Auflage; ISBN: 0-201-63346-9

Wright, Gary R.; Stevens, Richard W.: TCP/IP Illustrated Volume 2: The Implementation
        Addison-Wesley Verlag; 1995; 1. Auflage; ISBN: 0-201-63354-X

Stevens, Richard W.: TCP/IP Illustrated Volume 3
        Addison-Wesley Verlag; 1996; 1. Auflage; ISBN: 0-201-63495-3

844                                                       A  Literatur

Strobel, Claus: Web-Technologien in E-Commerce-Systemen
Oldenbourg Wissenschaftsverlag München; 2003; ISBN: 3-486-27434-1

Taylor, D. Edgar; Stevens, Richard W.: TCP/IP Complete
McGraw Hill Verlag; 1998; ISBN: 0-07-063400-9

Wiese, Herbert: Das neue Internetprotokoll IPv6
Hanser Verlag; 2002; 1. Auflage; ISBN: 3-44621685-5

# A.10     Theoretische Informatik und Compilerbau

Aho, Alfred V.; Ullman, Jeffrey D.: Foundations of Computer Science
W.H. Freeman & Company; 1995; 1. Auflage;  ISBN: 0-71678284-7

Aho, Alfred V.; Sethi, Ravi; Ullman, Jeffrey D.: Compilerbau Teil 1
Oldenbourg Wissenschaftsverlag München; 1999; 2. Auflage; ISBN: 3-486-25294-1

Aho, Alfred V.; Sethi, Ravi; Ullman, Jeffrey D.: Compilerbau Teil 2
Oldenbourg Wissenschaftsverlag München; 1999; 2. Auflage; ISBN: 3-486-25266-6

Aho, Alfred V.; 21st Century Compilers
Addison Wesley; 2004; 1. Auflage; ISBN: 0-32113143-6

Appel, Andrew: Modern Compiler Implementation in Java
Cambridge University Press; 2003; 2. Auflage; ISBN: 0-52182060-X

Asteroth, Alexander; Baier, Christel: Theoretische Informatik. Eine Einführung
in Berechenbarkeit, Komplexität und formale Sprachen mit 101 Beispielen
Pearson Studium; 2002; 1. Auflage; ISBN: 3-82737033-7

Bauer, B.; Höllerer, R.: Übersetzung objektorientierter Programmiersprachen
Konzepte, abstrakte Maschinen und Praktikum „Java-Compiler"
Springer-Verlag Heidelberg; 1998; 1. Auflage; ISBN: 3-540-64256-0

Blum, Norbert: Theoretische Informatik
Oldenbourg Wissenschaftsverlag München; 2001; 2. Auflage;
ISBN: 3-48625776-5

Cooper, Keith; Torczon, Linda: Engineering a Compiler
Morgan Kaufmann; 2003; 1. Auflage; ISBN: 1-55860698-X

Davis, Martin: What is a Computation?
In: Steen, L.A. (ed.): Mathematics Today. Twelve informal essays.
Springer-Verlag; 1978; ISBN 3-540-90305-4

Güting, Ralf H.; Erwig, Martin: Übersetzerbau
Springer-Verlag Heidelberg; 1999; 1. Auflage; ISBN: 3-540-65389-9

A.11  Datenbanken                                                                      845

Hedtstück, Ulrich: Einführung in die Theoretische Informatik
    Oldenbourg Wissenschaftsverlag München; 2002; 2. Auflage; ISBN: 3-48627209-8

Hopcroft, John E.; Ullman, Jeffrey D.; Motwani, Rajeev: Einführung in die
    Automatentheorie, Formale Sprachen und Komplexitätstheorie.
    Pearson Studium; 2002; 2. Auflage; ISBN: 3-82737020-5

Küster, Heinz-Gerd: Das Compiler-Buch
    vmi Verlag München; 2001; 1. Auflage; ISBN: 3-8266-0659-0

Klöppel, B.; Rauch, Paul; M., Ruhland, J.: Compilerbau
    Vogel Verlag; 1991; 1. Auflage; ISBN: 3-8023-363-6 (vergriffen)

Linz, Peter: An Introduction to Formal Languages and Automata
    Jones and Bartlett Publishers International; 1997; 2. Auflage; ISBN:0-76370296-X

Priese, Lutz; Wimmel, Harro: Theoretische Informatik
    Springer Verlag Berlin; 2002; 1. Auflage; ISBN: 3-54044289-8

Schöning, Uwe: Theoretische Informatik kurzgefaßt
    Spektrum Akademischer Verlag; 2001; 1. Auflage; ISBN: 3-82741099-1

Schöning, Uwe: Ideen der Informatik
    Oldenbourg Wissenschaftsverlag München; 2002; 1. Auflage;  ISBN: 3-48625899-0

Socher, Rolf: Theoretische Grundlagen der Informatik
    Hanser Fachbuchverlag; 2003; 1. Auflage;  ISBN: 3-44622177-8

Winter, Renate: Theoretische Informatik
    Oldenbourg Wissenschaftsverlag München; 2002; 1. Auflage; ISBN: 3-48625808-7

Wirth, Niklaus: Grundlagen und Techniken des Compilerbaus
    Oldenbourg Wissenschaftsverlag München; 1995; 1. Auflage; ISBN: 3-486-24374-8

# A.11    Datenbanken

Alpar, Paul; Niedereichholz, Joachim: Data Mining im praktischen Einsatz
    Vieweg Verlag; 2000; 1. Auflage; ISBN: 3-528-05748-3

Date, Chris J.; Darwen, Hugh: Foundation for Future Database Systems
    Addison-Wesley Verlag Reading; 2000; 2. Auflage; ISBN: 0-201-170928-7

Date, Chris J.; Darwen, Hugh: Foundation for Object/Relational Databases
    Addison-Wesley Verlag Reading; 1998; 1. Auflage; ISBN: 0-201-30978-5

Dehnhardt, Wolfgang: Java und Datenbanken
    Hanser Fachbuchverlag; 2003; 1. Auflage; ISBN: 3-44621727-4

Härder, Theo; Rahm, Erhard: Datenbanksysteme.
Konzepte und Techniken der Implementierung
Springer-Verlag Heidelberg; 2001; 2. Auflage; ISBN: 3-54042133-5

Kemper, Alfons; Eickler, Andre: Datenbanksysteme
Oldenbourg Wissenschaftsverlag München; 2004; 5. Auflage;
ISBN: 3-486-27392-2

Heuer, Andreas; Saake, Gunter: Datenbanken Konzepte und Sprachen
mitp Verlag; 2000; 2. Auflage; ISBN: 3-826-60619-1

Heuer, Andreas; Saake, Gunter; Sattler, Kai-Uwe: Datenbanken kompakt
mitp Verlag; 2003; 2. Auflage; ISBN: 3-82660987-5

Heuer, Andreas: Objektorientierte Datenbanken – Konzepte, Modelle, Systeme
Addison-Wesley Verlag Bonn; 1997; 2. Auflage; ISBN: 3-89319-800-8

Saake, Gunter; Heuer, Andreas: Datenbanken Implementierungstechniken
mitp; 1999; ISBN: 3-8266-0513-6

Saake, Gunter; Sattler, Kai-Uwe: Datenbanken und Java.
dpunkt-Verlag Heidelberg; 2003; 2. Auflage; ISBN: 3-89864228-3

Vossen, Gottfried: Datenmodelle, Datenbanksprachen und
Datenbankmanagement-Systeme
Oldenbourg Wissenschaftsverlag München; 2000; 4. Auflage;
ISBN: 3-486-25339-5

White, Seth; Fisher, Maydene; Cattell, Rick; Hamilton, Graham:
JDBC API Tutorial and Reference
Addison-Wesley Verlag Reading; 1999; 2. Auflage; ISBN: 0-201-43328-1

# A.12  Grafikprogrammierung

Ammeraal, Leendert: Computer Graphics for Java Programmers
John Wiley & Sons; 1999; ISBN: 0-471-98142-7

Bungartz, Hans Joachim; Griebel, Michael; Zenger, Christoph:
Einführung in die Computergraphik
Vieweg Verlag; 2002; 2. Auflage; ISBN: 3-528-16769-6

Burggraf, Lorenz: Jetzt lerne ich OpenGL .
Der einfache Einstieg in die Schnittstellenprogrammierung
Markt+Technik Verlag; 2003; ISBN: 3-82726237-2

de Berg, Mark; van Kreveld, Marc; Overmars, Mark; Schwarzkopf, Otfried:
Computational Geometry. Algorithms and Applications
Springer-Verlag Berlin; 2002; 2. Auflage; ISBN: 3-54065620-0

A.13   Software-Entwicklung                                                          847

Encarnacao, Jose; Straßer, Wolfgang; Klein, Reinhard: Graphische
          Datenverarbeitung Band 1
          Oldenbourg Wissenschaftsverlag München; 1995; 4. Auflage;
          ISBN: 3-486-23223-1

Encarnacao, Jose; Straßer, Wolfgang; Klein, Reinhard: Graphische
          Datenverarbeitung Band 2
          Oldenbourg Wissenschaftsverlag München; 1997; 4. Auflage;
          ISBN: 3-486-23469-2

Foley, James D.; Dam, Andries van; Feiner, Steven K.; Hughes, John F.: Computer
          Graphics – Principles and Practice
          Addison-Wesley Verlag Reading; 1990; 2. Auflage; ISBN: 0-201-12110-7

Foley, James D.; Dam, Andries van; Hughes, John F.; Philips, Richard L.:
          Introduction to Computer Graphics
          Addison-Wesley Verlag Reading; 1993; 1. Auflage; ISBN: 0-201-60921-5

Watt, Alan: 3D Computer Graphics
          Addison-Wesley Verlag; 1999; 3. Auflage; ISBN: 0-201-39855-9

Watt, Alan; Policarpo, Fabio: 3D Games, Real-time Rendering
          Addison-Wesley Verlag; 2000; 1. Auflage; ISBN: 0-20161921-0

Xiang, Zhigang; Plastock, Roy A.: IT- Studienausgabe Computergrafik.
          mitp-Verlag; 2002; 1. Auflage; ISBN: 3826609085

Zeppenfeld, Klaus; Wolters, Regine: Lehrbuch der Grafikprogrammierung
          Spektrum Akademischer Verlag; 2003; 1. Auflage; ISBN: 3-82741028-2


# A.13    Software-Entwicklung

Balzert, Helmut: Lehrbuch der Software-Technik: Software-Entwicklung
          Spektrum Akademischer Verlag; 2000; 2. Auflage; ISBN: 3-8274-0480-0

Balzert, Heide: Lehrbuch Objektorientierte Analyse und Entwurf
          Spektrum Akademischer Verlag; 1999; ISBN: 3-8274-0285-9

Boehm, Barry W.: Software Engineering Economics
          Prentice Hall; 1981; ISBN: 0-1382-2122-7

Booch, Grady: Object-Oriented Analysis and Design with Applications
          Addison-Wesley Professional; 1993;
          ISBN: 0-8053-5340-2

Coad, Peter; Yourdon, Edward: Object-Oriented Analysis
          Yourdon Press; 1991; 1. Auflage; ISBN: 0-13-630013-8

Denert, Ernst: Software Engineering – Methodische Projektabwicklung
Springer-Verlag Heidelberg; 1992; 1. Auflage; ISBN: 3-540-53404-0

Forbrig, Peter: Objektorientierte Softwareentwicklung mit UML
Fachbuchverlag Leipzig; 2002; 1. Auflage; ISBN: 3-44621975-7

Fowler, Martin: UML Distilled
Addison-Wesley Professional; 2003; 3. Auflage; ISBN: 0-32119368-7

Fowler, Martin: Analysis Patterns, Reusable Object Models
Addison-Wesley Professional; 1996; 1. Auflage; ISBN: 0-20189542-0

Frühauf, Karol; Ludewig, Jochen; Sandmayr, Helmut:
Software-Projektmanagement und -Qualitätssicherung
vdf Hochschulverlag AG an der ETH Zürich; 2000; 4. Auflage;
ISBN: 3-72812743-4

Gamma, Erich; Helm, Richard; Johnson, Ralph; Vlissides, John:
Entwurfsmuster. Elemente wiederverwendbarer objektorientierter Software
Addison-Wesley; 2001; 1. Auflage; ISBN: 3-82731862-9

Gebhardt, Andreas: Rapid Prototyping
Hanser Gardner Pubns; 2003; 1. Auflage; ISBN: 1-56990281-X

Hesse, Wolfgang; Merbeth, Günter; Frölich, Rainer: Software-Entwicklung –
Vorgehensmodelle, Projektführung und Produktverwaltung,
Handbuch der Informatik, Bd. 5.3
Oldenbourg Wissenschaftsverlag München; 1992; 1. Auflage;
ISBN: 3-486-20693-1

Hesse, Wolfgang:  RUP - A Process Model for Working with UML. Ch. 4. In:
Siau, Keng; Halpin, Terry (Hrsg.): Unified Modeling Language:
System Analysis, Design and Development Issues.
Idea Group Publishing; 2001; ISBN: 1-93070805-X

Hitz, Martin; Kappel, Gerti: UML at Work
Dpunkt Verlag; 2004; 2. Auflage; ISBN: 3-89864194-5

Jacobson, Ivar; et al.: Object-Oriented Software Engineering –
A Use Case Driver Approach; Revised Printing;
Addison Wesley Publishing Company; 1994; ISBN: 0-201-54435-0

Meyer, Bertrand: Object-Oriented Software Construction
Prentice Hall PTR; 1997; 2. Auflage; ISBN: 0-1362-9155-4

Myers, Glenford J.: Methodisches Testen von Programmen
Oldenbourg Wissenschaftsverlag München; 2001; ISBN: 3-486-25634-3

Neumann, Horst A.: Analyse und Entwurf von Softwaresystemen mit der UML
Hanser Fachbuchverlag; 2002; 2. Auflage; ISBN: 3-44622038-0

A.14 Mathematischer Hintergrund                                                              849

Oestereich, Bernd: Developing Software with UML
      Addison-Wesley Professional; 2002; 2. Auflage; ISBN: 0-20175603-X

Oestereich, Bernd: Objektorientierte Softwareentwicklung
      mit der Unified Modeling Language
      Oldenbourg Wissenschaftsverlag München; 2004; 6. Auflage;
      ISBN: 3-48627266-7

Oestereich, Bernd: Die UML-Kurzreferenz für die Praxis.
      Oldenbourg Wissenschaftsverlag München; 2004; 3. Auflage;
      ISBN: 3-48627604-2

Oestereich, Bernd (Hrsg.): Erfolgreich mit Objektorientierung
      Oldenbourg Wissenschaftsverlag München; 2002; 2. Auflage;
      ISBN: 3-486-25565-7

Royce, Walker: Software Project Management
      Addison-Wesley Professional; 1998; ISBN: 0-20130958-0

Rumbaugh, J.; Blaha, M.; Premerlani, W.; Eddy, F.; Lorensen, W.: Object-Oriented
      Modelling and Design
      Prentice Hall Englewood Cliffs; 1996; 2. Auflage; ISBN: 0-13-858580-6

Seemann, Jochen; von Gudenberg, Jürgen Wolff: Software-Entwurf mit UML.
      Objektorientierte Modellierung mit Beispielen in Java.
      Springer-Verlag Heidelberg; 2002; 2. Auflage; ISBN: 3-54042270-6

Siedersleben, Johannes: Softwaretechnik.
      Hanser Fachbuchverlag; 2002; 1. Auflage; ISBN: 3-44621843-2

Sommerville, Ian: Software Engineering
      Pearson Studium; 2001; 6. Auflage; ISBN: 3-82737001-9

Zuser, Wolfgang; Biffl, Stefan; Grechenig, Thomas; Köhle, Monika:
      Software Engineering mit UML und dem Unified Process.
      Pearson Studium; 2001; 1. Auflage; ISBN: 3-82737027-2

# A.14    Mathematischer Hintergrund

Denecke, Klaus: Algebra und Diskrete Mathematik für Informatiker
      Teubner Verlag; 2003; ISBN: 3-519-02749-6

Ihringer, Thomas: Allgemeine Algebra.
      Mit einem Anhang über Universelle Coalgebra von H.P.Gumm
      Heldermann Verlag; 2003; ISBN 3-88538-110-9

Ihringer, Thomas: Diskrete Mathematik
      Teubner Verlag Stuttgart; 1999; 2. Auflage; ISBN: 3-519-12125-5

Schulz, Ralph Hardo: Codierungstheorie
Vieweg Verlag Braunschweig; 2003; 2. Auflage; ISBN: 3-52816419-0

Wolfram, Stephen: Mathematica
Addison-Wesley Verlag Bonn; 1997; 3. Auflage; ISBN: 3-8273-1036-9

# A.15    Sonstiges

The Unicode Consortium: The Unicode Standard Version 3.0
Addison-Wesley Verlag; 2000; ISBN: 0-201-61633-5

# Stichwortverzeichnis

μ-Operator 728
μ-Rekursion 728

2-3-4-Baum 376
2-3-Baum 376
3SAT 742
802.11b 597
80286 499
80386 499
80486 500
8080 499
8086 499
8088 Mikroprozessor 32

Abilene Projekt 78
Ableitungsbaum 685
Abnahmetest 803
above 470
Abschnitt 299
Abschwächungsregel 196
absoluter Bezug 75
Absorption 419
abstrakte Klasse 259, 263
abstrakte Methode 259
abstrakter Datentyp 113, 332
Abstraktion 4, 30, 114, 331
Abstraktionshierarchie 114
Access-Point 598
ACID Bedingung 765
Ackermannfunktion 729
active server pages 659
actuator 48
Ada 83
Adapter-Klasse 280
Adaptive Listen 352

ADD 459
Addierer 432
Adjazenzmatrix 388
Adressbus 45, 488
Adresse 44
Adressierung 46
Adressrechner 457
Adressregister 452
Adressübersetzung 505
Adressübersetzungseinheit 505
ADSL 77
AES 603
AFNIC 607
Aggregat 762
Aggregation 175, 210
Aggregationsoperator 758
AGP 40
AiX 512
akkumulierende Parameter 169
Aktion 121
Aktivitätsklassen 807
aktueller Ordner 63
Algorithmus 91, 295
    nichtdeterministisch 739
Alias-Punkte 774
Allzweck-Register 464
Alphabet 666, 668, 785
Alternativ-Anweisung 98, 123, 126
Alternativregel 196
Alto 65
Alt-Taste 12
ALU 41, 103, 443
ambient intelligence 574
ambientes Licht 792
AMD 36

Analyse 805
AND 15, 103, 427
Andreesen 639
Anfrage 768
Angewandte Informatik 3
Anker 74
annotieren 199
annotiertes Programm 201
anonymer ftp-Server 636
anonymous 636
Anweisung 97, 123, 132, 241
Anweisungsausdrücke 241
Anwender-Betriebssystem 512
Anwendungsmodell 802
Apfelmännchen-Bild 779
API 277
APL 83
APNIC 607
Apple 65, 509
Applet 87, 215, 238, 651, 652
äquivalent 676
Arbeitsproduktivität 799
Arbeitsspeicher 43
archie 636
ARIN 607
arithmetische Operation 238
ARPANET 77, 605
Array-Datentyp 173, 222
ASCII 11, 109
ASCII-Code 13
ASCII-Datei 12
ASCII-Erweiterung 12
ASCII-Tabelle 7
ASCII-Zeichen 55
ASP 659
Assembler Befehl
    ADD 466
    AND 471
    CALL 483
    CLD 467, 479
    CMPSx 479
    DEC 466, 470
    DIV 479
    IDIV 480
    INC 466, 470

INT 489
JE 472
JMP 472
JNE 472
JNZ 472
JZ 472
LOOP 482
MOV 466
MOVSB 479
MOVSx 479
MUL 479
NEG 466
NOT 471
OR 471
POP 482
PUSH 482
RCL 481
RCR 481
REP 479
REPNZ 479
REPZ 479
RET 483, 485
ROL 481
ROR 481
SAL 480
SAR 480
SHL 480
SHR 480
STD 467
SUB 466, 469
TEST 471
XOR 471
Assembler BefehleSTD 479
Assemblierer 463
assoziativ 168
Assoziativität 419
asynchrone Datenübertragung 574
Athlon 36, 500
ATM-Netz 593
atomar 111, 522
attachment 635
Attribut 217, 228, 253, 258, 259, 753, 814
Auflösung 54, 67
aufrufen 143
aufzählbar 731

Aufzählungstyp 172, 221
Aufzeichnungsdichte 49
Augpunkt 789
Ausdruck 94, 95, 96, 117, 120, 121, 238
Auslagerungsdatei 518
Ausnahmebehandlung 267
Aussage 425
Auswertung 119
Auszeichnungssprache 73
Automat 671
Automatentheorie 2, 130
average case 302
AVL-Baum 374, 376
    Doppelrotation 375
    Rotation 375
AWT 277, 279, 284, 289
Axiom 331

B (Einheit Byte) 9
B+-Baum 378
B8ZS Code 575
Backbone-Netz 592
backslash 63
backtracking 162, 682
Bandbreite 571
Barrel-Shifter-Multiplikationswerk 446
base64-Format 635
baseline 68
BASIC 80, 83, 85
basic multilingual plane 13
Basisbandverfahren 572
Basis-Software 510
Basiszahl 8
bat (Dateityp) 62
Baud 576
Baum 320, 356, 530
    balanciert 373
    Tiefe 357
    Transformation 375
    Traversierung 360
Baumadresse 360
Bearbeiter-Jahr 2, 797
Bedienknöpfe 289
Bediensystem 64

bedingte Anweisung 98, 134
bedingter Sprung 472
Bedingung 126, 134
Bedingungsvariable 524
Befehl 41, 121, 123
befehlsorientierte Sprache 80
Befehlszähler 43, 464
BEGIN 124
Begrenzer 130
Behälter 249, 298, 332
    Datentyp 265
Beleuchtungsmodell 791
    globales 791, 793
    lokales 791
    von Phong Bui-Tong 792
Bell Labs 78
below 470
Benutzerebene 56
Benutzeroberfläche 511
berechenbar 712
Berechnung 121
Berechtigungsmarke 585
Berners-Lee 639
best case 302
Besucherklasse 350
Betriebsart 512
Betriebssystem 60, 509
    Kern 511
    multitasking 510
    multi-user 511
Beugung 793
Bezeichner 129, 218
Beziehung
    1:1 754
    n:1 754
    n:m 754
Beziehungstyp 754
bias 27
Bildschirm 179
Bildschirmspeicher 123
Bildwiederholfrequenz 773
Binärbaum 358
Binärdarstellung 17, 20
binäre Suche 297, 299

binärer Code 5
Binärsystem 17
BIOS 59, 488, 510
BIOS-Chip 38, 40, 59
BIOS-Interrupt 63
BIOS-Setup 59
bipolar-AMI 575
bison 555, 557, 693, 705
bistabiler Multivibrator 435
Bit 5
Bit/s 576
Bitcode 11
Bitcodierung 575
Bitfolge 6
Bitmap 16
bitweise Operationen 240
bitweise Verknüpfung 16
bitweises Komplement 16
Blatt 356
Block 130, 131, 156, 245
Blockkonzept 207
Blocksatz 69
Blockstrukturierung 156
blockweise 44, 47
BlueJ 85, 100, 216, 233
Bluetooth 596
bluetooth 574, 596
bmp (Dateityp) 62
body 634
Bookman 68
Boolean (Datentyp) 103
boolesche Algebra 414, 416, 422
boolesche Operation 239
boolesche Schaltung 421
boolesche Verknüpfung 15
boolescher Term 421
booten 59
Boot-Sequenz 59
Borland-Pascal 86
Botschaft 207
Bottom-up 695
Bourne-Shell 547
Boyer 404
Boyer-Moore-Algorithmus 404

bps 576
breadth first 390
break-Anweisung 139, 250
Breitbandübertragung 573
Breitensuche 390
Bresenham 775
Bridge 587
broadcast 616
Browser 67, 77, 640
Brute-Force-Suche 403
BS 2000 512
BSD 66
BubbleSort 304, 307, 314, 329
Buchse 38
bug 84
Bügeleisen 57
Bus 38, 448
Buscontroller 38
Busnetz 584
busy waiting 521
Buszugang 38
Byte 8
byte (Java Typ) 26
Bytecode 2, 83
Bytes pro Pixel 773

C 83, 556
C++ 80, 83, 215, 265, 556, 815
Cache 36, 45, 492, 496
CAD 413, 796
call by value 119
Capability Maturity Model 828
Cardinal (Datentyp) 105
carriage return 11
Carry 22, 431, 467
Carry-Bit 468
Cascading Style Sheet 648
CASE (Computer Aided Software
Engineering) 813, 829
CASE tools 830
case-Anweisung 136
case-sensitiv 116, 130
catch 270
ccTLD 620

CD  51
CDDB  622
CDE  66,  530
CD-R  52
CD-ROM  35
CD-RW  52
CGI  642
Char (Datentyp)  109
charAt  111
chatten  77
Chip  34,  36,  408
chr (Pascal Funktion)  109
Churchsche These  717,  730
CIDR  614
CISC  491
class (Dateityp)  62
CLASSPATH  236
Client  513,  564
Client-Server  512,  513,  560
Client-Server Architektur  767
CLIQUE  735
Clone  562
clone (Java-Methode)  227
Cluster  31
CMOS  411
CMS  512
COBOL  83
Code  5,  52
code and fix  800
Code-Segment  475
Codierer  440
Codierung  5,  803
Collection  332
com (Dateityp)  62
CombSort  316
command.com  64
Comparable  365
Compiler  2,  16,  81,  83
Compilerbau  665
compiler-compiler  693
Compilezeit  83
Component  653
Computer Science  1
condition variable  524

config.sys  58
consumer  275
Container  278,  332,  653
continue-Anweisung  250
Controller  37
Cook  404
    Satz von  743
Coprozessor  29
CORBA  822
Courier  68
CPU  36,  41,  55,  60,  447
CPU-Befehle
    ADD  41
    AND  41
    BRANCH  41
    COMPARE  41
    DIV  41
    IN  41
    JUMP  41
    LOAD  41
    MOVE  41
    MUL  41
    NOT  41
    OR  41
    OUT  41
    STORE  41
    SUB  41
    XOR  41
CR (ASCII-Zeichen)  11
critical section  522
CSMA/CA  597
CSMA-CD  585,  589,  591
CSS  648
Ctrl (Taste)  11
Ctrl-A  11
Ctrl-G  12
Ctrl-H  12
Ctrl-I  12
Ctrl-M  12
Ctrl-Z  11
Curie-Temperatur  52
Cursor  347
CuteFTP  637
Cyrix  36

DAC 771
DAT 33, 53
Datei 8, 61, 514
   Ein- und Ausgabe 289
Dateibaum 515
Datei-Datentypen 179
Datei-Dialog 289
Dateigröße 9
Dateihierarchie 62
Datei-Muster 537
Dateiname 8, 515
Dateisystem 61, 515
Dateiverwaltung 61
Dateiverwaltungssystem 63
Dateizeiger 179
Daten 4, 10, 101
Daten-Abstraktionsprinzip 811
Datenbank 751, 759, 768
Datenbanksystem 751
Datenbankverwaltungssystem 751
Datenbankzugriff 767
Datenbus 45
Datendefinition 759
Datenflussdiagramm 812
Datenkapselung 210, 229
Datenmanipulation 759
Datenmodell 802
   konzeptionelles 753
Datenmodellierung 813
Datenregister 452
Datenschachtel 339
Datensegment 474
Datenstruktur 101, 114, 210, 331
Datentechnik 1
Datentransferbefehl 41
Datentyp 101, 170, 220, 238
Datenübertragungsrate 52
Datenunabhängigkeit 752
DBS 770
DBVS 751, 770
DCOM/COM 822
DDR-SDRAM 45
deadlock 524
Debugger 84, 467, 476
debugging 826

Decodierer 440
default 62, 117
Default-Wert 222
definition module 209
Deklaration 115
Deklarationsteil 116, 131
deklarative Sprache 80, 171
deklarieren 143
delegation event model 279
Delphi 25, 86
deMorgan'sche Regel 422
DENIC 607, 621
depth first 390
Depth-Sort-Algorithmus 790
desktop 509
desktop metapher 65, 509
destination flag 479
Destruktor 334
deterministisch 91
deterministische Stackmaschine 684
Dezimalsystem 17
DFN 78
DHCP-Protokoll 613
Diagonalisierung 715
Dialogbox 289
Dienste 56, 64, 208
digitale Logik 426
Dijkstra 84, 189
DIMM 40, 44
direction flag 467
directory 61, 515
Disassembler 477
disassemblieren 477
Disassemblierer 464
disjunkte Vereinigung 170, 176
Disjunktion 15
disjunktive Normalform 424
Diskette 49
Diskettenlaufwerk 35
dispose 184
Distribution 64
DistributionSort 323, 329
distributiver Verband 419
Distributivität 419
div 19, 105

Stichwortverzeichnis

Divisionsrest 19
DLL 58
dll (Dateityp) 62
DNF 424
DNS 620, 622
doc (Dateityp) 62, 63
document object model 664
Dokumentvorlage 71
Dolphin 65
DOM 664
Domain 608, 620
Domain Name Service 620, 622
Domain-Name 620
Doppelwort 8
Dorado 65
DOS 63
DOS Befehle
    del 535
    dir 535
    mkdir 535
    more 536
    print 536
    ren 535
    rmdir 535
    type 535
dotiert 408
double 219
do-while-Anweisung 139
DownHeap 381
download 579
downstream 579
dpi 67
Drahtlose Netze 595
Drahtmodell 790
drain 426
DRAM 45, 412
drv (Dateityp) 62
DSL 578
DSL-MODEM 599
dualer Term 419, 422
Dualität 419, 422
Dualitätsprinzip 419
Duplexverfahren 580
Durchschnitt 178
DVD 35, 51, 52

dvi (Dateityp) 72
DWDM 78
Dynamic Link Libraries (DLL) 564
Dynamic Link Library 58
dynamische Adresszuordnung 613, 617
dynamische Bindung 257
dynamische Einbettung 70
dynamisches Attribut 250

E/R 813
E/R-Datenmodell 753
E/R-Diagramm 754, 813
E/R-Modellierung 755
early binding 257
EBCDI 15
echo 549
Eclipse 216
ECMA 650
ECMAScript 650
EDI 663
effektive Bandbreite 571
Eiffel 815
Ein-Aus-Schalter 439
eindeutiger Sortierschlüssel 305
einfache Anweisung 244
einfacher Datentyp 220
Einzug 69
EISA 38
EJB 822
electronic commerce 663
electronic mail 583
Elektronenstrahlröhre 53
Elementarsumme 424
else-Zweig 126
emacs 216, 540, 555
E-Mail 67, 606, 630
Embedded SQL 767
Emission 794
Emitter 408
emulieren 81
endrekursiv 165
endrekursive Funktion 206
Entität 753
Entity (HTML) 14

Entity/Relationship 753
Entity/Relationship-Modell 813
entprellen 437
entscheidbar 732
Entscheidungsproblem 735
Entwurf 805
Entwurfsmuster 822
enum 221, 246
EOS-Modell 808
equals 239
Ereignis 207, 267, 279
Ereignisbehandlung 280
Erweiterung 8, 61, 211
Erzeuger-Verbraucher 345
Escape-Sequenz 220
Escape-Zeichen 671
Ethernet 591
Evaluierung 119
even 12, 43
exa (Einheit) 9
exaktes Dividieren 19
Excel 74
exception 267
exe (Dateityp) 62
EXIT 139
exklusives Oder 15
Exponent 26
exponentiell 304
externes Sortieren 330

F (Wahrheitswert) 15
fachlicher Entwurf 802
Factory-Muster 822
Fakultät 128, 224
Fakultätsfunktion 157
Fallunterscheidung 136
false 15
FAQ 635
Farbwert 773
Fassaden-Muster 822
FDDI 592
Fehlerbehebung 803, 826
Fehlerkorrektur 51
Fehlerrate 52

Feld 238, 250, 258
Felddeklaration 228
femto (Einheit) 10
Fenster 66, 235, 278, 283
fensterorientierte Bedienoberfläche 65
Festplatte 35, 47
Festplattencontroller 37
Fibonacci-Funktion 164, 169
file 530
file transfer protocol 554
Filter 541
final 228, 258
finally 270
Firefox 640
first-in first-out 521
Flachbandkabel 35
Flächenmodell 790
Flag-Register 444, 464, 466
Flashkarte 53
Flash-ROM 40
Flattersatz 69
flex 555, 557, 671, 676, 705
flimmerfrei 54
Flip-Flop 435
floating point 26
floating point unit 29
floppy 49
Floyd's Algorithmus 394
Flussdiagramm 91
Flüssigkristallanzeige 54
Flüssigkristall-Bildschirm 3
folder 61
Font 68
for 223
for-Anweisung 248
formale Sprache 2
formatieren 48
Formatierung 93
For-Programme 725
for-Regel 205
for-Schleife 140, 141
Fortran 83
FPU 29
fraktale Grafik 778

Frame  278, 279
Framework  822
Free Software Foundation  554, 557
freischlagen  70
ftp  636
Funktion  145, 223
funktionale Abstraktion  145
Funktionalität  113
Funktionenraum  171
Funkübertragung  573

g++  555
GAN  583
ganze Zahl  22
Ganzzahldivision  105
ganzzahliger Datentyp  25
Garamond  68
garbage collection  182, 251, 347
gas  555
Gate  408, 426
Gateway  588, 608
Gatter  428
Gbps  78
gcc  555
GDI  776
Geheimnisprinzip  811
GEM  567
Generator  788
generisch  260
generische Datentypen  265
GeOS  567
Gerätetreiber  515
getHostbyAddr  622
getHostbyName  622
ggT  87, 224
gif (Dateityp)  16, 62
giga (Einheit)  9
Glasfaserkabel  573
Gleichung  104, 418
Gleitpunktdarstellung  26
Gleitpunkt-Literale  219
globale Variable  151, 155
globales Netz  583
Gnome  66

GNU  530, 554
Gödelisierung  730
Gödel-Nummer  731
gopher  605, 637
Gosling  215, 217
GOTO  85
GOTO-Programme  722
Goto-Tabelle  701
Gouraud-Shading  791
Grafikadapter  37
Grafikausgabe  283
Grafikcontroller  37
Grafikkarte  37, 771
Grafikmodus  55
Grafikprozessor  37, 771
grafische Oberfläche  277, 509
Grammatik  93, 678, 785
    Äquivalenz  691
    eindeutig  686
    first  689
    Follow  690
    item  697
    Konflikt  696
    kontextfrei  678
    LALR(1)  703
    Linksrekursion  692
    LL(1)  689
    LR(1)  697
    Startsymbol  678
grammatikalische Analyse  667
grammatische Aktion  558, 707
Graph  384- 401
graphic device interface  776
graphical user interface  65
Graphics2D  776
greater  470
Grid-Computing  738
Gruppierung  762
gTLD  621
guess-and-check  396, 740
GUI  65, 277
gültig  25
G-Win  583, 593

HAL 565
Halbaddierer 431
Halb-Byte 7
Halbduplexverfahren 580
Halbleiter 407
Halde 182
Halteproblem 732
Hardware 1, 31
Hardware-Interrupt 514
Haskell 80, 93, 129
Hauptplatine 36
Hauptspeicher 16, 38, 43, 60, 115, 452, 462
Hazard 439
HDSL 578
header 634
Heap 182, 379
HeapSort 330, 382
Herleitung 679
Hertz 10
Heuristik 318
heuristisch 296
Hexadezimaldarstellung 18
Hexadezimalsystem 7, 18
Hex-Darstellung 21
Hex-Notation 466
Hexziffer 7
hidden file 532
Hidden-Node Problem 598
High (Pascal Funktion) 173
High-Level Formatierung 48
Hintereinanderausführung 124
Hintereinanderausführungsregel 192
Hoare 317
Hochsprache 2
home directory 531, 533
homogenes Koordinatensystem 789
Horn-Klausel 87
Host 605
Hostadresse 613
Hostcomputer 605
Hotspot 600
HPFS 566
HTML 77, 641, 661
    Anker-Marke 645
    Formular 647

Frame 647
Link 642, 645
Liste 645
Mailto-Link 642
ordered list 645
Querverweis 645
Rahmen 647
Tabellen 646
tag 642, 661
unordered list 645
html (Dateityp) 62
HTTP 640
Hubring 49
Hurenkind 70
Hypermedia 638
Hypertext 638
hypertext markup language 74, 640
hypertext transfer protocol 640

IA64-Architektur 498
IANA 607
IBM-PC 32
IC 408
ICANN 607, 621
icon 66
IDE 84
Idempotenz 419
Identer 432
IEEE 27
IEEE 754 (Norm) 29
IEEE Norm 802.11 597
if-Anweisung 134, 245
if-then-else-Regel 196
if-then-else-Schaltung 430
if-Zweig 126
ikonisieren 66
IMAP 631
imperative Sprache 80, 97, 121, 171
implementation module 209
implementation section 209
IMUL 480
in ( inch ) 10
include 473
Index 760

Stichwortverzeichnis                                                      861

indexOf  111,  403
indirekte Adressierung  478
indizierte Variable  173
induktive Definition  163
Infix-Notation  118
Informatik  1
Information  1
information hiding  174,  207,  331,  811
Informationsverarbeitung  4,  31
Infrarot  596
Infrarot-Übertragung  574
Initialisierung  117
Initiator  788
inkompatibel  120
Inline Assembler  463
innerer Knoten  356
Inorder  361
InsertionSort  304,  329
Inspektionen  826
installieren  58
Instanz  210,  225,  251,  756
int (Java Typ)  26
Integer  266
Integer (Datentyp)  26,  106
integrated circuit  408
Integritätsbedingung  756,  760
Intel  36,  40,  411
interface  208
Interface Definition Language (IDL)  822
interface section  209
internes Schema  752
internes Sortieren  330
Internet  553,  570,  605
Internet Explorer  640
Internet2  78,  583,  595
Internetadresse  613
INTERNIC  607,  621
Interpreter  83
Interrupt  59
interrupt-enable  467
Invariante  197
Inverses  421
invoke  487
IP  484,  608,  609
IP-Adresse  613

IP-Switch  588
IPv4  611
IPv6  611
IrDa  596
ISA  38
ISDN  577
ISO 9000  828
ISO-10646  13
ISO8859-1  12,  641
ISO-Latin 1  13
Iterator  140,  249,  349,  361


Jahr 2000 Problem  798
Java  13,  25,  80,  82,  86,  111,  112,  215-
292,  766,  770,  815
java (Dateityp)  62
Java Development Kit (JDK)  215
Java Version 1.1  279
Java Virtual Machine (JVM)  215,  315
java.util  335
Java2-Plattform  215
javacup  704
Java-Grafikmethoden  777
JavaScript  642
        eval  651
JCreator  216
JDK  216
jfif  16
JFlex  704
Jini  574
JMP  460
JNZ  460
join  757
Joystick  33
jpeg (Dateityp)  16
Julia-Menge  778
Just In Time Compiling (JIT)  315


K7  500
Kanal  345,  571
Kante  356,  384
kapseln  176
Kardinalzahl  105
Karp  404

Karte  36,  37
kartesisches Produkt  170
Katalog  61,  515
Kbps  77
KDE  66
Kellerautomat  680
Kellerspeicher  333
kilo (Einheit)  9
Klasse  86,  210,  225,  232,  259,  814
Klassendatei  234
Klassenmodell  802
Klassenstrukturdiagramm  818
Kleene-Stern  669
Knoppix  64,  567
Knoten  356,  384
Knotentiefe  357
Knuth  404
Koaxialkabel  572
Koch'sche Schneeflocke  787
Kollektor  408
Kommandointerpreter  64,  510
Kommandomenü  65
Kommandozeile  64
Kommentar  130,  218
Kommunikation  60
    synchron  520
Kommunikationskanal  345,  521
Kommunikationsprotokoll  580
kommunizieren  60
Kommutativität  419
kompatibel  52
Komplement  15,  421
Komplexität  302,  304
    einer Sprache  737
Komplexitätsklasse  303
Komponente  173,  250,  278
Kompression  576
Konfigurierungsdatei  58
Konjunktion  15
konjunktive Normalform  425
Konkatenation  668
konkatenieren  111
Konstante  91,  238
Konstantendeklaration  132
Konstruktor  171,  230,  334

Konsument  544
Kontrollbit  12
Kontrollstruktur  93,  97,  123
Kopf  97
kritischer Bereich  522
kürzester Weg  393

L1-Cache  496
L2-Cache  496
L3-Cache  496
Label  464
LACNIC  607
Ladeprogramm  81
LAN  583
Landeposition  50
lands  51
last-in-first-out  332
late binding  257
LaTeX  71
Latin-1  12
Lauf  672
Laufvariable  140
Laufzeit  188
Laufzeitfehler  83,  86,  267
Laufzeitsystem  184
Layout  69
Layout-Manager  283
least recently used  529
leere Anweisung  124,  244
leerer Datentyp  223
leeres Wort  668
length  111
Lesemodus  179
Lese-Schreibkopf  47
less  470
Level-1 Cache  37
Level-2 Cache  37
Levelorder  361,  362
lex  555,  671,  705
lexikalische Analyse  666
lexikalische Ordnung  111
lexikalische Regel  129
Lichtfühler  792
LIFO  332

Ligatur 70
Lindenmayer 785
lineare Rekursion 166, 339
lineare Suche 298
lineare Transformation 789
Lines of Code 797
Link 638
link 74, 638
Linksableitung 680
Linkseinheit 168
Linus Torvalds 64
Linux 64, 66, 511, 512, 530
LIR 607
Lisa 509
LISP 83
Liste 185, 334, 345- 353
    adaptive 352
    doppelt verkettete 351
    geordnete 351
    perfekte Skip-Liste 352
Listener 279
Literal 219, 423
LOAD 46
loader 59
Load-Increment-Execute-Zyklus 43, 461
LOCAL 486
Local Bus 38
Logik-Gitter 432
login shell 535, 546
logische Adresse 505
logische Sprache 87
logischer Wert 15
Lokale Variable 144
lokale Variable 151, 155, 245
lokaler Deklarationsteil 155
lokales Netz 583
lokales Netzwerk 553
long (Java Typ) 26
long real 27
Longint (Delphi Typ) 26
lookahead 689, 701
Loopback-Adresse 615
loop-Konstrukt 139
Loop-Programme 725
Lotus 74

Low (Pascal Funktion) 173
Low-Level Formatierung 48
LRU 529
L-System 785, 788
Lucent 78
Lucida 68
Lynx 640
LyX 72

Macintosh 65, 509
MacOS 511
Magnetband 53
Magnetisierung 52
Magnetplatte 47
Mail-Client 631
Mailing List 635
Mail-Server 631
Mainboard 36
Mainframes 32
makefile 559
Makro 464, 487
MAN 583
Manchester Code 575
Mandelbrot 778
Mantisse 26
markup language 73
Maschinenbefehl 16, 80, 459, 462
Maschinencode 81
Maschinenprogramm 81
Maschinensprache 2, 463
Maske 471
MASM 464
Materialeigenschaft 793
Maus-Ereignis 284
McCarthy 91-Funktion 164
mega (Einheit) 9
Mehrbenutzerbetrieb 764
Mehrbenutzersystem 531, 552
mehrdimensionales Array 173
mehrsortige Datenstruktur 108
Meilenstein 824
Memory-Controller 37
Mengenalgebra 426
Mengendifferenz 178

Menü 289
Menüleiste 67
Menüsystem 65
MergeSort 321, 330
Message 207
message loop 279
message passing 521
Metazeichen 540
Methode 154, 176, 209, 223, 250, 257, 814
Methodenaufruf 238, 242, 244
Microdrive 51
MicroSim 451
Microsoft 65
Midnight Commander 65
mikro ( μ ) 10
Mikrobefehle 453
Mikrobefehlsspeicher 454
Mikroprogramm 458, 494
Mikroprogrammtechnik 492
milli 10
MIME-Mail 635
MIPS 496
ML 80
MMX 500, 507
Mnemonics 463
mod 19, 105
model checker 749
model-driven architecture 802
Modellierungsverfahren 790
Model-View-Controller 822
Modem 33, 576
moderierte Newsgruppe 636
Modul 86, 208, 803
Modula 83, 105, 208, 215
Modula-2 139
modulares Programmieren 207
modulo 24
Modultest 803
MO-Laufwerk 52
Monitor (Bildschirm) 54
Monitor (Datenstruktur) 523
Monom 423
monoton 420
Moore 404

Morris 404
Mosaic Browser 639
MOS-Transistor 407
Motherboard 36, 39, 409
mount 553
MOV 459
Mozilla 640
mp3 (Dateityp) 62
mp3-Codierung 10, 17
MS-DOS 511, 529, 535
MS-Windows 511
multicast 615
Multimenge 758
Multimode Glasfaser 573
multiple access 589
multiple inheritance 265
Multiplexer 429
Multiplizierer 432
multitasking 511, 544, 564
multi-user 511
Murphy's Gesetz 86
mutual exclusion 522
MVC-Muster 822
MVS 512
MX-Record 631

Nachbedingung 90, 190, 833
Nachkomme 356
namenloses Unterprogramm 156
Name-Server 614, 621
NAND 427
nano (Einheit) 10
NAT 616
Nat (Datentyp) 105
Natürliche Zahl (Datentyp) 105
NCSA 639
Nebeneffekt 152
Negation 15, 421
Negat-Multiplizierer 432
netBeans 216
Netiquette 636
Netscape 87, 631, 639
Netscape Navigator 640
Network Information Center 621

Netzadresse 613
Netztopologie 584
Netzzugang 77
new 184, 222, 242
New Paltz Program Verifier 88, 202, 206
new-Operator 222, 231, 251
news 635
Newsreader 635
Nibble 7
nichtdeterministisch 91
nichtdeterministische Komplexität 740
nichtdeterministische Sprache 684
nichtdeterministischer Automat 674
nicht-druckbare Zeichen 11
nil 334
NIM-Spiel 147
NMOS 411
Nonterminal 130, 678
NOR 427
normierte Gleitpunktzahl 27
Norton Commander 65
NOT 15, 103
NP 739
NPPV 202
NP-vollständig 745
NRZI 575
NRZ-L 575
NTBA 577
NTFS 566
NTM 740
Null-Referenz 219
nullstellig 103
nullterminierter String 174, 401
Num (Taste) 12

OBDD 749
Oberklasse 252, 257
Oberon 215
Object (Java Klasse) 253, 274
Object Management Group (OMG) 822
Objectory Process 807
Objekt 86, 814
Objektmodell 802

objektorientiert 814
objektorientierter Entwurf 815
objektorientiertes Programmieren 207, 209
odd 12
Oder-Schaltung 416
Offset 479
Oktaldarstellung 18
Oktalsystem 18
OLE 70, 564
OML 817
O-Notation 303
OO-Analyse 807, 815
OO-Entwurf 815
OO-Methode 807
OO-Programmierung 815
OpCode 42, 460
OPEN LOOK 561
OPEN Modeling Language 817
Open Software Foundation 561
OpenBeOS 567
OpenOffice 530
OpenWindows 561
Opera Browser 640
Operation 41, 101, 114, 814
Operator 217, 238
Opteron 36
optional 130
OR 15, 103, 427
ord (Pascal Funktion) 109
ordinaler Typ 137, 140, 172, 173
Ordner 61, 515
Ordnung 299
Organizer 3
Orthogonalität 86, 142
OS/2 65, 511
OSF 561
OSI-Modell 581
Outlook 631
Overflow 25, 456, 467
overflow flag 444, 456
Overflow-Flag 468
overloading 230
owner 531

P (Komplexitätsklasse)  738
package  235,  258
paging  525
paging area  526
Paginierung  69
Paket  77
Palindrom  737
Palmtops  3
parallele Datenübertragung  580
parallele Schnittstelle  58
Parallelität  61
Parallelport  58
Parallelschaltung  416
parametrisierte Datentypen  265
PARC  65
parity  12,  43
Parity-Bit  43
Parser  557
Parsergenerator  704
Parsing  668
partial correctness assertion  190
partielle Funktion  712
partielle Korrektheit  190
partielle Operation  107
Partitionierung  319
Pascal  80,  83,  85,  97,  215
Pascal Schlüsselworte
    DO  128
    END  124
    FORWARD  163
    RECORD CASE  177
    REPEAT  138
    SET OF  178
    THEN  126
    VAR  116,  152
    WHILE  128
pattern  537
P-Bit  527
PCA  190
PCI  38
PDA  569
pdf (Dateityp)  62
PegasusMail  631
Pegelsprung  575

Pen  33
Pentium 4  36
Pentium II  36
Pentium III  36,  500
Pentium Prozessor  500,  506
Perl  642,  659
Perspektivprojektion  789
pervasice computing  574
peta (Einheit)  9
Pfad  63,  356,  385,  532
Pfadlänge  356
PGA  409
Phase  447
php  642
pico  10
picture element  54
Pin  36
pipe  179,  345,  541
Pipeline  494
pits  51
Pivot  317
Pixel  54,  278,  772
PLA  434
Platine  34
Plattencontroller  37
Plattencrash  50
Plattenspeicher  60
Plattform  277
Plattform-Unabhängigkeit  82,  277,  284
Plotter  33
plug and play  40,  566
plug and pray  40
Pointer  184
Pointerarithmetik  86
polling  584
polygon meshes  790
Polygonflächen  790
polymorph  814
Polymorphie  108,  212,  254
polynomial  303
POP  459
pop  333
POP3  631
POPMail  631

Stichwortverzeichnis

Port 488, 610
  Nummer 609
  well known 610
Portabilität 216
portieren 463
pos (Pascal Funktion) 111
posten 635
Postfix-Notation 338, 362
Postorder 361
Potenzmenge 171, 178
POWER 497
PowerPC 497
ppt (Dateityp) 62
Präambel 575
Prädikat 108, 334
Präfix 118
Praktische Informatik 2
Pratt 404
Präzedenz 118, 243, 702
pred (Pascal Funktion) 106, 109
predecessor 106
preemptives Multitasking 565
prellen 437
Preorder 361
Primärschlüssel 753, 756
primitive Rekursion 164, 726
Primzahlzwilling 543
Priorität 518
Priority-Queue 383
private 210, 228, 253, 258
Privilegierungsstufen 511
Problemanalyse 802
producer 274
producer-consumer 345, 521, 543
Produktion 678
Produzent 544
Profiler 189, 296
Programm 16, 79, 130, 232, 234
programmable logic array 434
Programmiersprache 2, 80, 93, 215
Programmierumgebung 799
Programmkopf 130
Programmschema 206
Programmtransformation 169
Programm-Verifikation 826

Programm-Verifizierer 202
Projektauftrag 823
Projektion 757, 789
Projektleiter 823
Projekt-Management 801, 822
Projektorganisation 799
Projektplan 823
Projektteam 823
Prolog 80, 83, 87
Proportionalschrift 68
protected 253, 258
protected mode 505, 507, 563
Protokoll 38, 77, 179, 580
Prototyping 805
Provider 77, 605, 620
Prozedur 97, 143, 223
prozedurale Abstraktion 144
Prozess 517
Prozesse 60, 344, 516
  kommunizieren 520
  parallele 520
  quasi-parallele 520
Prozesskommunikation
  asynchron 520
  synchron 520
Prozessor 41
Prozesssystem 64
Prozessverwaltung 60
Prüfbit 43, 467
ps (Dateityp) 62
Pseudooperationen 486
pt 68
public 210, 228, 234, 258
Puffer 342, 345, 521, 543
Pufferspeicher 45
Pulldown-Menü 67
PUSH 459
push 333
Pythagoras Baum 777
Python 93, 129

QNX 568
QoS 78
Quadwort 8

Qualitäts-Anforderungen 824
Qualitätssicherung 824
Qualitätsziele 824
Querverweis 70
Queue 342, 345, 521, 543
QuickSort 317, 330
Quotient 19

Rabin 404
Radiosity 794
railroad diagram 130
RAM 40, 44, 412
Rambus 45
RAM-Chip 40
RAM-Disk 58
Random Access 412
Rastergrafik 773
Rasterpunkt 16
Rational Unified Process (RUP) 807
rationale Zahl 107
Ray-Tracing 791, 793
RDRAM 45
read (Pascal Prozedur) 179
Real (Datentyp) 107
real mode 562, 563
reale Adressierung 526
Realisierung 805
Real-Mode 464
Rechnernetze 569
Rechtsableitung 680
Record 175
recursive descent 687
Red-Black-Baum 376
reduce-reduce-Konflikt 696, 701
Reduzierbarkeit 741
Reed Solomon Code 51
Referenz 115
Referenz-Datentyp 220, 222, 226
Referenztyp 86
Reflexion 794
    diffuse 792
    direktionale 791
    spiegelnde 791
Reflexionsverhalten 791

Register 41, 441, 448
    AX 464
    BP 464
    BX 464
    CS 464, 488
    CX 464
    DI 464
    DS 464
    DX 464
    EBP 485
    EBX 478
    EDI 478
    ES 464
    ESI 478
    ESP 485
    IP 464
    SI 464
    SP 464
    SS 464
Registermaschine 721
Registrierung 607, 621
Reguläre Sprache 668
regulärer Ausdruck 130, 540, 670, 673
Rekursion 88
rekursiv 157
rekursive Funktion 157
rekursive Gleichung 138
rekursive Prozedur 158
rekursiver Abstiegs 687
Relais 421
Relation 88, 108, 756
relationale Algebra 757
relationales Datenmodell 755
Relationenschema 756
relativer Bezug 75
remote login 553, 637
Rendering 791
Rendezvous 520
Repeater 587
repeat-Regel 204
repeat-Schleife 138
Repräsentation 4
Requirements Engineering 802
Resetknopf 34
return 146, 154

Stichwortverzeichnis 869

return-Anweisung  244
Review  826
Revisionspunkte  808
RFC  606
ringförmige Netze  585
RIPE  607
RIR  607
RISC  491
RISC-Architekturen  497
ROM  40,  454,  510
root  530
Rotation  789
round (Pascal Funktion)  109
round robin  519
Router  588,  609
routing  587,  588
RPL  490
rpm  48
RS-Flip-Flop  435
Rückgabewert  145
rückgekoppelt  435
Rundungsfehler  28
Runnable  271

sans serif  68
SAT  735
Satzform  678
Scanline-Algorithmus  790
Scanner  33,  557,  667
Schachtelung  154
Schalter  408
Schaltfunktion  418
Schalttabellen  415
Schatten  793
Schattenspeicher  526
Schattieren  791
scheduler  519
Schleife  95,  127
Schlüsselwort  129,  218
Schnittstelle  33,  36,  40,  57,  208,  803
Schnittstellen-Lexikon  830
Schreibmodus  179
Schriftart  68
Schriftgrad  68

Schrifttyp  68
Schrittmotor  48
schrittweise Verfeinerung  809
Schusterjunge  70
schwächste Vorbedingung  195
SDH  594
SDRAM  45
Sechzehner-System  7
Segment  474,  488
Segmentregister  464,  466
Sehstrahl  792
Seiteneffekt  120,  152
Sektor  48
Selbstähnlichkeit  781
selbstsynchronisierender Code  575
SelectionSort  304,  310,  329
Selektion  757
Selektor  334
Selektor-Register  490
Semantik  124,  134,  733
semantische Eigenschaft  733
semantisches Objektmodell  816
Semaphore  523
sendmail  631,  634
sequentiell  44
sequentielle Komposition  123,  124
sequentieller Zugriff  47,  179
serielle Übertragung  580
serien-parallel  417
Serien-Parallel-Kreis  416
Serienschaltung  416
Serifen  68
Server  77,  513,  564,  624
ServerSocket  624
setup.exe  58
shared memory  520
shell  64,  534
shell scripts  549
ShellSort  315,  330
Shift-Operationen  480
Shift-Reduce  693
shift-reduce-Konflikt  696,  701
short (Java Typ)  26
short real  27
short-circuit evaluation  119

Shortint (Delphi Typ)  26
Sicht  760
sichtbar  155,  208
Sichtbarkeit  790
Sichtbarkeits-Algorithmus  793
sign flag  444,  456,  467
Signal  58
Signatur  230
signed number  468
SIMD  507
SIMM  44
Simplexverfahren  580
single inheritance  265
Singlemode Glasfaser  573
Skalierung  789
skip  125,  133
Skip-Liste  297,  352
slash  63
slice  299
sliding window  610
Slot  36,  38
Slot-Time  591
Smalltalk  83,  107,  509,  815
Smartphone  569
SMTP  606,  631,  634
Sockel  36
Socket  624
SoftIce  476
Software  2,  55
    Bürokratie  804
    Engineering  798,  800
    Entwicklung  797
    Metrik  827
    Produkt  797
    Projekt  797,  823
    Prüfverfahren  826
    Testsystem  832
    zuverlässige  797
Software-Entwicklung
    evolutionäre  808
Software-Entwicklungsumgebung  799,  835
Software-Ergonomie  834
Software-Interrupts  489
Softwaretechnik  800
Sohn  356

Solaris  512
solid modelling  790
Sonderzeichen  11,  56
SONET  594
Sortieralgorithmus  304
Sortierschlüssel  305
sortiert  299
Soundkarte  37
source  426
Spaghetticode  85
Spannbaum  386
SPARC  493
SPARC-Architektur  497
späte Bindung  257
SPEC  496
special file  530,  534
Speicher  115,  121
Speicheradressierung  477
Speicherbereinigung  251
Speicherblock  47
Speicherchip  44
Speicherkapazität  47
Speichermodul  44
Speichersegment  525
Speicherseite  525
Speicherstift  53
Speicherveränderung  123
Speicherverwaltung  60
Speicherzelle  435,  440
Speicherzustand  121
Spezialsymbol  129
Spezifikation  89,  190,  208
Spezifikationssprache  830
spezifizieren  89
Spielstrategie  161
Spiralmodell  805
Splay-Baum  376
Split-Operation  377
Sprache  669
Sprache zu einer Grammatik  680
spread sheet  3,  74
Sprung  80,  85
Sprungadresse  464
Sprungbefehl  41,  472
SP-Term  417

Spur 48
SQL 759, 766, 770
SQL-Anfrage 760
SQLJ 767
SRAM 45, 412
stabil 436
Stack 167, 332
Stackautomat 680
Stackmaschine 680
Stadtnetz 583
standard input 538
standard output 538
Standard-Pakete 237
Stapel 167, 333
StarCalc 74
static 227, 250, 256
statisch getypt 120
statische Bindung 257
statisches Attribut 250
Steckleiste 36
Stellenzahl 101
stepwise refinement 809
Stereotyp 817
sternförmiges Netz 584
Steuerzeichen 11
stop 272
STORE 46
Strahlverfolgungs-Algorithmus 791
Strategie 148
stream 179
Streamer 33, 53
Strg (Taste) 11
String 15, 111, 174, 220, 401
stringBuffer 112
Stringliteral 111
Stringsuche 404
Strom 179
structured programming 809
Struktogramm 809
strukturierte Analyse 812
strukturierte Programmierung 152, 207, 809
strukturierter Entwurf 812
stub 146
Stummel 146

style file 71
style sheet 71, 648
subdirectory 61
subdomain 620
Subsystem 565
succ 105
succ (Pascal Funktion) 109
successor 105
Suchbaum 364
Suchmuster 404
Suchproblem 298
SUN 87, 215, 664
SunOs 66
super (Java Schlüsselwort) 254
Super-Computer 32
superskalar 495
swap 152, 224, 307, 380
swap space 518
swapping 525
Switch 588
switch-Anweisung 137, 246
SW-technischer Entwurf 802
Symboltabelle 477, 710
synchrone Datenübertragung 574
synchronized 274, 275
syntactic sugar 134
syntaktische Regel 130
syntaktischer Fehler 188
Syntax 83, 124, 128, 133
Syntaxbaum 686
Syntaxdiagramm 130
Syntaxfehler 83
Synthetisierte Werte 709
Syrakus-Problem 95
sys (Dateityp) 58, 62
Systembus 38
Systementwicklung
    evolutionär 803, 806
    inkrementell 806
    objektorientiert 807
System-Integration 803
Systemtest 803
Szene 789
Szene-Würfel 789

T (Wahrheitswert) 15
Tab (ASCII-Zeichen) 11
Tablet-PC 3
T-ADSL 578
tail recursive 165
Taktgeber 38, 40, 447
TAS 522
Task 510, 516
Taskwechsel 517
TASM 464
Tastatur 179
Tastaturcontroller 37
TCP 608
TCP/IP 77, 608
TCP-Protokoll 609
TCP-Verbindung 628
TD32 476
T-DSL 77, 578
Technische Informatik 1
Teilbereichstyp 172
Teilhaberbetrieb 512
Teilnehmerbetrieb 512
telnet 608, 637
Temporale Logik 91
temporäre Gleitkommazahl 28
tera (Einheit) 9
Terabit 78
Term 117, 417
Terminal 678
Terminale 130
Terminal-Emulator 561
Terminator 401
terminieren 95
Terminierung 190, 205
Test and Set 522
Testdaten 832
testen 189
Testfälle 832
Testrahmen 832
TeX 71
Text 11
Texteditor
    Datenstruktur für 341
Textmodus 55
Textur 793

TFT 54
Theoretische Informatik 2
Thesaurus 70
this (Java Schlüsselwort) 254, 256
Thread 271, 518
throws 267, 269
TicTacToe 272
Tiefensuche 390
Timer 40
Times Roman 68
timesharing 512, 519
TKIP 603
TLB 527
TLD 620
Token 558, 585, 666
Toolbar 289
top 333
top down design 809
top down Entwurf 810
top-down 692
Toplevel-Domain 620
Torvalds 530
Total Commander 65
totale Korrektheit 205
Tour 396
tpi 48
track 48
Transaktion 274, 512, 765, 829
Transaktionsmonitor 512
Transformations-Ansatz 804
Transistor 407, 426
transitive Hülle 392
Translation 789
Transmission 793
Transmissionsverhalten 791
transparent 58
trap flag 467
travelling salesman problem 396
traversieren 349
Traversierung 389
Treiber 58
Treiberprogramm 58
Trennzeichen 129, 217
true 15
trunc (Pascal Funktion) 109

# Stichwortverzeichnis 873

try 270
TSP 396, 735
Turbo Debugger 32 476
Turbo-Pascal 25, 84, 86, 112, 115, 208
Turbo-Prolog 88
Turing-berechenbar 721
Turingmaschine 717
    nichtdeterministisch 740
Turing-Post-Language 719
Turingtabelle 719
Türme von Hanoi 159
Turtle-Grafik 774, 782
txt (Dateityp) 62
Typdeklaration 171, 331
Typfehler 83, 120, 122
typografischer Punkt 68
Typ-Parameter 265
Typumwandlung 242

über-abzählbar 716
überladen 106
Übersetzungseinheit 234
Übertrag 21
ubiquitous computing 574
UCS 13, 641
UCS Transformation Format 13
UDP 611
Ulam-Algorithmus 95
Ulam-Funktion 164, 188
Ulam-Problem 95
Ultraedit 216
UML 807, 817, 830
unbedingter Sprung 472
Und-Schaltung 416
ungerichteter Graph 385
Unicode 13, 109, 217, 641
Unified Modeling Language 817
Unit 86, 208, 209
Universal Character Set 13
UNIX 12, 66, 529
UNIX Befehle 535
    alias 536
    bg 546
    cat 535, 536, 538
    cd 533

chmod 539
cron 547
crontab 547
csh 547
diff 539
echo 549
emacs 555
fg 545
finger 552
ftp 554
grep 540
head 539
jobs 545
kill 546
ksh 547
lex 557
login 535
lp 536, 546
ls 535, 536
make 559
man 535
mkdir 535
more 536
mount 534
mv 535
Optionen für 536
pine 631
ps 546
pwd 533
rlogin 553
rm 535
rmdir 535
set 548
sh 547
sort 539
ssh 554
tail 539
talk 553
telnet 553
umount 534
vi 555
wall 553
who 552
write 553
yacc 557

unsigned number  468
Unterbaum  356
Unterklasse  211,  252,  257
Unterprogramm  143,  223
Unterschneidung  70
Unterverzeichnis  61
UpHeap  380
upload  579
UPnP  574
upstream  579
URL  640,  768
USB-Schnittstelle  36,  40
use case  807,  817
user interface  511
USES  131
UTF-8  13
UTP  572
uudecode  13
uuencode  13

Variable  91,  96,  115,  221,  238
Variablendeklaration  132
Variablendeklarationsanweisung  244
Variablen-Parameter  151
Variantenrecord  177
Vater  356
VB Script  659
VDM  89
VDSL  578
Vektorgrafik  773
Verbund  757
Verbundanweisung  123,  124
verdrängt  518
verdrillte Kabel  572
Vereinigung  178
Vererbung  211,  252,  814
Vergleichsoperation  238
Verifikationsbedingung  202
Verkapselung  210
verkettete Liste  337
Verklemmung  524
verkürzte Auswertung  119,  162
verlustbehaftet  16
Vermittlungsrechner  587,  608

verteiltes System  520
Verweis  74
Verzeichnis  61,  515
vi  555
virtual device  58
virtuelle Adressierung  526
virtuelle Geräte  58
virtuelle Gerätetreiber  59
virtuelle Java-Maschine  82
virtuelle Maschine  2,  81
virtuelle Realität  790
VisiCalc  74
Visual Basic  85,  766
Visual Prolog  88
VLIW  498
VM/SP  512
void  146,  223
Volladdierer  431
vollständiger Baum  378
Volumenmodell  790
Vorbedingung  90,  190,  833
vordefinierter Bezeichner  129
Vorfahre  356
Vorgehensmodell  800,  823
    nichtsequentiell  805
vorzeichenbehaftet  480
Vorzeichenbit  26
Vorzeichendarstellung  22
vorzeichenlose Zahl  17
VRAM  771
VRML  796
VxD  59
vxd (Dateityp)  62

W3C  639,  641,  664
Wafer  410
Wahrheitswert  15,  414,  425
walkthrough  826
WAN  583
Warchalking  601
Warshalls Algorithmus  392
Warteschlange  342,  544
Wasserfall-Modell  801
wav (Dateityp)  8,  17

Stichwortverzeichnis 875

WDM 573, 594
weakest precondition 195
Web 638
webcam 77
Wechselschaltung 420
wechselseitige Rekursion 162
wechselseitiger Ausschluss 522
Weg 385
Weiterentwicklungs-Strategie 804
Weitverkehrsnetz 583
well-known port 610
WEP 602
Werkzeugleiste 67, 289
Wertparameter 151
Wettkampfverfahren 585, 589
while-Anweisung 97, 247
While-Programme 723
while-Regel 197
while-Schleife 123
Whitespace 217
Wiederholungspräfix 479
Wi-Fi 597
wildcard 538
Win32 565
Winchester 49
Windows 64
Windows ME 499, 563
Windows NT 64, 499, 511, 563, 564
Windows XP 64, 499, 511, 564, 566
Windows2000 64, 564
Windows3.x 564
Windows95 499
Windows98 499, 563
Windows-Desktop 511
wire frame 790
Wireless LAN 597
Wirth 85, 105
WLAN 574, 580, 595, 597, 599
Workstations 32
World Wide Web 76, 638
Worst Case 302
Wort 8, 668, 785
WPA 602
write (Pascal Prozedur) 179
WS-FTP 637

Wurzel 61, 356
WWW 76, 605, 630, 638
WWW-Client 640
WWW-Server 639
wysiwyg 67
wysiwym 72

X Window System 559
x86 499
X-Client 560
Xerox 65
XML 660
XML-Baum 664
XML-Dokumente 664
XOR 15, 86, 429
X-Server 560
XSL 664
xterm 561

yacc 555, 693, 705

Z (Spezifikationssprache) 89
Zeichen 220
Zeichengenerator 55
Zeichenkette 15, 111, 401
Zeichensatz 217
Zeiger 183
Zeilenende 217
Zeitmultiplexverfahren 512, 519
Zeitscheibe 519
Zeitscheibenverfahren 519
Zelle 185, 346
zentriert 69
zero flag 444, 456, 467
Zero-Flag 468
zip (Dateityp) 62
Zoll 10
Z-Puffer-Algorithmus 790
Zugriffsmethode 212
Zugriffsprotokoll 589
Zugriffsrecht 258
Zugriffszeit 47
Zuhörer 279
Zuhörer-Klasse 280

zusammengesetzter Typ  111
zusammenhängend  386
Zuweisung  92, 96, 121
Zuweisungsausdruck  240, 242
Zuweisungsregel  192
Zuweisungszeichen  122

Zweierkomplement  23
zweistellige Operation  101
Zwischenbehauptung  189
Zyklus  385
Zylinder  49